DICIONÁRIO MINI

PORTUGUÊS
INGLÊS

INGLÊS
PORTUGUÊS

LAROUSSE

Colaboradores/Contributors

LAURA BOCCO   ELAINE B. FREIRE USHIJIMA

JOSÉ A. GÁLVEZ   DANIEL GRASSI

JANICE M^cNEILLIE   SORAIA LUANA REIS

CAMILA WERNER

Colaboradores da edição anterior/Contributors to the previous edition

SÉRGIO ALCIDES   BILL MARTIN

VANIA CABUS DE TOLEDO   JANICE M^cNEILLIE

SHARON J. HUNTER   LÍGIA XAVIER

© Larousse 2006

ISBN 2-03-542148-9

Distribution/Sales: Hougthon Mifflin Company, Boston
Library of Congress CIP Data has been applied for

Achevé d'imprimer en Janvier 2006
sur les presses de «La Tipografica Varese S.p.A.» à Varese (Italie)

LAROUSSE

MINI
DICTIONARY

PORTUGUESE
ENGLISH
ENGLISH
PORTUGUESE

LAROUSSE

Os Compostos Em Inglês

Em inglês, os compostos são expressões formadas por mais de uma palavra mas contendo um único significado: **point of view**, **kiss of life** ou **virtual reality**, por exemplo. Uma das características deste dicionário é o fato de os compostos terem uma entrada própria e seguirem rigorosamente a ordem alfabética. Assim, **blood poisoning** figura depois de **blood group**, que, por sua vez, sucede a **blood**.

Marcas Registradas

O símbolo ® indica que a palavra em questão é uma marca registrada. Este símbolo, ou a sua eventual ausência, não afeta, no entanto, a situação legal da marca.

English Compounds

A compound is a word or expression which has a single meaning but is made up of more than one word, e.g. **point of view**, **kiss of life** and **virtual reality**. It is a feature of this dictionary that English compounds appear in the AZ list in strict alphabetical order. The compound **blood poisoning** will therefore come after **blood group** which itself follows **blood**.

Trademarks

Words considered to be trademarks have been designated in this dictionary by the symbol ®. However, neither the presence nor the absence of such designation should be regarded as affecting the legal status of any trademark.

O dicionário LAROUSSE MINI foi concebido para atender a estudantes e a turistas em viagem.

Com mais de 30.000 referências e 40.000 traduções, este novo dicionário cobre de forma ampla o vocabulário geral do inglês e do português, oferecendo ao estudante um ágil e abalizado instrumento de consulta. Além disso, o dicionário LAROUSSE MINI dá tratamento extensivo à linguagem utilizada em placas de sinalização e em cardápios, auxiliando o turista em viagem a orientar-se com rapidez.

Os diferentes sentidos de cada palavra encontram-se claramente indicados em todo o texto, e ênfase especial é dada ao vocabulário básico, com muitos exemplos de uso e uma apresentação gráfica que agiliza a consulta.

Fácil de usar e abrangente, este dicionário oferece a estudantes e viajantes um modo prático e rápido de solucionar suas dúvidas e enriquecer seu vocabulário básico – em casa, na escola ou em viagem. Esperamos que você goste, e não hesite em enviar-nos seus comentários.

A EDITORA

The LAROUSSE MINI dictionary has been designed with beginners and travelers in mind.

With over 30,000 references and 40,000 translations, this new dictionary gives thorough coverage of general vocabulary plus extensive treatment of the language found on street signs and menus.

Clear sense markers are provided throughout, while special emphasis has been placed on basic words, with many examples of usage and a particularly user-friendly layout.

Easy to use and comprehensive, this handy book packs a lot of wordpower for users at school, at home and on the move. We hope you enjoy using this dictionary, and don't hesitate to send us your comments.

THE PUBLISHER

ABREVIATURAS

ABBREVIATIONS

abreviatura	*abrev/abbr*	abbreviation
adjetivo	*adj*	adjective
adjetivo feminino	*adj f*	feminine adjective
adjetivo masculino	*adj m*	masculine adjective
advérbio	*adv*	adverb
inglês americano	*Am*	American English
anatomia	*ANAT*	anatomy
automóvel	*AUT*	automobile, cars
auxiliar	*aux*	auxiliary
inglês britânico	*Brit*	British English
comércio	*COM(M)*	commerce, business
comparativo	*comp(ar)*	comparative
informática	*COMPUT*	computers
conjunção	*conj*	conjunction
contínuo	*cont*	continuous
culinária	*CULIN*	culinary, cooking
economia	*ECON*	economics
educação, escola	*EDUC*	school, education
esporte	*ESP*	sport
interjeição	*excl*	exclamation
substantivo feminino	*f*	feminine noun
familiar	*fam*	informal
figurado	*fig*	figurative
finanças	*FIN*	finance, financial
formal	*fml*	formal
inseparável	*fus*	inseparable
geralmente	*gen*	generally
gramática	*GRAM(M)*	grammar
familiar	*inf*	informal
informática	*INFORM*	computers
interjeição	*interj*	exclamation
invariável	*inv*	invariable
jurídico	*jur*	juridical, legal
substantivo masculino	*m*	masculine noun
matemática	*MAT(H)*	mathematics
medicina	*MED*	medicine

ABREVIATURAS		ABBREVIATIONS
substantivo masculino e feminino	*mf*	masculine and feminine noun
substantivo masculino com desinência feminina	*m, f*	masculine noun with a feminine inflection
termos militares	*MIL*	military
música	*MÚS/MUS*	music
substantivo	*n*	noun
termos náuticos	*NÁUT/NAUT*	nautical, maritime
numeral	*num*	numeral
	o.s.	oneself
pejorativo	*pej*	pejorative
plural	*pl*	plural
política	*POL*	politics
particípio passado	*pp*	past participle
preposição	*prep*	preposition
pronome	*pron*	pronoun
passado	*pt*	past tense
marca registrada	®	registered trademark
religião	*RELIG*	religion
substantivo	*s*	noun
alguém	*sb*	somebody
educação, escola	*SCH*	school, education
separável	*sep*	separable
singular	*sg*	singular
algo	*sthg*	something
sujeito	*suj/subj*	subject
superlativo	*sup(erl)*	superlative
termos técnicos	*TEC(H)*	technology
televisão	*TV*	television
verbo	*v/vb*	verb
verbo intransitivo	*vi*	intransitive verb
verbo impessoal	*v impess/v impers*	impersonal verb
verbo pronominal	*vp*	pronominal verb
verbo transitivo	*vt*	transitive verb
vulgar	*vulg*	vulgar
equivalente cultural	≃	cultural equivalent

TRANSCRIÇÃO FONÉTICA		PHONETIC TRANSCRIPTION	
Vogais portuguesas		**English vowels**	
[a]	pá, amar	[ɪ]	pit, big, rid
[ɛ]	sé, seta, hera	[e]	pet, tend
[e]	ler, mês	[æ]	pat, bag, mad
[i]	ir, sino, nave	[ʌ]	run, cut
[ɔ]	nota, pó	[ɒ]	pot, log
[o]	corvo, avô	[ʊ]	put, full
[u]	azul, tribo	[ə]	mother, suppose
		[i:]	bean, weed
		[a:]	barn, car
		[ɔ:]	born, lawn
		[u:]	loop, loose
		[ɜ:]	burn, learn, bird

Ditongos portugueses		**English diphthongs**	
[aj]	faixa, mais	[eɪ]	bay, late, great
[ej]	leite, rei	[aɪ]	buy, light, aisle
[ɛj]	hotéis, pastéis	[ɔɪ]	boy, foil
[ɔj]	herói, bóia	[əʊ]	no, road, blow
[oj]	coisa, noite	[aʊ]	now, shout, town
[uj]	azuis, fui	[ɪə]	peer, fierce, idea
[aw]	nau, jaula	[eə]	pair, bear, share
[ɛw]	céu, véu	[ʊə]	sure, tour
[ew]	deus, seu		
[iw]	riu, viu		

Vogais nasais		Nasal vowels	
[ã]	maçã, santo		
[ẽ]	lençol, sempre		
[ĩ]	fim, patim		
[õ]	onde, com, honra		
[ũ]	jejum, nunca		

Ditongos nasais		Nasal diphthongs	
[ãj]	cãibra, mãe		
[ãw]	camarão, cão		
[ẽj]	bem, quem		
[õj]	cordões, leões		

Semivogais		Semi-vowels	
eleito, maio	[j]	you, yellow	
luar, quadro, poema	[w]	wet, why, twin	

Consoantes		Consonants
beijo, abrir	[b]	bottle, bib
casa, dique	[k]	come, kitchen
dama, prenda	[d]	dog, did
dia, bonde	[dʒ]	jet, fridge
faca, afinal	[f]	fib, physical
grande, agora	[g]	gag, great
gelo, cisne, anjo	[ʒ]	usual, measure
	[h]	how, perhaps
lata, feliz, cola	[l]	little, help
folha, ilha	[ʎ]	
mel, amigo	[m]	metal, comb
novo, mina	[n]	night, dinner
linha, sonho	[ɲ]	
anca, inglês	[ŋ]	sung, parking
pão, gripe	[p]	pop, people
cura, era	[r]	right, carry
rádio, terra	[x]	
cima, desse, caça	[s]	seal, peace
noz, bis, caixa, chá	[ʃ]	sheep, machine
tema, lata, porta	[t]	train, tip
tio, infantil	[tʃ]	chain, wretched
	[θ]	think, fifth
	[ð]	this, with
vela, ave	[v]	vine, love
zelo, brisa	[z]	zip, his

[ͬ] só se pronuncia quando é seguido de uma palavra que começa por vogal.

[ͬ] is pronounced only when followed by a word beginning with a vowel.

O símbolo fonético [(x)] em português indica que o 'r' no final da palavra é apenas levemente pronunciado, exceto quando seguido de palavra iniciada por vogal: nesse caso, pronuncia-se [r].

The symbol [(x)] in Portuguese phonetics indicates that final 'r' is often barely sounded unless it is followed by a word beginning with a vowel, in which case it is pronounced [r].

O símbolo ['] indica que a sílaba subseqüente é a tônica, sobre a qual recai o acento principal; [ˌ] indica que a sílaba subseqüente é a subtônica, sobre a qual recai o acento secundário.

The symbol ['] indicates that the following syllable carries primary stress and [ˌ] that the following syllable carries secondary stress.

As regras de pronúncia aplicadas ao português refletem a língua falada no Rio de Janeiro.

Portuguese phonetics reflect the language as spoken in Rio de Janeiro.

CONJUGAÇÕES/ PORTUGUESE VERBS

Chave: A = presente do indicativo, B = pretérito imperfeito do indicativo, C = pretérito perfeito do indicativo, D = pretérito mais-que-perfeito do indicativo, E = futuro do indicativo, F = futuro do pretérito, G = presente do subjuntivo, H = futuro do subjuntivo, I = pretérito imperfeito do subjuntivo, J = imperativo, K = gerúndio, L = infinitivo pessoal, M = particípio passado.

ANDAR: A ando, andas, anda, andamos, andais, andam, B andava, andavas, andava, andávamos, andáveis, andavam, C andei, andaste, andou, andamos, andastes, andaram, D andara, andaras, andara, andáramos, andáreis, andaram, E andarei, andarás, andará, andaremos, andareis, andarão, F andaria, andarias, andaria, andaríamos, andaríeis, andariam, G ande, andes, ande, andemos, andeis, andem, H andar, andares, andar, andarmos, andardes, andarem, I andasse, andasses, andasse, andássemos, andásseis, andassem, J anda, ande, andemos, andai, andem, K andando, L andar, andares, andar, andarmos, andardes, andarem, M andado.

chover: A chove, B chovia, C choveu, G chova, H chover, I chovesse, M chovido.

COMER: A como, comes, come, comemos, comeis, comem, B comia, comias, comia, comíamos, comíeis, comiam, C comi, comeste, comeu, comemos, comestes, comeram, D comera, comeras, comera, comêramos, comêreis, comeram, E comerei, comerás, comerá, comeremos, comereis, comerão, F comeria, comerias, comeria, comeríamos, comeríeis, comeriam, G coma, comas, coma, comamos, comais, comam, H comer, comeres, comer, comermos, comerdes, comerem, I comesse, comesses, comesse, comêssemos, comêsseis, comessem, J come, coma, comamos, comei, comam, K comendo, L comer, comeres, comer, comermos, comerdes, comerem, M comido.

conduzir: A conduzo, conduzes, conduz, etc., B conduzia, etc., C conduzi, conduziste, etc., G conduza, etc., I conduzisse, etc., J conduz, conduza, etc., M conduzido.

conhecer: A conheço, conheces, etc., B conhecia, etc., C conheci, conheceste, etc., D conhecera, etc., I conhecesse, conhecesses, etc., J conhece, conheça, etc., M conhecido.

conseguir: A consigo, consegues, consegue, etc., C consegui, conseguiste, etc., D conseguira, conseguiras, etc., E conseguirei, conseguirás, etc., J consegue, consiga, consigamos, consegui, consigam, M conseguido.

dar: A dou, dás, dá, damos, dais, dão, B dava, etc., C dei, deste, deu, demos, destes, deram, D dera, deras, etc., E darei, darás, etc., F daria, etc., G dê, dês, dê, dêmos, deis, dêem, H der, deres, etc., I desse, desses, etc., J dá, dê, dêmos, dai, dêem, K dando, L dar, dares, dar, darmos, dardes, darem, M dado.

dizer: A digo, dizes, diz, dizemos, dizeis, dizem ; B dizia, dizias, etc., C disse, disseste, disse, dissemos, dissestes, disseram, D dissera, disseras, etc., E direi, dirás, dirá, etc., F diria, dirias, etc., G diga, digas, etc., H disser, disseres, disser, dissermos, disserdes, disserem, I dissesse, dissesses, etc., J diz, diga, etc., K dizendo, L dizer, dizeres, dizer, dizermos, dizerdes, dizerem, M dito.

dormir: A durmo, dormes, dorme, dormimos, dormis, dormem, B dormia, dormias, etc., C dormi, dormiste, etc., D dormir, dormires, etc., J dorme, durma, durmamos, dormi, durmam, M dormido.

escrever: A escrevo, escreves, etc., B escrevia, escrevias, etc., C escrevi, escreveste, escreveu, etc., D escreverá, escreveras, etc., I escrevesse, escrevesses, etc., J escreve, escreva, etc., M escrito.

ESTAR: A estou, estás, está, estamos, estais, estão, B estava, estavas, estava, estávamos, estáveis, estavam, C estive, estiveste, esteve, estivemos, estivestes, estiveram, D estivera, estiveras, estivera, estivéramos, estivéreis, estiveram, E estarei, estarás, estará, estaremos, estareis, estarão, F estaria, estarias, estaria, estaríamos, estaríeis, estariam, G esteja, estejas, esteja, estejamos, estejais, estejam, H estiver, estiveres, estiver, estivermos, estiverdes, estiverem, I estivesse, estivesses, estivesse, estivéssemos, estivésseis, estivessem, J está, esteja, estejamos, estai, estejam, K estando, L estar, estares, estar, estarmos, estardes, estarem, M estado.

fazer: A faço, fazes, faz, etc., B fazia, fazias, etc., C fiz, fizeste, fez, fizemos, fizestes, fizeram, D fizera, fizeras, etc., E farei, farás, etc., F faria, farias, etc., G faça, faças, etc.; H fizer, fizeres, etc., I fizesse, fizesses, etc., J faz, faça, façamos, fazei, façam, M feito.

ir: A vou, vais, vai, vamos, ides, vão, Bia, ias, íamos, etc., C fui, foste, foi, fomos, fostes, foram, D fora, foras, fora, fôramos, fôreis, foram, E irei, irás, irá, iremos, ireis, irão, F iria, irias, iríamos, etc., G vá, vás, vá, vamos, vades, vão, H for, fores, for, formos, fordes, forem, I fosse, fosses, fosse, fôssemos, fôsseis, fossem, J vai, vá, vamos, ide, vão, K indo, L ir, ires, ir, irmos, irdes, irem, M ido.

ler: A leio, lês, lê, lemos, ledes, lêem, B lia, lias, etc., C li, leste, leu, etc., G leia, leias, etc., M lido.

nascer: A nasço, nasces, etc., B nascia, etc., C nasci, nasceste, nasceu, etc., D nascera, etc., G nasça, nasças, etc., H nascer, nasceres, etc., I nascesse, etc., M nascido.

negociar: A negoc(e)io, negoc(e)ias, negoc(e)ia, negociamos, negociais, negoc(e)iam, B negociava, etc., C negociei, negociaste, etc., G negoc(e)ie, negoc(e)ies, negoc(e)ie, negociemos, negocieis, negoc(e)iem, J negoc(e)ia, negoc(e)ie, negociemos, negociai, negoc(e)iem, M negociado.

oferecer: A ofereço, ofereces, etc., B oferecia, etc., C ofereci, ofereceste, ofereceu, etc., D oferecera, etc., G ofereça, ofereças, etc., I oferecesse, etc., J oferece, ofereça, ofereçamos, oferecei, ofereçam, M oferecido.

ouvir: A ouço, ouves, ouve, etc., B ouvia, etc., C ouvi, ouviste, ouviu, etc., D ouvira, etc., G ouça, ouças, etc., H ouvir, ouvires, etc., I ouvisse, ouvisses, etc., J ouve, ouça, ouçamos, ouvi, ouçam, M ouvido.

parecer: A pareço, pareces, parece, etc., B parecia, etc., C pareci, pareceste, etc., D parecera, etc., G pareça, pareças, etc., H parecer, pareceres, etc., I parecesse, parecesses, etc., M parecido.

PARTIR: A parto, partes, parte, partimos, partis, partem, B partia, partias, partia, partíamos, partíeis, partiam, C parti, partiste, partiu, partimos, partistes, partiram, D partira, partiras, partira, partíramos, partíreis, partiram, G parta, partas, parta, partamos, partais, partam, H partir, partires, partir, partirmos, partirdes, partirem, I partisse, partisses, partisse, partíssemos, partísseis, partissem, J parte, parta, partamos, parti, partam, K partindo, L partir, partires, partir, partirmos, partirdes, partirem, M partido.

passear: A passeio, passeias, passeia, passeamos, passeais, passeiam, B passeava, passeavas, etc., C passeei, passeaste, etc., E passearei, passearás, etc., G passeie, passeies, etc., J passeia, passeie, passeemos, passeai, passeiem, M passeado.

pedir: A peço, pedes, pede, etc., C pedi, pediste, pediu, etc., G peça, peças, etc., J pede, peça, peçamos, pedi, peçam, M pedido.

perder: A perco, perdes, perde, perdemos, perdeis, perdem, C perdi, perdeste, perdeu, etc., F perderia, perderias, etc., G perca, percas, perca, etc., H perder, perderes, etc., I perdesse, perdesses, etc., J perde, perca, percamos, perdei, percam, M perdido.

poder: A posso, podes, pode, podemos, podeis, podem, B podia, podias, etc., C pude, pudeste, pôde, pudemos, pudestes, puderam, G possa, possamos, etc., H puder, puderes, puder, etc., I pudesse, pudéssemos, etc.

pôr: A ponho, pões, põe, pomos, pondes, põem, B punha, púnhamos, etc., C pus, puseste, pôs, pusemos, pusestes, puseram, D pusera, puséramos, etc. E porei, porás, etc., F poria, porias, etc., G ponha, ponhas, etc., H puser, puseres, etc., I pusesse, puséssemos, etc., J põe, ponha, ponhamos, ponde, ponham, K pondo, L pôr, pores, pôr, pormos, pordes, porem, M posto.

querer: A quero, queres, quer, queremos, quereis, querem, C quis, quiseste, quis, quisemos, quisestes, quiseram, D quisera, quiséramos, etc., G queira, queiramos, etc., H quiser, quisermos, etc., I quisesse, quiséssemos, etc., J quer, queira, queiramos, querei, queiram,

K querendo, L querer, quereres, querer, querermos, quererdes, quererem, M querido.

rir: A rio, ris, ri, rimos, rides, riem, B ria, ríamos, etc., C ri, riste, riu, rimos, ristes, riram, D rira, ríramos, etc., G ria, rias, etc., H rir, rires, etc., I risse, ríssemos, etc., J ri, ria, riamos, ride, riam, K rindo, M rido.

saber: A sei, sabes, sabe, sabemos, sabeis, sabem, B sabia, sabíamos, etc., C soube, soubeste, soube, soubemos, soubestes, souberam, D soubera, soubéramos, etc., G saiba, saibas, saiba, saibamos, saibais, saibam, H souber, souberes, etc., I soubesse, soubesses, etc., J sabe, saiba, saibamos, sabei, saibam, M sabido.

sair: A saio, sais, sai, saímos, saís, saem, B saía, saías, etc., C saí, saíste, saiu, etc., D saíra, saíras, etc., G saia, saias, saia, saiamos, saiais, saiam, H sair, saíres, sair, etc., I saísse, saísses, etc., J saí, saia, saiamos, saí, saiam, K saindo, M saído.

sentar-se: A sento-me, sentas-te, senta-se, sentamo-nos, sentais-vos, sentam-se, B sentava-me, sentavas-te, sentava-se, sentávamo-nos, sentáveis-vos, sentavam-se, C sentei-me, sentaste-te, sentou-se, sentámo-nos, sentastes-vos, sentaram-se, D sentara-me, sentaras-te, sentara-se, sentáramo-nos, sentáreis-vos, sentaram-se, E sentar-me-ei, sentar-te-ás, sentar-se-á, sentar-nos-emos, sentar-vos-eis, sentar-se-ão, F sentar-me-ia, sentar-te-ias, sentar-se-ia, sentar-nos-íamos, sentar-vos-íeis, sentar-se-iam, G me sente, te sentes, se sente, nos sentemos, vos senteis, se sentem, H me sentar, te sentares, se sentar, nos sentarmos, vos sentardes, se sentarem, I me sentasse, te sentasses, se sentasse, nos sentássemos, vos sentásseis, se sentassem, J senta-te, sente-se, sentemo-nos, sentai-vos, sentem-se, K sentando-me, sentares-te, sentar-se, sentarmo-nos, sentardes-vos, sentarem-se, M sentado.

sentir: A sinto, sentes, sente, sentimos, sentis, sentem, B sentia, sentias, etc., C senti, sentiste, sentiu, etc., D sentira, etc., G sinta, sintas, etc., I sentisse, sentisses, etc., H sentir, sentires, etc., J sente, sinta, sintamos, senti, sintam, M sentido.

SER: A sou, és, é, somos, sois, são, B era, eras, era, éramos, éreis, eram, C fui, foste, foi, fomos, fostes, foram, D fora, foras, fora, fôramos, fôreis, foram, F seria, serias, seria, seríamos, seríeis, seriam, G seja, sejas, seja, sejamos, sejais, sejam, H for, fores, for, formos, fordes, forem, I fosse, fosses, fosse, fôssemos, fôsseis, fossem, J sê, seja, sejamos, sede, sejam, K sendo, L ser, seres, ser, sermos, serdes, serem, M sido.

TER: A tenho, tens, tem, temos, tendes, têm, B tinha, tinhas, tinha, tínhamos, tínheis, tinham, C tive, tiveste, teve, tivemos, tivestes, tiveram, D tivera, tiveras, tivera, tivéramos, tivéreis, tiveram, E terei, terás, terá, teremos, tereis, terão, F teria, terias, teria, teríamos, teríeis, teriam, G tenha, tenhas, tenha, tenhamos, tenhais, tenham, H tiver, tiveres, tiver, tivermos, tiverdes, tiverem, I tivesse, tivesses, tivesse, tivéssemos, tivésseis, tivessem, J tem, tenha, tenhamos, tende, tenham, K tendo, L ter, teres, ter, termos, terdes, terem, M tido.

trazer: A trago, trazes, traz, trazemos, trazeis, trazem, B trazia, trazias, etc., C trouxe, trouxeste, trouxe, trouxemos, trouxestes, trouxeram, D trouxera, trouxeras, etc., E trarei, trarás, trará, traremos, trareis, trarão, F traria, trarias, etc., G traga, tragas, etc., H trouxer, trouxeres, etc., I trouxesse, trouxesses, etc., j traz, traga, tragamos, trazei, tragam, K trazendo, L trazer, trazeres, trazer, trazermos, trazerdes, trazerem, M trazido.

ver: A vejo, vês, vê, vemos, vedes, vêem, B via, vias, etc., C vi, viste, viu, vimos, vistes, viram, D vira, viras, etc., E verei, verás, etc., G veja, vejas, veja, etc., H vir, vires, vir, virmos, virdes, virem, I visse, visses, visse, etc., J vê, veja, vejamos, vede, vejam, K vendo, L ver, veres, ver, vermos, verdes, verem, M visto.

vir: A venho, vens, vem, vimos, vindes, vêm, B vinha, vinhas, etc., C vim, vieste, veio, viemos, viestes, vieram, D viera, vieras, etc., E virei, virás, etc., G venha, venhas, etc., H vier, vieres, vier, etc., I viesse, viesses, etc., J vem, venha, venhamos, vinde, venham, K vindo, L vir, vires, vir, virmos, virdes, virem, M vindo.

A

a [a] *artigo definido* → **o.**
♦ *prep* - **1.** *(introduz um complemento indireto)* to; **mostrar algo a alguém** to show sthg to sb; **diga ao Zé para vir** tell Zé to come.
- **2.** *(relativo a direção)* to; **fomos à praia** we went to the beach; **cheguei a Salvador ontem** I arrived in Salvador yesterday.
- **3.** *(relativo a posição, lugar, distância)*: **é à esquerda/direita** it's on the left/right; **fica a 10 quilômetros** it's 10 kilometers away.
- **4.** *(relativo a quantidade, medida, preço)*: **às centenas/dúzias** by the hundred/dozen; **a quanto estão as peras?** how much are the pears?; **a quilo/metro** by the kilo/meter.
- **5.** *(indica modo, maneira)*: **feito à mão** handmade; **bater à máquina** to type; **ir a pé** to go on foot; **viajar a trabalho/passeio** to go on a business/pleasure trip; **à moda da casa** house style; **sal a gosto** salt to taste.
- **6.** *(relativo a velocidade)*: **dirigir a 60 km/h** to drive at 60 kph; **ela ia a 100km/h** she was going at 100 kph.
- **7.** *(indica freqüência)*: **três vezes ao dia** three times a day; **estou lá às terças e quintas** I'm there on Tuesdays and Thursdays.
- **8.** *(introduz complemento de tempo)*: **as lojas abrem às 9 horas** the stores open at 9 (o'clock); **chegam daqui a 2 horas** they're arriving in 2 hours' time; **fica a dez minutos daqui** it's ten minutes from here; **à noite** at night.
- **9.** *(indica série)*: **de ... a** from ... to; **façam os exercícios de um a dez** do exercises one to ten.
- **10.** *(seguido de infinitivo para exprimir momento)*: **ele começou a falar** he started speaking; **ele tropeçou ao subir no ônibus** he tripped as he was getting on the bus.

à [a] = **a + a** → **a.**

aba ['aba] *f (de chapéu)* brim; *(de roupa)* flap; *(corte de carne)* side of beef.

abacate [aba'katʃi] *m* avocado.

abacaxi [abaka'ʃi] *m* pineapple.

abadia [aba'dʒia] *f* abbey.

abafado, da [aba'fadu, da] *adj (ar)* stuffy; *(tempo)* close.

abafar

abafar [aba'fa(x)] vt (ruído) to muffle. ♦ vi (sufocar) to stifle.

abagunçado, da [abagũn'sadu, da] adj messed up.

abagunçar [abagũn'sa(x)] vt to mess up.

abaixar [abaj'ʃa(x)] vt to lower; (volume) to turn down; (preço, juros) to lower.

□ **abaixar-se** vp to bend down.

abaixo [a'bajʃu] adv down; **mais** ~ further down; ~ **de** below; ~ **o governo!** down with the government!

abaixo-assinado [a,bajʃuasi'nadu] (pl **abaixo-assinados** [a,bajʃuasi'naduʃ]) m petition.

abajur [aba'ʒu(x)] (pl -**res** [-riʃ]) m lampshade.

abalar [aba'la(x)] vt (estremecer) to shake.

abalo [a'balu] m: ~ (**sísmico de terra**) earth tremor.

abanar [aba'na(x)] vt (cabeça) to shake; (rabo) to wag.

abandonado, da [abãndo'nadu, da] adj (lugar) deserted; (cão, carro) abandoned.

abandonar [abãndo'na(x)] vt to abandon.

abandono [abãn'donu] m abandonment; ~ **do lar** desertion.

abarcar [abax'ka(x)] vt to cover.

abarrotado, da [abaxo'tadu, da] adj packed.

abarrotar [abaxo'ta(x)] vi to be full. ♦ vt to pack; ~ **de** to pack with.

abastecer [abaʃte'se(x)] vt to supply; AUT to fill up.

□ **abastecer-se** vp to stock up.

abater [aba'te(x)] vt (baixar) to reduce; (árvore) to fell; (animal) to slaughter.

abatimento [abatʃi'mẽntu] m (desconto) reduction; (fraqueza) weakness.

abcesso [ab'sɛsu] m abscess.

abdicar [abdʒi'ka(x)] vi to abdicate.

abdômen [ab'domẽ] m abdomen.

abdominal [abdomi'naw] (pl -**ais** [-ajʃ]) adj abdominal.

□ **abdominais** mpl: **fazer abdominais** to do sit-ups.

abecedário [abese'darju] m alphabet.

abelha [a'beʎa] f bee.

aberração [abexa'sãw] (pl -**ões** [-õjʃ]) f aberration.

aberto, ta [a'bɛxtu, ta] pp → **abrir**. ♦ adj open.

abertura [abex'tura] f opening; MÚS overture; ⲧⲟⲧaperture; '~ **fácil**' 'easy to open'.

abismo [a'biʒmu] m abyss.

abóbada [a'bɔbada] f vault.

abóbora [a'bɔbora] f pumpkin.

abobrinha [abo'briɲa] f zucchini Am, courgette Brit.

abolir [abo'li(x)] vt to abolish.

abordagem [abox'daʒẽ] (pl -**ns** [-ʃ]) f (de tema, situação) handling, treatment.

abordar [abox'da(x)] vt (pessoa) to approach; (assunto) to broach.

aborrecer [aboxe'se(x)] vt (irritar) to annoy; (entediar) to bore.

◻ **aborrecer-se** *vp (irritar-se)* to get annoyed; *(entediar-se)* to get bored.

aborrecido, da [aboxe'sidu, da] *adj (chato)* tedious; *(zangado)* annoyed.

aborrecimento [aboxesi'mẽntu] *m (tédio)* boredom; *(contrariedade)* annoyance.

abortar [abox'ta(x)] *vi* MED *(espontaneamente)* to have a miscarriage; *(intencionalmente)* to have an abortion.

aborto [a'boxtu] *m* MED *(espontâneo)* miscarriage; *(intencional)* abortion.

abotoar [abo'twa(x)] *vt* to button (up).

abraçar [abra'sa(x)] *vt* to hug.
◻ **abraçar-se** *vp* to hug each other.

abraço [a'brasu] *m* hug; um ~ *(em carta, postal)* best wishes.

abrandar [abrãn'da(x)] *vt (dor)* to ease. ◆ *vi (vento)* to drop; *(chuva)* to ease off.

abranger [abrã'ʒe(x)] *vt* to include.

abreviação [abrevja'sãw] *(pl -ões* [-õjʃ]*) f* abbreviation.

abreviatura [abrevja'tura] *f* abbreviation.

abridor [abri'do(x)] *(pl -res* [-riʃ]*) m:* ~ de garrafa bottle opener; ~ de lata can opener *Am*, tin opener *Brit*.

abrigar [abri'ga(x)] *vt* to shelter.
◻ **abrigar-se** *vp* to take cover.

abrigo [a'brigu] *m* shelter; ao ~ de under cover of.

abril [a'briw] *m* April → setembro.

abrir [a'bri(x)] *vt & vi* to open; ~ a boca *(bocejar)* to yawn; ~ uma exceção to make an exception; ~ um processo to file a case; ~ mão de algo *fig* to forego sthg.
◻ **abrir-se** *vp:* ~-se com alguém to confide in sb.

Abrolhos [a'brɔʎuʃ] *mpl* Abrolhos.

ⓘ ABROLHOS

The name comes from the expression "abra os olhos" ("open your eyes"), a warning given to sailors who approached the five small volcanic islands, some 80 kilometers off the south coast of Bahia. The coral reefs, which can reach 20 meters in height, are the biggest of the South Atlantic, and have been responsible for many shipwrecks. Due to its biological diversity, Abrolhos has been turned into a National Marine Park.

absolutamente [absoluta'mẽntʃi] *adv* absolutely. ◆ *excl* not at all!

absoluto, ta [abso'lutu, ta] *adj* absolute.

absolver [absow've(x)] *vt (perdoar)* to absolve; JUR to acquit.

absorção [absox'sãw] *f* absorption.

absorvente [absox'vẽtʃi] *adj* absorbent. ◆ *m* sanitary pad.

absorver [absor've(x)] *vt* to absorb.

abstêmio, mia [abʃ'temju, mja] *m, f* teetotaller.

abstenção [abʃtẽ'sãw] *f (de bebida, fumo)* abstinence; *(em votação)* abstention.

abstrato, ta [abʃ'tratu, ta] *adj* abstract.

absurdo, da [ab'suxdu, da] *adj* absurd. ◆ *m* nonsense.

abundância [abũ'dãsja] *f* abundance.

abundante [abũ'dãtʃi] *adj* abundant.

abusado, da [abu'zadu, da] *adj (atrevido)* forward.

abusar [abu'za(x)] *vi* to overdo things; ~ **de alguém** to abuse sb; ~ **da bebida/do fumo** to drink/smoke too much.

abuso [a'buzu] *m (de álcool, droga)* abuse; *JUR* indecent assault.

acabamento [akaba'mẽtu] *m* finish.

acabar [aka'ba(x)] *vt* to finish. ◆ *vi (tempo, programa, filme)* to finish, to end; *(água, pão, leite)* to run out; ~ **com algo** to put an end to sthg; ~ **com alguém** *(matar)* to kill sb; ~ **de fazer algo** to have just done sthg; ~ **bem** to end well; ~ **por fazer algo** to end up doing sthg. ❑ **acabar-se** *vp* to run out; **acabou-se!** that's enough!

academia [akade'mia] *f* academy; ~ **de belas-artes** Academy of Fine Arts; ~ **de ginástica** gymnasium.

açafrão [asa'frãw] *m* saffron.

acalmar [akaw'ma(x)] *vt* to calm. ◆ *vi (vento, dor)* to abate. ❑ **acalmar-se** *vp* to calm down.

acampamento [akãmpa'mẽtu] *m* camp.

acampar [akãm'pa(x)] *vi* to camp.

acanhado, da [aka'nadu, da] *adj* shy.

acanhar-se [aka'naxsi] *vp* to feel shy.

ação [a'sãw] *(pl -ões* [-õjʃ]*) f* action; *(título de crédito)* share; *(de peça teatral)* plot; *JUR* case.

acariciar [akari'sja(x)] *vt* to caress.

acaso [a'kazu] *m* chance, accident; **ao** ~ at random; **por** ~ by chance ou accident.

acatar [aka'ta(x)] *vt (ordem, lei)* to obey.

aceder [ase'de(x)] *vi* to consent.

aceitar [asej'ta(x)] *vt* to accept.

aceito, ta [a'sejtu, ta] *pp* → aceitar.

acelerador [aselera'do(x)] *(pl -res* [-riʃ]*) m AUT* gas pedal *Am*, accelerator *Brit*.

acelerar [asele'ra(x)] *vt* to speed up. ◆ *vi* to accelerate.

acenar [ase'na(x)] *vi (com braço)* to wave; *(com cabeça)* to nod.

acender [asẽ'de(x)] *vt (cigarro, vela, lareira)* to light; *(lâmpada, luminária)* to switch ou turn on.

aceno [a'senu] *m (with arm)* gesture; **um ~ de cabeça** a nod.

acento [a'sẽntu] *m (sinal gráfico)* accent; *(inflexão)* stress; **~ agudo/grave** acute/grave accent; **~ circunflexo** circumflex.

acepção [asep'sãw] *(pl* -ões [-õjʃ]) *f* sense.

acerca [a'sexka] *prep* about, concerning: **acerca de** *prep* about, concerning.

acertar [asex'ta(x)] *vt (relógio)* to set. ◆ *vi:* **~ em** *(em alvo)* to hit; *(em resposta)* to get right; **~ com** *(com lugar, local)* to find; **acertou!** *(adivinhou)* you got it right!

aceso, sa [a'sezu, za] *pp* → **acender.** ◆ *adj (luz, fogo)* on; *(excitado)* excited.

acessível [ase'sivew] *(pl* -eis [-ejʃ]) *adj* accessible; *(preço)* affordable; *(pessoa)* approachable.

acesso [a'sesu] *m* access; *(de raiva, histeria)* fit; **de fácil ~** easy to get to.

acessório [ase'sɔrju] *m* accessory.

acetona [ase'tona] *f* nail polish remover.

achado [a'ʃadu] *m (descoberta)* find; *(pechincha)* bargain.

achar [a'ʃa(x)] *vt* to find; **~ que** to think (that); **acho que não** I don't think so; **acho que sim** I think so.

acidentado, da [asidẽn'tadu, da] *adj (terreno)* rough; *(viagem, férias)* eventful. ◆ *m, f* injured person.

acidental [asidẽn'taw] *(pl* -ais [-ajʃ]) *adj* accidental.

acidente [asi'dẽntʃi] *m* accident; *(de terreno)* bump.

acidez [asi'deʒ] *f* acidity.

ácido, da ['asidu, da] *adj (sabor)* sour. ◆ *m* acid.

acima [a'sima] *adv* up; **mais ~** higher up; **~ de** above; **~ de tudo** above all.

acionar [asjo'na(x)] *vt* to set in motion; **~ alguém** *JUR* to prosecute sb.

acionista [asjo'niʃta] *mf* shareholder.

acne ['akni] *f* acne.

aço ['asu] *m* steel; **~ inoxidável** stainless steel.

ações → **ação.**

acolhimento [akoʎi'mẽntu] *m* welcome.

acompanhamento [akõmpaɲa'mẽntu] *m (de evolução, situação)* following; *(de prato de carne, peixe)* side dish, side order; *MÚS* accompaniment.

acompanhante [akõmpa'ɲãntʃi] *mf* companion; *MÚS* accompanist.

acompanhar [akõmpa'ɲa(x)] *vt* to accompany; *(programa, situação)* to follow.

aconchegante [akõʃe'gãntʃi] *adj* cosy.

aconselhar [akõse'ʎa(x)] *vt* to advise.

❏ **aconselhar-se** *vp* to get advice.

aconselhável [akõse'ʎavew] *(pl* -eis [-ejʃ]) *adj* advisable; **pouco ~** inadvisable.

acontecer [akõnte'se(x)] *vi* to happen; **(mas) acontece que ...**

but as it happens ...; **aconteça o que** ~ come what may.

acontecimento [akõntesi'mẽntu] *m* event.

acordar [akox'da(x)] *vt & vi* to wake up.

acorde [a'kɔxdʒi] *m MÚS* chord.

acordo [a'koxdu] *m* agreement; *JUR* accord; **de** ~ ! all right!; **estar de** ~ **com** to agree with; **de** ~ **com** in accordance with.

Açores [a'soriʃ] *mpl* the Azores.

acostamento [akoʃta'mẽntu] *m* shoulder *Am*, hard shoulder *Brit*.

acostumado, da [akoʃtu'madu, da] *adj*: **estar** ~ **a algo** to be used to sthg.

acostumar-se [akoʃtu'maxsi] *vp*: ~ **com algo** to get used to sthg; ~ **a fazer algo** to get used to doing sthg.

açougue [a'sogi] *m* butcher shop.

açougueiro, ra [aso'gejru, ra] *m, f* butcher.

acreditar [akredʒi'ta(x)] *vi* to believe; ~ **em** to believe in.

acrescentar [akresẽn'ta(x)] *vt* to add.

acréscimo [a'kresimu] *m* increase.

açúcar [a'suka(x)] *m* sugar; ~ **mascavo** dark brown sugar.

açucareiro [asuka'rejru] *m* sugar bowl.

acumular [akumu'la(x)] *vt* to accumulate.

acupuntura [akupũn'tura] *f* acupuncture.

acusação [akuza'sãw] (*pl* -ões [-õjʃ]) *f* (*denúncia*) accusation; (*queixa*) complaint; *JUR* (*declaração*) charge; *JUR* (*acusador*) plaintiff.

acusar [aku'za(x)] *vt* to accuse; (*revelar*) to reveal.

adaptação [adapta'sãw] (*pl* -ões [-õjʃ]) *f* adaptation.

adaptador [adapta'do(x)] (*pl* -res [-riʃ]) *m* adaptor.

adaptar [adap'ta(x)] *vt* to adapt.

❑ **adaptar-se** *vp*: ~-**se a** to adapt to.

adepto, ta [a'dɛptu, ta] *m, f* supporter.

adequado, da [ade'kwadu, da] *adj* appropriate.

aderente [ade'rẽntʃi] *adj* (*pneu*) nonskid.

aderir [ade'ri(x)] *vi* to stick; ~ **a algo** *fig* (*a idéia, partido*) to support sthg.

adesão [ade'zãw] (*pl* -ões [-õjʃ]) *f* (*a idéia, partido*) support.

adesivo, va [ade'zivu, va] *adj* adhesive. ❖ *m* adhesive tape.

adesões → **adesão**.

adeus [a'dewʃ] *m* goodbye. ❖ *interj* goodbye!; **dizer** ~ to say goodbye.

adiantado, da [adʒiãn'tadu, da] *adj* (*no tempo*) ahead of schedule; (*no espaço*) advanced. ❖ *adv*: **chegar** ~ to arrive early; **estar** ~ (*relógio*) to be fast; **pagar** ~ to pay in advance.

adiantar [adʒiãn'ta(x)] vt (relógio) to put forward; (dinheiro) to advance; (trabalho) to get ahead with. ◆ v impess: **não adianta gritar** there's no point in shouting.
◻ **adiantar-se** vp (no espaço) to get ahead.

adiante [a'dʒiãntʃi] adv ahead.
◆ interj forward!; **mais ~** further on; **passar ~** to overlook; **e por aí ~** and so forth.

adiar [adʒi'a(x)] vt to postpone.

adição [adʒi'sãw] (pl **-ões** [-õjʃ]) f addition.

adicionar [adʒisjo'na(x)] vt (acrescentar) to add; (somar) to add up.

adições → adição.

adivinha [adʒi'viɲa] f riddle.

adivinhar [adʒivi'ɲa(x)] vt to guess; (futuro) to predict; (decifrar) to solve.

adjetivo [adʒe'tʃivu] m adjective.

administração [adʒiminiʃtra'sãw] f administration; (os administradores) management; (local) administrative office.

administrador, ra [adʒiminiʃtra'do(x), ra] (mpl **-res** [-riʃ], fpl **-s** [-ʃ]) m, f administrator.

administrar [adʒiminiʃ'tra(x)] vt to administer.

admiração [adʒimira'sãw] f (espanto) amazement; (respeito, estima) admiration.

admirador, ra [adʒimira'do(x), ra] (mpl **-res** [-riʃ], fpl **-s** [-ʃ]) m, f admirer.

admirar [adʒimi'ra(x)] vt (con-templar) to admire; (espantar) to amaze.
◻ **admirar-se** vp to be surprised.

admirável [adʒimi'ravew] (pl **-eis** [-ejʃ]) adj (incrível) amazing; (digno de respeito) admirable.

admissão [adʒimi'sãw] (pl **-ões** [-õjʃ]) f admission.

admitir [adʒimi'tʃi(x)] vt (permitir) to allow; (deixar entrar) to admit.

adoção [ado'sãw] (pl **-ões** [-õjʃ]) f adoption.

adoçar [ado'sa(x)] vt to sweeten.

adoecer [adoe'se(x)] vi to get sick.

adolescência [adole'sẽsja] f adolescence.

adolescente [adole'sẽtʃi] mf adolescent.

adorar [ado'ra(x)] vt to adore, to love.

adorável [ado'ravew] (pl **-eis** [-ejʃ]) adj adorable.

adormecer [adoxme'se(x)] vt to send to sleep. ◆ vi to fall asleep.

adotado, da [ado'tadu, da] adj adopted.

adotar [ado'ta(x)] vt to adopt; (livro) to choose.

adquirir [adʒiki'ri(x)] vt to acquire.

adrenalina [adrena'lina] f adrenalin.

adultério [aduw'tɛrju] m adultery.

adulto, ta [a'duwtu, ta] adj & m, f adult.

advérbio [ad'vɛxbju] *m* adverb.

adversário, ria [adʒivex'sarju, rja] *adj* opposing. ◆ *m, f* opponent.

advertência [adʒivex'tẽsja] *f* warning.

advogado, da [adʒivo'gadu, da] *m, f* lawyer, attorney *Am*.

aéreo, rea [a'ɛrju, rja] *adj* air *(antes de s)*; **via aérea** air mail; *fig (distraído)* absent-minded.

aerodinâmico, ca [aerodʒi'nãmiku, ka] *adj* aerodynamic.

aeródromo [aɛ'rɔdromu] *m* airfield.

aeromoça [aero'mosa] *f* flight attendant.

aeronáutica [aero'nawtʃika] *f* air force.

aeroporto [aero'poxtu] *m* airport.

aerossol [aero'sɔw] *(pl* **-óis** [-ɔjʃ]) *m* aerosol.

afagar [afa'ga(x)] *vt* to stroke.

afastado, da [afaʃ'tadu, da] *adj (distante)* remote; *(retirado)* isolated.

afastar [afaʃ'ta(x)] *vt (desviar)* to move away; *(apartar)* to separate.

❏ **afastar-se** *vp (desviar-se)* to move away; *(distanciar-se)* to distance o.s.

afeição [afej'sãw] *f (afeto)* affection; *(inclinação)* liking.

afetar [afe'ta(x)] *vt* to affect.

afetivo, va [afe'tʃivu, va] *adj (pessoa)* affectionate; *(carência, problema, vida)* emotional.

afeto [a'fɛtu] *m* affection.

afetuoso, osa [afe'tuozu, ɔza] *adj* affectionate.

afiado, da [a'fjadu, da] *adj* sharp.

afiar [afi'a(x)] *vt* to sharpen.

aficionado, da [afisjo'nadu, da] *m, f* enthusiast.

afilhado, da [afi'ʎadu, da] *m, f* godson.

afim [a'fĩ] *(pl* **-ns** [-ʃ]) *adj* related. ◆ *m (parente)* relative, relation.

afinado, da [afi'nadu, da] *adj (instrumento musical)* in tune.

afinal [afi'naw] *adv:* ~ **(de contas)** after all.

afinar [afi'na(x)] *vt (instrumento, motor)* to tune.

afinidade [afini'dadʒi] *f* affinity.

afins → **afim**.

afirmação [afixma'sãw] *(pl* **-ões** [-õjʃ]) *f* statement.

afirmar [afix'ma(x)] *vt* to state.

afirmativo, va [afixma'tʃivu, va] *adj* affirmative.

afixar [afik'sa(x)] *vt (cartaz, aviso)* to put up.

aflição [afli'sãw] *(pl* **-ões** [-õjʃ]) *f* distress.

afligir [afli'ʒi(x)] *vt* to worry.

❏ **afligir-se** *vp* to worry; **~-se com** to worry about.

afluência [aflu'ẽsja] *f* stream.

afogador [afoga'do(x)] *(pl* **-res** [-riʃ]) *m* choke.

afogamento [afoga'mẽntu] *m* drowning.

afogar [afo'ga(x)] *vt* to drown.

agitar

◻ **afogar-se** vp to drown.
afônico, ca [a'foniku, ka] adj:
estar ~ to lose one's voice.
Afoxés [a'foksef] mpl traditional
groups who proceed through the
streets during Carnival.

ℹ️ **AFOXÉS**

These are groups which, since
the end of the nineteenth
century, walk in procession
through the streets of certain
Brazilian cities during Carnival. Semi-religious in character, the most famous take
place in Salvador. The partici-
pants sing in the language of
"nagô" (the ritual language of
"candomblé"), accompanied
by "atabaques", "agogôs" and
"cabaças" (traditional percus-
sive instruments). One of the
leading groups is the Bahian
"Filhos de Gandhi" (Sons of
Gandhi).

afresco [a'frefku] m fresco.
África ['afrika] f: a ~ Africa.
africano, na [afri'kanu, na]
adj & m, f African.
afro-brasileiro, ra [,afrobra-
zi'lejru, ra] adj Afro-Brazilian.
♦ m, f Brazilian person of African
extraction.
afronta [a'frõta] f insult.
afrouxar [afro'fa(x)] vt (cinto,
laço de sapato) to loosen.
afta ['afta] f mouth ulcer.
afugentar [afugẽ'ta(x)] vt to
drive away.

afundar [afũn'da(x)] vt to sink.
◻ **afundar-se** vp to sink.
agachar-se [aga'faxsi] vp to
squat.
agarrar [aga'xa(x)] vt (apanhar,
segurar) to grab; (alcançar, apanhar no ar) to catch.
◻ **agarrar-se** vp: ~-se a
(segurar-se a) to grab hold of;
(pegar-se a) to stick to.
agasalhar-se [agaza'faxsi] vp
to wrap up warm.
agasalho [aga'zaʎu] m (casaco)
coat; (pulôver) sweater.
ágeis → **ágil**.
agência [a'ʒẽsja] f office; ~
bancária branch (of a bank); ~
de câmbio foreign exchange;
~ de correio post office; ~ funerária funeral home; ~ imobiliária real estate office Am, estate
agent's Brit; ~ de viagens travel
agency.
agenda [a'ʒẽnda] f (livro) engagement calendar; (plano de reunião) agenda.
agente [a'ʒẽntʃi] mf (de polícia)
policeman; (de vendas) sales representative; ~ secreto secret
agent.
ágil ['aʒiw] (pl ágeis [a'ʒejʃ]) adj
agile.
agilidade [aʒili'dadʒi] f agility.
agir [a'ʒi(x)] vi to act.
agitação [aʒita'sãw] f agitation.
agitado, da [aʒi'tadu, da] adj
(pessoa) agitated; (mar) rough.
agitar [aʒi'ta(x)] vt (líquido) to
shake; 'agite antes de abrir'
'shake well before opening'.
◻ **agitar-se** vp to get agitated.

aglomeração [aglomera'sãw] (*pl* -ões [-õjʃ]) *f* (*de pessoas*) crowd; (*de detritos*) pile.

agonia [ago'nia] *f* (*angústia*) agony; (*náusea*) nausea; (*antes da morte*) death throes *pl*.

agora [a'gɔra] *adv* now; **é ~ ou nunca** it's now or never; **só ~!** at last!; **só ~ é que cheguei** I just got here; **mesmo ~** right now; **~ que** now that; **essa ~!** whatever next!; **por ~** for the time being.

agosto [a'goʃtu] *m* August → **setembro**.

agradar [agra'da(x)] *vi*: **~ a alguém** to please sb.

agradável [agra'davew] (*pl* -eis [-ejʃ]) *adj* pleasant.

agradecer [agrade'se(x)] *vt* to thank. ◆ *vi*: **~ a alguém algo**, **~ algo a alguém** to thank sb for sthg.

agradecido, da [agrade'sidu, da] *adj* grateful; **muito ~!** many thanks!

agradecimento [agradesi'mẽntu] *m* thanks (*pl*).

agravamento [agrava'mẽntu] *m* worsening.

agravante [agra'vãntʃi] *adj* aggravating. ◆ *f* aggravating circumstance.

agravar [agra'va(x)] *vt* to make worse.

agredir [agre'dʒi(x)] *vt* to attack.

agressão [agre'sãw] (*pl* -ões [-õjʃ]) *f* (*ataque*) attack.

agressivo, va [agre'sivu, va] *adj* aggressive.

agressões → **agressão**.

agrião [agri'ãw] (*pl* -ões [-õjʃ]) *m* watercress.

agrícola [a'grikola] *adj* agricultural.

agricultor, ra [agrikuw'to(x), ra] (*mpl* -res [-riʃ], *fpl* -s [-ʃ]) *m*, *f* farmer.

agricultura [agrikuw'tura] *f* agriculture.

agridoce [agri'dosi] *adj* sweet-and-sour.

agriões → **agrião**.

agronomia [agrono'mia] *f* agronomy.

agrupar [agru'pa(x)] *vt* to group together.

água ['agwa] *f* water; **~ doce/salgada** fresh/salt water; **~ corrente** running water; **~ mineral com gás** ou **gaseificada** fizzy ou sparkling mineral water; **~ mineral sem gás** still mineral water; **~ oxigenada** peroxide; **~ potável** drinking water; **~ sanitária** household bleach; **~ tônica** tonic water; **de dar ~ na boca** mouthwatering; **ir por ~ abaixo** to be called off.

aguaceiro [agwa'sejru] *m* downpour.

aguado, da [a'gwadu, da] *adj* watery.

aguardar [agwar'da(x)] *vt* to wait for.

aguardente [agwax'dẽntʃi] *f* liquor *Am*, spirit *Brit*; **~ de cana** rum; **~ de pêra** pear brandy.

água-viva [,agwa'viva] (*pl* **águas-vivas** [,agwaʒ'vivaʃ]) *f* jellyfish.

aguçado, da [agu'sadu, da] *adj* sharp.

aguçar [agu'sa(x)] *vt* to sharpen.

agudo, da [a'gudu, da] *adj (dor)* sharp; *(som, voz)* shrill; *(doença)* acute.

agüentar [agwēn'ta(x)] *vt* to stand.

❏ **agüentar com** *v + prep (peso)* to support.

águia ['agja] *f* eagle.

agulha [a'guʎa] *f* needle.

ai [aj] *interj* ouch!

aí [a'i] *adv* there; *(então)* then; **por ~** *(direção)* that way; *(em lugar indeterminado)* over there.

AIDS [ajdʒs] *f* AIDS.

ainda [a'ĩnda] *adv* still; **~ agora** only just; **~ assim** even so; **~ bem!** thank goodness!; **~ bem que** thank goodness; **~ não** not yet; **~ por cima** to cap it all; **~ que** even though.

aipim [aj'pĩ] *(pl* **-ns** [-ʃ]) *m* cassava, manioc.

aipo ['ajpu] *m* celery.

ajeitar [aʒej'ta(x)] *vt (cabelo)* to tidy up; *(gravata, saia)* to straighten.

❏ **ajeitar-se** *vp (acomodar-se)* to make o.s. comfortable.

ajoelhar-se [aʒwe'ʎaxsi] *vp* to kneel down.

ajuda [a'ʒuda] *f* help.

ajudante [aʒu'dāntʃi] *mf* helper.

ajudar [aʒu'da(x)] *vt* to help.

ajuste [a'ʒuʃtʃi] *m*: **~ de contas** revenge.

ala ['ala] *f (fileira)* row; *(de edifício)* wing.

alameda [ala'meda] *f* avenue.

alargar [alax'ga(x)] *vt (estrada)* to widen; *(peça de roupa)* to let out. ◆ *vi (pulôver, luvas etc.)* to stretch.

alarido [ala'ridu] *m* uproar.

alarmante [alax'māntʃi] *adj* alarming.

alarme [a'laxmi] *m* alarm; **~ falso** false alarm.

alastrar [alaʃ'tra(x)] *vt* to spread.

❏ **alastrar-se** *vp* to spread.

alavanca [ala'vāŋka] *f* lever.

albergue [aw'bɛxgi] *m* hostel; **~ da juventude** youth hostel.

álbum ['awbũ] *(pl* **-ns** [-ʃ]) *m* album.

alça ['awsa] *f (de vestido, arma)* strap; *(de bolsa, mala)* handle.

alcachofra [awka'ʃofra] *f* artichoke.

alcançar [awkã'sa(x)] *vt* to reach; *(apanhar)* to catch up; *(obter)* to get; *(compreender)* to grasp.

alcance [aw'kãsi] *m (de mão)* reach; *(de vista, projétil)* range; **ao ~ de** *(de mão)* within reach of; *(de vista, projétil)* within range of; **fora do ~ de** *(de mão)* out of reach of; *(de vista, projétil)* out of range of.

alçapão [awsa'pãw] *(pl* **-ões** [-õjʃ]) *m* trapdoor.

alcaparras [awka'paxaʃ] *fpl* capers.

alçapões → **alçapão**.

alcatrão [awka'trãw] *m* tar.

álcool ['awk(w)ɔw] m *(bebidas alcoólicas)* alcohol; *(etanol)* ethanol; ~ **etílico** ethyl alcohol.

alcoólatra [aw'kɔlatra] m, f alcoholic; **os Alcoólatras Anónimos** Alcoholics Anonymous.

alcoólico, ca [aw'kwɔliku, ka] *adj & m*, f alcoholic.

aldeia [aw'deja] f village.

alecrim [ale'krĩ] m rosemary.

alegar [ale'ga(x)] vt to state; *(explicar)* to claim.

alegoria [alego'ria] f allegory.

alegrar [ale'gra(x)] vt *(pessoa)* to cheer up; *(ambiente, casa)* to brighten up; *(festa)* to liven up.
◻ **alegrar-se** vp to cheer up.

alegre [a'lɛgri] adj *(dia, cor)* bright; *(pessoa)* cheerful; fig *(bêbado)* merry.

alegria [ale'gria] f joy.

aleijado, da [alej'ʒadu, da] adj crippled.

aleijar [alej'ʒa(x)] vt *(mutilar)* to cripple.

além [a'lɐ̃j] adv over there. ◆ m: **o** ~ the hereafter; ~ **disso** besides; ~ **do mais** besides which; **mais** ~ further on.

Alemanha [ale'maɲa] f: **a** ~ Germany.

alergia [alex'ʒia] f allergy; fig *(a trabalho, estudo)* aversion.

alérgico, ca [a'lɛxʒiku, ka] adj allergic.

alerta [a'lɛxta] adv on the alert. ◆ m alert.

alfabético, ca [awfa'bɛtʃiku, ka] adj alphabetical.

alfabeto [awfa'bɛtu] m alphabet.

alface [aw'fasi] f lettuce.

alfaiate [awfa'jatʃi] m tailor.

alfândega [aw'fɐ̃dega] f customs pl.

alfazema [awfa'zema] f lavender.

alfinete [awfi'netʃi] m pin; *(jóia)* brooch; ~ **de gravata** tie pin; ~ **de segurança** safety pin.

alga ['awga] f seaweed.

algarismo [awga'riʒmu] m numeral.

algazarra [awga'zaxa] f racket.

álgebra ['awʒebra] f algebra.

algemas [aw'ʒemaʃ] fpl handcuffs.

algo ['awgu] pron something.

algodão [awgo'dɐ̃w] m cotton; ~ **doce** cotton candy Am, candyfloss.

alguém [aw'gẽj] pron *(em afirmações)* somebody, someone; *(em perguntas)* anybody, anyone; **ser** ~ *(ser importante)* to be somebody.

algum, alguma [aw'gũ, ma] *(mpl* **-ns** [-ʃ], *fpl* **-s** [-ʃ])* adj *(indeterminado)* some; *(em interrogativas, negativas)* any. ◆ pron *(indicando coisa)* somebody; *(indicando coisa)* one; *(em interrogativas: pessoa)* anybody; *(em interrogativas: coisa)* any; ~ **dia** one ou some day; **alguma coisa** something, anything; **alguma vez** sometime.
◻ **alguns** pron pl some.

alheio, alheia [a'ʎeju, a'ʎeja] adj *(de outrem)* someone else's;

(desconhecido) foreign; *(distraído)* distracted; ~ **a** *(sem consciência de)* oblivious to.

alho [ˈaʎu] *m* garlic.

alho-porro [ˌaʎuˈpoʀu] *(pl* **alhos-porros** [ˌaʎuʃˈpoʀʃ]) *m* leek.

ali [aˈli] *adv* there; **aqui e** ~ here and there; **até** ~ up until then; **logo** ~ just there; **ele foi por** ~ he went that way.

aliado, da [aˈljadu, da] *adj* allied. ◆ *m, f* ally.

aliança [aˈljãsa] *f* alliance; *(anel)* wedding ring.

aliar [aliˈa(x)] *vt* to ally. ❏ **aliar-se** *vp* to form an alliance.

aliás [aˈljajʃ] *adv (a propósito)* as a matter of fact; *(além disso)* moreover.

álibi [ˈalibi] *m* alibi.

alicate [aliˈkatʃi] *m* pliers *pl*; ~ **de unhas** nail clippers.

alicerce [aliˈsɛxsi] *m* foundation.

aliciar [alisiˈa(x)] *vt* to entice.

alienado, da [aljeˈnadu, da] *adj (pessoa)* alienated; *(bem)* transferred.

alimentação [alimẽtaˈsãw] *f (alimentos)* food; *(ato)* feeding; *(dieta alimentar)* diet; *(de máquina)* supply.

alimentar [alimẽˈta(x)] *(pl* **-res** [-riʃ]) *adj* food *(antes de s).* ◆ *vt (pessoa, animal)* to feed; *(máquina)* to fuel. ❏ **alimentar-se** *vp* to eat.

alimentício, cia [alimẽˈtʃisju, sja] *adj* nutritious.

alimento [aliˈmẽtu] *m (comida)* food.

alinhado, da [aliˈɲadu, da] *adj (em linha)* aligned; *(pessoa)* elegant.

alinhamento [aliɲaˈmẽtu] *m* INFORM justification.

alinhar [aliˈɲa(x)] *vt (pôr em linha)* to align; INFORM *(texto)* to justify.

alisar [aliˈza(x)] *vt* to smooth.

alistar [aliʃˈta(x)] *vt* to recruit. ❏ **alistar-se** *vp (em exército)* to enlist; *(em partido)* to join.

aliviar [aliviˈa(x)] *vt (dor)* to relieve; *(peso)* to lighten.

alívio [aˈlivju] *m* relief; *(de peso)* lightening.

alma [ˈawma] *f* soul.

almoçar [awmoˈsa(x)] *vi* to have lunch. ◆ *vt* to have for lunch.

almoço [awˈmosu] *m* lunch.

almofada [awmoˈfada] *f (de sofá)* cushion; *(de carimbo)* inkpad.

almôndega [awˈmõdega] *f* meatball.

alô [aˈlo] *interj* hello!

alojamento [aloʒaˈmẽtu] *m (ato)* housing; *(lugar)* accommodations *pl Am,* accommodation *Brit.*

alojar [aloˈʒa(x)] *vt* to put up. ❏ **alojar-se** *vp* to stay.

alpinismo [awpiˈniʒmu] *m* mountaineering; **fazer** ~ to go climbing.

alpinista [awpiˈniʃta] *mf* mountaineer.

alta ['awta] f *(de preço, valor)* rise; **dar ∼ a** *(doente)* to discharge; **ter ∼** *(de hospital)* to be discharged.

altar [aw'ta(x)] *(pl* **-res** [-riʃ]*) m* altar.

alteração [awtera'sãw] *(pl* **-ões** [-õjʃ]*)* f alteration; **sem ∼** unaltered.

alterar [awte'ra(x)] *vt* to alter.

alternar [awtex'na(x)] *vt* to alternate.

alternativa [awtexna'tʃiva] f alternative.

altitude [awtʃi'tudʒi] f altitude.

altivo, va [aw'tʃivu, va] *adj (orgulhoso)* proud; *(arrogante)* haughty.

alto, ta ['awtu, ta] *adj* high; *(pessoa, árvore, edifício)* tall; *(som, voz)* loud. ◆ *interj* stop! ◆ *m (cume)* top. ◆ *adv (falar, rir)* loud; *(relativo a posição)* high; **alta costura** haute couture; **do ∼ de** from the top of; **por ∼** *fig* superficially; **o mais ∼/a mais alta** *(pessoa)* the tallest; *(objeto)* the highest.

alto-falante ['awtofa'lãtʃi] *m* loudspeaker.

altura [aw'tura] f *(de pessoa, objeto)* height; *(de som)* level; *(altitude)* altitude; *(ocasião, época)* time; *(momento)* moment; **um metro de ∼** a meter high; **a certa** OU **dada ∼** at a given moment; **nessa ∼** at that time; **por ∼ de** around; **estar à ∼ da situação** to be equal to the task.

alucinação [alusina'sãw] *(pl*

-ões [-õjʃ]*)* f hallucination.

alucinante [alusi'nãntʃi] *adj* amazing.

aludir [alu'di(x)]: **aludir a** *v +* *prep* to allude to.

alugar [alu'ga(x)] *vt (casa)* to rent; *(carro)* to rent *Am,* to hire *Brit.*

aluguel [alu'gɛw] *(pl* **-éis** [-ɛjʃ]*) m (de casa)* rent; *(de carro)* rental *Am,* hire *Brit.*

alumínio [alu'minju] *m* aluminum.

aluno, na [a'lunu, na] *m, f (de escola)* pupil; *(de universidade)* student; **∼ ouvinte** visiting student.

alusão [alu'zãw] *(pl* **-ões** [-õjʃ]*)* f allusion; **fazer ∼ a** to allude to.

alvejar [awve'ʒa(x)] *vt* to shoot.

alvo ['awvu] *m* target.

alvorada [awvo'rada] f dawn.

alvoroço [awvo'rosu] *m (gritaria)* uproar; *(excitação)* commotion.

amabilidade [amabili'dadʒi] f kindness.

amaciante [ama'sjãntʃi] *m:* **∼ (de roupa)** fabric softener.

amador, ra [ama'do(x), ra] *(mpl* **-res** [-riʃ]*, fpl* **-s** [-ʃ]*) adj &* *m,* f amateur.

amadurecer [amadure'se(x)] *vi (fruta)* to ripen; *(pessoa)* to mature; *fig (idéia)* to mature.

âmago ['âmagu] *m* heart.

amainar [amaj'na(x)] *vi fig (vento, chuva)* to abate.

amaldiçoar [amawdiˈswa(x)] vt to curse.

amálgama [aˈmawgama] m f amalgam.

amamentar [amamẽnˈta(x)] vt to breastfeed, to nurse Am.

amanhã [amaˈɲã] adv & m tomorrow; ~ **de manhã** tomorrow morning; ~ **à noite/tarde** tomorrow evening/afternoon; **depois de** ~ the day after tomorrow; **o** ~ the future.

amanhecer [amaɲeˈse(x)] m dawn. ◆ v impess: **já amanheceu** dawn has broken.

amansar [amãˈsa(x)] vt to tame.

amante [aˈmãntʃi] mf lover; **ser** ~ **de** to be a lover of.

amar [aˈma(x)] vt to love.

amarelo, la [amaˈrɛlu, la] adj & m yellow.

amargar [amaxˈga(x)] vi to taste bitter. ◆ vt (desilusão) to suffer.

amargo, ga [aˈmaxgu, ga] adj bitter; fig (vida) hard.

amarrar [amaˈxa(x)] vt (barco) to moor; (pessoa, animal) to tie up.

amarrotar [amaxoˈta(x)] vt (papel) to crumple (up); (roupa) to crease.

amassar [amaˈsa(x)] vt (pão) to knead; (carro) to smash up.

amável [aˈmavɛw] (pl -eis [-ejʃ]) adj kind.

Amazonas [amaˈzonaʃ] m: **o** ~ the Amazon.

Amazônia [amaˈzonja] f: **a** ~ the Amazon region.

AMAZÔNIA

The Amazon region is home to the largest equatorial rain forest in the world, covering almost five million square kilometers. This ancient tropical forest makes up a third of Brazil's surface area and extends into Peru, Colombia and Venezuela. Sadly, this unique ecological site, home to many thousands of species of flora and fauna, is now under threat from multinational timber and sub soil development corporations.

âmbar [ˈãmba(x)] m amber.

ambição [ãmbiˈsãw] (pl -ões [-õjʃ]) f ambition.

ambiental [ãmbjẽnˈtaw] (pl -ais [-ajʃ]) adj environmental.

ambientalista [ãmbjẽntaˈliʃta] mf environmentalist.

ambiente [ãmˈbjẽntʃi] m (natural) environment; (ar) atmosphere.

ambigüidade [ãmbigwiˈdaʒi] f ambiguity.

ambíguo, gua [ãmˈbigwu, gwa] adj ambiguous.

âmbito [ˈãmbitu] m sphere.

ambos, bas [ˈãmbuʃ, baʃ] adj pl both. ◆ pron pl both (of them).

ambulância [ãmbuˈlãsja] f ambulance.

ambulante [ãmbuˈlãntʃi] adj traveling.

ambulatório [ãmbula'tɔrju] *m*
(de hospital) outpatient (department); *(de escola, fábrica)* medical
room.

ameaça [ame'asa] *f* threat; **sob**
~ under threat.

ameaçar [amea'sa(x)] *vt* to
threaten; **ameaça chover** it
looks like rain.

amedrontar [amedrõn'ta(x)]
vt to frighten.

ameixa [a'mejʃa] *f* plum.

amêndoa [a'mẽndwa] *f* almond.

amendoim [amẽn'dwĩ] (*pl*
-ns [-ʃ]) *m* peanut; ~ **torrado**
roasted peanuts *pl.*

ameno, na [a'menu, na] *adj*
(temperatura, clima) mild.

América [a'merika] *f:* **a** ~
America; **a** ~ **Latina** Latin
America; **a** ~ **do Norte/do Sul**
North/South America.

americano, na [ameri'kanu,
na] *adj & m, f* American.

ametista [ame'tʃiʃta] *f* am-
ethyst.

amianto [a'mjãntu] *m* asbes-
tos.

amido [a'midu] *m* starch.

amigável [ami'gavew] (*pl* **-eis**
[-ejʃ]) *adj* friendly.

amígdalas [a'migdalaʃ] *fpl*
tonsils.

amigdalite [amigda'litʃi] *f* tonsillitis.

amigo, ga [a'migu, ga] *m, f*
friend. ◆ *adj* friendly.

amistoso, osa [amiʃ'tozu,
ɔza] *adj* friendly.

amizade [ami'zadʒi] *f* friendship.

amnésia [am'nɛzja] *f* amnesia.

amolação [amola'sãw] (*pl* **-ões**
[-õjʃ]) *f(chateação)* nuisance.

amolar [amo'la(x)] *vt (afiar)* to
sharpen; *(aborrecer)* to bother.

amolecer [amole'se(x)] *vt* to
soften.

amoníaco [amo'niaku] *m* am-
monia.

amontoar [amõn'twa(x)] *vt* to
pile up; *(dinheiro, riquezas)* to
amass.

□ **amontoar-se** *vp* to pile up.

amor [a'mo(x)] (*pl* **-res** [-riʃ]) *m*
love; **fazer** ~ to make love; **ser**
um ~ *(pessoa)* to be a warm person; *(objeto)* to be lovely; **pelo**
~ **de Deus!** for God's sake.

amora [a'mɔra] *f (de arbusto)*
blackberry; *(de amoreira)* mul-
berry.

amordaçar [amoxda'sa(x)] *vt*
to gag.

amoroso, osa [amo'rozu, ɔza]
adj affectionate.

amor-próprio [a,mox'prɔ-
priu] *m* self-esteem.

amortecedor [amoxtese-
'do(x)] (*pl* **-res** [-riʃ]) *m* shock ab-
sorber.

amortizar [amoxti'za(x)] *vt* to
pay by installments.

amostra [a'mɔʃtra] *f* sample;
(prova) show; ~ **grátis** free sample.

amparar [ãmpa'ra(x)] *vt* to
support.

amparo [ãm'paru] *m* support.

ampliação [ãmplia'sãw] (pl -ões [-õjʃ]) f (de fotografia) enlargement.

ampliar [ãmpli'a(x)] vt (fotografia) to enlarge.

amplificador [ãmplifika'do(x)] (pl -res [-riʃ]) m (de som) amplifier.

amplificar [ãmplifi'ka(x)] vt (som) to amplify.

amplo, pla ['ãmplu, pla] adj (quarto, cama) spacious; (estrada) wide; (conhecimento) extensive.

amputar [ãmpu'ta(x)] vt to amputate.

amuado, da [a'mwadu, da] adj sulky.

anã → anão.

analfabetismo [anawfabe'tiʒmu] m illiteracy.

analfabeto, ta [anawfa'betu, ta] m, f & adj illiterate.

analgésico [anaw'ʒɛziku] m painkiller.

analisar [anali'za(x)] vt to analyze.

análise [a'nalizi] f analysis; **em última** ~ in the final analysis; ~ **clínica** clinical analysis.

analista [ana'liʃta] mf analyst; ~ **de sistemas** systems analyst.

anão, anã [a'nãw, a'nã] (mpl -ões [-õjʃ], fpl -s [-ʃ]) m, f dwarf.

anarquia [anax'kia] f anarchy.

anatomia [anato'mia] f anatomy.

anca ['ãŋka] f hip.

anchovas [ã'ʃovaʃ] fpl anchovies.

ancinho [ã'siɲu] m rake.

âncora ['ãŋkora] f anchor; TV news anchor.

andaime [ãn'dajmi] m scaffold.

andamento [ãnda'mẽntu] m (velocidade) speed; (rumo) direction; MÚS tempo; **em** ~ (em progresso) in progress.

andar [ãn'da(x)] (pl -res [-riʃ]) vi to walk. ◆ vt (distância, tempo) to walk for. ◆ m (de edifício) floor; (maneira de caminhar) walk; ~ **fazendo algo** to be doing sthg; **ele anda um pouco deprimido ultimamente** he has been a bit depressed lately; **gosto de** ~ **a cavalo** I like horseback riding; ~ **de bicicleta** to cycle; ~ **a pé** to walk; ~ **de baixo/de cima** (de casa) downstairs/upstairs.

Andes ['ãndiʃ] mpl: **os** ~ the Andes.

andorinha [ãndo'riɲa] f swallow.

anedota [ane'dɔta] f joke.

anel [a'nɛw] (pl -éis [-ɛjʃ]) m ring; (de cabelo) ringlet; (de corrente) link; ~ **de noivado** engagement ring.

anemia [ane'mia] f anemia.

anestesia [aneʃte'zia] f anesthetic; ~ **geral/local** general/local anesthetic.

anestesiar [aneʃtezi'a(x)] vt to anesthetize.

anexar [anek'sa(x)] vt to attach; ~ **algo a algo** to attach sthg to sthg.

anexo, xa [a'nɛksu, ksa] adj attached.

anfiteatro [ăfi'tʒjatɾu] m amphitheater; *(sala de aula)* lecture hall.

angariar [ăŋgaɾi'a(x)] vt *(dinheiro)* to raise.

angina [ă'ʒina] f: ~ **de peito** angina (pectoris).

❏ **anginas** fpl tonsillitis sg.

Angola [ăŋ'gɔla] s Angola.

angra [ˈăŋgɾa] f inlet.

ângulo [ˈăŋgulu] m angle.

angústia [ăŋ'guʃtʒja] f anguish.

animação [anima'săw] f *(alegria)* liveliness; *(entusiasmo)* enthusiasm; *(movimento)* bustle.

animado, da [ani'madu, da] adj *(alegre)* lively; *(entusiasmado)* enthusiastic; *(movimentado)* bustling.

animal [ani'maw] *(pl* -ais [-ajʃ]) m animal; ~ **doméstico** pet; ~ **selvagem** wild animal.

animar [ani'ma(x)] vt *(alegrar)* to cheer up.

❏ **animar-se** vp *(alegrar-se)* to cheer up.

ânimo [ˈănimu] m courage.

aniquilar [aniki'la(x)] vt to annihilate.

anistia [aniʃ'tʃia] f amnesty.

aniversário [anivex'saɾju] m *(de pessoa)* birthday; *(de acontecimento)* anniversary; **feliz ~!** Happy Birthday!

anjo [ˈăʒu] m angel.

ano [ˈănu] m year; **quantos ~s você tem?** how old are you?; **faço ~s amanhã** it's my birthday tomorrow; ~ **bissexto** leap year; ~ **letivo** academic year; **Ano-Novo** New Year; ~ **após** ~ year after year.

anões → anão.

anoitecer [anojte'se(x)] m dusk, nightfall. ◆ v impess to get dark.

anomalia [anoma'lia] f anomaly.

anorexia [anoɾɛk'sia] f anorexia.

anormal [anox'maw] *(pl* -ais [-ajʃ]) adj abnormal; *(idiota)* stupid; *(incomum)* unusual. ◆ m f *(idiota)* moron.

anotação [anota'săw] *(pl* -ões [-õjʃ]) f note.

anotar [ano'ta(x)] vt to note down.

ânsia [ˈăsja] f anxiety.

ansiar [ă'sja(x)]: **ansiar por** v + prep to long for.

ansiedade [ăsje'dadʒi] f anxiety.

ansioso, osa [ă'sjozu, ɔza] adj anxious.

antebraço [ătʃi'bɾasu] m forearm.

antecedência [ătese'dẽsja] f: **com ~** in advance.

antecedente [ătese'dẽtʃi] adj preceding.

❏ **antecedentes** mpl *(médicos)* records; *(criminais)* record sg.

antecipadamente [ătesi,pada'mẽtʃi] adv in advance, beforehand.

antecipar [ătesi'pa(x)] vt to anticipate.

❏ **antecipar-se** vp to get there first.

antemão [ăte'măw]: **de an-**

temão adv beforehand.

antena [ãn'tena] f antenna; ~ **parabólica** satellite dish.

anteontem [ãntʃi'õntẽ] adv the day before yesterday.

antepassado [ãntʃipa'sadu] m ancestor.

anterior [ãnteri'o(x)] (pl **-res** [-riʃ]) adj previous.

antes ['ãntʃ] adv before; (primeiramente) first; ~ **assim** (it's) just as well; ~ **de** before; ~ **de mais nada** first of all; ~ **da hora do tempo** ahead of time; **o quanto** ~ as soon as possible.

antever [ãnte've(x)] vt to foresee.

antiaderente [ãntʃiade'rẽntʃi] adj nonstick.

antibiótico [ãntʃi'bjɔtʃiku] m antibiotic.

anticaspa [ãntʃi'kaʃpa] adj inv anti-dandruff.

anticoncepcional [ãntʃikõsɛpsju'naw] (pl **-ais** [-ajʃ]) adj contraceptive. ◆ m (de contraceptive; **tomar** ~ to be on the pill.

anticongelante [ãntʃikõʒe'lãntʃi] m antifreeze.

anticorpo [ãntʃi'koxpu] m antibody.

antidepressivo [ãntʃidepre'sivu] m antidepressant.

antídoto [ãn'tʃidotu] m antidote.

antigamente [ãntʃiga'mẽntʃi] adv (antes) formerly; (no passado) in the old days.

antigo, ga [ãn'tʃigu, ga] adj (livro, objeto) old; (costume, era) ancient; (objeto valioso) antique.

antiguidade [ãntʃigwi'dadʒi] f antiquity; **a Antiguidade** Antiquity.

❑ **antiguidades** fpl antiques.

antipático, ca [ãntʃi'patʃiku, ka] adj unfriendly.

antiquado, da [ãntʃi'kwadu, da] adj old-fashioned.

antiquário [ãntʃi'kwarju] m antique dealer.

anti-séptico, ca [ãntʃi'sɛptʃiku, ka] adj antiseptic.

antivírus [ãntʃi'viruʃ] m inv antivirus.

anual [a'nwaw] (pl **-ais** [-ajʃ]) adj annual.

anulação [anula'sãw] (pl **-ões** [-õjʃ]) f cancellation.

anular [anu'la(x)] vt to cancel. ◆ m ring finger.

anunciar [anũsi'a(x)] vt to announce; (produto) to advertise.

anúncio [a'nũsju] m (de produto) advertisement; (aviso) announcement.

ânus ['ãnuʃ] m anus.

anzol [ã'zɔw] (pl **-óis** [-ɔjʃ]) m fish-hook.

ao [aw] = **a** + **o** → **a**.

aonde [a'õndʒi] adv where; ~ **quer que** ... wherever ...

aos [awʃ] = **a** + **os** → **a**.

apagado, da [apa'gadu, da] adj (luz, fogo) out; (televisão, rádio) off; (escrita, desenho) faint; (pessoa) dull.

apagar [apa'ga(x)] vt (fogo) to put out; (televisão, rádio, luz) to turn ou switch off; (escrita, desenho) to erase.

apaixonado, da [apajʃo'nadu, da] *adj* in love; *(exaltado)* passionate; **estar ~ por** to be in love with.

apaixonante [apajʃo'nãntʃi] *adj* fascinating.

apaixonar [apajʃo'na(x)] *vt*: **o futebol apaixona as massas** soccer thrills the masses. ❏ **apaixonar-se** *vp*: **~-se por** to fall in love with.

apalpar [apaw'pa(x)] *vt* to touch; **~ o terreno** *fig* to see how the land lies.

apanhar [apa'ɲa(x)] *vt* to catch; *(levantar do chão)* to pick up; **~ chuva** to get wet; **~ sol** to sunbathe.

aparar [apa'ra(x)] *vt (barba)* to trim; *(sebe, arbusto)* to prune; *(segurar)* to catch.

aparecer [apare'se(x)] *vi (surgir)* to appear; *(apresentar-se)* to show up; *(algo perdido)* to turn up.

aparelhagem [apare'ʎaʒẽ] *(pl* **-ns** [-ʃ]) *f*: **~ (de som)** sound system, stereo.

aparelho [apa'reʎu] *m (máquina)* appliance; *(de cozinha)* kitchen appliance; **~ de som** hi-fi; **~ de barbear** shaver; **~ digestivo** digestive system; **~ para os dentes** braces.

aparência [apa'rẽsja] *f* appearance.

aparentar [aparẽn'ta(x)] *vt* to look like; **aparenta ter uns 40 anos** he looks about 40.

aparente [apa'rẽntʃi] *adj* apparent.

apartamento [apaxta'mẽntu]

m apartment *Am*, flat *Brit*.

apavorado, da [apavo'radu, da] *adj* terrified.

apelar [ape'la(x)] *vi*: **~ para** to appeal to.

apelido [ape'lidu] *m* nickname.

apelo [a'pelu] *m* appeal; **fazer um ~ a** to appeal to.

apenas [a'penaʃ] *adv* only. ◆ *conj* as soon as; **quero ~ um copo de água** all I want is a glass of water.

apêndice [a'pẽndʒisi] *m* appendix.

apendicite [apẽndʒi'sitʃi] *f* appendicitis.

aperceber-se [apexse'bexsi] *vp*: **~ de algo** to realize; **~ de que** *(verificar)* to realize (that).

aperfeiçoamento [apexfejswa'mẽntu] *m* improvement.

aperfeiçoar [apexfej'swa(x)] *vt* to improve.

aperitivo [aperi'tʃivu] *m (vinho)* aperitif; *(tira-gosto)* appetizer.

apertado, da [apex'tadu, da] *adj* tight; *(estrada)* narrow.

apertar [apex'ta(x)] *vt (comprimir)* to squeeze; *(botão, interruptor)* to press; *(cinto de segurança)* to fasten; *(parafuso, porca)* to tighten; *(vestido)* to take in.

aperto [a'pextu] *m (de parafuso)* tightening; *(aglomeração)* crush; *fig (dificuldade)* tight corner; **~ de mão** handshake.

apesar [ape'za(x)]: **apesar de** *prep* despite, in spite of.

apetecer [apete'se(x)] *vi (comi-*

da) to look appetizing; **esse bolo me apetece muito** this cake looks very tasty.

apetite [ape'tʃitʃi] *m* appetite; **bom ~!** enjoy your meal!

apetitoso, osa [apetʃi'tozu, ɔza] *adj* appetizing.

apetrecho [ape'treʃu] *m* tool; **~s de pesca** fishing tackle *sg.*

apimentado, da [apimēn'tadu, da] *adj (com pimenta)* peppery; *(picante)* spicy.

apinhado, da [api'ɲadu, da] *adj:* **~ de** packed with.

apitar [api'ta(x)] *vi (trem)* to whistle; *(árbitro)* to blow the whistle.

apito [a'pitu] *m* whistle.

aplaudir [aplaw'di(x)] *vt & vi* to applaud.

aplauso [a'plawzu] *m* applause.

aplicação [aplika'sāw] *(pl* **-ões** [-õjʃ]) *f (em estudo, trabalho)* diligence; *(acessório)* appliqué; *(de dinheiro)* investment.

aplicado, da [apli'kadu, da] *adj (aluno)* diligent; *(matemática, lingüística)* applied.

aplicar [apli'ka(x)] *vt* to apply; *(curativo, injeção)* to administer.

apoderar-se [apode'raxsi]

apoderar-se de *vp* + *prep* to take control of.

apodrecer [apodre'se(x)] *vt & vi* to rot.

apoiar [apo'ja(x)] *vt* to support; **~ algo em algo** to rest sthg on ou against sthg.

❑ **apoiar-se** *vp* to hold on; **~-se em ou a** to lean on ou against.

apoio [a'poju] *m* support.

apólice [a'pɔlisi] *f:* **~ (de seguro)** (insurance) policy.

apontador [apõnta'do(x)] *(pl* **-res** [-riʃ]) *m (de lápis)* pencil sharpener.

apontamento [apõnta'mēntu] *m* note.

apontar [apõn'ta(x)] *vt (arma)* to aim; *(erro, falha)* to point out; *(tomar nota de)* to note down; *(razões, argumentos)* to put forward. ◆ *vi:* **~ para algo** to point to sthg.

aporrinhação [apoxiɲa'sāw] *(pl* **-ões** [-õjʃ]) *f (aborrecimento)* annoyance.

após [a'pojʃ] *prep* after. ◆ *adv* afterward.

aposentado, da [apozēn'tadu, da] *adj* retired. ◆ *m, f* retiree.

aposentadoria [apozēntado'ria] *f (fato)* retirement; *(dinheiro)* pension.

aposento [apo'zēntu] *m* room.

aposta [a'pɔʃta] *f* bet.

apostar [apoʃ'ta(x)] *vt* to bet.

apostila [apoʃ'tʃila] *f* class notes *pl.*

apóstrofo [a'pɔʃtrofu] *m* apostrophe.

apreciação [apresja'sāw] *(pl* **-ões** [-õjʃ]) *f (avaliação)* assessment.

apreciar [apresi'a(x)] *vt (gostar)* to like; *(avaliar)* to judge, to assess; *(paisagem, vista)* to admire.

apreender [apriēn'de(x)] *vt (confiscar)* to seize.

apreensão [apriē'sāw] *(pl*

-ões [- õjʃ]) f (*de bens, produtos*) seizure; (*preocupação*) apprehension.

apreensivo, va [aprię'sivu, va] *adj* apprehensive.

aprender [aprẽ'de(x)] *vi* & *vt* to learn; ~ **a fazer algo** to learn to do sthg.

aprendiz [aprẽ'dʒiʒ] (*pl* **-zes** [-ziʃ]) *m* (*de ofício*) apprentice; (*principiante*) beginner.

aprendizagem [aprẽdʒi'zaʒẽ] f learning.

aprendizes → aprendiz.

apresentação [aprezẽta-'sãw] (*pl* **-ões** [-õjʃ]) f presentation; (*aspecto*) appearance.

apresentador, ra [aprezẽta'do(x), ra] (*mpl* **-res** [-riʃ], *fpl* **-s** [-ʃ]) *m*, f host.

apresentar [aprezẽ'ta(x)] *vt* (*espetáculo*) to host; (*pessoa*) to introduce; (*exibir*) to show.
□ **apresentar-se** *vp* (*comparecer*) to report; ~ **-se a alguém** (*a desconhecido*) to introduce o.s. to sb.

apressado, da [apre'sadu, da] *adj* (*pessoa*) rushed; (*decisão*) hasty. ♦ *adv*: **sair/entrar** ~ to rush out/in.

apressar-se [apre'saxsi] *vp* to hurry up.

aprofundar [aprofũ'da(x)] *vt* fig (*assunto*) to study in depth.

aprovação [aprova'sãw] (*pl* **-ões** [-õjʃ]) f approval; (*em exame*) pass.

aprovado, da [apro'vadu, da] *adj*: **ser** ~ EDUC to pass.

aprovar [apro'va(x)] *vt* to approve; (*em exame*) to pass.

aproveitamento [aprovejta'd mẽtu] *m* (*uso*) use; EDUC progress.

aproveitar [aprovej'ta(x)] *vt* (*a ocasião*) to take advantage of; (*férias*) to make the most of; (*utilizar*) to make use of.
□ **aproveitar-se** *vp*: ~ **-se de** to take advantage of.

aproximadamente [aprosi,mada'mẽntʃi] *adv* approximately.

aproximado, da [aprosi'madu, da] *adj* approximate.

aproximar [aprosi'ma(x)] *vt* (*objetos*) to bring closer; (*pessoas*) to bring together.
□ **aproximar-se** *vp* to come closer; ~ **-se de** to approach.

aptidão [aptʃi'dãw] (*pl* **-ões** [-õjʃ]) f aptitude; (*vocação*) talent.

apunhalar [apuɲa'la(x)] *vt* to stab.

apuração [apura'sãw] (*pl* **-ões** [-õjʃ]) f selection.

apurado, da [apu'radu, da] *adj* selected; (*sabor*) distinctive; (*visão, olfato*) keen.

apurar [apu'ra(x)] *vt* (*averiguar*) to find out; (*sabor*) to bring out.

apuro [a'puru] *m* (*dificuldade*) fix; **estar em** ~ **s** to be in a fix; **meter-se em** ~ **s** to get into trouble.

aquarela [akwa'rɛla] f watercolor.

aquário [a'kwarju] *m* aquarium.
□ **Aquário** *m* Aquarius.

aquático, ca [a'kwatʃiku, ka] *adj* aquatic; ESP water (*antes de s*).

aquecedor [akeseˈdo(x)] *(pl -res* [-riʃ]) *m (para o ar)* heater; *(para a água)* boiler; ~ **a gás** gas heater.

aquecer [akeˈse(x)] *vt & vi* to heat up.

❑ **aquecer-se** *vp* to warm o.s. up.

aquecimento [akesiˈmẽntu] *m* heating; ~ **central** central heating.

aqueduto [akeˈdutu] *m* aqueduct.

àquela [ˈakɛla] = **a** + **aquela →** **aquele.**

aquele, aquela [aˈkeli, aˈkɛla] *adj* that, those *pl.* ◆ *pron* that one; ~ **ali** that one there; ~ **que** *(relativo a pessoa)* the one who, those who *pl*; *(relativo a objeto)* the one which; **peça àquele homem** ask that man.

àquele [ˈakeli] = **a** + **aquele →** **aquele.**

aqui [aˈki] *adv* here; **até** ~ *(relativo a tempo)* up until now; **por** ~ this way; **por** ~ **em algum canto** somewhere around here.

aquilo [aˈkilu] *pron* that.

àquilo [ˈakilu] = **a** + **aquilo →** **aquilo.**

aquisição [akiziˈsãw] *(pl -ões* [-õjʃ]) *f* acquisition.

ar [a(x)] *(pl ares* [ˈariʃ]) *m* air; *(brisa)* breeze; **dar** ~**es de** to pretend to be; **dar-se** ~**s de importante** to put on airs (and graces); **ir ao/sair do** ~ *(em rádio, TV)* to go on/off the air; **ir pelos** ~**es** *(explodir)* to blow up; **ter** ~ **de** to look ou seem like;

~**-condicionado** air conditioning; **ao** ~ *(lançar, atirar)* into the air.

árabe [ˈarabi] *adj & mf* Arab. ◆ *m (língua)* Arabic.

arame [aˈrami] *m* wire; ~ **farpado** barbed wire.

aranha [aˈraɲa] *f* spider.

arara [aˈrara] *f* cockatoo.

arbitragem [axbiˈtraʒẽ] *(pl -ns* [-ʃ]) *f (de jogo)* refereeing; *(de litígio)* arbitration.

arbitrar [axbiˈtra(x)] *vt (jogo)* to referee.

árbitro [ˈaxbitru] *m (de jogo)* referee.

arborizado, da [axboriˈzadu, da] *adj* wooded.

arbusto [axˈbuʃtu] *m* bush.

arca [ˈaxka] *f* trunk.

arcaico, ca [axˈkajku, ka] *adj* archaic.

arco [ˈaxku] *m (de edifício, construção)* arch; *(curva)* arc; *(de flechas)* bow; *(brinquedo)* hoop.

arco-íris [axˈkwiriʃ] [ˌaxkuˈziriʃ] *m inv* rainbow.

ardência [axˈdẽnsja] *f (de pele)* stinging; *(de estômago)* heartburn.

ardente [axˈdẽntʃi] *adj fig (amor, paixão)* passionate.

arder [axˈde(x)] *vi* to burn; *(pele)* to sting.

ardor [axˈdo(x)] *(pl -res* [-riʃ]) *m (de pele)* stinging; **com** ~ ardently.

ardósia [axˈdɔzja] *f* slate.

árduo, dua [ˈaxdwu, dwa] *adj* arduous.

área ['arja] f area; fig (campo de ação) field; ~ **de serviço** (em apartamento) utility area; **grande** ~ (em futebol) penalty area.

areia [a'reja] f sand; ~ **movediça** quicksand.

arejar [are'ʒa(x)] vt to air. ◆ vi fig (sair) to get some air.

arena [a'rena] f (de circo) ring.

arenoso, osa [are'nozu, ɔza] adj sandy.

arenque [a'rẽki] m herring.

ares → **ar**.

Argentina [axʒẽn'tʃina] f: **a** ~ Argentina.

argila [ax'ʒila] f clay.

argola [ax'gɔla] f (anel) ring; (de porta) knocker.
□ **argolas** fpl ESP rings; (brincos) hoop earrings.

argumentar [axgumẽn'ta(x)] vt & vi to argue.

argumento [axgu'mẽntu] m argument; (de filme) plot.

árido, da ['aridu, da] adj arid.

Áries ['ariʃ] m Aries.

arma ['axma] f weapon; ~ **branca** knife; ~ **de fogo** firearm.

armação [axma'sãw] (pl -ões [-õjʃ]) f frame; (de barco) rigging; (de óculos) frames pl.

armadilha [axma'diʎa] f trap.

armadura [axma'dura] f suit of armor.

armamento [axma'mẽntu] m armaments pl; (de navio) armament.

armar [ax'ma(x)] vt to arm; (tenda) to put up.

armário [ax'marju] m cabinet, cupboard; (de roupa) closet.

armazém [axma'zẽ] (pl -ns [-ʃ]) m warehouse.

aro ['aru] m (de roda) rim.

aroma [a'roma] m aroma.

arpão [ax'pãw] (pl -ões [-õjʃ]) m harpoon.

arqueologia [axkjolo'ʒia] f archeology.

arquibancada [axkibãŋ'kada] f bleachers pl.

arquipélago [axki'pɛlagu] m archipelago.

arquiteto, ta [axki'tetu, ta] m, f architect.

arquitetura [axki'tetura] f architecture.

arquivo [ax'kivu] m archive; (móvel) filing cabinet; (cartório) registry office; INFORM file.

arrancar [axãŋ'ka(x)] vt (árvore, batatas) to dig up; (folhas, pêlos) to pull out; (dente) to extract. ◆ vi (partir) to set off; ~ **algo das mãos de alguém** to snatch sthg from sb.

arranha-céu [a,xaɲa'sɛw] m inv skyscraper.

arranhão [axa'ɲãw] (pl -ões [-õjʃ]) m scratch.

arranhar [axa'ɲa(x)] vt to scratch; (parede, carro) to scrape; ~ **um pouco de algo** to get by in sthg.
□ **arranhar-se** vp to scratch o.s.

arranhões → **arranhão**.

arranjar [axã'ʒa(x)] vt (reparar) to fix, to repair; (adquirir) to get; ~ **confusão** to get into trouble.

arrasar [axa'za(x)] *vt* to devastate.

arrastar [axaʃ'ta(x)] *vt* to drag (along ou away).

arrecadar [axeka'da(x)] *vt (objeto)* to store away; *(dinheiro)* to collect.

arredondado, da [axedõn'dadu, da] *adj (forma)* round, rounded; *fig (valor)* rounded up.

arredondar [axedõn'da(x)] *vt (forma)* to make round; *fig (valor)* to round up.

arredores [axe'dɔriʃ] *mpl* outskirts.

arrefecer [axefe'se(x)] *vi (tempo, ar)* to cool down; *(comida)* to get cold; *fig (entusiasmo)* to cool.

arregaçar [axega'sa(x)] *vt (mangas, calças)* to roll up.

arremessar [axeme'sa(x)] *vt (pedra, flecha)* to hurl.

arrendamento [axẽnda'mẽntu] *m* lease.

arrendar [axẽn'da(x)] *vt* to lease.

arrendatário, ria [axẽnda'tarju, rja] *m, f* tenant.

arrepender-se [axepẽn'dexsi] *vp*: ~ **de (ter feito) algo** to regret (doing) sthg.

arrepiar [axe'pja(x)] *vt (pêlo, cabelo)* to make stand on end.

◻ **arrepiar-se** *vp (de frio)* to shiver; *(de medo)* to shudder.

arrepio [axe'piu] *m (de frio)* shiver; *(de medo)* shudder.

arriscado, da [axiʃ'kadu, da] *adj (perigoso)* risky; *(corajoso)* daring.

arriscar [axiʃ'ka(x)] *vt (pôr em risco)* to risk.

◻ **arriscar-se** *vp* to take a risk.

arroba [a'xoba] *f INFORM* at (sign).

arrogância [axo'gãsja] *f (presunção)* arrogance.

arrogante [axo'gãntʃi] *adj (presumido)* arrogant.

arrombar [axõm'ba(x)] *vt (porta, janela, cofre)* to force (open).

arrotar [axo'ta(x)] *vi* to burp, to belch.

arroto [a'xotu] *m* burp, belch.

arroz [a'xoʒ] *m* rice.

arruaça [a'xwasa] *f* street riot.

arruaceiro, ra [axwa'sejru, ra] *adj* riotous. ◆ *m, f* rioter.

arrumado, da [axu'madu, da] *adj (casa, gaveta)* neat; *(mala)* packed; *fig (resolvido)* sorted (out).

arrumar [axu'ma(x)] *vt (casa, gaveta)* to tidy up; *(mala)* to pack.

arte ['axtʃi] *f* art; ~ **s marciais** martial arts.

artéria [ax'tɛrja] *f* artery.

artesanato [axteza'natu] *m* craftwork, handicraft.

articulação [axtʃikula'sãw] *(pl -ões* [-õjʃ]) *f (de ossos)* joint; *(de palavras)* articulation.

artificial [axtʃifi'sjaw] *(pl -ais* [-ajʃ]) *adj* artificial.

artigo [ax'tʃigu] *m* article; *(produto)* item; '~ **s a declarar'** 'goods to declare'; ~ **s de primeira necessidade** essential goods.

artista [ax'tʃiʃta] *mf* artist.

artístico, ca [ax'tʃiʃtʃiku, ka] *adj* artistic.

artrite [ax'tritʃi] f arthritis.

árvore ['axvori] f tree.

as [aʃ] → **a**.

ás ['ajʃ] (pl **ases** ['azeʃ]) m ace; **ser um ~** to be a whiz.

às [ajʃ] = **a** + **as** → **a**.

asa ['aza] f wing; (de utensílio) handle.

asa-delta [ˌaza'dɛwta] (pl **asas-delta** [ˌaza'dɛwtaʃ]) f hang-glider.

ascensor [aʃsẽ'so(x)] (pl **-res** [-riʃ]) m (em rua, encosta) funicular.

asco ['aʃku] m disgust.

ases → **ás**.

asfalto [aʃ'fawtu] m asphalt.

asfixia [aʃfik'sia] f asphyxia, suffocation.

Ásia ['azja] f: **a ~** Asia.

asma ['aʒma] f asthma.

asmático, ca [aʒ'matʃiku, ka] adj & m, f asthmatic.

asneira [aʒ'nejra] f (tolice) nonsense; (obscenidade) swear word.

asno ['aʒnu] m donkey; fig (estúpido) ass.

aspargo [aʃ'paxgu] m asparagus.

aspecto [aʃ'pɛktu] m appearance; (ponto de vista) aspect.

áspero, ra ['aʃperu, ra] adj rough; (voz) harsh.

aspirador [aʃpira'do(x)] (pl **-res** [-riʃ]) m vacuum cleaner.

aspirar [aʃpi'ra(x)] vt to vacuum.
▫ **aspirar a** v + prep (desejar) to aspire to.

aspirina [aʃpi'rina] f aspirin.

asqueroso, osa [aʃke'rozu, ɔza] adj disgusting, revolting.

assado, da [a'sadu, da] adj & m (culinário) roast.

assadura [asa'dura] f (em bebê) diaper rash.

assalariado, da [asala'rjadu, da] m, f (salaried) employee.

assaltante [asaw'tãntʃi] mf burglar.

assaltar [asaw'ta(x)] vt (pessoa) to mug; (casa) to burglarize; (banco) to rob.

assalto [a'sawtu] m (a pessoa) mugging; (a casa) burglary; (a banco) robbery; (em boxe) round; **~ à mão armada** armed robbery.

assar [a'sa(x)] vt to roast.

assassinar [asasi'na(x)] vt to murder.

assassino, na [asa'sinu, na] m, f murderer.

assédio [a'sɛdʒiu] m harassment; **~ sexual** sexual harassment.

assegurar [asegu'ra(x)] vt to assure.
▫ **assegurar-se** vp: **~-se de que** to make sure (that).

asseio [a'seju] m (limpeza) cleanliness.

assembléia [asẽm'blɛja] f assembly; (reunião) meeting; **~ geral** annual general meeting; **Assembléia Legislativa** legislative assembly.

assemelhar-se [aseme'ʎaxsi]:
assemelhar-se a vp + prep to look like.

assento [a'sẽntu] *m* seat.

assim [a'si] *adv (do mesmo modo)* like this; *(deste modo)* therefore; ~, **sim!** that's better!; **como ~?** excuse me?; ~ **mesmo** just so; ~, ~ **so-so**; ~ **que** as soon as.

assimilar [asimi'la(x)] *vt* to assimilate.

assinar [asi'na(x)] *vt* to sign; *(revista)* to subscribe to.

assinatura [asina'tura] *f* signature; *(de revista)* subscription.

assistência [asiʃ'tẽsja] *f (auxílio)* help; *(público)* audience; ~ **médica** medical aid.

assistir [asiʃ'tʃi(x)] *vt (ajudar)* to help.
◻ **assistir a** *v + prep (a espetáculo)* to attend; *(a programa)* to watch; *(a acidente, acontecimento)* to witness.

assoalho [a'soaʎu] *m (de casa)* floor.

assoar [asw'a(x)] *vt* to blow.
◻ **assoar-se** *vp* to blow one's nose.

assobiar [asobi'a(x)] *vi* to whistle.

assobio [aso'biu] *m* whistle.

associação [asosja'sãw] *(pl -ões* [-õjʃ]*)* *f* association.

assombrado, da [asõm'bradu, da] *adj fig (casa)* haunted.

assombro [a'sõmbru] *m* amazement.

assunto [a'sũntu] *m* subject; ~ **encerrado!** subject closed!

assustador, ra [asuʃta'do(x), ra] *(mpl -res* [-riʃ]*, fpl -s* [-ʃ]*)* *adj* frightening.

assustar [asuʃ'ta(x)] *vt* to frighten.
◻ **assustar-se** *vp* to be frightened.

asterisco [aʃte'riʃku] *m* asterisk.

astro ['aʃtru] *m* star.

astrologia [aʃtrolo'ʒia] *f* astrology.

astronauta [aʃtro'nawta] *mf* astronaut.

astronomia [aʃtrono'mia] *f* astronomy.

astúcia [aʃ'tusja] *f* astuteness.

atacadista [ataka'diʃta] *mf* wholesaler.

atacado [ata'kadu] *m*: **comprar por ~** to buy wholesale.

atacante [ata'kãntʃi] *adj ESP* attacking. ◆ *mf ESP* forward.

atacar [ata'ka(x)] *vt* to attack.

atadura [ata'dura] *f* bandage.

atalho [a'taʎu] *m* short cut.

ataque [a'taki] *m* attack; ~ **cardíaco** heart attack.

atar [a'ta(x)] *vt (sapatos)* to lace ou do up; *(saco)* to do up; *(corda, cordão, fio)* to tie.

atarracado, da [ataxa'kadu, da] *adj* stocky.

até [a'tɛ] *prep (limite no espaço)* as far as; *(limite no tempo)* until. ◆ *adv* even; ~ **agora** so far; ~ **amanhã!** see you tomorrow!; ~ **logo!** see you later!; ~ **mais!** *(em conversa)* talk to you soon!; ~ **que enfim!** at (long) last!; ~ **porque** because.

atear [ate'a(x)] *vt (incendiar)* to set fire to; *(avivar)* to rekindle.

atéia → ateu.

ateliê [ate'lje] *m* = atelier.

atemorizar [atemori'za(x)] *vt* to terrify.

atenção [atẽ'sãw] (*pl* -ões [-õjʃ]) *f* attention; (*cuidado*) care; (*cortesia*) courtesy. ◆ *interj* watch ou look out!; **chamar a ~ de alguém para algo** to draw sb's attention to sthg; **prestar ~** to pay attention; **obrigado pela ~** thank you for your help.

atender [atẽn'de(x)] *vt* (*telefone*) to answer; (*em loja*) to serve; (*em hospital*) to see.

atendimento [atẽndʒi'mẽntu] *m* (*de telefone*) answering; (*em loja, hospital*) service.

atentado [atẽn'tadu] *m* attempt (*on sb's life*).

atenuar [ate'nwa(x)] *vt* to soften.

aterrissagem [atexi'saʒẽj] (*pl* -ns [-ʃ]) *f* landing.

aterrissar [atexi'sa(x)] *vi* to land.

aterro [a'texu] *m* landfill.

aterrorizar [atexori'za(x)] *vt* to terrify.

atestado [ateʃ'tadu] *m* certificate; **~ médico** medical certificate; **~ de óbito** death certificate.

ateu, atéia [a'tew, a'teja] *m, f* atheist.

atiçar [atʃi'sa(x)] *vt* (*fogo*) to poke.

atingir [atʃĩ'ʒi(x)] *vt* to reach; (*ferir, afetar*) to hit; (*objetivo*) to achieve.

atirar [atʃi'ra(x)] *vt* to throw. ◆ *vi* (*com arma*) to shoot.

atitude [atʃi'tudʒi] *f* attitude.

atividade [atʃivi'dadʒi] *f* activity.

ativo, va [a'tivu, va] *adj* active.

Atlântico [at'lãntʃiku] *m*: **o ~** the Atlantic.

atlas [a'tlaʃ] *m inv* atlas.

atleta [at'lɛta] *mf* athlete.

atletismo [atle'tʃiʒmu] *m* track and field.

atmosfera [atmoʃ'fɛra] *f* atmosphere.

ato [a'tu] *m* (*ação*) action; (*de peça de teatro*) act.

atômico, ca [a'tomiku, ka] *adj* atomic.

ator, atriz [a'to(x), a'triʒ] (*mpl* -res [-riʃ], *fpl* -zes [-ziʃ]) *m, f* actor.

atordoado, da [atox'dwadu, da] *adj* stunned.

atores → ator.

atormentado, da [atoxmẽn'tadu, da] *adj* troubled.

atração [atra'sãw] (*pl* -ões [-õjʃ]) *f* attraction; (*de pessoa*) attractiveness.

atrações → atração.

atraente [atra'ẽntʃi] *adj* attractive.

atrair [atra'i(x)] *vt* to attract.

atrapalhar [atrapa'ʎa(x)] *vt* (*perturbar*) to confuse; (*dificultar*) to get in the way of. ▢ **atrapalhar-se** *vp* to get all confused.

atrás [a'trajʃ] *adv* (*detrás*) behind; (*para trás*) back there; **dias**

~ a few days ago; ~ **de** *(no espaço)* behind; *(no tempo)* after; **estar** ~ **de algo** to be after sthg; **ficar com o pé** ~ *fig* to be on one's guard.

atrasado, da [atra'zadu, da] *adj (pessoa)* late; *(país, região)* backward; **chegar** ~ to arrive late; **estar** ~ to be late.

atrasar [atra'za(x)] *vi (trem, ônibus)* to be delayed. ◆ *vt (trabalho)* to delay; *fig (prejudicar)* to hinder.

◻ **atrasar-se** *vp* to be late.

atraso [a'trazu] *m* delay; *(de país)* backwardness.

atrativo, va [atra't∫ivu, va] *adj* attractive. ◆ *m* attraction.

através [atra'vεjʃ]: **através de** *prep (pelo meio de)* through; *(por meio de)* by.

atravessar [atrave'sa(x)] *vt (rua, rio)* to cross; *(pôr ao través)* to put across; *fig (situação, fase)* to go through.

atrever-se [atre'vexsi] ◆ **atrever-se** *vp (ousar)* to dare; ~ **a fazer algo** to dare to do sthg.

atrevido, da [atre'vidu, da] *adj (malcriado)* cheeky; *(audaz)* daring.

atrevimento [atrevi'mẽntu] *m (audácia)* daring; **que** ~! what a nerve!

atribuir [atri'bwi(x)] *vt* to attribute; *(cargo)* to give.

atributo [atri'butu] *m* attribute.

atrito [a'tritu] *m* friction.

◻ **atritos** *mpl* disagreements.

atriz → **ator**.

atropelamento [atropela'mẽntu] *m* road accident *(involving a pedestrian being run over)*.

atropelar [atrope'la(x)] *vt* to run over.

atuação [atwa'sãw] *(pl -ões* [-õjʃ]*) f (procedimento)* behavior; *(em espetáculo)* acting; *(espetáculo)* performance.

atual [a'twaw] *(pl -ais* [-ajʃ]*) adj (presente)* current; *(moderno)* modern.

atualizar [atwali'za(x)] *vt (tornar atual)* to modernize; INFORM *(arquivo)* to update.

atualmente [atwaw'mẽntʃi] *adv* currently.

atuar [atw'a(x)] *vi* to act.

atum [a'tũ] *m* tuna.

aturdido, da [atur'dʒidu, da] *adj* stunned.

audácia [aw'dasja] *f* audacity.

audição [awdʒi'sãw] *(pl -ões* [-õjʃ]*) f* hearing; *(de peça musical, concerto)* recital.

audiência [aw'dʒjẽsja] *f* JUR hearing.

audiovisual [ˌawdʒjovi'zwaw] *(pl -ais* [-ajʃ]*) adj* audiovisual.

auditório [awdʒi'tɔrju] *m* auditorium; *(público ouvinte)* audience.

auge ['awʒi] *m* peak.

aula ['awla] *f* class, lesson.

aumentar [awmẽn'ta(x)] *vt & vi* to increase.

aumento [aw'mẽntu] *m* increase; *(de ordenado)* raise *Am*, rise *Brit*.

auréola [aw'rεwla] *f* halo.

aurora [aw'rɔra] f dawn; ~ **bo-real** the northern lights pl.

ausência [aw'zẽsja] f absence.

ausentar-se [awzẽn'taxsi] vp: ~ **de** (de país, sala) to leave.

ausente [aw'zẽntʃi] adj absent.

Austrália [awʃ'tralja] f: **a** ~ Australia.

autenticar [awtẽntʃi'ka(x)] vt JUR (documento, assinatura) to authenticate.

autêntico, ca [aw'tẽntʃiku, ka] adj (verdadeiro) real; JUR authenticated.

autocolante [,awtoko'lãntʃi] adj self-adhesive. ◆ m sticker.

autódromo [aw'tɔdromu] m racetrack.

auto-escola [,awtoiʃ'kɔla] m driving school.

auto-estima [,awtoeʃ'tʃima] f self-esteem.

auto-estrada [,awtoʃ'trada] f freeway Am, motorway Brit.

autografar [awtogra'fa(x)] vt to autograph.

autógrafo [aw'tɔgrafu] m autograph.

autolocadora [,awtoloka'dora] f car rental.

automático, ca [awto'matʃiku, ka] adj automatic.

automobilismo [awtomobi-'liʒmu] m car racing.

automóvel [awto'mɔvew] (pl -eis [-ejʃ]) m automobile Am, motorcar Brit.

autópsia [aw'tɔpsja] f MED autopsy.

autor, ra [aw'to(x), ra] (mpl -res [-riʃ], fpl -s [-ʃ]) m, f author; (de idéia) originator; (de brincadeira) instigator; JUR (de crime) perpetrator.

auto-retrato [,awtoxe'tratu] m self-portrait.

autoridade [awtori'dadʒi] f authority.

autorização [awtoriza'sãw] (pl -ões [-õjʃ] f authorization.

autorizar [awtori'za(x)] vt to authorize.

auxiliar [awsili'a(x)] (pl -res [-riʃ]) adj auxiliary. ◆ mf assistant. ◆ vt to assist.

auxílio [aw'silju] m help.

avalanche [ava'lãʃi] f avalanche.

avaliação [avalja'sãw] (pl -ões [-õjʃ] f assessment; JUR valuation.

avaliar [ava'lja(x)] vt to assess; (gastos) to estimate; (valor de objeto) to value.

avançado, da [avã'sadu, da] adj advanced; (pessoa) progressive.

avançar [avã'sa(x)] vi to advance.

avarento, ta [ava'rẽntu, ta] adj miserly.

avaria [ava'ria] f breakdown.

avariado, da [ava'rjadu, da] adj out of order; (carro) broken down.

ave [avi] f bird.

aveia [a'veja] f oats pl.

avelã [ave'lã] f hazelnut.

avenida [ave'nida] f avenue.

avental [avẽn'taw] (pl -ais [-ajʃ]) m apron.

aventura [avèn'tura] f adventure; *(amorosa)* affair.

aventureiro, ra [avèntu'rejru, ra] m, f adventurer.

averiguação [averigwa'sãw] *(pl -ões* [-õjʃ]) f investigation.

averiguar [averi'gwa(x)] vt to investigate; *(verdade)* to find out.

avesso [a'vesu] m *(de casaco, saco)* reverse; *(contrário)* opposite. ◆ adj: ~ **a** averse to; **pelo** ~ inside out.

avestruz [aveʃ'truʃ] *(pl -zes* [-ziʃ]) f ostrich.

avião [a'vjãw] *(pl -ões* [-õjʃ]) m plane.

ávido, da [avidu, da] adj: ~ **de** greedy for.

aviões → **avião**.

avisar [avi'za(x)] vt to warn; *(notificar)* to inform.

aviso [a'vizu] m *(advertência)* warning; *(sinal, letreiro, notificação)* notice.

avistar [aviʃ'ta(x)] vt to see.

avô, avó [a'vo, a'vɔ] m, f grandfather.

avós [a'vɔʃ] mpl grandparents.

avulso, sa [a'vuwsu, sa] adj separate. ◆ adv separately.

axila [ak'sila] f armpit.

azar [a'za(x)] *(pl -res* [-riʃ]) m *(falta de sorte)* bad luck; **azar!** too bad!; **estar com** ~ to be out of luck.

azarado, da [aza'radu, da] m, f unlucky person.

azares → **azar**.

azedar [aze'da(x)] vi to turn sour.

azedo, da [a'zedu, da] adj sour.

azeite [a'zejtʃi] m olive oil; ~ **de dendê** palm oil.

azeitona [azej'tona] f olive; ~**s pretas** black olives.

azul [a'zuw] *(pl azuis* [a'zujʃ]) adj m blue.

azulejo [azu'leʒu] m glazed tile.

azul-marinho [a,zuwma'riɲu] adj inv navy (blue).

B

babá [ba'ba] f nanny.

bacalhau [baka'ʎaw] m *(peixe)* cod; *(em culinária)* salt cod.

bacia [ba'sia] f basin; ANAT pelvis.

baço, ça ['basu, sa] adj *(metal, espelho)* tarnished; *(tinta, cor)* matt. ◆ m ANAT spleen.

bactéria [bak'tɛrja] f bacterium.

badejo [ba'deʒu] m sea bass.

bafo ['bafu] m breath.

bafômetro [ba'fometru] m Breathalyzer®.

baforada [bafo'rada] f puff.

bagageiro [baga'ʒejru] m *(em carro)* roof-rack.

bagagem [ba'gaʒẽ] *(pl -ns* [-ʃ]) f baggage Am, luggage Brit; **despachar/depositar a** ~ to check in/leave one's baggage.

bagatela [baga'tɛla] f trifle.

bago ['bagu] m *(de uva)* grape; *(de trigo)* grain.

bagunça [ba'gũsa] f mess.

Bahia [baˈia] *f* Bahia.

BAHIA

It is said that in Salvador, the capital of Bahia, a state in Brazil's North East, there are 365 churches - one for every day of the year. Besides its religious sanctuaries, Bahia is also home to a number of temples to nature, and these extend across the state's one thousand kilometres of beaches, islands and bays. It was in the capital, Salvador, that the African slaves developed their own civilization and culture, most notable for the successful marriage of Catholicism with the religious cults and traditions brought over from Africa.

baía [baˈia] *f* bay.

bailarino, na [bajlaˈrinu, na] *m, f* ballet dancer.

baile [ˈbajli] *m* ball.

bainha [baˈiɲa] *f (de calças etc.)* hem; *(de espada)* scabbard.

bairro [ˈbajxu] *m* neighborhood; *(divisão administrativa)* district.

baixa [ˈbajʃa] *f (em quantidade)* decrease; *(de preço)* reduction; *(em guerra)* casualty.

baixar [bajˈʃa(x)] *vt* to lower; INFORM to download. ◆ *vi (preço, valor)* to come down.
▫ **baixar-se** *vp* to bend down.

baixo, xa [ˈbajʃu, ʃa] *adj* low;

(pessoa) short; *(qualidade)* poor; *(profundidade)* shallow; *fig (desprezível)* mean. ◆ *adv (falar, rir)* quietly; *(relativo a posição)* low. ◆ *m (instrumento)* bass; **o mais ~/a mais baixa** *(pessoa)* the shortest; *(objeto, preço)* the lowest; **para ~** down; **por ~ de** underneath).

bajulador, ra [baʒulaˈdo(x), ra] *adj* obsequious. ◆ *m, f* flatterer.

bajular [baʒuˈla(x)] *vt:* **~ alguém** to flatter sb.

bala [ˈbala] *f* bullet; *(doce)* candy; **~ perdida** stray bullet; **à prova de ~** bullet-proof.

balança [baˈlãsa] *f* scales *pl.*
▫ **Balança** *f* Libra.

balançar [balãˈsa(x)] *vt & vi (balanço)* to swing; *(barco)* to rock.

balanço [baˈlãsu] *m (de criança)* swing; *(ação)* swinging.

balão [baˈlãw] *(pl* -ões [-õjʃ]*) m* balloon; *(de transporte)* hot-air balloon.

balbuciar [bawbuˈsja(x)] *vt & vi* to mumble.

balbúrdia [bawˈbuxdʒja] *f (desordem)* shambles *sg; (barulho)* racket.

balcão [bawˈkãw] *(pl* -ões [-õjʃ]*) m (de bar, loja)* counter; *(de teatro)* balcony; *(de casa)* balcony.

balde [ˈbawdʒi] *m* bucket, pail.

baldeação [bawdʒjaˈsãw] *(pl* -ões [-õjʃ]*) f* change; **fazer ~** to change.

balé [baˈlɛ] *m* ballet.

baleia [baˈleja] *f* whale.

balneário [baw'njarju] *m* spa.

balões → balão.

bálsamo ['bawsamu] *m* balsam, balm; *fig (alívio)* comfort.

banal [ba'naw] *(pl* **-ais** [-ajʃ]) *adj* banal.

banana [ba'nana] *f* banana.

banca ['bãŋka] *f*: ~ **de jornais** newsstand.

bancada [bãŋ'kada] *f (de cozinha)* counter; *(de trabalho)* bench; *POL* political caucus.

bancário, ria [bãŋ'karju, rja] *adj* banking *(antes de s)*. ◆ *m, f* bank clerk.

banco ['bãŋku] *m (de cozinha)* stool; *(de carro)* seat; *FIN* bank; ~ **de areia** sandbank; ~ **de dados** *INFORM* database; ~ **de jardim** (park) bench.

banda ['bãnda] *f* side; *(filarmónica)* brass band; *(de rock)* band; **de** ~ **(de lado)** sideways; ~ **larga** *INFORM* broadband.

bandeira [bãn'dejra] *f* flag; **dar** ~ to give the game away.

bandeja [bãn'deʒa] *f* tray; **de** ~ given on a plate.

bandejão [bãnde'ʒãw] *(pl* **-ões** [-õjʃ]) *m* cafeteria meal.

bandido, da [bãn'dʒidu, da] *m, f* criminal.

bando ['bãndu] *m (de aves)* flock; *(de criminosos)* gang.

banha ['baɲa] *f*: ~ **(de porco)** lard.

banheira [ba'ɲejra] *f* bathtub.

banheiro [ba'ɲejru] *m* bathroom.

banhista [ba'ɲiʃta] *mf* swimmer.

banho ['baɲu] *m (em banheira)* bath; *(em piscina, mar)* swim; **to-mar** ~ *(em banheira)* to have a bath; *(em chuveiro)* to have a shower; *(em piscina, mar)* to have a swim; **tomar um** ~ **de sol** to sunbathe.

banho-maria [,baɲuma'ria] *m* bain-marie.

banir [ba'ni(x)] *vt (proibir)* to ban; *(expulsar)* to banish.

banquete [bãŋ'ketʃi] *m* banquet.

bar ['ba(x)] *(pl* **-res** [-riʃ]) *m* bar.

baralho [ba'raʎu] *m (de cartas)* deck *(of cards) Am*, pack *(of cards) Brit*.

barata [ba'rata] *f* cockroach.

barato, ta [ba'ratu, ta] *adj* cheap. ◆ *adv* cheaply. ◆ *m* fun; **mais** ~ cheaper; **o mais** ~ the cheapest; **foi o maior** ~! it was great!; **que** ~! swell!

barba ['baxba] *f* beard; **fazer a** ~ to shave.

barbante [bax'bãntʃi] *m* string.

barbatana [baxba'tana] *f (de peixe)* fin.

barbeador [baxbja'do(x)] *(pl* **-res** [-riʃ]) *m*: ~ **(elétrico)** (electric) shaver.

barbear-se [bax'bjaxsi] *vp* to shave.

barbeiro [bax'bejru] *m* barber shop.

barca ['baxka] *f* ferry.

barco ['baxku] *m* boat; ~ **a motor** motorboat; ~ **a remo** rowboat; ~ **à vela** sailing boat.

bares → bar.

barra ['baxa] f bar; *(foz)* mouth *(of a river)*; *(situação)* situation.

barraca [ba'xaka] f *(de feira)* stand; *(de camping)* tent.

barraco [ba'xaku] m shack.

barragem [ba'xaʒẽ] *(pl* **-ns** [-ʃ]) f dam.

barranco [ba'xãŋku] m ravine.

barrar [ba'xa(x)] vt to bar.

barreira [ba'xejra] f *(de rio, estrada)* embankment; ESP hurdle; *fig (obstáculo)* obstacle.

barriga [ba'xiga] f belly; **minha ~ está roncando** my stomach's rumbling; **~ da perna** calf; **de ~ para cima/para baixo** face up/down.

barril [ba'xiw] *(pl* **-is** [-iʃ]) m barrel.

barro ['baxu] m clay.

barroco, ca [ba'xoku, ka] *adj & m* baroque.

barulhento, ta [baru'ʎẽntu, ta] *adj* noisy.

barulho [ba'ruʎu] m *(ruído)* noise; *(confusão)* commotion.

base ['bazi] f base; *(de maquiagem)* foundation; *(fundamento)* basis.

básico, ca ['baziku, ka] *adj* basic.

basílica [ba'zilika] f basilica.

basquete [baʃ'kɛtʃi] m basketball.

bastante [baʃ'tãntʃi] *adv (muito)* a lot; *(suficiente)* enough. ◆ *adj (muito)* a lot of; *(suficiente)* enough; **ele é ~ feio** he is quite ugly.

bastar [baʃ'ta(x)] *vi* to be

enough; **basta!** that's enough!

bastidores [baʃtʃi'doreʃ] *mpl* wings; *(da política, de negociação)* behind the scenes.

bata ['bata] f *(de mulher)* robe; *(de médico)* (white) coat.

batalha [ba'taʎa] f battle.

batata [ba'tata] f potato; **~s assadas/cozidas** roast/boiled potatoes; **~s fritas** French fries *Am*, chips *Brit*; **~s fritas (de pacote)** chips *Am*, crisps *Brit*.

batata-doce [ba,tata'dosi] f sweet potato.

batente [ba'tẽntʃi] m *(porta)* doorframe; **pegar no ~** to work hard.

bate-papo [,batʃi'papu] *(pl* **bate-papos** [,batʃi'papuʃ]) m chat.

bater [ba'te(x)] vt to beat; *(asas)* to flap ◆ vi *(coração)* to beat; *(porta, janela)* to bang; **ela estava batendo o queixo** her teeth were chattering; **~ à** *(a porta)* to knock at; **~ a porta** to slam the door; **~ com algo contra** ou **em algo** to hit sthg against sthg; **~ com o carro** to crash one's car; **~ em** to hit; **~ à máquina** to type; **~ papo** to chat; **~ o pé** *(teimar)* to put one's foot down; **~ as botas** *(morrer)* he bought the farm; **ela não bate bem** she's a nutcase.

bateria [bate'ria] f *(de carro, motor)* battery; MÚS drums *pl*.

baterista [bate'riʃta] *mf* drummer.

batida [ba'tʃida] f *(de veículo)* crash; *(de polícia)* raid; *(bebida)* cocktail containing "cachaça", sugar and fruit.

batismo [ba'tʃiʒmu] *m* baptism.

batizado [batʃi'zadu] *m* christening.

batom [ba'tõ] (*pl* **-ns** [-ʃ]) *m* lipstick.

batucada [batu'kada] *f (música)* percussion music.

batucar [batu'ka(x)] *vi* to drum.

baú [ba'u] *m* trunk.

baunilha [baw'niʎa] *f* vanilla.

bebê [be'be] *m* baby; **' ~ a bordo'** 'baby on board'.

bebedeira [bebe'dejra] *f* drunkenness; **tomar uma ~** to get drunk.

beber [be'be(x)] *vt & vi* to drink; **~ (muito)** to get drunk.

bebida [be'bida] *f* drink.

beça ['bɛsa]: **à beça** *adv* a lot. ◆ *adj* loads of, a lot of; **o concerto foi bom à ~** the concert was really good.

beco ['beku] *m* alley; **~ sem saída** dead end.

bege ['bɛʒi] *adj inv* beige.

beija-flor [ˌbejʒa'flo(x)] (*pl* **beija-flores** [ˌbejʒa'floriʃ]) *m* hummingbird.

beijar [bej'ʒa(x)] *vt* to kiss. ❑ **beijar-se** *vp* to kiss.

beijo ['bejʒu] *m* kiss.

beira ['bejra] *f (de estrada)* side; *(de rio)* bank; *(de precipício)* edge; **à ~ de** *(no limiar de)* on the verge of.

beira-mar [ˌbejra'ma(x)] *f* seaside; **à ~** by the sea.

beira-rio [ˌbejra'xiu] *f* river-

side; **à ~** by the river.

beisebol [bejze'bɔw] *m* baseball.

belas-artes [ˌbɛla'zaxtʃiʃ] *fpl* fine arts.

beldade [bew'dadʒi] *f* beauty.

beleza [be'leza] *f* beauty; **que ~!** how wonderful!

Bélgica ['bɛwʒika] *f*: **a ~** Belgium.

beliche [be'liʃi] *m* bunk.

beliscar [beliʃ'ka(x)] *vt* to pinch.

belo, la ['bɛlu, la] *adj* beautiful; *(homem)* handsome; *(momento)* wonderful; *(dia, sentimento, livro)* fine.

bem ['bẽj] *adv* **-1.** *(de forma satisfatória, correta)* well; **fala ~ inglês** she speaks English well; **fez ~!** you did the right thing! **- 2.** *(exprime opinião favorável)*: **estar ~** *(de saúde)* to be well; *(de aspecto)* to look good; *(relativo a comodidade)* to be comfortable; **cheirar ~** to smell good. **- 3.** *(suficiente)*: **estar ~** to be enough. **- 4.** *(muito)* very; **queria o bife ~ passado** I'd like my steak well-done; **queria uma bebida ~ gelada** I'd like an ice-cold drink. **- 5.** *(bastante)* quite; **é um carro ~ espaçoso** it's quite a spacious car; **é um lugar ~ bonito** it's quite a pretty spot. **- 6.** *(exatamente)* right; **não é ~ assim** it isn't quite like that; **não é ~ aqui, é mais adiante** it isn't here exactly, it's farther down. **- 7.** *(em locuções)*: **eu ~ que lhe avisei** I told you so; **eu ~ que**

ajudaria, mas não posso I'd be glad to help but I can't; ~ **como** as well as; ~ **feito!** it serves you right!; **está** ~! OK!, all right!; **muito** ~! very good!; **você vai ter que ir por** ~ **ou por mal** you'll have to go whether you like it or not; **se** ~ **que** although, even though.

◆ *m -* 1. *(o que é bom)* good.

- 2. *(bem-estar, proveito)* good; **praticar o** ~ to do good; **é para o seu** ~ it's for your own good; **meu** ~ *(tratamento)* sweetheart.

❑ **bens** *mpl (posses)* property *sg; (produtos)* goods; **bens imóveis** ou **de raiz** real estate *sg;* **bens de consumo** consumer goods.

bem-disposto, osta [bɛj-dʒiʃˈpoʃtu, ɔʃta] *adj (bem-humorado)* good-humored.

bem-estar [bɛjʃˈta(x)] *m* well-being.

bem-vindo, da [bɛjˈvĩndu, da] *adj* welcome.

bendizer [bẽndʒiˈze(x)] *vt* to praise.

beneficência [benefiˈsẽsja] *f* charity.

beneficiar [benefiˈsja(x)] *vt* to benefit.

benefício [beneˈfisju] *m* benefit.

benéfico, ca [beˈnɛfiku, ka] *adj* beneficial.

bengala [bẽŋˈgala] *f* cane.

benigno, na [beˈnignu, na] *adj* benign.

bens → **bem**.

benzer [bẽˈze(x)] *vt* to bless.

❑ **benzer-se** *vp* to cross o.s.

berço [ˈbexsu] *m* crib *Am,* cot *Brit.*

berinjela [beriˈʒɛla] *f* eggplant *Am,* aubergine *Brit.*

besouro [beˈzoru] *m* beetle.

besta [ˈbeʃta] *f (animal)* beast of burden; *(pessoa)* idiot.

besteira [beʃˈtejra] *f (asneira)* nonsense; *(insignificância)* trifle.

beterraba [beteˈxaba] *f* beet.

bexiga [beˈʃiga] *f* bladder.

bezerro [beˈzexu] *m* calf.

Bíblia [ˈbiblia] *f* Bible.

biblioteca [biblioˈtɛka] *f* library.

bibliotecário, ria [biblioteˈkarju, rja] *m, f* librarian.

bica [ˈbika] *f (de água)* tap.

bicar [biˈka(x)] *vt & vi* to peck.

bicha [ˈbiʃa] *f (lombriga)* worm; *pej (homossexual)* queer.

bicho [ˈbiʃu] *m (animal)* animal; *(inseto)* bug.

bicicleta [bisiˈklɛta] *f* bicycle.

bico [ˈbiku] *m (de sapato)* toe; *(de ave)* beak; *(de fogão)* burner; *(do seio)* nipple; *(trabalho)* odd job.

bife [ˈbifi] *m* steak.

bifurcação [bifuxkaˈsãw] *(pl* **-ões** [-õjʃ]) *f* fork.

bigode [biˈgɔdʒi] *m* mustache.

bijuteria [biʒuteˈria] *f* costume jewelry.

bilhão [biˈʎãw] *(pl* **-ões** [-õjʃ]) *num (mil milhões)* billion *Am,* thousand million *Brit.*

bilhar [biˈʎa(x)] *(pl* **-res** [-riʃ]) *m (jogo)* pool *sg; (mesa)* pool table;

bochechar

jogar ~ to play pool.

bilhete [bi'ʎetʃi] m ticket; ~ **de ida e volta** round-trip ticket Am, return ticket Brit; ~ **simples** (em metrô) one-way (ticket); ~ **de loteria** lottery ticket.

bilheteria [biʎete'ria] f (de teatro, cinema) box office.

bilhões → **bilhão**.

bilíngüe [bi'lĩgwi] adj bilingual.

bílis ['bilif] f bile.

binóculo [bi'nɔkulu] m binoculars pl.

biodiversidade [bjodʒivexsi'dadʒi] f biodiversity.

biografia [bjogra'fia] f biography.

biologia [bjolo'ʒia] f biology.

biólogo, ga ['bjɔlogu, ga] m, f biologist.

biombo ['bjõmbu] m screen.

biópsia [bjɔp'sia] f biopsy.

biquíni [bi'kini] m bikini.

birra ['bixa] f tantrum; **fazer** ~ to throw a tantrum.

bis [bif] interj encore!

bisavô [biza'vo, vɔ] m, f great-grandfather, great-grandmother.

bisavós [biza'vɔf] mpl great-grandparents.

biscoito [bif'kojtu] m cookie Am, biscuit Brit; ~ **s amanteigados** shortbread.

bisnaga [biʒ'naga] f (tubo) tube; (de pão) French stick.

bisneto, ta [biʒ'nɛtu, ta] m, f great-grandson.

bispo ['bifpu] m bishop.

bisteca [bif'tɛka] f steak.

bizarro, a [bi'zaxu, a] adj bizarre.

blasfêmia [blaʃ'femja] f blasphemy.

bloco ['blɔku] m (de folhas) writing pad; (de, notas) notepad; (de apartamentos) (apartment) building; (de concreto) block.

blog ['blɔgi] m INFORM blog.

bloquear [blo'kja(x)] vt to block.

blusa ['bluza] f blouse.

blusão [blu'zãw] (pl -ões [-õjʃ]) m jacket.

boa¹ → **bom**.

boa² ['boa] f boa constrictor.

boas festas [ˌboaʒ'fɛʃtaʃ] fpl: **dar as** ~ **a alguém** to wish sb a Merry Christmas.

boas-vindas [ˌboaʒ'vĩdaʃ] fpl: **dar as** ~ **a alguém** to welcome sb.

boate ['bwatʃi] f nightclub.

boato ['bwatu] m rumor.

bobagem [bo'baʒẽ] (pl -ns [-ʃ]) f nonsense sg.

bobina [bo'bina] f (de circuito elétrico) coil; (de fio, corda) reel.

bobo, ba ['bobu, ba] adj silly.

boca ['bɔka] f mouth; (de rua, túnel) entrance; (de fogão) ring.

bocado [bo'kadu] m (de pão, bolo, queijo) piece.

bocal [bo'kaw] (pl -ais [-ajʃ]) m (de castiçal) mouth; (de instrumento musical) mouthpiece.

bocejar [bose'ʒa(x)] vi to yawn.

bochecha [bu'ʃeʃa] f cheek.

bochechar [boʃe'ʃa(x)] vi to gargle.

boda ['bɔda] f wedding; ~s de ouro/prata golden/silver wedding (anniversary) sg.

bofetada [bofe'tada] f slap.

boi ['boj] m ox.

bóia ['bɔja] f float; (de barco) life preserver Am, life buoy Brit.

boina ['bojna] f flat cap.

bola ['bɔla] f ball; (cabeça) head; **dar ~ para** (flertar com) to flirt with; **não dar ~ para** (não dar importância a) to not care less; **não bater bem da ~** to not be right in the head.

boléia [bo'lɐja] f (de caminhão) driver's cab.

boletim [bole'tʃĩ] (pl -ns [-ʃ]) m (de notícias) bulletin; (revista) newsletter; EDUC report; ~ médico medical report; ~ meteorológico weather forecast.

bolha ['boʎa] f (em pele) blister; (em líquido) bubble.

bolo ['bolu] m cake; **dar o ~ em alguém** to stand sb up.

bolor [bo'lo(x)] m mold.

bolota [bo'lɔta] f acorn.

bolsa ['bowsa] f (mala) bag; ~ **de estudos** scholarship; ~ **de valores** stock exchange.

bolso ['bowsu] m pocket.

bom, boa ['bõ, 'boa] (mpl **bons** ['bõʃ], fpl **boas** ['boaʃ]) adj good; (bondoso) kind, nice; (são) well; (adequado) suitable; ~ **dia/boa tarde/boa noite** good morning/afternoon ou evening/night; **essa é boa!** that's a good one; **é ~ você fazer isso direito!** you'd better do that well!; **estar numa boa**

to have it good; **ficar** (trabalho) to come out well; (pessoa) to get well; **tudo ~?** how's it going?, how are you doing?

bomba ['bõmba] f (de ar, água) pump; (explosivo) bomb; ~ **atômica** atomic bomb; ~ **de chocolate** chocolate éclair; ~ **de gasolina** gas pump Am, petrol pump Brit (fam): **levar ~** to fail.

bombardear [bõmbax'dʒja(x)] vt to bomb.

bombeiro [bõm'bejru] m firefighter; (encanador) plumber; **os ~s** (voluntários) fire department Am, fire brigade Brit.

bombom [bõm'bõ] (pl -ns [-ʃ]) m chocolate.

bondade [bõn'dadʒi] f goodness.

bonde ['bõndʒi] m streetcar Am, tram Brit.

bondoso, osa [bõn'dozu, ɔza] adj kind.

boné [bo'nɛ] m cap.

boneca [bo'nɛka] f doll.

boneco [bo'nɛku] m (brinquedo) doll; (desenho) stick figure; ~ **de neve** snowman.

bonito, ta [bo'nitu, ta] adj pretty; (homem) good-looking; (momento) wonderful; (gesto, atitude, sentimento) kind; (dia) nice.

bons → **bom**.

bônus ['bonuʃ] m inv (de empresa) bonus; (de loja) voucher.

borboleta [boxbo'leta] f butterfly.

borbulha [box'buʎa] f (de

água, champanhe) bubble.

borda ['bɔxda] *f* edge; *(de torta, pizza)* crust.

bordado, da [box'dadu, da] *adj* embroidered. ◆ *m* embroidery.

bordar [box'da(x)] *vt & vi* to embroider.

bordel [box'dɛw] *(pl* **-éis** [-'ɛjʃ]*) m* brothel.

bordo ['boxdu] *m (de navio, passeio)* side; **a ~** on board.

borra ['boxa] *f (de café)* grounds *pl; (de vinho)* dregs *pl.*

borracha [bo'xaʃa] *f* eraser *Am,* rubber *Brit; (material)* rubber.

borracheiro [boxa'ʃejru] *m person who repairs and sells tires.*

borrifar [boxi'fa(x)] *vt:* **~ algo com algo** to sprinkle sthg with sthg.

bosque ['bɔʃki] *m* wood.

bossa ['bɔsa] *f* hump; **~ nova** Brazilian musical movement from *the 1960s.*

BOSSA NOVA

Bossa nova first appeared towards the end of the 1950s as a jazz-samba fusion. Its syncopated rhythm was made famous by musicians such as João Gilberto and Tom Jobim. The song "Garota de Ipanema" ("The Girl from Ipanema") became such a big international hit that even Frank Sinatra recorded his own cover version, ensuring

that the bossa nova beat spread across the whole world.

---

bota ['bɔta] *f* boot.

botânica [bo'tãnika] *f* botany → **botânico.**

botânico, ca [bo'tãniku, ka] *m, f* botanist. ◆ *adj m* → **jardim.**

botão [bo'tãw] *(pl* **-ões** [-'õjʃ]*) m (de vestuário, aparelho)* button; *(de flor)* bud.

botar [bo'ta(x)] *vt* to put; *(vestir, calçar)* to put on; *(suj: ave)* to lay; *(defeito)* to find; **~ algo em dia** to update sthg; **~ algo fora** to throw sthg away.

bote ['bɔtʃi] *m* boat; **~ salva-vidas** lifeboat.

botequim [botʃi'kĩ] *(pl* **-ns** [-ʃ]*) m* bar.

botijão [botʃi'ʒãw] *(pl* **-ões** [-õjʃ]*) m (de gás)* bottle.

botões → **botão.**

boxe ['bɔksi] *m* boxing.

braçadeira [brasa'dejra] *f (para natação)* armband; *(de cano, mangueira)* bracket.

bracelete [brase'letʃi] *m* bracelet.

braço ['brasu] *m* arm; *(de viola, violino, violoncelo)* neck; *(de rio)* branch; *(de mar)* inlet; **não dar o ~ a torcer** not to give in; **ser o ~ direito de alguém** to be sb's right hand; **de ~ dado** arm in arm.

bradar [bra'da(x)] *vt* to cry out. ◆ *vi* to clamor.

braguilha [bra'giʎa] *f* flies *pl.*

branco

branco, ca [ˈbrãŋku, ka] *adj &
m* white. ◆ *m, f (pessoa)* white
man; **em ~** *(folha, cheque)* blank.
brando, da [ˈbrãndu, da] *adj*
gentle; **cozinhar em fogo ~** to
simmer.
brasa [ˈbraza] *f* ember.
brasão [braˈzãw] *(pl -ões* [-õjʃ]*)
m* coat of arms.
Brasil [braˈziw] *m* o ~ Brazil.
brasileiro, ra [braziˈlejru, ra]
adj & m, f Brazilian.
Brasília [braˈzilja] *s* Brasilia.

BRASÍLIA

More than just the capital of
Brazil, Brasilia is a monument
to modern architecture.
Founded in 1960, it was
planned so as to sit in the exact geographical center of
the country. Its palaces and
buildings are simple yet elegant, spreading down wide
avenues and boulevards in a
celebration of speed and efficiency. The central government offices are housed here
in the Palácio do Planalto, not
far from the twin towers of
the Brazilian National Congress.

brasões → **brasão**.
bravio, via [braˈviu, via] *adj*
wild.
bravo, va [ˈbravu, va] *adj (valente)* brave; *(selvagem)* wild; *(tem-
pestuoso)* rough; *fig (furioso)*
angry. ◆ *interj* bravo!

brejo [ˈbreʒu] *m* swamp.
breve [ˈbrɛvi] *adj* short; **em ~**
soon; **até ~!** see you soon!
brevemente [ˌbrɛviˈmẽntʃi]
adv shortly.
briga [ˈbriga] *f* fight.
brigada [briˈgada] *f (de trânsito)*
patrol; *(de trabalhadores)* crew.
brilhante [briˈʎãntʃi] *adj (cabelo, metal)* shiny; *(olhos)* bright;
fig (excelente) brilliant. ◆ *m* diamond.
brilhar [briˈʎa(x)] *vi* to shine.
brilho [ˈbriʎu] *m (de cabelo, metal)* shine; *(de olhos, sol)* brightness.
brincadeira [brĩŋkaˈdejra] *f
(jogo)* game; *(gracejo)* joke.
brincar [brĩŋˈka(x)] *vi (criança)*
to play; *(gracejar)* to joke.
brinco [ˈbrĩŋku] *m* earring.
brindar [brĩˈda(x)] *vi (fazer um
brinde)* to drink a toast. ◆ *vt (presentear):* **~ alguém com algo** to
give sthg as a present to sb; **~ à
saúde de alguém** to drink to sb.
brinde [ˈbrĩndʒi] *m (presente)*
present; **fazer um ~** to propose
a toast.
brinquedo [brĩˈkedu] *m* toy.
brisa [ˈbriza] *f* breeze.
britânico, ca [briˈtaniku, ka]
adj British. ◆ *m, f* British person;
os ~s the British.
broca [ˈbrɔka] *f* drill.
broche [ˈbrɔʃi] *m* brooch.
brochura [broˈʃura] *f* paperback.
brócolis [ˈbrɔkoliʃ] *mpl* broccoli *sg.*

cabana

bronca ['brõŋka] f *(repreensão)* scolding.

bronquite [brõŋ'kitʃi] f bronchitis.

bronze ['brõzi] m bronze.

bronzeado, da [brõ'zeadu, da] *adj* tanned. ◆ m (sun)tan.

bronzeador [brõzea'do(x)] *(pl -res* [-riʃ]*)* m suntan lotion.

bronzear-se [brõ'zjaxsi] *vp* to get a (sun)tan.

brotar [bro'ta(x)] *vi (água)* to well up; *(flor, planta)* to sprout. ◆ vt *(líquido)* to spurt.

bruços ['brusuʃ] *mpl*: **de ~** *(posição)* face down.

bruma ['bruma] f mist.

brusco, ca ['bruʃku, ka] *adj (pessoa)* brusque; *(gesto, movimento)* sudden.

brutal [bru'taw] *(pl -ais* [-ajʃ]*) adj* brutal.

bruto, ta ['brutu, ta] *adj* rough; *(peso)* gross; **em ~** raw.

bruxa ['bruʃa] f witch.

búfalo ['bufalu] m buffalo.

bugigangas [buʒi'gãŋgaʃ] *fpl* knick-knacks.

bula ['bula] f *(de remédio)* instruction leaflet.

bulbo ['buwbu] m bulb.

bule ['buli] m *(para chá)* teapot; *(para café)* coffee pot.

Bumba-meu-boi ['bũmba-mew,boj] Bumba-meu-boi.

ⓘ **BUMBA-MEU-BOI**

An allegory which has as its dramatic focus the death and resurrection of an ox. It in-

volves human characters, animals and fantasy figures. In certain regions of the country it is played between Christmas and the 6th of January. In the states of the North it is played during the "festas juninas" (June festivals).

---

bunda ['bũda] f bottom.

buraco [bu'raku] m hole.

burla ['burla] f fraud.

burlão, ona [bur'lãw, ona] *(mpl -ões* [-õjʃ]*, fpl -s* [-ʃ]*) m, f* fraudster.

burocracia [burokra'sia] f bureaucracy.

burro, a ['buxu, a] *m, f* donkey. ◆ *adj (estúpido)* stupid.

busca ['buʃka] f search; **em ~ de** in search of.

buscar [buʃ'ka(x)] *vt* to search for, to look for.

bússola ['busola] f compass.

busto ['buʃtu] m bust.

buzina [bu'zina] f horn.

buzinar [buzi'na(x)] *vi* to sound the horn.

búzio ['buzju] m conch.

C

cá ['ka] *adv* here; **venha ~, por favor** come here, please.

cabana [ka'bana] f hut.

cabeça [ka'besa] f head; _(de alho)_ bulb; **por ~** per head; **à ~ (à frente)** at the front; **de ~ para baixo** upside down; **fazer a ~ de alguém** to convince sb; **não ter pé nem ~** to make no sense; **perder a ~** to lose one's head.

cabeçada [kabe'sada] f _(pancada com a cabeça)_ head butt; _(em futebol)_ header.

cabeceira [kabe'sejra] f head.

cabeçudo, da [kabe'sudu, da] adj _(teimoso)_ stubborn.

cabedal [kabe'daw] _(pl_ **-ais** [-ajʃ]) m personal possession.

cabeleira [kabe'lejra] f _(verdadeira)_ head of hair; _(postiça)_ wig.

cabeleireiro, ra [kabelej'rejru, ra] m, f _(profissão)_ hairdresser. ♦ m _(local)_ beauty parlor.

cabelo [ka'belu] m hair; **ir cortar o ~** to get one's hair cut.

caber [ka'be(x)] vi to fit in.
❏ **caber a** v + prep: **~ a alguém fazer algo** to be up to sb to do sthg.

cabide [ka'bidʒi] m _(de chapéu)_ hat stand; _(de roupa)_ (clothes) hanger.

cabine [ka'bini] f _(telefónica)_ telephone booth; _(de navio, avião)_ cabin; _(de trem)_ compartment.

cabisbaixo, xa [kabiʒ'bajʃu, ʃa] adj irg _(triste)_ downcast.

cabo [ka'bu] m cable; _(de utensílio)_ handle; _(de terra)_ cape; _(de exército)_ corporal; **ao ~ de** after; **de ~ a rabo** from beginning to end; **dar ~ de algo** to wreck sthg.

cabra ['kabra] f goat.

cabrito [ka'britu] m kid (goat).

caça ['kasa] f _(ação)_ hunting; _(animal caçado)_ game.

caçador, ra [kasa'do(x), ra] _(mpl_ **-res** [-riʃ], _fpl_ **-s** [-ʃ]) m, f hunter.

cação [ka'sãw] m dogfish.

caçar [ka'sa(x)] vt to hunt.

cacetada [kase'tada] f blow.

cacete [ka'setʃi] m _(pau)_ stick; **ela é chata para ~!** she's a real bore!

cachaça [ka'ʃasa] f sugar cane spirit.

cachecol [kaʃe'kɔw] _(pl_ **-óis** [-ɔjʃ]) m scarf.

cachimbo [ka'ʃimbu] m pipe.

cacho ['kaʃu] m _(de uvas, flores)_

bunch; *(de cabelo)* lock.

cacto [ˈka(k)tu] *m* cactus.

cada [ˈkadɐ] *adj (um)* each; *(todos)* every; ~ **duas semanas** every two weeks; ~ **qual** each one; ~ **um/uma** each (one); **um/uma de** ~ **vez** one at a time; ~ **vez mais** more and more; ~ **vez que** every time; **aqui é** ~ **um por si** everyone looks out for themselves here; **você tem** ~ **uma!** you came out with real good ones!

cadarço [kaˈdaxsu] *m* shoelace.

cadastro [kaˈdaʃtru] *m (registro)* register; *(de criminosos)* criminal record.

cadáver [kaˈdavɛ(x)] *(pl* -res [-riʃ]) *m* corpse.

cadê [kaˈde] *adv:* ~ ...? where's ...?, where are ...? *pl.*

cadeado [kaˈdʒjadu] *m* padlock.

cadeia [kaˈdeja] *f (fila)* chain; *(prisão)* prison.

cadeira [kaˈdejra] *f (assento)* chair; *(disciplina)* subject; ~ **de rodas** wheelchair.

cadela [kaˈdɛla] *f* bitch.

cadência [kaˈdɛsja] *f* rhythm.

caderno [kaˈdɛrnu] *m* notebook.

caducar [kaduˈka(x)] *vi* to expire.

caduco, ca [kaˈduku, ka] *adj (pessoa)* senile.

cães → **cão**.

café [kaˈfɛ] *m* coffee; *(local)* café; ~ **com leite** coffee with cream *Am*, white coffee *Brit*; ~ **da manhã** breakfast; ~ **ex-**

presso espresso; ~ **moído/solúvel** ground/instant coffee; *(adversário)* small time.

cafeteira [kafeˈtejra] *f* coffee pot.

cafezinho [kafeˈzinu] *m* small black coffee.

caiar [kaˈja(x)] *vt* to whitewash.

caibo [ˈkajbu] → **caber**.

cãibra [ˈkãjmbra] *f* cramp.

caipira [kajˈpira] *adj* provincial. ◆ *mf* hick.

caipirinha [kajpiˈrina] *f* cocktail made of *"cachaça"*, lime juice, sugar and ice.

cair [kaˈi(x)] *vi* to fall; *(luz)* to shine; ~ **bem/mal** *(comida)* to go down well/badly; ~ **na realidade** ou **em si** to come to one's senses; **nessa não caio eu!** I won't fall for that!

cais [ˈkajʃ] *m inv (de rio, mar)* harbor; ~ **de embarque** quay.

caixa [ˈkajʃa] *f* box; *(seção de banco, loja)* counter; *(em supermercado)* checkout; *(banco)* savings bank; *(segurança social)* social security; *(de arma)* chamber. ◆ *mf (profissão)* cashier; ~**-alta/baixa** upper/lower case; ~ **automático** ou **24 horas** ATM; ~ **de mudanças** gearbox; ~ **do correio** mailbox; ~ **de fósforos** matchbox; ~ **postal** P.O. box; ~ **registradora** cash register.

caixão [kajˈʃãw] *(pl* -ões [-õjʃ]) *m* coffin, casket *Am*.

caixeiro [kajˈʃejru] *m:* ~ **viajante** traveling salesman.

caixões → caixão.

caixote [kaj'ʃɔtʃi] *m* box.

caju [ka'ʒu] *m* cashew nut.

calado, da [ka'ladu, da] *adj* quiet; **fique ~!** be quiet!

calamidade [kalami'dadʒi] *f* calamity.

calar-se [ka'laxsi] *vp* to fall silent; **cale-se!** shut up!

calça [ˈkawsa] *f* pants *pl* Am, trousers *pl* Brit.

calçada [kaw'sada] *f* sidewalk Am, pavement Brit.

calçado, da [kaw'sadu, da] *adj (rua)* cobbled. ◆ *m* footwear.

calcanhar [kawka'na(x)] *(pl -res* [-riʃ]*) m* heel.

calção [kaw'sãw] *(pl -ões* [-õjʃ]*) m* shorts *pl*; **~ de banho** bathing suit.

calcar [kaw'ka(x)] *vt (pisar)* to stand on; *(comprimir)* to press down.

calçar [kaw'sa(x)] *vt (sapatos, meias, luvas)* to put on; *(rua, passeio)* to pave; **que número você calça?** what size (shoe) do you wear?; **calço 37** I'm a (size) 37.

calcário [kaw'karju] *m* limestone.

calcinha [kaw'siɲa] *f* panties *pl* Am, knickers *pl* Brit.

cálcio [ˈkawsju] *m* calcium.

calço [ˈkawsu] *m* wedge.

calculadora [kawkula'dora] *f* calculator.

calcular [kawku'la(x)] *vt (número, valor)* to calculate; *(conjecturar)* to reckon.

cálculo [ˈkawkulu] *m (aritméti-co, algébrico)* calculation; *(disciplina)* calculus; **pelos meus ~s estaremos lá em uma hora** I figure we'll be there in an hour.

calda [ˈkawda] *f* syrup.

caldo [ˈkawdu] *m (sopa)* broth; *(de carne, sopa, vegetais)* stock.

calendário [kalẽn'darju] *m* calendar.

calhar [ka'ʎa(x)] *vi (vir a propósito)*: **calhou eu estar lá** I happened to be there; **vir a ~** to come at just the right time.

calibragem [kali'braʒẽ] *(pl -ns* [-ʃ]*) f*: **~ (dos pneus)** tire pressure.

cálice [ˈkalisi] *m (vinho)* wine glass; *(sagrado)* chalice.

calista [ka'liʃta] *mf* podiatrist Am, chiropodist Brit.

calma [ˈkawma] *f* calm. ◆ *interj* take it easy!, calm down!; **ter ~** to keep calm.

calmo, ma [ˈkawmu, ma] *adj* calm; *(lugar)* quiet.

calo [ˈkalu] *m* callus; *(de pé)* corn; **é melhor não pisar no meu ~!** you'd better not bother me!

calor [ka'lo(x)] *m* heat; **estar com ~** to feel hot; **fazer ~** to be hot.

caloria [kalo'ria] *f* calorie.

calouro, ra [ka'loru, ra] *m, f* freshman Am, fresher Brit.

calúnia [ka'lunja] *f* slander.

calvo, va [ˈkawvu, va] *adj* bald.

cama [ˈkama] *f* bed; **~ de casal** double bed; **~ de solteiro** single bed; **estar de ~** to be bedridden; **ir para a ~ (fazer amor)** to go to bed with sb.

camada [kaˈmada] f layer; *(de tinta, verniz)* coat; **a ~ do ozônio** the ozone layer.

câmara [ˈkãmara] f: **~ fotográfica** camera; **~ municipal** *(elementos)* city council; **~ de vídeo** camcorder; **em ~ lenta** in slow motion.

camarada [kamaˈrada] mf *(de partido)* comrade; *(forma de tratamento)* buddy, pal. ◆ adj *(preço)* good.

câmara-de-ar [ˌkãmaraˈdʒja(x)] *(pl* **câmaras-de-ar** [ˌkãmaraʒˈdʒja(x)]*)* f inner tube.

camarão [kamaˈrãw] *(pl* -ões [-õjʃ]*)* m shrimp.

camarim [kamaˈrĩ] *(pl* -ns [-ʃ]*)* m dressing room.

camarões → camarão.

camarote [kamaˈrɔtʃi] m *(de navio)* cabin; *(de teatro)* box.

cambalear [kãbaˈlja(x)] vi to stagger.

cambalhota [kãbaˈʎɔta] f somersault.

câmbio [ˈkãbju] m *(troca de valores)* exchange; *(preço de transação)* exchange rate; *(de veículo)* gearshift.

camelo [kaˈmelu] m camel.

camelô [kameˈlo] m street peddler.

caminhada [kamiˈɲada] f walk.

caminhão [kamiˈɲãw] *(pl* -ões [-õjʃ]*)* m truck *Am,* lorry *Brit.*

caminhar [kamiˈɲa(x)] vi to walk.

caminho [kaˈmiɲu] m way;

(via) path; **estou a ~** I'm on my way; **a ~ de** on the way to; **pelo ~** on the way; **cortar ~** to take a short cut.

caminhões → caminhão.

caminhoneiro, ra [kamiɲoˈnejru, ra] m, f truck driver *Am,* lorry driver *Brit.*

caminhonete [kamiɲoˈnɛtʃi] f *(para passageiros)* minibus; *(para mercadorias)* van.

camisa [kaˈmiza] f shirt.

camiseta [kamiˈzeta] f T-shirt.

camisinha [kamiˈziɲa] f *(preservativo)* condom.

camisola [kamiˈzɔla] f *(de dormir)* nightdress.

campainha [kãpaˈiɲa] f bell.

campanário [kãpaˈnarju] m belfry.

campanha [kãˈpaɲa] f campaign; **~ eleitoral** election campaign.

campeão, peã [kãˈpjãw, pjã] *(mpl* -ões [-õjʃ]*, fpl* -s [-ʃ]*)* m, f champion.

campeonato [kãpjoˈnatu] m championship.

campestre [kãˈpɛʃtri] adj country *(antes de s).*

camping [ˈkãpĩ] m camping; *(local)* campsite.

campista [kãˈpiʃta] mf camper.

campo [ˈkãpu] m country (side); *(de esporte)* field; **~ de futebol** soccer field; **~ de golfe** golf course.

camurça [kaˈmuxsa] f suede.

cana ['kana] f (planta) bamboo; (material) cane; (cana-de-açúcar) sugar cane; (cachaça) sugar cane spirit; **ir em** ~ to be arrested.

Canadá [kana'da] m: **o** ~ Canada.

canal [ka'naw] (pl **-ais** [-ajʃ]) m channel; (de navegação) canal; **o Canal da Mancha** the (English) Channel.

canalização [kanaliza'sãw] (pl **-ões** [-õjʃ]) f (de água) plumbing; (de gás) piping.

canalizar [kanali'za(x)] vt (água, gás) to lay pipes for; fig (esforços, fundos) to channel.

canção [kã'sãw] (pl **-ões** [-õjʃ]) f song.

cancela [kã'sɛla] f (de casa, jardim) gate; (de passagem de nível) barrier.

cancelamento [kãsela'mẽntu] m cancellation.

cancelar [kãse'la(x)] vt to cancel.

câncer ['kãse(x)] (pl **-res** [-riʃ]) m cancer.

❑ **Câncer** m Cancer.

cancerígeno, na [kãse'riʒenu, na] adj carcinogenic.

canções → canção.

candelabro [kãnde'labru] m (lustre) chandelier; (castiçal) candelabra.

candidato, ta [kãndʒi'datu, ta] m, f: ~ **(a)** candidate (for).

candomblé [kãndõm'blɛ] m Afro-Brazilian religion centered around musical rituals and dance.

ⓘ CANDOMBLÉ

This hybrid religion was born from the fusion of Portuguese Catholicism and the African cults brought over to Brazil by the slaves. The gods are known as "orixás" and each one is associated with a Catholic saint. For example, Oxalá is Jesus, and Iemanjá, the goddess of the sea, is the Virgin Mary. The "candomblé" ceremonies take place in "terreiros" (specially dedicated spaces) and are characterized by women singing and chanting to the beat of the drums, played by men.

caneca [ka'nɛka] f mug; (medida de cerveja) a measure of beer.

canela [ka'nɛla] f (condimento) cinnamon; (de perna) shin; **esticar a** ~ fig (morrer) to buy the farm.

caneta [ka'neta] f pen; ~ **esferográfica** ballpoint pen.

canguru [kãŋgu'ru] m kangaroo.

canhão [ka'ɲãw] (pl **-ões** [-õjʃ]) m (arma) cannon; (vale) canyon.

canhoto, ota [ka'ɲotu, ɔta] adj left-handed. ◆ m, f left-handed person.

canibal [kani'baw] (pl **-ais** [-ajʃ]) mf cannibal.

caniço [ka'nisu] m reed.

canil [ka'niw] (pl **-is** [-iʃ]) m kennel.

canis → canil.

canivete [kani'vetʃi] m pen-knife.

canja ['kãʒa] f: ~ **(de galinha)** chicken broth; **é ~!** it's a piece of cake!

cano ['kanu] m pipe; *(de arma)* barrel; ~ **de esgoto** drainpipe.

canoa [ka'noa] f canoe.

canoagem [ka'nwaʒẽ] f canoeing; **fazer ~** to go canoeing.

cansaço [kã'sasu] m tiredness.

cansado, da [kã'sadu, da] *adj:* **estar ~** to be tired.

cansar [kã'sa(x)] vt to tire out. ❑ **cansar-se** vp to get tired.

cansativo, va [kãsa'tʃivu, va] *adj (fatigante)* tiring; *(maçante)* tedious.

cantar [kãn'ta(x)] vi & vt to sing.

cantarolar [kãntaro'la(x)] vi & vt to hum.

cantiga [kãn'tʃiga] f *(canção)* ballad.

cantil [kãn'tʃiw] *(pl* **-is** [-iʃ]) m flask.

cantina [kãn'tʃina] f canteen.

cantis → **cantil**.

canto ['kãntu] m corner; *(forma de cantar)* singing; *(de galo)* crowing.

cantor, ra [kãn'to(x), ra] *(mpl* **-res** [-riʃ], *fpl* **-s** [-ʃ]) m, f singer.

canudinho [kanu'diɲu] m drinking straw.

canudo [ka'nudu] m tube; *(para bebida)* straw; *(diploma de curso)* diploma.

cão ['kãw] *(pl* **cães** ['kãjʃ]) m dog; ~ **de guarda** guard dog.

caos ['kawʃ] m chaos.

caótico, ca [ka'ɔtiku, ka] *adj* chaotic.

capa ['kapa] f *(dossier, pasta)* folder; *(peça de vestuário)* cape; *(de livro, caderno)* cover; ~ **frontal** *(para celular)* fascia; ~ **impermeável** raincoat.

capacete [kapa'setʃi] m *(de moto)* crash helmet; *(de proteção)* hard hat.

capacidade [kapasi'dadʒi] f capacity; *fig (talento)* ability.

capar [ka'pa(x)] vt to castrate; *(animal de estimação)* to neuter; *(cavalo)* to geld.

capaz [ka'paʃ] *(pl* **-zes** [-ziʃ]) *adj* capable; **ser ~ de fazer algo** to be able to do sthg; **é ~ de chover** it might rain.

capela [ka'pɛla] f chapel.

capitã → **capitão**.

capitães → **capitão**.

capital [kapi'taw] *(pl* **-ais** [-ajʃ]) f & m capital.

capitão, tã [kapi'tãw, tã] *(mpl* **-ães** [-ajʃ], *fpl* **-s** [-ʃ]) m, f captain.

capítulo [ka'pitulu] m chapter.

capô [ka'po] m *(de carro)* hood *Am*, bonnet *Brit*.

capoeira [ka'pwejra] f coop; *(prática esportiva)* Brazilian fighting dance.

CAPOEIRA

A martial art, dance and game at the same time, "capoeira" was brought over to Brazil by African slaves who, when prohibited from taking part in their traditional fighting contests, converted their skill into a dance as a way of keeping a grip on their culture. It is danced in pairs, to the sound of the "berimbau", an African stringed instrument. Today, though the spiritual home of "capoeira" is Bahia, it can be learnt in dance schools all over the country.

---

capota [ka'pɔta] *f (de carro)* hood *Am*, bonnet *Brit.*
capotar [kapo'ta(x)] *vi* to overturn.
capricho [ka'priʃu] *m* whim.
Capricórnio [kapri'kɔrnju] *m* Capricorn.
captar [kap'ta(x)] *vt (água)* to collect; *(sinal, onda)* to receive; *(atenção)* to attract.
capuz [ka'puʃ] *(pl* -zes [-ziʃ]) *m* hood.
caqui [ka'ki] *m* khaki.
cara ['kara] *f* face; *(aspecto)* appearance. ◆ *m* guy; ~ **ou co-roa?** heads or tails?; ~ **a** ~ face to face; **dar de** ~ **com** *fig* to come face to face with; **não vou com a** ~ **dele** I don't like the look of him; **ter** ~ **de pou-cos amigos** to look like a hard nut.
caracol [kara'kɔw] *(pl* -óis [-ɔjʃ]) *m (animal)* snail; *(de cabelo)* curl.
caractere-curinga *m* IN-*FORM* wildcard.
característica [kara(k)te'riʃt-ʃika] *f* characteristic.

característico, ca [kara(k)te-'riʃtʃiku, ka] *adj* characteristic.
caramelo [kara'mɛlu] *m* caramel.
caranguejo [karãŋ'geʒu] *m* crab.
caráter [ka'rate(x)] *(pl* -res [-riʃ]) *m* character; *(tipo)* type.
caravana [kara'vana] *f (de gen-te)* caravan.
carbonizado, da [kaxboni-'zadu, da] *adj* charred.
carbono [kax'bonu] *m* carbon.
carburador [kaxbura'do(x)] *(pl* -res [-riʃ]) *m* carburetor.
cardápio [kax'dapju] *m* menu.
cardume [kax'dumi] *m* shoal.
careca [ka'rɛka] *adj* bald. ◆ *f* bald patch.
carecer [kare'se(x)]: **carecer de** *v* + *prep (ter falta de)* to lack; *(precisar de)* to need.
carência [ka'rẽsja] *f (falta)* lack; *(necessidade)* need.
careta [ka'reta] *f* grimace; **fazer** ~ **s** to pull faces.
carga ['kaxga] *f (de barco, avião)* cargo; *(de trem, caminhão)* freight; *(de pessoa, animal)* load; *(de projétil)* charge; ~ **máxima** maximum load.
cargo ['kaxgu] *m (função)* post; *(responsabilidade)* responsibility; **deixar a** ~ **de** to leave in charge of; **estar a** ~ **de** to be the responsibility of.
cariado, da [ka'rjadu, da] *adj* decayed.
carícia [ka'risja] *f* caress.
caridade [kari'dadʒi] *f* charity.

cárie ['kari] f tooth decay.

carimbar [karĩ'ba(x)] vt to stamp.

carimbo [ka'rĩmbu] m stamp; *(em carta)* postmark.

carinho [ka'riɲu] m affection.

carioca [ka'rjɔka] mf *(pessoa)* native of Rio de Janeiro.

carnal [kax'naw] *(pl* **-ais** [-ajʃ]) adj carnal.

Carnaval [kaxna'vaw] m Carnival.

 CARNAVAL

The four-day period before Lent leading up to Ash Wednesday is carnival time in Brazil. Rich and poor alike forget their cares as they party in the streets. Though celebrated across the whole country, the carnival parades in Rio and Salvador are probably the best known. The Rio carnival is notable for its "escolas de samba" (schools of samba), which compete against each other, whilst in Salvador the public are free to participate in the processions.

carne ['kaxni] f *(de comer)* meat; *(tecido muscular)* flesh; ~ **de carneiro** lamb; ~ **moída** ground beef Am, mince Brit; ~ **de porco** pork; ~ **de vaca** beef; **em** ~ **e osso** in the flesh.

carnê [kax'ne] m *(de pagamentos)* payment book.

carneiro [kax'nejru] m *(animal)* sheep; *(reprodutor)* ram; *(carne)* mutton.

carnudo, da [kax'nudu, da] adj *(lábios)* full; *(fruto)* fleshy.

caro, ra ['karu, ra] adj *(de preço elevado)* expensive; *(querido)* dear.

caroço [ka'rosu] m *(de fruto)* stone; *(em corpo)* lump.

carona [ka'rona] f lift, ride Am; **pegar uma** ~ to hitch a ride; **dar uma** ~ **a alguém** to give sb a ride; **pedir** ~ to hitchhike.

carpete [kax'pɛtʃi] m carpet.

carpinteiro [kaxpĩ'tejru] m carpenter.

carregado, da [kaxe'gadu, da] adj *(cor)* dark; *(tempo)* muggy; **estar** ~ **de** to be loaded down with.

carregador [kaxega'do(x)] *(pl* **-res** [-riʃ]) m *(em estação, hotel)* porter.

carregar [kaxe'ga(x)] vt to load; *(transportar)* to carry; *(pilha, bateria)* to charge. ◆ vi *(pesar)* to be heavy; ~ **em algo** *(exagerar)* to overdo sthg.

carreira [ka'xejra] f *(profissão)* career; *(fileira)* row; *(de transportes coletivos)* route; *(pequena corrida)* race.

carrinho [ka'xiɲu] m: ~ **de bebê** stroller Am, pushchair Brit; ~ **de mão** wheelbarrow; ~ **de supermercado** shopping cart Am, trolley Brit.

carro ['kaxu] m car; ~ **alegórico** carnival float; ~ **de aluguel** rental car; ~ **de corrida** race car; ~ **de passeio** sedan Am, saloon (car) Brit.

carroça [kaˈxɔsa] f cart.

carroceria [kaxoseˈria] f bodywork.

carrossel [kaxɔˈsɛw] (pl **-éis** [-ɛjʃ]) m merry-go-round, carousel Am.

carta [ˈkaxta] f letter; (mapa) map; (de baralho) card; ~ **de apresentação** covering letter; ~ **de vinhos** wine list; ~ **registrada** registered letter.

cartão [kaxˈtãw] (pl **-ões** [-õjʃ]) m card; (papelão) cardboard; ~ **bancário** ATM card; ~ **de crédito** credit card; ~ **de embarque/desembarque** boarding/landing card; ~ **postal** postcard.

cartão-de-visita [kaxˌtãwdʒiˈvizita] (pl **cartões-de-visita** [kaɾˌtõizdʒiˈvizita]) m business card.

cartaz [kaxˈtaʃ] (pl **-zes** [-ziʃ]) m poster.

carteira [kaxˈtejra] f (de dinheiro) wallet; (de sala de aula) desk; ~ **de motorista** driver's license Am, driving licence Brit; ~ **de identidade** I.D. card.

carteiro [kaxˈtejru] m mailman Am, postman Brit.

cartões → **cartão**.

cartolina [kaxtoˈlina] f card.

cartório [kaxˈtɔrju] m registry (office); ~ **notarial** notary's office.

cartucho [kaxˈtuʃu] m (munição) cartridge.

carvalho [kaxˈvaʎu] m oak.

casa [ˈkaza] f house; (lar) home; COM business; (de botão) buttonhole; **em** ~ at home; **ir para** ~ to go home; ~ **de câmbio** exchange bureau; ~ **de campo/praia** country/beach house; ~ **de saúde** hospital; **ser de** ~ to be like one of the family; **sinta-se em** ~! make yourself at home!

casaco [kaˈzaku] m jacket; ~ **comprido** coat; ~ **de malha** cardigan.

casado, da [kaˈzadu, da] adj married.

casal [kaˈzaw] (pl **-ais** [-ajʃ]) m couple.

casamento [kazaˈmẽntu] m marriage; (cerimônia) wedding.

casar [kaˈza(x)] vt to marry. ◆ vi to get married.

❏ **casar-se** *vp* to get married.

casca [ˈkaʃka] *f (de ovo, noz etc.)* shell; *(de laranja, maçã etc.)* peel.

cascalho [kaʃˈkaʎu] *m* rubble.

cascata [kaʃˈkata] *f* waterfall.

cascavel [kaʃkaˈvew] *(pl* **-éis** [-ɛjʃ]) *f* rattlesnake.

casco [ˈkaʃku] *m (de vinho)* cask; *(de navio)* hull; *(de animal)* hoof.

caseiro, ra [kaˈzejru, ra] *adj* homemade; *(pessoa)* home-loving. ◆ *m, f* housekeeper.

caso [ˈkazu] *m (circunstância)* case; *(acontecimento)* affair. ◆ *conj* in case; **no ~ de** in the event of; **'em ~ de emergência ...'** 'in an emergency...'; **em todo ~** in any case; **em último ~** as a last resort; **fazer pouco-~ de algo/alguém** to belittle sthg/sb.

caspa [ˈkaʃpa] *f* dandruff.

casquinha [kaʃˈkiɲa] *f (de sorvete)* cone.

cassete [kaˈsɛtʃi] *f* cassette, tape.

cassetete [kaseˈtetʃi] *m* nightstick *Am,* truncheon *Brit.*

cassino [kaˈsinu] *m* casino.

castanha [kaʃˈtaɲa] *f (fruto da castanheira)* chestnut; **~ de caju** cashew nut.

castanha-do-pará [-paˈra] *f* Brazil nut.

castanho, nha [kaʃˈtaɲu, ɲa] *adj* brown; **~ claro/escuro** light/dark brown. ◆ *m (madeira)* chestnut.

castelo [kaʃˈtɛlu] *m* castle.

castiçal [kaʃtʃiˈsaw] *(pl* **-ais** [-ajʃ]) *m* candlestick.

castigar [kaʃtʃiˈga(x)] *vt* to punish.

castigo [kaʃˈtʃigu] *m* punishment.

casto, ta [ˈkaʃtu, ta] *adj* chaste.

castor [kaʃˈto(x)] *(pl* **-res** [-riʃ]) *m* beaver.

castrar [kaʃˈtra(x)] *vt* to castrate.

casual [kaˈzwaw] *(pl* **-ais** [-ajʃ]) *adj* chance *(antes de s).*

casualidade [kazwaliˈdadʒi] *f* chance; **por ~** by chance.

casulo [kaˈzulu] *m* cocoon.

catálogo [kaˈtalogu] *m* catalog.

catarata [kataˈrata] *f* waterfall; *MED* cataract; **as ~s do Iguaçu** the Iguaçu Falls.

ⓘ **CATARATAS DO IGUAÇU**

The Iguaçu Falls are situated at the point where the borders of Brazil, Argentina and Paraguay meet. The falls are actually made up of 275 separate waterfalls with an average height of 65 meters. Narrow wooden bridges link the clifftops so that visitors can view the falls from close up.

catarro [kaˈtaxu] *m* catarrh.

catástrofe [kaˈtaʃtrofi] *f* catastrophe.

cata-vento [kataˈvẽntu] *(pl*

cata-ventos [kata'vẽntuʃ]) *m* weather vane.

catedral [kate'draw] (*pl* **-ais** [-ajʃ]) *f* cathedral.

categoria [katego'ria] *f* category; *(posição)* position; *(qualidade)* class; **de** ~ first-rate.

cativar [katʃi'va(x)] *vt* to captivate.

cativeiro [katʃi'vejru] *m:* **em** ~ in captivity.

catolicismo [katoli'siʒmu] *m* Catholicism.

católico, ca [ka'tɔliku, ka] *adj & m, f* Catholic.

catorze [ka'tɔxzi] *num* fourteen → **seis**.

caução [kaw'sãw] (*pl* **-ões** [-õjʃ]) *f JUR* bail; **pagar** ~ to pay bail.

cauda ['kawda] *f (de animal)* tail; *(de manto, vestido)* train.

caudal [kaw'daw] (*pl* **-ais** [-ajʃ]) *m* flow.

causa ['kawza] *f (motivo)* reason; *(de acidente, doença)* cause; *JUR (ação judicial)* case; **por** ~ **de** because of.

causar [kaw'za(x)] *vt* to cause; ~ **danos a** to damage.

cautela [kaw'tɛla] *f* caution; *(penhor)* pawn ticket; **ter** ~ **com** to be careful with; **com** ~ cautiously; **por** ~ as a safeguard.

cauteloso, osa [kawte'lozu, ɔza] *adj* cautious.

cavala [ka'vala] *f* mackerel.

cavaleiro [kava'lejru] *m* rider; *(medieval)* knight.

cavalete [kava'letʃi] *m* easel.

cavalgar [kavaw'ga(x)] *vi* to ride. ◆ *vt (cavalo)* to ride.

cavalheiro [kava'ʎejru] *m* gentleman.

cavalo [ka'valu] *m* horse.

cavanhaque [kava'naki] *m* goatee (beard).

cavar [ka'va(x)] *vt (terra)* to dig; *(decote)* to lower.

caveira [ka'vejra] *f* skull.

caverna [ka'vexna] *f* cave.

caviar [ka'vja(x)] *m* caviar.

cavidade [kavi'dadʒi] *f* cavity.

caxemira [kaʃe'mira] *f* cashmere.

caxumba [ka'ʃũmba] *f* mumps *sg.*

CD [se'de] *m (abrev de compact disc)* CD.

cear ['sea(x)] *vi* to have supper. ◆ *vt* to have for supper.

cebola [se'bola] *f* onion.

cebolinha [sebo'liɲa] *f (erva comestível)* chives *pl*; *(de conserva)* pickled onions *pl.*

ceder [se'de(x)] *vt (lugar)* to give up; *(objeto)* to lend. ◆ *vi (dar-se por vencido)* to give in; *(ponte)* to give way; *(corda, nó)* to slacken; *(chuva)* to ease up; *(vento)* to drop; '~ **a passagem**' 'give way'.

cedilha [se'diʎa] *f* cedilla.

cedo ['sedu] *adv* early; *(depressa)* soon; **muito** ~ very early; **desde muito** ~ *(desde criança)* from an early age; **mais** ~ **ou mais tarde** sooner or later.

cegar [se'ga(x)] *vt* to blind. ◆ *vi* to go blind.

cego, ga [ˈsɛgu, ga] adj (pessoa) blind; (faca) blunt. ◆ m, f blind man; **às cegas** blindly.

cegonha [seˈgoɲa] f stork.

ceia [ˈseja] f supper.

cela [ˈsɛla] f cell.

celebração [selebraˈsãw] (pl -ões [-õjʃ]) f celebration.

celebrar [seleˈbra(x)] vt to celebrate; (casamento) to hold; (contrato) to sign.

célebre [ˈsɛlebri] adj famous.

celebridade [selebriˈdadʒi] f celebrity.

celibatário, ria [selibaˈtarju, rja] m, f bachelor.

célula [ˈsɛlula] f cell.

célula-tronco f stem cell.

celular [seluˈla(x)] m (telefone) cellular phone.

cem [sẽ] num one ou a hundred; **~ mil** a hundred thousand → **seis**.

cemitério [semiˈtɛrju] m cemetery.

cena [ˈsena] f scene; (palco) stage; **entrar em ~** fig to come on the scene; **fazer uma ~** fig to make a scene.

cenário [seˈnarju] m scenery; (de programa televisivo) set.

cenoura [seˈnora] f carrot.

censo [ˈsẽsu] f census.

censura [sẽˈsura] f (crítica) criticism; (de Estado, autoridade) censorship.

centavo [sẽˈtavu] m cent Am, penny Brit.

centeio [sẽˈteju] m rye.

centelha [sẽˈteʎa] f spark.

centena [sẽˈtena] f hundred.

centenário [sẽteˈnarju] m centenary.

centésimo, ma [sẽˈtɛzimu, ma] num hundredth → **sexto**.

centímetro [sẽˈtʃimetru] m centimeter.

cento [ˈsẽtu] m hundred; **~ e vinte** a hundred and twenty; **por ~** percent.

centopéia [sẽtoˈpeja] f centipede.

central [sẽˈtraw] (pl -ais [-ajʃ]) adj central. ◆ f (de organização) head office; (de eletricidade, energia atômica) power plant.

centrar [sẽˈtra(x)] vt (atenção, esforço) to focus; (texto, página) to center.

centro [ˈsẽtru] m center; **~ da cidade** down town; **~ comercial** shopping mall Am, shopping centre Brit; **~ de saúde** health clinic.

centroavante [ˌsẽtroaˈvãntʃi] m (em futebol) center forward.

CEP m (abrev de Código de Endereçamento Postal) zip code Am, postcode Brit.

cera [ˈsera] f wax; **~ depilatória** depilatory wax.

cerâmica [seˈrãmika] f (objeto) piece of pottery; (atividade) ceramics sg.

cerca [ˈsexka] f fence. ◆ adv: **~ de** about.

cercar [sexˈka(x)] vt to surround.

cereal [seˈreal] (pl -ais [-ajʃ]) m cereal.

cérebro [ˈserebru] m brain.

cereja [se'reʒa] f cherry.

cerimônia [seri'monja] f *(religioso)* ceremony; *(etiqueta)* formality.

cerrado, da [se'xadu, da] adj *(nevoeiro)* thick.

certeza [sex'teza] f certainty; **dar ~ de algo** to be sure of sthg; **ter ~ de que** to be sure (that); **com ~** *(sem dúvida)* of course.

certidão [sextʃi'dãw] *(pl -ões [-õjʃ])* f certificate; **~ de nascimento/óbito** birth/death certificate.

certificado [sextʃifi'kadu] m certificate.

certificar-se [sextʃifi'kaxsi] vp to check; **~ de algo** to check sthg.

certo, ta ['sɛxtu, ta] adj *(exato)* right; *(infalível)* certain. ◆ adv correctly; **certas pessoas** certain people; **a conta não bate ~** the check doesn't add up; **dar ~** to work out; **o ~ é ele não vir** I'm sure he won't come; **ao ~** *(exatamente)* exactly.

cerveja [sex'veʒa] f beer; **~ preta** stout beer.

cervical [sexvi'kaw] *(pl -ais [-ajʃ])* adj cervical.

cessar [se'sa(x)] vi & vt to cease.

cesta ['seʃta] f small basket.

cesto ['seʃtu] m basket; **~ de vime** wicker basket.

cético, ca ['sɛtʃiku, ka] adj skeptical. ◆ m, f skeptic.

cetim [se'tʃĩ] m satin.

céu ['sɛw] m sky; RELIG heaven.

céu-da-boca ['sɛwda,boka] m roof of the mouth.

cevada [se'vada] f barley.

chá [ʃa] m tea; **~ com limão** tea with lemon; **~ de limão** lemon tea.

chafariz [ʃafa'riʃ] *(pl -zes [-ziʃ])* m fountain.

chafurdar [ʃafux'da(x)] vi to wallow.

chalé [ʃa'lɛ] m chalet.

chaleira [ʃa'lejra] f kettle.

chama ['ʃama] f flame.

chamada [ʃa'mada] f *(de telefone)* call; *(de exame)* sitting; **fazer a ~** EDUC to call the register; **~ a cobrar** *(no destinatário)* collect call Am, reverse charge call Brit; **~ interurbana/local** long-distance/local call.

chamar [ʃa'ma(x)] vt to call. ◆ vi *(telefone)* to ring. ❑ **chamar-se** vp to be named; **como é que você se chama?** what's your name?; **eu me chamo Carlos** my name is Carlos.

chaminé [ʃami'nɛ] f chimney; *(de lareira)* chimney-piece; *(de fábrica)* chimney stack.

champanhe [ʃãm'paɲi] m champagne.

chamuscar [ʃamuʃ'ka(x)] vt to singe.

chantagem [ʃãn'taʒẽ] *(pl -ns [-ʃ])* f blackmail.

chão ['ʃãw] m *(solo)* ground; *(pavimento)* floor; **cair no ~** *(cair)* to fall down.

chapa ['ʃapa] f AUT license plate Am, number plate Brit.

chocho

chapéu [ʃa'pɛw] *m* hat; *(de sol, chuva)* umbrella; **ser de tirar o ~** to be superb.

charco ['ʃaxku] *m* puddle.

charme ['ʃaxmi] *m* charm.

charter ['ʃaɾte(x)] *(pl* **-res** [-riʃ]) *m*: **(vôo) ~** charter flight.

charuto [ʃa'rutu] *m* cigar.

chatear [ʃa'tʃja(x)] *vt* to annoy.

chatice [ʃa'tʃisi] *f (tédio)* drag.

chato, ta ['ʃatu, ta] *adj (tedioso)* boring; *(pé)* flat.

chauvinista [ʃovi'niʃta] *m, f* chauvinist.

chave ['ʃavi] *f* key.

chave-de-fenda [ˌʃavidʒi-'fẽnda] *(pl* **chaves-de-fenda** [ˌʃaviʒdʒi'fẽnda]) *f* screwdriver.

chaveiro [ʃa'vejru] *m* keyring.

check-in [tʃe'kin] *(pl* **check-ins** [tʃe'kineʃ])) *m* check-in; **fazer o ~** to check in.

check-up [tʃe'kapi] *m inv* check-up; **fazer um ~** to have a medical check-up.

chefe ['ʃefi] *mf (de trabalhadores)* boss; *(de partido)* leader; *(de empresa)* head; *(de tribo, organização)* chief.

chegada [ʃe'gada] *f* arrival.

chegado, da [ʃe'gadu, da] *adj* close.

chegar [ʃe'ga(x)] *vi* to arrive; *(momento, altura, hora)* to come; *(ser suficiente)* to be enough; **~ bem** to arrive safely; **~ ao fim** to come to an end. ◻ **chegar-se** *vp (aproximar-se)* to come closer; *(afastar-se)* to move over; **~-se a** to come closer to.

cheia ['ʃeja] *f* flood.

cheio, cheia ['ʃeju, 'ʃeja] *adj* full; **~ de** full of; **estar ~** to have had enough.

cheirar [ʃej'ra(x)] *vt & vi* to smell; **~ bem/mal** to smell good/bad.

cheiro ['ʃejru] *m* smell.

cheque ['ʃɛki] *m* check; **~ em branco** blank check; **~ sem fundos** rubber check; **~ prédatado** pre-dated check; **~ de viagem** traveler's check; **~ cruzado** crossed check.

chiar [si'a(x)] *vi* to squeak; *(porco)* to squeal; *(pneu)* to screech.

chiclete [ʃi'klɛtʃi] *m* chewing gum.

chicória [ʃi'kɔrja] *f* chicory.

chifre ['ʃifri] *m* horn.

Chile ['ʃili] *m*: **o ~** Chile.

chimpanzé [ʃĩpã'zɛ] *m* chimpanzee.

China ['ʃina] *f*: **a ~** China.

chinelos [ʃi'neluʃ] *mpl* flip-flops, thongs *Am*; **~ (de quarto)** slippers.

chique ['ʃiki] *adj* chic.

chocalhar [ʃoka'ʎa(x)] *vt (líquido)* to shake. ◆ *vi (tilintar)* to jingle.

chocalho [ʃo'kaʎu] *m* bell.

chocante [ʃo'kãntʃi] *adj* shocking.

chocar [ʃo'ka(x)] *vi (veículos)* to crash; *(galinha)* to brood. ◆ *vt (indignar)* to shock; *(ovos)* to hatch; **~ com** *(pessoa)* to bump into; *(veículo)* to crash into.

chocho, cha ['ʃoʃu, ʃa] *adj (noz)* empty; *(festa)* dull.

chocolate [ʃoko'latʃi] *m* chocolate; *(bebida)* hot chocolate; ~ **amargo** dark chocolate; ~ **ao leite** milk chocolate.

chofer [ʃo'fɛ(x)] *(pl* -**res** [-riʃ]) *m* driver.

chope [ˈʃopi] *m* draft beer; ~ **claro/escuro** lager/dark beer; ~ **com/sem colarinho** beer with/without head.

choque [ˈʃɔki] *m (colisão)* crash; *(comoção)* shock.

choramingar [ʃoramĩŋˈga(x)] *vi* to snivel.

chorar [ʃo'ra(x)] *vi & vt (verter lágrimas)* to cry; ~ **de rir** to cry with laughter.

chorinho [ʃo'riɲu] *m MÚS type of melancholy Brazilian music.*

choro [ˈʃoru] *m* crying.

CHORO

A genre of Brazilian popular music which was born in the 1870s in the city of Rio de Janeiro. Influenced by African rhythms, such as "batuque" and "lundu", it is defined by instrumental improvisation with the guitar and the "cavaquinho", a type of four-stringed guitar.

chouriço [ʃo'risu] *m* black pudding.

chover [ʃo've(x)] *v* impess to rain; ~ **a cântaros** to pour with rain.

chuchu [ʃu'ʃu] *m* chayote; **pra** ~ *(muito)* loads.

chulo, lo [ˈʃulu, la] *adj* vulgar.

chumbar [ʃũm'ba(x)] *vt (soldar)* to solder; *(atirar em)* to fire at.

chumbo [ˈʃũmbu] *m* lead; *(tiro)* gunshot.

chupar [ʃu'pa(x)] *vt* to suck.

chupeta [ʃu'peta] *f* pacifier *Am*, dummy *Brit*.

churrascaria [ʃuxaʃka'ria] *f* restaurant serving barbecued meat and poultry.

churrasco [ʃu'xaʃku] *m* barbecue.

churrasquinho [ʃuxaʃ'kiɲu] *m* kebab.

chutar [ʃu'ta(x)] *vt & vi* to kick.

chuteira [ʃu'tejra] *f* cleats *pl*.

chuva [ˈʃuva] *f* rain.

chuveiro [ʃu'vejru] *m* shower.

chuviscar [ʃuviʃ'ka(x)] *vi* to drizzle.

chuvoso, osa [ʃu'vozu, ɔza] *adj* rainy.

ciberespaço [ˌsibereʃ'pasu] *m* cyberspace.

cibernética [sibex'nɛtʃika] *f* cybernetics *sg*.

cicatriz [sika'triʃ] *(pl* -**zes** [-ziʃ]) *f* scar.

cicatrizar [sikatri'za(x)] *vi (ferida)* to heal (up).

cicatrizes → **cicatriz**.

cicerone [sise'roni] *m* guide.

ciclismo [si'kliʒmu] *m* cycling; **fazer** ~ to go cycling.

ciclista [si'kliʃta] *mf* cyclist.

ciclo [ˈsiklu] *m* cycle; *(de conferências)* series.

ciclone [si'klɔni] *m* cyclone.

cinzel

cidadã → **cidadão**.

cidadania [sidaˈdania] f citizenship.

cidadão, dã [sidaˈdãw, dã] (mpl -ãos [-ãwʃ], fpl -s [-ʃ]) m, f citizen.

cidade [siˈdadʒi] f city; ~ **universitária** campus.

ciência [ˈsjẽsja] f science; ~s **naturais** natural sciences; ~s **sociais** social sciences.

ciente [ˈsjẽtʃi] adj aware; **estar ~ de** to be aware of.

científico, ca [sjẽˈtʃifiku, ka] adj scientific.

cientista [sjẽˈtʃiʃta] mf scientist.

cifra [ˈsifra] f sum; (número) figure.

cigano, na [siˈganu, na] m, f gypsy.

cigarra [siˈgaxa] f cicada.

cigarro [siˈgaxu] m cigarette; ~s **com filtro** filter-tipped cigarettes; ~s **sem filtro** unfiltered cigarettes.

cilindro [siˈlĩdru] m cylinder; (rolo) roller; (de aquecimento de água) boiler.

cílio [ˈsilju] m eyelash.

cima [ˈsima] f: **de ~** from above; **ainda por ~** on top of which; **de ~ abaixo** from top to bottom; **de ~ de** off; **em ~** above; **em ~ de** on top of; **para ~** up; **para ~ de** over; **por ~ de** over; **por ~ de** over; **estar por ~ (da carne-seca)** to be doing extremely well (for o.s.); **olhar alguém de ~ a baixo** to look sb up and down.

cimeira [siˈmejra] f summit.

cimentar [simẽˈta(x)] vt to cement.

cimento [siˈmẽtu] m cement.

cimo [ˈsimu] m top.

cinco [ˈsĩku] num five → **seis**.

cineasta [siˈnjaʃta] mf (movie) director.

cinema [siˈnema] m (local) movie theater Am, cinema Brit; (arte) cinema.

cinemateca [sinemaˈtɛka] f (local) art house; (coleção de filmes) film library.

cinematográfico, ca [sinematoˈgrafiku, ka] adj movie Am, film Brit (antes de s).

cínico, ca [ˈsiniku, ka] adj shameless.

cinismo [siˈniʒmu] m impudence.

cinqüenta [sĩˈkwẽta] num fifty → **seis**.

cinta [ˈsĩta] f (faixa de pano) sash; (roupa interior) girdle.

cintilar [sĩtʃiˈla(x)] vi to twinkle.

cinto [ˈsĩtu] m belt; **'apertar os ~s de segurança'** 'fasten your seatbelts'.

cintura [sĩˈtura] f waist.

cinturão [sĩtuˈrãw] (pl -ões [-õjʃ]) m belt; ~ **verde** green belt.

cinza [ˈsĩza] f ash. ◆ adj & m gray.
❑ **cinzas** fpl (restos mortais) ashes.

cinzeiro [sĩˈzejru] m ashtray.

cinzel [sĩˈzɛw] (pl -éis [-ɛjʃ]) m chisel.

cinzento, ta [si'zẽntu, ta] *adj* & *m* gray.

cio ['siu] *m*: estar no ~ *(fêmeas)* to be in heat; *(machos)* to be in rut.

cipreste [si'prɛʃtʃi] *m* cypress.

circo ['sixku] *m* circus.

circuito [six'kwitu] *m* circuit; ~ **elétrico** electric circuit; ~ **turístico** tourist trail.

circulação [sixkula'sãw] *f* circulation; *(de veículos)* traffic.

circular [sixku'la(x)] *(pl* -res [-riʃ]) *vi* to circulate; *(pedestre)* to walk about; *(carro)* to drive. ◆ *adj* & *f* circular.

círculo ['sixkulu] *m* circle; ~ **vicioso** vicious circle.

circunferência [sixkũfe'rẽsja] *f* circumference.

circunstância [sixkũʃ'tãsja] *f* circumstance; **nas** ~**s** under the circumstances.

cirurgia [sirux'ʒia] *f* surgery; ~ **plástica** plastic surgery.

cirurgião, giã [sirux'ʒjãw, ʒjã] *(mpl* -**ões** [-õjʃ], *fpl* -**s** [-ʃ]) *m, f* surgeon.

cirurgiões → cirurgião.

cisco ['siʃku] *m* speck.

cisma ['siʒma] *f* fixation.

cisne ['siʒni] *m* swan.

cisterna [siʃ'tɛxna] *f* tank.

cistite [siʃ'tʃitʃi] *f* cystitis.

citação [sita'sãw] *(pl* -**ões** [-õjʃ]) *f* quotation.

citar [si'ta(x)] *vt* to quote.

ciúme ['sjumi] *m* jealousy; **ter** ~**s de alguém** to be jealous of sb.

ciumento, ta [sju'mẽntu, ta] *adj* jealous.

cívico, ca ['siviku, ka] *adj* civic.

civil [si'viw] *(pl* -**is** [-iʃ]) *adj* civil.

civilização [siviliza'sãw] *(pl* -**ões** [-õjʃ]) *f* civilization.

civilizar [sivili'za(x)] *vt* to civilize.

civis → civil.

clamar [kla'ma(x)] *vi* to cry out.

clamor [kla'mo(x)] *(pl* -**res** [-riʃ]) *m* outcry.

clandestino, na [klãndeʃ'tʃinu, na] *adj* clandestine. ◆ *m, f* stowaway.

clara ['klara] *f* egg white.

clarabóia [klara'bɔja] *f* skylight.

clareza [kla'reza] *f*: **falar com** ~ to speak clearly.

claridade [klari'dadʒi] *f* brightness.

clarinete [klari'netʃi] *m* clarinet.

claro, ra ['klaru, ra] *adj (com luz)* bright; *(cor)* light; *(preciso, sincero)* clear. ◆ *adv* clearly; ~ **que sim!** of course!; **é** ~! of course!; **passar a noite em** ~ to have a sleepless night.

classe ['klasi] *f* class; **ter** ~ to have class; **de primeira/segunda** ~ first/second class; ~ **social** social class; ~ **turística** tourist ou economy class; ~ **executiva** business class.

clássico, ca ['klasiku, ka] *adj* classic; *(música)* classical. ◆ *m*: **um** ~ a classic; **os** ~**s** the Classics.

classificação [klasifika'sãw]

(*pl* **-ões** [-õjʃ]) *f* results *pl*.

classificados [klasifiˈkaduʃ] *mpl* classifieds.

classificar [klasifiˈka(x)] *vt EDUC (aluno)* to place; *(ordenar)* to classify. □ **classificar-se** *vp (em competição)* to qualify.

claustro [ˈklawʃtru] *m* cloister.

cláusula [ˈklawzula] *f* clause.

clave [ˈklavi] *f* clef; ~ **de sol** treble clef.

clavícula [klaˈvikula] *f* collarbone.

clero [ˈklɛru] *m* clergy.

cliente [kliˈẽntʃi] *mf* client.

clientela [kliẽnˈtɛla] *f* customers *pl*.

clima [ˈklima] *m* climate; *fig (ambiente)* atmosphere.

clímax [ˈklimaks] *m inv* climax; **atingir o** ~ to reach a climax.

clínica [ˈklinika] *f* clinic; ~ **dentária** dental practice; ~ **geral** general practice.

clínico [ˈkliniku] *m* clinician; ~ **geral** general practitioner.

clipe [ˈklipi] *m* paper clip.

clonagem [kloˈnaʒẽ] (*pl* **-ns** [-ʃ]) *f* cloning.

clonar [kloˈna(x)] *vt* to clone.

cloro [ˈkloru] *m* chlorine.

clube [ˈklubi] *m* club; ~ **de futebol/vídeo** soccer/video club.

coador [kwaˈdo(x)] (*pl* **-res** [-riʃ]) *m* strainer.

coagir [kwaˈʒi(x)] *vt* to coerce.

coagular [kwaguˈla(x)] *vt & vi* to clot.

coágulo [ˈkwagulu] *m* clot.

coalhar [kwaˈʎa(x)] *vt & vi* to curdle.

coar [ˈkwa(x)] *vt* to strain.

coberta [koˈbexta] *f (de cama)* bedspread; *(de navio)* deck.

coberto, ta [koˈbextu, ta] *adj* covered. ◆ *m* shelter.

cobertor [kobexˈto(x)] (*pl* **-res** [-riʃ]) *m* blanket.

cobertura [kobexˈtura] *f (teto)* roof; *(apartamento)* penthouse; *(de acontecimento)* coverage.

cobiça [koˈbisa] *f (avidez)* greed; *(inveja)* envy.

cobiçar [kobiˈsa(x)] *vt (ambicionar)* to covet; *(invejar)* to envy.

cobra [ˈkɔbra] *f* snake.

cobrança [koˈbrãsa] *f (ação de cobrar)* charging.

cobrar [koˈbra(x)] *vt* to charge; *(imposto, dívida)* to collect.

cobre [ˈkɔbri] *m* copper.

cobrir [koˈbri(x)] *vt* to cover.

cocaína [kokaˈina] *f* cocaine.

coçar [koˈsa(x)] *vt* to scratch. □ **coçar-se** *vp* to scratch o.s.

cócegas [ˈkɔsigaʃ] *fpl*: **fazer** ~ to tickle; **ter** ~ to be ticklish.

coceira [koˈsejra] *f* itch.

cochichar [koʃiˈʃa(x)] *vt & vi* to whisper.

cochilo [koˈʃilu] *m* nap; **tirar um** ~ to take a nap.

coco [ˈkoku] *m* coconut.

cocô [koˈko] *m* poop.

cócoras [ˈkɔkoraʃ] *fpl*: **pôr-se de** ~ to squat.

código [ˈkadʒigu] *m* code; ~ **de barras** bar code; ~ **civil** civil

codorniz

law; ~ **de trânsito** traffic law; ~ **postal** zip code.

codorniz [kodoʃ'niʃ] (pl **-zes** [-ziʃ]) f quail.

coelho ['kweʎu] m rabbit.

coentro [ko'ẽntru] m cilantro, coriander Brit.

coerência [koe'rẽsja] f coherence.

coerente [koe'rẽntʃi] adj coherent.

cofre ['kɔfri] m safe.

cogitar [koʒi'ta(x)] vt to think (up). ◆ vi (pensar) to think.

cogumelo [kogu'mɛlu] m mushroom.

coice ['kojsi] m kick; (de arma) recoil.

coincidência [koĩsi'dẽsja] f coincidence; **por ~ as** it happens.

coincidir [kwĩsi'di(x)] vi to coincide.
□ **coincidir com** v + prep to coincide with; (opinião) to agree with.

coisa ['kojza] f thing; (deseja) **mais alguma ~?** would you like anything else?; **não comprei ~ nenhuma** I didn't buy anything; **alguma ~ something**; ~ **de** roughly; **isto é uma ~ de** **preta!** things are tough!; **não ser grande ~** to be nothing special; **que** ~**!** gosh!

coitado, da [koj'tadu, da] adj poor, unfortunate. ◆ interj poor thing!

cola ['kɔla] f glue.

colaborar [kolabo'ra(x)] vi to collaborate.

colapso [ko'lapsu] m collapse.

colar [ko'la(x)] (pl **-res** [-riʃ]) vt to glue, to stick. ◆ vi to stick. ◆ m necklace.
□ **colar de** v + prep to crib from.

colarinho [kola'riɲu] m collar.

colcha ['kowʃa] f bedspread; ~ **de retalhos** (fig) odds and ends.

colchão [kow'ʃãw] (pl **-ões** [-õjʃ]) m mattress; ~ **de molas/** **palha** spring/straw mattress.

colchete [kow'ʃetʃi] m (de vestuário) hook; (sinal de pontuação) bracket.

colchões → colchão.

coleção [kole'sãw] (pl **-ões** [-õjʃ]) f collection; **fazer ~ de algo** to collect sthg.

colecionador, ra [kolesjona'do(x), ra] (mpl **-res** [-riʃ], fpl **-s** [-ʃ]) m, f collector.

colecionar [kolesjo'na(x)] vt to collect.

coleções → coleção.

colega [ko'lɛga] mf colleague; ~ **de trabalho** coworker; ~ **de turma** classmate.

colégio [ko'lɛʒju] m school; ~ **interno** boarding school.

coleira [ko'lejra] f collar.

cólera ['kɔlera] f fury; MED cholera.

colesterol [koleʃte'rɔw] m cholesterol.

colete [ko'letʃi] m waistcoat; ~ **salva-vidas** life jacket.

coletivo, va [kole'tʃivu, va] adj (decisão) collective; (reunião) general; (transport) public.

colheita [ko'ʎejta] f harvest.

colher¹ [koˈʎe(x)] *vt (fruto, vegetal, flores)* to pick; *(cereais)* to harvest.

colher² [koˈʎe(x)] *(pl -res* [-riʃ]*)* f *(utensílio)* spoon; *(quantidade)* spoonful; **~ de café** *(quantidade)* half teaspoon; **~ de chá** teaspoon; **~ de pau** wooden spoon; **~ de sopa** *(utensílio)* soup spoon; *(quantidade)* tablespoon.

cólica [ˈkɔlika] f colic.

colidir [koliˈdʒi(x)] *vi* to collide; **~ com** to collide with.

coligação [koligaˈsãw] *(pl -ões* [-õjʃ]*)* f coalition.

colina [koˈlina] f hill.

colisão [koliˈzãw] *(pl -ões* [-õjʃ]*)* f collision.

colméia [kowˈmeja] f beehive.

colo [ˈkɔlu] m lap; **levar uma criança no ~** to carry a child.

colocação [kolokaˈsãw] *(pl -ões* [-õjʃ]*)* f placing; *(de roda, vidro)* fitting; *(emprego)* post, job.

colocar [koloˈka(x)] *vt* to place; *(roda, vidro)* to fit; *(cortina)* to put up; *(empregar)* to employ; *(problema)* to pose.

Colômbia [koˈlõbja] f: **a ~** Colombia.

cólon [ˈkɔlõ] m colon.

colônia [koˈlonja] f colony; *(perfume)* cologne; **~ de férias** summer camp.

coloquial [koloˈkjaw] *(pl -ais* [-ajʃ]*)* adj colloquial.

colorante [koloˈrãtʃi] m coloring.

colorido, da [koloˈridu, da] adj colored; *(com muitas cores)* colorful.

colorir [koloˈri(x)] *vt* to color in.

coluna [koˈluna] f column; **~ vertebral** spinal column.

com [kõ] *prep* with; *(indica causa)* because of; **só ~ muito esforço é que ele conseguiu** he only managed it through a lot of hard work; **estar ~ dor de cabeça** to have a headache; **estar ~ fome** to be hungry; **estar ~ pressa** to be in a hurry.

coma [ˈkoma] m ou f MED coma.

comandante [komãˈdãtʃi] m *(de navio, polícia)* commander; *(de exército)* major.

comandar [komãˈda(x)] *vt* to command, to be in charge of.

comando [koˈmãndu] m command; *(de máquina, sistema)* control; **estar no ~ de algo** to be in charge of sthg.

combate [kõˈbatʃi] m *(luta)* fight; *(batalha)* fighting.

combater [kõbaˈte(x)] *vi* to fight.

combinação [kõbinaˈsãw] *(pl -ões* [-õjʃ]*)* f combination; *(acordo)* agreement; *(plano)* arrangement; *(peça de vestuário)* slip.

combinar [kõbiˈna(x)] *vt* to combine; *(planejar)* to plan. ◆ *vi (cores, roupas)* to go together; **está combinado!** it's a deal!; **~ com** to go with; **~ algo com alguém** to arrange sthg with sb.

começar [komeˈsa(x)] *vt & vi* to

start, to begin; ~ **a fazer algo** to start ou to begin to do sthg; ~ **de/ por** to start from/with; ~ **por fazer algo** to start by doing sthg; **para** ~ to start (with).

começo [ko'mesu] *m* start, beginning.

comédia [ko'mɛdʒja] *f* comedy.

comediante [kome'dʒjãntʃi] *mf* comic actor.

comemorar [komemo'ra(x)] *vt* to commemorate.

comentar [komẽn'ta(x)] *vt (mencionar)* to mention; *(analisar)* to comment on; *(criticar maliciosamente)* to make comments about.

comentário [komẽn'tarju] *m* comment; *(de evento esportivo)* commentary.

comentarista [komẽta-'riʃta] *mf* ~ **esportivo/político** sports/political commentator.

comer [ko'me(x)] *vt* to eat; *(em xadrez, damas)* to take. ◆ *vi (alimentar-se)* to eat.

comercial [komexsi'aw] *(pl* **-ais** [-ajʃ]) *adj* commercial.

comercialização [komexsjaliza'sãw] *f* sale.

comercializar [komexsjali'za(x)] *vt* to sell.

comerciante [komex'sjãntʃi] *mf* storekeeper.

comércio [ko'mɛxsju] *m* commerce; *(lojas)* shops *pl*; ~ **eletrô-nico** e-commerce.

comestível [komeʃ'tʃivew] *(pl* **-eis** [-ejʃ]) *adj* edible.

cometer [kome'te(x)] *vt (delito)* to commit; *(erro)* to make.

comichão [komi'ʃãw] *(pl* **-ões** [-õjʃ]) *f* itch; **dar** ~ to itch.

cômico, ca ['komiku, ka] *adj (actor)* comic; *(engraçado)* funny, comical.

comida [ko'mida] *f* food; *(refeição)* meal; ~ **para bebê** baby food; ~ **a** ou **por quilo** food by the kilo; ~ **caseira** home cooking; ~ **congelada** frozen food.

comigo [ko'migu] *pron* with me; **estava falando** ~ **mesmo** I was talking to myself.

comilão, lona [komi'lãw, lo-na] *(mpl* **-ões** [-õjʃ], *fpl* **-s** [-ʃ]) *m, f* glutton.

comissão [komi'sãw] *(pl* **-ões** [-õjʃ]) *f* commission.

comissário [komi'sarju] *m (de polícia)* superintendent; *(de navio)* purser; ~ **de bordo** flight attendant.

comissões → comissão.

como ['komu] *adv* - **1.** *(comparativo)* like; **não é** ~ **o outro** it's not like the other one; ~ **quem não quer nada** casually; ~ **se nada estivesse acontecendo** as if nothing was going on.
- **2.** *(de que maneira)* how; ~? *(o que disse)* excuse me?, I'm sorry?; ~ **assim?** *(para explicação)* what do you mean?
- **3.** *(marca intensidade)*: **e** ~! isn't it just!; ~ **ele é inteligente!** he's so clever!, how clever he is!; ~ **você se engana!** you are so wrong!
◆ *conj* - **1.** *(introduz comparação)* like; **é bonita,** ~ **a mãe** she's

pretty, (just) like her mother.
- **2.** *(da forma que)* as; **~ quiser!** as you like!; **seja ~ for** in any case.
- **3.** *(por exemplo)* like, such as; **as cidades grandes ~ São Paulo** big cities like São Paulo.
- **4.** *(na qualidade de)* as; **~ mãe fiquei muito preocupada** as a mother I felt very concerned; **~ prêmio ela ganhou um carro** she won a car as a prize.
- **5.** *(visto que)* as, since; **~ estávamos atrasados fomos de táxi** we took a taxi because we were running late.
- **6.** *(em locuções)*: **~ deve ser** *(corretamente)* properly; *(próprio)* suitable.

comoção [komo'sāw] *(pl* **-ões** [-õjʃ]) *f (emoção)* emotion; *(agitação)* commotion.

cômoda ['komoda] *f* chest of drawers.

comodidade [komodʒi'dadʒi] *f* comfort.

cômodo, da ['komodu, da] *adj* comfortable.

comovedor, ra [komove-'do(x), ra] *(mpl* **-res** [-riʃ], *fpl* **-s** [-ʃ]) *adj* moving.

comovente [komo'vēntʃi] *adj* touching.

comover [komo've(x)] *vt* to move.
□ **comover-se** *vp* to be moved.

comovido, da [komo'vidu, da] *adj* moved.

compacto, ta [kõm'paktu, ta] *adj* compact; *(denso)* thick; *(sólido)* hard. ◆ *m (disco)* a single.

companheiro, ra [kõmpa-'ɲejru, ra] *m, f (acompanhante)* companion; *(de turma)* classmate; *(em casal)* partner ou mate.

companhia [kõmpa'ɲia] *f* company; **fazer ~ a alguém** to keep sb company; **~ de aviação** airline; **~ de seguros** insurance company.

comparação [kõmpara'sãw] *(pl* **-ões** [-õjʃ]) *f* comparison; **não ter ~ com** to bear no comparison with; **em ~ com** in comparison with.

comparar [kõmpa'ra(x)] *vt* to compare; **~ algo a** ou **com algo** to compare stg to ou with sthg.

comparecer [kõmpare'se(x)] *vi* to appear, to attend.

compartilhar [kõmpaxtʃi-'ʎa(x)] *vt* to share; **~ algo com alguém** to share sthg with sb.

compartimento [kõmpaxt-ʃi'mēntu] *m* compartment.

compartir [kõmpax'tʃi(x)] *vt* to share.

compasso [kõm'pasu] *m* compass; *MÚS* time.

compatível [kõmpa'tʃivew] *(pl* **-eis** [-ejʃ]) *adj* compatible; **~ com** compatible with.

compatriota [kõmpatrj'ɔta] *mf* compatriot.

compensação [kõmpẽsa'sãw] *(pl* **-ões** [-õjʃ]) *f* compensation; *(vantagem)* advantage.

compensar [kõmpẽ'sa(x)] *vt* to compensate; *(recompensar)* to make up for; **não compensa o**

esforço it isn't worth the effort.

competência [kõmpe'tẽsja] *f* competence; *(responsabilidade)* responsibility.

competente [kõmpe'tẽntʃi] *adj* competent.

competição [kõmpetʃi'sãw] *(pl* **-ões** [-õjʃ]) *f* competition.

competir [kõmpe'tʃi(x)] *vi* to compete; ~ **com** *(rivalizar com)* to compete with.

competitivo, va [kõmpetʃi-'tʃivu, va] *adj* competitive.

complementar [kõmplemẽn'ta(x)] *(pl* **-res** [-riʃ]) *adj* complementary.

complemento [kõmple'mẽntu] *m* complement; *(em trem)* supplement.

completamente [kõm,pleta'mẽntʃi] *adv* completely.

completar [kõmple'ta(x)] *vt (preencher)* to fill in; *(terminar)* to complete.

completo, ta [kõm'plɛtu, ta] *adj* completed; *(cheio)* full; *(inteiro)* complete.

complexo, xa [kõm'plɛksu, ksa] *adj & m* complex; ~ **de vitaminas** multivitamin.

complicação [kõmplika'sãw] *(pl* **-ões** [-õjʃ]) *f* complication.

complicado, da [kõmpli'kadu, da] *adj* complicated.

complicar [kõmpli'ka(x)] *vt* to complicate.

❑ **complicar-se** *vp* to become complicated.

compor [kõm'po(x)] *vt (música, poema)* to compose; *(consertar)* to repair; *(arrumar)* to straighten

up; *(fazer parte de)* to make up.

❑ **compor-se** *vp (arranjar-se)* to clean o.s. up.

❑ **compor-se de** *vp + prep (ser formado por)* to be made up of.

comportamento [kõmportə'mẽntu] *m* behavior.

comportar [kõmpox'ta(x)] *vt (conter em si)* to hold; *(admitir)* to permit.

❑ **comportar-se** *vp* to behave.

composição [kõmpozi'sãw] *(pl* **-ões** [-õjʃ]) *f* composition; *EDUC* essay.

compositor, ra [kõmpozi-'to(x), ra] *(mpl* **-res** [-riʃ], *fpl* **-s** [-ʃ]) *m, f MÚS* composer.

composto, osta [kõm'poʃtu, ɔʃta] *m GRAM* compound. ♦ *adj:* **ser ~ por** to be composed of.

compostura [kõmpoʃ'turə] *f* composure; *(boa educação)* manners *pl.*

compra ['kõmpra] *f* purchase; **ir às** ou **fazer ~s** to go shopping.

comprar [kõm'pra(x)] *vt* to buy.

compreender [kõmprjẽn-'de(x)] *vt* to understand; *(incluir)* to comprise.

compreensão [kõmprjẽ'sãw] *f* understanding.

compreensivo, va [kõmprjẽ-'sivu, va] *adj* understanding.

comprido, da [kõm'pridu, da] *adj* long; **deitar-se ao ~** to lie down flat.

comprimento [kõmpri'mẽntu] *m* length; **tem 5 metros de ~** it's 5 meters long.

comprimido, da [kõmpri'midu, da] *adj* compressed. ◆ *m* pill; ~ **para a dor** painkiller.

comprimir [kõmpri'mi(x)] *vt (apertar)* to squeeze; *(reduzir de volume)* to compress.

comprometer [kõmprome'te(x)] *vt* to compromise.
◻ **comprometer-se** *vp* to compromise o.s.; ~**-se a fazer algo** to commit o.s. to doing sthg.

compromisso [kõmpro'misu] *m (obrigação)* commitment; *(acordo)* agreement; **tenho um** ~ I've got a prior engagement.

comprovação [kõmprova'sãw] *(pl* **-ões** [-õjʃ]) *f* proof.

comprovar [kõmpro'va(x)] *vt* to prove.

computador [kõmputa'do(x)] *(pl* **-res** [-riʃ]) *m* computer; ~ **pessoal** personal computer.

comum [ko'mũ] *(pl* **-ns** [-ʃ]) *adj (freqüente)* common; *(vulgar)* ordinary; *(partilhado)* shared.

comunhão [komu'ɲãw] *(pl* **-ões** [-õjʃ]) *f* RELIG Communion; ~ **de bens** joint ownership *(in marriage)*.

comunicação [komunika'sãw] *(pl* **-ões** [-õjʃ]) *f* communication; *(comunicado)* announcement.

comunicar [komuni'ka(x)] *vt* to communicate; *(mensagem)* to pass on. ◆ *vi* to communicate; ~ **a alguém algo** to inform sb of sthg; ~ **com** to communicate with.

comunidade [komuni'dadʒi] *f* community.

comuns → **comum**.

conceber [kõse'be(x)] *vt (filho)* to conceive; *(plano, sistema)* to think up.

conceder [kõse'de(x)] *vt (dar)* to give; *(prêmio, bolsa)* to award.

conceito [kõ'sejtu] *m* concept.

conceituado, da [kõsej'twadu, da] *adj* respected.

concentração [kõsẽntra'sãw] *(pl* **-ões** [-õjʃ]) *f* concentration; *(de pessoas)* gathering.

concentrar [kõsẽn'tra(x)] *vt (atenção, esforços)* to concentrate; *(reunir)* to bring together.
◻ **concentrar-se** *vp* to concentrate; ~**-se em** *(estudo, trabalho)* to concentrate on; *(lugar)* to group together in.

concepção [kõsep'sãw] *(pl* **-ões** [-õjʃ]) *f* concept; *(de filho)* conception.

concerto [kõ'sextu] *m* concert.

concessionária [kõsesjo'narja] *f* licensed dealer; ~ **de automóveis** car dealer.

concha ['kõʃa] *f* shell; *(de sopa)* ladle.

conciliar [kõsi'lja(x)] *vt* to reconcile.

concluir [kõŋklu'i(x)] *vt* to conclude; *(acabar)* to finish.

conclusão [kõŋklu'zãw] *(pl* **-ões** [-õjʃ]) *f* conclusion; **em** ~ in conclusion.

concordância [kõŋkox'dãsja] *f* agreement; **em** ~ **com** in accordance with.

concordar [kõŋkox'da(x)] *vi* to agree; ~ **com** to agree with; ~ **em fazer algo** to agree to do sthg.

concorrência [kõŋkoˈxẽsja] f competition.

concorrente [kõŋkoˈxẽtʃi] adj (equipe) opposing; (produto, empresa) rival. ◆ mf (em concurso, competição) contestant; (em disputa) rival.

concorrer [kõŋkoˈxe(x)] vi to compete; **~ a algo** (emprego, posição) to apply for sthg.

concretizar [kõŋkretiˈza(x)] vt to realize.

concreto, ta [kõŋˈkrɛtu, ta] adj & m concrete.

concurso [kõŋˈkuxsu] m (de televisão) game show; (de rádio) contest; (de música, literatura) competition; (para emprego) open competition.

condenação [kõdenaˈsãw] (pl -ões [-õjʃ]) f condemnation; JUR (sentença) sentence.

condenar [kõdeˈna(x)] vt to condemn; JUR (sentenciar) to sentence.

condensação [kõdẽsaˈsãw] f condensation.

condensar [kõdẽˈsa(x)] vt to condense.

condescender [kõdesẽˈde(x)] vi to agree.

condição [kõdʒiˈsãw] (pl -ões [-õjʃ]) f condition; (classe social) status; **estar em boas/más condições** to be in good/bad condition.

condicionado, da [kõdʒisjoˈnadu, da] adj restricted.

condicional [kõdʒisjoˈnaw] m GRAM: **o ~** the conditional.

condicionar [kõdʒisjoˈna(x)] vt to restrict.

condições → condição.

condimento [kõdʒiˈmẽtu] m seasoning.

condizer [kõdʒiˈze(x)] vi to go together; **~ com** to go with.

condolências [kõdoˈlẽsjaʃ] fpl condolences; **as minhas ~** my condolences.

condomínio [kõdoˈminju] m service charge.

condômino, na [kõˈdominu, na] m, f proprietor (in an apartment block).

condução [kõduˈsãw] f (de governo) running; (transporte) transportation; **tomar uma ~ para** to catch a bus somewhere.

conduta [kõˈduta] f (comportamento) behavior; **boa/má ~** good/bad behavior.

conduto [kõˈdutu] m (tubo) tube; (cano) pipe; (de canalização) channel.

condutor, ra [kõduˈto(x), ra] (mpl -res [-riʃ], fpl -s [-ʃ]) m, f driver. ◆ adj conductive.

conduzir [kõduˈzi(x)] vt (administrar) to run.

cone [ˈkɔni] m cone.

conectar [konekˈta(x)] vi INFORM to log on.

conexão [konekˈsãw] (pl -ões [-õjʃ]) f connection.

confecção [kõfekˈsãw] (pl -ões [-õjʃ]) f (fábrica) garment factory; (de peça de vestuário) making; (de prato culinário) preparation.

congelado

confeccionar [kõfeksjo'na(x)] vt to make.

confecções → confecção.

confeitaria [kõfejta'ria] f candy store Am, sweet shop Brit.

conferência [kõfe'rẽsja] f conference.

conferir [kõfe'ri(x)] vt to check. ◆ vi (estar exato) to be correct.

confessar [kõfe'sa(x)] vt to confess.
□ **confessar-se** vp to confess.

confiança [kõ'fjãsa] f (fé) trust; (segurança) confidence; (familiaridade) familiarity; **ter ~ em** to trust; **ser de ~** to be reliable.

confiar [kõfi'a(x)] vt: ~ **algo a alguém** (segredo) to tell sb sthg in confidence; ~ **alguém a alguém** to leave sb in sb's care.
□ **confiar em** v + prep (pessoa) to trust; (futuro, resultado) to have faith in.

confidência [kõfi'dẽsja] f confidence.

confidencial [kõfidẽ'sjaw] (pl -ais [-ajʃ]) adj confidential.

confirmação [kõfixma'sãw] (pl -ões [-õjʃ]) f confirmation.

confirmar [kõfix'ma(x)] vt to confirm.
□ **confirmar-se** vp to come true.

confiscar [kõfiʃ'ka(x)] vt to confiscate.

conflito [kõ'flitu] m conflict; (desavença) argument.

conformar-se [kõfox'maxsi] vp (resignar-se) to resign o.s.; ~ **com** to resign o.s. to.

conforme [kõ'fɔxmi] conj as. ◆ prep (dependendo de como) depending on; (de acordo com) according to.

conformidade [kõfoxmi'dadʒi] f conformity; **em ~ com** in accordance with.

confortar [kõfox'ta(x)] vt to comfort.

confortável [kõfox'tavew] (pl -eis [-ejʃ]) adj comfortable.

conforto [kõ'foxtu] m comfort.

confrontar [kõfrõ'ta(x)] vt to confront; (comparar) to compare.
□ **confrontar-se** vp to come face to face; ~**-se com** (deparar com) to be confronted with.

confronto [kõ'frõtu] m confrontation; (comparação) comparison.

confundir [kõfũn'di(x)] vt (pessoa) to confuse; (rua, significado) to mistake; (números) to mix up.
□ **confundir-se** vp (enganar-se) to make a mistake; ~**-se com** (ser muito parecido com) to be taken for.

confusão [kõfu'zãw] (pl -ões [-õjʃ]) f confusion; (tumulto) commotion; **armar ~** to cause trouble; **fazer ~** to get mixed up.

confuso, sa [kõ'fuzu, za] adj (desordenado) mixed up; (obscuro) confusing; (confundido) confused.

confusões → confusão.

congelado, da [kõʒe'ladu, da] adj frozen.

congelar

congelar [kõʒe'la(x)] vt & vi to freeze.

congestão [kõʒeʃ'tãw] (pl -ões [-õjʃ]) f congestion.

congestionamento [kõʒeʃtʃjona'mẽntu] m (de trânsito) congestion.

congestionar [kõʒeʃtʃjo'na(x)] vt (trânsito) to block.

congestões → congestão.

congratular [kõŋgratu'la(x)] vt to congratulate.

congresso [kõŋ'gresu] m congress.

conhecedor, ra [konese'do(x), ra] (mpl -res [-riʃ], fpl -s [-ʃ]) m, f: **ser ~ de** to be an authority on.

conhecer [kone'se(x)] vt to know; (ser apresentado a) to meet; (reconhecer) to recognize.

conhecido, da [kone'sidu, da] adj well-known. ◆ m, f acquaintance.

conhecimento [konesi'mẽntu] m knowledge; (experiência) experience; **dar ~ de algo a alguém** to inform sb of sthg; **tomar ~ de algo** to find out about sthg; **é do ~ de todos** it is common knowledge.
□ **conhecimentos** mpl contacts; (cultura) knowledge sg.

conjugado [kõʒu'gadu] m studio apartment.

cônjuge [ˈkõʒuʒi] mf spouse.

conjunção [kõʒũ'sãw] (pl -ões [-õjʃ]) f GRAM conjunction; (união) union.

conjuntivite [kõʒũntʃi'vitʃi] f conjunctivitis.

conjunto [kõ'ʒũntu] m set;

(de rock) band; (de roupa) outfit.

conosco [ko'noʃku] pron with us.

conquanto [kõŋ'kwãntu] conj even though.

conquista [kõŋ'kiʃta] f conquest.

conquistar [kõŋkiʃ'ta(x)] vt to conquer; (posição, trabalho) to get; (seduzir) to win over.

consciência [kõʃ'sjẽsja] f conscience; (conhecimento) awareness; **ter ~ de algo** to be aware of sthg; **ter a ~ pesada** to have a guilty conscience; **tomar ~ de algo** to become aware of sthg.

consciente [kõʃ'sjẽntʃi] adj (acordado) conscious; (responsável) aware; **estar ~ de algo** to be aware of sthg. ◆ m: **o ~** the conscious mind.

conseguinte [kõse'gĩntʃi]: **por conseguinte** adv consequently.

conseguir [kõse'gi(x)] vt to get; **~ fazer algo** to manage to do sthg.

conselho [kõ'seʎu] m piece of advice; (órgão coletivo) council; **dar ~s** to give advice.

consenso [kõ'sẽsu] m consensus.

consentimento [kõsẽntʃi'mẽntu] m consent.

consentir [kõsẽn'ti(x)] vt to consent to.

consequência [kõse'kwẽsja] f consequence; **em ~ as a consequence.**

consertar [kõsex'ta(x)] vt to repair, to fix.

conserto [kõ'sextu] m repair.

conserva [kõ'serva] f: **em ~** canned, tinned.
□ **conservas** fpl canned food sg.

conservação [kõsexva'sãw] f conservation; (de alimento) preservation.

conservante [kõser'vãtʃi] m preservative.

conservar [kõsex'va(x)] vt to preserve.

consideração [kõsidera'sãw] (pl **-ões** [-õjʃ]) f consideration; (crítica) point; **falta de ~ (por)** lack of consideration (for); **levar algo em ~** to take sthg into consideration.

considerar [kõside'ra(x)] vt to consider; **~ que** to consider (that).
□ **considerar-se** vp: **ele considera-se o maior** he thinks he's the best.

considerável [kõside'ravew] (pl **-eis** [-ejʃ]) adj considerable; (feito, conquista) significant.

consigo [kõ'sigu] pron (com ele) with him; (com ela) with her; (com você) with you; (com eles, elas) with them; (relativo a coisa, animal) with it; **ela estava falando ~ própria** she was talking to herself.

consistência [kõsiʃ'tẽsja] f consistency; (de objeto, madeira) solidity.

consistente [kõsiʃ'tẽtʃi] adj (coerente) consistent; (espesso) thick; (sólido) solid.

consistir [kõsiʃ'ti(x)]: **consistir em** v + prep (ser composto por) to consist of; (basear-se em) to consist in.

consoante [kõ'swãtʃi] f consonant. ◆ prep (conforme) according to.

consolar [kõso'la(x)] vt to console.
□ **consolar-se** vp to console o.s.

constante [kõʃ'tãtʃi] adj constant.

constar [kõʃ'ta(x)] v impess: **consta que ...** it is said that ...
□ **constar de** v + prep (consistir em) to consist of; (figurar em) to appear in.

constatar [kõʃta'ta(x)] vt: **~ que** (notar que) to realize (that).

consternado, da [kõʃter'nadu, da] adj distraught.

constipação [kõʃtʃipa'sãw] (pl **-ões** [-õjʃ]) f (prisão de ventre) constipation.

constipado, da [kõʃtʃi'padu, da] adj: **estar ~** (ter prisão de ventre) to be constipated; (resfriado) to have a cold.

constituição [kõʃtʃitwi'sãw] (pl **-ões** [-õjʃ]) f constitution.

constituir [kõʃtʃi'twi(x)] vt (formar) to set up; (representar) to constitute.

constranger [kõʃtrã'ʒe(x)] (embaraçar) to embarrass; (obrigar) to force.
□ **constranger-se** vp (embaraçar-se) to be embarrassed.

constrangimento [kõʃtrã-ʒi'mẽntu] m (embaraço) embar-

rassment; *(obrigação)* constraint.
construção [kõʃtru'sãw] *(pl
-ões* [-õjʃ]*)* f construction.

construir [kõʃtru'i(x)] *vt* to
build; *(frase)* to construct.

construtivo, va [kõʃtru'tivu,
va] *adj* constructive.

cônsul ['kõsuw] *(pl -es* [-iʃ]*)* mf
consul.

consulado [kõsu'ladu] *m* consulate.

cônsules → **cônsul**.

consulta [kõ'suwta] *f (com médico)* appointment; *(de texto, dicionário)* consultation.

consultar [kõsuw'ta(x)] *vi (médico)* to have office hours. ◆ *vt*
to consult.

consultoria [kõsuwto'ria] *f*
consultancy.

consultório [kõsuw'tɔrju] *m
(de médico)* doctor's office; ~
dentário dental practice.

consumidor, ra [kõsumi-
'do(x), ra] *(mpl -res* [-riʃ]*, fpl -s*
[-ʃ]*)* f, consumer.

consumir [kõsu'mi(x)] *vt & vi* to
consume.

consumo [kõ'sumu] *m* consumption.

conta ['kõta] *f (cálculo)* calculation; *(de restaurante)* check *Am,*
bill *Brit; (fatura)* bill; *(de banco)*
account; *(de colar)* bead; **a ~,
por favor** could I have the
check, please?; **o jantar é por
minha ~** dinner's on me; **abrir
uma ~** to open an account;
dar-se ~ de que to realize
(that); **fazer de ~ que** to pretend (that); **levar em ~** to take

into account; **tomar ~ de** to
take care of; ~ **bancária** bank
account; **vezes sem ~** countless times; **isso não é da sua
~!** it's none of your business.

contabilidade [kõtabili'da-
dʒi] *f* accountancy; *(departamento)* accounts department.

contador, ra [kõta'do(x), ra]
(mpl -res [-iʃ]*, fpl -s* [-ʃ]*)* m, f *(profissional)* accountant; *(medidor)*
meter; ~ **de estórias** storyteller.

contagem [kõn'taʒẽ] *(pl -ns*
[-ʃ]*)* f *(de gasto de água, de luz etc.)*
meter-reading; *(de votos, bilhetes
etc.)* count.

contagioso, osa [kõta'ʒio-
zu, ɔza] *adj* contagious, infectious.

conta-gotas [ˌkõta'gotaʃ] *m
inv* dropper.

contaminar [kõtami'na(x)] *vt*
to contaminate.

contar [kõn'ta(x)] *vt* to count;
(narrar, explicar) to tell. ◆ *vi (calcular)* to count; ~ **algo a alguém**
to tell sb sthg; ~ **fazer algo** *(tencionar)* to expect to do sthg; ~
com to count on.

contatar [kõta'ta(x)] *vt* to contact.

contato [kõn'tatu] *m* contact;
(de motor) ignition; **entrar em
~ com** *(contatar)* to get in touch
with.

contemplar [kõntẽm'pla(x)] *vt*
to contemplate; ~ **alguém com
algo** to give sb sthg.

contemporâneo, nea [kõn-
tẽmpo'ranju, nja] *adj & m, f* contemporary.

contentamento [kõntẽnta-'mẽntu] m contentment.

contentar [kõntẽn'ta(x)] vt to keep happy.
□ **contentar a** v + prep to please.
□ **contentar-se com** vp + prep to content o.s. with.

contente [kõn'tẽntʃi] adj happy.

conter [kõn'te(x)] vt (ter) to contain; (refrear) to hold back.
□ **conter-se** vp to restrain o.s.

contestação [kõntʃta'sãw] (pl -ões [-õjʃ]) f (resposta) answer; (polémica) controversy.

contestar [kõntʃ'ta(x)] vt (refutar) to dispute; (replicar) to answer.

conteúdo [kõn'tʃudu] m (de recipiente) contents pl; (de carta, texto) content.

contexto [kõn'teʃtu] m context.

contigo [kõn'tigu] pron with you.

continente [kõntʃi'nẽntʃi] m continent.

continuação [kõntʃinwa'sãw] (pl -ões [-õjʃ]) f continuation.

continuamente [kõn'tʃinwa'mẽntʃi] adv (sem interrupção) continuously; (repetidamente) continually.

continuar [kõntʃi'nwa(x)] vt to continue. ◆ vi to carry on; **~ a fazer algo** to continue doing sthg; **~ com algo** to carry on with sthg.

contínuo, nua [kõn'tʃinwu, nwa] adj (sem interrupção) continuous; (repetido) continual. ◆ m, f caretaker.

conto ['kõntu] m (história) story; (literário) short story; **~ de fadas** fairy tale.

contornar [kõntox'na(x)] vt (edifício, muro etc.) to go around; (problema) to get around.

contra ['kõntra] prep against. ◆ m: pesar os prós e os **~ s** to weigh up the pros and the cons.

contrabando [kõntra'bãndu] m (de mercadorias) smuggling; (mercadoria) contraband.

contracepção [kõntrasep-'sãw] f contraception.

contraceptivo, va [kõntrasep'tʃivu, va] adj & m contraceptive.

contradição [kõntradʒi'sãw] (pl -ões [-õjʃ]) f contradiction.

contradizer [kõntradʒi'ze(x)] vt to contradict.

contrafilé [kõntrafi'lɛ] m rump steak.

contra-indicação [kõntraĩndʒika'sãw] (pl -ões [-õjʃ]) f (de medicamento) warning label; 'sem contra-indicações' 'no restrictions on use'.

contrair [kõntra'i(x)] vt (doença) to catch, to contract; (dívida) to run up; (vício, hábito) to acquire; **~ matrimónio** to get married.

contramão [kõntra'mãw] f (de rua, estrada) the wrong way on a road; **ir pela ~** to drive the wrong way down a road.

contrapartida [kõntrapar'tʃida] f compensation; **em ~** on the other hand.

contrariar [kõntrari'a(x)] vt (*contradizer*) to contradict; (*aborrecer*) to annoy.

contrariedade [kõntrarje'dadʒi] f (*aborrecimento*) annoyance.

contrário, ria [kõn'trarju, rja] adj (*oposto*) opposite; (*adversário*) opposing. ◆ m: **o ~** the opposite; **ser ~ a algo** to be against sthg; **do ~** otherwise; **pelo ~** (quite) the contrary; **em sentido ~** in the opposite direction.

contra-senso [,kõntra'sẽsu] m (*absurdo*) nonsense.

contrastar [kõntraʃ'ta(x)] vt & vi to contrast; **~ com** to contrast with.

contraste [kõn'traʃtʃi] m contrast; **em ~ com** in contrast with.

contratar [kõntra'ta(x)] vt to hire.

contratempo [,kõntra'tẽmpu] m setback.

contrato [kõn'tratu] m contract.

contribuinte [kõntri'bwĩntʃi] mf taxpayer.

contribuir [kõntri'bwi(x)] vi to contribute; **~ com algo** to contribute sthg; **~ para algo** to contribute toward sthg.

controlar [kõntro'la(x)] vt to control.
❑ **controlar-se** vp to control o.s.

controle [kõn'troli] m control; **~ remoto** remote control.

controvérsia [kõntro'vɛrsja] f controversy.

controverso, sa [kõntro'vɛrsu, sa] adj controversial.

contudo [kõn'tudu] conj however.

contusão [kõntu'zãw] (pl -ões [-õjʃ]) f bruise.

convalescença [kõvaleʃ'sẽsa] f convalescence.

convenção [kõvẽ'sãw] (pl -ões [-õjʃ]) f convention.

convencer [kõvẽ'se(x)] vt to convince; **~ alguém a fazer algo** to persuade sb to do sthg; **~ alguém de algo** to convince sb of sthg.
❑ **convencer-se** vp to be convinced; **~-se de que** to become convinced (that).

convencido, da [kõvẽ'sidu, da] adj conceited.

convencional [kõvẽsjo'naw] (pl -ais [-ajʃ]) adj conventional.

convenções → convenção.

conveniência [kõve'njẽsja] f convenience; **por ~** for the sake of convenience.

conveniente [kõve'njẽntʃi] adj convenient.

convento [kõ'vẽntu] m convent.

conversa [kõ'vɛxsa] f conversation; **~ fiada** chitchat; **não cair na ~** not to be taken in.

conversar [kõvex'sa(x)] vi to talk; **~ com** to talk to.

conversível [kõvex'sivew] (pl -eis [-ejʃ]) m (carro) convertible.

converter [kõvex'te(x)] vt (*transformar*): **~ algo/alguém em** to convert sthg/sb into.
❑ **converter-se** vp to convert;

Corcovado

~-se a to convert to; ~-se em to turn into.

convés [kõ'vɛʃ] (pl -eses [-ɛziʃ]) m deck.

convidado, da [kõvi'dadu, da] adj guest (antes de s). ◆ m, f guest.

convidar [kõvi'da(x)] vt to invite.

convir [kõ'vi(x)] vi (ser útil) to be a good idea; (ser adequado) to be suitable; **é de ~ que** admittedly.

convite [kõ'vitʃi] m invitation.

convivência [kõvi'vẽsja] f (vida em comum) living together; (familiaridade) familiarity.

conviver [kõvi've(x)]: **conviver com** v + prep (ter convivência com) to live with.

convívio [kõ'vivju] m (convivência) contact.

convocar [kõvo'ka(x)] vt to summon; ~ **alguém para algo** to summon sb to sthg.

cooperação [kwopera'sãw] (pl -ões [-õjʃ]) f cooperation.

cooperar [kwope'ra(x)] vi to cooperate.

coordenar [kworde'na(x)] vt to coordinate.

copa ['kɔpa] f (divisão de casa) pantry; (de árvore) top; (de chapéu) crown; (torneio esportivo) cup.
❑ **copas** fpl (naipe de cartas) hearts.

cópia ['kɔpja] f copy.

copiar [ko'pja(x)] vt to copy.

copo ['kɔpu] m glass.

coqueiro [ko'kejru] m coconut palm.

coquetel [koke'tɛw] (pl -éis [-ɛiʃ]) m cocktail.

cor¹ ['kɔ(x)] ◆ **de cor** adv: **aprender/saber algo de ~** to learn/know sthg by heart; **saber algo de ~ e salteado** to know sthg through and through.

cor² ['ko(x)] (pl -res [-riʃ]) f color; **perder a ~** to fade.

coração [kora'sãw] (pl -ões [-õjʃ]) m heart; **ter bom ~** to be kind-hearted.

corado, da [ko'radu, da] adj (pessoa) red, flushed; (frango, assado etc.) brown.

coragem [ko'raʒẽ] f courage. ◆ interj chin up!

corais → coral!

corajoso, osa [kora'ʒozu, ɔza] adj courageous.

coral [ko'raw] (pl -ais [-ajʃ]) m coral.

corante [ko'rãntʃi] m coloring.

corar [ko'ra(x)] vi to blush. ◆ vt (frango, assado etc.) to brown.

Corcovado [koxko'vadu] m: **o ~** the Corcovado mountain in Rio de Janeiro.

CORCOVADO

At the summit of the Corcovado (hunchback) mountain, the figure of "Cristo Redentor" (Christ the Redeemer) stands over the city of Rio with welcoming arms outstretched. The statue is 30 meters tall, and was presented as a gift to the "cariocas" (citizens of Rio) by France to commemorate Brazilian independence. A visit to this landmark affords stunning views over Rio.

corda ['kɔrda] f rope; (de instrumento musical) string; (de relógio, brinquedo) clockwork; **dar ~ a ou em** (relógio, brinquedo) to wind up; (fig) to encourage; **pular ~** to jump rope; **~s vocais** vocal cords.

cordão [kor'dãw] (pl **-ões** [-õjʃ]) m (jóia) gold chain; **~ umbilical** umbilical cord.

cordeiro [kor'dejru] m lamb.

cordel [kor'dɛw] (pl **-éis** [-ɛjʃ]) m string.

CORDEL

This is a type of poetry deriving from the oral tradition and transcribed to rough bits of paper which are hung out on string. These rhyming verses are recited as ballads accompanied by a guitar. Cordel is typical of the Northeast, especially in the states of Pernambuco, Paraíba and Ceará, where the verses are sold by their authors in markets and fairs.

cor-de-rosa [ˌkordʒi'rɔza] adj inv pink.

cordões → cordão.

cores → cor².

córnea ['kɔrnja] f cornea.

coro ['koru] m choir; (de música) chorus; **em ~** in unison.

coroa [ko'roa] f crown; (de enterro) wreath.

corpo ['koxpu] m body; (cadáver) corpse; **~ de bombeiros** fire department.

correção [koxe'sãw] (pl **-ões** [-õjʃ]) f correctness; (de exame, teste) correction.

correções → correção.

corredor, ra [koxe'do(x), ra] (mpl **-res** [-riʃ], fpl **-s** [-ʃ]) m, f runner. ◆ m (de casa) corridor.

correia [ko'xeja] f (tira de couro) strap; **~ da ventoinha** fan belt.

correio [ko'xeju] m mail; (local) post office; **~ eletrônico** e-mail, electronic mail; **~ expresso** express mail; **pelo ~** by mail.

corrente [ko'xẽntʃi] adj current; (água) running. ◆ f current; (de bicicleta) chain; **~ alternada** alternating current; **~ de ar** draft.

correr [ko'xe(x)] vi to run; (tempo) to pass; (notícia, rumor) to go around. ◆ vt to run; **~ perigo** to be in danger; **fazer algo correndo** to do sthg in a rush.

correspondência [koxeʃpõn'dẽsja] f correspondence.

correspondente [koxeʃpõn'dẽntʃi] adj corresponding. ◆ mf correspondent.

corresponder [koxeʃpõn'de(x)] vi to correspond; (retribuir) to reciprocate; **~ a** to correspond with.

❑ **corresponder-se** vp (escrever-

se) to write to each other; **~-se com alguém** to correspond with sb.

corretor, ra [koxe'to(x), ra] *(mpl* **-res** [-rif], *fpl* **-s** [-ʃ]) *m, f* broker. ◆ *m (fluido)* correction fluid; **~ de imóveis** real estate agent *Am,* estate agent *Brit;* **~ da Bolsa** stockbroker; **~ de seguros** insurance broker; **~ ortográfico** spell-checker.

corrida [ko'xida] *f (de velocidade)* race; *(de táxi)* fare.

corrigir [koxi'ʒi(x)] *vt* to correct.
□ **corrigir-se** *vp* to mend one's ways.

corrimão [koxi'mãw] *(pl* **-s** [-ʃ]) *m (de escada)* handrail, banister; *(de varanda)* railing.

corrimento [koxi'mẽntu] *m (de vagina)* discharge.

corromper [koxõm'pe(x)] *vt* to corrupt; *(subornar)* to bribe.

corrupção [koxup'sãw] *(pl* **-ões** [-õjʃ]) *f* corruption; **~ de menores** *JUR* corruption of minors.

corrupto, ta [ko'xuptu, ta] *adj* corrupt.

cortar [kox'ta(x)] *vt* to cut; *(carne assada)* to carve; *(gás, eletricidade)* to cut off; *(rua, estrada)* to block off. ◆ *vi* to be sharp; **~ relações (com alguém)** to break up (with sb).
□ **cortar-se** *vp* to cut o.s.

corte ['kɔxtʃi] *m* cut; **~ de cabelo** haircut.

cortejo [kox'teʒu] *m* proces-

sion; **~ fúnebre** funeral procession.

cortesia [koxte'zia] *f* courtesy.

cortiça [kox'tʃisa] *f* cork.

cortiço [kox'tʃisu] *m* slum tenement.

cortina [kox'tʃina] *f* curtain.

coruja [ko'ruʒa] *f* owl.

corvina [kox'vina] *f* bream.

corvo ['kɔxvu] *m* crow.

coser [ko'ze(x)] *vt & vi* to sew.

costa ['kɔʃta] *f* coast; *(de montanha)* slope; **dar à ~** to wash ashore.
□ **costas** *fpl* back *sg;* **dar as ~ s para algo/alguém** to turn your back on sthg/sb.

costela [koʃ'tɛla] *f* rib.

costeleta [koʃte'leta] *f (de porco, carneiro)* chop; *(de vitela)* cutlet.

costumar [koʃtu'ma(x)] *vt:* **ela costuma chegar na hora** she usually arrives on time. ◆ *v impess:* **costuma chover muito** it tends to rain a lot.

costume [koʃ'tumi] *m (hábito)* habit; *(uso social)* custom; **como de ~** as usual; **por ~** usually.

costura [koʃ'tura] *f (atividade)* sewing; *(de peça de roupa)* seam.

costurar [koʃtu'ra(x)] *vt (roupa)* to sew (up).

cotação [kota'sãw] *(pl* **-ões** [-õjʃ]) *f (de mercadoria, título)* quoted price; **~ bancária** interest rate.

cotidiano [kotʃi'dʒianu] *adj* daily. ◆ *m* everyday life.

cotonetes [koto'nɛtʃiʃ] *mpl* cotton swabs.

cotovelada [kotove'lada] f poke with the elbow; **dar uma ~ em alguém** to elbow sb.

cotovelo [koto'velu] m elbow.

coube ['kobi] → **caber.**

couchette [ko'ʃɛtʃi] f sleeping berth.

couro ['koru] m leather; **~ cabeludo** scalp.

couve ['kovi] f spring greens pl; **~ portuguesa** kale.

couve-flor [ˌkove'flo(x)] (pl **couves-flores** [ˌkoveʃ'floreʃ]) f cauliflower.

couvert [ku'vɛ(x)] m cover charge.

cova ['kɔva] f pit; (sepultura) grave.

covarde [ko'vaxdʒi] adj cowardly. ◆ m coward.

covardia [kovax'dʒia] f cowardice.

coxa ['koʃa] f thigh; **~ de galinha** chicken leg.

coxo, xa ['koʃu, ʃa] adj lame.

cozer [ko'ze(x)] vt to boil.

cozido, da [ko'zidu, da] adj boiled.

cozinha [ko'ziɲa] f kitchen; (arte) cookery.

cozinhar [kozi'ɲa(x)] vt & vi to cook.

cozinheiro, ra [kozi'ɲejru, ra] m, f cook.

crachá [kra'ʃa] m badge.

crânio ['kranju] m skull.

craque ['kraki] mf expert.

cratera [kra'tɛra] f crater.

cravar [kra'va(x)] vt: **~ algo em algo** (unhas) to dig sthg into

sthg; (dentes, faca) to sink sthg into sthg; **~ os olhos em** to stare at.

cravo ['kravu] m (flor) carnation; (instrumento) harpsichord; (em rosto) blackhead; (especiaria) clove.

crediário [kre'dʒjarju] m installment plan Am, hire purchase Brit; **abrir um ~** to start a payment plan.

crédito ['krɛdʒitu] m credit; **comprar/vender a ~** to buy/sell on credit.

credor, ra [kre'do(x), ra] (mpl **-res** [-riʃ], fpl **-s** [-ʃ]) m, f creditor.

cremar [kre'ma(x)] vt to cremate.

crematório [krema'tɔrju] m crematorium.

creme ['krɛmi] m cream; **~ de barbear** shaving cream; **~ hidratante** moisturizer; **~ de leite** cream.

cremoso, osa [kre'mozu, ɔza] adj creamy.

crença ['krẽsa] f belief.

crente ['krẽtʃi] mf believer.

crepe ['krɛpi] m (tecido) seersucker; (panqueca) pancake.

crepúsculo [kre'puʃkulu] m (de manhã) daybreak; (à noite) twilight.

crer ['kre(x)] vi to believe; (supor) to suppose. ◆ vt: **~ que** (acreditar) to believe (that); (supor) to suppose (that); **ver para ~** seeing is believing.

crescente [kre'sẽtʃi] adj growing. ◆ m (fase da lua) crescent.

crescer [kre'se(x)] vi to grow; (aumentar) to rise.

crespo, pa ['kreʃpu, pa] *adj (cabelo)* very curly; *(rugoso)* rough.

cretino, na [kre'tinu, na] *m, f* idiot.

cria ['kria] *f* young.

criado, da [kri'adu, da] *m, f* servant.

criador, ra [kria'do(x), ra] *(mpl* **-res** [-riʃ], *fpl* **-s** [-ʃ]) *m, f* creator; *(de animais)* breeder.

criança [kri'ãsa] *f* child; **~ de colo** infant; **quando ~** as a child; **ser ~** to be childish.

criar [kri'a(x)] *vt* to create; *(filhos)* to bring up; *(animais)* to raise; **~ caso** to make trouble. □ **criar-se** *vp (produzir-se)* to form; *(pessoa)* to grow up.

criatividade [kriatʃivi'dadʒi] *f* creativity.

criativo, va [kria'tʃivu, va] *adj* creative.

criatura [kria'tura] *f* creature.

crime ['krimi] *m* crime.

criminalidade [kriminali-'dadʒi] *f* crime.

criminoso, osa [krimi'nozu, ɔza] *m, f* criminal.

crina ['krina] *f* mane.

crise ['krizi] *f* crisis; *(em doença)* attack; *(de nervos, histeria)* fit.

crista ['kriʃta] *f (de ave)* crest; *(de montanha)* ridge.

cristã → **cristão**.

cristal [kriʃ'taw] *(pl* **-ais** [-ajʃ]) *m* crystal.

cristão, ã [kriʃ'tãw, ã] *adj & m* Christian.

critério [kri'tɛrju] *m* criterion.

crítica ['kritika] *f (de obra, peça,* *filme)* review; *(censura)* criticism.

criticar [kritʃi'ka(x)] *vt (obra)* to review; *(pessoa, atitude)* to criticize.

crocante [kro'kãntʃi] *adj* crunchy.

crocodilo [kroko'dilu] *m* crocodile.

crônica ['kronika] *f (de jornal)* (newspaper) column; *(conto)* short story.

crônico, ca ['kroniku, ka] *adj (doença)* chronic.

cronológico, ca [krono'lɔʒiku, ka] *adj* chronological.

cronometrar [kronome'tra(x)] *vt* to time.

cronômetro [kro'nometru] *m* stopwatch.

crosta ['krɔʃta] *f (de ferida)* scab; *(da Terra)* crust.

cru, crua ['kru, 'krua] *adj (comida)* raw; *(tecido)* unbleached; *(realidade)* harsh.

crucifixo [krusi'fiksu] *m* crucifix.

cruel [kru'ɛw] *(pl* **-éis** [-ɛiʃ]) *adj* cruel.

cruz [kruʃ] *(pl* **-zes** [-ziʃ]) *f* cross; **a Cruz Vermelha** the Red Cross.

cruzamento [kruza'mẽntu] *m (em estrada)* crossroads *sg; (de raças)* crossbreed.

cruzar [kru'za(x)] *vt* to cross; *(braços)* to fold.

cruzeiro [kru'zejru] *m* cruise.

cúbico, ca ['kubiku, ka] *adj* cubic.

cubo ['kubu] *m* cube; **~ de gelo** ice cube.

cuco [ˈkuku] m cuckoo.

cueca [ˈkwɛka] f underpants pl.

cuidado, da [kuiˈdadu, da] adj (casa, jardim etc.) well looked after. ◆ m care. ◆ interj: **cuidado!** (be) careful!; **ter ~ to** take care, to be careful; **aos ~s de alguém** in the care of sb; **com ~** carefully, with care.

cuidar [kuiˈda(x)]: **cuidar de** v + prep to take care of.

❑ **cuidar-se** vp to take care of o.s.

cujo, ja [ˈkuʒu, ʒa] pron (de quem) whose; (de que) of which.

culinária [kuliˈnarja] f cookery.

culminar [kuwmiˈna(x)]: **culminar em** v + prep to culminate in.

culpa [ˈkuwpa] f fault; **ter ~ de algo** to be to blame for sthg; **por ~ de** due to.

culpado, da [kuwˈpadu, da] adj guilty.

cultivar [kuwtiˈva(x)] vt to cultivate.

❑ **cultivar-se** vp to educate o.s.

culto, ta [ˈkuwtu, ta] adj well-educated. ◆ m cult.

cultura [kuwˈtura] f culture; (agrícola) crop; (conhecimentos) knowledge.

cultural [kuwtuˈraw] (pl -ais [-ajʃ]) adj cultural.

cume [ˈkumi] m summit.

cumplicidade [kũmplisiˈdadʒi] f complicity.

cumprimentar [kũmprimẽnˈta(x)] vt to greet.

cumprimento [kũmpriˈmẽntu] m greeting; (de lei, ordem) observance (of the law).

❑ **cumprimentos** mpl regards; **Com os ~s de ...** Yours sincerely.

cumprir [kũmˈpri(x)] vt (tarefa, ordem, missão) to carry out; (promessa) to keep; (pena, sentença) to serve; (lei) to obey. ◆ v impess: **~ a alguém fazer algo** (caber a) to be sb's turn to do sthg; (ser o dever de) to be sb's responsibility to do sthg.

cúmulo [ˈkumulu] m height; **é o ~!** that's the limit!

cunha [ˈkuɲa] f wedge.

cunhado, da [kuˈɲadu, da] m, f brother-in-law.

cupom [kuˈpõ] (pl -ns [-ʃ]) m coupon.

cúpula [ˈkupula] f dome.

cura [ˈkura] f cure; (de queijo, presunto etc.) curing.

curar [kuˈra(x)] vt to cure. ◆ vi (sarar) to heal.

❑ **curar-se** vp to recover.

curativo [kuraˈtʃivu] m dressing.

curinga [kuˈrĩŋga] m (de jogo de cartas) joker.

curiosidade [kurjoziˈdadʒi] f curiosity.

curioso, osa [kuˈrjozu, ɔza] adj curious. ◆ m, f (bisbilhoteiro) busybody; (amador) amateur.

curral [kuˈxaw] (pl -ais [-ajʃ]) m pen.

currículo [kuˈxikulu] m résumé.

curriculum vitae [kəˈrikjələmˈviːtaɪ] m résumé Am, curriculum vitae Brit.

curso [ˈkursu] m course; (de uni-

dança

versidade) college course; **ter um ~ de algo** *(universitário)* to have a degree in sthg; **~ intensivo** intensive course; **~ superior** (college) degree; **em ~** *(ano, semana etc.)* current; *(em funcionamento)* in operation; *(em andamento)* in progress.

cursor [kux'so(x)] *(pl* **-res** [-riʃ]*)* m INFORM cursor.

curtir [kux'ti(x)] *vt (peles, couros)* to tan; *(desfrutar)* to enjoy.

curto, ta ['kuxtu, ta] *adj* short; **a ~ prazo** in the short term.

curva ['kuxva] *f (de estrada, caminho etc.)* bend; *(de corpo)* curve.

curvar [kux'va(x)] *vt* to bend; *(cabeça)* to bow.

❑ **curvar-se** *vp (inclinar-se)* to bend over; *fig (humilhar-se)* to lower o.s.

cuscuz [kuʃ'kuʃ] *m* couscous.

cuspe ['kuʃpi] *m* spit.

cuspir [kuʃ'pi(x)] *vi & vt* to spit.

custa ['kuʃta]: **à custa de** *prep* at the expense of.

❑ **custas** *fpl* JUR costs.

custar [kuʃ'ta(x)] *vt & vi (valer)* to cost; **custa muito a fazer** it's hard to do; **quanto custa?** how much is it?; **custe o que ~** at all costs, at any cost.

custo ['kuʃtu] *m (preço, despesa)* cost; *fig (dificuldade)* difficulty; **~ de vida** cost of living; **a ~** with difficulty.

D

da [da] = **de + a** → **de.**

dá ['da] → **dar.**

dádiva ['dadiva] *f* donation.

dado, da ['dadu, da] *adj (sociável)* sociable; *(determinado)* given. ◆ *m (de jogar)* dice; *(de problema, cálculo)* factor; *(informação)* fact.

❑ **dados** *mpl (jogo)* dice; INFORM data *sg;* **jogar ~s** to play dice.

daí [da'i] *adv* = **de + aí;** *(relativo a espaço)* from there; *(relativo a tempo):* **~ a um mês/um ano/dez minutos** a month/a year/ten minutes later; **~ em** ou **por diante** from then on; **e ~?** so what?; **sai ~!** I get out of there!

dali [da'li] *adv* = **de + ali;** *(relativo a espaço)* from there; *(relativo a tempo):* **~ a uma hora** an hour later; **~ em** ou **por diante** from then on.

dama ['dama] *f (senhora)* lady; *(de baralho de cartas)* queen; **~ de honra** bridesmaid.

❑ **damas** *fpl (checkers sg Am,* draughts *sg Brit;* **jogar ~s** to play checkers.

damasco [da'maʃku] *m* apricot.

dança ['dãsa] *f* dance; **~s folclóricas** country dancing *sg.*

dançar

dançar [dã'sa(x)] *vi* to dance; *(oscilar)* to sway. ◆ *vt* to dance.

dano ['danu] *m* damage.

dão ['dãw] → **dar**.

daquela [da'kɛla] = **de + aquela**, → **aquele**.

daquele [da'keli] = **de + aquele**, → **aquele**.

daqui [da'ki] *adv* = **de + aqui**; *(deste lugar)* from here; *(deste momento):* ~ **a um ano/mês** in a year/month; **ele saiu** ~ **às nove** he left here at nine; ~ **a pouco** in a little while; ~ **em** ou **por diante** from now on.

daquilo [da'kilu] = **de + aquilo**, → **aquilo**.

dar [da(x)] *vt* -1. *(entregar, presentear)* to give; ~ **algo a alguém** to give sb sthg, to give sthg to sb.

-2. *(produzir)* to produce.

-3. *(causar, provocar)* to give; **isto me dá sono/pena** it makes me sleepy/sad; **só dá problemas** it's nothing but trouble.

-4. *(filme, programa):* **deu no noticiário hoje** it was on the news today.

-5. *(exprime ação)* to give; ~ **um berro** to cry out; ~ **um pontapé em alguém** to kick sb; ~ **um passeio** to go for a walk.

-6. *(festa, concerto)* to hold; **vão** ~ **uma festa** they're going to have ou throw a party.

-7. *(dizer)* to say; **ele me deu boa-noite** he said good night to me.

-8. *(ensinar)* to teach; **o que é que você está dando nas suas aulas?** what are you teaching (at the moment)?; **ela dá aula numa escola** she teaches at a school.

-9. *(aprender, estudar)* to do; **o que é que estão dando em Inglês?** what are you doing in English (at the moment)?; **estamos dando o verbo "to be"** we're doing the verb "to be".

◆ *vi* -1. *(horas):* **já deram cinco horas** the clock just struck five.

-2. *(condizer):* ~ **com** to go with; **as cores não dão umas com as outras** the colors clash.

-3. *(proporcionar):* ~ **de beber a alguém** to give sb something to drink; ~ **de comer a alguém** to feed sb.

-4. *(em locuções):* **dá no mesmo** it doesn't matter.

❑ **dar com** *v + prep (encontrar, descobrir)* to meet; **dei com ele no cinema** I met him at the movies.

❑ **dar em** *v + prep (resultar):* **a discussão não vai** ~ **em nada** the discussion will come to nothing.

❑ **dar para** *v + prep (servir para, ser útil para)* to be good for; *(suj: varanda, janela)* to look onto; *(suj: porta)* to lead to; *(ser suficiente para)* to be enough for; *(ser possível)* to be possible; **dá para você fazer isso hoje?** could you do it today?; **não vai** ~ **para eu chegar na hora** I won't be able to get there on time.

❑ **dar por** *v + prep (aperceber-se de)* to notice.

❑ **dar-se** *vp:* ~-**se bem/mal**

com alguém to get on well/badly with sb; **não me dou bem com condimentos** spices don't agree with me; **deu-se mal com a brincadeira** his plan backfired; ~**se por vencido** to give in.

dardo ['daxdu] *m* (*arma*) spear; *ESP* javelin.

❑ **dardos** *mpl* darts *sg*; **jogar** ~**s** to play darts.

das [da∫] = **de** + **as** → **de**.

data ['data] *f* date; ~ **de nascimento** date of birth.

datilografar [dat∫ilogra'fa(x)] *vt* to type.

de [dʒi] *prep* - 1. (*indica posse*) of; **o lápis do Mário** Mário's pencil; **a recepção do hotel** the hotel reception; **a casa é dela** it's her house.

- 2. (*indica matéria*) (made) of; **um bolo** ~ **chocolate** a chocolate cake; **um relógio** ~ **ouro** a gold watch.

- 3. (*indica conteúdo*) of; **um copo d'água** a glass of water.

- 4. (*usado em descrições, determinações*): **uma camiseta** ~ **manga curta** a short-sleeved T-shirt; **o senhor** ~ **preto** the man in black.

- 5. (*indica assunto*) about; **fale da viagem** tell me about the trip; **um livro** ~ **informática** a book about ou on computers.

- 6. (*indica origem*) from; **sou** ~ **Salvador** I'm from Salvador; **os habitantes do bairro** the locals; **um produto do Brasil** a Brazilian product.

- 7. (*indica tempo*): **o jornal das nove** the nine o'clock news; **partimos às três da tarde** we left at three in the afternoon; **trabalho das nove às cinco** I work from nine to five.

- 8. (*indica uso*): **a sala** ~ **espera** the waiting room; **uma máquina** ~ **calcular** a calculator.

- 9. (*usado em denominações, nomes*) of.

- 10. (*indica causa, modo*): **chorar** ~ **alegria** to cry with joy; **está tudo** ~ **pernas para o ar** everything is upside down; **morrer** ~ **frio** to freeze to death; **viajou** ~ **carro** he traveled by car.

- 11. (*indica autor*) by; **um filme** ~ **Glauber Rocha** a film by Glauber Rocha.

- 12. (*introduz um complemento*): **cheio** ~ **gente** full of people; **difícil** ~ **esquecer** hard to forget; **gostar** ~ **algo/alguém** to like sthg/sb.

- 13. (*em comparações*): **do que** than; **é mais rápido do que este** it's faster than this one.

- 14. (*em superlativos*) of; **o melhor** ~ **todos** the best of all.

- 15. (*dentre*) of; **um dia destes** one of these days; **um desses hotéis serve** any one of those hotels will do.

- 16. (*indica série*): ~ **dois em dois dias** every two days; ~ **três em três metros** every three meters.

debaixo [de'baj∫u] *adv* underneath; ~ **de** under.

debate [de'bat∫i] *m* debate.

debater [deba'te(x)] *vt* to debate.

❏ **debater-se** *vp* to struggle.

débil ['dɛbiw] (*pl* **-beis** [-bejʃ]) *adj* weak.

debitar [debi'ta(x)] *vt* to debit.

débito ['dɛbitu] *m* debit.

debruçar-se [debru'saxsi] *vp* to lean over; ~ **sobre algo** *(problema, questão)* to look into sthg.

década ['dɛkada] *f* decade; **na** ~ **de oitenta** in the 80s.

decadente [deka'dẽntʃi] *adj* decadent.

decência [de'sẽsja] *f* decency.

decente [de'sẽntʃi] *adj* decent.

decepção [dese'sãw] (*pl* **-ões** [-õjʃ]) *f* disappointment.

decidido, da [desi'dʒidu, da] *adj (pessoa)* determined; *(resolvido)* settled.

decidir [desi'dʒi(x)] *vt* to decide; ~ **fazer algo** to decide to do sthg.

❏ **decidir-se** *vp* to make up one's mind; ~**-se a fazer algo** to make up one's mind to do sthg.

decifrar [desi'fra(x)] *vt* to decipher.

decimal [dɛsi'maw] (*pl* **-ais** [-ajʃ]) *adj* decimal.

décimo, ma ['dɛsimu, ma] *num* tenth, → **sexto**.

decisão [desi'zãw] (*pl* **-ões** [-õjʃ]) *f (resolução)* decision.

declaração [deklara'sãw] (*pl* **-ões** [-õjʃ]) *f* statement; *(de amor)* declaration.

declarar [dekla'ra(x)] *vt* to declare; **'nada a ~'** 'nothing to declare'.

❏ **declarar-se** *vp (confessar senti-* mentos) to declare one's love; *(manifestar-se)* to express an opinion.

declínio [de'klinju] *m* decline.

decolagem [deko'laʒẽ] *f (de avião)* takeoff.

decoração [dekora'sãw] (*pl* **-ões** [-õjʃ]) *f* decoration.

decorar [deko'ra(x)] *vt (ornamentar)* to decorate; *(memorizar)* to memorize.

decorativo, va [dekora'tʃivu, va] *adj* decorative.

decotado, da [deko'tadu, da] *adj* low-cut.

decote [de'kɔtʃi] *m* neckline; ~ **em V** V-neck; ~ **redondo** crew neck.

decrescer [dekre'se(x)] *vi* to decrease.

decreto [de'krɛtu] *m* decree.

decurso [de'kursu] *m*: **no** ~ **de** in the course of.

dedal [de'daw] (*pl* **-ais** [-ajʃ]) *m* thimble.

dedão [de'dãw] (*pl* **-ões** [-õjʃ]) *m (de mão)* thumb; *(de pé)* big toe.

dedicação [dedʒika'sãw] (*pl* **-ões** [-õjʃ]) *f* dedication.

dedicar [dedʒi'ka(x)] *vt (livro, música, obra)* to dedicate; *(tempo, atenção, energias)* to devote.

❏ **dedicar-se** *vp* + *prep* to devote o.s. to.

dedo ['dedu] *m (de mão)* finger; *(de pé)* toe; *(medida)* inch; **levantar o** ~ to put one's hand up.

dedões → **dedão**.

dedução [dedu'sãw] (*pl* **-ões** [-õjʃ]) *f* deduction.

deduzir [dedu'zi(x)] *vt (descontar)* to deduct; *(concluir)* to deduce.

defeito [de'fejtu] *m* defect.

defeituoso, osa [defej'twozu, ɔza] *adj (produto)* defective.

defender [defẽn'de(x)] *vt* to defend.
□ **defender-se** *vp* to defend o.s.; **~-se de** to defend o.s. against.

defensor, ra [defẽ'so(x), ra] *(mpl* **-res** [-riʃ], *fpl* **-s** [-ʃ]) *m, f* defender.

deferimento [deferi'mẽntu] *m* approval.

defesa [de'feza] *f* defense; *JUR* the defense; *ESP (ato)* save; *(jogadores)* defense; *(de tese)* viva voce.

deficiência [defi'sjẽsja] *f* deficiency; *(física)* disability.

deficiente [defi'sjẽntʃi] *adj* deficient. ♦ *mf* disabled person; **~ físico** physically disabled person; **~ mental** mentally disabled person.

déficit ['dɛfisitʃ] *m* deficit.

definir [defi'ni(x)] *vt (palavra, sentido)* to define; *(estratégia, plano, regras)* to set out.
□ **definir-se** *vp* to make up one's mind.

definitivamente [definitʃiva'mẽntʃi] *adv (para sempre)* for good; *(sem dúvida)* definitely.

definitivo, va [defini'tʃivu, va] *adj (decisão, resposta)* final; *(separação, mudança)* permanent.

deformação [defoxma'sãw] *(pl* **-ões** [-õjʃ]) *f (de corpo)* defor-

mity; *(de forma, realidade)* distortion.

deformar [defox'ma(x)] *vt (corpo)* to deform; *(forma, imagem, realidade)* to distort.

defronte [de'frõntʃi] *adv* opposite; **~ de** opposite.

defumar [defu'ma(x)] *vt* to smoke.

degelo [de'ʒelu] *m* thaw.

degolar [dego'la(x)] *vt* to behead.

degradar [degra'da(x)] *vt* to degrade.
□ **degradar-se** *vp (saúde, relações)* to deteriorate; *(humilhar-se)* to demean o.s.

degrau [de'graw] *m* step.

degustação [deguʃta'sãw] *f* tasting.

degustar [deguʃ'ta(x)] *vt* to taste.

dei → dar.

deitar [dej'ta(x)] *vt (estender)* to lay (down); *(em cama)* to put to bed.
□ **deitar-se** *vp (na cama)* to go to bed; *(no chão)* to lie down.

deixa ['dejʃa] *f* hint; *(teatro)* cue.

deixar [dej'ʃa(x)] *vt* to leave; *(permitir)* to allow, to let; *(vício, estudos)* to give up. ♦ *vi:* **~ de fazer algo** to stop doing sthg; **não ~ de fazer algo** to be sure to do sthg; **~ alguém fazer algo** to let sb do sthg; **~ algo para** to leave sthg for; **~ algo de lado** to put sthg aside; **~ algo/alguém em paz** to leave sthg/sb alone; **~ algo/alguém para trás** to leave sthg/sb behind; **~ cair** to drop.
□ **deixar-se** *vp:* **~-se levar por**

to get carried away with; **ela não se deixou enganar** they couldn't fool her.

dela ['dɛla] = de + ela → **de.**

dele ['deli] = de + ele → **de.**

delegacia [delega'sia] f police station.

delegado, da [dele'gadu, da] m, f (de polícia) police captain Am; police superintendent Brit; (de país, instituição) delegate.

delgado, da [dew'gadu, da] adj (pessoa) slim; (fio, corda, pau, barra) thin.

deliberar [delibe'ra(x)] vt to decide on. ◆ vi to deliberate.

delicadeza [delika'deza] f delicacy; (cortesia) courtesy; (cuidado) care.

delícia [de'lisja] f (sensação) pleasure; (manjar) delicacy; **que ~!** how lovely!

delicioso, osa [deli'sjozu, ɔza] adj delicious.

delinqüência [deliŋ'kwɛsja] f: **~ juvenil** juvenile delinquency.

delinqüente [deliŋ'kwɛ̃tʃi] mf delinquent.

delirante [deli'rãtʃi] adj fig (incrível) amazing.

delirar [deli'ra(x)] vi to be delirious.

delírio [de'lirju] m MED delirium; fig (excitação) excitement.

delito [de'litu] m crime.

demais [de'majʃ] adv (com verbos) too much; (com adjetivos) too. ◆ pron: **os/as ~** the rest; **isto já é ~!** this really is too much!; **ser ~** (ser o máximo) to be excellent.

demasia [dema'zia]: **em demasia** adv too much.

demasiado, da [dema'zjadu, da] adj (com substantivos singulares) too much; (com substantivos plurais) too many. ◆ adv (com verbos) too much; (com adjetivos) too.

demência [de'mẽsja] f dementia.

demissão [demi'sãw] (pl -ões [-õjʃ]) f (involuntária) dismissal; (voluntária) resignation; **pedir ~** to resign.

demitir [demi'tʃi(x)] vt to dismiss.

❑ **demitir-se** vp to resign.

democracia [demokra'sia] f democracy.

democrata [demo'krata] mf democrat. ◆ adj democratic.

democrático, ca [demo'kratʃiku, ka] adj democratic.

demolição [demoli'sãw] (pl -ões [-õjʃ]) f demolition.

demolir [demo'li(x)] vt to demolish.

demonstração [demõʃtra'sãw] (pl -ões [-õjʃ]) f demonstration; (prova) display.

demonstrar [demõʃ'tra(x)] vt to demonstrate; (revelar) to show.

demora [de'mɔra] f delay; **sem ~** without delay.

demorado, da [demo'radu, da] adj (longo) lengthy; (lento) slow.

demorar [demo'ra(x)] vi to take time. ◆ vt (tardar) to be late; (atrasar) to delay; **vai ~ muito?** will it take long?

◻ **demorar-se** *vp* to take too long.

denegrir [dene'gri(x)] *vt fig (manchar)* to blacken.

dengo ['dẽgu] *m (charme)* coyness; *(de criança)* whimpering.

denominação [denomina'sãw] *(pl* **-ões** [-õjʃ]*)* f denomination.

densidade [dẽsi'dadʒi] f density.

denso, sa ['dẽsu, sa] *adj* dense.

dentada [dẽ'tada] f bite.

dentadura [dẽnta'dura] f *(natural)* teeth *pl; (postiça)* dentures *pl.*

dente ['dẽntʃi] *m* tooth; *(de elefante, elefante-marinho)* tusk; *(de garfo, ancinho)* prong; ~ **de alho** clove of garlic; ~ **do siso** wisdom tooth; ~**s postiços** false teeth.

dentifrício, cia [dẽtʃi'frisju, sja] *adj* dental. ◆ *m* toothpaste.

dentista [dẽn'tʃiʃta] *mf* dentist.

dentre ['dẽntri] = **de** + **entre** → **entre.**

dentro ['dẽntru] *adv (no interior)* in, inside; ~ **de** *(relativo a espaço físico)* in, inside; *(relativo a espaço temporal)* in, within; ~ **em breve** soon; **aqui** ~ in here; **lá** ~ inside; **por** ~ inside; **por** ~ **de** on the inside of; **estar por** ~ **de algo** to be in the know about sthg.

denúncia [de'nũsja] f *(revelação)* exposure; *(acusação)* accusation.

denunciar [denũ'sja(x)] *vt* to report.

deparar [depa'ra(x)]: **deparar com** *v + prep (encontrar)* to come across; *(enfrentar)* to come up against.

◻ **deparar-se** *vp (surgir)* to arise.

departamento [departa'mẽntu] *m* department.

dependência [depẽn'dẽsja] f *(de casa)* room; *(de vício, droga)* dependency; *(de chefe, pai, mãe)* dependence.

dependente [depẽn'dẽntʃi] *adj* dependent.

depender [depẽn'de(x)] *vi:* **depende ...** it depends ...

◻ **depender de** *v + prep (de droga, pai, mãe)* to be dependent on; *(de circunstâncias, tempo, dinheiro)* to depend on.

depilar [depi'la(x)] *vt* to remove hair from; *(com cera)* to wax.

depilatório, ria [depila'tɔrju, rja] *adj* hair-removing. ◆ *m* depilatory.

depoimento [depoj'mẽntu] *m (na polícia)* statement; **prestar** ~ to give evidence.

depois [de'pojʃ] *adv (relativo a espaço)* after; *(relativo a tempo)* afterward; ~ **se vê!** we'll see! e ~? so?; **deixar algo para** ~ to leave sthg for later; **dias/semanas/anos** ~ days/weeks/years later; ~ **de amanhã** the day after tomorrow; ~ **de** after; ~ **que** since; **logo** ~ straight afterward.

depor [de'po(x)] *vi JUR* to give evidence. ◆ *vt (governo, ministro)* to overthrow.

depositar [depozi'ta(x)] *vt* to
pay in; ~ confiança in alguém
to place one's trust in sb.
❏ **depositar-se** *vp* to settle.

depósito [de'pɔzitu] *m (em
banco)* deposit; *(armazém)* warehouse; *(reservatório)* tank; *(sedimento)* sediment; ~ **de bagagens** baggage room *Am*, left-
luggage office *Brit*.

depravação [deprava'sãw] *(pl
-ões* [-õjʃ]) *f* depravity.

depreciação [depresja'sãw] *(pl
-ões* [-õjʃ]) *f* depreciation.

depressa [de'presa] *adv*
quickly. ◆ *interj* hurry up!

depressão [depre'sãw] *(pl
-ões* [-õjʃ]) *f* depression;
~ **económica** (economic) depression.

deprimente [depri'mẽtʃi] *adj*
depressing.

deprimir [depri'mi(x)] *vt* to de-
press.

deputado, da [depu'tadu, da]
m, f deputy.

deriva [de'riva] *f*: **ir à** ~ to drift;
estar à ~ to be adrift.

derivar [deri'va(x)] *vi* to drift.
❏ **derivar de** *v + prep (palavra,
termo)* to derive from; *(produto)*
to be made from; *(problema)* to
stem from.

dermatologista [dɛrmato-
lo'ʒiʃta] *mf* dermatologist.

derramamento [dexama-
'mẽtu] *m (de líquido)* spillage;
(de lágrimas, sangue) shedding.

derramar [dexa'ma(x)] *vt (líquido)* to spill; *(lágrimas, sangue)* to
shed; *(farinha, feijão)* to drop.

derrame [de'xami] *m MED* stroke.

derrapagem [dexa'paʒẽ] *(pl
-ns* [-ʃ]) *f* skid.

derrapar [dexa'pa(x)] *vi* to
skid.

derreter [dexe'te(x)] *vt* to melt.
❏ **derreter-se** *vp* to melt.

derrota [de'xɔta] *f* defeat.

derrotar [dexo'ta(x)] *vt* to defeat.

derrubar [dexu'ba(x)] *vt (objeto, pessoa)* to knock over; *(casa)*
to tear down; *(árvore)* to cut
down; *fig (governo, sistema)* to
overthrow.

desabafar [dʒizaba'fa(x)] *vi* to
get sthg off one's chest.

desabamento [dʒizaba'mẽn-
tu] *m (de terra, pedras)* landslide;
(de edifício) collapse.

desabar [dʒiza'ba(x)] *vi* to collapse.

desabitado, da [dʒizabi'tadu,
da] *adj* unoccupied.

desabotoar [dʒizabo'twa(x)]
vt to unbutton.

desabrigado, da [dʒizabri-
'gadu, da] *adj (sem casa, lar)*
homeless; *(exposto ao tempo)* exposed.

desabrochar [dʒizabro'ʃa(x)]
vi to open.

desacompanhado, da [dʒi-
zakõmpa'ɲadu, da] *adj* unaccom-
panied.

desaconselhar [dʒizakõse-
'ʎa(x)] *vt*: ~ **algo a alguém** to
advise (sb) against sthg.

desaconselhável [dʒizakõse-
'ʎavew] *(pl -eis* [-ejʃ]) *adj* inadvisable.

desacordado, da [dʒizakor'dadu, da] *adj* unconscious.

desacreditar [dʒizakredi'ta(x)] *vt* to discredit.
□ **desacreditar-se** *vp* to be discredited.

desafinado, da [dʒizafi'nadu, da] *adj (instrumento)* out of tune; *(voz)* tuneless.

desafinar [dʒizafi'na(x)] *vi* to be out of tune.

desafio [dʒiza'fiu] *m* challenge.

desagradar [dʒizagra'da(x)]: **desagradar a** *v + prep* to displease.

desaguar [dʒiza'gwa(x)] *vi*: ~ **em** to flow into.

desajeitado, da [dʒizaʒej'tadu, da] *adj* clumsy.

desalinhado, da [dʒizali'nadu, da] *adj* untidy.

desalojar [dʒizalo'ʒa(x)] *vt* to evict.

desamarrar [dʒizama'xa(x)] *vt* to untie.

desamparado, da [dezãmpa'radu, da] *adj* abandoned.

desamparar [dʒizãmpa'ra(x)] *vt* to abandon.

desanimado, da [dʒizani'madu, da] *adj* down.

desanimar [dʒizani'ma(x)] *vt* to discourage. ◆ *vi* to lose heart.

desânimo [dʒi'zanimu] *m* dejection.

desanuviar [dʒizanu'vja(x)] *vt* fig *(cabeça)* to clear; *(espírito)* to lift. ◆ *vi (céu)* to clear; fig *(espairecer)* to unwind.

desaparafusar [dʒizapara-fu'za(x)] *vt* to unscrew.

desaparecer [dʒizapare'se(x)] *vi* to disappear.

desaparecido, da [dʒizapare'sidu, da] *adj* missing. ◆ *m, f* missing person.

desaparecimento [dʒizaparesi'mẽntu] *m* disappearance.

desapertar [dʒizaper'ta(x)] *vt* to undo.

desapontado, da [dʒizapõn'tadu, da] *adj* disappointed.

desapontamento [dʒizapõnta'mẽntu] *m* disappointment.

desapontar [dʒizapõn'ta(x)] *vt* to disappoint.

desarmamento [dʒizaxma'mẽntu] *m* disarmament.

desarmar [dʒizax'ma(x)] *vt* to disarm; *(barraca, cama, estante)* to dismantle.

desarranjado, da [dʒizaxã'ʒadu, da] *adj* dishevelled.

desarrumado, da [dʒizaxu'madu, da] *adj* messy.

desarticulado, da [dʒizaxtʃiku'ladu, da] *adj* dislocated.

desastrado, da [dʒizaʃ'tradu, da] *adj* clumsy.

desastre [dʒi'zaʃtri] *m (de automóvel)* accident, crash; *(desgraça)* disaster.

desatar [dʒiza'ta(x)] *vt* to untie. ◆ *vi*: ~ **a fazer algo** to start doing sthg; ~ **a rir/chorar** to burst out laughing/crying.

desatento, ta [dʒiza'tẽntu, ta] *adj* distracted.

desatualizado, da [dʒizatwali'zadu, da] *adj (máquina, livro,* *sistema)* outdated; *(pessoa)* out of touch.

desavença [dʒiza'vẽsa] f quarrel.

desavergonhado, da [dʒizavexgo'ɲadu, da] *adj* cheeky. ◆ *m, f* shameless person.

desbaratar [dʒiʒbara'ta(x)] *vt* to squander.

desbastar [dʒiʒbaʃ'ta(x)] *vt (cabelo)* to thin; *(madeira, vegetação)* to trim.

desbotar [dʒiʒbo'ta(x)] *vt & vi* to fade.

desbravar [dʒiʒbra'va(x)] *vt* to clear.

descabido, da [dʒiʃka'bidu, da] *adj* inappropriate.

descafeinado, da [dʒiʃkafej'nadu, da] *adj* decaffeinated. ◆ *m* decaffeinated coffee.

descalçar [dʒiʃkaw'sa(x)] *vt* to take off.

descalço, ça [dʒiʃ'kawsu, sa] *pp* → **descalçar**. ◆ *adj* barefoot.

descampado, da [dʒiʃkãm'padu, da] *adj* exposed. ◆ *m* open ground.

descansado, da [dʒiʃkã'sadu, da] *adj* carefree; **fique ~!** don't worry!

descansar [dʒiʃkã'sa(x)] *vi* to rest.

descanso [dʒiʃ'kãsu] *m* rest; *(para prato)* place mat.

descarga [dʒiʃ'kaxga] f *(descarregamento)* unloading; *(de arma)* shot; *(de vaso sanitário)* flush; **dar a ~** to flush the toilet; **~ elétrica** electrical discharge.

descarregar [dʒiʃkaxe'ga(x)] *vt (carga)* to unload; *(arma)* to fire; *fig (raiva, frustração)* to vent. □ **descarregar-se** *vp (bateria, pilha)* to go dead.

descarrilamento [dʒiʃkaxila'mẽntu] *m* derailment.

descarrilar [dʒiʃkaxi'la(x)] *vi* to be derailed.

descartar [dʒiʃkax'ta(x)] *vt (no jogo de cartas)* to discard; *(desconsiderar)* to rule out. □ **descartar-se de** *vp + prep* to get rid of.

descartável [dʒiʃkax'tavεw] *(pl* **-eis** [-ejʃ]) *adj* disposable.

descascar [dʒiʃka'ka(x)] *vt (fruta, batatas)* to peel; *(nozes)* to shell.

descendência [desẽn'dẽsja] f descendants *pl.*

descender [desẽn'de(x)]: **descender de** *v + prep* to descend from.

descentralizar [dʒiʃsẽntrali'za(x)] *vt* to decentralize.

descer [de'se(x)] *vt (escadas, rua, montanha)* to go/come down. ◆ *vi (temperatura, preço)* to go down; **~ (de)** *(de muro, escada, mesa)* to go/come down (from); *(de cavalo)* to dismount (from); *(de carro)* to get out (of); *(de ônibus, trem)* to get off.

descida [de'sida] f *(de rua, estrada)* slope; *(de avião)* descent; *(de preço, valor)* fall.

descoberta [dʒiʃko'bεxta] f *(descobrimento)* discovery; *(invento)* invention.

descobrimento [dʒiʃkobri'mẽntu] *m* discovery. □ **Descobrimentos** *mpl:* **os Descobrimentos** the Discoveries.

ⓘ OS DESCOBRIMENTOS

The golden age of Portuguese history began in 1415 with the conquest of Ceuta in North Africa. Then, in 1487, Bartolomeu Dias led the first European expedition ever to navigate successfully the Cape of Good Hope, and just a few years later Portuguese ships beat the rest of Europe to both India (Vasco da Gama, 1497) and Brazil (Pedro Álvares Cabral, 1500). It was through Portuguese seafaring expertise and daring that many of the oceans were first charted and trade links with the New World established.

---

descobrir [dʒiʃkoˈbri(x)] *vt* to discover; *(destapar, desvendar)* to uncover.

descolar [deʃkuˈlar] *vt (selo, fita adesiva)* to remove.

descoloração [dʒiʃkoloraˈsãw] *(pl* **-ões** [-õjʃ]*) f* discoloration; **fazer uma ~** to have one's hair bleached.

descompor [dʒiʃkõmˈpo(x)] *vt* to reprimand.

descompostura [dʒiʃkõmpoʃˈtura] *f* reprimand.

descomunal [dʒiʃkomuˈnaw] *(pl* **-ais** [-ajʃ]*) adj* huge.

desconcentrar [dʒiʃkõsẽnˈtra(x)] *vt* to distract.

desconectar [dʒiʃkõˈekta(x)] *vi INFORM* to log off.

desconfiar [dʒiʃkõfiˈa(x)] *vt:* **~ que** to suspect (that).
❑ **desconfiar de** *v + prep (não ter confiança em)* to distrust; *(suspeitar de)* to suspect.

desconfortável [dʒiʃkõforˈtavew] *(pl* **-eis** [-ejʃ]*) adj* uncomfortable.

desconforto [dʒiʃkõˈfortu] *m* discomfort.

descongelar [dʒiʃkõʒeˈla(x)] *vt* to defrost.

desconhecer [dʒiʃkoɲeˈse(x)] *vt:* **desconheço a resposta** I don't know the answer.

desconhecido, da [dʒiʃkoɲeˈsidu, da] *adj* unknown.
◆ *m, f* stranger.

desconsolado, da [dʒiʃkõsoˈladu, da] *adj (triste)* disheartened.

descontar [dʒiʃkõnˈta(x)] *vt (deduzir)* to deduct; *(cheque)* to debit.

descontentamento [dʒiʃkõntẽntaˈmẽntu] *m* discontent.

desconto [dʒiʃˈkõntu] *m* discount.

descontraído, da [dʒiʃkõntraˈidu, da] *adj* relaxed.

descontrair [dʒiʃkõntraˈi(x)] *vt* to relax.
❑ **descontrair-se** *vp* to relax.

descontrolado, da [dʒiʃkõntroˈladu, da] *adj (pessoa)* hysterical; *(máquina)* out of control.

descontrolar-se [dʒiʃkõntruˈlaxsi] *vp* to lose control.

desconversar [dʒiʃkõvexˈsa(x)] *vi* to change the subject.

descrever [dʒiʃkre'vе(x)] vt to describe.

descrição [dʒiʃkri'sãw] (pl -ões [-õjʃ]) f description.

descuidar [dʒiʃkui'da(x)] vt to neglect.

❑ **descuidar-se** vp (não ter cuidado) to be careless.

descuido [dʒiʃ'kuidu] m (imprudência) carelessness.

desculpa [dʒiʃ'kuwpa] f excuse; **pedir ~ s a alguém por algo** to apologize to sb for sthg; **minhas ~ s** my apologies.

desculpar [dʒiʃkuw'pa(x)] vt to excuse; **desculpe! machuquei-o?** I'm sorry! did I hurt you?; **desculpe, pode me dizer as horas?** excuse me, can you tell me the time?

❑ **desculpar-se** vp (pedir desculpa) to apologize; (justificar-se) to justify o.s.; **~-se com algo** to use sthg as an excuse.

desde ['deʒdʒi] prep (relativamente a espaço, variedade) from; (relativamente a tempo) since; **~ aí** since then; **~ que** (relativo a tempo) since; (indica condição) if.

desdém [deʒ'dẽ] m contempt.

desdenhar [deʒde'ɲa(x)] vt to scorn. ◆ vi: **~ de** to scoff at.

desdentado, da [dʒiʒdẽn'ta-du, da] adj toothless.

desdizer [dʒiʒdʒi'ze(x)] vt to contradict.

❑ **desdizer-se** vp to go back on one's word.

desdobrar [dʒiʒdo'bra(x)] vt (jornal, roupa, tecido) to unfold; (subdividir) to divide up.

desejar [deze'ʒa(x)] vt to want; **deseja mais alguma coisa?** would you like anything else?; **desejo-lhe boa sorte!** I wish you (good) luck!

desejo [de'zeʒu] m (vontade) wish; (apetite sexual, anseio) desire.

deselegante [dʒizele'gãntʃi] adj inelegant.

desembaraçado, da [dʒizẽmbara'sadu, da] adj (desenrascado) resourceful; (expedito) prompt.

desembaraçar [dʒizẽmbara-'sa(x)] vt to untangle.

❑ **desembaraçar-se** vp to hurry up; **~-se de algo** to rid o.s. of sthg.

desembaraço [dʒizẽmba'ra-su] m ease.

desembarcar [dʒizẽmbax-'ka(x)] vt (carga) to unload. ◆ vi to disembark.

desembarque [dʒizẽm'baxki] m (de carga) unloading; (de passageiros) disembarkation; **'desembarque'** (em aeroporto) 'arrivals'.

desembolsar [dʒizẽmbow-'sa(x)] vt (pagar) to cough up.

desembrulhar [dʒizẽmbru-'ʎa(x)] vt to unwrap, to open.

desempatar [dezẽmpa'ta(x)] vt to decide (the winner of).

desempenhar [dʒizẽmpe-'ɲa(x)] vt to carry out; (papel em peça, filme) to play.

desempenho [dʒizẽm'peɲu] m performance; (de obrigação) fulfillment.

desemperrar [dʒizẽmpe-'xa(x)] vt to loosen.

desfazer

desempregado, da [dʒizẽm-pre'gadu, da] m, f unemployed person.

desemprego [dʒizẽm'pregu] m unemployment; **estar no ~** to be unemployed.

desencadear [dʒizẽŋka-'dʒja(x)] vt to give rise to.
□ **desencadear-se** v impess (tempestade) to break.

desencantar [dʒizẽŋkãn'ta(x)] vt (achar) to unearth; (desiludir) to disillusion.

desencontrar-se [dʒizẽŋ-kõn'traxi] vp to miss each other.

desencorajar [dʒizẽŋkora-'ʒa(x)] vt to discourage.

desencostar [dʒizẽŋkoʃ'ta(x)] vt to move away.
□ **desencostar-se** vp: ~-se de to move away from.

desenferrujar [dʒizẽʃexu-'ʒa(x)] vt to remove the rust from; fig (língua) to brush up; fig (pernas) to stretch.

desenganar [dʒizẽŋga'na(x)] vt (doente) to give no hope of recovery to; (tirar as ilusões a) to disillusion.

desengano [dʒizẽ'ganu] m disillusionment.

desenhar [deze'ɲa(x)] vt to draw.
□ **desenhar-se** vp (aparecer) to appear; (esboçar-se) to take shape.

desenho [de'zeɲu] m drawing; **~ animado** cartoons.

desenlace [dʒizẽ'lasi] m (de filme, história) ending; (de evento) outcome.

desenrolar [dʒizẽxo'la(x)] vt to unroll.
□ **desenrolar-se** vp (ocorrer) to take place.

desentendido, da [dʒizẽn-tẽn'dʒidu, da] adj: **fazer-se de ~** to feign ignorance.

desentupir [dʒizẽntu'pi(x)] vt to unblock.

desenvolver [dʒizẽvow've(x)] vt to develop.
□ **desenvolver-se** vp to develop.

desenvolvido, da [dʒize-vow'vidu, da] adj developed.

desenvolvimento [dʒize-vowvi'mẽntu] m development; (progresso) progress; (crescimento) growth.

desequilibrar-se [dʒizekili-'braxi] vp to lose one's balance.

deserto, ta [de'zextu, ta] adj deserted. ◆ m desert.

desesperado, da [dʒizeʃpe-'radu, da] adj desperate.

desesperar [dʒizeʃpe'ra(x)] vt (levar ao desespero) to drive to despair; (encolerizar) to infuriate. ◆ vi to despair.

desfalecer [dʒiʃfale'se(x)] vi to faint.

desfavorável [dʒiʃfavo'ravew] (pl **-eis** [-ejʃ]) adj unfavorable.

desfazer [dʒiʃfa'ze(x)] vt (costura, alinhavo, nó) to undo; (dúvida, engano) to dispel; (grupo) to disperse; (noivado) to break off; (contrato) to dissolve; (reduzir a polpa) to mash (up).
□ **desfazer-se** vp to disintegrate; **o vidro desfez-se em mil**

pedaços the glass broke into a thousand pieces.
◻ **desfazer-se de** *vp* + *prep* to get rid of.

desfecho [dʒiʃˈfeʃu] *m* outcome.

desfeito, ta [dʒiʃˈfejtu, ta] *adj (em polpa)* mashed; *(cama)* unmade; *(puzzle)* in pieces; *fig (desfigurado)* disfigured; *(acordo, casamento)* broken.

desfigurar [dʒiʃfiguˈra(x)] *vt (feições de pessoa)* to disfigure; *fig (verdade)* to distort.

desfiladeiro [dʒiʃfilaˈdejru] *m* gorge.

desfilar [dʒiʃfiˈla(x)] *vi* to parade.

desfile [dʒiʃˈfili] *m* parade; ~ **de moda** fashion show.

desforra [dʒiʃˈfɔxa] *f* revenge.

desfrutar [dʒiʃfruˈta(x)]: **desfrutar de** *v* + *prep (possuir)* to have; *(tirar proveito de)* to enjoy.

desgastante [dʒiʒgaʃˈtãntʃi] *adj* exhausting.

desgastar [dʒiʒgaʃˈta(x)] *vt (gastar)* to wear away, to erode; *fig (cansar)* to wear out.
◻ **desgastar-se** *vp (gastar-se)* to wear down.

desgostar [dʒiʒgoʃˈta(x)] *vt* to upset.
◻ **desgostar a** *v* + *prep* to displease.

desgosto [dʒiʒˈgoʃtu] *m (infelicidade)* misfortune; *(mágoa)* sorrow.

desgraça [dʒiʒˈgrasa] *f* misfortune.

desgrenhado, da [dʒiʒgreˈɲadu, da] *adj* disheveled.

desidratação [deʒizidrataˈsãw] *(pl* -ões [-õjʃ]*) f* dehydration.

desidratado, da [deʒizidraˈtadu, da] *adj* dehydrated.

desidratar [dʒizidraˈta(x)] *vt* to dehydrate.
◻ **desidratar-se** *vp* to become dehydrated.

designar [dezigˈna(x)] *vt* to designate.

desiludir [dʒiziluˈdi(x)] *vt* to let down.
◻ **desiludir-se com** *vp* + *prep* to become disillusioned with.

desilusão [dʒiziluˈzãw] *(pl* -ões [-õjʃ]*) f* disillusion.

desimpedido, da [deʒimpeˈdʒidu, da] *adj (linha de telefone)* free; *(rua, trânsito)* clear.

desimpedir [dʒizimpeˈdʒi(x)] *vt* to clear.

desinchar [dʒizĩˈʃa(x)] *vi* to go down.

desinfetante [dʒizĩfeˈtãntʃi] *adj & m* disinfectant.

desinfetar [dʒizĩfeˈta(x)] *vt* to disinfect.

desinibido, da [dʒiziniˈbidu, da] *adj* uninhibited.

desintegrar-se [dʒizĩteˈgraxsi] *vp* to disintegrate.

desinteressado, da [dʒizĩtereˈsadu, da] *adj* uninterested; *(altruísta)* unselfish.

desinteressar-se [dʒizĩtereˈsaxsi]: **desinteressar-se de** *vp* + *prep* to lose interest in.

desinteresse [dʒizĩteˈresi] *m* lack of interest; *(abnegação)* unselfishness.

desistência [deziʃ'tẽsja] f cancellation.

desistir [deziʃ'tʃi(x)] vi to give up; ~ **de algo** (de reserva, vôo) to cancel sthg; ~ **de fazer algo** (de fumar, correr, trabalhar) to give up doing sthg.

desleal [dʒiʒ'ljaw] (pl -ais [-ajʃ]) adj disloyal.

desleixado, da [dʒiʒlej'ʃadu, da] adj slovenly.

desleixo [dʒiʒ'lejʃu] m carelessness.

desligado, da [dʒiʒli'gadu, da] adj (aparelho) switched off; (telefone) off the hook; (aéreo) absent-minded.

desligar [dʒiʒli'ga(x)] vt (rádio, TV) to switch off; (telefone) to put down.

deslizar [dʒiʒli'za(x)] vi to slide.

deslize [dʒiʒ'lizi] m fig (lapso) slip.

deslocado, da [dʒiʒlo'kadu, da] adj dislocated; (desambientado) out of place.

deslocar [dʒiʒlo'ka(x)] vt to dislocate.
□ **deslocar-se** vp to be put out of joint; ~**-se para** to go to; ~**-se com** to move with; ~**-se de** to go from.

deslumbrante [dʒiʒlũm-'brãntʃi] adj amazing.

deslumbrar [dʒiʒlũm'bra(x)] vt to dazzle.

desmaiado, da [dʒiʒma'jadu, da] adj (desfalecido) unconscious; (desbotado) faded.

desmaiar [dʒiʒma'ja(x)] vi to faint.

desmaio [dʒiʒ'maju] m faint.

desmancha-prazeres [dʒiʒ-mãʃapra'zeriʃ] mf inv killjoy.

desmanchar [dʒiʒmã'ʃa(x)] vt (desmontar) to take apart; (renda, costura) to undo; (noivado) to break (off).
□ **desmanchar-se** vp to fall apart.

desmarcar [dʒiʒmax'ka(x)] vt (consulta, reserva) to cancel.

desmedido, da [dʒiʒme'dʒidu, da] adj excessive.

desmentir [dʒiʒmẽn'tʃi(x)] vt (negar) to deny; (contradizer) to contradict.

desmontar [dʒiʒmõn'ta(x)] vt (máquina) to dismantle; (construção) to take down; fig (intriga, combinação) to uncover.

desmoralizar [dʒiʒmorali-'za(x)] vt (desanimar) to demoralize; (tirar o bom nome de) to disparage.

desmoronamento [dʒiʒmo-rona'mẽntu] m (de casa) collapse; (de terra) landslide.

desmoronar [dʒiʒmoro'na(x)] vt to demolish.
□ **desmoronar-se** vp to collapse.

desnecessário, ria [dʒiʒne-se'sarju, rja] adj unnecessary.

desnível [dʒiʒ'nivew] (pl -eis [-ejʃ]) m (de terreno) unevenness; (de valor) gap.

desobedecer [dʒizobede-'se(x)]: **desobedecer a** v + prep to disobey.

desobediência [dʒizobe-'dʒjẽsja] f disobedience.

desobediente [dʒizobe-'dʒjẽntʃi] *adj* disobedient.

desobstruir [dʒizobʃtru'i(x)] *vt* to unblock.

desocupado, da [dʒizoku'pa-du, da] *adj* free; *(casa, apartamento)* unoccupied.

desocupar [dʒizoku'pa(x)] *vt* to vacate.

desodorante [dʒizodo'rãtʃi] *adj* deodorant *(antes de s).* ◆ *m* deodorant.

desonesto, ta [dʒizo'nɛʃtu, ta] *adj* dishonest.

desordem [dʒi'zoxdẽ] *f* disorder; **em ~** *(quarto, papéis)* messy.

desorganizado, da [dʒizox-gani'zadu, da] *adj* disorganized.

desorientação [dʒizorjẽnta-'sãw] *f* disorientation.

desorientado, da [dʒizorjẽn-'tadu, da] *adj* disoriented.

despachar [dʒiʃpa'ʃa(x)] *vt (bagagem, mercadorias)* to send off.
❑ **despachar-se** *vp (apressar-se)* to hurry (up).

despedida [dʒiʃpe'dʒida] *f* farewell.

despedir [dʒiʃpe'dʒi(x)] *vt* to fire.
❑ **despedir-se** *vp (dizer adeus)* to say good-bye; *(demitir-se)* to resign.

despejar [dʒiʃpe'ʒa(x)] *vt (líquido)* to empty (out); *(lixo)* to throw out; *(de casa, apartamento)* to evict.

despejo [dʒiʃ'peʒu] *m (de casa, apartamento)* eviction.
❑ **despejos** *mpl (lixo)* garbage *sg Am,* rubbish *sg Brit.*

despenteado, da [dʒiʃpẽn-'tʒiadu, da] *adj* disheveled.

despercebido, da [dʒiʃpex-se'bidu, da] *adj* unnoticed; **passar ~** to go unnoticed.

desperdiçar [dʒiʃpexdʒi'sa(x)] *vt* to waste.

desperdício [dʒiʃpex'dʒisju] *m* waste.

despertador [dʒiʃpexta'do(x)] *(pl* **-res** [-riʃ]) *m* alarm clock.

despertar [dʒiʃpex'ta(x)] *vt* to wake up; *fig (estimular)* to arouse; *fig (dar origem a)* to give rise to. ◆ *vi (acordar)* to wake up.

despesa [dʒiʃ'peza] *f* expense.
❑ **despesas** *fpl (de empresa, organismo)* expenses.

despido, da [dʒiʃ'pidu, da] *adj* naked.

despir [dʒiʃ'pi(x)] *vt* to undress.
❑ **despir-se** *vp* to get undressed.

desprender [dʒiʃprẽn'de(x)] *vt* to unfasten.
❑ **desprender-se** *vp* to get unfastened.

despreocupado, da [dʒiʃ-preoku'padu, da] *adj* carefree.

desprevenido, da [dʒiʃpre-ve'nidu, da] *adj* unprepared.

desprezar [dʒiʃpre'za(x)] *vt* to scorn.

desproporcionado, da [dʒiʃpropoxsjo'nadu, da] *adj* disproportionate.

desqualificar [dʒiʃkwalifi-'ka(x)] *vt* to disqualify.

desquitado, da [dʒiʃki'tadu, da] *adj* separated.

detergente

dessa ['dɛsa] = de + essa → de.

desse ['desi] = de + esse → de.

desta ['dɛʃta] = de + esta → de.

destacar [dʒiʃta'ka(x)] vt (separar) to detach; (enfatizar) to emphasize.
□ **destacar-se** vp (distinguir-se) to stand out.

destacável [dʒiʃta'kavew] (pl -eis [-ejʃ]) adj detachable. ◆ m (de formulário) tear-off slip.

destapar [dʒiʃta'pa(x)] vt to uncover.

destaque [dʒiʃ'taki] m prominence; **em** ~ in focus.

deste ['deʃtʃi] = de + este → de.

destinar [deʃtʃi'na(x)] vt: ~ algo para to earmark sthg for.
□ **destinar-se a** vp + prep (ter por fim) to be aimed at; (ser endereçado a) to be addressed to.

destinatário, ria [deʃtʃina'tarju, rja] m, f (de carta) addressee; (de mensagem) recipient.

destino [deʃ'tʃinu] m (sina) destiny; (de viagem) destination; **com** ~ **a Londres** (vôo, trem) to London.

destituir [deʃtʃitwi'(x)] vt (demitir) to dismiss.

destrancar [dʒiʃtrãŋ'ka(x)] vt to unlock.

destreza [deʃ'treza] f (agilidade) deftness; (habilidade) dexterity.

destro, tra ['dɛʃtru, tra] adj right-handed; (ágil) deft; (hábil) skilled.

destroços [dʒiʃ'trɔsuʃ] mpl wreckage sg.

destruição [dʒiʃtrui'sãw] f destruction.

destruir [dʒiʃtru'i(x)] vt to destroy.

desuso [dʒi'zuzu] m: **cair em** ~ to fall into disuse.

desvalorização [dʒiʒvalori-za'sãw] (pl -ões [-õjʃ]) f devaluation.

desvalorizar [dʒiʒvalori'za(x)] vt to devalue.
□ **desvalorizar-se** vp to depreciate.

desvantagem [dʒiʒvãn'taʒẽ] (pl -ns [-ʃ]) f disadvantage.

desviar [dʒiʒ'vja(x)] vt to move; (dinheiro) to embezzle; (trânsito) to detour.
□ **desviar-se** vp to get out of the way; ~**se de algo** to move out of the way of sthg.

desvio [dʒiʒ'viu] m (estrada secundária) exit; (de caminho) detour; (de dinheiro) embezzlement.

detalhe [de'taʎi] m detail.

detectar [dete'ta(x)] vt to detect.

detector [dete'to(x)] (pl -res [-riʃ]) m detector; ~ **de incêndios** smoke alarm.

detenção [detẽ'sãw] (pl -ões [-õjʃ]) f detention; (prisão) arrest.

deter [de'te(x)] vt (parar) to stop; (prender) to detain.
□ **deter-se** vp (parar) to stop; (conter-se) to restrain o.s.

detergente [detex'ʒẽntʃi] m detergent; (para louça) dishwashing liquid.

deterioração [deterjora'sãw] f
deterioration.

deteriorar [deterjo'ra(x)] vt
(danificar) to damage.
□ **deteriorar-se** vp (estragar-se)
to deteriorate.

determinação [determina-
'sãw] f (força de vontade) determination; (cálculo) calculation;
(resolução) decision; (ordem) order.

determinar [determi'na(x)] vt
(calcular, decidir) to determine;
(ordenar) to order.

detestar [dete'ta(x)] vt to detest.

detrás [de'trajʃ] adv (relativo a
espaço) behind; (relativo a tempo)
afterward; ~ **de** (relativo a tempo) after; (por) ~ **de** (pela retaguarda de) behind.

deturpar [detux'pa(x)] vt to
distort.

deu ['dew] → **dar**.

deus, sa ['dewʃ, za] (mpl -**ses**
[-ziʃ], fpl -**s** [-ʃ]) m, f god.
□ **Deus** m God; ~ **me livre!**
God forbid!; **graças a** ~! thank
God!; (**meu**) ~! my God!; **se**
~ **quiser!** God willing!

devagar [dʒiva'ga(x)] adv
slowly.

dever [de've(x)] (pl -**res** [-riʃ]) m
duty. ◆ vt: ~ **algo a alguém** to
owe sb sthg; **você deve escovar
os dentes todos os dias** you
should brush your teeth every
day; **o ônibus deve estar atrasado** the bus must be late; ~ **cívico** civic duty; ~ **de casa**
homework.

devido, da [de'vidu, da] adj
(correto) proper; **com o** ~ **respeito** with all due respect; ~ **a** due
to.

devolução [devolu'sãw] (pl
-**ões** [-õjʃ]) f (de dinheiro) refund;
(de objeto emprestado, compra) return.

devolver [devow've(x)] vt (dinheiro) to refund; (objeto emprestado, compra) to return.

dez ['dɛʒ] num ten → **seis**.

dezembro [de'zẽmbru] m December → **setembro**.

dezena [de'zena] f (set of) ten.

dezenove [deze'nɔvi] num
nineteen → **seis**.

dezesseis [deze'sejʃ] num sixteen → **seis**.

dezessete [deze'sɛtʃi] num
seventeen → **seis**.

dezoito [de'zoitu] num eighteen
→ **seis**.

dia ['dʒia] m day; **bom** ~! good
morning!; **já é de** ~ it's morning already; **do** ~ of the day;
qualquer ~ any day; **no** ~ **seguinte** the day after; **no** ~ **vinte**
on the twentieth; **por (cada)** ~
per day; **todos os** ~**s** every day;
um ~ **destes** one of these days;
estar em ~ to be up-to-date;
pôr algo em ~ to update sthg;
o ~**-a-**~ daily life; ~ **de folga**
day off; ~ **santo** religious holiday; ~ **da semana/útil** weekday; ~ **sim,** ~ **não** every other
day; **de quinze em quinze** ~**s**
every fortnight.

diabetes [dʒia'bɛtʃiʃ] m diabetes.

dilema

diabético, ca [dʒjaˈbɛtʃiku, ka] *adj* & *m*, *f* diabetic.

diabo [ˈdʒjabu] *m* devil; **por que ~ ...?** why the hell ...?; **o ~ que o carregue!** go to hell!; **uma trabalheira dos ~s!** it's a hell of a job!

diafragma [dʒjaˈfragma] *m* diaphragm; *(contraceptivo)* diaphragm.

diagnóstico [dʒjagˈnɔʃtʃiku] *m* diagnosis.

dialeto [dʒjaˈlɛtu] *m* dialect.

dialogar [dʒjaloˈga(x)] *vi* to talk.

diálogo [ˈdʒjalogu] *m* dialogue.

diâmetro [ˈdʒjametru] *m* diameter.

diante [ˈdʒjãntʃi]: **diante de** *prep (relativo a tempo)* before; *(relativo a espaço)* in front of; *(perante)* in the face of.

dianteira [dʒjãnˈtejra] *f (frente)* front; *(liderança)* lead.

diária [ˈdʒjarja] *f (de pensão, hotel)* daily rate.

diariamente [ˌdʒjarjaˈmẽntʃi] *adv* daily, every day.

diário, ria [ˈdʒjarju, rja] *adj* daily. ◆ *m* diary.

diarréia [dʒjaˈxɛja] *f* diarrhea.

dica [ˈdʒika] *f* hint.

dicionário [dʒisjoˈnarju] *m* dictionary; **~ de bolso** pocket dictionary.

didático, ca [dʒiˈdatʃiku, ka] *adj* educational.

diesel [ˈdʒizɛw] *adj inv* diesel.

dieta [ˈdʒjɛta] *f* diet.

dietético, ca [dʒjeˈtɛtʃiku, ka] *adj (produto)* dietetic.

difamar [dʒifaˈma(x)] *vt (verbalmente)* to slander; *(por escrito)* to libel.

diferença [dʒifeˈrɛsa] *f* difference.

diferenciar [dʒiferẽˈsja(x)] *vt* to differentiate.

diferente [dʒifeˈrẽntʃi] *adj* different.

difícil [dʒiˈfisiw] *(pl* **-ceis** [-sejʃ])* *adj* difficult.

dificuldade [dʒifikuwˈdadʒi] *f* difficulty.

dificultar [dʒifikuwˈta(x)] *vt* to make difficult; *(funcionamento, progresso)* to hinder.

difundir [dʒifũnˈdi(x)] *vt (informação, notícia)* to spread; *(calor, luz)* to give off; *(programa de rádio)* to broadcast.

difusão [dʒifuˈzãw] *f (de informação, notícia)* dissemination; *(de luz, calor)* diffusion; *(por televisão, rádio)* broadcasting.

digerir [dʒiʒeˈri(x)] *vt* to digest.

digestão [dʒiʒeʃˈtãw] *f* digestion.

digestivo, va [dʒiʒeʃˈtʃivu, va] *adj* digestive. ◆ *m* after-dinner drink.

digital [dʒiʒiˈtaw] *(pl* **-ais** [-ajʃ])* *adj* digital.

digitalizador [dʒiʒitalizaˈdo(x)] *(pl* **-res** [-riʃ])* *m* scanner.

digitar [dʒiʒiˈta(x)] *vt* to key in.

dígito [ˈdʒiʒitu] *m* digit.

dignidade [dʒigniˈdadʒi] *f* dignity.

dilema [dʒiˈlema] *m* dilemma.

diluir

diluir [dʒi'lwi(x)] *vt* to dilute.

dimensão [dʒimẽ'sãw] (*pl* -ões [-õjʃ]) *f* dimension.

diminuir [dʒimi'nwi(x)] *vi (em preço, número, força)* to decrease; *(em volume, quantidade)* to diminish. ◆ *vt (reduzir)* to reduce.

diminutivo [dʒiminu'tʃivu] *m* diminutive.

Dinamarca [dʒina'marka] *f*: a ~ Denmark.

dinâmico, ca [dʒi'namiku, ka] *adj* dynamic.

dinamismo [dʒina'miʒmu] *m* dynamism.

dinamite [dʒina'mitʃi] *f* dynamite.

dínamo ['dʒinamu] *m* dynamo.

dinastia [dʒinaʃ'tʃia] *f* dynasty.

dinheiro [dʒi'ɲejru] *m* money; **ter** ~ to have money; ~ **miúdo** loose change; ~ **trocado** change.

diploma [dʒi'ploma] *m* diploma.

dique ['dʒiki] *m* dike.

direção [dʒire'sãw] (*pl* -ões [-õjʃ]) *f (endereço)* address; *(de veículo)* steering; *(rumo)* direction; *(de empresa)* management.

direções → direção.

direita [dʒi'rejta] *f*: a ~ *(mão)* one's right hand; *(lado)* the right-hand side; *(em política)* the Right; **mantenha a** ~ keep on the right; **à** ~ **(de)** on the right (of); **virar à** ~ to turn right; **ser de** ~ POL to be right-wing.

direito, ta [dʒi'rejtu, ta] *adj (mão, perna, lado)* right; *(corte, linha)* straight; *(pessoa)* honest;

(justo) fair. ◆ *m (privilégio)* right; *(leis, curso)* law; *(taxa, imposto)* duty. ◆ *adv (corretamente)* properly; **os** ~**s** **humanos** human rights; **não está** ~! it's not fair!

direto, ta [dʒi'rɛtu, ta] *adj* direct; *(transmissão)* live; **ir** ~ **ao assunto** to go straight to the point; **siga** ~ **por esta rua** keep going straight down this road. ◆ *adv (continuamente)* directly; **tenho trabalhado** ~ I've been working straight through.

diretor, ra [dʒire'to(x), ra] (*mpl* -res [-riʃ]) (*fpl* -s [-ʃ]) *m, f (de escola)* principal; *(de empresa)* CEO.

dirigente [dʒiri'ʒẽtʃi] *mf* leader.

dirigir [dʒiri'ʒi(x)] *vt (empresa)* to run; *(filme, peça de teatro)* to direct; *(orquestra)* to conduct; *(projeto, equipe)* to head; *(veículo)* to drive. ◆ *vi* to drive; ~ **algo a alguém** to address sthg to sb; ~ **algo para algo** to point sthg toward sthg.

☐ **dirigir-se** *vp + prep (pessoa)* to talk to; *(público, ouvintes)* to address; *(local)* to head for.

☐ **dirigir-se para** *vp + prep* to head toward.

discar [dʒiʃ'ka(x)] *vt & vi* to dial.

disciplina [dʒisi'plina] *f* discipline; *EDUC (cadeira)* subject.

disco ['dʒiʃku] *m* record; *INFORM* disk; *(de telefone)* dial; *(em atletismo)* discus; ~ **compacto** compact disc; ~ **rígido** hard disk; ~ **voador** flying saucer.

discordar [dʒiʃkoɾ'da(x)] *vi* to disagree; ~ **de alguém em algo**

to disagree with sb about sthg.

discoteca [dʒiʃko'tɛka] f *(para dançar)* (night)club; *(coleção)* record collection.

discreto, ta [dʒiʃ'krɛtu, ta] *adj (pessoa)* discreet; *(roupa)* sensible.

discriminação [dʒiʃkrimina-'sãw] f discrimination.

discriminar [dʒiʃkrimi'na(x)] *vt* to discriminate against.

discurso [dʒiʃ'kuxsu] *m* speech; ~ **direto/indireto** direct/indirect speech.

discussão [dʒiʃku'sãw] *(pl -ões [-õjʃ])* f *(debate)* discussion; *(briga)* argument.

discutir [dʒiʃku'ti(x)] *vt (idéia, assunto)* to discuss. ◆ *vi (brigar)* to argue.

disfarçar [dʒiʃfax'sa(x)] *vt* to disguise. ◆ *vi* to pretend.
❏ **disfarçar-se** *vp* to disguise o.s.; ~**-se** de to dress up as.

disfarce [dʒiʃ'faxsi] *m* disguise.

dislexia [dʒiʒlɛk'sia] f dyslexia.

disparar [dʒiʃpa'ra(x)] *vt (arma, bala)* to shoot. ◆ *vi (arma, máquina fotográfica)* to go off.

disparate [dʒiʃpa'ratʃi] *m* nonsense.

dispensar [dʒiʃpẽ'sa(x)] *vt* to do without; ~ **alguém de algo** to excuse sb from sthg; ~ **algo a alguém** to lend sthg to sb.

dispersar [dʒiʃpɛx'sa(x)] *vt* to scatter. ◆ *vi* to disperse.
❏ **dispersar-se** *vp* to disperse.

disperso, sa [dʒiʃ'pɛrsu, sa] *pp* → **dispersar**.

disponível [dʒiʃpo'nivɛw] *(pl*

-eis [-ejʃ]) *adj* available.

dispor [dʒiʃ'po(x)] *vt (colocar)* to arrange.
❏ **dispor de** *v + prep* to have; *(de posição)* to hold.
❏ **dispor-se a** *vp + prep*: ~**-se a fazer algo** to offer to do sthg.

disposto, osta [dʒiʃ'poʃtu, ɔʃta] *adj* ready; **estar ~ a fazer algo** to be prepared to do sthg; **estar bem ~** *(de bom humor)* to be in a good mood.

disputa [dʒiʃ'puta] f *(competição)* competition; *(discussão)* dispute.

disputar [dʒiʃpu'ta(x)] *vt (troféu, lugar)* to compete for.

disquete [dʒiʃ'kɛtʃi] f diskette.

dissimular [dʒisimu'la(x)] *vt (fingir)* to hide; *(encobrir)* to cover up.

dissipar [dʒisi'pa(x)] *vt (cheiro, fumo)* to get rid of; *(mal-entendido, confusão)* to clear up.
❏ **dissipar-se** *vp* to disappear.

disso ['dʒisu] = **de** + **isso** → **isso**.

dissolver [dʒisow've(x)] *vt* to dissolve.
❏ **dissolver-se** *vp* to dissolve.

dissuadir [dʒiswa'di(x)] *vt* to dissuade.

distância [dʒiʃ'tãsja] f distance; **a que ~ fica?** how far (away) is it?; **fica a um quilómetro de ~** it's one kilometer away; **à ~ from a distance.

distanciar [dʒiʃtãsi'a(x)] *vt (em espaço, tempo)* to distance; *(pessoas)* to drive apart.

distante 100

distanciar-se _vp (em espaço)_ to move away; _(pessoas)_ to grow apart; **~-se de** _(em espaço)_ to move away from; _(em idéias, atitudes etc.)_ to differ from.

distante [dʒiʃ'tãntʃi] _adj_ distant.

distinção [dʒiʃtʃĩ'sãw] _(pl -ões_ [-õjʃ]) _f_ distinction.

distinguir [dʒiʃtʃĩŋ'gi(x)] _vt (ver)_ to make out; _(diferenciar)_ to distinguish.

distinguir-se _vp (diferenciar-se)_ to differ; _(em exame, trabalho, estudos)_ to excel o.s.

distinto, ta [dʒiʃ'tʃĩntu, ta] _adj (diferente)_ different; _(ruído, som)_ distinct; _(pessoa)_ distinguished.

disto ['dʒiʃtu] = **de + isto → isto.**

distração [dʒiʃtra'sãw] _(pl -ões_ [-õjʃ]) _f (falta de atenção)_ absent-mindedness; _(esquecimento, diversão)_ distraction; _(descuido)_ oversight.

distrações → distração.

distraído, da [dʒiʃtra'idu, da] _adj_ absent-minded.

distrair [dʒiʃtra'i(x)] _vt (entreter)_ to amuse; _(fazer perder atenção)_ to distract.

distrair-se _vp (divertir-se)_ to enjoy o.s.; _(descuidar-se)_ to get distracted.

distribuição [dʒiʃtribwi'sãw] _(pl -ões_ [-õjʃ]) _f (de correspondência postal)_ delivery; _AUT_ timing; _(de trabalho, comida)_ distribution.

distribuidor, ra [dʒiʃtribwi'do(x), ra] _(mpl -res_ [-riʃ], _fpl -s_ [-ʃ]) _m, f (de produto)_ distributor.

◆ _m AUT_ distributor.

distrito [dʒiʃ'tritu] _m_ district; **Distrito Federal** term for Brasília, home of Brazil's federal government.

ditado [dʒi'tadu] _m (de texto, frase)_ dictation; _(provérbio)_ saying.

ditadura [dʒita'dura] _f_ dictatorship.

ditar [dʒi'ta(x)] _vt_ to dictate.

dito, ta ['dʒitu, ta] _pp →_ **dizer.**

diurno, na ['dʒiuxnu, na] _adj_ daytime.

divã [dʒi'vã] _m_ divan.

divagar [dʒiva'ga(x)] _vi (afastar-se de assunto)_ to digress; _(devanear)_ to daydream; _(caminhar ao acaso)_ to wander.

diversão [dʒivex'sãw] _(pl -ões_ [-õjʃ]) _f (distração)_ amusement.

diverso, sa [dʒi'vexsu, sa] _adj (variado)_ diverse.

diversos _adj pl (muitos)_ various.

diversões → diversão.

divertido, da [dʒivex'tʃidu, da] _adj_ amusing.

divertimento [dʒivextʃi'mẽntu] _m_ amusement.

divertir [dʒivex'tʃi(x)] _vt_ to amuse.

divertir-se _vp_ to enjoy o.s.

dívida ['dʒivida] _f_ debt; **~ externa/interna** foreign/national debt.

dividir [dʒivi'di(x)] _vt (repartir)_ to share out; _(separar)_ to separate; _MAT_ to divide. ◆ _vi MAT_ to divide.

dividir-se _vp (separar-se)_ to split up; _(ramificar-se)_ to divide.

divino, na [dʒi'vinu, na] *adj* divine.

divisão [dʒivi'zãw] (*pl* -ões [-õjʃ]) *f* division; *(de casa)* room.

divisas [dʒi'vizaʃ] *fpl* com foreign currency sg.

divisões → **divisão**.

divorciado, da [dʒivox'sjadu, da] *adj* divorced.

divorciar-se [dʒivox'sjaxsi] *vp* to get divorced; ~-se de alguém to divorce sb.

divórcio [dʒi'voxsju] *m* divorce.

divulgar [dʒivuw'ga(x)] *vt (informação, idéia)* to disseminate; *(produto, serviço)* to market.

dizer [dʒi'ze(x)] *vt* to say; ~ algo a alguém to tell sb sthg; ~ a alguém que faça algo to tell sb to do sthg; **até** ~ **chega** as much as possible; **bem que eu disse!** I told you so!; **como se diz ...?** how do you say ...?; **digamos que ...** let's say that ...; **dizem que ...** it's said that ...; **não** ~ **coisa com coisa** to make no sense; **não é preciso** ~ **que ...** that goes without saying ...; **por assim** ~ so to speak; **querer** ~ to mean; **quer** ~ that's to say.

do [du] = **de** + **o** → **o**.

doação [dwa'sãw] (*pl* -ões [-õjʃ]) *f* donation.

doar [dwa(x)] *vt* to donate.

dobra ['dɔbra] *f* fold; *(de calças)* cuff *Am*, turn-up *Brit*.

dobrado, da [do'bradu, da] *adj* folded.

dobrar [do'bra(x)] *vt (jornal, lençol, roupa)* to fold; *(joelho, costas)*

to bend. ◆ *vi (duplicar)* to double; ~ **a esquina** to turn the corner. ▫ **dobrar-se** *vp (curvar-se)* to bend over.

dobro ['dobru] *m*: **o** ~ double.

doca ['dɔka] *f* dock.

doce ['dosi] *adj (bebida, comida)* sweet; *(pessoa)* gentle. ◆ *m (sobremesa)* dessert; *(geléia, compota)* jam.

dóceis → **dócil**.

docente [do'sẽtʃi] *adj* teaching. ◆ *mf* teacher.

dócil ['dɔsiw] (*pl* -ceis [-sejʃ]) *adj* docile.

documentação [dokumẽta'sãw] *f (documentos)* papers *pl*.

documentário [dokumẽ'tarju] *m* documentary.

documento [doku'mẽtu] *m* document.

doçura [do'sura] *f* fig gentleness.

doença ['dwẽsa] *f* disease; ~ **venérea** venereal disease.

doente [do'wẽtʃi] *adj* ill. ◆ *mf* sick person; ~ **mental** psychiatric patient.

doentio, tia [dwẽ'tʃiu, tʃia] *adj (lugar, atmosfera)* unwholesome; *(pessoa)* sickly.

doer [do'we(x)] *vi* to hurt.

doido, da ['dojdu, da] *adj* crazy. ◆ *m, f* madman; **ser** ~ **por** to be crazy about.

dois, duas ['dojʃ, 'duaʃ] *num* two; ~ **a** ~ in twos → **seis**.

dólar ['dɔla(x)] (*pl* -res [-riʃ]) *m* dollar.

doleiro [do'lejru] *m* black mar-

ket money dealer (usually in US dollars).

dolorido, da [dolo'ridu, da] *adj* sore.

doloroso, osa [dolo'rozu, ɔza] *adj* painful.

dom [dõ] (*pl* -**ns** [-ʃ]) *m* gift.

doméstica [do'mɛʃtʃika] *f* maid.

domesticar [domeʃtʃi'ka(x)] *vt* to tame.

doméstico, ca [do'mɛʃtʃiku, ka] *adj* domestic.

dominar [domi'na(x)] *vt* to control; (*país*) to rule; (*situação*) to be in control of; (*língua*) to be fluent in; (*incêndio*) to bring under control.
❑ **dominar-se** *vp* (*conter-se*) to control o.s.

domingo [do'mĩŋgu] *m* Sunday → **sexta-feira**.

domínio [do'minju] *m* (*controle*) control; (*autoridade*) authority; (*setor, campo*) field; (*território*) domain; (*de língua*) command.

dominó [domi'nɔ] *m* (*jogo*) dominoes *sg*; **jogar** ~ to play dominoes.

dona ['dona] *f* (*título*) Mrs.; ~ **de casa** housewife → **dono**.

dono, na ['donu, na] *m, f* owner.

dons → **dom**.

dor [do(x)] (*pl* -**res** [-riʃ]) *f* (*física*) pain; (*moral*) grief; ~ **de barriga** belly ache; ~ **de cabeça** headache; ~ **de dente** toothache; ~ **de estômago** stomach ache; ~ **de garganta** sore throat;

~ **lombar** back ache; ~ **de ouvido** ear ache; ~**-de-cotovelo** jealousy.

dormida [dor'mida] *f* sleep; **dar uma** ~ to have a nap.

dormir [dor'mi(x)] *vi* to sleep.
◆ *vt* to sleep (for).

dormitório [dɔrmi'tɔrju] *m* dormitory.

dosagem [du'zaʒãj] (*pl* -**ns** [-ʃ]) *f* dosage.

dose ['dɔzi] *f* (*de medicamento*) dose; (*de bebida*) measure.

dossiê [do'sje] *m* (*de documentação, processo*) file.

dotado, da [do'tadu, da] *adj* (*talentoso*) gifted.

dou [do] → **dar**.

dourado, da [do'radu, da] *adj* golden.

doutor, ra [do'to(x), ra] (*mpl* -**res** [-riʃ], *fpl* -**s** [-ʃ]) *m, f* doctor.

doutrina [do'trina] *f* doctrine.

doze ['dozi] *num* twelve → **seis**.

drágea [draʒja] *f* tablet.

drama ['drama] *m* drama.

dramatizar [dramatʃi'za(x)] *vt* *fig* to dramatize.

drástico, ca [draʃtʃiku, ka] *adj* drastic.

driblar [dri'bla(x)] *vi & vt* to dribble.

drinque ['drĩŋki] *m* drink; **tomar um** ~ to have a drink.

drive ['drajvi] *f INFORM* drive.

droga ['drɔga] *f* drug; (*coisa de má qualidade*) junk. ◆ *interj* damn!

drogado, da [dro'gadu, da] *m, f* drug addict.

economizar

drogar [dro'ga(x)] vt to drug.
□ **drogar-se** vp to take drugs.

drogaria [droga'ria] f drug-store Am, chemist's Brit.

duas → **dois**.

dublado, da [du'bladu, da] adj dubbed.

dublar [du'blax] vt (filme, pro-grama de TV) to dub.

duna ['duna] f dune.

dupla ['dupla] f (par) duo, pair; (em esporte) doubles sg.

duplicado [dupli'kadu] m duplicate; **em ~** in duplicate.

duplicar [dupli'ka(x)] vt & vi to double.

duplo, pla ['duplu, pla] adj double. ◆ m: **o ~** double.

duração [dura'sãw] f (de férias, concerto, curso) length; (de produto deteriorável) shelf life.

duradouro, ra [dura'doru, ra] adj lasting.

durante [du'rãntʃi] prep during; **~ 3 horas** for three hours.

durar [du'ra(x)] vi to last.

dureza [du'reza] f (de objeto) hardness; (de caráter) harshness.

durmo ['durmu] → **dormir**.

duro, ra ['duru, ra] adj hard; (pão) stale; (carne) tough.

dúvida ['duvida] f doubt; **estou em ~** I'm not sure; **pôr em ~** to doubt; **sem ~!** absolutely!; **tirar ~s** to resolve queries.

duvidoso, osa [duvi'dozu, ɔza] adj dubious.

duzentos, tas [du'zẽntuʃ, taʃ] num two hundred → **seis**.

dúzia ['duzja] f dozen; **uma ~ de ovos** a dozen eggs; **vender à ~** to sell by the dozen; **meia ~** half a dozen.

E

e [i] conj and; **~ aquela nossa conversa?** and what about our discussion?; **disse que ia ligar ~ não ligou** he said he would call and he didn't.

é [ε] → **ser**.

ébano ['ɛbanu] m ebony.

ébrio, ébria ['ɛbriu, 'ɛbria] adj inebriated.

ebulição [ibuli'sãw] f (fervura) boiling.

eco ['ɛku] m echo.

ecoar [e'kwa(x)] vi to echo.

ecologia [ekolo'ʒia] f ecology.

ecológico, ca [eko'lɔʒiku, ka] adj ecological.

economia [ekono'mia] f (ciên-cia) economics sg; (de país) econ-omy; (poupança) saving.
□ **economias** fpl savings.

econômico, ca [eko'nomiku, ka] adj (pessoa) frugal; (barato) cheap; (carro, motor) eco-nomical; (situação, crise) eco-nomic.

economista [ekono'miʃta] mf economist.

economizar [ekonomi'za(x)] vt to save. ◆ vi to economize.

ecoturismo [ekotu'riʒmu] *m* ecotourism.

ecoturista [ekotu'riʃta] *mf* ecotourist.

eczema [ek'zema] *m* eczema.

edição [edʒi'sãw] (*pl* **-ões** [-õjʃ]) *f* (*exemplares*) edition; (*publicação*) publishing.

edifício [edʒi'fisju] *m* building; **~-garagem** multistory parking lot *Am*, multistorey car park *Brit*.

editar [edʒi'ta(x)] *vt* (*livro, revista*) to publish; (*programa, matéria*) to edit.

editor, ra [edʒi'to(x), ra] (*mpl* **-res** [-riʃ], *mpl* **-s** [-ʃ]) *m, f* (*que publica*) publisher; (*que edita*) editor.

editora [edʒi'tora] *f* (*empresa*) publishing house → **editor.**

editores → **editor.**

edredom [edre'dõ] (*pl* **-ns** [-ʃ]) *m* comforter *Am*, duvet *Brit*.

educação [eduka'sãw] *f* education; (*cortesia*) manners *pl*.

educado, da [edu'kadu, da] *adj* polite.

educar [edu'ka(x)] *vt* (*filhos*) to bring up; (*alunos*) to educate.

efeito [e'fejtu] *m* effect; **com ~** (*realmente*) really, indeed; **sem ~** invalid.

efetivamente [efɛ,tʃiva'mẽntʃi] *adv* indeed.

efetivo, va [efe'tʃivu, va] *adj* (*real*) genuine; (*funcionário, empregado*) permanent.

efetuar [efe'twa(x)] *vt* (*realizar*) to carry out; (*compra, pagamento, viagem*) to make.

eficácia [efi'kasja] *f* (*de plano, solução, sistema*) effectiveness; (*de pessoa*) efficiency.

eficaz [efi'kaʃ] (*pl* **-zes** [-ziʃ]) *adj* (*plano, solução, sistema*) effective; (*pessoa*) efficient.

eficiência [efi'sjẽsja] *f* (*de plano, método, sistema*) effectiveness; (*de pessoa*) efficiency.

eficiente [efi'sjẽntʃi] *adj* (*plano, método, sistema*) effective; (*pessoa*) efficient.

efusivo, va [efu'zivu, va] *adj* effusive.

egoísmo [e'gwiʒmu] *m* selfishness.

egoísta [e'gwiʃta] *adj* selfish.
♦ *mf* selfish person.

égua ['ɛgwa] *f* mare.

eis ['ejʃ] *adv* here is/are; **e ~ que ...** and so it is that ...

eixo ['ejʃu] *m* (*de roda*) axle; (*de máquina*) shaft; (*em geometria*) axis.

ejacular [eʒaku'la(x)] *vt & vi* to ejaculate.

ela ['ɛla] *pron* (*pessoa*) she; (*coisa, animal*) it; (*com preposição: pessoa*) her; (*com preposição: coisa*) it; **e ~?** what about her?; **é ~** it's her; **~ mesma** ou **própria** herself (herself).
⊃ **elas** *pron pl* they; **~s por ~s** tit for tat; **aí é que são ~s** that's exactly the point; (*com preposição*) them.

elaboração [elabora'sãw] *f* (*de plano, sistema*) working out, development; (*de trabalho escrito*) writing.

elaborar [elabo'ra(x)] *vt* (*traba-*

lho, texto) to work on; (plano, lista) to draw up.

elástico, ca [e'laʃtʃiku, ka] adj elastic. ◆ m (material) elastic; (para segurar papel) rubber band.

ele ['eli] pron (pessoa) he; (coisa, animal) it; (com preposição: pessoa) him; (com preposição: coisa, animal) it; **e ~?** what about him?; **é ~** it's him; **~ mesmo** ou **próprio** (he) himself.

eles pron el they; (com preposição) them.

elefante [ele'fãntʃi] m elephant.

elegância [ele'gãsja] f elegance; (de modos) refinement.

elegante [ele'gãntʃi] adj (esbelto) slim; (bem vestido) elegant.

eleger [ele'ʒe(x)] vt (ministro, presidente, deputado) to elect; (sistema, método) to choose.

eleição [elej'sãw] (pl **-ões** [-õjʃ]) f (de presidente, deputado) election; (de sistema, método) choice. □ **eleições** fpl elections.

eleito, ta [elej'tu, ta] pp → **eleger**. ◆ adj (presidente, ministro, deputado) elected.

eleitor, ra [elej'to(x), ra] (mpl **-res** [-riʃ], fpl **-s** [-ʃ]) m, f voter.

elementar [elemẽn'ta(x)] (pl **-res** [-riʃ]) adj (fundamental) basic; (primário) elementary.

elemento [ele'mẽntu] m element; (de equipe, grupo) member; (informação) factor. □ **elementos** mpl data sg; **os ~s** the elements.

eletricidade [eletrisi'dadʒi] f electricity.

trician.

electricista [eletri'siʃta] mf electrician.

elétrico, ca [e'lɛtriku, ka] adj & m electric.

eletrizar [eletri'za(x)] vt fig (entusiasmar) to electrify.

eletrodoméstico [e.letrodo'mɛʃtʃiku] m household appliance.

eletrônica [ele'tronika] f electronics.

eletrônico, ca [ele'troniku, ka] adj electronic.

elevação [eleva'sãw] (pl **-ões** [-õjʃ]) f area of high ground.

elevado, da [ele'vadu, da] adj high.

elevador [eleva'do(x)] (pl **-res** [-riʃ]) m elevator Am, lift Brit.

elevar [ele'va(x)] vt to raise; (promover) to elevate. □ **elevar-se** vp to rise.

eliminar [elemi'na(x)] vt to eliminate.

elite [e'litʃi] f elite.

elogiar [elo'ʒja(x)] vt to praise.

elogio [elo'ʒiu] m praise.

em [ẽ] prep -1. (no interior de) in; os papéis estão naquela gaveta the papers are in that drawer; vivo no norte I live in the north. -2. (sobre) on; põe uma jarra nesta mesa put a vase on this table. -3. (em certo ponto de) in; ela está na sala she's in the living room; estar ~ casa/no trabalho to be at home/at work. -4. (relativo a cidade, país) in; ~ Londres in London; no Brasil in Brazil; nos Estados Unidos

in the (United) States.
- **5.** *(indica tempo)* in; *(dia)* on; *(época)* at; **faço isso num dia** I can do that in a day; **ela nasceu ~ 1970/num sábado** she was born in 1970/on a Saturday; **vou tirar férias no Verão/Natal** I'm going on vacation in the summer/at Christmas.
- **6.** *(indica modo)* in; **paguei ~ reais** I paid in reals; **respondi-lhe ~ português** I answered him in Portuguese; **ela gastou tudo em cigarros** she spent it all on cigarettes.
- **7.** *(indica assunto)*: **ele é um perito ~ economia** he's an expert in economics; **sou formada ~ Letras/Direito** I'm an arts/law graduate.
- **8.** *(indica estado)* in; **~ boas condições** in good condition; **não descer com o trem ~ movimento** passengers should not get off until the train has stopped.
- **9.** *(introduz complemento)*: **a palavra caiu ~ desuso** the word is no longer used; **não acredito nele** I don't believe him; **não pense nele** don't think about him.

emagrecer [emagre'se(x)] *vi* to lose weight.

email ['imeil] *m (mensagem)* email; *(caixa)* email.

emancipado, da [emãsi'padu, da] *adj* emancipated.

emaranhado, da [emara'ɲadu, da] *adj* tangled.

embaçar [emba'sa(x)] *vt* to steam up.

embaixada [embaj'ʃada] *f* embassy.

embaixador, ra [embajʃa'do(x), ra] *(mpl* **-res** [-riʃ], *fpl* **-s** [-ʃ]) *m, f* ambassador.

embaixatriz [embajʃa'triʃ] *f* ambassadress.

embaixo [em'bajʃu] *adv (em espaço)* downstairs; *(em lista)* at the bottom; **~ de** under (neath).

embalagem [emba'laʒe] *(pl* **-ns** [-ʃ]) *f* packaging; *(pacote)* package.

embalar [emba'la(x)] *vt (produto)* to package; *(bebê)* to rock.

embaraçar [embara'sa(x)] *vt (desconcertar)* to embarrass; *(estorvar)* to hinder.
◻ **embaraçar-se** *vp (atrapalhar-se)* to get flustered.

embarcação [embaxka'sãw] *(pl* **-ões** [-õjʃ]) *f* vessel.

embarcar [embax'ka(x)] *vi* to board; **~ em** *(navio, avião)* to board; *(aventura, negócio)* to embark on.

embarque [em'baxki] *m* boarding; **~ doméstico** domestic departures; **~ internacional** international departures; **zona** ou **local de ~** boarding zone.

embebedar-se [embebe'daxsi] *vp* to get drunk.

embelezar [embele'za(x)] *vt* to embellish.

embora [em'bora] *conj* even though. ◆ *adv:* **ir(-se)** to leave; **vai ~!** go away!

EMBRATUR [embra'tu(x)] *f (abrev de Empresa Brasileira de Tu-*

rismo) Brazilian tourist board.

embreagem [ẽmbre'aʒẽ] *(pl -ns [-ʃ])* f clutch.

embriagar-se [ẽmbria'gaxsi] *vp* to get drunk.

embrulhar [ẽmbru'ʎa(x)] *vt* to wrap up; **essa comida me embrulhou o estômago** this food has upset my stomach.

embrulho [ẽm'bruʎu] *m* package.

embutido, da [ẽmbu'tʃidu, da] *adj* fitted.

emendar [emẽn'da(x)] *vt* to correct.

❑ **emendar-se** *vp* to mend one's ways.

emergência [emex'ʒẽsja] *f* emergency.

emigração [emigra'sãw] *f* emigration.

emigrar [emi'gra(x)] *vi* to emigrate; ~ **para** to emigrate to.

emissão [emi'sãw] *(pl -ões [-õjʃ])* f *(de programa)* broadcast; *(de calor, gases)* emission.

emissor, ra [emi'so(x), ra] *(mpl -res [-riʃ], fpl -s [-ʃ])* adj broadcasting. ◆ *m (rádio)* transmitter; *(de mensagem)* sender.

emissora [emi'sora] *f (de rádio)* radio station.

emissores → emissor.

emitir [emi'tʃi(x)] *vt (calor, luz, som)* to emit; *(moeda)* to issue; *(programa)* to broadcast.

emoção [emo'sãw] *(pl -ões [-õjʃ])* f *(comoção)* emotion; *(excitação)* excitement.

emoldurar [emowdu'ra(x)] *vt* to frame.

emotivo, va [emo'tʃivu, va] *adj* emotional.

empacotar [ẽmpako'ta(x)] *vt* to pack up.

empada [ẽm'pada] *f* pie.

empadinha [ẽmpa'dʒiɲa] *f* pie pastry; ~ **de queijo** cheese pastry.

empalhar [ẽmpa'ʎa(x)] *vt* to stuff.

empanturrar [ẽmpãntu'xa(x)] *vt:* ~ **alguém com algo** to stuff sb full of sthg.

❑ **empanturrar-se** *vp* to stuff o.s.

empatar [ẽmpa'ta(x)] *vi* to draw. ◆ *vt (dinheiro)* to tie up; ~ **alguém** *(estorvar a)* to get in sb's way.

empate [ẽm'patʃi] *m* tie.

empenhar [ẽmpe'ɲa(x)] *vt* to pawn.

❑ **empenhar-se** *vp (esforçar-se)* to do one's utmost; *(endividar-se)* to get into debt; ~**se em algo** to do one's utmost to do sthg.

empilhar [ẽmpi'ʎa(x)] *vt* to pile up.

empobrecer [ẽmpobre'se(x)] *vt (pessoa, país)* to impoverish; *(terreno)* to deplete. ◆ *vi (pessoa, país)* to become poor; *(terreno)* to become depleted.

empolgante [ẽmpow'gãntʃi] *adj* gripping.

empreender [ẽmpriẽn'de(x)] *vt (negócio, trabalho)* to undertake.

empreendimento [ẽmpriẽndʒi'mẽntu] *m (investimento)*

venture; *(empenho)* investment.

empregado, da [ĕmpre'gadu, da] *m, f (em empresa)* employee; ~ **de balcão** sales assistant; ~ **de bar** bartender; ~ **(doméstico)** domestic servant.

empregar [ĕmpre'ga(x)] *vt (pessoa, método, técnica)* to employ; *(dinheiro, tempo)* to spend; *(objeto, ferramenta)* to use. ❏ **empregar-se** *vp (arranjar emprego)* to get a job; *(utilizar-se)* to be used.

emprego [ĕm'pregu] *m (trabalho, ocupação)* job; *(uso)* use; **o** ~ *(em geral)* employment.

empregue [ĕm'prɛgi] *pp* → **empregar.**

empresa [ĕm'preza] *f* firm.

emprestado, da [ĕmpreʃ'tadu, da] *adj* borrowed; **pedir algo** ~ to borrow sthg.

emprestar [ĕmpreʃ'ta(x)] *vt:* ~ **algo a alguém** to lend sthg to sb.

empréstimo [ĕm'prɛʃtʃimu] *m* loan.

empunhar [ĕmpu'ɲa(x)] *vt* to hold.

empurrão [ĕmpu'xãw] *(pl* **-ões** [-õjʃ]) *m* shove.

empurrar [ĕmpu'xa(x)] *vt* to push; **'empurre'** 'push'.

empurrões → **empurrão.**

encabeçar [ĕŋkabe'sa(x)] *vt* to head.

encadernação [ĕŋkadexna'sãw] *(pl* **-ões** [-õjʃ]) *f (capa)* cover; *(ato)* binding.

encaixar [ĕŋkaj'ʃa(x)] *vt* to fit. ❏ **encaixar-se** *vp* to fit in.

encaixotar [ĕŋkajʃo'ta(x)] *vt* to box.

encalhar [ĕŋka'ʎa(x)] *vt & vi* to run aground.

encaminhar [ĕŋkami'ɲa(x)] *vt (aconselhar)* to provide guidance for ou to; ~ **algo/alguém para** to refer sthg/sb to. ❏ **encaminhar-se para** *vp + prep* to head toward.

encanador, ra [ĕŋkana'do(x), ra] *(mpl* **-res** [-riʃ], *fpl* **-s** [-ʃ]) *m, f* plumber.

encanamento [ĕŋkana'mĕntu] *m* plumbing.

encantador, ra [ĕŋkãnta-'do(x), ra] *(mpl* **-res** [-riʃ], *fpl* **-s** [-ʃ]) *adj* delightful.

encantar [ĕŋkãn'ta(x)] *vt* to delight.

encaracolado, da [ĕŋkarako'ladu, da] *adj* curly.

encarar [ĕŋka'ra(x)] *vt* to face. ❏ **encarar com** *v + prep* to come face to face with.

encarregado, da [ĕŋkaxe'gadu, da] *m, f* person in charge; *(de operários)* foreman.

encarregar [ĕŋkaxe'ga(x)] *vt:* ~ **alguém de fazer algo** to put sb in charge of doing sthg.

encenação [ĕsena'sãw] *(pl* **-ões** [-õjʃ]) *f (de peça teatral)* staging.

encenar [ĕse'na(x)] *vt (peça teatral)* to stage, to put on.

encerramento [ĕsexa'mĕntu] *m (de concerto, espetáculo)* end; *(de loja)* closure.

encerrar [ĕse'xa(x)] *vt* to close;

(concerto, espetáculo) to end.

enchente [ẽ'ʃẽtʃi] f flood.

encoberto, ta [ẽŋko'bɛxtu, ta] adj *(céu, tempo)* overcast; *(oculto)* hidden.

encolher [ẽŋko'ʃe(x)] vt *(ombros)* to shrug; *(pernas)* to bend; *(barriga)* to pull in. ◆ vi to shrink.

❏ **encolher-se** vp to huddle.

encomenda [ẽŋko'mẽnda] f order; **feito por ~** made to order; **~ postal** mail order.

encomendar [ẽŋkomẽn'da(x)] vt to order; **~ algo a alguém** *(comprar)* to order sthg from sb; *(obra, escultura, pintura)* to commission sthg from sb.

encontrar [ẽŋkõn'tra(x)] vt to find; *(pessoa por acaso)* to bump into.

❏ **encontrar-se** vp *(ter encontro)* to meet; *(estar)* to be; **~-se com alguém** to meet up with sb.

encontro [ẽŋ'kõntru] m *(profissional)* appointment; *(amoroso)* date.

encorajar [ẽŋkora'ʒa(x)] vt to encourage.

encorpado, da [ẽŋkor'padu, da] adj *(pessoa)* burly; *(vinho)* full-bodied.

encosta [ẽŋ'kɔʃta] f slope.

encostar [ẽŋkoʃ'ta(x)] vt *(carro)* to park; *(porta)* to leave ajar; *(cabeça)* to lay down; **~ algo em algo** *(mesa, cadeira)* to push against sthg; *(escada, vara)* to lean sthg against sthg.

❏ **encostar-se** vp: **~-se a** *(parede, carro, poste)* to lean against.

encruzilhada [ẽŋkruzi'ʎada] f crossroads sg.

endereço [ẽnde'resu] m address; **~ eletrônico** email address.

endireitar [ẽndirej'ta(x)] vt to straighten; *(objeto caído)* to put upright.

❏ **endireitar-se** vp *(pôr-se direito)* to stand up straight.

endossar [ẽndo'sa(x)] vt to endorse; **~ um cheque** to endorse a check.

endurecer [ẽndure'se(x)] vt & vi to harden.

energia [enɛx'ʒia] f energy; **~ eólica/nuclear/solar** wind/nuclear/solar power.

enevoado, da [ene'vwadu, da] adj misty.

enfarte [ẽ'faxtʃi] m: **~ (do miocárdio)** heart attack.

ênfase ['ẽfazi] f emphasis.

enfatizar [ẽfatʃi'za(x)] vt to emphasize.

enfeitiçar [ẽfejtʃi'sa(x)] vt to bewitch.

enfermagem [ẽfex'maʒẽ] f nursing.

enfermaria [ẽfexma'ria] f ward.

enfermeiro, ra [ẽfex'mejru, ra] m, f nurse.

enfiar [ẽ'fja(x)] vt *(calça, mangas, camisola)* to pull ou put on; **~ algo em algo** to put sthg in sthg.

enfim [ẽ'fĩ] adv *(finalmente)* at last; *(em suma)* in short. ◆ interj oh well!

enforcar [ẽfox'ka(x)] vt to

hang; (em feriadão) to have a long weekend.
◻ **enforcar-se** vp to hang o.s.

enfraquecer [ẽfrake'se(x)] vt & vi to weaken.

enfrentar [ẽfrẽn'ta(x)] vt to confront.

enfurecer [ẽfure'se(x)] vt to infuriate.
◻ **enfurecer-se** vp to get angry.

enganado, da [ẽga'nadu, da] adj: **estar** ~ to be wrong; **ser** ~ (ser ludibriado) to be deceived; (por cônjuge) to be cheated on.

enganar [ẽga'na(x)] vt to deceive; (cônjuge) to cheat on.
◻ **enganar-se** vp (estar errado) to be wrong; (errar) to make a mistake.

engano [ẽ'ganu] m mistake; **é** ~ (em conversa telefônica) you've got the wrong number.

engarrafado, da [ẽgaxa'fadu, da] adj (líquido) bottled; (trânsito) jammed.

engarrafamento [ẽgaxafa'mẽntu] m (de trânsito) traffic jam; (de líquido) bottling.

engasgar-se [ẽgaʒ'gaxsi] vp to choke.

engenharia [ẽʒeɲa'ria] f engineering.

engenheiro, ra [ẽʒe'ɲejru, ra] m, f engineer.

engenhoso, osa [ẽʒe'ɲozu, ɔza] adj ingenious.

englobar [ẽŋglo'ba(x)] vt to encompass.

engolir [ẽŋgo'li(x)] vt to swallow.

engomar [ẽŋgo'ma(x)] vt (passar a ferro) to iron; (com goma) to starch.

engordar [ẽŋgor'da(x)] vi (pessoa) to put on weight; (alimento) to be fattening. ◆ vt (animal) to fatten up.

engordurado, da [ẽŋgordu'radu, da] adj greasy.

engraçado, da [ẽŋgra'sadu, da] adj funny.

engravidar [ẽŋgravi'da(x)] vi to get pregnant. ◆ vt: ~ **alguém** to get sb pregnant.

engraxar [ẽŋgra'ʃa(x)] vt to polish.

engraxate [ẽŋgra'ʃatʃi] m shoeshine.

engrossar [ẽŋgro'sa(x)] vt & vi to thicken.

enguia [ẽŋ'gia] f eel.

enguiçar [ẽŋgi'sa(x)] vi (motor, máquina) to play up.

enigma [e'nigma] m (adivinha) riddle; (mistério) enigma.

enjoado, da [ẽ'ʒwadu, da] adj sick; (em carro) carsick; (em barco) seasick.

enjoar [ẽ'ʒwa(x)] vi to get motion sickness. ◆ vt to get sick of.

enjôo [ẽ'ʒou] m (náusea) nausea; (em barco, avião, ônibus) motion sickness.

enlatado, da [ẽla'tadu, da] adj (comida) canned Am, tinned Brit. ◆ m pej low-quality imported film for television.
◻ **enlatados** mpl canned foods Am, tinned foods Brit.

enlouquecer [ẽloke'se(x)] vt to drive insane. ◆ vi to go insane.

enorme [e'nɔrmi] *adj* huge, enormous.

enquanto [ẽŋ'kwãntu] *conj* while; ~ **(que)** whereas; ~ **isso** ... meanwhile ...; **por** ~ for the time being.

enredo [ẽ'xedu] *m* plot.

enriquecer [ẽxike'se(x)] *vt* to make rich; *(melhorar)* to enrich. ◆ *vi* to get rich.

enrolar [ẽxo'la(x)] *vt (papel, tapete, fio)* to roll up; *(cabelo)* to curl; *(cigarro)* to roll; *(enganar)* to take for a ride.

enroscar [ẽxoʃ'ka(x)] *vt (tampa)* to screw on; *(parafuso)* to screw in.
❏ **enroscar-se** *vp (cobra)* to coil up; *(gato, cão)* to curl up; *(emaranhar-se)* to get tangled up.

enrugar [ẽxu'ga(x)] *vt & vi (roupa, papel, pele)* to wrinkle.

ensaiar [ẽsa'ja(x)] *vt (peça, dança)* to rehearse; *(sistema)* to test.

ensaio [ẽ'saju] *m (de peça, dança)* rehearsal; *(de sistema)* test; *(texto literário)* essay.

enseada [ẽ'sjada] *f* cove.

ensinamento [ẽsina'mẽntu] *m (lição)* teaching; *(preceito)* proverb.

ensinar [ẽsi'na(x)] *vt (em escola, universidade)* to teach; *(caminho, direção)* to show; ~ **alguém a fazer algo** to teach sb how to do sthg; ~ **algo a alguém** *(língua, método)* to teach sb sthg; *(caminho)* to show sb sthg.

ensino [ẽ'sinu] *m (atividade)* teaching; *(método, sistema)* edu-

cation; ~ **superior** higher education.

ⓘ **ENSINO FUNDA-MENTAL/ENSINO MÉDIO**

The Brazilian education system is divided into two stages. After infant school, six- or seven-year-olds start the "ensino fundamental", which takes eight years to complete. Many children leave before finishing this stage, usually out of financial necessity. A large proportion do not even reach their fourth year: by the age of eight or nine they have already joined the workforce. For the few who do continue, the "ensino médio" takes a further three years. Only on completing this stage are students eligible for university entrance.

---

ensolarado, da [ẽsola'radu, da] *adj* sunny.

ensopado [ẽso'padu] *adj* soaked. ◆ *m* stew.

ensopar [ẽso'pa(x)] *vt* to soak. ❏ **ensopar-se** *vp* to get soaked.

ensurdecedor, ra [ẽsurdese'do(x), ra] *(mpl* **-res** [-riʃ], *fpl* **-s** [-ʃ]) *adj* deafening.

ensurdecer [ẽsurde'se(x)] *vt* to deafen. ◆ *vi (ficar surdo)* to go deaf.

entanto [ẽn'tãntu]: **no entanto** *conj* however.

então [ẽn'tãw] *adv* then. ◆ *interj* so!; **até ~** up until; **desde ~** since then; **e ~?** well then?; **~, já se decidiu?** so have you decided yet?

enteado, da [ẽn'tʒjadu, da] *m, f* stepson.

entender [ẽntẽn'de(x)] *vt* to understand. ◆ *vi* (*compreender*) to understand; **dar a ~ que** to give the impression (that); **~ que** to think (that). ❑ **entender de** *v* + *prep* to know about.

❑ **entender-se** *vp* to get along; **não me entendo com isto** I can't get the hang of this; **~-se com alguém** (*chegar a um acordo com*) to come to an agreement with sb.

enternecedor, ra [ẽnterne-se'do(x), ra] (*mpl* -**res** [-riʃ], *fpl* -**s** [-ʃ]) *adj* touching.

enternecer [ẽnterne'se(x)] *vt* to touch.

enterrar [ẽnte'xa(x)] *vt* to bury.

❑ **enterrar-se** *vp* to sink.

enterro [ẽn'texu] *m* funeral.

entonação [ẽntona'sãw] *f* intonation.

entornar [ẽntor'na(x)] *vt* to spill.

entortar [ẽntor'ta(x)] *vt* to bend.

entrada [ẽn'trada] *f* entrance; (*vestíbulo*) hall; (*prato*) appetizer; (*bilhete para espetáculo*) ticket; (*de dicionário*) entry; (*pagamento inicial*) down payment, deposit; **'entrada'** 'entrance'; **'~ livre'**

'free admission'; **'~ proibida'** 'no entry'.

entrar [ẽn'tra(x)] *vi* to enter, to go/come in; (*encaixar*) to go in; **~ com algo** to contribute sthg; **~ em algo** (*penetrar, ingressar em*) to enter sthg; (*participar em*) to take part in sthg; **não entremos em discussões** let's not start arguing; (*carro*) to get in; (*ônibus, trem*) to get on; (*equipe, grupo*) to join.

entre ['ẽntri] *prep* between; (*no meio de muitos*) among; (*cerca de*) about; **aqui ~ nós** between you and me; **~ si** among themselves.

entreaberto, ta [ˌẽntria'bɛxtu, ta] *adj* (*janela*) half-open; (*porta*) ajar.

entrega [ẽn'trega] *f* (*de encomenda, mercadoria, carta*) delivery; (*rendição*) surrender; **~ a domicílio** home delivery.

entregar [ẽntre'ga(x)] *vt*: **~ algo a alguém** (*dar*) to give sthg to sb; (*encomenda, carta*) to deliver sthg to sb.

❑ **entregar-se** *vp* (*render-se*) to surrender; **~-se a** (*abandonar-se a*) to abandon o.s. to; (*dedicar-se a*) to dedicate o.s. to.

entretanto [ẽntri'tãntu] *adv* meanwhile, in the meantime. ◆ *conj* (*todavia*) however.

entreter [ẽntre'te(x)] *vt* to entertain.

❑ **entreter-se** *vp* to amuse o.s.

entrevista [ẽntre'viʃta] *f* interview; **~ coletiva** press conference.

entrevistador, ra [ẽntre'viʃtado(x), ra] (*mpl* **-res** [-riʃ], *fpl* **-s** [-ʃ]) *m, f* interviewer.

entristecer [ẽntriʃte'se(x)] *vt* to sadden. ◆ *vi* to grow sad.

entroncamento [ẽntrõŋka'mẽntu] *m* junction.

entupido, da [ẽntu'pidu, da] *adj* blocked.

entupir [ẽntu'pi(x)] *vt* to block. ❑ **entupir-se** *vp* to get blocked.

entusiasmar [ẽntuzjaʒ'ma(x)] *vt* to excite. ❑ **entusiasmar-se** *vp* to get excited.

entusiasmo [ẽntu'zjaʒmu] *m* enthusiasm.

entusiasta [ẽntu'zjaʃta] *mf* enthusiast.

enunciar [enũ'sja(x)] *vt* to express.

envelhecer [ẽveʎe'se(x)] *vt* to age. ◆ *vi* to grow old.

envelope [ẽve'lɔpi] *m* envelope.

envenenamento [ẽvenena'mẽntu] *m* poisoning.

envenenar [ẽvene'na(x)] *vt* to poison. ❑ **envenenar-se** *vp* to poison o.s.

enveredar [ẽvere'da(x)]: **enveredar por** *v + prep fig* to take up.

envergonhado, da [ẽvergo'ɲadu, da] *adj* shy.

envergonhar [ẽvergo'ɲa(x)] *vt* to embarrass. ❑ **envergonhar-se** *vp* (*ter vergonha*) to be embarrassed.

envernizar [ẽverni'za(x)] *vt* to varnish.

enviar [ẽ'vja(x)] *vt* to send.

envidraçado, da [ẽvidra'sadu, da] *adj* glazed.

envio [ẽ'viu] *m* sending.

enviuvar [ẽvju'va(x)] *vi* to be widowed.

envolver [ẽvow've(x)] *vt* (*incluir*) to involve; (*embrulhar*) to wrap up. ❑ **envolver-se em** *vp + prep* (*imiscuir-se em*) to get involved in.

enxaguar [ẽʃa'gwa(x)] *vt* to rinse.

enxame [ẽ'ʃami] *m* swarm.

enxaqueca [ẽʃa'keka] *f* migraine.

enxergar [ẽʃex'ga(x)] *vt* to see; (*avistar*) to make out; **não ~ um palmo adiante do nariz** to be as blind as a bat. ❑ **enxergar-se** *vp*: **não se ~** not to know one's place.

enxerto [ẽ'ʃertu] *m* (*de planta*) cutting; *MED* (*de pele*) graft.

enxofre [ẽ'ʃofri] *m* sulfur.

enxotar [ẽʃo'ta(x)] *vt* to chase away.

enxugar [ẽʃu'ga(x)] *vt & vi* to dry.

enxurrada [ẽʃu'xada] *f* torrent.

enxuto, ta [ẽ'ʃutu, ta] *adj* dry.

enzima [ẽ'zima] *f* enzyme.

epidemia [epide'mia] *f* epidemic.

epilepsia [epilep'sia] *f* epilepsy.

epílogo [e'pilugu] *m* epilogue.

episódio [epi'zɔdju] *m* episode.

época ['ɛpoka] f (período) era, period; (estação) season; ~ alta/baixa (de turismo) high/low season.

equação [ekwa'sãw] (pl -ões [-õjʃ]) f equation.

equador [ekwa'do(x)] m: o ~ the equator.

equilibrar [ekili'bra(x)] vt to balance.
❑ **equilibrar-se** vp to balance.

equilíbrio [eki'libriu] m balance.

equipamento [ekipa'mẽntu] m (esportivo) kit; (de empresa, fábrica) equipment; ~ de som sound system.

equipar [eki'pa(x)] vt to equip.
❑ **equipar-se** vp to equip o.s.

equiparar [ekipa'ra(x)] vt to compare.
❑ **equiparar-se** vp to be equal; ~-se a to equal.

equipe [e'kipi] f team.

equitação [ekita'sãw] f (horse) riding.

equivalente [ekiva'lẽntʃi] adj & m equivalent.

equivocar-se [ekivo'kaxsi] vp to make a mistake.

equívoco [e'kivoku] m mistake.

era¹ ['ɛra] → ser.

era² ['ɛra] f era.

ereto, ta [e'rɛtu, ta] adj (em pé) upright; (direito) erect.

erguer [ex'ge(x)] vt (levantar) to lift up; (erigir) to erect.
❑ **erguer-se** vp to get up.

eriçado, da [eri'sadu, da] adj (cabelo, pêlo) on end.

erigir [eri'ʒi(x)] vt (monumento) to erect; (fundação) to set up.

erosão [ero'zãw] f erosion.

erótico, ca [i'rɔtiku, ka] adj erotic.

erotismo [ero'tiʒmu] m eroticism.

erradicar [exadʒi'ka(x)] vt to eradicate.

errado, da [e'xadu, da] adj wrong.

errar [e'xa(x)] vt to get wrong. ◆ vi (enganar-se) to make a mistake.

erro ['exu] m mistake.

errôneo, nea [e'xonju, nja] adj wrong.

erudito, ta [eru'dʒitu, ta] adj erudite.

erupção [erup'sãw] (pl -ões [-õjʃ]) f (em pele) rash; (vulcânica) eruption.

erva ['ɛxva] f grass; ~ daninha weed.

erva-doce [.ɛxva'dosi] f fennel.

ervilha [ex'viʎa] f pea.

és → ser.

esbaforido, da [iʒbafu'ridu, da] adj breathless.

esbanjar [iʒbã'ʒa(x)] vt (dinheiro) to squander.

esbarrar [iʒba'xa(x)] vi: ~ com ou contra to bump into; ~ em algo (chocar com) to bump into sthg; (deparar com) to come up against sthg.

esbelto, ta [iʒ'bɛwtu, ta] adj slim.

esboço [iʒ'bosu] m sketch.

esburacar [iʒbura'ka(x)] *vt* to make holes in.
❏ **esburacar-se** *vp* to fall apart.

escada [iʃ'kada] *f (de casa, edifício)* stairs *pl*; *(portátil)* ladder; ~ **em espiral** spiral staircase; ~ **rolante** escalator.

escala [iʃ'kala] *f* scale; *(de avião, navio)* layover *Am*, stopover *Brit*; **fazer** ~ *(avião)* to have a layover; **em grande** ~ on a grand scale.

escalada [iʃka'lada] *f (de conflito)* escalation.

escalão [iʃka'lãw] *(pl* -ões [-õjʃ]) *m* grade.

escalar [iʃka'la(x)] *vt (montanha)* to climb.

escaldar [iʃkaw'da(x)] *vt (alimento)* to blanch. ◆ *vi (estar muito quente)* to be scalding hot.
❏ **escaldar-se** *vp (queimar-se)* to scald o.s.

escalões → escalão.

escama [iʃ'kama] *f (de peixe)* scale.

escamar [iʃka'ma(x)] *vt (peixe)* to scale.

escandalizar [iʃkãndali'za(x)] *vt* to scandalize.
❏ **escandalizar-se** *vp* to be scandalized.

escândalo [iʃ'kãndalu] *m* scandal; **fazer um** ~ to cause a scene.

escangalhar [iʃkãŋga'ʎa(x)] *vt* to ruin.
❏ **escangalhar-se** *vp* to fall apart.

escanteio [iʃkãn'teju] *m (em futebol)* corner.

escapar [iʃka'pa(x)] *vi* to escape; ~ **de** to escape from.
❏ **escapar-se** *vp (vazar)* to leak.

escaravelho [iʃkara'veʎu] *m* beetle.

escarlate [eʃkar'latʃi] *adj* scarlet.

escárnio [iʃ'karnju] *m* mockery.

escarpado, da [iʃkar'padu, da] *adj* steep.

escarrar [iʃka'xa(x)] *vi* to hawk.

escassez [iʃka'seʒ] *f* scarcity.

escasso, a [iʃ'kasu, a] *adj* scarce.

escavação [iʃkava'sãw] *(pl* -ões[-õjʃ]) *f* dig, excavation.

escavar [iʃka'va(x)] *vt* to excavate.

esclarecer [iʃklare'se(x)] *vt* to clarify.

esclarecimento [iʃklaresi'mẽntu] *m (informação)* information; *(explicação)* explanation.

escoar [iʃkw'a(x)] *vt* to drain.
❏ **escoar-se** *vp* to drain away.

Escócia [iʃ'kɔsja] *f*: a ~ Scotland.

escola [iʃ'kɔla] *f* school; ~ **particular** private school; ~ **primária/secundária** elementary/high school; ~ **pública** public school.

escolar [iʃko'la(x)] *(pl* -res [-riʃ]) *adj (livro, equipamento)* school *(antes de s)*.

escolha [iʃ'koʎa] *f* choice; **você tem vários livros à** ~ you have several books to choose from.

escolher [iʃko'ʎe(x)] *vt & vi* to choose.

escombros [iʃ'kõmbruʃ] *mpl* ruins.

esconder [iʃkõn'de(x)] *vt* to hide.

❑ **esconder-se** *vp* to hide.

esconderijo [iʃkõnde'riʒu] *m* hideaway, hiding place.

escondidas [iʃkõn'dʒidaʃ]: **às escondidas** *adv* in secret.

escondido, da [iʃkõn'dʒidu, da] *adj* hidden.

escorar [iʃko'ra(x)] *vt (edifício, muro)* to shore up; *(árvore)* to prop up.

escorpião [iʃkox'pjãw] *(pl* **-ões** [-õjʃ])* m* scorpion.

❑ **Escorpião** *m* Scorpio.

escorrega [iʃko'xɛga] *m* slide.

escorregadio, dia [iʃkoxega'dʒiu, dʒia] *adj* slippery.

escorregar [iʃkoxe'ga(x)] *vi (involuntariamente)* to slip; *(deslizar)* to slide.

escorrer [iʃko'xe(x)] *vt* to drain. ◆ *vi (pingar)* to drip.

escoteiro, ra [iʃkõ'tejru, ra] *m, f (depois dos 11 anos)* Boy Scout; *(entre os 7 e 11 anos)* Cub Scout.

escova [iʃ'kova] *f* brush; ~ **de dentes** toothbrush; ~ **de unhas** nailbrush.

escovar [iʃko'va(x)] *vt (cabelo, dentes, roupa)* to brush; *(cão, gato)* to groom.

escravidão [iʃkravi'dãw] *f* slavery.

escravo, va [iʃ'kravu, va] *m, f* slave.

escrever [iʃkre've(x)] *vt & vi* to write.

❑ **escrever-se** *vp* to write to one another; **como é que se escreve ...?** how do you spell ...?

escrita [iʃ'krita] *f (caligrafia)* handwriting.

escrito, ta [iʃ'kritu, ta] *pp →* **escrever.** ◆ *adj* written; **por** ~ in writing.

escritor, ra [iʃkri'to(x), ra] *(mpl* **-res** [-riʃ]*, fpl* **-s** [-ʃ])* m, f* writer.

escritório [iʃkri'tɔrju] *m (de casa)* study; *(de advogado, empresa)* office.

escrivaninha [iʃkriva'niɲa] *f* writing desk.

escrúpulo [iʃ'krupulu] *m* scruple; **não ter** ~**s** to have no scruples.

escudo [iʃ'kudu] *m (arma)* shield; *(unidade monetária)* escudo.

esculpir [iʃkuw'pi(x)] *vt* to sculpt.

escultor, ra [iʃkuw'to(x), ra] *(mpl* **-res** [-riʃ]*, fpl* **-s** [-ʃ])* m, f* sculptor.

escultura [iʃkuw'tura] *f* sculpture.

escuras [iʃ'kuraʃ]: **às escuras** *adv* in the dark; **ficou tudo às** ~ everything went dark.

escurecer [iʃkure'se(x)] *vi (céu, noite)* to get dark. ◆ *vt (tinta, água)* to darken.

escuridão [iʃkuri'dãw] *f* darkness.

escuro, ra [iʃ'kuru, ra] *adj* dark. ◆ *m* darkness.

escutar [iʃkuˈta(x)] *vt* to listen to. ♦ *vi* to listen.

esfaquear [iʃfaˈkja(x)] *vt* to stab.

esfarrapado, da [iʃfaxaˈpadu, da] *adj* tattered.

esfera [iʃˈfɛra] *f* sphere.

esférico, ca [iʃˈfɛriku, ka] *adj* spherical.

esferográfica [iʃferoˈgrafika] *f* ballpoint pen.

esfoladela [iʃfolaˈdɛla] *f* graze.

esfolar [iʃfoˈla(x)] *vt* to skin.

esfomeado, da [iʃfoˈmjadu, da] *adj* starving.

esforçado, da [iʃfoxˈsadu, da] *adj* hard-working.

esforçar-se [iʃfoxˈsaxsi] *vp* to work hard.

esfregar [iʃfreˈga(x)] *vt* (*friccionar*) to rub; (*roupa*) to scrub; (*louça*) to scour.

esfriar [iʃfriˈa(x)] *vi* to cool (down); (*tempo*) to get cold.

esganar [iʒgaˈna(x)] *vt* to strangle.

esganiçado, da [iʒganiˈsadu, da] *adj* shrill.

esgotado, da [iʒgoˈtadu, da] *adj* (*produto*) sold out; (*cansado*) exhausted.

esgotamento [iʒgotaˈmẽntu] *m* exhaustion; (*mental, nervoso*) breakdown.

esgotar [iʒgoˈta(x)] *vt* to use up. ▫ **esgotar-se** *vp* (*produto*) to sell out; (*extenuar-se*) to exhaust o.s.

esgoto [iʒˈgotu] *m* (*de casa*) drain; (*de rua, cidade*) sewer.

esgrima [iʒˈgrima] *f* fencing; **praticar** ~ to fence.

esgueirar-se [iʒgejˈraxsi] *vp* to sneak off.

esguicho [iʒˈgiʃu] *m* (*jato de água*) squirt; (*repuxo*) sprinkler; (*de mangueira*) nozzle.

esguio, guia [iʒˈgiu, gia] *adj* slender.

esmagador, ra [iʒmagaˈdo(x), ra] (*mpl* **-res** [-riʃ], *fpl* **-s** [-ʃ]) *adj* (*vitória, maioria*) overwhelming; (*peso*) crushing.

esmagar [iʒmaˈga(x)] *vt* to crush.

esmalte [iʒˈmawtʃi] *m* enamel; (*de unhas*) nail polish.

esmeralda [iʒmeˈrawda] *f* emerald.

esmigalhar [iʒmigaˈʎa(x)] *vt* (*pão, broa, bolo*) to crumble. ▫ **esmigalhar-se** *vp* (*pão, broa, bolo*) to crumble.

esmola [iʒˈmɔla] *f*: **pedir** ~ to beg; **dar** ~ to give money (*to beggars*).

esmurrar [iʒmuˈxa(x)] *vt* (*dar murros em*) to punch.

espaçar [iʃpaˈsa(x)] *vt* to space out.

espacial [iʃpaˈsjaw] (*pl* **-ais** [-ajʃ]) *adj* space (*antes de s*).

espaço [iʃˈpasu] *m* space; (*de tempo*) period of time; **o** ~ (*outer*) space; **há** ~ **para muitas pessoas** there's room for a lot of people; ~ **cibernético** cyberspace; ~ **cultural** arts center.

espaçoso, osa [iʃpaˈsozu, ɔza] *adj* spacious.

espada [iʃˈpada] *f* sword. ▫ **espadas** *fpl* (*naipe de cartas*) spades.

espaguete [iʃpa'gɛtʃi] *m* spaghetti.

espairecer [iʃpajre'se(x)] *vi* to relax.

espalhar [iʃpa'ʎa(x)] *vt (dispersar)* to scatter; *(notícia, boato)* to spread.

❑ **espalhar-se** *vp (dispersar-se)* to scatter; *(estatelar-se)* to fall down; *(notícia, boato)* to spread.

espancar [iʃpãŋ'ka(x)] *vt* to beat (up).

Espanha [iʃ'paɲa] *f*: a ~ Spain.

espantar [iʃpãn'ta(x)] *vt* to astonish, to astound; *(afugentar)* to scare off; **tome um café para ~ o sono** have a coffee to keep you awake.

❑ **espantar-se** *vp (admirar-se)* to be astonished; *(fugir)* to run off.

espanto [iʃ'pãntu] *m (admiração)* astonishment; *(medo)* fright.

esparadrapo [iʃpara'drapu] *m* Band-Aid® *Am,* (sticking) plaster *Brit.*

espasmo [iʃ'paʒmu] *m* spasm.

espátula [iʃ'patula] *f* spatula.

especial [iʃpe'sjaw] *(pl* -ais [-ajʃ]) *adj* special; **em ~** especially; ~ **para** especially for.

especialidade [iʃpesjali'dadʒi] *f* speciality.

especialista [iʃpesja'liʃta] *m, f (perito)* expert; *(médico especializado)* specialist. ♦ *adj* specialist.

espécie [iʃ'pɛsji] *f (tipo)* kind, sort; *(de seres vivos)* species *sg*; a ~ **humana** the human race; **uma ~ de** a kind ou sort of; ~ **em via de extinção** endangered species.

especificar [iʃpesifi'ka(x)] *vt* to specify.

espécime [iʃ'pɛsimi] *m* specimen.

espectador, ra [iʃpɛkta'do(x), ra] *(mpl* -**res** [-riʃ], *fpl* -**ras** [-ʃ]) *m, f (de programa televisivo)* viewer; *(de evento esportivo)* spectator; *(de espetáculo de circo, teatro etc.)* member of the audience.

especulação [iʃpɛkula'sau] *f* speculation; ~ **imobiliária** property speculation.

especular [iʃpɛku'la(x)] *vi* to speculate; ~ **sobre algo** to speculate on ou about sthg.

espelho [iʃ'peʎu] *m* mirror; ~ **retrovisor** rearview mirror.

espera [iʃ'pera] *f* wait; **estar à ~ de** to be waiting for.

esperança [iʃpe'rãsa] *f* hope.

esperar [iʃpe'ra(x)] *vt (aguardar)* to wait for; *(ter esperança em)* to expect. ♦ *vi (aguardar)* to wait; ~ **que** to hope (that); **fazer alguém ~** to keep sb waiting; **ir ~ alguém** to meet sb; **como era de se ~** as was to be expected.

esperma [iʃ'pɛxma] *m* sperm.

espertalhão, lhona [iʃpexta'ʎãw, ʎona] *(mpl* -**ões** [-õjʃ], *fpl* -**s** [-ʃ]) *m, f* smart aleck.

esperteza [iʃpex'teza] *f* cunning.

esperto, ta [iʃ'pɛxtu, ta] *adj (astuto)* cunning; *(ativo)* lively.

espesso, a [iʃ'pesu, a] *adj* thick.

espessura [iʃpe'sura] *f* thickness.

espetacular [iʃpetaku'la(x)]

(*pl* **-res** [-riʃ]) *adj* spectacular.

espetáculo [iʃpe'takulu] *m* (*de circo, teatro*) show.

espeto [iʃ'petu] *m* (*de ferro*) spit; (*de pau*) stake.

espezinhar [iʃpezi'ɲa(x)] *vt* to trample on.

espião, piã [iʃ'pjãw, pjã] (*mpl* **-ões** [-õjʃ], *fpl* **-s** [-ʃ]) *m, f* spy.

espiga [iʃ'piga] *f* ear.

espinafre [iʃpi'nafri] *m* spinach.

espingarda [iʃpĩŋ'garda] *f* shotgun.

espinha [iʃ'piɲa] *f* (*de peixe*) bone; (*em pele*) spot; ~ (**dorsal**) backbone, spine.

espinho [iʃ'piɲu] *m* (*de rosa, arbusto*) thorn; (*de porco-espinho*) quill.

espiões → espião.

espiral [iʃpi'raw] (*pl* **-ais** [-ajʃ]) *f* spiral; **em** ~ spiral.

espírito [iʃ'piritu] *m* spirit.

espiritual [iʃpiri'twaw] (*pl* **-ais** [-ajʃ]) *adj* spiritual.

espirituoso, osa [iʃpiri'twozu, ɔza] *adj* witty.

espirrar [iʃpi'xa(x)] *vi* (*dar espirros*) to sneeze; (*esguichar*) to spit.

esplanada [iʃpla'nada] *f* esplanade.

esplêndido, da [iʃ'plẽdidu, da] *adj* splendid.

esplendor [iʃplẽ'do(x)] *m* (*luxo*) splendor; (*brilho*) brilliance.

esponja [iʃ'põʒa] *f* sponge; **passar uma** ~ **sobre o assunto** *fig* (*esquecer*) to wipe the slate clean.

espontaneidade [iʃpõta-nei'dadʒi] *f* spontaneity.

espontâneo, nea [iʃpõn'ta-nju, nja] *adj* spontaneous.

espora [iʃ'pɔra] *f* spur.

esporte [iʃ'pɔxtʃi] *m* sports.

esportista [iʃpox'tʃista] *mf* sportsman.

esportivo, va [iʃpox'tʃivu, va] *adj* sports (*antes de s*).

esposo, sa [iʃ'pozu, za] *m, f* husband.

espreguiçar-se [iʃpregi'saxsi] *vp* to stretch.

espreita [iʃ'prejta]: **à espreita** *adv* on the lookout.

espreitar [iʃprej'ta(x)] *vt* to peep at.

espremedor [iʃpreme'do(x)] (*pl* **-res** [-riʃ]) *m* (*juice*) squeezer.

espremer [iʃpre'me(x)] *vt* to squeeze.

espuma [iʃ'puma] *f* (*de mar*) surf; (*de sabão*) lather; (*de banho*) foam.

espumante [iʃpu'mãntʃi] *adj* sparkling. ◆ *m* sparkling wine.

esquadra [eʃ'kwadra] *f* fleet.

esquadro [iʃ'kwadru] *m* set square.

esquecer [iʃke'se(x)] *vt* to forget.
❑ **esquecer-se** *vp* to forget; ~-**se de algo/de fazer algo** to forget sthg/to do sthg.

esquecido, da [iʃke'sidu, da] *adj* absent-minded, forgetful. ◆ *m, f* absent-minded person.

esquecimento [iʃkesi'mẽntu] *m* forgetfulness.

esqueleto 120

esqueleto [iʃke'letu] *m* skeleton.

esquema [iʃ'kema] *m (diagrama)* diagram; *(sistema)* scheme.

esquentar [iʃkēn'ta(x)] *vt* to heat up.

esquerda [iʃ'kexda] *f*: **a ~ (mão)** one's left hand; *(lado)* the left-hand side; *(em política)* the Left; **'só ultrapasse pela ~'** 'overtake on the left only'; **à ~ (de)** on the left (of); **virar à ~** to turn left; **ser de ~** POL to be left-wing.

esquerdo, da [iʃ'kexdu, da] *adj (mão, perna, lado)* left; *(canhoto)* left-handed.

esqui [iʃ'ki] *m (equipamento)* ski; *(esporte)* skiing; **~ aquático** water-skiing.

esquiar [iʃki'a(x)] *vi* to ski.

esquilo [iʃ'kilu] *m* squirrel.

esquina [iʃ'kina] *f* corner.

esquisito, ta [iʃki'zitu, ta] *adj (estranho)* strange, weird.

esquivar-se [iʃki'vaxsi] *vp* to escape; **~ de fazer algo** to get out of doing sthg.

esse, essa ['esi, 'ɛsa] *adj* that, those *pl*. ◆ *pron* that (one), those (ones) *pl*; **essa é boa!** you've got to be kidding!; **é por ~s e outras que ele sempre acaba demitido** it's for these and other reasons he's always gets sacked; **só faltava mais essa!** that's the final straw!; **vamos nessa!** let's go!

essência [e'sēsja] *f* essence.

essencial [esē'sjaw] *(pl* **-ais** [-ajʃ]) *adj* essential. ◆ *m*: **o ~ (o *indispensável)* the bare essentials *pl*; *(o importante)* the important thing.

esta ['ɛʃta] → **este²**.

está [iʃ'ta] → **estar**.

estabelecer [iʃtabele'se(x)] *vt* to establish. ❑ **estabelecer-se** *vp* to establish o.s.

estabelecimento [iʃtabelesi'mēntu] *m (casa comercial)* business; *(instituição)* establishment; **~ de ensino** school.

estabilidade [iʃtabli'dadʒi] *f* stability.

estábulo [iʃ'tabulu] *m* stable.

estação [iʃta'sãw] *(pl* **-ões** [-õjʃ]) *f (de trem, ônibus)* station; *(do ano, turismo, vendas)* season; **~ de águas** spa; **~ de rádio** radio station.

estacionamento [iʃtasjona'mēntu] *m (ato)* parking; *(lugar)* parking space; **'~ privativo'** 'private parking'; **'~ proibido'** 'no parking'.

estacionar [iʃtasjo'na(x)] *vt & vi* to park.

estações → **estação**.

estada [iʃ'tada] *f* stay.

estadia [iʃta'dʒia] *f* = **estada**.

estádio [iʃ'tadʒju] *m* stadium.

estadista [iʃta'dʒiʃta] *mf* statesman.

estado [iʃ'tadu] *m* state; **em bom/mau ~** *(objeto)* in good/bad condition; **~ civil** marital status; **~ físico** level of fitness. ❑ **Estado** *m*: **o Estado** the State; **os Estados Unidos** the United States.

estalar [iʃtaˈla(x)] vi (porcelana, vidro, osso) to crack; (lenha) to crackle. ◆ vt: ~ **a língua** to click one's tongue; ~ **os dedos** to snap one's fingers.

estampado, da [iʃtãmˈpadu, da] adj printed.

estancar [iʃtãŋˈka(x)] vt (líquido) to stop; (sangue) to staunch. ◆ vi (sangue) to stop.

estância [iʃˈtãsja] f (quinta) ranch; ~ **hidromineral** spa.

estanho [iʃˈtaɲu] m tin.

estante [iʃˈtãntʃi] f bookcase.

estão [iʃˈtãw] → **estar**.

estar [iʃˈta(x)] vi -1. (com lugar) to be; (em casa) to be at home, to be in; **estarei no emprego às dez** I'll be at work at ten.

-2. (exprime estado) to be; **está quebrado** it's out of order; ~ **bem/mal de saúde** to be well/unwell; **está muito calor/frio** it's very hot/cold.

-3. (manter-se) to be; **estive esperando** I was waiting; **estive fora três anos** I lived abroad for three years; **deixe** ~ ... let it be ...

-4. (em locuções): **está bem** ou **certo!** OK!, all right!

❏ **estar a** v + prep (relativo a preço) to cost, to be; **o camarão está a 25 reais o quilo** shrimp cost ou are 25 reals a kilo.

❏ **estar de** v + prep: ~ **de baixa/férias** to be on sick leave/vacation; ~ **de saia** to be wearing a skirt.

❏ **estar para** v + prep: ~ **para fazer algo** to be about to do sthg; **estou para sair** I'm about to go out, I'm on my way out; **ele está para chegar** he'll be here any minute now; **não estou para brincadeiras** I'm not in the mood for silly games.

❏ **estar perante** v + prep (frente a) to be facing; **você está perante um gênio** you're in the presence of a genius.

❏ **estar por** v + prep (apoiar) to support; (por realizar): **a cama está por fazer** the bed hasn't been made yet; **a limpeza está por fazer** the cleaning hasn't been done yet.

❏ **estar sem** v + prep: **estou sem tempo** I don't have time; **estou sem dinheiro** I don't have any cash; **ele está sem comer há dois dias** he hasn't eaten for two days.

estardalhaço [iʃtaxdaˈʎasu] m racket.

estarrecer [iʃtaxeˈse(x)] vt to terrify.

estatal [iʃtaˈtaw] (pl -ais [-ajʃ]) adj state (antes de s).

estático, ca [iʃˈtatʃiku, ka] adj static.

estátua [iʃˈtatwa] f statue.

estatura [iʃtaˈtura] f stature.

estatuto [iʃtaˈtutu] m (regulamento) statute; (de pessoa) status.

este¹ [ˈɛʃtʃi] m east; **a** ou **no** ~ in the east; **a** ~ **de** east of.

este², esta [ˈɛʃtʃi, ˈɛʃta] adj this, these pl. ◆ pron this (one), these (ones) pl; **não o vi esta se-**

mana I haven't seen him this week.

esteira [iʃ'tejra] f *(de chão)* mat; *(de praia)* beach mat; *(em academia)* treadmill.

estender [iʃtẽn'de(x)] vt *(braços, pernas)* to stretch (out); *(jornal)* to spread out; *(roupa no varal)* to hang up; *(prazo, estadia)* to extend.
□ **estender-se** vp *(no espaço)* to stretch out; *(no tempo)* to go on.

estepe [iʃ'tɛpi] f spare tire.

estéreis → **estéril**.

estereofônico, ca [iʃterjo'foniku, ka] adj stereo(phonic).

estéril [iʃ'teriw] *(pl* **-reis** [-rejʃ]*)* adj infertile.

esterilizar [iʃterili'za(x)] vt to sterilize.

estética [iʃ'tetika] f aesthetics sg.

estetoscópio [iʃtetoʃ'kɔpju] m stethoscope.

esteve [iʃ'tevi] → **estar**.

estibordo [iʃtʃi'boxdu] m starboard.

esticar [iʃtʃi'ka(x)] vt to stretch.
□ **esticar-se** vp to stretch out.

estilo [iʃ'tʃilu] m style.

estima [iʃ'tʃima] f esteem.

estimar [iʃtʃi'ma(x)] vt to cherish.

estimativa [iʃtʃima'tʃiva] f estimate.

estimulante [iʃtʃimu'lãntʃi] adj stimulating. ◆ m stimulant.

estimular [iʃtʃimu'la(x)] vt to stimulate.

estipular [eʃtʃipu'la(x)] vt to stipulate.

estive [iʃ'tivi] → **estar**.

estojo [iʃ'toʒu] m set; ~ **(de lápis)** pencil case; ~ **de primeiros-socorros** first-aid kit.

estômago [iʃ'tomagu] m stomach.

estou [iʃ'to] → **estar**.

estourar [iʃto'ra(x)] vt *(balão, bola)* to burst. ◆ vi *(balão, bola)* to burst; *(pneu)* to blow out; *(bomba, explosivo)* to explode.

estouro [iʃ'toru] m *(de balão, bola, pneu)* bursting; *(ruído)* bang; **dar um** ~ *(zangar-se)* to blow a fuse.

estrábico, ca [iʃ'trabiku, ka] adj cross-eyed. ◆ m, f cross-eyed person.

estrada [iʃ'trada] f road, street; ~ **de pista dupla** divided highway *Am*, dual carriageway *Brit*; ~ **de ferro** railroad *Am*, railway *Brit*; ~ **secundária** ou **vicinal** minor road.

estragado, da [iʃtra'gadu, da] adj *(leite, comida)* off; *(pão)* stale; *(aparelho, máquina)* out of order.

estragar [iʃtra'ga(x)] vt *(aparelho, máquina)* to break; *(desperdiçar)* to waste.
□ **estragar-se** vp *(comida, leite)* to go off.

estrangeiro, ra [iʃtrã'ʒejru, ra] adj *(cidade, país, língua)* foreign. ◆ m, f *(pessoa)* foreigner.
◆ m: **o** ~ foreign countries *pl*; **ir para o** ~ to go abroad; **viver no** ~ to live abroad.

estranhar [iʃtraˈɲa(x)] *vt* to find strange.

estranho, nha [iʃˈtraɲu, ɲa] *adj* strange. ◆ *m, f* stranger.

estratégia [iʃtraˈtɛʒja] *f* strategy.

estrear [iʃtreˈa(x)] *vt (roupa, sapatos)* to wear for the first time. ◆ *vi (peça teatral)* to open; *(filme)* to première.

estréia [iʃˈtrɛja] *f (de ator)* debut; *(de peça teatral)* opening night; *(de filme)* première.

estreitar [iʃtrejˈta(x)] *vt (roupa)* to take in. ◆ *vi (estrada, caminho)* to narrow.

estreito, ta [iʃˈtrejtu, ta] *adj* narrow; *(roupa)* tight. ◆ *m (canal)* strait.

estrela [iʃˈtrela] *f* star; ~ **cadente** shooting star; **ver** ~ **s** *fig (ter dor violenta)* to see stars.

estremecer [iʃtremeˈse(x)] *vt* to shake. ◆ *vi (tremer)* to shake; *(assustar-se)* to be shaken.

estribo [iʃˈtribu] *m* stirrup.

estridente [iʃtriˈdẽtʃi] *adj* strident.

estrondo [iʃˈtrõndu] *m (som)* bang; *fig (pompa)* ostentation.

estropiar [iʃtroˈpja(x)] *vt* to maim.

estrume [iʃˈtrumi] *m* manure.

estrutura [iʃtruˈtura] *f* structure.

estuário [iʃˈtwarju] *m* estuary.

estudante [iʃtuˈdãntʃi] *mf* student.

estudar [iʃtuˈda(x)] *vt & vi* to study.

estúdio [iʃˈtudʒju] *m* studio; *(apartamento)* studio apartment.

estudioso, osa [iʃtuˈdʒjozu, ɔza] *adj* studious.

estudo [iʃˈtudu] *m* study; **em** ~ under consideration.

estupefação [iʃtupefaˈsãw] *f* astonishment.

estupefato, ta [iʃtupeˈfatu, ta] *adj* astounded.

estupendo, da [iʃtuˈpẽndu, da] *adj (extraordinário)* remarkable; *(ótimo)* great.

estupidez [iʃtupiˈdeʃ] *f* stupidity.

estúpido, da [iʃˈtupidu, da] *m, f* idiot.

estupro [iʃˈtupru] *m* rape.

estuque [iʃˈtuki] *m* plaster.

esvaziar [iʒvaˈzja(x)] *vt* to empty.

esvoaçar [iʒvwaˈsa(x)] *vi (ave)* to flutter.

etapa [iˈtapa] *f* stage; **fazer algo por** ~ **s** to do sthg by ou in stages; **queimar** ~ **s** to skip tasks.

eternidade [etexniˈdaʒi] *f* eternity; **demorar/esperar uma** ~ to take/wait ages.

eterno, na [eˈtexnu, na] *adj* eternal.

ética [ˈɛtʃika] *f* ethics *pl*.

ético, ca [ˈɛtʃiku, ka] *adj* ethical.

etiqueta [etʃiˈketa] *f (rótulo)* label, tag; *(social)* etiquette.

étnico, ca [ˈɛtniku, ka] *adj* ethnic.

eu [ˈew] *pron (sujeito)* I; **e** ~? what about me?; **sou** ~ it's me;

~ **mesmo** ou **próprio** (I) myself.

eucalipto [ewka'liptu] m eucalyptus.

eufemismo [ewfe'miʒmu] m euphemism.

euforia [ewfo'ria] f euphoria.

euro ['ewro] m euro.

Europa [ew'rɔpa] f: **a ~** Europe.

europeu, péia [ewru'pew, peja] adj & m, f European.

evacuação [evakwa'sãw] (pl **-ões** [-õjʃ]) f evacuation.

evacuar [eva'kwa(x)] vt to evacuate.

evadir-se [eva'dixsi] vp to escape.

Evangelho [evã'ʒeʎu] m: **o ~** the Gospel.

evaporar [evapo'ra(x)] vt to evaporate.

❑ **evaporar-se** vp (líquido) to evaporate; fig (desaparecer) to vanish.

evasão [eva'zãw] (pl **-ões** [-õjʃ]) f (de prisão, rotina) escape; (evasiva) evasion.

evasivo, va [eva'zivu, va] adj evasive.

evasões → evasão.

evento [e'vẽtu] m event.

eventual [evẽn'twaw] (pl **-ais** [-ajʃ]) adj (possível) possible.

evidência [evi'dẽsja] f evidence.

evidenciar [evidẽ'sja(x)] vt to show.

❑ **evidenciar-se** vp to draw attention to o.s.

evidente [evi'dẽtʃi] adj evident, obvious; **como é ~** obviously.

evitar [evi'ta(x)] vt to avoid; **~ que algo aconteça** to avoid sthg happening.

evocar [evo'ka(x)] vt to evoke.

evolução [evolu'sãw] f evolution.

evoluir [evo'lwi(x)] vi to evolve.

exagerar [ezaʒe'ra(x)] vt to exaggerate.

exagero [eza'ʒeru] m exaggeration, overstatement; **é um ~!** it's too much!; **sem ~** seriously.

exaltado, da [ezaw'tadu, da] adj exasperated.

exaltar [ezaw'ta(x)] vt (elogiar) to exalt; (irritar) to exasperate.

❑ **exaltar-se** vp (irritar-se) to lose one's temper.

exame [e'zami] m (escolar, universitário) exam; (médico) examination; **~ de sangue** blood test; **~ médico** medical examination; **~ vestibular** university entrance examination; **~ de direção** driving test.

examinar [ezami'na(x)] vt to examine.

exatamente [e,zata'mẽtʃi] adv exactly. ◆ interj exactly!

exatidão [ezatʃi'dãw] f (precisão) precision; (rigor) accuracy; **com ~** exactly.

exato, ta [e'zatu, ta] adj (preciso) precise; (rigoroso) accurate; (correto) correct.

exausto, ta [e'zawʃtu, ta] adj exhausted.

exaustor [ezawʃ'to(x)] (pl **-res** [-riʃ]) m extractor fan.

exceção [e(ʃ)se'sãw] (*pl* -ões [- õjʃ]) *f* exception; **~ de** except for; **sem ~** without exception.

excedente [ese'dẽtʃi] *m* surplus.

exceder [ese'de(x)] *vt* to exceed. □ **exceder-se** *vp (exagerar)* to go too far; *(enfurecer-se)* to lose one's temper; **~-se em** to overdo.

excelente [ese'lẽtʃi] *adj* excellent.

excêntrico, ca [e'sẽntriku, ka] *adj* eccentric.

excepcional [esepsjo'naw] (*pl* -ais [-ajʃ]) *adj* exceptional.

excerto [e'sextu] *m* excerpt.

excessivo, va [ese'sivu, va] *adj* excessive.

excesso [e'sɛsu] *m* excess; **em ~** too much; **~ de peso** *(relativo a bagagem)* excess baggage; *(relativo a pessoa)* excess weight; **~ de velocidade** speeding.

exceto [e'sɛtu] *prep* except, apart from.

excitação [esita'sãw] *f (entusiasmo)* excitement; *(irritação)* agitation.

excitado, da [esi'tadu, da] *adj (entusiasmado)* excited; *(irritado)* agitated.

excitante [esi'tãntʃi] *adj* exciting.

exclamação [iʃklama'sãw] (*pl* -ões [-õjʃ]) *f* exclamation.

exclamar [iʃkla'ma(x)] *vi* to exclaim.

excluir [iʃklu'i(x)] *vt* to exclude.

exclusivo, va [iʃklu'zivu, va] *adj & m* exclusive.

excursão [iʃkux'sãw] (*pl* -ões [-õjʃ]) *f (de ônibus)* field trip.

execução [ezeku'sãw] *f (de objeto)* production; *(de trabalho, plano, projeto)* execution; **pôr algo em ~** to put sthg into practice.

executar [ezeku'ta(x)] *vt (música, cena teatral)* to perform; *(desenho, pintura)* to produce; *(ordem, plano, trabalho)* to carry out; *(matar)* to execute.

executivo, va [ezeku'tivu, va] *m, f* executive.

exemplar [ezẽ'pla(x)] (*pl* -res [-riʃ]) *adj* exemplary. ◆ *m (de espécie, raça)* specimen; *(de livro, revista)* copy.

exemplo [e'zẽmplu] *m* example; **por ~** for example; **a título de ~** as an example; **bom/mau ~** good/bad example; **dar o ~** to set an example; **ser um ~** to be an example.

exercer [ezex'se(x)] *vt (profissão)* to practice; *(função)* to fulfil; *(influência)* to exercise. ◆ *vi* to practice; **ela exerceu o cargo de presidente vários anos** she was the president for several years.

exercício [ezex'sisju] *m* exercise; *(de profissão, atividade)* practice.

exercitar [ezexsi'ta(x)] *vt* to exercise. □ **exercitar-se** *vp* to exercise.

exército [e'zexsitu] *m* army.

exibição [ezebi'sãw] (*pl* -ões [-õjʃ]) *f* show; *(de peça teatral, filme)* showing.

exibir [ezi'bi(x)] *vt* to show;

(quadro, escultura) to exhibit.
❑ **exibir-se** *vp* to show off.

exigência [ezi'ʒẽsjɐ] *f* demand.

exigir [ezi'ʒi(x)] *vt* to demand.

existência [eziʃ'tẽsjɐ] *f* existence.

existir [eziʃ'ti(x)] *vi* to exist.

êxito ['ezitu] *m* success; **ter ~** to be successful.

exótico, ca [e'zɔtʃiku, ka] *adj* exotic.

expansão [iʃpã'sãw] *(pl* -ões [-õjʃ]) *f (progresso)* expansion; *(alegria)* expansiveness.

expansivo, va [iʃpã'sivu, va] *adj* expansive.

expansões → expansão.

expectativa [iʃpɛkta'tʃiva] *f* expectation; **ficar na ~ de** to expect.

expediente [iʃpe'dʒjẽtʃi] *m (de repartição, estabelecimento comercial)* business hours *pl*.

expedir [iʃpe'dʒi(x)] *vt* to dispatch.

experiência [iʃpe'rjẽsja] *f (ensaio)* experiment; *(conhecimento)* experience; **com ~** experienced.

experiente [iʃpe'rjẽtʃi] *adj* experienced.

experimentar [iʃperimẽ'ta(x)] *vt (máquina)* to test; *(carro)* to test-drive; *(roupa, calçado)* to try on; *(comida, bebida)* to try; *(sensação, emoção)* to experience.

expirar [iʃpi'ra(x)] *vt* to exhale. ◆ *vi (prazo)* to expire.

explicação [iʃplika'sãw] *(pl* -ões [-õjʃ]) *f* explanation.

explicar [iʃpli'ka(x)] *vt* to explain.
❑ **explicar-se** *vp* to explain o.s.

explícito, ta [iʃ'plisitu, ta] *adj* explicit.

explodir [iʃplo'dʒi(x)] *vi* to explode.

exploração [iʃplora'sãw] *f (investigação)* exploration; *(abuso)* exploitation.

explorar [iʃplo'ra(x)] *vt (investigar)* to explore; *(abusar de)* to exploit.

explosão [iʃplo'zãw] *(pl* -ões [-õjʃ]) *f* explosion.

expor [iʃ'po(x)] *vt (idéia)* to put forward; *(situação)* to explain; *(exibir)* to exhibit; *(produtos)* to display.
❑ **expor-se a** *vp* + *prep* to expose o.s. to.

exportação [iʃpoxta'sãw] *(pl* -ões [-õjʃ]) *f* export.

exportar [iʃpox'ta(x)] *vt* to export.

exposição [iʃpozi'sãw] *(pl* -ões [-õjʃ]) *f (de pintura, fotografia)* exhibition; *(em fotografia)* exposure; *(de produtos)* display; *(narração)* account; **em ~** on display.

exposto, ta [iʃ'poʃtu, ta] *adj (em exposição)* on show; *(produtos)* on display.

expressão [iʃpre'sãw] *(pl* -ões [-õjʃ]) *f* expression; **~ corporal** physical expression; **~ escrita** literacy; **~ oral** oral expression.

expressar [iʃpre'sa(x)] *vt* to express.

◻ **expressar-se** *vp* to express o.s.

expressivo, va [iʃpre'sivu, va] *adj* expressive.

expresso, a [iʃ'prɛsu, a] *adj* & *m* express.

expressões → **expressão**.

exprimir [iʃpri'mi(x)] *vt* to express.

◻ **exprimir-se** *vp* to express o.s.

expulsar [iʃpuw'sa(x)] *vt* to expel.

expulso, sa [iʃ'puwsu, sa] *pp* → **expulsar**. ◆ *adj* expelled.

extensão [iʃtẽ'sãw] (*pl* **-ões** [-õjʃ]) *f* extension; *(dimensão espacial)* extent; *(dimensão temporal)* duration.

extenso, sa [iʃ'tẽsu, sa] *adj* long; *(vasto)* extensive; **escrever algo por ~** to write sthg out in full.

extensões → **extensão**.

exterior [iʃte'rjo(x)] (*pl* **-res** [-riʃ]) *adj* outside; *(calma, aparência)* outward; *(política, comércio)* foreign. ◆ *m (parte exterior)* exterior; *(aparência)* outside; **o ~** *(o estrangeiro)* foreign countries *pl*; **para o/no ~** abroad.

externo, na [iʃ'tɛxnu, na] *adj* external.

extinção [iʃtĩ'sãw] *f* extinction.

extinguir [iʃtĩŋ'gi(x)] *vt (fogo)* to extinguish, to put out; *(lei, norma)* to abolish.

◻ **extinguir-se** *vp (apagar-se)* to go out; *(desaparecer)* to become extinct, to die out.

extinto, ta [iʃ'tʃĩntu, ta] *pp* →

extinguir. ◆ *adj (espécie animal, vegetal)* extinct; *(fogo)* extinguished; *(lei, norma)* defunct.

extintor [iʃtĩn'to(x)] (*pl* **-res** [-riʃ]) *m*: **~ (de incêndio)** fire extinguisher.

extra ['eiʃtra] *adj* extra. ◆ *m (de automóvel)* spare part; *(em despesa)* extras *pl*; *(em emprego)* perk.

extração [iʃtra'sãw] (*pl* **-ões** [-õjʃ]) *f* extraction; *(de órgão)* removal; *(de loteria)* draw.

extrações → **extração**.

extraditar [iʃtradʒi'ta(x)] *vt* to extradite.

extrair [iʃtra'i(x)] *vt* to extract; *(número de loteria)* to draw; **~ algo de algo** to extract sthg from sthg.

extraordinário, ria [iʃtraordʒi'narju, rja] *adj* extraordinary.

extrato [iʃ'tratu] *m* extract; *(de conta bancária)* statement.

extraviar [iʃtravi'a(x)] *vt* to lose.

◻ **extraviar-se** *vp* to get lost.

extremidade [iʃtremi'dadʒi] *f* extremity.

extremo, ma [iʃ'tremu, ma] *adj (decisão, medida)* drastic; *(temperatura, condição)* extreme. ◆ *m* extreme; **em caso ~** if the worst comes to the worst; **ir de um ~ ao outro** *fig* to go from one extreme to the other; **chegar ao ~** to go to extremes.

extrovertido, da [iʃtrovex-'tʃidu, da] *adj* outgoing.

exuberante [ezube'rãntʃi] *adj*

(pessoa) exuberant; *(roupa)* garish; *(vegetação)* lush.

exumar [ezu'ma(x)] *vt* to exhume.

F

fábrica ['fabrika] *f* factory.

fabricante [fabri'kãntʃi] *m* manufacturer.

fabricar [fabri'ka(x)] *vt* to make, to manufacture.

fabrico [fa'briku] *m* manufacture.

fabuloso, osa [fabu'lozu, ɔza] *adj* fabulous.

faca ['faka] *f* knife.

face ['fasi] *f* face; **fazer ~ a** to face up to; **em ~** opposite; **em ~ de** in view of; **~ a ~** face to face.

fáceis → fácil.

fachada [fa'ʃada] *f* façade; **de ~** for appearances only.

fácil ['fasiw] *(pl* -ceis [-sejʃ]) *adj* easy.

facilidade [fasili'dadʒi] *f (destreza)* ease; *(aptidão)* aptitude; **com ~** with ease.

facilitar [fasili'ta(x)] *vt* to facilitate.

faço ['fasu] → fazer.

faculdade [fakuw'dadʒi] *f* faculty.

facultativo, va [fakuwta'tʃivu, va] *adj* optional.

fada ['fada] *f* fairy.

fadiga [fa'dʒiga] *f* fatigue.

fagulha [fa'guʎa] *f* spark.

faisão [faj'zãw] *(pl* -ões [-õjʃ]) *m* pheasant.

faísca [fa'iʃka] *f* spark.

faisões → faisão.

faixa ['fajʃa] *f (em estrada)* lane; *(para cintura)* cummerbund; *(ligadura)* bandage; **~ (de pedestres)** pedestrian crossing; **~ de rodagem** lane.

fala ['fala] *f (dom de falar)* speech.

falador, deira [fala'do(x), dej'ra] *(mpl* -res [-riʃ], *fpl* -s [-ʃ]) *adj* talkative. ◆ *m, f* chatterbox.

falar [fa'la(x)] *vi* to talk, to speak. ◆ *vt (idioma)* to speak; **~ com alguém** to speak to sb; **~ de** to talk about; **para ~ a verdade** to tell the truth; **sem ~ em** not to mention; **~ claro** to speak clearly; **~ pelos cotovelos** to talk a lot; **~ a sério** to be serious.

falecer [fale'se(x)] *vi* to pass away.

falecimento [falesi'mẽntu] *m* death.

falência [fa'lẽsja] *f* bankruptcy; **ir à ~** to go bankrupt.

falha ['faʎa] *f (em terreno, sistema)* fault; *(lacuna)* omission.

falhar [fa'ʎa(x)] *vt* to miss. ◆ *vi* to fail; *(não acertar)* to miss.

falido, da [fa'lidu, da] *adj* bankrupt.

falir [fa'li(x)] *vi* to go bankrupt.

falsificar [fawsifi'ka(x)] *vt* to forge.

falso, sa ['fawsu, sa] *adj* false; *(documento, passaporte)* forged; *(dinheiro)* counterfeit; *(jóia, pele)* fake. ◆ *adv*: **jurar em ~** to commit perjury.

falta ['fawta] *f* fault; *(carência)* lack; *(em futebol)* foul; *(infração)* offense; **este aluno tem muitas ~s** this student has a very poor attendance record; **~ d'água** water shortage; **~ de educação/tato** lack of manners/tact; **sinto ~ de um relógio** I need a watch; **sentir ~ de** to miss; **na ~ de algo melhor** for want of anything better; **fazer ~** to be lacking; **fazer algo sem ~** to do sthg without fail; **por ~ de** for lack of.

faltar [faw'ta(x)] *vi (não haver)* to be missing; *(estar ausente)* to be absent; **falta muito para as férias** the vacation is a long way off; **falta pouco para o trem chegar** the train will arrive soon; **falta sal na comida** the food needs salt; **faltam 5 km para chegarmos lá** we've 5 km to go before we get there; **era só o que faltava!** that's all we needed!; **~ às aulas** to play hooky; **~ ao trabalho** not to turn up to work; **~ à palavra** to break one's word; **~ com o respeito a alguém** to disrespect sb.

fama ['fama] *f (renome)* fame; *(reputação)* reputation; **ter ~ de ser bom/mau** *(lugar)* to have a good/bad reputation.

família [fa'milja] *f* family; **em ~** among friends.

familiar [famili'a(x)] *(pl* **-res** [-riʃ]) *adj (ambiente, atmosfera)* informal; *(da família)* family *(antes de s)*. ◆ *m* relative.

faminto, ta [fa'mĩntu, ta] *adj* starving.

famoso, osa [fa'mozu, ɔza] *adj* famous.

fanático, ca [fa'natʃiku, ka] *adj* fanatical. ◆ *m, f* fanatic.

fantasia [fãnta'zia] *f (capricho)* fantasy; *(imaginação)* imagination; *(disfarce)* costume.

fantasiar [fãntazi'a(x)] *vi* to fantasize.
❑ **fantasiar-se** *vp* to dress up *(in costume)*; **~-se de** to dress up as.

fantasma [fãn'taʒma] *m* ghost.

fantástico, ca [fãn'taʃtʃiku, ka] *adj* fantastic. ◆ *interj* fantastic!

fantoche [fãn'tɔʃi] *m* puppet.

farda ['faxda] *f* uniform.

farei [fa'rej] → **fazer**.

farinha [fa'riɲa] *f* flour; **~ de centeio** rye flour; **~ integral** wholewheat flour; **~ de mandioca** ou **de mesa** cassava flour; **~ de milho** cornstarch *Am*, cornflour *Brit*; **~ de rosca** breadcrumbs *pl*; **~ de trigo** all-purpose flour.

farmacêutico, ca [farma'sewtiku, ka] *adj* pharmaceutical. ◆ *m, f* pharmacist.

farmácia [fax'masja] *f (estabelecimento)* pharmacy; *(ciência)* pharmacy.

faro

faro ['faru] *m* sense of smell.

farol [fa'rɔw] (*pl* **-óis** [-ɔjʃ]) *m* (*de veículo*) headlight; (*de trânsito*) traffic light; (*torre*) lighthouse; ~ **alto** high beam *Am*, full beam *Brit*; ~ **baixo** dipped beam.

farpa ['faxpa] *f* (*de madeira*) splinter; (*de metal*) hook; (*de arame*) barb.

farra ['faxa] *f*: **vamos cair na ~!** let's paint the town red!

farsa ['faxsa] *f* farce.

fartar-se [fax'taxsi] *vp* (*saciar-se*) to stuff o.s.; (*cansar-se*) to get fed up; ~**-se de** (*comida*) to stuff o.s. with; (*trabalho, pessoa*) to get fed up with.

farto, ta ['faxtu, ta] *adj* (*saciado*) full; **estar ~ (de)** (*cansado de*) to be fed up (with).

fartura [fax'tura] *f* abundance.

fascismo [fa'siʒmu] *m* fascism.

fascista [fa'siʃta] *adj* & *mf* fascist.

fase ['fazi] *f* phase.

fatal [fa'taw] (*pl* **-ais** [-ajʃ]) *adj* fatal.

fatia [fa'tʃia] *f* slice.

fatigante [fati'gãntʃi] *adj* exhausting.

fato ['fatu] *m* fact; **ser ~ consumado** to be a fait accompli; **de ~** indeed; **pelo ~ de** because, due to the fact that.

fator [fa'to(x)] (*mpl* **-res** [-riʃ]) *m* factor.

fatura [fa'tura] *f* invoice.

fauna ['fawna] *f* fauna.

favela [fa'vɛla] *f* shantytown, slum.

FAVELAS

These shantytowns are the antithesis of the picture-postcard views on sale in all major Brazilian cities. Made up of makeshift shacks, they spread for miles across marginal land in and around the main population centers, painting all too vivid a portrait of the poverty that underpins life for so many Brazilians. The population of some of these "favelas" reaches into hundreds of thousands. Often there is no sanitation, no fresh drinking water and little police protection available for the people living there.

favor [fa'vo(x)] (*pl* **-res** [-riʃ]) *m* favor; **'por ~ feche a porta'** 'please close the door'; **faça o ~ de entrar** do come in; **faz ~ (para chamar a atenção)** excuse me; **fazer um ~ a alguém** to do sb a favor; **ser a ~ de** to be in favor of; **por ~** please.

favorável [favo'ravew] (*pl* **-eis** [-ejʃ]) *adj* favorable; **o resultado nos foi ~** the result was in our favor; **ser a ~ a algo** to be in favor of sthg.

favores → **favor**.

favorito, ta [favo'ritu, ta] *adj* favorite. ◆ *m, f*: **o/a ~/a favorita** (*em competição*) the favorite.

fax ['faksi] (*pl* **-es** [-ʃ]) *m* (*mensagem*) fax; (*aparelho*) fax machine; ~ **modem** fax modem; **mandar um** ~ to send a fax.

faz [faʃ] → **fazer**.

fazenda [fa'zẽnda] f *(propriedade)* farm; *(tecido)* cloth.

fazendeiro, ra [fazẽn'dejru, ra] m, f farmer.

fazer [fa'ze(x)] vt -1. *(produzir)* to make; ~ **muito barulho** to make a lot of noise; ~ **planos/um vestido** to make plans/a dress; ~ **uma pergunta** to ask a question.

- 2. *(comida)* to cook.

- 3. *(gerar)* to produce.

- 4. *(realizar)*: **estou fazendo um curso de computadores** I'm taking a computer course; **vamos** ~ **uma festa** let's have a party.

- 5. *(praticar)* to do; **você devia** ~ **mais exercício** you should exercise more; **faço jogging todas as manhãs** I go jogging every morning.

- 6. *(cama)* to make; ~ **a cama** to make the bed.

- 7. *(transformar)* to make; ~ **alguém feliz** to make sb happy.

- 8. *(anos)*: **faço anos amanhã** it's my birthday tomorrow; **fazemos cinco anos de casados** we've been married (for) five years.

- 9. *(obrigar)* to make; ~ **alguém fazer algo** to make sb do sthg; ~ **alguém rir/chorar** to make sb laugh/cry.

- 10. *(cálculo, conta)* to do; **faz a conta para ver quanto é** to work

out the check to see what it comes to.

◆ vi -1. *(causar)*: ~ **bem/mal a algo** to be good/bad for sthg; ~ **bem/mal a alguém** *(coisa)* to be good/bad for sb; ~ **mal a alguém** *(pessoa)* to hurt sb.

- 2. *(obrigar)*: **faça (com) que ele venha** make him come; *(imaginar)*: ~ **de conta que ...** to pretend that ...

◆ v impess -1.: **faz frio/calor** it's cold/hot.

- 2. *(tempo)*: **faz um ano que não o vejo** it's been a year since I last saw him; **faz tempo que estou à espera** I've been waiting for a while; **o Sérgio partiu faz três meses** Sérgio left three months ago.

- 3. *(importar)*: **não faz mal se está quebrado** it doesn't matter if it's broken; **tanto faz** it doesn't matter.

◻ **fazer-se** vp *(preparar-se)* to be made; *(ser correto)*: **é assim que se faz** that's the way to do it; ~**-se com** *(ser preparado com)* to be made with.

◻ **fazer-se de** vp + prep *(pretender ser)*: ~**-se de tolo** to act stupid; ~**-se de desentendido** to feign ignorance.

fé [fɛ] f faith; **de boa/má** ~ in good/bad faith.

febre ['fɛbri] f MED fever; **estar com** ~ to have a temperature.

fechado, da [fe'ʃadu, da] adj shut, closed; *(torneira)* turned off; *(flor)* unopened; fig *(pessoa)* reserved; '~ **para balanço**' 'closed for stocktaking'.

fechadura [fe∫a'dura] f lock.

fechar [fe'∫a(x)] vt (porta, janela) to shut, to close; (carro) to lock; (torneira) to turn off; (negócio) to close; (loja, estabelecimento, fábrica) to close down. ♦ vi (ferida) to heal; (estabelecimento) to shut, to close; ~ algo à chave to lock sthg.

❑ **fechar-se** vp (encerrar-se) to shut o.s. up ou away; (calar-se) to withdraw (into o.s.).

fecho ['fe∫u] m (de peça de vestuário) zipper Am, zip Brit; (de porta, janela) lock; (de espetáculo, acontecimento) end; (de colar, pulseira) fastener; ~ ecler zipper Am, zip Brit.

fecundar [fekũn'da(x)] vt to fertilize.

federação [federa'sãw] (pl -ões [-õj∫]) f federation.

feijão [fej'ʒãw] (pl -ões [-õj∫]) m bean.

feijoada [fej'ʒwada] f black bean stew.

FEIJOADA

The Brazilian "feijoada" (bean stew) is not only a traditional dish, but also a social event. Made with black beans, salt beef and various cuts of pork, the dish is served with white rice and "farofa" (fried cassava flour), seasoned spring greens and peeled oranges. Often held on Saturdays, "feijoadas" begin at noon and last all day. The food is accompanied by copious quantities of cold beer and "caipirinha" (a cachaça-based cocktail).

feijões → feijão.

feio, feia ['fejo, 'feja] adj ugly; (atitude, situação) nasty; **fazer** ~ to commit a faux pas.

feira ['fejra] f market; ~ livre street market; ~ do livro book fair; **fazer a** ~ to go to the market.

feiticeira [fejt∫i'sejra] f witch.

feiticeiro [fejt∫i'sejru] m wizard.

feitiço [fej't∫isu] m spell.

feitio [fej't∫iu] m (forma) shape; (caráter) temper; (de peça de vestuário) cut; **trair não é do seu** ~ betrayal is not his style.

feito, ta ['fejtu, ta] pp → fazer. ♦ adj (realizado) finished, done; (adulto) mature. ♦ m (façanha) deed; ~ à mão handmade; ~ sob medida made-to-measure; ~ de made of; **dito e** ~ no sooner said than done.

fel ['fɛw] m bile.

felicidade [felisi'dadʒi] f (contentamento) happiness; (boa sorte) luck; ~ s! all the best!

felicitar [felisi'ta(x)] vt to congratulate; ~ **alguém por algo** to congratulate sb on sthg.

feliz [fe'liʒ] (pl -zes [-ziʃ]) adj happy; (afortunado) lucky; (bem executado) successful; **Feliz aniversário!** Happy birthday!; **Feliz Ano-Novo!** Happy New Year!

felizmente [feliʒˈmẽntʃi] *adv* fortunately.

felpudo, da [few'pudu, da] *adj* fluffy.

feltro ['fewtru] *m* felt.

fêmea ['femja] *f* female.

feminino, na [femi'ninu, na] *adj (característico)* feminine; *(sexo)* female. ◆ *m* LING feminine.

feminismo [femeˈniʒmu] *m* feminism.

feminista [femiˈniʃta] *mf* feminist.

fenda ['fẽda] *f* crack.

feno ['fenu] *m* hay.

fenomenal [fenomeˈnaw] *(pl -ais [-ajʃ]) adj* phenomenal.

fenômeno [feˈnomenu] *m* phenomenon.

fera ['fɛra] *f* wild animal; **ficar uma** ~ to get really mad; **ser** ~ **(em algo)** to be a real whizz (at sthg).

feriado [feˈrjadu] *m* holiday; ~ **nacional** public holiday; ~ **religioso** saint's day.

férias ['fɛrjaʃ] *fpl* vacation *sg*; **estar de** ou **em** ~ to be on vacation; **tirar** ~ to go on vacation.

ferida [feˈrida] *f (ferimento)* wound, → **ferido**.

ferido, da [feˈridu, da] *adj (em acidente, queda)* injured; *(em combate)* wounded; *fig (ofendido)* hurt. ◆ *m, f*: **houve 20** ~**s** 20 people were injured.

ferimento [feriˈmẽntu] *m (de queda, acidente)* injury; *(de arma)* wound.

ferir [feˈri(x)] *vt* to hurt; *(com arma)* to wound. □ **ferir-se** *vp (em queda, acidente)* to hurt o.s.

fermentar [fexmẽnˈta(x)] *vi* to ferment.

fermento [fexˈmẽntu] *m* yeast.

feroz [feˈrɔʃ] *(pl -zes [-ziʃ]) adj* fierce.

ferradura [fexaˈdura] *f* horseshoe.

ferramenta [fexaˈmẽnta] *f* tool.

ferro ['fɛxu] *m* iron.

ferrolho [feˈxoʎu] *m* bolt.

ferro-velho [ˌfɛxuˈvɛʎu] *(pl ferros-velhos* [ˌfɛxuʒˈvɛʎuʃ]*) m* scrapyard.

ferrovia [fexoˈvia] *f* railroad.

ferrugem [feˈxuʒẽ] *f (de metal)* rust.

fértil ['fɛxtiw] *(pl -eis [-ejʃ]) adj* fertile.

fertilidade [fextʃiliˈdadʒi] *f* fertility.

ferver [fexˈve(x)] *vt* to boil. ◆ *vi (leite, água)* to boil; *fig (de raiva, indignação)* to rage.

fervor [fexˈvo(x)] *m* fervor.

fervura [fexˈvura] *f*: **cozer algo até levantar** ~ to bring sthg to the boil.

festa ['fɛʃta] *f* party; **boas** ~**s!** Merry Christmas and a Happy New Year!; ~**s juninas** Brazilian religious festivals held in June in honor of St. John, St. Anthony and St. Peter.

These were introduced to Brazil by the Portuguese for whom Saint John's day, on the 24th of June, is one of the oldest and most popular celebrations of the year. The festivities traditionally begin after the 12th of June, on the eve of Saint Anthony's day, and last until the 29th, which is Saint Peter's day. There are bonfires, folk dancing, fireworks, and typical refreshments are served.

festejar [feʃte'ʒa(x)] vt to celebrate.

festival [feʃtʃi'vaw] (pl **-ais** [-ajʃ]) m (de música, cinema) festival; (de canção) contest.

feto ['fɛtu] m (embrião) fetus.

fevereiro [feve'reiru] m February. → **setembro**.

fez ['fɛʒ] → **fazer**.

fiado ['fjadu] adj (a crédito) on credit; **comprar/vender** ~ to buy/sell on credit.

fiar [fi'a(x)] vt (linho, lã) to spin. ◆ vi (vender a crédito) to sell on credit.

☐ **fiar-se em** vp + prep to trust.

fibra ['fibra] f fiber; fig (coragem) courage; ~ (acrílica) acrylic; ~ **de vidro** fiberglass; ~ **ótica** fiber optics.

ficar [fi'ka(x)] vi (permanecer) to stay; (estar situado) to be; (restar) to be left (over); (rico, gordo) to get; **ele ficou todo corado** he

went bright red; **essa roupa não lhe fica bem** those clothes don't suit you; **fiquei trabalhando até tarde** I worked late; ~ **bom** to come out well; ~ **ruim** to come out badly; ~ **(com alguém)** (namorar) to date (sb); ~ **de fazer algo** to promise to do sthg; ~ **em primeiro lugar** (em prova, concurso, corrida) to come first; ~ **por** (custar) to come to; ~ **sem algo** to be left without sthg; ~ **com o troco** to keep the change; ~ **com raiva** to get angry.

ficção [fik'sãw] f fiction; ~ **científica** science fiction.

ficha ['fiʃa] f (médica, policial) record; (formulário) form; (em lanchonete) ticket; (de jogo) tokens.

fictício, cia [fik'tʃisju, sja] adj fictional.

fidelidade [fideli'dadʒi] f fidelity; ~ **(conjugal)** faithfulness (to one's partner).

fiel ['fjɛw] (pl **-éis** [-ɛiʃ]) adj faithful. ◆ mf believer.

figa ['figa] f: **fazer** ~ to cross one's fingers.

fígado ['figadu] m liver.

figo ['figu] m fig; ~**s secos** dried figs.

figura [fi'gura] f figure; **fazer boa/má** ~ to come across well/badly; **ser uma** ~ to be a real character.

figurante [figu'rãtʃi] mf extra.

figurar [figu'ra(x)]: **figurar em** v + prep to appear in.

fila ['fila] f line Am, queue Brit;

em ~ **(indiana)** in single file.
filarmônica [filax'monika] f
philharmonic orchestra.
filé [fi'lɛ] m fillet.
fileira [fi'lejra] f row.
filho, lha ['fiʎu, ʎa] m, f son; **os
nossos ~s** our children.
filhote [fi'ʌɔtʃi] m (de raposa, urso etc.) cub; (de cadela) puppy.
filmadora [fiwma'dora] f:
~ **(de vídeo)** camcorder.
filmar [fiw'ma(x)] vt to film, to
shoot.
filme ['fiwmi] m (de cinema)
movie Am, film Brit; (de máquina
fotográfica) film.
filosofia [filozo'fia] f philosophy.
filósofo, fa [fi'lɔzofu, fa] m, f
philosopher.
filtrar [fiw'tra(x)] vt to filter.
filtro ['fiwtru] m filter.
fim ['fĩ] (pl -ns [-ʃ]) m end; (objetivo) aim; **ter por ~ fazer algo**
to aim to do sthg; **ter um ~ em
vista** to have an end in mind; **o
~ do mundo** (lugar distante) the
back of beyond; (desgraça total)
the end of the world; **a ~ de** in
order to; **no ~** in the end; **ao
~ e ao cabo** at the end of the
day; **estar a ~ de** (coisa) to
want; (pessoa) to have a crush
(on); ~ **de semana** weekend.
final [fi'naw] (pl -ais [-ajʃ]) adj &
f (último) final. ◆ m end.
finalidade [finali'dadʒi] f (objetivo) aim, purpose; (de máquina)
application.
finalista [fina'liʃta] mf (em competição) finalist.

finanças [fi'nãsaʃ] fpl finances.
fingir [fĩ'ʒi(x)] vt to pretend.
fino, na ['finu, na] adj (fio, cabelo) fine; (roupa) elegant; (hotel,
restaurante) exclusive; (pessoa) refined; **ele é gente fina** (bom)
he's a good guy.
fins → fim.
fio ['fiu] m (de matéria têxtil)
thread; (elétrico) wire; (de líquido)
trickle; ~ **dental** dental floss;
perder o ~ da meada to lose
one's thread; **sem ~** wireless.
firma ['fixma] f (empresa) firm.
firme ['fixmi] adj firm.
firmeza [fix'meza] f (solidez)
firmness; (estabilidade) stability;
fig (perseverança) resolve.
fiscal [fiʃ'kaw] (pl -ais [-ajʃ]) adj
fiscal. ◆ mf (tax) inspector.
fisco ['fiʃku] m (instituição) ≃
the Internal Revenue Service
Am, ≃ the Inland Revenue Brit.
física ['fizika] f (ciência) physics
sg → físico.
físico, ca ['fiziku, ka] adj physical. ◆ m (de pessoa) physique.
◆ m, f (profissão) physicist.
fisioterapia [ˌfizjotera'pia] f
physiotherapy.
fita ['fita] f (cassete) cassette;
(de tecido) ribbon; (fingimento)
pretense; (filme) film; ~ **(de
cabelo)** hairband; ~ **durex**® ≃
Scotch tape® Am, ≃ Sellotape®
Brit; ~ **(para máquina de escrever)** typewriter ribbon; ~ **métrica** tape measure; ~ **de vídeo**
videocassette ou videotape; **fazer
~** (fingir) to put on an act.
fitar [fi'ta(x)] vt to stare at.

fixador [fiksaˈdo(x)] (pl -res [-riʃ]) m (de cabelo) hairspray; (em fotografia, desenho) fixative.

fixar [fikˈsa(x)] vt to fix; (aprender de cor) to memorize. ❑ **fixar-se** vp (estabelecer-se) to establish o.s.

fixo, xa [ˈfiksu, ksa] pp → fixar. ◆ adj fixed; (cor) fast.

fiz [fiʒ] → fazer.

flanco [ˈflãŋku] m flank.

flanela [flaˈnɛla] f flannel.

flash [ˈflaʃi] m flash.

flauta [ˈflawta] f flute; ~ doce recorder; ~ de pã panpipes pl.

flecha [ˈflɛʃa] f arrow.

flexível [flɛkˈsivew] (pl -eis [-ejʃ]) adj flexible.

fliperama [flipeˈrama] m pinball sg; **jogar** ~ to play pinball.

floco [ˈflɔku] m (de pêlo, lã) fuzz; ~ **de neve** snowflake; ~**s de aveia** oatmeal sg.

flor [floˈ(x)] (pl -res [-riʃ]) f flower; **em** ~ in bloom; **ter os nervos à** ~ **da pele** to be highly strung; **estar na** ~ **da idade** to be in one's prime.

floresta [floˈrɛʃta] f forest.

florido, da [floˈridu, da] adj (árvore, campo, jardim) full of flowers; (tecido, papel) flowery.

florista [floˈriʃta] mf florist. ◆ f florist.

fluência [fluˈẽsja] f fluency.

fluentemente [fluˌẽtʃiˈmẽtʃi] adv fluently.

fluido, da [ˈfluidu, da] adj fluid. ◆ m (líquido) fluid; (força misteriosa) vibes pl.

flúor [ˈfluɔ(x)] m fluoride.

fluorescente [flureʃˈsẽtʃi] adj fluorescent.

flutuante [fluˈtwãtʃi] adj (objeto) floating; (preço, inflação, temperatura) fluctuating.

flutuar [fluˈtwa(x)] vi to float.

fluvial [fluˈvjaw] (pl -ais [-ajʃ]) adj river (antes de s).

fluxo [ˈfluksu] m flow.

fobia [foˈbia] f phobia.

focinho [foˈsiɲu] m snout.

foco [ˈfɔku] m (em fotografia, cinema) focus; (de luz, lâmpada) beam; (de atenção) focus; (de doença) center; **fora de** ~ out of focus.

fofo, fa [ˈfofu, fa] adj soft.

fofoca [foˈfɔka] f (mexerico) piece of gossip.

fogão [foˈgãw] (pl -ões [-õjʃ]) m stove Am, cooker Brit; ~ **a lenha** wood stove.

foge [ˈfɔʒi] → fugir.

fogem [ˈfɔʒẽ] → fugir.

fogo [ˈfogu] (pl fogos [ˈfoguʒ]) m fire; ~ **de artifício** fireworks.

fogões → fogão.

fogueira [foˈgejra] f bonfire.

foguete [foˈgetʃi] m rocket.

foi [ˈfoj] → ser, ir.

folclore [fowˈklɔri] m folklore.

folclórico, ca [fowˈklɔriku, ka] adj (música, dança) folk (antes de s).

fôlego [ˈfolegu] m breath; **tomar** ~ to get one's breath back.

folga [ˈfowga] f (de trabalho) day off; (espaço livre) gap; **estar de** ~ to have the day off.

folha [ˈfoʎa] f (de planta, árvore)

leaf; *(de jornal, livro, revista)* page; ~ **de alumínio** aluminum foil; ~ **(de papel)** sheet of paper; ~ **de pagamento** payroll; ~ **pautada** lined paper.

folhagem [foˈʎaʒe] *f* foliage.

folhear [foˈʎja(x)] *vt* to leaf through.

folheto [foˈʎetu] *m* leaflet.

fome [ˈfɔmi] *f* hunger; **estar com** *ou* **ter** ~ to be hungry; **passar** ~ to go hungry, to starve.

fone [ˈfɔni] *m (de telefone)* receiver, handset; **pôr o** ~ **no gancho** to hang up.

fonética [foˈnɛtʃika] *f* phonetics *sg*.

fonte [ˈfõtʃi] *f (de água mineral)* spring; *(chafariz)* fountain; *fig (de texto, informação)* source.

fora [ˈfɔra] *adv (no exterior)* out; *(no estrangeiro)* abroad. ◆ *prep* apart from. ◆ *interj* get out!; ~ **de série** extraordinary; ' ~ **de serviço** 'out of order'; **estar/ficar** ~ **de si** to be beside o.s.; ~ **de mão** *(lugar)* out of the way; **lá** ~ *(no estrangeiro)* abroad; *(no exterior)* outside; **dar um** ~ **em alguém** to give sb the cold shoulder.

foram [foˈrãw] → **ser, ir.**

força [ˈfoxsa] *f (energia)* strength; *(militar, policial)* force; ~ **de vontade** will power; **as** ~ **s armadas** the armed forces; **à** ~ by force; **por** ~ **de** by force of; **não cheguei na hora por razões de** ~ **maior** I didn't arrive on time for reasons beyond my control.

forçar [foxˈsa(x)] *vt* to force.

forma [ˈfɔxma] *f* shape; *(maneira)* way; **de** ~ **que** so that; **de qualquer** ~ anyway; **em** ~ **de** in the shape of; **em** ~ **de estrela** star-shaped; **estar em** ~ to be in shape.

fôrma [ˈfoxma] *f (de bolos)* cake pan; *(de sapatos)* shoe tree.

formação [foxmaˈsãw] *(pl* **-ões** [-õjʃ]) *f* formation; *(educação)* education; *(profissional)* training.

formal [foxˈmaw] *(pl* **-ais** [-ajʃ]) *adj* formal.

formalidade [foxmaliˈdadʒi] *f* formality.

formar [foxˈma(x)] *vt* to form; *(educar)* to educate; *(profissionais)* to train.
□ **formar-se** *vp (terminar curso universitário)* to graduate.

formatar [foxmaˈta(x)] *vt* to format.

formidável [foxmiˈdavew] *(pl* **-eis** [-ejʃ]) *adj* fantastic.

formiga [foxˈmiga] *f* ant.

fórmula [ˈfɔxmula] *f* formula.

formular [foxmuˈla(x)] *vt (palavra, frase)* to formulate; *(desejo)* to express.

formulário [foxmuˈlarju] *m* form.

fornecedor, ra [foxneseˈdo(x), ra] *(mpl* **-res** [-riʃ], *fpl* **-s** [-ʃ]) *m, f (de estabelecimento)* supplier; *(de droga)* dealer.

fornecer [foxneˈse(x)] *vt* to supply.

forno [ˈfoxnu] *m* oven.

forquilha [foxˈkiʎa] *f* pitchfork *Am*, fork *Brit*.

forrar [fo'xa(x)] *vt* to line.

fortalecer [foxtale'se(x)] *vt* to strengthen.

fortaleza [foxta'leza] *f* fortress.

forte ['fɔxtʃi] *adj* strong; *(calor, dor)* intense; *(chuva)* heavy; *(voz, som)* loud; *(comida)* filling; *(golpe, choque)* hefty; *(bebida)* stiff. ◆ *m* fort; **ser ~ em algo** to be very good at sthg.

fortuna [fox'tuna] *f* fortune.

fósforo ['fɔʃforu] *m (de acender)* match.

fossa ['fɔsa] *f* septic tank; **estar na ~** *fig (deprimido)* to be down in the dumps.

fóssil ['fɔsiw] *(pl* **-eis** [-ejʃ]) *m* fossil.

fosso ['fosu] *m* moat.

foste ['fɔʃtʃi] → **ser, ir.**

foto ['fɔtu] *f* photo.

fotocópia [foto'kɔpja] *f* photocopy, Xerox®.

fotografar [fotogra'fa(x)] *vt* to photograph.

fotografia [fotogra'fia] *f (arte)* photography; *(objeto)* photograph.

fotógrafo, fa [fo'tɔgrafu, fa] *m, f* photographer.

foz [fɔʃ] *f* river mouth.

fração [fra'sãw] *(pl* **-ões** [-õjʃ]) *f* fraction; **numa ~ de segundo** in a split second.

fracasso [fra'kasu] *m* failure.

fraco, ca ['fraku, ka] *adj* weak; *(dor)* slight; *(chuva, vento)* light; *(voz, som)* faint; *(qualidade)* poor; **ter um ~ por alguém**

fig (paixão) to have a crush on sb.

frações → **fração.**

frágil ['fraʒiw] *(pl* **-geis** [-ʒejʃ]) *adj* fragile.

fragmento [frag'mẽntu] *m* fragment.

fragrância [fra'grãsja] *f* fragrance.

fralda ['frawda] *f* diaper *Am,* nappy *Brit;* **~s descartáveis** disposable diapers.

framboesa [frãm'bweza] *f* raspberry.

França ['frãsa] *f:* **a ~** France.

francamente [ˌfrãŋka'mẽntʃi] *adv* frankly. ◆ *interj* honestly!

francês, esa [frã'seʃ, eza] *(mpl* **-eses** [-eziʃ], *fpl* **-s** [-ʃ]) *adj & m* French. ◆ *m, f (pessoa)* Frenchman; **os franceses** the French.

franco, ca ['frãŋku, ka] *adj* frank; **para ser ~ ...** to be quite honest ...

frango ['frãŋgu] *m* chicken; *(em futebol)* sitter; **~ assado** roast chicken.

franja ['frãʒa] *f (de toalha, cortina, sofá)* fringe; *(de cabelo)* bangs *pl Am,* fringe *Brit.*

franqueza [frãŋ'keza] *f* frankness; **com ~** frankly.

franquia [frãŋ'kia] *f* COM franchise; *(selo postal)* postage; *(isenção)* exemption.

fraqueza [fra'keza] *f* weakness.

frasco ['fraʃku] *m* bottle.

frase ['frazi] *f* sentence.

fratura [fra'tura] *f* fracture.

fraude ['frawdʒi] f fraud.

frear [fre'a(x)] vi to brake.

freguês, esa [fre'geʃ, eza] (mpl -eses [-eziʃ], fpl -s [-ʃ]) m, f customer.

freio ['fraju] m (de veículo) brake; (de cavalo) bit.

frente ['frẽtʃi] f front; **fazer** ~ **a** to stand up to, to confront; **à** ~ ahead; **à** ~ **de** (na dianteira de) in front of; (chegar, ir, partir) ahead of; **em** ~ (defronte) across from; **em** ~ **de** opposite; ~ **a** ~ face to face.

freqüência [fre'kwẽsja] f frequency; **com** ~ often, frequently.

freqüentar [frekwẽ'ta(x)] vt (casa de alguém) to visit frequently; (curso) to attend; (local) to frequent.

freqüentemente [fre,kwẽ-tʃi'mẽtʃi] adv often, frequently.

fresco, ca ['freʃku, ka] adj fresh; (tempo, bebida, roupa) cool; (muito exigente) fussy; (efeminado) camp.

frescobol [freʃko'bɔw] m racquetball (played at the beach).

frescura [freʃ'kura] f freshness; (em relação a temperatura) coolness.

fricção [frik'sãw] f (esfregação) rubbing; (atrito) friction.

frieira [fri'ejra] f chilblain.

frieza [fri'eza] f coldness.

frigideira [friʒi'dejra] f frying pan.

frio, fria ['friu, 'fria] adj & m cold; **está** ~ it's cold; **estar com** ou **ter** ~ to be cold; **estava**

um ~ **de rachar** it was absolutely freezing.

❏ **frios** mpl (comida) cold cuts.

frisar [fri'za(x)] vt (cabelo) to curl; fig (enfatizar) to highlight.

fritar [fri'ta(x)] vt (em pouco óleo) to fry; (em muito óleo) to deepfry.

frito, ta ['fritu, ta] adj fried; **estar** ~ to be done for.

fritura [fri'tura] f (alimento frito) fried food.

fronha ['froɲa] f pillowcase.

fronte ['frõtʃi] f (testa) forehead.

fronteira [frõ'tejra] f border.

frota ['frota] f fleet.

frustrado, da [fruʃ'tradu, da] adj frustrated.

frustrante [fruʃ'trãtʃi] adj frustrating.

fruta ['fruta] f fruit; ~ **em calda** fruit in syrup; ~ **da época** fruit in season.

fruto ['frutu] m fruit; ~**s secos** dried fruits.

fubá [fu'ba] m cornmeal.

fuga ['fuga] f (evasão) escape; **pôr-se em** ~ to run away; **em** ~ on the run.

fugir [fu'ʒi(x)] vi to run away; ~ **a** ou **de** to run away from.

fugitivo, va [fuʒi'tʃivu, va] adj, m, f fugitive.

fui ['fuĩ] → **ser, ir.**

fulano, na [fu'lanu, na] m, f what's-his-name; **era um** ~ **qualquer** it was just some guy.

fuligem [fu'liʒẽ] f soot.

fulo, la ['fulu, la] *adj* furious; ~ **da vida** fuming.

fumaça [fu'masa] *f* smoke.

fumante [fu'mãntʃi] *mf* smoker.

fumar [fu'ma(x)] *vt & vi* to smoke.

fumo ['fumu] *m (tabaco)* leaf tobacco.

função [fũ'sãw] *(pl* -ões [-õjʃ]*) f (de pessoa)* role; *(de máquina)* function; **exercer a ~ de** to act as; **~ pública** public service.

funcionamento [fũsjona-'mẽntu] *m* operation; **em ~** in operation.

funcionar [fũsjo'na(x)] *vi (máquina)* to work; *(estabelecimento)* to be open.

funcionário, ria [fũsjo'narju, rja] *m, f* employee; **~ público** public servant.

funções → **função**.

fundação [fũnda'sãw] *(pl* -ões [-õjʃ]*) f* foundation.

fundamental [fũndamẽn'taw] *(pl* -ais [-ajʃ]*) adj* fundamental.

fundamento [fũnda'mẽntu] *m (motivo)* grounds *pl; (justificação)* basis; **sem ~** unfounded.

fundar [fũn'da(x)] *vt* to found; **~ algo em algo** *(basear)* to base sthg on sthg.

fundido, da [fũn'dʒidu, da] *adj (metal)* molten; *(queijo)* melted.

fundir [fũn'dʒi(x)] *vt* to melt. ▫ **fundir-se** *vp* to melt.

fundo, da ['fũndu, da] *adj* deep. ◆ *m (de rio, piscina, poço)* bottom; *(em economia)* fund; **ir ao ~ da questão** to get to the bottom of the matter; **sem ~** bottomless.

funeral [fune'raw] *(pl* -ais [-ajʃ]*) m* funeral.

fungo ['fũŋgu] *m* fungus.

funil [fu'niw] *(pl* -is [-iʃ]*) m* funnel.

furacão [fura'kãw] *(pl* -ões [-õjʃ]*) m* hurricane.

furadeira [fura'dejra] *f* drill.

furador [fura'do(x)] *(pl* -res [-riʃ]*) m* hole punch.

furar [fu'ra(x)] *vt (folha)* to punch holes in; *(saco)* to make a hole in; *(pneu)* to puncture; *(orelha)* to pierce; *fig (fila)* to jump.

fúria ['furja] *f* fury.

furo ['furu] *m (em pneu)* puncture; *(em saco, orelha)* hole.

furtar [fux'ta(x)] *vt* to steal. ▫ **furtar-se a** *vp* + *prep* to avoid.

furúnculo [fu'rũŋkulu] *m* boil.

fusão [fu'zãw] *(pl* -ões [-õjʃ]*) f* fusion; *(de empresas)* merger.

fusível [fu'zivew] *(pl* -eis [-ejʃ]*) m* fuse.

fuso ['fuzu] *m:* ~ **horário** time zone.

fusões → **fusão**.

futebol [futʃi'bɔw] *m* soccer *Am,* football *Brit.*

fútil ['futʃiw] *(pl* -teis [-tejʃ]*) adj (frívolo)* frivolous; *(insignificante)* trivial; *(vão)* futile.

futilidade [futʃili'dadʒi] *f (frivolidade)* frivolity; *(coisa inútil)* triviality; *(inutilidade)* futility.

futuro, ra [fu'turu, ra] *adj & m* future; **o ~** *GRAM* the future (tense); **de ~** (*pessoa, empresa etc.*) with a future; **no ~** in the future; **para o ~** for the future; **ter ~** to have a future.

fuzil [fu'ziw] (*pl* **-is** [-iʃ]) *m* rifle.
fuzis → **fuzil**.

G

g (*abrev de grama*) g.
gabardine [gabax'dʒini] *f* raincoat.
gabar-se [gabax'si] *vp* to boast; **~ de algo** to boast about sthg.
gabinete [gabi'netʃi] *m* (*compartimento*) booth; (*escritório*) office; POL cabinet.
gado ['gadu] *m* livestock; (*bovino*) cattle.
gafanhoto [gafa'ɲotu] *m* grasshopper.
gafe ['gafi] *f* gaffe; **cometer uma ~** to commit a faux pas.
gagueira [ga'gejra] *f* stammer.
gaguejar [gage'ʒa(x)] *vi* to stutter, to stammer.
gaiola [ga'jola] *f* cage.
gaita ['gajta] *f* harmonica.
gaita-de-foles [,gajtadʒi'fɔliʃ] (*pl* **gaitas-de-foles** [,gaj-tazdʒi'fɔliʃ]) *f* bagpipes *pl*.
gaivota [gaj'vota] *f* seagull.
gala ['gala] *f* gala; **de ~** (*traje*) full dress.
galão [ga'lãw] (*pl* **-ões** [-õjʃ]) *m* (*medida*) gallon.

galeria [gale'ria] *f* gallery; (*corredor, ala*) corridor; (*local para compras*) arcade; **~ de arte** art gallery.
galho ['gaʎu] *m* (*de árvore*) branch; (*de veado*) antler; **quebrar um ~** to get by.
galinha [ga'liɲa] *f* hen.
galinheiro [gali'ɲejru] *m* henhouse.
galo ['galu] *m* rooster *Am*, cock *Brit*; (*na testa*) bump.
galões → **galão**.
gama ['gama] *f* range.
gancho ['gãʃu] *m* (*peça curva*) hook.
gangorra [gãŋ'goxa] *f* seesaw.
gangue ['gãŋgi] *f* (*turma*) gang.
ganhar [ga'ɲa(x)] *vt* to win; (*dinheiro, respeito*) to earn; (*peso*) to put on; (*velocidade*) to pick up. ◆ *vi* (*vencer*) to win; **~ de alguém** to beat sb; **~ com algo** to benefit from sthg; **~ a vida** OU **o pão** to earn a living.
ganho ['gaɲu] *m* gain.
ganir [ga'ni(x)] *vi* to whine.
ganso ['gãsu] *m* goose.
garagem [ga'raʒẽ] (*pl* **-ns** [-ʃ]) *f* garage.
garanhão [gara'ɲãw] (*pl* **-ões** [-õjʃ]) *m* stallion.
garantia [garãn'tʃia] *f* guarantee.
garantir [garãn'tʃi(x)] *vt* to vouch for; **~ que** to guarantee (that); **eu garanto que está certo** I can assure you that it's correct.

garçom [gax'sõ] (*pl* **-ns** [-ʃ]) *m* waiter, server *Am*.

garçonete [garso'netʃi] *f* waitress, server *Am*.

garçons → **garçom**.

garfo ['gaxfu] *m* (*utensílio*) fork; (*de bicicleta*) forks *pl*; **ser um bom** ~ to enjoy one's food.

gargalhada [gaxga'ʎada] *f* shriek of laughter; **dar uma** ~ to laugh; **desatar às** ~ **s** to burst out laughing.

gargalo [gax'galu] *m* neck (*of a bottle*).

garganta [gax'gãnta] *f* throat.

gargarejar [gaxgare'ʒa(x)] *vi* to gargle.

gari [ga'ri] *m* street sweeper.

garoto, ta [ga'rotu, ta] *m, f* (*criança*) boy, kid; (*chope*) small glass of beer.

garra ['gaxa] *f* (*de animal*) claw; *fig* (*talento, gênio*) flair; **ter** ~ (*talento*) to show great talent.

garrafa [ga'xafa] *f* bottle; ~ **térmica** Thermos® (bottle).

garrafão, ões [gaxa'fãw, õjʃ] *m* (*utensílio*) flagon; (*em estrada*) bottleneck.

garrote [ga'xɔtʃi] *m* MED tourniquet.

gás [gajʃ] (*pl* **gases** ['gaziʃ]) *m* gas; ~ **butano** butane (gas); ~ **lacrimogêneo** tear gas; **a** ~ (*aquecedor*) gas-fired; (*motor*) gas-driven.
□ **gases** *mpl* (*intestinais*) gas *sg*.

gasolina [gazo'lina] *f* gas *Am*, petrol *Brit*; ~ **sem chumbo** unleaded gas.

gastar [gaʃ'ta(x)] *vt* to use; (*des-*

perdiçar) to waste; (*sola de sapato*) to wear down; ~ **tempo/ dinheiro** (*usar*) to spend time/ money; (*desperdiçar*) to waste time/money.
□ **gastar-se** *vp* (*consumir-se*) to be used; (*desperdiçar-se*) to be wasted; (*desgastar-se*) to wear down.

gasto, ta ['gaʃtu, ta] *pp* → **gastar**. ◆ *adj* (*dinheiro*) spent; (*água, eletricidade*) used; (*usado*) worn. ◆ *m* expense.

gastrite [gaʃ'tritʃi] *f* gastritis.

gastrônomo, ma [gaʃ'tronomu, ma] *m, f* gourmet.

gatilho [ga'tʃiʎu] *m* trigger.

gato, ta ['gatu, ta] *m, f* cat; (*homem bonito, mulher bonita*) hunk.

gatuno, na [ga'tunu, na] *m, f* thief.

gaveta [ga'veta] *f* drawer.

gazeta [ga'zeta] *f* gazette.

geada ['ʒjada] *f* frost.

geladeira [ʒela'deira] *f* refrigerator.

gelado, da [ʒe'ladu, da] *adj* chilled.

gelar [ʒe'la(x)] *vt & vi* to chill.

gelatina [ʒela'tʃina] *f* (*de animal*) gelatine; (*de frutas*) Jello® *Am*, jelly *Brit*.

geléia [ʒe'lɛja] *f* jelly *Am*, jam *Brit*.

gelo ['ʒelu] *m* ice; **quebrar o** ~ *fig* to break the ice.

gema ['ʒema] *f* yolk.

gêmeo, mea ['ʒemju, mja] *adj* twin. ◆ *m, f*: **os** ~ **s** the twins; **o meu irmão** ~ my twin brother.

◻ **Gêmeos** m inv Gemini sg.

gemer [ʒe'me(x)] vi to groan.

gemido [ʒe'midu] m groan.

gene ['ʒɛni] m gene.

general [gene'raw] (pl **-ais** [-ajʃ]) m general.

generalizar [generali'za(x)] vt to make widespread. ◆ vi to generalize.

◻ **generalizar-se** vp to become widespread.

gênero ['ʒeneru] m (tipo) kind, type; (espécie) genus; GRAM gender; (em literatura, pintura) genre; **o ~ humano** the human race.

◻ **gêneros** mpl (mercadoria) goods; **~s alimentícios** foodstuffs.

generosidade [ʒenerozi'dadʒi] f generosity.

generoso, osa [ʒene'rozu, ɔza] adj generous.

genética [ʒe'nɛtʃika] f genetics sg.

gengibre [ʒẽ'ʒibri] m ginger.

gengiva [ʒẽ'ʒiva] f gum.

genial [ʒe'njaw] (pl **-ais** [-ajʃ]) adj excellent.

gênio ['ʒenju] m (pessoa) genius; (irascibilidade) temper; **ter mau ~** to have a short temper.

genital [ʒeni'taw] (pl **-ais** [-ajʃ]) adj genital.

genro ['ʒẽxu] m son-in-law.

gente ['ʒẽtʃi] f (pessoas) people pl; (família) family; **~ boa** nice person; **~ grande** grown-ups pl; **oi, ~!** hey, everybody!

gentil [ʒẽ'tʃiw] (pl **-is** [-iʃ]) adj (amável) kind; (bem-educado) polite.

genuíno, na [ʒe'nwinu, na] adj genuine.

geografia [ʒjogra'fia] f geography.

geologia [ʒjolo'ʒia] f geology.

geometria [ʒjome'tria] f geometry.

geração [ʒera'sãw] (pl **-ões** [-õjʃ]) f generation.

gerador [ʒera'do(x)] (pl **-res** [-riʃ]) m generator.

geral [ʒe'raw] (pl **-ais** [-ajʃ]) adj general. ◆ f (em estádio) bleachers Am, terraces Brit; **de um modo ~** generally speaking; **em ~** generally; **no ~** in general.

geralmente [ʒeraw'mẽtʃi] adv generally.

gerar [ʒe'ra(x)] vt to create.

◻ **gerar-se** vp to form.

gerência [ʒe'rẽsja] f management.

gerente [ʒe'rẽtʃi] mf manager.

gerir [ʒe'ri(x)] vt to manage.

germe ['ʒɛxmi] m germ.

gesso ['ʒesu] m MED plaster cast.

gesto ['ʒɛʃtu] m gesture.

gigante [ʒi'gãtʃi] adj & m giant.

gim [ʒi] (pl **-ns** [-ʃ]) m gin.

ginásio [ʒi'nazju] m gym.

ginástica [ʒi'naʃtʃika] f gymnastics sg; **fazer ~** to exercise.

ginecologista [ˌʒinɛkulu'ʒiʃta] mf gynecologist.

gins → gim.

girafa [ʒiˈrafa] f giraffe.

girar [ʒiˈra(x)] vi & vt to turn.

girassol [ˌʒiraˈsow] (pl -óis [-ɔjʃ]) m sunflower.

gíria [ˈʒirja] f (calão) slang.

giro [ˈʒiru] m (passeio) stroll; **dar um ~** to go for a stroll.

giz [ʒiʃ] m chalk.

glacial [glaˈsjaw] (pl -ais [-ajʃ]) adj (frio) freezing; (área) glacial; fig (olhar, ambiente) frosty.

glândula [ˈglãndula] f gland.

glicerina [gliseˈrina] f glycerin.

global [gloˈbaw] (pl -ais [-ajʃ]) adj global.

globo [ˈglobu] m globe.

glória [ˈglɔrja] f glory.

glossário [gloˈsarju] m glossary.

glutão, tona [gluˈtãw, toˈna] (mpl -ões [-õjʃ], fpl -s [-ʃ]) m, f glutton.

goela [ˈgwɛla] f gullet; **pela ~ abaixo** swallow sth whole.

gol [ˈgow] (pl goles [ˈgɔliʃ]) m goal; **marcar um ~** to score a goal.

gola [ˈgɔla] f collar; **~ rulê** turtle neck Am, polo neck Brit.

gole [ˈgɔli] m (pequeno) sip; (grande) swig.

goleiro [goˈleiru] m goalkeeper.

goles → gol.

golfe [ˈgowfi] m golf.

golfinho [gowˈfiɲu] m dolphin.

golfo [ˈgowfu] m gulf.

golpe [ˈgowpi] m cut; (pancada, choque) blow; **~ de Estado** coup (d'état); **~ de mestre** masterstroke.

goma [ˈgoma] f starch.

gomo [ˈgomu] m segment.

gordo, da [ˈgordu, da] adj (pessoa, animal) fat; (leite) whole; (alimento) fatty; (substância) oily.

gordura [gorˈdura] f (substância) fat; sem ~ fat-free.

gorduroso, osa [gorduˈrozu, ɔza] adj greasy.

gorila [goˈrila] m gorilla.

gorjeta [gorˈʒeta] f tip.

gorro [ˈgoxu] m wooly hat.

gostar [guʃˈta(x)]: **gostar de** v + prep to like; **~ de fazer algo** to like doing sth.

gosto [ˈgoʃtu] m taste; **dá ~ ver** it's a joy to behold; **faço ~ em ...** it gives me great pleasure to ...; **ter ~ de** (sabor) to taste like; **tomar ~ por algo** to take a liking to sth; **bom/mau ~** good/bad taste; **~ não se discute** there's no accounting for taste.

gota [ˈgota] f (pingo) drop; MED gout; **~ a ~** drop by drop.

goteira [goˈtejra] f (cano) gutter; (fenda) leak.

gotejar [goteˈʒa(x)] vi to drip.

governo [goˈvexnu] m government; **para o seu ~** for your information.

gozar [goˈza(x)] vt to enjoy. ◆ vi (brincar) to joke; **~ com** (troçar de) to make fun of; **~ de** (desfrutar de) to enjoy.

Grã-Bretanha [ˌgrãmbreˈtaɲa] f: **a ~** Great Britain.

graça [ˈgrasa] f (gracejo) joke;

(humor) humor; *(elegância)* grace; *(atração)* charm; **achar ~ em alguém/algo** to find sb/sthg amusing; **ter ~** to be funny; **~ s a** thanks to; **de ~** free *(of charge)*; **sem ~** *(desconcertado)* embarrassed.

gracejar [grase'ʒa(x)] *vi* to joke.

gracejo [gra'seʒu] *m (piada)* joke; *(galanteio)* flirtatious remark.

gracioso, osa [grasi'ozu, ɔza] *adj* graceful.

grade [gradʒi] *f (vedação)* bars *pl.* □ **grades** *fpl (cadeia)* jail; **estar atrás das ~ s** to be behind bars.

graduação [gradwa'sãw] *(pl -ões* [-õjʃ]) *f* graduation; *(de bebida)* alcohol content.

graduado, da [gra'dwadu, da] *adj* graduated. ◆ *m, f* graduate.

gradual [gra'dwaw] *(pl -ais* [-ajʃ]) *adj* gradual.

graduar-se [gra'dwaxsi] *vp* to graduate.

grafia [gra'fia] *f (maneira de escrever)* handwriting; *(ortografia)* spelling.

gralha [graʎa] *f (ave)* magpie; *(erro tipográfico)* typo.

grama¹ [grama] *m* gram.

grama² [grama] *f (relva)* grass.

gramado [gra'madu] *m (terreno)* lawn; *(de campo de futebol)* field.

gramática [gra'matʃika] *f* grammar.

grampeador [grãmpja'do(x)] *(pl -res* [-riʃ]) *m* stapler.

grampear [grãm'pja(x)] *vt (folhas, papéis)* to staple; *(telefone)* to tap.

grampo [grãmpu] *m (de cabelo)* bobby pin *Am,* hairgrip *Brit; (para grampeador)* staple; *(em ligação telefônica)* tap.

grande ['grãndʒi] *adj* big; *(em altura)* tall; *(em comprimento)* long; *(em importância)* great; *(em gravidade)* serious.

granito [gra'nitu] *m* granite.

granizo [gra'nizu] *m* hailstones *pl,* hail.

grão ['grãw] *m* grain; *(de café)* bean.

grão-de-bico [ˌgrãwdʒi'biku] *(pl* **grãos-de-bico**) *m* chickpeas *pl.*

grasnar [graʒ'na(x)] *vi (corvo)* to caw; *(pato)* to quack; *(ganso)* to honk.

gratidão [gratʃi'dãw] *f* gratitude.

gratificação [gratʃifika'sãw] *(pl -ões* [-õjʃ]) *f (gorjeta)* tip; *(remuneração)* payment.

gratificar [gratʃifi'ka(x)] *vt (dar gorjeta a)* to tip; *(recompensar)* to reward.

gratinado, da [gratʃi'nadu, da] *adj* au gratin.

gratinar [gratʃi'na(x)] *vi:* **pôr algo para ~** to cook sthg au gratin.

grátis ['gratʃiʃ] *adv & adj inv* free.

grato, ta ['gratu, ta] *adj* grateful.

grau ['graw] *m* degree; **~ s centigrados** degrees centigrade.

gravação [grava'sãw] *(pl -ões* [-õjʃ]) *f* recording.

gravador [grava'do(x)] *(pl -res* [-riʃ]) *m* tape recorder.

gravar [gra'va(x)] vt (música, conversa) to record; (em metal, jóia) to engrave.

gravata [gra'vata] f tie.

grave ['gravi] adj (sério) serious; (voz) deep; (tom) low; GRAM (acento) grave.

grávida ['gravida] adj f pregnant.

gravidade [gravi'dadʒi] f gravity.

gravidez [gravi'deʒ] f pregnancy.

gravura [gra'vura] f (imagem) picture.

graxa ['graʃa] f shoe polish.

Grécia ['grɛsja] f: a ~ Greece.

grelha ['greʎa] f grill.

grelhado, da [gre'ʎadu, da] adj grilled. ◆ m grilled dish; ~ misto mixed grill.

grelhar [gre'ʎa(x)] vt to grill.

greve ['grɛvi] f strike; **fazer** ~ to go on strike; **em** ~ on strike; ~ **de fome** hunger strike.

grilo ['grilu] m cricket.

grinalda [gri'nawda] f (em funeral) wreath; (para cabelo) garland.

gripe ['gripi] f flu; **estar com** ~ to have the flu.

grisalho, lha [gri'zaʎu, ʎa] adj gray.

gritar [gri'ta(x)] vi & vt to shout; ~ **com alguém** to shout at sb.

grito ['gritu] m shout; **no** ~ by force.

groselha [gro'zeʎa] f redcurrant.

grosseiro, ra [gro'sejru, ra] adj crude; (tecido) coarse.

grosso, a ['grosu, a] adj thick; (mal-educado) rude; (voz) deep.

grua ['grua] f crane.

grunhido [gru'ɲidu] m grunt.

grunhir [gru'ɲi(x)] vi to grunt.

grupo ['grupu] m group; **em** ~ as a group; ~ **de risco** risk group; ~ **sanguíneo** blood group type.

gruta ['gruta] f cave.

guaraná [gwara'na] m fizzy drink made from guarana seeds; ~ **em pó** powdered guarana seeds.

GUARANÁ

A seed which possesses both stimulating and therapeutic properties, "guaraná" was first discovered by the indigenous tribes of the Amazonian rain forests. It is now produced commercially in powder, tablet, liquid and gum form and exported all over the world. It may be taken as a food supplement to help combat a range of complaints, including fatigue, diarrhoea and neuralgic pain. It also serves as the base for a popular soft drink of the same name in Brazil.

guarda ['gwaxda] mf (polícia) policeman. ◆ f (vigilância) guard.

guarda-chuva [ˌgwaxda'ʃuva] (*pl* **guarda-chuvas** [ˌgwaxda'ʃuvaʃ]) *m* umbrella.

guarda-costas [ˌgwaxda'kɔʃtaʃ] *mf inv* bodyguard.

guardanapo [gwaxda'napu] *m* napkin; ~**s de papel** paper napkins.

guarda-noturno [ˌgwaxdano'tuxnu] (*pl* **guardas-noturnos** [ˌgwaxdaʒno'tuxnuʃ]) *m* nightwatchman.

guardar [gwax'da(x)] *vt (vigiar)* to look after; *(arrecadar)* to put away; *(reservar)* to keep.

guarda-roupa [ˌgwaxda'xopa] (*pl* **guarda-roupas** [ˌgwaxda'xopaʃ]) *m* closet.

guarda-sol [ˌgwaxda'sɔw] (*pl* **guarda-sóis** [ˌgwaxda'sɔjʃ]) *m* parasol.

guarnecido, da [gwaxne'sidu, da] *adj:* ~ **com** garnished with.

guarnição [gwaxni'sãw] (*pl* -**ões** [õjʃ]) *f* garnish.

gude ['gudʒi] *m* marbles *sg.*

guelra ['gɛwxa] *f* gill.

guerra ['gɛxa] *f* war; **fazer** ~ **a** to wage war against ou on; **estar em pé de** ~ to be at war.

guia ['gia] *mf (profissão)* guide. ◆ *m (livro, folheto)* guide; ~ **turístico** tourist guide.

guiar ['gja(x)] *vt* to guide; *(automóvel, ônibus)* to drive. ◆ *vi (dirigir)* to drive.

guichê [gi'ʃe] *m* counter.

guidom [gi'dõ] (*pl* -**ns** [-ʃ]) *m (de bicicleta)* handlebars *pl.*

guincho ['gĩʃu] *m (som)* squeal; *(máquina)* winch.

guindaste [gĩn'daʃtʃi] *m* crane.

guisado, da [gi'zadu, da] *adj* stewed. ◆ *m* stew.

guisar [gi'za(x)] *vt* to stew.

guitarra [gi'taxa] *f:* ~ **(elétrica)** (electric) guitar.

guitarrista [gita'xiʃta] *mf* guitarist.

guizo ['gizu] *m* bell.

gula ['gula] *f* gluttony.

guloseima [gulo'zejma] *f* candy *Am,* sweet *Brit.*

guloso, osa [gu'lozu, ɔza] *adj* greedy. ◆ *m, f* glutton; **ser** ~ to be greedy.

H

há [a] → **haver.**

hábil ['abiw] (*pl* -**beis** [-bejʃ]) *adj (capaz)* skillful; *(astuto)* clever.

habilidade [abili'dadʒi] *f (capacidade)* ability; *(argúcia)* cleverness; *(talento)* skill.

habilitação [abilita'sãw] *f* competence; *AUT* driver's license *Am,* driving licence *Brit.* □ **habilitações** *fpl* qualifications.

habitação [abita'sãw] (*pl* -**ões** [-õjʃ]) *f* residence.

habitante [abi'tãntʃi] *mf (de bairro)* resident; *(de país, região)* inhabitant.

habitar [abi'ta(x)] *vt* to live in. ◆ *vi* to live; ~ **em** to live in.

hábito

hábito ['abitu] *m* habit; **como é ~ as** usual; **ter o ~ de fazer algo** to have a habit of doing sthg; **por ~** as a rule.

habitual [abi'twaw] (*pl* **-ais** [-ajʃ]) *adj* (*rotineiro*) regular; (*freqüente*) common.

habitualmente [abitwaw'mēntʃi] *adv* usually.

habituar [abi'twa(x)] *vt*: **~ alguém a algo/a fazer algo** to accustom sb to sthg/to doing sthg. ▫ **habituar-se** *vp*: **~-se a** to get used to.

hálito ['alitu] *m* breath; **mau ~** bad breath.

hall ['ɔw] *m* (*de casa*) hall; (*de teatro, hotel*) foyer; **~ (da entrada)** (entrance) hall.

hardware [ax'dwɛri] *m* hardware.

harmonia [axmo'nia] *f* harmony.

harmônica [ax'monika] *f* harmonica.

harpa ['axpa] *f* harp.

haste ['aʃtʃi] *f* (*de bandeira*) pole; (*de árvore*) branch.

haver [a've(x)] *v impess* - **1.** (*existir, estar, ter lugar*): **há** there is, there are *pl*; **havia** there was, there were *pl*; **não há nada aqui** there's nothing here.
- **2.** (*exprime tempo*): **estou esperando há dez minutos** I've been waiting for ten minutes; **há séculos que não vou lá** I haven't been there for ages.
- **3.** (*exprime obrigação*): **há que esperar três dias** you'll have to wait three days.

- **4.** (*em locuções*): **haja o que houver** come what may; **não há de quê!** don't mention it!
◆ *v aux* (*em tempos compostos*) to have; **ele havia chegado há pouco** he had just arrived; **como não havia comido estava com fome** I was hungry because I hadn't eaten.
▫ **haver de** *v + prep* (*dever*) to have; (*exprime intenção*): **hei de ir** I'll go.
▫ **haver-se com** *vp + prep*: **~-se com alguém** (*prestar contas a*) to answer to sb.
▫ **haveres** *mpl* (*pertences*) belongings; (*bens*) assets.

hectare [ɛk'tari] *m* hectare.

hélice ['ɛlisi] *f* propeller.

helicóptero [eli'kɔpteru] *m* helicopter.

hematoma [ema'toma] *m* large bruise.

hemofílico, ca [emo'filiku, ka] *m*, *f* hemophiliac.

hemorragia [emoxa'ʒia] *f* hemorrhage; **~ cerebral** brain hemorrhage; **~ interna** internal bleeding; **~ nasal** nosebleed.

hemorróidas [emo'xɔidaʃ] *fpl* piles, hemorrhoids.

hepatite [epa'tʃitʃi] *f* hepatitis.

hera ['ɛra] *f* ivy.

herança [e'rãsa] *f* inheritance.

herdar [ex'da(x)] *vt* to inherit.

herdeiro, ra [ex'dejru, ra] *m*, *f* heir.

hermético, ca [ex'mɛtʃiku, ka] *adj* airtight.

hérnia ['ɛxnja] *f* hernia.

herói [e'rɔi] *m* hero.

heroína [e'rwina] *f (pessoa)* heroine; *(estupefaciente)* heroin.

hesitação [ezita'sãw] *(pl* -ões [-õjʃ]) *f* hesitation.

hesitar [ezi'ta(x)] *vi* to hesitate.

heterossexual [eterosek-'swaw] *(pl* -ais [-ajʃ]) *adj & mf* heterosexual.

hibernar [ibex'na(x)] *vi* to hibernate.

híbrido, da ['ibridu, da] *adj* hybrid.

hidratante [idra'tãntʃi] *adj* moisturizing.

hidroavião [idroa'vjãw] *(pl* -ões [-õjʃ]) *m* seaplane.

hierarquia [jerar'kia] *f* hierarchy.

hífen ['ifɛn] *(pl* -es [-iʃ]) *m* hyphen.

hi-fi [aj'faj] *m* hi-fi.

higiene [i'ʒjeni] *f* hygiene.

hilariante [ila'rjãntʃi] *adj* hilarious.

hino ['inu] *m (de país)* anthem; *(de igreja)* hymn.

hipermercado [ˌipexmex'kadu] *m* superstore.

hipertensão [ˌipextẽ'sãw] *f* high blood pressure.

hípico, ca ['ipiku, ka] *adj (centro)* riding *(antes de s)*; *(concurso)* show-jumping *(antes de s)*.

hipismo [i'piʒmu] *m (equitação)* horseback riding; *(competição)* show jumping.

hipnotismo [ipnɔ'tʃiʒmu] *m* hypnotism.

hipocondríaco, ca [ˌipo-

kõn'driaku, ka] *m, f* hypochondriac.

hipocrisia [ipokri'zia] *f* hypocrisy.

hipócrita [i'pɔkrita] *mf* hypocrite.

hipódromo [i'pɔdrumu] *m* racetrack.

hipopótamo [ipo'pɔtamu] *m* hippopotamus.

hipoteca [ipo'tɛka] *f* mortgage.

hipótese [i'pɔtezi] *f (suposição)* hypothesis; *(possibilidade)* chance; **em ~ alguma** on no account; **na melhor das ~s** at best; **na pior das ~s** at worst.

histeria [iʃte'ria] *f* hysteria.

histérico, ca [iʃ'tɛriku, ka] *adj* hysterical.

história [iʃ'tɔrja] *f (de país, mundo, época)* history; *(narrativa)* story; **~ da arte** history of art; **~ da carochinha** fairy tale; **~ em quadrinhos** comic strips.

hobby ['ɔbi] *(pl* **hobbies** ['ɔbiʃ]) *m* hobby.

hoje ['oʒi] *adv* today; **até ~** up until today; **~ em dia** nowadays; **queria o jornal de ~** I would like today's paper; **de ~ a oito/quinze dias** a week/two weeks from today; **de ~ em diante** from now on; **por ~ é só** that's all for today.

Holanda [o'lãnda] *f:* **a ~** Holland.

holofote [olo'fɔtʃi] *m* floodlight.

homem ['omẽ] (*pl* **-ns** [-ʃ]) *m* man; ~ **de negócios** businessman.

homenagear [omena'ʒia(x)] *vt* to pay tribute to.

homens ~ **homem.**

homicida [omi'sida] *mf* murderer.

homicídio [omi'sidʒju] *m* murder; ~ **involuntário** manslaughter.

homossexual [omosek'swaw] (*pl* **-ais** [-ajʃ]) *mf* homosexual.

honestidade [oneʃtʃi'dadʒi] *f* honesty.

honesto, ta [o'nɛʃtu, ta] *adj* honest.

honorário [ono'rarju] *adj* honorary.
□ **honorários** *mpl* fees.

honra ['õxa] *f* honor; **ter a** ~ **de fazer algo** to have the honor of doing sthg; **em** ~ **de** in honor of.

honrado, da [õ'xadu, da] *adj* honest.

honrar [õ'xa(x)] *vt* (*dívida*) to honor.
□ **honrar-se de** *vp + prep* to be proud of.

hóquei ['ɔkej] *m ESP* field hockey *Am*, hockey *Brit*; ~ **sobre gelo** (ice) hockey.

hora ['ɔra] *f* (*período de tempo*) hour; (*momento determinado*) time; **que** ~**s são?** what time is it?; **são cinco** ~**s** it's five o'clock; **a que** ~**s é ...?** what time is ...?; **é** ~ **de partir** it's time to leave; **está na** ~ **do almoço** it's time for lunch; **na**

~ **H** in the nick of time; ~ **extra** overtime; ~**s vagas** spare time *sg*; **de** ~ **em** ~ every hour; **na** ~ on time; ~**s e** ~**s** for hours; **chegar em cima da** ~ to arrive just in time; **à última** ~ at the last minute.

horário [o'rarju] *m (de trem, ônibus, escola)* schedule; *(de estabelecimento)* opening hours *pl*; ~ **de atendimento** opening hours *pl*; ~ **nobre** prime time.

horizontal [orizõn'taw] (*pl* **-ais** [-ajʃ]) *adj* horizontal.

horizonte [ori'zõntʃi] *m* horizon.

horóscopo [o'rɔʃkopu] *m* horoscope, stars *pl*.

horripilante [oxipi'lãntʃi] *adj* horrifying.

horrível [o'xivɛw] (*pl* **-eis** [-ejʃ]) *adj* horrible.

horror [o'xo(x)] (*pl* **-res** [-riʃ]) *m* horror; **que** ~**!** how awful!; **ter** ~ **a algo** to have a horror of sthg; **dizer** ~**es de alguém** to say horrible things about sb.

horta ['ɔxta] *f* vegetable garden.

hortelã [oxte'lã] *f* mint.

hortelã-pimenta [oxte,lã-pi'mẽnta] *f* peppermint.

hospedagem [oʃpe'daʒẽ] *f* lodging.

hospedar [oʃpe'da(x)] *vt* to put sb up.
□ **hospedar-se** *vp*: ~**-se em** to stay at.

hóspede ['ɔʃpedʒi] *mf* guest.

hospício [oʃ'pisju] *m* mental hospital.

hospital [oʃpi'taw] (*pl* **-ais** [-ajʃ]) *m* hospital.

hospitaleiro, ra [oʃpita'lejru, ra] *adj* hospitable.

hospitalidade [oʃpitali'dadʒi] *f* hospitality.

hostil [oʃ'tiw] (*pl* **-is** [-iʃ]) *adj* (*gente, ar, comportamento*) hostile; (*vento, frio*) biting.

hotel [o'tɛw] (*pl* **-éis** [-ɛiʃ]) *m* hotel.

houve ['ovi] → **haver**.

humanidade [umani'dadʒi] *f* humanity.

humanitário, ria [umani'tarju, rja] *adj* humanitarian.

humano, na [u'manu, na] humman; (*compassivo*) humane. ◆ *m* human (being).

humildade [umiw'dadʒi] *f* humility.

humilde [u'miwdʒi] *adj* (*pobre*) poor; (*modesto*) humble.

humilhação [umiʎa'sãw] (*pl* **-ões** [-õjʃ]) *f* humiliation.

humilhante [umi'ʎãntʃi] *adj* humiliating.

humilhar [umi'ʎa(x)] *vt* to humiliate.
 ▫ **humilhar-se** *vp* to humble o.s.

humor [u'mo(x)] *m* humor; **estar de bom/mau ~** to be in a good/bad mood.

humorista [umo'riʃta] *mf* comedian.

I

ia ['ia] → **ir**.

iate ['jatʃi] *m* yacht.

ibérico, ca [i'bɛriku, ka] *adj* Iberian.

içar [i'sa(x)] *vt* to hoist.

ícone ['ikɔni] *m* icon.

ida ['ida] *f* (*partida*) departure; (*jornada*) outward journey.

idade [i'dadʒi] *f* age; **de ~** elderly; **de meia-~** middle-aged; **oito anos de ~** eight years of age.

ideal [i'dʒjaw] (*pl* **-ais** [-ajʃ]) *adj* & *m* ideal.

idealista [idʒja'liʃta] *adj* idealistic. ◆ *mf* idealist.

idéia [i'dʒɛja] *f* idea; **~ fixa** obsession; **que ~!** you've got to be kidding!; **fazer uma ~ errada de algo** to have the wrong impression about sthg; **mudar de ~** to change one's mind; **não fazer ~** to not have a clue; **ter uma ~** to make a proposal.

idêntico, ca [i'dʒẽntʃiku, ka] *adj* identical.

identidade [idʒẽntʃi'dadʒi] *f* identity; (*carteira*) identity card.

identificação [idʒẽntʃifika'sãw] *f* identification.

identificar [idʒẽntʃifi'ka(x)] *vt* to identify.

❏ **identificar-se** *vp* to identify o.s.

ideologia [idʒjolo'ʒia] *f* ideology.

idílico, ca [i'dʒiliku, ka] *adj* idyllic.

idioma [i'dʒjoma] *m* language.

idiota [i'dʒjɔta] *adj* idiotic. ◆ *mf* idiot.

ídolo [i'dulu] *m* idol.

idôneo, nea [i'donju, nja] *adj* reliable.

idoso, osa [i'dozu, ɔza] *adj* elderly. ◆ *m, f* old man; **os ~s** the elderly.

ignição [igni'sãw] *f* ignition.

ignorado, da [igno'radu, da] *adj* unknown.

ignorância [igno'rãsja] *f* ignorance.

ignorante [igno'rãntʃi] *adj* ignorant. ◆ *mf* ignoramus.

ignorar [igno'ra(x)] *vt:* ~ **algo** not to know sthg; ~ **alguém** to ignore sb.

igreja [i'greʒa] *f* church.

igual [i'gwaw] (*pl* **-ais** [-ajʃ]) *adj* the same; (*parecido*) similar. ◆ *m* (*pessoa*) equal; (*sinal*) equals sign; **os dois são iguais** they are (both) the same; **ser ~ a** to be the same as; **12 e 12 ~ a 24 12 e 12 equals ou is 24; **sem ~** unrivaled.

igualar [igwa'la(x)] *vt* to make equal.

❏ **igualar-se** *vp:* ~**-se a alguém** to be sb's equal; ~**-se a algo** to be comparable with sthg.

igualdade [igwaw'dadʒi] *f* equality.

igualmente [igwaw'mẽntʃi] *adv* equally. ◆ *interj* likewise!

ilegal [ile'gaw] (*pl* **-ais** [-ajʃ]) *adj* illegal.

ilegalidade [ilegali'dadʒi] *f* crime.

ilegítimo, ma [ile'ʒitʃimu, ma] *adj (filho)* illegitimate; *(ato)* illegal.

ilegível [ile'ʒivew] (*pl* **-eis** [-ejʃ]) *adj* illegible.

ileso, sa [i'lezu, za] *adj* unharmed; **sair ~** (**de um acidente**) to escape unhurt.

ilha [ˈiʎa] *f* island.

(i) **ILHA DE BANANAL**

Ilha de Bananal (island of banana plantations), found in the state of Tocantins, is formed by two tributaries of the River Araguaia. It is one of the largest fluvial islands in the world, comprising twenty thousand square kilometers. It has diverse fauna, such as the jaguar, the blue heron, the Amazonian turtle and the "uirapuru", a brightly colored bird. The island has two reserves, inhabited by the Carajás and the Javaés indigenous groups, and the Araguaia National Park.

(i) **ILHA DE MARAJÓ**

Brazil has some of the largest fluvial islands in the world. With an area of fifty thousand square kilometers, Marajó is the largest, formed by the accumulated sediment deposited by the Amazon upon emptying into the ocean. The island's economy is based on buffalo herding and "cerâmica marajoara", the locally produced pottery which has indigenous influence - its principal characteristic is the geometric design in red and black.

---

ilimitado, da [ilimi'tadu, da] adj unlimited.

ilógico, ca [i'lɔʒiku, ka] adj illogical.

iludir [ilu'di(x)] vt to deceive.
◻ **iludir-se** vp to delude o.s.

iluminação [ilumina'sãw] f lighting.

iluminado, da [ilumi'nadu, da] adj illuminated, lit up.

iluminar [ilumi'na(x)] vt to illuminate, to light up.

ilusão [ilu'zãw] (pl -ões [-õjʃ]) f illusion; **não ter ilusões** to have no illusions; **perder as ilusões** to become disillusioned; **~ de ótica** optical illusion.

ilustração [iluʃtra'sãw] (pl -ões [-õjʃ]) f illustration.

ilustrado, da [iluʃ'tradu, da] adj illustrated.

ilustrar [iluʃ'tra(x)] vt (exemplificar) to illustrate.

ilustre [i'luʃtri] adj illustrious.

ímã [i'mã] m magnet.

imaculado, da [imaku'ladu, da] adj immaculate.

imagem [i'maʒē] (pl -ns [-ʃ]) f picture; (pessoal) image.

imaginação [imaʒina'sãw] f imagination.

imaginar [imaʒi'na(x)] vt (inventar) to think up; (supor) to imagine.
◻ **imaginar-se** vp: **ele se imagina um Adónis** he thinks he's God's gift to women.

imaginativo, va [imaʒina'tʃivu, va] adj imaginative.

imaturo, ra [ima'turu, ra] adj immature.

imbatível [ĩmba'tʃivew] (pl -eis [-ejʃ]) adj unbeatable.

imediações [imedʒia'sõjʃ] fpl surrounding area sg; **nas ~** in the vicinity of.

imediatamente [ime,dʒiata'mẽntʃi] adv immediately.

imediato, ta [ime'dʒiatu, ta] adj immediate; **de ~** immediately.

imenso, sa [i'mẽsu, sa] adj huge; **um ~ amor** a great love.

imergir [imex'ʒi(x)] vt (mergulhar) to immerse.

imigração [imigra'sãw] f immigration.

imigrante [imi'grãntʃi] mf immigrant.

imigrar [imi'gra(x)] vi to immigrate.

imitação [imita'sãw] (pl -ões [-õjʃ]) f (de produto) imitation; (de pessoa) impersonation.

imitar [imi'ta(x)] vt (produto) to copy; (comportamento) to imitate; (pessoa) to impersonate.

imobiliária [imobi'ljarja] f real

estate office *Am*, estate agent's *Brit*.

imobilizar [imobili'za(x)] *vt* to immobilize.

◻ **imobilizar-se** *vp* to come to a standstill.

imoral [imo'raw] (*pl* -ais [-ajʃ]) *adj* immoral.

imóvel [i'mɔvɛw] (*pl* -eis [-ejʃ]) *adj* motionless. ◆ *m* (*prédio*) building; (*valor imóvel*) property.

impaciência [ĩmpa'sjẽsja] *f* impatience.

impaciente [ĩmpa'sjẽntʃi] *adj* impatient.

impacto [ĩm'paktu] *m* impact.

ímpar ['ĩmpa(x)] (*pl* -res [-riʃ]) *adj* (*número*) odd; (*objeto*) unique; (*ação*) unequalled.

imparcial [ĩmpax'sjaw] (*pl* -ais [-ajʃ]) *adj* impartial.

ímpares → **ímpar**.

impasse [ĩm'pasi] *m* impasse.

impecável [ĩmpe'kavɛw] (*pl* -eis [-ejʃ]) *adj* (*trabalho, roupa, limpeza*) impeccable; (*pessoa*) great.

impedido, da [ĩmpe'dʒidu, da] *adj* (*caminho, estrada*) blocked; (*em futebol*) offside.

impedimento [ĩmpedʒi'mẽntu] *m* obstacle; (*futebol*) offside.

impedir [ĩmpe'dʒi(x)] *vt* (*trânsito, circulação*) to block; ~ **alguém de fazer algo** to prevent sb from doing sthg.

impenetrável [ĩmpene'travɛw] (*pl* -eis [-ejʃ]) *adj* impenetrable.

impensável [ĩmpẽ'savɛw] (*pl* -eis [-ejʃ]) *adj* unthinkable.

imperativo, va [ĩmpera'tʃivu, va] *adj* & *m* imperative.

imperdoável [ĩmpex'dwavɛw] (*pl* -eis [-ejʃ]) *adj* unforgivable.

imperfeito, ta [ĩmpex'fejtu, ta] *adj* faulty. ◆ *m* GRAM imperfect.

impermeável [ĩmpex'mjavɛw] (*pl* -eis [-ejʃ]) *m* wind breaker. ◆ *adj* waterproof.

impertinente [ĩmpextʃi'nẽntʃi] *adj* impertinent.

imperturbável [ĩmpextux'bavɛw] (*pl* -eis [-ejʃ]) *adj* serene.

impessoal [ĩmpe'swaw] (*pl* -ais [-ajʃ]) *adj* impersonal.

impetuoso, osa [ĩmpe'twozu, ɔza] *adj* impetuous.

implacável [ĩmpla'kavɛw] (*pl* -eis [-ejʃ]) *adj* ruthless; (*vento, chuva, frio*) relentless.

implantação [ĩmplãnta'sãw] *f* introduction.

implicar [ĩmpli'ka(x)] *vt* (*envolver*) to implicate; (*acarretar*) to involve.

◻ **implicar com** *v* + *prep* to insult.

implícito, ta [ĩm'plisitu, ta] *adj* implicit.

implorar [ĩmplo'ra(x)] *vt* to implore.

imponente [ĩmpo'nẽntʃi] *adj* (*grandioso*) imposing; (*altivo*) arrogant.

impopular [ĩmpopu'la(x)] (*pl* -res [-xiʃ]) *adj* unpopular.

impor [ĩm'po(x)] *vt* (*respeito, silêncio*) to command; (*ordem*) to impose; ~ **algo a alguém** to impose sthg on sb.

◻ **impor-se** *vp* to command respect.

importação [impoxta'sãw] (*pl* **-ões** [-õjʃ]) *f* import.

importado, da [impox'tadu, da] *adj* imported.

importância [impox'tãsja] *f* (*valor*) importance; (*quantia monetária*) amount.

importante [impox'tãntʃi] *adj* important. ◆ *m*: **o ~ é ...** the important thing is ...

importar [impox'ta(x)] *vt* (*mercadoria, produto, idéia*) to import. ◆ *vi* (*ter importância*) to matter. ◻ **importar-se** *vp* (*fazer caso*) to mind; **você se importa de fechar a porta?** would you mind closing the door?

imposição [impozi'sãw] (*pl* **-ões** [-õjʃ]) *f* condition.

impossível [impo'sivew] (*pl* **-eis** [-ejʃ]) *adj* & *m* impossible. ◆ *m*: **querer o ~** to ask the impossible.

imposto [im'poʃtu] *m* tax; **~ de renda** income tax.

impostor, ra [impoʃ'to(x), ra] (*mpl* **-res** [-riʃ], *fpl* **-s** [-ʃ]) *m, f* impostor.

impotente [impo'tẽntʃi] *adj* impotent.

impraticável [impratʃi'kavew] (*pl* **-eis** [-ejʃ]) *adj* (*estrada, caminho*) impassable.

impreciso, sa [impre'sizu, za] *adj* vague.

imprensa [im'prẽsa] *f* press.

impressão [impre'sãw] (*pl* **-ões** [-õjʃ]) *f* (*sensação*) impression; (*de jornal, livro*) printing;

ter a ~ de que to get the impression (that); **tenho a ~ que vai chover** I think it's going to rain; **~ digital** fingerprint; **causar boa ~** to make a good impression.

impressionante [impresju-'nãntʃi] *adj* (*incrível*) amazing; (*comovente*) moving.

impressionar [impresju-'na(x)] *vt* (*causar admiração a*) to amaze; (*comover*) to move.

impresso, a [im'presu, a] *adj* printed. ◆ *m* form.

impressões → impressão.

impressora [impre'sora] *f* printer; **~ matricial** dot matrix printer; **~ a jato de tinta** ink jet printer; **~ a laser** laser printer.

imprevisível [imprevi'zivew] (*pl* **-eis** [-ejʃ]) *adj* unpredictable.

imprevisto, ta [impre'viʃtu, ta] *adj* unexpected. ◆ *m* unexpected event.

imprimir [impri'mi(x)] *vt* to print.

impróprio, pria [im'prɔprju, prja] *adj*: **~ para** unsuitable for; **~ para consumo** unfit for human consumption.

improvável [impro'vavew] (*pl* **-eis** [-ejʃ]) *adj* unlikely.

improvisar [improvi'za(x)] *vt* & *vi* to improvise.

improviso [impro'vizu] *m* improvisation; **de ~** impromptu; **fazer um discurso de ~** to make an impromptu speech.

imprudente [impru'dẽntʃi] *adj* rash.

impulsionar [impuwsju'na(x)]

impulsivo 156

vt to push forward.

impulsivo, va [ĩmpuw'sivu, va] *adj* impulsive.

impulso [ĩm'puwsu] *m* (*incitamento*) impulse; (*de ligação telefónica*) unit.

impureza [ĩmpu'reza] *f* impurity.

impuro, ra [ĩm'puru, ra] *adj* impure.

imundície [ĩmũn'dʒisji] *f* (*sujeira*) dirt; (*lixo*) garbage.

imune [i'muni] *adj* (*isento*): ~ a immune to.

inabitado, da [inabi'tadu, da] *adj* uninhabited.

inacabado, da [inaka'badu, da] *adj* unfinished.

inaceitável [inasej'tavɛw] (*pl* **-eis** [-ejʃ]) *adj* unacceptable.

inacessível [inase'sivew] (*pl* **-eis** [-ejʃ]) *adj* inaccessible.

inacreditável [inakredʒi'tavɛw] (*pl* **-eis** [-ejʃ]) *adj* unbelievable.

inadequado, da [inade'kwadu, da] *adj* inadequate.

inadiável [ina'djavew] (*pl* **-eis** [-ejʃ]) *adj* (*encontro, reunião, problema*) pressing.

inalador [inala'do(x)] (*pl* **-res** [-riʃ]) *m* inhaler.

inalcançável [inawkã'savew] (*pl* **-eis** [-ejʃ]) *adj* unattainable.

inanimado, da [inani'madu, da] *adj* inanimate.

inaptidão [inaptʃi'dãw] *f* unsuitability.

inapto, ta [i'naptu, ta] *adj* unsuited.

inarticulado, da [inaxtʃiku-

'ladu, da] *adj* inarticulate.

inatingível [inatʃĩ'ʒivew] (*pl* **-eis** [-ejʃ]) *adj* unattainable.

inatividade [inatʃivi'dadʒi] *f* inactivity.

inativo, va [ina'tʃivu, va] *adj* inactive; (*pessoa*) unemployed.

inato, ta ['inatu, ta] *adj* innate.

inauguração [inawgura'sãw] (*pl* **-ões** [-õjʃ]) *f* inauguration.

inaugurar [inawgu'ra(x)] *vt* to inaugurate.

incansável [ĩkã'savew] (*pl* **-eis** [-ejʃ]) *adj* tireless.

incapacidade [ĩkapasi'dadʒi] *f* inability.

incapaz [ĩka'paʃ] (*pl* **-zes** [-ziʃ]) *adj* incapable.

incendiar [ĩsẽ'dʒja(x)] *vt* to set fire to.
❑ **incendiar-se** *vp* to catch fire.

incêndio [ĩ'sẽdʒju] *m* fire.

incentivo [ĩsẽ'tʃivu] *m* incentive.

incerteza [ĩsex'teza] *f* doubt, uncertainty; **ficar na** ~ to be left in doubt.

incerto, ta [ĩ'sextu, ta] *adj* uncertain.

inchaço [ĩ'ʃasu] *m* swelling.

inchado, da [ĩ'ʃadu, da] *adj* (*entumecido*) swollen; *fig* (*envaidecido*) puffed up with pride.

inchar [ĩ'ʃa(x)] *vi* to swell.

incidente [ĩsi'dẽtʃi] *m* incident.

incineração [ĩsinera'sãw] (*pl* **-ões** [-õjʃ]) *f* incineration.

incisivo, va [ĩsi'zivu, va] *adj* fig (*penetrante*) incisive. ◆ *m* (*dente*) incisor.

incitar [ĩsi'ta(x)] vt to incite.

inclinação [ĩŋklina'sãw] (pl -ões [-õjʃ]) f inclination.

inclinado, da [ĩŋkli'nadu, da] adj slanting.

inclinar [ĩŋkli'na(x)] vt to tilt.

◻ **inclinar-se** vp to lean.

incluir [ĩŋklu'i(x)] vt to include; (inserir) to enclose.

inclusive [ĩŋklu'zivɛ] adv even; **de 11 a 20**, ~ from 11 to 20 inclusive.

incoerente [ĩŋkwe'rẽntʃi] adj incoherent.

incógnita [ĩŋ'kɔgnita] f enigma, mystery.

incolor [ĩŋko'lo(x)] (pl -res [-riʃ]) adj colorless.

incomodar [ĩŋkomo'da(x)] vt to bother; **'favor não ~'** 'do not disturb'.

◻ **incomodar-se** vp to bother; **você se incomoda se eu fumar?** do you mind if I smoke?

incômodo, da [ĩŋ'komodu, da] adj uncomfortable. ◆ m nuisance.

incomparável [ĩŋkõmpa'ravɛw] (pl -eis [-ejʃ]) adj incomparable.

incompatível [ĩŋkõmpa'tʃivɛw] (pl -eis [-ejʃ]) adj incompatible.

incompetente [ĩŋkõmpe'tẽntʃi] adj & mf incompetent.

incompleto, ta [ĩŋkõm'plɛtu, -ta] adj unfinished.

incomunicável [ĩŋkomuni'kavɛw] (pl -eis [-ejʃ]) adj (isolado) isolated.

inconcebível [ĩŋkõse'bivɛw] (pl -eis [-ejʃ]) adj inconceivable.

incondicional [ĩŋkõndʒisjo'naw] (pl -ais [-ajʃ]) adj unconditional.

inconfidência [ĩŋkõfi'dẽsja] f disloyalty; (traição) treason.

inconfidente [ĩŋkõfi'dẽtʃi] adj disloyal. ◆ mf (traidor) traitor.

inconformado, da [ĩŋkõfox'madu, da] adj unreconciled.

inconfundível [ĩŋkõfũn'dʒivɛw] (pl -eis [-ejʃ]) adj unmistakable.

inconsciência [ĩŋkõʃ'sjẽsja] f thoughtlessness.

inconsciente [ĩŋkõʃ'sjẽntʃi] adj MED unconscious; (irresponsável) thoughtless. ◆ m unconscious.

inconveniência [ĩŋkõve'njẽsja] f inconvenience.

inconveniente [ĩŋkõve'njẽntʃi] adj (pessoa) tactless; (assunto) awkward. ◆ m (problema) problem; (desvantagem) disadvantage.

incorporar [ĩŋkoxpo'ra(x)] vt to incorporate.

incorreto, ta [ĩŋko'xɛtu, ta] adj (errado) incorrect; (malcriado) rude.

incorrigível [ĩŋkoxi'ʒivɛw] (pl -eis [-ejʃ]) adj incorrigible.

incrédulo, la [ĩŋ'krɛdulu, la] adj incredulous.

incrível [ĩŋ'krivɛw] (pl -eis [-ejʃ]) adj incredible.

incubadora [ĩŋkuba'dora] f incubator.

inculto, ta [ĩŋ'kuwtu, ta] adj (pessoa) uneducated; (terreno) uncultivated.

incurável [ĩŋku'ravɛw] (*pl* **-eis** [-ejʃ]) *adj* incurable.

indagar [ĩnda'ga(x)] *vi* to inquire.

indecente [ĩnde'sẽntʃi] *adj* indecent.

indeciso, sa [ĩnde'sizu, za] *adj (futuro, situação)* uncertain; *(pessoa)* indecisive; **estar** ~ to be undecided.

indecoroso, osa [ĩndeku'rozo, ɔza] *adj* improper.

indefeso, sa [ĩnde'fezu, za] *adj* defenseless.

indefinido, da [ĩndefi'nidu, da] *adj* indefinite.

indelicado, da [ĩndeli'kadu, da] *adj* offhand.

indenização [ĩndeniza'sãw] (*pl* **-ões** [-õjʃ]) *f* compensation.

indenizar [ĩndeni'zar] *vt* to compensate.

independência [ĩndepẽn'dẽsja] *f* independence.

independentemente [ĩndepẽnˌdẽntʃi'mẽntʃi]: **independentemente de** *prep* independently of.

indescritível [ĩndeʃkri'tʃivɛw] (*pl* **-eis** [-ejʃ]) *adj* indescribable.

indesejável [ĩndeze'ʒavɛw] (*pl* **-eis** [-ejʃ]) *adj* undesirable.

indestrutível [ĩndeʃtru'tʃivɛw] (*pl* **-eis** [-ejʃ]) *adj* indestructible; *fig (argumento)* watertight.

indeterminado, da [ĩndetexmi'nadu, da] *adj* indeterminate.

indevido, da [ĩnde'vidu, da] *adj* inappropriate.

Índia ['ĩndʒja] *f*: **a** ~ India.

indiano, na [ĩn'dʒjanu, na] *adj & m, f* Indian.

indicação [ĩndʒika'sãw] (*pl* **-ões** [-õjʃ]) *f (de caminho, direção)* directions *pl; (sinal)* mark; *(instrução)* indication.

indicador [ĩndʒika'do(x)] (*pl* **-res** [-riʃ]) *m (dedo)* index finger; *(de temperatura, velocímetro)* indicator.

indicar [ĩndʒi'ka(x)] *vt* to show; **tudo indica que ...** everything points to ...

indicativo, va [ĩndʒika'tʃivu, va] *adj* indicative. ◆ *m* GRAM indicative.

índice ['ĩndʒisi] *m (em livro)* index; *(nível)* rate; ~ **de audiência** the ratings; ~ **de inflação** inflation rate.

indício [ĩn'dʒisju] *f (pista)* clue; *(sinal)* sign.

indiferença [ĩndʒife'rẽsa] *f* indifference.

indiferente [ĩndʒife'rẽntʃi] *adj* indifferent; **para mim é** ~ I don't care.

indígena [ĩn'dʒiʒena] *adj & mf (nativo)* native; *(índio)* Indian.

indigestão [ĩndʒiʒeʃ'tãw] *f* indigestion.

indigesto, ta [ĩndʒi'ʒɛʃtu, ta] *adj* indigestible.

indignação [ĩndʒigna'sãw] (*pl* **-ões** [-õjʃ]) *f* indignation.

indigno, gna [ĩn'dʒignu, gna] *adj (pessoa)* unworthy; *(situação)* degrading.

índio, dia ['ĩndʒju, dʒja] *adj & m, f* Indian.

indireta [ĩdʒiˈreta] f fig (co-mentário) dig.

indireto, ta [ĩdʒiˈretu, ta] adj indirect.

indisciplinado, da [ĩdʒiʃipliˈnadu, da] adj undisciplined.

indiscreto, ta [ĩdʒiʃˈkretu, ta] adj indiscreet.

indiscutível [ĩdʒiʃkuˈtʃivew] (pl -eis [-ejʃ]) adj indisputable.

indispensável [ĩdʒiʃpẽˈsavew] (pl -eis [-ejʃ]) adj indispens-able. ◆ m: o ~ the bare essen-tials pl.

indisposição [ĩdʒiʃpoziˈsãw] (pl -ões [-õjʃ]) f upset stomach.

indisposto, osta [ĩdʒiʃˈpoʃtu, ɔʃta] adj unwell.

individual [ĩdʒiviˈdwaw] (pl -ais [-ajʃ]) adj individual; (quarto, tarefa) single; (mesa) for one.

indivíduo [ĩdʒiˈvidwu] m in-dividual; (homem) guy.

indolor [ĩdoˈlo(x)] (pl -res [-riʃ]) adj painless.

indulgência [ĩduwˈʒẽsja] f leniency.

indulgente [ĩduwˈʒẽtʃi] adj lenient.

indústria [ĩˈduʃtrja] f indus-try; **'~ brasileira'** made in Bra-zil.

induzir [ĩduˈzi(x)] vt: ~ al-guém a fazer algo to persuade sb to do sthg; ~ alguém em erro to mislead sb.

inédito, ta [iˈnɛdʒitu, ta] adj (livro) unpublished; (original) unique; (acontecimento) unprece-dented.

ineficaz [inefiˈkaʃ] (pl -zes [-ziʃ]) adj ineffective.

inegável [ineˈgavew] (pl -eis [-ejʃ]) adj undeniable.

inércia [iˈnɛxsja] f inertia.

inesgotável [ineʒgoˈtavew] (pl -eis [-ejʃ]) adj inexhaustible.

inesperado, da [ineʃpeˈradu, da] adj unexpected.

inesquecível [ineʃkeˈsivew] (pl -eis [-ejʃ]) adj unforgettable.

inestimável [ineʃtʃiˈmavew] (pl -eis [-ejʃ]) adj invaluable; **de valor ~** priceless.

inevitável [ineviˈtavew] (pl -eis [-ejʃ]) adj inevitable.

inexequível [inezeˈkwivew] (pl -eis [-ejʃ]) adj impracticable.

inexperiência [ineʃpeˈrjẽsja] f inexperience.

inexperiente [ineʃpeˈrjẽtʃi] adj inexperienced; fig (inocente) innocent.

infalível [ĩfaˈlivew] (pl -eis [-ejʃ]) adj (método, sistema, plano) infallible; (inevitável) certain.

infâmia [ĩˈfamja] f slander.

infância [ĩˈfãsja] f childhood.

infantil [ĩfãˈtiw] (pl -is [-iʃ]) adj (literatura, programa) chil-dren's (antes de s); pej (imaturo) childish.

infecção [ĩfeˈsãw] (pl -ões [-õjʃ]) f MED infection.

infeccioso, osa [ĩfeˈsjozu, ɔza] adj infectious.

infecções → infecção.

infectar [ĩfeˈta(x)] vi to get in-fected. ◆ vt to infect.

infelicidade [ĩfelisiˈdadʒi] f

(tristeza) unhappiness; *(desgraça)* misfortune; **mas que ~!** what a shame!; **tive a ~ de ...** I had the misfortune of ...

infeliz [ĩfe'liʒ] *(pl* **-zes** [-ziʃ]) *adj (acontecimento, notícia)* sad; *(comentário, resposta)* inappropriate. ◆ *mf* wretch; **ser ~** to be unhappy.

infelizmente [ĩfeliʒ'mẽntʃi] *adv* unfortunately.

inferior [ĩfe'rjo(x)] *(pl* **-res** [-riʃ]) *adj* lower; *(em valor, qualidade)* inferior; **andar ~** downstairs.

inferno [ĩ'fɛxnu] *m*: **o Inferno** Hell; **isto é um ~!** what a nightmare!; **vá para o ~!** go to hell!

infertilidade [ĩfextʃili'dadʒi] *f* infertility.

infiel [ĩ'fjɛw] *(pl* **-éis** [-ɛiʃ]) *adj (marido, esposa)* unfaithful; *(amigo)* disloyal.

infiltrar-se [ĩfiw'txaxsi] *vp (água, chuva)* to seep in.

infindável [ĩfĩ'davɛw] *(pl* **-eis** [-ɛiʃ]) *adj* endless.

infinidade [ĩfini'dadʒi] *f* infinity; **uma ~ de** countless.

infinitivo [ĩfini'tʃivu] *m*: **o ~ GRAM** the infinitive.

infinito, ta [ĩfi'nitu, ta] *adj & m* infinite.

inflação [ĩfla'sãw] *f* inflation.

inflamação [ĩflama'sãw] *(pl* **-ões** [-õjʃ]) *f* inflammation.

inflamado, da [ĩfla'madu, da] *adj* inflamed.

inflamar [ĩfla'ma(x)] *vt (incendiar)* to set on fire, to set alight; *fig (entusiasmar)* to inflame.

inflamável [ĩfla'mavεw] *(pl* **-eis** [-ejʃ]) *adj* flammable *Am*, inflammable *Brit*.

inflexível [ĩflɛk'sivεw] *(pl* **-eis** [-ejʃ]) *adj* inflexible; *fig (implacável, rigoroso)* unbending.

influência [ĩflu'ẽsja] *f* influence; **ter ~** to be influential.

influente [ĩflu'ẽntʃi] *adj* influential.

influir [ĩflu'i(x)]: **influir em** *v* + *prep* to influence.

informação [ĩfoxma'sãw] *(pl* **-ões** [-õjʃ]) *f* information; *(notícia)* news *sg*.
   informações *fpl (serviço telefônico)* directory assistance *sg Am*, directory enquiries *Brit*; **'informações'** 'information'.

informal [ĩfox'maw] *(pl* **-ais** [-ajʃ]) *adj* informal.

informalidade [ĩfoxmali'dadʒi] *f* informality.

informar [ĩfox'ma(x)] *vt* to inform; **~ alguém de** ou **sobre algo** to inform sb of sthg.
   informar-se *vp* to find out.

informática [ĩfox'matʃika] *f* information technology, computing.

informativo, va [ĩfoxma'tʃivu, va] *adj* informative.

informatizar [ĩfoxmatʃi'za(x)] *vt* to computerize.

infração [ĩfra'sãw] *(pl* **-ões** [-õjʃ]) *f (de lei)* offense; *(de norma, regra)* breach.

infrações → **infração**.

infravermelho, lha [ĩfravex'meʎu, ʎa] *adj* infrared.

infundado, da [ĩfũn'dadu,

da] *adj* unfounded.

ingenuidade [īʒenwiˈdadʒi] *f* ingenuity.

ingênuo, nua [iˈʒenwu, nwa] *adj* naive. ◆ *m, f* naive person.

ingerir [īʒeˈri(x)] *vt* to ingest.

Inglaterra [īŋglaˈtexa] *f*: **a** ~ England.

inglês, esa [īŋˈgleʃ, eza] *(mpl* -**eses** [-eziʃ]*, fpl* -**s** [-ʃ]*) adj & m* English. ◆ *m, f (pessoa)* Englishman; **os ingleses** the English; **para** ~ **ver** for show.

ingratidão [īŋgratʃiˈdãw] *f* ingratitude.

ingrato, ta [īŋˈgratu, ta] *adj (pessoa)* ungrateful; *(trabalho)* thankless.

ingrediente [īŋgreˈdʒẽntʃi] *m* ingredient.

íngreme [ˈīŋgremi] *adj* steep.

ingresso [īŋˈgresu] *m (em curso, universidade, partido)* enrollment; *(bilhete de cinema, teatro etc.)* ticket.

inhame [iˈɲami] *m* yam.

inibição [inibiˈsãw] *(pl* -**ões** [-õjʃ]*) f* inhibition.

inibido, da [iniˈbidu, da] *adj* inhibited.

inicial [iniˈsjaw] *(pl* -**ais** [-ajʃ]*) adj & f* initial.

iniciar [iniˈsja(x)] *vt* to start, to begin.

◻ **iniciar-se** *vp* to start.

iniciativa [inisjaˈtʃiva] *f* initiative; **ter** ~ to show initiative.

início [iˈnisju] *m* start, beginning; **no** ~ at first; **desde o** ~

from the beginning.

inimigo, ga [iniˈmigu, ga] *adj* enemy *(antes de s).* ◆ *m, f* enemy.

ininterruptamente [inĩnte·xuptaˈmẽntʃi] *adv* continuously.

injeção [īʒeˈsãw] *(pl* -**ões** [-õjʃ]*) f* injection; ~ **eletrônica** fuel injection.

injeções → **injeção**.

injetar [īʒeˈta(x)] *vt* to inject.

◻ **injetar-se** *vp (drogar-se)* to be on drugs.

injúria [īˈʒurja] *f* insult.

injuriar [īʒuˈrja(x)] *vt* to insult.

injustiça [īʒuʃˈtʃisa] *f* injustice.

injusto, ta [īˈʒuʃtu, ta] *adj* unfair.

inocência [inoˈsẽsja] *f* innocence.

inocentar [inosẽnˈta(x)] *vt*: ~ **alguém (de algo)** *JUR* to clear sb (of sthg).

inocente [inoˈsẽntʃi] *adj* innocent; **ser** *ou* **estar** ~ to be innocent.

inoculação [inɔkulaˈsãw] *(pl* -**ões** [-õjʃ]*) f* inoculation.

inofensivo, va [inofẽˈsivu, va] *adj* harmless.

inoportuno, na [inopoxˈtunu, na] *adj (pessoa)* tactless; *(comentário, momento)* inopportune.

inovação [inovaˈsãw] *(pl* -**ões** [-õjʃ]*) f* innovation.

inoxidável [inoksiˈdavew] *(pl* -**eis** [-ejʃ]*) adj (aço)* stainless; *(material)* rustproof.

inquérito [īŋˈkeritu] *m (sondagem)* opinion poll, survey; *(de polícia, comissão)* investigation.

inquietação [ĩŋkjeta'sãw] *f*
(agitação) restlessness; *(preocupação)* worry.

inquietante [ĩŋkje'tãntʃi] *adj*
worrying, disturbing.

inquilino, na [ĩŋki'linu, na] *m,
f* tenant.

insatisfatório, ria [ĩsatʃiʃ-
fa'tɔrju, rja] *adj* unsatisfactory.

insatisfeito, ta [ĩsatʃiʃ'fejtu,
ta] *adj* dissatisfied.

inscrever [ĩʃkre've(x)] *vt* to enroll; ~ **alguém em algo** to enroll sb in sthg.
❑ **inscrever-se** *vp:* ~**-se em algo** to enroll in sthg.

inscrição [ĩʃkri'sãw] *(pl* -ões
[-õjʃ]) *f (em pedra)* inscription;
(em curso, cadeira) enrollment.

insegurança [ĩsegu'rãsa] *f* in-
security.

inseguro, ra [ĩse'guru, ra] *adj
(área, rua)* unsafe; *(pessoa)* inse-
cure.

insensato, ta [ĩsẽ'satu, ta] *adj
(decisão, comportamento)* foolish.

insensibilidade [ĩsẽsibili-
'dadʒi] *f* insensitivity.

insensível [ĩsẽ'sivew] *(pl* -eis
[-ejʃ]) *adj* insensitive.

inseparável [ĩsepa'ravew] *(pl
-eis* [-ejʃ]) *adj* inseparable.

inserir [ĩse'ri(x)] *vt (colocar)* to
insert; *(INFORM (dados)* to enter.
❑ **inserir-se em** *vp + prep (fazer
parte de)* to be part of.

inseticida [ĩsetʃi'sida] *m* insec-
ticide.

inseto [ĩ'setu] *m* insect.

insidioso, osa [ĩsi'dʒjozu, ɔza]
adj insidious.

insígnia [ĩ'signja] *f* insignia.

insignificante [ĩsiɡnifi'kãn-
tʃi] *adj* insignificant.

insinuar [ĩsi'nwa(x)] *vt* to insinuate.

insípido, da [ĩ'sipidu, da] *adj*
insipid.

insistência [ĩsiʃ'tẽsja] *f* insist-
ence.

insistente [ĩsiʃ'tẽntʃi] *adj* in-
sistent.

insistir [ĩsiʃ'ti(x)] *vi* to insist;
**eu estou sempre insistindo
com ela para ter cuidado** I'm always telling her to be careful;
~ **em fazer algo** to insist on
doing sthg.

insolação [ĩsola'sãw] *(pl* -ões
[-õjʃ]) *f* sunstroke.

insolente [ĩso'lẽntʃi] *adj* insolent. ◆ *mf* insolent person.

insólito, ta [ĩ'sɔlitu, ta] *adj*
unusual.

insônia [ĩ'sonja] *f* insomnia.

insosso, a [ĩ'sosu, a] *adj*
bland; *fig (pouco interessante)* insipid.

inspeção [ĩʃpe'sãw] *(pl* -ões
[-õjʃ]) *f* inspection.

inspecionar [ĩʃpesjo'na(x)] *vt*
to inspect.

inspeções → inspeção.

inspetor, ra [ĩʃpe'to(x), ra]
(mpl -res [-riʃ], *fpl* -s [-ʃ]) *m, f* inspector.

inspiração [ĩʃpira'sãw] *(pl*
-ões [-õjʃ]) *f* inspiration.

inspirador, ra [ĩʃpira'do(x),
ra] *(mpl* -res [-riʃ], *fpl* -s [-ʃ]) *adj*
inspiring.

inspirar [ĩʃpi'ra(x)] vt (respirar) to breathe in; fig (sugerir) to inspire.

instabilidade [ĩʃtabili'dadʒi] f instability.

instalação [ĩʃtala'sãw] (pl -ões [-õjʃ]) f installation; ~ elétrica wiring.
▫ **instalações** fpl facilities.

instalar [ĩʃta'la(x)] vt to install.
▫ **instalar-se** vp (em casa, local) to move in; (em cadeira) to make o.s. comfortable.

instantâneo, nea [ĩʃtãn'tanju, nja] adj instantaneous. ◆ m snapshot.

instante [ĩʃ'tãntʃi] m moment; um ~! just a minute!; dentro de ~s shortly; de um ~ para o outro suddenly; nesse ~ at that moment; num ~ in a second; faço isso num ~ it'll only take me a minute; por ~s for a moment; a qualquer ~ at any moment; a todo ~ all the time.

instintivo, va [ĩʃtʃĩn'tʃivu, va] adj instinctive.

instinto [ĩʃ'tʃĩntu] m instinct; por ~ instinctively.

instituição [ĩʃtitwi'sãw] (pl -ões [-õjʃ]) f institution.

instituto [ĩʃtʃi'tutu] m institute; ~ de beleza beauty parlor; ~ de línguas language school.

instrução [ĩʃtru'sãw] (pl -ões [-õjʃ]) f (indicação) instruction; (educação) education.

instruir [ĩʃtru'i(x)] vt to instruct.

instrumental [ĩʃtrumẽn'taw] (pl -ais [-ajʃ]) adj instrumental.

instrumento [ĩʃtru'mẽntu] m (ferramenta) tool; (musical) instrument.

instrutivo, va [ĩʃtru'tʃivu, va] adj instructive.

instrutor, ra [ĩʃtru'to(x), ra] (mpl -res [-riʃ], fpl -s [-ʃ]) m, f (professor) instructor; (de direção) driving instructor.

insubordinação [ĩsuboxdʒina'sãw] (pl -ões [-õjʃ]) f (mau comportamento) disobedience; (rebelião) insubordination.

insubstituível [ĩsubʃtʃi'twivew] (pl -eis [-ejʃ]) adj irreplaceable.

insucesso [ĩsu'sɛsu] m failure.

insuficiência [ĩsufi'sjɛsja] f (falta, carência) lack; (incapacidade) failure; ~ cardíaca heart failure.

insuficiente [ĩsufi'sjẽntʃi] adj insufficient. ◆ m EDUC (nota) 'fail'.

insuflável [ĩsu'flavεw] (pl -eis [-ejʃ]) adj inflatable.

insulina [ĩsu'lina] f insulin.

insultar [ĩsuw'ta(x)] vt to insult.

insuperável [ĩsupe'ravew] (pl -eis [-ejʃ]) adj insurmountable.

insuportável [ĩsupox'tavew] (pl -eis [-ejʃ]) adj unbearable.

intato, ta [ĩn'tatu, ta] adj intact.

íntegra ['ĩntegra] f: na ~ in full.

integral [ĩnte'graw] (pl -ais [-ajʃ]) adj whole.

integrar [ĩnteˈgra(x)] vt to include.

❑ **integrar-se** vp to become integrated.

integridade [ĩntegriˈdadʒi] f integrity.

íntegro, gra [ˈĩntegru, gra] adj honest.

inteiramente [ĩnˌtejraˈmēntʃi] adv entirely.

inteirar-se [ĩntejˈraxsi]: **inteirar-se de** vp + prep to find out about.

inteiro, ra [ĩnˈtejru, ra] adj (todo) whole; (não partido) intact.

intelectual [ĩntelekˈtwaw] (pl **-ais** [-ajʃ]) adj & mf intellectual.

inteligência [ĩnteliˈʒēsja] f intelligence.

inteligente [ĩnteliˈʒēntʃi] adj intelligent.

intenção [ĩntēˈsãw] (pl **-ões** [-õjʃ]) f intention; **ter ~ de fazer algo** to intend to do sthg; **sem ~** unintentionally; **com a melhor das intenções** with the best of intentions; **ter segundas intenções** to have an ulterior motive.

intensidade [ĩntẽsiˈdadʒi] f intensity.

intensivo, va [ĩntẽˈsivu, va] adj intensive.

intenso, sa [ĩnˈtẽsu, sa] adj intense; (chuva) heavy; (trabalho) hard; (vento) high.

interativo, va [ĩnteraˈtʃivu, va] adj interactive.

intercâmbio [ˌĩnterˈkãmbju] m exchange.

interceder [ĩntexseˈde(x)] vi:

~ por alguém to intercede on behalf of sb.

interceptar [ĩntexsepˈta(x)] vt to intercept.

interdição [ĩntexdʒiˈsãw] (pl **-ões** [-õjʃ]) f (proibição) ban; (encerramento) closure.

interessado, da [ĩntereˈsadu, da] adj interested.

interessante [ĩntereˈsãntʃi] adj interesting.

interessar [ĩntereˈsa(x)] vi to be of interest; **a quem ~ possa** to whom it may concern.

❑ **interessar-se por** vp + prep to be interested in; **só agora é que ele se interessou pelo caso** he's only recently taken an interest in the situation.

interesse [ĩnteˈresi] m interest; (importância) significance; (proveito próprio) self-interest; **no ~ de** in the interest of; **por ~** out of self-interest; **sem ~** of no interest.

interferência [ĩntexfeˈrēsja] f interference.

❑ **interferências** fpl (em imagem, rádio) interference sg.

interferir [ĩntexfeˈri(x)]: **interferir em** v + prep to interfere in.

interfone [ˌĩntexˈfɔni] m intercom.

interior [ĩnteˈrjo(x)] (pl **-res** [-riʃ]) adj (quarto, porta) inner. ◆ m (de área, caixa) inside; (de casa, país) interior.

interjeição [ĩntexʒejˈsãw] (pl **-ões** [-õjʃ]) f interjection.

interlocutor, ra [ˌĩntexloku-

'to(x), ra] (mpl -res [-riʃ], fpl -s [-ʃ]) m, f speaker.

intermediário, ria [ĩntexme'dʒjarju, rja] m, f intermediary.

intermédio [ĩnter'mɛdju] m: **por ~ de** through.

interminável [ĩntexmi'navew] (pl -eis [-ejʃ]) adj endless.

intermitente [ĩntexmi'tẽntʃi] adj intermittent.

internacional [ĩntexnasju-'naw] (pl -ais [-ajʃ]) adj international.

internar [ĩntex'na(x)] vt MED to admit.

internato [ĩntex'natu] m boarding school.

Internet [ĩntex'nɛtʃi] f: **a ~ the** Internet.

interno, na [ĩn'tɛxnu, na] adj internal; (colégio) boarding (antes de s).

interpretação [ĩntexpreta-'sãw] (pl -ões [-õjʃ]) f (de texto, mensagem) interpretation; (de papel, canção) performance; (tradução) interpreting.

interpretar [ĩntexpre'ta(x)] vt (texto, mensagem) to interpret; (papel) to play; (música) to perform.

intérprete [ĩn'texpretʃi] mf performer; (tradutor) interpreter.

interrogação [ĩntexoga'sãw] (pl -ões [-õjʃ]) f (pergunta) question; (interrogatório) interrogation.

interrogar [ĩntexo'ga(x)] vt (perguntar a) to question; (em tribunal) to cross-examine.

interrupção [ĩntexup'sãw] (pl

-ões [-õjʃ]) f interruption; **sem ~** without interruption.

interruptor [ĩntexup'to(x)] (pl -res [-riʃ]) m switch.

interurbano, na [ĩntexux'banu, na] adj (telefonema) long-distance.

intervalo [ĩntex'valu] m (de programa, aula) break; (de espetáculo) interval.

intervenção [ĩntexvẽ'sãw] (pl -ões [-õjʃ]) f (ação) intervention; (discurso) speech; **~ cirúrgica** operation.

intervir [ĩntex'vi(x)] vi (participar) to participate; (interferir) to intervene; **~ em** (participar em) to participate in; (interferir em) to intervene in.

intestino [ĩntej'tʃinu] m intestine; **~ delgado/grosso** small/large intestine.

intimidade [ĩntʃimi'dadʒi] f (proximidade) intimacy; (privacidade) privacy.

intimidar [ĩntʃimi'da(x)] vt to intimidate.
❏ **intimidar-se** vp to be intimidated.

íntimo, ma ['ĩntʃimu, ma] adj (pessoa) close; (sentimentos) intimate; (objetos) personal. ◆ m: **no ~** deep down; **ser ~ de alguém** to be close to sb.

intolerância [ĩntole'rãsja] f intolerance.

intolerante [ĩntole'rãntʃi] adj (pessoa) intolerant; (lei, atitude) rigid.

intoxicação [ĩntoksika'sãw] (pl -ões [-õjʃ]) f poisoning; **~ alimentar** food poisoning.

intransigente [ĩntrãzi'ʒẽntʃi] adj intransigent.

intransitável [ĩntrãzi'tavew] (pl **-eis** [-ejʃ]) adj impassable.

intransponível [ĩntrãʃpo-'nivew] (pl **-eis** [-ejʃ]) adj (rio, obstáculo) impassable; (problema) insurmountable.

intratável [ĩntra'tavew] (pl **-eis** [-ejʃ]) adj (pessoa) difficult.

intravenoso, osa [ĩntrave-'nozu, ɔza] adj intravenous.

intriga [ĩn'triga] f (de livro, história) plot; (bisbilhotice) piece of gossip.

intrigante [ĩntri'gãntʃi] adj (curioso) intriguing; (bisbilhoteiro) gossipy.

introdução [ĩntrodu'sãw] (pl **-ões** [-õjʃ]) f introduction; (inserção) insertion.

introduzir [ĩntrodu'zi(x)] vt (inserir) to insert.

intrometer-se [ĩntrome'tex-si] vp to interfere; ~ **em** to meddle in.

intrometido, da [ĩntrome-'tʃidu, da] adj meddling.

intromissão [ĩntromi'sãw] (pl **-ões** [-õjʃ]) f interference, meddling.

introvertido, da [ĩntrovex-'tʃidu, da] adj introverted.

intruso, sa [ĩn'truzu, za] m, f intruder.

intuição [ĩntwi'sãw] (pl **-ões** [-õjʃ]) f intuition; **por** ~ intuitively.

intuito [ĩn'twitu] m aim; **com o** ~ **de fazer algo** with the aim of doing sthg.

inúmeros, ras [i'numeruʃ, raʃ] adj pl countless.

inundação [inũnda'sãw] (pl **-ões** [-õjʃ]) f flood.

inundar [inũn'da(x)] vt to flood.

inútil [i'nutʃiw] (pl **-teis** [-tejʃ]) adj (desnecessário) useless; (vão) pointless.

invadir [ĩva'di(x)] vt to invade.

invalidez [ĩvali'deʒ] f disability.

inválido, da [ĩ'validu, da] adj (pessoa) disabled. ◆ m, f disabled person.

invariável [ĩvarj'avew] (pl **-eis** [-ejʃ]) adj invariable.

invasão [ĩva'zãw] (pl **-ões** [-õjʃ]) f invasion.

inveja [ĩ'veʒa] f envy; **ter** ~ **de alguém** to envy sb.

invejar [ĩve'ʒa(x)] vt to envy.

invejoso, osa [ĩve'ʒozu, ɔza] adj envious.

invenção [ĩvẽ'sãw] (pl **-ões** [-õjʃ]) f invention.

inventar [ĩvẽn'ta(x)] vt (criar) to invent; fig (mentir) to make up.

inventário [ĩvẽn'tarju] m inventory.

inventor, ra [ĩvẽn'to(x), ra] (mpl **-res** [-riʃ], fpl **-s** [-ʃ]) m, f inventor.

inverno [ĩ'vɛxnu] m winter; **no** ~ in the winter.

inverossímil [ĩvero'simiw] (pl **-meis** [-mejʃ]) adj unlikely, improbable.

inversão [ĩvex'sãw] (pl **-ões** [-õjʃ]) f inversion.

inverso, sa [ĩ'vɛxsu, sa] adj opposite. ♦ m: **o** ~ the opposite.

inversões → inversão.

inverter [ĩvex'te(x)] vt (ordem, posição) to invert; (sentido, marcha) to reverse.

invés [ĩ'vɛʃ] m: **ao** ~ **de** instead of.

investida [ĩveʃ'tʃida] f (ataque) attack; (tentativa) attempt.

investigação [ĩveʃtʃiga'sãw] (pl -ões [-õjʃ]) f (policial) investigation; (científica) research.

investigar [ĩveʃtʃi'ga(x)] vt (acontecimento, crime) to investigate; (cientificamente) to research.

investimento [ĩveʃtʃi'mẽntu] m investment.

investir [ĩveʃ'tʃi(x)] vt to invest. ♦ vi: ~ **(em algo)** to invest (in sthg).

invisível [ivi'zivew] (pl -eis [-ejʃ]) adj invisible.

invólucro [ĩ'volukru] m wrapping.

involuntário, ria [ĩvolũn'tarju, rja] adj involuntary.

iodo ['jodu] m iodine.

ioga ['jɔga] f yoga.

iogurte [ju'guxtʃi] m yoghurt.

ir [i(x)] vi -1. (deslocar-se) to go; **fomos de ônibus** we went by bus; **iremos a pé** we'll go on foot, we'll walk; **vamos?** shall we go?

-2. (assistir, freqüentar) to go; **ele nunca vai às reuniões** he never goes to the meetings; **você não vai à aula?** aren't you going to your class?

-3. (estender-se) to go; **o caminho vai até ao lago** the path goes to the lake.

-4. (desenrolar-se) to go; **isto não vai nada bem** this isn't going at all well; **como vai você?** how are you?; **como vão as coisas?** how are things?; **os negócios vão mal** business is bad.

-5. (exprime duração gradual): ~ **fazendo algo** to continue doing sthg; **vá tentando!** keep trying!

-6. (seguido de infinitivo): **vou falar com ele** I'll speak to him; **não vou fazer nada** I'm not going to do anything.

-7. (seguido de gerúndio): **ia caindo** I almost fell.

-8. (em locuções): ~ **dar em** (desembocar) to lead to; ~ **ter com** (encontrar) to meet.

❑ **ir de** v + prep (ir disfarçado) to go as; (escolher): **eu vou de filé com fritas, e você?** I'll have the steak and fries, what about you?

❑ **ir por** v + prep (auto-estrada, escadas) to take; ~ **pela esquerda/direita** to go left/right; ~ **pelo jardim** to go through the garden.

❑ **ir-se** vp (partir) to go; **ele já se foi** he already left; ~**-se embora** to leave.

irascível [iraʃ'sivew] (pl -eis [-ejʃ]) adj irascible.

íris ['iriʃ] f inv iris.

Irlanda [ix'lãnda] f: **a** ~ Ireland, Eire; **a** ~ **do Norte** Northern Ireland.

irmã 168

irmã [ix'mɐ̃] f *(freira)* nun → **ir-mão**.

irmão, mã [ix'mɐ̃w, mɐ̃] m, f brother.

ironia [iro'nia] f irony.

irracional [ixasjo'naw] *(pl* -ais [-ajʃ]) *adj* irrational.

irradiar [ixa'dʒja(x)] vt *(luz)* to radiate.

irreal [i'xjew] *(pl* -ais [-ajʃ]) *adj* unreal.

irreconhecível [ixekoɲe-'sivew] *(pl* -eis [-ejʃ]) *adj* unrecognizable.

irrecuperável [ixekupe'ravew] *(pl* -eis [-ejʃ]) *adj (perdido)* irretrievable; *(estragado)* irreparable; *(doente, viciado)* incurable.

irregular [ixegu'la(x)] *(pl* -res [-rjʃ]) *adj* irregular; *(superfície)* uneven.

irremediável [ixeme'dʒjavew] *(pl* -eis [-ejʃ]) *adj* irremediable.

irreprimível [ixepri'mivew] *(pl* -eis [-ejʃ]) *adj* irrepressible.

irrequieto, ta [ixe'kjɛtu, ta] *adj (criança)* boisterous.

irresistível [ixeziʃ'tʃivew] *(pl* -eis [-ejʃ]) *adj* irresistible; *(apetite, vontade)* overwhelming.

irresponsável [ixeʃpõ'savew] *(pl* -eis [-ejʃ]) *adj* irresponsible.

irrigação [ixiga'sɐ̃w] *(pl* -ões [-õjʃ]) f irrigation.

irrisório, ria [ixi'zɔrju, rja] *adj* derisory.

irritação [ixita'sɐ̃w] *(pl* -ões [-õjʃ]) f irritation.

irritante [ixi'tɐ̃tʃi] *adj* irritating.

irritar [ixi'ta(x)] vt to irritate. ❑ **irritar-se** vp to get irritated.

isca [ˈiʃka] f *(para pesca)* bait.

isento, ta [i'zẽtu, ta] *adj* exempt; ~ **de** exempt from.

isolado, da [izo'ladu, da] *adj (lugar)* remote; *(pessoa, objeto)* isolated.

isolamento [izola'mẽtu] m *(solidão)* isolation; *(de janela, cabo)* insulation.

isolar [izo'la(x)] vt *(pessoa)* to isolate; *(janela, cabo)* to insulate.

isopor® [izo'po(x)] m Styrofoam®.

isqueiro [iʃ'kejru] m *(de cigarro)* lighter.

isso [ˈisu] pron that. ◆ *interj* that's it!; **é** ~ **aí!** that's right!; **foi por** ~ **que ele não veio** that's why he didn't come; **é por** ~ **mesmo que eu não vou!** that is exactly why I'm not going!; ~ **não!** no way!; **não mexa nisso!** leave that alone!; **nem por** ~ not really; **para** ~ (in order) to do that.

istmo [ˈiʃtʃimu] m isthmus.

isto [ˈiʃtu] pron this; **disto eu não quero** I don't want any of this; **escreva nisto** write on this; ~ **é** *(quer dizer)* that is (to say); ~ **é que é vida!** this is the life!

Itália [i'talja] f: **a** ~ Italy.

itálico [i'taliku] m italic type, italics *pl*; **em** ~ in italics.

itinerário [itʃine'rarju] m itinerary.

J

já ['ʒa] *adv (agora)* now; *(de seguida)* right away, at once; **até ~!** see you soon!; **é para ~!** coming up!; **~ acabei** I've already finished; **você ~ esteve em Salvador?** have you ever been to Salvador?; **você ~ foi a Salvador?** have you been to Salvador yet?; **~ não sei o que fazer** I don't know what else I can do; **desde ~** in advance; **~ era** it's no good anymore; **~ que** since.

jacarandá [ʒakarãˈda] *m* jacaranda.

jacaré [ʒakaˈrɛ] *m* alligator.

jade ['ʒadʒi] *m* jade.

jaguar [ʒaˈgwa(x)] *(pl* -**res** [-riʃ]) *m* jaguar.

jamais [ʒaˈmajʃ] *adv* never; **nenhum livro ~ o interessou** no book has ever interested him.

janeiro [ʒaˈnejru] *m* January → setembro.

janela [ʒaˈnɛla] *f* window.

jangada [ʒãŋˈgada] *f* raft.

jantar [ʒãnˈta(x)] *(pl* -**res** [-riʃ]) *m* dinner. ◆ *vi* to have dinner. ◆ *vt* to have for dinner.

Japão [ʒaˈpãw] *m*: **o ~** Japan.

jaqueta [ʒaˈketa] *f* jacket.

jardim [ʒaxˈdʒĩ] *(pl* -**ns** [-ʃ]) *m (de casa)* yard; *(público)* park;

~ botânico botanical gardens *pl*; **~-de-infância** kindergarten; **~-de-inverno** conservatory; **~ zoológico** zoo.

jardineiras [ʒaxdʒiˈnejraʃ] *fpl (calças)* overalls *Am*, dungarees *Brit*.

jardineiro, ra [ʒaxdʒiˈnejru, ra] *m, f* gardener.

jarra ['ʒaxa] *f (para flores)* vase; *(para vinho)* carafe.

jarro ['ʒaxu] *m (para bebida)* jug.

jasmim [ʒaʒˈmĩ] *(pl* -**ns** [-ʃ]) *m* jasmine.

jato ['ʒatu] *m* jet.

jaula ['ʒawla] *f* cage.

javali [ʒavaˈli] *m* wild boar.

jazer [ʒaˈze(x)] *vi* to lie.

jazigo [ʒaˈzigu] *m* tomb.

jeans ['dʒinʃ] *m inv* jeans *pl*.

jeito ['ʒejtu] *m (modo)* way; *(comportamento)* manner; **não tem ~!** it's hopeless!; **com ~** carefully; **dar um ~ em algo** *(tornozelo, pulso)* to sprain sthg; *(reparar)* to fix sthg; *(resolver)* to arrive at a solution; **ficar sem ~** to feel embarrassed; **ter falta de ~ para algo** to be bad at sthg; **ter ~ para algo** to be good at sthg; **tomar ~** to learn one's lesson; **de ~ nenhum!** no way!

jejum [ʒeˈʒũ] *(pl* -**ns** [-ʃ]) *m* fast; **em ~** on an empty stomach.

jesuíta [ʒeˈzwita] *m RELIG* Jesuit.

jet ski [dʒɛtˈski] *m* jet-skiing.

jibóia [ʒiˈbɔja] *f* boa constrictor.

joalheria [ʒwaˈʎeˈria] f (loja) jewelry store; (jóias) jewelry.

joanete [ʒwaˈnetʃi] m bunion.

joaninha [ʒwaˈniɲa] f ladybug Am, ladybird Brit.

joelheira [ʒweˈʎeira] f knee pad.

joelho [ʒweˈʎu] m knee; **de ~s** on one's knees.

jogada [ʒoˈgada] f (lance de jogo) turn; (em xadrez) move; (em futebol, basquete) shot.

jogar [ʒoˈga(x)] vi to play; (em jogo de azar) to gamble. ◆ vt to play; (apostar) to bet; (atirar) to throw; **~ bola** to play ball; **~ cartas** to play cards; **~ fora** to throw away ou out.
❑ **jogar-se a** vp + prep (pessoa) to lunge at; **ele jogou-se no chão** he threw himself to the floor.

jogo [ˈʒogu] (pl **jogos** [ˈʒoguʃ]) m (de tênis) match; (de futebol, xadrez) game; (conjunto) set; (jogos de azar) gambling; **~s de vídeo** video games; **os Jogos Olímpicos** the Olympics.

jóia [ˈʒɔja] f (brincos, anel) jewel; (pagamento) membership fee.

jóquei [ˈʒɔkej] m jockey.

jornada [ʒoxˈnada] f (caminhada) journey; **~ de trabalho** work day.

jornal [ʒoxˈnaw] (pl **-ais** [-ajʃ]) m newspaper; TV the news.

jornaleiro, ra [ʒoxnaˈlejru, ra] m, f newsdealer. ◆ m newsstand.

jornalista [ʒoxnaˈliʃta] mf journalist.

jorrar [ʒoˈxa(x)] vi to gush.

jovem [ˈʒovẽ] (pl **-ns** [-ʃ]) adj young. ◆ mf young man.

juba [ˈʒuba] f mane.

judaico, ca [ʒuˈdajku, ka] adj Jewish.

judeu, dia [ʒuˈdew, dʒia] m, f Jew.

judicial [ʒudʒiˈsjaw] (pl **-ais** [-ajʃ]) adj legal; **o poder ~** the judiciary.

judô [ʒuˈdo] m judo.

juiz, juíza [ˈʒwiʃ, ˈʒwiza] (mpl **-ízes** [-ziʃ], fpl **-s** [-ʃ]) m, f judge.

juízo [ˈʒwizu] m (parecer) opinion. ◆ interj behave yourself!; **perder o ~** to lose one's mind; **ter ~** to be sensible.

julgamento [ʒuwgaˈmẽntu] m (ato) judgement; (audiência) trial.

julgar [ʒuwˈga(x)] vt JUR to judge; (achar, opinar) to think. ◆ vi JUR to pass sentence.
❑ **julgar-se** vp: **ele se julga o maior** he thinks he's the best.

julho [ˈʒuʎu] m July → **setembro**.

jumento [ʒuˈmẽntu] m donkey.

junho [ˈʒuɲu] m June → **setembro**.

júnior [ˈʒunjo(x)] (pl **juniores** [ʒuˈnjoriʃ]) adj youngest. ◆ mf ESP junior.

junta [ˈʒũnta] f (junção) joint; POL junta; **~ médica** medical team.

juntamente [ˌʒũntaˈmẽntʃi]: **juntamente com** prep together with.

juntar [ʒũnˈta(x)] vt (reunir) to

gather together; *(dinheiro)* to save; *(adicionar)* to add.
❏ **juntar-se** *vp (reunir-se)* to come together; *(encontrar-se)* to meet; *(amigar-se)* to move in together.

junto, ta ['ʒũntu, ta] *pp →* **juntar.** ◆ *adj* together. ◆ *adv:* ~ **de** ou **a** by; ~ **com** along with.

juramento [ʒura'mẽntu] *m* oath.

jurar [ʒu'ra(x)] *vt & vi* to swear.

júri ['ʒuri] *m* jury.

jurídico, ca [ʒu'ridʒiku, ka] *adj* legal.

juros ['ʒuruʃ] *mpl* interest *sg.*

justiça [ʒuʃ'tʃisa] *f* justice; *(organismo)* judiciary.

justificação [ʒuʃtʃifika'sãw] *(pl* **-ões** [-õjʃ]*) f (razão)* justification; *(escrita)* statement.

justificar [ʒuʃtʃifi'ka(x)] *vt* to justify.
❏ **justificar-se** *vp* to justify o.s.

justificativa [ʒuʃtʃifika'tʃiva] *f* justification.

justo, ta ['ʒuʃtu, ta] *adj (exato)* precise; *(imparcial)* fair; *(cingido)* fitted.

juvenil [ʒuve'niw] *(pl* **-is** [-iʃ]*) adj (moda, centro, literatura)* for teenagers; *(delinqüente, comportamento)* juvenile.

juventude [ʒuvẽn'tudʒi] *f (época)* youth; *(jovens)* young people *pl.*

K

karaokê [karao'ke] *m* karaoke.

kart ['kaxtʃi] *m* go-kart.

kit ['kitʃi] *m* kit.

kiwi ['kiwi] *m* kiwi fruit.

km/h *(abrev de quilômetro por hora)* kph.

L

lá [la] *adv* there; **quero ~ saber!** what do I care!; **sei ~!** how should I know!; **para ~ de** beyond.

lã [lã] *f* wool.

-la [la] *pron (pessoa)* her; *(coisa)* it; *(você)* you.

labareda [laba'reda] *f* flame.

lábio ['labju] *m* lip.

labirinto [labi'rĩntu] *m* labyrinth.

laboratório [labora'tɔrju] *m* laboratory.

laço ['lasu] *m* bow; *(de parentesco, amizade)* bond.

lacrar [la'kra(x)] *vt* to seal *(with sealing wax).*

lácteo, tea ['laktju, tja] *adj (produto)* dairy *(antes de s).*

lacuna [la'kuna] *f (espaço vazio)* gap; *(omissão)* omission.

ladeira [la'dejra] *f* slope.

lado ['ladu] *m* side; *(lugar)* place; **gosto de me deitar de ~** I like to sleep on my side; **deixar** ou **pôr de ~** to set aside; **o ~ fraco** weak point; **o vizinho do ~** the next-door neighbor; **ao ~ de** next to, beside; **~ a ~** side by side; **de ~ a ~** from one end to the other; **de um ~ para o outro** back and forth; **por todo o ~** ou **todos os ~s** all over the place; **por um ~ ... por outro ~ ...** on the one hand ... on the other hand ...

ladrão, ladra [la'drãw, 'ladra] *(mpl* **-ões** [-õjʃ], *fpl* **-s** [-ʃ]) *m, f* thief.

ladrilho [la'driʎu] *m* tile.

ladrões → **ladrão**.

lagarta [la'gaxta] *f (bicho)* caterpillar.

lagartixa [lagax'tʃiʃa] *f* gecko.

lagarto [la'gaxtu] *m* lizard.

lago ['lagu] *m (natural)* lake; *(de jardim)* pond.

lagoa [la'goa] *f* lake.

lagosta [la'goʃta] *f* lobster.

lagostim [laguʃ'tʃĩ] *(pl* **-ns** [-ʃ]) *m* langoustine.

lágrima ['lagrima] *f* tear.

laje ['laʒi] *f (de pavimento)* flagstone; *(de construção)* slab.

lama ['lama] *f* mud.

lamacento, ta [lama'sẽntu, ta] *adj* muddy.

lamber [lãm'be(x)] *vt* to lick; **~ os beiços** to lick one's lips.

❒ **lamber-se** *vp (cão)* to lick o.s.; *(gato)* to wash o.s.

lamentar [lamẽn'ta(x)] *vt* to lament.

❒ **lamentar-se** *vp* to moan.

lamentável [lamẽn'tavew] *(pl* **-eis** [-ejʃ]) *adj* regrettable.

lâmina ['lamina] *f* blade; **~ de barbear** razor blade.

lâmpada ['lãmpada] *f* (light) bulb.

lança ['lãsa] *f* lance, spear.

lançar [lã'sa(x)] *vt (lança, bola, dardo)* to throw; *(novo filme, disco)* to release; *(campanha, livro, produto)* to launch; **~ mão de algo** to take advantage of sthg.

❒ **lançar-se** *vp*: **~-se a** to launch o.s. at; **~-se sobre** to throw o.s. on.

lance ['lãsi] *m (em licitação)* bid; *ESP (jogada)* shot; *(fato)* fact; **~ de escada** flight of stairs.

lancha ['lãʃa] *f* launch.

lanchar [lã'ʃa(x)] *vi* to have a snack.

lanche ['lãʃi] *m* snack.

lanchonete [lãʃo'nɛtʃi] *f* snack bar.

lânguido, da ['lãngidu, da] *adj* languid.

lantejoula [lãnte'ʒola] *f* sequin.

lanterna [lãn'tɛxna] *f* lantern; **~ de bolso** flashlight *Am*, torch *Brit*.

lapela [la'pɛla] *f* lapel.

lápide ['lapidʒi] *f (em monumento, estátua)* memorial stone; *(em túmulo)* tombstone.

lápis ['lapiʃ] *m inv* pencil; **~ de cor** colored pencil; **~ de cera** crayon; **~ para os olhos** eyeliner.

lapso ['lapsu] m (de tempo) period; (esquecimento) slip; **por ~** by mistake.

laquê [la'ke] m hairspray.

lar ['la(x)] (pl -res [-riʃ]) m home.

laranja [la'rãʒa] f (fruta) orange. ◆ m (cor) orange ◆ adj orange.

lareira [la'rejra] f fireplace.

lares → lar.

largada [lax'gada] f start.

largar [lax'ga(x)] vt (soltar) to let go; (libertar) to set free; (deixar cair) to drop; (velas) to unfurl; (abandonar) to leave.

largo, ga ['laxgu, ga] adj (caminho, estrada, cama) wide; (roupa) loose. ◆ m (praça) square; **ao ~** at a distance.

largura [lax'gura] f width; **tem três metros de ~** it's three meters wide.

larva ['laxva] f larva.

-las [laʃ] pron pl (elas) them; (vocês) you.

lasanha [la'zaɲa] f lasagne.

lasca ['laʃka] f (de madeira) splinter; (de pedra) chip.

laser ['lejzɛ(x)] (pl -res [-riʃ]) m laser.

lástima ['laʃtʃima] f (pena) shame; (miséria) misery.

lastimável [laʃtʃi'mavɛw] (pl -eis [-ejʃ]) adj (acontecimento) regrettable; (erro) unfortunate; (situação, estado) deplorable.

lata ['lata] f tin; (de bebida) can; **~ (de conserva)** can Am, tin Brit; **~ de lixo** trashcan Am, litter bin Brit.

latão [la'tãw] (pl -ões [-õjʃ]) m (metal) brass; (vasilha) large can.

latejar [late'ʒa(x)] vi to throb.

lateral [late'raw] (pl -ais [-ajʃ]) adj lateral.

laticínios [latʃi'sinjuʃ] mpl dairy products.

latido [la'tʃidu] m barking.

latifúndio [latʃi'fũdʒiu] m large rural estate.

latim [la'tʃĩ] m Latin.

latino, na [la'tʃinu, na] adj Latin.

latino-americano, na [la,tʃinwameri'kanu, na] adj & m, f Latin American.

latir [la'tʃi(x)] vi to bark.

latitude [latʃi'tudʒi] f latitude.

latões → latão.

lava ['lava] f lava.

lavabo [la'vabu] m (pia) sink; (banheiro) rest room Am, toilet Brit.

lavagem [la'vaʒẽ] (pl -ns [-ʃ]) f washing; **~ cerebral** brain washing; **~ a seco** dry-cleaning.

lavanda [la'vãda] f lavender.

lavanderia [lavãde'ria] f (loja, local) laundry; **~ automática** laundromat; **~ a seco** dry-cleaner's.

lavar [la'va(x)] vt to wash; **~ a louça** to do the dishes; **~ a roupa** to do the laundry.
❑ **lavar-se** vp to wash up.

lavável [la'vavɛw] (pl -eis [-ejʃ]) adj washable.

lavrador, ra [lavra'do(x), ra] (mpl -res [-riʃ], fpl -s [-ʃ]) m, f farm laborer.

laxante [laˈʃãntʃi] *adj* & *m* laxative.

lazer [laˈze(x)] *m* leisure time.

lê [ˈle] → **ler.**

leal [leˈaw] (*pl* -**ais** [-ajʃ]) *adj* loyal.

leão [leˈãw] (*pl* -**ões** [-õjʃ]) *m* lion.
□ **Leão** *m* Leo.

lebre [ˈlɛbri] *f* hare; **comer gato por** ~ to get ripped off.

lecionar [lesjoˈna(x)] *vt* & *vi* to teach.

lêem [ˈleẽ] → **ler.**

legal [leˈgaw] (*pl* -**ais** [-ajʃ]) *adj* (*segundo a lei*) legal; great; **ser** ~ (*pessoa*) to be cool; (*coisa*) to be nice; **não ser** ~ **fazer algo** it's not a good idea to do sthg; **está** ~! ok!

legalizar [legaliˈza(x)] *vt* (*atividade*) to legalize; (*documento, assinatura*) to authenticate.

legenda [leˈʒẽda] *f* (*em mapa*) key; (*em fotografia*) caption; (*mito*) legend.
□ **legendas** *fpl* (*em cinema, televisão*) subtitles.

legislação [leʒiʒlaˈsãw] *f* legislation.

legítimo, ma [leˈʒitʃimu, ma] *adj* legitimate; (*autêntico*) genuine.

legível [leˈʒivew] (*pl* -**eis** [-ejʃ]) *adj* legible.

legumes [leˈgumeʃ] *mpl* vegetables.

lei [ˈlej] *f* law; **segundo a** ~ according to the law.

leilão [lejˈlãw] (*pl* -**ões** [-õjʃ]) *m* auction.

leio [ˈleju] → **ler.**

leitão [lejˈtãw] (*pl* -**ões** [-õjʃ]) *m* suckling pig.

leite [ˈlejtʃi] *m* milk; ~ **integral/semi-desnatado/desnatado** whole/2%/skim milk; ~ **pasteurizado** pasteurized milk; ~ **longa-vida** UHT milk; ~ **de magnésia** milk of magnesia; ~ **condensado** condensed milk; ~ **em pó** powdered milk.

leiteiro, ra [lejˈtejru, ra] *m, f* milkman.

leiteria [lejteˈria] *f* dairy.

leito [ˈlejtu] *m* bed.

leitões → **leitão.**

leitura [lejˈtura] *f* reading.

lema [ˈlema] *m* motto.

lembrança [lẽˈbrãsa] *f* memory; (*prenda*) memento; **dê-lhe** ~**s** send him/her my regards.

lembrar [lẽˈbra(x)] *vt* (*recordar*) to remember; (*assemelhar-se a*) to look like; ~ **algo a alguém** to remind sb of sthg; ~ **a alguém para fazer algo** to remind sb to do sthg.
□ **lembrar-se** *vp* to remember; ~-**se de** to remember; ~-**se de fazer algo** to remember to do sthg.

leme [ˈlemi] *m* (*posição*) helm; (*objeto*) rudder.

lenço [ˈlẽsu] *m* handkerchief; ~ **de cabeça** headscarf; ~ **de papel** tissue; ~ (**para o pescoço**) scarf.

lençol [lẽˈsɔw] (*pl* -**óis** [-ɔjʃ]) *m* sheet; ~ **de água** water table.

lenha [ˈleɲa] *f* firewood; **botar**

~ **na fogueira** to stir sb/sthg up.

lente ['lẽntʃi] f lens; ~s **de contato** contact lenses.

lentidão [lẽntʃi'dãw] f: **com** ~ slowly.

lentilha [lẽn'tʃiʎa] f lentil.

lento, ta ['lẽntu, ta] adj slow.

leoa [le'oa] f lioness.

leões → leão.

leopardo [leo'paxdu] m leopard.

lepra ['lɛpra] f leprosy.

leque ['lɛki] m fan; *(de opções, modelos)* array.

ler ['le(x)] vt & vi to read; ~ **nas entrelinhas** to read between the lines.

lesão [le'zãw] *(pl* -ões [-õjʃ]) f *(ferida, contusão)* injury; *(prejuízo)* harm.

lesar [le'za(x)] vt *(ferir)* to injure; *(prejudicar)* to harm.

lésbica ['lɛzbika] f lesbian.

lesma ['lɛʒma] f slug; *fig (pessoa lenta)* slowpoke Am, slowcoach Brit.

lesões → lesão.

leste ['lɛʃtʃi] m east; **o L ~ Europeu** Eastern Europe; **a** ou **no** ~ in the east; **a** ~ **de** east of.

letivo, va [le'tʃivu, va] adj *(ano)* academic, school *(antes de s).*

letra ['letra] f *(do alfabeto)* letter; *(maneira de escrever)* handwriting; *(título de crédito)* bill; ~ **maiúscula** capital letters *pl*; ~ **de imprensa** print; ~ **de fôrma** capital letters *pl*.

□ **letras** fpl *(área de estudo)* arts.

letreiro [le'trejru] m sign.

leu ['lew] → **ler**.

léu ['lɛu] m: **ao** ~ *(à mostra)* uncovered; *(à toa)* aimlessly.

leucemia [lewse'mia] f leukemia.

levantamento [levãnta'mẽntu] m survey; ~ **de peso** weightlifting.

levantar [levãn'ta(x)] vt *(erguer)* to raise, to lift; ~ **dinheiro** to raise money; ~ **vôo** to take off.

□ **levantar-se** vp *(de cama)* to get up; *(de cadeira, chão)* to stand up.

levar [le'va(x)] vt to take; *(carregar)* to carry; *(induzir)* to lead; *(filme)* to show; *(porrada, bofetada)* to get; **este recipiente leva cinco litros** this container holds five liters; ~ **alguém a fazer algo** to make sb do sthg; ~ **a cabo algo** to carry sthg out; ~ **a mal algo** to take sthg the wrong way; **deixar-se** ~ to get taken for a ride.

leve ['lɛvi] adj light.

léxico ['lɛksiku] m lexicon.

lha [ʎa] = **lhe + a** → **lhe**.

lhe [ʎi] pron *(ele)* (to) him; *(ela)* (to) her; *(você)* (to) you; **já** ~ **dei a chave do quarto** I already gave him/her/you the key to the room.

lhes [ʎeʃ] pron pl *(eles, elas)* (to) them; *(vocês)* (to) you.

lho [ʎu] = **lhe + o, lhes + o** → **lhe**.

li → **ler**.

libélula [li'bɛlula] f dragonfly.

liberal [libe'raw] (*pl* **-ais** [-ajʃ]) *adj* & *mf* liberal.

liberar [libe'ra(x)] *vt* (*pessoa*) to free, to liberate; (*comércio, consumo*) to deregulate.

liberdade [libex'dadʒi] *f* freedom; **pôr em ~** to set free; **tomar a ~ de fazer algo** to take the liberty of doing sthg.

libertar [libex'ta(x)] *vt* to set free.

liberto, ta [li'bextu, ta] *pp* → **libertar.**

libra ['libra] *f* pound.
□ **Libra** *f* (*signo do Zodíaco*) Libra.

lição [li'sãw] (*pl* **-ões** [-õjʃ]) flesson; **dar uma ~ a alguém** to teach sb a lesson; **que isso lhe sirva de ~!** let that be a lesson to you!

licença [li'sẽsa] *f* (*autorização*) permission; (*de veículo*) registration; (*de arma*) license; **com ~** excuse me; **~ de-maternidade** (*para mãe*) maternity leave; **estar de ~** to be on leave; **tirar uma ~** to go on leave.

licenciado, da [lisẽ'sjadu, da] *m, f* college graduate.

licenciatura [lisẽsja'tura] *f* degree.

lições → **lição.**

licor [li'ko(x)] (*pl* **-res** [-riʃ]) *m* liqueur.

lidar [li'da(x)]: **lidar com** *v* + *prep* to deal with.

líder ['lidɛ(x)] (*pl* **-res** [-riʃ]) *mf* leader.

lido, da ['lidu, da] *pp* → **ler.**

liga ['liga] *f* (*associação*) league; (*de meias*) garter.

ligação [liga'sãw] (*pl* **-ões** [-õjʃ]) *f* (*de amor, amizade*) relationship; (*telefônica*) connection.

ligado, da [li'gadu, da] *adj* (*luz, televisão*) (switched ou turned) on.

ligadura [liga'dura] *f* bandage.

ligamento [liga'mẽntu] *m* ligament.

ligar [li'ga(x)] *vt* (*luz, televisão*) to switch ou turn on; (*em tomada*) to plug in. ◆ *vi* (*telefonar*) to call; **~ para** (*telefonar para*) to call; (*dar atenção a*) to take notice of; **não ~ a mínima (para algo/alguém)** to not care less about sthg/sb; **se liga!** wake up!

ligeiro, ra [li'ʒejru, ra] *adj* light; (*ferimento*) slight.

lilás [li'laʃ] (*pl* **-ases** [-aziʃ]) *m* & *adj* lilac.

limão [li'mãw] (*pl* **-ões** [-õjʃ]) *m* lime.

limão-galego [li,mãwga'legu] (*pl* **limões-galegos** [li,mõiʒga'leguʃ]) *m* lemon.

limiar [limi'a(x)] *m* threshold; **no ~ de algo** on the threshold of sthg.

limitação [limita'sãw] (*pl* **-ões** [-õjʃ]) *f* (*de direitos, movimentos*) restriction; (*de terreno*) boundary.

limitar [limi'ta(x)] *vt* to limit.
□ **limitar-se a** *vp* + *prep* to limit o.s. to.

limite [li'mitʃi] *m* limit; (*de terreno*) boundary; **~ de velocidade** speed limit; **sem ~s** limitless;

passar dos ~s *fig* to overstep the mark.

limo ['limu] *m* slime.

limões → **limão.**

limonada [limo'nada] *f* lemonade.

limpador [lĩmpa'do(x)] (*pl* **-res** [-riʃ]) *m*: **~ de pára-brisas** windshield wiper *Am,* windscreen wiper *Brit.*

limpar [lĩm'pa(x)] *vt* to clean; *(boca)* to wipe; *(mãos)* to wash; *(roubar)* to clean out; **~ o pó** to dust.

limpeza [lĩm'peza] *f (ação)* cleaning; *(asseio)* cleanliness.

limpo, pa ['lĩmpu, pa] *pp* → **limpar.** ◆ *adj (sem sujeira)* clean; *(céu)* clear; **estar** ou **ficar ~** to be broke; **passar algo a ~** to do a final draft; **tirar algo a ~** to clear sthg up.

lince ['lĩsi] *m* lynx.

lindo, da ['lĩndu, da] *adj* beautiful.

lingerie [lãʒe'xi] *f* lingerie.

lingote [lĩŋ'gɔtʃi] *m* ingot.

língua ['lĩŋgwa] *f* ANAT tongue; *(idioma)* language; **bater com a ~ nos dentes** *(denunciar)* to sing; **morder a ~** to bite one's tongue; **ter algo na ponta da ~** to have sthg on the tip of one's tongue.

linguado [lĩŋ'gwadu] *m* sole.

linguagem [lĩŋ'gwaʒẽ] (*pl* **-ns** [-ʃ]) *f* language.

lingüeta [lĩŋ'gweta] *f* catch.

lingüiça [lĩŋ'gwisa] *f*: **~ calabresa** peperoni; **encher ~** to waffle on.

linha ['liɲa] *f* line; *(de coser)* thread; **~ jovem** teenage range; **manter a ~** to keep trim; **em ~** in a line.

linho ['liɲu] *m* linen.

liquidação [likida'sãw] (*pl* **-ões** [-õjʃ]) *f (de dívida)* settlement; COM liquidation; **estar em ~** to be on sale; **~ total** clearance ou closing-down sale.

liquidar [liki'da(x)] *vt (dívida)* to pay off; *(matar)* to liquidate; *(mercadorias)* to sell off.

liquidificador [likwidʒifika-'do(x)] (*pl* **-res** [-riʃ]) *m* blender.

líquido, da ['likidu, da] *adj (substância)* liquid; COM net. ◆ *m* liquid.

lírio ['lirju] *m* lily.

liso, sa ['lizu, za] *adj (superfície)* flat; *(cabelo)* straight; *(folha)* blank; **estar** ou **ficar ~** *(sem dinheiro)* to be broke.

lista ['liʃta] *f* list; *(menu)* menu; **~ de preços** price list; **~ telefônica** phone book.

listra ['liʃtra] *f* stripe.

literário, ria [lite'rarju, rja] *adj* literary.

literatura [litera'tura] *f* literature; **~ de cordel** *popular literature from the northeast of Brazil.*

litígio [li'tʃiʒju] *m* litigation.

litogravura [ˌlitogra'vura] *f* lithography.

litoral [lito'raw] (*pl* **-ais** [-ajʃ]) *adj* coastal. ◆ *m*: **o ~** the coast.

litro ['litru] *m* liter.

lívido, da ['lividu, da] *adj* pallid.

livrar 178

livrar [li'vra(x)]: **livrar-se de** vp + prep to get rid of.

livraria [livra'ria] f bookstore Am, bookshop Brit.

livre ['livri] adj free; **'livre'** (em táxi) 'on duty'; (em W.C.) 'free'.

livro ['livru] m book; **~ de bolso** pocket-size paperback; **~ de capa dura** hardback.

lixa ['liʃa] f sandpaper; (para unhas) nail file.

lixeira [li'ʃejra] f (em prédio) garbage chute; (local) garbage dump Am, rubbish dump Brit.

lixo ['liʃu] m garbage Am, rubbish Brit.

-lo [lu] pron (pessoa) him; (coisa) it; (você) you.

lobo ['lobu] m wolf.

lóbulo ['lɔbulu] m (de orelha) earlobe.

local [lo'kaw] (pl -ais [-ajʃ]) m place. ◆ adj local.

localidade [lokali'dadʒi] f town.

localização [lokaliza'sãw] (pl -ões [-õjʃ]) f location.

loção [lo'sãw] (pl -ões [-õjʃ]) f lotion.

locatário, ria [loka'tarju, rja] m, f tenant.

loções → **loção**.

locomotiva [lokomo'tʃiva] f locomotive.

locução [loku'sãw] (pl -ões [-õjʃ]) f (de filme, programa) narration; GRAM phrase.

locutor, ra [loku'to(x), ra] (mpl -res [-riʃ], fpl -s [-ʃ]) m, f (de rádio, televisão) announcer.

lodo ['lodu] m mud.

lógica ['lɔʒika] f logic.

logo ['lɔgu] adv immediately; **~ mais** later; **~ depois** immediately; **~ que** as soon as; **~ agora que** now (that).

logotipo [logo'tʃipu] m logo.

loja ['lɔʒa] f store Am, shop Brit; **~ de brinquedos** toy store; **~ de ferragens** hardware store.

lombada [lõm'bada] f spine.

lombinho [lõm'biɲu] m tenderloin (of pork).

lombo ['lõmbu] m loin.

lombriga [lõm'briga] f roundworm.

lona ['lona] f canvas.

londrino, na [lõn'drinu, na] adj of/relating to London.

longe ['lõʒi] adv far; **~ disso!** on the contrary!; **ao ~** in the distance; **de ~** fig by far; **ir ~ demais** to go too far.

longitude [lõʒi'tudʒi] f longitude.

longo, ga ['lõŋgu, ga] adj long; **ao ~ de** along; **ao ~ dos anos** over time.

-los ['luʃ] pron pl (eles) them; (vocês) you.

losango [lo'zãŋgu] m lozenge.

lotação [lota'sãw] (pl -ões [-õjʃ]) f (de cinema, teatro) capacity; **'~ esgotada'** 'sold out'.

lote ['lɔtʃi] m (de terreno) plot; (de prédios) street number.

loteria [lote'ria] f lottery.

louça ['losa] f china; (pratos, xícaras, pires etc.) crockery.

louco, ca ['loku, ka] adj crazy, mad. ◆ m, f lunatic; **estar** ou **ficar ~ de alegria** to be over the moon; **estar ~ para/por** to be dying for sthg; **ser ~ por** to be crazy about.

loucura [lo'kura] f madness.

louro, ra ['loru, ra] adj blond. ◆ m (condimento) bay leaf.

louvar [lo'va(x)] vt to praise.

louvável [lo'vavew] (pl **-eis** [-ejʃ]) adj praiseworthy.

lua ['lua] f moon; **viver no mundo da ~** to have one's head in the clouds.

lua-de-mel [ˌluadʒi'mɛw] (pl **luas-de-mel** [ˌluaʒdʒi'mɛw]) f honeymoon.

luar ['lwa(x)] m moonlight.

lubrificante [lubrifi'kãntʃi] m lubricant.

lubrificar [lubrifi'ka(x)] vt to lubricate.

lucidez [lusi'deʃ] f clarity.

lúcido, da ['lusidu, da] adj lucid.

lucrar [lu'kra(x)] vi to profit; **~ com** to profit from.

lucrativo, va [lukra'tʃivu, va] adj lucrative.

lucro ['lukru] m profit.

lúdico, ca ['ludʒiku, ka] adj play (antes de s).

lugar [lu'ga(x)] (pl **-res** [-riʃ]) m place; **em primeiro ~** (em esporte) in first place; (antes) first; **ter ~** (ocorrer) to take place; **em ~ de** instead of; **dar o ~ a alguém** to give one's seat to sb; **tomar o ~ de alguém** to take sb's place.

lugares → lugar.

lúgubre ['lugubri] adj gloomy.

lula ['lula] f squid; **~s grelhadas** grilled squid.

luminária [lumi'narja] f lamp; **~ de mesa** table lamp; **~ de pé** floor lamp Am, standard lamp Brit.

luminoso, osa [lumi'nozu, ɔza] adj bright; fig (idéia, solução) brilliant.

lunar [lu'na(x)] (pl **-res** [-riʃ]) adj lunar.

lunático, ca [lu'natʃiku, ka] m, f lunatic.

luneta [lu'neta] f (telescópio) telescope.

lupa ['lupa] f magnifying glass.

lustre ['luʃtri] m shine; (luminária) chandelier; **dar um ~ em algo** to polish sthg.

luta ['luta] f fight.

lutar [lu'ta(x)] vi to fight; **~ contra/por** to fight against/for.

luto ['lutu] m mourning; **estar de ~** to be in mourning.

luva ['luva] f glove.

luxo ['luʃu] m luxury; **de ~** luxury (antes de s).

luxuoso, osa [lu'ʃwozu, ɔza] adj luxurious.

luxúria [lu'ʃurja] f lust.

luz ['luʃ] (pl **-zes** [-ziʃ]) f light; **dar à ~ (um menino)** to give birth (to a baby boy); **~ do sol** sunlight.

luzir [lu'zi(x)] vi to glow.

M

ma [ma] = me + a → me.

má → mau.

maca [ˈmaka] f stretcher.

maçã [maˈsã] f apple; ~ assada baked apple.

macabro, bra [maˈkabru, bra] adj macabre.

macacão [makaˈkãw] (pl -ões [-õjʃ]) m (roupa) jumpsuit.

macaco, ca [maˈkaku, ka] m, f monkey. ◆ m AUT jack.

macacões → macacão.

maçaneta [masaˈneta] f knob.

maçante [maˈsãntʃi] adj boring.

macarrão [makaˈxãw] m (massa) pasta.

machado [maˈʃadu] m ax.

machismo [maˈʃiʒmu] m male chauvinism.

machista [maˈʃiʃta] adj chauvinistic. ◆ m male chauvinist.

macho [ˈmaʃu] adj m (animal) male; (homem) virile. ◆ m (animal) male.

machucado, da [maʃuˈkadu, da] adj (ferido) hurt.

machucar [maʃuˈkax] vt to hurt.

❑ **machucar-se** vp to hurt o.s.

maciço, ça [maˈsisu, sa] adj solid.

macio, cia [maˈsiu, sia] adj soft.

maço [ˈmasu] m mallet; ~ (de cigarros) pack (of cigarettes); ~ de folhas pad of paper.

macumba [maˈkũmba] f voodoo.

madeira [maˈdejra] f wood.

madrasta [maˈdraʃta] f stepmother.

madrepérola [ˌmadreˈpɛrola] f mother-of-pearl.

madrinha [maˈdriɲa] f (de batismo) godmother.

madrugada [madruˈgada] f (amanhecer) dawn; (noite) early morning; **de ~** fig (muito cedo) at the crack of dawn.

madrugar [madruˈga(x)] vi to get up very early.

maduro, ra [maˈduru, ra] adj mature; (fruto) ripe.

mãe [ˈmãj] f mother.

maestro [maˈɛʃtru] m conductor.

magia [maˈʒia] f magic.

mágico, ca [ˈmaʒiku, ka] adj magical. ◆ m, f magician.

magistrado, da [maʒiʃˈtradu, da] m, f magistrate.

magnético, ca [magˈnɛtʃiku, ka] adj magnetic.

magnífico, ca [magˈnifiku, ka] adj magnificent.

mago, ga [ˈmagu, ga] m, f wizard.

mágoa [ˈmagwa] f sorrow.

magoado, da [maˈgwadu, da] adj hurt.

magoar [maˈgwa(x)] vt to hurt.

❑ **magoar-se** vp to hurt o.s.

magro, gra ['magru, gra] *adj* thin.

maio ['maju] *m* May → **setembro.**

maiô [ma'jo] *m (de banho)* swimsuit.

maionese [majo'nɛzi] *f* mayonnaise; *(salada)* potato salad.

maior [ma'jɔ(x)] *(pl* **-res** [-riʃ]*) adj (em tamanho)* bigger; *(em número)* higher; *(em quantidade, importância)* greater. ◆ *mf:* **o/a** ~ *(em tamanho)* the biggest; *(em número)* the highest; *(em quantidade, importância)* the greatest; **ser** ~ **de idade** to be an adult; **a** ~ **parte de** most of.

maioria [majo'ria] *f* majority.

maioridade [majori'dadʒi] *f* adulthood.

mais ['majʃ] *adv* -1. *(em comparações)* more; **a Ana é** ~ **alta/inteligente** Ana is taller/more intelligent; ~ **do que** more than; ~ **... do que** ... more than ...; **bebeu um copo a** ~! he's had one too many! **deram-me dinheiro a** ~ they gave me too much money. -2. *(como superlativo):* **o/a** ~ **...** the most ...; **o** ~ **engraçado/inteligente** the funniest/most intelligent. -3. *(indica adição)* any more; **não necessito de** ~ **trabalho** I don't need any more work; **não necessito de** ~ **ninguém** I don't need anyone else. -4. *(indica intensidade):* **que dia** ~ **feliz!** what a great day!; **que**

casa ~ **feia!** what a horrible house! -5. *(indica preferência):* **vale** ~ **a pena ficar em casa** it would be better to stay at home; **gosto** ~ **de comida chinesa** I prefer Chinese food. -6. *(em locuções):* **de** ~ **a** ~ *(ainda por cima)* what's more; ~ **ou menos** more or less; **por** ~ **que se esforce** however hard he tries; **sem** ~ **nem menos** for no apparent reason; **uma vez** ~, ~ **uma vez** once ou yet again. ◆ *adj inv* -1. *(em comparações)* more; **eles têm** ~ **dinheiro** they have more money; **está** ~ **calor hoje** it's hotter today; ~ **... do que** more ... than. -2. *(como superlativo)* (the) most; **a pessoa que** ~ **discos vendeu** the person who sold (the) most records. -3. *(indica adição)* more; ~ **água, por favor** I'd like some more water, please; ~ **alguma coisa?** anything else?; **tenho** ~ **três dias de férias** I have another three days of vacation left. ◆ *conj* and; **quero uma sopa** ~ **pão com manteiga** I'd like some soup and some bread and butter. ◆ *prep (indica soma)* plus; **dois** ~ **dois são quatro** two plus two is four.

maître ['mɛtre] *m* head waiter.

major [ma'ʒɔ(x)] *(pl* **-res** [-riʃ]*) m* major.

mal ['maw] *(pl* **-les** [-liʃ]*) m (doença)* illness; *(dano)* harm. ◆ *adv (erradamente)* wrong. ◆ *conj (assim que)* as soon as; **o**

~ evil; ~ **cheguei, telefonei lo-go** I phoned the minute I arrived; **estar** ~ *(de saúde)* to be sick; **cheirar** ~ to stink; **não faz** ~ it doesn't matter; **ouço/vejo** ~ I can't hear/see very well; **passar** ~ *(ter enjôo)* to feel nauseous.

mala ['mala] *f (de mão, roupa)* bag; *(do carro)* trunk *Am*, boot *Brit*; ~ **de viagem** suitcase; **fazer as** ~ **s** to pack.

mal-acabado, da [,mawa-ka'badu, da] *adj* badly finished.

malagueta [mala'geta] *f* chili (pepper).

malandro, dra [ma'lãndru, dra] *adj (preguiçoso)* lazy; *(matreiro)* crafty. ◆ *m, f (patife)* rogue.

malcriado, da [mawkri'adu, da] *adj* rude.

maldade [maw'dadʒi] *f* evil.

maldição [mawdi'sãw] *(pl* **-ões** [-õjʃ]) *f* curse.

maldito, ta [maw'dʒitu, ta] *adj* damned.

maldizer [mawdʒi'ze(x)] *vt (amaldiçoar)* to curse; *(falar mal de)* to speak ill of.

maldoso, osa [maw'dozu, ɔza] *adj* evil.

mal-educado, da [,maledu-'kadu, da] *adj* rude.

mal-entendido [,malĩntẽn-'dʒidu] *(pl* **mal-entendidos** [,malĩntẽn'diduʃ]) *m* misunderstanding.

males → **mal**.

mal-estar [maleʃ'ta(x)] *(pl* **mal-estares** [maleʃ'tareʃ]) *m*

(dor física) discomfort; *(inquietude)* uneasiness.

maleta [ma'leta] *f* travel bag.

malfeitor, ra [mawfej'to(x), ra] *(mpl* **-res** [-riʃ], *fpl* **-s** [-ʃ]) *m, f* criminal.

malha ['maʎa] *f (roupa)* knitwear; *(em rede)* mesh; *(de ginástica)* leotard.

malhado, da [ma'ʎadu, da] *adj (animal)* mottled.

malhar [ma'ʎa(x)] *vt* to thresh. ◆ *vi (fazer ginástica)* to work out.

mal-humorado, da [malu-mo'radu, da] *adj* bad-tempered.

malícia [ma'lisja] *f* malice.

maligno, gna [ma'lignu, gna] *adj* malignant.

mal-passado, da [mawpa'sa-du, da] *adj (bife)* rare.

maltratar [mawtra'ta(x)] *vt (bater em)* to mistreat; *(descuidar, estragar)* to damage.

maluco, ca [ma'luku, ka] *adj* crazy. ◆ *m, f* lunatic.

malvadez [mawva'deʃ] *f* wickedness.

malvado, da [maw'vadu, da] *adj* wicked.

mama ['mama] *f* breast.

mamadeira [mama'dejra] *f* baby bottle.

mamão [ma'mãw] *(pl* **-ões** [-õjʃ]) *m* papaya, pawpaw.

mamar [ma'ma(x)] *vt* to nurse; **dar de** ~ **a** *(amamentar)* to nurse; *(com mamadeira)* to bottle-feed.

mamífero [ma'miferu] *m* mammal.

mamilo [ma'milu] m nipple.

mamões → **mamão.**

manada [ma'nada] f herd.

mancar [mãŋ'ka(x)] vi to limp.

mancha ['mãʃa] f (em animal, pele) mark, spot; (nódoa) stain.

manchar [mã'ʃa(x)] vt to stain.

manchete [mã'ʃetʃi] f (de jornal) headline.

manco, ca ['mãŋku, ka] adj lame.

mandar [mãn'da(x)] vi to be in charge. ◆ vt: ~ alguém fazer algo to tell sb to do sthg; ~ fazer algo to have sthg done; ~ alguém passear to send sb packing; ~ vir (encomendar) to send for; ~ em to be in charge of; ele gosta de ~ nos outros he likes to boss everyone around.

mandioca [mãn'dʒjɔka] f cássava, manioc; **(farinha de)** ~ cassava flour.

maneira [ma'nejra] f way; **de uma** ~ **geral** as a rule; **temos de fazer tudo à** ~ **dele** we have to do everything his way; **de** ~ **alguma** ou **nenhuma!** certainly not!; **de** ~ **que** so (that); **de qualquer** ~ (de todo jeito) anyway; (em desordem) any old how; **desta** ~ this way; **de tal** ~ ... **que** ... so ...that ...
▫ **maneiras** fpl: **ter** ~ **s** to have good manners; **não ter** ~ **s** to have bad manners.

manejar [mane'ʒa(x)] vt (carro) to drive; (barco) to sail.

manejável [mane'ʒavɛw] (pl -eis [-ejʃ]) adj manageable.

manequim [mane'kĩ] (pl -ns [-ʃ]) m (em vitrine) mannequin;

(tamanho) clothes size. ◆ mf (pessoa) model.

manga ['mãŋga] f (de peça de vestuário) sleeve; (fruto) mango; **em** ~ **s de camisa** in shirtsleeves.

mangueira [mãŋ'gejra] f (para regar, lavar) hose.

manha ['maɲa] f: **ter** ~ to be sharp; **fazer** ~ to put on an act.

manhã [ma'ɲã] (pl **-ãs** [-ãʃ]) f morning; **de** ~ in the morning; **duas da** ~ two in the morning; **ontem de** ~ yesterday morning.

mania [ma'nia] f (obsessão) obsession; (hábito) habit.

manicômio [mani'komju] m asylum.

manicure [mani'kuri] f manicure.

manifestação [manifeʃta'sãw] (pl **-ões** [-õjʃ]) f (expressão) expression; POL demonstration.

manifestar [manifeʃ'ta(x)] vt (afeto, fúria etc.) to express.
▫ **manifestar-se** vp (protestar) to demonstrate.

manipular [manipu'la(x)] vt (máquina) to handle; fig (influenciar) to manipulate.

manivela [mani'vɛla] f crank.

manjericão [mãʒeri'kãw] m basil.

manobra [ma'nɔbra] f (de carro) maneuver; (de trem) shunting.

mansão [mã'sãw] (pl **-ões** [-õjʃ]) f mansion.

mansidão [mãsi'dãw] f (de pessoa) gentleness; (de animal) tameness.

manso, sa ['mãsu, sa] *adj (animal)* tame; *(mar)* calm.

mansões → **mansão**.

manta ['mãnta] *f* blanket.

manteiga [mãn'tejga] *f* butter.

manter [mãn'te(x)] *vt* to keep; *(família)* to support; *(relação)* to have; ~ **a palavra** to keep one's word.

❑ **manter-se** *vp* to stay, to remain; ~-**se em forma** to stay in shape.

manual [ma'nwaw] *(pl* **-ais** [-ajʃ]) *adj* manual. ◆ *m* manual, guide; *(escolar)* textbook.

manuscrito, ta [manuʃ'kritu, ta] *adj* hand-written. ◆ *m* manuscript.

manusear [manu'zea(x)] *vt (livro)* to handle; *(objeto, ferramenta)* to use.

manutenção [manutẽ'sãw] *f* maintenance.

mão ['mãw] *f* ANAT hand; *(de estrada)* side; **apertar as ~s** to shake hands; **dar a ~ a alguém** to hold sb's hand; *fig (ajudar)* to help sb out; **de ~s dadas** hand in hand; **à ~** *(lavar, escrever)* by hand; **dar uma ~ a alguém** to give ou lend sb a hand; **estar à ~** to be handy; **ter algo à ~** to have sthg at hand.

mão-de-obra [mãw'dʒiɔbra] *f* work force.

mapa ['mapa] *m* map; ~ **das estradas** road map.

mapa-múndi [ˌmapa'mũndʒi] *(pl* **mapas-múndi** [ˌmapaʒ-'mũndʒi]) *m* world map.

maquete [ma'kɛtʃi] *f* model.

maquiagem [maki'aʒãj] *(pl* **-ns** [-ʃ]) *f* make-up.

maquiar [ma'kja(x)] *vt* to make up.

❑ **maquiar-se** *vp* to put on one's make-up.

máquina ['makina] *f* machine; ~ **de barbear** shaver; ~ **de costura** sewing machine; ~ **de escrever** typewriter; ~ **de filmar** film camera; ~ **fotográfica** camera; ~ **de lavar** *(para roupa)* washing machine; *(para louça)* dishwasher; ~ **de secar** dryer.

maquinaria [makina'ria] *f* machinery.

mar ['ma(x)] *(pl* **-res** [-riʃ]) *m* sea; ~ **alto, alto-**~ high seas *pl*; **por** ~ by sea.

maracujá [maraku'ʒa] *m* passion fruit.

maravilha [mara'viʎa] *f* wonder; **que** ~! how wonderful!; **correr às mil** ~**s** to be a great success; **dizer** ~**s de** to rave about; **fazer** ~**s** to do wonders.

maravilhoso, osa [maravi-'ʎozu, ɔza] *adj* wonderful.

marca ['maxka] *f* mark; *(de carro, roupa)* make, brand; ~ **registrada** trademark; **de** ~ *(roupa)* designer *(antes de s)*.

marcação [maxka'sãw] *(pl* **-ões** [-õjʃ]) *f* reservation.

marcar [max'ka(x)] *vt (assinalar, indicar)* to mark; *(lugar)* to make reservations; ESP to score; ~ **encontro com alguém** to arrange to meet sb; ~ **uma consulta/hora** to make an appointment.

marcha ['maxʃa] f (desfile) march; (ritmo) pace; ~ **à ré** reverse, back up.

marchar [max'ʃa(x)] vi to march.

marcial [maxsi'aw] (pl -ais [-ajʃ]) adj martial.

marco ['maxku] m (em estrada, caminho) landmark; (moeda) mark.

março ['marsu] m March → **setembro.**

maré [ma'rɛ] f tide; **estar de boa ~** to be in good spirits; **maré alta** high tide; **maré baixa** low tide.

maremoto [mare'motu] m tidal wave.

mares → **mar.**

marfim [max'fĩ] m ivory.

margarida [maxga'rida] f daisy.

margarina [maxga'rina] f margarine.

margem ['maxʒẽ] (pl -ns [-ʃ]) f (de rio) bank; (em texto, livro, documento) margin; **à ~ da sociedade** on the fringes of society; **pôr à ~** fig (ignorar) to leave out; **pôr-se à ~** to not take part.

marginal [maxʒi'naw] (pl -ais [-ajʃ]) adj marginal. ◆ mf criminal.

marido [ma'ridu] m husband.

marimbondo [marĩm'bõndu] m hornet.

marinado, da [mari'nadu, da] adj marinated.

marinar [mari'nax] vt to marinate.

marinha [ma'riɲa] f navy.

marinheiro, ra [mari'ɲejru, ra] m, f sailor.

marionete [marjo'netʃi] f puppet.

mariposa [mari'poza] f (inseto) moth.

marisco [ma'riʃku] m shellfish.

marítimo, ma [ma'ritʃimu, ma] adj sea (antes de s).

marmelo [max'mɛlu] m quince.

mármore [maxmori] m marble.

marquise [max'kizi] f porch.

marrom [ma'xõ] (pl -ns [-ʃ]) adj brown.

martelar [maxte'la(x)] vt to hammer.

martelo [max'tɛlu] m hammer.

mártir ['maxtʃi(x)] (pl -res [-riʃ]) mf martyr.

mas¹ [maʃ] = **me** + **as¹** → **me.**

mas² [ma(j)ʃ] conj but. ◆ m: **nem ~ nem meio ~!** no buts!

mascar [maʃ'ka(x)] vt to chew.

máscara ['maʃkara] f mask.

mascarar-se [maʃka'raxsi] vp to dress up.

mascote [maʃ'kotʃi] f mascot.

masculino, na [maʃku'linu, na] adj masculine; (sexo) male.

masoquista [mazu'kiʃta] adj masochistic. ◆ mf masochist.

massa ['masa] f (espaguete, lasanha) pasta; (de pão) dough; (de bolo) mix; ~ **folheada** puff pastry; **em ~** fig (em grande número) en masse.

massacre [ma'sakri] m massacre.

massagear [masaˈʒea(x)] *vt* to massage.

massagem [maˈsaʒẽ] *(pl* **-ns** [-ʃ]) *f* massage.

massagista [masaˈʒiʃta] *mf* masseur.

mastigar [maʃtʃiˈga(x)] *vt* to chew.

mastro [ˈmaʃtru] *m NÁUT* mast; *(de bandeira)* pole.

masturbar-se [maʃtuxˈbaxsi] *vp* to masturbate.

mata [ˈmata] *f (bosque)* wood; *(floresta)* forest; **a M ~ Atlântica** the Atlantic Rainforest.

mata-borrão [ˌmataboˈxãw] *(pl* **mata-borrões** [ˌmatabo-ˈxõjʃ]) *m* blotting paper.

matadouro [mataˈdoru] *m* slaughterhouse.

matar [maˈta(x)] *vt* to kill; *(fome)* to satiate; *(sede)* to quench; **~ aula** to skip class; **~ o tempo** to pass the time.
❑ **matar-se** *vp (suicidar-se)* to kill o.s.; **~-se de fazer algo** to kill o.s. doing sthg.

mate [ˈmatʃi] *adj (sem brilho)* matt. ◆ *m (planta, infusão)* maté.

matemática [mateˈmatʃika] *f* mathematics *sg.*

matéria [maˈtɛrja] *f (substância)* matter; *EDUC* subject; *(material)* material; **em ~ de** on the subject of.

material [materiˈaw] *(pl* **-ais** [-ajʃ]) *adj (bens)* material. ◆ *m* materials *pl*; **~ escolar** school supplies *pl.*

matéria-prima [maˌtɛrjaˈprima] *(pl* **matérias-primas** [ma-ˌtɛrjaʃˈprimaʃ]) *f* raw material.

maternidade [matexniˈdadʒi] *f (hospital)* maternity hospital.

matinê [matʃiˈne] *f* matinee.

mato [ˈmatu] *m (bosque)* wood; *(tipo de vegetação)* bush.

matrícula [maˈtrikula] *f (em escola, universidade)* enrollment.

matrimônio [matriˈmonju] *m* marriage.

matriz [maˈtriʃ] *(pl* **-zes** [-ziʃ]) *f (de foto, tipografia)* original; *(igreja)* mother church; *COM (sede)* head office.

maturidade [maturiˈdadʒi] *f* maturity.

matuto, ta [maˈtutu, ta] *adj (provinciano)* provincial.

mau, má [ˈmaw, ˈma] *adj* bad; **nada ~!** not bad at all!

maus-tratos [mawʃˈtratuʃ] *mpl* abuse *sg.*

maxilar [maksiˈla(x)] *(pl* **-res** [-riʃ]) *m* jaw.

máximo, ma [ˈmasimu, ma] *adj* maximum; *(temperatura, nota)* highest. ◆ *m*: **o ~** the most; **faça o ~ que você puder** do your best; **no ~** at most; **ao ~** to the full; **ser o ~** to be the best.

me [mi] *pron (complemento direto)* me; *(complemento indireto)* (to) me; *(reflexivo)* myself; **eu nunca ~ engano** I'm never wrong; **eu ~ machuquei** I hurt myself; **você já ~ contou essa história** you've already told me that story.

meados [ˈmjaduʃ] *mpl*: **em ~ de** in the middle of.

mecânica [meˈkanika] f mechanics sg → **mecânico**.

mecânico, ca [meˈkaniku, ka] adj mechanical. ◆ m, f mechanic.

mecanismo [mekaˈniʒmu] m mechanism.

mecha [ˈmɛʃa] f (de cabelo) tuft; (de vela) wick.

meço [ˈmɛsu] → **medir**.

medalha [meˈdaʎa] f medal.

média [ˈmɛdʒja] f average; à ~ de at an average of; em ~ on average; ter ~ de EDUC to average.

mediano, na [meˈdʒjanu, na] adj (médio) medium; (sofrível) average.

mediante [meˈdʒjãntʃi] prep by means of, through; irei ~ certas condições I'll go on certain conditions.

medicação [medʒikaˈsãw] (pl -ões [-õjʃ]) f medication.

medicamento [medʒikaˈmẽntu] m medicine.

medicina [medʒiˈsina] f medicine.

médico, ca [ˈmɛdʒiku, ka] m, f doctor; ~ de clínica geral G.P., general practitioner.

medida [meˈdʒida] f (grandeza, quantidade) measurement; (precaução, decisão) measure; feito sob ~ made-to-measure; ficar na ~ to be a perfect fit; em certa ~ to a certain extent; na ~ do possível as far as possible; à ~ que as; tomar ~s to take steps ou measures.

medieval [medʒjeˈvaw] (pl -ais [-ajʃ]) adj medieval.

médio, dia [ˈmɛdʒju, dja] adj (tamanho) medium; (qualidade) average. ◆ m (dedo) middle finger.

medíocre [meˈdʒjukri] adj mediocre.

medir [meˈdʒi(x)] vt to measure; **quanto (é que) você mede?** how tall are you?; **eu meço 1,70 m** I'm 1.70m.

meditar [medʒiˈta(x)] vi to meditate; ~ **sobre algo** to think sthg over.

Mediterrâneo [medʒiteˈxanju] m: **o (mar)** ~ the Mediterranean (Sea).

medo [ˈmedu] m fear; **estar com** ~ to be afraid; **ter** ~ **de** to be afraid of.

medonho, nha [meˈdoɲu, ɲa] adj (feio) hideous.

medroso, osa [meˈdrozu, ɔza] adj frightened.

medula [meˈdula] f (bone) marrow.

medusa [meˈduza] f jellyfish.

meia [ˈmeja] f (em número) six.

meia-calça [ˌmejaˈkawsa] (pl **meias-calças** [ˌmejaʃˈkawsaʃ]) f pantyhose Am, tights pl Brit.

meia-idade [ˌmejejˈdadʒi] f middle age; **de** ~ middle-aged.

meia-luz [ˌmejaˈluʃ] f half light; **à** ~ in the half light.

meia-noite [ˌmejaˈnojtʃi] f midnight.

meias [ˈmejaʃ] fpl socks; (de mulher) stockings.

meigo, ga [ˈmejgu, ga] adj sweet.

meio, meia ['meju, 'meja] *adj*
half. ◆ *m (modo, recurso)* way; *(social)* circles *pl*; **meia pensão**
breakfast and one meal included; **~ ambiente** environment; **~ bilhete** half-fare; **meia
hora** half an hour; **à meia voz**
under one's breath; **~ a ~** fifty-
fifty; **em ~ a** amidst; **no ~ de**
(duas coisas) between; *(rua,
mesa, multidão)* in the middle
of; **hoje o chefe está ~ irritado** the boss is a bit angry
today; **não ser de meias palavras** not to mince one's words.

meio-dia [,meju'dʒia] *m* midday, noon.

mel ['mɛw] *m* honey.

melado, da [me'ladu, da] *adj*
(pegajoso) sticky.

melancia [melã'sia] *f* watermelon.

melancolia [melãŋko'lia] *f*
melancholy.

melancólico, ca [melãŋ'kɔliku, ka] *adj* melancholy.

melão [me'lãw] *(pl* -**ões** [-õjʃ])
m melon.

melhor [me'ʎɔ(x)] *(pl* -**res**
[-riʃ]) *adj & adv* better. ◆ *m*: **o/a
~** *(pessoa, coisa)* the best one; **o
~ a fazer é ...** the best thing to
do is ...; **o ~ é não ir** it would be
best not to go; **ou ~** or rather;
tanto ~! all the better!; **estar
~** *(de saúde)* to feel better; **fazer
o ~ que pôde** to do the best
you could; **levar a ~** to come
off best; **ser do ~ que há** to be
the best there is; **cada vez ~**
better and better.

melhorar [meʎo'ra(x)] *vt* to
improve. ◆ *vi* to get better, to
improve.

melhores → melhor.

melindroso, osa [melĩ'drozu, ɔza] *adj (pessoa)* touchy; *(assunto, questão, problema)* delicate.

melodia [melo'dʒia] *f* tune.

melões → melão.

membro ['mẽmbru] *m (perna,
braço)* limb; *(de clube, associação)*
member.

memória [me'mɔrja] *f* memory; **de ~** by heart.

memorizar [memori'za(x)] *vt*
to memorize.

mencionar [mẽsjo'na(x)] *vt* to
mention.

mendigar [mẽndʒi'ga(x)] *vi* to
beg.

mendigo, ga [mẽ'dʒigu, ga]
m, f beggar.

menino, na [me'ninu, na] *m, f*
boy, girl.

menopausa [meno'pawza] *f*
menopause.

menor [me'nɔ(x)] *(pl* -**res** [-riʃ])
adj (em tamanho) smaller; *(em número)* lower; *(em importância)*
minor; *(mínimo)* least. ◆ *mf* minor; **não faço a ~ idéia** I
haven't got a clue; **o/a ~** the
least; *(em tamanho)* the smallest;
ser ~ de idade to be underage;
~ de rua abandoned child.

menos ['menuʃ] *adv* **-1.** *(em
comparações)* less; **a Ana é ~ inteligente** Ana is less intelligent,
Ana isn't as intelligent; **~ do
que** less than; **~ ... do que ...** less
...than ...; **tenho ~ trabalho do**

que ele I have less work than him; **tenho um livro a** ~ I'm one book short; **deram-me 5 reais a** ~ they gave me 5 reals too little.

- 2. (como superlativo): **o/a** ~ ... the least ...; **o** ~ **caro/interessante** the cheapest/least interesting.

- 3. (em locuções): **a** ~ **que** unless; **ao** ~, **pelo** ~ at least; **isso é o de** ~ that's the least of it; **pouco** ~ de just under.

◆ adj inv **- 1.** (em comparações) less, fewer pl; **como** ~ **carne** I eat less meat; **eles têm** ~ **posses** they have fewer possessions; **está** ~ **frio do que ontem** it's not as cold as it was yesterday; ~ ... **do que** less ... than, fewer ... than pl.

- 2. (como superlativo) (the) least, (the) fewest pl; **as que** ~ **bolos comeram** those who ate (the) fewest cakes; **os que** ~ **dinheiro têm** those who have (the) least money.

◆ prep **- 1.** (exceto) except (for); **todos gostaram** ~ **ele** they all liked it except (for) him; **tudo** ~ **isso** anything but that.

- 2. (indica subtração) minus; **três** ~ **dois é igual a um** three minus two equals one.

menosprezar [menuʃpre'za(x)] vt to underrate.

mensageiro, ra [mēsa'ʒejru, ra] m, f messenger.

mensagem [mēsa'ʒē] (pl **-ns** [-ʃ]) f message; ~ **de texto** INFORM text message.

mensal [mē'saw] (pl **-ais** [-ajʃ]) adj monthly.

mensalmente [mēsaw'mēn-tʃi] adv monthly.

menstruação [mēʃtrua'sãw] f menstruation.

mentalidade [mēntali'dadʒi] f mentality.

mente ['mēntʃi] f mind; **ter em** ~ **fazer algo** to plan to do sthg.

mentir [mēn'ti(x)] vi to lie.

mentira [mēn'tira] f lie. ◆ interj nonsense!; **parece** ~! I can't believe it!

mentiroso, osa [mēntʃi'rozu, ɔza] m, f liar.

menu [me'nu] m menu.

mercado [mex'kadu] m market; ~ **municipal** (town) market; ~ **negro** black market.

mercadoria [mexkado'ria] f goods pl.

mercearia [mexsja'ria] f grocery store.

mercúrio [mex'kurju] m mercury.

merecer [mere'se(x)] vt to deserve; **fazer por** ~ to get what you deserve.

merecido, da [mere'sidu, da] adj deserved.

merengue [me'rēŋgi] m meringue.

mergulhador, ra [merguʎa-'do(x), ra] (mpl **-res** [-riʃ], fpl **-s** [-ʃ]) m, f diver.

mergulhar [mergu'ʎa(x)] vi to dive; ~ **em algo** (no estudo, no trabalho) fig to immerse o.s. in sthg. ◆ vt: ~ **algo em algo** to dip sthg in sthg.

mergulho

mergulho [mex'guʌu] m dive; **dar um ~** to dive.

meridiano [meri'dʒjanu] m meridian.

meridional [meridʒjo'naw] (pl **-ais** [-ajʃ]) adj southern.

mérito ['mɛritu] m merit; **por ~ próprio** on one's own merits.

mês ['meʃ] (pl **meses** ['mezi(ʃ)]) m month; **todo ~** every month; **(de) ~ a ~** every month; **por ~** ou **ao mês** every month.

mesa ['meza] f table; **estar na ~ (comida)** to be on the table; **(pessoa)** to be at the table; **pôr/tirar a ~** to lay/clear the table; **sentar-se à ~** to sit at the table; **~ de centro** coffee table; **~ telefônica** switchboard.

mesada [me'zada] f monthly allowance.

meses → **mês**.

mesmo, ma ['meʒmu, ma] adj same. ◆ adv (até) even; (exatamente) exactly; (para enfatizar) really. ◆ pron: **o ~/a mesma** the same; **eu ~** I myself; **comprou-o para ele ~/ela mesma** he/she bought it for himself/herself; **isso ~!** that's it!; **assim ~** so; **~ que se** even if; **nem ~** not even; **o ~ que** the same thing as; **valer o ~ que** to cost the same as; **só ~ um louco para agir assim!** only a fool would do that!

mesquinho, nha [meʃ'kiɲu, ɲa] adj stingy.

mesquita [meʃ'kita] f mosque.

mestiço, ça [meʃ'tʃisu, sa] adj of mixed race. ◆ m, f person of mixed race.

mestre ['mɛʃtri] m master.

meta ['mɛta] f (em corrida) finishing line; (objetivo) goal.

metade [me'tadʒi] f half; **~ do preço** half-price; **fazer as coisas pela ~** to do things half-heartedly; **fazer algo na ~ do tempo** to do sthg in half the time.

metáfora [me'tafora] f metaphor.

metal [me'taw] (pl **-ais** [-ajʃ]) m metal.

metálico, ca [me'taliku, ka] adj (objeto) metal; (som) metallic.

metalurgia [metalux'ʒia] f metallurgy.

meteorito [metju'ritu] m meteorite.

meteoro [me'tjoru] m meteor.

meteorologia [meteorolo'ʒia] f (ciência) meteorology; (em televisão) weather forecast.

meter [me'te(x)] vt to put; **~ algo/alguém em algo** to put sthg/sb in sthg; **~ algo na cabeça** to get sthg in one's head; **~ medo** to be frightening; **~ medo em alguém** to frighten sb.
□ **meter-se** vp to get involved; **~-se em algo** to get involved in sthg; **~-se na vida dos outros** to poke one's nose into other people's business; **~-se onde não é chamado** to stick one's nose in.

meticuloso, osa [metʃiku'lozu, ɔza] adj meticulous.

mina

metódico, ca [me'tɔdʃiku, ka] *adj* methodical.

método ['mɛtodu] *m* method.

metralhadora [metraʎa'dora] *f* machine gun.

métrico, ca ['mɛtriku, ka] *adj* metric.

metro ['mɛtru] *m (medida)* meter; *(fita métrica)* tape measure; **a ~** by the meter.

metrô [me'tro] *m* (**metropolitano**) subway *Am*, underground *Brit*.

meu, minha ['mew, 'miɲa] *adj* my. ◆ *pron*: **o ~ /a minha** mine; **um amigo ~** a friend of mine; **os ~s** *(a minha família)* my family.

mexer [me'ʃe(x)] *vt (corpo)* to move; *(culinária)* to stir. ◆ *vi (mover-se)* to move; **~ em algo** to touch sthg; **~ com algo** to get involved in sthg.
❑ **mexer-se** *vp (despachar-se)* to hurry up; *(mover-se)* to move; **mexa-se!** get a move on!

mexerico [meʃe'riku] *m* gossip.

México ['mɛʃiku] *m*: **o ~** Mexico.

mexilhão [meʃi'ʎãw] *(pl* **-ões** [-õjʃ]*) m* mussel.

micróbio [mi'krɔbju] *m* germ.

microcomputador [mikrokɔmputa'do(x)] *m* personal computer.

microfone [mikro'fɔni] *m* microphone.

microondas [mikro'õndaʃ] *m inv* microwave.

microscópio [mikroʃ'kɔpju] *m* microscope.

migalha [mi'gaʎa] *f* crumb.

migração [migra'sãw] *(pl* **-ões** [-õjʃ]*) f* migration.

mijar [mi'ʒa(x)] *vi* to piss.

mil ['miw] *num a* one thousand; **três ~** three thousand; **~ novecentos e noventa e sete** nineteen ninety-seven → **seis**.

milagre [mi'lagri] *m* miracle.

milênio [mi'lenju] *m* millennium.

milha ['miʎa] *f* mile.

milhão [mi'ʎãw] *(pl* **-ões** [-õjʃ]*) num* million; **um ~ de pessoas** a million people → **seis**.

milhar [mi'ʎa(x)] *(pl* **-res** [-riʃ]*) num* thousand → **seis**.

milho ['miʎu] *m* corn *Am*, maize *Brit*; **~ cozido** corn on the cob.

milhões → **milhão**.

milímetro [mi'limetru] *m* millimeter.

milionário, ria [miljo'narju, rja] *m, f* millionaire.

mim ['mĩ] *pron (com preposição: complemento indireto)* me; *(com preposição: reflexo)* myself; **a ~, você não engana** you don't fool me; **comprei-o para ~** *(mesmo* ou *próprio)* I bought it for myself.

mimar [mi'ma(x)] *vt (criança)* to spoil; *(por gestos)* to mimic.

mímica ['mimika] *f* mime.

mimo ['mimu] *m* cuddle; **cheio de ~s** spoiled.

mina ['mina] *f (de carvão, ouro)* mine.

mindinho [mĩn'dʒiɲu] *m* little finger.

mineiro, ra [mi'nejru, ra] *m, f* miner; *(de Minas Gerais)* native of Minas Gerais.

mineral [mine'raw] *(pl* **-ais** [-ajʃ])* m* mineral.

minério [mi'nɛrju] *m* ore.

minha → **meu.**

minhoca [mi'ɲɔka] *f* earthworm.

miniatura [minja'tura] *f* miniature; **em ~** in miniature.

mínimo, ma ['minimu, ma] *adj* minimum. ◆ *m:* **o ~** the minimum; **não faço a mínima idéia!** I haven't got a clue!; **no ~** at least.

minissaia [,mini'saja] *f* miniskirt.

ministério [miniʃ'tɛrju] *m* ministry.

ministro, tra [mi'niʃtru, tra] *m, f* minister.

minoria [mino'ria] *f* minority; **estar em ~** to be in the minority.

minúscula [mi'nuʃkula] *f* lower case letter; **em ~s** in lower case letters.

minúsculo, la [mi'nuʃkulu, la] *adj (muito pequeno)* minuscule, tiny; *(letra)* lower case.

minuto [mi'nutu] *m* minute; **só um ~!** I hang on a minute!; **dentro de poucos ~s** in a few minutes; **em poucos ~s** in no time at all.

miolo [mi'olu] *m (de pão, bolo)* soft part of bread or cake.
❑ **miolos** *mpl* brains.

míope ['mjupi] *adj* shortsighted.

miopia [mju'pia] *f* shortsightedness.

miradouro [mira'doru] *m* viewpoint.

miragem [mi'raʒẽ] *(pl* **-ns** [-ʃ])* f* mirage.

mirar [mi'ra(x)] *vt (apontar para)* to take aim; *(observar)* to look at.
❑ **mirar-se** *vp:* **~-se em algo** to look at o.s. in sthg.

miscelânea [miʃse'lanja] *f (mistura)* mixture; *fig (confusão)* jumble.

miserável [mize'ravew] *(pl* **-eis** [-ejʃ])* adj (pobre)* poverty-stricken; *(desgraçado)* unfortunate.

miséria [mi'zɛrja] *f (pobreza)* poverty; *(desgraça)* misery; *(sordidez)* squalor; *(pouca quantidade)* pittance.

misericórdia [mizeri'kɔrdja] *f* mercy; **pedir ~** to ask for mercy.

missa ['misa] *f* mass.

missão [mi'sãw] *(pl* **-ões** [-õjʃ])* f* mission.

míssil ['misiw] *(pl* **-eis** [-ejʃ])* m* missile.

missionário, ria [misjo'narju, rja] *m, f* missionary.

missões → **missão.**

mistério [miʃ'tɛrju] *m* mystery.

misterioso, osa [miʃte'rjozu, ɔza] *adj* mysterious.

misto, ta ['miʃtu, ta] *adj* mixed.

mistura [miʃ'tura] *f* mixture.

misturar [miʃtuˈra(x)] *vt* to mix; *fig (confundir)* to mix up.

mito [ˈmitu] *m* myth.

miúdo, da [miˈudu, da] *adj* small.

□ **miúdos** *mpl*: ~s de galinha giblets; **trocar algo em** ~s to explain sthg.

mo [mu] = me + o → **me**.

mobília [moˈbilja] *f* furniture.

Moçambique [mosãmˈbiki] *s* Mozambique.

mocassim [mokaˈsĩ] *(pl* **-ns** [-ʃ]) *m* mocassin.

mochila [moˈʃila] *f* backpack.

mocidade [mosiˈdadʒi] *f* youth.

moço, ça [ˈmosu, sa] *adj* young. ◆ *m, f* boy; *(atendente)* shop assistant.

moda [ˈmɔda] *f* fashion; **à ~ de** in the style of; **estar fora de ~** to be out of fashion; **estar na ~** to be in fashion, to be fashionable; **sair de ~** to go out of fashion.

modalidade [modaliˈdadʒi] *f (de esporte)* discipline; *(de pagamento)* method.

modelo [moˈdelu] *m* model; *(de roupa)* design.

modem [ˈmɔdɛm] *m* modem.

moderado, da [modeˈradu, da] *adj* moderate.

moderar [modeˈra(x)] *vt (restringir)* to moderate; *(reunião, debate)* to chair.

modernizar [modexniˈza(x)] *vt* to modernize.

moderno, na [moˈdɛxnu, na] *adj* modern.

modéstia [moˈdɛʃtja] *f* modesty; ~ **à parte** modesty aside.

modesto, ta [moˈdɛʃtu, ta] *adj* modest.

modificar [modʒifiˈka(x)] *vt* to modify.

□ **modificar-se** *vp* to change.

modo [ˈmɔdu] *m* way; GRAM mood; ~ **de usar** directions *pl*; **com bons** ~**s** politely; **com maus** ~**s** impolitely; **de certo** ~ in some ways; **de ~ nenhum!** no way!; **de ~ que** so (that); **de qualquer** ~ anyway; **de tal** ~ **que** so much that.

moeda [ˈmwɛda] *f (de metal)* coin; *(em geral)* currency; ~ **estrangeira** foreign currency.

ⓘ **MOEDA**

Since 1994 the only legal tender in Brazil has been the "real". The former units, the "cruzeiro", the "cruzeiro novo", the "cruzado", the "cruzado novo" and others, were all devoured by monstrous hyperinflation. At the end of the 1980s, the Brazilian currency sometimes suffered 90 per cent devaluation within the space of a single calendar month. The "real" is part of a government package aimed to place the country on a course of economic stability.

---

moer [ˈmwe(x)] *vt* to grind.

mofo [ˈmofu] *m* mold.

mogno [ˈmɔgnu] *m* mahogany.

moído 194

moído, da [mw'ido, da] *adj (café, pimenta)* ground; **estar ~** *(estar cansado)* to be done in.

moinho [mw'iɲu] *m* mill; **~ de café** coffee grinder; **~ de vento** windmill.

mola ['mɔla] *f (em colchão, sofá)* spring.

molar [mo'la(x)] *(pl* **-res** *[-riʃ])* *m* molar.

moldar [mow'da(x)] *vt* to mold.

moldura [mow'dura] *f* frame.

mole ['mɔli] *adj* soft; *(pessoa)* docile.

molécula [mu'lɛkula] *f* molecule.

molestar [moleʃ'ta(x)] *vt (maltratar)* to hurt; *(aborrecer)* to annoy.

molhar [mo'ʎa(x)] *vt* to wet. ☐ **molhar-se** *vp* to get wet.

molho¹ ['moʎu] *m* sauce; **~ de tomate** tomato sauce; **pôr de ~** to soak.

molho² ['mɔʎu] *m (de lenha)* stack; *(de palha, erva)* bundle; **~ de chaves** bunch of keys.

momento [mo'mẽtu] *m* moment; **um ~!** just a moment!; a **qualquer ~** any minute now; **até o ~** (up) until now; **de/neste ~** at the moment; **dentro de ~s** shortly; **em dado ~** at any given moment.

monarca [mo'naxka] *mf* monarch.

monarquia [monax'kia] *f* monarchy.

monge ['mõʒi] *m* monk.

monitor, ra [moni'to(x), ra] *(mpl* **-res** *[-riʃ], fpl* **-s** *[-ʃ])* *m, f*

(em colónia de férias) activity director. ♦ *m (de televisão)* (television) screen; *(de computador)* monitor, VDU.

monopólio [mono'pɔlju] *m* monopoly.

monótono, na [mo'nɔtonu, na] *adj (pessoa)* tedious; *(vida, trabalho)* monotonous.

monstro ['mõʃtru] *m* monster.

montagem [mõn'taʒẽ] *(pl* **-ns** *[-ʃ])* *f (de máquina)* assembly; *(de esquema)* drawing up; *(de fotografia)* montage; *(de filme)* editing.

montanha [mõn'taɲa] *f* mountain.

montanha-russa [mõn͵ta'rusa] *(pl* **montanhasrussas** [mõn͵taɲaʃ'rusaʃ]) *f* roller coaster.

montanhismo [mõnta'niʒmu] *m* mountain climbing.

montanhoso, osa [mõnta-'ɲozu, ɔza] *adj* mountainous.

montante [mõn'tãntʃi] *m* total.

montar [mõn'ta(x)] *vt (barraca)* to put up; *(acampamento)* to set up; *(máquina)* to assemble; *(filme)* to edit. ♦ *vi (fazer hipismo)* to ride; **~ a cavalo** to ride (horseback).

monte ['mõntʃi] *m (montanha)* mountain; **comida aos ~s** loads of food.

monumento [monu'mẽtu] *m* monument; **~ comemorativo** memorial.

moradia [mora'dia] *f* house.

morador, ra [mora'do(x), ra] *(mpl* **-res** *[-riʃ], fpl* **-s** *[-ʃ])* *m, f* resident.

moral [moˈraw] (*pl* **-ais** [-ajʃ]) *adj* moral. ◆ *f (social)* morals *pl*; *(conclusão)* moral. ◆ *m (ânimo, disposição)* morale.

morango [moˈrãŋgu] *m* strawberry.

morar [moˈra(x)] *vi* to live.

mórbido, da [ˈmɔxbidu, da] *adj* morbid.

morcego [moxˈsegu] *m* bat.

mordaça [moxˈdasa] *f (em pessoa)* gag; *(em animal)* muzzle.

morder [moxˈde(x)] *vt* to bite.

mordida [moxˈdida] *f* bite.

mordomo [moxˈdomu] *m* butler.

moreno, na [moˈrenu, na] *adj (tez, pele)* dark; *(de sol)* tanned.

morfina [moxˈfina] *f* morphine.

moribundo, da [moriˈbũdu, da] *adj* dying.

morno, morna [ˈmoxnu, ˈmɔxna] *adj* lukewarm.

morrer [moˈxe(x)] *vi* to die; *(fogo, luz)* to die down; *(motor)* to stall; **estou morrendo de fome** I'm starving; **~ de rir** to laugh one's head off; **~ de vontade de fazer algo** to be dying to do sthg; **~ na praia** to fall at the last jump.

morro [ˈmoxu] *m (monte)* hill; *(favela)* slum.

mortal [moxˈtaw] (*pl* **-ais** [-ajʃ]) *adj (pessoa, animal)* mortal; *(acidente, ferida)* fatal; *(doença)* terminal. ◆ *m* mortal.

mortalha [moxˈtaʎa] *f (de cadáver)* shroud.

motivar

mortalidade [moxtaliˈdadʒi] *f* mortality; **~ infantil** infant mortality.

morte [ˈmɔxtʃi] *f (natural)* death; *(homicídio)* murder; **estar pensando na ~ da bezerra** to daydream; **ser de ~ (cômico)** to be hysterical.

morto, ta [ˈmoxtu, ta] *pp →* **matar**. ◆ *adj* dead. ◆ *m, f* dead person; **estar ~** to be dead; *(de cansaço) fig* to be dead tired; **estar ~ de fome** to be starving; **ser ~** to be killed.

mos [moʃ] = **me** + **os** → **me**.

mosaico [moˈzajku] *m* mosaic.

mosca [ˈmoʃka] *f* fly; **acertar na ~** to hit the nail on the head.

moscatel [moʃkaˈtɛw] (*pl* **-éis** [-ɛjʃ]) *m* Muscatel.

mosquito [moʃˈkitu] *m* mosquito.

mostarda [moʃˈtaxda] *f* mustard.

mosteiro [moʃˈtejru] *m* monastery.

mostrador [moʃtraˈdo(x)] (*pl* **-res** [-riʃ]) *m (de relógio)* face; *(de velocímetro)* dial.

mostrar [moʃˈtra(x)] *vt* to show; **~ algo a alguém** to show sthg to sb, to show sb sthg; **~ interesse em** to show an interest in. ❏ **mostrar-se** *vp* to seem; *(exibir-se)* to show off.

motim [moˈtʃĩ] (*pl* **-ns** [-ʃ]) *m* uprising.

motivar [motʃiˈva(x)] *vt (causar)* to cause; *(aluno)* to motivate.

motivo

motivo [mo'tʃivu] *m* motive; **por ~ de** due to; **sem ~s** for no reason.

motocicleta [ˌmotosi'klɛta] *f* motorcycle.

motor [mo'to(x)] (*pl* -**res** [-riʃ]) *m* engine, motor; ~ **de arranque** starter motor.

motorista [moto'riʃta] *mf* driver.

mourisco, ca [mo'riʃku, ka] *adj* Moorish.

móvel ['mɔvew] (*pl* -**eis** [-ejʃ]) *adj* mobile. ◆ *m* piece of furniture.
□ **móveis** *mpl* furniture *sg*.

mover [mo've(x)] *vt* to move; *(campanha)* to instigate.
□ **mover-se** *vp* to move.

movimentado, da [movimẽn'tadu, da] *adj (rua, local)* busy.

movimento [movi'mẽntu] *m* movement; *(em rua, estabelecimento)* activity; **em ~** in motion.

mudança [mu'dãsa] *f (modificação)* change; *(de casa)* move; *(de veículo)* gear.

mudar [mu'da(x)] *vt (alterar)* to change; *(de posição)* to move. ◆ *vi (alterar-se)* to change.
□ **mudar de** *v + prep* to change; *(de casa)* to move; ~ **de idéia** to change one's mind; ~ **de roupa** to change (one's clothes).
□ **mudar-se** *vp* to move (house); ~ **se para** to move to.

mudo, da ['mudu, da] *adj (pessoa)* dumb; *(cinema)* silent; **ficar ~** *fig* to be lost for words.

muito, ta ['muĩntu, ta] *adj* a lot

of. ◆ *pron* a lot. ◆ *adv (com verbo)* a lot; *(com adjetivo)* very; *(demais)* too; **já não tenho ~ tempo** I don't have much time left; **há ~ tempo** a long time ago; **tenho ~ sono** I'm really tired; ~ **bem!** very good!; ~ **antes** long before; ~ **pior** much ou far worse; **quando ~** at the most; **não ganho ~** I don't earn much.

mula ['mula] *f* mule.

muleta [mu'leta] *f* crutch.

mulher [mu'ʎe(x)] (*pl* -**res** [-riʃ]) *f* woman; *(esposa)* wife.

multa ['muwta] *f* fine; **levar uma ~** to get a fine.

multar [muw'ta(x)] *vt* to fine.

multidão [muwti'dãw] (*pl* -**ões** [-õjʃ]) *f (de pessoas)* crowd; *(de coisas)* host.

multimídia [muwtʃi'midʒja] *adj* multimedia.

multinacional [ˌmuwtʃinasju'naw] (*pl* -**ais** [-ajʃ]) *f* multinational.

multiplicar [muwtʃipli'ka(x)] *vt & vi* to multiply; ~ **por** to multiply by.
□ **multiplicar-se** *vp (reproduzir-se)* to multiply.

múltiplo, pla ['muwtʃiplu, pla] *adj & m* multiple.

múmia ['mumja] *f* mummy.

mundial [mũn'dʒjaw] (*pl* -**ais** [-ajʃ]) *adj* world *(antes de s)*. ◆ *m (de futebol)* World Cup; *(de atletismo etc.)* World Championships *pl*.

mundo ['mũndu] *m* world; **o outro ~** the hereafter; **não é na-**

da do outro ~ it's nothing out of the ordinary; **por nada deste** ~ for love nor money; **vai ser o fim do** ~ all hell will break loose; **todo** ~ everyone, everybody; **viver no** ~ **da lua** to be in one's own little world.

munição [muni'sãw] (*pl* **-ões** [-õjʃ]) *f* ammunition.

municipal [munisi'paw] (*pl* **-ais** [-ajʃ]) *adj* city (*antes de s*), municipal.

município [muni'sipju] *m* (*cidade*) city; (*organismo*) city hall.

munições ~ **munição**.

munir [mu'ni(x)] *vt*: ~ **alguém de algo** to supply sb with sthg. □ **munir-se de** *vp* + *prep* to arm o.s. with.

mural [mu'raw] (*pl* **-ais** [-ajʃ]) *m* mural.

muralha [mu'raʎa] *f* wall; (*fortaleza*) ramparts *pl*.

murchar [mux'ʃa(x)] *vi* to wilt.

murcho, cha ['muxʃu, ʃa] *adj* (*flor, planta*) wilted; *fig* (*sem animação*) listless.

murmurar [muxmu'ra(x)] *vt* to murmur.

murmúrio [mux'murju] *m* murmur.

muro ['muru] *m* wall.

murro ['muxu] *m* punch; **dar um** ~ **em alguém** to punch sb; **dar** ~ **em ponta de faca** to beat one's head against a wall.

musa ['muza] *f* muse.

musculação [muʃkula'sãw] *f* body building.

músculo ['muʃkulu] *m* muscle.

musculoso, osa [muʃku'lozu, ɔza] *adj* muscular.

museu [mu'zew] *m* museum; ~ **de arte moderna** modern art museum.

musgo ['muʒgu] *m* moss.

música ['muzika] *f* music; ~ **ambiente** background music; '~ **ao vivo** 'live music'; ~ **clássica** classical music; **dançar conforme a** ~ *fig* to play along.

musical [muzi'kaw] *adj* musical.

músico, ca ['muziku, ka] *m, f* musician.

musse ['musi] *f* mousse; ~ **de chocolate** chocolate mousse.

mútuo, tua ['mutwu, twa] *adj* mutual; **de** ~ **acordo** by mutual agreement.

N

na [na] = **em + a** → **em**.

-na [na] *pron* (*pessoa*) her; (*coisa*) it; (*você*) you.

nabo ['nabu] *m* (*planta*) turnip.

nação [na'sãw] (*pl* **-ões** [-õjʃ]) *f* nation.

nacional [nasjo'naw] (*pl* **-ais** [-ajʃ]) *adj* national.

nacionalidade [nasjonali'dadʒi] *f* nationality.

nações ~ **nação**.

nada ['nada] *pron* (*coisa nenhuma*) nothing; (*em negativas*) anything. ◆ adv: **não gosto ~ disto** I don't like it at all; **de ~!** don't mention it!; **~ de novo** nothing new; **ou tudo ou ~** all or nothing; **antes de mais ~** first of all; **é uma coisa de ~** it's nothing (at all); **não servir para ~** to be no help at all, to be useless; **não adianta ~ resmungar** there's no point in whining about it.

nadador, ra [nada'do(x), ra] (*mpl* **-res** [-riʃ], *fpl* **-s** [-ʃ]) *m, f* swimmer.

nadar [na'da(x)] *vi* to swim; **~ em** *fig* (ter muito de) to be swimming in.

nádegas ['nadegaʃ] *fpl* buttocks.

naipe ['najpi] *m* suit.

namorado, da [namo'radu, da] *m, f* boyfriend.

não [nãw] *adv* (em respostas) no; (em negativas) not; **ainda ~ o vi** I still haven't seen him; **~ é aqui, é?** it isn't here, is it?; **~ é?** isn't it?; **pelo sim, pelo ~** just in case; **'~ fumar'** 'no smoking'.

não-fumante [,nãwfu'mãntʃi] *mf* non-smoker.

naquela [na'kɛla] = **em + aquela → em.**

naquele [na'keli] = **em + aquele → em.**

naquilo [na'kilu] = **em + aquilo → em.**

narcótico [nax'kɔtʃiku] *m* narcotic.

narina [na'rina] *f* nostril.

nariz [na'riʃ] (*pl* **-zes** [-ziʃ]) *m* nose; **meter o ~ em tudo** to be a busybody; **torcer o ~** (para

algo) *fig* to turn one's nose up (at sthg).

narração [naxa'sãw] (*pl* **-ões** [-õjʃ]) *f* (ato) narration; (conto, história) narrative.

narrar [na'xa(x)] *vt* to narrate.

nas [naʃ] = **em + as → em.**

-nas [naʃ] *pron pl* (elas) them; (vocês) you.

nascença [naʃ'sẽsa] *f* birth; **de ~** (problema, defeito) congenital.

nascente [naʃ'sẽntʃi] *f* (de rio) source; (de água) spring.

nascer [naʃ'se(x)] *vi* (pessoa, animal) to be born; (planta) to sprout; (sol) to rise. ◆ *m* (de sol) sunrise; (de lua) moonrise; **~ para ser algo** to be born to be sthg.

nascimento [naʃsi'mẽntu] *m* birth.

nata ['nata] *f* cream.

natação [nata'sãw] *f* swimming.

natal [na'taw] (*pl* **-ais** [-ajʃ]) *adj* home (antes de s.) ❑ **Natal** *m* Christmas; **Feliz Natal!** Merry Christmas!

nativo, va [na'tʃivu, va] *adj & m, f* native.

natural [natu'raw] (*pl* **-ais** [-ajʃ]) *adj* natural; **ao ~** (fruta) fresh; **como é ~** as is only natural; **é ~ que** it's understandable (that); **ser ~ de** to be from.

naturalidade [naturali'dadʒi] *f* (origem) birthplace; (simplicidade) naturalness.

naturalmente [naturaw'mẽntʃi] *adv* naturally. ◆ *interj* naturally!, of course!

natureza [natu'reza] *f* nature;

da mesma ~ of the same kind; por ~ by nature.
□ **Natureza** f: **a Natureza** Nature.

natureza-morta [natu,reza-'moxta] f still life.

nau ['naw] f ship.

naufragar [nawfra'ga(x)] vi to be wrecked.

naufrágio [naw'fraʒiu] m shipwreck.

náusea ['nawzea] f nausea.

náutico, ca ['nawtʃiku, ka] adj (atividade) water (antes de s); (clube) sailing (antes de s).

navalha [na'vaʎa] f (barbeiro) razor; (faca) knife.

nave ['navi] f (de igreja) nave; ~ **espacial** spaceship.

navegação [navega'sãw] f navigation.

navegador [navega'do(x)] m INFORM browser.

navegar [nave'ga(x)] vi to sail; ~ **na Internet** to surf the Net.

navio [na'viu] m ship.

neblina [ne'blina] f mist.

necessário, ria [nese'sarju, rja] adj necessary. ◆ m: **o** ~ the bare necessities pl; **quando** ~ when necessary; **se** ~ if necessary.

necessidade [nesesi'dadʒi] f (carência) necessity, need; **de primeira** ~ essential; **sem** ~ needlessly; **ter** ~ **de fazer algo** to need to do sthg.
□ **necessidades** fpl: **fazer** ~ **s** to go to the toilet.

necessitar [nesesi'ta(x)] vt to need.

□ **necessitar de** v + prep to need.

necrotério [nekro'tɛrju] m morgue.

nefasto, ta [ne'faʃtu, ta] adj (acontecimento) terrible; (atmosfera) bad.

negar [ne'ga(x)] vt to deny.
□ **negar-se** vp: ~-**se algo** to deny o.s. sthg; ~-**se a fazer algo** to refuse to do sthg.

negativo, va [nega'tʃivu, va] adj negative; (saldo bancário) overdrawn; (temperatura) below-zero. ◆ m (de filme, fotografia) negative.

negligente [negli'ʒẽtʃi] adj negligent.

negociação [negosja'sãw] (pl -ões [-õjʃ]) f negotiation.

negociar [nego'sja(x)] vt (acordo, preço) to negotiate. ◆ vi COM to do business.

negócio [ne'gɔsju] m business; (transação) deal; **fazer** ~ **s com alguém** to do business with sb; ~ **s escusos** shady deals.

negro, gra ['negru, gra] adj black; (céu) dark; (raça) black; fig (difícil) bleak. ◆ m, f black man.

nela ['nɛla] = **em + ela** → **em**.

nele ['neli] = **em + ele** → **em**.

nem [nẽ] adv not even. ◆ conj: **não gosto** ~ **de cerveja** ~ **de vinho** I like neither beer nor wine; **não gosto** ~ **de um** ~ **de outro** I don't like either of them; ~ **por isso** not really; ~ **que** even if; ~ **sempre** not always; ~ **tudo** not everything;

~ um ~ outro neither one nor the other; **~ pensar!** don't even think about it!

nenhum, ma [ne'nũ, ma] (mpl **-ns** [-ʃ], fpl **-s** [-ʃ]) adj no. ◆ pron none; **não comprei livro ~** I didn't buy a single book; **não quero nenhuma bebida** I don't want anything to drink; **não tive problema ~** I didn't have any problems; **~ professor é perfeito** no teacher is perfect; **~ de** none of, not one of; **~ dos dois** neither of them.

nervo ['nɛxvu] m nerve; (em carne) sinew.
❑ **nervos** mpl nerves.

nervosismo [nɛxvo'ziʒmu] m nerves pl.

nessa ['nɛsa] = **em + essa → em**.

nesse ['nesi] = **em + esse → em**.

nesta ['nɛʃta] = **em + esta → em**.

neste ['neʃtʃi] = **em + este → em**.

neto, ta ['nɛtu, ta] m, f grandson.

neurose [new'rɔzi] f neurosis.

neutralidade [newtrali'dadʒi] f neutrality.

neutralizar ['newtrali'za(x)] vt to neutralize.

neutro, tra ['newtru, tra] adj neutral; GRAM neuter.

nevar [ne'va(x)] v impess to snow; **está nevando** it's snowing.

neve ['nɛvi] f snow.

névoa ['nɛvwa] f mist.

nevoeiro [ne'vwejru] m fog.

nicotina [niko'tʃina] f nicotine.

ninguém [nĩŋ'gãj] pron nobody, no one; (em negativas) anyone, anybody; **não tem ~ (em casa)** there's nobody in; **não vi ~** I didn't see anyone; **~ sabe o que aconteceu** nobody knows what happened.

ninho ['niɲu] m nest; fig (lar) home.

níquel ['nikɛw] (pl -eis [-ejʃ]) m nickel.

nissei [ni'sej] mf Brazilian of Japanese parentage.

nisso ['nisu] = **em + isso → em**.

nisto ['niʃtu] = **em + isto → em**.

nitidez [nitʃi'deʃ] f clarity.

nítido, da ['nitʃidu, da] adj clear.

nível ['nivɛw] (pl -eis [-ejʃ]) m level; (qualidade) quality; **ao ~ de** in terms of; **~ do mar** sea level; **~ de vida** standard of living.

no [nu] = **em + o → em**.

nó ['nɔ] m knot; (em dedo) knuckle; **dar um ~** to tie a knot; **estar com um ~ na garganta** to have a lump in the throat.

-no [nu] pron (pessoa) him; (coisa) it; (você) you.

nobre ['nɔbri] adj noble.

noção [no'sãw] (pl -ões [-õjʃ]) f notion.

nocivo, va [no'sivu, va] adj (produto) noxious; (alimento) unwholesome.

noções → noção.

nódoa ['nɔdwa] f (em roupa, toalha) stain; (em reputação) blemish.

noite ['nojtʃi] f night; (fim da tarde) evening; **boa ~!** good night!; **à ~** at night; **esta ~ (mais tarde)** tonight; (ao fim da tarde) this evening; **dia e ~** night and day; **por ~** a ou per night; **da ~ para o dia** overnight.

noivado [noj'vadu] m engagement.

noivo, va ['nojvu, va] m, f fiancé; **estar ~ de alguém** to be engaged to sb. ▫ **noivos** mpl bride and groom; **eles estão ~s** they are engaged.

nojento, ta [no'ʒẽntu, ta] adj disgusting.

nojo ['noʒu] m disgust, revulsion; **dar ~** to be disgusting; **ter sentir ~ de** to be disgusted by.

nome ['nomi] m name; GRAM noun; **~ de batismo** Christian name; **~ completo** full name; **~ de guerra** nom de guerre; **~ próprio, primeiro ~** first name; **de ~** by name; **em ~ de** on behalf of.

nomeação [nomja'sãw] (pl -ões [-õjʃ]) f (para prêmio) nomination; (para cargo) appointment.

nomear [nomi'a(x)] vt (mencionar nome de) to name; (para prêmio) to nominate; (para cargo) to appoint.

nonagésimo, ma [nona'ʒɛzimu, ma] num ninetieth → **sexto**.

nono, na ['nonu, na] num ninth → **sexto**.

nora ['nɔra] f (familiar) daughter-in-law.

nordeste [nox'dɛʃtʃi] m northeast; **no ~** in the northeast.

nordestino, na [noxdɛʃ'tʃinu, na] adj northeastern. ◆ m, f Northeasterner.

norma ['nɔxma] f (padrão) standard; (regra) rule; **por ~** as a rule.

normal [nox'maw] (pl -ais [-ajʃ]) adj normal.

noroeste [no'rwɛʃtʃi] m northwest; **no ~** in the northwest.

norte ['nɔxtʃi] adj (vento, direção) northerly. ◆ m north; **a** ou **no ~** in the north; **ao ~ de** north of.

norte-americano, na [nɔxtʒiameri'kanu, na] adj & m, f (North) American.

nos¹ [nof] = **em** + **os** = **em**.

nos² [nof] pron pl (complemento direto) us; (complemento indireto) (to) us; (reflexo) ourselves; (recíproco) each other, one another; **ela ~ falou** she told us; **nós ~ machucamos** we hurt ourselves; **nunca ~ enganamos** we're never wrong; **~ beijamos** we kissed (each other); **odiamo- ~** we hate each other.

nós ['nɔʃ] pron pl (sujeito) we; (complemento) us; **e ~?** what about us?; **somos ~** it's us; **~ mesmos** ou **próprios** we ourselves.

-nos [nof] pron pl (eles) them; (vocês) you → **nos²**.

nosso, a ['nosu, a] adj our.

nostalgia

◆ pron: o ~/a nossa ours; um amigo ~ a friend of ours; os ~s (a nossa família) our family.

nostalgia [noʃtaw'ʒia] f nostalgia.

nostálgico, ca [noʃ'tawʒiku, ka] adj nostalgic.

nota ['nɔta] f note; (classificação) mark; **tomar ~ de algo** to make a note of sthg.

notável [no'tavew] (pl **-eis** [-ejʃ]) adj (ilustre) distinguished; (extraordinário) outstanding.

notícia [no'tʃisja] f piece of news.

◻ **notícias** fpl (noticiário) news sg.

noticiário [notʃi'sjarju] m newscast, news bulletin.

notificar [notʃifi'ka(x)] vt to notify.

noturno, na [no'tuxnu, na] adj (atividade) night (antes de s); (aula) evening (antes de s); (pessoa, animal) nocturnal.

nova ['nɔva] f piece of news; **ter boas ~s** to have some good news.

novamente [,nɔva'mẽntʃi] adv again.

novato, ta [no'vatu, ta] m, f beginner.

nove ['nɔvi] num nine → **seis.**

novecentos, tas [,nɔve'sẽntuʃ, taʃ] num nine hundred → **seis.**

novela [no'vɛla] f (livro) novel; (em televisão) soap opera.

novelo [no'velu] m ball.

novembro [no'vẽmbru] m November → **setembro.**

noventa [no'vẽnta] num ninety → **seis.**

novidade [novi'dadʒi] f (notícia) piece of news; (em vestuário) latest fashion; (novo disco) new release; **há ~s?** any news?

novo, nova ['novu, 'nɔva] adj new; (jovem) young; ~ **em folha** brand new.

noz ['nɔʃ] (pl **-zes** [-ziʃ]) f walnut.

noz-moscada [,nɔʒmoʃ'kada] f nutmeg.

nu, nua ['nu, 'nua] adj naked; ~ **em pêlo** stark naked.

nublado, da [nu'bladu, da] adj cloudy.

nuca ['nuka] f nape (of the neck).

nuclear [nukle'a(x)] (pl **-res** [-riʃ]) adj nuclear.

núcleo ['nukliu] m nucleus.

nudez [nu'deʒ] f nudity.

nudista [nu'dʒiʃta] mf nudist.

nulo, la ['nulu, la] adj (sem efeito, valor) null and void; (incapaz) useless; (nenhum) nonexistent.

num [nũ] = em + um → **em.**

numa ['numa] = em + uma → **em.**

numeral [nume'raw] (pl **-ais** [-ajʃ]) m numeral.

numerar [nume'ra(x)] vt to number.

número ['numeru] m number; (de sapatos, peça de vestuário) size; (de revista) issue; ~ **de inscrição** application number; ~ **de telefone** telephone number.

numeroso, osa [nume'rozu,

ɔza] *adj (família, grupo)* large; *(vantagens, ocasiões)* numerous.

nunca ['nũŋka] *adv* never; **mais do que** ~ more than ever; ~ **mais** never again; ~ **se sabe** you never know; ~ **na vida** never ever.

nuns [nũʃ] = **em** + **uns** → **em**.

núpcias ['nupsjaʃ] *fpl* marriage *sg*.

nutrição [nutri'sãw] *f* nutrition.

nutrir [nu'tri(x)] *vt fig (acalentar)* to nurture; ~ **uma paixão por alguém** to carry a torch for sb.

nutritivo, va [nutri'tʃivu, va] *adj* nutritious.

nuvem ['nuvẽ] *(pl* **-ns** [-ʃ]*) f* cloud.

O

o, a [u, a] *(mpl* **os** [uʃ]*, fpl* **as** [aʃ]*) artigo definido* - 1. *(com substantivo genérico)* the; **a casa** the house; **o hotel** the hotel; **os alunos** the students.

- 2. *(com substantivo abstrato)*: **a vida** life; **o amor** love; **os nervos** nerves.

- 3. *(com adjetivo substantivado)*: **o melhor/pior** the best/worst; **vou fazer o possível** I'll do what I can.

- 4. *(com nomes geográficos)*: **a In-** glaterra England; **o Amazonas** the Amazon; **o Brasil** Brazil; **os Estados Unidos** the United States.

- 5. *(indicando posse)*: **quebrei o nariz** I broke my nose; **estou com os pés frios** my feet are cold.

- 6. *(com nome de pessoa)*: **o Alexandre** Alexandre; **a Helena** Helena; **o sr. Mendes** Mr. Mendes.

- 7. *(por cada)* a, per; **3 reais a dúzia** 3 reals a dozen.

- 8. *(com datas)* the; **o dois de abril** the second of April, April second.

◆ *pron* - 1. *(pessoa)* him, them *pl*; **eu a deixei ali** I left her there; **ela o amava muito** she loved him very much; **não os vi** I didn't see them.

- 2. *(você, vocês)* you; **prazer em conhecê-los, meus senhores** pleased to meet you, gentlemen.

- 3. *(coisa)* it, them *pl*; **onde estão os papéis? não consigo achá-los** where are the papers? I can't find them.

- 4. *(em locuções)*: **o/a da esquerda** the one on the left; **os que desejarem vir terão de pagar** those who wish to come will have to pay; **o que (é que) ...?** what ...?; **o que (é que) está acontecendo?** what's going on?; **era o que eu pensava** it's just as I thought; **o quê?** what?

oásis [ɔ'aziʃ] *m inv* oasis.

obedecer [obede'se(x)] *vi* to do as one is told, to obey; ~ **a** to obey.

obediente [obe'dʒjẽntʃi] *adj* obedient.

obesidade [obezi'dadʒi] *f* obesity.

obeso, sa [o'bezu, za] *adj* obese.

óbito ['ɔbitu] *m* death.

obituário [obitw'arju] *m* obituary.

objeção [obʒe'sãw] (*pl* -ões [-õjʃ]) *f* objection.

objetiva [obʒe'tʃiva] *f (de máquina fotográfica)* lens.

objetivo, va [obʒe'tʃivu, va] *adj & m* objective.

objeto [ob'ʒɛtu] *m* object.

obra ['ɔbra] *f* work; *(construção)* construction site; ~ **de arte** work of art; ~ **de caridade** *(instituição)* charity. □ **obras** *fpl (reparações)* repairs; **'em obras'** 'closed for renovation'.

obra-prima [,ɔbra'prima] (*pl* **obras-primas** [,ɔbraʃ'primaʃ]) *f* masterpiece.

obrigação [obriga'sãw] (*pl* -ões [-õjʃ]) *f* obligation; *(título de crédito)* bond.

obrigado, da [obri'gadu, da] *interj* thank you!; **muito** ~! thank you very much!; ~ **por ...** thank you for ...

obrigar [obri'ga(x)] *vt*: ~ **alguém a fazer algo** to force sb to do sthg.

obrigatório, ria [obriga'tɔrju, rja] *adj* compulsory.

obsceno, na [obʃ'senu, na] *adj* obscene.

observação [obsexva'sãw] (*pl* -ões [-õjʃ]) *f* observation; *(comentário)* comment; *(de lei, regra)* observance.

observador, ra [obsexva-'do(x), ra] (*mpl* -**res** [-riʃ], *fpl* -**s** [-ʃ]) *m, f* observer.

observar [obsex'va(x)] *vt* to observe; *(dizer)* to remark.

observatório [obsexva'tɔrju] *m* observatory.

obsessão [obse'sãw] (*pl* -ões [-õjʃ]) *f* obsession.

obstáculo [obʃ'takulu] *m* obstacle.

obstinado, da [obʃtʃi'nadu, da] *adj* obstinate.

obstrução [obʃtru'sãw] (*pl* -ões [-õjʃ]) *f* obstruction.

obter [ob'te(x)] *vt* to get.

obturação [obtura'sãw] (*pl* -ões [-õjʃ]) *f (de dente)* filling.

óbvio, via ['ɔbvju, vja] *adj* obvious; **como é** ~ obviously.

ocasião [oka'zjãw] (*pl* -ões [-õjʃ]) *f (momento determinado)* occasion; *(oportunidade)* opportunity; **nessa** ~ **a** at the time; **por** ~ **de** during; **ter** ~ **de fazer algo** to have occasion to do sthg; **aproveitar a** ~ **para ...** to take the opportunity to ...

oceano [ose'ãno] *m* ocean.

ocidental [osidẽn'taw] (*pl* -**ais** [-ajʃ]) *adj* western.

ocidente [osi'dẽntʃi] *m* west. □ **Ocidente** *m*: **o Ocidente** the West.

ócio ['ɔsju] *m* leisure.

oco, oca ['oku, 'ɔka] *adj* hollow.

ocorrência [oko'xẽsja] f (incidente) incident; (frequência) occurrence.

ocorrer [oko'xe(x)] vi to happen.

octogésimo, ma [okto'ʒɛzimu, ma] num eightieth → **sexto**.

oculista [oku'liʃta] mf (médico) optometrist; (vendedor) optician.

óculos ['ɔkuluʃ] mpl glasses; ~ **escuros** sunglasses.

ocultar [okuw'ta(x)] vt to hide.
❏ **ocultar-se** vp to hide.

ocupado, da [oku'padu, da] adj (casa) occupied; (lugar, assento) taken; (pessoa) busy; **'está ~'** (telefone) 'the line is busy'.

ocupar [oku'pa(x)] vt to take up; (casa) to live in; (tempo) to occupy.
❏ **ocupar-se** vp to keep o.s. busy; ~-**se fazendo algo** to spend one's time doing sthg; ~-**se de** to see to.

odiar [o'dʒja(x)] vt to hate.

ódio ['ɔdʒju] m hatred.

odor [o'do(x)] (pl -**res** [-riʃ]) m odor.

oeste ['wɛʃtʃi] m west; **a** ou **no** ~ in the west; **a** ~ **de** to the west of.

ofegante [ofe'gãntʃi] adj breathless.

ofegar [ofe'ga(x)] vi to pant.

ofender [ofẽn'de(x)] vt to offend.
❏ **ofender-se** vp to take offense; ~-**se com algo** to take offense at sthg.

oferecer [ofere'se(x)] vt to offer; (dar) to give; ~ **algo a al-**guém (presente, ajuda, lugar) to give sb sthg; (emprego) to offer sb sthg.
❏ **oferecer-se** vp: ~-**se para fazer algo** to offer to do sthg.

oferta [o'fɛxta] f (presente) gift; (de emprego) offer; COM supply.

oficial [ofisi'aw] (pl -**ais** [-ajʃ]) adj official. ◆ mf (em marinha, exército) officer.

oficina [ofi'sina] f workshop; (mecânica) garage.

ofício [o'fisju] m (profissão) trade; (carta) official letter.

ofuscar [ofuʃ'ka(x)] vt to dazzle.

oi ['oj] interj hi!

oitavo, va [oj'tavu, va] num eighth → **sexto**.

oitenta [oj'tẽnta] num eighty → **seis**.

oito ['ojtu] num eight; **nem** ~ **nem oitenta!** there's no need to exaggerate! → **seis**.

oitocentos, tas [ojto'sẽntuʃ, taʃ] num eight hundred → **seis**.

olá [o'la] interj hello!

olaria [ola'ria] f pottery.

óleo ['ɔlju] m oil; ~ **de bronzear** suntan lotion; ~ **diesel** diesel fuel; ~ **de girassol/soja** sunflower/soy oil; ~ **motor** engine oil; ~ **sobre tela** oil painting.

oleoso, osa [oli'ozu, ɔza] adj greasy.

olfato [ow'fatu] m sense of smell.

olhadela [oʎa'dɛla] f glance; **dar uma** ~ **em algo** to have a quick look at sthg.

olhar [o'ʎa(x)] vt to look at. ◆ vi
to look. ◆ m look; ~ **para** to
look at; ~ **por** to look after.

olheiras [o'ʎejraʃ] fpl: **ter** ~ to
have dark rings under one's
eyes.

olho ['oʎu] (pl **olhos** ['ɔʎuʃ]) m
eye; ~ **mágico** peephole; **a**
~ **nu** with the naked eye; **a** ~**s**
vistos visibly; **aos** ~**s de** in the
eyes of; **custar os** ~**s da cara** to
cost an arm and a leg; **estar de**
~ **em algo/alguém** to have
one's eye on sthg/sb; **não pre-**
gar os ~**s** to not sleep a wink;
ver com bons/maus ~**s** to ap-
prove/disapprove of.

olímpico, ca [o'līmpiku, ka]
adj Olympic.

ombro ['ōmbru] m shoulder;
encolher os ~**s** to shrug one's
shoulders.

omelete [ome'lɛtʃi] f omelette.

omissão [omi'sãw] (pl -**ões**
[-õjʃ]) f omission.

omitir [omi'ti(x)] vt to omit.

onça ['õsa] f (animal) jaguar;
(medida) ounce.

onda ['õnda] f wave; ~ **média/**
longa/curta medium/long/
shortwave; **fazer** ~ (criar problemas) to make waves; **ir na** ~
(deixar-se enganar) to fall for
sth.

onde ['õndʒi] adv where; **por**
~ **vamos?** which way are we
going?

ondulado, da [õndu'ladu, da]
adj (cabelo) wavy; (superfície)
rippled.

ônibus ['onibuʃ] m inv bus; (in-

terurbano) coach; ~ **espacial**
space shuttle.

onipotente [ɔmnipo'tēntʃi]
adj omnipotent.

ontem ['õntē] adv yesterday;
~ **de manhã/à tarde** yesterday
morning/afternoon; ~ **à noite**
last night.

onze ['õzi] num eleven → **seis.**

opaco, ca [o'paku, ka] adj
opaque.

opção [op'sãw] (pl -**ões** [-õjʃ]) f
option.

ópera ['ɔpera] f opera.

operação [opera'sãw] (pl -**ões**
[-õjʃ]) f operation; (comercial)
transaction.

operador, ra [opera'do(x), ra]
(mpl -**res** [-riʃ], fpl -**s** [-ʃ]) m, f:
~ **de computadores** computer
operator.

operar [ope'ra(x)] vi MED to
operate. ◆ vt MED to operate
on.

operário, ria [ope'rarju, rja]
m, f worker.

opinar [opi'na(x)] vt to think.
◆ vi to give one's opinion.

opinião [opi'njãw] (pl -**ões**
[-õjʃ]) f opinion; **na minha** ~ in
my opinion; **ser da** ~ **que** to be
of the opinion that; **a** ~ **pública**
public opinion.

oponente [opo'nēntʃi] mf opponent.

opor-se [o'poxsi] vp to object;
~ **a** to oppose.

oportunidade [opoxtuni-
'dadʒi] f opportunity; **aprovei-**
tar uma ~ to take an
opportunity.

oportuno, na [opox'tunu, na] *adj* opportune.

oposição [pozi'sãw] *f* opposition; *(diferença)* contrast; **a ~** *POL* the Opposition; **um político da ~** an Opposition politician.

oposto, osta [o'poſtu, ɔſta] *adj* opposite. ◆ *m*: **o ~** the opposite; **~ a** opposite.

opressão [opre'sãw] *(pl* **-ões** [-õjſ]) *f* oppression.

opressivo, va [opre'sivu, va] *adj* oppressive.

opressões → **opressão**.

oprimir [opri'mi(x)] *vt* to oppress.

optar [op'ta(x)] *vi* to choose; **~ por algo** to opt for sthg; **~ por fazer algo** to opt to do sthg, to choose to do sthg.

ora ['ɔra] *interj* come on! ◆ *conj* well. ◆ *adv*: **por ~** for now; **~ essa!** well, well!; **~ ..., ~ ...** one minute ..., the next ...

oração [ora'sãw] *(pl* **-ões** [-õjſ]) *f (prece)* prayer; *(frase)* clause.

orador, ra [ora'do(x), ra] *(mpl* **-res** [-riſ], *fpl* **-s** [-ʃ]) *m, f (public)* speaker.

oral [o'raw] *(pl* **-ais** [-ajſ]) *adj & f* oral.

orar [o'ra(x)] *vi (discursar)* to give a speech; *(rezar)* to pray.

órbita ['ɔxbita] *f (de olho)* socket; *(de planeta)* orbit; *fig (de ação, influência)* sphere.

orçamento [oxsa'mẽntu] *m (de Estado, empresa)* budget; *(para trabalho, serviço)* estimate.

ordem ['ɔxdẽ] *(pl* **-ns** [-ʃ]) *f* order; **até segunda ~** until further notice; **dar ordens** to give orders; **de primeira ~** first-rate; **pôr algo em ~** to straighten sthg up; **por ~** in order; **por ~ de alguém** on sb's orders; **sempre às ordens!** don't mention it!

ordenado [oxde'nadu] *m* wage.

ordenhar [oxde'ɲa(x)] *vt* to milk.

ordens → **ordem**.

ordinário, ria [oxdʒi'narju, rja] *adj (grosseiro)* crude.

orégano [o'rɛganu] *m* oregano.

orelha [o'reʎa] *f ANAT* ear.

orfanato [oxfa'natu] *m* orphanage.

órfão, fã ['ɔxfãw, fã] *m, f* orphan.

orgânico, ca [ox'ganiku, ka] *adj* organic.

organismo [oxga'niʒmu] *m* body.

organização [oxganiza'sãw] *(pl* **-ões** [-õjſ]) *f* organization.

órgão ['ɔxgãw] *m* organ; *(de empresa)* body; **~s sexuais** ou **genitais** sexual organs, genitals.

orgulhar-se [oxgu'ʎaxsi] *vp + prep*: **orgulhar-se de** to be proud of.

orgulho [ox'guʎu] *m* pride.

orientação [orjẽnta'sãw] *(pl* **-ões** [-õjſ]) *f* direction.

oriental [orjẽn'taw] *(pl* **-ais** [-ajſ]) *adj (do este)* eastern; *(do Extremo Oriente)* oriental.

orientar [orjẽn'ta(x)] *vt (guiar)* to direct; *(aconselhar)* to advise.

❑ **orientar-se por** *vp + prep* to follow.

oriente [o'rjẽntʃi] *m* east.

❑ **Oriente** *m*: **o Oriente** the Orient.

orifício [ori'fisju] *m* orifice.

origem [o'riʒẽ] (*pl* **-ns** [-ʃ]) *m* origin.

original [oriʒi'naw] (*pl* **-ais** [-ajʃ]) *adj* & *m* original.

originar [oriʒi'na(x)] *vt* to cause.

❑ **originar-se** *vp* to arise.

oriundo, da [ori'ũndu, da] *adj*: ~ **de** from.

ornamentar [oxnamẽn'ta(x)] *vt* to decorate.

ornamento [oxna'mẽntu] *m* ornament.

orquestra [ox'kɛʃtra] *f* orchestra.

orquídea [ox'kidʒia] *f* orchid.

ortografia [oxtogra'fia] *f* spelling.

orvalho [ox'vaʎu] *m* dew.

os → **o**.

oscilação [oʃsila'sãw] (*pl* **-ões** [-õjʃ]) *f (balanço)* swinging; *(variação)* fluctuation.

oscilar [oʃsi'la(x)] *vi (balançar)* to swing; *(variar)* to fluctuate; ~ **entre** to fluctuate between.

osso ['osu] (*pl* **ossos** ['ɔsuʃ]) *m* bone.

ostentar [oʃtẽn'ta(x)] *vt* to show off.

ostra ['oʃtra] *f* oyster.

otimismo [otʃi'miʒmu] *m* optimism.

ótimo, ma ['ɔtʃimu, ma] *adj* great. ◆ *interj* great!, excellent!

otorrinolaringologista [,oto,xinola,rĩŋgolo'ʒiʃta] *mf* ear, nose and throat specialist.

ou [o] *conjor*; ~ **...** ~ either ... or.

ouço ['osu] → **ouvir**.

ouriço [o'risu] *m (de castanheira)* shell.

ouriço-cacheiro [o,risuka-'ʃejru] (*pl* **ouriços-cacheiros** [o,ɗ risuʃka'ʃejruʃ]) *m* hedgehog.

ouriço-do-mar [o,risudu-'ma(x)] (*pl* **ouriços-do-mar** [o,risuʒdu'ma(x)]) *m* sea urchin.

ourives [o'riviʃ] *mf inv* jeweler.

ouro ['oru] *m* gold; **um relógio de** ~ a gold watch.

❑ **ouros** *mpl (naipe de cartas)* diamonds.

ⓘ OURO PRETO

Ouro Preto's heyday spanned the 18th century, when it was the wealthiest town in Brazil, thanks to the gold mines of the state of Minas Gerais (general mines). Now classified as a World Heritage Site by UNESCO, the streets, churches and pumice-stone pavements have been preserved as they were in the days of the gold rush. Ouro Preto is also home to a style of architecture known as "Mineiro Baroque", whose greatest exponent is widely considered to be the mulatto Aleijadinho.

ousadia [oza'dʒia] *f* audacity.

ousar [o'za(x)] *vt* to dare to.
outdoor [awt'dor] *m (propaganda)* outdoor advertising; *(cartaz)* billboard *Am*, hoarding *Brit*.
outono [o'tonu] *m* fall *Am*, autumn.
outro, tra ['otru, tra] *adj* another *sg*, other *pl*. ◆ *pron (outra coisa)* another *sg*; others *pl*; *(outra pessoa)* someone else; **o ~/a outra** the other (one); **os ~s** the others; **~ copo** another glass; **~s dois copos** another two glasses; **~ dia** another day; **no ~ dia** *(no dia seguinte)* the next day; *(relativo a dia passado)* the other day; **um ou ~** one or the other; **um após o ~** one after the other.
outubro [o'tubru] *m* October → **setembro**.
ouve ['ovi] → **ouvir**.
ouvido [o'vidu] *m ANAT* ear; *(audição)* hearing; **dar ~s a alguém** to listen to sb; **ser todo ~s** to be all ears; **ter bom ~** to have good hearing; **tocar de ~** to play by ear.
ouvinte [o'vĩtʃi] *mf* listener.
ouvir [o'vi(x)] *vt & vi* to hear; **estar ouvindo algo/alguém** to be listening to sthg/sb.
oval [o'vaw] *(pl* **-ais** [-ajʃ]*) adj* oval.
ovário [o'varju] *m* ovary.
ovelha [o'veʎa] *f* sheep; *(fêmea)* ewe; **~ negra** black sheep.
ovo ['ovu] *(pl* **ovos** ['ɔvuʃ]*) m* egg; **~ cozido** boiled egg; **~ frito** *ou* **estrelado** fried egg; **~s mexidos** scrambled eggs; **~s de**

Páscoa Easter eggs; **pisar em ~s** to walk on eggshells.
oxigênio [oksi'ʒenju] *m* oxygen.
ozônio [o'zonju] *m* ozone.

P

pá ['pa] *f (utensílio)* spade; **uma ~ de** a load of.
pacato, ta [pa'katu, ta] *adj* easygoing.
paciência [pasi'ẽsjal] *f* patience; *(jogo)* patience; **perder a ~** to lose one's patience; **ter ~** to be patient.
paciente [pasi'ẽtʃi] *adj & mf* patient.
pacífico, ca [pa'sifiku, ka] *adj* peaceful.
❑ **Pacífico** *m:* **o Pacífico** the Pacific.
pacifista [pasi'fiʃta] *mf* pacifist.
pacote [pa'kɔtʃi] *m* package; *(em turismo)* package deal; **~ de açúcar** *(pequeno)* packet of sugar.
padaria [pada'ria] *f* bakery.
padecer [pade'se(x)] *v + prep:* **padecer de** to suffer from.
padeiro, ra [pa'dejru, ra] *m, f* baker.
padrão [pa'drãw] *(pl* **-ões** [-õjʃ]*) m (de produto)* model; *(de tecido)* pattern; **~ de vida** standard of living.

padrasto [pa'draʃtu] *m* step-father.

padre ['padri] *m* priest.

padrinho [pa'driɲu] *m* god-father.

padrões → padrão.

pães → pão.

pagamento [paga'mẽntu] *m* payment; ~ **à vista** OU **em dinheiro** cash payment; ~ **a prazo** OU **a prestação** installment plan *Am,* hire purchase *Brit.*

pagar [pa'ga(x)] *vt* to pay; *(estudos)* to pay for; *fig (consequências)* to suffer. ◆ *vi*: ~ **por** *(sofrer consequências por)* to pay for; ~ **algo a alguém** to pay sb sthg; ~ **à vista** to pay cash up front.

página ['paʒina] *f* page; **as Páginas Amarelas** the Yellow Pages®.

pago, ga ['pagu, ga] *pp* → pagar.

pai ['paj] *m* father.

painel [paj'nɛw] *(pl* -éis [-ɛjʃ]) *m* panel; *(de veículo)* dashboard; ~ **solar** solar panel.

pais ['pajʃ] *mpl (progenitores)* parents.

país [pa'iʃ] *(pl* -ses [-ziʃ]) *m* country.

paisagem [pi'zaʒẽj] *(pl* -ns [-ʃ]) *f (vista)* view; *(pintura)* landscape.

País de Gales [pa,iʒdʒi'galiʃ] *m*: **o** ~ Wales.

países → país.

paixão [paj'ʃãw] *(pl* -ões [-õjʃ]) *f* passion.

palácio [pa'lasju] *m* palace;

Palácio da Justiça Law Courts *pl.*

paladar [pala'da(x)] *(pl* -res [-riʃ]) *m* taste.

palavra [pa'lavra] *f* word; ~**s cruzadas** crossword (puzzle) *sg.* ◆ *interj* honest!; **dar a** ~ **a alguém** to give sb the opportunity to speak.

palavrão [pala'vrãw] *(pl* -ões [-õjʃ]) *m* swearword.

palavrões → palavrão.

palco ['pawku] *m* stage.

palerma [pa'lɛxma] *mf* fool.

palestra [pa'lɛʃtra] *f* lecture.

paletó [pale'tɔ] *m* jacket.

palha ['paʎa] *f* straw.

palhaço [pa'ʎasu] *m* clown.

pálido, da ['palidu, da] *adj* pale.

palito [pa'litu] *m (para dentes)* toothpick; ~ **de fósforo** matchstick; **ser um** ~ *fig (pessoa)* to be as thin as a rake.

palma ['pawma] *f* palm.
  □ **palmas** *fpl* clapping *sg;* **bater** ~**s** to clap; **uma salva de** ~**s** a round of applause.

palmeira [paw'mejra] *f* palm tree.

palmito [paw'mitu] *m* palm heart.

palmo ['pawmu] *m* (hand) span; ~ **a** ~ inch by inch.

PALOP *mpl (Países Africanos de Língua Oficial Portuguesa)*: **os** ~ *acronym for African countries where Portuguese is an official language.*

palpável [paw'pavew] *(pl* -eis [-ejʃ]) *adj* tangible.

pálpebra ['pawpebɾa] *f* eyelid.
palpitação [pawpita'sãw] (*pl -ões* [- õjʃ]) *f* beating.
palpitar [pawpi'ta(x)] *vi* to beat.
palpite [paw'pitʃi] *m* tip; (*suposição*) hunch; **dar um ~** to give an opinion.
pancada [pãŋ'kada] *f* (*com pau, mão*) blow; (*choque*) knock; (*de relógio*) stroke; **dar ~ em alguém** to beat sb up; **~ de chuva** sudden downpour.
pâncreas ['pãŋkɾjaʃ] *m inv* pancreas.
panda ['pãnda] *m* panda.
pane ['pãni] *f* breakdown.
panela [pa'nɛla] *f* pot; **~ de pressão** pressure cooker.
panfleto [pã'fletu] *m* pamphlet.
pânico ['pãniku] *m* panic; **entrar em ~** to panic.
pano ['pãnu] *m* (*tecido*) cloth; (*em teatro*) curtain; **~ de fundo** backdrop.
panorama [pano'ɾama] *m* panorama.
panqueca [pãŋ'kɛka] *f* pancake.
pantanal [pãnta'naw] (*pl -ais* [-ajʃ]) *m* swampland.
□ **Pantanal** *m*: **o Pantanal** the Pantanal.

The seasonally flooded plains of the Mato Grosso in western Brazil are inhabited by a huge variety of wildlife, including over 600 species of bird and 350 types of fish, as well as "jacarés" (alligators), capybaras (enormous rodents), anteaters, ocelots, iguanas, anacondas, cougars, jaguars and black howler monkeys. These wetlands, which extend over 230 square kilometers, are a favorite spot for ecotourism. The best time to visit is between May and September, when the floodwaters are at their lowest.

---

pântano ['pãntanu] *m* swamp.
pantera [pãn'tɛra] *f* panther.
pantomima [pãnto'mima] *f* mime.
pão ['pãw] (*pl pães* ['pãjʃ]) *m* bread; **~ de centeio** rye bread; **~ de fôrma** loaf; **~ francês** French bread; **~ integral** wholewheat bread; **o Pão de Açúcar** Sugarloaf Mountain; **comer o ~ que o diabo amassou** *fig* to go through a rough patch.

Situated at the mouth of the Guanabara Bay, Sugar Loaf Mountain is one of Rio de Janeiro's many natural wonders. Cable cars take visitors to the 395-meter summit, which affords an indescribable view which includes Botafogo Bay, Leme Beach and the ocean. The mountain's name refers to the similarly shaped conical moulds used during the refining of sugar cane to allow the juice to set.

papa ['papa] f *(para bebê)* baby food. ◆ m Pope; *fig (ás)* ace.

papagaio [papa'gaju] m *(ave)* parrot; *(brinquedo)* kite.

papel [pa'pɛw] *(pl* -**éis** [-ɛiʃ]*) m* paper; ~ **de carta** writing paper; ~ **de embrulho** wrapping paper; ~ **higiênico** toilet paper; ~ **de parede** wallpaper.

papel-alumínio [pa,pɛwa-lu'minju] *m* aluminum foil.

papelão [pape'lãw] *m* cardboard; **que** ~**!** how embarassing!

papelaria [papela'ria] *f* stationery store.

papo ['papu] *m (de ave)* crop; *(conversa)* chat; **levar** ou **bater um** ~ **to** (have a) chat.

papoula [pa'pola] *f* poppy.

paquerar [pake'ra(x)] *vt* to flirt with. ◆ *vi* to flirt.

par ['pa(x)] *(pl* -**res** [-riʃ]*) adj (número)* even. ◆ *m* pair; *(casal)* couple; **estar a** ~ **de algo** to be up to date on sthg; **aos** ~**es** in pairs; ~ **ou ímpar?** odd or even?

para ['para] *prep* -**1.** *(exprime finalidade, destinação)* for; **um telefonema** ~ **o senhor** a phone call for you; **queria algo** ~ **comer** I would like something to eat; ~ **que serve isto?** what's this for?
-**2.** *(indica motivo, objetivo)* (in or-

der) to; **cheguei mais cedo** ~ **arranjar lugar** I arrived early (in order) to get a seat; **era só** ~ **lhe agradar** I only wanted to please you.
-**3.** *(indica direção)* toward; **apontou** ~ **cima/baixo** he pointed upward/downward; **olhei** ~ **ela** I looked at her; **seguiu** ~ **o aeroporto** he headed for the airport; **vá** ~ **casa!** go home!
-**4.** *(relativo a tempo)* for; **quero isso pronto** ~ **amanhã** I want it done by tomorrow; **estará pronto** ~ **a semana/o ano** it'll be ready next week/year; **são quinze** ~ **as três** it's a quarter of three *Am*, it's a quarter to three *Brit.*
-**5.** *(em comparações)*: **é caro demais** ~ **as minhas posses** it's too expensive for my budget; ~ **o que come, está magro** he's thin, considering how much he eats.
-**6.** *(relativo a opinião, sentimento)*: ~ **mim** as far as I'm concerned.
-**7.** *(exprime a iminência)*: **estar** ~ **fazer algo** to be about to do sthg; **o ônibus está** ~ **sair** the bus is about to leave.
-**8.** *(em locuções)*: ~ **mais de** well over; ~ **que** so that; **é** ~ **já!** coming up!

parabéns [para'bẽʃ] *mpl* congratulations. ◆ *interj (em geral)* congratulations!; *(por aniversário)* happy birthday!; **dar os** ~ **a alguém** *(em geral)* to congratulate sb; *(por aniversário)* to wish sb a happy birthday; **você está de** ~ you're to be congratulated.

parabólica [para'bɔlika] f satellite dish.

pára-brisa [ˌpara'briza] m windshield Am, windscreen Brit.

pára-choque [ˌpara'ʃɔki] m bumper.

parada [pa'rada] f (militar) parade; (de jogo) bet, stake; ~ **(de ônibus)** (bus) stop; ~ **cardíaca** cardiac arrest.

paradeiro [para'dejru] m whereabouts pl.

parado, da [pa'radu, da] adj (pessoa, animal) motionless; (carro) stationary; (máquina) switched off; (sem vida) dull.

parafuso [para'fuzu] m screw.

parágrafo [pa'ragrafu] m paragraph.

Paraguai [para'gwaj] m: **o** ~ Paraguay.

paraíso [para'izu] m paradise.

pára-lama [ˌpara'lãma] m fender Am, mudguard Brit.

paralelo, la [para'lɛlu, la] adj & m, f parallel; **sem** ~ unparalleled; **uma paralela (rua)** a parallel street.

paralisar [parali'za(x)] vt to paralyze.

paralisia [parali'zia] f paralysis.

paralítico, ca [para'litiku, ka] m, f paralytic.

paranóico, ca [para'nɔiku, ka] m, f nutcase. ◆ adj paranoid.

parapeito [para'pejtu] m windowsill.

pára-quedas [ˌpara'kɛdaʃ] m inv parachute.

parar [pa'ra(x)] vt & vi to stop;

'pare' 'stop'; **'pare, olhe, escute'** 'stop, look and listen'; **ir** ~ **em** to end up in; ~ **de fazer algo** to stop doing sthg; **sem** ~ nonstop.

pára-raios [ˌpara'xajuʃ] m inv lightning rod Am, lightning conductor Brit.

parasita [para'zita] m parasite.

Parati [para'ti] m Parati.

PARATI

An historical city situated in the coastal zone in the south of the state of Rio, it is one of the few which has kept its original architecture. During the colonial period it became the second most important port of the country, serving as channel for the gold coming from Minas Gerais destined for Portugal. Afterwards, it was important as the point of export for coffee from the plantations of São Paulo. With the opening of the freeway between the cities of Santos and Rio de Janeiro, Parati enjoyed a rebirth as a major center for tourism. With magnificent scenery, islands and beaches, Parati today is a key destination for tourists in Brazil. It is one of Brazil's cities protected as a national heritage site.

parceiro, ra [pax'sejru, ra] m, f partner.

parcela [pax'sɛla] f *(de soma)* item; *(fragmento)* fragment, bit.

parcial [par'sjaw] *(pl* **-ais** [-ajʃ]) *adj (não completo)* partial; *(faccioso)* biased.

pardal [pax'daw] *(pl* **-ais** [-ajʃ]) *m* house sparrow.

parecer [pare'se(x)] *vi* to look. ◆ *m* opinion. ◆ *v impess:* **parece que vai chover** it looks like it's going to rain; **ao que parece** from the look of things; **que lhe parece?** what do you think?
□ **parecer-se** *vp* to look similar.

parecido, da [pare'sidu, da] *adj* similar; **são muito ~s** they are very alike.

paredão [pare'dãw] *(pl* **-ões** [-õjʃ]) *m* rock face.

parede [pa'redʒi] f wall.

paredões → **paredão**.

parente, ta [pa'rẽntʃi, ta] *m, f* relative; **~ próximo** close relative.

parêntese [pa'rẽntezi] *m (sinal, frase)* parenthesis; **abrir um ~** to digress; **entre ~s** in brackets.

pares → **par**.

parir [pa'ri(x)] *vt* to give birth to. ◆ *vi* to give birth.

parlamentar [paxlamẽn'ta(x)] *mf* parliamentarian.

parlamento [paxla'mẽntu] *m* parliament.

paróquia [pa'rɔkja] f parish.

parque ['paxki] *m* park; **~ de diversões** amusement park; **~ nacional** national park.

parquímetro [pax'kimetru] *m* parking meter.

parte ['paxtʃi] f part; *(fração)* bit; *JUR* party; **dar ~ de** *(informar)* to report; **fazer ~ de** to be part of; **em outra ~** somewhere else; **por toda a ~** everywhere; **da ~ de** on behalf of; **em ~** in part.

parteira [pax'tejra] f midwife.

participação [paxtʃisipa'sãw] *(pl* **-ões** [-õjʃ]) f participation; *(comunicado)* announcement; *(em negócio)* involvement; *(a polícia, autoridade)* report.

participante [paxtʃisi'pãntʃi] *mf* participant.

participar [paxtʃisi'pa(x)] *vi* to participate. ◆ *vt:* **~ algo a alguém** *(informar)* to inform sb of sthg; *(comunicar)* to report sthg to sb; **~ de algo** to take part in sthg.

particular [paxtʃiku'la(x)] *(pl* **-res** [-riʃ]) *adj (individual)* par-

passar

ticular; *(privado)* private, privately owned.

partida [paxˈtʃida] *f (saída)* departure; *(em esporte)* match; **estar de** ~ to be about to leave.

partidário, ria [partʃiˈdarju, rja] *m, f* supporter.

partido, da [paxˈtʃidu, da] *adj* broken. ◆ *m:* ~ **(político)** (political) party.

partilhar [paxtʃiˈʎa(x)] *vt* to share.

partir [paxˈtʃi(x)] *vt* to break. ◆ *vi (ir embora)* to leave, to depart; **ele partiu para o estrangeiro** he went abroad; ~ **de** *(lugar)* to leave; **a** ~ **de** from; **a** ~ **de agora** from now on. ▫ **partir-se** *vp (quebrar-se)* to break.

parto [ˈpaxtu] *m* birth.

Páscoa [ˈpaʃkwa] *f* Easter; **Feliz** ~! Happy Easter!

passa [ˈpasa] *f (fruto)* raisin.

passado, da [paˈsadu, da] *adj (no passado)* past; *(anterior)* last. ◆ *m* past; **bem** ~ *(bife, carne)* well-done.

passageiro, ra [pasaˈʒejru, ra] *m, f* passenger. ◆ *adj* passing.

passagem [paˈsaʒẽ] *(pl* **-ns** [-ʃ]*) f* passage; *(bilhete)* ticket; ~ **de ida** one-way (ticket) *Am*, single ticket *Brit*; ~ **de ida e volta** round-trip (ticket) *Am*, return ticket *Brit*; ~ **de nível** level crossing.

passaporte [pasaˈpɔxtʃi] *m* passport.

passar [paˈsa(x)] *vt* -**1.** *(deslizar, filtrar)*: ~ **algo por algo** to pass

sthg through sthg; **ela passou a mão pelo cabelo** she ran her hand through her hair; **passou o bronzeador nos braços** he put suntan lotion on his arms.
- **2.** *(chegar, fazer chegar)* to pass; **pode me** ~ **o sal?** would you pass me the salt?
- **3.** *(a ferro)*: ~ **algo (a ferro)**, ~ **(a ferro) algo** to iron sthg.
- **4.** *(contagiar)* to pass on.
- **5.** *(mudar)*: ~ **algo para** to move sthg to.
- **6.** *(ultrapassar)* to pass.
- **7.** *(tempo)* to spend; **passei um ano em Salvador** I spent a year in Salvador.
- **8.** *(exame)* to pass.
- **9.** *(fronteira)* to cross.
- **10.** *(vídeo, disco)* to put on.
- **11.** *(em televisão, cinema)* to show.
- **12.** *(admitir)*: **deixar** ~ **algo** to let sthg pass.
◆ *vi* -**1.** *(ir, circular)* to go; **o (ônibus) 416 não passa por aqui** the number 416 bus doesn't come this way.
- **2.** *(tempo)* to go by; **já passa das três horas** it's past ten o'clock; **o tempo passa muito depressa** time flies.
- **3.** *(terminar)* to be over; **o verão já passou** summer's over; **a dor já passou** the pain's gone.
- **4.** *(a nível diferente)* to go up; **ele passou para o segundo ano** he got into second grade; **passa a primeira** *(velocidade)* shift into first (gear); **quero** ~ **para um nível mais alto** I want to move up to a more advanced level.

- 5. *(mudar de ação, tema):* ~ **a** to move on to.

- 6. *(em locuções):* **como você tem passado?** *(de saúde)* how have you been?; ~ **bem** *(tempo, férias)* to enjoy; **passe bem!** have a nice day!; ~ **mal** *(de saúde)* to feel ill; **não** ~ **de** to be no more than; ~ **(bem) sem** to be fine without; **não** ~ **sem** to never go without; **o que passou, passou** let bygones be bygones.

☐ **passar por** *v + prep (ser considerado como)* to pass for ou as; *fig (atravessar)* to go through; **fazer-se** ~ **por** to pass o.s. off as.

☐ **passar-se** *vp (acontecer)* to happen; **o que é que se passa?** what's going on?

passarela [pasa'rɛla] *f (de rua, estrada)* crosswalk; *(para desfile de moda)* catwalk.

pássaro ['pasaru] *m* bird.

passatempo [,pasa'tẽmpu] *m* hobby, pastime.

passe ['pasi] *m (de ônibus)* (bus) pass; *(de trem)* season ticket.

passear [pa'sja(x)] *vt (cão)* to walk. ◆ *vi* to go for a walk.

passeata [pa'sjata] *f (marcha de protesto)* demonstration.

passeio [pa'seju] *m (em rua)* sidewalk *Am*, pavement *Brit*; *(caminhada)* walk.

passional [pasjo'naw] *(pl* -**ais** [-ajʃ]*) adj* passionate.

passivo, va [pa'sivu, va] *adj* passive. ◆ *m* COM liabilities *pl*.

passo ['pasu] *m (movimento)* step; *(modo de andar)* walk; *(rit-*

mo) pace; **dar o primeiro** ~ to make the first move; **a dois** ~**s (de)** around the corner (from); **ao** ~ **que** while; ~ **a** ~ step by step.

pasta ['paʃta] *f* briefcase; *(de escola)* school bag; *(para papéis)* folder; *(de ministro)* portfolio; *(massa)* paste; ~ **de dentes** toothpaste.

pastar [paʃ'ta(x)] *vi* to graze.

pastel [paʃ'tɛw] *(pl* -**éis** [-ɛiʃ]*) m* pastry; *(em pintura)* pastel.

pastilha [paʃ'tiʎa] *f (doce)* pastille; *(medicamento)* tablet, pill; ~ **para a garganta** throat lozenge; ~ **para a tosse** cough drop.

pasto ['paʃtu] *m* pasture.

pastor, ra [paʃ'to(x), ra] *(mpl* -**res** [-riʃ]*, fpl* -**s** [-ʃ]*) m, f* shepherd. ◆ *m* minister.

pata ['pata] *f (perna de animal)* leg; *(de gato, cão)* paw; *(de cavalo, cabra)* hoof.

patamar [pata'ma(x)] *(pl* -**res** [-riʃ]*) m* landing.

patente [pa'tẽntʃi] *adj (visível)* obvious. ◆ *f (de máquina, invento)* patent; *(de militar)* rank.

paternal [patex'naw] *(pl* -**ais** [-ajʃ]*) adj (afetuoso)* fatherly.

pateta [pa'tɛta] *mf* twit.

patético, ca [pa'tɛtiku, ka] *adj* pathetic.

patife [pa'tʃifi] *m* scoundrel.

patim [pa'tʃĩ] *(pl* -**ns** [-ʃ]*) m (de rodas)* roller skate; *(de gelo)* ice skate.

patinação [patʃina'sãw] *f* skating; ~ **no gelo** ice skating.

patinar [patʃi'na(x)] *vi (com patins)* to skate; *(veículo)* to spin.

patins → **patim**.

pátio ['patʃju] *m* patio.

pato ['patu] *m* duck; **pagar o** ~ to carry the can.

patrão, troa [pa'trãw, troa] *(mpl* **-ões** [-õjʃ], *fpl* **-s** [-ʃ]*) m, f* boss.

pátria ['patria] *f* native country.

patrimônio [patri'monju] *m (de empresa, fundação)* assets *pl; (herança)* inheritance; ~ **histórico** national heritage.

patriota [patri'ɔta] *mf* patriot.

patroa → **patrão**.

patrocinador, ra [patrosina'do(x), ra] *(mpl* **-res** [-riʃ]*) (fpl* **-s** [-ʃ]*) m, f* sponsor.

patrocinar [patrosi'na(x)] *vt* to sponsor.

patrões → **patrão**.

patrulha [pa'truʎa] *f* patrol.

pau ['paw] *m* stick.

❏ **paus** *mpl (naipe de cartas)* clubs.

paulista [paw'liʃta] *mf* native/inhabitant of São Paulo.

pausa ['pawza] *f (intervalo)* break; *(silêncio)* pause.

pauta ['pawta] *f (linha)* guideline; *(de alunos)* register; *(de música)* staff.

pavão [pa'vãw] *(pl* **-ões** [-õjʃ]*) m* peacock.

pavilhão [pavi'ʎãw] *(pl* **-ões** [-õjʃ]*) m* pavilion.

pavimento [pavi'mẽntu] *m (de estrada, rua)* pavement; *(andar de edifício)* floor.

pavões → **pavão**.

pavor [pa'vo(x)] *m* terror; **ter** ~ **de** to be terrified of.

paz ['paʃ] *(pl* **-zes** [-ziʃ]*) f* peace; **deixar algo/alguém em** ~ to leave sthg/sb in peace; **fazer as** ~**es** to make up; **que descanse em** ~ (may he/she) rest in peace.

pé ['pɛ] *m* foot; *(de planta)* stem, stalk; **andar na ponta dos** ~**s** to tiptoe; **dar no** ~ to run away; **não arredar** ~ **(de ...)** to dig one's heels in; **pôr-se de** ~ to stand up; **dar** ~ *(em água)* to be able to stand; **não dar** ~ *(em água)* not to be able to touch the bottom; **a** ~ on foot; **em** ~ **de igualdade** on an equal footing.

peão ['pjãw] *(pl* **-ões** [-õjʃ]*) m (em xadrez)* pawn; *(trabalhador)* laborer.

peça ['pɛsa] *f* piece; *(divisão de casa)* room; ~ **(de teatro)** play.

pecado [pe'kadu] *m* sin.

pechincha [pe'ʃiʃa] *f* bargain.

peço ['pɛsu] → **pedir**.

peculiar [pekuli'a(x)] *(pl* **-res** [-riʃ]*) adj* peculiar.

pedaço [pe'dasu] *m* piece; *(de tempo)* while; **estar caindo aos** ~**s** to be falling to pieces.

pedágio [pe'daʒju] *m* toll.

pedal [pe'daw] *(pl* **-ais** [-ajʃ]*) m* pedal.

pede [pe'dʒi] → **pedir**.

pedestal [pedeʃ'taw] *(pl* **-ais** [-ajʃ]*) m* pedestal.

pedestre [pe'dɛʃtri] *adj (zona, faixa)* pedestrian *(antes de s).*

◆ *m (indivíduo a pé)* pedestrian.

pediatra [pe'dʒjatra] *mf* pediatrician.

pedido [pe'dʒidu] *m* request; *(em restaurante)* order; **a ~ de alguém** at sb's request.

pedinte [pe'dʒĩtʃi] *mf* beggar.

pedir [pe'dʒi(x)] *vt (em restaurante, bar)* to order; *(preço)* to ask. ◆ *vi (mendigar)* to beg; **~ algo a alguém** to ask sb for sthg; **~ a alguém que faça algo** to ask sb to do sthg; **~ algo emprestado a alguém** to borrow sthg from sb.

pedra ['pedra] *f* stone; *(lápide)* tombstone; *(de isqueiro)* flint; **~ (preciosa)** precious stone, gem; **~ de gelo** ice cube.

pedreiro [pe'drejru] *m* bricklayer.

pegada [pe'gada] *f* footprint.

pegado, da [pe'gadu, da] *adj (colado)* stuck; *(contíguo)* adjoining; **~ a** attached to.

pegajoso, osa [pega'ʒozu, ɔza] *adj* sticky.

pegar [pe'ga(x)] *vt* to catch; *(hábito, vício, mania)* to pick up. ◆ *vi (motor)* to start; *(idéia, moda)* to catch on; *(planta)* to take; **peguei uma gripe** I caught the flu; **~ em algo** to pick sthg up; **~ fogo** to catch fire; **~ no sono** to fall asleep.

❏ **pegar-se** *vp (agarrar-se)* to stick; *(brigar)* to come to blows.

peito ['pejtu] *m (seio)* breast; *(parte do tronco)* chest; *(de camisa, blusa)* front; *(do pé)* instep.

peitoril [pejto'riw] *(pl* **-is** [-iʃ]) *m* windowsill.

peixaria [pejʃa'ria] *f* fishmonger.

peixe ['pejʃi] *m* fish; **~ congelado** frozen fish.
❏ **Peixes** *m inv (signo do Zodíaco)* Pisces.

pejorativo, va [peʒora'tʃivu, va] *adj* pejorative.

pela ['pela] = **por + a → por.**

pelado, da [pe'ladu, da] *adj (cabeça)* shorn; *(nu)* stark naked.

pele ['peli] *f* skin; *(couro)* leather.

pelicano [peli'kanu] *m* pelican.

pelo ['pelu] = **por + o → por.**

pêlo ['pelu] *m (de animal)* fur; *(de pessoa)* hair.

Pelourinho [pelo'riɲu] *m:* **o ~ (de Salvador)** *the Pelourinho district in Salvador.*

(i) **O PELOURINHO**

Centuries ago in Brazil, the "Pelourinho" was a public square where slaves were punished by their masters. Today, the "Pelourinho" in Salvador, state capital of Bahia, is the center of the area's cultural, political and religious life. Classified by UNESCO as a World Heritage Site, it retains a colorful mix of architectural styles dating back to colonial times. The "Pelô", as it is known locally, still hosts events as varied as political rallies and demonstrations, and meetings of the Afro-Brazilian "sociedades carnavalescas", groups formed to organize Salvador's carnival, each making its own costumes and putting on its own shows.

---

pelúcia [pe'lusja] *f* plush.

peludo, da [pe'ludu, da] *adj* hairy.

pena ['pena] *f* (*de ave*) feather; (*de escrever*) quill; (*dó*) pity; (*castigo*) sentence; **que ~!** what a shame!; **cumprir ~** to serve a prison sentence; **dar ~** to be a shame; **ter ~ de alguém** to feel sorry for sb; **valer a ~** to be worth one's while; **~ capital** capital punishment; **~ de morte** death penalty.

penalidade [penali'dadʒi] *f* penalty.

pênalti ['penawtʃi] *m* penalty.

pendente [pẽ'dẽtʃi] *adj* pending. ◆ *m* pendant.

pendurar [pẽdu'ra(x)] *vt* to hang; **~ algo em algo** to hang sthg on sthg.

❑ **pendurar-se em** *vp + prep* to hang from.

peneira [pe'nejra] *f* sieve.

penetrante [pene'trãtʃi] *adj* penetrating.

penetrar [pene'tra(x)] *v + prep* (*entrar em*): **penetrar em** to go into.

penhasco [pe'ɲaʃku] *m* cliff.

penicilina [penisi'lina] *f* penicillin.

penico [pe'niku] *m* chamber pot; (*para crianças*) potty.

península [pe'nĩsula] *f* peninsula.

pênis ['penis] *m inv* penis.

penitência [peni'tẽsja] *f* penance.

penitenciária [penitẽ'sjarja] *f* prison.

pensamento [pẽsa'mẽntu] *m* (*espírito*) mind; (*reflexão*) thought.

pensão [pẽ'sãw] (*pl* **-ões** [-õjʃ]) *f* (*hospedaria*) boarding house; (*restaurante popular*) diner; (*renda*) pension; **~ alimentícia** alimony; **~ completa** all meals included.

pensar [pẽ'sa(x)] *vi* (*raciocinar*) to think; (*refletir*) to have a think. ◆ *vt* (*tencionar*) to intend; **~ em** to think about; **~ que** to think (that); **nem ~!** no way!

pensionista [pẽsjo'niʃta] *mf* (*aposentado*) pensioner.

pensões → **pensão**.

pente ['pẽtʃi] *m* comb.

penteado [pẽtʃi'adu] *m* hairstyle.

Pentecostes [pẽte'kɔʃtiʃ] *m* Pentecost.

penugem [pe'nuʒẽ] *f* down.

penúltimo, ma [pe'nuwtʃimu, ma] *adj* penultimate.

penumbra [pe'nũmbra] *f* semi-darkness, half-light.

peões → **peão**.

pepino [pe'pinu] *m* cucumber.

pequeno, na [pe'kenu, na] *adj*

small, little; *(em comprimento)* short.

pêra ['pera] *(pl* **peras** ['peraʃ]) *f (fruto)* pear; *(barba)* goatee (beard).

perante [pe'rãntʃi] *prep* in the presence of.

perceber [pexse'be(x)] *vt (aperceber-se)* to realize.

percentagem [pexsēn'taʒē] *(pl* **-ns** [-ʃ]) *f* percentage.

percevejo [pexse'veʒu] *m* bug; *(tacha)* thumbtack *Am*, drawing pin *Brit*.

perco ['pexku] → **perder**.

percorrer [pexko'xe(x)] *vt (caminho, distância)* to travel; *(país)* to travel through; *(cidade, ruas)* to go around; ~ **algo com os olhos** to skim through sthg.

percurso [pex'kuxsu] *m* route.

percussão [pexku'sãw] *f* percussion.

perda ['pexda] *f* loss; *(desperdício)* waste.

perdão [pex'dãw] *m* pardon. ◆ *interj* sorry!; **pedir** ~ to ask (for) forgiveness.

perde [pexdʒi] → **perder**.

perder [pex'de(x)] *vt* to lose; *(tempo)* to waste; *(trem, ônibus)* to miss. ◆ *vi* to lose; ~ **a cabeça** to lose one's head; ~ **os sentidos** to pass out; ~ **alguém de vista** to lose sight of sb.

◻ **perder-se** *vp* to get lost.

perdido, da [pex'dʒidu, da] *adj* lost; **'achados e perdidos'** 'lost and found' *Am*, 'lost property' *Brit*.

perdiz [pex'dʒiʃ] *(pl* **-zes** [-ziʃ]) *f* partridge.

perdoar [pex'dwa(x)] *vt* to forgive.

peregrinação [peregrina'sãw] *(pl* **-ões** [-õjʃ]) *f* pilgrimage.

peregrino, na [pere'grinu, na] *m, f* pilgrim.

perene [pe'rɛni] *adj* perennial.

perfeição [pexfej'sãw] *f* perfection.

perfeitamente [pex,fejta'mēntʃi] *adv* perfectly. ◆ *interj* exactly!

perfeito, ta [pex'fejtu, ta] *adj* perfect.

perfil [pex'fiw] *(pl* **-is** [-iʃ]) *m* profile; **de** ~ in profile.

perfumaria [pexfuma'ria] *f* perfumery.

perfume [pex'fumi] *m* perfume.

perfurar [pexfu'ra(x)] *vt* to perforate, to make a hole in.

pergunta [pex'gũnta] *f* question.

perguntar [pexgũn'ta(x)] *vt* to ask. ◆ *vi*: ~ **por alguém** to ask about sb; ~ **sobre algo** to ask about sthg; ~ **algo a alguém** to ask sb sthg.

periferia [perife'ria] *f* outskirts *pl*.

perigo [pe'rigu] *m* danger; **'~ de incêndio'** 'danger - fire hazard'.

perigoso, osa [peri'gozu, ɔza] *adj* dangerous.

perímetro [pe'rimetru] *m* perimeter.

periódico, ca [pe'rjɔdiku, ka] adj periodic.

período [pe'riudu] m period; (de ano escolar) semester Am, term Brit.

periquito [peri'kitu] m parakeet.

perito, ta [pe'ritu, ta] m, f & adj expert; **ser ~ em algo** to be an expert in sthg.

permanecer [pexmane'se(x)] vi to stay, to remain.

permanência [pexma'nēsja] f (estada) stay; (de problema, situação) persistence.

permanente [pexma'nēntʃi] adj (emprego) permanent; (situação) ongoing; (dor, ruído) continuous. ◆ f (penteado) perm; **fazer um ~** to have a perm.

permissão [pexmi'sãw] f permission; **pedir ~ para fazer algo** to ask permission to do sthg.

permitir [pexmi'ti(x)] vt to allow.

perna ['pɛxna] f leg.

pernil [pex'niw] (pl -is [-iʃ]) m haunch.

pernis → pernil.

pérola ['pɛrola] f pearl.

perpendicular [pexpēndʒiku'la(x)] (pl -res [-riʃ]) adj & f perpendicular.

perpetuar [pexpetw'a(x)] vt to immortalize.

❑ **perpetuar-se** vp (eternizar-se) to last forever; (prolongar-se) to last.

perplexo, xa [pex'plɛksu, -ksa] adj perplexed.

perseguição [pexsegi'sãw] (pl -ões [-õjʃ]) f (de pessoa, criminoso) pursuit; (assédio) persecution.

perseguir [pexse'gi(x)] vt (seguir) to follow; (assediar) to persecute.

perseverar [pexseve'ra(x)] vi to persevere.

persiana [pex'sjana] f blind.

persistente [pexsiʃ'tēntʃi] adj persistent.

personagem [pexso'naʒē] (pl -ns [-ʃ]) m ou f character.

personalidade [pexsonali'dadʃi] f personality.

perspectiva [pexʃpɛ'tʃiva] f perspective.

perspicácia [pexʃpi'kasja] f shrewdness.

perspicaz [pexʃpi'kaʃ] (pl -zes [-ziʃ]) adj shrewd.

persuadir [pexswa'di(x)] vt: **~ alguém de algo** to convince sb of sthg; **~ alguém a fazer algo** to persuade sb to do sthg. ❑ **persuadir-se** vp to convince o.s.

persuasão [pexswa'zãw] f persuasion.

persuasivo, va [pexswa'zivu, va] adj persuasive.

pertencente [pextē'sēntʃi] adj: **~ a** (que pertence a) belonging to; (relativo a) relating to.

pertencer [pextē'se(x)] vi to belong; **~ a** to belong to.

perto ['pɛxtu] adj nearby. ◆ adv near, close; **~ de** (relativo a tempo, quantidade) around; (relativo a espaço) near; **de ~** close up.

perturbar [pextux'ba(x)] vt to

disturb; **'não perturbe'** 'do not disturb'.

peru [pe'ru] *m* turkey.

peruca [pe'ruka] *f* wig.

perverso, sa [pex'vɛrsu, sa] *adj (malvado)* wicked.

perverter [pexver'te(x)] *vt* to corrupt.

pervertido, da [pexvex'tʃidu, da] *adj* perverted.

pesadelo [peza'delu] *m* nightmare.

pesado, da [pe'zadu, da] *adj* heavy.

pêsames ['pezamiʃ] *mpl* condolences; **os meus ~** my condolences.

pesar [pe'za(x)] *vt* to weigh; *fig (conseqüências)* to weigh (up). ◆ *vi (ser pesado)* to be heavy; *(influir)* to carry weight.

pesca ['pɛʃka] *f* fishing; **~ com linha** angling.

pescador, ra [peʃka'do(x), ra] *(mpl* **-res** [-riʃ], *fpl* **-s** [-ʃ]) *m, f* fisherman.

pescar [peʃ'ka(x)] *vt* to fish for. ◆ *vi* to go fishing, to fish.

pescoço [peʃ'kosu] *m* neck.

peso ['pezu] *m* weight; **~ bruto/líquido** gross/net weight.

pesquisa [peʃ'kiza] *f* research.

pêssego ['pesegu] *m* peach.

pessimista [pesi'miʃta] *mf* pessimist.

péssimo, ma ['pɛsimu, ma] *adj* horrendous, awful.

pessoa [pe'soa] *f* person; **quatro ~s** four people; **em ~** in person.

pessoal [pe'swaw] *(pl* **-ais** [-ajʃ]) *adj (individual)* personal; *(vida)* private. ◆ *m* staff.

pestana [peʃ'tana] *f* eyelash.

pestanejar [peʃtane'ʒa(x)] *vi* to blink.

peste ['pɛʃtʃi] *f* plague; **ser uma ~** *(criança, bicho)* to be a pain.

pesticida [peʃtʃi'sida] *m* pesticide.

pétala ['pɛtala] *f* petal.

petição [petʃi'sãw] *(pl* **-ões** [-õjʃ]) *f* petition; **em ~ de miséria** in a terrible state.

petiscar [petʃiʃ'ka(x)] *vt (provar)* to taste. ◆ *vi (comer)* to nibble, to pick; **quem não arrisca não petisca** nothing ventured, nothing gained.

petisco [pe'tʃiʃku] *m (iguaria)* delicacy; *(tira-gosto)* snack.

petrificar [petrifi'ka(x)] *vt* to petrify.

petróleo [pe'trɔlju] *m (rocha sedimentar)* petroleum; *(combustível)* oil.

pia ['pia] *f* sink; **~ batismal** font.

piada ['pjada] *f (anedota)* joke.

pianista [pja'niʃta] *mf* pianist.

piano [pi'ãnu] *m* piano.

pião ['pjãw] *(pl* **-ões** [-õjʃ]) *m (brinquedo)* spinning top.

piar ['pja(x)] *vi* to chirp.

picada [pi'kada] *f (de ave)* peck; *(de inseto)* bite.

picado, da [pi'kadu, da] *adj (carne)* ground *Am,* minced *Brit; (cebola, salsa)* chopped; *(furado)* pierced.

picanha [pi'kaɲa] f rump steak.

picante [pi'kãntʃi] adj (apimentado) spicy; fig (malicioso) saucy.

picar [pi'ka(x)] vt (com alfinete, agulha) to prick; (carne) to grind Am, to mince Brit; (cebola, salsa) to chop. ◆ vi (peixe) to bite.
❑ **picar-se** vp (ferir-se) to prick o.s.

picles ['piklef] mpl pickled vegetables.

pico ['piku] m (montanha) peak.
picolé [piko'lɛ] m Popsicle® Am, ice lolly Brit.

picotado, da [piko'tadu, da] adj perforated. ◆ m perforated edge.

piedade [pje'dadʒi] f pity; **ter ~ de alguém** to take pity on sb.

piercing ['pixsĩn] m body piercing.

pifar [pi'fa(x)] vi to break; (carro) to break down.

pigmento [pig'mẽntu] m pigment.

pijama [pi'ʒama] m pajamas pl Am, pyjamas pl Brit.

pilantra [pi'lãntra] mf crook.

pilar [pi'la(x)] (pl -res [-rif]) m pillar.

pilha ['piʎa] f battery; (de papel, livros etc.) stack; **uma ~ de nervos** a bundle of nerves; **~s de** tons of.

pilhar [pi'ʎa(x)] vt (saquear) to pillage; (roubar) to steal.

pilotar [pilo'ta(x)] vt to pilot.

piloto [pi'lotu] m (de avião) pilot; (de automóvel) driver.

pílula ['pilula] f pill; **tomar a ~** to be on the pill.

pimenta [pi'mẽnta] f pepper (seasoning); **~ malagueta** chili pepper.

pimentão [pimẽn'tãw] (pl -ões [-õjf]) m pepper (vegetable).

pinça ['pĩsa] f tweezers pl.

pincel [pĩ'sɛw] (pl -éis [-ɛif]) m brush.

pingar [pĩn'ga(x)] vi to drip.

pingente [pĩ'ʒẽntʃi] m (de colar) pendant; (brinco) pendant earring.

pingo ['pĩngu] m drop; **um ~ de** a drop of.

pinhão [pi'ɲãw] (pl -ões [-õjf]) m pine nut.

pinheiro [pi'ɲejru] m pine tree.

pinho ['piɲu] m pine.

pinhões → **pinhão**.

pinta ['pĩnta] f (mancha) spot; (aparência) look; **ter ~ de** to look like.

pintado, da [pĩn'tadu, da] adj (colorido) colored; **'~à mão'** 'hand-painted'.

pintar [pĩn'ta(x)] vt (quadro, parede) to paint; (olhos) to put on make-up; (cabelo) to dye; (desenho, boneco) to color in. ◆ vi (artista, pintor) to paint; (pessoa) to turn up; (problema) to crop up; (oportunidade) to come up; **~ os lábios** to put on lipstick; **pintar-se** to wear make-up.

pinto ['pĩntu] m (pintainho) chick.

pintor, ra [pĩn'to(x), ra] (mpl -res [-rif], fpl [-s]) m, f painter.

pintura [pĩn'tura] f painting.

piões → **pião**.

piolho ['pjoʎu] m louse.

pior ['pjɔ(x)] (pl **-res** [-riʃ]) adj & adv worse. ◆ m: **o/a ~ (pessoa, coisa)** the worst one; **está cada vez ~** it's getting worse and worse; **ir de mal a ~** to go from bad to worse; **e o ~ é que acabou o dinheiro** and worst of all the money's gone.

piorar [pjo'ra(x)] vi to get worse. ◆ vt (situação) to worsen.

piores → **pior**.

pipa ['pipa] f (de vinho) cask; (papagaio de papel) kite.

pipoca [pi'pɔka] f popcorn.

piquenique [,pike'niki] m picnic.

pirâmide [pi'ramidʒi] f pyramid.

piranha [pi'raɲa] f piranha.

pirata [pi'rata] m pirate.

pirataria [pirata'ria] f piracy.

pires ['piriʃ] m inv saucer.

pirueta [pi'rweta] f pirouette.

pisar [pi'za(x)] vt (com pé) to step on; (contundir) to bruise.

pisca-pisca [,piʃka'piʃka] m indicator.

piscar [piʃ'ka(x)] vt (olho) to wink; (olhos) to blink; **num ~ de olhos** in a flash. ◆ vi (luz) to flicker.

piscina [piʃ'sina] f swimming pool.

piso ['pizu] m floor; **~ escorregadio/irregular** slippery/uneven surface.

pista ['piʃta] f (indício) clue; (em estrada, rua) lane; (de corridas) racetrack; (de aviação) runway; (de dança) dancefloor.

pistache m pistachio.

pistão [piʃ'tãw] (pl **-ões** [-õjʃ]) m piston.

pistola [piʃ'tɔla] f pistol.

pitada [pi'tada] f pinch; **uma ~ de** a pinch of.

pitoresco, ca [pito'reʃku, ka] adj picturesque.

pizza ['piza] f pizza; **acabar em ~** to end in nothing.

pizzaria [piza'ria] f pizzeria.

placa ['plaka] f (de madeira, plástico) sheet; (de metal) plate; (de fogão) hob; (em porta) plaque; (em estrada, rua) sign; AUTO license plate Am, number plate Brit; (dentadura) (set of) false teeth.

planador [plana'do(x)] (pl **-res** [-riʃ]) m glider.

planalto [pla'nawtu] m plateau; **o P~** the seat of government.

planejamento [planeʒa'mẽntu] m planning; **~ familiar** family planning.

planejar [plane'ʒa(x)] vt to plan; **~ fazer algo** to plan to do sthg.

planeta [pla'neta] m planet.

planetário [plane'tarju] m planetarium.

planície [pla'nisji] f plain.

plano, na ['planu, na] adj flat. ◆ m plan.

planta ['plãnta] f (vegetal) plant; (de pé) sole; (de cidade, casa) plan.

plantão [plãn'tãw] (*pl* -ões [-õjʃ]) *m (turno)* shift; *(de telejornal)* newsflash; **estar de ~** to be on duty.

plantar [plãn'ta(x)] *vt* to plant.

plástica ['plaʃtʃika] *f* plastic surgery.

plástico ['plaʃtiku] *m* plastic.

plataforma [plata'fɔxma] *f* platform; *(de petróleo)* oil rig.

platéia [pla'tɛja] *f (local)* stalls *pl; (público)* audience.

platina [pla'tʃina] *f* platinum.

plausível [plaw'zivɛw] (*pl* -eis [-ejʃ]) *adj* plausible.

plebiscito [plebiʃ'situ] *m* referendum.

plenamente [,plena'mẽntʃi] *adv* totally.

pleno, na ['plenu, na] *adj* total; **~ de** full of; **em ~ dia** in broad daylight; **em ~ inverno** in the middle of winter.

plural [plu'raw] (*pl* -ais [-ajʃ]) *m* plural.

plutônio [plu'tonju] *m* plutonium.

pneu ['pnew] *m* tire *Am,* tyre *Brit;* **~ sobressalente** spare tire.

pneumonia [pnewmo'nia] *f* pneumonia.

pó ['pɔ] *m (poeira)* dust; *(substância pulverizada)* powder; **tirar o ~** to dust.

pobre ['pɔbri] *adj* poor. ◆ *mf (pedinte)* beggar.

pobreza [po'breza] *f* poverty.

poça ['posa] *f* pool.

pocilga [po'siwga] *f* pigsty.

---

poço ['posu] *m (de água, petróleo)* well; *(buraco)* pit.

poções → **poção.**

podar [po'da(x)] *vt* to prune.

pode [pɔdʒi] → **poder.**

pôde [podʒi] → **poder.**

pó-de-arroz [,pɔdʒja'xoʃ] *m* face powder.

poder [po'de(x)] *m* - 1. *(político, influência)* power; **estar no ~** to be in power; **~ de compra** purchasing power; **não tenho ~ nenhum** I'm powerless to help.
- 2. *(possessão)* possession; **estar em ~ de alguém** to be in sb's hands.
◆ *v aux* - 1. *(ser capaz de)*: **~ fazer algo** to be able to do sthg; **posso fazê-lo** I can do it; **posso ajudar?** can I help?; **você podia tê-lo feito antes** you could have done it beforehand; **não posso mais!** *(em relação a cansaço)* I've had enough!; *(em relação a comida)* I'm full!
- 2. *(estar autorizado para)*: **~ fazer algo** to be allowed to do sthg; **posso fumar?** may I smoke?; **você não pode estacionar aqui** you can't park here; **não pude sair ontem** I wasn't allowed (to go) out yesterday.
- 3. *(ser capaz moralmente)* can; **não podemos magoá-lo** we can't hurt him.
- 4. *(exprime possibilidade)*: **você podia ter vindo de ônibus** you could have come by bus; **cuidado que você pode se machucar!** be careful, you might hurt yourself!

-5. *(exprime indignação, queixa)*:
não pode ser! this is outrageous!; **você podia ter nos avisado** you could have warned
us!; **pudera!** no wonder!

◆ *v impess (ser possível)*: **pode
não ser verdade** it might not be
true; **pode acontecer a qualquer um** it could happen to anyone.

❑ **poder com** *v + prep (suportar)*
to be able to stand; *(rival, adversário)* to be able to handle; *(peso)* to
be able to carry; **você não pode
com tanto peso** you can't carry
all that.

poderoso, osa [pode'rozu,
ɔza] *adj* powerful.

podre [podri] *adj* rotten.

põe [põi] → **pôr.**

poeira ['pwejra] *f* dust.

poema ['pwema] *m* poem.

poesia [pwe'zia] *f (gênero literário)* poetry; *(poema)* poem.

poeta ['pwɛta] *mf* poet.

pois ['pojʃ] *conj (porque)* because; **~ é** that's right!; **~ não!**
certainly!, of course!; **~ não?**
em que posso ajudá-lo? may I
help you?; **~ bem** now then,
right then.

polegar [pole'ga(x)] *(pl -res
-riʃ])* *m* thumb.

polêmica [po'lemika] *f* controversy.

pólen ['pɔlɛn] *m* pollen.

polícia [po'lisja] *f* police. ◆ *mf*
policeman; **~ militar** military
police; **~ rodoviária** traffic police.

policial [polisi'aw] *(pl -ais*

[-ajʃ]) *adj* police *(antes de s).* ◆ *mf*
policeman.

polir [po'li(x)] *vt (dar lustre em)*
to polish; *(alisar)* to smooth
out; *fig (educar)* to educate.

política [po'litʃika] *f (arte de governar)* politics *sg*; *(de governo,
partido)* policy; **~ externa** foreign policy.

político, ca [po'litʃiku, ka] *m, f*
politician. ◆ *adj* political.

pólo ['polu] *m* pole; *(esporte)*
polo; **~ aquático** water polo.

polpa ['powpa] *f* pulp.

poltrona [pow'trona] *f* armchair.

poluição [polwi'sãw] *f* pollution.

poluir [polw'i(x)] *vt* to pollute.

polvo ['powvu] *m* octopus.

pólvora ['pɔwvura] *f* gunpowder.

pomada [po'mada] *f* ointment.

pombo, ba ['põmbu, ba] *m, f*
pigeon; **pomba da paz** white
dove.

pomposo, osa [põm'pozu,
ɔza] *adj* pompous.

ponderação [põndera'sãw] *f*
thought, consideration.

ponderar [põnde'ra(x)] *vt* to
consider.

pônei ['ponei] *m* pony.

ponho ['poɲu] → **pôr.**

ponta ['põnta] *f (de lápis)* point;
(de vara, linha, cigarro) end; *(de superfície)* edge; *(de dedo, língua, nariz)* tip; **tenho a palavra na ~ da
língua** I've got it on the tip of
my tongue; **de ~ a ~** from one
end to the other.

pontada [põn'tada] f twinge.

pontapé [põnta'pɛ] m kick; ~ **inicial** kick off.

pontaria [põnta'ria] f: **fazer** ~ to take aim; **ter** ~ to be a good shot.

ponte ['põntʃi] f bridge.

ponteiro [põn'tejru] m (de relógio) hand.

pontiagudo, da [põntʃja'gudu, da] adj pointed.

ponto ['põntu] m point; (de costura, ferimento, tricô) stitch; (marca) dot; (sinal ortográfico) period Am, full stop Brit; (parada) stop; (lugar) place; **às 9 em** ~ at 9 on the dot; **estar a** ~ **de fazer algo** to be about to do sthg; **até certo** ~ up to a point; **dois** ~ **s** colon; ~ **cardeal** compass point; ~ **de encontro** meeting place; ~ **de exclamação** exclamation point; ~ **de interrogação** question mark; ~ **morto** (em veículo) neutral; ~ **de ônibus** bus stop; ~ **de partida** starting point; ~ **de táxi** taxi stand; ~ **de vista** point of view.

ponto-e-vírgula m semicolon.

pontuação [põntwa'sãu] (pl **-ões** [-õjʃ]) f (em gramática) punctuation; (em competição) score.

pontual [põn'twaw] (pl **-ais** [-ajʃ]) adj punctual.

popa ['popa] f stern.

população [popula'sãw] f population.

popular [popu'la(x)] (pl **-res** [-riʃ]) adj popular.

por [po(x)] prep - 1. (indica cau-

---

sa) because of, due to; **foi** ~ **sua causa** it was your fault; ~ **falta de fundos** due to lack of funds; ~ **hábito** through force of habit.

- **2.** (indica objetivo) for; **lutar** ~ **algo** to fight for sthg.

- **3.** (indica meio, modo, agente) by; **foi escrito pela Cristina** it was written by Cristina; ~ **correio/ fax** by mail/fax; ~ **escrito** in writing; ~ **avião** (carta) air mail.

- **4.** (relativo a tempo) for; **partiu** ~ **duas semanas** he went away for two weeks.

- **5.** (relativo a lugar) through; **entramos no Brasil pelo Paraguai** we crossed into Brazil via Paraguay; **está** ~ **aí** it's around there somewhere; ~ **onde você vai?** which way are you going?

- **6.** (relativo a troca, preço) for; **paguei apenas 20 reais** ~ **este casaco** I only paid 20 reals for this jacket; **troquei o carro velho** ~ **um novo** I exchanged my old car for a new one.

- **7.** (indica distribuição) per; **25** ~ **cento** 25 percent; **são 100 reais** ~ **dia/mês** it's 100 reals per day/month.

- **8.** (em locuções): ~ **que** why; ~ **que (é que) ...?** why ...?; ~ **mim tudo bem!** that's fine by me!

pôr ['po(x)] vt to put; (vestir, calçar) to put on; (problema, dúvida, questão) to raise; (defeitos) to find; (suj: ave) to lay; (depositar dinheiro) to deposit. ◆ vi (galinhas) to lay (eggs). ◆ m: **o** ~ **-do-sol** sunset; ~ **algo em algo**

porca 228

to put sthg in/on sthg; ~ **algo em funcionamento** to start sthg up; ~ **algo mais baixo/alto** *(música, som)* to turn sthg down/up; ~ **a mesa** to lay the table.

❑ **pôr-se** *vp (nervoso, contente)* to become; *(sol)* to set; ~**-se a fazer algo** to begin to do sthg; ~ **-se de pé** to stand up.

porca ['pɔxka] *f (peça)* nut; *(animal)* sow.

porção [pox'sãw] *(pl* -**ões** [-õjʃ]) *f* portion, helping.

porcaria [poxka'ria] *f* garbage; *(sujeira)* mess; *(pus)* pus; **ficar uma** ~ to turn out badly.

porcelana [poxse'lana] *f* porcelain.

porco ['poxku] *m (animal)* pig; *(carne)* pork.

porções → porção.

porém [po'rẽj] *conj* however.

pormenor [poxme'nɔ(x)] *(pl* -**res** [-riʃ]) *m* detail; **em** ~ in detail.

poro ['pɔru] *m* pore.

porque ['poxki] *conj* because.

porquê [pox'ke] *m:* **o** ~ **de** the reason for.

porquinho-da-índia [pox-ˌkiɲuda'ĩdʒia] *(pl* **porquinhos-da-índia** [pox,kiɲuʒda'ĩdʒia]) *m* guinea pig.

porta ['pɔxta] *f* door; ~ **automática** automatic door; ~ **corrediça** sliding door; ~ **giratória** revolving door.

porta-aviões [ˌpɔxta'vjõjʃ] *m inv* aircraft carrier.

portador, ra [pɔxta'do(x), ra]

(mpl -**res** [-riʃ], *fpl* -**s** [-ʃ]) *m, f (de doença, vírus)* carrier; *FIN* bearer; **ao** ~ *(cheque)* to cash *(on check).*

portal [pox'taw] *(pl* -**ais** [-ajʃ]) *m INFORM* portal.

porta-luvas [ˌpɔxta'luvaʃ] *m inv* glove compartment.

porta-malas [ˌpɔxta'malaʃ] *m inv* trunk *Am*, boot *Brit.*

portanto [pox'tãntu] *conj* so, therefore.

portão [pox'tãw] *(pl* -**ões** [-õjʃ]) *m* gate.

portaria [poxta'ria] *f (de edifício)* main entrance; *(documento)* decree.

portátil [pox'tatʃiw] *(pl* -**eis** [-ejʃ]) *adj (telefone)* cordless; *(computador)* laptop.

porta-voz [ˌpɔxta'vɔjʃ] *(pl* **porta-vozes** [ˌpɔxta'vɔziʃ]) *mf* spokesman.

porte ['pɔxtʃi] *m (postura)* posture; *(em caminhão)* haulage; *(em avião, navio, trem)* freight; '~ **pago**' 'postage paid'.

porteiro, ra [pox'tejru, ra] *m, f* doorman.

porto ['pɔxtu] *m* port.

portões → portão.

Portugal [poxtu'gal] *s* Portugal.

português, esa [poxtu'geʃ, eza] *(mpl* -**eses** [-eziʃ], *fpl* -**s** [-ʃ]) *adj & m, f* Portuguese. ◆ *m (língua)* Portuguese; ~ **brasileiro/ europeu** Brazilian/European Portuguese.

porventura [poxvẽn'tura] *adv* by any chance.

pôs ['pojʃ] → pôr.

posar [po'za(x)] *vi* to pose.

posição [pozi'sãw] (*pl* -ões [-õjʃ]) *f* position; *(moral, política)* stance.

positivo, va [pozi'tʃivu, va] *adj* positive; *(valor, saldo)* in the black, in credit. ◆ *m (de fotografia)* print.

posologia [pozolo'ʒia] *f* dosage.

posse ['pɔsi] *f* possession; **estar em ~ de** to be in possession of; **tomar ~ (de algo)** to take possession of sthg.
□ **posses** *fpl*: **ter ~s** to be wealthy.

possessão [pose'sãw] (*pl* -ões [-õjʃ]) *f (posse)* possession, ownership; *(domínio)* control.

possessivo, va [pose'sivu, va] *adj* possessive.

possessões → **possessão.**

possibilidade [posibili'dadʒi] *f* possibility.

possibilitar [posibili'ta(x)] *vt* to make possible.

possível [po'sivew] (*pl* -eis [-ejʃ]) *adj* possible. ◆ *m*: **fazer o ~ (para fazer algo)** to do one's best (to do sthg); **não é ~!** *(exprime incredulidade)* that's incredible!; **logo que ~** as soon as possible; **o máximo ~** as much as possible; **se ~** if possible.

posso ['pɔsu] → **poder.**

possuir [posw'i(x)] *vt (carro, casa)* to own; *(desfrutar de)* to have.

postal [poʃ'taw] (*pl* -ais [-ajʃ]) *m* postcard.

posta-restante [ˌpɔʃtaxeʃ'tãntʃi] (*pl* **postas-restantes** [ˌpɔʃtaʃxeʃ'tãntʃiʃ]) *f* poste restante.

poste ['pɔʃtʃi] *m* pole; ~ **(de alta tensão)** pylon; ~ **(de iluminação)** lamppost.

pôster ['poʃte(x)] (*pl* -**res** [-riʃ]) *m* poster.

posteridade [poʃteri'dadʒi] *f* posterity.

posterior [poʃte'rjo(x)] (*pl* -**res** [-riʃ]) *adj (em tempo, ordem)* subsequent; *(em espaço)* back, rear.

posteriormente [puʃterjor'mẽntʃi] *adv* subsequently.

postiço, ça [poʃ'tʃisu, sa] *adj* false.

posto ['poʃtu] *m (em emprego)* position; *(de polícia, bombeiros)* station; ~ **Am,** petrol station **Brit**; ~ **de gasolina** filling station **Am,** petrol station **Brit**; ~ **de saúde** health center.

postura [poʃ'tura] *f* posture.

potência [pu'tẽsja] *f* power.

potente [po'tẽntʃi] *adj* powerful.

potro ['potru] *m* colt.

pouco, ca ['poku, ka] *adj & pron (no singular)* little, not much; *(no plural)* few, not many. ◆ *adv (relativo a tempo)* not long; *(relativo à quantidade)* not much; *(com adjetivo)* not very. ◆ *m*: **um ~** a little, a bit; **ele come ~** he doesn't eat much; **ele é ~ inteligente/amável** he isn't very bright/friendly; **falta ~ para chegarmos lá** it won't be long before we get there; **um ~ de** a bit of; **um ~ mais de** a bit more of; **custar ~** *(ser barato)* to be cheap;

ficar a ~ s passos de to be near; **daí a ~** shortly afterward; **daqui a ~** in a little while; **há ~ a** short while ago; **~ a ~** little by little; **por ~não** nearly; **fazer ~ de** to make fun of.

poupança [po'pãsa] f saving; (conta) savings account. ◻ **poupanças** fpl savings.

poupar [po'pa(x)] vt to save. ◆ vi to save up.

pouquinho [po'kiɲu] m: **só um ~** just a little; **um ~ de** a little bit of.

pousada [po'zada] f inn.

pousar [po'za(x)] vt to put down. ◆ vi (ave) to perch; (avião) to land.

povo [povu] m people pl.

povoação [povwa'sãw] (pl -ões [-õjʃ]) f village.

povoar [po'vwa(x)] vt to populate.

praça ['prasa] f (largo) square; (mercado) market(place).

prado ['pradu] m meadow.

praga ['praga] f plague; (palavrão, maldição) curse.

praia ['praja] f beach; **~ de nudismo** nudist beach.

prancha ['prãʃa] f board; **~ de surfe** surfboard.

prata ['prata] f silver; **(feito) de ~** (made of) silver.

prateado, da [pra'tʃjadu, da] adj silver(y).

prateleira [prate'lejra] f shelf.

prática ['pratʃika] f (experiência) experience; (de esporte) playing; **na ~** in practice; **pôr algo em**

~ to put sthg into practice; **ter ~** to have experience.

praticante [pratʃi'kãntʃi] adj practicing. ◆ mf: **~ de esporte** sportsman.

praticar [pratʃi'ka(x)] vt to practice; (esporte) to play.

prático, ca ['pratʃiku, ka] adj practical.

prato ['pratu] m (louça) plate; (refeição) dish; **~ fundo** soup bowl; **~ da casa** house speciality; **~ do dia** dish of the day; **~ raso** dinner plate; **~ de sopa** (comida) bowl of soup; **pôr tudo em ~s limpos** to make a clean breast of it. ◻ **pratos** mpl MÚS cymbals.

praxe ['praʃi] f (costume) custom; **ser de ~** to be the norm.

prazer [pra'ze(x)] (pl -res [-riʃ]) m pleasure; **muito ~!** pleased to meet you!; **o ~ é (todo) meu!** the pleasure is all mine!; **com ~** with pleasure; **por ~** for pleasure.

prazo ['prazu] m period; **~ de validade** expiry date; **a curto/longo/médio ~** in the short/long/medium term.

precaução [prekaw'sãw] (pl -ões [-õjʃ]) f precaution; **por ~** as a precaution.

precaver-se [preka'vexsi] vp to take precautions; **~ contra** to take precautions against.

precavido, da [preka'vidu, da] adj prudent; **vim ~** I came prepared.

precedência [prese'dẽsja] f

precedence; **ter ~ sobre** to take precedence over.

preceder [prese'de(x)] *vt* to precede.

precioso, osa [pre'sjozu, ɔza] *adj* precious.

precipício [presi'pisju] *m* precipice.

precipitação [presipita'sãw] (*pl* **-ões** [-õjʃ]) *f* (*pressa*) haste; (*chuva*) rainfall.

precipitar-se [presepi'taxsi] *vp* (*pessoa*) to act rashly; (*acontecimentos*) to gain momentum.

precisão [presi'zãw] *f* accuracy; **com ~** accurately; **ter ~ de** to have need for.

precisar [presi'za(x)] *vt* (*especificar*) to specify. ♦ *vi* (*ter necessidade*) to need; **~ de algo** to need sthg; **~ fazer algo** to need to do sthg.

preciso, sa [pre'sizu, za] *adj* accurate, precise; **é ~ ter calma** keep calm; **é ~ passaporte** you need your passport.

preço ['presu] *m* price; **~ de ocasião** special offer; **~ reduzido** reduced price; **~ de liquidação** sale price; **não ter ~** to be priceless.

precoce [pre'kɔsi] *adj* (*criança*) precocious; (*decisão*) hasty.

preconceito [prekõ'sejtu] *m* prejudice.

precursor, ra [prekux'so(x), ra] (*mpl* **-res** [-riʃ], *fpl* **-s** [-ʃ]) *m, f* forerunner.

predador, ra [preda'do(x), ra] (*mpl* **-res** [-riʃ], *fpl* **-s** [-ʃ]) *adj* predatory.

predecessor, ra [predese'so(x), ra] (*mpl* **-res** [-riʃ], *fpl* **-s** [-ʃ]) *m, f* predecessor.

predileção [predʒile'sãw] (*pl* **-ões** [-õjʃ]) *f* preference; **ter ~ por** to prefer.

predileções → predileção.

prédio ['prɛdʒju] *m* building; **~ de apartamentos** apartment building *Am*, block of flats *Brit*.

predominante [predomi'nãntʃi] *adj* predominant.

predominar [predomi'na(x)] *vi* to predominate.

preencher [priẽ'ʃe(x)] *vt* to fill in.

prefácio [pre'fasju] *m* preface.

prefeito, ta [pre'fejtu, ta] *m, f* mayor.

prefeitura [prefej'tura] *f* city hall *Am*, town hall *Brit*.

preferência [prefe'rẽsja] *f* preference; **dar ~ a** to give preference to; **ter ~ por** to prefer, to have a preference for; **de ~** preferably.

preferido, da [prefe'ridu, da] *adj* favorite.

preferir [prefe'ri(x)] *vt* to prefer; **~ fazer algo** to prefer doing sthg.

prefixo [pre'fiksu] *m* prefix.

prega ['prɛga] *f* pleat.

pregar¹ [pre'ga(x)] *vt* (*prego*) to hammer in; (*botões*) to sew on.

pregar² [pre'ga(x)] *vt* (*sermão*) to preach.

prego ['prɛgu] *m* nail; (*casa de penhor*) pawn shop.

preguiça [preˈgisa] *f* laziness; **estar com** ou **ter** ~ to be lazy.

prejudicar [preʒudʒiˈka(x)] *vt (pessoa)* to harm; *(carreira, relação, saúde)* to damage.

prejudicial [preʒudʒiˈsjaw] *(pl -ais* [-ajʃ]*) adj*: ~ **para** damaging to.

prejuízo [preˈʒwizu] *m (dano)* damage; *(em negócio)* loss; **em** ~ **de** to the detriment of; **sem** ~ **de** without detriment to; **levar** ou **tomar um** ~ to run at a loss.

prematuro, ra [premaˈturu, ra] *adj* premature.

premiado, da [premiˈadu, da] *adj* prizewinning.

premiar [premiˈa(x)] *vt* to award a prize to; *(recompensar)* to reward.

prêmio [ˈpremju] *m (em concurso, competição)* prize; *(recompensa)* reward; *(em seguros)* premium.

prenda [ˈprẽda] *f* present, gift.

prendado, da [prẽˈdadu, da] *adj* gifted.

prender [prẽˈde(x)] *vt* to tie up; *(pessoa)* to arrest.
❑ **prender-se** *vp* to get stuck.

prenunciar [prenũsiˈa(x)] *vt (predizer)* to foretell.

preocupação [preokupaˈsãw] *(pl -ões* [-õjʃ]*) f* worry.

preocupado, da [prioku'padu, da] *adj* worried.

preocupar [preokuˈpa(x)] *vt* to worry.
❑ **preocupar-se** *vp* to worry;

~-**se com** to worry about.

preparação [preparaˈsãw] *(pl -ões* [-õjʃ]*) f* preparation.

preparado, da [prepaˈradu, da] *adj* ready. ◆ *m* preparation.

preparar [prepaˈra(x)] *vt* to prepare.
❑ **preparar-se** *vp* to get ready; ~-**se para algo** to get ready for sthg.

preposição [prepoziˈsãw] *(pl -ões* [-õjʃ]*) f* preposition.

prepotente [prepoˈtẽtʃi] *adj* domineering.

presença [preˈzẽsa(x)] *f* presence; **na** ~ **de** in the presence of; ~ **de espírito** presence of mind.

presenciar [prezẽˈsja(x)] *vt* to witness.

presente [preˈzẽtʃi] *adj & m* present; **o** ~ **(do indicativo)** GRAM the present tense; **dar/ganhar de** ~ to give/receive as a present; **os** ~**s** those present.

preservar [prezexˈva(x)] *vt* to preserve.

preservativo [prezexvaˈtʃivu] *m* condom.

presidência [preziˈdẽsja] *f* presidency.

presidente [preziˈdẽtʃi] *mf (de país, organização)* president; *(de empresa, associação)* president *Am,* chairman *Brit;* ~ **da República** President of the Republic.

presidir [preziˈdʒi(x)] *vt, vi:* ~ **(a) algo** to chair sthg.

presilha [preˈziʎa] *f* (belt) loop.

preso, sa [ˈprezu, za] *pp* → **prender.** ◆ *adj* tied up; *(captura-*

do) imprisoned; *(que não se move)* stuck. ◆ *m, f (prisioneiro)* prisoner.

pressa ['prɛsa] *f* hurry; **estar com** ou **ter** ~ to be in a hurry rush; **estar sem** ~ not to be in a hurry rush; **às** ~**s** quickly, hurriedly.

presságio [pre'saʒju] *m* premonition.

pressão [pre'sãw] *(pl* **-ões** [-õjʃ]) *f* pressure; ~ **(arterial) al-ta/baixa** *MED* high/low blood pressure; ~ **atmosférica** atmospheric pressure; **estar sob** ~ *(pessoa)* to be under pressure.

pressentimento [presẽtʃi'mẽtu] *m* feeling; **mau** ~ a bad feeling about sthg.

pressentir [presẽ'tʃi(x)] *vt*: ~ **que** to have a feeling (that).

pressionar [presjo'na(x)] *vt (botão)* to press; *(pessoa)* to pressure.

pressões → pressão.

pressupor [presu'po(x)] *vt* to presuppose.

prestação [presta'sãw] *(pl* **-ões** [-õjʃ]) *f (de serviço)* provision; *(de pagamento)* installment; **pagar em prestações** to pay in installments.

prestar [preʃ'ta(x)] *vt (ajuda)* to give; *(serviço)* to provide; *(contas)* to render; *(atenção)* to pay. ◆ *vi (ser útil)* to be useful; **isso presta para alguma coisa?** is that any good?; **não** ~ to be no good; **não** ~ **para nada** to be totally useless; ~ **um serviço a alguém** to do sthg for sb.

❑ **prestar-se a** *vp + prep (ser ade-*

quado para) to be appropriate for; *(estar disposto a)* to leave o.s. open to.

prestativo, va [presta'tʃivu, va] *adj* helpful.

prestes ['prɛʃtʃ] *adj inv*: **estar** ~ **a fazer algo** to be just about to do sthg.

prestígio [preʃ'tʃiʒju] *m* prestige.

presumir [prezu'mi(x)] *vt* to presume.

presunçoso, osa [prezũ'sozu, ɔza] *adj (pessoa)* conceited; *(discurso, artigo)* pretentious.

presunto [pre'zũtu] *m* ham.

pretender [pretẽ'de(x)] *vt (querer)* to want; *(afirmar)* to claim; ~ **fazer algo** to intend to do sthg.

pretensão [pretẽ'sãw] *(pl* **-ões** [-õjʃ]) *f (desejo)* wish, aspiration; ~ **salarial** salary expectations.

❑ **pretensões** *fpl (vaidade)* pretentiousness *sg*; **ter pretensões** to be pretentious.

pretérito [pre'tɛritu] *m GRAM* preterite, past tense; ~ **perfeito (simples)** simple past (tense); ~ **imperfeito (simples)** imperfect (tense).

pretexto [pre'teʃtu] *m* excuse; **sob** ~ **algum** under no circumstances; **a** ou **sob o** ~ **de** on the pretext of.

preto, ta ['pretu, ta] *adj & m, f* black; **pôr o** ~ **no branco** to set the record straight.

prevalecer [prevale'se(x)] *vi* to prevail.

prevenção [prevẽ'sãw] *(pl*

prevenido   234

-ões [-õʒʃ] f (de doença, acidente) prevention; (aviso) warning; **estar de** ~ to be on guard; **por** ~ as a precaution.

prevenido, da [preve'nidu, da] adj cautious; **estar** ~ to be prepared.

prevenir [preve'ni(x)] vt (avisar) to warn; (evitar) to prevent; ~ **alguém de algo** to warn sb of sthg.

prever [pre've(x)] vt to foresee; (tempo) to forecast.

prévio, via ['prɛvju, vja] adj prior.

previsão [previ'zãw] (pl -ões [-õʒʃ]) f forecast; ~ **do tempo** weather forecast.

previsível [previ'zivew] (pl -eis [-ejʃ]) adj foreseeable.

previsões → previsão.

previsto, ta [pre'viʃtu, ta] adj expected; **como** ~ as expected.

prezado, da [pre'zadu, da] adj (querido) dear; **Prezado ...** fml (em carta) Dear ...

primário, ria [pri'marju, rja] adj (básico) basic; EDUC primary. ◆ m (curso) elementary education.

primavera [prima'vera] f (estação) spring; (flor) primrose.

primeira [pri'mejra] f (em veículo) first (gear) → **primeiro**.

primeiro, ra [pri'mejru, ra] adj, adv & num first. ◆ m, f: o ~ /a **primeira da turma** top of the class; **à primeira vista** at first sight; **de primeira** first-class; **em** ~ **lugar** first; ~s **socorros** MED first aid sg → **sexto**.

primeiro-ministro, primeira-ministra [pri,mejrumi-'niʃtru, pri,mejrami'niʃtra] (mpl **primeiros-ministros** [pri,mejruʒmi'niʃtruʃ], fpl **primeiras-ministras** [pri,mejraʒmi'niʃtraʃ]) m, f prime minister.

primitivo, va [primi'tʃivu, va] adj primitive.

primo, ma ['primu, ma] m, f cousin.

princesa [prĩ'seza] f princess.

principal [prĩsi'paw] (pl -ais [-ajʃ]) adj main.

principalmente [prĩsipaw'mẽntʃi] adv mainly, especially.

príncipe ['prĩsipi] m prince.

principiante [prĩsipi'ãntʃi] mf beginner.

principiar [prĩsipi'a(x)] vt & vi to start, to begin.

princípio [prĩ'sipju] m beginning; (moral) principle; **partir do** ~ **que ...** to work on the basis that ...; **a** ~ to start with; **desde o** ~ from the beginning; **em** ~ in principle; **por** ~ on principle.

prioridade [priori'dadʒi] f priority.

prisão [pri'zãw] (pl -ões [-õʒʃ]) f (ato) imprisonment; (local) prison; ~ **de ventre** constipation; ~ **domiciliar** house arrest; ~ **perpétua** life imprisonment.

privação [priva'sãw] (pl -ões [-õʒʃ]) f loss.

❑ **privações** fpl misery sg, hardship sg.

privacidade [privasi'dadʒi] f privacy.

privações → privação.

privada [pri'vada] *f* toilet.

privado, da [pri'vadu, da] *adj* private.

privar [pri'va(x)] *vt:* ~ **alguém de algo** to deprive sb of sthg. □ **privar-se de** *vp* + *prep* to go without.

privativo, va [priva't∫ivu, va] *adj* private.

privilegiado, da [privileʒi-'adu, da] *adj (pessoa)* privileged; *(local)* exceptional.

privilegiar [privileʒi'a(x)] *vt* to favor.

privilégio [privi'lɛʒju] *m* privilege.

proa ['proa] *f* prow.

probabilidade [probabili-'dadʒi] *f* probability.

problema [pro'blema] *m* problem; **ter** ~**s com** to have problems with.

procedente [prose'dẽt∫i] *adj:* ~ **de** *(trem, ônibus, avião)* from.

proceder [prose'de(x)] *vi (agir)* to proceed, to act; ~ **com** to proceed with.

processador [prosesa'do(x)] *(pl* -**res** [-ri∫]*) m:* ~ **de texto** word processor.

processamento [prosesa-'mẽntu] *m* processing.

processar [prose'sa(x)] *vt* JUR *(pessoa, empresa)* to prosecute; JUR *(por danos pessoais, materiais)* to sue; INFORM *(dados, texto)* to process.

processo [pro'sɛsu] *m (sistema)* process; JUR (law)suit.

procissão [prosi'sãw] *(pl* -**ões** [-õjʃ]*) f* procession.

procura [pro'kura] *f (busca)* search; COM demand; **andar à** ~ **de** to be looking for.

procurador, ra [prokura-'do(x), ra] *(mpl* -**res** [-riʃ], *fpl* -**s** [-ʃ]*) m, f* proxy.

procurar [proku'ra(x)] *vt* to look for; ~ **fazer algo** to try to do sthg.

prodígio [pro'dʒiʒiu] *m* prodigy.

produção [prudu'sãw] *(pl* -**ões** [-õjʃ]*) f* production.

produtivo, va [produ't∫ivu, va] *adj (que produz)* productive; *(lucrativo)* profitable.

produto [pro'dutu] *m* product; ~ **alimentar** foodstuff; ~ **de limpeza** cleaning product.

produtor, ra [produ'to(x), ra] *(mpl* -**res** [-riʃ], *fpl* -**s** [-ʃ]*) m, f* producer.

produzir [produ'zi(x)] *vt* to produce.

proeminente [proimi'nẽt∫i] *adj (saliente)* protruding; *(importante)* prominent.

proeza [pro'eza] *f* deed.

profanar [profa'na(x)] *vt (igreja, cemitério)* to desecrate; *(memória)* to be disrespectful about.

profecia [profe'sia] *f* prophecy.

proferir [profe'ri(x)] *vt (discurso)* to give; *(palavra)* to utter; *(insulto)* to hurl; *(desejo)* to make; *(sentença)* to pronounce.

professor, ra [profe'so(x), ra] *(mpl* -**res** [-riʃ], *fpl* -**s** [-ʃ]*) m, f* teacher; *(universitário)* professor *Am*, lecturer *Brit*.

profeta [proˈfɛta] m prophet.

profissão [profiˈsãw] (pl -ões [-õjʃ]) f profession.

profissional [profisjoˈnaw](pl -ais [-ajʃ]) adj & mf professional.

profissões → profissão.

profundidade [profũndʒiˈdadʒi] f depth; **tem três metros de** ~ it's three meters deep.

profundo, da [proˈfũndu, da] adj deep; (idéia, argumento, sentimento) profound.

prognóstico [progˈnɔʃtʃiku] m MED prognosis; (de tempo) forecast.

programa [proˈgrama] m program Am, programme Brit; EDUC syllabus, curriculum; INFORM program.

programação [programaˈsãw] (pl -ões [-õjʃ]) f programming.

progredir [progreˈdi(x)] vi to make progress; (doença) to progress; ~ **em** to make progress in.

progresso [proˈgrɛsu] m progress; **fazer** ~**s** to make progress.

proibição [proibiˈsãw] (pl -ões [-õjʃ]) f ban.

proibido, da [proiˈbidu, da] adj prohibited; **'proibida a entrada'** 'no entry'; **'~ afixar anúncios'** 'no bill sticking'; **'~ estacionar'** 'no parking'; **'~ fumar'** 'no smoking'; **'~ para menores de 18'** 'adults only'.

proibir [proiˈbi(x)] vt (consumo) to forbid; (acontecimento, publicação) to ban; ~ **alguém de fazer algo** to forbid sb to do sthg.

projétil [proˈʒɛtʃiw] (pl -teis [-tejʃ]) m projectile.

projeto [proˈʒɛtu] m project, plan; ~ **de lei** bill.

projetor [proʒeˈto(x)] (pl -res [-riʃ]) m projector.

proliferar [prolifeˈra(x)] vi to proliferate.

prólogo [ˈprɔlogu] m prologue.

prolongado, da [prolõŋˈgadu, da] adj extended.

prolongar [prolõŋˈga(x)] vt (prazo) to extend; (férias, estada) to prolong.
❑ **prolongar-se** vp (demorar-se) to last.

promessa [proˈmɛsa] f promise.

prometer [promeˈte(x)] vt to promise; ~ **algo a alguém** to promise sb sthg; ~ **fazer algo** to promise to do sthg; ~ **que** to promise (that).

promissor, ra [promiˈso(x), ra] (mpl -res [-riʃ], fpl -s [-ʃ]) adj promising.

promoção [promoˈsãw] (pl -ões [-õjʃ]) f promotion; **em** ~ on special offer.

promover [promoˈve(x)] vt to promote.

pronome [proˈnomi] m GRAM pronoun.

pronto, ta [ˈprõntu, ta] adj (preparado) ready; (resposta) prompt. ◆ interj that's that!; **estar** ~ to be ready; **estar** ~ **para** to be ready; **estar** ~ **para fazer algo** to be ready to do sthg, to be willing to do sthg.

pronto-socorro [ˌprõntusoˈkoxu] m emergency room Am, casualty Brit.

pronúncia [proˈnũsjɐ] f (pronunciação) pronunciation; (sotaque) accent.

pronunciar [pronũsiˈa(x)] vt (palavra, frase) to pronounce; (discurso) to give. □ **pronunciar-se** vp (palavra) to be pronounced; (exprimir opinião) to express one's opinion.

propaganda [propaˈgãndɐ] f (de produto) advertising; POL propaganda.

propina [proˈpinɐ] f (gorjeta) tip; (suborno) bribe.

propor [proˈpo(x)] vt (sugerir) to propose; (negócio) to offer.

proporção [propoxˈsãw] (pl -ões [-õjʃ]) f proportion; **em ~** in proportion. □ **proporções** fpl (dimensões) measurements.

proporções → proporção.

propósito [proˈpozitu] m purpose; **a ~, quando é que você vai de férias?** by the way, when are you going on vacation?; **com o ~ de** with the intention of; **de ~** on purpose. □ **propósitos** mpl (maneiras) manners.

propriedade [proprieˈdadʒi] f property.

proprietário, ria [proprieˈtarju, rjɐ] m, f owner.

próprio, pria [ˈprɔpriu, priɐ] adj (carro, casa) own; (adequado) appropriate; (característico) particular. ◆ m, f: **é o ~ /a própria** (em conversa telefónica) speaking; **~ para** appropriate for; **eu ~ I** myself; **o ~ presidente** the president himself.

prosa [ˈprɔzɐ] f prose.

prospecto [proʃˈpɛ(k)tu] m leaflet.

prosperar [proʃpeˈra(x)] vi to prosper.

prosperidade [proʃperiˈdadʒi] f prosperity.

prosseguir [proseˈgi(x)] vt (estudos, investigações) to continue. ◆ vi (continuar) to proceed, to carry on.

prostituta [proʃtʃiˈtutɐ] f prostitute.

protagonista [protagoˈniʃtɐ] mf protagonist.

proteção [proteˈsãw] (pl -ões [-õjʃ]) f protection.

proteções → proteção.

proteger [proteˈʒe(x)] vt to protect.

proteína [protɛˈinɐ] f protein.

prótese [ˈprɔtezi] f MED prosthesis; **~ dentária** dental prosthesis.

protestante [proteʃˈtãntʃi] adj & mf RELIG Protestant.

protestar [proteʃˈta(x)] vi to protest; **~ contra** to protest against.

protesto [proˈtɛʃtu] m protest.

protetor, ra [proteˈto(x), ra] (mpl -res [-riʃ], fpl -s [-ʃ]) adj & m, f protector. ◆ adj protective; **~ (solar)** sunscreen.

protocolo [protoˈkɔlu] m (em audiência) transcription; (regras) protocol.

prova [ˈprɔvɐ] f proof; ESP

event; *(teste)* test; **à ∼ d'água**
waterproof; **à ∼ de fogo** fire-
proof; **à ∼ de óleo** oil-resistant;
dar ∼s de to show; **pôr à ∼** to
put to the test.

provar [proˈva(x)] *vt (fato)* to
prove; *(comida)* to try; *(roupa)* to
try on.

provável [proˈvavew] *(pl -eis*
[-ejʃ]) *adj* probable; **pouco ∼** unlikely.

proveito [proˈvejtu] *m* benefit;
bom ∼! enjoy your meal!; **em
∼ de** for the benefit of; **tirar
∼ de algo** to benefit from sthg.

proveniente [provenjˈèntʃi]
adj: **∼ de** (coming) from.

provérbio [proˈvɛrbju] *m* proverb.

prover-se [proˈvexsi] *prover-
se de vp + prep (abastecer-se de)*
to provide o.s. with; *(munir-se
de)* to equip o.s. with.

proveta [proˈveta] *f* test tube.

providência [proviˈdèsja] *f*
measure; **tomar ∼s** to take
measures.

providenciar [providèsjˈa(x)]
vt to arrange (for). ◆ *vi:* **∼ (para
que)** to make sure (that).

província [proˈvĩsja] *f* province.

provisório, ria [proviˈzɔrju,
rja] *adj* temporary.

provocador, ra [provoka-
ˈdo(x), ra] *(mpl* **-res** [-riʃ], *fpl* **-s**
[-ʃ]) *adj* provocative.

provocar [provoˈka(x)] *vt (causar)* to cause; *(irritar)* to provoke.

proximidade [prosimiˈdadʒi] *f*
proximity.

❑ **proximidades** *fpl (arredores)*
neighborhood *sg.*

próximo, ma [ˈprɔsimu, ma]
adj (em espaço, tempo) near; *(seguinte)* next; *(íntimo)* close.
◆ *pron:* **o ∼/a próxima** the next
one; **quem é o ∼?** who's next?;
até a próxima! see you!; **∼ de**
near (to); **nos ∼s dias/meses**
in the next few days/months.

prudência [pruˈdèsja] *f* care,
caution.

prudente [pruˈdèntʃi] *adj* careful, cautious.

prurido [pruˈridu] *m* itch.

pseudônimo [psewˈdonimu]
m pseudonym.

psicologia [psikoloˈʒia] *f* psychology.

psicológico, ca [psikoˈlɔʒiku,
ka] *adj* psychological.

psicólogo, ga [psiˈkɔlogu, ga]
m, f psychologist.

psiquiatra [psiˈkjatra] *mf* psychiatrist.

puberdade [puberˈdadʒi] *f*
puberty.

publicação [publikaˈsãw] *(pl
-ões* [-õjʃ]) *f* publication.

publicar [publiˈka(x)] *vt* to
publish.

publicidade [publisiˈdadʒi] *f
(atividade, curso)* advertising;
(anúncio) advertisement; *(divul-
gação, difusão)* publicity.

público, ca [ˈpubliku, ka] *adj
(jardim, via)* public; *(escola)* state
(antes de s); *(empresa)* state-
owned. ◆ *m (de espetáculo)* audience; **o ∼ em geral** the general
public; **tornar ∼ algo** to make

sthg public; **em** ~ in public.

pude ['pudʒi] → **poder.**

pudim [pu'dʒĩ] (*pl* **-ns** [-ʃ]) *m* pudding; ~ **de leite** caramel pudding.

pugilismo [puʒi'liʒmu] *m* boxing.

pular [pu'la(x)] *vi* to jump. ◆ *vt* to jump over.

pulga ['puwga] *f* flea; **estar com a** ~ **atrás da orelha** *fig* (*estar suspeitoso*) to think something is up.

pulmão [puw'mãw] (*pl* **-ões** [-õjʃ]) *m* lung.

pulo ['pulu] *m* jump; **dar um** ~ **até** to go over to; **dar** ~**s** to jump up and down; **num** ~ in a flash.

pulôver [pu'lovɛ(x)] (*pl* **-res** [-riʃ]) *m* sweater.

pulsação [puwsa'sãw] (*pl* **-ões** [-õjʃ]) *f* beat.

pulseira [puw'sejra] *f* bracelet.

pulso ['puwsu] *m* wrist; (*pulsação*) pulse; **medir** OU **tirar o** ~ **de alguém** to take sb's pulse.

pulverizar [puwveri'za(x)] *vt* (*com líquido*) to spray; (*reduzir a pó*) to pulverize.

punha ['puɲa] → **pôr.**

punhado [pu'ɲadu] *m*: **um** ~ **de** a handful of.

punhal [pu'ɲaw] (*pl* **-ais** [-ajʃ]) *m* dagger.

punho ['puɲu] *m* (*mão fechada*) fist; (*pulso*) wrist; (*de casaco, ca-*

misa) cuff; (*de arma, faca*) hilt.

punir [pu'ni(x)] *vt* to punish.

pupila [pu'pila] *f* pupil.

purê [pu're] *m* purée; ~ **(de ba-tata)** mashed potatoes *pl.*

pureza [pu'reza] *f* purity.

purgante [pux'gãntʃi] *m* purgative.

purificador, ra [purifika'do(x), ra] (*mpl* **-res** [-riʃ], *fpl* **-s** [-ʃ]) *adj* purifying. ◆ *m*: ~ **do ar** air freshener.

purificar [purifi'ka(x)] *vt* (*sangue*) to purify; (*ar*) to freshen.

puritano, na [puri'tanu, na] *adj* puritanical.

puro, ra ['puru, ra] *adj* pure; **pura lã** pure wool; **a pura ver-dade** the plain truth; **pura e simplesmente** simply.

puro-sangue [,puru'sãŋgi] *m inv* thoroughbred.

púrpura ['puxpura] *f* purple.

pus¹ ['puʃ] → **pôr.**

pus² ['puʃ] *m* pus.

puta ['puta] *f* whore.

puxador [puʃa'do(x)] (*pl* **-res** [-riʃ]) *m* handle.

puxão [pu'ʃãw] (*pl* **-ões** [-õjʃ]) *m* tug.

puxar [pu'ʃa(x)] *vt* (*cabelo, cor-del*) to pull; (*banco, cadeira*) to pull up; **'puxar', 'puxe'** (*aviso em por-ta*) 'pull'; ~ **o saco de alguém** to suck up to sb.

puxões → **puxão.**

quadra ['kwadra] *f (quarteirão)*
block; ~ **de tênis/squash**
tennis/squash court.

quadrado, da [kwa'dradu, da]
adj & *m* square.

quadragésimo, ma [kwa-
dra'ʒεzimu, ma] *num* fortieth → **sexto.**

quadril [kwa'driw] *(pl* **-is** [-iʃ])
m hip.

quadro ['kwadru] *m* picture;
(em sala de aula) board; *(pintura)*
painting.

quadro-negro [ˌkwadru'ne-
gru] *(pl* **quadros-negros** [ˌkwa-
druʒ'negruʃ]) *m* blackboard.

quaisquer → **qualquer.**

qual [kwaw] *(pl* **-ais** [-ajʃ]) *adj*
which. ◆ *conj* what! ◆ *pron (em interrogativa)* what; *(especificando)*
which (one); **o/a ~** *(suj: pessoa)*
who; *(complemento: pessoa)*
whom; *(suj, complemento: coisa)*
which; **cada ~** everyone; ~ **deles ...?** which one (of them) ...?;
~ **nada** ou **o quê!** no such thing!

qualidade [kwali'dadʒi] *f* quality; *(espécie)* type; **na ~ de** in the
capacity of.

qualificação [kwalifika'sãw]
(pl **-ões** [-õjʃ]) *f* qualification.

qualificado, da [kwalifi'kadu,
da] *adj* qualified.

qualquer [kwaw'kε(x)] *(pl*
quaisquer [kwajʃ'kε(x)]) *adj* &
pron any; ~ **um deles** any of
them; ~ **um dos dois** either of
them; ~ **um** ou **pessoa** anyone,
anybody; **a ~ momento** at any
time.

quando ['kwãndu] *adv* when.
◆ *conj* when; *(ao passo que)*
while; **de ~ em ~** from time to
time; **desde ~** how long;
~ **muito** at (the) most; ~ **quer**
que whenever.

quantia [kwãn'tʃia] *f* amount,
sum.

quantidade [kwãntʃi'dadʒi] *f*
amount, quantity; **em ~** in
large quantities.

quanto, ta ['kwãntu, ta] *adj* - 1.
(em interrogativas: singular) how
much; *(em interrogativas: plural)*
how many; ~ **tempo temos?**
how much time do we have?;
~ **tempo temos de esperar?**
how long do we have to wait?;
quantas vezes você já esteve
aqui? how many times have
you been here?
- 2. *(em exclamações)* what a lot
of; ~ **dinheiro!** what a lot of
money!; ~**s erros!** what a lot
of mistakes!
- 3. *(em locuções)*: **uns ~s/umas**
quantas some; **umas quantas**
pessoas a few people.
◆ *pron* - 1. *(em interrogativas: singular)* how much; *(em interrogativas: plural)* how many; ~ **você**
quer? how much do you

want?; ~**s você quer?** how many do you want?; ~ **custam?** how much do they cost?

- **2.** *(relativo a pessoas)*: **todos** ~**s** everyone who *sg.*

- **3.** *(tudo o que)* everything, all; **co-ma** ~**l**/~**s você quiser** eat as much/as many as you like; **tudo** ~ **disse é verdade** everything he said is true.

- **4.** *(compara quantidades)*: ~ **mais se tem, mais se quer** the more you have, the more you want.

- **5.** *(em locuções)*: **não há espaço para um,** ~ **mais para dois** there's hardly enough room for one, let alone two; ~ **a** as regards; ~ **antes** as soon as possible; ~ **mais melhor** the more the merrier; **uns** ~**s/umas quantas** some.

quarenta [kwa'rẽnta] *num* forty → **seis.**

Quaresma [kwa'rɛʒma] *f* Lent.

quarta ['kwarta] *f (em veículo)* fourth (gear) → **quarto.**

quarta-feira [‚kwaxta'fejra] *(pl* **quartas-feiras** [‚kwaxta-'fejraʃ]*) f* Wednesday → **sexta-feira.**

quarteirão [kwaxtej'rãw] *(pl* **-ões** [-õjʃ])* m (área)* block.

quartel [kwax'tɛw] *(pl* **-éis** [-ɛiʃ])* m MIL* barracks *pl.*

quarteto [kwax'tetu] *m* quartet.

quarto, ta ['kwaxtu, ta] *num* fourth. ◆ *m (divisão de casa)* room; *(parte)* quarter; **'~ para alugar'** 'room for rent'; ~ **de casal** double room; ~ **com**

duas camas twin room → **sexto.**

quase ['kwazi] *adv* almost, nearly; ~ **caí** I almost fell over; ~ **nada** almost nothing, hardly anything; ~ **nunca** hardly ever; ~ ~ very nearly; ~ **sempre** nearly always.

quatro ['kwatru] *num* four → **seis.**

quatrocentos, tas [‚kwatro-'sẽntuʃ, taʃ] *num* four hundred → **seis.**

que [ki] *adj inv* - **1.** *(em interrogativas)* what, which; ~ **livros você quer?** which books do you want?; ~ **dia é hoje?** what day is it today?; ~ **horas são?** what time is it?

- **2.** *(em exclamações)*: **mas** ~ **belo dia!** what a beautiful day!; ~ **fome!** I'm starving!; ~ **maravilha!** how wonderful!

◆ *pron* - **1.** *(em interrogativas)* what; ~ **é isso?** what's that?; **o** ~ **você quer?** what do you want?; **o** ~ **você vai comer?** what are you going to have (to eat)?

- **2.** *(uso relativo: sujeito)* who; *(coisa)* which, that; **o homem** ~ **está correndo** the man who's running; **a guerra** ~ **começou em 1939** the war that started in 1939.

- **3.** *(uso relativo: complemento)* whom, that; *(coisa)* which, that; **o homem** ~ **conheci** the man (that) I met.

◆ *conj* - **1.** *(com complemento direto)* that; **disse-me** ~ **ia de férias** he told me (that) he was going on vacation.

- 2. (*em comparações*): **(do)** ~ than; é mais caro **(do)** ~ o outro it's more expensive than the other.

- 3. (*exprime causa*): **leva o guarda-chuva** ~ **está chovendo** take an umbrella because it's raining; **vai depressa** ~ **você está atrasado** you're late, so you'd better hurry.

- 4. (*exprime consequência*) that; **pediu-me tanto** ~ **acabei por lhe dar** he asked me for it so persistently that I ended up giving it to him.

- 5. (*exprime tempo*): **há horas** ~ **estou à espera** I've been waiting for hours.

- 6. (*indica desejo*) that; **espero** ~ **você se divirta** I hope (that) you have a good time.

- 7. (*em locuções*): ~ **nem** like; **chorou** ~ **nem um bebê** he cried like a baby.

quê ['ke] *interj* what! ◆ *pron* (*interrogativo*) what. ◆ **m**: **um** ~ (a certain) something; **um** ~ **de** a touch of; **não tem de** ~! not at all!, don't mention it!; **sem** ~ **nem para** ~ (*sem motivos*) for no apparent reason.

quebra-cabeça [‚kɛbraka-'besa] *m* (*passatempo*) puzzle; *fig* (*problema*) headache.

quebra-mar [‚kɛbra'ma(x)] (*pl* **quebra-mares** [‚kɛbra'mariʃ]) *m* breakwater.

quebra-nozes [‚kɛbra'nɔziʃ] *m inv* nutcracker.

quebrar [ke'bra(x)] *vt* to break; (*avariar*) to break down; ~ **a cara** *fig* to come a cropper.

◻ **quebrar-se** *vp* to break.

queda ['kɛda] *f* fall; **ter** ~ **para** *fig* (*vocação*) to have a flair for.

queijo ['kejʒu] *m* cheese; ~ **de cabra** goat's cheese; ~ **ralado** grated cheese.

queimado, da [kej'madu, da] *adj* burned; (*pelo sol*) sunburned.

queimadura [kejma'dura] *f* burn; ~ **de sol** sunburn.

queimar [kej'ma(x)] *vt* to burn; ~ **o filme** to put one's foot in it.

◻ **queimar-se** *vp* to burn o.s.; (*com sol*) to get sunburned.

queixa ['kejʃa] *f* (*lamentação*) moan; (*em polícia*) complaint; **apresentar** ~ (*em polícia*) to register a complaint; **fazer** ~ **de alguém** to complain about sb.

queixar-se [kej'ʃaxsi] *vp* to moan; ~ **a alguém (de algo)** to complain to sb (about sthg); ~ **de** to complain about.

queixo ['kejʃu] *m* chin; **tinha tanto frio que estava batendo** ~ he was so cold that his teeth were chattering.

queixoso, osa [kej'ʒozu, ɔza] *m, f* JUR plaintiff.

quem ['kẽj] *pron* (*interrogativo: sujeito*) who; (*interrogativo: complemento*) who, whom; (*indefinido*) whoever; ~ **é?** (*na porta*) who's there?; ~ **fala?** (*no telefone*) who's calling?; ~ **me dera ser rico!** if only I were rich!; ~ **quer que** whoever; **seja** ~ **for** no matter who it is.

quente ['kẽtʃi] *adj* hot; (*rou-*

pa) warm; *(informação, fonte)* reliable.

quer [kɛ(x)] *conj:* ~ ... ~ whether... or; **quem** ~ **que seja** whoever; **onde** ~ **que seja** wherever; **o que** ~ **que seja** whatever.

querer [ke're(x)] *vt* to want; **como quiser!** as you wish!; **por favor, queria ...** excuse me, I'd like ...; **sem** ~ *(sem intenção)* unintentionally, by accident; ~ **muito a alguém** *(amar)* to love sb; ~ **bem a alguém** to care about sb; **não** ~ **mal a alguém** to wish sb no ill; ~ **dizer** *(significar)* to mean. ❑ **querer-se** *vp:* **eles se querem muito** they're very much in love.

querido, da [ke'ridu, da] *adj* dear.

querosene [kɛro'zɛni] *m* kerosene.

questão [keʃ'tãw] *(pl* -ões [-õjʃ]) *f* question; *(discussão)* quarrel; **há** ~ **de dez minutos** about ten minutes ago; **fazer** ~ **(de fazer algo)** to insist (on doing sthg); **pôr algo em** ~ to question sthg; **ser** ~ **de** to be a matter of; **em** ~ in question.

quiabo [kj'abu] *m* okra.

quieto, ta [kj'ɛtu, ta] *adj (parado, imóvel)* still; *(calado, calmo)* quiet.

quilate [ki'latʃi] *m* carat.

quilo [ki'lu] *m* kilo; **o** ~ **a** ou per kilo.

quilometragem [kilome'tra-ʒẽ] *(pl* -ns [-ʃ]) *f* ≃ mileage.

quilômetro [ki'lometru] *m* kilometer.

química [ki'mika] *f* chemistry → **químico.**

químico, ca [ki'miku, ka] *m, f* chemist.

quinhão [ki'ɲãw] *(pl* -ões [-õjʃ]) *m* share.

quinhentos, tas [ki'ɲẽtuʃ, taʃ] *num* five hundred → **seis.**

quinhões → **quinhão.**

quinquagésimo, ma [kwĩ-kwa'ʒɛzimu, ma] *num* fiftieth → **sexto.**

quinquilharias [kĩŋkiʎa'riaʃ] *fpl* junk sg.

quinta [ki'ĩta] *f* farm → **quinto.**

quinta-feira [ˌkĩta'fejra] *f* Thursday → **sexta-feira.**

quintal [kĩ'taw] *(pl* -ais [-ajʃ]) *m (terreno)* back yard.

quinteto [kĩ'tetu] *m* quintet.

quinto, ta [ki'ĩtu, ta] *num* fifth → **sexto.**

quinze [ki'ĩzi] *num* fifteen; ~ **dias** two weeks; **três e** ~ quarter after three; ~ **para as três** quarter to three.

quinzena [kĩ'zena] *f* two weeks.

quiosque [kj'oʃki] *m* kiosk.

quis [kiʃ] → **querer.**

quites [ki'tiʃ] *adj inv:* **estar** ~ **(com alguém)** to be quits (with sb).

quota [kwota] *f (parte)* quota; *(de clube)* membership fee.

quotidiano [kotʃidʒi'ãnu] *adj →* **cotidiano.**

R

rã ['xã] f frog.

rabanete [xaba'netʃi] m radish.

rabicho [xa'biʃu] m ponytail.

rabino [xa'binu] m (sacerdote) rabbi.

rabiscar [xabiʃ'ka(x)] vi & vt to scribble.

rabisco [xa'biʃku] m scrawl.

rabo ['xabu] m (de ave, animal) tail.

rabugento, ta [xabu'ʒẽntu, ta] adj grumpy.

raça ['xasa] f race; (animal) breed; **de ~** (cão, gato) pedigree; (cavalo) thoroughbred.

ração [xa'sãw] (pl -ões [-õjʃ]) f (de animal) feed; (em prisão, tropa) food, rations pl.

rachadura [xaʃa'dura] f crack.

rachar [xa'ʃa(x)] vt (lenha) to chop; (conta) to split. ◆ vi (abrir fenda) to crack.

raciocínio [xasjo'sinju] m reasoning.

racional [xasjo'naw] (pl -ais [-ajʃ]) adj rational.

racismo [xa'siʒmu] m racism.

rações → ração.

radar [xa'da(x)] (pl -res [-riʃ]) m radar.

radiação [xadʒia'sãw] (pl -ões [-õjʃ]) f radiation.

radiador [xadʒia'do(x)] (pl -res [-riʃ]) m radiator.

radiante [xadʒi'ãntʃi] adj radiant.

radical [xadʒi'kaw] (pl -ais [-ajʃ]) adj radical.

rádio ['xadʒiu] m (aparelho) radio; **~ relógio** radio alarm clock. ◆ f (emissora) radio station.

radioativo, va [ˌxadʒioa'tʃivu, va] adj radioactive.

radiografia [ˌxadʒiogra'fia] f X-ray.

radiotáxi [ˌxadʒio'taksi] m minicab.

raia ['xaja] f skate.

rainha [xa'iɲa] f queen.

raio ['xaju] m ray; (de roda) spoke; (relâmpago) flash of lightning; **~ s X** X-rays.

raiva ['xajva] f (fúria) rage; (doença) rabies sg; **ter ~ de alguém** to hate sb.

raivoso, osa [xaj'vozu, ɔza] adj (pessoa) furious; (animal) rabid.

raiz [xa'iʃ] (pl -zes [-ziʃ]) f root.

rajada [xa'ʒada] f (de vento) blast, gust.

ralador [xala'do(x)] (pl -res [-riʃ]) m grater.

ralar [xa'la(x)] vt (alimentos) to grate; (joelho, cotovelo) to graze.

ralhar [xa'ʎa(x)] vi: **~ com alguém** (repreender) to reprimand sb.

ralo, la ['xalu, la] adj (cabelo)

thin; *(café)* weak; *(sopa)* watery.
♦ *m* drain.

ramificar [xamifi'ka(x)] *vt (negócio)* to expand.
❑ **ramificar-se** *vp (negócio)* to branch out.

raminho [xa'miɲu] *m (de salsa, coentro etc.)* sprig.

ramo ['xamu] *m* branch; **mudar de** ~ to change careers.

rampa ['xãmpa] *f (plataforma)* ramp; *(rua, ladeira)* steep incline.

rancor [xãŋ'ko(x)] *m* resentment.

rancoroso, osa [xãŋko'rozu, ɔza] *adj* resentful.

rançoso, osa [xã'sozu, ɔza] *adj (manteiga, azeite)* rancid; *(queijo, carne)* spoiled.

ranhura [xa'ɲura] *f (em madeira, parede)* groove; *(em telefone público)* slot.

rapaz [xa'paʒ] *(pl -zes* [-ziʃ]) *m* young man.

rapidez [xapi'deʃ] *f* speed.

rápido, da ['xapidu, da] *adj* fast; *(breve)* quick. ♦ *m (trem)* express (train); *(em rio)* rapids *pl.*
♦ *adv* quickly.

raposa [xa'poza] *f* fox.

raptar [xap'ta(x)] *vt* to abduct, to kidnap.

rapto ['xaptu] *m* abduction, kidnapping.

raquete [xa'ketʃi] *f* racket.

raquítico, ca [xa'kitʃiku, ka] *adj fig (subdesenvolvido)* underdeveloped.

raramente [ˌxara'mẽtʃi] *adv* rarely.

raridade [xari'dadʒi] *f* rarity.

raro, ra ['xaru, ra] *adj* rare; *(pouco espesso)* thin; **raras vezes** rarely.

rascunho [xaʃ'kuɲu] *m* draft.

rasgado, da [xaʒ'gadu, da] *adj (tecido, folha)* torn.

rasgão [xaʒ'gãw] *(pl -ões* [-õjʃ]) *m (em tecido, folha)* tear; *(em pele)* cut.

rasgar [xaʒ'ga(x)] *vt* to tear.
❑ **rasgar-se** *vp* to tear.

rasgões → **rasgão.**

raso, sa ['xazu, za] *adj (nivelado)* flat; *(de pouca profundidade)* shallow; *(salto)* low.

raspa ['xaʃpa] *f (de madeira)* wood shaving; *(de metal)* shard; *(de limão, laranja)* grated zest.

raspar [xaʃ'pa(x)] *vt (arranhar)* to scratch; *(tocar)* to graze; *(cabelo, barba)* to shave; *(pele de limão, laranja)* to grate.

rasteira [xaʃ'tejra] *f:* **passar uma** ~ **em alguém** to trip sb up.

rasteiro, ra [xaʃ'tejru, ra] *adj (vegetação)* low-lying.

rastejante [xaʃte'ʒãntʃi] *adj (planta, vegetação)* trailing; *(animal)* crawling.

rastejar [xaʃte'ʒa(x)] *vi* to crawl.

rastro ['xaʃtru] *m* trace.

ratazana [xata'zana] *f* rat.

rato ['xatu] *m* rat.

ravina [xa'vina] *f* ravine.

razão [xa'zãw] *(pl -ões* [-õjʃ]) *f* reason; **dar** ~ **a alguém** to admit that sb is right; **ter** ~ to be right; **com** ~ rightly so; **sem** ~ for no reason.

ré ['xɛ] f AUTO reverse.

reabastecer [xjabaʃte'se(x)] vt to restock; (avião, carro) to refuel. ◻ **reabastecer-se** vp to restock.

reação [xea'sãw] (pl -ões [-õjʃ]) f reaction.

reações → reação.

reagir [xea'ʒi(x)] vi: ~ (a algo) (a provocação, idéia) to react (to sthg); (a medicamento, tratamento) to respond (to sthg).

real ['xeaw] (pl -ais [-ajʃ]) adj (verdadeiro) real; (relativo a rei, realeza) royal. ◆ m (moeda) real, Brazilian currency.

realçar [xeaw'sa(x)] vt (cor, traço) to accentuate; (fato, idéia) to emphasize.

realeza [xea'leza] f royalty.

realidade [xeali'dadʒi] f reality; **na** ~ in fact; ~ **virtual** virtual reality.

realista [xea'liʃta] mf realist.

realização [xealiza'sãw] (pl -ões [-õjʃ]) f (de tarefa, trabalho) carrying out; (de projeto, plano) implementation; (de sonho, desejo) fulfillment, realization; (de dinheiro) realization; (de filme) production.

realizador, ra [xealiza'do(x), ra] (mpl -res [-riʃ], fpl -s [-ʃ]) m, f (de filme) director.

realizar [xeali'za(x)] vt (tarefa, trabalho) to carry out; (projeto, plano) to implement; (sonho, desejo) to fulfill, to realize; (dinheiro) to realize; (filme) to direct. ◻ **realizar-se** vp (espetáculo) to be performed; (sonho, desejo) to

be fulfilled, to come true.

realmente [xeaw'mẽntʃi] adv (efetivamente) actually.

reanimar [xeani'ma(x)] vt MED (depois de parada cardíaca) to resuscitate; (depois de desmaio) to revive; (depois de derrota) to cheer up.

reatar [xea'ta(x)] vt (conversação) to resume; (amizade) to rekindle.

reaver [xea've(x)] vt (recuperar) to recover.

reavivar [xeavi'va(x)] vt (memória) to refresh; (chama) to rekindle.

rebaixar [xebaj'ʃa(x)] vt (teto, preço) to lower; (pessoa) to humiliate. ◻ **rebaixar-se** vp to lower o.s.

rebanho [xe'baɲu] m (ovelhas) flock; (gado) herd.

rebelde [xe'bewdʒi] mf rebel.

rebelião [xebelj'ãw] f rebellion.

rebentar [xebẽn'ta(x)] vi (corda) to snap; (onda) to break; (mecanismo) to break down; (guerra) to break out. ◆ vt (corda) to snap; (mecanismo) to break down; ~ **com algo** to destroy sthg.

rebocador [xeboka'do(x)] (pl -res [-riʃ]) m (navio) tug(boat).

rebocar [xebo'ka(x)] vt to tow.

rebolar [xebo'la(x)] vi to sway.

rebuliço [xebu'lisu] m commotion.

recado [xe'kadu] m message; **dar um** ~ **a alguém** to give sb a message; **deixar** ~ to leave a message.

recaída [xeka'ida] f relapse; **ter**

uma ~ to have a relapse.

recair [xekaˈi(x)] vi: ~ **sobre** to fall upon.

recanto [xeˈkãntu] m corner.

recapitular [xekapituˈla(x)] vt to sum up.

recear [xeseˈa(x)] vt to fear.

receber [xeseˈbe(x)] vt to receive; (bofetada, pontapé) to get; (dar as boas-vindas a) to welcome; (pessoas) to entertain. ◆ vi (ter visitas) to entertain.

receio [xeˈseju] m fear.

receita [xeˈsejta] f (de médico) prescription; (culinária) recipe; (de Estado, empresa) revenue.

receitar [xesejˈta(x)] vt to prescribe.

recém-casado, da [xeˌsɛ̃kaˈzadu, da] m, f newlywed.

recém-chegado, da [xeˌsɛ̃ʃeˈgadu, da] adj recently arrived.

recém-nascido, da [xeˌsɛ̃naʃˈsidu, da] adj newborn. ◆ m, f newborn baby.

recente [xeˈsɛ̃ntʃi] adj recent.

receoso, osa [xeseˈozu, ɔza] adj fearful; **estar ~ de** to be apprehensive about.

recepção [xesepˈsãw] (pl -ões [-õjʃ]) f reception; (de mensagem, carta) receipt.

recepcionista [xesepsjoˈniʃta] mf receptionist.

recepções → recepção.

receptivo, va [xesepˈtʃivu, va] adj receptive; **mostrar-se ~ a** to be receptive to.

recessão [xeseˈsãw] (pl -ões [-õjʃ]) f recession.

recheado, da [xeˈʃjadu, da] adj (bolo, bombom) filled; (peru, vegetal) stuffed.

rechear [xeˈʃja(x)] vt (bolo) to fill; (peru) to stuff.

recheio [xeˈʃeju] m (de bolo, bombom) filling; (de peru, vegetal) stuffing.

recibo [xeˈsibu] m receipt.

reciclagem [xesiˈklaʒẽntʃi] f recycling.

reciclar [xesiˈkla(x)] vt to recycle.

reciclável [xesiˈklavɛw] (pl -eis [-ejʃ]) adj recyclable.

recife [xeˈsifi] m reef.

recinto [xeˈsĩntu] m (espaço delimitado) enclosure.

recipiente [xesipjˈẽntʃi] m container.

recíproco, ca [xeˈsiproku, ka] adj reciprocal.

recital [xesiˈtaw] (pl -ais [-ajʃ]) m recital.

recitar [xesiˈta(x)] vt & vi to recite.

reclamação [xeklamaˈsãw] (pl -ões [-õjʃ]) f complaint.

reclamar [xeklaˈma(x)] vi to complain.

recobrar [xekoˈbra(x)] vt to resume.

recolher [xekoˈʎe(x)] vt to pick up; (frutos, legumes) to pick.

recolhimento [xekoʎiˈmẽntu] m (coleta) collection; (retiro) retreat.

recomeçar [xekomeˈsa(x)] vt to begin again.

recomendação [xekoměnda'sãw] (*pl* **-ões** [-õjʃ]) *f* recommendation.

☐ **recomendações** *fpl* (*cumprimentos*) (*kind*) regards.

recomendar [xekoměn'da(x)] *vt* to recommend.

recomendável [xekoměn'davɛw] (*pl* **-eis** [-ejʃ]) *adj* advisable; **pouco ~** (*lugar*) unsafe.

recompensa [xekõm'pẽsa] *f* reward.

reconciliação [xekõsilja'sãw] (*pl* **-ões** [-õjʃ]) *f* reconciliation.

reconhecer [xekoɲe'se(x)] *vt* to recognize; (*erro, culpa*) to acknowledge; (*documento, assinatura*) to witness.

reconhecimento [xekoɲesi'mẽntu] *m* recognition; (*de erro, culpa*) acknowledgment; (*de documento, assinatura*) witnessing.

recordação [xekorda'sãw] (*pl* **-ões** [-õjʃ]) *f* (*memória*) memory; (*presente*) keepsake, souvenir.

recordar [xekor'da(x)] *vt* to remember.

☐ **recordar-se** *vp* to remember; **~-se de** to remember.

recorrer [xeko'xe(x)] *vi* JUR to appeal; **~ a** to resort to.

recortar [xekor'ta(x)] *vt* to cut out.

recreio [xe'kreju] *m* (*tempo*) break; EDUC recess *Am*, playtime *Brit*.

recriar [xekri'a(x)] *vt* to recreate.

recriminar [xekrimi'na(x)] *vt* to reproach.

recruta [xe'kruta] *m* recruit.

recuar [xe'kwa(x)] *vt* (*veículo*) to back up, to reverse. ◆ *vi* (*em espaço*) to move back; (*em tempo*) to go back.

recuperação [xekupera'sãw] *f* recovery; (*de objeto, edifício antigo*) restoration.

recuperar [xekupe'ra(x)] *vt* (*algo perdido*) to recover; (*objeto, edifício antigo*) to restore.

☐ **recuperar-se** *vp* (*de choque, doença*) to recover.

recurso [xe'kuxsu] *m* JUR appeal; (*meio*) resort; **em último ~** as a last resort.

☐ **recursos** *mpl* (*bens*) resources.

recusa [xe'kuza] *f* refusal.

redator, ra [xeda'to(x), ra] (*mpl* **-res** [-riʃ], *fpl* **-s** [-ʃ]) *m, f* (*de jornal*) editor.

rede ['xedʒi] *f* (*de pesca*) net; (*de vedação*) netting; (*para dormir*) hammock; (*de vias de comunicação*) network; (*de água, luz, gás*) main.

rédea ['xɛdʒja] *f* rein; **assumir as ~s de algo** *fig* to take control of sthg.

redigir [xedi'ʒi(x)] *vt* to write.

redondamente [xe'dõnda'mẽntʃi] *adv* (*enganar-se*) utterly.

redondo, da [xe'dõndu, da] *adj* round.

redor [xe'do(x)] *m*: **ao ~ (de)** around, about.

redução [xedu'sãw] (*pl* **-ões** [-õjʃ]) *f* reduction.

reduzido, da [xedu'zidu, da] *adj* reduced.

reduzir [xedu'zi(x)] *vt* to reduce.

reembolsar [xjẽmbow'sa(x)] *vt* to refund.

reembolso [xjẽm'bowsu] *m* refund; ~ **postal** cash on delivery.

reencontro [xjẽŋ'kõntru] *m* reunion.

refazer [xefa'ze(x)] *vt* to rebuild.

□ **refazer-se** *vp* to recover.

refeição [xefej'sãw] (*pl* -ões [-õjʃ]) *f* meal; **nas refeições** at mealtimes.

refeitório [xefej'tɔrju] *m* refectory, cafeteria.

refém [xe'fẽ] (*pl* -ns [-ʃ]) *mf* hostage.

referência [xefe'rẽsja] *f* reference; (*em biblioteca*) catalog *Am*, catalogue *Brit*; **fazer ~ a** to refer to.

□ **referências** *fpl* (*para emprego*) references.

referente [xefe'rẽntʃi] *adj:* ~ **a** relating to.

referir [xefe'ri(x)] *vt* to mention.

□ **referir-se a** *vp* + *prep* to refer to; **no que se refere a** in regard to.

refinado, da [xefi'nadu, da] *adj* refined.

refinaria [xefina'ria] *f* refinery.

refletir [xefle'tʃi(x)] *vt & vi* to reflect; ~ **sobre algo** to reflect on sthg.

□ **refletir-se em** *vp* + *prep* to be reflected in.

refletor [xefle'to(x)] (*pl* -res [-riʃ]) *m* reflector.

reflexão [xeflek'sãw] (*pl* -ões [-õjʃ]) *f* reflection.

reflexo [xe'flɛksu] *m* reflection; (*reação*) reflex (action).

reflexões → **reflexão**.

refogar [xefo'ga(x)] *vt* to braise.

reforçado, da [xefor'sadu, da] *adj* (*esforço, energia*) redoubled; (*objeto, substância*) reinforced.

reforçar [xefor'sa(x)] *vt* (*idéia, argumento*) to back up; (*objeto, substância*) to reinforce.

reforma [xe'fɔxma] *f* (*de sistema*) reform; (*de casa, edifício*) refurbishment; (*de pessoa*) retirement.

refrão [xe'frãw] (*pl* -ões [-õjʃ]) *m* chorus.

refrear [xefri'a(x)] *vt* to contain.

□ **refrear-se** *vp* to contain o.s.

refrescante [xefreʃ'kãntʃi] *adj* refreshing.

refrescar [xefreʃ'ka(x)] *vt* (*bebida, ar*) to refresh; (*cabeça*) to clear.

□ **refrescar-se** *vp* to cool down.

refrigerante [xefriʒe'rãntʃi] *m* soft drink.

refrões [xe'frõjʃ] → **refrão**.

refugiado, da [xefuʒi'adu, da] *m, f* refugee.

refugiar-se [xefuʒi'axsi] *vp* (*asilar-se*) to take refuge; (*abrigar-se*) to take shelter; (*esconder-se*) to hide.

refúgio [xe'fuʒju] *m* refuge.

refugo [xe'fugu] *m* refuse.

rega ['xɛga] *f* (*de plantas*) watering; (*de terra*) irrigation.

regador 250

regador [xega'do(x)] (pl **-res** [-riʃ]) m watering can.

regalias [xega'liaʃ] fpl (em emprego) perks, benefits.

regar [xe'ga(x)] vt (plantas) to water; (terra) to irrigate.

regenerar-se [xeʒene'raxsi] vp to mend one's ways.

reger [xe'ʒe(x)] vt (orquestra, banda) to conduct.

região [xe'ʒiãw] (pl **-ões** [-õjʃ]) f region.

regime [xe'ʒimi] m (político) regime; (dieta) diet.

regiões → **região**.

regional [xeʒjo'naw] (pl **-ais** [-ajʃ]) adj regional.

registrado, da [xeʒiʃ'tradu, da] adj registered.

registrar [xeʒiʃ'tra(x)] vt to register; (acontecimento, mudança) to record.

registro [xe'ʒiʃtru] m register; (repartição) registry (office); (de correio) registration; **Registro Civil** registry office.

regra ['xɛgra] f rule; **não fugir à** ~ to be no exception; **(como)** ~ **geral** as a rule.

regressar [xegre'sa(x)] vi to return; ~ **a** to return to.

regresso [xe'gresu] m return; **estar de** ~ to be back.

régua ['xɛgwa] f ruler.

regulamento [xegula'mẽntu] m regulations pl.

regular [xegu'la(x)] (pl **-res** [-riʃ]) adj regular; (tamanho, qualidade) standard; (uniforme) even; (vôo) scheduled. ◆ vt (regulamen-

tar) to regulate; *(mecanismo)* to adjust.

rei ['xej] m king.

reinado [xej'nadu] m reign.

reinar [xej'na(x)] vi to reign.

Reino Unido [‚xejnu'nidu] m: **o** ~ the United Kingdom.

reivindicação [xejvĩndʒika-'sãw] (pl **-ões** [-õjʃ]) f claim.

reivindicar [xejvĩndi'ka(x)] vt to claim.

rejeitar [xeʒej'ta(x)] vt to reject.

relação [xela'sãw] (pl **-ões** [-õjʃ]) f relation; (entre pessoas, países) relationship; **com** ou **em** ~ **a** in relation to.

□ **relações** fpl (relacionamento) relations; (ato sexual): **ter relações com alguém** to sleep with sb; **relações públicas** public relations.

relâmpago [xe'lãmpagu] m flash of lightning.

relatar [xela'ta(x)] vt (jogo de futebol) to comment on; (acontecimento) to relate.

relativo, va [xela'tʃivu, va] adj relative; ~ **a** relating to.

relatório [xela'tɔrju] m report.

relaxado, da [xela'ʃadu, da] adj relaxed.

relaxar [xela'ʃa(x)] vt to relax. □ **relaxar-se** vp to relax.

relembrar [xelẽm'bra(x)] vt to recall.

religião [xeliʒi'ãw] (pl **-ões** [-õjʃ]) f religion.

relíquia [xe'likja] f relic.

relógio [xe'lɔʒju] m (de parede, mesa) clock; (de pulso) watch.

relutância [xelu'tãsja] f reluctance.

remar [xe'ma(x)] vi to row.

remédio [xe'mɛdʒju] m remedy; **não tem** ~ fig it can't be helped.

remendar [xemẽn'da(x)] vt to mend.

remendo [xe'mẽndu] m patch.

remessa [xe'mɛsa] f (de produtos) shipment, consignment; (de dinheiro) remittance.

remetente [xeme'tẽntʃi] mf sender.

remeter [xeme'te(x)] vt to send.

remexer [xeme'ʃe(x)] vt to rummage through.

remo ['xemu] m (longo) oar; (curto) paddle.

remoção [xemo'sãw] (pl -ões [-õjʃ]) f removal.

remorso [xe'mɔxsu] m remorse.

remoto, ta [xe'mɔtu] adj remote.

remover [xemo've(x)] vt to remove.

remuneração [xemunera'sãw] (pl -ões [-õjʃ]) f remuneration.

renascer [xenaʃ'se(x)] vi to be born again.

renda ['xẽda] f (rendimento) income; (de vestido, blusa) lace trim.

renegar [xene'ga(x)] vt to reject.

renovação [xenova'sãw] (pl -ões [-õjʃ]) f (de contrato, amizade) renewal; (de edifício) renovation.

renovar [xeno'va(x)] vt to renew; (consertar) to renovate; (substituir) to replace.

rentável [xẽn'tavew] (pl -eis [-ejʃ]) adj profitable.

renúncia [xe'nũsja] f renunciation.

renunciar [xenũ'sja(x)] vt to renounce.

reparação [xepara'sãw] (pl -ões [-õjʃ]) f (conserto) repair.

reparar [xepa'ra(x)] vt (consertar) to repair; (restaurar) to restore; ~ **que** to notice (that). ❑ **reparar em** v + prep (notar) to notice.

repartição [xepaxtʃi'sãw] (pl -ões [-õjʃ]) f (partilha) division; (distribuição) distribution; (local) department; ~ **pública** government office.

repartir [xepax'tʃi(x)] vt (partilhar) to divide; (distribuir) to distribute; ~ **algo com alguém** to share sthg with sb; ~ **algo em algo** to split sthg up into sthg.

repente [xe'pẽntʃi] m outburst; **de** ~ suddenly; (talvez) maybe.

repentino, na [xepẽn'tʃinu, na] adj sudden.

repercussão [xepexku'sãw] (pl -ões [-õjʃ]) f (impacto) response; (consequência) repercussion.

repertório [xepex'tɔrju] m repertoire.

repetição [xepetʃi'sãw] (pl -ões [-õjʃ]) f repetition.

repetidamente [xepe,tʃida'mẽntʃi] adv repeatedly.

repetir [xepe'tʃi(x)] vt to repeat; (prato, refeição) to have seconds. ❑ **repetir-se** vp to happen again.

replicar [xepli'ka(x)] *vt:* ~ **que** to reply that.

repolho [xe'poʎu] *m* cabbage.

repor [xe'po(x)] *vt (dinheiro)* to replace; ~ **algo no lugar** to put sthg back (where it belongs).

reportagem [xepox'taʒẽ] *(pl -ns* [-ʃ]*) f (em rádio, televisão)* report; *(em jornal, revista)* article.

repórter [xe'pɔxte(x)] *(pl -res* [-riʃ]*) mf* reporter.

repousar [xepo'za(x)] *vt & vi* to rest.

repreender [xepriẽ'de(x)] *vt* to rebuke.

represa [xe'preza] *f* dam.

represália [xepre'zalja] *f* represalia.

representação [xeprezẽta'sãw] *(pl -ões* [-õjʃ]*) f* performance; *(imagem)* representation.

representante [xeprezẽ'tãntʃi] *mf* representative; ~ **oficial** authorized agent; ~ **de vendas** sales rep(resentative).

representar [xeprezẽn'ta(x)] *vt* to represent; *(cena)* to perform; *(papel)* to play; *(pôr em cena)* to put on; *(significar)* to mean; *(em vendas)* to represent. ♦ *vi (ator)* to act.

repressão [xepre'sãw] *(pl -ões* [-õjʃ]*) f* suppression.

reprimir [xepri'mi(x)] *vt* to suppress.

reprodução [xeprodu'sãw] *(pl -ões* [-õjʃ]*) f* reproduction.

reproduzir [xeprodu'zi(x)] *vt (evento)* to re-enact; *(quadro, escultura)* to reproduce.

□ **reproduzir-se** *vp* to reproduce.

reprovar [xepro'va(x)] *vt (atitude, comportamento)* to disapprove of; *(lei, projeto)* to reject; *(ano escolar, exame)* to fail, to flunk.

réptil [ˈxɛptiw] *(pl -teis* [-tejʃ]*) m* reptile.

república [xe'publika] *f (sistema político)* republic; *(de estudantes)* fraternity.

repudiar [xepudʒi'a(x)] *vt* to repudiate.

repugnância [xepug'nãsja] *f* repugnance.

repugnante [xepug'nãntʃi] *adj* repugnant.

repulsa [xe'puwsa] *f* repulsion.

repulsivo, va [xepuw'sivu, va] *adj* repulsive.

reputação [xeputa'sãw] *(pl -ões* [-õjʃ]*) f (fama)* reputation; *(importância social)* standing.

requerer [xeke're(x)] *vt (precisar de)* to require; *(por requerimento)* to request.

requintado, da [xekĩn'tadu, da] *adj* exquisite.

requinte [xe'kĩntʃi] *m* style.

requisito [xeki'zitu] *m* requirement.

□ **requisitos** *mpl (dotes)* attributes.

rescindir [xeʃsĩn'di(x)] *vt (contrato)* to break.

reserva [xe'zɛxva] *f* reservation; *(de alimentos, provisões)* reserves *pl; (de animais, plantas, vinho)* reserve.

reservado, da [xezex'vadu, da] *adj* reserved; *(íntimo)* secluded.

reservar [xezex'va(x)] *vt (quarto, lugar, bilhete)* to reserve; *(guardar)* to set aside.

resfriado [xeʃfri'adu] *m* cold.

resgate [xeʒ'gatʃi] *m* ransom.

resguardar [xeʒgwax'da(x)] *vt* to protect.

❑ **resguardar-se** *vp:* ~-**se de** to protect o.s. from.

residência [xezi'dẽsja] *f* residence.

residir [xezi'dʒi(x)] *v + prep:* **residir em** to reside in.

resíduo [xe'zidwu] *m* residue.

resignação [xezigna'sãw] *f* resignation.

resignar-se [xezig'naxsi] *vp* to resign o.s.

resistência [xeziʃ'tẽsja] *f (de pessoa)* stamina; *(de material, parede)* strength; *(de aquecedor elétrico)* element.

resistente [xeziʃ'tẽtʃi] *adj* resistant.

resistir [xeziʃ'tʒi(x)] *vi* to resist; ~ **a algo** *(ataque, doença)* to resist sthg; *(suportar)* to withstand sthg.

resmungar [xeʒmũŋ'ga(x)] *vt* to mutter. ◆ *vi* to grumble.

resolver [xezow've(x)] *vt* to solve; ~ **fazer algo** to decide to do sthg.

❑ **resolver-se** *vp* to make up one's mind.

respectivo, va [xeʃpek'tivu, va] *adj* respective.

respeitar [xeʃpej'ta(x)] *vt* to respect.

respeitável [xeʃpej'tavɛw] *(pl* -**eis** [-ejʃ]*) adj* respectable; *fig*

(grande) considerable.

respeito [xeʃ'pejtu] *m* respect; **dizer** ~ **a** to concern; **ter** ~ **por** to have respect for; **a** ~ **de, com** ~ **a** with respect to.

respiração [xeʃpira'sãw] *f* breathing.

respirar [xeʃpi'ra(x)] *vt & vi* to breathe.

resplandecente [xeʃplãnde-'sẽtʃi] *adj* dazzling.

responder [xeʃpõn'de(x)] *vt* to answer. ◆ *vi (dar resposta)* to answer; *(replicar)* to answer back; *(ir a tribunal)* to appear (in court); *(reagir)* to respond; ~ **a** *(carta, pergunta)* to answer.

❑ **responder por** *v + prep* to answer for.

responsabilidade [xeʃpõsabili'dadʒi] *f* responsibility.

responsabilizar [xeʃpõsabili'za(x)] *vt:* ~ **alguém/algo por algo** to hold sb/sthg responsible for sthg.

❑ **responsabilizar-se** *vp:* ~-**se por** to take responsibility for.

responsável [xeʃpõ'savɛw] *(pl* -**eis** [-ejʃ]*) adj* responsible. ◆ *mf* person in charge; ~ **por** responsible for.

resposta [xeʃ'pɔʃta] *f* answer; *(a carta)* reply; *(reação)* response.

ressaca [xe'saka] *f* hangover.

ressaltar [xesaw'ta(x)] *vt* to highlight. ◆ *vi* to stand out.

ressentimento [xesẽntʃi'd mẽntu] *m* resentment.

ressentir-se [xesẽn'tixsi] *vp* to take offense; ~ **de algo** *(sentir o* *efeito de)* to feel the effects of sthg.

ressuscitar [xesuʃsi'ta(x)] *vt* to resurrect. ◆ *vi* to be resurrected.

restabelecer [xeʃtabele'se(x)] *vt* to reinstate.

❑ **restabelecer-se** *vp* to recover.

restar [xeʃ'ta(x)] *vi* to be left.

restauração [xeʃtawra'sãw] *(pl* -ões [-õjʃ]) *f (de edifício)* restoration; *(de forças, energia)* recovery.

restaurante [xeʃtaw'rãntʃi] *m* restaurant.

restaurar [xeʃtaw'ra(x)] *vt* to restore.

restituir [xeʃtʃi'twi(x)] *vt* to return.

resto ['xɛʃtu] *m (sobra)* rest; MAT remainder.

❑ **restos** *mpl (de comida)* scraps; *(sobras)* leftovers; ~**s mortais** remains.

resultado [xezuw'tadu] *m* result; *(em exame, teste, competição)* results *pl.*

resultar [xezuw'ta(x)] *vi* to work; ~ **de algo** to result from sthg; ~ **em algo** to result in sthg.

resumir [xezu'mi(x)] *vt* to summarize.

❑ **resumir-se a** *vp* + *prep* to come down to.

resumo [xe'zumu] *m* summary; **em** ~ in brief.

reta ['xɛta] *f (linha)* straight line; *(em estrada)* straight stretch of road.

retaguarda [ˌxɛta'gwarda] *f* rear; **na** ~ at the rear.

retângulo [xe'tãŋgulu] *m* rectangle.

retardar [xetax'da(x)] *vt* to delay.

reter [xe'te(x)] *vt (parar)* to stop; *(impulso, lágrimas, ira)* to hold back; *(deter)* to detain; *(em memória)* to retain.

retina [xe'tʃina] *f* retina.

retirada [xetʃi'rada] *f* retreat.

retirar [xetʃi'ra(x)] *vt (remover)* to remove; *(afirmação)* to withdraw.

❑ **retirar-se** *vp (recolher-se)* to retire; ~-**se de algo** to withdraw from sthg; **ela retirou-se da sala** she left the room.

reto, ta ['xɛtu, ta] *adj & m (linha, estrada)* straight; *(justo)* upright. ◆ *m* ANAT rectum.

retorcido, da [xetox'sidu, da] *adj* wrought.

retórica [xɛ'tɔrika] *f* rhetoric.

retornar [xetox'na(x)] *vi* to return; ~ **a** to return to.

retraído, da [xetra'idu, da] *adj* retiring.

retrato [xe'tratu] *m* portrait; *(fotografia)* photograph.

retribuir [xetri'bwi(x)] *vt* to return.

retroceder [xetrose'de(x)] *vi* to go back.

retrógrado, da [xe'trɔgradu, da] *adj* retrograde.

retrovisor [xetrɔvi'zo(x)] *(pl* -res [-riʃ]) *m* rearview mirror.

réu, ré ['xɛu, 'xɛ] *m, f* accused.

reumatismo [xewma'tʃiʒmu] *m* rheumatism.

reunião [xju'njãw] (*pl -ões* [-õjʃ]) *f* meeting.

reunir [xju'ni(x)] *vt* (*pessoas, objetos*) to bring together; (*provas*) to gather. ❏ **reunir-se** *vp* (*encontrar-se*) to meet.

revelação [xevela'sãw] (*pl -ões* [-õjʃ]) *f* revelation; (*de fotografia*) development.

revelar [xeve'la(x)] *vt* (*segredo, notícia*) to reveal; (*fotografia*) to develop; (*interesse, talento*) to show. ❏ **revelar-se** *vp* (*manifestar-se*) to prove to be.

revendedor, ra [xevẽde'do(x), ra] (*mpl -res* [-riʃ], *fpl -s* [-ʃ]) *m, f* retailer.

rever [xe've(x)] *vt* (*pessoa*) to see again; (*texto, trabalho*) to revise.

reverso [xe'versu] *m* back.

revés [xe'vɛʃ] (*pl -eses* [-ɛziʃ]) *m* setback; **ao ~** upside down.

revestir [xeveʃ'ti(x)] *vt* to cover.

revezar-se [xeve'zaxsi] *vp* to take turns.

revirado, da [xevi'radu, da] *adj* (*gola, pontas*) turned-up; (*olhos*) rolling; (*casa, gaveta*) messy.

reviravolta [xe,vira'vɔwta] *f* spin; *fig* (*em situação*) U-turn.

revisão [xevi'zãw] (*pl -ões* [-õjʃ]) *f* (*de lei*) review; (*de texto, prova tipográfica*) proofreading; (*de máquina, carro*) service; (*de matéria, aula*) review *Am*, revision *Brit*.

revista [xe'viʃta] *f* (*publicação*) magazine; (*peça teatral*) revue; (*inspeção*) review; **~ em quadrinhos** comic book.

revolta [xe'vɔwta] *f* (*rebelião*) revolt; (*indignação*) outrage.

revoltar-se [xevow'taxsi] *vp* (*sublevar-se*) to revolt; (*indignar-se*) to be outraged; **~-se com algo** to be revolted by sthg.

revolução [xevolu'sãw] (*pl -ões* [-õjʃ]) *f* revolution.

revolver [xevow've(x)] *vt* (*papéis, lixo*) to rummage through; (*terra*) to dig over.

revólver [xe'vɔwve(x)] (*pl -res* [-riʃ]) *m* revolver.

rezar [xe'za(x)] *vi* (*orar*) to pray. ◆ *vt* (*missa, oração*) to say.

ri ['xi] → **rir**.

riacho ['xjaʃu] *m* brook.

ribeirinho, nha [xibej'riɲu, ɲa] *adj* river (*antes de s*).

rico, ca ['xiku, ka] *adj* rich; **~ em** rich in.

ridículo, la [xi'dʒikulu, la] *adj* ridiculous; (*insignificante*) laughable. ◆ *m* absurdity.

rido ['xidu] → **rir**.

rifa ['xifa] *f* (*sorteio*) raffle; (*bilhete*) raffle ticket.

rigidez [xiʒi'deʒ] *f* (*de músculos, ossos*) stiffness; (*de caráter, costumes*) inflexibility.

rigor [xi'go(x)] (*pl -res* [-riʃ]) *m* rigor; (*de frio, calor, caráter*) severity; **a ~** (*festa, traje*) evening wear.

rijo, ja ['xiʒu, ʒa] *adj* tough; (*pessoa*) hardy.

rim ['xĩ] (*pl -ns* [-ʃ]) *m* kidney. ❏ **rins** *mpl* (*parte do corpo*) lower back *sg*.

rima ['xima] *f* (*de verso*) rhyme.

ringue ['xĩgi] *m* (boxing) ring.

rinoceronte [xinose'rõntʃi] *m* rhinoceros.

rins → rim.

rio¹ ['xju] → rir.

rio² ['xju] *m* river; ~ **abaixo** downstream; ~ **acima** upstream.

ⓘ RIO SÃO FRANCISCO

"Velho Chico" (Old Chico), as the São Francisco River is sometimes known, starts in Minas Gerais and flows through the states of Bahia, Pernambuco, Alagoas and Sergipe, a journey of 3,160 kilometers. It is the longest river within Brazil's borders. Fundamental to the economy of the region, it crosses the semi-arid Northeast, making possible agriculture along its banks and irrigation well inland. The river's hydroelectric potential is harnessed by the power stations of Paulo Afonso and Sobradinho in Bahia, Moxotó and Xingó in Alagoas and Três Marias in Minas Gerais.

riqueza [xi'keza] *f (de país, pessoa, região)* wealth; *(de solo, cores, idéias)* richness.

rir ['xi(x)] *vi* to laugh; **morrer de** ~ to laugh one's head off; ~ **de algo/alguém** to laugh at sthg/sb.

ris ['xiʃ] → rir.

risada [xi'zada] *f* laugh.

risca ['xiʃka] *f* stripe; **à** ~ to the letter; **de** ~ **s** striped.

riscar [xiʃ'ka(x)] *vt (frase)* to cross out; *(folha)* to scribble on; *(parede, carro, móvel)* to scratch.

risco ['xiʃku] *m (traço)* mark; *(linha)* line; *(em cabelo)* part *Am,* parting *Brit; (perigo)* risk; **correr o** ~ **de** to run the risk of; **pôr em** ~ to put at risk.

riso ['xizu] *m* laugh; ~ **amarelo** grimace.

ritmo ['xitʒimu] *m (de movimento, andamento)* pace; *(em música)* rhythm; *(do coração)* beat.

ritual [xi'twaw] *(pl* -**ais** [-ajʃ]) *m* ritual.

riu ['xiu] → rir.

rival [xi'vaw] *(pl* -**ais** [-ajʃ]) *mf* rival.

rivalidade [xivali'dadʒi] *f* rivalry.

robô [ro'bo] *m* robot.

robusto, ta [xo'buʃtu, ta] *adj* robust.

rocha ['xɔʃa] *f* rock.

rochedo [xo'ʃedu] *m* crag.

roda ['xɔda] *f (de carro, bicicleta)* wheel; *(de saia, vestido)* flare; *(de pessoas)* circle, ring.

rodada [xo'dada] *f* round.

rodapé [xoda'pɛ] *f* baseboard *Am,* skirting board *Brit;* **nota de** ~ footnote.

rodar [xo'da(x)] *vt (fazer girar)* to turn; *(rapidamente)* to spin; *(filme)* to shoot. ◆ *vi (girar)* to turn; *(rapidamente)* to spin.

rodear [xode'a(x)] *vt* to surround.

❑ **rodear-se** *vp + prep* to surround o.s. with.

rodela [xo'dɛla] *f* slice.

rodízio [xo'dʒiziu] *m* restaurant.

RODÍZIO

For the visitor with a healthy appetite, Brazilian "rodízio" restaurants are heaven on earth. For a set price, a whole parade of different meats is served up to the customer, ranging from tongue to the tenderest rump steak. Diners can also partake of several side dishes including rice, beans, salads and "farofa" (fried cassava flour).

rodovia [xodo'via] *f* freeway *Am*, motorway *Brit*.

rodoviária [xodovj'arja] *f (local)* bus terminal.

roer ['xwe(x)] *vt (rato)* to gnaw (at); *(cão)* to chew.

rolar [xo'la(x)] *vi* to roll.

roleta [xo'leta] *f* roulette; **~-russa** Russian roulette.

rolha ['xoʎa] *f (de cortiça)* cork; *(de borracha, plástico)* stopper.

rolo ['xolu] *m* roller; *(fotográfico)* roll (of film); *(confusão)* brawl; **~ de pastel** rolling pin.

romã [xo'mã] *f* pomegranate.

romance [xo'mãsi] *m* romance; *(gênero)* novel; *(sentimental)* romantic novel; **~ policial** detective novel.

romântico, ca [xo'mãntʃiku, ka] *adj* romantic.

romper [xõm'pe(x)] *vt (corda, cabo)* to snap; *(contrato)* to break. ◆ *vi (namorados, noivos)* to split up; **~ com** to split up with.

❑ **romper-se** *vp (rasgar-se)* to tear.

ronda ['xõnda] *f (de polícia)* beat; *(de guarda-noturno)* rounds *pl*; **fazer a ~** to do one's rounds.

rosa ['xɔza] *f* rose; **um mar de ~s** a bed of roses.

rosário [xo'zarju] *m* rosary.

rosbife [xoʒ'bifi] *m* roast beef.

rosca ['xoʃka] *f (de garrafa, tampa, parafuso)* thread; *(pão)* ring-shaped loaf of bread.

rosnar [xoʒ'na(x)] *vi* to growl.

rosto ['xoʃtu] *m* face.

rota ['xɔta] *f (de navio)* course; *(de avião)* route.

roteiro [xo'tejru] *m* route.

rotina [xo'tʃina] *f* routine.

rótula ['xɔtula] *f* kneecap.

rotular [xotu'la(x)] *vt* to label.

rótulo ['xɔtulu] *m* label.

roubar [xo'ba(x)] *vt & vi* to steal; **~ algo de alguém** to steal sthg from sb; **fui roubado** I've been robbed.

roubo ['xobu] *m (ato)* robbery, theft; *(coisa roubada)* stolen item; *fig (preço exagerado)* rip-off.

rouco, ca ['xoku, ka] *adj* hoarse.

roupa ['xopa] *f (vestuário)* clothes *pl*; *(de cama)* bedclothes.

roupão [xo'pãw] *(pl -ões* [-õjʃ]*)*

m bathrobe *Am,* dressing gown *Brit.*

roxo, xa [ˈxoʃu, ʃa] *adj* violet.

rua [ˈxua] *f* street. ◆ *interj* get out!; ~ **abaixo/acima** down/up the street; **mandar para a ~** to sack; **ir para a ~** to go out.

rubéola [xuˈbɛula] *f* German measles *sg.*

rubi [xuˈbi] *m* ruby.

ruborizar-se [xuboriˈzaxsi] *vp* to blush, to go red.

rude [ˈxudʒi] *adj* coarse.

ruela [ˈxwɛla] *f* back street.

ruga [ˈxuga] *f (em pele)* wrinkle; *(em tecido)* crease.

rúgbi [ˈxugbi] *m* rugby.

rugido [xuˈʒidu] *m* roar.

rugir [xuˈʒi(x)] *vi* to roar.

ruído [ˈxwidu] *m* noise.

ruim [ˈxuĩ] *(pl* **-ns** [-ʃ]*) adj* bad.

ruínas [ˈxwinaʃ] *fpl* ruins.

ruins → **ruim.**

ruivo, va [ˈxuivu, va] *adj (cabelo)* red. ◆ *m, f* redhead.

rum [ˈxũ] *m* rum.

rumar [xuˈma(x)]: **rumar a** *v +prep* to steer toward.

rumo [ˈxumu] *m* direction.

rumor [xuˈmo(x)] *(pl* **-res** [-riʃ]*) m* rumor.

ruptura [xupˈtura] *f (de relação, contrato)* breaking-off; *(de ligamento)* rupture.

rural [xuˈraw] *(pl* **-ais** [-ajʃ]*) adj* rural.

rústico, ca [ˈxuʃtʃiku, ka] *adj* rustic.

S

sábado [ˈsabadu] *m* Saturday → **sexta-feira.**

sabão [saˈbãw] *(pl* **-ões** [-õjʃ]*) m* soap; ~ **em pó** soap powder; **levar um ~** to be reprimanded.

sabedoria [sabedoˈria] *f* wisdom.

saber [saˈbe(x)] *vt* to know. ◆ *m* knowledge; **ele não sabe nada sobre computadores** he doesn't know a thing about computers; **não quero ~!** I don't want to know!; ~ **fazer algo** to know how to do sthg; **sei falar inglês** I can speak English; **fazer ~ que** to make it known (that); **sem ~** unwittingly, unknowingly; ~ **de** to know about; **vir a ~ de algo** to find out about sthg.

sabões → **sabão.**

sabonete [saboˈnetʃi] *m* (bar of) soap.

sabor [saˈbo(x)] *(pl* **-res** [-riʃ]*) m (gosto)* taste; *(aroma)* flavor; **com ~ de morango** strawberry flavored.

saborear [saborjˈa(x)] *vt (provar)* to taste; *(comer devagar)* to savor; *fig (sol, férias, descanso)* to enjoy.

sabores → **sabor.**

sabotagem [sabo'taʒẽ] (*pl* -ns [-ʃ]) *f* sabotage.

sabotar [sabo'ta(x)] *vt* to sabotage.

sacar [sa'ka(x)] *vt (compreender)* to understand.

sacarina [saka'rina] *f* saccharin.

saca-rolhas [,saka'xoʎaʃ] *m inv* corkscrew.

sacerdote [sasex'dɔtʃi] *m* priest.

saciar [sasj'a(x)] *vt (fome)* to satisfy; *(sede)* to quench.
□ **saciar-se** *vp* to be satisfied.

saco ['saku] *m (pequeno)* bag; *(grande)* sack; ~ **de água quente** hot-water bottle; ~ **de dormir** sleeping bag; ~ **de lixo** trash bag *Am*, bin bag *Brit*; ~ **de plástico** plastic bag; **que** ~! damn!; **eu não tenho** ~ **de ir lá** I can't be bothered to go; **puxar o** ~ **de alguém** to suck up to sb; **ser um** ~ to be a pain.

sacola [sa'kɔla] *f* bag.

sacramento [sakra'mẽntu] *m* sacrament.
□ **sacramentos** *mpl* last rites.

sacrificar [sakrifi'ka(x)] *vt* to sacrifice.
□ **sacrificar-se** *vp*: ~**se por alguém** to make sacrifices for sb.

sacristia [sakriʃ'tʃia] *f* sacristy.

sacudir [saku'dʒi(x)] *vt* to shake.

sadio, dia [sa'dʒiu, dʒia] *adj* healthy.

saem ['sajẽ] → sair.

safira [sa'fira] *f* sapphire.

Sagitário [saʒi'tarju] *m* Sagittarius.

sagrado, da [sa'gradu, da] *adj* holy, sacred.

sai ['saj] → sair.

saí [sa'i] → sair.

saia ['saja] *f* skirt.

saída [sa'ida] *f* exit; *(de ônibus, trem)* departure; *(de problema, situação)* way out; '~ **de emergência'** 'emergency exit'; **dar uma** ~ to pop out; **estar de** ~ to be on one's way out; **ter** ~ *(produto)* to sell well.

saio ['saju] → sair.

sair [sa'i(x)] *vi* to go/come out; *(partir)* to go, to leave; *(separar-se)* to come off; *(ser publicado)* to come out; **sai daí!** come out of there!; ~ **a** ou **por** *(custar)* to work out to.
□ **sair-se** *vp*: ~**se bem/mal** to come off well/badly.

sais → sair.

saiu [sa'iu] → sair.

sal ['saw] (*pl* **sais** ['sajʃ]) *m* salt; **sem** ~ unsalted; ~ **comum** ou **marinho** sea salt; ~ **refinado** table salt; **sais de banho** bath salts; ~ **de fruta** ≃ antacid.

sala ['sala] *f* room; ~ **de aula** classroom; ~ **de espera** waiting room; ~ **(de estar)** living room; ~ **de jantar** dining room.

salada [sa'lada] *f* salad; ~ **de frutas** fruit salad; ~ **mista** mixed salad.

salame [sa'lami] *m* salami.

salão [sa'lãw] (*pl* -ões [-õjʃ]) *m* hall; *(exposição coletiva)* exhibition; ~ **de beleza** beauty salon; ~ **de chá** tea room; ~ **de festas** reception room; ~ **de jogos**

amusement arcade.

salário [sa'larju] *m* salary; ~ **mínimo** minimum wage.

saldar [saw'da(x)] *vt (conta)* to settle; *(dívida)* to pay off; *(mercadorias)* to sell off at a reduced price.

saldo ['sawdu] *m (de conta bancária)* balance.

salgadinhos [sawga'dʒiɲuʃ] *mpl* savory snacks.

salgado, da [saw'gadu, da] *adj (comida)* salty; *(bacalhau, água)* salt *(antes de s).*

saliva [sa'liva] *f* saliva.

salmão [saw'mãw] *m* salmon; ~ **defumado** smoked salmon.

salmoura [saw'mora] *f* brine.

salões → **salão**.

salpicar [sawpi'ka(x)] *vt* to sprinkle; *(sujar com pingos)* to splash, to spatter.

salsa ['sawsa] *f* parsley.

salsicha [saw'siʃa] *f* frankfurter.

saltar [saw'ta(x)] *vt* to jump over. ◆ *vi (dar saltos)* to jump; *(ir pelo ar)* to fly off; ~ **à vista** ou **aos olhos** to be as plain as day.

salteado, da [sawte'adu, da] *adj (entremeado)* alternating.

salto ['sawtu] *m* jump; *(de calçado)* heel; **de** ~ **alto** high-heeled; ~ **em altura** high jump; ~ **baixo** ou **raso** *(de calçado)* flat ou low heel; ~ **à distância** long jump; ~ **mortal** somersault.

salva ['sawva] *f (planta)* sage; *(bandeja)* salver; ~ **de palmas** round of applause.

salvação [sawva'sãw] *f* salvation; *(remédio)* cure; **não haver** ~ to be beyond repair.

salvaguardar [ˌsawvagwax-'da(x)] *vt* to safeguard.

salvamento [sawva'mẽntu] *m* rescue.

salvar [saw'va(x)] *vt* to save; ~ **as aparências** to keep up appearances.

❑ **salvar-se** *vp* to escape.

salva-vidas [ˌsawva'vidaʃ] *m inv* lifeboat; *(pessoa)* lifeguard.

salvo, va ['sawvu, va] *pp* → **salvar**. ◆ *adj* safe. ◆ *prep* except; **estar a** ~ to be safe; **pôr-se a** ~ to escape; ~ **se** unless.

samba ['sãmba] *m* samba.

SAMBA

Samba has its roots in African drumming and the provocative dancing that accompanies it. The samba rhythm springs from a bittersweet mixture of melancholy and joy that seemingly has the power to make almost anybody get up and dance. Whilst there are numerous types of samba, perhaps the best known is "samba-enredo", a musical story that livens up Carnival parades.

sanção [sã'sãw] *(pl* -**ões** [-õjʃ]) *f* sanction.

sandália [sãn'dalja] *f* sandals.

sanduíche [sãndw'iʃi] *m* sandwich.

sanfona [sã'fona] f *(acordeão)* accordion.

sangrar [sãŋ'gra(x)] vi to bleed.

sangue ['sãŋgi] m blood; **exame de ~** blood test.

sangue-frio [,sãŋgi'friu] m *(presença de espírito)* presence of mind.

sanidade [sani'dadʒi] f *(mental)* sanity.

sanitários [sani'tarjuʃ] mpl restrooms *Am,* toilets *Brit.*

santo, ta ['sãntu, ta] adj sacred. ◆ m, f: **Santo/Santa** Saint; **o Santo Padre** the Holy Father.

santuário [sãntw'arju] m sanctuary, shrine.

são¹ ['sãw] → **ser.**

são², ã ['sãw, 'sã] adj *(saudável)* healthy; *(fruto)* unblemished; **~ e salvo** safe and sound.

sapataria [sapata'ria] f shoe store.

sapateado [sapa'tʒjadu] m tap dancing.

sapateiro, ra [sapa'tejru, ra] m, f cobbler.

sapato [sa'patu] m shoe; **~ s de salto alto** high-heeled shoes.

sapo ['sapu] m toad; **engolir ~** to swallow one's pride.

sarampo [sa'rãmpu] m measles sg.

sarar [sa'ra(x)] vi & vt *(cicatrizar)* to heal.

sarda ['saxda] f freckle.

sardinha [sax'dʒiɲa] f *(peixe)* sardine.

sargento [sax'ʒẽntu] m sergeant.

sarjeta [sax'ʒeta] f gutter.

satélite [sa'telitʃi] m satellite.

sátira ['satʃira] f satire.

satisfatório, ria [satʃiʃfa'tɔrju, rja] adj satisfactory.

satisfazer [satʃiʃfa'ze(x)] vt *(agradar a)* to satisfy; *(cumprir)* to meet. ◆ vi *(ser suficiente)* to be satisfactory.

❑ **satisfazer-se** vp: **~-se com** to content o.s. with.

satisfeito, ta [satʃiʃ'fejtu, ta] adj satisfied; **dar-se por ~ (com)** to be satisfied (with).

saudação [sawda'sãw] *(pl -ões* [-õjʃ]*)* f greeting.

saudade [saw'dadʒi] f nostalgia; **ter ~ de** to miss; **ela deixou muitas ~ s** everyone misses her; **matar a ~** *(de lugar)* to revisit old haunts; *(de pessoa)* to look up old friends; **sinto muita ~ da Bahia** I miss Bahia so much.

saudar [saw'da(x)] vt to greet.

saudável [saw'davew] *(pl -eis* [-ejʃ]*)* adj healthy.

saúde [sa'udʒi] f health. ◆ interj cheers!

sauna ['sawna] f sauna.

saxofone [sakso'fɔni] m saxophone.

se [si] pron - 1. *(reflexo: pessoa)* himself, herself, themselves pl; *(você, vocês)* yourself, yourselves pl; *(impessoal)* oneself; **lavar-~** to wash (oneself); **eles ~ perderam** they got lost; **vocês se perderam** you got lost.
- 2. *(reflexo: coisa, animal)* itself,

themselves *pl*; **o vidro partiu-~** the glass broke.

- 3. *(recíproco)* each other; **escrevem-~ regularmente** they write to each other regularly; **não ~ cruzam** they can't stand each other.

- 4. *(com sujeito indeterminado):* **'aluga-~ quarto'** 'room for rent'; **'vende-~'** 'for sale'; **come-~ bem aqui** the food is very good here.

◆ *conj* **-1.** *(indica condição)* if; **~ tiver tempo, escrevo** I'll write if I have time.

- 2. *(indica causa)* if; **~ você está com fome, coma alguma coisa** if you're hungry, have something to eat.

- 3. *(indica comparação)* if; **~ um é feio, o outro ainda é pior** if you think he's ugly, you should see the other one.

- 4. *(em interrogativas):* **que tal ~ fôssemos ao cinema?** how about going to the movies?; **e ~ ela não vier?** what if she doesn't come?

- 5. *(exprime desejo)* if; **~ pelo menos tivesse dinheiro!** if only I had the money!

- 6. *(em interrogativa indireta)* if, whether; **avisem-me ~ quiserem ir** let me know if you'd like to go; **perguntei-lhe ~ gostou** I asked him if he liked it.

- 7. *(em locuções):* **~ bem que** even though, although.

sé [ˈsɛ] *f* cathedral.

seca [ˈseka] *f* drought.

secador [seka'do(x)] *(pl -res* [-rif]) *m* blow dryer.

seção [se'sãw] *(pl -ões* [-õjf]) *f* department; **~ de achados e perdidos** lost-and-found office *Am*, lost property office *Brit*.

secar [se'ka(x)] *vt* to dry. ◆ *vi (planta, árvore)* to wither; *(rio, poço, lago)* to dry up; *(roupa, cabelo)* to dry.

seco, ca [ˈseku, ka] *pp →* **secar**. ◆ *adj dry; (carne, peixe, fruto)* dried; *fig (rispido)* curt.

secretaria [sekreta'ria] *f (de escola, repartição pública)* secretary's office; **~ de Estado** government department.

secretária [sekre'tarja] *f (móvel)* desk; **~ eletrônica** answering machine → **secretário**.

secretário, ria [sekre'tarju, rja] *m, f* secretary; **Secretário de Estado** Secretary of State.

secreto, ta [se'krɛtu, ta] *adj* secret.

sectário, ria [sɛk'tarju, rja] *adj* sectarian.

secular [seku'la(x)] *(pl -res* [-rif]) *adj* ancient.

século [ˈsɛkulu] *m* century.

secundário, ria [sekũn'darju, rja] *adj* secondary; *(estrada)* minor.

seda [ˈseda] *f* silk.

sedativo [seda'tʃivu] *m* sedative.

sede¹ [ˈsɛdʒi] *f (de empresa, organização)* headquarters *pl*.

sede² [ˈsɛdʒi] *f* thirst; **ter ~** to be thirsty; **matar a ~** to quench one's thirst.

sedimento [sedʒi'mẽntu] *m* sediment.

sedoso, osa [se'dozu, ɔza] *adj* silky.

sedução [sedu'sãw] (*pl* **-ões** [-õjʃ]) *f* seduction.

sedutor, ra [sedu'to(x), ra] (*mpl* **-res** [-riʃ], *fpl* **-s** [-ʃ]) *adj* seductive.

seduzir [sedu'zi(x)] *vt* to seduce.

segmento [sɛg'mẽntu] *m* segment.

segredo [se'gredu] *m* secret; *(reserva)* secrecy.

segregar [segre'ga(x)] *vt (pôr de lado)* to segregate; *(secreção)* to secrete.

❑ **segregar-se** *vp (isolar-se)* to cut o.s. off.

seguida [se'gida] *f*: **em** ~ immediately.

seguidamente [se,gida'mẽntʃi] *adv (sem interrupção)* continuously; *(de seguida)* straight afterward.

seguido, da [se'gidu, da] *adj (contínuo)* continuous; **dias/anos** ~**s** days/years on end; ~ **de** followed by.

seguinte [se'gĩntʃi] *adj* following. ◆ *mf*: **o/a** ~ the next one; **o dia/mês** ~ the following day/month.

seguir [se'gi(x)] *vt* to follow; *(perseguir)* to chase; *(carreira, profissão)* to pursue. ◆ *vi (continuar)* to go on, to carry on; ~ **com algo** to continue with sthg.; ~ **para** to travel on to; ~ **por** to travel on along; **a** ~ afterward; **a** ~ **a** after.

segunda [se'gũnda] *f (de veícu-*

lo) second (gear) → **segundo.**

segunda-feira [se,gũnda'fej-ra] (*pl* **segundas-feiras** [se,gũn-daʃ'fejraʃ]) *f* Monday → **sexta-feira.**

segundo, da [se'gũndu, da] *num* & *m* second. ◆ *prep* according to. ◆ *adv* secondly; **de segunda mão** second-hand → **sexto.**

segurança [segu'rãsa] *f* security; *(sem perigo)* safety; *(confiança)* confidence; *(certeza)* certainty; **com** ~ *(agir, afirmar)* confidently; **em** ~ in safety.

segurar [segu'ra(x)] *vt (agarrar)* to hold on to.

seguro, ra [se'guru, ra] *adj* safe; *(firme, preso)* secure; *(mesa, cadeira)* steady; *(garantido)* guaranteed. ◆ *m (de carro, casa, vida)* insurance; **estar** ~ *(estar a salvo)* to be safe; *(ter certeza)* to be certain ou sure; **pôr no** ~ to insure; **ser** ~ **de si** to be self-assured; ~ **de responsabilidade civil** liability insurance; ~ **contra todos os riscos** fully-comprehensive insurance; ~ **de viagem** travel insurance; ~ **de vida** life insurance.

seguro-saúde [se,gurusa'u-dʒi] (*pl* **seguros-saúde** [se,guruʃ-sa'udʒi]) *m* health insurance.

sei ['sej] → **saber.**

seio ['saju] *m* breast.

seis ['sejʃ] *adj num* six. ◆ *m* six; *(dia)* sixth. ◆ *mpl (temperatura)* six (degrees). ◆ *fpl*: **às** ~ at six (o'clock); **(são)** ~ **horas** (it's) six o'clock; **ele tem ~ anos** he's six years old; **eles eram ~** there were six of them; **~ de janeiro** the sixth of January; **página ~** page six; **trinta e ~** thirty-six; **o ~ de copas** the six of hearts; **está fazendo ~ graus centígrados** it's six degrees Celsius; **de ~ em ~ semanas/horas** every six weeks/hours; **empataram a ~** *(em partida)* they tied six all; **~ a zero** *(em partida)* six-nil.

seiscentos, tas [sejʃ'sẽntuʃ, taʃ] *num* six hundred → **seis**.

seita ['sejta] *f* sect.

seiva ['sejva] *f* sap.

sela ['sɛla] *f* saddle.

selar [se'la(x)] *vt (cavalo, égua)* to saddle; *(carta, subscrito)* to stamp; *(documento oficial, pacto)* to seal.

seleção [sele'sãw] *f (escolha)* selection; *(equipe nacional)* team.

selecionar [selesjo'na(x)] *vt* to select.

seleto, ta [se'lɛtu, ta] *adj* exclusive.

selim [se'lĩ] *(pl* **-ns** [-ʃ]) *m (de bicicleta)* saddle.

selo ['selu] *m* stamp; **~ de garantia** *(em produto)* tamper-proof seal.

selva ['sɛwva] *f* jungle.

selvagem [sɛw'vaʒẽ] *(pl* **-ns** [-ʃ]) *adj* wild. ◆ *mf (pessoa)* savage.

sem [sẽ] *prep* without; **estou ~ fazer nada há muito tempo** I haven't done anything in ages; **ele saiu ~ que eu notasse** he left without my noticing; **estar ~ água/gasolina** to be out of water/gas; **~ mais nem menos** for no reason whatsoever; **~ data** undated.

semáforos [se'maforuʃ] *mpl* traffic lights.

semana [se'mana] *f* week; **~ a ~** week by week; **por ~** a ou per week; **a Semana Santa** Holy Week.

semanal [sema'naw] *(pl* **-ais** [-ajʃ]) *adj* weekly.

semear [se'mja(x)] *vt (trigo, batatas etc.)* to sow; *(ódio, discórdia)* to spread.

semelhança [seme'ʎãsa] *f* resemblance; **à ~ de** like.

semelhante [seme'ʎãntʃi] *adj* similar; **~ a** like, similar to.

sêmen ['semẽn] *m* semen.

semente [se'mẽntʃi] *f* seed.

semestral [semeʃ'traw] *(pl* **-ais** [-ajʃ]) *adj* half-yearly, six-monthly.

semestre [se'mɛʃtri] *m* period of six months.

seminário [semi'narju] *m (grupo de estudos)* seminar; *(para eclesiásticos)* seminary.

sêmola [se'mola] *f* semolina.

sempre ['sẽmpri] *adv* always; **o mesmo de ~** the usual; **como ~** as usual; **para ~** forever; **~ que** whenever.

sem-vergonha [sãjvex'goɲa] *mf inv* rogue.

senado [se'nadu] *m* senate.

senão [se'nãw] *conj* otherwise.

senha ['sẽɲa] f *(sinal)* sign; *(palavra de acesso)* password; *(de caixa automática)* PIN.

senhor, ra [se'ɲo(x), ra] *(mpl* **-res** [-riʃ], fpl **-s** [-ʃ]) m, f *(em geral)* man (woman); *(formalmente)* gentleman (lady); *(antes de nome)* Mr., Mrs., Ms.; *(ao dirigir a palavra)* Sir; **'senhoras'** 'ladies'; **Caro Senhor** *(em carta)* Dear Sir; **Cara Senhora** *(em carta)* Dear Madam; **bom dia meus senhores/minhas senhoras!** good morning (gentlemen/ladies)!; **o que o ~ deseja?** What would Sir like?

senhorio, ria [seɲo'riu, ria] m, f landlord.

senil [se'niw] *(pl* **-is** [-iʃ]) adj senile.

sensação [sẽsa'sãw] *(pl* **-ões** [-õjʃ]) f sensation, feeling; *(intuição)* feeling; **causar ~** to cause a sensation.

sensacional [sẽsasjo'naw] *(pl* **-ais** [-ajʃ]) adj sensational.

sensações → sensação.

sensato, ta [sẽ'satu, ta] adj sensible.

sensível [sẽ'sivew] *(pl* **-eis** [-ejʃ]) adj sensitive.

senso ['sẽsu] m sense; **bom ~** common sense; **ter bom ~** to be sensible; **ter ~ prático** to be practical; **~ comum** common sense.

sensual [sẽ'swaw] *(pl* **-ais** [-ajʃ]) adj sensual.

sentado, da [sẽ'tadu, da] adj seated; **estar ~** to be sitting down.

sentar-se [sẽ'taxsi] vp to sit down.

sentença [sẽ'tẽsa] f sentence.

sentido, da [sẽ'tʃidu, da] adj *(melindrado)* touchy. ♦ m sense; *(significado)* meaning; *(direção)* direction; **fazer ~** to make sense; **em certo ~** to a certain extent; **(rua de) ~ único** one-way street; **sem ~** meaningless.

sentimental [sẽtʃimẽn'taw] *(pl* **-ais** [-ajʃ]) adj sentimental.

sentimento [sẽtʃi'mẽntu] m feeling; **os meus ~s** my deepest sympathy.

sentinela [sẽtʃi'nɛla] mf guard; **estar de ~** to be on guard duty.

sentir [sẽn'tʃi(x)] vt to feel; **sinto muito!** I'm very sorry!; **~ falta de** to miss; **~ vontade de fazer algo** to feel like doing sthg. □ **sentir-se** vp to feel.

separação [separa'sãw] *(pl* **-ões** [-õjʃ]) f separation.

separado, da [sepa'radu, da] adj *(independente)* separate; *(cônjuges)* separated; **em ~** separately.

separar [sepa'ra(x)] vt *(dividir)* to separate; *(reservar)* to put aside. □ **separar-se** vt to separate.

septuagésimo, ma [septwa-'ʒɛzimu, ma] num seventieth → **sexto**.

sepultar [sepuw'ta(x)] vt to bury.

sepultura [sepuw'tura] f grave.

seqüência [se'kwẽsja] f sequence.

sequer [se'kɛ(x)] *adv:* **nem ~** not even.

seqüestrador, ra [sekweʃtra'do(x), ra] (*mpl* **-res** [-riʃ], *fpl* **-s** [-ʃ]) *m, f* kidnapper.

seqüestrar [sekweʃ'tra(x)] *vt* to kidnap, to abduct.

seqüestro [se'kwɛʃtru] *m* kidnapping, abduction.

ser ['se(x)] (*pl* **-res** [-riʃ]) *m* (*criatura*) being; **~ humano** human being.

♦ *vi* **-1.** (*para descrever*) to be; **é longo demais** it's too long; **são bonitos** they're pretty; **sou médico** I'm a doctor.

-2. (*para designar lugar, origem*) to be; **ele é do Brasil** he's from Brazil; **é em São Paulo** it's in São Paulo; **sou brasileira** I'm a Brazilian.

-3. (*custar*) to be; **quanto é? - são 100 reais** how much is it? - (it's) 100 reals.

-4. (*com data, dia, hora*) to be; **hoje é sexta** it's Friday today; **que horas são?** what time is it?; **são seis horas** it's six o'clock.

-5. (*exprime possessão*) to be; **é do Ricardo** it's Ricardo's; **este carro é seu?** is this your car?

-6. (*em locuções*): **a não ~ que** unless; **que foi?** what's wrong?; **ou seja** in other words; **será que ele vem?** do you think he's coming?

♦ *v aux* (*forma a voz passiva*) to be; **foi visto na saída do cinema** he was seen on his way out of the movie theater.

♦ *v impess* **-1.** (*exprime tempo*) to be; **é de dia/noite** it's daytime/nighttime; **é tarde/cedo** it's late/early.

-2. (*com adjetivo*) to be; **é difícil dizer** it's difficult to say; **eles são Flamengo** they're Flamengo fans.

❏ **ser de** *v + prep* (*matéria*) to be made of; (*ser adepto de*) to be a fan of.

serão [se'rãw] (*pl* **-ões** [-õjʃ]) *m* (*noite*) evening; **fazer ~** to stay up late, to work late.

serenar [sere'na(x)] *vt* (*acalmar*) to calm. ♦ *vi* (*acalmar-se*) to calm down; (*tempo*) to clear up.

serenata [sere'nata] *f* serenade.

seres → **ser.**

seriado [se'rjadu] *m* (TV) series (*sg*).

série ['sɛrji] *f* series *sg*; (*de bilhetes de metrô*) book; **em ~** sequential; **uma ~ de** a series of.

seriedade [serje'dadʒi] *f* seriousness; (*honestidade*) honesty.

seringa [se'rĩga] *f* syringe.

sério, ria ['sɛrju, rja] *adj* serious; (*honrado*) honest. ♦ *adv:* **levar a ~** to take seriously.

sermão [sex'mãw] (*pl* **-ões** [-õjʃ]) *m* sermon; **passar um ~ em alguém** to give sb a ticking off.

serões → **serão.**

serpente [sex'pẽtʃi] *f* serpent.

serpentina [serpẽn'tʃina] *f* streamer.

serra ['sɛxa] *f* (*instrumento*) saw; (*em geografia*) mountain range.

serralheiro [sexa'ʎejru] *m* locksmith.

serrar [se'xa(x)] vt to saw.

servente [sex'vẽntʃi] m (de pedreiro) (bricklayer's) assistant.

serventia [sexvẽn'tʃia] f (préstimo) use.

serviço [sex'visu] m service; (trabalho) work; (de servir a ~' 'out of service'; ' ~ incluído' 'service included';

servil [sex'viw] (pl -is [-iʃ]) adj servile.

servir [sex'vi(x)] vt to serve. ◆ vi (criado, empregado) to serve; (ser útil) to be useful; (roupa, calçado) to fit; **em que posso servi-lo?** how may I help you?; ~ de algo to serve as sthg. ▫ **servir-se** vp (de bebida, comida) to help o.s.; **~-se de** (fazer uso de) to make use of.

servis → servil.

sessão [se'sãw] (pl -ões [-õjʃ]) f (de filme) showing; (em televisão) broadcast; (de debate político, científico) meeting; (em tribunal) session.

sessenta [se'sẽta] num sixty → seis.

sessões → sessão.

seta ['seta] f arrow.

sete ['setʃi] num seven → seis.

setecentos, tas [setʃe'sẽntuʃ, taʃ] num seven hundred → seis.

setembro [se'tẽmbru] m September; **durante o mês de ~** during (the month of) September; **em ~** in September; **em meados de ~** in the middle of September, in mid-September; **este mês de ~** (passado) last September; (futuro) this (coming) September; **o passado/próximo mês de ~** last/next September; **no princípio/final de ~** at the beginning/end of September; **o primeiro de ~** September first.

setenta [se'tẽta] num seventy → seis.

sétimo, ma ['sɛtʃimu, ma] num seventh → sexto.

setor [se'to(x)] (pl -res [-riʃ]) m (ramo) sector; (seção) section.

seu, sua ['sew, 'sua] adj -1. (dele) his; (dela) her; (de você, vocês) your; (deles, delas) their; **ela trouxe o ~ carro** she brought her car; **onde estacionou a sua moto?** where did you park your motorcycle?

- **2.** (de coisa, animal: singular) its; (de coisa, animal: plural) their; **o cachorro foi para o seu canil** the dog went into his ou its doghouse.

◆ pron: **o ~/a sua** (dele) his; (dela) hers; (deles, delas) theirs; (de coisa, animal: singular) its; (de coisa, animal: plural) their; **um amigo ~** a friend of his/hers etc.; **os ~s** (a família de cada um) his/her etc. family.

severidade [severi'dadʒi] f severity.

severo, ra [se'vɛru, ra] adj (inflexível) strict; (grave) severe.

sexagésimo, ma [seksa'ʒɛzimu, ma] num sixtieth → sexto.

sexo ['sɛksu] m sex; (órgão reprodutor) genitals pl; **fazer ~** to have sex.

sexta-feira [ˌsejʃta'fejra] (pl

sextas-feiras [ˌsejʃtaʃˈfejraʃ] f
Friday; **às sextas-feiras** on Fridays; **até** ~ until Friday; **ela
vem** ~ she's coming on Friday;
esta ~ *(passada)* last Friday;
(próxima) next Friday; **hoje é**
~ today is Friday; **todas as
sextas-feiras** every Friday;
~ **de manhã/à tarde/à noite**
Friday morning/afternoon/
night; ~ **12 de junho** Friday 12
June; ~ **passada/próxima** last/
next Friday; ~ **que vem** next
Friday; **Sexta-Feira Santa**
Good Friday.

sexto, ta [ˈsejʃtu, ta] *adj num*
sixth. ◆ *m (número)* sixth. ◆ *m, f:*
o ~ /**a sexta** *(pessoa, coisa)* the
sixth; **chegar em** ~ to come
sixth; **capítulo** ~ chapter six;
em ~ **lugar** in sixth place; **no**
~ **dia** on the sixth day; **a sexta
parte** *(relativo a quantidade)* a
sixth; *(de espetáculo, filme)* part
six.

sexual [sɛkˈswaw] *(pl* **-ais** [-ajʃ])
adj sexual.

sexualidade [sekswaliˈdadʒi] f
sexuality.

shopping [ˈʃɔpĩ] *m:* ~ **(center)** (shopping) mall *Am*, shopping centre *Brit*.

si [ˈsi] *pron* - **1.** *(complemento indireto: pessoa)* him, them *pl*; *(você, vocês)* you.
- **2.** *(complemento indireto: coisa, animal)* it, them *pl*.
- **3.** *(reflexo: pessoa)* himself, themselves *pl*; *(você, vocês)* yourself, yourselves *pl*; **comprou-o
para** ~ **(mesmo próprio)** he

bought it for himself; **elas sabem tomar conta de** ~ **(mesmas próprias)** they can take care
of themselves; **ela é cheia de**
~ she is full of herself.
- **4.** *(reflexo: coisa, animal)* itself,
themselves *pl*; **o livro, em** ~,
não é caro the book itself is not
expensive.
- **5.** *(impessoal)* oneself; **é sinal de
egoísmo só pensar em** ~ it's a
sign of selfishness to think only
of oneself; **cada um por**
~ each man for himself.

siderurgia [sidɛrurˈʒia] f iron
and steel industry.

sido [ˈsidu] → **ser.**

sidra [ˈsidra] f cider.

sigilo [siˈʒilu] *m* secrecy.

sigla [ˈsigla] f acronym.

significado [signifiˈkadu] *m*
meaning.

significar [signifiˈka(x)] *vt* to
mean.

significativo, va [signifika-ˈtʃivu, va] *adj* significant.

signo [ˈsignu] *m* sign.

sigo [ˈsigu] → **seguir.**

sílaba [ˈsilaba] f syllable.

silenciar [silẽˈsja(x)] *vt* to silence.

silêncio [siˈlẽsju] *m* silence.
◆ *interj* silence!

silencioso, osa [silẽˈsjozu,
ɔza] *adj* silent, quiet.

silicone [siliˈkoni] *m* silicone.

silvestre [siwˈvɛʃtri] *adj* wild.

sim [ˈsĩ] *adv* yes; **acho que** ~ I
think so; **pelo** ~ **pelo não** just
in case.

símbolo [ˈsĩbolu] *m* symbol.

simetria [simeˈtria] *f* symmetry.

similar [simiˈla(x)] (*pl* **-res** [-riʃ]) *adj* similar.

simpatia [sĩpaˈtʃia] *f* (*carinho*) affection; (*cordialidade*) friendliness.

simpático, ca [sĩˈpatʃiku, ka] *adj* nice; (*amigável*) friendly.

simpatizante [sĩpatʃiˈzãntʃi] *mf* sympathizer.

simpatizar [sĩpatʃiˈza(x)] *v* + *prep*: **simpatizar com** to like.

simples [ˈsĩpleʃ] *adj inv* simple; (*bebida*) straight; (*bilhete de metrô*) one-way; **queria um ~ copo de água** I just want a glass of water.

simplicidade [sĩplisiˈdadʒi] *f* simplicity.

simplificar [sĩplifiˈka(x)] *vt* to simplify.

simular [simuˈla(x)] *vt* (*fingir*) to feign; (*incêndio, ataque aéreo*) to simulate. ◆ *vi* (*fingir*) to pretend.

simultâneo, nea [simuwˈtãnju, nja] *adj* simultaneous.

sinagoga [sinaˈgɔga] *f* synagogue.

sinal [siˈnaw] (*pl* **-ais** [-ajʃ]) *m* sign; (*marca*) mark; (*em pele*) mole; (*de nascimento*) birthmark; (*de trânsito*) traffic light; (*dinheiro*) deposit; **dar ~ de si** to show up; **dar sinais de cansaço** to show signs of fatigue; **avançar** ou **furar o ~** to jump the lights; **em ~ de** as a mark ou sign of; **~ de alarme** alarm; **~ de ocu-**

pado engaged tone.

sinalização [sinalizaˈsãw] *f* road signs *pl*.

sinceridade [sĩseriˈdadʒi] *f* sincerity.

sincero, ra [sĩˈseru, ra] *adj* sincere.

sindicato [sĩdʒiˈkatu] *m* labor union.

síndrome [ˈsĩdromi] *f* syndrome.

sinfonia [sĩfoˈnia] *f* symphony.

singelo, la [sĩˈʒelu, la] *adj* simple.

singular [sĩɡuˈla(x)] (*pl* **-res** [-riʃ]) *adj* (*único*) unique; (*extraordinário*) strange; *GRAM* singular. ◆ *m GRAM* singular.

sino [ˈsinu] *m* bell.

sinônimo [siˈnonimu] *m* synonym.

síntese [ˈsĩtezi] *f* (*resumo*) summary.

sintético, ca [sĩˈtɛtiku, ka] *adj* (*artificial*) synthetic; (*resumido*) concise.

sintoma [sĩˈtoma] *m* symptom.

sintonizar [sĩtoniˈza(x)] *vt* (*rádio*) to tune; (*estação de rádio*) to tune in to.

sinuoso, osa [siˈnwozu, ɔza] *adj* (*curva, caminho*) winding.

sirene [siˈrɛni] *f* siren.

siri [siˈri] *m* crab.

sirvo [ˈsixvu] → **servir**.

sistema [siʃˈtema] *m* system; **~ métrico** metric system; **~ nervoso** nervous system.

sistemático, ca [siʃteˈmatʃiku, ka] adj systematic.

sisudo, da [si'zudu, da] adj serious.

sítio ['sitʃju] m (chácara) small farm; (cerco) siege; **estado de ~** state of siege.

situação [sitwa'sãw] (pl -ões [-õjʃ]) f (localização) position; (circunstâncias) situation; (estado, condição) condition.

situado, da [si'twadu, da] adj: **bem/mal ~** well/badly situated; **~ em** situated in; **está ~ ao norte de Brasília** it is located to the north of Brasília.

situar [si'twa(x)] vt (colocar) to place; (localizar) to locate. □ **situar-se** vp (localizar-se) to be located.

smoking ['smokĩŋ] m tuxedo Am, dinner jacket Brit.

só ['sɔ] adj (sem companhia) alone; (solitário) lonely. ◆ adv (apenas) only; **é ~ pedir!** all you need to do is ask!; **um ~ minuto do seu tempo** just a minute of your time; **a ~s** alone; **não ... ~ ... como também** not only ... but also; **~ que** just that.

soar [swa(x)] vi & vt to sound; **soaram as 10 horas** the clock struck 10; **~ bem** to sound right; **~ mal** not to sound right.

sob ['sobi] prep under.

sobe ['sɔbi] → subir.

soberania [sobera'nia] f sovereignty.

soberano, na [sobe'ranu, na] adj sovereign.

soberbo, ba [su'bexbu, ba] adj (suntuoso) superb; (arrogante) arrogant.

sobrancelha [sobrã'seʎa] f eyebrow.

sobrar [so'bra(x)] vi to be left over.

sobre ['sobri] prep (em cima de) on (top of); (por cima de) over; (acerca de) about.

sobreaviso [sobrea'vizu] m: **estar ficar de ~** to be on the alert.

sobrecarga [sobre'kaxga] f overload.

sobrecarregar [sobrekaxe'ga(x)] vt: **~ alguém com algo** to overload sb with sthg.

sobreloja [sobre'lɔʒa] f mezzanine.

sobremesa [sobre'meza] f dessert.

sobrenatural [ˌsobrenatu'raw] (pl -ais [-ajʃ]) adj supernatural.

sobrenome [sobri'nomi] m last name, surname.

sobrepor [sobre'po(x)] vt: **~ algo a algo** to put sthg on top of sthg. □ **sobrepor-se** vp (problema, trabalho) to take precedence.

sobressair [sobresa'i(x)] vi to stand out.

sobressaltar [sobresaw'ta(x)] vt to startle. □ **sobressaltar-se** vp to be startled.

sobressalto [sobre'sawtu] m (susto) fright; (inquietação) anxiety.

sobretaxa [ˌsobre'taʃa] f surcharge.

sobretudo [sobre'tudu] *m* overcoat. ◆ *adv* especially, above all.

sobrevivência [sobrevi'vẽsja] *f* survival.

sobrevivente [sobrevi'vẽtʃi] *mf* survivor.

sobreviver [sobrevi've(x)] *vi* to survive.

sobriedade [sobrie'dadʒi] *f* sobriety.

sobrinho, nha [so'briɲu, ɲa] *m, f* nephew, niece.

sóbrio, bria ['sɔbriu, bria] *adj* sober.

social [so'sjaw] (*pl* **-ais** [-ajʃ]) *adj* social.

socialismo [sosja'liʒmu] *m* socialism.

socialista [sosja'liʃta] *adj* & *mf* socialist.

sociedade [sosje'dadʒi] *f* society; *(comercial)* partnership.

sócio, cia ['sɔsju, sja] *m, f* partner.

sociologia [sosjolo'ʒia] *f* sociology.

sociólogo, ga [so'sjɔlogu, ga] *m, f* sociologist.

soco ['soku] *m (em pessoa)* punch; *(em mesa)* thump.

socorrer [soko'xe(x)] *vt* to help. ❑ **socorrer-se de** *vp* + *prep* to resort to, to have recourse to.

socorro [so'koxu] *m* help. ◆ *interj* help!; **pedir** ~ to ask for help.

soda ['sɔda] *f (bebida)* soda water.

sofá [so'fa] *m* sofa.

sofá-cama [so,fa'kama] *m* sofa-bed.

sofisticado, da [sofiʃtʃi'kadu, da] *adj* sophisticated.

sofrer [so'fre(x)] *vt* to have. ◆ *vi* to suffer.

sofrimento [sofri'mẽtu] *m* suffering.

software [sɔf'twɛri] *m* software.

sogro, sogra [sogru, sɔgra] *m, f* father-in-law, mother-in-law.

sóis → **sol**.

soja ['sɔʒa] *f* soy.

sol ['sɔw] (*pl* **sóis** ['sɔjʃ]) *m* sun.

sola ['sɔla] *f* sole.

solar [so'la(x)] (*pl* **-res** [-riʃ]) *adj* solar. ◆ *m* manor(house).

soldado [sow'dadu] *m* soldier.

soleira [so'lejra] *f* threshold.

solene [so'leni] *adj* solemn.

soletrar [sole'tra(x)] *vt* to spell.

solicitar [solisi'ta(x)] *vt* to request.

solícito, ta [so'lisitu, ta] *adj* solicitous.

solidão [soli'dãw] *f* solitude.

solidariedade [solidarje'dadʒi] *f* solidarity.

solidário, ria [soli'darju, rja] *adj* sharing; **ser** ~ **com** *(causa, idéia)* to support; *(pessoa)* to stand by.

sólido, da ['sɔlidu, da] *adj* solid; *(investimento, negócio)* sound.

solista [so'liʃta] *mf* soloist.

solitário, ria [soli'tarju, rja] *adj (local)* lonely; *(pessoa)* solitary. ◆ *m (jóia)* solitaire.

solo ['sɔlu] m (chão) floor; (superfície terrestre) ground; (terreno arável) land, soil; MÚS solo.

soltar [sow'ta(x)] vt (desprender) to release; (desatar) to untie; (grito, preso) to let out.
▫ **soltar-se** vp (desprender-se) to get loose; (desatar-se) to come undone.

solteiro, ra [sow'tejru, ra] adj single.

solto, ta ['sowtu, ta] pp → **soltar.** ◆ adj (livre) loose; (sozinho) separate.

solução [solu'sãw] (pl -ões [-õjʃ]) f solution.

soluçar [solu'sa(x)] vi (ter soluços) to hiccup; (chorar) to sob.

solucionar [solusjo'na(x)] vt to solve.

soluço [su'lusu] m (contração) hiccup; (choro) sob.

soluções → solução.

solúvel [so'luvew] (pl -eis [-ejʃ]) adj soluble.

som ['sõ] (pl -ns [-ʃ]) m sound; (aparelhagem) hi-fi; **ao ~ de** to the sound of.

soma ['soma] f sum.

somar [so'ma(x)] vt to add up.

sombra ['sõmbra] f (escuridão) shade; (de corpo) shadow; (cosmético) eye shadow; **à** ou **na ~** in the shade; **sem ~ de dúvida** beyond a shadow of a doubt.

sombrio, bria [sõm'briu, 'bria] adj (escuro) dark; (melancólico) somber; (lúgubre) gloomy.

somente [sɔ'mẽntʃi] adv only.

sonâmbulo, la [so'nãmbulu, la] m, f sleepwalker.

sonda ['sõnda] f MED probe; **~ espacial** space probe.

sondagem [sõn'daʒẽ] (pl -ns [-ʃ]) f (opinion) poll.

soneca [so'nɛka] f nap; **tirar uma ~** to have a nap.

sonhador, ra [sona'do(x), ra] (mpl -res [-riʃ], fpl -s [-ʃ]) m, f dreamer.

sonhar [so'ɲa(x)] vi to dream; **~ acordado** to daydream; **~ com** to dream about.

sonho ['soɲu] m dream; (comida) donut Am, doughnut Brit; **de ~** dream (antes de s).

sonífero [so'niferu] m sleeping pill.

sono ['sonu] m sleep; **estou morto de ~** I'm falling asleep; **pegar no ~** to get to sleep; **ter ~** to be sleepy; **ter pesado** deep sleep.

sonolento, ta [sono'lẽntu, ta] adj sleepy.

sonoro, ra [so'nɔru, ra] adj sound (antes de s).

sons → som.

sonso, sa ['sõsu, sa] adj two-faced.

sopa ['sopa] f soup; **~ de legumes** vegetable soup; **~ de marisco** seafood soup; **ser ~ (ser fácil)** to be a piece of cake.

soprar [so'pra(x)] vt (vela, fogo) to blow out; (pó) to blow off; (resposta) to whisper. ◆ vi to blow.

sórdido, da ['sɔrdʒidu, da] adj squalid.

sorridente [soxi'dẽntʃi] adj (ca-

ra) smiling; *(pessoa)* cheerful.
sorrir [so'xi(x)] *vi* to smile.
sorriso [so'xizu] *m* smile.
sorte ['sɔxtʃi] *f* luck; *(destino)* fate; **boa ~!** good luck!; **tire um cartão/número à ~** pick a card/number; **para dar ~ for** *(good)* luck; **estar com ~** to be in luck; **ter ~** to be lucky; **tirar a ~** to draw lots; **a ~ grande** the jackpot; **com ~** *(pessoa)* lucky; **por ~** luckily.
sortear [sox'tea(x)] *vt* to raffle.
sorteio [sox'teju] *m* raffle.
sortido, da [sox'tʃidu, da] *adj* assorted. ◆ *m* assortment.
sortudo, da [sox'tudu, da] *m, f* lucky person.
sorvete [sox'vetʃi] *m* ice cream.
sorveteria [soxvete'ria] *f* ice-cream parlor.
sossegado, da [sose'gadu, da] *adj* quiet.
sossego [so'segu] *m* peace.
sótão ['sɔtãw] *m* attic.
sotaque [so'taki] *m* accent.
sou ['so] → **ser**.
soube ['sobi] → **saber**.
sovaco [so'vaku] *m* armpit.
sovina [so'vina] *adj* miserly.
sozinho, nha [so'ziɲu, ɲa] *adj* alone; **fiz tudo ~** I did it all by myself; **falar/rir ~** to talk/laugh to o.s.
stress ['strɛs] *m* stress.
sua → **seu**.
suar [sw'a(x)] *vi* to sweat.
suave [sw'avi] *adj* soft; *(brisa, curva)* gentle; *(sabor)* delicate; *(vi-*

nho) smooth; *(cheiro)* subtle.
suavidade [swavi'dadʒi] *f* softness; *(de brisa, curva)* gentleness; *(de sabor)* delicacy; *(de vinho)* smoothness; *(de cheiro)* subtlety.
suavizar [swavi'za(x)] *vt (cheiro, sabor)* to tone down; *(dor)* to ease. ◆ *vi (chuva)* to ease; *(vento)* to drop.
subalimentação [subalimẽnta'sãw] *f* undernourishment.
subalimentado, da [subalimẽn'tadu, da] *adj* undernourished.
subalterno, na [subaw'tɛxnu, na] *m, f & adj (subordinado)* subordinate.
subconsciente [subkõʃ'sjẽntʃi] *m* subconscious.
subdesenvolvido, da [subdezẽvow'vidu, da] *adj* underdeveloped.
subdesenvolvimento [subdezẽvowvi'mẽntu] *m* underdevelopment.
subentendido, da [subẽntẽn'dʒidu, da] *adj* implied.
subida [su'bida] *f (ladeira)* slope; *(de preços)* increase; *(de montanha, escadas)* climb.
subir [su'bi(x)] *vt (escadas, rua, encosta)* to go up; *(montanha, rochedo)* to climb; *(malas, bagagem)* to take up; *(preços, salários)* to increase; *(persiana)* to raise. ◆ *vi (ir para cima)* to go up; **~ em** *(árvore, morro)* to climb; *(ônibus, avião etc.)* to get on; **~ de posto** *(em emprego)* to be promoted; **~ por** to go up.

súbito 274

súbito, ta ['subitu, ta] *adj* sudden; **de ~** suddenly.

subjetivo, va [subʒe'tʒivu, va] *adj* subjective.

subjuntivo [subʒon'tʃivu] *m* subjunctive.

sublinhar [subli'ɲa(x)] *vt* to underline.

sublocar [sublo'ka(x)] *vt* to sublet.

submarino [subma'rinu] *m* submarine.

submergir [submex'ʒi(x)] *vt (imergir)* to submerge; *(inundar)* to flood.

submeter [subme'te(x)] *vt*: **~ algo/alguém a algo** to submit sthg/sb to sthg. □ **submeter-se** *vp* **+ prep** to submit to.

submisso, a [sub'misu, a] *adj* submissive.

subnutrido, da [subnu'tridu, da] *adj* undernourished.

subornar [subox'na(x)] *vt* to bribe.

suborno [su'boxnu] *m* bribe.

subsídio [sub'sidʒu] *m* subsidy.

subsistência [subsiʃ'tẽsja] *f (sustento)* subsistence; *(permanência)* continued existence.

subsistir [subsiʃ'ti(x)] *vi (persistir)* to remain; *(sobreviver)* to subsist.

subsolo [sub'sɔlu] *m* subsoil.

substância [subʃ'tãsja] *f* substance.

substantivo [subʃtãn'tʒivu] *m* noun.

substituir [subʃtʃi'twi(x)] *vt* to

substitute; **~ a manteiga por margarina** substitute margarine for butter.

substituto, ta [subʃtʃi'tutu, ta] *m, f* replacement.

subterrâneo, nea [subte-'xanju, nja] *adj* underground.

subtrair [subtra'i(x)] *vt* to subtract.

suburbano, na [subux'banu, na] *adj* suburban.

subúrbio [su'buxbju] *m* suburb.

subversivo, va [subvex'sivu, va] *adj* subversive.

sucata [su'kata] *f* scrap.

suceder [suse'de(x)] *vi* to happen. □ **suceder a** *v* **+ prep** *(em cargo)* to succeed; *(vir depois)* to follow. □ **suceder-se** *vp* to happen.

sucedido, da [suse'dʒidu, da] *m* occurrence. ◆ *adj*: **ser bem/mal ~** to be successful/unsuccessful.

sucessão [suse'sãw] *(pl* **-ões** [-õjʃ]*) f* succession.

sucesso [su'sɛsu] *m* success; **com/sem ~** successful/unsuccessful; **fazer ~** to be successful.

sucessões → sucessão.

suco ['suku] *m* juice.

suculento, ta [suku'lẽtu, ta] *adj* succulent.

sucumbir [sukũm'bi(x)] *vi (desmoronar)* to crumble; *(morrer)* to die; **~ a** to succumb to.

sucursal [sukux'saw] *(pl* **-ais** [-ajʃ]*) f (de banco, empresa)* branch.

sudeste [su'dɛʃtʃi] *m* southeast; **no** ~ in the southeast.

súdito, ta ['sudʒitu, ta] *m, f* subject.

sudoeste [su'dwɛʃtʃi] *m* southwest; **no** ~ in the southwest.

suéter ['swete(x)] *(pl* -**res** [-riʃ]*)* *m ou f* sweater.

suficiente [sufi'sjẽntʃi] *adj* enough. ◆ *m EDUC* 'C', pass.

sufocante [sufo'kãntʃi] *adj* oppressive.

sufocar [sufo'ka(x)] *vt & vi* to suffocate.

sugar [su'ga(x)] *vt* to suck.

sugerir [suʒe'ri(x)] *vt* to suggest.

sugestão [suʒeʃ'tãw] *(pl* -**ões** [-õjʃ]*)* *f* suggestion.

sugestões → **sugestão**.

suicidar-se [swisi'daxsi] *vp* to commit suicide.

suicídio [swi'sidʒiu] *m* suicide.

sujar [su'ʒa(x)] *vt* to dirty.

❑ **sujar-se** *vp* to get dirty.

sujeitar [suʒej'ta(x)] *vt*: ~ **algo/alguém a algo** to subject sthg/sb to sthg.

❑ **sujeitar-se a** *vp + prep (submeter-se a)* to conform to; **ela teve que** ~**-se a todo tipo de humilhação** she was subjected to ritual humiliation.

sujeito, ta [su'ʒejtu, ta] *m, f (homem, mulher)* guy (girl). ◆ *m GRAM* subject. ◆ *adj*: ~ **a** subject to.

sujo, ja ['suʒu, ʒa] *adj* dirty.

sul ['suw] *m* south; **ao** ou **no** ~ in the south; **ao** ~ **de** (to the) south of.

suma ['suma] *f*: **em** ~ in short.

sumário, ria [su'marju, rja] *adj (explicação)* brief; *(ordem, execução)* summary. ◆ *m (resumo)* summary.

sunga ['sũŋga] *f* swimming trunks *pl*.

suor [sw'ɔ(x)] *(pl* -**res** [-riʃ]*)* *m* sweat.

superar [supe'ra(x)] *vt* to overcome.

superficial [supexfiʃj'aw] *(pl* -**ais** [-ajʃ]*)* *adj* superficial.

superfície [supex'fisji] *f* surface; *(área)* area; **na** ~ on the surface.

supérfluo, flua [su'pɛxflu, fla] *adj* superfluous.

superior [supe'rjo(x)] *(pl* -**res** [-riʃ]*)* *adj* higher; *(em espaço)* top; *(em valor, quantidade)* greater. ◆ *m* superior; **andar** ~ top floor; **mostrar-se** ~ to give o.s. airs (and graces).

superioridade [superjori'dadʒi] *f* superiority.

superlotado, da [,supexlo'tadu, da] *adj* packed.

supermercado [,supexmex'kadu] *m* supermarket.

superstição [supexʃtʃi'sãw] *(pl* -**ões** [-õjʃ]*)* *f* superstition.

supersticioso, osa [superʃti'sjozu, ɔza] *adj* superstitious.

superstições → **superstição**.

supervisionar [supexvizjo'na(x)] *vt* to supervise.

suplemento [suple'mẽntu] *m (de jornal, revista)* (color) supplement.

suplente [su'plẽntʃi] adj (peça) spare; (pessoa) substitute. ◆ mf ESPsubstitute.

súplica ['suplika] f plea.

suplicar [supli'ka(x)] vt to plead; ~ a alguém que faça algo to beg sb to do sthg.

suplício [su'plisju] m torture.

supor [su'po(x)] vt to presume. ❑ **supor-se** vp: **supõe-se que ela tenha morrido** she is presumed dead.

suportar [supox'ta(x)] vt (peso, carga) to support; (pessoa) to stand; (dor, desgosto) to bear.

suporte [su'pɔxtʃi] m support.

suposição [supozi'sãw] (pl **-ões** [-õjʃ]) f supposition.

supositório [supozi'tɔrju] m suppository.

suposto, osta [su'poʃtu, ɔʃta] adj (hipotético) supposed; (alegado) alleged; (falso) false. ◆ m assumption.

supremo, ma [su'premu, ma] adj supreme.

supressão [supre'sãw] (pl **-ões** [-õjʃ]) f (de palavra, frase) deletion; (de projeto, empregos) axing.

suprimir [supri'mi(x)] vt (palavra, frase) to delete; (emprego, projeto) to axe.

surdez [sux'deʒ] f deafness.

surdo, da ['suxdu, da] adj deaf. ◆ m, f deaf person; **fazer-se de ~** to turn a deaf ear.

surfe ['suxfi] m surfing; **fazer ~** to go surfing.

surfista [sux'fiʃta] mf surfer.

surgir [sux'ʒi(x)] vi (aparecer) to appear; (problema, complicação) to arise.

surpreendente [surpriẽn'dẽntʃi] adj surprising.

surpreender [surpriẽn'de(x)] vt to surprise. ❑ **surpreender-se** vp to be surprised.

surpresa [sur'preza] f surprise; **fazer uma ~ a alguém** to give sb a surprise; **de ~** by surprise.

surpreso, sa [sur'prezu, za] adj surprised.

surto ['surtu] m (de doença) outbreak.

suscetível [suʃse'tivew] (pl **-eis** [-ejʃ]) adj sensitive; **~ a** liable to.

suscitar [suʃsi'ta(x)] vt to provoke; (interesse) to arouse; (dificuldades, problemas) to cause.

suspeita [suʃ'pejta] f suspicion; **lançar ~s sobre alguém** to cast aspersions on sb → suspeito.

suspeito, ta [suʃ'pejtu, ta] adj suspicious. ◆ m, f suspect.

suspender [suʃpẽn'de(x)] vt to suspend.

suspensão [suʃpẽ'sãw] (pl **-ões** [-õjʃ]) f suspension.

suspense [suʃ'pẽsi] m suspense.

suspensões → suspensão.

suspirar [suʃpi'ra(x)] vi to sigh; **~ por** to long for.

suspiro [suʃ'piru] m sigh; (doce) meringue.

sussurrar [susu'xa(x)] vi & vt to whisper.

sussurro [su'suxu] *m* whisper.

sustentar [suʃtẽn'ta(x)] *vt* to support; *(afirmar)* to maintain.

suster [suʃ'te(x)] *vt (segurar)* to sustain; *(respiração)* to hold.

susto ['suʃtu] *m* fright, shock; **tomar um ~** to get frightened; **pregar ~ em alguém** to frighten sb.

sutiã [su'tʃjã] *m* bra, brassiere *Am.*

sutil [su'tʃiw] *(pl* **-is** [-iʃ]) *adj* subtle.

T

tabaco [ta'baku] *m (para cachimbo, enrolar)* tobacco.

tabela [ta'bɛla] *f (gráfico, INFORM)* table; *(de horários)* timetable; *(de preços)* price list; **cair pelas ~s** to feel down.

tablete [ta'blɛtʃi] *m ou f:* **~ de chocolate** chocolate bar.

tabu [ta'bu] *adj & m* taboo.

tábua ['tabwa] *f* board; **~ de passar roupa** ironing board.

tabuleiro [tabu'lejru] *m (para comida)* tray; *(de damas, xadrez)* board.

taça ['tasa] *f* cup; *(para comida, doces)* bowl; *(de champanhe)* glass.

tacada [ta'kada] *f (em golfe)* stroke; *(em bilhar)* shot; **de uma ~** in one go.

taco ['taku] *m (de golfe)* club; *(de bilhar)* cue; *(de chão)* parquet block.

tagarela [taga'rɛla] *adj* talkative. ◆ *mf* chatterbox.

tal ['taw] *(pl* **tais** ['tajʃ]) *adj* such. ◆ *pron:* **o/a ~** the one; **a ponto que ...** to the point that ...; **nunca ouvi falar de ~ coisa/pessoa** I've never heard of such a thing/person; **um ~ de Marcelo** some guy called Marcelo; **na cidade ~** in such-and-such a city; **que ~ um passeio?** how about a walk?; **que ~?** how about it?; **~ qual** such as; **~ e qual** just like; **como ~** as such; **para ~** for that purpose; **~ como** just as.

talão [ta'lãw] *(pl* **-ões** [-õjʃ]) *m (de recibo, bilhete)* stub; **~ de cheques** checkbook *Am,* cheque book *Brit.*

talco ['tawku] *m* talc.

talento [ta'lẽntu] *m* talent.

talhar [ta'ʎa(x)] *vt* to cut; *(madeira)* to carve; **ser talhado para algo** to be cut out for sthg. ◆ *vi (leite)* to curdle.

talher [ta'ʎɛ(x)] *(pl* **-res** [-riʃ]) *m* (set of) cutlery.

talo ['talu] *m (de flor, legume)* stem.

talões → talão.

talvez [taw've3] *adv* perhaps, maybe; **~ sim, ~ não** maybe, maybe not.

tamancos [ta'mãŋkuʃ] *mpl* clogs.

tamanho, nha [ta'maɲu, ɲa]

m (grandeza) size. ◆ *adj (tão grande)*: **não ter** ~ limitless; **do ~ de um bonde** enormous; **fiz ~ esforço** I made such an effort; **qual é o ~ do quarto?** how big is the room?

tâmara ['tamara] *f* date.

também [tãm'bẽ] *adv* also; *(ademais)* besides; **eu ~** me too; **eu ~ não** me neither; **ele ~ não fez nada** he didn't do anything either; **~ quero ir** I want to go too; **ele ~ se chama Luís** he's also called Luís.

tambor [tãm'bo(x)] *(pl* **-res** [-riʃ]) *m* drum.

tamborim [tãmbo'rĩ] *(pl* **-ns** [-ʃ]) *m* tambourine.

tamboris → **tamboril.**

tampa ['tãmpa] *f* lid.

tampão [tãm'pãw] *(pl* **-ões** [-õjʃ]) *m* tampon.

tampo ['tãmpu] *m (de mesa)* top; *(de privada)* lid.

tampões → **tampão.**

tampouco [tãm'poku] *adv* neither.

tangerina [tãʒe'rina] *f* tangerine.

tanque ['tãŋki] *m* tank; *(para lavar roupa)* washtub; **~ de combustível** fuel tank.

tanto, ta ['tãntu, ta] *adj* -1. *(exprime grande quantidade)* so much, so many *pl*; **~ dinheiro** so much money; **tanta gente** so many people; **tantas flores** so many flowers; **esperei ~ tempo** I waited for so long; **~ ... que ...** so much ... that ... -2. *(indica quantidade indetermi-*

nada) so much, so many *pl*; **de ~s em ~s dias** every so many days; **são mil e ~s reais** one thousand and something reals. -3. *(em comparações)*: **~ ... como ...** as much ... as, as many ... as *pl*; **bebi ~ vinho quanto você** I drank as much wine as you.

◆ *adv* -1. *(exprime grande quantidade)* so much; **lhe quero ~** I love you so much; **não quero ~ assim** I don't want that much. -2. *(em locuções)*: **de ~ falar perdi a voz** I lost my voice from talking so much; **~ faz!** it doesn't matter!; **~ melhor** so much the better; **~ pior** too bad; **~ quanto** as far as; **um ~** a little; **é um ~ caro** it's a bit expensive; **~ um como o outro** both of them; **um ~ quanto** slightly; **~ que** so much so that.

◆ *pron* -1. *(indica grande quantidade)* so much, so many *pl*; **tenho ~!** I've got so much!; **ele não comprou ~s** he didn't buy that many. -2. *(indica igual quantidade)* as much, as many *pl*; **havia muita gente ali, aqui não era tanta** there were a lot of people over there, but not as many over here. -3. *(indica quantidade indeterminada)* so much, so many *pl*; **lá para as tantas ele foi embora** he left quite late; **põe uns ~s aqui uns ~s ali** put some over here and some over there; **leve ~s quantos você quiser** take as many as you want. -4. *(em comparações)*: **~ quanto** as much as; **sabe ~ quanto eu do assunto** he knows as much as I do about the situation.

- 5. *(em locuções)*: **às tantas** *(de repente)* all of a sudden; **às tantas da noite** late at night; **não é caso para ~** there's no need to make such a fuss.

tão [tãw] *adv* so; **~ ... como** as ... as; **~ ... que** so ... (that).

tapa ['tapa] *m (bofetada)* slap; **no ~** *(à força)* by force; *(com dificuldade)* with difficulty; **sair no ~** to come to blows.

tapar [ta'pa(x)] *vt (com cobertor, lençol)* to cover up; *(garrafa, frasco, panela)* to put the lid on; *(caixa)* to close; *(boca, ouvidos)* to cover; *(nariz)* to hold.

tapeçaria [tapesa'ria] *f* tapestry.

tapete [ta'petʃi] *m (grande)* carpet; *(médio)* rug; *(pequeno)* mat.

tardar [tax'da(x)] *vi* to take a long time; **ele não tardará a chegar** he won't be long; **~ a em fazer algo** to take a long time to do sthg; **mais ~** at the latest.

tarde ['taxdʒi] *f (até às seis)* afternoon; *(depois das seis)* evening. ◆ *adv* late; **boa ~!** good afternoon/evening!; **à ~** in the afternoon/evening; **já é ~** it's too late; **mais ~** later; **antes ~ do que nunca** better late than never; **já vai ~** not a moment too soon; **nunca é ~ demais** it's never too late.

tardinha [tax'dʒiɲa] *f*: **à ~** late in the afternoon.

tardio, dia [tax'dʒiu, 'dʒia] *adj* late.

tarefa [ta'rɛfa] *f* task.

tarifa [ta'rifa] *f (preço, taxa)* charge; *(em transportes)* fare; *(lista de preços)* price list.

tartaruga [taxta'ruga] *f (terrestre)* tortoise; *(aquática)* turtle.

tática ['tatʃika] *f* tactic.

tático, ca ['tatʃiku, ka] *adj* tactical.

tato ['tatu] *m (sentido)* touch; *fig (cuidado, habilidade)* tact; **ter ~** *fig* to be tactful.

tatuagem [ta'twaʒɛ̃] *(pl* **-ns** [-ʃ]*)* *f* tattoo.

taxa ['taʃa] *f (índice)* rate; *(imposto)* tax; *(percentagem)* rate; **~ de câmbio/juros** exchange/interest rate; **~s de embarque** airport tax.

táxi ['taksi] *m* taxi.

taxímetro [tak'simetru] *m* taximeter.

tchau ['tʃaw] *interj* bye!

te [tʃi] *pron (complemento direto)* you; *(complemento indireto)* (to) you; *(reflexo)* yourself.

teatral [tea'traw] *(pl* **-ais** [-ajʃ]*)* *adj (do teatro)* theater *(antes de s)*; *(pessoa, comportamento)* theatrical.

teatro ['teatru] *m* theater; **~ de fantoches** puppet show.

tecer [te'se(x)] *vt (tapete, tecido)* to weave; *(suj: aranha)* to spin.

tecido [te'sidu] *m (pano)* fabric, cloth; *ANAT* tissue.

tecla ['tɛkla] *f* key.

teclado [tɛ'kladu] *m* keyboard.

técnica ['tɛknika] *f* technique → **técnico**.

técnico, ca ['tɛkniku, ka] *adj* technical. ◆ *m, f (pessoa)* technician.

tecnologia [tɛknolo'ʒia] *f* technology; ~ **de informação** information technology; ~ **de ponta** state-of-the-art technology.

tédio ['tɛdʒiu] *m* boredom.

teia ['teja] *f* web.

teimar [tej'ma(x)] *vi* to insist; ~ **em** to insist on.

teimosia [tejmo'zia] *f* stubbornness.

teimoso, osa [tej'mozu, ɔza] *adj* stubborn.

tela ['tɛla] *f (pintar)* canvas; *(tecido)* fabric; *(cinema)* screen.

telecomunicações [telekomunika'sõjʃ] *fpl* telecommunications.

teleférico [tele'fɛriku] *m* cable car; *(para esquiadores)* ski lift.

telefonar [telefo'na(x)] *vi* to (tele)phone; ~ **para alguém** to (tele)phone sb.

telefone [tele'fɔni] *m* (tele)phone; **estar no** ~ to be on the phone; ~ **celular** cell phone *Am,* mobile phone *Brit;* ~ **público** public payphone.

telefonema [telefo'nema] *m* (tele)phone call; **dar um** ~ to make a (tele)phone call.

telefônico, ca [tele'foniku, ka] *adj* (tele)phone *(antes de s).*

telefonista [telefo'niʃta] *mf* switchboard operator.

telegrama [tele'grama] *m* telegram.

telejornal [ˌtelɛʒox'naw] *(pl* **-ais** [-ajʃ]) *m* news *sg.*

telenovela [ˌtɛlɛno'vɛla] *f* soap opera.

TELENOVELA

In recent years, soap operas have become one of Brazil's most profitable exports. Fan clubs for the stars can be found in many different countries. In Brazil itself, a surprisingly large slice of the daily TV schedule is devoted to these shows, which consist of a number of interwoven plots and scandals, usually running almost every day for about six months. Portugal is the largest importer of Brazilian soaps, despite a growing number of home-produced alternatives.

teleobjetiva [ˌtɛlɛobʒe'tʃiva] *f* telephoto lens.

telepatia [telepa'tʃia] *f* telepathy.

telescópio [teleʃ'kɔpju] *m* telescope.

televisão [televi'zãw] *(pl* **-ões** [-õjʃ]) *f* television, TV; ~ **em cores** color television; ~ **por cabo/satélite** cable/satellite television.

televisor [televi'zo(x)] *(pl* **-res** [-riʃ]) *m* television (set).

telex [tɛ'lɛks] *(pl* **-xes** [-ksiʃ]) *m* telex.

telha ['teʎa] f (roof) tile.

telhado [te'ʎadu] m roof.

tem ['tẽ] → **ter.**

têm ['tajẽ] → **ter.**

tema ['tema] m subject.

temer [te'me(x)] vt to be afraid of, to fear; ~ **que** to fear (that).

temido, da [te'midu, da] adj feared.

temível [te'mivɛw] (pl -**eis** [-ejʃ]) adj frightening.

temor [te'mo(x)] (pl -**res** [-riʃ]) m fear.

temperado, da [tẽmpe'radu, da] adj (comida) seasoned; (clima) temperate.

temperamento [tẽmpera'mẽntu] m temperament.

temperar [tẽmpe'ra(x)] vt to season.

temperatura [tẽmpera'tura] f temperature; ~ **negativa/positiva** below/above zero.

tempero [tẽm'peru] m seasoning.

tempestade [tẽmpeʃ'tadʒi] f storm; **uma ~ num copo d'água** a storm in a teacup.

templo ['tẽmplu] m temple.

tempo ['tẽmpu] m (horas, minutos, segundos) time; (meteorológico) weather; GRAM tense; **chegar a ~ de algo** to arrive in time for sthg; **chegar a ~ de fazer algo** to arrive in time to do sthg; **ganhar ~** to save time; **não ter ~ para algo** to not have time for sthg; **não ter ~ para fazer algo** to not have time to do sthg; **poupar ~** to save time; **recuperar o ~ perdido** to make up for lost time; **ser ~ de** to be time to; **em ~ integral** full-time; ~ **livre** free time sg; **antes do ~** prematurely; **ao mesmo ~** at the same time; **dentro de pouco ~** in a little while; **no meu ~** in my days; **naquele ~** in those days; **de ~s em ~s** from time to time; **nos últimos ~s** lately; **por algum ~** for a while; **por ~ indefinido** ou **indeterminado** indefinitely.

têmpora ['tẽmpora] f temple.

temporada [tẽmpo'rada] f season; **passar uma ~ no estrangeiro/na praia** to spend some time abroad/at the beach.

temporal [tẽmpo'raw] (pl -**ais** [-ajʃ]) m storm.

temporário, ria [tẽmpu'rarju, rja] adj temporary.

tencionar [tẽsjo'na(x)] vt: ~ **fazer algo** to intend to do sthg.

tenda ['tẽnda] f (para acampar) tent; (em mercado) stand; (quitanda) farmers' market.

tendão [tẽn'dãw] (pl -**ões** [-õjʃ]) m tendon.

tendência [tẽn'dẽsja] f tendency; **ter a ~ para** to tend to.

tendões → **tendão.**

tenente [te'nẽntʃi] mf lieutenant.

tenho ['taɲu] → **ter.**

tênis ['teniʃ] m inv ESP tennis; (sapatos) sneakers pl Am, trainers pl Brit; ~ **de mesa** table tennis, ping-pong.

tenro, ra ['tẽxu, xa] adj tender; **de tenra idade** young.

tensão [tẽ'sãw] (pl -**ões** [-õjʃ]) f

(nervosismo) tension; *(elétrica)* voltage; ~ **arterial alta/baixa** high/low blood pressure.

tenso, sa ['tẽsu, sa] *adj* tense.

tensões → **tensão**.

tentação [tẽta'sãw] *(pl* **-ões** [-õjʃ] *f* temptation.

tentador, ra [tẽta'do(x), ra] *(mpl* **-res** [-riʃ], *fpl* **-s** [-ʃ]) *adj* tempting.

tentar [tẽn'ta(x)] *vt (seduzir)* to tempt. ◆ *vi (experimentar)* to try; ~ **fazer algo** to try to do sthg.

tentativa [tẽnta'tiva] *f* attempt; **na primeira** ~ on one's first attempt go; **na** ~ **de fazer algo** in an attempt to do sthg.

tênue ['tenwi] *adj* faint; *(sabor)* mild.

teologia [teolo'ʒia] *f* theology.

teor ['teo(x)] *m* tone; *(de álcool, gordura)* content.

teoria [teo'ria] *f* theory; **em** ~ in theory.

teoricamente [ˌtjɔrika'mẽntʃi] *adv* theoretically.

tépido, da ['tɛpidu, da] *adj* tepid.

ter ['te(x)] *vt* **-1.** *(possuir)* to have; **a casa tem dois quartos** the house has two bedrooms; **tenho muito dinheiro** I have a lot of money; ~ **saúde/juízo** to be healthy/sensible.

-2. *(indica medida, idade)* to be; **que idade você tem?** how old are you?; **tenho dez anos** I'm ten (years old).

-3. *(dor, doença)* to have (got); ~ **febre** to have a fever; **tenho dor de dentes/cabeça** I've got

a toothache/headache.

-4. *(sentir)*: ~ **medo** to be frightened; **tenho frio/calor** I'm cold/hot; **tenho sede/fome** I'm thirsty/hungry.

-5. *(exprime sentimento)*: ~ **amor/ódio a alguém** to love/hate sb; ~ **carinho por alguém** to care about sb; ~ **afeição por alguém** to be fond of sb.

-6. *(conter)* to hold; **esta garrafa tem um litro** this bottle holds one liter.

-7. *(discussão, problema)* to have; **eles têm muitos problemas econômicos** they have a lot of money problems; **tivemos uma grande discussão** we had a big argument.

-8. *(para desejar)* to have; **tenha umas boas férias!** enjoy your vacation!; **tenham um bom dia!** have a nice day!

-9. *(ter de ir a)* to have; **tenho um encontro** I've got a date.

-10. *(dar à luz)* to have; **ela teve uma menina** she had a baby girl.

-11. *(em locuções)*: **ir** ~ **a** *(desembocar)* to lead to; **ir** ~ **com** *(encontrar)* to meet.

◆ *v aux* **-1.** *(haver)*: **eles tinham quebrado o vidro** they had broken the window.

-2. *(exprime obrigação)*: ~ **de fazer algo** to have to do sthg; **temos de estar lá às oito** we have to be there at eight; **tenho muito que fazer** I have a lot to do.

terapeuta [tera'pewta] *mf* therapist.

terapia [tera'pia] *f* therapy.

terça-feira [ˌtexsaˈfejra] (*pl* **terças-feiras** [ˌtexsaʃˈfejraʃ]) *f* Tuesday; **terça-feira de Carnaval** Mardi Gras *Am*, Shrove Tuesday *Brit* → **sexta-feira**.

terceira [texˈsejra] *f (de veículo)* third (gear).

terceiro, ra [texˈsejru, ra] *num* third; **a terceira idade** old age → **sexto**.

terço [ˈtexsu] *m (parte)* third; *(rosário)* rosary; **rezar o** ~ to say the rosary.

termas [ˈtexmaʃ] *fpl* hot ou thermal baths, spa *sg*.

térmico, ca [ˈtexmiku, ka] *adj* thermal; **garrafa térmica** Thermos® (bottle).

terminal [texmiˈnaw] (*pl* **-ais** [-ajʃ]) *adj* terminal. ◆ *m* INFORM terminal; ~ **rodoviário/ferroviário** bus/railroad terminal; ~ **aéreo** airport terminal.

terminar [texmiˈna(x)] *vt* to finish. ◆ *vi* to end; ~ **em algo** to end in sthg; ~ **por fazer algo** to end up doing sthg.

termo [ˈtexmu] *m* term; *(limite, fim)* end, conclusion; **pôr** ~ **a algo** to put an end to sthg.

termômetro [terˈmometru] *m* thermometer.

terno, na [ˈtexnu, na] *adj* tender. ◆ *m* suit; **ir de** ~ **e gravata** to wear a suit and tie.

ternura [texˈnura] *f* tenderness.

terra [ˈtexa] *f (chão)* ground; *(substância)* earth; *(terreno)* land; *(pátria)* homeland; *(solo)* soil; *(localidade)* place; **a Terra** Earth; ~ **natal** homeland, country of

origin; **por** ~ *(viajar)* by land; **cair por** ~ *fig (plano, negócio)* to fall through.

terraço [teˈxasu] *m* terrace.

terremoto [texeˈmɔtu] *m* earthquake.

terreno, na [teˈxenu, na] *adj* earthly. ◆ *m* plot (of land).

térreo, ea [ˈtexju, ja] *adj (andar, piso)* ground *(antes de s)*.

terrestre [teˈxɛʃtri] *adj (de planeta)* terrestrial; *(da terra)* land *(antes de s)*. ◆ *mf* earthling.

território [texiˈtɔrju] *m* territory.

terrível [teˈxivɛw] (*pl* **-eis** [-ejʃ]) *adj* terrible.

terror [teˈxo(x)] (*pl* **-res** [-riʃ]) *m* terror.

tese [ˈtɛzi] *f* thesis.

tesoura [teˈzora] *f* scissors *pl*; ~ **de unha** nail scissors.

tesouro [teˈzoru] *m* treasure.

testa [ˈtɛʃta] *f* forehead.

testamento [teʃtaˈmẽntu] *m* will.

testar [teʃˈta(x)] *vt* to test, to try out.

teste [ˈtɛʃtʃi] *m* test; ~ **oral** oral (exam).

testemunha [teʃteˈmuɲa] *f* witness; ~ **ocular** eyewitness.

testemunho [teʃteˈmuɲu] *m* JUR testimony.

testículo [teʃˈtʃikulu] *m* testicle.

teto [ˈtɛtu] *m* ceiling.

teu, tua [ˈtew, ˈtua] *adj* your. ◆ *pron*: **o** ~ **/a tua** yours; **um amigo** ~ a friend of yours; **os** ~ **s** *(a tua família)* your family.

teve ['tevi] → **ter.**

têxtil ['tejʃtʃiw] (pl **-teis** [-tejʃ]) m textile.

texto ['tejʃtu] m (de livro) text; (de peça teatral) script.

textura [tejʃ'tura] f texture.

ti ['tʃi] pron (com preposição: complemento indireto) you; (com preposição: reflexo) yourself; **compraste-o para ~ (mesmo** ou **próprio)?** did you buy it for yourself?

tigela [tʃi'ʒɛla] f bowl; **de meia-~** fig (de pouco valor) second-rate.

tigre ['tʃigri] m tiger.

tijolo [tʃi'ʒolu] m brick.

til ['tiw] m tilde.

time ['tʃimi] m team.

timidez [tʃimi'deʃ] f shyness.

tímido, da ['tʃimidu, da] adj shy.

tímpano ['tʃĩmpanu] m ANAT eardrum; MÚS kettledrum.

tina ['tʃina] f tub.

tingido, da [tʃĩ'ʒidu, da] adj dyed.

tingir [tʃĩ'ʒi(x)] vt to dye.

tinha ['tʃiɲa] → **ter.**

tinir [tʃi'ni(x)] vi to ring; **estar tinindo** (de novo) to be brand new; (de limpo) to be gleaming.

tinta ['tʃĩnta] f (para escrever) ink; (para pintar) paint; (para tingir) dye; **~ a óleo** oil paint.

tinteiro [tʃĩn'tejru] m inkwell.

tinturaria [tʃĩntura'ria] f (local) dry cleaner.

tio, tia ['tʃiu, 'tʃia] m, f uncle, aunt.

típico, ca ['tʃipiku, ka] adj (comida, bebida, costume) traditional; **ser ~ de** to be typical of.

tipo, pa ['tʃipu, pa] m type.

tipografia [tʃipogra'fia] f (local) printing works sg.

tíquete [tʃi'ketʃi] m ticket; **~ de metrô** subway ticket.

tiracolo [tʃira'kolu] m: **a ~** across the shoulder.

tiragem [tʃi'raʒẽ] (pl **-ns** [-ʃ]) f (de jornal, revista) circulation; (livro) print run.

tirania [tʃira'nia] f tyranny.

tirar [tʃi'ra(x)] vt to take; (remover) to take off; **~ algo de alguém** (roubar) to steal sthg from sb; **~ algo à sorte** to pick sthg at random; **~ a mesa** to clear the table.

tiritar [tʃiri'ta(x)] vi to shiver.

tiro ['tʃiru] m shot; **dar um ~ (em alguém)** to shoot (sb); **~ ao alvo** target shooting; **o ~ saiu pela culatra** it backfired; **ser ~ e queda** to be a dead cert.

tiroteio [tʃiro'teju] m (tiros) shooting; (troca de disparos) shoot-out.

título ['tʃitulu] m title; (documento) bond.

tive ['tʃivi] → **ter.**

toalete [twa'letʃi] m (banheiro) toilet; (roupa) clothes pl. ◆ f: **fazer a ~** to wash up.

toalha ['twaʎa] f towel; **~ de banho** bath towel; **~ de mesa** tablecloth; **~ de rosto** hand towel.

toca-discos [,tɔka'dʒiʃkuʃ] m inv record player.

toca-fitas [ˌtɔka'fitaʃ] *m inv* cassette player.

tocar [to'ka(x)] *vt (instrumento)* to play. ◆ *vi* to touch; *(campainha, sino, telefone)* to ring; MÚS to play; ~ **em** *(em pessoa, objeto)* to touch; *(em assunto)* to touch on; ~ **a campainha** to ring the bell. ❑ **tocar a** *v + prep*: **toca a ele pedir uma explicação** it's up to him to ask for an explanation; **no que me toca** as far as I'm concerned.

tocha ['tɔʃa] *f* torch.

todavia [toda'via] *adv* still. ◆ *conj* but, however.

todo, da ['todu, da] *adj* all; ~ **dia/mês** every day/month; **o dia/mês** all day long/all month long; ~ **mundo** everyone, everybody; ~ **todas as coisas** everything *sg*; **em toda a parte** everywhere; **ao** ~ altogether, in total; **de** ~ completely; **no** ~ all in all. ❑ **todos** *pron pl (pessoas)* everyone *sg*, everybody *sg*; *(coisas)* all; **quero** ~**s** I want them all, I want all of them.

toldo ['towdu] *m* awning.

tolerância [tole'rãsja] *f* tolerance.

tolerar [tole'ra(x)] *vt* to tolerate.

tolice [to'lisi] *f (coisa sem valor)* trifle; *(asneira)* stupid thing.

tolo, la ['tolu, la] *adj* silly.

tom ['tõ] *(pl -ns* [-ʃ]) *m* tone; *(de cor)* shade; *(MÚS: nota)* key; *(MÚS: altura)* pitch; **ser de bom ~** to be the done thing; ~ **agudo/**

grave high/low note.

tomada [to'mada] *f (elétrica)* socket; *(de lugar, edifício)* seizure; ~ **de posse** *(de governo, presidente)* investiture.

tomar [to'ma(x)] *vt* to take; *(bebida)* to have; *(lugar, edifício)* to seize; **toma!** here you are!; **vamos** ~ **um café!** let's go get some coffee!; ~ **ar** to get some air; ~ **o café da manhã** to have breakfast; ~ **posse** *(de cargo político)* to take office.

tomara [to'mara] *interj*: ~ **que ...** if only ...; **tomara!** let's hope so!

tomate [to'matʃi] *m* tomato.

tombar [tõm'ba(x)] *vt* to knock over. ◆ *vi* to fall.

tombo ['tõmbu] *m* tumble; **levar um** ~ to fall down.

tonalidade [tonali'dadʒi] *f (de som)* key; *(de cor)* shade.

tonelada [tone'lada] *f* ton.

tônico, ca ['toniku, ka] *adj* tonic; *(fortificante)* invigorating. ◆ *m (medicamento)* tonic.

tons → **tom**.

tonto, ta ['tõtu, ta] *adj (com tonturas)* dizzy; *(tolo)* silly.

tontura [tõn'tura] *f* dizziness.

tópico ['tɔpiku] *m* topic.

topo ['topu] *m* top.

toque ['tɔki] *m (contato)* touch; *(som)* chime, chiming; *(de campainha)* ring.

tórax ['tɔraks] *m* thorax.

torcedor, ra [toxse'do(x), ra] *(mpl -res* [-riʃ], *fpl -s* [-ʃ]) *m, f ESP* fan, supporter.

torcer [tox'se(x)] vt to twist; (espremer) to wring out; ~ **o nariz para algo** to turn one's nose up at sthg.
□ **torcer por** v + prep (apoiar) to support.
□ **torcer-se** vp (de riso, dor) to double up.

torcicolo [toxsi'kɔlu] m: **ter um** ~ to have a crick in one's neck.

torcida [tox'sida] f ESP (grupo) fans pl; ESP (ato) supporter.

torcido, da [tox'sidu, da] adj twisted.

tormenta [tox'mẽnta] f storm.

tormento [tox'mẽntu] m torment.

tornar [tox'na(x)] vt to make; ~ **algo em algo** to turn sthg into sthg.
□ **tornar a** v + prep: ~ **a fazer algo** to do sthg again.
□ **tornar-se** vp to become.

torneio [tox'neju] m tournament.

torneira [tox'nejra] f faucet Am, tap Brit.

torno ['toxnu] m: **em** ~ **de** around.

tornozelo [toxno'zelu] m ankle.

torpedo [tox'pedu] m torpedo.

torrada [to'xada] f (a slice of) toast.

torradeira [toxa'dejra] f toaster.

torrão [to'xãw] (pl **-ões** [-õjʃ]) m (de terra) clod; ~ **de açúcar** sugar lump.

torrar [to'xa(x)] vt to toast.

torre ['toxi] f (construção) tower; (em xadrez) rook, castle.

tórrido, da ['tɔxidu, da] adj torrid.

torrões → torrão.

torta ['tɔxta] f pie.

torto, torta ['toxtu, 'txta] adj bent; **a** ~ **e a direito** left, right and center.

tos [tuʃ] = te + os → te.

tosse ['tɔsi] f cough.

tossir [to'si(x)] vi to cough.

tostão [toʃ'tãw] (pl **-ões** [-õjʃ]) m dime Am, copper Brit; **não valer um** ~ **furado** not to be worth a penny.

total [to'taw] (pl **-ais** [-ajʃ]) adj & m total; **no** ~ in all.

totalidade [tutali'dadʒi] f whole; **a** ~ **dos meus alunos** all (of) my students; **na** ~ (no total) in total; (totalmente) completely.

totalmente [totaw'mẽntʃi] adv totally.

touca ['toka] f cap; ~ **de banho** (em piscina) swimming cap; (em ducha) shower cap.

toucinho [to'siɲu] m bacon; ~ **defumado** smoked bacon.

toupeira [to'pejra] f mole.

tourada [to'rada] f bullfight.

touro ['toru] m bull.
□ **Touro** m Taurus.

tóxico, ca ['tɔksiku, ka] adj toxic, poisonous.

trabalhador, ra [trabaʎa'do(x), ra] (mpl **-res** [-riʃ], fpl **-s** [-ʃ]) adj hard-working. ◆ m, f worker; ~ **braçal** manual worker.

trabalhar [traba'ʎa(x)] *vi & vt*
to work.

trabalho [tra'baʎu] *m* work; **ir
para o ~** to go to work; **~ de
casa** *EDUC* homework; **~ de parto** labor.

traça ['trasa] *f* moth.

tração [tra'sãw] *f* traction.

traçar [tra'sa(x)] *vt (linha, desenho)* to draw; *(plano)* to draw up.

traço ['trasu] *m (risco)* line; *(vestígio)* trace; *(de rosto, personalidade)* feature.

tradição [tradʒi'sãw] *(pl -ões*
[-õjʃ]) *f* tradition.

tradicional [tradʒisjo'naw] *(pl
-ais* [-ajʃ]) *adj* traditional.

tradições → tradição.

tradução [tradu'sãw] *(pl -ões*
[-õjʃ]) *f* translation.

tradutor, ra [tradu'to(x), ra]
(mpl -res [-riʃ], *fpl -s* [-ʃ]) *m, f*
translator.

traduzir [tradu'zi(x)] *vt & vi* to
translate.

tráfego ['trafegu] *m* traffic.

traficante [trafi'kãntʃi] *mf* traf-
ficker, dealer.

traficar [trafi'ka(x)] *vt* to traffic
in.

tráfico ['trafiku] *m* traffic.

tragar [tra'ga(x)] *vt, vi (fumo)* to
inhale; *(bebida)* to swallow.

tragédia [tra'ʒɛdʒja] *f* tragedy.

trágico, ca ['traʒiku, ka] *adj*
tragic.

trago ['tragu] *m (de fumo)* a
drag; *(de bebida)* a mouthful →
trazer.

traição [traj'sãw] *(pl -ões* [-õjʃ])

f (de amigo, companheiro) betrayal; *(de país)* treason.

traidor, ra [traj'do(x), ra] *(mpl
-res* [-riʃ], *fpl -s* [-ʃ]) *m, f* traitor.

traje ['traʒi] *m* clothes *pl*; **~ a rigor** evening wear; **~ esporte**
casual dress; **~ de noite** evening gown; **~ típico** traditional
costume ou dress; **~s menores**
underwear *sg*.

trajeto [tra'ʒɛtu] *m (caminho)*
route; *(viagem)* journey, trip.

trajetória [traʒe'tɔrja] *f* trajec-
tory.

tralha ['traʎa] *f* junk, stuff.

trama ['trama] *f (de fios)* weave;
(de livro, filme) plot.

tramar [tra'ma(x)] *vt:* **~ algo**
(conspirar) to plot sthg.

trâmite ['tramitʃi] *m* procedure; **os ~s legais** legal proce-
dures.

tranca ['trãŋka] *f* bar.

trança ['trãsa] *f* braid *Am,* plait
Brit.

trancar [trãŋ'ka(x)] *vt* to bar.

tranqüilidade [trãŋkwili'da-
dʒi] *f* peace, tranquility.

tranqüilizante [trãŋkwili'zãn-
tʃi] *adj* reassuring. ◆ *m* tranquilizer.

tranqüilo, la [trãŋ'kwilu, la]
adj calm; *(local)* peaceful.

transar [trã'za(x)] *vt (combinar)*
to arrange. ◆ *vi* to have sex.

transatlântico, ca [trãza-
t'lãntʃiku, ka] *adj* transatlantic.
◆ *m* (ocean) liner.

transbordar [trãʒbox'da(x)] *vi*
to overflow.

transbordo [trãʒˈboxdu] *m* transfer; **fazer ~** to transfer.

transeunte [trãˈzeũntʃi] *mf* passerby.

transferência [trãʃfeˈrẽsja] *f* transfer.

transferir [trãʃfeˈri(x)] *vt* to transfer.

transformador, ra [trãʃfoxmaˈdo(x), ra] (*mpl* **-res** [-riʃ], *fpl* **-s** [-ʃ]) *m* transformer.

transformar [trãʃfoxˈma(x)] *vt* to transform.

transfusão [trãʃfuˈzãw] (*pl* **-ões** [-õjʃ]) *f*: **~ de sangue** blood tranfusion.

transgênico, ca [trãʒˈʒeniku, ka] *adj* transgenic.

transgredir [trãʒgreˈdi(x)] *vt* (*lei*) to break, to violate; (*direito*) to infringe.

transição [trãziˈsãw] (*pl* **-ões** [-õjʃ]) *f* transition.

transitar [trãziˈta(x)] *vi* to circulate; **~ para** to move on to.

transitivo, va [trãziˈtʃivu, va] *adj* GRAM transitive.

trânsito [ˈtrãzitu] *m* traffic; **'~ congestionado'** 'heavy traffic'; **'~ proibido'** 'no entry' (*for vehicular traffic*) **'~ nos dois sentidos'** 'two-way traffic'.

transmissão [trãʒmiˈsãw] (*pl* **-ões** [-õjʃ]) *f* (*de rádio, televisão*) broadcast, transmission; (*de mensagem*) passing on; (*de doença, genes*) transmission.

transmitir [trãʒmiˈtʃi(x)] *vt* (*suj: rádio, televisão*) to broadcast; (*mensagem*) to pass on; (*doença, genes*) to transmit. ◆ *vi* (*rádio,*

televisão) to broadcast, to transmit.

transparência [trãʃpaˈrẽsja] *f* transparency.

transparente [trãʃpaˈrẽtʃi] *adj* transparent; (*água*) clear; (*roupa, tecido*) see-through.

transpiração [trãʃpiraˈsãw] *f* perspiration.

transpirar [trãʃpiˈra(x)] *vi* to perspire.

transplantar [trãʃplãnˈta(x)] *vt* to transplant.

transplante [trãʃˈplãntʃi] *m* (*de planta, árvore*) transplanting; (*de órgão*) transplant.

transportar [trãʃpoxˈta(x)] *vt* to carry; (*suj: veículo*) to transport.

transporte [trãʃˈpoxtʃi] *m* transportation; **~ coletivo** public transportation.

transtornar [trãʃtoxˈna(x)] *vt* (*pessoa*) to upset; (*reunião, rotina*) to disrupt.

transtorno [trãʃˈtoxnu] *m* disruption; **causar ~** to cause disruption.

trapézio [traˈpɛzju] *m* trapeze.

trapo [ˈtrapu] *m* rag.

trarei [traˈreʃ] → **trazer.**

trás [trajʃ] *prep & adv*: **deixar para ~** to leave behind; **por ~ de** behind; **de ~** from behind; **para ~** back(ward).

traseira [traˈzejra] *f* (*de carro*) rear *sg*.

traseiro, ra [traˈzejru, ra] *adj* (*parte, assento*) back (*antes de s*). ◆ *m* backside.

tratado, da [tra'tadu, da] *adj* treated; *(assunto)* sorted out. ◆ *m (acordo)* treaty; *(ensaio)* treatise.

tratamento [trata'mēntu] *m* treatment; *INFORM* processing.

tratar [tra'ta(x)] *vt* to treat; ~ **alguém bem/mal** to treat sb well/badly. ❏ **tratar de** *v + prep* to deal with; ~ **de fazer algo** to decide to do sthg. ❏ **tratar-se de** *vp + prep* : **trata-se de um erro** it's a mistake; **de quem se trata?** who is it?

trator [tra'to(x)] *(pl* **-res** [-rif]) *m* tractor.

trauma ['trawma] *m* trauma.

travar [tra'va(x)] *vt (combate, luta)* to wage; ~ **conhecimento com alguém** to meet sb.

trave ['travi] *f* beam; *(em futebol)* crossbeam.

travessa [tra'vɛsa] *f (rua)* lane; *(peça de louça)* platter; *(para cabelo)* decorative comb.

travessão [trave'sãw] *(pl* **-ões** [-õjf]) *m (para cabelo)* (decorative) comb; *(sinal gráfico)* dash; *(no futebol)* crossbar.

travesseiro [trave'sejru] *m* pillow.

travessia [trave'sia] *f* crossing.

travesso, a [tra'vesu, a] *adj* naughty.

travessões → **travessão**.

traz ['trajf] → **trazer**.

trazer [tra'ze(x)] *vt* to bring; *(vestir)* to wear; *(problemas)* to cause; *(conseqüências)* to have.

trégua ['trɛgwa] *f (descanso)* break; *(em conflito)* truce.

treinador, ra [trejna'do(x), ra] *(mpl* **-res** [-rif], *fpl* **-s** [-f]) *m, f* trainer.

treinar [trej'na(x)] *vt* to train. ❏ **treinar-se** *vp* to train.

treino ['trejnu] *m* training.

trem ['trẽ] *(pl* **-ns** [-f]) *m* train; *(coisa)* stuff; ~ **de aterrissagem** *(de avião)* landing gear; **de** ~ by train; **pegar o** ~ to catch the train.

tremendo, da [tre'mēndu, da] *adj* tremendous; *(horrível)* terrible.

tremer [tre'me(x)] *vi* to tremble; ~ **de frio** to shiver with cold; ~ **de medo** to tremble with fear.

tremor [tre'mo(x)] *(pl* **-res** [-rif]) *m (de frio)* shivering; *(de medo)* trembling; ~ **de terra** earthquake.

trenó [tre'nɔ] *m* sled.

trens → **trem**.

trepadeira [trepa'dejra] *f (planta)* climber; *(roseira)* rambler.

trepar [tre'pa(x)] *vi* : ~ **em** to climb up.

três ['trejf] *num* three → **seis**.

trespassar [trefpa'sa(x)] *vt (loja, estabelecimento)* to transfer; *(transgredir)* to violate.

trevas ['trɛvaf] *fpl* darkness *sg*.

trevo ['trevu] *m (planta)* clover; *(símbolo da Irlanda)* shamrock.

treze ['trezi] *num* thirteen → **seis**.

trezentos, tas [tre'zēntuf, taf] *num* three hundred → **seis**.

triângulo [tri'ãŋgulu] *m* triangle.

tribo ['tribu] *f* tribe.

tribuna [tri'buna] *f (de estádio)* grandstand.

tribunal [tribu'naw] *(pl* **-ais** [-ajʃ]) *m* court.

tricô [tri'ko] *m* knitting.

tricotar [triko'ta(x)] *vt* to knit.

trigésimo, ma [tri'ʒɛzimu, ma] *num* thirtieth → **sexto**.

trigo ['trigu] *m* wheat.

trilha ['triʎa] *f* path; ~ **sonora** soundtrack.

trilho ['triʎu] *m (de rolamento)* rail; *(caminho)* path.

trimestral [trimeʃ'traw] *(pl* **-ais** [-ajʃ]) *adj* quarterly.

trimestre [tri'mɛʃtri] *m* quarter.

trincheira [trĩ'ʃejra] *f (escavação)* trench.

trinco [trĩŋku] *m* latch; **fechar a porta com** ~ to leave the door on the latch.

trinta ['trĩta] *num* thirty → seis.

trio ['triu] *m* trio; ~ **elétrico** carnival float.

tripa [tri'pa] *f (intestino)* gut. □ **tripas** *fpl (comida)* tripe *sg*.

triplicar [tripli'ka(x)] *vt* to triple.

tripulação [tripula'sãw] *(pl* **-ões** [-õjʃ]) *f* crew.

tripular [tripu'la(x)] *vt* to man.

triste ['triʃtʃi] *adj (pessoa)* unhappy, sad; *(local)* gloomy.

tristeza [triʃ'teza] *f (de pessoa)* sadness; *(local)* gloominess;

que ~! what a shame!

triunfar [triũ'fa(x)] *vi* to win.

triunfo [tri'ũfu] *m* triumph.

trivial [tri'vjaw] *(pl* **-ais** [-ajʃ]) *adj* trivial.

triz ['triʃ] *m (momento)* second; **por um** ~ by the skin of one's teeth.

troca ['trɔka] *f* exchange, swap; **dar algo em** ~ **de algo** to give sthg in exchange for sthg.

trocado, da [tro'kadu, da] *adj* mixed up. □ **trocados** *mpl* loose change *sg*.

trocar [tro'ka(x)] *vt* to change; *(idéias)* to exchange; *(confundir)* to mix up. □ **trocar de** *v + prep* to change. □ **trocar-se** *vp* to get changed.

troco ['troku] *m* change; *fig (resposta)* retort; **dar o** ~ *(responder)* to reply in kind; **a** ~ **de** in exchange for.

troço ['trosu] *m (coisa)* thing; *(tralha)* junk; **ter um** ~ *(passar mal)* to get sick.

troféu [tro'feu] *m* trophy.

tromba ['trõba] *f (de elefante)* trunk; *(de chuva)* downpour.

trombone [trõ'bɔni] *m*: ~ **(de vara)** trombone; **botar a boca no** ~ to blow one's trumpet.

trompete [trõ'pɛtʃi] *m* trumpet.

tronco ['trõŋku] *m* trunk.

trono ['tronu] *m* throne.

tropa ['trɔpa] *f* army; ~ **de choque** riot police.

tropeçar [trope'sa(x)] *vi* to trip; ~ **em algo** to trip over sthg.

tropical [tropi'kaw] (*pl* **-ais** [-ajʃ]) *adj* tropical.

tropicalismo [tropikaliʒmu] *m* a blend of Brazilian culture and foreign influences.

 TROPICALISMO

A cultural movement from the end of the sixties, Tropicalismo revolutionised popular music in Brazil, employing debauchery, irreverence and improvisation. It was led by the Bahian musicians Caetano Veloso and Gilberto Gil, who based the movement on a counter-culture which opposed the existing musical orthodoxy. Tropicalismo is a fusion of Brazilian culture with foreign influences which encourages a new and artistic polemic.

trópico ['trɔpiku] *m* tropic; **os** ~ **s** the tropics; **T**~ **de Câncer/ Capricórnio** Tropic of Cancer/ Capricorn.

trotar [tro'ta(x)] *vi* to trot.

trouxa ['troʃa] *f* bundle.

trouxe ['trosi] → **trazer**.

trovão [tro'vãw] (*pl* **-ões** [-õjʃ]) *m* clap of thunder.

trovejar [trove'ʒa(x)] *v impess* to thunder.

trovoada [trovw'ada] *f (ruído)* thunder; *(tempestade)* thunderstorm.

trovões → **trovão**.

trucidar [trusi'da(x)] *vt* to slaughter.

trufas ['trufaʃ] *fpl* truffles.

trunfo ['trũfu] *m* trump.

truque ['truki] *m* trick.

truta ['truta] *f* trout.

tu ['tu] *pron* you.

tua → **teu**.

tubarão [tuba'rãw] (*pl* **-ões** [-õjʃ]) *m* shark.

tuberculose [tubɛxku'lɔzi] *f* tuberculosis.

tubo ['tubu] *m* tube; ~ **de ensaio** test tube.

tudo ['tudu] *pron inv* everything; **por** ~ **e por nada** over the slightest thing; **dar** ~ **por algo** to give one's all for sthg.

tulipa [tu'lipa] *f (planta)* tulip.

tumba ['tũba] *f* tomb.

tumor [tu'mo(x)] (*pl* **-res** [-riʃ]) *m* tumor; ~ **maligno/benigno** malignant/benign tumor.

túmulo ['tumulu] *m* tomb.

tumulto [tu'muwtu] *m (alvoroço)* commotion, ruckus; *(revolta)* uproar.

túnel ['tunɛw] (*pl* **-eis** [-ejʃ]) *m* tunnel.

túnica ['tunika] *f* tunic.

turbulência [turbu'lẽsja] *f* turbulence.

turismo [tu'riʒmu] *m* tourism; **fazer** ~ to go sightseeing.

turista [tu'riʃta] *mf* tourist.

turístico, ca [tu'riʃtʃiku, ka] *adj* tourist *(antes de s)*.

turma ['tuxma] *f (em escola)* class; *(amigos)* gang.

turnê ['tuxne] f tour.

turno ['tuxnu] m shift; **por seu ~ s** in turn; **por ~ s** in shifts.

turquesa [tux'keza] f turquoise.

tutela [tu'tɛla] f guardianship.

tutor, ra [tu'to(x), ra] (mpl **-res** [-riʃ], fpl **-s** [-ʃ]) m, f guardian.

U

uísque ['wiski] m whiskey Am, whisky Brit.

uivar [ui'va(x)] vi to howl.

úlcera ['uwsera] f ulcer.

ultimamente [ˌuwtʃima'mēntʃi] adv lately.

ultimato [uwtʃi'matu] m ultimatum.

último, ma ['uwtʃimu, ma] adj last; (mais recente, novo) latest; (mais alto) top; (mais baixo) bottom. ◆ m, f: **o ~ /a última** (em ordem, fila) the last one; **a última** (novidade) the latest; **por ~** lastly.

ultrapassado, da [ˌuwtrapa'sadu, da] adj outdated.

ultrapassagem [ˌuwtrapa'saʒē] (pl **-ns** [-ʃ]) f overtaking.

ultrapassar [ˌuwtrapa'sa(x)] vt to overtake.

ultravioleta [ˌuwtravjo'leta] adj ultraviolet.

um, uma [ũ, 'uma] (mpl **uns** [ũʃ], fpl **umas** ['umaʃ]) artigo in-

definido a, an (antes de vogal ou "h" mudo); **~ homem** a man; **uma casa** a house; **uma mulher** a woman.

◆ adj **-1.** (exprime quantidade, data indefinida) one, some pl; **comprei uns livros** I bought some books; **~ dia voltarei** I'll be back one day.

-2. (para indicar quantidades) one; **trinta e ~ dias** thirty-one days; **~ litro/metro/quilo** a liter/meter/kilo.

-3. (aproximadamente) about, around; **esperei uns dez minutos** I waited for about ten minutes; **estavam lá umas cinqüenta pessoas** there were about fifty people there.

-4. (para enfatizar): **está ~ frio/calor** it's so cold/hot; **estou com uma sede** I'm so thirsty; **foi ~ daqueles dias!** it's been one of those days!

◆ pron (indefinido) one, some pl; **me dê ~** give me one; **peça mais uma** ask for another one; **~ deles** one of them; **~ a ~,** **~ por ~** one by one.

◆ num one → **seis.**

umbigo [ũm'bigu] m navel.

umidade [umi'dadʒi] f humidity.

úmido, da ['umidu, da] adj (tempo) humid; (superfície, tecido) damp.

unanimidade [unanemi'dadʒi] f: **por ~** unanimously.

unha ['uɲa] f nail; **fazer as ~ s** to do one's nails.

união [u'njãw] (pl **-ões** [-õjʃ]) f

union; *(entre amigos, colegas)* unity.

unicamente [ˌunika'mẽntʃi] *adv* only.

único, ca ['uniku, ka] *adj (preço)* fixed; *(um só)* only; *(incomparável)* unique. ◆ *m, f:* **o** ~ **/a única** the only one; **tamanho** ~ one size.

unidade [uni'dadʒi] *f* unit; *(conformidade, uniformidade)* unity; *(união)* union.

unido, da [u'nidu, da] *adj* united; **eles são muito** ~**s** they're very close.

unificar [unifi'ka(x)] *vt* to unite.

uniforme [uni'fɔxmi] *adj & m* uniform.

uniões → **união**.

unir [u'ni(x)] *vt* to join; *(pessoas, países)* to unite; *(anexar)* to attach. ❑ **unir-se** *vp* to join forces; ~**-se contra** to join forces against.

universal [univex'saw] *(pl* -**ais** [-ajʃ]) *adj* universal.

universidade [univexsi'dadʒi] *f* university.

universo [uni'vexsu] *m* universe.

uns → **um**.

untar [ũn'ta(x)] *vt* to grease.

urânio [u'ranju] *m* uranium.

urbano, na [ux'banu, na] *adj* urban.

urgência [ux'ʒẽsja] *f* urgency; **com** ~ urgently.

urgente [ux'ʒẽntʃi] *adj* urgent.

urgentemente [uxˌʒẽntʃi'mẽntʃi] *adv* urgently.

urina [u'rina] *f* urine.

urna ['uxna] *f (de voto)* ballot box.

urrar [u'xa(x)] *vi* to roar.

urso ['uxsu] *m* bear; ~ **pardo** grizzly (bear); ~ **de pelúcia** teddy bear; ~ **polar** polar bear.

urtiga [ux'tʃiga] *f* (stinging) nettle.

Uruguai [uru'gwaj] *m:* **o** ~ Uruguay.

usado, da [u'zadu, da] *adj* used; *(gasto)* worn.

usar [u'za(x)] *vt (utilizar)* to use; *(vestir, calçar)* to wear. ❑ **usar de** *v + prep* to use. ❑ **usar-se** *vp* to be used; **agora usa-se muito o marrom** brown is very popular at the moment.

usina [u'zina] *f* factory; ~ **de açúcar** sugar refinery; ~ **hidroelétrica** hydroelectric power station; ~ **nuclear** nuclear power plant.

uso ['uzu] *m (utilização)* use; *(costume)* custom; '**para** ~ **externo**' 'for external use only'; **fazer** ~ **de** to make use of; **para** ~ **próprio** for personal use.

usual [uzw'aw] *(pl* -**ais** [-ajʃ]) *adj* common.

usufruir [uzufru'i(x)] *v + prep (possuir):* **usufruir de** to enjoy; *(tirar proveito de)* to make the most of.

úteis → **útil**.

utensílio [utẽ'silju] *m* utensil.

útero ['uteru] *m* womb.

útil ['utʃiw] (*pl* **-teis** [-tejʃ]) *adj* useful.

utilidade [utʃili'dadʒi] *f (qualidade)* usefulness; *(proveito)* use; **isto não tem ~ nenhuma** this is useless.

utilização [utʃiliza'sãw] (*pl* **-ões** [-õjʃ]) *f* use.

utilizar [utʃili'za(x)] *vt (empregar)* to use; *(tirar proveito de)* to make use of.

uva ['uva] *f* grape; **~ passa** raisin.

V

vá ['va] → **ir**.

vã → **vão²**.

vaca ['vaka] *f (animal)* cow; *(carne)* beef.

vacilar [vasi'la(x)] *vi (hesitar)* to waver.

vacina [va'sina] *f* vaccine.

vácuo ['vakwu] *m* vacuum.

vadio, dia [va'dʒiu, 'dʒia] *adj (cão)* stray; *(pessoa)* idle.

vaga ['vaga] *f (em emprego, hotel)* vacancy; *(para estacionar)* parking slot; *(onda)* wave; **'não há ~ s'** 'no vacancies'.

vagabundo, da [vaga'bũndu, da] *m, f* tramp.

vaga-lume [ˌvaga'lumi] (*pl* **vaga-lumes** [ˌvaga'lumeʃ]) *m* glow-worm.

vagão [va'gãw] (*pl* **-ões** [-õjʃ])

m (de mercadorias) wagon; *(de passageiros)* car.

vagão-leito [vagãw'lejtu] (*pl* **vagões-leito** [vagõiʒ'lejtu]) *m* sleeping car.

vagão-restaurante [vaˌgãwʃeʃtaw'rãntʃi] (*pl* **vagões-restaurante** [vaˌgõiʃʃeʃtaw'rãntʃi]) *m* dining car.

vagar [va'ga(x)] *vi (ficar livre)* to be vacant. ◆ *m*: **com mais ~** at a more leisurely pace.

vagaroso, osa [vaga'rozu, ɔza] *adj* slow.

vagem ['vaʒẽ] (*pl* **-ns** [-ʃ]) *f (legume)* green beans; *(de sementes)* pod.

vagina [va'ʒina] *f* vagina.

vago, ga ['vagu, ga] *adj (lugar)* free; *(casa)* empty; *(indefinido)* vague.

vagões → **vagão**.

vai ['vaj] → **ir**.

vaidade [vaj'dadʒi] *f* vanity.

vaidoso, osa [vaj'dozu, ɔza] *adj* vain.

vais → **ir**.

vaivém [vaj'vẽ] (*pl* **-ns** [-ʃ]) *m (movimento)* to-ing and fro-ing, comings and goings *pl*.

vala ['vala] *f* ditch; **~ comum** *(sepultura)* common grave.

vale¹ ['vali] → **valer**.

vale² ['vali] *m (planície)* valley; **~ postal** money order.

valente [va'lẽntʃi] *adj (corajoso)* brave; *(forte)* strong.

valer [va'le(x)] *vt (ter o valor de)* to be worth. ◆ *vi (ter validade)* to count; **vale mais ...** it's

better to ...; **para** ~ for real;
valeu! great!
❏ **valer-se de** *vp* + *prep* to make
use of.
valete [va'lɛtʃi] *m* jack.
valeu [va'lew] → **valer**.
valho ['vaʎu] → **valer**.
validade [vali'dadʒi] *f* validity.
validar [vali'da(x)] *vt* to vali-
date.
válido, da ['validu, da] *adj*
valid; ~ **até ...** *(produto)* best before ...; use by...; *(documento)* expiry date ...
valioso, osa [valj'ozu, ɔza] *adj*
valuable.
valor [va'lo(x)] *(pl* **-res** [-riʃ]) *m*
(de objeto) value; *(em exame, teste)*
point, grade; *(de pessoa)* worth;
dar ~ **a** to value.
❏ **valores** *mpl (bens, ações etc.)* se-
curities; *(de pessoa, sociedade)*
values.
valsa ['vawsa] *f* waltz.
válvula ['vawvula] *f* valve; ~ **de**
segurança safety valve.
vampiro [vãm'piru] *m* vampire.
vandalismo [vãnda'liʒmu] *m*
vandalism.
vândalo, la ['vãndalu, la] *m, f*
vandal.
vangloriar-se [vãnglo'rjaxsi]
vp to boast; ~ **de** to boast
about.
vanguarda [vãŋ'gwaxda] *f*
avant-garde; **esta na** ~ **de** to be
in the forefront of.
vantagem [vãn'taʒẽ] *(pl* **-ns**
[-ʃ]) *f* advantage; **tirar** ~ **de algo**
to take advantage of sthg.

vantajoso, osa [vãnta'ʒozu,
ɔza] *adj* advantageous.
vão[1] ['vãw] → **ir**.
vão[2]**, vã** ['vãw, vã] *adj* useless.
◆ *m:* ~ **das escadas** stairwell;
~ **da porta** doorway; **em** ~ in
vain.
vapor [va'po(x)] *(pl* **-res** [-riʃ])
m (de líquido) steam; *(gás)* vapor.
vara ['vara] *f* rod; ~ **de pescar**
fishing rod.
varal [va'raw] *(pl* **-ais** [-ajʃ]) *m*
(de roupa) clothesline.
varanda [va'rãnda] *f* verandah.
varejo [va'reʒu] *m (venda)* retail.
variação [varja'sãw] *(pl* **-ões**
[-õjʃ]) *f* variation.
variado, da [va'rjadu, da] *adj*
varied.
variar [va'rja(x)] *vt* to vary. ◆ *vi*
to be different; **para** ~ for a
change.
variedade [varje'dadʒi] *f* variety.
varíola [va'riola] *f* smallpox.
vários, rias ['varjuʃ, rjaʃ] *adj pl*
several.
varizes [va'riziʃ] *fpl* varicose
veins.
varredor, ra [vaxe'do(x), ra]
(mpl **-res** [-riʃ], *fpl* **-s** [-ʃ]) *m, f (de*
rua) street sweeper.
varrer [va'xe(x)] *vt* to sweep;
~ **algo da memória** to blank
sthg out of one's mind.
vascular [vaʃku'la(x)] *(pl* **-res**
[-riʃ]) *adj* vascular.
vasculhar [vaʃku'ʎa(x)] *vt (re-*
mexer) to rummage through; *(in-*

vestigar) to probe into.

vasilha [va'ziʎa] *f* barrel.

vaso ['vazu] *m (para plantas)* vase; *(jarra)* large pitcher; ANAT vessel; ~ **sangüíneo** blood vessel; ~ **sanitário** toilet bowl.

vassoura [va'sora] *f* broom.

vasto, ta ['vaʃtu, ta] *adj* vast.

vazio, zia [va'ziu, 'zia] *adj* empty. ◆ *m* void; ~ **de** devoid of.

vê ['ve] → **ver.**

veado ['vjadu] *m (animal)* deer; *(carne)* venison.

vedação [veda'sãw] *(pl* -ões [-õjʃ]) *f* fence.

vedado, da [ve'dadu, da] *adj (edifício, local)* enclosed; *(recipiente)* sealed; *(interdito)* prohibited.

vedar [ve'da(x)] *vt (local, edifício)* to enclose; *(recipiente, buraco)* to seal; *(acesso, passagem)* to block.

vêem ['veẽ] → **ver.**

vegetação [veʒeta'sãw] *f* vegetation.

vegetal [veʒe'taw] *(pl* -ais [-ajʃ]) *m* vegetable.

vegetariano, na [veʒeta'rjanu, na] *adj* & *m, f* vegetarian.

veia ['veja] *f* vein.

veículo [ve'ikulu] *m* vehicle.

veio ['veju] → **ver.**

vejo ['veʒu] → **ver.**

vela ['vela] *f (de barco)* sail; *(de iluminação)* candle; *(de motor)* spark plug.

veleiro [ve'lejru] *m* sailing ship, tall ship.

velhice [vɛ'ʎisi] *f* old age.

velho, lha ['vɛʎu, ʎa] *adj* old. ◆ *m,* fold man/woman.

velocidade [velosi'dadʒi] *f* speed; ~ **máxima** speed limit; '**diminua a ~**' 'reduce speed'.

velocímetro [velo'simetru] *m* speedometer.

veloz [ve'lɔʃ] *(pl* -**zes** [-ziʃ]) *adj* fast.

veludo [ve'ludu] *m* velvet.

vem ['vãj] → **vir.**

vêm ['vajãj] → **vir.**

vencedor, ra [vẽse'do(x), ra] *(pl* -**res** [-riʃ], *fpl* -**s** [-ʃ]) *m, f* winner. ◆ *adj* winning.

vencer [vẽ'se(x)] *vt (adversário)* to beat; *(corrida, competição)* to win; *fig (obstáculo, timidez, problema)* to overcome. ◆ *vi (em competição)* to win; *(validade)* to expire; *(pagamento)* to be due; **deixar-se ~ por** *(cansaço, tristeza)* to give in to.

vencido, da [vẽ'sidu, da] *adj* defeated, beaten; **dar-se por ~** to accept defeat.

vencimento [vẽsi'mẽntu] *m (ordenado)* salary; *(de prazo de pagamento)* due date; *(de validade)* expiry date.

venda ['vẽnda] *f (de mercadorias)* sale; *(mercearia)* grocery store; *(para olhos)* blindfold; **pôr à ~** to put on sale; ~ **por atacado** wholesale; ~ **a varejo** retail.

vendaval [vẽnda'vaw] *(pl* -**ais** [-ajʃ]) *m* gale.

vendedor, ra [vẽnde'do(x), ra] *(mpl* -**res** [-riʃ], *fpl* -**s** [-ʃ]) *m, f* seller.

vender [vẽn'de(x)] *vt* to sell; ~ **a prestações** to sell on installment plan *Am*, to sell on hire purchase *Brit*; ~ **à vista** to sell for cash.
◻ **vender-se** *vp*: **'vende-se'** 'for sale'.

veneno [ve'nenu] *m* poison.

venenoso, osa [vene'nozu, ɔza] *adj* poisonous.

venho ['vaɲu] → **vir.**

vens ['vãjʃ] → **vir.**

ventania [vẽnta'nia] *f* gale.

ventar [vẽn'ta(x)] *v* to blow; **na praia venta muito** it's windy on the beach.

ventilação [vẽntʃila'sãw] *f* ventilation.

ventilador [vẽntʃila'do(x)] *(pl* **-res** [-riʃ]) *m* (extractor) fan.

vento ['vẽntu] *m* wind; **está muito** ~ it's very windy.

ventre ['vẽntri] *m* belly.

ver ['ve(x)] *vt* to see; *(televisão, filme)* to watch; *(perceber)* to notice; *(examinar)* to look at. ◆ *vi* to see. ◆ *m*: **a meu** ~ in my opinion; **deixar alguém** ~ **algo** to let sb see sthg; **não tenho nada a** ~ **com isso** it has nothing to do with me.

veracidade [verasi'dadʒi] *f* truthfulness.

veraneio [vera'neju] *m* summer vacation; **casa de** ~ summerhouse.

veranista [vera'niʃta] *mf (summer)* vacationer *Am*, holidaymaker *Brit*.

verão [ve'rãw] *(pl* **-ões** [-õjʃ]) *m* summer.

verba ['vɛxba] *f* budget.

verbal [vex'baw] *(pl* **-ais** [-ajʃ]) *adj* verbal.

verbo ['vɛxbu] *m* verb; ~ **intransitivo/transitivo** intransitive/transitive verb.

verdade [vex'dadʒi] *f* truth; **dizer a** ~ to tell the truth; **a** ~ **é que ...** the truth is (that) ...; **na** ~ actually; **de** ~ real.

verdadeiro, ra [vexda'dejru, ra] *adj (verídico)* true; *(genuíno)* real.

verde ['vexdʒi] *adj (de cor verde)* green; *(fruta)* unripe. ◆ *m (cor)* green.

verdura [vex'dura] *f* greens *pl.*

veredicto [vere'dʒiktu] *m* verdict.

vergonha [vex'goɲa] *f (timidez)* bashfulness; *(desonra)* shame; **ter** ~ to be shy; **ter** ~ **de alguém** to be ashamed of sb; **não ter** ~ **na cara** to be shameless.

verificação [verifika'sãw] *(pl* **-ões** [-õjʃ]) *f* checking.

verificar [verifi'ka(x)] *vt* to check.
◻ **verificar-se** *vp (acontecer)* to take place.

verme ['vɛxmi] *m* worm; *(larva)* maggot.

vermelho, lha [vex'meʎu, ʎa] *adj & m* red.

verniz [vex'niʃ] *(pl* **-zes** [-ziʃ]) *m* varnish.

verões → **verão.**

verossímil [vero'simiw] *(pl* **-meis** [-mejʃ]) *adj* probable.

verruga [ve'xuga] *f* wart; *(em pé)* verruca.

versão [vex'sãw] (*pl* **-ões** [-õjʃ]) f version.

versátil [vex'satʃiw] (*pl* **-teis** [-tejʃ]) adj versatile.

verso ['vɛxsu] *m* (*de poema*) verse; (*de folha de papel*) other side (*of a page*).

versões → versão.

vértebra ['vɛxtebra] f vertebra.

vertical [vextʃi'kaw] (*pl* **-ais** [-ajʃ]) adj & f vertical; **na** ~ upright, vertically.

vértice ['vɛxtʃisi] *m* vertex.

vertigem [vex'tʃiʒɛ̃] (*pl* **-ns** [-ʃ]) f vertigo; **estou com vertigens** I feel dizzy.

vesgo, ga ['veʒgu, ga] adj cross-eyed.

vesícula [ve'zikula] f: ~ **(biliar)** gall bladder.

vespa ['veʃpa] f (*inseto*) wasp; (*motociclo*) scooter.

véspera ['vɛʃpera] f day before; **na** ~ the day before; **em** ~**s de** on the eve of; ~ **de Ano Novo** New Year's Eve; ~ **de Natal** Christmas Eve.

vestiário [veʃ'tʃjarju] *m* cloak-room.

vestibular [veʃtʃibu'la(x)] *m* university entrance exam.

The Brazilian university entrance scheme - terror of all students - comprises a series of tests which candidates are eligible to take on completion of secondary school. There are three or four exams in total, which aim to assess the depth of knowledge each student has acquired over the 11 years spent in primary and secondary education.

vestíbulo [veʃ'tʃibulu] *m* foyer.

vestido, da [veʃ'tʃidu, da] adj: ~ **de** dressed in. ◆ *m* dress; ~ **de noiva** wedding dress.

vestígio [veʃ'tʃiʒju] *m* trace.

vestir [veʃ'tʃi(x)] vt to dress.
□ **vestir-se** vp to get dressed; ~ **-se de** (*disfarçar-se de*) to dress up as; (*de azul, negro etc.*) to dress in, to wear.

veterano, na [vete'ranu, na] *m*, f veteran.

veterinário, ria [veteri'narju, rja] *m*, f vet.

véu ['vɛu] *m* veil.

vexame [ve'ʃami] *m* (*escândalo*) scandal; (*humilhação*) humiliation.

vez ['veʃ] (*pl* **-zes** [-ziʃ]) f time; (*turno*) turn; **você já foi lá alguma** ~? have you ever been there?; **perder a** ~ (*em fila*) to lose one's place; **de uma só** ~ in one go; **de** ~ once and for all; **de** ~ **em quando** occasionally; **mais de uma** ~ more than once; **em** ~ **de** instead of; **outra** ~ again; **uma** ~ once; **às** ~**es** sometimes; **duas** ~**es** twice; **muitas** ~**es** often; **por** ~**es** sometimes; **poucas** ~**es** rarely; **era uma** ~ **...** once upon a time ...

vi ['vi] → ver.

via ['via] f (*estrada, caminho*)

route; *(meio)* way; *(documento)* copy; ~ **aérea** airmail; **em ~s de** about to be; **por ~ de** by means of; **por ~ das dúvidas** just in case; **por ~** nasal nasally; **por ~ oral** orally; **segunda ~** *(de documento)* duplicate; ~ **pública** public thoroughfare; **a Via Láctea** the Milky Way.

viaduto [via'dutu] *m* viaduct.

viagem ['vjaʒẽ] *(pl* -**ns** [-ʃ]) *f (trajeto)* trip; *(excursão)* trip; *(de barco)* voyage; **boa ~!** have a good trip!; ~ **de negócios** business trip.

viajante [vja'ʒãntʃi] *mf* traveler.

viajar [vja'ʒa(x)] *vi* to travel; ~ **de** to travel by; ~ **por** *(por país, continente)* to travel through ou across; *(por terra, mar, ar)* to travel by.

viatura [vja'tura] *f* vehicle; *(policial)* patrol car.

viável ['vjavεw] *(pl* -**eis** [-ejʃ]) *adj (transitável)* passable; *(exeqüível)* feasible.

víbora ['vibora] *f* viper.

vibrar [vi'bra(x)] *vi* to vibrate; **ela vibrou de alegria** she was thrilled.

viciado, da [vi'sjadu, da] *adj*: **ser ~ em algo** to be addicted to sthg.

viciar [vi'sja(x)] *vt* to distort; *(documento)* to falsify; *(corromper)* to corrupt.

❑ **viciar-se** *vp* + *prep*: **viciar-se em** to become addicted to.

vício ['visju] *m (de droga, bebida)* addiction; *(defeito)* vice; *(mau hábito)* bad habit.

vida ['vida] *f* life; **arriscar a ~** to risk one's life; **ganhar a ~** to earn a living; **modo de ~** way of living; **perder a ~** to lose one's life; **tirar a ~ de alguém** to take sb's life.

vídeo ['vidʒju] *m* video.

videoclube [.vidʒjo'klubi] *m* video store.

videogame [.vidʒjo'gejmi] *m* video game.

vidraça [vi'drasa] *f* window-pane.

vidro ['vidru] *m* glass; *(vidraça)* pane (of glass); *(de carro)* window.

vieste [vi'εʃtʃi] → **vir**.

viga ['viga] *f* beam.

vigésimo, ma [vi'ʒεzimu, ma] *num* twentieth → **sexto**.

vigia [vi'ʒia] *f (vigilância)* watch; *(janela)* porthole. ◆ *mf (guarda)* guard.

vigilância [viʒi'lãsja] *f* vigilance.

vigor [vi'go(x)] *m* vigor; **em ~** *(lei, norma)* in force.

vila ['vila] *f (de casas)* housing development; *(povoação)* village; *(habitação)* villa.

vim ['vĩ] → **vir**.

vinagre [vi'nagri] *m* vinegar.

vinco ['vĩku] *m* crease.

vinda ['vĩda] *f* return.

vindo, da ['vĩdu, da] *pp* → **vir**.

vingança [vĩ'gãsa] *f* revenge.

vingar [vĩ'ga(x)] *vt (desforrar-se de)* to avenge. ◆ *vi (planta)* to take.

❑ **vingar-se** *vp (desforrar-se)* to

take revenge; ~-**se de alguém** to take revenge on sb.

vingativo, va [vĩngaˈtʃivu, va] adj vengeful.

vinha¹ [ˈviɲa] → **vir**.

vinha² [ˈviɲa] f vineyard.

vinho [ˈviɲu] m wine; ~ **branco/tinto** white/red wine; ~ **do Porto** port.

vinte [ˈvĩntʃi] num twenty → **seis**.

viola [ˈvjɔla] f viola.

violação [vjolaˈsãw] (pl -**ões** [-õjʃ]) f (de direito, norma) violation; (estupro) rape; (de segredo) disclosure.

violão [vjoˈlãw] (pl -**ões** [-õjʃ]) m guitar.

violar [vjoˈla(x)] vt (direito, norma) to violate; (pessoa) to rape; (segredo) to disclose, to reveal.

violência [vjoˈlẽsja] f violence.

violento, ta [vjoˈlẽntu, ta] adj violent.

violeta [vjoˈleta] adj inv & f violet. ◆ f violet.

violino [vjoˈlinu] m violin.

violões → **violão**.

vir [ˈvi(x)] vi -**1.** (apresentar-se) to come; **veio me ver** he came to see me; **venho visitá-lo amanhã** I'll come and see you tomorrow.
-**2.** (chegar) to arrive; **(ele) veio atrasado/adiantado** he arrived late/early; **ela veio no ônibus das onze** she came on the eleven o'clock bus.
-**3.** (a seguir no tempo) to come; **ano que vem** next week/year.
-**4.** (estar) to be; **vem escrito em português** it's written in Portuguese; **vinha embalado** it came in a package.
-**5.** (regressar) to come back; **eles vêm de férias amanhã** they're coming back from vacation tomorrow; **hoje, virei mais tarde** I'll be back later today.
-**6.** (surgir) to come; **o carro veio não sei de onde** the car came out of nowhere; **veio-me uma idéia** I've got an idea.
-**7.** (provir): ~ **de** to come from; **venho agora mesmo de lá** I've just come from there.
-**8.** (em locuções): ~ **a ser** to become; **que vem a ser isto?** what's the meaning of this?; ~ **abaixo** (edifício, construção) to collapse; ~ **ao mundo** (nascer) to come into the world, to be born; ~ **a saber (de algo)** to find out (about sthg); ~ **sobre** (arremeter contra) to lunge at; ~ **a tempo de algo** to arrive in time for sthg; ~ **a tempo de fazer algo** to arrive in time to do sthg.

virado, da [viˈradu, da] adj (invertido) upside down; (tombado) overturned; (voltado) turned up. ◆ m: ~ **para** facing.

virar [viˈra(x)] vt to turn; (carro, caminhão) to turn around; (entornar, derrubar) to knock over; (transformar-se em) to turn into. ◆ vi (mudar de direção) to change direction; (mudar) to change; ~ **à direita/esquerda** to turn right/left. ❑ **virar-se** vp (voltar-se) to turn over; ~-se contra alguém to turn against sb; ~-se para to turn toward.

virgem [ˈvixʒẽ] (pl -ns [-ʃ]) mf virgin. ◆ adj virgin; (cassete) blank.

❏ **Virgem** f (signo do Zodíaco) Virgo.

vírgula [ˈvixgula] f comma.

viril [viˈriw] (pl -is [-iʃ]) adj virile.

virilha [viˈriʎa] f groin.

viris → **viril**.

virtual [vixˈtwaw] (pl -ais [-ajʃ]) adj virtual.

virtude [vixˈtudʒi] f virtue; em ~ de due to.

vírus [ˈviruʃ] m inv virus.

visão [viˈzãw] (pl -ões [-õjʃ]) f vision; (capacidade de ver) sight.

visar [viˈza(x)] vt (com arma) to take aim at; (documento) to endorse; ~ fazer algo (ter em vista) to aim to do sthg.

viscoso, osa [viʃˈkozu, ɔza] adj viscous.

visibilidade [vizibiliˈdadʒi] f visibility.

visita [viˈzita] f visit; (de médico) house call; fazer uma ~ a alguém to pay sb a visit.

visitante [viziˈtãntʃi] mf visitor.

visitar [viziˈta(x)] vt to visit.

visível [viˈzivɛw] (pl -eis [-ejʃ]) adj visible.

visões → **visão**.

visor [viˈzo(x)] (pl -res [-riʃ]) m (de máquina fotográfica) viewfinder.

vista [ˈviʃta] f (visão) sight; (olho) eye; (panorama) view;

---

viver

à ~ cash buy; até à ~! see you!; dar na ~ to stand out; ter algo em ~ to have one's eye on sthg, to have something in view.

visto, ta [ˈviʃtu, ta] pp → **ver**. ◆ adj well-known. ◆ m (em documento) stamp; (em passaporte) visa; pelo ~ by the look of things; ~ que since; ~ de residência residence permit; ~ provisório temporary visa.

visual [viˈzwaw] (pl -ais [-ajʃ]) adj visual.

vital [viˈtaw] (pl -ais [-ajʃ]) adj vital.

vitamina [vitaˈmina] f vitamin.

vitela [viˈtɛla] f (animal) calf; (carne) veal.

vítima [ˈvitʃima] f (de acusação, ataque) victim; (morto em guerra, acidente) fatality.

vitória [viˈtɔrja] f victory.

vitral [viˈtraw] (pl -ais [-ajʃ]) m stained-glass window.

vitrina [viˈtrina] f (shop) window.

viu [viu] → **ver**.

viúvo, va [ˈvjuvu, va] m, f widower (f widow).

vivacidade [vivasiˈdadʒi] f vivacity.

viveiro [viˈvejru] m (de plantas) nursery; (de peixes) fish farm.

vivenda [viˈvẽda] f house.

viver [viˈve(x)] vi (ter vida) to be alive; (habitar) to live. ◆ vt (momento, situação) to experience; ~ com alguém to live with sb; ~ de algo to live off sthg; ~ em to live in.

vivo, va ['vivu, va] *adj (com vida)* alive; *(perspicaz)* sharp; *(cor, luz)* bright; *(travesso)* impudent; **ao ~** live.

vizinhança [vizi'nãsa] *f (vizinhos)* neighbors *pl; (arredores)* neighborhood.

vizinho, nha [vi'ziɲu, ɲa] *m, f* neighbor. ◆ *adj (país, região)* neighboring; *(casa)* next; **é o ~ do lado** he's my next-door neighbor.

voar ['vwa(x)] *vi* to fly.

vocabulário [vokabu'larju] *m* vocabulary.

vocação [voka'sãw] *(pl -ões* [-õjʃ]) *f* vocation; **ter ~ para** to have a vocation for.

vocalista [voka'liʃta] *mf* lead singer.

você [vo'se] *pron* you; **e ~?** what about you?; **é ~?!** is that you?!; **~ mesmo** *ou* **próprio** you, yourself.

◻ **vocês** *pron pl* you; **~ mesmos** *ou* **próprios** you, yourselves.

vogal [vo'gaw] *(pl -ais* [-ajʃ]) *f (letra)* vowel. ◆ *mf (de junta, júri, assembléia)* member.

volante [vo'lãntʃi] *m (de veículo)* steering wheel.

vôlei ['volei] *m* volleyball; **~ de praia** beach volleyball.

volta ['vowta] *f (regresso)* return; *(movimento)* turn; *(mudança)* change; *(passeio)* walk; *(em corrida)* lap; *(em competição)* round; **dá duas ~s à chave** turn the key twice; **dar uma ~** to go for a walk *ou* wander; **dar uma ~ de carro** to go for a drive;

dar a ~ em algo *(rodear)* to go around sthg; **estar de ~** *(estar de regresso)* to be back; **~ e meia** fig every now and then; **em toda a ~ de** all the way around; **à ~ de (cerca de)** roughly, around; **por ~ de** around.

voltagem [vow'taʒẽ] *f* voltage.

voltar [vow'ta(x)] *vt* to turn over; *(cabeça, olhos, costas)* to turn; *(objeto de dentro para fora)* to turn inside out. ◆ *vi (regressar)* to come back; *(ir de novo)* to go back; **~ a fazer algo** to do sthg again; **~ atrás** to go back; **~ para** to return to; **~ atrás na palavra** to go back on one's word; **~ a si** to come around.

◻ **voltar-se** *vp (virar-se)* to turn around; **~-se para** to turn toward.

volume [vo'lumi] *m* volume; *(embrulho)* parcel.

voluntário, ria [volũn'tarju, rja] *m, f* volunteer.

volúpia [vo'lupja] *f* voluptuousness.

vomitar [vomi'ta(x)] *vt & vi* to vomit.

vômito ['vomitu] *m* vomit; **ter ânsia de ~** to feel sick nauseous.

vontade [võn'tadʒi] *f (desejo)* wish; *(determinação)* willpower; **ficar à ~** to make o.s. comfortable; **servir-se à ~** to help o.s.; **ter ~ de fazer algo** to feel like doing sthg; **fazer as ~s de alguém** to pander to sb; **contra a ~ de alguém** against sb's will; **de livre ~** of one's own free will.

vôo ['vou] *m* flight; ~ **charter fretado** charter flight; ~ **direto** direct flight; ~ **doméstico** domestic flight; ~ **livre** hanggliding.

vos [vuʃ] *pron pl (complemento direto)* you; *(complemento indireto)* (to) you; *fml (reflexivo)* yourselves; *fml (recíproco)* each other, one another.

vós ['vɔʃ] *pron (sujeito, complemento direto)* you; *(complemento indireto)* (to) you; ~ **mesmos próprios** you, yourselves.

vosso, a ['vɔsu, a] *adj* your.
◆ *pron*: **o** ~ /**a vossa** yours; **um amigo** ~ a friend of yours; **os** ~ **s** *(a vossa família)* your family.

votação [vota'sãw] *(pl* -ões [-õjʃ]) *f* vote.

votar [vo'ta(x)] *vi* to vote; ~ **em alguém** to vote for sb.

voto ['vɔtu] *m* vote.
◘ **votos** *mpl*: **fazer** ~ **s de que** to hope (that); ~ **s de felicidade** *(em carta)* best wishes.

vou ['vo] → **ir.**

voz ['vɔʃ] *(pl* -zes [-ziʃ]) *f* voice; **levantar a** ~ to raise one's voice; **ter** ~ **ativa em algo** to have a say in sthg; **em** ~ **alta** aloud, out loud; **em** ~ **baixa** softly.

vulcão [vuw'kãw] *(pl* -ões [-õjʃ]) *m* volcano.

vulgar [vuw'ga(x)] *(pl* -res [-riʃ]) *adj* common; *(grosseiro)* vulgar.

vulnerável [vuwne'ravew] *(pl* -eis [-ejʃ]) *adj* vulnerable.

vulto ['vuwtu] *m* figure.

xícara

W

WC *m* (**water closet**) restroom.

Web [web] *m INFORM*: **a** ~ **the Web.**

web site ['websaɪt] *m INFORM* web site.

windsurfe [wĩnd'suxfi] *m* windsurfing; **fazer** ~ to go windsurfing.

windsurfista [wĩndsux'fiʃta] *mf* windsurfer.

X

xadrez [ʃa'dreʃ] *m (jogo)* chess; *(cadeia)* pen *Am*, nick *Brit*; **de** ~ *(tecido, saia)* checked.

xale ['ʃali] *m* shawl.

xampu [ʃãm'pu] *m* shampoo.

xarope [ʃa'rɔpi] *m* syrup; ~ **para a tosse** cough syrup.

xerocar [ʃero'ka(x)] *vt* to photocopy, to Xerox®.

xerox® ['ʃerɔks] *m inv (fotocópia)* photocopy; *(máquina)* photocopier.

xícara ['ʃikara] *f* cup.

xicrinha [ʃiˈkriŋa] *f* coffee cup.
xilografia [ʃilɔɡraˈfia] *f* wood engraving.
xingar [ʃiŋˈga(x)] *vt (insultar)* to swear at.

Z

zagueiro [zaˈgeiru] *m (em futebol)* defense.
zangado, da [zãŋˈgadu, da] *adj* angry.
zangão [ˈzãŋgãw] *(pl* -**ões** [-õjʃ]*) m* drone.
zangar [zãŋˈga(x)] *vt (irritar)* to annoy.
❑ **zangar-se** *vp (brigar)* to have a fight; *(irritar-se)* to get angry.
zangões → **zângão**.
zarpar [zaxˈpa(x)] *vi* to set sail.
zebra [ˈzebra] *f* zebra.
zelador, ra [zelaˈdo(x), ra] *(mpl* -**res** [-riʃ]*, fpl* -**s** [-ʃ]*) m, f (de edifício)* porter.
zelar [zeˈla(x)] *v + prep:* **zelar**

por to take care of.
zelo [ˈzelu] *m* care.
zeloso, osa [zeˈlozu, ɔza] *adj* careful.
zero [ˈzɛru] *num* zero; *(em futebol)* zero; *(em tênis)* love; **partir do** ~ to start from scratch; **ser um** ~ **à esquerda** to be hopeless; **abaixo de** ~ below zero → **seis**.
zinco [ˈzĩŋku] *m* zinc.
zíper [ˈzipe(x)] *(pl* -**res** [-riʃ]*) m* zipper *Am*, zip *Brit*.
Zodíaco [zoˈdʒiaku] *m* zodiac.
zombar [zõmˈba(x)] *vi* to jeer; ~ **de** to make fun of.
zona [ˈzona] *f (de país, globo)* area; *(de corpo)* part; *(de prostituição)* red-light district; *(bagunça)* mess; ~ **franca** free trade area; **Z** ~ **Norte/Sul** north side/south side.
zonzo, za [ˈzõzu, za] *adj* dazed.
zôo [ˈzou] *m* zoo.
zoologia [zoloˈʒia] *f* zoology.
zumbir [zũmˈbi(x)] *vi* to buzz.
zunir [zuˈni(x)] *vi (vento)* to whistle; *(abelha)* to buzz.
zurrar [zuˈxa(x)] *vi* to bray.

CONVERSATION GUIDE

GUIA DE CONVERSAÇÃO

Cumprimentando alguém

Bom dia.
Boa tarde.
Boa noite.
Olá!
Oi!
Como vai?
Muito bem, obrigado(a).
Bem, obrigado(a).
E você?

Greeting someone

Good morning.
Good afternoon.
Good evening.
Hello!
Hi!
How are you?
Very well, thank you.
Fine, thank you.
And you?

Apresentando-se

Meu nome é Sérgio.
Eu sou brasileiro(a).
Eu sou de Chicago.

Introducing yourself

My name is Sergio.
I am Brazilian.
I come from Chicago.

Apresentando alguém

Este é o Sr. Hall.
Gostaria de apresentar o Sr. Hall.
Prazer em conhecê-lo(a).
Como vai?
Bem-vindo(a).

Making introductions

This is Mr. Hall.
I'd like you to meet Mr. Hall.
Pleased to meet you.
How are you?
Welcome.

Despedindo-se

Tchau.
Até logo.
Até breve.
Boa noite.
Boa viagem.
Foi um prazer conhecê-lo(a).

Saying goodbye

Bye.
See you later.
See you soon.
Good night.
Enjoy your trip.
It was nice to meet you.

Agradecendo

(Muito) obrigado(a).
Obrigado(a). Igualmente.
Obrigado(a) por sua ajuda.

Saying thank you

Thank you (very much).
Thank you. The same to you.
Thank you for your help.

Respondendo a agradecimentos

Não há de quê.
De nada.
Foi um prazer.

Replying to thanks

Don't mention it.
Not at all.
You're welcome.

Desculpando-se

Com licença.
Sinto muito.
Desculpe.
Perdão.
Desculpe-me.
Desculpe-me pelo atraso/por incomodá-lo(a).

Apologizing

Excuse me.
I'm sorry.
Sorry.
Pardon me.
Forgive me.
I'm sorry I'm late/to bother you.

Aceitando um pedido de desculpas

Não tem importância.
Não faz mal.

Accepting an apology

It doesn't matter.
No harm done.

Votos e cumprimentos

Boa sorte!
Divirta-se!
Bom apetite!
Feliz aniversário!
Boa Páscoa!
Feliz Natal!
Feliz Ano Novo!
Tenha um bom fim de semana.
Boas férias!

Tenha um bom dia!

Wishes and greetings

Good luck!
Have fun!/Enjoy yourself!
Enjoy your meal!
Happy Birthday!
Happy Easter!
Merry Christmas!
Happy New Year!
Have a good weekend!
Enjoy your vacation *(Am)* or holiday *(Brit)*!
Have a nice day!

Como está o tempo?

Está fazendo um dia lindo.

Está um dia agradável.

Está fazendo sol.

Está chovendo.

Está nublado.

A previsão é de chuva para amanhã.

Que tempo horrível!

Está (muito) quente/frio!

What's the weather like?

It's a beautiful day.

It's nice out.

It's sunny.

It's raining.

It's cloudy.

It's supposed to rain tomorrow.

What horrible/awful weather!

It's (very) hot/cold.

Expressando preferências

Eu gosto (disso).

Eu não gosto (disso).

Você gostaria de beber/comer alguma coisa?

Sim, por favor.

Não, obrigado(a).

Você gostaria de ir até o parque com a gente?

Sim, eu gostaria.

Expressing likes and dislikes

I like it.

I don't like it.

Would you like something to drink/eat?

Yes, please.

No, thanks.

Would you like to come to the park with us?

Yes, I'd love to.

Usando o telefone

Alô.

Aqui é Jean Brown.

Gostaria de falar com Jack Adams.

Volto a ligar daqui a dez minutos.

Posso deixar um recado para ele/ela?

Desculpe, devo ter discado o número errado.

Phoning

Hello.

Jean Brown speaking.

I'd like to speak to Jack Adams.

I'll call back in ten minutes.

Can I leave a message for him/her?

Sorry, I must have dialed the wrong number.

Alugando um carro

Queria alugar um carro com ar-condicionado.

Qual é o preço por um dia?

A quilometragem é ilimitada?

Quanto custa o seguro total?

Posso deixar o carro no aeroporto?

Renting a car

I'd like to rent a car with air-conditioning.

What's the cost for one day?

Is the mileage unlimited?

How much does it cost for comprehensive insurance?

Can I leave the car at the airport?

Pegando um táxi

Você poderia me chamar um táxi?

Para a rodoviária/estação de trem/o aeroporto, por favor.

Pare aqui/no sinal/na esquina, por favor.

Você pode me esperar?

Quanto é?

Gostaria de um recibo, por favor.

Taking a cab *or* taxi *(Brit)*

Could you call me a cab *or* taxi?

To the bus station/train station/airport, please.

Stop here/at the lights/at the corner, please.

Can you wait for me?

How much is it?

Can I have a receipt, please?

Tomando o trem/ônibus

A que horas é o próximo ônibus para Chicago?

De que plataforma sai o trem?

Quanto custa uma passagem de ida e volta para Chicago?

Com licença, este lugar está ocupado?

Taking the train/bus

What time is the next bus to Chicago?

Which platform does it go from?

How much is a round-trip ticket to Chicago?

Excuse me, is this seat taken?

No aeroporto

Onde é o terminal 1/portão número 2?

Onde é o check-in?

Gostaria de sentar no corredor/na janela.

A que horas é o embarque?

Perdi meu cartão de embarque.

Onde é o setor de bagagens?

At the airport

Where is terminal 1/gate number 2?

Where is the check-in desk?

I'd like an aisle/window seat.

What time is boarding?

I've lost my boarding card.

Where is the baggage reclaim?

Onde é?

Pode me mostrar no mapa onde nós estamos?

Onde é a rodoviária/o correio?

Por favor, como faço para chegar a Bleeker Street?

É longe/perto?

Dá para ir a pé?

Asking the way

Could you show me where we are on the map?

Where is the bus station/post office?

Excuse me, how do I get to Bleeker Street?

Is it far/near?

Is it within walking distance?

Circulando na cidade

Que ônibus vai para o aeroporto?

Onde tomo o ônibus para a estação?

Quero uma passagem de ida/ida e volta para Boston.

Pode me dizer onde devo descer?

Getting around town

Which bus goes to the airport?

Where do I catch the bus for the station?

I'd like a one-way/round-trip ticket to Boston.

Could you tell me where I get off?

No hotel

Queremos um quarto de casal/dois quartos de solteiro.

Quero um quarto por duas noites, por favor.

Fiz uma reserva em nome de Jones.

A chave do quarto 121, por favor.

A que horas é servido o café-da-manhã?

Pode me acordar às 7 horas?

At the hotel

We'd like a double room/two single rooms.

I'd like a room for two nights, please.

I have a reservation in the name of Jones.

Could I have the key for room 121, please?

What time is breakfast served?

I'd like a wake-up call at 7 a.m., please.

Pedindo informações

A que horas o museu fecha?

Onde é a piscina pública mais próxima?

Pode me dizer onde é a igreja (católica/batista) mais próxima?

Tem um cinema perto daqui?

Qual a distância daqui até a praia?

Out and about

What time does the museum close?

Where is the nearest public swimming pool?

Could you tell me where the nearest (Catholic/Baptist) church is?

Is there a movie theater *(Am) or* cinema *(Brit)* nearby?

How far is it to the beach?

Nas lojas

Quanto custa (isso)?

Queria comprar óculos de sol/roupa de banho.

Meu tamanho é 6.

Eu calço 38.

Posso experimentar?

Posso trocar?

Onde ficam os provadores?

Você tem um tamanho maior/menor?

Você tem isso em azul?

Você tem cartões-postais/guias da cidade?

At the shops

How much is this?

I'd like to buy sunglasses/a bathing suit.

I'm a size 6.

I wear a size 38.

Can I try this on?

Can I exchange it?

Where are the fitting rooms *(Brit)* or dressing rooms *(Am)*?

Do you have this in a bigger/smaller size?

Do you have this in blue?

Do you sell postcards/street maps?

No correio

Quanto custa enviar um cartão-postal para os Estados Unidos?

Quero dez selos para o Canadá.

Gostaria de remeter este pacote registrado.

Quanto tempo leva para chegar lá?

At the post office

How much is it to send a postcard to the USA?

I'd like ten stamps for Canada.

I'd like to send this parcel by registered mail.

How long will it take to get there?

Na lanchonete

At the café

Esta mesa/cadeira está livre?

Is this table/seat free?

Por favor!

Excuse me!

Dois cafezinhos/cafés com leite, por favor.

Two cups of black coffee/coffee with cream, please.

Um suco de laranja/uma água mineral.

An orange juice/a mineral water.

Pode trazer mais uma cerveja, por favor?

Can I have another beer, please?

Onde é o banheiro?

Where is the restroom *(Am)* or toilet *(Brit)*?

No restaurante

At the restaurant

Gostaria de reservar uma mesa para as 8 horas da noite.

I'd like to reserve a table for 8 p.m.

Uma mesa para dois, por favor.

A table for two, please.

Pode trazer o cardápio/a carta de vinhos?

Can we see the menu/wine list?

Você tem um menu para crianças/ para vegetarianos?

Do you have a children's/ vegetarian menu?

Uma garrafa de vinho tinto/ branco da casa, por favor.

A bottle of house red/white, please.

Qual é a especialidade da casa?

What is the house speciality?

O que você tem de sobremesa?

What desserts do you have?

Pode me trazer a conta, por favor?

Can I have the check *(Am)* or bill *(Brit)*, please?

No banco

Gostaria de trocar cem dólares em reais, por favor.

Em notas de valor pequeno, por favor.

Qual é o câmbio para o dólar?

Gostaria de trocar alguns cheques de viagem.

Onde tem um caixa eletrônico?

At the bank

I'd like to change a hundred dollars into reais, please.

In small denominations, please.

What is the exchange rate for dollars?

I'd like to cash some traveler's checks.

Where is the ATM?

No consultório médico

Estou vomitando e com diarréia.

Estou com dor de garganta.

Estou com dor de estômago.

Meu filho está com tosse e febre.

Sou alérgico a penicilina.

At the doctor's

I've been vomiting and I have diarrhea.

I have a sore throat.

My stomach hurts.

My son has a cough and a fever.

I'm allergic to penicillin.

Na farmácia

Você tem alguma coisa para dor de cabeça/dor de garganta/diarréia?

Você tem analgésico/Band-aid®, por favor?

Poderia me indicar um médico?

Onde é o pronto-socorro mais próximo?

At the drugstore (Am) or chemist's (Brit)

Do you have something for a headache/a sore throat/diarrhea?

Do you have painkillers/Band-aid®, please?

Could you recommend a doctor?

Where is the nearest emergency room (Am) or casuality department (Brit)?

ENGLISH–PORTUGUESE

INGLÊS–PORTUGUÊS

A

a [stressed eɪ, unstressed ə] indefinite article **-1.** (referring to indefinite thing, person) um (uma); **a friend** um amigo (uma amiga); **a restaurant** um restaurante; **an apple** uma maçã; **she's a doctor** ela é médica.
-2. (instead of the number one): **a hundred and twenty kilos** cento e vinte quilos; **a month ago** há um mês; **a thousand** mil; **four and a half** quatro e meio.
-3. (in prices, ratios): **three times a year** três vezes ao ano; **$2 a kilo** 2 dólares o quilo.

aback [ə'bæk] adv: **to be taken ~** ficar surpreendido(da).

abandon [ə'bændən] vt abandonar.

abattoir ['æbətwɑːr] n matadouro m.

abbey ['æbɪ] n abadia f.

abbreviation [ə,briːvɪ'eɪʃn] n abreviatura f.

abdomen ['æbdəmən] n abdome m.

abide [ə'baɪd] vt: **I can't ~ him** não o suporto. ❑ **abide by** vt fus (rule, law) acatar.

ability [ə'bɪlətɪ] n (capability) capacidade f; (skill) habilidade f.

able ['eɪbl] adj competente; **to be ~ to do sthg** ser capaz de fazer algo.

abnormal [æb'nɔːrml] adj anormal.

aboard [ə'bɔːrd] adv a bordo. ◆ prep (ship, plane) a bordo de; (train, bus) em.

abode [ə'bəʊd] n fml residência f.

abolish [ə'bɒlɪʃ] vt abolir.

abort [ə'bɔːrt] vt (give up) abortar, cancelar.

abortion [ə'bɔːrʃn] n aborto m; **to have an ~** fazer um aborto, abortar.

about [ə'baʊt] adv **-1.** (approximately) cerca de; **~ 50** cerca de 50; **at ~ six o'clock** por volta das seis horas.
- 2. (on the point of): **to be ~ to do sthg** estar prestes a fazer algo.
◆ prep (concerning) sobre, acerca de; **a book ~ Scotland** um livro sobre a Escócia; **what's it ~?** é sobre o quê?; **how ~ a drink?** que tal uma bebida?

above [ə'bʌv] *prep (higher than)* acima de, por cima de; *(more than)* mais de. ◆ *adv (higher)* em OR por cima, acima; **children aged ten and ~** crianças de dez anos para cima; **~ all** acima de tudo; **~ average** acima da média.

abroad [ə'brɔːd] *adv (be, live, work)* no estrangeiro; *(go, move)* para o estrangeiro.

abrupt [ə'brʌpt] *adj* brusco (ca).

abscess ['æbses] *n* abscesso *m*.

absence ['æbsəns] *n* ausência *f*, falta *f*.

absent ['æbsənt] *adj* ausente.

absent-minded [-'maɪndəd] *adj* distraído(da).

absolute ['æbsəluːt] *adj* absoluto(ta).

absolutely [*adv* 'æbsəluːtlɪ, *excl* ˌæbsə'luːtlɪ] *adv* absolutamente. ◆ *excl* sem dúvida!

absorb [əb'sɔːb] *vt* absorver.

absorbed [əb'sɔːbd] *adj*: **to be ~ in sthg** estar absorvido (da) em algo.

absorbent [əb'sɔːbənt] *adj* absorvente.

abstain [əb'steɪn] *vi*: **to ~ (from sthg)** abster-se (de algo).

absurd [əb'sɜːd] *adj* absurdo (da).

abuse [*n* ə'bjuːs, *vb* ə'bjuːz] *n (insults)* insultos *mpl*; *(wrong use, maltreatment)* abuso *m*. ◆ *vt (insult)* insultar; *(use wrongly)* abusar de; *(maltreat)* maltratar.

abusive [ə'bjuːsɪv] *adj* ofensivo(va).

academic [ˌækə'demɪk] *adj (educational)* acadêmico(ca). ◆ *n* professor *m* universitário, professora *f* universitária.

academy [ə'kædəmɪ] *n* academia *f*.

accelerate [ək'seləreɪt] *vi* acelerar.

accelerator [ək'seləreɪtər] *n* acelerador *m*.

accent ['æksent] *n (way of speaking)* pronúncia *f*, sotaque *m*; *(mark in writing)* acento *m*.

accept [ək'sept] *vt* aceitar; *(blame, responsibility)* assumir.

acceptable [ək'septəbl] *adj* aceitável.

access ['ækses] *n* acesso *m*.

access provider *n* COMPUT provedor *m* de acesso.

accessible [ək'sesəbl] *adj* acessível.

accessories [ək'sesərɪz] *npl* acessórios *mpl*.

access road *n* via *f* de acesso.

accident ['æksɪdənt] *n* acidente *m*; **by ~** por acaso.

accidental [ˌæksɪ'dentl] *adj* acidental.

acclimatize [ə'klaɪmətaɪz] *vi* aclimatar-se.

accommodate [ə'kɒmədeɪt] *vt* alojar.

accommodation [əˌkɒmə'deɪʃn] *n Brit* = accommodations.

accommodations [əˌkɒmə'deɪʃnz] *npl Am* alojamento *m*.

accompany [ə'kʌmpənɪ] *vt* acompanhar.

accomplish [əˈkʌmplɪʃ] vt conseguir, realizar.

accord [əˈkɔːrd] n: **of one's own** ~ por iniciativa própria.

accordance [əˈkɔːrdns] n: **in** ~ **with** de acordo com, conforme.

according [əˈkɔːrdɪŋ] ❏ **according to** prep (as stated by) segundo; (depending on) conforme.

accordion [əˈkɔːrdjən] n acordeão m.

account [əˈkaʊnt] n (at bank, store) conta f; (report) relato m; **to take into** ~ levar em consideração; **on no** ~ de modo algum OR nenhum; **on** ~ **of** devido a. ❏ **account for** vt fus (explain) prestar contas de, explicar; (constitute) representar.

accountant [əˈkaʊntənt] n contador m, -ra f.

accumulate [əˈkjuːmjəleɪt] vt acumular.

accurate [ˈækjərət] adj (description, report) exato(ta); (work, figures) preciso(sa).

accuse [əˈkjuːz] vt: **to** ~ **sb of sthg** acusar alguém de algo.

accused [əˈkjuːzd] n: **the** ~ o réu (a ré).

ace [eɪs] n (card) ás m.

ache [eɪk] vi doer. ◆ n dor f; **my leg** ~**s** minha perna está doendo.

achieve [əˈtʃiːv] vt conseguir.

acid [ˈæsɪd] adj ácido(da). ◆ n ácido m.

acid rain n chuva f ácida.

acknowledge [əkˈnɒlɪdʒ] vt (accept) reconhecer; (letter) acusar o recebimento de.

acne [ˈækni] n acne f.

acorn [ˈeɪkɔːrn] n bolota f (fruto), glande f.

acoustic [əˈkuːstɪk] adj acústico(ca).

acquaintance [əˈkweɪntns] n (person) conhecido m, -da f.

acquire [əˈkwaɪər] vt adquirir.

acre [ˈeɪkər] n = 4046,9 m².

acrobat [ˈækrəbæt] n acrobata mf.

across [əˈkrɒs] prep (to other side of) para o outro lado de; (from one side to the other) de um lado para o outro; (on the other side of) do outro lado de. ◆ adv (to the other side) para o outro lado; **to walk/drive** ~ **sthg** atravessar algo (a pé/de carro); **it's 10 miles** ~ tem 10 milhas de largura; ~ **from** em frente de.

acrylic [əˈkrɪlɪk] n acrílico m.

act [ækt] vi atuar; (in play, movie) representar. ◆ n ato m; POL lei f; (performance) atuação f, número m; **to** ~ **as** (serve as) servir de; **to** ~ **like** portar-se como.

action [ˈækʃn] n ação f; MIL combate m; **to take** ~ agir; **to put sthg into** ~ pôr algo em ação; **out of** ~ (machine) com defeito; (person) fora de combate.

active [ˈæktɪv] adj ativo(va).

activity [ækˈtɪvəti] n atividade f. ❏ **activities** npl (leisure events) atividades fpl (recreativas).

actor [ˈæktər] n ator m, atriz f.

actress [ˈæktrəs] n atriz f.

actual [ˈæktʃʊəl] adj (real) verdadeiro(ra), real; (for emphasis) próprio(pria).

actually ['æktʃuəlɪ] adv na realidade.

acupuncture ['ækjəpʌŋktʃər] n acupuntura f.

acute [ə'kjuːt] adj agudo(da).

ad [æd] n inf anúncio m (publicitário).

A.D. (abbr of Anno Domini) d.C.

adapt [ə'dæpt] vt adaptar. ◆ vi adaptar-se.

adapter [ə'dæptər] n (for foreign plug) adaptador m.

add [æd] vt (put, say in addition) acrescentar; (numbers, prices) somar, adicionar. ❑ **add up** vt sep somar, adicionar. ❑ **add up to** vt fus (total) ser ao todo.

adder ['ædər] n víbora f.

addict ['ædɪkt] n viciado m, -da f; **drug** ~ viciado em droga.

addicted [ə'dɪktəd] adj: **to be ~ to sthg** ser viciado(da) em algo.

addiction [ə'dɪkʃn] n vício m, dependência f.

addition [ə'dɪʃn] n adição f; **in ~** além disso; **in ~ to** além de.

additional [ə'dɪʃənl] adj adicional.

additive ['ædətɪv] n aditivo m.

address [n ə'dres, vb ə'dres] n (on letter) endereço m f. ◆ vt (speak to) dirigir-se a; (letter) enviar, endereçar.

adequate ['ædɪkwət] adj (sufficient) suficiente; (satisfactory) adequado(da).

adhere [əd'hɪər] vi: **to ~ to** (stick to) aderir a; (obey) respeitar.

adhesive [əd'hiːsɪv] adj adesivo(va). ◆ n cola f.

adjacent [ə'dʒeɪsnt] adj adjacente.

adjective ['ædʒɪktɪv] n adjetivo m.

adjoining [ə'dʒɔɪnɪŋ] adj contíguo(gua).

adjust [ə'dʒʌst] vt ajustar. ◆ vi: **to ~ to** adaptar-se a.

adjustable [ə'dʒʌstəbl] adj ajustável.

adjustment [ə'dʒʌstmənt] n (to machine) regulagem f; (settling in) adaptação f.

ad-lib [,æd'lɪb] vi improvisar.

administration [əd,mɪnɪ'streɪʃn] n (activity) administração f; (government) governo m.

administrator [əd'mɪnɪstreɪtər] n administrador m, -ra f.

admiral ['ædmrəl] n almirante m.

admire [əd'maɪər] vt admirar.

admission [əd'mɪʃn] n entrada f.

admit [əd'mɪt] vt admitir. ◆ vi: **to ~ to** sthg admitir algo; '**~ s one**' (on ticket) 'válido para uma pessoa'.

adolescent [,ædə'lesnt] n adolescente m f.

adopt [ə'dɒpt] vt adotar.

adopted [ə'dɒptəd] adj adotivo(va).

adore [ə'dɔːr] vt adorar.

adult ['ædʌlt] n adulto m, -ta f. ◆ adj (entertainment, movies) para adultos; (animal) adulto(ta).

adultery [ə'dʌltərɪ] n adultério m.

advance [əd'væns] n (money) adiantamento m; (movement) avanço m. ◆ adj (warning) prévio(via); (payment) adiantado (da). ◆ vt (lend) adiantar; (bring forward) avançar. ◆ vi (move forward) avançar; (improve) progredir.

advanced [əd'vænst] adj (student, level) avançado(da).

advantage [əd'vɑːntɪdʒ] n (benefit) vantagem f; **to take ~ of** (opportunity, offer) aproveitar; (person) aproveitar-se de.

adventure [əd'ventʃər] n aventura f.

adventurous [əd'ventʃərəs] adj aventureiro(ra).

adverb ['ædvɜːrb] n advérbio m.

adverse ['ædvɜːrs] adj adverso(sa).

advertise ['ædvərtaɪz] vt (product, event) anunciar.

advertisement [,ædvər'taɪzmənt] n anúncio m (publicitário).

advice [əd'vaɪs] n conselho m; **a piece of ~** um conselho.

advisable [əd'vaɪzəbl] adj aconselhável.

advise [əd'vaɪz] vt aconselhar; **to ~ sb to do sthg** aconselhar alguém a fazer algo; **to ~ sb against doing sthg** desaconselhar alguém a fazer algo.

advocate [n 'ædvəkət, vb 'ædvəkeɪt] n jur advogado m, -da f. ◆ vt defender, advogar.

aerial ['eərɪəl] adj aéreo(rea).

aerobics [eə'rəʊbɪks] n aeróbica f.

aerodynamic [,eərəʊdaɪ'næmɪk] adj aerodinâmico(ca).

aerosol ['eərəsɒl] n aerossol m.

affair [ə'feər] n (event) acontecimento m; (love affair) caso m; (matter) questão f.

affect [ə'fekt] vt (influence) afetar.

affection [ə'fekʃn] n afeto m.

affectionate [ə'fekʃnət] adj afetuoso(osa).

affluence ['æfluəns] n riqueza f.

affluent ['æfluənt] adj rico(ca).

afford [ə'fɔːrd] vt: **to be able to ~ sthg** (vacation, new coat) poder pagar por algo, poder dar-se ao luxo de fazer OR comprar algo; **I can't ~ it** não tenho dinheiro para isso; **I can't ~ the time** não tenho tempo.

affordable [ə'fɔːrdəbl] adj acessível.

afloat [ə'fləʊt] adj flutuando.

afraid [ə'freɪd] adj assustado (da); **to be ~ of** ter medo de; **I'm ~ so/not** receio que sim/não.

afresh [ə'freʃ] adv de novo.

Africa ['æfrɪkə] n África f.

after ['æftr] prep depois de. ◆ conj depois de que. ◆ adv depois; **a quarter ~ ten** Am dez e quinze; **to be ~ sb/sthg** (in search of) estar atrás de alguém/ algo; **~ all** afinal de contas.

afternoon [,æftr'nuːn] n tarde f; **good ~!** boa tarde!

aftershave ['æftrʃeɪv] n loção f após-barba.

afterward ['æftrwrd] adv depois, a seguir.

again [ə'gen] adv outra vez; ~ **and** ~ várias vezes; **never** ~ nunca mais.

against [ə'genst] prep contra; **to lean** ~ **sthg** apoiar-se em algo; ~ **the law** contra a lei.

age [eɪdʒ] n idade f, época f; (old age) velhice f; **under** ~ menor de idade; **I haven't seen him for** ~s inf há séculos que não o vejo.

aged [eɪdʒd] adj: ~ **eight** com oito anos (de idade).

age limit n limite m de idade.

agency ['eɪdʒənsɪ] n agência f.

agenda [ə'dʒendə] n ordem f do dia, expediente m.

agent ['eɪdʒənt] n agente mf.

aggression [ə'greʃn] n agressão f.

aggressive [ə'gresɪv] adj agressivo(va).

agile ['ædʒaɪl] adj ágil.

agility [ə'dʒɪlətɪ] n agilidade f.

agitated ['ædʒɪteɪtɪd] adj agitado(da).

ago [ə'gəʊ] adv: **a month** ~ há um mês; **how long** ~? há quanto tempo?

agonizing ['ægənaɪzɪŋ] adj (delay) angustiante; (pain) dilacerante.

agony ['ægənɪ] n agonia f.

agree [ə'griː] vi concordar; **tomato soup doesn't** ~ **with me** não me dou bem com sopa de tomate; **to** ~ **to sthg** concordar com algo; **to** ~ **to do sthg** aceitar fazer algo. ▫ **agree on** vt fus (time, price) chegar a um acordo sobre.

agreed [ə'griːd] adj combinado(da).

agreement [ə'griːmənt] n acordo m; **in** ~ **with** de acordo com.

agriculture ['ægrɪkʌltʃər] n agricultura f.

ahead [ə'hed] adv (in front) à frente; (forwards) em frente; **the months** ~ os próximos meses; **to be** ~ (winning) estar à frente; ~ **of** (in front of) à frente de; ~ **of schedule** adiantado(da); **they're four points** ~ levam quatro pontos de vantagem.

aid [eɪd] n ajuda f. ◆ vt ajudar; **in** ~ **of** em benefício de; **with the** ~ **of** com a ajuda de.

AIDS [eɪdz] n AIDS f.

ailment ['eɪlmənt] n fml mal m.

aim [eɪm] n (purpose) objetivo m. ◆ vt (gun, camera, hose) apontar. ◆ vi: **to** ~ **(at)** apontar (para); **to** ~ **to do sthg** ter como objetivo fazer algo.

air [eər] n ar m. ◆ vt (room) arejar. ◆ adj aéreo(rea); **by** ~ de avião.

airbed ['eəbed] n colchão m de ar.

air-conditioned [-kən'dɪʃnd] adj climatizado(da).

air-conditioning [-kən'dɪʃnɪŋ] n ar-condicionado m.

aircraft ['eəkrɑːft] (pl inv) n aeronave f.

air fare n tarifa f aérea.

airfield [ˈeərfiːld] n aeródromo m.

air force [ˈeərfɔːs] n força f aérea.

air freshener [-ˌfreʃnər] n purificador m de ambiente OR de ar.

airline [ˈeərlaɪn] n companhia f aérea.

airliner [ˈeərlaɪnər] n avião m de passageiros.

airmail [ˈeərmeɪl] n correio m aéreo; **by** ~ por via aérea.

airplane [ˈeərpleɪn] n avião m.

airport [ˈeərpɔːt] n aeroporto m.

airport tax n taxas fpl de embarque.

air raid n ataque m aéreo.

airsick [ˈeərsɪk] adj enjoado(da) (em avião).

airtight [ˈeərtaɪt] adj hermético(ca).

air traffic control n (people) controle m de tráfego aéreo.

aisle [aɪl] n (in plane, theater) corredor m (em teatro, avião); (in church) nave f lateral.

aisle seat n lugar m do lado do corredor.

alarm [əˈlɑːrm] n alarme m. ◆ vt alarmar.

alarm clock n despertador m.

alarmed [əˈlɑːrmd] adj (person) assustado(da); (door, car) provido(da) de alarme.

alarming [əˈlɑːrmɪŋ] adj alarmante.

album [ˈælbəm] n álbum m.

alcohol [ˈælkəhɒl] n álcool m.

alcohol-free adj sem álcool.

alcoholic [ˌælkəˈhɒlɪk] adj al-

coólico(ca). ◆ n alcoólatra mf.

alcoholism [ˈælkəhɒlɪzm] n alcoolismo m.

alert [əˈlɜːrt] adj atento(ta). ◆ vt alertar.

algebra [ˈældʒəbrə] n álgebra f.

Algeria [ælˈdʒɪərɪə] n Argélia.

alias [ˈeɪlɪəs] adv vulgo. ◆ n pseudônimo m.

alibi [ˈælɪbaɪ] n álibi m.

alien [ˈeɪlɪən] n (foreigner) estrangeiro m, -ra f; (from outer space) extraterrestre mf.

alight [əˈlaɪt] adj em chamas.

align [əˈlaɪn] vt alinhar.

alike [əˈlaɪk] adj parecidos(das). ◆ adv da mesma maneira; **to look** ~ parecer-se.

alive [əˈlaɪv] adj vivo(va).

all [ɔːl] adj - 1. (with singular noun) todo(da); ~ **the money** o dinheiro todo; ~ **the time** sempre; **we were out** ~ **day** estivemos fora o dia inteiro.

- 2. (with plural noun) todos(das); ~ **the houses** todas as casas; ~ **trains stop at Trenton** todos os trens param em Trenton.

◆ adv - 1. (completely) completamente; ~ **alone** completamente só.

- 2. (in scores): **it's two** ~ dois a dois (empate).

- 3. (in phrases): ~ **but empty** quase vazio(zia); ~ **over** (finished) terminado(da).

◆ pron - 1. (everything) tudo; (people, things) todos mpl, -das fpl; **is that** ~ ? (in store) mais alguma coisa?; **the best of** ~ o melhor de todos.

- 2. *(everybody)* todos, todo o mundo; ~ **of us** went fomos todos.

- 3. *(in phrases):* **can I help you** sa?; **in** ~ *(in total)* ao todo; **in** ~ posso ajudar em alguma coisa?; **in** ~ *(in total)* ao todo; **in** ~ **it was a great success** resumindo, foi um grande êxito.

Allah ['ælə] *n* Alá *m*.

allege [ə'ledʒ] *vt* alegar.

allegedly [ə'ledʒədlɪ] *adv* supostamente.

allergic [ə'lɜːrdʒɪk] *adj:* **to be** ~ **to** ser alérgico(ca) a.

allergy ['ælərdʒɪ] *n* alergia *f*.

alleviate [ə'liːvɪeɪt] *vt* aliviar.

alley ['ælɪ] *n (narrow street)* ruela *f*.

alligator ['ælɪgeɪtər] *n* aligátor *m*, *espécie de jacaré americano*.

allocate ['æləkeɪt] *vt* alocar.

allow [ə'laʊ] *vt (permit)* permitir; *(time, money)* dispor de; **to** ~ **sb to do sthg** permitir que alguém faça algo; **to be** ~**ed to do sthg** ter permissão para fazer algo. ❑ **allow for** *vt fus* levar em conta.

allowance [ə'laʊəns] *n (for expenses)* ajuda *f* de custo; *(pocket money)* mesada *f*.

all right *adv (satisfactorily)* bem; *(yes, okay)* está bem. ◆ *adj:* **is it** ~ **if I smoke?** posso fumar?; **I thought the movie was** ~ achei o filme razoável; **is everything** ~? está tudo bem?

ally ['ælaɪ] *n* aliado *m*, -da *f*.

almond ['ɑːmənd] *n* amêndoa *f*.

almost ['ɔːlməʊst] *adv* quase.

alone [ə'ləʊn] *adj* & *adv* sozinho(nha); **the decision is yours** ~ a decisão é só sua; **to leave sb** ~ deixar alguém em paz; **to leave sthg** ~ parar de mexer em algo.

along [ə'lɒŋ] *prep (toward one end of)* por; *(alongside)* ao longo de. ◆ *adv:* **to walk** ~ caminhar; **to bring sthg** ~ trazer algo; **all** ~ desde o princípio; ~ **with** (junto) com.

alongside [ə,lɒŋ'saɪd] *prep* ao lado de.

aloud [ə'laʊd] *adv* em voz alta.

alphabet ['ælfəbet] *n* alfabeto *m*.

already [ɔːl'redɪ] *adv* já.

also ['ɔːlsəʊ] *adv* também.

altar ['ɔːltər] *n* altar *m*.

alter ['ɔːltər] *vt* alterar.

alteration [,ɔːltə'reɪʃn] *n* alteração *f*.

alternate [*vb* 'ɔːltɜːrneɪt, *adj* 'ɔːltɜːrnət] *adj* alternado(da). ◆ *vt, vi* alternar.

alternative [ɔːl'tɜːrnətɪv] *adj* alternativo(va). ◆ *n* alternativa *f*.

alternatively [ɔːl'tɜːrnətɪvlɪ] *adv* como alternativa.

although [ɔːl'ðəʊ] *conj* embora.

altitude ['æltɪtuːd] *n* altitude *f*.

altogether [,ɔːltə'geðər] *adv (completely)* completamente; *(in total)* ao todo, no total.

aluminium [,æljʊ'mɪnɪəm] *n Brit* = **aluminum**.

aluminum [ə'luːmɪnəm] *n Am* alumínio *m*.

always ['ɔ:lweɪz] adv sempre.

a.m. (abbr of ante meridiem): **at 2 ~ às duas da manhã.**

am [æm] → **be.**

amateur ['æmətʃər] n amador m, -ra f.

amazed [ə'meɪzd] adj espantado(da), surpreso(sa).

amazing [ə'meɪzɪŋ] adj espantoso(osa), surpreendente.

Amazon ['æməzə:n] n (river): **the ~** o Amazonas.

ambassador [æm'bæsədər] n embaixador m, -ra f.

amber ['æmbər] adj âmbar.

ambiguous [æm'bɪgjʊəs] adj ambíguo(gua).

ambition [æm'bɪʃn] n ambição f.

ambitious [æm'bɪʃəs] adj ambicioso(osa).

ambulance ['æmbjələns] n ambulância f.

ambush ['æmbʊʃ] n emboscada f.

amenities [ə'mi:nətɪz] npl comodidades fpl.

America [ə'merɪkə] n (continent) América f; (USA) Estados mpl Unidos (da América).

American [ə'merɪkən] adj (continent) americano(na); (USA) (norte-)americano(na). ◆ n (person) (norte-)americano m, -na f.

amiable ['eɪmjəbl] adj amável.

ammunition [,æmjə'nɪʃn] n munição f.

amnesia [æm'ni:zjə] n amnésia f.

among [ə'mʌŋ] prep entre.

amount [ə'maʊnt] n (quantity) quantidade f; (sum) quantia f, montante m. ◻ **amount to** vt fus (total) atingir a quantia de.

ample ['æmpl] adj amplo(a); (enough) bastante, suficiente.

amplifier ['æmplɪfaɪər] n amplificador m.

amputate ['æmpjʊteɪt] vt amputar.

Amtrak ['æmtræk] n organismo regulador das ferrovias nos E.U.A.

amuse [ə'mju:z] vt (make laugh) divertir; (entertain) entreter.

amusement [ə'mju:zmənt] npl diversão f.

amusement arcade n salão m de diversões eletrônicas.

amusing [ə'mju:zɪŋ] adj divertido(da).

an [stressed æn, unstressed ən] → **a.**

anaemic [ə'ni:mɪk] adj Brit = **anemic.**

anaesthetic [,ænəs'θetɪk] n Brit = **anesthetic.**

analgesic [,ænæl'dʒi:sɪk] n analgésico m.

analyse ['ænəlaɪz] vt Brit = **analyze.**

analyst ['ænələst] n analista mf.

analyze ['ænəlaɪz] vt Am analisar.

anarchist ['ænərkɪst] n anarquista mf.

anarchy ['ænərkɪ] n anarquia f.

anatomy [ə'nætəmɪ] n anatomia f.

ancestor ['ænsestər] n antepassado m, -da f.

anchor [ˈæŋkər] n âncora f.

anchovy [ˈæntʃəʊvɪ] n enchova f.

ancient [ˈemʃənt] adj antigo(ga).

and [strong form ænd, weak form ənd, ən] conj e; ~ **you?** e você?; **a hundred** ~ **one** cento e um; **more** ~ **more** cada vez mais; **to go** ~ **see** ir ver.

anecdote [ˈænɪkdəʊt] n conto m, anedota f.

anemic [əˈniːmɪk] adj Am (person) anêmico(ca).

anesthetic [ˌænəsˈθetɪk] n Am anestésico m; **under** ~ sob anestesia; **general/local** ~ anestesia f geral/local.

angel [ˈeɪndʒəl] n anjo m.

anger [ˈæŋgər] n raiva f, ira f.

angle [ˈæŋgl] n ângulo m; **at an** ~ torto (torta).

angler [ˈæŋglər] n pescador m, -ra f (de vara).

angling [ˈæŋglɪŋ] n pesca f (de vara).

angry [ˈæŋgrɪ] adj (person) zangado(da); (words) de raiva; **to get** ~ **(with sb)** zangar-se (com alguém).

animal [ˈænɪml] n animal m.

animate [ˈænɪmeɪt] vt animar.

ankle [ˈæŋkl] n tornozelo m.

annex [ˈæneks] n (building) anexo m.

annihilate [əˈnaɪəleɪt] vt aniquilar.

anniversary [ˌænɪˈvɜːsərɪ] n aniversário m.

announce [əˈnaʊns] vt anunciar.

announcement [əˈnaʊnsmənt] n (on TV, radio) anúncio m; (official) pronunciamento m.

announcer [əˈnaʊnsər] n (on TV) apresentador m, -ra f; (on radio) locutor m, -ra f.

annoy [əˈnɔɪ] vt incomodar, irritar.

annoyed [əˈnɔɪd] adj incomodado(da), irritado(da); **to get** ~ **(with)** incomodar-se (com), irritar-se (com).

annoying [əˈnɔɪɪŋ] adj incômodo(da), irritante.

annual [ˈænjʊəl] adj anual.

anonymous [əˈnɒnɪməs] adj anônimo(ma).

another [əˈnʌðər] adj outro (tra). ◆ pron outro m, -tra f; **in** ~ **two weeks** dentro de (mais) duas semanas; ~ **one** outro (tra); **one** ~ um ao outro (uma à outra); **to talk to one** ~ falar um com o outro; **they love one** ~ eles se amam (um ao outro); **one after** ~ um após o outro.

answer [ˈɑːnsr] n resposta f. ◆ vt responder a. ◆ vi responder; **to** ~ **the door** abrir a porta; **to** ~ **the phone** atender o telefone. ❑ **answer back** vi replicar.

answering machine [ˈɑːnsərɪŋ-] secretária f eletrônica.

ant [ænt] n formiga f.

Antarctic [ænˈtɑːrktɪk] n: **the** ~ o Antártico.

antenna [ænˈtenə] n Am (aerial) antena f.

anthem [ˈænθəm] n hino m.

antibiotics [ˌæntɪbaɪˈɒtɪks] npl antibióticos mpl.

anticipate [æn'tɪsəpeɪt] vt (expect) esperar; (guess correctly) prever.

antidote ['æntɪdəʊt] n antídoto m.

antifreeze ['æntɪfriːz] n anticongelante m.

antihistamine [ˌæntɪ'hɪstəmiːn] n anti-histamínico m.

antique [æn'tiːk] n antiguidade f.

antique shop n loja f de antiguidades.

antiseptic [ˌæntɪ'septɪk] n anti-séptico m.

antisocial [ˌæntɪ'səʊʃl] adj antisocial.

antivirus [ˌæntɪ'vaɪrʊs] n COMPUT antivírus m inv.

antlers ['æntləz] npl chifres mpl.

anxiety [æŋ'zaɪətɪ] n ansiedade f.

anxious ['æŋkʃəs] adj ansioso(osa).

any ['enɪ] adj - 1. (in questions) algum(ma); **do you have ~ money?** você tem dinheiro?; **do you have ~ postcards?** você tem postais?; **do you have ~ rooms?** você tem algum quarto livre?
- 2. (in negatives) nenhum(ma); **I don't have ~ money** não tenho dinheiro (nenhum); **we don't have ~ rooms** não temos quartos livres.
- 3. (no matter which) qualquer; **take ~ one you like** leve aquele que quiser.
◆ pron - 1. (in questions) algum m,

-ma f; **I'm looking for a hotel – are there ~ nearby?** estou procurando um hotel - há algum aqui perto?
- 2. (in negatives) nenhum m, -ma f; **I don't want ~ (of it)** não quero (nada); **I don't want ~ (of them)** não quero nenhum (deles).
- 3. (no matter which one) qualquer um (qualquer uma); **you can sit at ~ of the tables** podem sentar-se a qualquer uma das mesas.
◆ adv - 1. (in questions): **~ other questions?** mais alguma pergunta?; **can't you drive ~ faster?** pode dirigir mais depressa?; **is that ~ better?** está melhor assim?
- 2. (in negatives): **he's not ~ better** ele não está nada melhor; **we can't wait ~ longer** não podemos esperar mais; **we can't afford ~ more** não temos possibilidades para mais.

anybody ['enɪbɒdɪ] pron = anyone.

anyhow ['enɪhaʊ] adv (carelessly) de qualquer maneira; (in any case) em qualquer caso; (in spite of that) de qualquer modo.

anymore [enɪ'mɔːr] adv não mais; **she doesn't work here ~** ela não trabalha mais aqui.

anyone ['enɪwʌn] pron (any person) qualquer um (qualquer uma); (in questions) alguém; (in negatives) ninguém; **I don't like ~** não gosto de ninguém.

anything ['enɪθɪŋ] *pron (no matter what)* qualquer coisa; *(in questions)* alguma coisa; *(in negatives)* nada; **she didn't say ~** ela não disse nada.

anyway ['enɪweɪ] *adv* de qualquer forma OR modo.

anywhere ['enɪweər] *adv (no matter where)* em/a qualquer lugar; *(in questions)* em/a algum lugar; *(in negatives)* em/a lugar nenhum; **I can't find it ~** não o encontro em lugar nenhum; **sit ~ you like** sente-se onde quiser; **we can go ~** podemos ir a qualquer lugar.

apart [ə'pɑːrt] *adv* separado (da); **to fall ~** quebrar-se em pedaços; **~ from** *(except for)* exceto, salvo; *(as well as)* para além de.

apartment [ə'pɑːrtmənt] *n Am* apartamento *m*.

ape [eɪp] *n* macaco *m*.

aperitif [ə,perə'tiːf] *n* aperitivo *m*.

apiece [ə'piːs] *adv:* **they cost $50 ~** custam 50 dólares cada um.

apologetic [ə,pɒlə'dʒetɪk] *adj* cheio (cheia) de desculpas.

apologize [ə'pɒlədʒaɪz] *vi:* **~ (to sb for sthg)** pedir desculpa (a alguém por algo).

apology [ə'pɒlədʒɪ] *n* desculpa *f*.

apostrophe [ə'pɒstrəfɪ] *n* apóstrofo *m*.

appal [ə'pɔːl] *vt Brit* = **appall**.

appall [ə'pɔːl] *vt Am* horrorizar.

appalling [ə'pɔːlɪŋ] *adj* horrível, terrível.

apparatus [,æpə'rætəs] *n* aparelho *m*.

apparently [ə'perəntlɪ] *adv* aparentemente.

appeal [ə'piːl] *n JUR* apelação *f*, recurso *m*; *(fundraising campaign)* campanha *f* de coleta de fundos. ◆ *vi JUR* apelar, recorrer para; **to ~ to sb (for sthg)** apelar a alguém (para algo); **it doesn't ~ to me** não me atrai.

appear [ə'pɪər] *vi* aparecer; *(seem)* parecer; *(in court)* comparecer; **it ~s that** parece que.

appearance [ə'pɪərəns] *n (arrival)* chegada *f*; *(look)* aparência *f*, aspecto *m*.

appendicitis [ə,pendɪ'saɪtəs] *n* apendicite *f*.

appendix [ə'pendɪks] *(pl -dices*[ə'pendɪsiːz]*)* *n* apêndice *m*.

appetite ['æpətaɪt] *n* apetite *m*.

appetizer ['æpətaɪzər] *n* aperitivo *m*.

appetizing ['æpətaɪzɪŋ] *adj* apetitoso(osa).

applaud [ə'plɔːd] *vt vi* aplaudir.

applause [ə'plɔːz] *n* palmas *fpl*.

apple ['æpl] *n* maçã *f*.

apple pie *n* torta *f* de maçã.

appliance [ə'plaɪəns] *n* aparelho *m*; **electrical/domestic ~** eletrodoméstico *m*.

applicable [ə'plɪkəbl] *adj:* **to be ~ (to)** ser aplicável (a); **if ~** se apropriado.

applicant ['æplɪkənt] *n* candidato *m*, -ta *f*.

application [ˌæplɪ'keɪʃn] n *(for job, membership)* candidatura f; *(for a computer)* aplicativo m.

application form n formulário m de candidatura.

apply [ə'plaɪ] vt aplicar. ◆ vi: **to ~ (to sb for sthg)** *(make request)* requerer (algo a alguém); **to ~ (to sb)** *(be applicable)* ser aplicável (a alguém).

appointment [ə'pɔɪntmənt] n *(with hairdresser, businessman)* hora f marcada; *(with doctor)* consulta f; **to have/make an ~ (with)** ter/marcar um encontro (com); **by ~** com hora marcada.

appreciate [ə'priːʃɪeɪt] vt *(be grateful for)* agradecer; *(understand)* compreender; *(like, admire)* apreciar.

apprehensive [ˌæprɪ'hensɪv] adj apreensivo(va).

apprentice [ə'prentɪs] n aprendiz mf.

apprenticeship [ə'prentɪʃɪp] n aprendizagem f.

approach [ə'prəʊtʃ] n *(road)* acesso m; *(to problem, situation)* abordagem f. ◆ vt *(come nearer to)* aproximar-se de; *(problem, situation)* abordar. ◆ vi aproximar-se.

appropriate [ə'prəʊprɪət] adj apropriado(da).

approval [ə'pruːvl] n *(favorable opinion)* aprovação f; *(permission)* autorização f.

approve [ə'pruːv] vi: **to ~ of sb/sthg** ver com bons olhos alguém/algo.

approximate [ə'prɒksɪmət] adj aproximado(da).

approximately [ə'prɒksɪmətlɪ] adv aproximadamente.

apricot ['eɪprɪkɒt] n damasco m.

April ['eɪprəl] n abril m → **September**.

April Fool's Day n primeiro-de-abril m.

apron ['eɪprən] n avental m (de cozinha).

apt [æpt] adj *(appropriate)* apropriado(da); **to be ~ to do sthg** ser propenso a fazer algo.

aquarium [ə'kweərɪəm] *(pl* **-riums** OR **-ria** [-rɪə]*)* n aquário m.

aqueduct ['ækwədʌkt] n aqueduto m.

arbitrary ['ɑːrbɪtrərɪ] adj arbitrário(ria).

arc [ɑːrk] n arco m.

arcade [ɑːr'keɪd] n *(for shopping)* galeria f; *(of video games)* salão m de diversões eletrônicas.

arch [ɑːrtʃ] n arco m.

archaeology [ˌɑːrkɪ'ɒlədʒɪ] n arqueologia f.

archbishop [ˌɑːrtʃ'bɪʃəp] n arcebispo m.

archery ['ɑːrtʃərɪ] n tiro m de arco e flecha.

architect ['ɑːrkətekt] n arquiteto m, -ta f.

architecture ['ɑːrkətektʃər] n arquitetura f.

are [*weak form* ər, *strong form* ɑːr] → **be**.

area ['eərɪə] n área f.

area code n Am prefixo m (telefônico).

arena [əˈriːnə] n (at circus) arena f; (sportsground) estádio m.

aren't [ɑːnt] = are not.

Argentina [ˌɑːdʒənˈtiːnə] n Argentina f.

argue [ˈɑːrgjuː] vi: to ~ (with sb about sthg) discutir (com alguém acerca de algo); to ~ (that) argumentar que.

argument [ˈɑːrgjəmənt] n (quarrel) discussão f; (reason) argumento m.

arid [ˈærɪd] adj árido(da).

arise [əˈraɪz] (pt arose, pp arisen [əˈrɪzn]) vi: to ~ (from) surgir (de).

aristocracy [ˌærɪˈstɒkrəsɪ] n aristocracia f.

arithmetic [əˈrɪθmətɪk] n aritmética f.

arm [ɑːm] n braço m; (of garment) manga f.

armchair [ˈɑːmtʃeər] n poltrona f.

armed [ɑːmd] adj armado (da).

armed forces npl: the ~ as forças armadas.

armor [ˈɑːrmər] n Am armadura f.

armour [ˈɑːrməˈ] n Brit = armor.

armpit [ˈɑːmpɪt] n axila f.

arms [ɑːmz] npl (weapons) armas fpl.

army [ˈɑːmɪ] n exército m.

aroma [əˈrəʊmə] n aroma m.

aromatherapy [əˌrəʊmə-ˈθerəpɪ] n aromaterapia f.

aromatic [ˌærəˈmætɪk] adj aromático(ca).

arose [əˈrəʊz] pt → arise.

around [əˈraʊnd] adv (about) por aí; (present) por aí/aqui. ◆ prep (surrounding) em redor de, à volta de; (to the other side of) para o outro lado de; (near) perto de; (all over) por todo(da); (approximately) cerca de; ~ here (in the area) por aqui; to turn ~ virar-se; to look ~ (turn head) olhar em volta; (in store, city) dar uma olhada.

arrange [əˈreɪndʒ] vt (books) arrumar; (flowers) arranjar; (meeting, event) organizar; to ~ to do sthg (with sb) combinar fazer algo (com alguém).

arrangement [əˈreɪndʒmənt] n (agreement) combinação f; (layout) disposição f; by ~ (tour, service) com data e hora marcada; to make ~s (to do sthg) fazer os preparativos (para fazer algo).

arrest [əˈrest] n detenção f, prisão f. ◆ vt prender; under ~ sob custódia, preso.

arrival [əˈraɪvl] n chegada f; on ~ à chegada; new ~ (person) recém-chegado m, -da f.

arrive [əˈraɪv] vi chegar; to ~ at chegar a.

arrogant [ˈerəgənt] adj arrogante.

arrow [ˈerəʊ] n (for shooting) flecha f; (sign) seta f.

arson ['ɑːrsn] *n* incêndio *m* premeditado.

art [ɑːrt] *n* arte *f.* ❑ **arts** *npl (humanities)* letras *fpl;* **the ~s** *(fine arts)* as belas-artes.

artery ['ɑːtərɪ] *n* artéria *f.*

art gallery *n (commercial)* galeria *f* de arte; *(public)* museu *m* de arte.

arthritis [ɑːr'θraɪtɪs] *n* artrite *f.*

artichoke ['ɑːrtɪtʃəʊk] *n* alcachofra *f.*

article ['ɑːrtɪkl] *n* artigo *m.*

articulate [ɑːr'tɪkjələt] *adj* eloqüente.

artificial [,ɑːrtɪ'fɪʃl] *adj* artificial.

artist ['ɑːrtɪst] *n (painter)* pintor *m,* -ra *f; (performer)* artista *mf.*

artistic [ɑːr'tɪstɪk] *adj* artístico (ca).

as [unstressed əz, stressed æz] *adv (in comparisons):* **~ ... ~** tão ... como; **he's ~ tall ~ I am** ele é tão alto quanto eu; **twice ~ big ~** duas vezes maior do que; **~ many ~** tantos quantos (tantas quantas); **~ much ~** tanto quanto.
♦ *conj* - **1.** *(referring to time)* quando; **~ the plane was coming in to land** quando o avião ia aterrissar.
- **2.** *(referring to manner)* como; **do ~ you like** faça como quiser; **~ expected, ...** como era de se esperar ...
- **3.** *(introducing a statement)* como; **~ you know ...** como você sabe ...

- **4.** *(because)* porque, como.
- **5.** *(in phrases):* **~ for** quanto a; **~ of** a partir de; **~ if** como se.
♦ *prep (referring to function, job)* como; **I work ~ a teacher** sou professora.

ASAP *(abbr of as soon as possible)* assim que possível.

ascent [ə'sent] *n (climb)* subida *f.*

ascribe [ə'skraɪb] *vt:* **to ~ sthg to** atribuir algo a.

ash [æʃ] *n (from cigarette, fire)* cinza *f; (tree)* freixo *m.*

ashore [ə'fɔːr] *adv* em terra; **to go ~** desembarcar.

ashtray ['æʃtreɪ] *n* cinzeiro *m.*

Asia ['eɪʒə] *n* Ásia *f.*

aside [ə'saɪd] *adv (to one side)* para o lado; **to move ~** afastar-se.

ask [æsk] *vt (person)* perguntar a; *(request)* pedir; *(invite)* convidar. ♦ *vi:* **to ~ about sthg** *(inquire)* informar-se sobre algo; **to ~ sb about sthg** perguntar a alguém sobre algo; **to ~ sb sthg** perguntar algo a alguém; **to ~ sb to do sthg** pedir a alguém que faça algo; **to ~ sb for sthg** pedir algo a alguém; **to ~ a question** fazer uma pergunta. ❑ **ask for** *vt fus (ask to talk to)* perguntar por; *(request)* pedir.

asleep [ə'sliːp] *adj* adormecido(da); **to fall ~** adormecer.

asparagus [ə'spærəgəs] *n* aspargos *mpl.*

aspect ['æspekt] *n* aspecto *m.*

aspirin ['æsprɪn] *n* aspirina *f.*

ass [æs] n *(animal)* asno m.

assassinate [ə'sæsıneıt] vt assassinar.

assault [ə'sɔ:lt] n agressão f. ◆ vt agredir.

assemble [ə'sembl] vt *(bookcase, model)* montar. ◆ vi reunir-se.

assembly [ə'semblı] n *(at school)* assembléia.

assert [ə'sɜ:rt] vt *(fact, innocence)* afirmar; *(authority)* impor; **to ~ o.s.** impor-se.

assess [ə'ses] vt avaliar.

assessment [ə'sesmənt] n avaliação f.

asset [ˈæset] n *(valuable person, thing)* elemento m valioso. ❏ **assets** npl bens mpl.

assign [ə'saın] vt: **to ~ sthg to sb** *(give)* ceder algo a alguém; **to ~ sb to sthg** *(designate)* nomear alguém para algo.

assignment [ə'saınmənt] n *(task)* tarefa f; SCH trabalho m.

assist [ə'sıst] vt ajudar.

assistance [ə'sıstəns] n ajuda f; **to be of ~ (to sb)** ser útil (a alguém).

assistant [ə'sıstənt] n assistente mf, ajudante mf.

associate [n ə'səʊʃıət, vb ə'səʊʃıeıt] n *(colleague)* colega mf; *(partner)* sócio m, -cia f. ◆ vt: **to ~ sb/sthg with** associar alguém/algo com OR a; **to be ~d with** *(attitude, person)* estar associado a.

association [ə,səʊsı'eıʃn] n associação f.

assorted [ə'sɔ:rtıd] adj variado(da).

assortment [ə'sɔ:rtmənt] n sortimento m.

assume [ə'su:m] vt *(suppose)* supor; *(control, responsibility)* assumir.

assurance [ə'ʃʊərəns] n *(promise)* garantia f ; *(insurance)* seguro m.

assure [ə'ʃʊər] vt assegurar; **to ~ sb (that) ...** assegurar a alguém que ...

asterisk [ˈæstərısk] n asterisco m.

asthma [ˈæzmə] n asma f.

asthmatic [æz'mætık] adj asmático(ca).

astonish [ə'stɒnıʃ] vt surpreender.

astonished [ə'stɒnıʃt] adj espantado(da), surpreso(sa).

astonishing [ə'stɒnıʃıŋ] adj espantoso(osa), surpreendente.

astound [ə'staʊnd] vt surpreender.

astray [ə'streı] adv: **to go ~** extraviar-se.

astrology [ə'strɒlədʒı] n astrologia f.

astronomy [ə'strɒnəmı] n astronomia f.

asylum [ə'saıləm] n POL asilo m; *(mental hospital)* manicômio m.

at [unstressed ət, stressed æt] prep - 1. *(indicating place, position)* em; **~ home** em casa; **~ the hotel** no hotel; **~ my mother's** na casa da minha mãe; **~ school** na escola.
- 2. *(indicating direction)* para; **he threw a plate ~ the wall** ele atirou um prato na parede; **to look ~** olhar para.

- 3. *(indicating time)*: ~ **nine o'clock** às nove horas; ~ **night** à noite; ~ **Christmas** no Natal.
- 4. *(indicating rate, level, speed)* a; **it works out** ~ **$5 each** sai a 5 dólares cada um; ~ **60 k.p.h.** a 60 km/h.
- 5. *(indicating activity)* a; **to be** ~ **lunch** estar almoçando; **to be good/bad** ~ **sthg** ser bom/ mau em algo.
- 6. *(indicating cause)* com.

ate [eɪt] *pt* → **eat.**

atheist ['eɪθɪɪst] *n* ateu *m*, atéia *f*.

athlete ['æθliːt] *n* atleta *mf*.

athletics [æθ'letɪks] *n* atletismo *m*.

atlas ['ætləs] *n* atlas *m inv*.

ATM *n* caixa *m* automático.

atmosphere ['ætməsfɪər] *n* atmosfera *f*.

atom ['ætəm] *n* átomo *m*.

atrocious [ə'trəʊʃəs] *adj* atroz.

at (sign) [n *COMPUT* arroba *f*.

attach [ə'tætʃ] *vt* juntar; **to** ~ **sthg to sthg** juntar algo a algo.

attachment [ə'tætʃmənt] *n (device)* acessório *m*; *COMPUT* anexo *m*, attachment *m*.

attack [ə'tæk] *n* ataque *m*. ◆ *vt* atacar.

attacker [ə'tækər] *n* agressor *m*, -ra *f*.

attain [ə'teɪn] *vt fml* alcançar.

attempt [ə'tempt] *n* tentativa *f*. ◆ *vt* tentar; **to** ~ **to do sthg** tentar fazer algo.

attend [ə'tend] *vt (meeting, Mass)* assistir a; *(school)* freqüentar.

❑ **attend to** *vt fus (deal with)* atender a.

attendance [ə'tendəns] *n (people at concert, game)* assistência *f*; *(at school)* freqüência *f*.

attendant [ə'tendənt] *n* encarregado *m*, -da *f*.

attention [ə'tenʃn] *n* atenção *f*; **to pay** ~ **(to)** prestar atenção (a).

attic ['ætɪk] *n* sótão *m*.

attitude ['ætɪtjuːd] *n* atitude *f*.

attorney [ə'tɜːrnɪ] *n Am* advogado *m*, -da *f*; procurador *m*, -dora *f*.

attract [ə'trækt] *vt* atrair; *(attention)* chamar.

attraction [ə'trækʃn] *n* atração *f*; *(attractive feature)* atrativo *m*.

attractive [ə'træktɪv] *adj* atraente.

attribute [ə'trɪbjuːt] *vt*: **to** ~ **sthg to** atribuir algo a.

auburn ['ɔːbərn] *adj* castanhoavermelhado(da).

auction ['ɔːkʃn] *n* leilão *m*.

audience ['ɔːdjəns] *n* público *m*, audiência *f*.

audiovisual [-'vɪʒʊəl] *adj* audiovisual.

auditorium [ɔːdɪ'tɔːrɪəm] *n* auditório *m*.

August ['ɔːgəst] *n* agosto *m* → **September.**

aunt [ænt] *n* tia *f*.

au pair [ˌəʊ'peər] *n* au pair *mf*.

Australia [ɒ'streɪljə] *n* Austrália *f*.

Austria ['ɒstrɪə] *n* Áustria *f*.

authentic [ɔːˈθentɪk] *adj* autêntico(ca).

author [ˈɔːθər] *n* (of book, article) autor *m*, -ra *f*; (by profession) escritor *m*, -ra *f*.

authority [ɔːˈθɒrətɪ] *n* autoridade *f*; **the authorities** as autoridades.

authorization [ˌɔːθəraɪˈzeɪʃn] *n* autorização *f*.

authorize [ˈɔːθəraɪz] *vt* autorizar; **to ~ sb to do sthg** autorizar alguém a fazer algo.

autobiography [ˌɔːtəbaɪˈɒɡrəfɪ] *n* autobiografia *f*.

autograph [ˈɔːtəɡrɑːf] *n* autógrafo *m*.

automatic [ˌɔːtəˈmætɪk] *adj* automático(ca); (fine) imediato(ta). ◆ *n* (car) carro *m* automático.

automatically [ˌɔːtəˈmætɪklɪ] *adv* automaticamente.

automobile [ˈɔːtəməbiːl] *n Am* automóvel *m*.

autumn [ˈɔːtəm] *n* outono *m*; **in (the) ~** no outono.

auxiliary (verb) [ɔːɡˈzɪljərɪ] *n* verbo *m* auxiliar.

available [əˈveɪləbl] *adj* disponível.

avalanche [ˈævəlɑːnʃ] *n* avalanche *f*.

Ave. (abbr of avenue) Av.

avenue [ˈævənuː] *n* avenida *f*.

average [ˈævərɪdʒ] *adj* médio (dia). ◆ *n* média *f*; **on ~** em média.

aversion [əˈvɜːʃn] *n* aversão *f*.

aviation [ˌeɪvɪˈeɪʃn] *n* aviação *f*.

avid [ˈævɪd] *adj* ávido(da).

avocado [ˌævəˈkɑːdəʊ] (*pl* -s OR -es) *n*: **~ (pear)** abacate *m*.

avoid [əˈvɔɪd] *vt* evitar; **to ~ doing sthg** evitar fazer algo.

await [əˈweɪt] *vt* esperar, aguardar.

awake [əˈweɪk] (*pt* awoke, *pp* awoken) *adj* acordado(da). ◆ *vi* acordar.

award [əˈwɔːd] *n* (prize) prêmio *m*. ◆ *vt*: **to ~ sb sthg** (prize) atribuir algo a alguém; (damages, compensation) conceder algo a alguém.

aware [əˈweər] *adj* consciente; **to be ~ of** estar consciente de.

away [əˈweɪ] *adv* (go) embora; (look, turn) para outro lado; **to be ~** (not at home, in office) não estar; **it's 10 miles ~ (from here)** fica a 10 milhas (daqui); **it's two weeks ~** é daqui a duas semanas; **to go ~ on vacation** sair de férias; **to put sthg ~** guardar algo; **to take sthg ~ (from sb)** tirar algo (de alguém); **to walk/drive ~** afastar-se; **far ~** longe.

awesome [ˈɔːsəm] *adj* incrível.

awful [ˈɔːfl] *adj* (very bad) horrível; (very great) imenso(sa); **I feel ~** estou me sentindo muito mal; **how ~!** que horror!

awkward [ˈɔːkwəd] *adj* (position) incômodo(da); (shape, size) pouco prático(ca); (situation, question, task) embaraçoso(osa); (movement) desajeitado(da); (time) inoportuno(na).

awoke [əˈwəʊk] *pt* → awake.

awoken [əˈwəʊkən] *pp* → awake.

ax [æks] *n* machado *m*.

axle [ˈæksl] *n* eixo *m*.

B

B & B *abbr* = **bed and breakfast.**

B.A. *abbr* = **Bachelor of Arts.**

babble [ˈbæbl] *vi* balbuciar.

baby [ˈbeɪbɪ] *n* bebê *m*; **to have a ~** ter um bebê.

babysit [ˈbeɪbɪsɪt] *vi* tomar conta de crianças.

back [bæk] *adv (toward the back)* para trás; **~ and forth** de cá para lá. ◆ *n* costas *fpl; (of car)* traseira *f; (of room)* fundo *m.* ◆ *adj (seat, wheels)* traseiro(ra). ◆ *vi (car, driver)* recuar. ◆ *vt (support)* apoiar; **to call ~** *(telephone)* voltar a telefonar; **to give sthg ~** devolver algo; **to stand ~** afastar-se; **to write ~** responder (a carta); **at the ~ of** na traseira de; **in ~ of** *Am* na traseira de. ❑ **back up** ◆ *vt sep (support)* apoiar. ◆ *vi (car, driver)* dar marcha à ré.

backache [ˈbækeɪk] *n* dor *f* nas costas.

backbone [ˈbækbəʊn] *n* coluna *f* vertebral.

backfire [ˌbækˈfaɪər] *vi (car)* engasgar.

background [ˈbækɡraʊnd] *n* cenário *m; (of person)* background *m.*

backlog [ˈbæklɒɡ] *n* acumulação *f.*

backpack [ˈbækpæk] *n* mochila *f.*

backpacker [ˈbækpækər] *n* mochileiro *m*, -ra *f.*

backside [ˈbæksaɪd] *n inf* traseiro *m.*

backstroke [ˈbækstrəʊk] *n* costas *fpl (nado).*

backward [ˈbækwəd] *adv (move, look)* para trás; *(the wrong way)* ao contrário.

bacon [ˈbeɪkən] *n* bacon *m*, toucinho *m.*

bacteria [bækˈtɪərɪə] *npl* bactérias *fpl.*

bad [bæd] *(compar* **worse**, *superl* **worst**) *adj* mau (má); *(serious)* grave; *(poor, weak)* fraco (ca); *(rotten, off)* estragado(da); **to have a ~ back/leg** ter um problema nas costas/na perna; **don't eat that – it's ~ for you** não coma isso que vai lhe fazer mal; **not ~** nada mau.

badge [bædʒ] *n* crachá *m.*

badger [ˈbædʒər] *n* texugo *m.*

badly [ˈbædlɪ] *(compar* **worse**, *superl* **worst**) *adv (poorly)* mal; *(seriously)* gravemente; *(very much)* imenso.

badminton [ˈbædmɪntən] *n* badminton *m.*

bad-tempered [-ˈtempəd] *adj* com mau gênio.

bag [bæɡ] *n (of paper, plastic)* saco *m*, sacola *f; (handbag)* bolsa *f; (suitcase)* mala *f.*

bagel ['beɪgəl] *n pequeno pão em forma de anel.*

baggage ['bægɪdʒ] *n* bagagem *f.*

baggage allowance *n* limite *m* de bagagem.

baggage claim *n* recolhimento *m* de bagagem.

baggy ['bægɪ] *adj* largo(ga).

bail [beɪl] *n* fiança *f.*

bait [beɪt] *n* isca *f.*

bake [beɪk] *vt (cake, soufflé)* cozer *(ao forno); (potatoes)* assar.

baked [beɪkt] *adj (cake, soufflé)* cozido(da); *(potatoes)* assado (da).

baked beans [beɪkt-] *npl* feijão *m* cozido com molho de tomate.

baker ['beɪkər] *n* padeiro *m*, -ra *f.*

bakery ['beɪkərɪ] *n* padaria *f.*

balance ['bæləns] *n (of person)* equilíbrio *m; (of bank account)* saldo *m; (remainder)* resto *m.* ◆ *vt (object)* equilibrar.

balcony ['bælkənɪ] *n (of house)* sacada *f*, varanda *f; (of theater)* balcão *m.*

bald [bɔːld] *adj* calvo(va), careca.

ball [bɔːl] *n* bola *f; (of yarn, string)* novelo *m; (dance)* baile *m;* **on the** ~ **fig** a par de tudo.

ballad ['bæləd] *n* balada *f.*

ballet [bæ'leɪ] *n* balé *m.*

ballet dancer *n* bailarino *m*, -na *f.*

ball game *n* jogo de bola em geral, *mas especialmente o beisebol.*

balloon [bə'luːn] *n (at party etc.)* balão *m.*

ballot ['bælət] *n* votação *f.*

ballpoint pen ['bɔːlpɔɪnt-] *n* esferográfica *f.*

ballroom ['bɔːlrʊm] *n* salão *m* de baile.

ballroom dancing *n* dança *f* de salão.

bamboo [bæm'buː] *n* bambu *m.*

bamboo shoots *npl* brotos *mpl* de bambu.

ban [bæn] *n* proibição *f.* ◆ *vt* proibir; **to** ~ **sb from doing sthg** proibir alguém de fazer algo.

banana [bə'nænə] *n* banana *f.*

band [bænd] *n (musical group)* banda *f; (strip of paper)* tira *f* de papel; *(rubber)* elástico *m.*

bandage ['bændɪdʒ] *n* atadura *f.* ◆ *vt* ligar.

Band-Aid® *n* Band-Aid® *m.*

bang [bæŋ] *n (loud noise)* estrondo *m.* ◆ *vt (hit loudly)* bater em; *(shut loudly, injure)* bater com.

bangle ['bæŋgl] *n* pulseira *f.*

bangs [bæŋz] *npl Am* franja *f.*

banister ['bænəstər] *n* corrimão *m.*

banjo ['bændʒəʊ] *(pl* -es OR -s*) n* banjo *m.*

bank [bæŋk] *n (for money)* banco *m; (of river, lake)* margem *f; (slope)* monte *m (pequeno).*

bank account *n* conta *f* bancária.

bank card *n* cartão de garantia de cheques.

bank draft *n* saque *m* bancário.

banker ['bæŋkər] *n* banqueiro *m*, -ra *f*.

bank note *n* nota *f* (de banco).

bankrupt ['bæŋkrʌpt] *adj* falido(da).

banner ['bænər] *n* faixa *f*.

bannister ['bænəstər] *n* = banister.

banquet ['bæŋkwət] *n* (formal dinner) banquete *m*.

baptize ['bæptaɪz] *vt* batizar.

bar [bɑːr] *n* (establishment) bar *m*; (counter) balcão *m*; (of metal, soap) barra *f*; (of wood) tranca *f*; (of chocolate) barra *f*. ◆ *vt* (obstruct) bloquear.

barbecue ['bɑːrbɪkjuː] *n* (apparatus) churrasqueira *f*; (event) churrasco *m*. ◆ *vt* assar (na churrasqueira).

barbed wire [bɑːrbd-] *n* arame *m* farpado.

barber ['bɑːrbər] *n* barbeiro *m*.

barbershop ['bɑːrbərʃɒp] *n* barbearia *f*.

bare [beər] *adj* (feet) descalço (ça); (head) descoberto(ta); (arms, legs) ao léu; (room, cupboard) vazio(zia); **the ~ minimum** o mínimo dos mínimos.

barefoot [,beər'fʊt] *adv* & *adj* descalço(ça).

barely ['beərlɪ] *adv* mal.

bargain ['bɑːrgɪn] *n* (agreement) acordo *m*; (cheap buy) pechincha *f*, promoção *f*. ◆ *vi* (haggle) pechinchar. ❑ bar-

gain for *vt fus* contar com, esperar.

barge [bɑːrdʒ] *n* barca *f*. ❑ **barge in** *vi*: **to ~ in on sb** interromper alguém.

bark [bɑːrk] *n* (of tree) casca *f*. ◆ *vi* latir.

barley ['bɑːrlɪ] *n* cevada *f*.

barn [bɑːrn] *n* celeiro *m*.

barometer [bə'rɒmətər] *n* barômetro *m*.

baron ['berən] *n* barão *m*.

barracks ['berəks] *npl* quartel *m*.

barrage [bɑː'rɑːʒ] *n* (of questions, criticism) chuva *f*, avalanche *f*.

barrel ['berəl] *n* (of beer, wine, oil) barril *m*; (of gun) cano *m*.

barren ['berən] *adj* (land, soil) estéril.

barricade [,berɪ'keɪd] *n* barricada *f*.

barrier ['berɪr] *n* barreira *f*.

bartender ['bɑːrtendər] *n* garçom *m*.

base [beɪs] *n* base *f*. ◆ *vt*: **to ~ sthg on** basear algo em; **to be ~ d in** (located) estar sediado em.

baseball ['beɪsbɔːl] *n* beisebol *m*.

basement ['beɪsmənt] *n* (in house) porão *m*.

bases ['beɪsiːz] *pl* → basis.

bash [bæʃ] *vt inf* bater com.

basic ['beɪsɪk] *adj* (fundamental) básico(ca); (accommodation, meal) simples (inv). ◆ *npl*: **the ~ s** os princípios básicos.

basically ['beɪsɪklɪ] *adv* no fundo.

basil ['bæzl] n manjericão m.

basin ['beɪsn] n (bowl) tigela f, taça f.

basis ['beɪsɪs] (pl **bases**) n base f; **on a weekly ~** semanalmente; **on the ~ of** tendo em conta.

basket ['bɑːskət] n cesto m, cesta f.

basketball ['bɑːskətbɔːl] n (game) basquetebol m.

bass¹ [beɪs] n (singer) baixo m.

bass² [bæs] n (fish) robalo m.

bat [bæt] n (in baseball) pá f; (in table tennis) raquete f; (animal) morcego m.

batch [bætʃ] n lote m.

bath [bɑːθ] n banho m. ♦ vt dar banho em; **to have a ~** tomar banho.

bathe [beɪð] vi tomar banho.

bathing suit ['beɪðɪŋ-] n traje m de banho.

bathrobe ['bɑːθrəʊb] n roupão m.

bathroom ['bɑːθruːm] n banheiro m.

baton [bə'tɑːn] n (of conductor) batuta f; (of majorette) maceta f; (truncheon) cassetete m.

batter ['bætər] n massa mole para panquecas e frituras. ♦ vt (person) espancar.

battered ['bætərd] adj (person) seviciado(da); (old) desgastado (da).

battery ['bætərɪ] n (for radio, flashlight etc.) pilha f; (for car) bateria f.

battle ['bætl] n (in war) batalha f; (struggle) luta f.

battlefield ['bætlfiːld] n campo m de batalha.

battlements ['bætlmənts] npl ameias fpl.

battleship ['bætlʃɪp] n navio m de guerra.

bay [beɪ] n (on coast) baía f; (for parking) lugar m para estacionamento.

bay window n janela f saliente.

B.C. (abbr of before Christ) a.C.

be [biː] (pt **was**, **were**, pp **been**) vi -1. (exist) ser; **there is/ are** há; **are there any stores near here?** há lojas perto daqui?
-2. (describing quality, permanent condition) ser; **he's a doctor** ele é médico; **I'm British** sou britânico; **the hotel is near the airport** o hotel é OR fica perto do aeroporto.
-3. (describing state, temporary condition) estar; **will you ~ in the office tomorrow?** você vai estar no escritório amanhã?; **I'll ~ there at six o'clock** estarei lá às seis horas; **I'm hot/cold** estou com calor/frio.
-4. (referring to movement): **have you ever been to Ireland?** você já esteve na Irlanda?; **I'll ~ there in ten minutes** estarei lá em dez minutos.
-5. (occur) ser; **the final is in June** a final é em junho.
-6. (referring to health) estar; **how are you?** como vai você?; **I'm fine** estou bem; **she's sick** ela está doente.

- **7.** *(referring to age)*: **how old are you?** que idade você tem?; **I'm 14 (years old)** tenho 14 anos.
- **8.** *(referring to cost)* ser; **how much is it?** quanto é?; **it's $10** são 10 dólares.
- **9.** *(referring to time, dates)* ser; **what time is it?** que horas são?; **it's ten o'clock** são dez horas.
- **10.** *(referring to measurement)* ter; **I'm 60 kilos** tenho 60 quilos; **he is 6 feet tall** ele tem 1,80 metro de altura; **it's 30 feet wide/long** tem 10 metros de largura/comprimento.
- **11.** *(referring to weather)* estar; **it's hot/cold** está calor/frio; **it's windy/sunny** está ventando/sol; **it's going to be nice today** vai fazer bom tempo hoje.

◆ *aux vb* - **1.** *(forming continuous tense)* estar; **I'm learning French** estou aprendendo francês; **we've been visiting the museum** estivemos visitando o museu.
- **2.** *(forming passive)* ser; **she was given a raise** ela teve um aumento; **the flight was delayed** o vôo atrasou; **there were no tables to ~ had** não havia mesas vagas.
- **3.** *(with infinitive to express order)*: **you are not to leave until I say so** você só pode sair quando eu disser; **new arrivals are to wait in reception** os recém-chegados têm que esperar na recepção; **all rooms are to ~ vacated by 10 a.m.** todos os quartos têm que ser desocupados antes das 10 horas da manhã.
- **4.** *(with infinitive to express future tense)*: **the race is to start at noon** a corrida começará ao meio-dia.
- **5.** *(in tag questions)*: **he's very tall, isn't he?** ele é muito alto, não é?; **it's cold, isn't it?** está frio, não está?

beach [biːtʃ] *n* praia *f*.

bead [biːd] *n* conta *f*.

beak [biːk] *n* bico *m*.

beaker [ˈbiːkər] *n* copo *m*.

beam [biːm] *n (of light)* raio *m*; *(of wood)* trave *f*; *(of concrete)* viga *f*. ◆ *vi (smile)* sorrir alegremente.

bean [biːn] *n (haricot)* feijão *m*; *(pod)* vagem *f*; *(of coffee)* grão *m*.

bear [beər] *(pt* **bore**, *pp* **borne**) *n (animal)* urso *m*. ◆ *vt* suportar, agüentar; **to ~ left/right** virar à esquerda/direita.

bearable [ˈbeərəbl] *adj* suportável.

beard [biərd] *n* barba *f*.

bearer [ˈbeərər] *n (of check, passport)* portador *m*, -ra *f*.

bearing [ˈbeərɪŋ] *n (relevance)* relevância *f*; **to get one's ~s** orientar-se.

beast [biːst] *n (animal)* animal *m*.

beat [biːt] *(pt* **beat**, *pp* **beaten** [ˈbiːtn]) *n (of heart, pulse)* pulsação *f*; *MUS* ritmo *m*. ◆ *vt (defeat)* derrotar, vencer; *(hit)* bater em, agredir; *(eggs, cream)* bater.

beat down vi (sun) bater; (rain) cair. **beat up** vt sep espancar.

beautiful ['bju:təfl] adj (attractive) lindo(da); (very good) magnífico(ca).

beauty ['bju:tɪ] n beleza f.

beaver ['bi:vər] n castor m.

became [bɪ'keɪm] pt → become.

because [bɪ'kɒz] conj porque; ~ **of** por causa de.

beckon ['bekən] vi: to ~ (to) chamar com sinais.

become [bɪ'kʌm] (pt **became**, pp **become**) vi tornar-se; **what became of him?** que foi feito dele?

bed [bed] n (for sleeping in) cama f; (of river) leito m; (of sea) fundo m; (cookery) base f, camada f; (in garden) canteiro m; **in** ~ na cama; **to get out of** ~ levantar-se (da cama); **to go to** ~ ir para a cama; **to go to** ~ **with sb** ir para a cama com alguém; **to make the** ~ fazer a cama.

bed and breakfast n hospedagem com pernoite e café da manhã a preços econômicos.

ⓘ BED AND BREAKFAST

"Bed and Breakfast" (B&B) ou "guest house" é o nome que se dá às casas particulares situadas em locais turísticos na Inglaterra nas quais se alugam quartos. O preço do quarto inclui um "café da manhã inglês", em geral composto de lingüiças, ovos, bacon, torradas, chá ou café.

bedding ['bedɪŋ] n roupa f de cama.

bedroom ['bedru:m] n quarto m.

bedside manner ['bedsaɪd-] n atendimento m (médico).

bedspread ['bedspred] n colcha f.

bedtime ['bedtaɪm] n hora f de dormir.

bee [bi:] n abelha f.

beech [bi:tʃ] n faia f.

beef [bi:f] n carne f de vaca.

beehive ['bi:haɪv] n colméia f.

been [bi:n] pp → **be**.

beep [bi:p] n bip m. ♦ vi tocar (o bip).

beeper ['bi:pər] n bip m.

beer [bɪər] n cerveja f; **to have a couple of** ~**s** beber OR tomar umas cervejas.

beet [bi:t] n beterraba f.

beetle ['bi:tl] n besouro m.

before [bɪ'fɔ:r] adv antes. ♦ prep antes de; (fml: in front of) em frente de. ♦ conj antes de; ~ **you leave** antes de partir; **the day** ~ o dia anterior; **the week** ~ **last** há duas semanas.

beforehand [bɪ'fɔ:rhænd] adv de antemão.

beg [beg] vi pedir. ♦ vt: **to** ~ **sb to do sthg** implorar a alguém que faça algo; **to** ~ **for sthg** (for money, food) pedir algo.

began [bɪ'gæn] pt → **begin**.

beggar ['begər] n mendigo m, -ga f.

begin [bɪ'gɪn] (pt **began,** pp **begun**) vt vi começar; to ~ **doing** OR to do sthg começar a fazer algo; **to ~ by doing sthg** começar por fazer algo; **to ~ with** (firstly) para começar.

beginner [bɪ'gɪnər] n principiante mf.

beginning [bɪ'gɪnɪŋ] n começo m.

begun [bɪ'gʌn] pp → begin.

behalf [bɪ'hɑːf] n: **on ~ of** em nome de.

behave [bɪ'heɪv] vi comportar-se; **to ~ (o.s.)** (be good) comportar-se.

behavior [bɪ'heɪvjər] Am comportamento m.

behaviour [bɪ'heɪvjəʳ] n Brit = behavior.

behind [bɪ'haɪnd] adv (at the back) atrás. ◆ prep (at the back of) atrás de. ◆ n inf traseiro m; **to be ~ sb** (supporting) apoiar alguém; **to be ~ (schedule)** estar atrasado; **to leave sthg ~** esquecer-se de algo; **to stay ~** ficar para trás.

beige [beɪʒ] adj bege (inv).

being ['biːɪŋ] n ser m; **to come into ~** nascer.

belated [bɪ'leɪtəd] adj tardio (dia).

belch [beltʃ] vi arrotar.

Belgium ['beldʒəm] n Bélgica f.

belief [bɪ'liːf] n (faith) crença f; (opinion) opinião f.

believe [bɪ'liːv] vt (person, story) acreditar em; (think) achar. ◆ vi: **to ~ in** (God, human rights) crer

em; **to ~ in doing sthg** acreditar em fazer algo.

believer [bɪ'liːvər] n crente mf.

bell [bel] n (of phone, door) campainha f; (of church) sino m.

bellhop ['belhɒp] n boy m.

bellow ['beləʊ] vi (person) gritar; (bull, cow) mugir.

belly ['belɪ] n inf barriga f.

belly button n inf umbigo m.

belong [bɪ'lɒŋ] vi (be in right place) pertencer; **to ~ to** pertencer a.

belongings [bɪ'lɒŋɪŋz] npl pertences mpl.

below [bɪ'ləʊ] adv em baixo; (downstairs) de baixo. ◆ prep abaixo de; **it's ten ~ zero** está 10 graus abaixo de zero.

belt [belt] n (for clothes) cinto m; TECH correia f.

bench [bentʃ] n banco m, bancada f.

bend [bend] (pt & pp **bent**) n curva f. ◆ vt dobrar. ◆ vi (road, river, pipe) fazer uma curva. ❑ **bend down** vi dobrar-se. ❑ **bend over** vi inclinar-se.

beneath [bɪ'niːθ] adv debaixo. ◆ prep (under) debaixo de, sob.

beneficial [,benɪ'fɪʃl] adj benéfico(ca).

benefit ['benɪfɪt] n (advantage) benefício m; (money) subsídio m. ◆ vt beneficiar. ◆ vi: **to ~ (from)** beneficiar-se (de); **for the ~ of** em benefício de.

benign [bɪ'naɪn] adj MED benigno(gna).

bent [bent] pt & pp → bend.

bereaved [bɪˈriːvd] *adj (family)* enlutado(da).

beret [bəˈreɪ] *n* gorro *m*.

berry [ˈberɪ] *n* baga *f*.

berserk [bəˈzɜːk] *adj*: to go ~ ficar fora de si.

berth [bɜːθ] *n (for ship)* ancoradouro *m*; *(in ship)* beliche *m*; *(in train)* leito *m*.

beside [bɪˈsaɪd] *prep (next to)* junto a; to be ~ the point não ter nada a ver.

besides [bɪˈsaɪdz] *adv* além disso. ◆ *prep* além de.

best [best] *adj* melhor. ◆ *n*: the ~ o/a melhor; to make the ~ of sthg aproveitar o máximo possível algo; to do one's ~ fazer o melhor possível; the ~ thing to do is ... o melhor é ...; ~ before ...' 'consumir de preferência antes de ...'; at ~ na melhor das hipóteses; all the ~! felicidades!; *(in letter)* um abraço!; I like this one ~ gosto mais deste; she played ~ ela jogou melhor.

best man *n* padrinho *m (de casamento)*.

best-seller [-ˈselər] *n (book)* best-seller *m*.

bet [bet] *(pt & pp* **bet)** *n* aposta *f*. ◆ *vt (gamble)* apostar. ◆ *vi*: to ~ (on) apostar (em); I ~ (that) you can't do it aposto que você não consegue.

betray [bɪˈtreɪ] *vt* trair.

better [ˈbetər] *adj & adv* melhor; you had ~ ... é melhor ...; to get ~ melhorar.

between [bɪˈtwiːn] *prep* entre; in ~ entre; *(space)* no meio;

'closed ~ 1 and 2' 'fechado entre a uma e as duas'; what happened in ~? o que aconteceu neste ínterim?

beverage [ˈbevərɪdʒ] *n fml* bebida *f*.

beware [bɪˈweər] *vi*: to ~ of ter cuidado com; '~ of the dog' 'cuidado com o cachorro'.

bewildered [bɪˈwɪldəd] *adj* perplexo(xa).

beyond [bɪˈjɒnd] *prep (on far side of)* do outro lado de; *(farther than)* para além de. ◆ *adv* mais além; ~ reach fora do alcance; to be ~ doubt ser sem sombra de dúvida.

biased [ˈbaɪəst] *adj* parcial.

bib [bɪb] *n (for baby)* babador *m*.

bible [ˈbaɪbl] *n* bíblia *f*.

biceps [ˈbaɪseps] *n* bíceps *m inv*.

bicycle [ˈbaɪsɪkl] *n* bicicleta *f*.

bid [bɪd] *(pt & pp* **bid)** *n (at auction)* lanço *m*; *(attempt)* tentativa *f*. ◆ *vt (money)* oferecer. ◆ *vi*: to ~ (for) licitar (para).

big [bɪg] *adj* grande; my ~ brother o meu irmão mais velho; how ~ is it? de que tamanho é?

bike [baɪk] *n inf (bicycle)* bicicleta *f*; *(motorcycle)* moto *f*.

bikini [bɪˈkiːnɪ] *n* biquíni *m*.

bilingual [baɪˈlɪŋgwəl] *adj* bilíngüe.

bill [bɪl] *n (for electricity, hotel)* conta *f*; Am *(bank note)* nota *f*; *(at the movies, theater)* programa *m*; POL projeto *m* de lei.

billboard [ˈbɪlbɔːd] *n* quadro *m* de anúncios, outdoor *m*.

billiards ['bɪlɪədz] n bilhar m.

billion ['bɪlɪən] n (thousand million) bilhão m; Brit (million million) trilhão m.

bin [bɪn] n (for bread, flour) caixa f, lata f; (on plane) compartimento m para a bagagem.

bind [baɪnd] (pt & pp **bound**) vt (tie up) atar.

binding ['baɪndɪŋ] n (of book) encadernação f; (for ski) peças fpl de fixação (dos esquis).

bingo ['bɪŋgəʊ] n bingo m.

binoculars [bɪ'nɒkjələrz] npl binóculo m.

biodegradable [ˌbaɪəʊdɪ'greɪdəbl] adj biodegradável.

biography [baɪ'ɒgrəfɪ] n biografia f.

biological [ˌbaɪə'lɒdʒɪkl] adj biológico(ca).

biology [baɪ'ɒlədʒɪ] n biologia f.

bird [bɜːd] n (small) pássaro m; (large) ave f.

birth [bɜːθ] n nascimento m; by ~ de nascimento; to give ~ to dar à luz.

birth certificate n certidão f de nascimento.

birth control n contracepção f.

birthday ['bɜːθdeɪ] n aniversário m; happy ~! feliz aniversário!

birthplace ['bɜːθpleɪs] n local m de nascimento, naturalidade f.

biscuit ['bɪskɪt] n Am bolacha f, biscoito m.

bishop ['bɪʃəp] n bispo m.

bistro ['biːstrəʊ] (pl -s) n bistrô m.

bit [bɪt] pt → **bite**. ◆ n (piece) pedaço m, bocado m; (of drill) broca f; (of bridle) freio m; a ~ um pouco; a ~ of money um pouco de dinheiro; to do a ~ of walking andar um pouco; ~ by ~ pouco a pouco.

bitch [bɪtʃ] n cadela f.

bite [baɪt] (pt **bit**, pp **bitten** ['bɪtn]) n (when eating) dentada f; (from insect) picada f; (from snake) mordedura f. ◆ vt morder; (subj: insect) picar; to have a ~ to eat mordiscar algo.

bitter ['bɪtər] adj amargo(ga); (cold, wind) glacial; (argument, conflict) violento(ta).

bizarre [bɪ'zɑːr] adj estranho (nha).

black [blæk] adj preto(ta); (coffee) sem leite, preto(ta); (humor) negro(gra). ◆ n (color) preto m, negro m; (person) preto m, -ta f. ❑ **black out** vi desmaiar, perder os sentidos.

blackberry ['blækbərɪ] n amora f silvestre.

blackbird ['blækbɜːd] n melro m.

blackboard ['blækbɔːd] n quadro m (negro).

blackcurrant [ˌblæk'kʌrənt] n groselha f preta.

blackmail ['blækmeɪl] n chantagem f. ◆ vt chantagear.

bladder ['blædər] n bexiga f.

blade [bleɪd] n (of knife, saw) lâmina f; (of propeller, oar) pá f; (of grass) folha f.

blame [bleɪm] n culpa f. ◆ vt culpar; **to ~ sb for sthg** culpar alguém de algo; **to ~ sthg on sb** pôr a culpa de algo em alguém.

bland [blænd] adj (food) insosso(a).

blank [blæŋk] adj (page, cassette, check) em branco; (expression) confuso(sa). ◆ n (empty space) espaço m em branco.

blanket [blæŋkɪt] n cobertor m.

blast [blæst] n (explosion) explosão f; (of air, wind) rajada f; (fun time) farra f.

blaze [bleɪz] n (fire) incêndio m. ◆ vi (fire) arder; (sun, light) brilhar intensamente.

blazer [bleɪzər] n blazer m.

bleach [bliːtʃ] n água f sanitária. ◆ vt (clothes) branquear; (hair) descolorar.

bleak [bliːk] adj (weather) escuro(ra); (day, city) sombrio.

bleed [bliːd] (pt & pp bled [bled]) vi sangrar.

blend [blend] n (of coffee, whiskey) mistura f. ◆ vt misturar.

blender [blendər] n liquidificador m.

bless [bles] vt abençoar; ~ you! (said after sneeze) saúde!

blessing [blesɪŋ] n bênção f.

blew [bluː] pt → blow.

blind [blaɪnd] adj cego(ga). ◆ n (for window) persiana f. ◆ npl: **the ~ os cegos**.

blindfold [blaɪndfəʊld] n venda f. ◆ vt vendar os olhos de.

blink [blɪŋk] vi piscar os olhos.

bliss [blɪs] n felicidade f.

blister [blɪstər] n bolha f (d'água).

blizzard [blɪzərd] n tempestade f de neve.

bloated [bləʊtɪd] adj inchado(da).

blob [blɒb] n gota f.

block [blɒk] n bloco m; Am (in town, city) quarteirão m. ◆ vt obstruir; **to have a ~ ed (up) nose** estar com o nariz entupido. ❏ **block up** vt sep entupir.

blockage [blɒkɪdʒ] n obstrução f.

blonde [blɒnd] adj louro(ra). ◆ n loura f.

blood [blʌd] n sangue m.

blood group n grupo m sangüíneo.

blood poisoning n septicemia f.

blood pressure n pressão f arterial; **to have high/low ~** ter a pressão (arterial) alta/baixa.

bloodshot [blʌdʃɒt] adj injetado(da) de sangue.

blood test n exame f de sangue.

blood type n grupo m sangüíneo.

bloody [blʌdɪ] adj (hands, handkerchief) ensangüentado(da).

bloom [bluːm] n flor f. ◆ vi florir; **in ~ em flor**.

blossom [blɒsəm] n flor f.

blot [blɒt] n borrão m.

blotch [blɒtʃ] n mancha f.

blouse [blaʊs] n blusa f.

blow [bləʊ] (pt **blew**, pp **blown**) vt (subj: wind) fazer voar; (whistle, trumpet) soprar em; (bubbles) fazer. ◆ vi soprar; (fuse) queimar, rebentar. ◆ n (hit) golpe m; **to ~ one's nose** assoar-se, assoar o nariz. ❑ **blow up** ◆ vt sep (cause to explode) explodir; (inflate) encher. ◆ vi (explode) explodir; (storm) cair.

blow-dry n brushing m. ◆ vt secar (com secador).

blown [bləʊn] pp → **blow**.

blue [bluː] adj azul; (movie) pornográfico(ca). ◆ n azul m. ❑ **blues** n MUS blues m inv.

blueberry ['bluːberɪ] n arando m, uva-do-monte f.

blue-collar adj (job, worker) operário(ria).

bluff [blʌf] n (cliff) penhasco m. ◆ vi blefar.

blunder ['blʌndər] n asneira f.

blunt [blʌnt] adj (knife) cego (ga); (pencil) por afiar; (fig: person) franco(ca).

blurred [blɜːrd] adj desfocado(da).

blush [blʌʃ] vi corar.

blusher ['blʌʃər] n blush m.

board [bɔːrd] n (plank) tábua f; (for surfing, diving) prancha f; (bulletin board) quadro m; (for games) tabuleiro m; (blackboard) quadro m (negro); (of company) direção f; (hardboard) madeira f compensada. ◆ vt (plane, ship) embarcar em. ◆ vi (in a house) hospedar-se; **room and ~** pernoite e refeições; **on ~** (adv) a bordo. ◆ prep (plane, ship) a bordo de; (bus) em.

board game n jogo m de tabuleiro.

boarding ['bɔːrdɪŋ] n embarque m.

boarding card ['bɔːrdɪŋ-] n cartão m de embarque.

boarding house ['bɔːrdɪŋ-haʊs, pl -haʊzɪz] n pensão f.

boarding school ['bɔːrdɪŋ-] n colégio m interno.

boast [bəʊst] vi: **to ~** (about sthg) gabar-se (de algo).

boat [bəʊt] n barco m; **by ~** de barco.

bobby pin ['bɒbɪ-] n Am grampo m de cabelo.

body ['bɒdɪ] n corpo m; (of car) carroceria f; (organization) organismo m; (of wine) maturação f.

bodyguard ['bɒdɪgɑːrd] n guarda-costas mf.

body piercing n piercing m.

bodywork ['bɒdɪwɜːrk] n carroceria f.

bog [bɒg] n atoleiro m.

bogged down [,bɒgd-] adj: **~ in sthg** (in mud, snow) atolado (da) em algo; **don't get ~ in too many details** não entre em demasiados detalhes.

bogus ['bəʊgəs] adj falso(sa).

boil [bɔɪl] vt (water) ferver; (kettle) pôr para ferver; (food) cozer. ◆ vi ferver. ◆ n (on skin) furúnculo m.

boiler ['bɔɪlər] n aquecedor m (de água).

boiling (hot) ['bɔɪlɪŋ-] adj inf
(person) morto (morta) de calor;
(weather) abrasador(ra); (water)
fervendo.

bold [bəʊld] adj (brave) audaz.

bolt [bəʊlt] n (on door, window)
ferrolho m; (screw) parafuso m
(com porca). ◆ vt (door, window)
fechar com ferrolho.

bomb [bɒm] n bomba f. ◆ vt
bombardear.

bombard [bɒm'bɑːd] vt bombardear.

bomb scare n ameaça f de
bomba.

bond [bɒnd] n (tie, connection)
laço m.

bone [bəʊn] n (of person, animal) osso m; (of fish) espinha f.

boneless ['bəʊnləs] adj (chick-
en, pork) desossado(da).

bonfire ['bɒn,faɪəʳ] n fogueira
f.

bonus ['bəʊnəs] (pl -es) n bônus m inv.

bony ['bəʊnɪ] adj (chicken) cheio
(cheia) de ossos; (fish) cheio
(cheia) de espinhas.

boo [buː] vi vaiar.

book [bʊk] n livro m; (for writing in) caderno m; (of stamps,
matches) carteira f; (of tickets) ca-
derneta f. ◆ vt (reserve) reservar.

bookcase ['bʊkkeɪs] n estante
f (para livros).

booking ['bʊkɪŋ] n (reservation) reserva f.

bookkeeping ['bʊk,kiːpɪŋ] n
contabilidade f.

booklet ['bʊklɪt] n folheto m.

bookmark ['bʊkmɑːk] n marcador m de livros.

bookshelf ['bʊkʃelf] (pl
-shelves [-ʃelvz]) n (shelf) prateleira f (para livros); (bookcase) estante f (para livros).

bookstall ['bʊkstɔːl] n quiosque m de venda de livros.

bookstore ['bʊkstɔːʳ] n livraria f.

boom [buːm] n (sudden growth)
bum m. ◆ vi (voice, guns) ribom-
bar.

boost [buːst] vt aumentar;
(spirits, morale) levantar.

booster ['buːstəʳ] n (injection)
reforço m de vacina.

boot [buːt] n (shoe) bota f.

booth [buːð] n (for telephone) cabine f; (at fairground) barraca f.

booze [buːz] n inf álcool m. ◆ vi
inf beber, encher a cara.

border ['bɔːdəʳ] n (of country)
fronteira f; (edge) borda f.

bore [bɔːʳ] pt → bear. ◆ n inf seca f. ◆ vt (person) entediar, aborrecer; (hole) fazer.

bored [bɔːd] adj entediado
(da).

boredom ['bɔːdəm] n tédio m.

boring ['bɔːrɪŋ] adj maçante.

born [bɔːn] adj: to be ~ nascer.

borne [bɔːn] pp → bear.

borough ['bʌrəʊ] n município
m.

borrow ['bɒrəʊ] vt: to ~ sthg
(from sb) pedir algo emprestado (a alguém).

boss [bɒs] n chefe mf. ▫ **boss**

around *vt sep* dar ordens a.

bossy ['bɒsɪ] *adj* mandão (dona).

both [bəʊθ] *adj* ambos(bas).
◆ *pron* ambos *mpl*, -bas *fpl*.
◆ *adv:* **he speaks ~ French and German** ele fala francês e alemão; **~ of them** ambos(bas), os dois (as duas); **~ of us** nós dois (nós duas).

bother ['bɒðər] *vt (worry)* preocupar; *(annoy, pester)* incomodar.
◆ *vi* preocupar-se. ◆ *n (trouble)* incômodo *m*, amolação *f*; **I can't be ~ ed** não posso me dar ao trabalho; **it's no ~!** não incomoda nada.

bottle ['bɒtl] *n* garrafa *f*; *(for baby)* mamadeira *f*; *(of shampoo, medicine)* frasco *m*.

bottled ['bɒtld] *adj* engarrafado(da); **~ beer** cerveja *f* de garrafa; **~ water** água *f* mineral (engarrafada).

bottle opener [-,əʊpnər] *n* abridor *m* de garrafas, saca-rolhas *m inv*.

bottom ['bɒtəm] *adj (lowest)* de baixo; *(last, worst)* último(ma).
◆ *n* fundo *m*; *(of hill)* base *f*; *(buttocks)* traseiro *m*.

bought [bɔːt] *pt & pp* → **buy.**

boulder ['bəʊldər] *n* pedregulho *m*.

bounce [baʊns] *vi (rebound)* pinchar; *(jump)* saltar; **his check ~ d** ele passou um cheque sem fundos.

bound [baʊnd] *pt & pp* → **bind.**
◆ *vi* correr aos pulos. ◆ *adj:* **he's ~ to get it wrong** o mais certo é

ele enganar-se; **it's ~ to rain** vai chover na certa; **it's out of ~ s** é zona proibida; **to be ~ for** *(plane, train)* (ir) com destino a.

boundary ['baʊndrɪ] *n* fronteira *f*.

bouquet [bʊ'keɪ] *n (of flowers)* ramo *m*; *(of wine)* aroma *m*, bouquet *m*.

bourbon ['bɜːrbən] *n* bourbon *m*.

bout [baʊt] *n (of illness)* ataque *m*; *(of activity)* período *m*.

boutique [buː'tiːk] *n* boutique *f*.

bow[1] [baʊ] *n (of head)* reverência *f*; *(of ship)* proa *f*. ◆ *vi (bend head)* inclinar a cabeça.

bow[2] [bəʊ] *n (knot)* laço *m*; *(weapon, MUS)* arco *m*.

bowels ['baʊəlz] *npl* ANAT intestinos *mpl*.

bowl [bəʊl] *n* taça *f*, tigela *f*; *(for washing up)* bacia *f*; *(of toilet)* vaso *m*.

bowling ['bəʊlɪŋ] *n:* **to go ~** ir jogar boliche.

bowling alley *n* lugar onde se joga boliche.

bow tie [,bəʊ-] *n* laço *m*.

box [bɒks] *n* caixa *f*; *(on form)* quadrado *m*; *(in theater)* camarote *m*. ◆ *vi* jogar boxe; **a ~ of chocolates** uma caixa de bombons.

boxer ['bɒksər] *n* pugilista *m*, lutador *m* de boxe.

boxer shorts *npl* cueca *f* samba-canção.

boxing ['bɒksɪŋ] *n* boxe *m*.

box office n bilheteria f.

boy [bɔɪ] n rapaz m. ◆ excl inf: **(oh)** ~ ! que bom!

boycott ['bɔɪkɒt] vt boicotar.

boyfriend ['bɔɪfrend] n namorado m.

boy scout n escoteiro m.

bra [brɑː] n sutiã m.

brace [breɪs] n (for teeth) aparelho m (para os dentes). ◻ **braces** npl Brit suspensórios mpl.

bracelet ['breɪslət] n pulseira f.

bracket ['brækət] n (written symbol) parêntese m; (support) suporte m.

brag [bræg] vi gabar-se; **to** ~ **about sthg** gabar-se de algo.

braid [breɪd] n (hairstyle) trança f; (on clothes) galão m.

brain [breɪn] n cérebro m.

brainy ['breɪnɪ] adj inf esperto (ta); **she's very** ~ ela é um crânio.

brake [breɪk] n freio m. ◆ vi frear, brecar.

brake light n luz f de freio.

brake pedal n pedal m do freio.

bran [bræn] n farelo m.

branch [brɑːntʃ] n (of tree, subject) ramo m; (of bank) agência f; (of company) sucursal f, filial f. ◻ **branch off** vi ramificar-se.

brand [brænd] n marca f. ◆ vt: **to** ~ **sb (as)** rotular alguém (de).

brand-new adj novo (nova) em folha.

brandy ['brændɪ] n conhaque m.

brash [bræʃ] adj pej insolente.

brass [brɑːs] n latão m.

brasserie ['bræsərɪ] n ≃ brasserie f.

brassiere [brə'zɪr] n sutiã m.

brat [bræt] n inf criança f mimada.

brave [breɪv] adj valente.

bravery ['breɪvərɪ] n valentia f.

brawl [brɔːl] n rixa f.

Brazil [brə'zɪl] n Brasil m.

Brazilian [brə'zɪljən] adj brasileiro m, -ra f. ◆ n brasileiro m, -ra f.

brazil nut n castanha-do-pará f.

breach [briːtʃ] vt (contract) quebrar; (confidence) abusar de.

bread [bred] n pão m; ~ **and butter** pão com manteiga.

breadcrumbs ['bredkrʌmz] npl farinha f de rosca.

breaded ['bredəd] adj empanado(da), à milanesa.

breadth [bredθ] n largura f.

break [breɪk] (pt **broke**, pp **broken**) n (interruption) interrupção f; (in line) corte m; (rest, pause) pausa f; SCH (playtime) recreio m. ◆ vt (damage) partir, quebrar; (disobey) ir contra; (fail to fulfill) quebrar; (a record) bater; (news) dar; (journey) interromper. ◆ vi (become damaged) partir, quebrar; (dawn) romper; (voice) mudar; **without a** ~ sem parar; **a lucky** ~ um golpe de sorte; **to** ~ **one's leg** quebrar a perna. ◻ **break down** ◆ vi (car, machine) enguiçar. ◆ vt sep (door, *barrier)* derrubar. ◻ **break in** *vi* entrar à força. ◻ **break off** ◆ *vt (detach)* partir; *(conversation)* interromper. ◆ *vi (stop suddenly)* parar. ◻ **break out** *vi (fire)* começar; *(war)* estourar; *(panic)* instaurar-se; **to ~ out in a rash** ficar com alergia. ◻ **break up** *vi (with spouse, partner)* separar-se; *(meeting, marriage)* terminar; *(school, pupils)* terminar as aulas.

breakage ['breɪkɪdʒ] *n* danos *mpl.*

breakdown ['breɪkdaʊn] *n (of car)* enguiço *m*, avaria *f*; *(in communications, negotiation)* ruptura *f*; *(mental)* esgotamento *m.*

breakfast ['brekfəst] *n* café *m* da manhã; **to have ~** tomar o café da manhã; **to have sthg for ~** comer algo no café da manhã.

break-in *n* assalto *m.*

breakthrough ['breɪkθruː] *n* ruptura *f.*

breast [brest] *n* peito *m*, seio *m.*

breastbone ['brestbəʊn] *n* esterno *m.*

breast-feed *vt* amamentar.

breaststroke ['breststrəʊk] *n* peito *m (nado).*

breath [breθ] *n* hálito *m*, respiração *f*; **out of ~** sem fôlego; **to go for a ~ of fresh air** sair para respirar ar fresco; **to take a deep ~** respirar fundo.

Breathalyzer® ['breθəlaɪzər] *n* bafômetro *m.*

breathe [briːð] *vi* respirar. ◻ **breathe in** *vi* inspirar.

◻ **breathe out** *vi* expirar.

breathtaking ['breθ,teɪkɪŋ] *adj* incrível.

breed [briːd] *(pt & pp* **bred** [bred]) *n (of animal)* raça *f*; *(of plant)* espécie *f.* ◆ *vt* criar. ◆ *vi* reproduzir-se.

breeze [briːz] *n* brisa *f.*

brew [bruː] *vt (beer)* fabricar; *(tea, coffee)* preparar. ◆ *vi (tea, coffee)* repousar; **has the tea/coffee ~ ed yet?** já está pronto o chá/café?

brewery ['bruːərɪ] *n* cervejaria *f.*

bribe [braɪb] *n* suborno *m*, propina *f.* ◆ *vt* subornar.

brick [brɪk] *n* tijolo *m.*

bricklayer ['brɪkleɪər] *n* pedreiro *m.*

bride [braɪd] *n* noiva *f.*

bridegroom ['braɪdgruːm] *n* noivo *m.*

bridesmaid ['braɪdzmeɪd] *n* dama de honra.

bridge [brɪdʒ] *n* ponte *f*; *(card game)* bridge *m.*

bridle ['braɪdl] *n* cabeçada *f.*

brief [briːf] *adj* breve. ◆ *vt* informar; **in ~** em resumo. ◻ **briefs** *npl (for men)* cueca *f.*

briefcase ['briːfkeɪs] *n* pasta *f (para papéis, livros).*

briefly ['briːflɪ] *adv (for a short time)* por alguns momentos; *(in few words)* em poucas palavras.

brigade [brɪ'geɪd] *n* brigada *f.*

bright [braɪt] *adj (light, sun, idea)* brilhante; *(room)* claro(ra);

(color) vivo(va); *(clever)* esperto (ta); *(lively, cheerful)* alegre; *(smile)* radiante.

brilliant ['brɪljənt] *adj (light, sunshine)* brilhante; *(color)* vivo (va); *(idea, person)* brilhante.

brim [brɪm] *n (of hat)* aba *f*; **it's full to the ~** está cheio até à borda.

brine [braɪn] *n* salmoura *f*.

bring [brɪŋ] *(pt & pp* **brought)** *vt* trazer. ▫ **bring along** *vt sep* trazer. ▫ **bring back** *vt sep (return)* devolver; *(shopping, gift)* trazer. ▫ **bring in** *vt sep (introduce)* introduzir; *(earn)* ganhar. ▫ **bring out** *vt sep (put on sale)* pôr à venda. ▫ **bring up** *vt sep (child)* criar; *(subject)* mencionar; *(food)* vomitar.

brink [brɪŋk] *n:* **on the ~ of** à beira de.

brisk [brɪsk] *adj (quick)* rápido (da); *(efficient)* desembaraçado (da); *(wind)* forte.

Britain ['brɪtn] *n* Grã-Bretanha *f*.

British ['brɪtɪʃ] *adj* britânico (ca). ◆ *npl:* **the ~** os britânicos.

brittle ['brɪtl] *adj* quebradiço (ça).

broad [brɔːd] *adj (wide)* largo (ga); *(wide-ranging)* amplo(pla); *(description, outline)* geral; *(accent)* forte.

broadband ['brɔːdbænd] *n* COMPUT banda f larga.

broad bean *n* fava *f*.

broadcast ['brɔːdkɑːst] *(pt & pp* **broadcast)** *n* transmissão *f*. ◆ *vt* transmitir.

broadly ['brɔːdlɪ] *adv* em geral; **~ speaking** em termos gerais.

broccoli ['brɒkəlɪ] *n* brócolis *mpl.*

brochure ['brəʊʃər] *n* brochura *f*, folheto *m*.

broiled [brɔɪld] *adj Am* grelhado(da).

broke [brəʊk] *pt* → **break.** ◆ *adj inf* teso(sa).

broken ['brəʊkn] *pp* → **break.** ◆ *adj (window, leg, glass)* partido (da); *(machine)* com defeito; *(English, Portuguese etc.)* incorreto(ta).

bronchitis [brɒŋ'kaɪtɪs] *n* bronquite *f*.

bronze [brɒnz] *n* bronze *m*.

brooch [brəʊtʃ] *n* broche *m*.

brook [brʊk] *n* riacho *m*.

broom [bruːm] *n* vassoura *f*.

broomstick ['bruːmstɪk] *n* cabo *m* de vassoura.

broth [brɒθ] *n* caldo *m*.

brother ['brʌðər] *n* irmão *m*.

brother-in-law *(pl* **brothers-in-law)** *n* cunhado *m*.

brought [brɔːt] *pt & pp* → **bring.**

brow [braʊ] *n (forehead)* testa *f*; *(eyebrow)* sobrancelha *f*.

brown [braʊn] *adj* marrom; *(skin)* moreno(na); *(tanned)* bronzeado(da). ◆ *n* marrom *m*.

brownie ['braʊnɪ] *n (food)* biscoito de chocolate e nozes.

brown rice *n* arroz *m* integral.

brown sugar *n* açúcar *m* mascavo.

browse [brauz] vi (in shop) dar uma olhada; **to ~ through** (book, paper) passar os olhos em.

browser [brauzər] n (on a computer) browser m.

bruise [bru:z] n nódoa f negra, equimose f.

brunch [brʌntʃ] n café da manhã reforçado que se toma mais tarde e que serve de almoço.

brunette [bru:'net] n morena f.

brush [brʌʃ] n (for hair, teeth) escova f; (for painting) pincel m. ◆ vt (floor) varrer; (clothes) escovar; (move with hand) sacudir; **to ~ one's hair** escovar o cabelo; **to ~ one's teeth** escovar os dentes.

brussels sprouts [ˈbrʌslz-] npl couve-de-Bruxelas f.

brutal [ˈbru:tl] adj brutal.

B.S. abbr = **Bachelor of Science**.

bubble [ˈbʌbl] n bolha f; (of soap) bolha f de sabão; (in fizzy drink) borbulha f.

bubble bath n espuma f de banho.

bubble gum n chiclete m de bola.

buck [bʌk] n Am inf (dollar) dólar m; (male animal) macho m.

Buckingham Palace [ˈbʌkɪŋəm-] n Palácio m de Buckingham.

Londres, o Palácio de Buckingham é a residência oficial da rainha. Situado no fim do "Mall", uma avenida larga entre Green Park e St James's Park, em frente a esse palácio realiza-se todos os dias a famosa cerimônia da troca da guarda.

buckle [ˈbʌkl] n fivela f. ◆ vt (fasten) apertar (com fivela). ◆ vi (warp) contrair-se.

bud [bʌd] n (flower) botão m; (leaf) rebento m. ◆ vi (flower) florescer; (leaf) brotar.

Buddhist [ˈbʊdɪst] n budista mf.

buddy [ˈbʌdɪ] n inf amigo m, -ga f.

budge [bʌdʒ] vi mexer-se.

budget [ˈbʌdʒɪt] adj (travel) econômico(ca). ◆ n orçamento m. ◻ **budget for** vt fus: **to ~ for sthg** prever as despesas de algo.

buff [bʌf] n inf fanático m, -ca f.

buffalo [ˈbʌfələʊ] (pl -s OR -es) n búfalo m.

buffer [ˈbʌfər] n pára-choque m.

buffet [bə'feɪ] n bufê m.

buffet car [bə'feɪ] n vagão-restaurante m.

bug [bʌg] n (insect) bicho m; inf (mild illness) vírus m inv. ◆ vt inf (annoy) chatear.

buggy [ˈbʌgɪ] n carrinho m de bebê.

build [bɪld] (pt & pp **built**) n constituição f física. ◆ vt

i BUCKINGHAM PALACE

Construído em 1703 pelo duque de Buckingham, em

construir. ❑ **build up** ◆ vt sep
(strength, speed) ganhar. ◆ vi
acumular-se.

builder ['bɪldər] n (person) pedreiro m; (company) constru-
tora f.

building ['bɪldɪŋ] n edifício
m.

building site n canteiro m de
obras.

built [bɪlt] pt & pp → build.

built-in adj embutido(da).

bulb [bʌlb] n (for lamp) lâmpada
f elétrica; (of plant) bulbo m.

bulge [bʌldʒ] vi fazer volume.

bulk [bʌlk] n: **the ~ of** a maior
parte de; **in ~** a granel, em grandes quantidades.

bulky ['bʌlkɪ] adj volumoso
(osa).

bull [bʊl] n touro m.

bulldog ['bʊldɒg] n buldogue
m.

bulldozer ['bʊldəʊzər] n bul-
dôzer m.

bullet ['bʊlɪt] n bala f.

bulletin ['bʊlətən] n boletim m.

bulletin board n quadro m
de avisos.

bullfight ['bʊlfaɪt] n tourada
f.

bull's-eye ['bʊlz-] n mosca f
(de alvo).

bully ['bʊlɪ] n brigão m, -gona f.
◆ vt abusar de, intimidar.

bum [bʌm] n Am inf (tramp) vagabundo m, -da f.

bumblebee ['bʌmblbi:] n abe-
lhão m.

bump [bʌmp] n (on surface) ele-

vação f; (on leg) inchaço m; (on
head) galo m; (sound, minor accident) pancada f. ◆ vt (head, leg)
bater com. ❑ **bump into** vt fus
(hit) chocar com; (meet)
encontrar-se com.

bumper ['bʌmpər] n (on car)
pára-choque m.

bumper car n carrinho m de
trombada.

bumpy ['bʌmpɪ] adj acidenta-
do(da); **the flight was ~** durante o vôo sentiu-se um pouco de
turbulência.

bun [bʌn] n (cake) pão m doce
(pequeno); (bread roll) pãozinho
m; (hairstyle) coque m.

bunch [bʌntʃ] n (of people) grupo m; (of flowers) ramo m; (of
grapes, bananas) cacho m; (of
keys) molho m.

bundle ['bʌndl] n (of clothes)
trouxa f; (of notes, papers) maço
m.

bung [bʌŋ] n tampo m.

bungalow ['bʌŋgələʊ] n ban-
galô m.

bunk [bʌŋk] n (bed) beliche
m.

bunk bed n beliche m.

bunny ['bʌnɪ] n coelhinho m.

buoy ['bu:ɪ] n bóia f (de sinalização).

buoyant ['bu:jənt] adj (that
floats) flutuante.

burden ['bɜ:rdn] n carga f.

bureaucracy [bjʊə'rɒkrəsɪ] n
burocracia f.

burger ['bɜ:rgər] n (hamburger)
hambúrguer m.

burglar ['bɜːrglər] n ladrão m, ladra f.

burglar alarm n alarme m (anti-roubo).

burglarize ['bɜːrglərɑɪz] vt Am assaltar.

burglary ['bɜːrglərɪ] n assalto m.

burgundy ['bɜːrgəndɪ] n (color) grená m; (wine) Borgonha m.

burial ['berɪəl] n enterro m.

burn [bɜːrn] (pt & pp **burnt** OR **burned**) n queimadura f. ◆ vt queimar. ◆ vi (be on fire) arder. ❏ **burn down** ◆ vt sep incendiar. ◆ vi arder.

burning (hot) ['bɜːrnɪŋ-] adj muito quente, escaldante.

burnt [bɜːrnt] pt & pp → **burn**.

burp [bɜːrp] n inf arroto m. ◆ vi inf arrotar.

burrow ['bɜːrəʊ] n toca f.

burst [bɜːrst] (pt & pp **burst**) n (of gunfire, applause) salva f. ◆ vt & vi rebentar; **he ~ into the room** ele irrompeu pelo quarto adentro; **to ~ into tears** desatar a chorar; **to ~ open** (door) abrir-se de repente.

bury ['berɪ] vt enterrar.

bus [bʌs] n ônibus m; **by ~** de ônibus.

bus driver n motorista mf (de ônibus).

bush [bʊʃ] n arbusto m.

bushy ['bʊʃɪ] (compar **-ier**, superl **-iest**) adj (eyebrows, beard) cerrado(da); (tail) peludo(da).

business ['bɪznəs] n (commerce, trade) negócios mpl; (shop, firm)

negócio m ; (things to do, affair) assunto m; **let's get down to ~** vamos ao que interessa; **mind your own ~!** meta-se com a sua vida!; **' ~ as usual'** 'aberto como de costume'.

business card n cartão-de-visita m.

business class n classe f executiva.

businessman ['bɪznəsmæn] (pl -men [-men]) n homem m de negócios.

business park n parque m industrial.

business person n pessoa f de negócios.

business studies npl ≃ administração f de empresas.

businesswoman ['bɪznəs-ˌwʊmən] (pl -women [-ˌwɪmɪn]) n mulher f de negócios.

bus lane n faixa f para ônibus.

bus station n (estação) rodoviária f.

bus stop n ponto m de ônibus.

bust [bʌst] n (of woman) busto m. ◆ adj: **to go ~** inf falir.

bustle ['bʌsl] n alvoroço m, animação f.

busy ['bɪzɪ] adj ocupado(da); (street, office) movimentado(da); **to be ~ doing sthg** estar ocupado fazendo algo.

busybody ['bɪzɪbɒdɪ] n intrometido m, -da f.

busy signal n sinal m de ocupado.

but [bʌt] conj mas. ◆ prep senão, a não ser; **you've been**

nothing ~ trouble você só tem me dado trabalho; **the last ~ one** o penúltimo (a penúltima); **~ for** se não fosse.

butcher ['butʃər] n açougueiro m, -ra f.

butcher shop n açougue m.

butt [bʌt] n (of rifle) coronha f; (of cigarette, cigar) ponta f.

butter ['bʌtər] n manteiga f. ◆ vt untar com manteiga.

buttercup ['bʌtərkʌp] n botão-de-ouro m, ranúnculo m.

butterfly ['bʌtərflaɪ] n borboleta f; (swimming stroke) borboleta m (nado).

buttocks ['bʌtəks] npl nádegas fpl.

button ['bʌtn] n botão m; Am (badge) crachá m.

buttonhole ['bʌtnhəʊl] n (hole) casa f (de botão).

buttress ['bʌtrɪs] n contraforte m.

buy [baɪ] (pt & pp **bought**) vt comprar. ◆ n: **a good ~** uma boa compra; **to ~ sthg for sb**, **to ~ sb sthg** comprar algo para alguém.

buzz [bʌz] vi zumbir. ◆ n inf (phone call): **to give sb a ~** dar uma ligada para alguém.

buzzer ['bʌzər] n campainha f.

by [baɪ] prep - **1.** (expressing cause, agent) por; **he's worried ~ her absence** está preocupado com a sua ausência; **he was hit ~ a car** ele foi atropelado por um carro; **a book ~**

Stephen King um livro de Stephen King; **funded ~ the government** financiado pelo governo.
- **2.** (expressing method, means): **~ car/bus/plane** de carro/ônibus/avião; **~ phone/mail** pelo telefone/correio; **to pay ~ credit card/check** pagar com cartão de crédito/cheque; **to win ~ cheating** ganhar trapaceando.
- **3.** (near to, beside) junto a; **~ the sea** à beira-mar, junto ao mar.
- **4.** (past) por; **a car went ~ the house** um carro passou pela casa.
- **5.** (via) por; **exit ~ the door on the left** saia pela porta do lado esquerdo.
- **6.** (with time): **be there ~ nine** esteja lá às nove horas; **~ day** de dia; **it should be ready ~ now** já deve estar pronto.
- **7.** (expressing quantity) a; **sold ~ the dozen** vende-se à dúzia; **prices fell ~ 20%** os preços baixaram 20%; **we charge ~ the hour** cobramos por hora.
- **8.** (expressing meaning) com; **what do you mean ~ that?** que quer dizer com isso?
- **9.** (in division, multiplication) por; **about six feet ~ fifteen** aproximadamente dois metros por cinco.
- **10.** (according to) segundo; **~ law** segundo a lei; **it's fine ~ me** por mim tudo bem.
- **11.** (expressing gradual process) a; **one ~ one** um a um; **day ~ day** dia a dia.

-12. *(in phrases)*: ~ **mistake** por engano; ~ **oneself** sozinho; ~ **profession** por profissão.
♦ *adv (past)*: **to go/drive** ~ passar.

bye(-bye) [baɪˈbaɪ] *excl inf* tchau!

bypass [ˈbaɪpæs] *n (road)* contorno *m*; *(surgery)* ponte *f* de safena.

C

C *(abbr of Celsius, centigrade)* C.

cab [kæb] *n (taxi)* táxi *m*; *(of lorry)* cabine *f*.

cabbage [ˈkæbɪdʒ] *n* repolho *m*.

cabin [ˈkæbɪn] *n (on ship)* camarote *m*; *(of plane)* cabine *f*; *(wooden house)* cabana *f*.

cabin crew *n* tripulação *f*.

cabinet [ˈkæbɪnət] *n (cupboard)* armário *m*; POL gabinete *m* (de ministros).

cable [ˈkeɪbl] *n* cabo *m*.

cable car *n* teleférico *m*.

cactus [ˈkæktəs] *(pl* -**tuses** OR -**ti** [-taɪ]*) n* cacto *m*.

cafe [ˈkæfeɪ] *n* café *m* (bar).

cafeteria [ˌkæfəˈtɪərɪə] *n* cantina *f*.

caffeine [ˈkæfiːn] *n* cafeína *f*.

cage [keɪdʒ] *n* gaiola *f*.

Cajun [ˈkeɪdʒɪən] *adj relativo à* comunidade Cajun, de origem francesa, residente na Luisiana.

cake [keɪk] *n* bolo *m*.

calculate [ˈkælkjəleɪt] *vt* calcular.

calculation [ˌkælkjəˈleɪʃn] *n* cálculo *m*.

calculator [ˈkælkjəleɪtər] *n* calculadora *f*.

calendar [ˈkæləndər] *n* calendário *m*.

calf [kɑːf] *(pl* **calves**) *n (of cow)* bezerro *m*, -a *f*, vitelo *m*, -la *f*; *(part of leg)* barriga *f* da perna.

call [kɔːl] *n (visit)* visita *f*; *(phone call, at airport)* chamada *f*; *(of bird)* grito *m*. ♦ *vt* chamar; *(say loudly)* chamar por; *(telephone)* ligar para; *(meeting, election, strike)* convocar; *(flight)* anunciar. ♦ *vi (telephone)* telefonar, ligar; **could I have a ~ at eight o'clock, please?** por favor, pode me chamar às oito?; **on ~** *(nurse, doctor)* de plantão; **to pay sb a ~** visitar alguém; **to be ~ed** chamar-se; **what is he ~ed?** como é que ele se chama?; **who's ~ing?** quem está falando? ❑ **call back** ♦ *vt sep* voltar a telefonar a. ♦ *vi (phone again)* voltar a telefonar. ❑ **call for** *vt fus (come to fetch)* ir buscar; *(demand, require)* exigir. ❑ **call on** *vt fus (visit)* ir visitar; **to ~ on sb to do sthg** pedir a alguém para fazer algo. ❑ **call out** ♦ *vt sep (name, winner)* anunciar; *(doctor, fire brigade)* chamar. ♦ *vi* gritar. ❑ **call up** *vt sep* MIL chamar, mobilizar; *(telephone)* telefonar para, ligar para.

caller ['kɔːlər] n (visitor) visita f; (on phone) pessoa f que chama.

calm [kɑːm] adj calmo(ma).
◆ vt acalmar. ❏ **calm down**
◆ vt sep acalmar. ◆ vi acalmarse.

calorie ['kælərɪ] n caloria f.

calves [kævz] pl → **calf.**

came [keɪm] pt → **come.**

camel ['kæml] n camelo m.

camera ['kæmərə] n (for photographs) máquina f OR câmera fotográfica; (for filming) câmera f (de cinema).

camp [kæmp] n (for vacation) colónia f de férias; (for soldiers) acampamento m; (for prisoners) campo. ◆ vi acampar.

campaign [kæm'peɪn] n campanha f. ◆ vi: **to** ~ **(for/against)** fazer campanha (a favor de/contra).

camp bed n cama f de campanha.

camper ['kæmpər] n (person) campista mf; (van) trailer m.

camping ['kæmpɪŋ] n: **to go** ~ acampar.

campsite ['kæmpsaɪt] n camping m.

campus ['kæmpəs] (pl **-es**) n campus m, cidade f universitária.

can[1] [kæn] n lata f.

can[2] [weak form kən, strong form kæn] (pt **was, were,** pt & conditional **could**) aux vb **-1.** (be able to) poder; ~ **you help me?** pode me ajudar?; **I** ~ **see the mountains** posso ver as montanhas.
-2. (know how to) saber; ~ **you drive?** você sabe dirigir?; **I** ~

speak Portuguese eu sei falar português.
-3. (be allowed to) poder; **you can't smoke here** você não pode fumar aqui.
-4. (in polite requests) poder; ~ **you tell me the time?** pode me dizer as horas?; ~ **I speak to the manager?** posso falar com o gerente?
-5. (expressing occasional occurrence) poder; **it** ~ **get cold at night** às vezes a temperatura diminui bastante à noite.
-6. (expressing possibility) poder; **they could be lost** eles podem estar perdidos.

Canada ['kænədə] n Canadá m.

canal [kə'næl] n canal m.

cancel ['kænsl] vt cancelar.

cancellation [,kænsə'leɪʃn] n cancelamento m.

cancer ['kænsər] n câncer m.

Cancer ['kænsər] n Câncer m.

candidate ['kændɪdeɪt] n candidato m, -ta f.

candle ['kændl] n vela f.

candlelit ['kændllɪt] adj à luz de vela.

candlestick ['kændlstɪk] n castiçal m.

candy ['kændɪ] n Am (confectionery) guloseimas fpl; (sweet) bala f.

cane [keɪn] n (for walking) bengala f; (for punishment) vara f; (for furniture, baskets) palhinha f.

canister ['kænɪstər] n (for tea) lata f (para o chá); (for gas) bujão m.

cannabis ['kænəbəs] n maconha f.

canned [kænd] *adj (food, drink)* enlatado(da).

cannon ['kænən] *n* canhão *m*.

cannot ['kænɒt] = **can not**.

canoe [kə'nuː] *n* canoa *f*.

canoeing [kə'nuːɪŋ] *n* canoagem *f*.

canopy ['kænəpɪ] *n (over bed etc.)* dossel *m*.

can't [kænt] = **cannot**.

cantaloup(e) ['kæntəluːp] *n* cantalupo *m*.

canteen [kæn'tiːn] *n* cantil *m*.

canvas ['kænvəs] *n (for tent, bag)* lona *f*; *(painting)* tela *f*.

cap [kæp] *n (hat)* boné *m*; *(of pen, bottle)* tampa *f*; *(contraceptive)* diafragma *m*.

capable ['keɪpəbl] *adj* capaz; **to be ~ of doing sthg** ser capaz de fazer algo.

capacity [kə'pæsɪtɪ] *n* capacidade *f*.

cape [keɪp] *n (of land)* cabo *m*; *(cloak)* capa *f*.

capers ['keɪpəz] *npl* alcaparras *fpl*.

capital ['kæpɪtl] *n (of country)* capital *f*; *(money)* capital *m*; *(letter)* maiúscula *f*.

capital punishment *n* pena *f* de morte.

cappuccino [ˌkæpʊ'tʃiːnəʊ] *n* cappuccino *m*.

capsize [kæp'saɪz] *vi* virar-se.

capsule ['kæpsl] *n* cápsula *f*.

captain ['kæptən] *n* capitão *m*, -tã *f*; *(of plane, ship)* comandante *mf*.

caption ['kæpʃən] *n* legenda *f*.

capture ['kæptʃər] *vt (person, animal)* capturar; *(town, castle)* tomar.

car [kɑːr] *n (automobile)* carro *m*, automóvel *m*; *(railroad wagon)* vagão *m*.

carafe [kə'ræf] *n* garrafa *de boca larga para servir vinho ou água.*

caramel ['kærəmel] *n (sweet)* caramelo *m*; *(burnt sugar)* calda *f* caramelada.

carat ['kærət] *n* quilate *m*; **24-~ gold** ouro de 24 quilates.

caravan ['kærəvæn] *n* caravana *f*.

carbohydrate [ˌkɑːbəʊ'haɪdreɪt] *n (in foods)* carboidrato *m*.

carbon ['kɑːbən] *n* carbono *m*.

carburetor [ˌkɑːbə'reɪtr] *n Am* carburador *m*.

carburettor [ˌkɑːbə'retər] *n Brit* = **carburetor**.

card [kɑːd] *n* cartão *m*; *(postcard)* postal *m*; *(playing card)* carta *f*; *(cardboard)* papelão *m*. ❑ **cards** *npl (game)* cartas *fpl*.

cardboard ['kɑːdbɔːd] *n* papelão *m*.

cardiac arrest [ˌkɑːdɪæk-] *n* parada *f* cardíaca.

cardigan ['kɑːdɪgən] *n* cardigã *m*.

care [keər] *n (attention)* cuidado *m*; *(treatment)* cuidados *mpl* ◆ *vi (mind)* importar-se; **to take ~ of** tomar conta de; **to take ~ not to do sthg** ter cuidado para não fazer algo; **take ~!** *(goodbye)* se cuida!; **with ~** com cuidado;

to ~ **about** *(think important)* preocupar-se com; *(person)* querer bem a.

career [kəˈrɪər] *n* carreira *f*.

carefree [ˈkeəfriː] *adj* despreocupado(da).

careful [ˈkeəfl] *adj* cuidadoso(osa); **be ~!** cuidado!

carefully [ˈkeəflɪ] *adv* cuidadosamente.

careless [ˈkeələs] *adj* descuidado(da).

cargo [ˈkɑːɡəʊ] *(pl -es OR -s)* *n* carga *f*, carregamento *m*.

Caribbean [kəˈrɪbɪən] *n*: **the ~ (area)** o Caribe.

caring [ˈkeərɪŋ] *adj* atencioso(osa), solícito(ta).

carnation [kɑːˈneɪʃn] *n* cravo *m*.

carnival [ˈkɑːnɪvl] *n* carnaval *m*.

carp [kɑːp] *n* carpa *f*.

carpenter [ˈkɑːpəntər] *n* carpinteiro *m*, -ra *f*.

carpentry [ˈkɑːpəntrɪ] *n* carpintaria *f*.

carpet [ˈkɑːpɪt] *n (fitted)* carpete *f*; *(not fitted)* tapete *m*.

carport [ˈkɑːpɔːt] *n Am* garagem *f*.

car rental *n Am* aluguel *m* de carros OR automóveis.

carriage [ˈkærɪdʒ] *n (horse-drawn)* carruagem *f*.

carrot [ˈkærət] *n* cenoura *f*.

carry [ˈkærɪ] *vt (bear)* carregar, levar; *(transport)* transportar, levar; *(disease)* transmitir; *(cash, passport, map)* ter *(consigo)*; *(support)* agüentar. ◆ *vi (voice,*

sound) ouvir-se. ❑ **carry on** ◆ *vi (continue)* continuar. ◆ *vt fus (continue; (conduct)* realizar; **to ~ on doing sthg** continuar a fazer algo. ❑ **carry out** *vt sep (perform)* levar a cabo; *(fulfil)* cumprir.

carryout [ˈkærɪaʊt] *n* comida *f* para levar.

carsick [ˈkɑːˌsɪk] *adj* enjoado (da) *(em carro)*.

cart [kɑːt] *n (for transportation)* carroça *f*; *Am (in supermarket)* carrinho *m* (de compras); *inf (video game cartridge)* cassete *f*.

carton [ˈkɑːtn] *n* pacote *m*.

cartoon [kɑːˈtuːn] *n (drawing)* charge *f*, caricatura *f*; *(movie)* desenho *m* animado.

cartridge [ˈkɑːtrɪdʒ] *n (for gun)* cartucho *m*; *(for pen)* recarga *f*.

carve [kɑːv] *vt (wood, stone)* esculpir; *(meat)* cortar.

car wash *n* lavagem *f* de carro.

case [keɪs] *n (container)* caixa *f*; *(instance, patient)* caso *m*; JUR *(trial)* causa *f*; **in any ~** de qualquer modo; **in ~ of** em caso de; **(just) in ~** caso; **in that ~** nesse caso.

cash [kæʃ] *n* dinheiro *m*. ◆ *vt*: **to ~ a check** descontar um cheque; **to pay ~** pagar em dinheiro.

cash desk *n* caixa *f*.

cash dispenser [-ˌdɪˈspensər] *n* caixa *m* automático.

cashew (nut) [ˈkæʃuː-] *n* castanha *f* de caju.

cashier [kæˈʃɪər] *n* caixa *mf*.

cashmere [ˈkæʒmɪr] n caxemira f.

cash register n caixa f registradora.

casino [kəˈsiːnəʊ] (pl -s) n cassino m.

cask [kæsk] n casco m, barril m.

casserole [ˈkæsərəʊl] n (stew) ensopado m de forno; ~ (dish) panela f de ir ao forno.

cassette [kæˈset] n cassete f.

cassette recorder n gravador m.

cast [kɑːst] (pt & pp cast) n (actors) elenco m; (for broken bone) gesso m. ◆ vt (shadow, light, look) lançar; to ~ doubt on pôr em dúvida; to ~ one's vote votar. ▫ cast off vi (boat, ship) zarpar.

cast-iron adj de ferro fundido; (decision, promise) inflexível; ~ skillet frigideira f de ferro.

castle [ˈkɑːsl] n (building) castelo m; (in chess) torre f.

casual [ˈkæʒʊəl] adj (relaxed) despreocupado(da); (manner, clothes) informal; ~ work trabalho m temporário.

casualty [ˈkæʒʊəltɪ] n vítima mf.

cat [kæt] n gato m.

catalog [ˈkætəlɒg] n Am catálogo m.

catalogue [ˈkætəlɒg] Brit = catalog.

catapult [ˈkætəpʌlt] n catapulta f.

cataract [ˈkætərækt] n (in eye) catarata f.

catarrh [kəˈtɑːr] n catarro m.

catastrophe [kəˈtæstrəfɪ] n catástrofe f.

catch [kætʃ] (pt & pp caught) vt apanhar; (attention, imagination) despertar. ◆ vi (become hooked) ficar preso. ◆ n (of window, door) trinco m; (snag) truque m. ▫ catch up ◆ vt sep alcançar. ◆ vi: to ~ up (with) alcançar.

catching [ˈkætʃɪŋ] adj inf contagioso(osa).

category [ˈkætəgərɪ] n categoria f.

cater [ˈkeɪtər] vt (party) fornecer comida. ▫ cater for vt fus (needs, tastes) satisfazer; (anticipate) contar com.

caterpillar [ˈkætərpɪlər] n lagarta f.

cathedral [kəˈθiːdrəl] n catedral f.

Catholic [ˈkæθlɪk] adj católico(ca). ◆ n católico m, -ca f.

cattle [ˈkætl] npl gado m.

caught [kɔːt] pt & pp → **catch**.

cauliflower [ˈkɒlɪflaʊər] n couve-flor f.

cause [kɔːz] n causa f; (justification) razão f. ◆ vt causar; to ~ sb to do sthg fazer (com) que alguém faça algo.

causeway [ˈkɔːzweɪ] n calçada f (sobre água ou zona pantanosa).

caution [ˈkɔːʃn] n (care) cautela f; (warning) aviso m.

cautious [ˈkɔːʃəs] adj cauteloso(osa).

cave [keɪv] n gruta f. ▫ cave in vi (roof, ceiling) desabar.

caviar(e) [ˈkævɪɑːr] n caviar m.

cavity ['kævətɪ] n (in tooth) cárie f.

CD n (abbr of compact disc) CD m.

CD player n CD player m, toca-CDs m.

CD-ROM n (abbr of compact disc read-only memory) CD-ROM m.

cease [si:s] vt & vi fml cessar.

ceasefire ['si:s,faɪər] n cessar-fogo m.

ceiling ['si:lɪŋ] n teto m.

celebrate ['seləbreɪt] vt & vi (victory, birthday) celebrar.

celebration [,selə'breɪʃn] n (event) celebração f. ❏ **celebrations** npl (festivities) comemorações fpl.

celebrity [sə'lebrətɪ] n (person) celebridade f.

celery ['seləɪ] n aipo m.

cell [sel] n (of plant, body) célula f; (in prison) cela f.

cellar ['selər] n porão m.

cello ['tʃeləʊ] n violoncelo m.

Cellophane® ['seləfeɪn] n celofane m.

cell phone n Am (telefone m) celular m.

Celsius ['selsɪəs] adj Célsius.

cement [sə'ment] n cimento m.

cemetery ['semətəɪ] n cemitério m.

census ['sensəs] n censo m.

cent [sent] n centavo m.

center ['sentər] n Am centro m.
♦ adj central; **the ~ of atten-tion** o centro das atenções.

centigrade ['sentɪgreɪd] adj centígrado(da).

centimeter ['sentə,mi:tər] n centímetro m.

centipede ['sentɪpi:d] n cento-péia f.

central ['sentrəl] adj central.

central heating n aqueci-mento m central.

central locking [-'lɒkɪŋ] n fe-chadura f centralizada.

centre ['sentər] n & adj Brit = center.

century ['sentʃərɪ] n século m.

ceramic [sə'ræmɪk] adj de louça OR barro. ❏ **ceramics** npl cerâ-mica f.

cereal ['sɪərɪəl] n cereal m.

ceremony ['serəməʊnɪ] n ceri-mônia f.

certain ['sɜ:rtn] adj certo(ta); **she's ~ to be late** o mais certo é ela chegar atrasada; **to be ~ of sthg** ter a certeza de algo; **to make ~ (that)** assegurar-se de que.

certainly ['sɜ:rtnlɪ] adv (without doubt) sem dúvida; (of course) com certeza; **~ not!** de modo nenhum!; **I ~ do** com certeza que sim.

certificate [sər'tɪfɪkət] n (of studies, medical) certificado m; (of birth) certidão f.

certify ['sɜ:rtɪfaɪ] vt (declare true) comprovar.

chain [tʃeɪn] n (of metal) corren-te f; (of stores, mountains) cadeia f.
♦ vt: **to ~ sthg to sthg** acorren-tar algo a algo.

chain reaction n reação f em cadeia.

chair [tʃeər] n cadeira f.

chairlift ['tʃeərlɪft] n teleférico m (de cadeira).

chairman ['tʃeərmən] (pl **-men** [-mən]) n presidente m.

chairperson ['tʃeər,pɜːsn] (pl **-s**) n presidente mf.

chairwoman ['tʃeər,wʊmən] (pl **-women** [-,wɪmɪn]) n presidente f.

chalet ['ʃæleɪ] n chalé m.

chalk [tʃɔːk] n giz m; **a piece of ~** um pedaço de giz.

chalkboard ['tʃɔːkbɔːrd] n Am quadro-negro m.

challenge ['tʃælɪndʒ] n desafio m. ◆ vt (question) questionar; **to ~ sb (to do sthg)** (to fight, competition) desafiar alguém (para algo).

chamber ['tʃeɪmbər] n (room) câmara f.

champagne [,ʃæm'peɪn] n champanhe m.

champion ['tʃæmpjən] n campeão m, -peã f.

championship ['tʃæmpjənʃɪp] n campeonato m.

chance [tʃæns] n chance f. ◆ vt: **to ~ it** inf arriscar; **to take a ~** arriscar-se; **by ~** por acaso; **on the off ~** se por acaso.

chandelier [,ʃændə'lɪər] n candelabro m, lustre m.

change [tʃeɪndʒ] n (alteration) mudança f; (money received back) troco m; (coins) dinheiro m trocado. ◆ vt mudar; (exchange) trocar; (clothes, bedding) mudar de, trocar de. ◆ vi mudar; (change clothes) trocar-se de roupa; **a ~ of clothes** uma muda de roupa; **do you have ~ for a dollar?** você pode trocar um dólar?

lar?; **for a ~** para variar; **to get ~d** trocar-se, mudar de roupa; **to ~ money** trocar dinheiro; **to ~ a diaper** mudar uma fralda; **to ~ a tire** trocar um pneu; **to ~ trains/planes** mudar de trem/avião.

changeable ['tʃeɪndʒəbl] adj (weather) instável.

changing room ['tʃeɪndʒɪŋ-] n vestiário m.

channel ['tʃænl] n canal m.

chant [tʃɑːnt] vt entoar.

chaos ['keɪɒs] n caos m.

chaotic [keɪ'ɒtɪk] adj caótico (ca).

chapel ['tʃæpl] n capela f.

chapped ['tʃæpt] adj gretado (da).

chapter ['tʃæptər] n capítulo m.

character ['kerəktər] n caráter m; (in movie, book, play) personagem m ou f; inf (person, individual) tipo m.

characteristic [,kerəktə'rɪstɪk] adj característico(ca). ◆ n característica f.

charcoal ['tʃɑːrkəʊl] n (for barbecue) carvão m (de lenha).

charge [tʃɑːrdʒ] n (price) preço m, custo m; JUR acusação f. ◆ vt (money, customer) cobrar; JUR acusar; (battery) carregar. ◆ vi (ask money) cobrar; (rush) investir; **to be in ~ (of)** estar encarregado (de); **to take ~ (of)** encarregar-se (de); **free of ~** grátis; **there is no ~ for service** o serviço é grátis.

charity ['tʃærətɪ] n (organization) caridade f; **to give to ~**

contribuir para obras de caridade.

charm [tʃɑːrm] n (attractiveness) charme m. ◆ vt encantar.

charming ['tʃɑːrmɪŋ] adj encantador(ra).

chart [tʃɑːrt] n (diagram) gráfico m; **the ~ s** as paradas de sucesso.

charter flight ['tʃɑːrtər-] n vôo m charter.

chase [tʃeɪs] n perseguição f. ◆ vt perseguir.

chat [tʃæt] n conversa f. ◆ vi conversar; **to have a ~ (with)** conversar (com).

chat room n chat m, sala f (de bate-papo).

chatty ['tʃætɪ] adj (letter) informal; (person) tagarela.

chauffeur [ʃəʊ'fɜːr] n motorista mf.

cheap [tʃiːp] adj barato(ta).

cheaply ['tʃiːplɪ] adv barato.

cheat [tʃiːt] n (person) trapaceiro m, -ra f; (thing) trapaça f. ◆ vi trapacear. ◆ vt: **to ~ sb (out of sthg)** roubar algo de alguém.

check [tʃek] n (inspection) inspeção f; Am (bill) conta f; Am (tick) sinal m de visto; Am cheque m; **to pay by ~** pagar com cheque. ◆ vt verificar. ◆ vi informar-se; **~ for any mistakes** verifique se há erros. ❑ **check in** ◆ vt sep (luggage) fazer o check-in. ◆ vi (at hotel) registrar-se; (at airport) fazer o check-in. ❑ **check off** vt sep verificar (em lista). ❑ **check out** ◆ vi acertar a conta e sair (de hotel). ◆ vt: **check sb/**

sthg **out** investigar alguém/algo; **check sthg out** retirar (livro em biblioteca). ❑ **check up** vi: **to ~ up (on)** informar-se (sobre).

checkbook ['tʃekbʊk] n talão m de cheques.

checked [tʃekt] adj quadriculado, de xadrez.

checkers ['tʃekərz] n Am damas fpl.

check-in desk n check-in m.

checking account ['tʃekɪŋ-] n Am conta f corrente.

checkout ['tʃekaʊt] n caixa f.

checkpoint ['tʃekpɔɪnt] n controle m.

checkup ['tʃekʌp] n exame m médico geral, check-up m.

cheek [tʃiːk] n (of face) bochecha f.

cheeky ['tʃiːkɪ] adj descarado (da), atrevido(da).

cheer [tʃɪər] n aclamação f. ◆ vi aclamar.

cheerful ['tʃɪərfl] adj alegre.

cheerleader ['tʃɪərliːdər] n animador m, -ra f de torcida.

cheers [tʃɪərz] excl (when drinking) saúde!

cheese [tʃiːz] n queijo m.

cheeseboard ['tʃiːzbɔːrd] n tábua f de queijos.

cheeseburger ['tʃiːz,bɜːrgər] n cheeseburger m, X-búrguer m.

chef [ʃef] n chefe m (de cozinha).

chemical ['kemɪkl] adj químico(ca). ◆ n substância f química.

chemist ['kemɪst] n *(scientist)* químico m, -a f.

chemistry ['kemɪstrɪ] n química f.

cheque [tʃek] n Brit = **check**.

cherry ['tʃerɪ] n cereja f.

chess [tʃes] n xadrez m.

chest [tʃest] n *(of body)* peito m; *(box)* arca f.

chestnut ['tʃesnʌt] n castanha f. ◆ adj *(color)* marrom.

chest of drawers *(pl* chests of drawers) n cômoda f.

chew [tʃuː] vt mastigar. ◆ n *(sweet)* goma f.

chewing gum ['tʃuːɪŋ-] n chiclete m.

chic [ʃiːk] adj chique.

chicken ['tʃɪkɪn] n galinha f, frango m.

chickenpox ['tʃɪkənpɒks] n catapora f.

chickpea ['tʃɪkpiː] n grão-de-bico m.

chicory ['tʃɪkərɪ] n chicória f.

chief [tʃiːf] adj *(highest-ranking)* chefe; *(main)* principal. ◆ n chefe m, -fa f.

chiefly ['tʃiːflɪ] adv *(mainly)* principalmente; *(especially)* sobretudo.

child [tʃaɪld] *(pl* children) n *(young boy, girl)* criança f; *(son, daughter)* filho m, -lha f.

childhood ['tʃaɪldhʊd] n infância f.

childish ['tʃaɪldɪʃ] adj pej infantil.

children ['tʃɪldrən] pl → child.

childrenswear ['tʃɪldrənz-

wear] n roupa f para crianças.

Chile ['tʃɪlɪ] n Chile m.

chili ['tʃɪlɪ] *(pl* -ies) n *(vegetable)* pimenta m OR pimentão m picante.

chill [tʃɪl] n *(illness)* resfriado m. ◆ vt gelar; there's a ~ in the air o tempo está frio.

chilled [tʃɪld] adj fresco(ca); 'serve ~' 'sirva gelado'.

chilly ['tʃɪlɪ] adj frio (fria).

chimney ['tʃɪmnɪ] n chaminé f.

chimpanzee [ˌtʃɪmpæn'ziː] n chimpanzé m.

chin [tʃɪn] n queixo m.

china ['tʃaɪnə] n *(material)* porcelana f.

China ['tʃaɪnə] n China f.

chip [tʃɪp] n *(small piece, mark)* lasca f; *(counter)* ficha f; COMPUT chip m. ◆ vt lascar. ❏ **chips** npl Am *(crisps)* batatas fpl fritas *(de pacote)*.

chisel ['tʃɪzl] n formão m.

chives [tʃaɪvz] npl cebolinha f.

chlorine ['klɔːriːn] n cloro m.

chocolate ['tʃɒklət] n *(food, drink)* chocolate m; *(sweet)* bombom m. ◆ adj de chocolate.

choice [tʃɔɪs] n escolha f, seleção f. ◆ adj selecionado(da); with the dressing of your ~ com o tempero a gosto.

choir ['kwaɪər] n coro m.

choke [tʃəʊk] vt sufocar. ◆ vi *(on fishbone etc.)* engasgar-se; *(to death)* sufocar.

choker ['tʃəʊkər] n gargantilha f.

cholera ['kɒlərə] n cólera f.

choose [tʃuːz] (pt **chose**, pp **chosen**) vt & vi escolher; **to ~ to do sthg** decidir fazer algo.

chop [tʃɒp] n (of meat) costeleta f. ♦ vt cortar. ❑ **chop down** vt sep abater. ❑ **chop up** vt sep picar.

chopper ['tʃɒpər] n inf (helicopter) helicóptero m.

choppy ['tʃɒpɪ] adj (sea) encrespado(da).

chopsticks ['tʃɒpstɪks] npl palitos mpl (para comida oriental).

chord [kɔːd] n acorde m.

chore [tʃɔːr] n tarefa f.

chorus ['kɔːrəs] n (part of song) refrão m; (group of singers, dancers) coro m.

chose [tʃəʊz] pt → choose.

chosen ['tʃəʊzn] pp → choose.

Christ [kraɪst] n Cristo m.

christen ['krɪsn] vt (baby) batizar.

Christian ['krɪstʃən] adj cristão(tã). ♦ n cristão m, -tã f.

Christian name n nome m (de batismo).

Christmas ['krɪsməs] n Natal m; **Merry ~!** Feliz Natal!

Christmas Day n dia m de Natal.

Christmas Eve n véspera f de Natal, noite f de Natal.

chrome [krəʊm] n cromo m.

chuck [tʃʌk] vt inf (throw) atirar. ❑ **chuck away** vt sep jogar fora.

chunk [tʃʌŋk] n pedaço m (grande).

church [tʃɜːrtʃ] n igreja f; **to go to ~** freqüentar a igreja.

churchyard ['tʃɜːrtʃjɑːrd] n cemitério m.

chute [ʃuːt] n rampa f.

CIA n (abbr of Central Intelligence Agency) CIA, organismo de inteligência dos Estados Unidos.

cider ['saɪdər] n sidra f.

cigar [sɪˈɡɑːr] n charuto m.

cigarette [ˌsɪɡəˈret] n cigarro m.

cigarette lighter n isqueiro m.

cinema ['sɪnəmə] n cinema m.

cinnamon ['sɪnəmən] n canela f.

circle ['sɜːrkl] n (shape, ring) círculo m; (in theater) balcão m. ♦ vt (draw circle around) fazer um círculo; (move around) dar voltas em torno de. ♦ vi (plane) dar voltas.

circuit ['sɜːrkɪt] n (track) circuito m; (lap) volta f.

circular ['sɜːrkjələr] adj circular. ♦ n circular f.

circulation [ˌsɜːrkjəˈleɪʃn] n (of blood) circulação f; (of newspaper, magazine) tiragem f.

circumstances ['sɜːrkəmstənsəz] npl circunstâncias fpl; **in** OR **under the ~** dadas as circunstâncias.

circus ['sɜːrkəs] n circo m.

cistern ['sɪstərn] n cisterna f.

citizen ['sɪtɪzn] n (of country) cidadão m, -dã f; (of city) habitante mf.

city ['sɪtɪ] n cidade f.

civilian [sɪˈvɪlɪən] n civil mf.

civilized ['sɪvɪlaɪzd] adj civilizado(da).

civil rights [,sɪvl-] npl direitos mpl civis.

civil servant [,sɪvl-] n funcionário m público, funcionária f pública.

civil service [,sɪvl-] n administração f pública.

claim [kleɪm] n (assertion) afirmação f; (demand) reivindicação f; (for insurance) reclamação f. ◆ vt (allege) afirmar; (demand) reclamar; (credit, responsibility) reivindicar. ◆ vi (on insurance) reclamar uma indenização.

claimant ['kleɪmənt] n (of benefit) reclamante mf.

clam [klæm] n molusco m.

clamp [klæmp] n grampo m. ◆ vt segurar.

clap [klæp] vi aplaudir; **to ~ one's hands** bater palmas.

claret ['klærət] n clarete m.

clarinet [,klærə'net] n clarinete m.

clash [klæʃ] n (noise) estrondo m; (confrontation) confrontação f. ◆ vi (colors) destoar; (event, date) coincidir.

clasp [klæsp] n (fastener) fecho m. ◆ vt agarrar (com força).

class [klæs] n (group of students) turma f; (teaching period) aula f; (type, social group) classe f. ◆ vt: **to ~ sb/sthg (as)** classificar alguém/algo (de).

classic ['klæsɪk] adj clássico(ca). ◆ n clássico m.

classical ['klæsɪkl] adj clássico(ca).

classification [,klæsɪfɪ'keɪʃn] n classificação f.

classified ads [,klæsɪfaɪd-] npl classificados mpl.

classmate ['klæsmeɪt] n colega mf de turma.

classroom ['klæsru:m] n sala f (de aula).

clause [klɔ:z] n cláusula f.

claustrophobic [,klɔ:strə'fəʊbɪk] adj (person) claustrofóbico(ca).

claw [klɔ:] n (of bird, cat, dog) garra f; (of crab, lobster) pinça f.

clay [kleɪ] n barro m, argila f.

clean [kli:n] adj limpo(pa); (page) em branco; (sheets, clothes) lavado(da). □ **clean up** vi, vt sep arrumar.

cleaner ['kli:nər] n (person) faxineiro m, -ra f; (substance) produto m de limpeza.

cleanse [klenz] vt limpar.

cleanser ['klenzər] n (for skin) creme m de limpeza.

clear [klɪər] adj claro(ra); (unobstructed) livre; (sky) limpo(pa). ◆ vt (area, road) desimpedir; (pond) limpar; (jump over) saltar; (declare not guilty) absolver; (authorize) aprovar; (check) creditar. ◆ vi (weather) melhorar; (fog) levantar; **the check will ~ in three days' time** o cheque vai compensar daqui a três dias; **to be ~ (about sthg)** compreender (algo); **to be ~ of sthg** (not touching) não tocar em algo; **to ~ one's throat** limpar a garganta; **to ~ the table** tirar a mesa. □ **clear up** ◆ vt sep *(room, toys)* arrumar; *(problem, confusion)* clarificar. ◆ vi *(weather)* melhorar; *(clean up)* arrumar.

clearance ['klɪərəns] n autorização f; *(free distance)* espaço m livre.

clearing ['klɪərɪŋ] n clareira f.

clearly ['klɪərlɪ] adv claramente; *(obviously)* evidentemente.

clerk [klɑːk] n *(in office)* auxiliar mf de escritório; Am *(in store)* balconista mf.

clever ['klevər] adj *(person)* esperto(ta); *(idea, device)* engenhoso(osa).

click [klɪk] n estalido m. ◆ vi *(make sound)* dar um estalido.

client ['klaɪənt] n cliente mf.

cliff [klɪf] n rochedo m.

climate ['klaɪmət] n clima m.

climax ['klaɪmæks] n clímax m inv.

climb [klaɪm] vt *(tree, ladder)* subir em; *(mountain)* escalar. ◆ vi subir. ❑ **climb down** ◆ vt fus *(tree, ladder)* descer de; *(mountain)* descer. ◆ vi descer. ❑ **climb up** vt fus *(tree, ladder)* subir em; *(mountain)* escalar.

climber ['klaɪmər] n *(person)* alpinista mf.

climbing ['klaɪmɪŋ] n alpinismo m; **to go** ~ fazer alpinismo.

clinic ['klɪnɪk] n clínica f.

clip [klɪp] n clip m. ◆ vt *(fasten)* segurar (com clip); *(cut)* cortar.

cloak [kləʊk] n capa f.

cloakroom ['kləʊkruːm] n *(for coats)* vestiário m *(em avião, teatro)*.

clock [klɒk] n relógio m; *(odometer)* velocímetro m; **around the** ~ noite e dia.

clockwise ['klɒkwaɪz] adv no sentido horário.

clog [klɒg] n tamanco m. ◆ vt entupir.

clone [kləʊn] vt clonar.

cloning [kləʊnɪŋ] n clonagem f.

close¹ [kləʊs] adj *(near)* junto (ta); *(relation, friend, contact)* íntimo(ma); *(link, resemblance)* grande; *(examination)* detalhado(da); *(race, contest)* renhido(da). ◆ adv perto; ~ **by** perto; ~ **to** *(near)* perto de; ~ **to tears/laughter** a ponto de chorar/rir; ~ **to despair** nos limites do desespero.

close² [kləʊz] vt fechar. ◆ vi *(door, jar, eyes)* fechar-se; *(store, office)* fechar; *(deadline, offer, meeting)* terminar. ❑ **close down** vt sep & vi fechar (definitivamente).

closed [kləʊzd] adj fechado (da).

closely ['kləʊslɪ] adv *(related)* intimamente; *(follow, examine)* de perto.

closet ['klɒzət] n Am armário m.

close-up ['kləʊs-] n primeiro plano m.

clot [klɒt] n *(of blood)* coágulo m.

cloth [klɒθ] n *(fabric)* tecido m; *(piece of cloth)* pano m.

clothes [kləʊz] npl roupa f.

clothesline ['kləʊzlaɪn] n varal m, corda f.

clothespin ['kləʊzpɪn] n Am pregador m de roupa.

clothing ['kləʊðɪŋ] n roupa f.

cloud [klaʊd] n nuvem f.

cloudy ['klaʊdɪ] adj (sky, day) nublado(da); (liquid) turvo(va).

clove [kləʊv] n (of garlic) dente m. ☐ **cloves** npl (spice) cravo m.

clown [klaʊn] n palhaço m.

club [klʌb] n (organization) clube m; (nightclub) discoteca f, boate f; (stick) taco m. ☐ **clubs** npl (in cards) paus mpl.

club soda n Am soda f.

clue [klu:] n pista f; **I don't have a ~** não faço a mínima idéia.

clumsy ['klʌmzɪ] adj (person) desajeitado(da).

clutch [klʌtʃ] n embreagem f. ◆ vt apertar.

cm (abbr of centimeter) cm.

c/o (abbr of care of) a/c.

Co. (abbr of company) Cia.

coach [kəʊtʃ] n SPORT treinador m, -ra f.

coal [kəʊl] n carvão m.

coal mine n mina f de carvão.

coarse [kɔ:s] adj (rough) áspero(ra); (vulgar) ordinário(ria).

coast [kəʊst] n costa f.

coastguard ['kəʊstgɑ:d] n (person) guarda m costeiro; (organization) guarda f costeira.

coastline ['kəʊstlaɪn] n litoral m.

coat [kəʊt] n (garment) casaco m; (of animal) pêlo m. ◆ vt: **to ~ sthg (with)** cobrir algo (com).

coat hanger n cabide m.

coating ['kəʊtɪŋ] n (on surface) revestimento m; (on food) camada f; **with a ~ of breadcrumbs** à milanesa.

cobbles ['kɒblz] npl pedras fpl (para calçamento).

cobweb ['kɒbweb] n teia f de aranha.

Coca-Cola® [ˌkəʊkə'kəʊlə] n Coca-Cola® f.

cocaine [kəʊ'keɪn] n cocaína f.

cock [kɒk] n (rooster) galo m.

cockerel ['kɒkrəl] n galo m jovem.

cockpit ['kɒkpɪt] n cabine f.

cockroach ['kɒkrəʊtʃ] n barata f.

cocktail ['kɒkteɪl] n coquetel m.

cocktail party n coquetel m (festa).

cocoa ['kəʊkəʊ] n cacau m.

coconut ['kəʊkənʌt] n coco m.

cod [kɒd] n bacalhau m.

code [kəʊd] n (system) código m; (dialling code) indicativo m.

coed ['kəʊ'ed] adj SCH misto(ta).

coeducational [ˌkəʊedju:'keɪʃənl] adj misto(ta).

coffee ['kɒfɪ] n café m; **black ~** café preto; **ground/instant ~** café moído/instantâneo.

coffee bar n lanchonete f.

coffeepot ['kɒfɪpɒt] n bule m para o café.

coffee shop n (in stores, airports) cafeteria f.

coffee table n mesinha f de centro.

coffin ['kɒfɪn] n caixão m.

coil [kɔɪl] n (of rope) rolo m. ◆ vt enrolar.

coin [kɔɪn] n moeda f.

coincide [,kəʊɪn'saɪd] vi: to ~ (with) coincidir (com).

coincidence [kəʊ'ɪnsɪdəns] n coincidência f.

Coke® [kəʊk] n Coca-Cola® f.

colander ['kʌləndər] n coador m.

cold [kəʊld] adj frio (fria). ◆ n (illness) resfriado m; (low temperature) frio m; to get ~ arrefecer; to catch (a) ~ resfriar-se.

cold cuts npl Am frios mpl.

coleslaw ['kəʊlslɔ:] n salada de repolho com maionese.

colic ['kɒlɪk] n cólica f.

collaborate [kə'læbəreɪt] vi colaborar.

collapse [kə'læps] vi (building, tent) cair; (from exhaustion, illness) ter um colapso.

collar ['kɒlər] n (of coat, blouse) gola f; (of shirt) colarinho m; (of dog, cat) coleira f.

collarbone ['kɒlərbəʊn] n clavícula f.

colleague ['kɒli:g] n colega mf.

collect [kə'lekt] vt (gather) colher; (as a hobby) colecionar; (money) cobrar. ◆ vi (dust, leaves) acumular-se; (crowd) juntar-se. ◆ adv Am: **to call (sb)** ~ fazer uma chamada a cobrar (para o destinatário).

collection [kə'lekʃn] n coleção

f; (of money) cobrança f; (of mail) coleta f.

collector [kə'lektər] n (as a hobby) colecionador m, -ra f.

college ['kɒlɪdʒ] n Am (university) universidade f; Brit (of university) organismo independente, formado por estudantes e professores, em que se dividem certas universidades britânicas.

collide [kə'laɪd] vi: to ~ (with) chocar (com).

collision [kə'lɪʒn] n colisão f.

cologne [kə'ləʊn] n água-de-colônia f.

colon ['kəʊlən] n GRAMM dois pontos mpl.

colonel ['kɜ:rnl] n coronel m.

colony ['kɒlənɪ] n colônia f.

color ['kʌlər] n Am cor f. ◆ adj (photograph, film) em cores. ◆ vt (hair) pintar; (food) colorir. ❑ **color in** vt sep colorir.

color-blind adj daltônico (ca).

colorful ['kʌlərful] adj (picture, garden, scenery) colorido(da); (fig: person, place) animado(da).

coloring ['kʌlərɪŋ] n (of food) corante m; (complexion) tez f.

colour ['kʌlə] Brit = color.

column ['kɒləm] n coluna f.

coma ['kəʊmə] n coma m ou f.

comb [kəʊm] n pente m. ◆ vt: to ~ one's hair pentear o cabelo.

combination [,kɒmbɪ'neɪʃn] n combinação f.

combine [kəm'baɪn] vt: to ~ sthg (with) combinar algo (com).

come [kʌm] (*pt* **came**, *pp* **come**) *vi*-**1.** *(move)* vir; **we came by taxi** nós viemos de táxi; ~ **and see!** venha ver!; ~ **here!** venha cá!
-**2.** *(arrive)* chegar; **to** ~ **home** voltar para casa; **they still haven't** ~ eles ainda não chegaram; **'coming soon'** 'brevemente'.
-**3.** *(in order)* vir; **to** ~ **first/last** *(in sequence)* vir primeiro/no fim; *(in competition)* chegar primeiro/em último (lugar).
-**4.** *(reach)* **to** ~ **up/down to** chegar a.
-**5.** *(become)* **to** ~ **loose/un-done** desapertar-se; **to** ~ **true** realizar-se.
-**6.** *(be sold)* vir; **they** ~ **in packs of six** vêm em pacotes de seis.
◆ **come across** *vt fus* encontrar.
◆ **come along** *vi (progress)* desenvolver-se; *(arrive)* aparecer; ~ **along!** *(as encouragement)* anda!; *(hurry up)* anda logo!
◆ **come apart** *vi* desfazer-se.
◆ **come around** *vi (regain consciousness)* voltar a si; **why don't you** ~ **around tomorrow?** por que você não passa aqui amanhã?
◆ **come back** *vi* regressar.
◆ **come down** *vi (price)* baixar.
◆ **come down with** *vt fus (illness)* apanhar.
◆ **come from** *vt fus* vir de.
◆ **come in** *vi (enter)* entrar; *(arrive)* chegar; *(tide)* subir; ~ **in!** entre!
◆ **come off** *vi (button, top)* cair; *(succeed)* resultar.

◆ **come on** *vi (progress)* progredir; ~ **on!** vamos lá!
◆ **come out** *vi* sair; *(sun, moon)* aparecer.
◆ **come over** *vi (visit):* **I'll** ~ **over tonight** passo por aí hoje à noite.
◆ **come to** *vt fus (subj: check)* ser ao todo.
◆ **come up** *vi (go upstairs)* subir; *(be mentioned, happen)* surgir; *(sun, moon)* aparecer.
◆ **come up with** *vt fus (idea)* arranjar.

comedian [kə'miːdjən] *n* cômico *m*, -ca *f*.

comedy ['kɒmədi] *n (TV program, movie, play)* comédia *f*; *(humor)* humor *m*.

comfort ['kʌmfərt] *n* conforto *m*; *(consolation)* consolo *m*. ◆ *vt* consolar.

comfortable ['kʌmftəbl] *adj* confortável; *(fig: confident)* à vontade; *(financially)* bem de vida; **to be** ~ *(after operation)* estar bem.

comforter ['kʌmfərtər] *n Am* edredom *m*.

comic ['kɒmɪk] *adj* cômico(ca). ◆ *n (person)* cômico *m*, -ca *f*; **the** ~**s** quadrinhos *mpl*.

comical ['kɒmɪkl] *adj* cômico (ca).

comic book *n* revistinha *f (de história em quadrinhos)*.

comma ['kɒmə] *n* vírgula *f*.

command [kə'mænd] *n (order)* ordem *f*; *(mastery)* domínio *m*. ◆ *vt (order)* ordenar; *(be in charge of)* comandar.

commander [kə'mændr] *n* comandante *m*.

commemorate [kə'meməreɪt] *vt* comemorar.

commence [kə'mens] *vi fml* começar.

comment ['kɒment] *n* comentário *m*. ◆ *vi* comentar.

commentary ['kɒmənterɪ] *n (of event)* relato *m*; *(of football, baseball game)* comentário *m*.

commentator ['kɒmənteɪtər] *n (on TV, radio)* comentarista *mf*.

commerce ['kɒmɜːrs] *n* comércio *m*.

commercial [kə'mɜːrʃl] *adj* comercial. ◆ *n* anúncio *m (em televisão, rádio)*.

commission [kə'mɪʃn] *n* comissão *f*.

commit [kə'mɪt] *vt (crime, sin)* cometer; **to ~ o.s. (to sthg)** comprometer-se (a algo); **to ~ suicide** suicidar-se.

committee [kə'mɪtɪ] *n* comitê *m*, comissão *f*.

commodity [kə'mɒdətɪ] *n* produto *m*.

common ['kɒmən] *adj* comum; *(pej: vulgar)* vulgar; **in ~** em comum.

commonly ['kɒmənlɪ] *adv (generally)* geralmente.

common sense *n* senso *m* comum.

communal [kə'mjuːnl] *adj (bathroom, kitchen)* comum.

communicate [kə'mjuːnɪkeɪt] *vi:* **to ~ (with)** comunicar (com).

communication [kə,mjuːnɪ'keɪʃn] *n* comunicação *f*.

communist ['kɒmjunəst] *n* comunista *mf*.

community [kə'mjuːnətɪ] *n* comunidade *f*.

community center *n* centro *m* social.

commute [kə'mjuːt] *vi viajar diariamente para o trabalho.*

commuter [kə'mjuːtər] *n pessoa que viaja de casa para o trabalho.*

compact [*adj* kəm'pækt, *n* 'kɒmpækt] *adj* compacto(ta). ◆ *n (for make-up)* caixa *f* de pó-de-arroz; *Am (car)* carro *m* pequeno.

compact disc [,kɒmpækt-] *n* CD *m*, disco *m* compacto.

compact disc player *n* leitor *m* de CDs.

company ['kʌmpənɪ] *n* companhia *f*; **to keep sb ~** fazer companhia a alguém.

comparatively [kəm'pærətɪvlɪ] *adv* comparativamente.

compare [kəm'peər] *vt:* **to ~ sthg (with)** comparar algo (com); **~d with** comparado com.

comparison [kəm'perɪsn] *n* comparação *f*; **in ~ with** em comparação com.

compartment [kəm'pɑːrtmənt] *n* compartimento *m*.

compass ['kʌmpəs] *n (magnetic)* bússola *f*; **a pair of ~es** um compasso.

compatible [kəm'pætəbl] *adj* compatível.

compensate ['kɒmpenseɪt] *vt* compensar. ◆ *vi:* **to ~ (for sthg)** compensar (algo); **to ~ sb for sthg** compensar alguém por algo.

compensation [ˌkɒmpen-'seɪʃn] *n* compensação *f*.

compete [kəm'pi:t] *vi (take part)* participar; **to ~ with sb for sthg** competir com alguém por algo.

competent ['kɒmpɪtənt] *adj* competente.

competition [ˌkɒmpɪ'tɪʃn] *n* competição *f*; **the ~** *(rivals)* a concorrência.

competitive [kəm'petətɪv] *adj* competitivo(va).

competitor [kəm'petɪtər] *n (in race, contest)* participante *mf*; COMM *(in game, show)* concorrente *mf*.

complain [kəm'pleɪn] *vi:* **to ~ (about)** queixar-se (de).

complaint [kəm'pleɪnt] *n (statement)* queixa *f*; *(illness)* problema *m*.

complement ['kɒmplə,ment] *vt* complementar.

complete [kəm'pli:t] *adj* completo(ta); *(finished)* concluído (da). ◆ *vt (finish)* concluir; *(a form)* preencher; *(make whole)* completar; **~ with** completo com.

completely [kəm'pli:tlɪ] *adv* completamente.

complex ['kɒmpleks] *adj* complexo(xa). ◆ *n* complexo *m*.

complexion [kəm'plekʃn] *n (of skin)* cor *f*, aspecto *m*.

complicated ['kɒmplɪkeɪtəd] *adj* complicado(da).

compliment [*n* 'kɒmpləmənt, *vb* ,kɒmplə'ment] *n* elogio *m*. ◆ *vt* elogiar.

complimentary [ˌkɒmplə-'mentərɪ] *adj (seat, ticket)* gratuito(ta); *(words, person)* lisonjeiro(ra).

compose [kəm'pəʊz] *vt (music)* compor; *(letter, poem)* escrever; **to be ~d of** ser composto de.

composed [kəm'pəʊzd] *adj* calmo(ma).

composer [kəm'pəʊzər] *n* compositor *m*, -ra *f*.

composition [ˌkɒmpə'zɪʃn] *n* composição *f*.

compound ['kɒmpaʊnd] *n (substance)* composto *m*; *(word)* palavra *f* composta.

comprehend [ˌkɒmprɪ'hend] *vi, vt* compreender, abranger.

comprehensive [ˌkɒmprɪ-'hensɪv] *adj* completo(ta).

comprise [kəm'praɪz] *vt* ser constituído(da) por.

compromise ['kɒmprəmaɪz] *n* compromisso *m*.

compulsory [kəm'pʌlsərɪ] *adj* obrigatório(ria).

computer [kəm'pju:tər] *n* computador *m*.

computerized [kəm'pju:-təraɪzd] *adj* computadorizado (da).

computer-literate *adj* entendido(da) em computador.

computer operator *n* operador *m*, -ra *f* de computador.

computer programmer [-'prəʊgræmər] n programador m, -ra f de computador.

computing [kəm'pju:tɪŋ] n informática f.

con [kɒn] n inf (trick) truque m; **all mod ~s** com todas as comodidades.

conceal [kən'si:l] vt esconder.

conceited [kən'si:tɪd] adj pej convencido(da).

concentrate ['kɒnsntreɪt] vi concentrar-se. ◆ vt: **to be ~ed** (in one place) estar concentrado; **to ~ on sthg** concentrar-se em algo.

concentrated ['kɒnsntreɪtəd] adj concentrado(da).

concentration [,kɒnsn'treɪʃn] n concentração f.

concern [kən'sɜ:rn] n (worry) preocupação f; (matter of interest) assunto m; COMM negócio m. ◆ vt (be about) ser sobre; (worry) preocupar; (involve) dizer respeito a; **to be ~ed about** estar preocupado com; **to be ~ed with** tratar de; **to ~ o.s. with sthg** preocupar-se com algo; **as far as I'm ~ed** no que me diz respeito.

concerned [kən'sɜ:rnd] adj (worried) preocupado(da).

concerning [kən'sɜ:rnɪŋ] prep acerca de.

concert ['kɒnsərt] n concerto m.

concession [kən'seʃn] n (reduced price) desconto m.

concise [kən'saɪs] adj conciso (sa).

conclude [kən'klu:d] vt concluir. ◆ vi (fml: end) terminar.

conclusion [kən'klu:ʒn] n (decision) conclusão f; (end) fim m.

concrete ['kɒŋkri:t] adj (building, path) de concreto; (idea, plan) concreto(ta). ◆ n concreto m.

concussion [kən'kʌʃn] n traumatismo m craniano.

condensation [,kɒnden'seɪʃn] n condensação f.

condition [kən'dɪʃn] n (state) estado m; (proviso) condição f; **a heart/liver ~** problemas de coração/fígado; **to be out of ~** não estar em forma; **on ~ that** com a condição de. ❏ **conditions** npl (circumstances) condições fpl.

conditioner [kən'dɪʃnər] n condicionador m.

condo ['kɒndəʊ] Am inf = **condominium**.

condolence [kən'dəʊləns] n condolências fpl; **send/offer ~s** enviar/apresentar os pêsames.

condom ['kɒndəm] n preservativo m.

condominium [,kɒndə'mɪnjəm] n Am condomínio m.

conduct [vb kən'dʌkt, n 'kɒndʌkt] vt (investigation, business) levar a cabo; MUS reger. ◆ vt (fml: behavior) conduta f; **to ~ o.s.** fml comportar-se.

conductor [kən'dʌktər] n MUS maestro m; (on bus) cobrador m, -ra f; Am (on train) revisor m, -ra f.

cone [kəʊn] n cone m; (for ice cream) casquinha f.

confectioner's sugar [kən-'fekʃnərz-] n Am açúcar m de confeiteiro.

confectionery [kən'fekʃənəri] n confeitaria f.

conference ['kɒnfrəns] n conferência f.

confess [kən'fes] vi: to ~ (to sthg) confessar (algo).

confession [kən'feʃn] n confissão f.

confidence ['kɒnfidəns] n confiança f; **to have** ~ **in** ter confiança em.

confident ['kɒnfidənt] adj (self-assured) seguro(ra) de si; (certain) seguro(ra).

confined [kən'faind] adj restrito(ta).

confirm [kən'fɜːrm] vt confirmar.

confirmation [,kɒnfər'meiʃn] n confirmação f; RELIG crisma m.

conflict ['kɒnflikt] n conflito m. ◆ vi: **to** ~ **(with sthg)** estar em desacordo (com algo).

conform [kən'fɔːrm] vi: **to** ~ **(to)** obedecer (a).

confuse [kən'fjuːz] vt confundir; **to** ~ **sthg with sthg** confundir algo com algo.

confused [kən'fjuːzd] adj confuso(sa).

confusing [kən'fjuːziŋ] adj confuso(sa).

confusion [kən'fjuːʒn] n confusão f.

congested [kən'dʒestəd] adj (street) congestionado(da); (nose, chest) entupido.

congestion [kən'dʒestʃn] n (traffic) congestionamento m.

congratulate [kən'grætʃəleit] vt: **to** ~ **sb (on sthg)** felicitar alguém (por algo).

congratulations [kən,grætʃə'leiʃənz] excl parabéns!

congregate ['kɒŋgrigeit] vi juntar-se.

Congress ['kɒŋgres] n Am Congresso m.

congressman ['kɒŋgresmən] n deputado m.

congresswoman ['kɒŋgres-womən] n deputada f.

conifer ['kɒnifər] n conífera f.

conjugation [,kɒndʒʊ'geiʃn] n GRAMM conjugação f.

conjurer ['kʌndʒərər] n prestidigitador m, -ra f.

connect [kə'nekt] vt ligar. ◆ vi: **to** ~ **with** (train, plane) fazer conexão com; **to** ~ **sthg with sthg** (associate) ligar algo com algo.

connection [kə'nekʃn] n ligação f; **a bad** ~ (on phone) uma ligação ruim; **a loose** ~ (in machine) um fio solto; **in** ~ **with** em relação a.

conquer ['kɒŋkər] vt conquistar.

conscience ['kɒnʃns] n consciência f.

conscientious [,kɒnʃi'enʃəs] adj consciencioso(osa).

conscious ['kɒnʃəs] adj (awake) consciente; (deliberate) deliberado(da); **to be** ~ **of** estar consciente de.

consent [kən'sent] n consentimento m.

consequence [ˈkɒnsɪkwəns] n
(result) conseqüência f.

consequently [ˈkɒnsɪkwəntlɪ]
adv conseqüentemente.

conservation [ˌkɒnsərˈveɪʃn]
n conservação f.

conservative [kənˈsɜːrvətɪv]
adj conservador(ra).

conservatory [kənˈsɜːrvətɔːrɪ]
n jardim-de-inverno m.

consider [kənˈsɪdər] vt considerar; **to ~ doing sthg** pensar
em fazer algo.

considerable [kənˈsɪdrəbl] adj
considerável.

consideration [kənˌsɪdə-
ˈreɪʃn] n consideração f; **to take
sthg into ~** ter algo em consideração.

considering [kənˈsɪdərɪŋ] prep
tendo em conta.

consist [kənˈsɪst]: **consist in** vt
fus consistir em. ❑ **consist of**
vt fus consistir em.

consistent [kənˈsɪstənt] adj
consistente.

consolation [ˌkɒnsəˈleɪʃn] n
consolação f.

console [ˈkɒnsəʊl] n console m.

consonant [ˈkɒnsənənt] n consoante f.

conspicuous [kənˈspɪkjʊəs]
adj visível.

constant [ˈkɒnstənt] adj constante.

constantly [ˈkɒnstəntlɪ] adv
constantemente.

constipated [ˈkɒnstɪpeɪtɪd]
adj: **to be ~** ter prisão de ven-
-tre.

constitution [ˌkɒnstɪˈtjuːʃn] n
(set of laws) constituição f;
(health) constituição f física.

construct [kənˈstrʌkt] vt construir.

construction [kənˈstrʌkʃn] n
construção f; **under ~** em construção.

consul [ˈkɒnsl] n cônsul m.

consulate [ˈkɒnsjʊlət] n consulado m.

consult [kənˈsʌlt] vt consultar.

consultant [kənˈsʌltənt] n MED
especialista mf; (expert) consul-
tor m, -ra f.

consume [kənˈsuːm] vt consumir.

consumer [kənˈsuːmər] n consumidor m, -ra f.

contact [ˈkɒntækt] n contato
m. ◆ vt contatar; **in ~ with** em
contato com.

contact lens n lente f de contato.

contagious [kənˈteɪdʒəs] adj
contagioso(osa).

contain [kənˈteɪn] vt conter.

container [kənˈteɪnər] n (bowl
etc.) recipiente m; (for cargo) container m.

contaminate [kənˈtæmɪneɪt]
vt contaminar.

contemporary [kənˈtem-
pərərɪ] adj contemporâneo(nea).
◆ n contemporâneo m, -nea f.

contend [kənˈtend]: **contend
with** vt fus enfrentar.

content [adj kənˈtent, n ˈkɒn-
tent] adj satisfeito(ta). ◆ n (of vi-
tamins, fiber) quantidade f; (of

alcohol, fat) teor *m*. □ **contents** *npl (things inside)* conteúdo *m*; *(at beginning of book)* índice *m*.

contest [*n* 'kɒntest, *vb* kən'test] *n (competition)* concurso *m*; *(struggle)* luta *f*. ◆ *vt (election, seat)* candidatar-se a; *(decision, will)* contestar.

context ['kɒntekst] *n* contexto *m*.

continent ['kɒntɪnənt] *n* continente *m*.

continual [kən'tɪnjʊəl] *adj* contínuo(nua).

continually [kən'tɪnjʊəlɪ] *adv* continuamente.

continue [kən'tɪnjuː] *vt & vi* continuar; **to ~ doing sthg** continuar a fazer algo; **to ~ with sthg** continuar com algo.

continuous [kən'tɪnjʊəs] *adj* contínuo(nua).

continuously [kən'tɪnjʊəslɪ] *adv* continuamente.

contraception [,kɒntrə-'sepʃn] *n* contracepção *f*.

contraceptive [,kɒntrə'septɪv] *n* anticoncepcional *m*.

contract [*n* 'kɒntrækt, *vb* kən'trækt] *n* contrato *m*. ◆ *vt (fml: illness)* contrair.

contractor [kən'træktər] *n* empreiteiro *m*, -ra *f*.

contradict [,kɒntrə'dɪkt] *vt* contradizer.

contrary ['kɒntrərɪ] *n*: **on the ~** pelo contrário.

contrast [*n* 'kɒntrɑːst, *vb* kən'trɑːst] *n* contraste *m*. ◆ *vt* contrastar; **in ~ to** ao contrário de.

contribute [kən'trɪbjət] *vt (help, money)* contribuir com. ◆ *vi*: **to ~ to** contribuir para.

contribution [,kɒntrɪ'bjuːʃn] *n* contribuição *f*.

control [kən'trəʊl] *n* controle *m*. ◆ *vt* controlar; **to be in ~** controlar a situação; **out of ~** fora de controle; **under ~** sob controle. □ **controls** *npl (of TV, video)* controle *m*, telecomando *m*; *(of plane)* comandos *mpl*.

controversial [,kɒntrə'vɜːʃl] *adj* controverso(sa).

convenience [kən'viːnjəns] *n* conveniência *f*; **at your ~** quando (lhe) for possível.

convenient [kən'viːnjənt] *adj* conveniente.

convent ['kɒnvənt] *n* convento *m*.

conventional [kən'venʃənl] *adj* convencional.

conversation [,kɒnvər'seɪʃn] *n* conversa *f*.

conversion [kən'vɜːʃn] *n* conversão *f*.

convert [kən'vɜːrt] *vt* converter; **to ~ sthg into** converter algo em.

converted [kən'vɜːrtəd] *adj (barn, loft)* convertido(da).

convertible [kən'vɜːrtəbl] *n* conversível *m*.

convey [kən'veɪ] *vt (fml: transportation)* transportar; *(idea, impression)* transmitir.

convict [*n* 'kɒnvɪkt, *vb* kən'vɪkt] *n* preso *m*, -sa *f*. ◆ *vt*: **to ~ sb (of)** condenar alguém (por).

convince [kən'vɪns] *vt*: to ~ sb (of sthg) convencer alguém (de algo); to ~ sb to do sthg convencer alguém a fazer algo.

convoy ['kɒnvɔɪ] *n* comboio *m*.

cook [kʊk] *n* cozinheiro *m*, -ra *f*. ◆ *vt* (meal) preparar; (food) cozinhar. ◆ *vi* (person) cozinhar; (food) cozer.

cookbook ['kʊk,bʊk] *livro m* de culinária OR cozinha.

cookery ['kʊkərɪ] *n* culinária *f*.

cookie ['kʊkɪ] *n Am* biscoito *m*.

cooking ['kʊkɪŋ] *n* (activity) culinária *f*; (food) cozinha *f*.

cool [kuːl] *adj* (temperature) fresco(ca); (calm) calmo(ma); (unfriendly) frio (fria); *inf* (great) genial. ◆ *vt* arrefecer. ❏ **cool down** *vi* (become colder) arrefecer; (become calmer) acalmar-se.

cooperate [kəʊ'ɒpəreɪt] *vi* cooperar.

cooperation [kəʊ,ɒpə'reɪʃn] *n* cooperação *f*.

cooperative [kəʊ'ɒpərətɪv] *adj* (helpful) cooperante.

coordinates [kəʊ'ɔːdɪnəts] *npl* (clothes) conjuntos *mpl*.

copper ['kɒpər] *n* cobre *m*.

copy ['kɒpɪ] *n* cópia *f*; (of newspaper, book) exemplar *m*. ◆ *vt* copiar.

cord(uroy) ['kɔːd(ərɔɪ)] *n* veludo *m* cotelê.

core [kɔːr] *n* (of fruit) caroço *m*.

cork [kɔːk] *n* (in bottle) rolha *f*.

corkscrew ['kɔːkskruː] *n* saca-rolhas *m inv*.

corn [kɔːn] *n Am* (maize) milho *m*; (on foot) calo *m*.

corner ['kɔːnər] *n* canto *m*; **it's just around the** ~ fica logo ali.

corn on the cob *n* espiga de milho cozida.

corporal ['kɔːprəl] *n* cabo *m*.

corpse [kɔːps] *n* cadáver *m*.

correct [kə'rekt] *adj* correto (ta). ◆ *vt* corrigir.

correction [kə'rekʃn] *n* correção *f*.

correspond [,kɒrə'spɒnd] *vi*: to ~ (to) (match) corresponder (a); to ~ (with) (exchange letters) corresponder-se (com).

corresponding [,kɒrə'spɒndɪŋ] *adj* correspondente.

corridor ['kɒrɪdɔːr] *n* corredor *m*.

corrugated iron ['kɒrəgeɪtɪd-] *n* ferro *m* corrugado.

corrupt [kə'rʌpt] *adj* corrupto(ta).

cosmetics [kɒz'metɪks] *npl* cosméticos *mpl*.

cost [kɒst] (*pt* & *pp* cost) *n* custo *m*. ◆ *vt* custar; **how much does it** ~? quanto custa?

costly ['kɒstlɪ] *adj* (expensive) caro(ra).

costume ['kɒstuːm] *n* (of actor) roupa *f*; (of country, region) traje *m*.

cot [kɒt] *n Am* cama *f* de campismo.

cottage ['kɒtɪdʒ] *n* casa *f* de campo.

cottage cheese *n* ricota *f*.

cotton ['kɒtn] *adj* (dress, shirt) de algodão. ◆ *n* (cloth) algodão *m*.

cotton ball *n* pedaço de algodão *m* (hidrófilo).

couch [kautʃ] *n (sofa)* sofá *m*; *(in doctor's office)* cama *f*.

cough [kɒf] *n* tosse *f*. ♦ *vi* tossir; **to have a ~** estar com tosse.

could [kʊd] *pt* → **can**.

couldn't ['kʊdnt] = could not.

could've ['kʊdəv] = could have.

council ['kaunsl] *n (organization)* conselho *m*.

councilor ['kaunslər] *n (of city)* ≃ vereador *m*, -ra *f*.

count [kaunt] *vt & vi* contar. ♦ *n (nobleman)* conde *m*. ❑ **count on** *vt fus* contar com.

counter ['kauntər] *n (in store, bank)* balcão *m*; *(in board game)* ficha *f*.

countess ['kauntəs] *n* condessa *f*.

country ['kʌntri] *n* país *m*; *(countryside)* campo *m*. ♦ *adj* do campo.

countryside ['kʌntrɪsaɪd] *n* campo *m*.

county ['kaunti] *n* condado *m*; *(in US)* divisão administrativa de um estado, nos EUA.

couple ['kʌpl] *n* casal *m*; **a ~ (of) (two)** dois (duas); *(a few)* dois ou três (duas ou três).

coupon ['ku:pɒn] *n* cupom *m*.

courage ['kʌrɪdʒ] *n* coragem *f*.

courier ['kɒrɪər] *n (for delivering letters, packages)* mensageiro *m*, -ra *f*.

course [kɔːrs] *n* curso *m*; *(of meal)* prato *m*; *(of treatment, injec-*

tions) tratamento *m*; *(of ship, plane)* rota *f*; *(for golf)* campo *m*; **of ~ (certainly)** com certeza, claro; *(evidently)* claro; **of ~ not** claro que não; **in the ~ of** no decurso de.

court [kɔːrt] *n* JUR *(building, room)* tribunal *m*; SPORT quadra *f*; *(of king, queen)* corte *f*.

courteous ['kɜːrtjəs] *adj* cortês.

courtyard ['kɔːrtjɑːrd] *n* pátio *m*.

cousin ['kʌzn] *n* primo *m*, -ma *f*.

cover ['kʌvər] *n* cobertura *f*; *(lid)* tampa *f*; *(of book, magazine)* capa *f*; *(blanket)* coberta *f*. ♦ *vt* cobrir; *(travel)* percorrer; *(apply to)* abranger; **to take ~** abrigar-se; **to be ~ed in** estar coberto de; **to ~ sthg with sthg** cobrir algo com algo. ❑ **cover up** *vt sep (put cover on)* cobrir; *(facts, truth)* encobrir.

cow [kau] *n (animal)* vaca *f*.

coward ['kauərd] *n* covarde *mf*.

cowboy ['kaubɔɪ] *n* vaqueiro *m*.

cozy ['kəuzɪ] *adj* Am *(room, house)* aconchegante.

crab [kræb] *n* caranguejo *m*.

crack [kræk] *n (in cup, glass, wood)* rachadura *f*; *(gap)* fenda *f*. ♦ *vt (cup, glass, wood)* rachar; *(nut, egg)* partir; *inf (joke)* contar; *(whip)* estalar. ♦ *vi* rachar.

cracker ['krækər] *n (biscuit)* bolacha *f* de água e sal.

cradle ['kreɪdl] *n* berço *m*.

craft [kræft] *n (skill, trade)* ofício *m*; *(boat: pl inv)* embarcação *f*.

craftsman ['kræftsmən] (*pl* -men [-mən]) *n* artesão *m*.

cram [kræm] *vt*: **to ~ sthg into** enfiar algo em; **to be ~med with** estar abarrotado de.

cramp [kræmp] *n* cãibra *f*; **(menstrual)** ~s cólicas *fpl* menstruais.

cranberry ['krænberɪ] *n* arando *m*.

crane [kreɪn] *n* (*machine*) guindaste *m*.

crash [kræʃ] *n* (*accident*) colisão *f*; (*noise*) estrondo *m*. ◆ *vt* (*car*) bater com. ◆ *vi* (*car, plane, train*) colidir. ❑ **crash into** *vt fus* (*wall*) bater contra.

crash helmet *n* capacete *m* (de proteção).

crash landing *n* aterrissagem *f* forçada.

crate [kreɪt] *n* (*fruit*) caixote *m*; (*bottles*) engradado *m*.

crawl [krɔːl] *vi* (*baby, person*) engatinhar; (*insect*) rastejar; (*traffic*) arrastar-se. ◆ *n* (*swimming stroke*) crawl *m* (*nado*).

crayfish ['kreɪfɪʃ] (*pl inv*) *n* pitu *m*.

crayon ['kreɪɒn] *n* lápis *m* de cera.

craze [kreɪz] *n* moda *f*.

crazy ['kreɪzɪ] *adj* maluco(ca), louco(ca); **to be ~ about sthg** ser louco por algo.

cream [kriːm] *n* (*food*) creme *m*; (*for face*) creme *m*; (*for burns*) pomada *f*. ◆ *adj* (*in color*) creme (*inv*).

cream cheese *n* queijo *m* cremoso.

creamy ['kriːmɪ] *adj* cremoso(osa).

crease [kriːs] *n* vinco *m*.

create [kriː'eɪt] *vt* (*make*) criar; (*impression*) causar; (*interest*) provocar.

creative [kriː'eɪtɪv] *adj* criativo(va).

creature ['kriːtʃər] *n* criatura *f*.

credit ['kredɪt] *n* (*praise*) mérito *m*; (*money*) crédito *m*; (*at school, university*) cadeira terminada com nota positiva; **to be in ~** estar com saldo positivo. ❑ **credits** *npl* (*of movie*) créditos *mpl*.

credit card *n* cartão *m* de crédito; **to pay by ~** pagar com cartão de crédito; **'all major ~s accepted'** 'aceitam-se os principais cartões de crédito'.

creek [kriːk] *n* (*inlet*) angra *f*; *Am* (*river*) riacho *m*.

creep [kriːp] (*pt & pp* **crept**) *vi* (*crawl*) arrastar-se. ◆ *n inf* (*groveller*) puxa-saco *mf*.

crematorium [ˌkriːmə'tɔːrɪəm] *n* crematório *m*.

crepe [kreɪp] *n* (*thin pancake*) crepe *m*.

crept [krept] *pt & pp* → **creep**.

cress [kres] *n* agrião *m* (*muito pequeno*).

crest [krest] *n* (*of bird, hill*) crista *f*; (*coat of arms*) brasão *m*.

crew [kruː] *n* (*of ship, plane*) tripulação *f*.

cricket ['krɪkət] *n* (*insect*) grilo *m*.

crime [kraɪm] *n* crime *m*.

criminal [ˈkrɪmɪnl] *adj (behavior, offense)* criminoso(osa); *inf (disgraceful)* vergonhoso(osa). ◆ *n* criminoso *m*, -osa *f*.

cripple [ˈkrɪpl] *n* aleijado *m*, -da *f*. ◆ *vt* tornar inválido(da).

crisis [ˈkraɪsəs] *(pl crises* [ˈkraɪsiːz]) *n* crise *f*.

crisp [krɪsp] *adj* crocante.

crispy [ˈkrɪspɪ] *adj* crocante.

critic [ˈkrɪtɪk] *n (reviewer)* crítico *m*, -ca *f*.

critical [ˈkrɪtɪkl] *adj* crítico(ca); *(serious)* grave; *(disparaging)* severo(ra).

criticize [ˈkrɪtɪsaɪz] *vt* criticar.

crockery [ˈkrɒkərɪ] *n* louça *f*.

crocodile [ˈkrɒkədaɪl] *n* crocodilo *m*.

crocus [ˈkrəʊkəs] *(pl -es)* *n* crocus *m inv.*

crooked [ˈkrʊkəd] *adj (bent, twisted)* torto (ta); *(illegal)* ilegal.

crop [krɒp] *n (kind of plant)* cultura *f*; *(harvest)* colheita *f*. ❑ **crop up** *vi* surgir.

cross [krɒs] *adj* zangado(da). ◆ *n* cruz *f*; *(mixture)* cruzamento *m*. ◆ *vt (road, river, ocean)* atravessar; *(arms, legs)* cruzar. ◆ *vi (intersect)* cruzar-se. ❑ **cross out** *vt sep* riscar.

crossbar [ˈkrɒsbaːr] *n* barra *f* transversal.

crossing [ˈkrɒsɪŋ] *n (on road)* faixa *f* para pedestres; *(sea journey)* travessia *f*.

crossroads [ˈkrɒsrəʊdz] *(pl inv)* *n* cruzamento *m*.

crossword (puzzle) [ˈkrɒs-

wɜːrd-] *n* palavras *fpl* cruzadas.

crotch [krɒtʃ] *n* virilha *f*.

crow [krəʊ] *n* corvo *m*.

crowbar [ˈkrəʊbaːr] *n* alavanca *f*, pé-de-cabra *m*.

crowd [kraʊd] *n* multidão *f*; *(at match)* público *m*.

crowded [ˈkraʊdəd] *adj* cheio (cheia) (de gente).

crown [kraʊn] *n* coroa *f*; *(of head)* alto *m* (da cabeça).

crucial [ˈkruːʃl] *adj* crucial.

crude [kruːd] *adj* grosseiro(ra).

cruel [krʊəl] *adj* cruel.

cruelty [ˈkrʊəltɪ] *n* crueldade *f*.

cruise [kruːz] *n* cruzeiro *m*. ◆ *vi (plane)* voar; *(ship)* navegar; *(car)* rodar.

cruiser [ˈkruːzər] *n (pleasure boat)* cruzeiro *m*.

crumb [krʌm] *n* migalha *f*.

crumble [ˈkrʌmbl] *vi (building, cliff)* desmoronar-se; *(cheese)* esmigalhar-se.

crunchy [ˈkrʌntʃɪ] *adj* crocante.

crush [krʌʃ] *n* queda *f*. ◆ *vt* esmagar; *(ice)* partir.

crust [krʌst] *n (of bread)* casca *f*; *(of pie)* crosta *f*.

crusty [ˈkrʌstɪ] *adj* crocante.

crutch [krʌtʃ] *n (stick)* muleta *f*.

cry [kraɪ] *n* grito *m*. ◆ *vi (weep)* chorar; *(shout)* gritar. ❑ **cry out** *vi* gritar.

crystal [ˈkrɪstl] *n* cristal *m*.

cub [kʌb] *n (animal)* cria *f*.

cube [kjuːb] *n* cubo *m*.

cubicle [ˈkjuːbɪkl] *n* cubículo *m*.

Cub (Scout) *n* escoteiro entre os 8 e os 11 anos.

cuckoo ['kʊkuː] n cuco m.
cucumber ['kjuːkʌmbər] n pepino m.
cuddle ['kʌdl] n abraço m.
cue [kjuː] n (in snooker, pool) taco m.
cuff [kʌf] n (of sleeve) punho m; Am (of pants) dobra f.
cuff link n abotoadura f.
cuisine [kwɪˈziːn] n cozinha f.
cul-de-sac ['kʌldəsæk] n beco m sem saída.
cult [kʌlt] n culto m. ◆ adj de culto.
cultivate ['kʌltɪveɪt] vt cultivar.
cultivated ['kʌltɪveɪtɪd] adj (person) culto(ta).
cultural ['kʌltʃrəl] adj cultural.
culture ['kʌltʃər] n cultura f.
cumbersome ['kʌmbərsəm] adj pesado(da), volumoso(sa).
cunning ['kʌnɪŋ] adj esperto (ta).
cup [kʌp] n xícara f; (trophy, competition) taça f; (of bra) taça f.
cupboard ['kʌbərd] n armário m.
curator [ˌkjʊˈreɪtər] n curador m, -ra f.
curb [kɜːrb] n Am meio-fio m.
cure [kjʊər] n (for illness) cura f. ◆ vt curar.
curious ['kjʊərɪəs] adj curioso(osa).
curl [kɜːrl] n (of hair) caracol m. ◆ vt (hair) encaracolar.
curly ['kɜːrlɪ] adj encaracolado(da).
currant ['kɜːrənt] n passa f de corinto.

currency ['kɜːrənsɪ] n (money) moeda f.
current ['kɜːrənt] adj atual. ◆ n corrente f.
currently ['kɜːrəntlɪ] adv atualmente.
curriculum [kəˈrɪkjələm] n currículo m.
curry ['kɜːrɪ] n curry m.
curse [kɜːrs] vi praguejar.
cursor ['kɜːrsər] n cursor m.
curtain ['kɜːrtn] n cortina f.
curve [kɜːrv] n curva f. ◆ vi fazer uma curva.
curved [kɜːrvd] adj curvo(va).
cushion ['kʊʃn] n almofada f.
custard ['kʌstərd] n ambrosia f.
custom ['kʌstəm] n (tradition) costume m; 'thank you for your ~' 'obrigada pela sua visita'.
customary ['kʌstəmerɪ] adj habitual.
customer ['kʌstəmər] n (of store) cliente mf.
customs ['kʌstəmz] n alfândega f; **to go through** ~ passar pela alfândega.
customs duty n impostos mpl alfandegários.
cut [kʌt] (pt & pp **cut**) n corte m. ◆ vt cortar; (reduce) reduzir, cortar em. ◆ vi (knife, scissors) cortar; ~ **and blow-dry** corte e escova; **to** ~ **o.s.** cortar-se; **to** ~ **sthg open** abrir algo. ❑ **cut back** vi: **to** ~ **back on sthg** cortar em algo. ❑ **cut down** vt sep (tree) abater. ❑ **cut down on** vt

fus cortar em. ❑ **cut off** *vt sep*
cortar; **I've been ~ off** *(on
phone)* a ligação caiu; **to be ~
off** *(isolated)* estar isolado. ❑ **cut
out** ◆ *vt sep (newspaper article,
photo)* recortar. ◆ *vi (engine)* morrer; **to ~ out fatty foods** cortar
as gorduras; **~ it out!** *inf* pare
com isso! ❑ **cut up** *vt sep* cortar.

cute [kju:t] *adj* bonitinho(nha).

cutlery ['kʌtlərɪ] *n* talheres
mpl.

cutlet ['kʌtlɪt] *n (of meat)* costeleta *f.*

cutting ['kʌtɪŋ] *n (from newspaper)* recorte *m.*

cycle ['saɪkl] *n (bicycle)* bicicleta
f; (series) ciclo *m.* ◆ *vi* andar de
bicicleta.

cycling ['saɪklɪŋ] *n* ciclismo *m*;
to go ~ ir andar de bicicleta.

cyclist ['saɪklɪst] *n* ciclista *mf.*

cylinder ['sɪlɪndər] *n (container)*
bujão *m; (in engine)* cilindro *m.*

cynical ['sɪnɪkl] *adj* cínico(ca).

D

dab [dæb] *vt (ointment, cream)*
aplicar de leve.

dad [dæd] *n inf* papai *m.*

daddy ['dædɪ] *n inf* papai *m.*

daffodil ['dæfədɪl] *n* narciso *m.*

daily ['deɪlɪ] *adj* diário(ria).
◆ *adv* diariamente.

dairy ['deərɪ] *n (on farm)* laticínios *mpl; (store)* leiteria *f.*

dairy product *n* laticínio *m.*

daisy ['deɪzɪ] *n* margarida *f.*

dam [dæm] *n* represa *f.*

damage ['dæmɪdʒ] *n* dano *m.*
◆ *vt (house, car)* danificar; *(back,
leg)* machucar; *(fig: reputation,
chances)* arruinar.

damn [dæm] *excl inf* droga!
◆ *adj inf* maldito(ta); **I don't give
a ~** não estou nem aí.

damp [dæmp] *adj* úmido(da).
◆ *n* umidade *f.*

dance [dæns] *n* dança *f; (social
event)* baile *m.* ◆ *vi* dançar; **to go
dancing** ir dançar.

dancer ['dænsər] *n* bailarino *m,*
-na *f*, dançarino *m,* -na *f.*

dandelion ['dændəlaɪən] *n*
dente-de-leão *m.*

dandruff ['dændrʌf] *n* caspa
f.

danger ['deɪndʒər] *n* perigo *m*;
in ~ em perigo.

dangerous ['deɪndʒərəs] *adj*
perigoso(osa).

dare [deər] *vt:* **to ~ to do sthg**
ousar fazer algo, atrever-se a fazer algo; **to ~ sb to do sthg** desafiar alguém a fazer algo; **how
~ you!** como se atreve!

daring ['deərɪŋ] *adj* ousado
(da).

dark [dɑ:rk] *adj* escuro(ra);
(person, skin) moreno(na).* ◆ *n:*
after ~ depois do anoitecer;
the ~ o escuro.

dark glasses *npl* óculos *mpl*
escuros.

darkness ['dɑːrknəs] n escuridão f.

darling ['dɑːrlɪŋ] n (term of affection) querido m, -a f.

dart [dɑːrt] n dardo m. ❑ **darts** n (game) dardos mpl.

dartboard ['dɑːrtbɔːrd] n alvo m (para dardos).

dash [dæʃ] n (of liquid) gota f; (in writing) hífen m; inf painel m. ◆ vi precipitar-se.

dashboard ['dæʃbɔːrd] n painel m.

data ['deɪtə] n dados mpl, informações fpl.

database ['deɪtəbeɪs] n banco m de dados.

date [deɪt] n (day) data f; (meeting) encontro m, compromisso m; Am (person) namorado m, -da f; (fruit) tâmara f. ◆ vt (check, letter) datar; (person) sair com. ◆ vi (become unfashionable) cair de moda; **what's the ~?** que dia é hoje?; **to have a ~ with sb** ter um encontro OR compromisso com alguém.

date of birth n data f de nascimento.

daughter ['dɔːtər] n filha f.

daughter-in-law n nora f.

dawn [dɔːn] n amanhecer m, madrugada f.

day [deɪ] n dia m; **what ~ is it today?** que dia é hoje?; **what a lovely ~!** que lindo dia!; **to have a ~ off** ter um dia de folga; **to have a ~ out** passar o dia fora; **by ~ de dia; the ~ after tomorrow** depois de amanhã; **the ~ before** a véspera, o dia anterior;

the ~ **before yesterday** anteontem; **the following ~ o dia** seguinte; **have a nice ~!** tenha um bom dia!

day care n (for children) creche f; (for the elderly) assistência f (diurna).

daylight ['deɪlaɪt] n luz f (do dia).

daytime ['deɪtaɪm] n dia m.

day-to-day adj (everyday) cotidiano(na).

dazzle ['dæzl] vt deslumbrar.

dead [ded] adj morto (ta); (not lively) sem vida, morto (ta); (telephone line) cortado(da); (battery) gasto(ta). ◆ adv (precisely) mesmo.

dead end n (street) beco m sem saída.

deadline ['dedlaɪn] n prazo m.

deaf [def] adj surdo(da). ◆ npl: **the ~ os surdos.**

deal [diːl] (pt & pp **dealt**) n (agreement) acordo m. ◆ vt (cards) dar; **a good/bad ~** um bom/mau negócio; **a great ~ of** muito; **it's a ~!** está combinado! ❑ **deal in** vt fus negociar. ❑ **deal with** vt fus (handle) lidar com; (be about) tratar de.

dealer ['diːlər] n COMM comerciante mf, negociante mf; (in drugs) traficante mf.

dealt [delt] pt & pp → **deal**.

dear [dɪər] adj (loved) querido (da). ◆ n: **my ~ meu querido** (minha querida); **Dear Sir** Caro senhor; **Dear Madam** Cara senhora; **Dear John** Querido John; **oh ~!** meu Deus!

death [deθ] *n* morte *f*.

debate [dɪ'beɪt] *n* debate *m*.
♦ *vt (wonder)* considerar.

debit ['debɪt] *n* débito *m*. ♦ *vt (account)* debitar em.

debt [det] *n (money owed)* dívida *f*; **to be in** ~ ter dívidas.

decaff ['diːkæf] *n inf* café *m* descafeinado.

decaffeinated [dɪ'kæfɪneɪtəd] *adj* descafeinado(da).

decay [dɪ'keɪ] *n (of building)* deterioração *f*; *(of wood)* apodrecimento *m*; *(of tooth)* cárie *f*. ♦ *vi (rot)* apodrecer.

deceive [dɪ'siːv] *vt* enganar.

December [dɪ'sembər] *n* dezembro *m* → **September**.

decent ['diːsnt] *adj* decente; *(kind)* simpático(ca).

decide [dɪ'saɪd] *vt (choose)* decidir. ♦ *vi* tomar uma decisão; **to** ~ **to do sthg** decidir fazer algo. ❑ **decide on** *vt fus* decidir-se por.

decimal ['desɪml] *adj* decimal.

decimal point *n* vírgula *f* decimal.

decipher [dɪ'saɪfər] *vt* decifrar.

decision [dɪ'sɪʒn] *n* decisão *f*; **to make a** ~ tomar uma decisão.

decisive [dɪ'saɪsɪv] *adj (person)* decidido(da); *(event, factor)* decisivo(va).

deck [dek] *n (of ship)* convés *m*; *(of cards)* baralho *m*; *(of house)* deck *m*.

deckchair ['dektʃeər] *n* espreguiçadeira *f*.

declare [dɪ'kleər] *vt* declarar; **to** ~ **that** declarar que; **'goods to** ~' 'bens a declarar'; **'nothing to** ~' 'nada a declarar'.

decline [dɪ'klaɪn] *n* declínio *m*. ♦ *vi (get worse)* declinar; *(refuse)* recusar.

decorate ['dekəreɪt] *vt* decorar.

decoration [ˌdekə'reɪʃn] *n (wallpaper, paint, furniture)* decoração *f*; *(decorative object)* adorno *m*.

decorator ['dekəreɪtər] *n* decorador *m*, -ra *f*.

decrease [*n* 'diːkriːs, *vb* diː-'kriːs] *n* diminuição *f*. ♦ *vi* diminuir.

dedicated ['dedɪkeɪtɪd] *adj (committed)* dedicado(da).

deduce [dɪ'djuːs] *vt* deduzir.

deduct [dɪ'dʌkt] *vt* deduzir.

deduction [dɪ'dʌkʃn] *n* dedução *f*.

deep [diːp] *adj* profundo(da); *(color)* intenso(sa); *(sound, voice)* grave. ♦ *adv* fundo; **the pool is two meters** ~ a piscina tem dois metros de profundidade; **to take a** ~ **breath** respirar fundo.

deep end *n (of swimming pool)* parte *f* funda.

deep freeze *n* freezer *m*.

deer [dɪər] *(pl inv)* *n* veado *m*.

defeat [dɪ'fiːt] *n* derrota *f*. ♦ *vt (team, army, government)* derrotar.

defect ['diːfekt] *n* defeito *m*.

defective [dɪ'fektɪv] *adj* defeituoso(osa).

defence [dɪˈfens] *Brit* = defense.

defend [dɪˈfend] *vt* defender.

defense [dɪˈfens] *n Am* defesa *f*.

deficiency [dɪˈfɪʃnsɪ] *n (lack)* deficiência *f*.

define [dɪˈfaɪn] *vt* definir.

definite [ˈdefənət] *adj (answer, decision)* definitivo(va); *(person)* seguro(ra); *(improvement)* nítido(da).

definite article *n* artigo *m* definido.

definitely [ˈdefənətlɪ] *adv (certainly)* sem dúvida (alguma); **I'll ~ go** irei com certeza.

definition [defəˈnɪʃn] *n (of word)* definição *f*.

deflate [dɪˈfleɪt] *vt (tire)* esvaziar.

deflect [dɪˈflekt] *vt (ball)* desviar.

deformed [dɪˈfɔːrmd] *adj* deformado(da).

defrost [ˌdiːˈfrɒst] *vt (food, fridge)* descongelar; *Am (demist)* desembaçar.

degree [dɪˈgriː] *n (unit of measurement)* grau *m; (qualification)* ≃ graduação *f;* **a ~ of difficulty** uma certa difficuldade; **to have a ~ in sthg** ter uma formação em algo.

dehydrated [ˌdiːhaɪˈdreɪtəd] *adj* desidratado(da).

dejected [dɪˈdʒektəd] *adj* abatido(da).

delay [dɪˈleɪ] *n* atraso *m.* ◆ *vt* atrasar. ◆ *vi* atrasar-se; **without ~** sem demora.

delegate [*n* ˈdelɪgət, *vb* ˈdelɪgeɪt] *n* delegado *m*, -da *f.* ◆ *vt (person)* delegar.

delete [dɪˈliːt] *vt* suprimir.

deliberate [dɪˈlɪbərət] *adj (intentional)* deliberado(da).

deliberately [dɪˈlɪbərətlɪ] *adv (intentionally)* deliberadamente.

delicacy [ˈdelɪkəsɪ] *n (food)* iguaria *f*.

delicate [ˈdelɪkət] *adj* delicado(da); *(object, china)* frágil; *(taste, smell)* suave.

delicatessen [ˌdelɪkəˈtesn] *n* delicatessen *f*.

delicious [dɪˈlɪʃəs] *adj* delicioso(osa).

delight [dɪˈlaɪt] *n (feeling)* prazer *m.* ◆ *vt* encantar; **to take (a) ~ in doing sthg** ter prazer em fazer algo.

delighted [dɪˈlaɪtəd] *adj* encantado(da).

delightful [dɪˈlaɪtfl] *adj* encantador(ra).

deliver [dɪˈlɪvər] *vt (goods)* entregar; *(letters, newspaper)* distribuir; *(lecture)* dar; *(baby)* fazer o parto de; *(speech)* fazer.

delivery [dɪˈlɪvərɪ] *n (of goods)* entrega *f; (of letters)* distribuição *f; (birth)* parto *m*.

delude [dɪˈluːd] *vt* enganar.

demand [dɪˈmænd] *n* exigência *f; (claim)* reivindicação *f; COMM* procura *f.* ◆ *vt* exigir; **I ~ to speak to the manager** quero falar com o gerente; **in ~** solicitado.

demanding [dɪˈmændɪŋ] *adj* exigente.

democracy [dɪ'mɒkrəsɪ] n democracia f.

Democrat ['deməkræt] n Am democrata mf.

democratic [demə'krætɪk] adj democrático(ca).

demolish [dɪ'mɒlɪʃ] vt (building) demolir.

demonstrate ['demənstreɪt] vt (prove) demonstrar; (machine, appliance) mostrar como funciona. ◆ vi manifestar-se.

demonstration [demən'streɪʃn] n (protest) manifestação f, passeata f; (of machine, emotions) demonstração f.

den [den] n toca f.

denial [dɪ'naɪəl] n desmentido m.

denim ['denɪm] n brim m, jeans m inv.

denounce [dɪ'naʊns] vt denunciar.

dense [dens] adj denso(sa).

density ['densətɪ] n densidade f.

dent [dent] n amassado m.

dental ['dentl] adj dentário.

dental floss [-flɒs] n fio m dental.

dentist ['dentɪst] n dentista mf; to go to the ~ ir ao dentista.

dentures ['dentʃəz] npl dentadura f (postiça).

deny [dɪ'naɪ] vt negar.

deodorant [di:'əʊdərənt] n desodorante m.

depart [dɪ'pɑːt] vi partir.

department [dɪ'pɑːtmənt] n departamento m; (of govern-

ment) ≃ ministério m; (of store) seção f.

departure [dɪ'pɑːtʃər] n partida f; '~s' (at airport) 'embarque'.

depend [dɪ'pend] vi: it ~s depende. ❑ **depend on** vt fus (be decided by) depender de; (rely on) confiar em; ~ing on dependendo de.

dependable [dɪ'pendəbl] adj de confiança, fiável.

deplorable [dɪ'plɔːrəbl] adj deplorável.

deport [dɪ'pɔːt] vt deportar.

deposit [dɪ'pɒzɪt] n depósito m; (part-payment) entrada f. ◆ vt (put down) colocar; (money in bank) depositar.

depot ['diːpəʊ] n Am (for buses, trains) terminal m.

depressed [dɪ'prest] adj deprimido(da).

depressing [dɪ'presɪŋ] adj deprimente.

depression [dɪ'preʃn] n depressão f.

deprive [dɪ'praɪv] vt: to ~ sb of sthg privar alguém de algo.

depth [depθ] n profundidade f; to be out of one's ~ (when swimming) não ter pé; (fig: unable to cope) não estar à altura; ~ of field (in photography) profundidade de campo; in ~ a fundo.

deputy ['depjʊtɪ] adj adjunto (ta).

derelict ['derəlɪkt] adj abandonado(da).

descend [dɪ'send] vt & vi descer.

descendant [dɪ'sendənt] n descendente mf.

descent [dɪ'sent] n descida f.

describe [dɪ'skraɪb] vt descrever.

description [dɪ'skrɪpʃn] n descrição f.

desert [n 'dezərt, vb dɪ'zɜ:rt] n deserto m. ◆ vt abandonar.

deserted [dɪ'zɜ:rtəd] adj deserto(ta).

deserve [dɪ'zɜ:rv] vt merecer.

design [dɪ'zaɪn] n desenho m; (art) design m. ◆ vt desenhar; **to be ~ ed for** ser concebido para.

designer [dɪ'zaɪnər] n (of clothes, sunglasses) estilista mf; (of product) designer mf. ◆ adj (clothes, sunglasses) de grife.

desirable [dɪ'zaɪərəbl] adj desejável.

desire [dɪ'zaɪər] n desejo m. ◆ vt desejar; **it leaves a lot to be ~ d** deixa muito a desejar.

desk [desk] n (in home, office) secretária f; (in school) carteira f; (at airport, station) balcão m; (at hotel) recepção f.

desktop publishing ['desk-ˌtɒp-] n editoração f eletrônica.

despair [dɪ'speər] n desespero m.

despatch [dɪ'spætʃ] vt = dispatch.

desperate ['desprət] adj desesperado(da); **to be ~ for sthg** precisar de algo desesperadamente.

despicable [dɪ'spɪkəbl] adj desprezível.

despise [dɪ'spaɪz] vt desprezar.

despite [dɪ'spaɪt] prep apesar de.

dessert [dɪ'zɜ:rt] n sobremesa f.

dessertspoon [dɪ'zɜ:rtspu:n] n (spoon) colher f de sobremesa.

destination [ˌdestɪ'neɪʃn] n destino m.

destroy [dɪ'strɔɪ] vt destruir.

destruction [dɪ'strʌkʃn] n destruição f.

detach [dɪ'tætʃ] vt separar.

detail [dɪ'teɪl] n pormenor m, detalhe m; **in ~** em pormenor. ❑ **details** npl (facts) informações fpl.

detailed [dɪ'teɪld] adj pormenorizado(da), detalhado(da).

detect [dɪ'tekt] vt detectar.

detective [dɪ'tektɪv] n detetive m; **a ~ story** uma história policial.

detergent [dɪ'tɜ:rdʒənt] n detergente m.

deteriorate [dɪ'tɪərɪəreɪt] vi deteriorar.

determination [dɪˌtɜ:rmɪ-'neɪʃn] n (quality) determinação f.

determine [dɪ'tɜ:rmɪn] vt determinar.

determined [dɪ'tɜ:rmɪnd] adj decidido(da); **to be ~ to do sthg** estar decidido a fazer algo.

deterrent [dɪ'tɜ:rənt] n meio m de dissuasão.

detest [dɪ'test] vt detestar.

devastate ['devəsteɪt] vt devastar.

develop [dɪ'veləp] vt *(idea, company, land)* desenvolver; *(film)* revelar; *(machine, method)* elaborar; *(illness, habit)* contrair; *(interest)* revelar. ◆ vi *(evolve)* desenvolver-se.

development [dɪ'veləpmənt] n desenvolvimento m; **a housing** ~ um conjunto habitacional.

device [dɪ'vaɪs] n aparelho m, dispositivo m.

devil ['devl] n diabo m; **what the ~ ...?** inf que diabos ...?

devise [dɪ'vaɪz] vt conceber.

devoted [dɪ'vəʊtəd] adj dedicado(da).

dew [dju:] n orvalho m.

diabetes [ˌdaɪə'bi:təs] n diabetes f.

diabetic [ˌdaɪə'betɪk] adj *(person)* diabético(ca); *(chocolate)* para diabéticos. ◆ n diabético m, -ca f.

diagnosis [ˌdaɪəg'nəʊsɪs] *(pl* **-oses** [-əʊsi:z]) n diagnóstico m.

diagonal [daɪ'ægənl] adj diagonal.

diagram ['daɪəgræm] n diagrama m.

dial ['daɪəl] n *(of clock, radio)* mostrador m; *(of telephone)* disco m. ◆ vt discar.

dialling tone ['daɪəlɪŋ] n Brit = **dial tone**.

dial tone n Am sinal m (de discar).

diameter [daɪ'æmətər] n diâmetro m.

diamond ['daɪmənd] n *(gem)* diamante m. ❑ **diamonds** npl *(in cards)* ouros mpl.

diaper ['daɪpər] n Am fralda f.

diarrhea [ˌdaɪə'rɪə] n diarréia f.

diary ['daɪərɪ] n *(journal)* diário m.

dice [daɪs] *(pl inv)* n dado m.

diced [daɪst] adj *(food)* cortado (da) em cubos.

dictate [dɪk'teɪt] vt ditar.

dictation [dɪk'teɪʃn] n ditado m.

dictator [dɪk'teɪtər] n ditador m, -ra f.

dictionary ['dɪkʃənerɪ] n dicionário m.

did [dɪd] pt → **do**.

die [daɪ] *(pt & pp* **died**, *cont* **dying)** vi morrer; **to be dying for sth** inf estar doido por algo; **to be dying to do sth** inf estar doido para fazer algo. ❑ **die away** vi desvanecer-se. ❑ **die out** vi desaparecer.

diesel ['di:zl] n *(fuel)* diesel m; *(car)* carro m a diesel.

diet ['daɪət] n dieta f. ◆ vi fazer dieta. ◆ adj de baixa caloria.

differ ['dɪfər] vi *(disagree)* discordar; **to ~ (from)** *(be dissimilar)* ser diferente (de).

difference ['dɪfrəns] n diferença f; **it makes no ~** é igual, não faz diferença; **a ~ of opinion** uma divergência.

different ['dɪfrənt] adj diferente; **to be ~ (from)** ser diferente (de).

differently ['dɪfrəntlɪ] adv de outra forma.

difficult ['dɪfɪklt] adj difícil.

difficulty ['dɪfɪkltɪ] n dificuldade f.

dig [dɪg] *(pt & pp* **dug)** *vt & vi* cavar. ❑ **dig out** *vt sep (rescue)* salvar; *(find)* desenterrar. ❑ **dig up** *vt sep (from ground)* desenterrar.

digest [daɪ'dʒest] *vt* digerir.

digestion [daɪ'dʒestʃn] *n* digestão *f*.

digit ['dɪdʒɪt] *n (figure)* dígito *m; (finger, toe)* dedo *m*.

digital ['dɪdʒɪtl] *adj* digital.

dilute [daɪ'luːt] *vt* diluir.

dim [dɪm] *adj (light)* fraco(ca); *(room)* escuro(ra); *(memory)* vago(ga); *inf (stupid)* burro(a). ◆ *vt (light)* diminuir, baixar.

dime [daɪm] *n Am* moeda de dez centavos.

dimensions [daɪ'menʃnz] *npl (measurements)* dimensões *fpl; (extent)* dimensão *f*.

dimple ['dɪmpl] *n* covinha *f* (no rosto).

din [dɪn] *n* barulho *m*.

dine [daɪn] *vi* jantar. ❑ **dine out** *vi* jantar fora.

diner ['daɪnər] *n Am (restaurant)* restaurante à beira da estrada que serve refeições a preços baixos; *(person)* cliente *mf (em restaurante)*.

DINER

Os diners são restaurantes simples e baratos que servem refeições ligeiras. Localizam-se normalmente perto das auto-estradas americanas, embora também possam ser encontrados nas cidades. Muitas vezes, são meros vagões de trem reformados e adaptados, com uma clientela composta em grande parte de caminhoneiros.

---

dinghy ['dɪŋgɪ] *n (with sail)* barco *m* a vela; *(with oars)* barco a remos.

dingy ['dɪndʒɪ] *adj* miserável.

dining room ['daɪnɪŋ-] *n* sala *f* de jantar.

dinner ['dɪnər] *n (in evening)* jantar *m; (at lunchtime)* almoço *m;* **to have ~** *(at lunchtime)* almoçar; *(in evening)* jantar.

dinner jacket *n* smoking *m*.

dinner party *n* jantar *m*.

dinosaur ['daɪnəsɔːr] *n* dinossauro *m*.

dip [dɪp] *n (in road, land)* depressão *f; (food)* molho que se serve com legumes crus e salgadinhos. ◆ *vt (into liquid)* mergulhar. ◆ *vi (road, land)* descer; **to have a ~** *(swim)* dar um mergulho.

diploma [dɪ'pləʊmə] *n* diploma *m*.

direct [dɪ'rekt] *adj* direto(ta). ◆ *adv* diretamente. ◆ *vt* dirigir; *(movie, TV program)* realizar; *(play)* encenar; **can you ~ me to the train station?** podia me mostrar o caminho para a estação de trem?

direction [dɪ'rekʃn] *n (of movement)* direção *f.* ❑ **directions** *npl (instructions)* instruções *fpl;* **to ask for ~s** pedir indicações.

directly [dɪ'rektlɪ] *adv (exactly)*

exatamente; *(soon)* diretamente.

director [dəˈrektər] *n* diretor *m*, -ra *f*; *(of movie, TV program)* realizador *m*, -ra *f*; *(of play)* encenador *m*, -ra *f*.

directory [dəˈrektərɪ] *n* lista *f* telefônica.

directory assistance *n Am* auxilio *m* à lista.

directory enquiries *n Brit* = directory assistance.

dirt [dɜːrt] *n* sujeira *f*; *(earth)* terra *f*.

dirty [ˈdɜːrtɪ] *adj* sujo(ja); *(joke)* porco (ca).

disability [ˌdɪsəˈbɪlətɪ] *n* deficiência *f*.

disabled [dɪsˈeɪbld] *adj* deficiente. ◆ *npl*: **the ~** os deficientes; '**~ restroom**' 'banheiro para deficientes'.

disadvantage [ˌdɪsədˈvɑːntɪdʒ] *n* desvantagem *f*, inconveniente *m*.

disagree [ˌdɪsəˈɡriː] *vi (people)* não estar de acordo; **to ~ with sb (about)** não concordar com alguém (sobre); **those mussels ~d with me** os mexilhões me fizeram mal.

disagreement [ˌdɪsəˈɡriːmənt] *n (argument)* discussão *f*; *(dissimilarity)* diferença *f*.

disappear [ˌdɪsəˈpɪər] *vi* desaparecer.

disappearance [ˌdɪsəˈpɪərəns] *n* desaparecimento *m*.

disappoint [ˌdɪsəˈpɔɪnt] *vt* desiludir.

disappointed [ˌdɪsəˈpɔɪntəd] *adj* desiludido(da).

disappointing [ˌdɪsəˈpɔɪntɪŋ] *adj* decepcionante.

disappointment [ˌdɪsəˈpɔɪntmənt] *n* decepção *f*, desapontamento *m*.

disapprove [ˌdɪsəˈpruːv] *vi*: **to ~ of** não aprovar.

disaster [dɪˈzæstər] *n* desastre *m*.

disastrous [dɪˈzæstrəs] *adj* desastroso(osa).

disc [dɪsk] *n* disco *m*; *(CD)* CD *m*.

discard [dɪˈskɑːrd] *vt* desfazer-se de.

discharge [dɪsˈtʃɑːrdʒ] *vt (prisoner)* libertar; *(patient)* dar alta a; *(soldier)* dispensar; *(liquid)* despejar; *(smoke, gas)* emitir.

disciple [dɪˈsaɪpl] *n* discípulo *m*, -la *f*.

discipline [ˈdɪsəplɪn] *n* disciplina *f*.

disc jockey *n* discotecário *m*, -ria *f*, disc-jóquei *mf*.

disclose [dɪsˈkləʊz] *vt* revelar, divulgar.

disco [ˈdɪskəʊ] *(pl* **discos)** *n (place)* discoteca *f*; *(event)* baile *m*.

discolored [dɪsˈkʌlərd] *adj* descolorado(da).

discomfort [dɪsˈkʌmfərt] *n* desconforto *m*.

disconnect [ˌdɪskəˈnekt] *vt* desconectar; *(telephone, gas supply)* cortar.

discontinued [ˌdɪskənˈtɪnjuːd] *adj (product)* fora de linha.

discount [ˈdɪskaʊnt] *n* desconto *m*.

discover [dɪ'skʌvər] vt descobrir.

discovery [dɪ'skʌvərɪ] n descoberta f.

discreet [dɪ'skriːt] adj discreto(ta).

discrepancy [dɪ'skrepənsɪ] n discrepância f.

discriminate [dɪ'skrɪmɪneɪt] vi: **to ~ against sb** discriminar alguém.

discrimination [dɪ,skrɪmɪ-'neɪʃn] n discriminação f.

discuss [dɪ'skʌs] vt discutir.

discussion [dɪ'skʌʃn] n discussão f.

disease [dɪ'ziːz] n doença f.

disembark [,dɪsɪm'bɑːrk] vi desembarcar.

disgrace [dɪs'greɪs] n vergonha f; **it's a ~ !** é uma vergonha!

disgraceful [dɪs'greɪsfl] adj vergonhoso(osa).

disguise [dɪs'gaɪz] n disfarce m. ◆ vt disfarçar; **in ~** disfarçado.

disgust [dɪs'gʌst] n repugnância f, nojo m. ◆ vt enojar, repugnar.

disgusting [dɪs'gʌstɪŋ] adj nojento(ta).

dish [dɪʃ] n prato m; **to do the ~es** lavar a louça; **'~ of the day'** 'prato do dia'. ❑ **dish up** vt sep servir.

disheveled [dɪ'ʃevld] adj Am (hair) despenteado(da); (person) desarrumado(da).

dishevelled [dɪ'ʃevld] adj Brit = **disheveled**.

dishonest [dɪs'ɒnəst] adj desonesto(ta).

dishwasher ['dɪʃ,wɒʃər] n (machine) máquina f de lavar louça.

disinfect [,dɪsɪn'fekt] vt desinfetar.

disinfectant [,dɪsɪn'fektənt] n desinfetante m.

disintegrate [dɪs'ɪntəgreɪt] vi desintegrar-se.

disk [dɪsk] n = **disc**; COMPUT disco m; (floppy) disquete f; **to slip a ~** deslocar uma vértebra.

disk drive n drive m.

dislike [dɪs'laɪk] n aversão f. ◆ vt não gostar de; **to take a ~ to** não simpatizar com.

dislocate ['dɪsləkeɪt] vt deslocar.

dismal ['dɪzml] adj (weather, place) deprimente; (terrible) péssimo(ma).

dismantle [dɪs'mæntl] vt desmontar.

dismay [dɪs'meɪ] n consternação f.

dismiss [dɪs'mɪs] vt (not consider) rejeitar; (from job) despedir; (from classroom) dispensar.

disobedient [,dɪsə'biːdjənt] adj desobediente.

disobey [,dɪsə'beɪ] vt desobedecer.

disorder [dɪs'ɔːrdər] n (confusion) desordem f; (violence) distúrbios mpl; (illness) problema m; (mental illness) distúrbio m.

disorganized [dɪs'ɔːrgənaɪzd] adj desorganizado(da).

dispatch [dɪ'spætʃ] vt enviar.

dispense [dɪ'spens]: **dispense with** vt fus prescindir de, passar sem.

dispenser [dɪ'spensər] n (de-vice) máquina f distribuidora.

disperse [dɪ'spɜːrs] vt disper-sar. ♦ vi dispersar-se.

display [dɪ'spleɪ] n (of products) exposição f; (public event) espe-táculo m; (readout) visualização f. ♦ vt (products) expor; (feeling, quality) demonstrar; (informa-tion) afixar; **on** ~ exposto.

disposable [dɪ'spəʊzəbl] adj descartável.

dispute [dɪ'spjuːt] n (argument) discussão f; (industrial) conflito m. ♦ vt discutir.

disqualify [ˌdɪs'kwɒlɪfaɪ] vt desqualificar.

disregard [ˌdɪsrɪ'ɡɑːrd] vt ig-norar.

disrupt [dɪs'rʌpt] vt perturbar, transtornar.

disruption [dɪs'rʌpʃn] n trans-torno m.

dissatisfied [ˌdɪs'sætəsfaɪd] adj insatisfeito(ta).

dissolve [dɪ'zɒlv] vt dissolver. ♦ vi dissolver-se.

dissuade [dɪ'sweɪd] vt: **to** ~ **sb from doing sthg** dissuadir al-guém de fazer algo.

distance ['dɪstəns] n distância f; **from a** ~ de longe; **in the** ~ ao longe.

distant ['dɪstənt] adj distante.

distillery [dɪ'stɪlərɪ] n destila-ria f.

distinct [dɪ'stɪŋkt] adj distin-to(ta).

distinction [dɪ'stɪŋkʃn] n dis-tinção f.

distinctive [dɪ'stɪŋktɪv] adj ca-racterístico(ca).

distinguish [dɪ'stɪŋɡwɪʃ] vt distinguir; **to** ~ **sthg from sthg** distinguir algo de algo.

distorted [dɪ'stɔːrtəd] adj dis-torcido(da).

distract [dɪ'strækt] vt distrair.

distraction [dɪ'strækʃn] n dis-tração f.

distress [dɪ'stres] n (pain) sofri-mento m, dor f; (anxiety) angús-tia f.

distressing [dɪ'stresɪŋ] adj an-gustiante.

distribute [dɪ'strɪbjət] vt dis-tribuir.

distributor [dɪ'strɪbjətər] n COMM distribuidor m, -ra f; AUT distribuidor m.

district ['dɪstrɪkt] n (region) ≃ distrito m; (of city) ≃ bairro m.

disturb [dɪ'stɜːrb] vt (interrupt) incomodar; (worry) preocupar; (move) mexer em; '**do not** ~' 'favor não incomodar'.

disturbance [dɪ'stɜːrbəns] n (violence) distúrbio m.

ditch [dɪtʃ] n fosso m.

ditto ['dɪtəʊ] adv idem.

divan [dɪ'væn] n divã m.

dive [daɪv] (Am pt **-d** OR **dove**, Brit pt **-d**) n (of swimmer) mergu-lho m. ♦ vi mergulhar; (bird, plane) descer em vôo picado; (rush) lançar-se.

diver ['daɪvər] n mergulhador m, -ra f.

diversion [daɪˈvɜːrʃn] n (amusement) diversão f; Brit (of traffic) desvio m.

divert [daɪˈvɜːrt] vt desviar.

divide [dɪˈvaɪd] vt dividir. □ **divide up** vt sep dividir.

diving [ˈdaɪvɪŋ] n mergulho m; **to go** ~ ir mergulhar.

diving board n trampolim m.

division [dɪˈvɪʒn] n divisão f; comm departamento m.

divorce [dɪˈvɔːrs] n divórcio m.
♦ vt divorciar-se de.

divorced [dɪˈvɔːrst] adj divorciado(da).

dizzy [ˈdɪzɪ] adj tonto(ta).

DJ n (abbr of disc jockey) DJ.

do [duː] (pt **did**, pp **done**, pl **dos**) aux vb -1. (in negatives): **don't** ~ **that!** não faça isso!; **she didn't see it** ela não o viu.
-2. (in questions): ~ **you like it?** você gosta?; **how** ~ **you do it?** como é que se faz?
-3. (referring to previous verb): ~ **you smoke? – yes, I** ~ /**no, I don't** você fuma? – sim/não; **I eat more than you** ~ eu como mais do que você; **no, I didn't do it!** não fiz, não!; **so** ~ **I** eu também.
-4. (in question tags): **so, you like New York,** ~ **you?** então você gosta da Nova York, não gosta?; **the train leaves at five o'clock, doesn't it?** o trem sai às cinco, não é (verdade)?
-5. (for emphasis): **I** ~ **like this bedroom** eu realmente gosto deste quarto; ~ **come in!** faça o favor de entrar!

♦ vt -1. (perform) fazer; **to** ~ **one's homework** fazer o dever de casa; **what is she doing?** o que ela está fazendo?; **what can I** ~ **for you?** em que posso ajudá-lo?
-2. (clean, brush etc.): **to** ~ **one's hair** pentear-se; **to** ~ **one's make-up** maquiar-se; **to** ~ **one's teeth** escovar os dentes.
-3. (cause) fazer; **to** ~ **damage** fazer estragos; **to** ~ **sb good** fazer bem a alguém.
-4. (have as job): **what do you** ~ ? o que você faz?
-5. (provide, offer) fazer; **we** ~ **pizzas for under $5** vendemos pizzas por menos de 5 dólares.
-6. (subj: vehicle) ir a; **the car was doing 50mph** o carro ia a 80 km/h.
-7. inf (visit) visitar; **we're doing Scotland next week** para a semana vamos visitar a Escócia.
♦ vi -1. (behave, act) fazer; ~ **as I say** faça como eu lhe digo.
-2. (progress): **he did badly/well on his test** ele foi mal/bem no exame; **how did you** ~? como é que foi?
-3. (be sufficient) chegar; **will $10** ~? 10 dólares chega?
-4. (in phrases): **how** ~ **you** ~? (greeting) (muito) prazer (em conhecê-lo); **how are you doing?** como é que vão as coisas?; **what does that have to** ~ **with it?** o que é que isso tem a ver?
♦ n (party) festa f; ~**s and don'ts** o que fazer e não fazer.
♦ **do up** vt sep (coat, shirt) abotoar; (shoes, laces) apertar, atar;

(zip) fechar; *(decorate)* renovar.
◆ **do with** *vt fus (need)*: **I could ~ with a drink** eu bem que beberia alguma coisa.
◆ **do without** *vt fus* passar sem.

dock [dɒk] *n (for ships)* doca *f*; JUR banco *m* dos réus. ◆ *vi* atracar.

doctor ['dɒktər] *n (of medicine)* médico *m*, -ca *f*, doutor *m*, -ra *f*; *(academic)* doutor *m*, -ra *f*; **to go to the ~** ir ao médico.

document ['dɒkjəmənt] *n* documento *m*.

documentary [ˌdɒkjə'mentəri] *n* documentário *m*.

does [weak form dəz, strong form dʌz] → **do**.

doesn't ['dʌznt] = **does not**.

dog [dɒg] *n* cão *m*, cachorro *m*.

do-it-yourself *n* sistema *m* faça-você-mesmo.

doll [dɒl] *n* boneca *f*.

dollar ['dɒlər] *n* dólar *m*.

dolphin ['dɒlfɪn] *n* golfinho *m*.

dome [dəʊm] *n* abóbada *f*.

domestic [də'mestɪk] *adj* doméstico(ca); *(of country)* nacional.

domestic flight *n* vôo *m* doméstico.

dominate ['dɒmɪneɪt] *vt* dominar.

dominoes ['dɒmɪnəʊz] *n* dominó *m*.

donate [də'neɪt] *vt* doar.

donation [də'neɪʃn] *n* doação *f*.

done [dʌn] *pp* → **do**. ◆ *adj* pronto(ta).

donkey ['dɒŋkɪ] *n* burro *m*.

don't [dəʊnt] = **do not**.

door [dɔːr] *n* porta *f*.

doorbell ['dɔːrbel] *n* campainha *f*.

doorman ['dɔːrmən] *(pl* -**men**) *n* porteiro *m*.

doormat ['dɔːrmæt] *n* tapete *m*, capacho *m*.

doorstep ['dɔːrstep] *n* degrau *m*.

doorway ['dɔːrweɪ] *n* entrada *f*.

dope [dəʊp] *n inf (any illegal drug)* droga *f*; *(marijuana)* erva *f*, maconha *f*.

dormitory ['dɔːrmətɔːrɪ] *n* dormitório *m*.

dosage ['dəʊsɪdʒ] *n* dose *f*.

dose [dəʊs] *n (amount)* dose *f*; *(of illness)* ataque *m*.

dot [dɒt] *n* ponto *m*; **on the ~** fig em ponto.

double ['dʌbl] *adj* duplo(pla).
◆ *n (twice the amount)* o dobro; *(alcohol)* dose *f* dupla. ◆ *vt & vi* duplicar. ◆ *adv*: **it's ~ the size** tem o dobro do tamanho; **to bend sthg ~** dobrar algo ao meio; **a ~ whiskey** um uísque duplo; **~ three, four, two** três, três, quatro, dois; **~ "r"** dois erres. ❑ **doubles** *n (in tennis)* dupla *f*.

double bed *n* cama *f* de casal.

double-breasted [-'brestəd] *adj* trespassado(da).

double-glazing [-'gleɪzɪŋ] *n* vidros *mpl* duplos.

doubt [daʊt] n dúvida f. ◆ vt duvidar de; **I ~ it** duvido; **I ~ she'll be there** duvido que ela esteja lá; **in ~** (person) em dúvida; (outcome) incerto; **no ~** sem dúvida.

doubtful [ˈdaʊtfl] adj (uncertain) improvável; **it's ~ that ...** (unlikely) é pouco provável que ...

dough [dəʊ] n massa f.

doughnut [ˈdəʊnʌt] n (without hole) ≃ sonho m; (with hole) donut m.

dove¹ [dʌv] n (bird) pomba f.

dove² [dəʊv] pt Am → dive.

down [daʊn] adv -1. (toward the bottom) para baixo; ~ **here/there** aqui/ali em baixo; **to fall ~** cair; **to go ~** descer.
-2. (along): **I'm going ~ to the shops** vou até a loja.
-3. (downstairs): **I'll come ~ later** vou descer mais tarde.
-4. (southward) para baixo; **we're going ~ to Miami** vamos até Miami.
-5. (in writing): **to write sthg ~** anotar algo.
-6. (in phrases): **to come ~ with** (illness) adoecer com.
◆ prep -1. (toward the bottom of): **they ran ~ the hill** eles correram pelo monte abaixo.
-2. (along): **I was walking ~ the street** ia andando pela rua.
◆ adj inf (depressed) deprimido (da).
◆ n (feathers) penugem f.

download [ˈdaʊnləʊd] vt

COMPUT baixar, fazer download de.

downpour [ˈdaʊnpɔːr] n aguaceiro m.

downstairs [ˌdaʊnˈsteərz] adj do andar de baixo. ◆ adv no andar de baixo; **to come** OR **go ~** descer.

downstream [ˌdaʊnˈstriːm] adv rio abaixo.

downtown [ˌdaʊnˈtaʊn] adj (hotel) central; (train, bus) do centro. ◆ adv (live) no centro; (go) ao centro; **~ New York** o centro de Nova York.

doze [dəʊz] vi dormitar, cochilar.

dozen [ˈdʌzn] n dúzia f; **a ~ eggs** uma dúzia de ovos.

Dr. (abbr of Doctor) Dr. m, Dra. f.

drab [dræb] adj sem graça.

draft [drɑːft] n (early version) rascunho m; (money order) ordem f de pagamento; Am (of air) corrente f de ar. ◆ vt (into army) recrutar.

draft beer n chope m.

drafty [ˈdrɑːftɪ] adj cheio (cheia) de correntes de ar.

drag [dræg] vt (pull along) arrastar. ◆ vi (along ground) arrastar-se; **what a ~!** inf que chatice! □ **drag on** vi arrastar-se.

drain [dreɪn] n (pipe) esgoto m. ◆ vt (tank, radiator) esvaziar. ◆ vi (vegetables, dishes) escorrer.

draining board [ˈdreɪnɪŋ-] n escorredor m de louça.

drainpipe [ˈdreɪnpaɪp] n cano m de esgoto.

drama ['drɑ:mə] n *(play)* peça f de teatro; *(art)* teatro m; *(excitement)* drama m.

dramatic [drə'mætɪk] adj dramático(ca).

drank [dræŋk] pt → drink.

drapes [dreɪps] npl Am cortinas fpl.

drastic ['dræstɪk] adj drástico (ca).

drastically ['dræstɪklɪ] adv drasticamente.

draught [drɑ:ft] Brit = draft.

draw [drɔ:] *(pt* drew, *pp* drawn) vt *(with pen, pencil)* desenhar; *(line)* traçar; *(pull)* puxar; *(attract)* atrair; *(comparison)* estabelecer; *(conclusion)* chegar a. ◆ vi *(with pen, pencil)* desenhar; SPORT empatar. ◆ n SPORT *(result)* empate m; *(lottery)* sorteio m; **to ~ the curtains** *(open)* abrir as cortinas; *(close)* fechar as cortinas. ❏ **draw out** vt sep *(money)* levantar. ❏ **draw up** ◆ vt sep *(list, contract)* redigir; *(plan)* elaborar. ◆ vi *(car, bus)* parar.

drawback ['drɔ:bæk] n inconveniente m.

drawer [drɔ:r] n gaveta f.

drawing ['drɔ:ɪŋ] n desenho m.

drawing board n prancheta f de desenho.

drawn [drɔ:n] pp → draw.

dreadful ['dredfl] adj terrível.

dream [dri:m] n sonho m. ◆ vt sonhar. ◆ vi: **to ~ (of)** sonhar (com); **a ~ house** uma casa de sonho.

dress [dres] n *(for woman, girl)* vestido m; *(clothes)* roupa f. ◆ vt *(person, baby)* vestir; *(wound)* pensar; *(salad)* temperar. ◆ vi vestir-se; **to be ~ed in** estar vestido de; **to get ~ed** vestir-se. ❏ **dress up** vi *(in costume)* disfarçar-se; *(in best clothes)* vestir-se elegantemente.

dresser ['dresər] n Am *(chest of drawers)* cômoda f; Brit *(for crockery)* aparador m.

dressing ['dresɪŋ] n *(for salad)* tempero m; *(for wound)* curativo m.

dressing room n camarim m.

dressing table n toucador m.

dressmaker ['dres,meɪkər] n costureiro m, -ra f.

dress rehearsal n ensaio m geral.

drew [dru:] pt → draw.

dribble ['drɪbl] vi *(liquid)* pingar; *(baby)* babar-se.

drier ['draɪər] = dryer.

drift [drɪft] n *(of snow)* monte m. ◆ vi *(in wind)* ser levado pelo vento; *(in water)* ser levado pela água, derivar.

drill [drɪl] n *(electric tool)* furadeira f; *(manual tool, of dentist)* broca f. ◆ vt *(hole)* furar.

drink [drɪŋk] *(pt* drank, *pp* drunk) n *(of water, tea etc.)* bebida f; *(alcoholic)* drinque m, bebida. ◆ vt & vi beber; **would you like a ~?** quer beber OR tomar algo?; **to have a ~** *(alcoholic)* beber OR tomar um drinque.

drinking water ['drɪŋkɪŋ-] n
água f potável.

drip [drɪp] n (drop) gota f;
MED aparelho m de soro. ◆ vi
pingar.

dripping (wet) ['drɪpɪŋ-] adj
encharcado(da).

drive [draɪv] (pt drove, pp
driven) n (trip) viagem f; (in front
of house) acesso m, caminho m.
◆ vt (car, bus, train) dirigir; (take
in car) levar (em carro). ◆ vi (drive
car) dirigir; (travel in car) ir de carro; **to go for a** ~ ir dar um
passeio de carro; **it's** ~**n by
electricity** funciona a eletricidade; **to** ~ **sb to do sthg** levar alguém a fazer algo; **to** ~ **sb crazy**
deixar alguém louco.

driven ['drɪvn] pp → **drive.**

driver ['draɪvər] n (of car, taxi,
bus) motorista mf; (of train) maquinista mf.

driver's license n Am carteira f de motorista.

driveway ['draɪvweɪ] n acesso
m, caminho m.

driving licence n Brit = driver's license.

driving test n exame m de direção.

drizzle ['drɪzl] n chuvisco m.

drop [drɒp] n gota f, pingo m;
(distance down) descida f; (decrease) queda f. ◆ vt (let fall by accident) deixar cair; (let fall on
purpose) jogar; (reduce) baixar;
(from vehicle) deixar; (omit) omitir. ◆ vi (fall) cair; (decrease) baixar; **to** ~ **a hint that** dar a
entender que; **to** ~ **sb a line**

escrever a alguém. ❑ **drop in** vi
inf: **to** ~ **in on sb** passar pela
casa de alguém. ❑ **drop off**
◆ vt sep (from vehicle) deixar. ◆ vi
(fall asleep) adormecer; (fall off)
cair. ❑ **drop out** vi (of college)
abandonar os estudos; (of race)
desistir.

drought [draʊt] n seca f.

drove [drəʊv] pt → **drive.**

drown [draʊn] vi afogar-se.

drug [drʌg] n droga f. ◆ vt drogar.

drug addict n drogado m, -da
f, toxicômano m, -na f.

drum [drʌm] n MUS tambor m;
(container) barril m; **to play the**
~**s** tocar bateria.

drummer ['drʌmər] n baterista mf.

drumstick ['drʌmstɪk] n (of
chicken) coxa f.

drunk [drʌŋk] pp → **drink.**
◆ adj bêbado(da). ◆ n bêbado m,
-da f; **to get** ~ embebedar-se.

dry [draɪ] adj seco(ca). ◆ vt
(hands, dishes, clothes) secar. ◆ vi
secar; **to** ~ **o.s.** secar-se; **to** ~
one's hair secar o cabelo. ❑ **dry
up** vi (become dry) secar.

dry-clean vt lavar a seco.

dry cleaners n tinturaria f.

dryer ['draɪər] n (for clothes) máquina f de secar; (for hair) secador m.

dubbed [dʌbd] adj (movie) du-
blado(da).

dubious ['duːbjəs] adj (suspect)
duvidoso(osa).

duchess ['dʌtʃəs] n duquesa f.

duck [dʌk] n pato m. ◆ vi abaixar-se.

due [djuː] adj (owed) devido (da); (to be paid) a pagar; **the train is ~ at eight o'clock** a chegada do trem está prevista para as oito; **in ~ course** no tempo devido; **~ to** devido a.

duet [djuːˈet] n dueto m.

dug [dʌg] pt & pp → **dig.**

duke [djuːk] n duque m.

dull [dʌl] adj (boring) chato(ta), aborrecido(da); (not bright) baço(ça); (weather) cinzento(ta); (pain) incômodo(da).

dumb [dʌm] adj inf (stupid) estúpido(da); (unable to speak) mudo(da).

dummy [ˈdʌmɪ] n (for clothes) manequim m.

dump [dʌmp] n (for garbage) lixeira f; inf (place) espelunca f. ◆ vt (drop carelessly) deixar cair; (get rid of) desfazer-se de.

dune [djuːn] n duna f.

dungarees [ˌdʌŋɡəˈriːz] npl macacão m.

dungeon [ˈdʌndʒən] n masmorra f.

duo [ˈdjuːəʊ] n duo m.

duplicate [ˈdjuːplɪkət] n duplicado m.

during [ˈdjʊərɪŋ] prep durante.

dusk [dʌsk] n crepúsculo m.

dust [dʌst] n (in building) pó m; (on ground) pó, poeira f. ◆ vt (furniture, object) tirar o pó de.

duster [ˈdʌstər] n pano m de pó.

dustpan [ˈdʌstpæn] n pá f de lixo.

dusty [ˈdʌstɪ] adj (road) poeirento(ta); (room, air) cheio (cheia) de pó.

duty [ˈdjuːtɪ] n (moral obligation) dever m; (tax) taxa f; **to be on ~** estar de plantão; **to be off ~** estar de folga. ❑ **duties** npl (job) funções fpl.

duty-free adj livre de impostos. ◆ n (article) artigo m isento de impostos alfandegários.

duvet [ˈduːveɪ] n edredom m.

DVD n (abbr of Digital Video or Versatile Disc) DVD m.

dwarf [dwɔːf] (pl dwarves [dwɔːvz]) n anão m, anã f.

dwelling [ˈdwelɪŋ] n fml moradia f.

dye [daɪ] n tinta f (para tingir). ◆ vt tingir.

dynamite [ˈdaɪnəmaɪt] n dinamite f.

dynamo [ˈdaɪnəməʊ] (pl **-s**) n dínamo m.

dyslexic [dɪsˈleksɪk] adj disléxico(ca).

E

E (abbr of east) E.

each [iːtʃ] adj & pron cada; ~ **one** cada um (cada uma); ~ **of them** cada um deles (cada uma delas); ~ **other** um ao outro; **they fought ~ other** lutaram um contra o outro;

we know ~ other nós nos conhecemos; **one** ~ um a cada um; **one of** ~ um de cada.

eager ['i:gər] *adj (student)* entusiasta; *(expression)* de entusiasmo; **to be** ~ **to do sthg** estar ansioso por fazer algo; ~ **to please** doido para agradar.

eagle ['i:gl] *n* águia *f*.

ear [ɪər] *n* orelha *f*; *(of corn)* espiga *f*.

earache ['ɪəreɪk] *n* dor *f* de ouvido; **I have an** ~ estou com dor de ouvido.

earl [ɜ:l] *n* conde *m*.

early ['ɜ:lɪ] *adj (before usual or arranged time)* antecipado(da). ◆ *adv* cedo; **I need to catch an** ~ **train** preciso pegar um trem que passa mais cedo; **it arrived an hour** ~ chegou uma hora mais cedo; **last year** no início do ano passado; **in the** ~ **morning** de madrugada; **at the earliest** o mais cedo possível, no mínimo; ~ **on** cedo; **to have an** ~ **night** deitar-se cedo.

earn [ɜ:n] *vt* ganhar; **to** ~ **a living** ganhar a vida.

earnings ['ɜ:nɪŋz] *npl* rendimentos *mpl*.

earphones ['ɪəfəʊnz] *npl* fones *mpl* de ouvido.

earplugs ['ɪəplʌgz] *npl* tampões *mpl* auriculares OR para os ouvidos.

earrings ['ɪərɪŋz] *npl* brincos *mpl*.

earth [ɜ:θ] *n* terra *f*; **how on**

~ **...?** como diabo ...?

earthquake ['ɜ:θkweɪk] *n* terremoto *m*.

ease [i:z] *n* facilidade *f*. ◆ *vt (pain, tension)* aliviar; *(problem)* minorar; **at** ~ à vontade; **with** ~ com facilidade, facilmente. ❑ **ease off** *vi* diminuir.

easily ['i:zɪlɪ] *adv (without difficulty)* facilmente; *(by far)* de longe.

east [i:st] *n* leste *m*, este *m*. ◆ *adj* leste, este. ◆ *adv (be situated)* a leste; *(fly, walk)* para este, para leste; **in the** ~ **of the country** no leste do país; **the East** *(Asia)* o Oriente.

Easter ['i:stər] *n* Páscoa *f*.

eastern ['i:stən] *adj* de leste, do este. ❑ **Eastern** *adj (Asian)* oriental.

eastward ['i:stwəd] *adv* em direção ao leste OR este, para leste OR este.

easy ['i:zɪ] *adj* fácil; **to take it** ~ *(relax)* levar as coisas com calma; **take it** ~! *(be calm)* tenha calma!

easygoing [,i:zɪ'gəʊɪŋ] *adj* descontraído(da).

eat [i:t] *(pt* **ate,** *pp* **eaten** ['i:tn]) *vt* & *vi* comer. ❑ **eat out** *vi* comer fora.

ebony ['ebənɪ] *n* ébano *m*.

eccentric [ɪk'sentrɪk] *adj* excêntrico(ca).

echo ['ekəʊ] *(pl* **-es)** *n* eco *m*. ◆ *vi* ecoar.

ecological [,i:kə'lɒdʒɪkl] *adj* ecológico(ca).

ecology [ɪ'kɒlədʒɪ] n ecologia f.

e-commerce n comércio m eletrônico.

economic [ˌiːkə'nɒmɪk] adj econômico(ca). ▫**economics** n economia f.

economical [ˌiːkə'nɒmɪkl] adj econômico(ca).

economize [ɪ'kɒnəmaɪz] vi economizar.

economy [ɪ'kɒnəmɪ] n economia f.

economy class n classe f turística.

ecotourism [ˌiːkəʊ'tʊərɪzm] n ecoturismo m.

ecstasy ['ekstəsɪ] n (great joy) êxtase m; (drug) ecstasy f.

eczema [ɪg'ziːmə] n eczema m.

edge [edʒ] n (border) beira f; (of table, coin, plate) borda f; (of knife) fio m, gume m.

edible ['edɪbl] adj comestível.

edition [ɪ'dɪʃn] n edição f.

editor ['edɪtər] n (of text) editor m, -ra f; (of newspaper, magazine) diretor m, -ra f; (of movie, TV program) técnico m, -ca f de montagem.

educate ['edʒʊkeɪt] vt educar.

education [ˌedʒʊ'keɪʃn] n educação f.

eel [iːl] n enguia f.

effect [ɪ'fekt] n efeito m; **to put sthg into** ~ pôr em prática; **to take** ~ (medicine) fazer efeito; (law) entrar em vigor.

effective [ɪ'fektɪv] adj (successful) eficaz; (law, system) em vigor.

effectively [ɪ'fektɪvlɪ] adv (successfully) eficazmente, com eficácia; (in fact) com efeito.

efficient [ɪ'fɪʃənt] adj (person) eficiente; (factory) econômico (ca).

effort ['efərt] n esforço m; **to make an** ~ **to do sthg** fazer um esforço para fazer algo; **it's not worth the** ~ não vale a pena o esforço.

e.g. adv e.g., p. ex.

egg [eg] n ovo m.

eggplant ['egplænt] n Am berinjela f.

eight [eɪt] num oito → **six**.

eighteen [ˌeɪ'tiːn] num dezoito → **six**.

eighteenth [ˌeɪ'tiːnθ] num décimo oitavo (décima oitava) → **sixth**.

eighth [eɪtθ] num oitavo(va) → **sixth**.

eightieth ['eɪtɪəθ] num octogésimo(ma) → **sixth**.

eighty ['eɪtɪ] num oitenta → **six**.

either ['iːðər] adj: ~ **book will do** qualquer um dos livros serve. ◆ pron: **I'll take** ~ **(of them)** levo qualquer um (deles); **I don't like** ~ **(of them)** não gosto de nenhum (deles). ◆ adv: **I can't** ~ também não posso; ~ **... or** ou... ou; **I don't speak** ~ **Portuguese or English** não falo nem português nem inglês; **on** ~ **side** dos dois lados.

eject [ɪ'dʒekt] vt (cassette) tirar.

elaborate [ɪ'læbrət] adj elaborado(da), complicado(da).

elastic [ɪ'læstɪk] n elástico m.

elastic band n Brit elástico m.

elbow ['elbəʊ] n cotovelo m.

elder ['eldər] adj mais velho (lha).

elderly ['eldəlɪ] adj idoso (osa). ◆ npl: **the** ~ os idosos.

eldest ['eldɪst] adj mais velho (lha).

elect [ɪ'lekt] vt eleger; **to** ~ **to do sthg** (fml: choose) escolher fazer algo.

election [ɪ'lekʃn] n eleição f.

ELECTION

As eleições presidenciais americanas realizam-se a cada quatro anos. Pela lei, o presidente não pode ter mais de dois mandatos consecutivos. As eleições gerais britânicas são realizadas de cinco em cinco anos, mas o primeiro-ministro pode convocá-las a qualquer momento. Nos dois casos, o voto não é obrigatório.

electric [ɪ'lektrɪk] adj elétrico (ca).

electrician [ˌɪlek'trɪʃn] n eletricista m.

electricity [ˌɪlek'trɪsətɪ] n eletricidade f.

electric shock n choque m elétrico.

electrocute [ɪ'lektrəkjuːt] vt eletrocutar.

electronic [ˌɪlek'trɒnɪk] adj eletrônico(ca).

elegant ['elɪgənt] adj elegante.

element ['elɪmənt] n elemento m; (of fire, kettle) resistência f; **the** ~ **s** (weather) os elementos.

elementary [ˌelɪ'mentərɪ] adj elementar.

elementary school n escola f primária.

elephant ['elɪfənt] n elefante m.

elevator ['elɪveɪtər] n Am elevador m.

eleven [ɪ'levn] num onze → **six**.

eleventh [ɪ'levnθ] num décimo primeiro (décima primeira) → **sixth**.

eligible ['elɪdʒəbl] adj (qualified, suitable) apto(ta); (bachelor) elegível.

eliminate [ɪ'lɪmɪneɪt] vt eliminar.

elm [elm] n ulmeiro m, olmo m.

else [els] adv: **I don't want anything** ~ não quero mais nada; **anything** ~? mais alguma coisa?; **everyone** ~ os outros todos (as outras todas); **nobody** ~ mais ninguém; **nothing** ~ mais nada; **somebody** ~ mais alguém; **something** ~ outra coisa; **somewhere** ~ outro lugar; **what** ~? que mais?; **who** ~? quem mais?; **or** ~ ou então, senão.

elsewhere ['elswer] adv (be, search) em outro lugar; (with *verbs of motion)* para outro lado.

e-mail ['i:meɪl] *n* e-mail *m*, correio *m* eletrônico. ◆ *vt:* **to ~ sb** mandar um e-mail para alguém; **to ~ sthg to sb** mandar algo por e-mail para alguém.

e-mail address *n* endereço *m* eletrônico.

embankment [ɪm'bæŋkmənt] *n (next to river)* margem *f; (next to road, railroad)* barreira *f.*

embark [ɪm'bɑːrk] *vi (board ship)* embarcar.

embarrass [ɪm'berəs] *vt* envergonhar.

embarrassed [ɪm'berəst] *adj* envergonhado(da).

embarrassing [ɪm'berəsɪŋ] *adj* embaraçoso(osa).

embarrassment [ɪm'berəsmənt] *n* vergonha *f.*

embassy ['embəsɪ] *n* embaixada *f.*

emblem ['embləm] *n* emblema *m.*

embrace [ɪm'breɪs] *vt* abraçar.

embroidered [ɪm'brɔɪdəd] *adj* bordado(da).

embroidery [ɪm'brɔɪdərɪ] *n* bordado *m.*

emerald ['emərəld] *n* esmeralda *f.*

emerge [ɪ'mɜːrdʒ] *vi (from place)* emergir, sair; *(fact, truth)* vir à tona.

emergency [ɪ'mɜːrdʒənsɪ] *n* emergência *f.* ◆ *adj* de emergência; **in an ~** em caso de emergência.

emergency exit *n* saída *f* de emergência.

emergency services *npl* serviços *mpl* de emergência.

emigrate ['emɪgreɪt] *vi* emigrar.

emit [ɪ'mɪt] *vt* emitir.

emotion [ɪ'məʊʃn] *n* emoção *f.*

emotional [ɪ'məʊʃnəl] *adj (situation, scene)* comovente; *(person)* emotivo(va).

emphasis ['emfəsɪs] *(pl* -ases [-əsiːz]) *n* ênfase *f.*

emphasize ['emfəsaɪz] *vt* enfatizar, sublinhar.

empire ['empaɪər] *n* império *m.*

employ [ɪm'plɔɪ] *vt* empregar.

employed [ɪm'plɔɪd] *adj* empregado(da).

employee [ɪm'plɔɪiː] *n* empregado *m,* -da *f.*

employer [ɪm'plɔɪər] *n* empregador *m,* -ra *f.*

employment [ɪm'plɔɪmənt] *n* emprego *m.*

empty ['emptɪ] *adj (containing nothing)* vazio(zia); *(threat, promise)* vão (vã). ◆ *vt* esvaziar.

enable [ɪ'neɪbl] *vt:* **to ~ sb to do sthg** permitir a alguém fazer algo.

enamel [ɪ'næml] *n* esmalte *m.*

enchanting [ɪn'tʃæntɪŋ] *adj* encantador(ra).

enclose [ɪn'kləʊz] *vt (surround)* cercar; *(with letter)* anexar.

enclosed [ɪn'kləʊzd] *adj (space)* cercado(da); *(with letter)* anexo.

encore ['ɒŋkɔːr] n bis m. ◆ excl bis!

encounter [ɪn'kaʊntər] vt encontrar.

encourage [ɪn'kʌrɪdʒ] vt encorajar; **to ~ sb to do sthg** encorajar alguém a fazer algo.

encouragement [ɪn'kʌrɪdʒmənt] n encorajamento m.

encyclopedia [ɪn,saɪklə'piːdjə] n enciclopédia f.

end [end] n fim m; (farthest point) extremo m; (of string, finger) ponta f. ◆ vt acabar, terminar; (war, practice) acabar com. ◆ vi acabar, terminar; **to come to an ~** chegar ao fim; **to put an ~ to sthg** acabar com algo; **for days on ~** durante dias e dias OR dias a fio; **in the ~** no fim; **to make ~s meet** conseguir que o dinheiro chegue ao fim do mês. ❑ **end up** vi acabar; **to ~ up doing sthg** acabar por fazer algo.

endangered species [ɪn'deɪndʒərd-] n espécie f em extinção.

ending ['endɪŋ] n (of story, movie, book) fim m, final m; GRAMM terminação f.

endless ['endləs] adj infinito (ta), sem fim.

endorse [ɪn'dɔːrs] vt endossar; **to ~ a check** endossar um cheque.

endurance [ɪn'djʊərəns] n resistência f.

endure [ɪn'djʊər] vt suportar.

enemy ['enəmɪ] n inimigo m, -ga f.

energy ['enərdʒɪ] n energia f.

enforce [ɪn'fɔːs] vt (law) aplicar, fazer cumprir.

engaged [ɪn'geɪdʒd] adj (to be married) noivo(va); Brit (phone) ocupado(da); (washroom) ocupado(da); **to get ~** ficar noivo.

engagement [ɪn'geɪdʒmənt] n (to marry) noivado m; (appointment) compromisso m, encontro m.

engine ['endʒɪn] n (of vehicle) motor m; (of train) máquina f.

engineer [,endʒɪ'nɪər] n (of roads, machinery) engenheiro m, -ra f; (to do repairs) técnico m, -ca f; (of roads, machinery) engenheiro m, -ra f; Am (on train) maquinista m f.

engineering [,endʒɪ'nɪərɪŋ] n engenharia f.

England ['ɪŋglənd] n Inglaterra f.

English ['ɪŋglɪʃ] adj inglês(esa). ◆ n (language) inglês m. ◆ npl: **the ~** os ingleses.

engrave [ɪn'greɪv] vt gravar.

engraving [ɪn'greɪvɪŋ] n gravura f.

enjoy [ɪn'dʒɔɪ] vt gostar de; **to ~ doing sthg** gostar de fazer algo; **to ~ o.s.** divertir-se; **~ your meal!** bom apetite!

enjoyable [ɪn'dʒɔɪəbl] adj agradável.

enjoyment [ɪn'dʒɔɪmənt] n prazer m.

enlargement [ɪn'lɑːrdʒmənt] n (of photo) ampliação f.

equation

enormous [ɪ'nɔ:rməs] adj enorme.

enough [ɪ'nʌf] adj suficiente. ◆ pron o suficiente. ◆ adv suficientemente; ~ **time** tempo suficiente; **is that ~ chega?**; **it's not big ~** não é suficientemente grande; **I've had ~ of your sass!** estou farto de seu atrevimento!

enquire vi = inquire.

enroll [ɪn'rəʊl] Am matricular-se.

ensure [ɪn'ʃʊər] vt assegurar, garantir.

entail [ɪn'teɪl] vt (involve) implicar.

enter ['entər] vt entrar em; (college, army) entrar para; (competition) inscrever-se em; (on form) escrever. ◆ vi entrar; (in competition) inscrever-se.

enterprise ['entərpraɪz] n (business) empresa f.

entertain [,entər'teɪn] vt (amuse) entreter.

entertainer [,entər'teɪnər] n artista mf (de variedades).

entertaining [,entər'teɪnɪŋ] adj divertido(da).

entertainment [,entər'teɪnmənt] n (amusement) divertimento m; (show) espetáculo m.

enthusiasm [ɪn'θu:zɪæzm] n entusiasmo m.

enthusiast [ɪn'θu:zɪæst] n entusiasta mf.

enthusiastic [ɪn,θu:zɪ'æstɪk] adj entusiástico(ca).

entire [ɪn'taɪər] adj inteiro(ra).

entirely [ɪn'taɪərlɪ] adv completamente.

entitle [ɪn'taɪtl] vt: to ~ sb to sthg dar a alguém o direito a algo; to ~ sb to do sthg dar o direito a alguém de fazer algo.

entrance ['entrəns] n entrada f.

entry ['entrɪ] n entrada f; (in competition) inscrição f, candidatura f; **'no ~'** (sign on door) 'entrada proibida'; (road sign) 'acesso proibido'.

envelope ['envələʊp] n envelope m.

envious ['envɪəs] adj invejoso(osa).

environment [ɪn'vaɪrənmənt] n meio m; **the ~** o meio ambiente.

environmental [ɪn,vaɪrən'mentl] adj ambiental.

envy ['envɪ] vt invejar.

epic ['epɪk] n epopéia f.

epidemic [,epɪ'demɪk] n epidemia f.

epileptic [,epɪ'leptɪk] adj epilético(ca).

episode ['epɪsəʊd] n episódio m.

equal ['i:kwəl] adj igual. ◆ vt igualar; **to be ~ to** (number) ser igual a.

equality [ɪ'kwɒlətɪ] n igualdade f.

equalize ['i:kwəlaɪz] vi igualar.

equally ['i:kwəlɪ] adv (bad, good, matched) igualmente; (pay, treat) de forma igual, da mesma forma; (share) por igual; (at the same time) ao mesmo tempo.

equation [ɪ'kweɪʒn] n equação f.

equator [ɪ'kweɪtər] n: the ~ o equador.

equip [ɪ'kwɪp] vt: to ~ sb/sthg with equipar alguém/algo com.

equipment [ɪ'kwɪpmənt] n equipamento m.

equivalent [ɪ'kwɪvələnt] adj equivalente. ◆ n equivalente m.

ER n Am (abbr of emergency room) Emergência f.

erase [ɪ'reɪz] vt (letter, word) apagar.

eraser [ɪ'reɪzər] n borracha f (de apagar).

erect [ɪ'rekt] adj ereto(ta). ◆ vt (tent) montar; (monument) erigir.

erotic [ɪ'rɒtɪk] adj erótico(ca).

erratic [ɪ'rætɪk] adj irregular.

error ['erər] n erro m.

escalator ['eskəleɪtər] n escada f rolante.

escape [ɪ'skeɪp] n fuga f. ◆ vi: to ~ (from) (from prison, danger) fugir (de); (leak) escapar (de).

escort [n 'eskɔːt, vb ɪ'skɔːt] n (guard) escolta f. ◆ vt escoltar.

especially [ɪ'speʃəlɪ] adv (in particular) sobretudo; (on purpose) especialmente; (very) particularmente.

essay ['eseɪ] n (at school) redação f, composição f; (at university) trabalho m escrito.

essential [ɪ'senʃl] adj essencial. ❑ **essentials** npl: the ~s o essencial; **the bare ~s** o mínimo indispensável.

essentially [ɪ'senʃəlɪ] adv essencialmente.

establish [ɪ'stæblɪʃ] vt estabelecer.

establishment [ɪ'stæblɪʃmənt] n (business) estabelecimento m.

estate [ɪ'steɪt] n (land in country) propriedade f; (property) propriedade f.

estimate [n 'estɪmət, vb 'estɪmeɪt] n (guess) estimativa f; (from contractor, plumber) orçamento m. ◆ vt calcular.

estuary ['estʃʊərɪ] n estuário m.

euro ['jʊərəʊ] n euro m.

Europe ['jʊərəp] n Europa f.

evacuate [ɪ'vækjʊeɪt] vt evacuar.

evade [ɪ'veɪd] vt (person) evitar; (issue, responsibility) fugir a.

eve [iːv] n: on the ~ of na véspera de.

even ['iːvn] adj (level) plano(na); (equal) igual; (number) par. ◆ adv (emphasizing surprise) mesmo; (in comparisons) ainda; **to break ~** funcionar sem lucros nem prejuízos; ~ **so** mesmo assim; ~ **though** ainda que; **not** ~ nem mesmo or sequer.

evening ['iːvnɪŋ] n (from 5 p.m. until 8 p.m.) tarde f; (from 8 p.m. onwards) noite f; (event) noite f; **good ~!** boa tarde!, boa noite!; **in the ~** ao entardecer, à noite.

evening dress n (formal clothes) traje m de cerimônia.

event [ɪ'vent] n (occurrence) acontecimento m; SPORT prova f; **in the ~ of** fml em caso de.

eventual [ɪ'ventʃʊəl] *adj* final.

eventually [ɪ'ventʃʊəlɪ] *adv* finalmente.

ever ['evər] *adv (at any time)* alguma vez; *(in negatives)* nunca; **I don't ~ do that** nunca faço isso; **the best I've ~ seen** o melhor que já vi; **for ~** *(eternally)* para sempre; **we've been waiting for ~** estamos esperando há muito tempo; **hardly ~** quase nunca; **~ since** desde então. ◆ *prep* desde. ◆ *conj* desde que.

every ['evrɪ] *adj* cada; **~ day** cada dia, todos os dias; **~ other day** dia sim, dia não; **one in ~ ten** um em cada dez; **we make ~ effort ...** fazemos o possível ...; **~ so often** de vez em quando.

everybody ['evrɪˌbɒdɪ] *pron* = **everyone**.

everyday ['evrɪdeɪ] *adj* diário (ria).

everyone ['evrɪwʌn] *pron* todo mundo, todos *mpl*, -das *fpl*.

everyplace ['evrɪˌpleɪs] *adv Am (inf)* = **everywhere**.

everything ['evrɪθɪŋ] *pron* tudo.

everywhere ['evrɪweər] *adv (be, search)* por todo o lado; *(with verbs of motion)* para todo o lado; **~ you go it's the same** onde quer que se vá é o mesmo.

evidence ['evɪdəns] *n* prova *f*.

evident ['evɪdənt] *adj* evidente.

evidently ['evɪdəntlɪ] *adv (apparently)* aparentemente; *(obviously)* evidentemente.

evil ['iːvl] *adj* mau (má). ◆ *n* o mal.

ex [eks] *n inf* ex *mf*.

exact [ɪg'zækt] *adj* exato(ta).

exactly [ɪg'zæktlɪ] *adv* exatamente. ◆ *excl* exato!

exaggerate [ɪg'zædʒəreɪt] *vt & vi* exagerar.

exaggeration [ɪgˌzædʒə'reɪʃn] *n* exagero *m*.

exam [ɪg'zæm] *n* exame *m*; **to take an ~** fazer um exame; **final exams** provas *fpl* finais.

examination [ɪgˌzæmɪ'neɪʃn] *n* exame *m*.

examine [ɪg'zæmɪn] *vt* examinar.

example [ɪg'zɑːmpl] *n* exemplo *m*; **for ~** por exemplo.

exceed [ɪk'siːd] *vt* ultrapassar.

excellent ['eksələnt] *adj* excelente.

except [ɪk'sept] *prep* exceto, a menos que. ◆ *conj* exceto; **~ for** exceto; **'~ for loading'** 'exceto cargas e descargas'.

exception [ɪk'sepʃn] *n* exceção *f*.

exceptional [ɪk'sepʃnəl] *adj* excepcional.

excerpt ['eksɜːpt] *n* trecho *m*, excerto *m*.

excess [ɪk'ses, *before nouns* 'ekses] *adj* excessivo(va), em excesso. ◆ *n* excesso *m*.

excessive [ɪk'sesɪv] *adj* excessivo(va).

exchange [ɪks'tʃeɪndʒ] *n (of telephones)* central *f* telefônica; *(of students)* intercâmbio *m*. ◆ *vt* trocar; **to ~ sthg for sthg** trocar algo por algo; **to be on an ~** estar participando de um intercâmbio.

exchange rate n taxa f de câmbio.

excited [ɪk'saɪtɪd] adj entusiasmado(da).

excitement [ɪk'saɪtmənt] n (excited feeling) entusiasmo m; (exciting thing) emoção f.

exciting [ɪk'saɪtɪŋ] adj emocionante, excitante.

exclamation point [,eksklə'meɪʃn-] n ponto m de exclamação.

exclude [ɪk'skluːd] vt excluir.

excluding [ɪk'skluːdɪŋ] prep excluindo.

exclusive [ɪk'skluːsɪv] adj exclusivo(va). ◆ n exclusivo m; '~ of sales tax' 'imposto sobre vendas não incluído'.

excursion [ɪk'skɜːrʃn] n excursão f.

excuse [n ɪk'skjuːs, vb ɪk'skjuːz] n desculpa f. ◆ vt (forgive) desculpar; (let off) dispensar; **~ me!** (attracting attention) com licença!; (trying to get past) com licença!; (as apology) desculpe!, perdão!

execute ['eksɪkjuːt] vt executar.

executive [ɪg'zekjətɪv] adj (suite, travel) para executivos. ◆ n (person) executivo m, -va f.

exempt [ɪg'zempt] adj: **~ (from)** isento(ta) (de).

exemption [ɪg'zempʃn] n (from taxes) isenção f; (from test) dispensa f.

exercise ['eksərsaɪz] n exercício m. ◆ vi exercitar-se, fazer exercício; **to do ~s** fazer exercícios.

exert [ɪg'zɜːrt] vt exercer.

exhaust [ɪg'zɔːst] vt esgotar. ◆ n: **~ (pipe)** cano m de descarga.

exhausted [ɪg'zɔːstəd] adj exausto(ta).

exhibit [ɪg'zɪbɪt] n (in museum, gallery) objeto m exposto. ◆ vt (in exhibition) exibir.

exhibition [,eksɪ'bɪʃn] n (of art) exposição f.

exist [ɪg'zɪst] vi existir.

existence [ɪg'zɪstəns] n existência f; **to be in ~** existir.

existing [ɪg'zɪstɪŋ] adj existente.

exit ['eksət] n saída f. ◆ vi sair.

exotic [ɪg'zɒtɪk] adj exótico (ca).

expand [ɪk'spænd] vi (in size) expandir-se; (in number) aumentar.

expect [ɪk'spekt] vt esperar; **to ~ to do sthg** esperar fazer algo; **to ~ sb to do sthg** esperar que alguém faça algo; **to be ~ing** (be pregnant) estar esperando bebê.

expedition [,ekspə'dɪʃn] n expedição f.

expel [ɪk'spel] vt (from school) expulsar.

expense [ɪk'spens] n gasto m, despesa f; **at the ~ of** à custa de. ▫ **expenses** npl (of business person) gastos mpl, despesas fpl.

expensive [ɪk'spensɪv] *adj* caro(ra).

experience [ɪk'spɪərɪəns] *n* experiência *f*. ◆ *vt* passar por.

experienced [ɪk'spɪərɪənst] *adj* com experiência, experiente.

experiment [ɪk'sperɪmənt] *n* experimento *m*. ◆ *vi* experimentar.

expert ['ekspɜːt] *adj (advice, treatment)* especializado(da). ◆ *n* especialista *mf*, perito *m*, -ta *f*.

expire [ɪk'spaɪər] *vi* vencer.

explain [ɪk'spleɪn] *vt* explicar.

explanation [,eksplə'neɪʃn] *n* explicação *f*.

explode [ɪk'spləʊd] *vi* explodir.

exploit [ɪk'splɔɪt] *vt* explorar.

explore [ɪk'splɔːr] *vt* explorar.

explosion [ɪk'spləʊʒn] *n* explosão *f*.

explosive [ɪk'spləʊsɪv] *n* explosivo *m*.

export [*n* 'ekspɔːt, *vb* ɪk'spɔːt] *n* exportação *f*. ◆ *vt* exportar.

exposed [ɪk'spəʊzd] *adj (place)* desprotegido(da).

exposure [ɪk'spəʊʒər] *n (photograph)* fotografia *f*; *(to heat, radiation)* exposição *f*; **to die of ~** morrer de frio OR por exposição ao frio.

express [ɪk'spres] *adj (letter, delivery)* urgente; *(train)* rápido(da). ◆ *n (train)* expresso *m*. ◆ *vt* exprimir. ◆ *adv*: **send it ~** envie-o pelo correio expresso.

expression [ɪk'spreʃn] *n* expressão *f*.

expressway [ɪk'spresweɪ] *n Am* auto-estrada *f*.

extend [ɪk'stend] *vt* prolongar; *(hand)* estender. ◆ *vi (stretch)* estender-se.

extension [ɪk'stenʃn] *n (of building)* anexo *m*; *(for phone)* ramal *m*; *(for permit)* prolongamento *m*, prorrogação *f*; *(for essay)* acréscimo *m*.

extensive [ɪk'stensɪv] *adj* vasto(ta).

extent [ɪk'stent] *n (of damage)* dimensão *f*; *(of knowledge)* grau *m*; **to a certain ~** até certo ponto; **to what ~ ...?** até que ponto...?

exterior [ɪk'stɪərɪər] *adj* exterior. ◆ *n (of car, building)* exterior *m*.

external [ɪk'stɜːnl] *adj* externo(na).

extinct [ɪk'stɪŋkt] *adj* extinto(ta).

extinguish [ɪk'stɪŋgwɪʃ] *vt (fire, cigarette)* apagar.

extinguisher [ɪk'stɪŋgwɪʃər] *n* extintor *m*.

extortionate [ɪk'stɔːrʃnət] *adj* exorbitante.

extra ['ekstrə] *adj* extra *(inv)*. ◆ *n* extra *m*. ◆ *adv (more)* mais, extra; **be ~ careful!** tenha muito cuidado!; **an ~ special offer** uma oferta extremamente especial; **we'll have to try ~ hard** temos de nos esforçar ainda mais; **~ charge** suplemento *m*; **~ large** GG *(tamanho)*. ◘ **extras** *npl (in price)* extras *mpl*.

extract [*n* 'ekstrækt, *vb* ɪk'strækt] *n (of yeast, malt etc.)* extrato *m*;

(from book, opera) trecho *m.* ◆ *vt (tooth)* arrancar.

extraordinary [ɪk'strɔːrdnərɪ] *adj* extraordinário(ria).

extravagant [ɪk'strævəgənt] *adj* extravagante.

extreme [ɪk'striːm] *adj* extremo(ma). ◆ *n* extremo *m.*

extremely [ɪk'striːmlɪ] *adv* extremamente.

extrovert ['ekstrəvɜːrt] *n* extrovertido *m,* -da *f.*

eye [aɪ] *n* olho *m; (of needle)* buraco *m.* ◆ *vt* olhar para; **to keep an ~ on** vigiar.

eyebrow ['aɪbraʊ] *n* sobrancelha *f.*

eyelash ['aɪlæʃ] *n* pestana *f.*

eyelid ['aɪlɪd] *n* pálpebra *f.*

eyesight ['aɪsaɪt] *n* vista *f.*

eye test *n* exame *m* de vista.

eyewitness ['aɪ'wɪtnɪs] *n* testemunha *mf* ocular.

F

F *(abbr of Fahrenheit)* F.

fabric ['fæbrɪk] *n (cloth)* tecido *m.*

fabulous ['fæbjələs] *adj* fabuloso(osa).

façade [fə'sɑːd] *n* fachada *f.*

face [feɪs] *n* cara *f,* face *f,* rosto *m; (of cliff, mountain)* lado *m; (of clock, watch)* mostrador *m.* ◆ *vt* encarar; **the hotel ~s the harbor** o hotel dá para o porto; **to**

be ~d with ver-se perante. ❑ **face up to** *vt fus* fazer face a.

facial ['feɪʃl] *n* limpeza *f* facial OR de pele.

facilitate [fə'sɪlɪteɪt] *vt fml* facilitar.

facilities [fə'sɪlɪtɪz] *npl* instalações *fpl.*

fact [fækt] *n* fato *m;* **in ~** na realidade.

factor ['fæktər] *n* fator *m; ~* **ten suntan lotion** bronzeador com fator de proteção dez.

factory ['fæktərɪ] *n* fábrica *f.*

faculty ['fæklti] *n (at university)* faculdade *f.*

fade [feɪd] *vi (light, sound)* desaparecer; *(flower)* murchar; *(jeans, wallpaper)* desbotar.

faded ['feɪdəd] *adj (jeans)* ruço (ça), desbotado(da).

fail [feɪl] *vt (class, test)* reprovar. ◆ *vi (not succeed)* fracassar; *(on test)* não passar; *(engine)* falhar; **to ~ to do sthg** *(not do)* não fazer algo.

failing ['feɪlɪŋ] *n* defeito *m.* ◆ *prep: ~* **that** senão.

failure ['feɪljər] *n* fracasso *m; (unsuccessful person)* fracassado *m,* -da *f; ~* **to comply with the regulations ...** o não cumprimento do regulamento ...

faint [feɪnt] *adj (sound)* fraco (ca); *(color)* claro(ra); *(outline)* vago(ga); *(dizzy)* tonto(ta). ◆ *vi* desmaiar; **I don't have the ~ est idea** não faço a menor idéia.

fair [feər] *adj (decision, trial, result)* justo(ta); *(judge, person)* imparcial; *(quite large, good)* considerável; *SCH* suficiente; *(hair, person)* louro(ra); *(skin)* claro(ra); *(weather)* bom (boa). ♦ *n* feira *f*; ~ **enough!** está bem!

fair-haired [-'heəd] *adj* louro(ra).

fairly ['feəlɪ] *adv (quite)* bastante.

fairy ['feərɪ] *n* fada *f*.

fairy tale *n* conto *m* de fadas.

faith [feɪθ] *n* fé *f*.

fake [feɪk] *n (false thing)* imitação *f*. ♦ *vt (signature, painting)* falsificar.

falcon ['fælkən] *n* falcão *m*.

fall [fɔːl] *(pt* fell, *pp* fallen ['fɔːln)] *vi* cair. ♦ *n* queda *f*; *Am (autumn)* outono *m*; **to** ~ **asleep** adormecer; **to** ~ **ill** adoecer; **to** ~ **in love** apaixonar-se. ▫ **falls** *npl (waterfall)* quedas *fpl* d'água, cataratas *fpl*. ▫ **fall behind** *vi (with work, rent)* atrasar-se. ▫ **fall down** *vi (lose balance)* cair. ▫ **fall off** *vi* cair. ▫ **fall out** *vi (argue)* zangar-se; **my tooth fell out** meu dente caiu. ▫ **fall over** *vi* cair. ▫ **fall through** *vi (plan)* falhar.

false [fɔːls] *adj* falso(sa).

false teeth *npl* dentes *mpl* postiços, dentadura *f* (postiça).

fame [feɪm] *n* fama *f*.

familiar [fə'mɪljə] *adj (known)* familiar; *(informal)* íntimo(ma) (demais); **to be** ~ **with** *(know)* conhecer, estar familiarizado (da) com.

family ['fæmlɪ] *n* família *f*. ♦ *adj (pack)* (com) tamanho familiar;

(movie, vacation) para toda a família.

famine ['fæmɪn] *n* fome *f*.

famished ['fæmɪʃt] *adj inf* esfomeado(da).

famous ['feɪməs] *adj* famoso (osa).

fan [fæn] *n (held in hand)* leque *m*; *(electric)* ventilador *m*; *(enthusiast, supporter)* fã *mf*.

fancy ['fænsɪ] *adj (elaborate)* complicado(da). ♦ *vt inf (feel like)* ter vontade de; ~ **(that)!** quem diria!

fantastic [fæn'tæstɪk] *adj* fantástico(ca).

fantasy ['fæntəsɪ] *n* fantasia *f*.

FAQ *n (abbr of frequently asked questions) COMPUT* FAQs *fpl*.

far [fɑː] *(compar* further OR farther, *superl* furthest OR farthest) *adv (in distance, time)* longe; *(in degree)* muito. ♦ *adj (end, side)* extremo(ma); **how did you go?** até onde você foi?; **how ~ is it (to New York)?** qual é a distância (até Nova York)?; **as ~ as** *(place)* até; **as ~ as I'm concerned** no que me diz respeito; **as ~ as I know** que eu saiba; ~ **better** muito melhor; **by** ~ de longe; **so** ~ *(until now)* até agora; **to go too** ~ ir longe demais.

farce [fɑːs] *n* farsa *f*.

fare [feə] *n (on bus, train etc.)* bilhete *m*; *(fml: food)* comida *f*. ♦ *vi* sair-se.

Far East *n:* **the** ~ o Extremo Oriente.

farm [fɑːm] *n* fazenda *f*.

farmer ['fɑːrmər] n agricultor m, -ra f, fazendeiro m, -ra f.

farmhouse ['fɑːrmhaʊs, pl -haʊzɪz] n casa f de fazenda.

farming ['fɑːrmɪŋ] n agricultura f.

farmland ['fɑːrmlænd] n terra f de cultivo.

farmyard ['fɑːrmjɑːrd] n terreiro m (de fazenda).

farsighted ['fɑːr'saɪtɪd] adj hipermetrope.

farther ['fɑːrðər] compar → far.

farthest ['fɑːrðəst] superl → far. ◆ adv mais. ◆ adj (additional) outro (outra).

fascia ['feɪʃə] n (of mobile phone) capa f frontal.

fascinating ['fæsəneɪtɪŋ] adj fascinante.

fascination [,fæsə'neɪʃn] n fascínio m, fascinação f.

fashion ['fæʃn] n moda f; (manner) maneira f; **to be in ~** estar na moda; **to be out of ~** estar fora da moda.

fashionable ['fæʃnəbl] adj na moda.

fast [fæst] adj (quick) rápido (da); (clock, watch) adiantado (da). ◆ adv (quickly) depressa, rápido; (securely) bem seguro(ra); **to be ~ asleep** estar dormindo profundamente; **a ~ train** um trem rápido.

fasten ['fæsn] vt (belt, coat) apertar; (two things) atar.

fastener ['fæsnər] n fecho m.

fast food n fast food f.

fat [fæt] adj gordo(da). ◆ n gordura f.

fatal ['feɪtl] adj (accident, disease) fatal.

fat-free adj sem gordura.

father ['fɑːðər] n pai m.

Father Christmas n Brit Papai m Noel.

father-in-law n sogro m.

fatten ['fætn] vt engordar.

fattening ['fætnɪŋ] adj que engorda.

fatty ['fætɪ] adj gorduroso(osa).

faucet ['fɔːsɪt] n Am torneira f.

fault ['fɔːlt] n (responsibility) culpa f; (defect) falha f; **it's your ~** a culpa é sua.

faulty ['fɔːltɪ] adj defeituoso (osa).

favor ['feɪvər] Am (kind act) favor m. ◆ vt (prefer) favorecer; **to be in ~ of** ser a favor de; **to do sb a ~** fazer um favor a alguém.

favorable ['feɪvrəbl] adj favorável.

favorite ['feɪvrɪt] adj preferido(da), favorito(ta). ◆ n preferido m, -da f, favorito m, -ta f.

favour ['feɪvə] n Brit = **favor**.

fawn [fɔːn] adj bege (inv).

fax [fæks] n fax m. ◆ vt (document) mandar por fax; (person) mandar um fax para.

fear [fɪər] n medo m. ◆ vt (be afraid of) ter medo de; **for ~ of** por medo de, com receio de.

feast [fiːst] n banquete m.

feather ['feðər] n pena f.

feature ['fiːtʃər] n (characteristic) característica f; (of face) traço *m; (in newspaper, on radio, TV)* reportagem *m.* ◆ *vt (subj: film)* ser protagonizado por.

feature film *n* longametragem *f.*

February ['februərɪ] *n* fevereiro → **September.**

fed [fed] *pt & pp* → **feed.**

fed up *adj* farto(ta); **to be ~ with** estar farto de.

fee [fi:] *n (for admission)* preço *m; (of doctor, lawyer)* honorários *mpl; (of university)* anuidade *f.*

feeble ['fi:bl] *adj* fraco(ca).

feed [fi:d] *(pt & pp* **fed***) vt (person, animal)* alimentar; *(insert)* inserir.

feel [fi:l] *(pt & pp* **felt***) vt (touch)* tocar; *(experience)* sentir; *(think)* achar. ◆ *vi (have emotion)* sentirse. ◆ *n (of material)* toque *m;* **I ~ like a cup of tea** eu quero tomar uma xícara de chá; **to ~ up to doing sthg** sentir-se capaz de fazer algo; **to ~ cold/hot** sentir frio/calor; **my nose ~s cold** meu nariz está frio.

feeling ['fi:lɪŋ] *n (emotion)* sentimento *m; (sensation)* sensação *f; (belief)* opinião *f;* **to hurt sb's ~s** magoar alguém.

feet [fi:t] *pl* → **foot.**

fell [fel] *pt* → **fall.** ◆ *vt (tree)* abater.

fellow ['feləʊ] *n (man)* cara *m.* ◆ *adj:* **~ workers** colegas de trabalho.

felt [felt] *pt & pp* → **feel.** ◆ *n* feltro *m.*

female ['fi:meɪl] *adj* fêmea. ◆ *n (animal)* fêmea *f.*

feminine ['femənɪn] *adj* feminino(na).

feminist ['femənəst] *n* feminista *mf.*

fence [fens] *n* cerca *f.*

fencing ['fensɪŋ] *n* SPORTesgrima *f.*

fend [fend] *vi:* **to ~ for o.s.** cuidar de si *(mesmo* OR *próprio).*

fender ['fendər] *n (for fireplace)* guarda-fogo *m; Am (on car)* pár500-lama *m.*

fern [fɜːn] *n* samambaia *f.*

ferocious [fəˈrəʊʃəs] *adj* feroz.

ferry ['ferɪ] *n* barca *fm.*

fertile ['fɜːtl] *adj* fértil.

fertilizer ['fɜːtəlaɪzər] *n* adubo *m,* fertilizante *m.*

festival ['festɪvl] *n (of music, arts etc.)* festival *m; (holiday)* feriado *m,* dia *m* festivo.

fetch [fetʃ] *vt (be sold for)* atingir; *(go and get)* ir buscar.

fete [feɪt] *n* festa *f.*

fever ['fi:vər] *n* febre *f;* **to have a ~** ter febre.

feverish ['fi:vərɪʃ] *adj* febril.

few [fju:] *adj* pouco(ca). ◆ *pron* poucos *mpl,* -cas *fpl;* **the first ~ times** as primeiras vezes; **a ~** alguns(mas); **quite a ~** bastante, vários(as).

fewer ['fju:ər] *adj & pron* menos.

fib [fɪb] *n inf* mentira *f.*

fiber ['faɪbər] *n Am* fibra *f.*

fibre ['faɪbər] *n Brit* = **fiber.**

fickle ['fɪkl] *adj* inconstante, volúvel.

fiction ['fɪkʃn] *n* ficção *f.*

fiddle ['fɪdl] n (violin) rabeca f.
◆ vi: to ~ with sthg brincar
com algo.

field [fiːld] n campo m.

field trip n excursão f.

fierce [fɪəs] adj (animal, person)
feroz; (storm, heat) violento(ta).

fifteen [fɪf'tiːn] num quinze →
six.

fifteenth [fɪf'tiːnθ] num décimo quinto (décima quinta) →
sixth.

fifth [fɪfθ] num quinto(ta) →
sixth.

fiftieth ['fɪftɪəθ] num qüinqua-
gésimo(ma) → **sixth.**

fifty ['fɪftɪ] num cinqüenta →
six.

fig [fɪg] n figo m.

fight [faɪt] (pt & pp fought) n
(physical clash) briga f, luta f; (argument) discussão f; (struggle) luta. ◆ vt (physically) brigar com,
lutar com; (enemy, crime, injustice)
lutar contra, combater. ◆ vi
(physically) brigar, lutar; (in war)
combater; (quarrel) discutir;
(struggle) lutar; to have a ~ with
sb brigar com alguém. ❑ **fight
back** vi defender-se. ❑ **fight
off** vt sep (attacker) repelir; (illness) lutar contra.

fighting ['faɪtɪŋ] n luta f.

figure ['fɪgər] n (number, statis-
tic) número m, valor m; (of
person) silhueta f, figura f; (diagram) figura. ❑ **figure out** vt
sep (understand) compreender.

file [faɪl] n (document holder) capa f; (information on person) dossiê m; COMPUT arquivo m; (tool)

lixa f. ◆ vt (complaint) apresentar;
(petition) fazer; (nails) lixar; in
single ~ em fila indiana.

filing cabinet ['faɪlɪŋ-] n arquivo m.

fill [fɪl] vt (make full) encher;
(space) ocupar; (role) desempenhar; (tooth) obturar. ❑ **fill in**
vt sep (form) preencher. ❑ **fill
out** vt sep = **fill in.** ❑ **fill up**
vt sep encher; ~ **her up!** (with
gas) encha o tanque!

fillet ['fɪlɪt] n filé m.

filling ['fɪlɪŋ] n (of cake, sandwich) recheio m; (in tooth) obturação f. ◆ adj que enche.

film [fɪlm] n (for camera) filme
m; Brit (movie) filme m. ◆ vt filmar.

film-maker [fɪlm'meɪkər] n cineasta mf.

filter ['fɪltər] n filtro m.

filthy ['fɪlθɪ] adj nojento(ta).

fin [fɪn] n barbatana f.

final ['faɪnl] adj (last) último
(ma); (decision, offer) final. ◆ n final f.

finally ['faɪnəlɪ] adv finalmente.

finance [fə'næns] n (money)
financiamento m; (management
of money) finanças fpl. ◆ vt
financiar. ❑ **finances** npl finanças fpl.

financial [fɪ'nænʃl] adj finan-
ceiro(ra).

find [faɪnd] (pt & pp found) vt
encontrar; (find out) descobrir;
(think) achar, considerar. ◆ n
descoberta f; **to ~ the time to
do sthg** arranjar tempo para

fazer algo. ❏ **find out** ◆ vt sep *(fact, truth)* descubrir. ◆ vi: **to ~ out (about sthg)** *(learn)* ficar sabendo (de algo), descobrir (algo); *(get information)* informar-se (sobre algo).

fine [faɪn] adj *(good)* bom (boa); *(thin)* fino(na); *(wine, food)* excelente. ◆ adv *(thinly)* finamente; *(well)* bem. ◆ n multa f. ◆ vt multar; **I'm ~** estou bem; **it's ~** está bem.

fine arts npl belas-artes fpl.

finger ['fɪŋgər] n dedo m.

fingernail ['fɪŋgəneɪl] n unha f (dos dedos da mão).

fingertip ['fɪŋgətɪp] n ponta f do dedo.

finish ['fɪnɪʃ] n *(end)* fim m, final m; *(on furniture)* acabamento m. ◆ vt & vi acabar, terminar; **to ~ doing sthg** acabar de fazer algo. ❏ **finish off** vt sep acabar, terminar. ❏ **finish up** vi acabar, terminar.

fir [fɜːr] n abeto m.

fire ['faɪər] n fogo m; *(uncontrolled)* incêndio m, fogo; *(made for cooking, heat)* fogueira f. ◆ vt *(gun)* disparar; *(from job)* despedir; **on ~** em chamas; **to catch ~** incendiar-se, pegar fogo; **to make a ~** acender uma fogueira.

fire department n Am corpo m de bombeiros.

fire engine n carro m de bombeiros.

fire escape n escada f de incêndio.

fire exit n saída f de emergência.

fire extinguisher n extintor m (de incêndio).

firefighter ['faɪəfaɪtər] n bombeiro.

fireplace ['faɪəpleɪs] n lareira f.

fire station n posto m de bombeiros.

firewall ['faɪəwɔːl] n COMPUT firewall m.

firewood ['faɪəwʊd] n lenha f.

fireworks ['faɪəwɜːks] npl *(rockets)* fogos-de-artifício mpl.

firm [fɜːm] adj firme. ◆ n empresa f.

first [fɜːst] adj primeiro(ra). ◆ adv primeiro; *(for the first time)* pela primeira vez. ◆ n *(event)* estréia f. ◆ pron: **the ~** o primeiro (a primeira); **I'll do it ~ thing (in the morning)** vou fazer isso logo de manhã; **~ (gear)** primeira (mudança); **for the ~ time** pela primeira vez; **the ~ of January** o dia primeiro de janeiro; **at ~** no princípio; **~ of all** antes de mais nada.

first aid n primeiros socorros mpl.

first class n *(on train, plane, ship)* primeira classe f; *(mail)* ≃ correspondência f prioritária.

firstly ['fɜːstlɪ] adv em primeiro lugar.

first name n nome m de batismo.

fish [fɪʃ] *(pl inv)* n peixe m. ◆ vi pescar.

fishcake ['fɪʃkeɪk] n croquete m de peixe.

fisherman ['fɪʃəmən] *(pl -men* [-mən]) n pescador m.

fishing ['fɪʃɪŋ] n pesca f; **to go ~** ir pescar.

fishing boat n barco m de pesca.

fist [fɪst] n punho m.

fit [fɪt] adj (healthy) em forma. ◆ vt (be right size for) servir a; (insert) encaixar. ◆ vi (clothes, shoes) servir; (in space) caber. ◆ n (of clothes, shoes) tamanho m; (epileptic, of coughing, anger) ataque m; **to be ~ for sthg** ser adequado para algo; **~ to eat** comestível; **it doesn't ~** (jacket, skirt) não serve; (object) não cabe; **to get ~** pôr-se em forma; **to keep ~** manter-se em forma, manter a forma. ❑ **fit in** ◆ vt sep (find time to do) arranjar tempo para. ◆ vi (belong) encaixar.

fitness ['fɪtnəs] n (health) forma f física.

fitting room ['fɪtɪŋ-] n cabine f de provas, vestiário m.

five [faɪv] num cinco → **six**.

fix [fɪks] vt (mend) arranjar; (drink, food) arranjar, preparar; (attach, decide on) fixar; (arrange) combinar, organizar. ❑ **fix up** vt sep (person): **to ~ sb up with sthg** arranjar algo para alguém; (house, room) redecorar, reparar.

fixture ['fɪkstʃər] n armários mpl embutidos.

fizzy ['fɪzɪ] adj gasoso(osa).

flag [flæg] n bandeira f.

flake [fleɪk] n (of snow) floco m. ◆ vi desfazer-se.

flame [fleɪm] n chama f.

flammable ['flæməbl] adj inflamável.

flan [flæn] n flã m.

flannel ['flænl] n (material) flanela f; Brit (for washing face) luva f de banho. ❑ **flannels** npl calças fpl de flanela.

flap [flæp] n (of envelope) dobra f; (of tent) porta f; (of pocket) pala f. ◆ vt (wings) bater.

flapjack ['flæpdʒæk] n Am panqueca f.

flare [fleər] n (signal) sinal m luminoso.

flared [fleərd] adj (pants) boca-de-sino; (skirt) rodada f.

flash [flæʃ] n (of light) raio m; (for camera) flash m. ◆ vi (light) brilhar; **a ~ of lightning** um relâmpago, um clarão; **to ~ one's headlights** fazer sinais com os faróis.

flashlight ['flæʃlaɪt] n lanterna f.

flask [flæsk] n (hip flask) cantil m; (in lab) frasco m; Brit (for hot drinks) garrafa f térmica.

flat [flæt] adj (level) plano(na); (drink) choco (ca); (rate, fee) fixo(xa). ◆ n Brit (apartment) apartamento m. ◆ adv: **to lie ~** estender-se; **a ~ (tire)** um pneu esvaziado; **~ out** a toda a velocidade, até não poder mais.

flatter ['flætər] vt lisonjear, bajular.

flavor ['fleɪvər] n Am sabor m.

flavoring ['fleɪvərɪŋ] n aromatizante m.

flavour ['fleɪvə] Brit = **flavor**.

flaw [flɔː] n (in plan) falha f; (in glass, china) defeito m.

flea [fliː] n pulga f.

flea market n mercado m das pulgas.

fleece [fliːs] n (downy material) velo m, fibra muito macia usada para fazer e forrar casacos de inverno.

fleet [fliːt] n frota f.

flesh [fleʃ] n (of person, animal) carne f; (of fruit, vegetable) polpa f; **one's own ~ and blood** sangue do sangue de alguém.

flew [fluː] pt → **fly**.

flexible ['fleksəbl] adj flexível.

flick [flɪk] vt (with finger) dar um peteleco em; (a switch) apertar. ❑ **flick through** vt fus folhear.

flight [flaɪt] n vôo m; **a ~ (of stairs)** um lance de escadas.

flight attendant n (female) aeromoça f; (male) comissário m de bordo.

flimsy ['flɪmzɪ] adj (object) frágil; (clothes) leve.

fling [flɪŋ] (pt & pp **flung**) vt atirar.

flint [flɪnt] n (of lighter) pedra f.

flirt [flɜːt] vi: **to ~ (with sb)** flertar (com alguém).

float [fləʊt] n (for swimming, fishing) bóia f; (in procession) carro m alegórico; (drink) bebida servida com uma bola de sorvete. ◆ vi flutuar.

flock [flɒk] n (of birds) bando m; (of sheep) rebanho m. ◆ vi (people) afluir.

flood [flʌd] n enchente f, inundação f. ◆ vt inundar. ◆ vi transbordar.

floodlight ['flʌdlaɪt] n holofote m.

floor [flɔːr] n (of room) chão m; (storey) andar m; (of nightclub) pista f.

floorboard ['flɔːrbɔːrd] n tábua f corrida.

flop [flɒp] n inf fracasso m.

floppy (disk) ['flɒpɪ-] n disquete f.

floral ['flɔːrəl] adj (pattern) de flores.

Florida Keys ['flɒrɪdə-] npl: **the ~** ilhas situadas ao longo da Flórida.

ⓘ   **FLORIDA KEYS**

Grupo de pequenas ilhas ao longo da costa sul da Flórida, estendendo-se por mais de 160 quilômetros. Essas ilhas incluem locais turísticos, como as famosas Key West e Key Largo. Uma rede de estradas e pontes, a "Overseas Highway", faz a ligação entre as ilhas.

---

florist ['flɒrəst] n (store) florista f.

flour ['flaʊər] n farinha f.

flow [fləʊ] n corrente f. ◆ vi correr.

flower ['flaʊər] n flor f.

flowerbed ['flaʊərbed] n canteiro m.

flowerpot ['flaʊərpɒt] n vaso m.

flown [fləʊn] pp → **fly**.

flu [fluː] n gripe f.

fluff [flʌf] n (on clothes) pêlo m.

fluid ounce n = 0,03 litro.

flung [flʌŋ] pt & pp → **fling.**

flunk [flʌŋk] vt Am inf (test, class) reprovar em.

flush [flʌʃ] vi (toilet) funcionar. ◆ vt: **to ~ the toilet** dar descarga.

flute [flu:t] n flauta f.

fly [flaɪ] (pt **flew,** pp **flown**) n (insect) mosca f; (of pants) braguilha f, fecho m. ◆ vt (plane, helicopter) pilotar; (travel by) viajar em OR com; (transport) enviar por avião. ◆ vi (bird, insect, plane) voar; (passenger) viajar de avião; (pilot a plane) pilotar; (flag) estar hasteado(da).

flying [ˈflaɪɪŋ] n: **I'm terrified of ~** tenho medo de andar de avião.

foal [fəʊl] n potro m.

foam [fəʊm] n espuma f.

focus [ˈfəʊkəs] n (of camera) foco m. ◆ vi (with camera, binoculars) focar; **in ~** focado; **out of ~** desfocado.

fog [fɒg] n nevoeiro m, neblina f.

foggy [ˈfɒgɪ] adj (weather) de nevoeiro.

fog light n farol m de neblina.

foil [fɔɪl] n (thin metal) papel-alumínio m.

fold [fəʊld] n dobra f. ◆ vt (paper, material) dobrar; (wrap) envolver; **to ~ one's arms** cruzar os braços. ◻ **fold up** vi (chair, bed) dobrar.

folder [ˈfəʊldər] n pasta f.

foliage [ˈfəʊlɪɪdʒ] n folhagem f.

folk [fəʊk] npl (people) gente f. ◆ n: **~ (music)** música f tradicional. ◻ **folks** npl inf (relatives) família f.

follow [ˈfɒləʊ] vt seguir; (in order, time) seguir-se a, vir a seguir de. ◆ vi (go behind) seguir; (in time) seguir-se, vir a seguir; (understand) entender; **proceed as ~s ...** proceda da seguinte forma ...; **the results are as ~s ...** os resultados são os seguintes ...; ◆ **ed by** seguido de. ◻ **follow on** vi vir a seguir.

following [ˈfɒləʊɪŋ] adj seguinte. ◆ prep depois de.

fond [fɒnd] adj: **to be ~ of** gostar de.

food [fu:d] n comida f.

food poisoning [-ˌpɔɪznɪŋ] n intoxicação f alimentar.

food processor [-ˌprəʊsesər] n processador m de alimentos.

foodstuffs [ˈfu:dstʌfs] npl gêneros mpl alimentícios.

fool [fu:l] n (idiot) idiota mf; (pudding) musse f de fruta. ◆ vt enganar.

foolish [ˈfu:lɪʃ] adj tolo(la).

foot [fʊt] (pl **feet**) n pé m; (of animal) pata f; (of hill, cliff, stairs) pé m; (measurement) pé m, = 30,48 cm; **by** OR **on ~** a pé.

football [ˈfʊtbɔ:l] n Am (American football) futebol americano; Brit (soccer) futebol m; Am (in American football) bola (de futebol americano); Brit (in soccer) bola f (de futebol).

football player n Am jogador m de futebol americano.

footpath ['fʊtpæθ, pl -pæðz] n trilha f.

footprint ['fʊtprɪnt] n pegada f.

footstep ['fʊtstep] n passo m.

footwear ['fʊtweər] n calçado m.

for [fɔːr] prep -1. (expressing intention, purpose, reason) para; **this book is ~ you** este livro é para você; **what did you do that ~?** para que você fez isso?; **what's it ~?** para que é?; **to go ~ a walk** ir dar um passeio; **'~ sale'** 'vende-se'; **a town famous ~ its wine** uma cidade famosa pelo vinho; **~ this reason** por esta razão.

-2. (during) durante; **I'm going away ~ a while** vou estar fora durante OR por algum tempo; **I've lived here ~ ten years** vivo aqui há dez anos; **we talked ~ hours** falamos horas e horas.

-3. (by, before) para; **it'll be ready ~ tomorrow** estará pronto (para) amanhã; **be there ~ 8 p.m.** esteja lá antes das oito da noite.

-4. (on the occasion of) por; **I got socks ~ Christmas** ganhei meias de Natal; **~ the first time** pela primeira vez; **what's ~ dinner?** o que há para jantar?; **~ the moment** no momento.

-5. (on behalf of) por; **to do sthg ~ sb** fazer algo para alguém; **to work ~ sb** trabalhar para alguém.

-6. (with time and space) para;

there's no room **~ it** não há espaço para isso; **to have time ~ sthg** ter tempo para algo.

-7. (expressing distance): **road-work ~ 20 miles** obras na estrada ao longo de 32 quilômetros; **we drove ~ miles** dirigimos quilômetros e mais quilômetros.

-8. (expressing destination) para; **a ticket ~ Boston** um bilhete para Boston; **this train is ~ Newark only** este trem só vai até Newark.

-9. (expressing price) por; **I bought it ~ five dollars** comprei-o por cinco dólares.

-10. (expressing meaning): **what's the Portuguese ~ "boy"?** como é que se diz "boy" em português?

-11. (with regard to) para; **it's warm ~ November** para novembro está quente; **it's easy ~ you** para você é fácil; **respect ~ human rights** respeito pelos direitos humanos; **I feel sorry ~ them** sinto pena deles; **it's too far ~ us to walk** é longe demais para irmos a pé; **it's time ~ dinner** está na hora do jantar.

forbid [fər'bɪd] (pt -bade, pp -bidden) vt proibir; **to ~ sb to do sthg** proibir alguém de fazer algo.

forbidden [fər'bɪdn] adj proibido(da).

force [fɔːrs] n força f. ◆ vt forçar; **to ~ sb to do sthg** forçar alguém a fazer algo; **to ~ one's way through (sthg)** abrir caminho (por entre algo).

forecast ['fɔːˌkæst] n previsão f.

forefinger ['fɔːˌfɪŋgər] n dedo m indicador.

foreground ['fɔːˌgraʊnd] n primeiro plano m.

forehead ['fɔːˌhed] n testa f.

foreign ['fɒrən] adj estrangeiro(ra); (visit) ao estrangeiro; (travel) para o estrangeiro.

foreigner ['fɒrənər] n estrangeiro m, -ra f.

foresee [fɔːˈsiː] (pt -saw, pp -seen) vt prever.

forest ['fɒrɪst] n floresta f.

forever [fərˈevər] adv (eternally) para sempre; (continually) sempre.

forgave [fərˈgeɪv] pt → forgive.

forge [fɔːdʒ] vt (copy) falsificar, forjar.

forgery ['fɔːdʒərɪ] n falsificação f.

forget [fərˈget] (pt -got, pp -gotten) vt esquecer-se de; (person, event) esquecer. ◆ vi esquecer-se; to ~ about sthg esquecer-se de algo; to ~ how to do sthg esquecer-se de como se faz algo; to ~ to do sthg esquecer-se de fazer algo; ~ it! esquece!

forgive [fərˈgɪv] (pt -gave, pp -given) vt perdoar.

forgot [fərˈgɒt] pt → forget.

forgotten [fərˈgɒtn] pp → forget.

fork [fɔːk] n (for eating with) garfo m; (for gardening) forquilha f; (of road, path) bifurcação f.

form [fɔːm] n (type, shape) forma f; (piece of paper) formulário m. ◆ vt formar. ◆ vi formar-se; **to be on/off** ~ estar/não estar em forma; **to** ~ **part of** fazer parte de.

formal ['fɔːml] adj formal.

formality [fɔːˈmælətɪ] n formalidade f; **it's just a** ~ é só uma formalidade.

format ['fɔːmæt] n formato m.

former ['fɔːmər] adj (previous) anterior; (first) primeiro(ra). ◆ pron: **the** ~ o primeiro (a primeira).

formerly ['fɔːməlɪ] adv antigamente.

formula ['fɔːmjələ] (pl -as or -ae [-iː]) n fórmula f.

fort [fɔːt] n forte m.

forthcoming [fɔːθˈkʌmɪŋ] adj (future) próximo(ma), que está para vir.

fortieth ['fɔːtɪəθ] num quadragésimo(ma) → sixth.

fortunate ['fɔːtʃənət] adj com sorte; **she's** ~ **to have such a good job** ela tem a sorte de ter um emprego tão bom.

fortunately ['fɔːtʃənətlɪ] adv felizmente.

fortune ['fɔːtʃən] n (money) fortuna f; (luck) sorte f; **it costs a** ~ inf custa uma fortuna.

forty ['fɔːtɪ] num quarenta → six.

forward ['fɔːwəd] adv para a frente. ◆ n avançado m, -da f. ◆ vt (letter) remeter; (goods) expedir; **to look** ~ **to** estar ansioso por.

fought [fɔːt] pt & pp → fight.

foul [faul] adj (unpleasant) nojento(ta). ◆ n falta f.

found [faund] pt & pp → **find**.
◆ vt fundar.

foundation [faun'deɪʃn] n base f.

foundations [faun'deɪʃnz] npl alicerces mpl, fundações fpl.

fountain ['fauntən] n chafariz m.

fountain pen n canetatinteiro f.

four [fɔːr] num quatro → **six**.

fourteen [ˌfɔːr'tiːn] num quatorze → **six**.

fourteenth [ˌfɔːr'tiːnθ] num décimo quarto (décima quarta) → **sixth**.

fourth [fɔːrθ] num quarto(ta) → **sixth**.

ⓘ FOURTH OF JULY

O 4 de julho, Dia da Independência, é uma data nacional importante nos Estados Unidos. É comemorado com desfiles em muitas cidades e com grandes queimas de fogos de artifício, em que predominam as cores azul, vermelha e branca. É tradição se fazer piqueniques com a família, onde se comem cachorros-quentes e melancia.

---

fowl [faul] (pl inv) n ave f (doméstica).

fox [fɒks] n raposa f.

foyer [fɔɪr] n vestíbulo m, saguão m.

fraction ['frækʃn] n fração f.

fracture ['fræktʃər] n fratura f.
◆ vt fraturar.

fragile ['frædʒl] adj frágil.

fragment ['frægmənt] n fragmento m.

fragrance ['freɪgrəns] n fragrância f.

frail [freɪl] adj frágil, débil.

frame [freɪm] n (of window, photo, door) moldura f, caixilho m; (of glasses, tent, bed) armação f; (of bicycle) quadro m. ◆ vt (photo, picture) emoldurar.

France [fræns] n França f.

frank [fræŋk] adj franco(ca).

frantic ['fræntɪk] adj frenético (ca).

fraternity [frə'tɜːrnɪtɪ] n clube de estudantes.

fraud [frɔːd] n (crime) fraude f, burla f.

freak [friːk] adj anormal. ◆ n inf (fanatic) fanático m, -ca f.

freckles ['freklz] npl sardas fpl.

free [friː] adj livre; (costing nothing) grátis (inv). ◆ vt (prisoner) libertar. ◆ adv (without paying) grátis, de graça; **for** ~ grátis, de graça; ~ **of charge** grátis; **to be** ~ **to do sthg** ser livre para fazer algo.

freedom ['friːdəm] n liberdade f.

freelance ['friːlæns] adj autônomo.

freely ['friːlɪ] adv (speak) à vontade; (move) livremente; ~ **available** fácil de obter.

free-range adj (chicken) do campo; ~ **eggs** ovos de galinhas criadas livremente.

free time n tempo m livre.

freeway ['fri:weɪ] n Am auto-estrada f.

freeze [fri:z] (pt **froze**, pp **frozen**) vt congelar. ◆ vi gelar. ◆ v impers: **it's freezing!** está um gelo!

freezer ['fri:zər] n (deep freeze) freezer m; (part of fridge) congelador m.

freezing ['fri:zɪŋ] adj gelado (da); **below** ~ abaixo de zero.

freight [freɪt] n (goods) mercadorias fpl.

French fries npl batatas fpl fritas.

French toast n rabanada f.

frequency ['fri:kwənsɪ] n freqüência f.

frequent ['fri:kwənt] adj freqüente.

frequently ['fri:kwəntlɪ] adv freqüentemente.

fresh [freʃ] adj fresco(ca); (refreshing) refrescante; (water) doce; (recent) recente; (new) novo (nova); **to get some** ~ **air** apanhar ar fresco.

fresh cream n creme m.

freshen ['freʃn]: **freshen up** vi refrescar-se.

freshly ['freʃlɪ] adv recentemente.

Friday ['fraɪdeɪ] n sexta-feira → Saturday.

fridge [frɪdʒ] n geladeira f.

friend [frend] n amigo m, -ga f;

to be ~s **with sb** ser amigo de alguém; **to make** ~s **with sb** tornar-se amigo de alguém.

friendly ['frendlɪ] adj amigável; **to be** ~ **with sb** ser amigo de alguém.

friendship ['frendʃɪp] n amizade f.

fries ['fraɪz] npl = **French fries**.

fright [fraɪt] n susto m; **to give sb a** ~ pregar um susto em alguém.

frighten ['fraɪtn] vt assustar.

frightened ['fraɪtnd] adj assustado(da); **to be** ~ ter medo; **to be** ~ **of** ter medo de; **to be** ~ **(that)** (worried) ter medo que.

frightening ['fraɪtnɪŋ] adj assustador(ora).

frilly ['frɪlɪ] adj de babados.

fringe [frɪndʒ] n franja f.

frisk [frɪsk] vt revistar.

frog [frɒg] n rã f.

from [frɒm] prep - **1.** (expressing origin, source) de; **I'm** ~ **California** sou da Califórnia; **the train** ~ **Chicago** o trem de Chicago; **I bought it** ~ **a supermarket** comprei-o num supermercado. - **2.** (expressing removal, deduction) de; **away** ~ **home** longe de casa; **to take sthg (away)** ~ **sb** tirar algo de alguém; **10% will be deducted** ~ **the total** será deduzido 10% do total. - **3.** (expressing distance) de; **five miles** ~ **here** a oito quilômetros daqui; **it's not far** ~ **here** não é longe daqui. - **4.** (expressing position) de; ~ **here you can see the valley**

daqui se vê o vale.
- **5.** *(expressing what sthg is made with)* de; **it's made ~ stone** é feito de pedra.
- **6.** *(expressing starting time)* desde; **~ the moment you arrived** desde que chegou; **~ now on** de agora em diante; **~ next year** a partir do próximo ano; **open ~ nine to five** aberto das nove às cinco.
- **7.** *(expressing change)* de; **the price has gone up ~ $1 to $2** o preço subiu de um dólar para dois; **to translate ~ German into English** traduzir do alemão para o inglês.
- **8.** *(expressing range)* de; **it could take ~ two to six months** pode levar de dois a seis meses.
- **9.** *(as a result of)* de; **I'm tired ~ walking** estou cansado de andar.
- **10.** *(expressing protection)* de; **sheltered ~ the wind** protegido do vento.
- **11.** *(in comparisons)*: **different ~** diferente de.

front [frʌnt] *adj* da frente. ◆ *n* (parte da) frente *f*; *(of book)* capa *f*; *(of weather)* frente; *(by the sea)* costa *f*; **in ~** em frente; **in ~ of** em frente de.

front door *n* porta *f* da frente.

frontier [frʌnˈtɪər] *n* fronteira *f*.

front page *n* primeira página *f*.

frost [frɒst] *n* geada *f*.

frosty [ˈfrɒstɪ] *adj (morning, weather)* de geada.

froth [frɒθ] *n* espuma *f*.

frown [fraʊn] *n* cenho *m*. ◆ *vi* franzir as sobrancelhas.

froze [frəʊz] *pt* → **freeze**.

frozen [ˈfrəʊzn] *pp* → **freeze**. ◆ *adj* gelado(da); *(food)* congelado(da).

fruit [fruːt] *n (food)* fruta *f*; *(variety of fruit)* fruto *m*; **~ s of the forest** frutos silvestres.

fruit juice *n* suco *m* de fruta.

frustrating [ˈfrʌstreɪtɪŋ] *adj* frustrante.

fry [fraɪ] *vt* fritar.

frying pan [ˈfraɪŋ-] *n* frigideira *f*.

fudge [fʌdʒ] *n* doce *m* de leite.

fuel [ˈfjuːəl] *n* combustível *m*.

fulfil [fʊlˈfɪl] *vt Brit* = **fulfill**.

fulfill [fʊlˈfɪl] *vt Am (promise, request, duty)* cumprir; *(role)* desempenhar; *(conditions, instructions, need)* satisfazer.

full [fʊl] *adj (filled)* cheio (cheia); *(name)* completo(ta); *(extent, support)* total; *(maximum)* máximo(ma); *(busy)* ocupado (da); *(fare)* inteiro(ra); *(flavor)* rico(ca). ◆ *adv (directly)* em cheio; **I'm ~** estou cheio; **at ~ speed** a toda a velocidade; **~ of** cheio de; **in ~ (pay)** na totalidade; *(write)* por extenso.

full-length *adj (skirt, dress)* comprido(da).

full moon *n* lua *f* cheia.

full stop *n Brit* ponto *m* final.

full-time *adj & adv* de tempo integral.

fully

106

fully ['fʊlɪ] *adv (completely)* completamente.

fumble ['fʌmbl] *vi:* he ~d in his pockets for his keys ele vasculhou os bolsos desajeitadamente à procura das chaves.

fun [fʌn] *n* divertimento *m*, diversão *f*; it's a lot of ~ é divertido; for ~ por prazer; to have ~ divertir-se; to make ~ of zombar de.

function ['fʌŋkʃn] *n* função *f*. ◆ *vi* funcionar.

fund [fʌnd] *n* fundo *m*.◆ *vt* financiar. ▫ **funds** *npl* fundos *mpl*.

fundamental [ˌfʌndəˈmentl] *adj* fundamental.

funeral ['fjuːnrəl] *n* funeral *m*.

funnel ['fʌnl] *n (for pouring)* funil *m*; *(on ship)* chaminé *f*.

funny ['fʌnɪ] *adj (amusing)* engraçado(da); *(strange)* estranho (nha); to feel ~ *(sick)* não se sentir bem.

fur [fɜːr] *n (on animal)* pêlo *m*; *(garment)* pele *f*.

fur coat *n* casaco *m* de peles.

furious ['fjʊərɪəs] *adj (angry)* furioso(osa).

furnished ['fɜːrnɪʃt] *adj* mobiliado(da).

furnishings ['fɜːrnɪʃɪŋz] *npl* mobiliário *m*.

furniture ['fɜːrnɪtʃər] *n* mobília *f*; a piece of ~ um móvel.

furry ['fɜːrɪ] *adj (animal)* peludo(da); *(material)* com pêlo.

further ['fɜːrðər] *compar* → far.

furthermore [ˌfɜːrðəˈmɔːr] *adv* além disso, além do mais.

furthest ['fɜːrðɪst] *superl* → far. ◆ *adj (most distant)* mais longe OR distante. ◆ *adv (in distance)* mais longe.

fuse [fjuːz] *n (of plug)* fusível *m*; *(on bomb)* detonador *m*. ◆ *vi (plug, device)* queimar.

fuss [fʌs] *n (agitation)* agitação *f*; *(complaints)* escândalo *m*.

fussy ['fʌsɪ] *adj (person)* exigente.

future ['fjuːtʃər] *n* futuro *m*. ◆ *adj* futuro(ra); in ~ no futuro, de agora em diante.

G

g *(abbr of gram)* g.

gable ['geɪbl] *n* cumeeira *f*.

gadget ['gædʒɪt] *n* engenhoca *f*.

gag [gæg] *n inf (joke)* piada *f*.

gain [geɪn] *vt* ganhar; *(subj: clock, watch)* adiantar. ◆ *vi (benefit)* lucrar. ◆ *n* ganho *m*; to ~ weight engordar.

gala ['gɑːlə] *n (celebration)* gala *f*.

gale [geɪl] *n* vento *m* forte, rajada *f* de vento.

gallery ['gælərɪ] *n* galeria *f*.

gallon ['gælən] *n (in US)* = 3,785 litros, galão *m*; *(in UK)* = 4,546 litros, galão *m*.

gallop ['gæləp] *vi* galopar.

gamble ['gæmbl] *n* aposta *f*. ◆ *vi (bet money)* apostar, jogar.

gambling ['gæmblɪŋ] n jogo m (de azar).

game [geɪm] n jogo m; (of tennis, chess) partida f; (wild animals, meat) caça f. ❑ **games** npl (sporting event) jogos mpl.

gang [gæŋ] n (of criminals) gangue f; (of friends) grupo m, turma f.

gangster ['gæŋstər] n bandido m, gangster m.

gangway ['gæŋweɪ] n (on ship) passadiço m.

gap [gæp] n (space) espaço m; (of time) intervalo m; (difference) diferença f.

garage [gə'rɑːʒ] n (for keeping car) garagem f; (for repairs) oficina f.

GARAGE SALE

Literalmente "vendas em garagem", um costume muito popular nos Estados Unidos, quando alguém deseja se desfazer de livros, roupas, móveis, ferramentas etc., como nos casos de mudança. Os objetos são expostos na garagem, dentro ou fora de casa. As vendas são anunciadas nos jornais locais ou em cartazes espalhados pelo bairro.

garbage ['gɑːrbɪdʒ] n Am (refuse) lixo m.

garden ['gɑːrdn] n jardim m. ◆ vi jardinar. ❑ **gardens** npl (public park) jardim m público, parque m.

gardener ['gɑːrdnər] n jardineiro m, -ra f.

gardening ['gɑːrdnɪŋ] n jardinagem f.

garlic ['gɑːrlɪk] n alho m.

garment ['gɑːrmənt] n peça f de roupa.

garnish ['gɑːrnɪʃ] n (for decoration) decoração f; (sauce) molho m. ◆ vt decorar.

gas [gæs] n gás m; Am gasolina f.

gas mask n máscara f antigás.

gasoline ['gæsəliːn] n Am gasolina f.

gasp [gæsp] vi (in shock, surprise) ofegar.

gas station n Am posto m de gasolina.

gate [geɪt] n (to garden, field) portão m; (at airport) porta f.

gateway ['geɪtweɪ] n (entrance) entrada f.

gather ['gæðər] vt (collect) colher; (speed) ganhar; (understand) deduzir. ◆ vi reunir-se.

gaudy ['gɔːdɪ] adj berrante.

gauze [gɔːz] n gaze f.

gave [geɪv] pt → **give**.

gay [geɪ] adj (homosexual) gay.

gaze [geɪz] vi: to ~ at olhar (fixamente) para.

GB (abbr of Great Britain) GB.

gear [gɪər] n (wheel) engrenagem f; (speed) marcha f; (equipment) equipamento m; (belongings) pertences mpl; **in** ~ engatado.

gearbox ['gɪərbɒks] n caixa f de mudança.

gear shift n Am mudança f.

gear stick n Brit = gear shift.

geese [giːs] pl → goose.

gel [dʒel] n gel m.

gelatine [ˌdʒeləˈtiːn] n gelatina f.

gem [dʒem] n pedra f preciosa.

Gemini [ˈdʒemɪnaɪ] n Gêmeos m inv.

gender [ˈdʒendər] n gênero m.

general [ˈdʒenrəl] adj geral. ◆ n general m; **in** ~ (as a whole) em geral; (usually) geralmente.

general election n eleições fpl gerais.

generally [ˈdʒenərəlɪ] adv geralmente.

general practitioner [-prækˈtɪʃənər] n clínico m geral.

general store n ≃ mercearia f.

generate [ˈdʒenəreɪt] vt gerar.

generation [ˌdʒenəˈreɪʃn] n geração f.

generator [ˈdʒenəreɪtər] n gerador m.

generosity [ˌdʒenəˈrɒsətɪ] n generosidade f.

generous [ˈdʒenrəs] adj generoso(osa).

genitals [ˈdʒenɪtlz] npl órgãos mpl genitais.

genius [ˈdʒiːnɪəs] n gênio m.

gentle [ˈdʒentl] adj (careful) cuidadoso(osa); (kind) gentil; (movement, breeze) suave.

gentleman [ˈdʒentlmən] (pl -men [-mən]) n cavalheiro m; 'gentlemen' (men's restroom) 'homens'.

gently [ˈdʒentlɪ] adv (carefully) suavemente.

gents [dʒents] n Brit banheiro m dos homens.

genuine [ˈdʒenjʊɪn] adj genuíno(na).

geographical [dʒɪəˈgræfɪkl] adj geográfico(ca).

geography [dʒɪˈɒgrəfɪ] n geografia f.

geology [dʒɪˈɒlədʒɪ] n geologia f.

geometry [dʒɪˈɒmɪtrɪ] n geometria f.

Germany [ˈdʒɜːmənɪ] n Alemanha f.

germs [dʒɜːmz] npl germes mpl.

gesture [ˈdʒestʃər] n gesto m.

get [get] (pt & pp got, Am pp gotten) vt -1. (obtain) obter; (buy) comprar; **she got a job** ela arranjou emprego.
- 2. (receive) receber; **I got a book for Christmas** ganhei um livro no Natal.
- 3. (means of transportation) apanhar; **let's** ~ **a taxi** vamos apanhar um táxi.
- 4. (find) ir buscar; **could you** ~ **me the manager?** (in store) podia chamar o gerente?; (on phone) pode me passar o gerente?
- 5. (illness) apanhar; **I got the flu over Christmas** peguei uma gripe no Natal.
- 6. (cause to become): **to** ~ **sthg done** mandar fazer algo; **to** ~ **sthg ready** preparar algo; **can I** ~ **my car repaired here?** posso

mandar consertar o meu carro aqui?

-7. *(ask, tell):* to ~ **sb to do sthg** arranjar alguém para fazer algo.

-8. *(move):* to ~ **sthg out of sthg** tirar algo de algo; **I can't** ~ **it through the door** não consigo passar com isso na porta.

-9. *(understand)* compreender; **to** ~ **a joke** entender uma piada.

-10. *(time, chance)* ter; **we didn't** ~ **the chance to see everything** não tivemos oportunidade de ver tudo.

-11. *(idea, feeling)* ter; **I** ~ **a lot of enjoyment from it** me divirto à beça com isso.

-12. *(phone)* atender.

-13. *(in phrases):* **you** ~ **a lot of rain here in winter** chove muito aqui no inverno → **have.**

◆ *vi* -1. *(become)* ficar; **it's getting late** está ficando tarde; **to** ~ **ready** preparar-se; **to** ~ **lost** perder-se; ~ **lost!** não enche o saco!, desapareça!

-2. *(into particular state, position)* meter-se; **how do you** ~ **to El Paso from here?** como se vai daqui para El Paso?; **to** ~ **into the car** entrar no carro.

-3. *(arrive)* chegar; **when does the train** ~ **here?** quando é que o trem chega aqui?

-4. *(in phrases):* **to** ~ **to do sthg** ter a oportunidade de fazer algo.

◆ *aux vb* ser; **to** ~ **delayed** atrasar-se; **to** ~ **killed** ser morto.

◆ **get along (with sb)** *vi* dar-se bem (com alguém).

◆ **get back** *vi (return)* voltar.

◆ **get in** *vi (arrive)* chegar; *(enter)* entrar.

◆ **get off** *vi (leave)* sair.

◆ **get on** *vi (enter train, bus)* entrar.

◆ **get out** *vi (of car, bus, train)* sair.

◆ **get through** *vi (on phone)* completar a ligação.

◆ **get up** *vi* levantar-se.

ghastly ['gɑːstlɪ] *adj inf (very bad)* horrível.

ghost [gəʊst] *n* fantasma *m.*

giant ['dʒaɪənt] *adj* gigante. ◆ *n (in stories)* gigante *m, -ta f.*

giddy ['gɪdɪ] *adj (dizzy)* tonto (ta).

gift [gɪft] *n (present)* presente *m; (talent)* dom *m.*

gift certificate *n* vale-presente *m.*

gifted ['gɪftɪd] *adj* dotado(da).

gig [gɪg] *n inf* show *m* (de música).

gigantic [dʒaɪ'gæntɪk] *adj* gigantesco(ca).

giggle ['gɪgl] *vi* dar risadinha.

gimmick ['gɪmɪk] *n* truque *m,* artifício *m.*

gin [dʒɪn] *n* gim *m;* ~ **and tonic** gim-tônica.

ginger ['dʒɪndʒər] *n* gengibre *m.*

ginger ale *n* cerveja de gengibre.

gipsy ['dʒɪpsɪ] *n* = **gypsy.**

giraffe [dʒɪ'ræf] *n* girafa *f.*

girl [gɜːrl] *n (child)* menina *f; (young woman)* moça *f; (daughter)* filha *f.*

girlfriend ['gɜːrlfrend] n (of boy, man) namorada f; (of girl, woman) amiga f.

girl scout n Am ≃ escoteira f.

give [gɪv] (pt **gave**, pp **given** ['gɪvn]) vt dar; (speech, performance) fazer; **to** ~ **sb sthg** dar algo a alguém; **to** ~ **sb a kiss** dar um beijo em alguém; **come on,** ~ **me a smile!** vamos lá, dê um sorriso!; **to** ~ **sthg a push** empurrar algo; ~ **or take a few minutes** um minuto a mais, um minuto a menos. ◻ **give away** vt sep (get rid of) dar, desfazer-se de; (reveal) revelar. ◻ **give back** vt sep devolver. ◻ **give in** vi desistir. ◻ **give off** vt fus soltar. ◻ **give out** vt sep (distribute) distribuir. ◻ **give up** vt sep (seat) ceder. ◆ vi (admit defeat) desistir; **to** ~ **up smoking** parar de fumar; **to** ~ **up chocolate** parar de comer chocolate.

given name ['gɪvn-] n Am nome m próprio OR de batismo.

glad [glæd] adj contente; **I'll be** ~ **to help** será um prazer ajudar.

gladly ['glædlɪ] adv (willingly) com muito prazer.

glamorous ['glæmərəs] adj glamoroso(osa).

glance [glæns] n olhadela f. ◆ vi: **to** ~ **(at)** dar uma olhadela (em).

gland [glænd] n glândula f.

glare [gleər] vi (person) lançar olhares furiosos; (sun, light)

brilhar intensamente. ◆ n (bright light) clarão m.

glass [glæs] n (material) vidro m; (container, glassful) copo m. ◆ adj de vidro. ◻ **glasses** npl óculos mpl.

glider ['glaɪdər] n planador m.

glitter ['glɪtər] vi reluzir.

global warming [ˌgləʊbl-'wɔːrmɪŋ] n aquecimento m global.

globe [gləʊb] n globo m; **the** ~ (Earth) o globo.

gloomy ['gluːmɪ] adj (room, day) sombrio(bria); (person) triste.

glorious ['glɔːrɪəs] adj (weather, sight) esplêndido(da); (victory, history) glorioso(osa).

glory ['glɔːrɪ] n glória f.

gloss [glɒs] n (shine) brilho m; ~ **(paint)** tinta f brilhante.

glossary ['glɒsərɪ] n glossário m.

glossy ['glɒsɪ] adj (magazine, photo) de luxo.

glove [glʌv] n luva f.

glow [gləʊ] n luz f, brilho m. ◆ vi luzir, brilhar.

glucose ['gluːkəʊs] n glucose f.

glue [gluː] n cola f. ◆ vt colar.

gnaw [nɔː] vt roer.

go [gəʊ] (pt **went**, pp **gone**, pl **goes**) vi -1. (move, travel) ir; **to** ~ **home** ir para casa; **to** ~ **to Brazil** ir ao Brasil; **to** ~ **by bus** ir de ônibus; **to** ~ **for a walk** fazer um passeio; **to** ~ **and do sthg** ir fazer algo; **to** ~ **in** entrar; **to** ~ **out** sair.

- **2.** *(leave)* ir-se; **it's time for us to ~** é hora de irmos embora; **when does the bus ~?** quando é que o ônibus sai?; **~ away!** vá embora!

- **3.** *(attend)* ir; **to ~ to school** ir para a escola; **which school do you ~ to?** para que escola você vai?

- **4.** *(become)* ficar; **she went pale** empalideceu; **the milk has gone sour** o leite azedou.

- **5.** *(expressing future tense)*: **to be going to do sthg** ir fazer algo.

- **6.** *(function)* funcionar; **the car won't ~** o carro não pega.

- **7.** *(stop working)* ir-se; **the fuse has gone** o fusível queimou.

- **8.** *(time)* passar.

- **9.** *(progress)* correr; **to ~ well** correr bem.

- **10.** *(bell, alarm)* tocar.

- **11.** *(match)* condizer; **to ~ with** condizer com; **red wine doesn't ~ with fish** vinho tinto não combina com peixe.

- **12.** *(be sold)* ser vendido; **'everything must ~'** 'liquidação total'.

- **13.** *(fit)* caber.

- **14.** *(lead)* ir; **where does this path ~?** aonde vai dar este caminho?

- **15.** *(belong)* ir.

- **16.** *(in phrases)*: **to let ~ of sthg** *(drop)* largar algo; **there are two days to ~** faltam dois dias; **to ~** Am *(to take away)* para levar.

◆ *n* - **1.** *(turn)* vez *f*; **it's your ~** é a sua vez.

- **2.** *(attempt)* tentativa *f*; **to have a ~ at sthg** experimentar algo;

'50 cents a ~' *(for game)* '50 centavos cada vez'.

◆ **go ahead** *vi* *(take place)* realizar-se; **~ ahead!** vá em frente!

◆ **go around** *vi* *(revolve)* rodar; **there isn't enough cake to ~ around** não tem bolo (suficiente) para todo mundo.

◆ **go back** *vi* voltar.

◆ **go down** *vi(decrease)* diminuir; *(sun)* pôr-se; *(tire)* esvaziar-se.

◆ **go in** *vi* entrar.

◆ **go off** *vi* *(alarm, bell)* tocar, soar; *(go bad)* azedar; *(light, heating)* apagar-se.

◆ **go on** *vi* *(happen)* passar-se; *(light, heating)* acender-se; **to ~ on doing sthg** continuar a fazer algo.

◆ **go out** *vi* *(leave house)* sair; *(light, fire, cigarette)* apagar-se; *(have relationship)*: **to ~ out with sb** sair com alguém; **to ~ out to eat** ir comer fora.

◆ **go over** *vt fus* *(check)* rever.

◆ **go through** *vt fus* *(experience)* passar por; *(spend)* gastar; *(search)* revistar.

◆ **go up** *vi* *(increase)* subir.

◆ **go without** *vt fus* passar sem.

goal [gəʊl] *n* *(posts)* gol *m*; *(point scored)* gol *m*; *(aim)* objetivo *m*.

goalkeeper [ˈgəʊlˌkiːpər] *n* goleiro *m*, -ra *f*.

goalpost [ˈgəʊlpəʊst] *n* trave *f*.

goat [gəʊt] *n* cabra *f*.

god [gɒd] *n* deus *m*. ❑ **God** *n* Deus *m*.

goddaughter [ˈgɒdˌdɔːtər] *n* afilhada *f*.

godfather 112

godfather ['gɒd,fɑːðər] n padrinho m.

godmother ['gɒd,mʌðər] n madrinha f.

godson ['gɒdsʌn] n afilhado m.

goes [gəʊz] → go.

goggles ['gɒglz] npl óculos mpl (protetores).

going ['gəʊɪŋ] adj (available) disponível; **the ~ rate** a tarifa em vigor.

gold [gəʊld] n ouro m. ◆ adj (bracelet, watch) de ouro; (color) dourado(da).

goldfish ['gəʊldfɪʃ] (pl inv) n peixe-dourado m.

golf [gɒlf] n golfe m.

golf course n campo m de golfe.

golfer ['gɒlfər] n jogador m, -ra f de golfe.

gone [gɒn] pp → go.

good [gʊd] (compar **better**, superl **best**) adj bom (boa); (well-behaved) bem comportado (da). ◆ n o bem; **be ~!** porte-se bem!; **to have a ~ time** divertir-se; **to be ~ at sthg** ser bom em algo; **a ~ ten minutes** pelo menos dez minutos; **in ~ time** com antecedência; **for ~** para sempre; **the ~ of** para o bem de; **to do sb ~** fazer bem a alguém; **it's no ~** (there's no point) não vale a pena; **~ afternoon!** boa tarde!; **~ evening!** boa noite!; **~ morning!** bom dia!; **~ night!** boa noite! ❑ **goods** npl mercadorias fpl.

goodbye [,gʊd'baɪ] excl adeus!

Good Friday n Sexta-feira f Santa.

good-looking [-'lʊkɪŋ] adj bonito(ta).

goose [guːs] (pl **geese**) n ganso m.

gooseberry ['gʊzbərɪ] n groselha f branca.

gorge [gɔːdʒ] n garganta f, desfiladeiro m.

gorgeous ['gɔːrdʒəs] adj (day, countryside) magnífico(ca); inf (good-looking) lindo(da).

gorilla [gə'rɪlə] n gorila mf.

gossip ['gɒsɪp] n (about someone) mexerico m, fofoca f; (chat) conversa f. ◆ vi (about someone) fofocar; (chat) conversar.

got [gɒt] pt & pp → get.

gotten ['gɒtn] pp Am → get.

govern ['gʌvərn] vt governar.

government ['gʌvərnmənt] n governo m.

gown [gaʊn] n (dress) vestido m.

G.P. abbr = **general practitioner.**

grab [græb] vt (take hold of) agarrar.

graceful ['greɪsfl] adj gracioso(osa).

grade [greɪd] n (quality) categoria f; (on test, in class) nota f; Am (year at school) ano m (de escolaridade).

grade crossing n Am passagem m de nível.

gradient ['greɪdjənt] n inclinação f.

gradual ['grædʒʊəl] adj gradual.

gradually ['grædʒʊəlɪ] adv gradualmente.

graduate [n 'grædʒʊət, vb 'grædʒʊeɪt] n (from university) graduado m, -da f; Am (from high school) pessoa que concluiu o ensino secundário. ◆ vi (from university) graduar-se, formar-se; Am (from high school) concluir o ensino secundário.

ⓘ GRADUATE SCHOOL

"Graduate school" é a chamada pós-graduação: o mestrado, com um ano ou mais de estudos, e o Ph.D. (doutorado), que exige pelo menos mais três anos e a apresentação de uma tese. Para cursálos, deve-se prestar um exame nacional padronizado. Embora dispendiosos, podem ser um pré-requisito para a obtenção de um bom emprego.

graduation [ˌgrædʒʊ'eɪʃn] n (ceremony) colação f de grau.

graffiti [grə'fiːtɪ] n grafite m.

grain [greɪn] n (seed, of sand) grão m; (crop) cereais mpl; (of salt) pedra f.

gram [græm] n grama m.

grammar ['græmər] n gramática f.

grammar school n (in US) escola f primária.

gramophone ['græməfəʊn] n gramofone m.

gran [græn] n Brit inf avó f.

grand [grænd] adj (impressive) magnífico(ca). ◆ n inf ($1,000) mil dólares mpl.

grandchild ['græntʃaɪld] (pl -children [-ˌtʃɪldrən]) n neto m.

granddaughter ['grænˌdɔːtər] n neta f.

grandfather ['grænd,fɑːðər] n avô m.

grandma ['grænmɑː] n inf vóvó f, vó f.

grandmother ['græn,mʌðər] n avó f.

grandpa ['grænpɑː] n inf vovô m, vô m.

grandparents ['græn,peərənts] npl avós mpl.

grandson ['grænsʌn] n neto m.

granite ['grænɪt] n granito m.

grant [grɑːnt] n (for study) bolsa f; POL subsídio m. ◆ vt (fml: give) conceder; **to take sthg for ~ed** dar algo por certo; **to take sb for ~ed** não dar o devido valor a alguém.

grape [greɪp] n uva f.

grapefruit ['greɪpfruːt] n toranja f.

graph [grɑːf] n gráfico m.

graph paper n papel m milimétrico.

grasp [grɑːsp] vt (grip) agarrar; (understand) perceber.

grass [grɑːs] n (plant) grama f; (lawn) gramado m; **'keep off the ~'** 'não pise na grama'.

grasshopper ['grɑːsˌhɒpər] n gafanhoto m.

grate [greɪt] n grelha f.

grated ['greɪtəd] adj ralado(da).

grateful ['greɪtfʊl] *adj* agradecido(da), grato(ta).

grater ['greɪtər] *n* ralador *m*.

gratitude ['grætɪtuːd] *n* gratidão *f*.

gratuity [grə'tuːɪtɪ] *n fml* gratificação *f*.

grave[1] [greɪv] *adj (mistake, news, concern)* grave. ◆ *n* sepultura *f*.

grave[2] [grɑːv] *adj (accent)* grave.

gravel ['grævl] *n* gravilha *f*.

graveyard ['greɪvjɑːrd] *n* cemitério *m*.

gravity ['grævətɪ] *n* gravidade *f*.

gravy ['greɪvɪ] *n* molho *m* (de carne).

gray [greɪ] *adj Am* cinzento(ta); *(hair)* grisalho(lha). ◆ *n* cinzento *m*; **to go** ~ ficar grisalho.

graze [greɪz] *vt (injure)* esfolar.

grease [griːs] *n* gordura *f*.

greasy ['griːsɪ] *adj (clothes, food)* gorduroso(osa); *(skin, hair)* oleoso(osa).

great [greɪt] *adj* grande; *(very good)* ótimo(ma); **(that's)** ~! ótimo!

Great Britain *n* Grã-Bretanha *f*.

GREAT BRITAIN

A Grã-Bretanha é uma ilha que compreende a Inglaterra, a Escócia e o País de Gales. Não deve ser confundida com o Reino Unido, que inclui também a Irlanda do Norte, nem com as Ilhas Britânicas, que incluem ainda a República da Ir-

landa, a Ilha de Man, as Ilhas Órcades, as Ilhas Shetland e as Ilhas do Canal da Mancha.

great-grandfather *n* bisavô *m*.

great-grandmother *n* bisavó *f*.

Greece [griːs] *n* Grécia *f*.

greed [griːd] *n (for money)* ganância *f*; *(for food)* gulodice *f*.

greedy ['griːdɪ] *adj (for food)* guloso(osa); *(for money)* ganancioso(osa).

green [griːn] *adj* verde. ◆ *n (color)* verde *m*; *(on golf course)* green *m*. ◗ **greens** *npl (vegetables)* verduras *fpl*.

green card *n Am (work permit)* visto de permanência e trabalho nos Estados Unidos.

GREEN CARD

Documento que permite a um cidadão estrangeiro viver e trabalhar nos Estados Unidos. Os requerentes devem ter parentesco próximo com um cidadão americano, ou trabalhar para uma companhia americana, ou poder fazer investimentos significativos nos Estados Unidos. Embora mantenha o nome, ele já não é mais da cor verde.

greenhouse ['griːnhaos, *pl* -haozɪz] *n* estufa *f*.

greenhouse effect *n* efeito *m* estufa.

green light n sinal m verde.
green pepper n pimentão m (verde).
greet [gri:t] vt (say hello to) cumprimentar.
greeting ['gri:tɪŋ] n cumprimento m.
grenade [grə'neɪd] n granada f.
grew [gru:] pt → **grow**.
grey [greɪ] adj & n Brit = **gray**.
greyhound ['greɪhaʊnd] n galgo m.

ⓘ **GREYHOUND BUS**

Talvez o meio de transporte mais econômico utilizado para viagens pelos Estados Unidos seja o ônibus. A Greyhound Bus cobre todas as regiões do país, além de algumas localidades no Canadá e no México. Ela também serve a várias partes do país inacessíveis às companhias aéreas comerciais.

grid [grɪd] n (grating) gradeamento m; (on map etc.) quadrícula f.
grief [gri:f] n desgosto m.
grieve [gri:v] vi estar de luto.
grill [grɪl] n grelha f; (part of restaurant) grill m; AUT grelha f do radiador. ◆ vt grelhar.
grilled [grɪld] adj grelhado (da).
grim [grɪm] adj (expression) severo(ra); (place, reality) sombrio (bria); (news) desagradável.

grimace ['grɪməs] n careta f.
grimy ['graɪmɪ] adj sebento (ta).
grin [grɪn] n sorriso m (largo). ◆ vi sorrir.
grind [graɪnd] (pt & pp **ground**) vt (pepper, coffee) moer.
grip [grɪp] n (of tires) aderência f; (handle) punho m; (bag) bolsa m de viagem; (hold) pega f. ◆ vt (hold) agarrar; **to keep a firm ~ on sthg** (rope, railings) agarrar algo com força; **get a ~ on yourself!** controle-se!
groan [grəʊn] n gemido m. ◆ vi (in pain) gemer; (complain) resmungar.
groceries ['grəʊsərɪz] npl comestíveis mpl.
grocery store ['grəʊsəri-] n mercearia f.
groin [grɔɪn] n virilha f.
groove [gru:v] n ranhura f.
grope [grəʊp] vi: **to ~ around for sthg** procurar algo às apalpadelas.
gross [grəʊs] adj (weight, income) bruto(ta).
grossly ['grəʊslɪ] adv (extremely) extremamente.
ground [graʊnd] pt & pp → **grind**. ◆ n chão m; SPORT campo m. ◆ adj (coffee) moído(da). ◆ vt: **to be ~ed** (plane) não ter autorização para decolar; Am (child) estar de castigo; Am (electrical connection) ligar à terra. ❑ **grounds** npl (of building) área que circunda um prédio; (of coffee) borra f; (reason) razão f, motivo m.

ground beef n Am carne f moída.

ground floor n térreo m.

group [gru:p] n grupo m.

grovel ['grʌvl] vi (be humble) humilhar-se.

grow [grəʊ] (pt **grew**, pp **grown**) vi crescer; (become) tornar-se. ◆ vt (plant, crop) cultivar; (beard) deixar crescer. ❑ **grow up** vi crescer.

growl [graʊl] vi (dog) rosnar.

grown [grəʊn] pp → **grow**.

grown-up adj adulto(ta). ◆ n adulto m, -ta f.

growth [grəʊθ] n (increase) crescimento m; MED tumor m, abscesso m.

grub [grʌb] n inf (food) comida f.

grubby ['grʌbɪ] adj inf porco (ca).

grudge [grʌdʒ] n ressentimento m. ◆ vt: **to ~ sb sthg** dar algo a alguém de má vontade; **he seems to have a ~ against me** ele parece ter algo contra mim.

grueling ['gruəlɪŋ] adj Am extenuante.

gruelling ['gruəlɪŋ] Brit = **grueling**.

gruesome ['gru:səm] adj horripilante.

grumble ['grʌmbl] vi (complain) resmungar.

grumpy ['grʌmpɪ] adj inf resmungão(gona).

grunt [grʌnt] vi grunhir.

guarantee [ˌgerən'ti:] n garantia f. ◆ vt garantir.

guard [gɑːd] n (of prisoner etc.) guarda mf; (protective cover) proteção f. ◆ vt (watch over) guardar; **to be on one's ~** estar alerta.

guess [ges] n suposição f. ◆ vt vi adivinhar; **I ~ (so)** é provável, imagino que sim.

guest [gest] n (in home) convidado m, -da f; (in hotel) hóspede mf.

guesthouse ['gesthaʊs, pl -haʊzɪz] n pensão f.

guidance ['gaɪdns] n orientação f.

guide [gaɪd] n (for tourists) guia mf; (guidebook) guia m. ◆ vt guiar. ❑ **Guide** n Brit ≃ escoteira f.

guidebook ['gaɪdbʊk] n guia m.

guided tour ['gaɪdəd-] n visita f guiada.

guidelines ['gaɪdlaɪnz] npl diretrizes fpl.

guilt [gɪlt] n culpa f.

guilty [gɪltɪ] adj culpado(da).

guinea pig ['gɪnɪ-] n cobaia f.

guitar [gɪ'tɑːr] n (acoustic) violão m; (electric) guitarra f (elétrica).

gulf [gʌlf] n (of sea) golfo m.

gull [gʌl] n gaivota f.

gullible ['gʌləbl] adj ingênuo (nua).

gulp [gʌlp] n (of drink) gole m.

gum [gʌm] n (chewing gum, bubble gum) chiclete m; (adhesive) cola f. ❑ **gums** npl (in mouth) gengiva f.

gun [gʌn] n (handgun) pistola f;

(rifle) espingarda *f; (cannon)* canhão *m.*

gunfire ['gʌnfaɪər] *n* tiroteio *m.*

gunshot ['gʌnʃɒt] *n* tiro *m.*

gust [gʌst] *n* rajada *f.*

gut [gʌt] *n inf (stomach)* bucho *m.* ❏ **guts** *npl inf (intestines)* tripas *fpl; (courage)* coragem *f*, peito *m.*

gutter ['gʌtər] *n (beside road)* sarjeta *f; (of house)* calha *f.*

guy [gaɪ] *n inf (man)* cara *m.* ❏ **guys** *npl Am inf (people):* **you ~ s** vocês.

gym [dʒɪm] *n (place)* ginásio *m; (school lesson)* ginástica *f.*

gymnast ['dʒɪmnæst] *n* ginasta *mf.*

gymnastics [dʒɪm'næstɪks] *n* ginástica *f.*

gynecologist [ˌgaɪnə'kɒlədʒəst] *n* ginecologista *mf.*

gypsy ['dʒɪpsɪ] *n* cigano *m*, -na *f.*

H

H *(abbr of hospital)* H. ◆ *abbr* = **hot**.

had [hæd] *pt & pp* → **have**.

hadn't ['hædnt] = **had not**.

haggle ['hægl] *vi* regatear.

hail [heɪl] *n* granizo *m.* ◆ *v impers:* **it's ~ ing** está chovendo granizo.

hailstone ['heɪlstəʊn] *n* granizo *m*, pedra *f.*

hair [heər] *n (on human head)* cabelo *m; (on skin)* pêlo *m;* **to have one's ~ cut** cortar o cabelo; **to wash one's ~** lavar a cabeça.

hairbrush ['heəbrʌʃ] *n* escova *f* (de cabelo).

haircut ['heəkʌt] *n (style)* corte *m* (de cabelo); **to have a ~** cortar o cabelo.

hairdo ['heədu:] *(pl* **-s***) n* penteado *m.*

hairdresser ['heəˌdresər] *n (person)* cabeleireiro *m*, -ra *f; (salon)* cabeleireiro *m;* **to go to the ~** ir ao cabeleireiro.

hairdryer ['heəˌdraɪər] *n* secador *m* de cabelo.

hairpin ['heəpɪn] *n* grampo *m.*

hairpin bend *n* curva *f* fechada.

hairspray ['heəspreɪ] *n* laquê *m.*

hairstyle ['heəstaɪl] *n* penteado *m.*

hairy ['heərɪ] *adj (person)* cabeludo(da); *(chest, legs)* peludo(da).

half [hæf] *(pl* **halves***) n (50%)* metade *f; (of match)* tempo *m.* ◆ *adj* meio (meia). ◆ *adv* meio; **a day and a ~** um dia e meio; **four and a ~** quatro e meio; **an hour and a ~** uma hora e meia; **~ past seven** sete e meia; **~ as big as** metade do tamanho de; **~ an hour** meia hora; **~ a dozen** meia dúzia; **~price** a metade do preço.

half-brother *n* meio-irmão *m.*

half-sister n meia-irmã f.

half-time ['hæftaɪm] n intervalo m.

halfway ['hæf'weɪ] adv (in space) a meio caminho; (in time) a meio.

hall [hɔːl] n (of house) entrada f, hall m; (building, large room) salão m; (country house) ≃ mansão f.

hallmark ['hɔːlmɑːrk] n (on silver, gold) marca f.

Halloween [,hæləʊ'iːn] n Dia m das Bruxas.

halt [hɔːlt] vi parar. ◆ n: to come to a ~ parar.

halve [hæv] vt (reduce by half) reduzir à metade; (divide in two) dividir ao meio.

halves [hævz] pl → half.

ham [hæm] n presunto m.

hamburger ['hæmbɜːrgər] n hambúrguer m; Am (ground beef) carne f moída.

hamlet ['hæmlət] n aldeia f, lugarejo m.

hammer ['hæmər] n martelo m. ◆ vt (nail) martelar.

hammock ['hæmək] n rede f.

hamper ['hæmpər] n cesto m.

hamster ['hæmstər] n hamster m.

hand [hænd] n mão f; (of clock, watch, dial) ponteiro m; to give sb a ~ dar uma mão a alguém; to get out of ~ fugir ao controle; by ~ à mão; on the one ~ por um lado; on the other ~ por outro lado. □ hand in vt sep entregar. □ hand out vt sep distribuir. □ hand over vt sep (give) entregar.

handbag ['hændbæg] n bolsa f, carteira f.

handbook ['hændbʊk] n manual m.

handbrake ['hændbreɪk] n freio m de mão.

handcuffs ['hændkʌfs] npl algemas fpl.

handful ['hændfl] n (amount) punhado m.

handicap ['hændɪkæp] n (physical, mental) deficiência f; (disadvantage) desvantagem f.

handicapped ['hændɪkæpt] adj deficiente. ◆ npl: the ~ os deficientes.

handkerchief ['hæŋkərtʃɪf] (pl -chiefs OR -chieves) n lenço m (de mão).

handle ['hændl] n (of door, window) maçaneta f; (of suitcase) alça f; (of pan, knife) cabo m. ◆ vt (touch) pegar em; (deal with) lidar com; (solve) tratar de; '~ with care' 'frágil'.

handlebars ['hændlbɑːrz] npl guidom m.

handmade [,hænd'meɪd] adj feito(ta) à mão.

handout ['hændaʊt] n (leaflet) prospecto m; (money, food etc.) donativo m.

handshake ['hændʃeɪk] n aperto m de mão.

handsome ['hænsəm] adj bonito(ta).

handwriting ['hænd,raɪtɪŋ] n letra f, caligrafia f.

handy ['hændɪ] adj (useful) prático(ca); (good with one's hands) habilidoso(osa); (near) à mão;

to come in ~ *inf* vir a calhar.

hang [hæŋ] *(pt & pp* hung, *pt & pp vt sense 2* hanged*) vt (on hook, wall etc.)* pendurar; *(execute)* enforcar. ◆ *vi (be suspended)* pender. ◆ *n*: **to get the ~ of sthg** pegar o jeito de algo. ◻ **hang around** *inf* rondar. ◻ **hang down** *vi* estar pendurado(da). ◻ **hang on** *vi inf (wait)* esperar. ◻ **hang out** *vt sep (washing)* pendurar. ◆ *vi inf (spend time)* passar o tempo. ◻ **hang up** *vi (on phone)* desligar.

hangar [ˈhæŋər] *n* hangar *m*.

hanger [ˈhæŋər] *n* cabide *m*.

hang gliding *n* vôo livre *m*.

hangover [ˈhæŋˌəʊvər] *n* ressaca *f*.

happen [ˈhæpən] *vi* acontecer; **I ~ed to bump into him** encontrei-o por acaso.

happily [ˈhæpɪlɪ] *adv (luckily)* felizmente.

happiness [ˈhæpɪnəs] *n* felicidade *f*.

happy [ˈhæpɪ] *adj* feliz; **to be ~ about sthg** *(satisfied)* estar satisfeito(ta) com algo; **to be ~ to do sthg** não se importar de fazer algo; **to be ~ with sthg** estar satisfeito com algo; **Happy Birthday!** Feliz Aniversário!, Parabéns!; **Happy New Year!** Feliz Ano Novo!

harassment [həˈræsmənt] *n* assédio *m*, importunação *f*.

harbor [ˈhɑːrbər] *n Am* porto *m*.

harbour [ˈhɑːbəʳ] *Brit* = **harbor**.

hard [hɑːrd] *adj* duro(ra); *(difficult, strenuous)* difícil; *(forceful)* forte; *(winter, frost)* rigoroso (osa); *(water)* calcário(ria), duro (ra); *(drugs)* pesado(da). ◆ *adv (work)* muito, arduamente; *(hit, rain)* atentamente; *(hit, rain)* com força; **to try ~** fazer um esforço.

hard-boiled egg [-bɔɪld-] *n* ovo *m* cozido.

hardcover [ˈhɑːrd,kʌvər] *n Am* livro *m* de capa dura.

hard disk *n* disco *m* rígido.

hardly [ˈhɑːrdlɪ] *adv*: **~ ever** quase nunca; **I ~ know her** mal a conheço; **there's ~ any left** já não há quase nada.

hardship [ˈhɑːrdʃɪp] *n* dificuldades *fpl*.

hardware [ˈhɑːrdweər] *n (tools, equipment)* ferramenta *f*; COMPUT hardware *m*.

hardware store *n* loja *f* de ferragens.

hardworking [ˌhɑːrdˈwɜːrkɪŋ] *adj* trabalhador(ra).

hare [heər] *n* lebre *f*.

harm [hɑːrm] *n (injury)* mal *m*; *(damage)* dano *m*. ◆ *vt (injure)* magoar; *(reputation, chances)* prejudicar; *(fabric)* danificar.

harmful [ˈhɑːrmfl] *adj* prejudicial.

harmless [ˈhɑːrmləs] *adj* inofensivo(va).

harmony [ˈhɑːrmənɪ] *n* harmonia *f*.

harness [ˈhɑːrnəs] *n (for horse)* arreios *mpl*; *(for child)* andadeiras *fpl*.

harp [hɑːrp] *n* harpa *f*.

harsh [hɑ:rʃ] adj (severe) rigoroso(osa); (cruel) severo(ra); (sound, voice) áspero(ra).

harvest [ˈhɑ:rvɪst] n colheita f.

has [weak form həz, strong form hæz] → **have**.

hash browns npl Am bolinhos fritos de batatas e cebolas picadas.

hasn't [ˈhæznt] = **has not**.

hassle [ˈhæsl] n inf chatice f.

hastily [ˈheɪstəlɪ] adv precipitadamente.

hasty [ˈheɪstɪ] adj (hurried) apressado(da); (rash) precipitado(da).

hat [hæt] n chapéu m.

hatch [hætʃ] n (in ship, aircraft) escotilha f. ◆ vi (chick) sair do ovo.

hate [heɪt] n ódio m. ◆ vt odiar, detestar; **to ~ doing sthg** detestar fazer algo.

hatred [ˈheɪtrəd] n ódio m.

haul [hɔ:l] vt arrastar. ◆ n: a long ~ um longo percurso.

haunted [ˈhɔ:ntəd] adj (house) assombrado(da).

have [hæv] (pt & pp had) aux vb -1. (to form perfect tenses): I ~ finished acabei; ~ **you been there? - no, I ~n't** você já esteve lá? - não; **they hadn't seen it** não o tinham visto; **we had already left** nós já tínhamos saído.
-2. (must): **to ~ (got) to do sthg** ter de fazer algo; **do you ~ to pay?** é preciso pagar?
◆ vt -1. (possess): **to ~ (got)** ter; **do you ~ OR ~ you got a double room?** você tem um quarto de

casal?; **she's got brown hair** ela tem o cabelo castanho.
-2. (experience) ter; **to ~ a cold** estar resfriado; **to ~ a great time** divertir-se a valer.
-3. (replacing other verbs) ter; **to ~ breakfast** tomar o café da manhã; **to ~ dinner** jantar; **to ~ lunch** almoçar; **to ~ a bath** tomar banho; **to ~ a drink** tomar qualquer coisa, tomar um drinque; **to ~ a shower** tomar um banho; **to ~ a swim** nadar.
-4. (feel) ter; **I ~ no doubt about it** não tenho dúvida alguma OR nenhuma sobre isso.
-5. (cause to be): **to ~ sthg done** mandar fazer algo; **to ~ one's hair cut** cortar o cabelo.
-6. (be treated in a certain way): **I've had my wallet stolen** roubaram a minha carteira.

hawk [hɔ:k] n falcão m.

hay [heɪ] n feno m.

hay fever n febre f do feno.

hazard [ˈhæzərd] n risco m.

hazardous [ˈhæzərdəs] adj arriscado(da).

haze [heɪz] n névoa f.

hazel [ˈheɪzl] adj castanho-claro.

hazelnut [ˈheɪzl,nʌt] n avelã f.

hazy [ˈheɪzɪ] adj (misty) nublado(da).

he [hi:] pron ele; **~'s tall** ele é alto.

head [hed] n cabeça f; (of line) princípio m; (of page, letter) cabeçalho m; (of table, bed) cabeceira f; (of company, department) chefe m, -fa f; (of beer) espuma f. ◆ vt

(list, organization) encabeçar.
◆ *vi:* to ~ home dirigir-se para casa; **$10 a ~** 10 dólares por cabeça; **~s or tails?** cara ou coroa? ❑ **head for** *vt fus (place)* dirigir-se a.

headache ['hedeɪk] *n (pain)* dor *f* de cabeça; **I've got a ~** estou com dor de cabeça.

head band *n Am* fita *f* para o cabelo.

heading ['hedɪŋ] *n* título *m*.

headlight ['hedlaɪt] *n* farol *m* (dianteiro).

headline ['hedlaɪn] *n (in newspaper)* manchete *f*; *(on TV, radio)* notícia *f* principal.

headphones ['hedfəʊnz] *npl* fones *mpl* de ouvido.

headquarters [,hed'kwɔːr-tərz] *npl (of business)* sede *f*; *(of army)* quartel-general *m*; *(of police)* central *f*.

headrest ['hedrest] *n* apoio *m* para a cabeça.

head start *n* vantagem *f*, avanço *m*.

heal [hiːl] *vt* curar. ◆ *vi* sarar.

health [helθ] *n* saúde *f*; **to be in good/bad ~** estar bem/mal de saúde; **your (very) good ~!** saúde!

health center *n* centro *m* de saúde.

health food *n* comida *f* natural.

health insurance *n* seguro-saúde *m*.

healthy ['helθɪ] *adj* saudável.

heap [hiːp] *n* monte *m*; **~s of** *inf* um monte de.

hear [hɪər] *(pt & pp heard* [hɜːd]*) vt & vi* ouvir; **to ~ about** sthg saber de algo; **to ~ from sb** ter notícias de alguém; **have you ~d of him?** você já ouviu falar dele?

hearing ['hɪərɪŋ] *n (sense)* audição *f; (at court)* audiência *f*; **to be hard of ~** não ouvir bem.

hearing aid *n* aparelho *m* auditivo.

heart [hɑːrt] *n* coração *m*; **to know sthg (off) by ~** saber algo de cor; **to lose ~** perder a coragem. ❑ **hearts** *npl (in cards)* copas *fpl*.

heart attack *n* ataque *m* cardíaco.

heartbeat ['hɑːrtbiːt] *n* pulsação *f*, batida *f* cardíaca.

heart condition *n*: **to have a ~** ter problemas cardíacos OR de coração.

hearth [hɑːrθ] *n* lareira *f*.

hearty ['hɑːrtɪ] *adj (meal)* substancial.

heat [hiːt] *n* calor *m*; *(specific temperature)* temperatura *f*. ❑ **heat up** *vt sep* aquecer.

heater ['hiːtər] *n* aquecedor *m*.

heath [hiːθ] *n* charco *m*.

heather ['heðər] *n* urze *f*.

heating ['hiːtɪŋ] *n* aquecimento *m*.

heat wave *n* onda *f* de calor.

heave [hiːv] *vt (push)* empurrar com força; *(pull)* puxar com força; *(lift)* levantar com força.

Heaven ['hevn] *n* paraíso *m*, céu *m*.

heavily ['hevəlɪ] adv muito.

heavy ['hevɪ] adj pesado(da); *(rain, fighting, traffic)* intenso(sa); **how ~ is it?** quanto é que (isso) pesa?; **to be a ~ smoker** fumar muito.

heckle ['hekl] vt interromper (continuamente).

hectic ['hektɪk] adj agitado (da).

he'd [hi:d] = he had.

hedge [hedʒ] n cerca f viva, sebe f.

hedgehog ['hedʒhɒg] n ouriço m.

heel [hi:l] n *(of person)* calcanhar m; *(of shoe)* salto m.

hefty ['heftɪ] adj *(person)* robusto(ta); *(fine)* considerável.

height [haɪt] n altura f; *(peak period)* ponto m alto; **what ~ is it?** quanto mede?

heir [eər] n herdeiro m.

heiress ['eərəs] n herdeira f.

held [held] pt & pp → hold.

helicopter ['helɪkɒptər] n helicóptero m.

Hell [hel] n o Inferno.

he'll [hi:l] = he will.

hello [hə'ləʊ] excl *(as greeting)* oi!; *(when answering phone)* alô!; *(when phoning)* alô?; *(to attract attention)* ei!

helmet ['helmət] n capacete m.

help [help] n ajuda f. ◆ vt & vi ajudar. ◆ excl socorro!; **I can't ~ it** não consigo evitá-lo; **to ~ sb (to) do sthg** ajudar alguém a fazer algo; **to ~ o.s. (to sthg)** servir-se (de algo); **can I ~ you?**

(in store) posso ajudá-lo? ▫ **help out** vi ajudar

helper ['helpər] n *(assistant)* ajudante mf.

helpful ['helpfl] adj *(person)* prestativo(va); *(useful)* útil.

helping ['helpɪŋ] n porção f.

helpless ['helpləs] adj indefeso(sa).

hem [hem] n bainha f.

hemorrhage ['hemərɪdʒ] n hemorragia f.

hen [hen] n *(chicken)* galinha f.

hepatitis [,hepə'taɪtəs] n hepatite f.

her [hɜːr] adj o seu (a sua), dela. ◆ pron *(direct)* a; *(indirect)* lhe; *(after prep)* ela; **~ books** os livros dela, os seus livros; **I know ~** eu a conheço; **it's ~** é ela; **send it to ~** mande isso para ela; **tell ~** diga-lhe; **Zena brought it with ~** a Zena trouxe-o consigo OR com ela.

herb [ɜːrb] n erva f aromática.

herbal tea ['ɜːrbl-] n chá m de ervas.

herd [hɜːrd] n *(of cattle)* manada f; *(of sheep)* rebanho m.

here [hɪər] adv aqui; **~ 's your book** aqui está o seu livro; **~ you are** aqui tem, aqui está.

heritage ['herɪtɪdʒ] n patrimônio m.

hernia ['hɜːrnjə] n hérnia f.

hero ['hɪərəʊ] *(pl* **-es**) n herói m.

heroine ['herəʊɪn] n heroína f.

heron ['herən] n garça f.

herring ['herɪŋ] n arenque m.

hers [hɜːz] *pron* o seu (a sua), (o/a) dela; **a friend of** ~ um amigo dela OR seu; **those shoes are** ~ estes sapatos são dela OR seus; **these are mine – where are** ~? estes são os meus – onde estão os dela?

herself [hɜːˈself] *pron (reflexive)* se; *(after prep)* si própria OR mesma; **she did it** ~ foi ela mesma que o fez; **she hurt** ~ ela se machucou.

he's [hiːz] = he is.

hesitant [ˈhezɪtənt] *adj* hesitante.

hesitate [ˈhezɪteɪt] *vi* hesitar.

hesitation [ˌhezɪˈteɪʃn] *n* hesitação *f.*

heterosexual [ˌhetərəʊˈsekʃʊəl] *adj* heterossexual. ◆ *n* heterossexual *mf.*

hi [haɪ] *excl inf* oi!

hiccup [ˈhɪkʌp] *n*: **to have (the)** ~ **s** estar com OR ter soluços.

hide [haɪd] (*pt* hid [hɪd], *pp* hidden [ˈhɪdn]) *vt* esconder; *(truth, feelings)* esconder, ocultar. ◆ *vi* esconder-se. ◆ *n (of animal)* pele *f.*

hideous [ˈhɪdɪəs] *adj* horrível.

hi-fi [ˈhaɪfaɪ] *n* som *m*, aparelhagem *f* de som.

high [haɪ] *adj* alto(ta); *(wind)* forte; *(speed, quality)* grande, alto(ta); *(opinion)* bom (boa); *(position, rank)* elevado(da); *(sound, voice)* agudo(da); *inf (from drugs)* doidão(dona). ◆ *n (weather front)* área *f* de alta pressão. ◆ *adv* alto; **how** ~ **is it?** quanto (isso) me-

de?; **it's 10 meters** ~ mede 10 metros de altura.

high-class *adj* de primeira (categoria).

higher education [ˈhaɪər-] *n* ensino *m* superior.

high jump *n* salto *m* em altura.

highlight [ˈhaɪlaɪt] *n (best part)* ponto *m* alto. ◆ *vt (emphasize)* destacar. ❑ **highlights** *npl (of football game etc.)* melhores lances *mpl*; *(in hair)* mechas *fpl.*

highly [ˈhaɪlɪ] *adv (extremely)* extremamente; *(very well)* muito bem; **to think** ~ **of sb** admirar muito alguém.

high school *n* escola *f* secundária.

high season *n* estação *f* alta.

high tide *n* maré-alta *f.*

highway [ˈhaɪweɪ] *n Am (between cities)* auto-estrada *f.*

hijack [ˈhaɪdʒæk] *vt* desviar.

hijacker [ˈhaɪdʒækər] *n* seqüestrador *m*, -ra *f* (de avião).

hike [haɪk] *n* caminhada *f*, excursão *f* a pé. ◆ *vi* caminhar.

hiking [ˈhaɪkɪŋ] *n*: **to go** ~ fazer uma caminhada.

hilarious [hɪˈleərɪəs] *adj* hilariante.

hill [hɪl] *n* colina *f*, monte *m.*

hillwalking [ˈhɪlwɔːkɪŋ] *n* caminhada *f (em montanha).*

hilly [ˈhɪlɪ] *adj* montanhoso (osa).

him [hɪm] *pron (direct)* o; *(indirect)* lhe; *(after prep)* ele; **I know** ~ eu o conheço; **it's** ~ é ele;

send it to ~ mande isso para ele; **tell** ~ diga-lhe; **Tony brought it with** ~ Tony o trouxe consigo.

himself [hɪm'self] *pron (reflexive)* se; *(after prep)* si próprio OR mesmo; **he did it** ~ foi ele mesmo que o fez; **he hurt** ~ machucou-se.

hinder ['hɪndər] *vt* impedir, atrapalhar.

hinge [hɪndʒ] *n* dobradiça *f*.

hint [hɪnt] *n (indirect suggestion)* alusão *f*; *(piece of advice)* dica *f*, palpite *m*; *(slight amount)* ponta *f*. ◆ *vi*: **to** ~ **at sthg** fazer alusão a algo.

hip [hɪp] *n* anca *f*.

hippopotamus [,hɪpə'pɒtəməs] *n* hipopótamo *m*.

hire ['haɪər] *vt (car, bicycle, television)* alugar; *(person)* contratar; **'for** ~**'** *(boats)* 'para alugar'; *(taxi)* 'livre'.

his [hɪz] *adj* o seu (a sua), dele. ◆ *pron* o seu (a sua), (o/a) dele; ~ **books** os livros dele, os seus livros; **a friend of** ~ um amigo dele OR seu; **these shoes are** ~ estes sapatos são dele OR seus; **these are mine – where are** ~ **?** estes são os meus – onde estão os dele?

historical [hɪ'stɒrɪkəl] *adj* histórico(ca).

history ['hɪstərɪ] *n* história *f*, *(record)* histórico *m*.

hit [hɪt] *(pt & pp* **hit)** *vt (strike on purpose)* bater em; *(collide with)* bater contra OR em; *(bang)* bater com; *(a target)* acertar em. ◆ *n*

(record, play, movie) sucesso *m*; COMPUT visita *f (a uma homepage).*

hitch [hɪtʃ] *n (problem)* problema *m*. ◆ *vi* pegar carona. ◆ *vt*: **to** ~ **a lift** pegar carona.

hitchhike ['hɪtʃhaɪk] *vi* pegar carona.

hitchhiker ['hɪtʃhaɪkər] *n* pessoa *f* que pega carona.

hive [haɪv] *n (of bees)* colméia *f*.

HIV-positive *adj* soropositivo(va).

hoarding ['hɔːdɪŋ] *n* Brit *(for adverts)* outdoor *m*.

hoarse [hɔːrs] *adj* rouco(ca).

hoax [həʊks] *n* fraude *f*.

hob [hɒb] *n* placa *f* de aquecimento do fogão.

hobby ['hɒbɪ] *n* hobby *m*.

hockey ['hɒkɪ] *n* Am *(ice hockey)* hóquei sobre gelo.

hoe [həʊ] *n* enxada *f*.

hold [həʊld] *(pt & pp* **held)** *vt* segurar; *(organize)* dar; *(contain)* conter; *(possess)* ter, possuir. ◆ *vi (remain unchanged)* manter-se; *(on telephone)* esperar. ◆ *n (of ship, aircraft)* porão *m*; **to** ~ **sb prisoner** manter alguém prisioneiro; ~ **the line, please** não desligue, por favor; **to keep a firm** ~ **of sthg** agarrar algo com força. ❑ **hold back** *vt sep (restrain)* conter; *(keep secret)* reter. ❑ **hold on** *vi (wait, on telephone)* esperar; **to** ~ **on to sthg** agarrar-se a algo. ❑ **hold out** *vt sep (extend)* estender. ❑ **hold up** *vt sep (delay)* atrasar.

holdall ['həʊldɔːl] *n* Brit bolsa *f* de viagem.

holder ['həʊldər] n (of passport, license) titular mf; (container) suporte m.

holdup ['həʊldʌp] n (delay) atraso m.

hole [həʊl] n buraco m.

holiday ['hɒlədeɪ] n (day off) feriado m; Brit (vacation) férias fpl. ◆ vi Brit passar férias; to be on ~ estar de férias; to go on ~ sair de férias; **the** ~s as férias.

holidaymaker ['hɒlədeɪˌmeɪkər] n Brit turista mf.

hollow ['hɒləʊ] adj oco (oca).

holly ['hɒlɪ] n azevinho m.

Hollywood ['hɒlɪwʊd] n Hollywood.

holy ['həʊlɪ] adj sagrado(da), santo(ta).

home [həʊm] n casa f; (own country) país m natal; (for old people) lar m. ◆ adv (in one's home) em casa; (to one's home) para casa. ◆ adj (not foreign) nacional; (at one's house) caseiro(ra); **at** ~ em casa; **make yourself at** ~ sinta-

se em casa; **to go** ~ ir para casa; ~ **address** endereço m residencial; ~ **number** número m (de telefone) de casa.

homeless ['həʊmləs] npl: **the** ~ os sem-teto.

homemade [ˌhəʊm'meɪd] adj (food) caseiro(ra).

homework ['həʊmwɜːrk] n dever m de casa.

homosexual [ˌhɒmə'sekʃʊəl] adj homossexual. ◆ n homossexual mf.

honest ['ɒnəst] adj honesto(ta), sincero(ra).

honestly ['ɒnəstlɪ] adv (truthfully) honestamente; (to express sincerity) sinceramente. ◆ excl francamente!

honey ['hʌnɪ] n mel m.

honeymoon ['hʌnɪmuːn] n lua-de-mel f.

honor ['ɒnər] n Am honra f.

honorable ['ɒnərəbl] adj honrado(da).

honour ['ɒnər] n Brit = **honor**.

hood [hʊd] n (of jacket, coat) capuz m; Am (car bonnet) capô m; (on convertible car) capota f.

hoof [huːf] n casco m.

hook [hʊk] n (for picture, coat) gancho m; (for fishing) anzol m; **off the** ~ (telephone) fora do gancho.

hooligan ['huːlɪɡən] n desordeiro m, -ra f, vândalo m, -la f.

hoop [huːp] n argola f.

hoot [huːt] vi (driver) buzinar.

Hoover® ['huːvər] n Brit aspirador m.

hope [həʊp] n esperança f. ◆ vt esperar; **to ~ for sthg** esperar algo; **to ~ to do sthg** esperar fazer algo; **I ~ so** espero que sim.

hopeful ['həʊpful] adj (optimistic) esperançoso(osa).

hopefully ['həʊpfəlɪ] adv (with luck) com um pouco de sorte.

hopeless ['həʊplɪs] adj (without any hope) desesperado(da); **he is ~!** inf (ele) é um caso perdido!

horizon [hə'raɪzn] n horizonte m.

horizontal [ˌhɒrɪ'zɒntl] adj horizontal.

horn [hɔːn] n (of car) buzina f; (on animal) corno m, chifre m.

horoscope ['hɒrəskəʊp] n horóscopo m.

horrible ['hɒrəbl] adj horrível.

horrid ['hɒrɪd] adj (unkind) antipático(ca); (very bad) horroroso(osa).

horrific [hɒ'rɪfɪk] adj horrendo(da).

horse [hɔːs] n cavalo m.

horseback riding n equitação f.

horse racing n corrida f de cavalos.

horseshoe ['hɔːsʃuː] n ferradura f.

hose [həʊz] n mangueira f.

hosepipe ['həʊzpaɪp] n Brit mangueira f.

hosiery ['həʊzərɪ] n meias fpl e lingerie.

hospitable [hɒ'spɪtəbl] adj hospitaleiro(ra).

hospital ['hɒspɪtl] n hospital

m; **in the ~** no hospital.

hospitality [ˌhɒspɪ'tælətɪ] n hospitalidade f.

host [həʊst] n (of party, event) anfitrião m; (of show, TV program) apresentador m, -ra f.

hostage ['hɒstɪdʒ] n refém mf.

hostel ['hɒstl] n (youth hostel) albergue m da juventude.

hostess ['həʊstes] n (of party, event) anfitriã f.

hostile ['hɒstl] adj hostil.

hostility [hɒ'stɪlətɪ] n hostilidade f.

hot [hɒt] adj quente; (spicy) picante; **to be ~** (person) ter calor.

hot chocolate n chocolate m quente.

hotel [həʊ'tel] n hotel m.

hour ['aʊər] n hora f; **I've been waiting for ~s** estou esperando há horas.

hourly ['aʊərlɪ] adj por hora. ◆ adv (pay, charge) por hora; (depart) de hora em hora.

house [n haʊs, pl 'haʊzɪz, vb haʊz] n casa f. ◆ vt (person) alojar.

household ['haʊshəʊld] n família f.

housekeeping ['haʊskiːpɪŋ] n manutenção f da casa.

House of Representatives n Câmara f dos Deputados.

housewife ['haʊswaɪf] (pl -wives) n dona f de casa.

housework ['haʊswɜːk] n afazeres mpl domésticos.

housing ['haʊzɪŋ] n (houses) alojamento m.

housing project n Am conjunto m habitacional.

hovercraft ['hʌvərkræft] n aerobarco m.

how [hau] adv - 1. (asking about way or manner) como; ~ **do you get there?** como se chega lá?; ~ **does it work?** como funciona?; **tell me** ~ **to do it** me diga como fazer isso. - 2. (asking about health, quality) como; ~ **are you?** como vai?; ~ **are you doing?** como vai você?; ~ **are things?** como vão as coisas?; ~ **is your room?** como é o seu quarto? - 3. (asking about degree, amount) quanto; ~ **far?** a que distância?; ~ **long?** quanto tempo?; ~ **many?** quantos?; ~ **much?** quanto?; ~ **much is it?** quanto custa?; ~ **old are you?** quantos anos você tem? - 4. (in phrases): ~ **about a drink?** que tal uma bebida?; ~ **lovely!** que lindo!

however [hau'evər] adv contudo, todavia; ~ **hard I try** por mais que tente; ~ **many there are** por muitos que sejam.

howl [haul] vi (dog, wind) uivar; (person) gritar.

HQ n (abbr of headquarters) QG.

hubcap ['hʌbkæp] n calota f.

hug [hʌg] vt abraçar. ◆ n: **to give sb a** ~ dar um abraço em alguém.

huge [hju:dʒ] adj enorme.

hull [hʌl] n casco m (de navio).

hum [hʌm] vi (bee, machine) zumbir; (person) cantarolar.

human ['hju:mən] adj humano(na). ◆ n: ~ **(being)** ser m humano.

humanities [hju:'mænətiz] npl humanidades fpl, ciências fpl humanas.

human race n espécie f humana.

human rights npl direitos mpl humanos.

humble ['hʌmbl] adj humilde.

humid ['hju:mɪd] adj úmido (da).

humidity [hju:'mɪdəti] n umidade f.

humiliating [hju:'mɪlɪeɪtɪŋ] adj humilhante.

humiliation [hju:ˌmɪlɪ'eɪʃn] n humilhação f.

humor ['hju:mər] n Am humor m.

humorous ['hju:mərəs] adj (story) humorístico(ca); (person) espirituoso(osa).

humour ['hju:mə'] n Brit = **humor.**

hump [hʌmp] n (bump) elevação f; (of camel) corcova f.

hunch [hʌntʃ] n pressentimento m.

hundred ['hʌndrəd] num cem; **a** ~ cem; **a** ~ **and one** cento e um → **six.**

hundredth ['hʌndrədθ] num centésimo(ma) → **sixth.**

hung [hʌŋ] pt & pp → **hang.**

hunger ['hʌŋgər] n fome f.

hungry ['hʌŋgrɪ] adj esfomeado(da); **to be** ~ estar com OR ter fome.

hunt [hʌnt] n caça f, caçada f.
♦ vt & vi caçar; **to ~ (for sthg)**
(search) procurar (algo).

hunting ['hʌntɪŋ] n *(for wild animals)* caça f.

hurdle ['hɜːrdl] n *SPORT* obstáculo m.

hurl [hɜːrl] vt arremessar.

hurricane ['hɜːrəkeɪn] n furacão m.

hurry ['hʌrɪ] vt *(person)* apressar. ♦ vi apressar-se. ♦ n: **to be in a ~** estar com pressa; **to do sthg in a ~** fazer algo com pressa. □ **hurry up** vi apressar-se.

hurt [hɜːrt] *(pt & pp* **hurt)** vt machucar. ♦ vi doer; **my arm ~s** meu braço está doendo; **to ~ o.s.** machucar-se.

husband ['hʌzbənd] n marido m.

hustle ['hʌsl] n: **~ and bustle** burburinho m.

hut [hʌt] n cabana f.

hygiene ['haɪdʒiːn] n higiene f.

hygienic [haɪ'dʒiːnɪk] adj higiênico(ca).

hymn [hɪm] n hino m.

hyperlink ['haɪpəlɪŋk] n hyperlink m.

hypermarket ['haɪpə,mɑːkɪt] n *Brit* hipermercado m.

hyphen ['haɪfn] n hífen m.

hypocrite ['hɪpəkrɪt] n hipócrita mf, cínico m, -ca f.

hypodermic [,haɪpə'dɜːrmɪk] n agulha f hipodérmica.

hysterical [hɪs'terɪkl] adj histérico(ca); *inf (very funny)* hilariante.

I [aɪ] pron eu.

ice [aɪs] n gelo m; *(sorbet)* sorvete m.

iceberg ['aɪsbɜːrg] n iceberg m.

icebox ['aɪsbɒks] n *Am* geladeira f.

ice cream n sorvete m.

ice cube n cubo m de gelo.

iced tea [aɪst-] n chá m gelado.

ice rink n rinque m (de patinação).

ice skates npl patins mpl de gelo.

ice-skating n patinação f no gelo; **to go ~** patinar no gelo.

icicle ['aɪsɪkl] n pingente m de gelo.

icing ['aɪsɪŋ] n glacê m.

icy ['aɪsɪ] adj gelado(da).

I'd [aɪd] = I would, I had.

ID n *(abbr of* identification) identidade f.

ID card n carteira f de identidade.

idea [aɪ'dɪə] n idéia f; **I have no ~** não faço idéia.

ideal [aɪ'dɪəl] adj ideal. ♦ n ideal m.

ideally [aɪ'dɪəlɪ] adv *(located, suited)* perfeitamente; *(in an ideal* *situation)* idealmente.

identical [aɪ'dentɪkl] *adj* idêntico(ca).

identification [aɪ,dentɪfɪ'keɪʃn] *n* identificação *f*.

identify [aɪ'dentɪfaɪ] *vt* identificar.

identity [aɪ'dentətɪ] *n* identidade *f*.

idiom ['ɪdɪəm] *n (phrase)* expressão *f* idiomática.

idiot ['ɪdɪət] *n* idiota *mf*.

idle ['aɪdl] *adj (lazy)* preguiçoso(osa); *(not working)* ocioso (osa). ◆ *vi (engine)* estar em ponto morto.

idol ['aɪdl] *n* ídolo *m*.

idyllic [aɪ'dɪlɪk] *adj* idílico(ca).

if [ɪf] *conj* se; ~ I were you se eu fosse você; ~ **not** *(otherwise)* senão.

ignition [ɪg'nɪʃn] *n* AUT ignição *f*.

ignorant ['ɪgnərənt] *adj* ignorante.

ignore [ɪg'nɔːr] *vt* ignorar.

ill [ɪl] *adj (in health)* doente; *(bad)* mau (má).

I'll [aɪl] = I will, I shall.

illegal [ɪ'liːgl] *adj* ilegal.

illegible [ɪ'ledʒəbl] *adj* ilegível.

illegitimate [,ɪlɪ'dʒɪtəmət] *adj* ilegítimo(ma).

illiterate [ɪ'lɪtərət] *adj* analfabeto(ta).

illness ['ɪlnəs] *n* doença *f*.

illuminate [ɪ'luːmɪneɪt] *vt* iluminar.

illusion [ɪ'luːʒn] *n (false idea)* ilusão *f*; *(visual)* ilusão *f* de ótica.

illustration [,ɪlə'streɪʃn] *n* ilustração *f*.

I'm [aɪm] = I am.

image ['ɪmɪdʒ] *n* imagem *f*.

imaginary [ɪ'mædʒənərɪ] *adj* imaginário(ria).

imagination [ɪ,mædʒɪ'neɪʃn] *n* imaginação *f*.

imagine [ɪ'mædʒɪn] *vt* imaginar; **to ~ (that)** *(suppose)* imaginar que.

imitate ['ɪmɪteɪt] *vt* imitar.

imitation [,ɪmɪ'teɪʃn] *n* imitação *f*. ◆ *adj (fur)* falso(sa).

immaculate [ɪ'mækjʊlət] *adj* imaculado(da).

immature [,ɪmə'tjʊər] *adj* imaturo(ra).

immediate [ɪ'miːdjət] *adj (without delay)* imediato(ta).

immediately [ɪ'miːdjətlɪ] *adv (at once)* imediatamente.

immense [ɪ'mens] *adj* imenso(sa).

immigrant ['ɪmɪgrənt] *n* imigrante *mf*.

immigration [,ɪmɪ'greɪʃn] *n* imigração *f*.

imminent ['ɪmɪnənt] *adj* iminente.

immune [ɪ'mjuːn] *adj*: **to be ~ to** MED estar OR ser imune a.

immunity [ɪ'mjuːnətɪ] *n* MED imunidade *f*.

immunize ['ɪmjənaɪz] *vt* imunizar.

impact ['ɪmpækt] *n* impacto *m*.

impair [ɪm'peər] *vt* enfraquecer.

impatient [ɪmˈpeɪʃnt] adj impaciente; **to be ~ to do sthg** estar impaciente para fazer algo.

imperative [ɪmˈperətɪv] n GRAMM imperativo m.

imperfect [ɪmˈpɜːrfɪkt] n GRAMM pretérito m imperfeito.

impersonate [ɪmˈpɜːrsəneɪt] vt (for amusement) imitar.

impertinent [ɪmˈpɜːrtɪnənt] adj impertinente.

implement [n ˈɪmplɪmənt, vb ˈɪmplɪment] n ferramenta f. ◆ vt implementar, pôr em prática.

implication [ˌɪmplɪˈkeɪʃn] n (consequence) implicação f.

imply [ɪmˈplaɪ] vt (suggest): **to ~ (that)** (suggest) sugerir, dar a entender que.

import [n ˈɪmpɔːrt, vb ɪmˈpɔːrt] n importação f. ◆ vt importar.

importance [ɪmˈpɔːrtns] n importância f.

important [ɪmˈpɔːrtnt] adj importante.

impose [ɪmˈpəʊz] vt impor. ◆ vi impor-se; **to ~ sthg on** impor algo a.

impossible [ɪmˈpɒsəbl] adj impossível.

impractical [ɪmˈpræktɪkl] adj pouco prático(ca).

impress [ɪmˈpres] vt impressionar.

impression [ɪmˈpreʃn] n impressão f.

impressive [ɪmˈpresɪv] adj impressionante.

improbable [ɪmˈprɒbəbl] adj improvável.

improper [ɪmˈprɒpər] adj (incorrect, rude) incorreto(ta); (illegal) ilegal.

improve [ɪmˈpruːv] vt & vi melhorar. ❑ **improve on** vt fus melhorar.

improvement [ɪmˈpruːvmənt] n (in weather, health) melhoria f; (to home) reforma f.

improvise [ˈɪmprəvaɪz] vi improvisar.

impulse [ˈɪmpʌls] n impulso m; **on ~** sem pensar duas vezes.

impulsive [ɪmˈpʌlsɪv] adj impulsivo(va).

in [ɪn] prep -1. (expressing place, position) em; **it comes ~ a box** vem numa caixa; **~ the hospital** no hospital; **~ Scotland** na Escócia; **~ Boston** em Boston; **~ the middle** no meio; **~ the sun/rain** no sol/na chuva; **~ here/there** aqui/ali (dentro); **~ front** à frente.
-2. (participating in) em; **who's ~ the play?** quem está na peça?
-3. (expressing arrangement) em; **they come ~ packs of three** vêm em embalagens de três; **~ a row** em fila; **cut it ~ half** corte-o ao meio.
-4. (during): **~ April** em abril; **~ the afternoon** à OR de tarde; **~ the morning** de manhã; **ten o'clock ~ the morning** dez (horas) da manhã; **~ 1994** em 1994; **~ summer/winter** no verão/inverno.
-5. (within) em; (after) dentro de, daqui a; **it'll be ready ~ an hour** estará pronto daqui a OR

dentro de uma hora; **she did everything ~ ten minutes** ela fez tudo em dez minutos; **they're arriving ~ two weeks** chegam dentro de or daqui a duas semanas.

- **6.** *(expressing means):* **~ writing** por escrito; **they were talking ~ English** estavam falando (em) inglês; **write ~ ink** escreva à tinta.

- **7.** *(wearing)* de; **dressed ~ red** vestido de vermelho; **the man ~ the blue suit** o homem com o terno azul.

- **8.** *(expressing state)* em; **to be ~ a hurry** estar com pressa; **to be ~ pain** ter dores; **to cry out ~ pain** gritar de dor or com dores; **~ ruins** em ruínas; **~ good health** com boa saúde.

- **9.** *(with regard to)* de; **a rise ~ prices** uma subida dos preços; **to be 50 meters ~ length** ter 50 metros de comprimento.

- **10.** *(with numbers):* **one ~ ten** um em cada dez.

- **11.** *(expressing age):* **she's ~ her twenties** ela está na casa dos vinte.

- **12.** *(with colors):* **it comes ~ green or blue** vem em verde ou azul.

- **13.** *(with superlatives)* de; **the best ~ the world** o melhor do mundo.

◆ *adv* **-1.** *(inside)* dentro; **you can go ~ now** pode entrar agora.

- **2.** *(at home, work):* **she's not ~** (ela) não está; **to stay ~** ficar em casa.

- **3.** *(train, bus, plane):* **the train's not ~ yet** o trem ainda não chegou.

- **4.** *(tide):* **the tide is ~** a maré está cheia.

◆ *adj inf (fashionable)* na moda, in *(inv).*

inability [ˌɪnəˈbɪlətɪ] *n:* **~ (to do sthg)** incapacidade *f* (para fazer algo).

inaccessible [ˌɪnəkˈsesəbl] *adj* inacessível.

inaccurate [ɪnˈækjərət] *adj* incorreto(ta).

inadequate [ɪnˈædɪkwət] *adj (insufficient)* insuficiente.

inappropriate [ˌɪnəˈprəʊprɪət] *adj* impróprio(pria).

inauguration [ɪˌnɔːgjəˈreɪʃn] *n* inauguração *f.*

incapable [ɪnˈkeɪpəbl] *adj:* **to be ~ of doing sthg** ser incapaz de fazer algo.

incense [ˈɪnsens] *n* incenso *m.*

incentive [ɪnˈsentɪv] *n* incentivo *m.*

inch [ɪntʃ] *n* = 2,5 cm, polegada *f.*

incident [ˈɪnsɪdənt] *n* incidente *m.*

incidentally [ˌɪnsɪˈdentlɪ] *adv* a propósito.

incline [ˈɪnklaɪn] *n* declive *m.*

inclined [ɪnˈklaɪnd] *adj (sloping)* inclinado(da); **to be ~ to do sthg** ter a tendência para fazer algo.

include [ɪnˈkluːd] *vt* incluir.

included [ɪnˈkluːdəd] *adj* incluído(da); **to be ~ in sthg** estar incluído em algo.

including [ɪnˈkluːdɪŋ] prep incluindo.

income [ˈɪŋkʌm] n renda f.

income tax n imposto m de renda.

incoming [ˈɪnˌkʌmɪŋ] adj (train, plane) de chegada; '~ calls only' aviso em telefone que apenas recebe chamadas.

incompetent [ɪnˈkɒmpətənt] adj incompetente.

incomplete [ˌɪnkəmˈpliːt] adj incompleto(ta).

inconsiderate [ˌɪnkənˈsɪdərət] adj sem consideração; **how ~!** que falta de consideração!

inconsistent [ˌɪnkənˈsɪstənt] adj inconsistente.

inconvenient [ˌɪnkənˈviːnjənt] adj inconveniente.

incorporate [ɪnˈkɔːrpəreɪt] vt incorporar.

incorrect [ˌɪnkəˈrekt] adj incorreto(ta).

increase [n ˈɪŋkriːs, vb ɪnˈkriːs] n aumento m. ◆ vt & vi aumentar; **an ~ in sthg** um aumento em algo.

increasingly [ɪŋˈkriːsɪŋlɪ] adv cada vez mais.

incredible [ɪnˈkredəbl] adj incrível.

incredibly [ɪnˈkredəblɪ] adv incrivelmente.

incur [ɪnˈkɜːr] vt (expenses) incorrer em; (debts) contrair.

indecisive [ˌɪndɪˈsaɪsɪv] adj indeciso(sa).

indeed [ɪnˈdiːd] adv (for emphasis) de fato, realmente;

(certainly) certamente.

indefinite [ɪnˈdefənət] adj (time, number) indeterminado (da); (answer, opinion) vago(ga).

indefinitely [ɪnˈdefənətlɪ] adv (closed, delayed) por tempo indeterminado.

independence [ˌɪndɪˈpendəns] n independência f.

independent [ˌɪndɪˈpendənt] adj independente.

independently [ˌɪndɪˈpendəntlɪ] adv independentemente.

index [ˈɪndeks] n (of book) índice m; (in library) catálogo m.

index finger n dedo m indicador.

India [ˈɪndjə] n Índia f.

indicate [ˈɪndɪkeɪt] vi AUT ligar os indicadores OR o pisca-pisca. ◆ vt indicar.

indicator [ˈɪndɪkeɪtər] n AUT pisca-pisca m.

indifferent [ɪnˈdɪfrənt] adj indiferente.

indigestion [ˌɪndɪˈdʒestʃn] n indigestão f.

indirect [ˌɪndəˈrekt] adj indireto(ta).

individual [ˌɪndɪˈvɪdʒʊəl] adj individual. ◆ n indivíduo m.

individually [ˌɪndɪˈvɪdʒʊəlɪ] adv individualmente.

indoor [ˈɪndɔːr] adj (swimming pool) coberto(ta); (sports) em recinto fechado.

indoors [ˌɪnˈdɔːrz] adv dentro (de casa, restaurante etc.); **to stay ~** ficar em casa; **to go ~** ir para dentro.

indulge [ɪnˈdʌldʒ] vi: to ~ in sthg permitir-se algo.

industrial [ɪnˈdʌstrɪəl] adj (machinery, products) industrial; (country, town) industrializado(da).

industrial park n parque m industrial.

industry [ˈɪndəstrɪ] n indústria f.

inedible [ɪnˈedɪbl] adj (unpleasant) intragável; (unsafe) não comestível.

inefficient [ˌɪnɪˈfɪʃnt] adj ineficaz.

inequality [ˌɪnɪˈkwɒlətɪ] n desigualdade f.

inevitable [ɪnˈevɪtəbl] adj inevitável.

inevitably [ɪnˈevɪtəblɪ] adv inevitavelmente.

inexpensive [ˌɪnɪkˈspensɪv] adj barato(ta).

infamous [ˈɪnfəməs] adj infame.

infant [ˈɪnfənt] n (baby) bebê m; (young child) criança f (pequena).

infatuated [ɪnˈfætjʊeɪtəd] adj: to be ~ with estar apaixonado (da) por.

infected [ɪnˈfektəd] adj infectado(da).

infectious [ɪnˈfekʃəs] adj infeccioso(osa).

inferior [ɪnˈfɪərɪər] adj inferior.

infinite [ˈɪnfɪnət] adj infinito (ta).

infinitely [ˈɪnfɪnətlɪ] adv infinitamente.

infinitive [ɪnˈfɪnɪtɪv] n infinitivo m.

infinity [ɪnˈfɪnətɪ] n infinidade f.

infirmary [ɪnˈfɜːrmərɪ] n (in school) ambulatório m.

inflamed [ɪnˈfleɪmd] adj inflamado(da).

inflammation [ˌɪnfləˈmeɪʃn] n inflamação f.

inflatable [ɪnˈfleɪtəbl] adj inflável.

inflate [ɪnˈfleɪt] vt inflar, insuflar.

inflation [ɪnˈfleɪʃn] n ECON inflação f.

inflict [ɪnˈflɪkt] vt infligir.

influence [ˈɪnflʊəns] vt influenciar. ♦ n: ~ (on) (effect) influência f (em); to be a bad/good ~ (on sb) ser uma má/boa influência (para alguém).

inform [ɪnˈfɔːrm] vt informar.

informal [ɪnˈfɔːrml] adj informal.

information [ˌɪnfərˈmeɪʃn] n informação f; a piece of ~ uma informação.

information technology n informática f.

informative [ɪnˈfɔːrmətɪv] adj informativo(va).

infuriating [ɪnˈfjʊərɪeɪtɪŋ] adj extremamente irritante.

ingenious [ɪnˈdʒiːnjəs] adj engenhoso(osa).

ingredient [ɪnˈɡriːdjənt] n ingrediente m.

inhabit [ɪnˈhæbɪt] vt viver em.

inhabitant [ɪnˈhæbətənt] n habitante mf.

inhale [ɪnˈheɪl] vi inalar.

inhaler [ɪnˈheɪlər] n inalador m.

inherit [ɪnˈherɪt] vt herdar.

inhibition [ˌɪnhɪˈbɪʃn] n inibição f.

initial [ɪˈnɪʃl] adj inicial. ◆ vt rubricar. ▫ **initials** npl iniciais fpl.

initially [ɪˈnɪʃəlɪ] adv inicialmente.

initiative [ɪˈnɪʃətɪv] n iniciativa f.

injection [ɪnˈdʒekʃn] n injeção f.

injure [ˈɪndʒər] vt ferir; **to ~ o.s.** ferir-se.

injured [ˈɪndʒərd] adj ferido (da).

injury [ˈɪndʒərɪ] n ferimento m; (to tendon, muscle, internal organ) lesão f.

ink [ɪŋk] n tinta f.

ink cartridge n COMPUT cartucho m de tinta.

inland [adj ˈɪnlənd, adv ɪnˈlænd] adj interior. ◆ adv para o interior.

inn [ɪn] n estalagem f.

inner [ˈɪnər] adj interior.

innocence [ˈɪnəsəns] n inocência f.

innocent [ˈɪnəsənt] adj inocente.

inoculate [ɪˈnɒkjəleɪt] vt: **to ~ sb (against sthg)** vacinar alguém (contra algo).

inoculation [ɪˌnɒkjəˈleɪʃn] n inoculação f, vacinação f.

input [ˈɪnpʊt] vt COMPUT digitar.

inquire [ɪnˈkwaɪər] vi informar-se.

inquiry [ˈɪŋkwərɪ] n (question) pergunta f; (investigation) inquérito m, investigação f.

insane [ɪnˈseɪn] adj louco(ca).

insect [ˈɪnsekt] n inseto m.

insect repellent [-rəˈpelənt] n repelente m de insetos.

insensitive [ɪnˈsensətɪv] adj insensível.

insert [ɪnˈsɜːrt] vt introduzir.

inside [ɪnˈsaɪd] prep dentro de. ◆ adv (go) para dentro; (be, stay) lá dentro. ◆ adj interior, interno(na). ◆ n: **the ~** (interior) o interior; AUT a (faixa da) direita; ~ **out** (clothes) do lado avesso.

insight [ˈɪnsaɪt] n (glimpse) idéia f.

insignificant [ˌɪnsɪgˈnɪfɪkənt] adj insignificante.

insinuate [ɪnˈsɪnjʊeɪt] vt insinuar.

insist [ɪnˈsɪst] vi insistir; **to ~ on doing sthg** insistir em fazer algo.

insole [ˈɪnsəʊl] n palmilha f.

insolent [ˈɪnsələnt] adj insolente.

insomnia [ɪnˈsɒmnɪə] n insônia f.

inspect [ɪnˈspekt] vt inspecionar, examinar.

inspection [ɪnˈspekʃn] n inspeção f.

inspector [ɪnˈspektər] n (in police force) inspetor m, -ra f.

inspiration [ˌɪnspəˈreɪʃn] n inspiração f.

install [ɪnˈstɔːl] vt instalar.

installment [ɪn'stɔ:lmənt] n Am (payment) prestação f; (episode) episódio m.

instalment [ɪn'stɔ:lmənt] n Brit = installment.

instance ['ɪnstəns] n (example, case) exemplo m; **for** ~ por exemplo.

instant ['ɪnstənt] adj instantâneo(nea). ◆ n instante m.

instant coffee n café m solúvel.

instead [ɪn'sted] adv em vez disso; ~ **of** em vez de.

instinct ['ɪnstɪŋkt] n instinto m.

institute ['ɪnstɪtju:t] n instituto m.

institution [ˌɪnstɪ'tju:ʃn] n instituição f.

instructions [ɪn'strʌkʃnz] npl instruções fpl.

instructor [ɪn'strʌktər] n instrutor m, -ra f.

instrument ['ɪnstrəmənt] n instrumento m.

insufficient [ˌɪnsə'fɪʃnt] adj insuficiente.

insulation [ˌɪnsə'leɪʃn] n (material) isolamento m, material m isolante.

insulin ['ɪnsələn] n insulina f.

insult [n 'ɪnsʌlt, vb ɪn'sʌlt] n insulto m. ◆ vt insultar.

insurance [ɪn'ʃʊərəns] n seguro m.

insure [ɪn'ʃʊər] vt pôr no seguro.

insured [ɪn'ʃʊəd] adj: **to be** ~ estar segurado(da), estar no seguro.

intact [ɪn'tækt] adj intacto(ta).

intellectual [ˌɪntə'lektjʊəl] adj intelectual. ◆ n intelectual mf.

intelligence [ɪn'telɪdʒəns] n inteligência f.

intelligent [ɪn'telɪdʒənt] adj inteligente.

intend [ɪn'tend] vt: **to be** ~**ed to do sthg** destinar-se a fazer algo; **you weren't** ~**ed to know** não era para você saber; **to** ~ **to do sthg** ter a intenção de OR tencionar fazer algo.

intense [ɪn'tens] adj intenso(sa).

intensity [ɪn'tensəti] n intensidade f.

intensive [ɪn'tensɪv] adj intensivo(va).

intensive care n cuidados mpl intensivos.

intent [ɪn'tent] adj: **to be** ~ **on doing sthg** estar decidido(da) a fazer algo.

intention [ɪn'tenʃn] n intenção f.

intentional [ɪn'tenʃnəl] adj intencional.

intentionally [ɪn'tenʃnəlɪ] adv intencionalmente.

interactive ['ɪntər'æktɪv] adj COMPUT interativo(va).

interchange ['ɪntətʃeɪndʒ] n (on highway) trevo m.

intercom ['ɪntəkɒm] n interfone m.

interest ['ɪntrəst] n interesse m; (on money) juros mpl. ◆ vt interessar; **to take an** ~ **in sthg** interessar-se por algo.

interested ['ɪntrəstɪd] *adj* interessado(da); **to be ~ in sthg** estar interessado em algo.

interesting ['ɪntrəstɪŋ] *adj* interessante.

interfere [ˌɪntər'fɪər] *vi (meddle)* interferir; **to ~ with sthg** *(damage)* interferir em algo.

interference [ˌɪntər'fɪərəns] *n (on TV, radio)* interferência *f*.

interior [ɪn'tɪərɪər] *adj* interior. ◆ *n* interior *m*.

intermediate [ˌɪntər'miːdjət] *adj* intermediário(ria).

intermission [ˌɪntər'mɪʃn] *n* intervalo *m*.

internal [ɪn'tɜːrnl] *adj* interno (na).

Internal Revenue Service *n Am* ≃ Receita *f* Federal.

international [ˌɪntər'næʃənl] *adj* internacional.

international flight *n* vôo *m* internacional.

Internet ['ɪntərnet] *n:* **the ~ a** Internet; **on the ~** na Internet.

Internet café *n bar com acesso à Internet.*

Internet Service Provider *n* Provedor *m* de Serviços na Internet.

interpret [ɪn'tɜːrprət] *vi* servir de intérprete.

interpreter [ɪn'tɜːrprətər] *n* intérprete *mf.*

interrogate [ɪn'terəgeɪt] *vt* interrogar.

interrupt [ˌɪntə'rʌpt] *vt* interromper.

intersection [ˌɪntər'sekʃn] *n* *(of roads)* interseção *f*, cruzamento *m*.

interval ['ɪntərvl] *n* intervalo *m*.

intervene [ˌɪntər'viːn] *vi (person)* intervir; *(event)* interpor-se.

interview ['ɪntərvjuː] *n* entrevista *f*. ◆ *vt* entrevistar.

interviewer ['ɪntərvjuːər] *n* entrevistador *m*, -ra *f*.

intestine [ɪn'testɪn] *n* intestino *m*.

intimate ['ɪntɪmət] *adj* íntimo(ma).

intimidate [ɪn'tɪmɪdeɪt] *vt* intimidar.

into ['ɪntu] *prep (inside)* dentro de; *(against)* com; *(concerning)* acerca de, sobre; **4 ~ 20 is 5** 20 dividido por 4 é igual a 5; **to change ~ sthg** transformar-se em algo; **to get ~ the car** entrar no carro; **to translate ~ Portuguese** traduzir para o português; **to be ~ sthg** *inf (like)* gostar de algo.

intolerable [ɪn'tɒlərəbl] *adj* intolerável.

intransitive [ɪn'trænzətɪv] *adj* intransitivo(va).

intricate ['ɪntrɪkət] *adj* intrincado(da), complicado(da).

intriguing [ɪn'triːgɪŋ] *adj* intrigante.

introduce [ˌɪntrə'duːs] *vt* apresentar; **I'd like to ~ you to Fred** gostaria de apresentá-lo ao Fred.

introduction [ˌɪntrə'dʌkʃn] *n* *(to book, program)* introdução *f*; *(to person)* apresentação *f*.

introverted ['ɪntrəˌvɜːrtəd] *adj* introvertido(da).

intruder [ɪn'truːdər] n intruso m, -sa f.

intuition [ˌɪntuː'ɪʃn] n intuição f.

invade [ɪn'veɪd] vt invadir.

invalid [adj ɪn'vælɪd, n 'ɪnvəlɪd] adj (ticket, check) não válido(da). ◆ n inválido m, -da f.

invaluable [ɪn'væljʊəbl] adj inestimável, valiosíssimo(ma).

invariably [ɪn'veərɪəblɪ] adv invariavelmente, sempre.

invasion [ɪn'veɪʒn] n invasão f.

invent [ɪn'vent] vt inventar.

invention [ɪn'venʃn] n invenção f.

inventory ['ɪnvəntəːrɪ] n (list) inventário m; (stock) estoque m.

inverted commas [ɪn'vɜːtɪd-] npl Brit aspas fpl.

invest [ɪn'vest] vt investir. ◆ vi: to ~ in sthg investir em algo.

investigate [ɪn'vestɪgeɪt] vt investigar.

investigation [ɪnˌvestɪ'geɪʃn] n investigação f.

investment [ɪn'vestmənt] n investimento m.

invisible [ɪn'vɪzəbl] adj invisível.

invitation [ˌɪnvɪ'teɪʃn] n convite m.

invite [ɪn'vaɪt] vt convidar; to ~ sb to do sthg (ask) convidar alguém para fazer algo; to ~ sb over convidar alguém para sua casa.

invoice ['ɪnvɔɪs] n fatura f.

involve [ɪn'vɒlv] vt (entail) en-

volver; **what does it ~?** do que se trata?; **to be ~ d in sthg** estar envolvido em algo.

involved [ɪn'vɒlvd] adj (entailed) envolvido(da).

inward ['ɪnwərd] adv para dentro.

IQ n QI m.

Ireland ['aɪərlənd] n Irlanda f.

iris ['aɪrɪs] (pl -es) n (flower) lírio m; (of eye) íris f.

iron ['aɪən] n (metal) ferro m; (for clothes) ferro m (de passar); (golf club) ferro m, taco m de metal. ◆ vt passar a ferro.

ironic [aɪ'rɒnɪk] adj irônico(ca).

ironing board ['aɪənɪŋ-] n tábua f de passar.

irrelevant [ɪ'reləvənt] adj irrelevante.

irresistible [ˌɪrɪ'zɪstəbl] adj irresistível.

irrespective [ˌɪrɪ'spektɪv]: **irrespective of** prep independentemente de.

irresponsible [ˌɪrɪ'spɒnsəbl] adj irresponsável.

irrigation [ˌɪrɪ'geɪʃn] n irrigação f.

irritable ['ɪrɪtəbl] adj irritável.

irritate ['ɪrɪteɪt] vt irritar.

irritating ['ɪrɪteɪtɪŋ] adj irritante.

IRS n Am abbr of Internal Revenue Service.

is [ɪz] → be.

Islam ['ɪzlɑːm] n Islã m.

island ['aɪlənd] n (in water) ilha f.

isle [aɪl] n ilha f.

isolated [ˈaɪsəleɪtɪd] *adj* isolado(da).

ISP *n abbr of* **Internet Service Provider.**

issue [ˈɪʃuː] *n (problem, subject)* questão *f; (of newspaper)* edição *f; (of magazine)* número *m.* ◆ *vt* emitir.

it [ɪt] *pron* - **1.** *(referring to specific thing, subject after prep)* ele *m*, ela *f; (direct object)* o *m*, a *f; (indirect object)* lhe; **a free book came with** ~ veio acompanhado de um livro grátis; **give** ~ **to me** me dê isso; **he gave** ~ **a kick** ele deu um chute nele; ~'**s big** é grande; ~'**s here** está aqui; **she hit** ~ ela deu uma pancada nele; **she lost** ~ ela o perdeu.
- **2.** *(referring to situation, fact):* ~'**s a difficult question** é uma questão difícil; **I can't remember** ~ não me lembro; **tell me about** ~ conte-me.
- **3.** *(used impersonally):* ~'**s hot** está calor; ~'**s six o'clock** são seis horas; ~'**s Sunday** é domingo.
- **4.** *(referring to person):* ~'**s me** sou eu; **who is** ~**?** quem é?

Italy [ˈɪtəlɪ] *n* Itália *f.*

itch [ɪtʃ] *vi* coçar; **my arm** ~**es** estou com coceira no braço.

item [ˈaɪtəm] *n (object)* artigo *m; (on agenda)* assunto *m*, ponto *m;* **a news** ~ uma notícia.

its [ɪts] *adj* o seu (a sua), dele (dela); **the cat hurt** ~ **paw** o gato machucou sua pata.

it's [ɪts] = **it is, it has.**

itself [ɪtˈself] *pron (reflexive)* se;

(after prep) si mesmo *m*, -ma *f;* **the house** ~ **is fine** a casa em si é boa.

I've [aɪv] = **I have.**

ivory [ˈaɪvərɪ] *n* marfim *m.*

ivy [ˈaɪvɪ] *n* hera *f.*

IVY LEAGUE

O termo "Ivy League" é utilizado nos Estados Unidos para referir-se às universidades de Brown, Colúmbia, Cornell, Harvard, Pensilvânia, Princeton e Yale, que constituem antigos centros acadêmicos, e cujos diplomas são garantia de êxito profissional. O nome é uma referência à hera que cresce nas fachadas de seus prédios.

J

jack [dʒæk] *n (for car)* macaco *m; (playing card)* valete *m; (for telephone)* tomada *f.*

jacket [ˈdʒækət] *n (garment)* jaqueta *f; (cover)* capa *f.*

jade [dʒeɪd] *n* jade *m.*

jail [dʒeɪl] *n* prisão *f.*

jam [dʒæm] *n (food)* geléia *f*, compota *f; (of traffic)* engarrafamento *m; inf (difficult situation)* apuro *m.* ◆ *vt (pack tightly)* entulhar. ◆ vi (get stuck) emperrar; **the roads are** ~med as estradas estão congestionadas.

jam-packed [-'pækt] adj inf: ~ **(with)** apinhado(da) (de).

janitor ['dʒænɪtər] n contínuo m, -nua f.

January ['dʒænjʊərɪ] n janeiro m → September.

Japan [dʒə'pæn] n Japão m.

jar [dʒɑːr] n frasco m.

javelin ['dʒævlən] n dardo m.

jaw [dʒɔː] n maxilar m, mandíbula f.

jazz [dʒæz] n jazz m.

jealous ['dʒeləs] adj ciumento (ta).

jeans [dʒiːnz] npl jeans m inv.

Jeep® [dʒiːp] n jipe m.

Jello® ['dʒeləʊ] n Am gelatina f.

jelly ['dʒelɪ] n Am (jam) geléia f; (dessert) gelatina f.

jellyfish ['dʒelɪfɪʃ] (pl inv) n água-viva f.

jeopardize ['dʒepərdaɪz] vt pôr em risco.

jerk [dʒɜːrk] n (movement) solavanco m; inf (idiot) idiota mf.

jet [dʒet] n jato m; (outlet) cano m de descarga.

jet lag n cansaço de viagem provocado pelas diferenças de fuso horário.

jet-ski n jet-ski m.

jetty ['dʒetɪ] n embarcadouro m.

Jew [dʒuː] n judeu m, -dia f.

jewel ['dʒuːəl] n jóia f. ❑ **jewels** npl (jewelry) jóias fpl.

jeweller's ['dʒuːələz] n Brit = jewelry store.

jewellery ['dʒuːəlrɪ] n Brit = jewelry.

jewelry ['dʒuːəlrɪ] n Am jóias fpl.

jewelry store n Am joalheria f, ourivesaria f.

Jewish ['dʒuːɪʃ] adj judaico (ca).

jigsaw (puzzle) ['dʒɪgsɔː-] n quebra-cabeça m.

jingle ['dʒɪŋgl] n (in advertisement) música f de propaganda.

job [dʒɒb] n (regular work) emprego m; (task, function) trabalho m; **to lose one's** ~ perder o emprego.

jockey ['dʒɒkɪ] n jóquei m.

jog [dʒɒg] vt (bump) empurrar (levemente). ◆ vi fazer jogging. ◆ n: **to go for a** ~ fazer jogging.

jogging ['dʒɒgɪŋ] n jogging m; **to go** ~ fazer jogging.

join [dʒɔɪn] vt (club, organization) tornar-se membro de, entrar para; (fasten together, connect) ligar, unir; (come together with) unir-se a; (participate in) juntar-se a; **will you** ~ **me for dinner?** você me acompanha para jantar? ❑ **join in** vt fus juntar-se a, participar em. ◆ vi participar.

joint [dʒɔɪnt] adj conjunto(ta). ◆ n (of body) articulação f; (of meat) corte m (de carne); (in structure) junta f.

joke [dʒəʊk] n piada f, anedota f. ◆ vi gozar, brincar; **it was just a** ~ foi só uma brincadeira.

joker ['dʒəʊkər] n (playing card) curingão m.

jolly ['dʒɒlɪ] adj alegre.

jolt [dʒəʊlt] n solavanco m.

jot [dʒɒt]: **jot down** vt sep anotar.

journal ['dʒɜːrnl] n (professional magazine) revista f especializada; (diary) diário m.

journalist ['dʒɜːrnəlɪst] n jornalista mf.

journey ['dʒɜːrnɪ] n viagem f.

joy [dʒɔɪ] n (happiness) alegria f.

joystick ['dʒɔɪstɪk] n (of video game) joystick m.

judge [dʒʌdʒ] n juiz m, juíza f. ◆ vt julgar.

judg(e)ment ['dʒʌdʒmənt] n JUR julgamento m; (opinion) parecer m; (capacity to judge) senso m.

judo ['dʒuːdəʊ] n judô m.

jug [dʒʌg] n jarro m, jarra f.

juggle ['dʒʌgl] vi fazer malabarismos.

juice [dʒuːs] n (from fruit, vegetables) suco m; (from meat) caldo m.

juicy ['dʒuːsɪ] adj (food) suculento(ta).

July [dʒuːˈlaɪ] n julho m → September.

jumbo ['dʒʌmbəʊ] adj inf (big) gigante.

jump [dʒʌmp] n salto m. ◆ vi (through air) saltar; (with fright) assustar-se; (increase) dar um salto. ◆ vt Am (train, bus) viajar sem bilhete em.

jumper cables npl Am cabos mpl para bateria.

jump leads npl Brit = **jumper cables**.

junction ['dʒʌŋkʃn] n (road) cruzamento m; (railway) entroncamento m.

June [dʒuːn] n junho m → September.

jungle ['dʒʌŋgl] n selva f.

junior ['dʒuːnjər] adj (of lower rank) subalterno(na); Am (after name) júnior (inv). ◆ n (younger person): **she's my ~** ela é mais nova do que eu.

junior high (school) n Am escola de ensino médio, para alunos de 12 a 15 anos.

junk [dʒʌŋk] n inf (unwanted things) tralha f.

junk food n inf comida pronta considerada pouco nutritiva ou saudável.

junk shop n brechó m.

jury ['dʒʊərɪ] n júri m.

just [dʒʌst] adv (recently) agora (mesmo); (in the next moment) mesmo; (exactly) precisamente; (only, slightly) só. ◆ adj justo(ta): **to be ~ about to do sthg** estar prestes a fazer algo; **to have ~ done sthg** acabar de fazer algo; **~ about** (almost) praticamente; **~ as good** igualmente bom; **~ as good as** tão bom quanto; **~ over an hour** pouco mais de uma hora; **(only) ~** (almost not) quase não, por pouco não; **~ a minute!** só um minuto!

justice ['dʒʌstɪs] n justiça f.

justify ['dʒʌstɪfaɪ] vt justificar.

jut [dʒʌt]: **jut out** vi sobressair.

juvenile ['dʒuːvənaɪl] adj (young) juvenil; (childish) infantil.

K

kangaroo [ˌkæŋɡəˈruː] n canguru m.

karate [kəˈrɑːtɪ] n caratê m.

keel [kiːl] n quilha f.

keen [kiːn] adj (enthusiastic) entusiasta; (eyesight, hearing) apurado(da); **to be ~ on** interessar-se por, gostar de; **to be ~ to do sthg** ter muita vontade de fazer algo.

keep [kiːp] (pt & pp **kept**) vt manter; (book, change, object loaned) ficar com; (store, not tell) guardar; (appointment) não faltar a; (delay) atrasar; (diary) ter. ◆ vi (food) conservar; (remain) manter-se; **to ~ a record of sthg** registrar algo; **to ~ (on) doing sthg** (do continuously) continuar fazendo algo; (do repeatedly) estar sempre fazendo algo; **to ~ sb from doing sthg** impedir alguém de fazer algo; **'~ right'** 'mantenha a direita'; **'~ out!'** 'proibida a entrada'; **'~ your distance!'** 'mantenha a distância'; **to ~ clear (of)** manter-se afastado (de). ❑ **keep up** ◆ vt sep manter. ◆ vi (maintain pace, level etc.): **to ~ up with sb** acompanhar alguém; **~ up the good work!** continue com o bom trabalho!

keep-fit n Brit malhação f.

kennel [ˈkenl] n casa f de cachorro, canil m.

kept [kept] pt & pp → **keep**.

kerb [kɜːb] n Brit meio-fio m.

kerosene [ˈkerəsiːn] n Am querosene m.

ketchup [ˈketʃəp] n ketchup m.

kettle [ˈketl] n chaleira f; **to put the ~ on** pôr a chaleira para ferver.

key [kiː] n chave f; (of piano, typewriter) tecla f. ◆ adj chave (inv).

keyboard [ˈkiːbɔːd] n (of typewriter, piano) teclado m; (musical instrument) teclado m.

keyhole [ˈkiːhəʊl] n buraco m da fechadura.

kick [kɪk] n (of foot) chute m. ◆ vt: **to ~ sb/sthg** dar um chute em alguém/algo.

kid [kɪd] n inf (child) garoto m, -ta f; (young person) criança f. ◆ vi (joke) brincar.

kidnap [ˈkɪdnæp] vt raptar.

kidnapper [ˈkɪdnæpər] n raptor m, -ra f.

kidney [ˈkɪdnɪ] n rim m.

kill [kɪl] vt matar; **my feet are ~ing me!** os meus pés estão me matando!

killer [ˈkɪlər] n assassino m, -na f.

kilo [ˈkiːləʊ] (pl -s) n quilo m.

kilogram [ˈkɪləˌɡræm] n quilograma m.

kilometer [kɪˈlɒmɪtər] n Am quilômetro m.

kilometre [ˈkɪləˌmiːtər] n Brit = kilometer.

kilt [kɪlt] n saiote m escocês.

kind [kaɪnd] adj amável. ◆ n tipo m; ~ **of** Am inf um pouco.

kindergarten ['kɪndər,gɑːrtn] n jardim-de-infância m.

kindly ['kaɪndlɪ] adv: **would you ~ ...?** pode fazer o favor de ...?

kindness ['kaɪndnəs] n amabilidade f, bondade f.

king [kɪŋ] n rei m.

kingfisher ['kɪŋ,fɪʃər] n martim-pescador m.

king-size bed n cama f de casal (com 160 cm de largura).

kiosk ['kiːɒsk] n (for newspapers etc.) banca f de jornal.

kipper ['kɪpər] n arenque m defumado.

kiss [kɪs] n beijo m. ◆ vt beijar.

kiss of life n respiração f boca-a-boca.

kit [kɪt] n (set) estojo m; (clothes) equipamento m; (for assembly) kit m, modelo m.

kitchen ['kɪtʃən] n cozinha f.

kite [kaɪt] n (toy) pipa f, papagaio m.

kitten ['kɪtn] n gatinho m, -nha f.

kitty ['kɪtɪ] n (for regular expenses) fundo m comum.

knack [næk] n: **I've got the ~ (of it)** já peguei o jeito de fazer isso.

knapsack ['næpsæk] n Brit mochila f.

knee [niː] n joelho m.

kneecap ['niːkæp] n rótula f.

kneel [niːl] (pt & pp **knelt**

[nelt]) vi (be on one's knees) estar ajoelhado(da) OR de joelhos; (go down on one's knees) ajoelhar-se.

knew [nuː] pt → know.

knife [naɪf] (pl **knives**) n faca f.

knight [naɪt] n (in history) cavaleiro m; (in chess) cavalo m.

knit [nɪt] vt fazer tricô.

knitted ['nɪtɪd] adj tricotado (da), de malha.

knitting ['nɪtɪŋ] n tricô m.

knitwear ['nɪtweər] n roupa f de tricô.

knives [naɪvz] pl → knife.

knob [nɒb] n (on door etc.) maçaneta f; (on machine) botão m.

knock [nɒk] n (at door) pancada f, batida f. ◆ vt (hit) bater em; (one's head, elbow) bater com. ◆ vi (at door etc.) bater. ❏ **knock down** vt sep (pedestrian) atropelar; (building) demolir; (price) baixar. ❏ **knock out** vt sep (make unconscious) deixar inconsciente; (of competition) eliminar. ❏ **knock over** vt sep (glass, vase) derrubar.

knocker ['nɒkər] n (on door) aldrava f.

knot [nɒt] n nó m.

know [nəʊ] (pt **knew**, pp **known**) vt saber; (person, place) conhecer; **to ~ about sthg** saber (acerca de) de algo; **to ~ how to do sthg** saber como fazer algo; **to ~ of** saber de; **you'll like him once you get to ~ him** você vai gostar dele quando o conhecer melhor; **to be known as** ser conhecido como; **to let**

sb ~ sthg avisar alguém de algo; you ~ *(for emphasis)* sabe.

knowledge ['nɒlɪdʒ] n saber m, conhecimento m; **to my ~** que eu saiba.

known [nəʊn] pp → **know.**

knuckle ['nʌkl] n *(of hand)* nó m do dedo; *(of pork)* mocotó m.

kph *(abbr of kilometers per hour)* km/h.

L

l *(abbr of liter)* l.

lab [læb] n inf laboratório m.

label ['leɪbl] n etiqueta f.

labor ['leɪbər] n Am *(work)* trabalho m; **in ~** MED em trabalho de parto.

laboratory ['læbrə,tɔːrɪ] n laboratório m.

laborer ['leɪbərər] n trabalhador m, -ra f.

labour ['leɪbər] n Brit = **labor.**

lace [leɪs] n *(material)* renda f; *(for shoe)* cadarço m.

lack [læk] n falta f. ◆ vt carecer de. ◆ vi: **to be ~ing** faltar; **he ~s confidence** falta-lhe confiança.

lacquer ['lækər] n laca f.

lad [læd] n inf garoto m.

ladder ['lædər] n *(for climbing)* escada f; Brit *(in tights)* defeito m, desfiado m.

ladies' room n Am *(restroom)* banheiro m de senhoras.

ladle ['leɪdl] n concha f.

lady ['leɪdɪ] n *(woman)* senhora f; *(woman of high status)* dama f.

ladybird ['leɪdɪbɜːd] Brit = ladybug.

ladybug ['leɪdɪbʌg] n Am joaninha f.

lag [læg] vi diminuir; **to ~ behind** *(move more slowly)* ficar para trás.

lager ['lɑːgər] n cerveja f (loura).

lagoon [lə'guːn] n lagoa f.

laid [leɪd] pt & pp → **lay.**

lain [leɪn] pp → **lie.**

lake [leɪk] n lago m.

lamb [læm] n *(animal)* cordeiro m; *(meat)* carneiro m.

lame [leɪm] adj coxo(xa).

lamp [læmp] n lâmpada f.

lamppost ['læmppəʊst] n poste m de iluminação.

lampshade ['læmpʃeɪd] n abajur m.

land [lænd] n terra f. ◆ vi *(plane)* aterrar; *(passengers)* desembarcar; *(fall)* cair.

landing ['lændɪŋ] n *(of plane)* aterrissagem f; *(on stairs)* patamar m.

landlady ['lænd,leɪdɪ] n *(of house)* senhoria f; Brit *(of pub)* dona f.

landlord ['lændlɔːd] n *(of house)* senhorio m; Brit *(of pub)* dono m.

landmark ['lændmɑːk] n *(in landscape, city)* ponto m de referência.

landscape ['lændskeɪp] n paisagem f.

landslide ['lændslaɪd] n (of earth, rocks) deslizamento m.

lane [leɪn] n (narrow road) ruela f; (on road, highway) pista f.

language ['læŋgwɪdʒ] n (of a people, country) língua f; (system of communication, words) linguagem f.

lap [læp] n (of person) colo m; (of race) volta f.

lapel [lə'pel] n lapela f.

lapse [læps] n lapso m. ◆ vi (membership, passport) expirar.

larder ['lɑːrdər] n despensa f.

large [lɑːrdʒ] adj grande.

largely ['lɑːrdʒlɪ] adv em grande parte.

large-scale adj em grande escala.

lark [lɑːrk] n cotovia f.

laryngitis [ˌlærɪn'dʒaɪtəs] n laringite f.

laser ['leɪzər] n laser m.

last [læst] adj último(ma). ◆ adv (most recently) pela última vez; (at the end) em último lugar. ◆ vi durar; (be enough) chegar. ◆ pron: the ~ to come o último a chegar; the day before ~ anteontem; ~ year o ano passado; the ~ year o último ano; at ~ finalmente.

lastly ['læstlɪ] adv por último.

last name n sobrenome m.

latch [lætʃ] n trinco m; the door is on the ~ a porta está fechada com o trinco.

late [leɪt] adj (not on time) atrasado(da); (after usual time) tardio (dia); (dead) falecido(da). ◆ adv (after usual time) tarde; (not on time): the train is two hours ~ o trem está duas horas atrasado; I had a ~ lunch almocei tarde; in the ~ afternoon no fim da tarde; in ~ June, ~ in June no final OR fim de junho.

lately ['leɪtlɪ] adv ultimamente.

later ['leɪtər] adj (train) que sai mais tarde. ◆ adv: ~ (on) mais tarde; at a ~ date mais tarde, posteriormente.

latest ['leɪtəst] adj: the ~ fashion a última moda; the ~ (in series, in fashion) o mais recente; at the ~ o mais tardar.

lather ['læðər] n espuma f.

Latin ['lætɪn] n (language) latim m.

Latin America n América f Latina.

latitude ['lætɪtuːd] n latitude f.

latter ['lætər] n: the ~ este último.

laugh [læf] n riso m. ◆ vi rir; to have a ~ Brit fam divertir-se. ❑ **laugh at** vt fus (mock) rir-se de.

laughter ['læftər] n risos mpl.

launch [lɔːntʃ] vt (boat) lançar ao mar; (new product) lançar.

launderette [lɔːn'dret] Brit = Laundromat.

Laundromat ['lɔːndrəmæt] n Am lavanderia f (de auto-serviço).

laundry ['lɔːndrɪ] n (washing) roupa f suja; (place) lavanderia f.

lavatory ['lævətɔːrɪ] n Brit privada f.

lavender ['lævəndər] n alfazema f.

lavish ['lævɪʃ] adj (meal, decoration) suntuoso(osa).

law [lɔ:] n JUR (rule) lei f; (study) direito m; **the** ~ JUR (set of rules) a lei; **to be against the** ~ ser contra a lei.

lawn [lɔ:n] n gramado m.

lawnmower ['lɔ:n,məʊər] n máquina f de cortar grama.

lawyer ['lɔ:jər] n advogado m, -da f.

lay [leɪ] (pt & pp **laid**) pt → **lie.**
◆ vt (place) colocar, pôr; (egg) pôr; **to** ~ **the table** pôr a mesa. ❑ **lay off** vt sep (worker) despedir. ❑ **lay out** vt sep (display) dispor.

layer ['leɪər] n camada f.

layout ['leɪaʊt] n (of building) leiaute m; (of streets) traçado m.

lazy ['leɪzɪ] adj preguiçoso(osa).

lb abbr = **pound.**

lead¹ [li:d] (pt & pp **led**) vt (take) conduzir, levar; (team, company) dirigir; (race, demonstration) estar à frente de. ◆ vi (be winning) estar à frente. ◆ n (in a competition) liderança; **to have the** ~ estar na frente; **to** ~ **sb to do sth** levar alguém a fazer algo; **to** ~ **the way** estar à frente; **to** ~ **to** (go to) ir dar em; (result in) levar a; **to be in the** ~ estar à frente.

lead² [led] n (metal) chumbo m; (for pencil) grafite m. ◆ adj de chumbo.

leader ['li:dər] n líder mf.

leadership ['li:dərʃɪp] n liderança f.

lead-free [led-] adj sem chumbo.

leading ['li:dɪŋ] adj (most important) principal.

leaf [li:f] (pl **leaves**) n (of tree) folha f.

leaflet ['li:flət] n folheto m.

league [li:g] n SPORT campeonato m; (association) liga f.

leak [li:k] n (hole) buraco m; (of gas, water) vazamento m; (in roof) goteira f. ◆ vi (roof) ter goteiras; (tank) vazar.

lean [li:n] (pt & pp **leant** OR **-ed**) adj magro(gra). ◆ vi (bend) inclinar-se. ◆ vt: **to** ~ **sth against** encostar algo em algo; **to** ~ **on** apoiar-se em. ❑ **lean forward** vi inclinar-se para a frente. ❑ **lean over** vi abaixar-se.

leap [li:p] (pt & pp **leapt** OR **-ed**) vi saltar.

leap year n ano m bissexto.

learn [lɜ:rn] (pt & pp **learnt** OR **-ed**) vt (gain knowledge of) aprender; (memorize) decorar; **to** ~ **(how) to do sth** aprender a fazer algo; **to** ~ **about sth** (hear about) ficar sabendo (de) algo; (study) estudar algo.

learnt [lɜ:rnt] pt & pp → **learn.**

lease [li:s] n arrendamento m. ◆ vt alugar; **to** ~ **sth from sb** alugar algo de alguém; **to** ~ **sth to sb** alugar algo a alguém.

leash [li:ʃ] n trela f.

least [li:st] adv & adj menos.
◆ pron: **(the)** ~ o mínimo; **at** ~ pelo menos; **I like her the** ~ ela é de quem eu gosto menos.

leather ['leðər] n couro m, pele f.

leave [li:v] (pt & pp **left**) vt deixar; (house, country) sair de. ◆ vi (person) ir-se embora; (train, bus) sair, partir. ◆ n (time off work) licença f; **to ~ a message** deixar recado. □ **leave behind** vt sep deixar (para trás). □ **leave out** vt sep omitir.

leaves [li:vz] pl → **leaf**.

lecture ['lektʃər] n (at university) aula f; (at conference) conferência f.

lecturer ['lektʃərə'] n Brit professor m universitário, professora f universitária.

led [led] pt & pp → **lead**[1].

ledge [ledʒ] n (of window) peitoril m.

leek [li:k] n alho-poró m.

left [left] pt & pp → **leave**. ◆ adj (not right) esquerdo(da). ◆ adv (turn) à esquerda; (keep) pela esquerda. ◆ n esquerda f; **on the ~** à esquerda; **to be ~** sobrar.

left-hand adj esquerdo(da).

left-handed [-'hændəd] adj (person) canhoto(ta); (implement) para canhotos.

left-luggage office n Brit guarda-volumes m inv.

left-wing adj de esquerda.

leg [leg] n perna f; **~ of lamb** perna de carneiro.

legal ['li:gl] adj legal.

legal holiday n Am feriado m nacional.

legalize ['li:gəlaɪz] vt legalizar.

legal system n sistema m judiciário.

legend ['ledʒənd] n lenda f.

leggings ['legɪnz] npl calças fpl de malha (justas).

legible ['ledʒəbl] adj legível.

legislation [ˌledʒɪs'leɪʃn] n legislação f.

legitimate [lɪ'dʒɪtɪmət] adj legítimo(ma).

leisure ['li:ʒər] n lazer m.

leisure centre n Brit centro m de lazer.

lemon ['lemən] n limão-galego m.

lemonade [ˌlemə'neɪd] n (lemon juice) limonada f.

lend [lend] (pt & pp **lent**) vt emprestar; **to ~ sb sthg** emprestar algo a alguém.

length [leŋθ] n (in distance) comprimento m; (in time) duração f.

lengthen ['leŋθən] vt aumentar.

lens [lenz] n lente f.

lent [lent] pt & pp → **lend**.

Lent [lent] n Quaresma f.

lentils ['lentlz] npl lentilhas fpl.

leopard ['lepəd] n leopardo m.

lesbian ['lezbɪən] adj lésbico(ca). ◆ n lésbica f.

less [les] adj, adv & pron menos; **~ than 20** menos de 20; **she earns ~ than him** ela ganha menos do que ele.

lesson ['lesn] n (class) lição f.

let [let] (pt & pp **let**) vt (allow) deixar; **to ~ sb do sthg** deixar alguém fazer algo; **to ~ go of sthg** largar algo; **to ~ sb have sthg** dar algo a alguém; **to ~ sb**

know sthg dizer algo a alguém; **~'s go!** vamos embora! ❑ **let in** vt sep deixar entrar. ❑ **let off** vt sep (excuse) perdoar; **can you ~ me off at the station?** pode me deixar na estação? ❑ **let out** vt sep (allow to go out) deixar sair.

letdown ['letdaʊn] n inf decepção f.

lethargic [lə'θɑːrdʒɪk] adj letárgico(ca).

letter ['letər] n (written message) carta f; (of alphabet) letra f.

letterbox ['letəbɒks] n Brit caixa f do correio.

letter carrier n Am carteiro m, -ra f.

lettuce ['letɪs] n alface f.

leuk(a)emia [luː'kiːmjə] n leucemia f.

level ['levl] adj (horizontal, flat) plano(na). ◆ n nível m; (storey) andar m; **to be ~ with** estar no mesmo nível que.

lever ['levr] n alavanca f.

liability [,laɪə'bɪlətɪ] n (responsibility) responsabilidade f.

liable ['laɪəbl] adj: **to be ~ to do sthg** ter tendência a fazer algo; **he's ~ to be late** é provável que ele chegue tarde; **to be ~ for sthg** ser responsável por algo.

liaise [lɪ'eɪz] vi: **to ~ with** contatar com.

liar ['laɪər] n mentiroso m, -osa f.

liberal ['lɪbərəl] adj (tolerant) liberal; (generous) generoso(osa).

liberate ['lɪbəreɪt] vt libertar.

liberty ['lɪbətɪ] n liberdade f.

librarian [laɪ'breərɪən] n bibliotecário m, -ria f.

library ['laɪbrerɪ] n biblioteca f.

lice [laɪs] npl piolhos mpl.

license ['laɪsəns] n (official document) licença f. ◆ vt autorizar.

licensed ['laɪsənst] adj Brit (restaurant, bar) autorizado(da) a vender bebidas alcoólicas.

license plate n placa f (de carro).

lick [lɪk] vt lamber.

licorice ['lɪkərɪs] n alcaçuz m.

lid [lɪd] n (cover) tampa f.

lie [laɪ] n mentira f. ◆ vi (tell lie) mentir; (be horizontal) estar deitado; (lie down) deitar-se; (be situated) ficar; **to tell ~s** mentir; **to ~ about sthg** mentir sobre algo. ❑ **lie down** vi deitar-se.

lieutenant [luː'tenənt] n tenente m.

life [laɪf] (pl **lives**) n vida f.

life belt n bóia f (salva-vidas).

lifeboat ['laɪfbəʊt] n barco m salva-vidas.

lifeguard ['laɪfɡɑːrd] n salva-vidas mf.

life jacket n colete m salva-vidas.

lifelike ['laɪflaɪk] adj realista.

life preserver [-prɪ'zɜːrvər] n Am (life belt) bóia f (salva-vidas); (life jacket) colete m salva-vidas.

lifestyle ['laɪfstaɪl] n estilo m de vida.

lift [lɪft] n Brit (elevator) elevador m. ◆ vt (raise) levantar. ◆ vi (fog) levantar; **to give sb a ~** dar

uma carona a alguém. □ **lift up**
vt sep levantar.

light [laɪt] (*pt & pp* **lit** or **-ed**) *adj*
leve; *(not dark)* claro(ra). ◆ *n* luz
f; *(for cigarette)* fogo *m*. ◆ *vt (fire,
cigarette)* acender; *(room, stage)*
iluminar; **have you got a ~?** você tem fogo?; **to set ~ to sthg**
atear fogo a algo. □ **lights** *(traffic
lights)* sinal *m* (de trânsito), semáforo *m*. □ **light up** ◆ *vt sep (house,
road)* iluminar. ◆ *vi inf (light a cigarette)* acender um cigarro.

light bulb *n* lâmpada *f*.

lighter ['laɪtər] *n* isqueiro *m*.

light-hearted [-'hɑːtɪd] *adj*
alegre.

lighthouse ['laɪthaʊs, *pl*
-haʊzɪz] *n* farol *m*.

lighting ['laɪtɪŋ] *n* iluminação
f.

lightning ['laɪtnɪŋ] *n* relâmpagos *mpl*.

lightweight ['laɪtweɪt] *adj*
(clothes, object) leve.

like [laɪk] *prep* como; *(typical of)*
típico de. ◆ *vt* gostar de; **~ this/
that** assim; **what's it ~?** como
é?; **to look ~ sb/sthg** parecer-se
com alguém/algo; **would you
~ some more?** quer mais?; **to
~ doing sthg** gostar de fazer algo; **I'd ~ to sit down** gostaria de
me sentar; **I'd ~ a drink** gostaria
de beber qualquer coisa.

likelihood ['laɪklɪhʊd] *n* probabilidade *f*.

likely ['laɪklɪ] *adj* provável.

likewise ['laɪkwaɪz] *adv* da
mesma maneira; **to do ~** fazer
o mesmo.

lilac ['laɪlək] *adj* lilás *(inv)*.

lily ['lɪlɪ] *n* lírio *m*.

lily of the valley *(pl* **lilies of
the valley)** *n* lírio-do-vale *m*.

limb [lɪm] *n* membro *m*.

lime [laɪm] *n (fruit)* limão *m*; **~
(juice) suco *m* de limão.

limestone ['laɪmstəʊn] *n* calcário *m*.

limit ['lɪmɪt] *n* limite *m*. ◆ *vt* limitar; **the city ~ s** os limites da
cidade.

limited ['lɪmɪtɪd] *adj* limitado
(da).

limp [lɪmp] *adj (lettuce)* murcho(cha); *(body)* flácido(da);
(fabric) mole. ◆ *vi* mancar.

line [laɪn] *n* linha *f*; *(row)* fila *f*;
Am (of people) fila *f*; *(of poem,
song)* verso *m*; *(for washing)* varal
m; *(rope)* corda; *(of business, work)*
ramo *m*; *(type of product)* seleção
f. ◆ *vt (coat, drawers)* forrar; **in ~
(aligned) alinhado(da); **it's a bad
~** a linha está péssima; **the ~ is
busy** a linha está ocupada; **to
drop sb a ~** *inf* escrever (uma
carta) para alguém; **to stand in
~** *Am* pôr-se na fila. □ **line up**
◆ *vt sep (arrange)* organizar. ◆ *vi*
entrar na fila.

lined [laɪnd] *adj (paper)* pautado(da).

linen ['lɪnən] *n (cloth)* linho *m*;
(sheets) roupa *f* de cama.

liner ['laɪnər] *n (ship)* transatlântico *m*.

linger ['lɪŋgər] *vi (smell, taste,
smoke)* permanecer; *(person)*
atrasar-se.

lingerie [ˈlænʒərɪ] *n* lingerie *f*.

lining ['laɪnɪŋ] n (of coat, jacket) forro m; (of brake) lona f.

link [lɪŋk] n (connection) relação f; COMPUT link m. ◆ vt ligar; **rail ~** ligação f ferroviária; **road ~** ligação rodoviária.

lint [lɪnt] n (on clothes) pêlo m.

lion ['laɪən] n leão m.

lioness ['laɪənes] n leoa f.

lip [lɪp] n (of person) lábio m.

lip salve [-sælv] n pomada f para lábios rachados.

lipstick ['lɪpstɪk] n batom m.

liqueur [lɪ'kɜːr] n licor m.

liquid ['lɪkwɪd] n líquido m.

liquor ['lɪkər] n Am bebida f alcoólica.

liquorice ['lɪkərɪʃ] n Brit alcaçuz m.

liquor store n Am loja f de bebidas alcoólicas.

lisp [lɪsp] n ceceio m.

list [lɪst] n lista f. ◆ vt enumerar.

listen ['lɪsn] vi: **to ~ (to)** ouvir.

listener ['lɪsnər] n (on radio) ouvinte mf.

lit [lɪt] pt & pp → light.

liter ['liːtər] n Am litro m.

literally ['lɪtərəlɪ] adv (actually) literalmente.

literary ['lɪtərerɪ] adj literário (ria).

literature ['lɪtərətʃər] n literatura f.

litre ['liːtər] Brit = liter.

litter ['lɪtər] n (garbage) lixo m.

little ['lɪtl] adj pequeno(na); (distance, time) curto(ta); (not much) pouco(ca); (sister, brother) mais novo (nova). ◆ pron pouco m, -ca f. ◆ adv pouco; **as ~ as possible** o menos possível; **~ by ~** pouco a pouco; **a ~** (pron & adv) um pouco.

little finger n (dedo) mindinho m.

live¹ [lɪv] vi viver; (survive) sobreviver; **to ~ with sb** viver com alguém. ❑ **live together** vi viver juntos.

live² [laɪv] adj (alive) vivo(va); (program, performance) ao vivo; (wire) electrificado(da). ◆ adv ao vivo.

lively ['laɪvlɪ] adj (person) alegre; (place, atmosphere) animado(da).

liver ['lɪvər] n fígado m.

lives [laɪvz] pl → life.

living ['lɪvɪŋ] adj vivo(va). ◆ n: **to earn a ~** ganhar a vida; **what do you do for a ~ ?** o que é que você faz (para viver)?

living room n sala f de estar.

lizard ['lɪzəd] n lagarto m.

load [ləʊd] n (thing carried) carga f. ◆ vt carregar; **~s of** inf toneladas de.

loaf [ləʊf] (pl loaves) n: **a ~ (of bread)** um pão de forma.

loan [ləʊn] n empréstimo m. ◆ vt emprestar.

loathe [ləʊð] vt detestar.

loaves [ləʊvz] pl → loaf.

lobby ['lɒbɪ] n (hall) entrada f, hall m.

lobster ['lɒbstər] n lagosta f.

local ['ləʊkl] adj local. ◆ n (local person) habitante mf local; Am (bus) ônibus m (local); Am (train) trem m.

locate ['ləʊkeɪt] *vt (find)* localizar; **to be ~ d** ficar OR estar situado.

location [ləʊ'keɪʃn] *n* lugar *m*, localização *f*.

lock [lɒk] *n (on door, drawer)* fechadura *f; (for bike)* cadeado *m; (on canal)* comporta *f.* ◆ *vt* fechar com chave. ◆ *vi (become stuck)* ficar preso. ❑ **lock in** *vt sep* fechar. ❑ **lock out** *vt sep:* **I've ~ ed myself out** deixei a chave por dentro e não posso entrar. ❑ **lock up** *vt sep (imprison)* prender. ◆ *vi* fechar tudo à chave.

locker ['lɒkər] *n* compartimento *m* com chave.

locker room *n Am* vestiário *m.*

lodge [lɒdʒ] *n (for skiers)* refúgio *m; (for hunters)* pavilhão *m* de caça. ◆ *vi* alojar-se.

lodger ['lɒdʒər] *n* inquilino *m*, -na *f.*

lodging ['lɒdʒɪŋ] *n Am* alojamento *m.*

loft [lɒft] *n* sótão *m; Am (apartment)* loft *m.*

log [lɒg] *n (piece of wood)* tora *f*, lenha *f.* ❑ **log on** *vi* COMPUT conectar. ❑ **log off** *vi* COMPUT desconectar.

logic ['lɒdʒɪk] *n* lógica *f.*

logical ['lɒdʒɪkl] *adj* lógico (ca).

logo ['ləʊgəʊ] *n (pl* -s) logotipo *m.*

lollipop ['lɒlɪpɒp] *n* pirulito *m.*

lolly ['lɒlɪ] *n inf (lollipop)* pirulito *m; Brit (ice lolly)* picolé *m.*

lonely ['ləʊnlɪ] *adj (person)* só; *(place)* isolado(da).

long [lɒŋ] *adj* comprido (da); *(in time)* longo(ga). ◆ *adv* muito; **it's 2 meters ~** mede 2 metros de comprimento; **it's two hours ~** dura 2 horas; **how ~ is it?** *(in distance)* mede quanto?; *(in time)* dura quanto tempo?; **to take/be ~** demorar muito; **a ~ time** muito tempo; **all day ~** durante todo o dia; **as ~ as** desde que; **for ~** *(durante)* muito tempo; **no ~er** já não; **so ~!** *inf* adeus! ❑ **long for** *vt fus* ansiar por.

long-distance *adj (phone call)* interurbano(na).

longitude ['lɒndʒɪtuːd] *n* longitude *f.*

long jump *n* salto *m* à distância.

long-life *adj* de longa duração.

longsighted [ˌlɒŋ'saɪtəd] *adj Brit* hipermetrope.

long term *n:* **in the ~** a longo prazo. ❑ **long-term** *adj* a longo prazo.

long wave *n* onda *f* longa.

look [lʊk] *n (glance)* olhadela *f*, olhada *f; (appearance)* aparência *f*, look *m.* ◆ *vi (with eyes)* olhar; *(search)* procurar; *(seem)* parecer; **to ~ onto** *(building, room)* ter vista para, dar para; **to have a ~** *(see)* dar uma olhada; *(search)* procurar; **(good) ~s** beleza *f;* **I'm just ~ ing** *(in store)* estou só olhando; **~ out!** cuidado!

◻ **look after** *vt fus (person)* tomar conta de; *(matter, arrangements)* ocupar-se de. ◻ **look around** ◆ *vt fus (city, store)* ver, dar uma volta por. ◆ *vi (turn head)* virar-se, olhar *(para trás)*. ◻ **look at** *vt fus (observe)* olhar para; *(examine)* analisar. ◻ **look for** *vt fus* procurar. ◻ **look forward to** *vt fus* esperar (ansiosamente). ◻ **look out for** *vt fus* estar atento a. ◻ **look up** *vt sep (in dictionary, phone book)* procurar.

loom [lu:m] *n* tear *m*. ◆ *vi (rise up)* erguer-se ameaçadoramente; *(date)* aproximar-se; *(threat)* pairar no ar. ◻ **loom up** *vi* surgir.

loony ['lu:nɪ] *n inf* doido *m*, -da *f*.

loop [lu:p] *n* argola *f*.

loose [lu:s] *adj* solto(ta); *(tooth)* mole; *(candy)* avulso(sa); *(clothes)* largo(ga); **to let sb/sth ~** soltar alguém/algo.

loosen ['lu:sn] *vt* desapertar.

lopsided [-'saɪdəd] *adj* torto (torta).

lord [lɔ:rd] *n* lorde *m*.

lose [lu:z] *(pt & pp lost)* *vt* perder; *(subj: watch, clock)* atrasar. ◆ *vi* perder; **to ~ weight** emagrecer.

loser ['lu:zər] *n (in contest)* perdedor *m*, -ra *f*, vencido *m*, -da *f*.

loss [lɒs] *n (losing)* perda *f*; *(of business, company)* prejuízo *m*.

lost [lɒst] *pt & pp → **lose**. ◆ *adj* perdido(da); **to get ~** *(lose way)* perder-se.

lost-and-found *n Am* achados-e-perdidos *mpl*.

lot [lɒt] *n (at auction)* lote *m*; *Am (for cars)* estacionamento *m*; **a ~** *(large amount)* muito(ta), muitos(tas) *(pl)*; *(to a great extent, often)* muito; **a ~ of time** muito tempo; **a ~ of problems** muitos problemas; **~s (of)** muito (ta), muitos(tas) *(pl)*.

lotion ['ləʊʃn] *n* loção *f*.

lottery ['lɒtərɪ] *n* loteria *f*.

loud [laʊd] *adj (voice, music, noise)* alto(ta); *(color, clothes)* berrante.

loudspeaker [,laʊd'spi:kər] *n* alto-falante *m*.

lounge [laʊndʒ] *n (in house)* sala *f* de estar; *(at airport)* sala *f* de espera.

lousy ['laʊzɪ] *adj inf (poor-quality)* péssimo(ma).

lout [laʊt] *n* bruto *m*, -ta *f*.

love [lʌv] *n* amor *m*; *(in tennis)* zero *m*. ◆ *vt* amar; *(music, food, art etc.)* gostar muito de, adorar; **I'd ~ a cup of coffee** adoraria tomar um café; **to ~ doing sthg** adorar fazer algo; **to be in ~ (with)** estar apaixonado (por); **(with) ~ from** *(in letter)* ≃ beijos de.

love affair *n* caso *m* (amoroso).

lovely ['lʌvlɪ] *adj (very beautiful)* lindo(da); *(very nice)* muito agradável.

lover ['lʌvər] *n* amante *mf*.

loving ['lʌvɪŋ] *adj* carinhoso (osa).

low [ləʊ] *adj* baixo(xa); *(opinion)* fraco(ca); *(depressed)* para baixo. ◆ n (area of low pressure) depressão f, área f de baixa pressão; **we're ~ on gas** estamos quase sem gasolina.

low-alcohol adj Brit de baixo teor alcoólico.

low-calorie adj de baixas calorias.

lower ['ləʊər] adj inferior. ◆ vt (move downward) baixar; (reduce) reduzir.

low-fat adj com baixo teor de gordura.

low tide n maré-baixa f.

loyal ['lɔɪəl] adj leal.

loyalty ['lɔɪltɪ] n lealdade f.

lozenge ['lɒzɪndʒ] n (for throat) pastilha f; (shape) losango m.

lubricate ['luːbrɪkeɪt] vt lubrificar.

luck [lʌk] n sorte f; **any ~?** conseguiu?; **good ◄** boa sorte!; **with ~** com um pouco de sorte.

luckily ['lʌkəlɪ] adv felizmente, por sorte.

lucky ['lʌkɪ] adj (person) sortudo(da), com sorte; (event, situation) feliz; (number, color) de sorte; **to be ~** ter sorte.

ludicrous ['luːdɪkrəs] adj ridículo(la).

luggage ['lʌgɪdʒ] n bagagem f.

luggage locker n guarda-volumes m inv com chave.

luggage rack n (on train) porta-bagagem m.

lukewarm ['luːkwɔːrm] adj morno (morna).

lull [lʌl] n (in conversation) pausa f; (in storm) calmaria f.

lullaby ['lʌləbaɪ] n canção f de ninar.

lumber ['lʌmbər] n Am madeira f.

luminous ['luːmɪnəs] adj luminoso(osa).

lump [lʌmp] n (of coal, mud, butter) pedaço m; (of sugar) torrão m; (on body) caroço m; (on head) galo m.

lump sum n quantia f global.

lumpy ['lʌmpɪ] adj (sauce) encaroçado(da); (mattress) cheio (cheia) de altos e baixos.

lunatic ['luːnətɪk] n pej louco m, -ca f, maluco m, -ca f.

lunch [lʌntʃ] n almoço m; **to have ~** almoçar.

lunch hour n hora f do almoço.

lung [lʌŋ] n pulmão m.

lunge [lʌndʒ] vi: **to ~ at** atirar-se a.

lurch [lɜːrtʃ] vi (person) cambalear.

lure [lʊər] vt atrair.

lurk [lɜːrk] vi (person) estar à espreita (escondido).

lush [lʌʃ] adj luxuriante.

lust [lʌst] n (sexual desire) luxúria f.

luxurious [lʌgˈʒʊərɪəs] adj luxuoso(osa).

luxury ['lʌkʃərɪ] adj de luxo ◆ n luxo m.

lying ['laɪɪŋ] cont → **lie**.

lyrics ['lɪrɪks] npl letra f (de música).

M

m (*abbr of meter*) m. ◆ *abbr* = **mile.**

M (*abbr of medium*) M.

M.A. *abbr* = **Master of Arts.**

macaroni [ˌmækəˈrəʊnɪ] *n* macarrão *m*.

machine [məˈʃiːn] *n* máquina *f*.

machine gun *n* metralhadora *f*.

machinery [məˈʃiːnərɪ] *n* maquinaria *f*.

mackintosh [ˈmækɪntɒʃ] *n* Brit impermeável *m*.

mad [mæd] *adj* (*angry*) furioso(osa); (*uncontrolled*) louco(ca); maluco(ca); **to be ~ about** *inf* (*like a lot*) ser doido(da) por; **like ~** como um louco OR doido.

Madam [ˈmædəm] *n* (*form of address*) senhora *f*.

made [meɪd] *pt & pp* → **make.**

Madeira [məˈdɪərə] *n* (*wine*) (vinho) Madeira *m*.

made-to-measure *adj* feito(ta) sob medida.

madness [ˈmædnəs] *n* (*foolishness*) loucura *f*, maluquice *f*.

magazine [ˌmægəˈziːn] *n* (*journal*) revista *f*.

maggot [ˈmægət] *n* larva *f*.

magic [ˈmædʒɪk] *n* magia *f*.

magician [məˈdʒɪʃn] *n* (*conjurer*) mágico *m*, -ca *f*.

magistrate [ˈmædʒɪstreɪt] *n* magistrado *m*, -da *f*.

magnet [ˈmægnət] *n* imã *m*.

magnetic [mægˈnetɪk] *adj* magnético(ca).

magnificent [mægˈnɪfɪsənt] *adj* magnífico(ca).

magnifying glass [ˈmægnɪfaɪɪŋ-] *n* lupa *f*.

mahogany [məˈhɒgənɪ] *n* mogno *m*.

maid [meɪd] *n* empregada *f*.

maiden name [ˈmeɪdn-] *n* nome *m* de solteira.

mail [meɪl] *n* correio *m*. ◆ *vt Am* mandar OR enviar pelo correio.

mailbox [ˈmeɪlbɒks] *n* Am caixa *f* de correio.

mailman [ˈmeɪlmən] (*pl* -**men** [-mən]) *n* Am carteiro *m*.

mail order *n* venda *f* por correspondência.

main [meɪn] *adj* principal.

main course *n* prato *m* principal.

mainland [ˈmeɪnlənd] *n*: **the ~** o continente.

mainly [ˈmeɪnlɪ] *adv* principalmente.

main street *n* Am rua *f* principal.

maintain [meɪnˈteɪn] *vt* manter.

maintenance [ˈmeɪntənəns] *n* (*of car, machine, house*) manutenção *f*; (*money*) pensão *f* alimentícia.

major ['meɪdʒər] *adj (important)* importante; *(most important)* principal. ◆ *n* MIL major *m*; *(university)* (área *f* de) especialização *f*. ◆ *vi Am*: **to ~ in** especializar-se em *(na universidade)*.

majority [mə'dʒɒrɪtɪ] *n* maioria *f*.

make [meɪk] *(pt & pp* **made***) vt*
- **1.** *(produce, manufacture)* fazer; **to be made of** ser feito de; **to ~ lunch/dinner** fazer o almoço/jantar; **made in Japan** fabricado no Japão.
- **2.** *(perform, do)* fazer; **to ~ a mistake** cometer um erro, enganar-se; **to ~ a phone call** dar um telefonema.
- **3.** *(cause to be)* tornar; **to ~ sthg better** melhorar algo; **to ~ sb happy** fazer alguém feliz; **to ~ sthg safer** tornar algo mais seguro.
- **4.** *(cause to do, force)* fazer; **to sb do sthg** obrigar alguém a fazer algo; **it made her laugh** isso a fez rir.
- **5.** *(amount to, total)* ser; **that ~ s $5** são 5 dólares.
- **6.** *(calculate)*: **I ~ it seven o'clock** calculo que sejam sete horas; **I ~ it $4** segundo os meus cálculos são 4 dólares.
- **7.** *(profit, loss)* ter.
- **8.** *inf (arrive in time for)*: **we didn't ~ the 10 o'clock train** não conseguimos apanhar o trem das 10.
- **9.** *(friend, enemy)* fazer.
- **10.** *(have qualities for)* dar; **this would ~ a lovely bedroom** isto dava um lindo quarto.

- **11.** *(bed)* fazer.
- **12.** *(in phrases)*: **to ~ do** contentar-se; **to ~ it** *(arrive on time)* conseguir chegar a tempo; *(be able to go)* poder ir; *(survive a crisis)* recuperar-se.
◆ *n (of product)* marca *f*.
◆ **make out** *vt sep (check, receipt)* passar; *(form)* preencher; *(see)* distinguir; *(hear)* perceber, entender.
◆ **make up** *vt sep (invent)* inventar; *(comprise)* constituir; *(difference, extra)* cobrir.
◆ **make up for** *vt fus* compensar.

makeshift ['meɪkʃɪft] *adj* improvisado(da).

make-up *n (cosmetics)* maquiagem *f*.

male [meɪl] *adj (person)* masculino(na); *(animal)* macho. ◆ *n (animal)* macho *m*.

malfunction [mæl'fʌŋkʃn] *vi fml* funcionar mal.

malignant [mə'lɪgnənt] *adj (disease, tumor)* maligno(gna).

mall [mɔːl] *n* centro *m* comercial.

MALL

O "Mall" é uma grande área ajardinada em Washington DC, compreendendo a Casa Branca, o Capitólio e os monumentos a Abraham Lincoln, George Washington, Thomas Jefferson e aos soldados mortos na guerra do Vietnã (o "Wall"). Em Londres, "Mall" é uma avenida larga que liga o palácio de Buckingham à Trafalgar Square.

mallet ['mælɪt] n marreta f.

malt [mɔːlt] n malte m.

maltreat [,mæl'triːt] vt maltratar.

mammal ['mæml] n mamífero m.

man [mæn] n homem m; (mankind) o Homem.

manage ['mænɪdʒ] vt (company, business) gerir; (suitcase) poder com; (job) conseguir fazer; (food) conseguir comer OR acabar. ◆ vi (cope) conseguir; **can you ~ Friday?** sexta-feira está bem para você?; **to ~ to do sthg** conseguir fazer algo.

management ['mænɪdʒmənt] n (people in charge) direção f, administração f; (control, running) gestão f.

manager ['mænɪdʒər] n (of business, bank, store) gerente mf; (of sports team) ≃ treinador m, -ra f.

managing director ['mænɪdʒɪŋ-] n diretor-geral m, diretora-geral f.

mane [meɪn] n (of lion) juba f; (of horse) crina f.

maneuver [mə'nuːvər] Am n manobra f. ◆ vt manobrar.

mangle ['mæŋgl] vt (to crush) amassar; (to mutilate) mutilar.

Manhattan [,mæn'hætn] n Manhattan.

Manhattan é uma ilha na área central de Nova York. Encontram-se ali o Central Park, a Quinta Avenida, a Broadway, a Wall Street e o Greenwich Village, além de famosos arranha-céus como o Empire State Building.

maniac ['meɪnɪæk] n inf (wild person) maníaco m, -ca f, louco m, -ca f.

manicure ['mænɪkjʊər] n manicure f.

manipulate [mə'nɪpjʊleɪt] vt (person) manipular; (machine, controls) manobrar.

mankind [mæn'kaɪnd] n a humanidade.

manly ['mænlɪ] adj viril.

man-made adj (lake) artificial; (fiber, fabric) sintético(ca).

manner ['mænər] n (way) maneira f. □ **manners** npl maneiras fpl.

manoeuvre [mə'nuːvər] Brit = maneuver.

manor ['mænər] n ≃ solar m.

mansion ['mænʃn] n mansão f.

manslaughter ['mæn,slɔːtər] n homicídio m involuntário.

mantelpiece ['mæntlpiːs] n console m de lareira.

manual ['mænjʊəl] adj manual. ◆ n manual m.

manufacture [,mænjə'fæktʃər] n fabricação f, fabrico m. ◆ vt fabricar.

manufacturer [ˌmænjəˈfæk-tʃərər] n fabricante m.

manure [məˈnʊər] n estrume m.

many [ˈmenɪ] (compar **more**, superl **most**) adj muitos(tas). ◆ pron muitos mpl, -tas fpl; **as** ~ **as** tantos(tas) como; **take as** ~ **as you like** leve tantos quantos quiser; **twice as** ~ **as** o dobro de; **how** ~ **?** quantos(tas)?; **so** ~ tantos(tas); **too** ~ **people** gente demais.

map [mæp] n mapa m.

marathon [ˈmærəθən] n maratona f.

marble [ˈmɑːbl] n (stone) mármore m; (glass ball) bola f de gude.

march [mɑːtʃ] n (demonstration) passeata f. ◆ vi (walk quickly) marchar.

March [mɑːtʃ] n março m → September.

mare [meər] n égua f.

margarine [ˌmɑːdʒərən] n margarina f.

margin [ˈmɑːdʒɪn] n margem f.

marina [məˈriːnə] n marina f.

marinated [ˈmærɪneɪtɪd] adj marinado(da).

marital status [ˈmærɪtl-] n estado m civil.

mark [mɑːk] n marca f; Brit SCH nota f. ◆ vt marcar; (correct) corrigir.

marker [ˈmɑːkər] n marcador m.

market [ˈmɑːkɪt] n mercado m.

marketing [ˈmɑːkətɪŋ] n marketing m.

marketplace [ˈmɑːkətpleɪs] n mercado m.

marking [ˈmɑːkɪŋ] n (of exams, homework) correção f.

marmalade [ˈmɑːməleɪd] n geléia f de laranja (ou outra fruta cítrica).

marquee [mɑːrˈkiː] n toldo m.

marriage [ˈmærɪdʒ] n casamento m.

married [ˈmærɪd] adj casado (da); **to get** ~ casar-se.

marrow [ˈmærəʊ] n (vegetable) abóbora f; (in bones) medula f.

marry [ˈmærɪ] vt casar com. ◆ vi casar-se, casar.

marsh [mɑːʃ] n pântano m.

martial arts [ˌmɑːʃl-] npl artes fpl marciais.

marvellous [ˈmɑːvələs] adj Brit = **marvelous**.

marvelous [ˈmɑːrvləs] Am maravilhoso(osa).

marzipan [ˈmɑːrzɪpæn] n maçapão m.

mascara [mæsˈkærə] n rímel m.

masculine [ˈmæskjələn] adj masculino(na).

mashed potatoes [mæʃt-] npl purê m (de batata).

mask [mæsk] n máscara f.

masonry [ˈmeɪsnrɪ] n (stones) alvenaria f.

mass [mæs] n (large amount) monte m; RELIG missa f; ~**es (of)** inf (lots) montes (de).

massacre [ˈmæsəkər] n massacre m.

massage [məˈsɑːʒ] *n* massagem *f*. ♦ *vt* massagear.

massive [ˈmæsɪv] *adj* enorme.

mast [mæst] *n (on boat)* mastro *m*.

master [ˈmæstər] *n (of servant)* patrão *m*; *(of dog)* dono *m*. ♦ *vt (skill, language)* dominar.

masterpiece [ˈmæstərpiːs] *n* obra-prima *f*.

mat [mæt] *n (small rug)* tapete *m (pequeno)*; *(on table)* descanso *m*; *(for sports)* esteira *f*.

match [mætʃ] *n (for lighting)* fósforo *m*; *(game)* jogo *m*, encontro *m*. ♦ *vt (in color, design)* condizer com, combinar com; *(be the same as)* corresponder a; *(be as good as)* equiparar-se a. ♦ *vi (in color, design)* condizer, combinar.

matchbox [ˈmætʃbɒks] *n* caixa *f* de fósforos.

matching [ˈmætʃɪŋ] *adj* que combina.

mate [meɪt] *n inf (friend)* amigo *m*, -ga *f*; *Am (husband, wife)* companheiro *m*, -ra *f*. ♦ *vi* acasalar, acasalar-se.

material [məˈtɪərɪəl] *n* material *m*; *(cloth)* tecido *m*. ☐ **materials** *npl (equipment)* material *m*

math [mæθ] *n Am* matemática *f*.

mathematics [ˌmæθəˈmætɪks] *n* matemática *f*.

maths [mæθs] *Brit* = **math**.

matt [mæt] *adj* fosco(ca).

matter [ˈmætər] *n (issue, situation)* assunto *m*; *(physical material)* matéria *f*. ♦ *vi* interessar; **it doesn't ~** não tem importân-

cia; **no ~ what happens** aconteça o que acontecer; **there's something the ~ with my car** o meu carro está com algum problema; **what's the ~ ?** qual é o problema?; **as a ~ of course** naturalmente; **as a ~ of fact** aliás, na verdade.

mattress [ˈmætrəs] *n* colchão *m*.

mature [məˈtʊər] *adj* maduro (ra); *(cheese)* curado(da).

maul [mɔːl] *vt* ferir gravemente.

mauve [məʊv] *adj* malva *inv.*

maximum [ˈmæksəməm] *adj* máximo(ma). ♦ *n* máximo *m*.

may [meɪ] *aux vb* **-1.** *(expressing possibility)* poder; **it ~ be done as follows** pode ser feito do seguinte modo; **it ~ rain** pode chover; **they ~ have got lost** eles talvez tenham se perdido. **-2.** *(expressing permission)* poder; **~ I smoke?** posso fumar?; **you ~ sit, if you wish** pode sentar-se, se quiser. **-3.** *(when conceding a point)*: **it ~ be a long walk, but it's worth it** pode ser uma longa caminhada, mas vale a pena o esforço.

May [meɪ] *n* maio *m* → **September**.

maybe [ˈmeɪbiː] *adv* talvez.

mayonnaise [ˌmeɪəˈneɪz] *n* maionese *f*.

mayor [meər] *n* ≃ prefeito *m*.

maze [meɪz] *n* labirinto *m*.

me [miː] *pron* me; *(after prep)* mim; **she knows ~** ela me conhece; **it's ~** sou eu; **send it to**

~ mande-o para mim; **tell** ~ diga-me; **it's for** ~ é para mim; **with** ~ comigo.

meadow ['medəʊ] *n* prado *m*.

meal [mi:l] *n* refeição *f*.

mealtime ['mi:ltaɪm] *n* hora *f* de comer.

mean [mi:n] (*pt & pp* **meant**) *adj (miserly)* sovina; *(unkind)* mau (má). ◆ *vt* querer dizer; *(be a sign of)* ser sinal de; **I** ~ **it** estou falando a sério; **it** ~**s a lot to me** é muito importante para mim; **to** ~ **to do sthg** ter a intenção de fazer algo, tencionar fazer algo; **to be meant to do sthg** dever fazer algo.

meaning ['mi:nɪŋ] *n* significado *m*.

meaningless ['mi:nɪŋləs] *adj* sem sentido.

means [mi:nz] (*pl inv*) *n (method)* meio *m*. ◆ *npl (money)* recursos *mpl*; **by all** ~! claro que sim!; **by** ~ **of** através de.

meant [ment] *pt & pp* → **mean**.

meantime ['mi:ntaɪm] *adv*: **in the meantime** entretanto.

meanwhile ['mi:nwaɪl] *adv* entretanto, enquanto isso.

measles ['mi:zlz] *n* sarampo *m*.

measure ['meʒər] *vt* medir. ◆ *n (step, action)* medida *f*; *(of alcohol)* dose *f*; **the room** ~**s 10 m²** o quarto mede 10 m².

measurement ['meʒəmənt] *n* medida *f*. □ **measurements** *npl (of person)* medidas *fpl*.

meat [mi:t] *n* carne *f*; **red** ~ carnes vermelhas *(pl)*; **white** ~

carnes brancas *(pl)*.

meatball ['mi:tbɔ:l] *n* almôndega *f*.

mechanic [mɪ'kænɪk] *n* mecânico *m*, -ca *f*.

mechanical [mɪ'kænɪkl] *adj* mecânico(ca).

mechanism ['mekənɪzm] *n (of machine, device)* mecanismo *m*.

medal ['medl] *n* medalha *f*.

media ['mi:dɪə] *n or npl*: **the** ~ a mídia, os meios de comunicação.

Medicaid, Medicare ['medɪkeɪd, 'medɪkeə'] *n* seguros de saúde aos pobres, idosos e deficientes físicos e mentais.

MEDICAID/ MEDICARE

Na falta de um serviço público de saúde nos Estados Unidos, os programas "Medicaid" e "Medicare" foram criados em 1965 para oferecer seguros de saúde aos pobres, idosos e deficientes físicos e mentais. O "Medicaid" fornece assistência médica a pessoas de baixa renda com menos de 65 anos e o "Medicare" atende a pessoas maiores de 65 anos.

medical ['medɪkl] *adj* médico (ca). ◆ *n* check-up *m*.

medicated ['medɪkeɪtəd] *adj* medicinal.

medication [,medɪ'keɪʃn] *n* medicamento *m*.

medicine ['medsn] n (substance) medicamento m; (science) medicina f.

medieval [ˌmiːdɪˈiːvl] adj medieval.

mediocre [ˌmiːdɪˈəʊkər] adj mediocre.

medium ['miːdɪəm] adj médio(dia); (wine) meio-seco.

medley ['medlɪ] n MUS pot-pourri m.

meet [miːt] (pt & pp met) vt (by arrangement) encontrar-se com; (members of club, committee) reunir-se com; (by chance) encontrar; (get to know) conhecer; (go to collect) ir buscar; (need, requirement) satisfazer; (cost, expenses) cobrir. ◆ vi (by arrangement) encontrar-se; (club, committee) reunir-se; (by chance) encontrar-se; (get to know each other) conhecer-se; (intersect) cruzar-se; ~ **me at the bar** encontre-se comigo no bar. ❑ **meet up** vi encontrar-se. ❑ **meet with** vt fus (problems, resistance) encontrar; Am (by arrangement) encontrar-se com.

meeting ['miːtɪŋ] n (for business) reunião f.

meeting point n ponto m de encontro.

melody ['melədɪ] n melodia f.

melon ['melən] n melão m.

melt [melt] vi derreter.

member ['membər] n (of party, group) membro m; (of club) sócio n, -cia f.

membership ['membəʃɪp] n (of party, club) filiação f; the ~

(of party) os membros; (of club) os sócios.

memorial [məˈmɔːrɪəl] n monumento m comemorativo.

memorize ['meməraɪz] vt memorizar, decorar.

memory ['memərɪ] n memória f; (thing remembered) lembrança f.

men [men] pl → **man**.

menacing ['menəsɪŋ] adj ameaçador(ra).

mend [mend] vt arranjar.

menopause ['menəpɔːz] n menopausa f.

menstruate ['menstrʊeɪt] vi menstruar.

menswear ['menzweər] n roupa f de homem.

mental ['mentl] adj mental.

mental hospital n hospital m psiquiátrico.

mentally ill ['mentlɪ-] adj: **to be** ~ ser doente mental.

mention ['menʃn] vt mencionar; **don't** ~ **it!** de nada!, não tem de quê!

menu ['menjuː] n (of food) cardápio m; COMPUT menu m; **children's** ~ menu infantil OR para crianças.

merchandise ['mɜːtʃəndaɪz] n mercadoria f.

merchant marine ['mɜːrtʃənt-] n Am marinha f mercante.

mercury ['mɜːkjərɪ] n mercúrio m.

mercy ['mɜːsɪ] n misericórdia f.

mere [mɪər] adj mero(ra).

merely ['mɪərlɪ] adv apenas.

merge [mɜːrdʒ] vi (combine) juntar-se, unir-se; **'merge'** Am placa indicando confluência de auto-estradas.

merger ['mɜːrdʒər] n fusão f.

meringue [mə'ræŋ] n merengue m, suspiro m.

merit ['merɪt] n mérito m.

merry ['merɪ] adj alegre; **Merry Christmas!** Feliz Natal!

merry-go-round n carrossel m.

mess [mes] n confusão f, bagunça f; **in a ~** (untidy) em desordem, de pernas para o ar. □ **mess about** vi inf (have fun) divertir-se; (behave foolishly) vadiar; **to ~ about with sthg** (interfere) mexer em algo. □ **mess up** vt sep inf (ruin, spoil) estragar.

message ['mesɪdʒ] n mensagem f; **are there any ~s (for me)?** há algum recado (para mim)?

messenger ['mesəndʒər] n mensageiro m, -ra f.

messy ['mesɪ] adj (untidy) desarrumado(da).

met [met] pt & pp → **meet**.

metal ['metl] adj metálico(ca), de metal. ◆ n metal m.

metalwork ['metəlwɜːk] n (craft) trabalho m com metal.

meter ['miːtər] n Am metro m; (device) contador m.

method ['meθəd] n método m.

methodical [mɪ'θɒdɪkl] adj metódico(ca).

meticulous [mɪ'tɪkjələs] adj meticuloso(osa).

metre ['miːtər] n Brit metro m.

metric ['metrɪk] adj métrico (ca).

Mexico ['meksɪkəʊ] n México m.

mice [maɪs] pl → **mouse**.

microchip ['maɪkrətʃɪp] n microchip m.

microlight ['maɪkrəlaɪt] n ultraleve m.

microphone ['maɪkrəfəʊn] n microfone m.

microscope ['maɪkrəskəʊp] n microscópio m.

microwave (oven) ['maɪkrə-weɪv-] n (forno) microondas m inv.

midday [ˌmɪd'deɪ] n meio-dia m.

middle ['mɪdl] n meio. ◆ adj do meio; **in the ~ of the road** no meio da rua; **in the ~ of April** em meados de abril; **to be in the ~ of doing sthg** estar fazendo algo.

middle-aged adj de meia-idade.

middle-class adj da classe média.

Middle East n: **the ~** o Oriente Médio.

middle name n segundo nome m.

midget ['mɪdʒət] n anão m, anã f.

midnight ['mɪdnaɪt] n meia noite f.

midsummer ['mɪd'sʌmər] n **in ~** em pleno verão.

midway [ˌmɪd'weɪ] *adv* a meio caminho.

midweek [*adj* 'mɪdwi:k, *adv* mɪd'wi:k] *adj* do meio da semana. ◆ *adv* no meio da semana.

midwife ['mɪdwaɪf] (*pl* -wives [-waɪvz]) *n* parteira *f*.

midwinter ['mɪd'wɪntər] *n*: in ~ em pleno inverno.

might [maɪt] *aux vb* - 1. (*expressing possibility*) poder; **I suppose they ~ still come** acho que eles ainda podem vir; **they ~ have been killed** eles podem ter sido mortos; **I ~ go to Florida** talvez vá à Flórida.
- 2. (*fml: expressing permission*) poder; ~ **I have a few words?** podemos conversar?
- 3. (*when conceding a point*): **it ~ be expensive, but it's good quality** pode ser caro, mas é bom.
- 4. (*would*): **I'd hoped you ~ come too** gostaria que também pudesse vir.
◆ *n* (*power*) poder *m*; (*physical strength*) força *f*.

migraine ['maɪgreɪn] *n* enxaqueca *f*.

mild [maɪld] *adj* (*discomfort, pain*) ligeiro(ra); (*illness*) pequeno(na); (*weather*) ameno(na); (*climate*) temperado(da); (*kind, gentle*) meigo(ga).

mile [maɪl] *n* milha *f*; **it's ~s away** é a quilômetros de distância.

mileage ['maɪlɪdʒ] *n* distância *f* em milhas, ≃ quilometragem *f*.

military ['mɪlɪtərɪ] *adj* militar; **the ~ as** forças armadas.

milk [mɪlk] *n* leite *m*. ◆ *vt* (*cow*) ordenhar, mungir.

milk shake *n* milk-shake *m*.

milky ['mɪlkɪ] *adj* (*drink*) com leite.

mill [mɪl] *n* moinho *m*; (*factory*) fábrica *f*.

millennium [mɪ'lenɪəm] *n* milênio *m*.

milligram ['mɪləɡræm] *n* miligrama *m*.

milliliter ['mɪləˌli:tər] *n* mililitro *m*.

millimeter ['mɪləˌmi:tər] *n* milímetro *m*.

million ['mɪljən] *n* milhão *m*; ~**s of** *fig* milhões de.

millionaire [ˌmɪljə'neər] *n* milionário *m*, -ria *f*.

mime [maɪm] *vi* fazer mímica.

mince [mɪns] *n* *Brit* carne *f* moída.

mincemeat ['mɪnsmi:t] *n* (*sweet filling*) mistura de frutos secos e cristalizados usada para rechear tortas e bolos.

mind [maɪnd] *n* mente *f*; (*memory*) memória *f*. ◆ *vi* (*be bothered*) importar-se. ◆ *vt* (*look after*) tomar conta de; (*be bothered by*): **do you ~ the noise?** o barulho está lhe incomodando?; **it slipped my ~** esqueci-me; **state of ~** estado *m* de espírito; **to my ~** na minha opinião; **to bear sthg in ~** ter algo em conta; **to change one's ~** mudar de idéia; **to have sthg in ~** estar pensando em algo; **to have sthg on**

mine 162

one's ~ estar preocupado com algo; **to make one's ~ up** decidir-se; **do you ~ if ...?** importa-se se ...?; **I don't ~** não me importo; **I wouldn't ~ a drink** gostaria de beber alguma coisa; **never ~!** *(don't worry)* não faz mal!, não tem importância!

mine¹ [maɪn] *pron* o meu (a minha); **a friend of ~** um amigo meu; **those shoes are ~** esses sapatos são meus; **~ are here where are yours?** os meus estão aqui, onde estão os seus?

mine² [maɪn] *n (for coal etc., bomb)* mina f.

miner ['maɪnər] *n* mineiro *m*, -ra f.

mineral ['mɪnrəl] *n* mineral *m*.

mineral water *n* água f mineral.

mingle ['mɪŋgl] *vi* misturar-se.

miniature ['mɪnɪətʃər] *adj* em miniatura. ◆ *n (bottle of alcohol)* miniatura f.

minibus ['mɪnɪbʌs] *n* microônibus *m*.

minimal ['mɪnəml] *adj* mínimo(ma).

minimum ['mɪnəməm] *adj* mínimo(ma). ◆ *n* mínimo *m*.

miniskirt ['mɪnɪskɜːrt] *n* minissaia f.

minister ['mɪnəstər] *n (in church)* pastor *m*, ministro *m*; *(in government)* ministro *m*, -tra f.

ministry ['mɪnəstrɪ] *n (of government)* ministério *m*.

minor ['maɪnər] *adj* pequeno (na). ◆ *n fml* menor *mf* (de idade).

minority [məˈnɒrətɪ] *n* minoria f.

mint [mɪnt] *n (candy)* bala f de hortelã; *(plant)* hortelã f.

minus ['maɪnəs] *prep (in subtraction)* menos; **it's ~ 10°C** faz 10°C abaixo de zero.

minuscule ['mɪnəskjuːl] *adj* minúsculo(la).

minute¹ ['mɪnət] *n* minuto *m*; **any ~** a qualquer momento; **just a ~!** só um minuto!

minute² [maɪˈnuːt] *adj* diminuto(ta).

miracle ['mɪrəkl] *n* milagre *m*.

miraculous [mɪˈrækjələs] *adj* milagroso(osa).

mirror ['mɪrər] *n* espelho *m*.

misbehave [ˌmɪsbɪˈheɪv] *vi* portar-se mal.

miscarriage [ˌmɪsˈkærɪdʒ] *n* aborto *m (não intencional)*.

miscellaneous [ˌmɪsəˈleɪnɪəs] *adj* diverso(sa).

mischievous ['mɪstʃɪvəs] *adj (naughty)* travesso(a); *(playful)* malicioso(osa).

misconduct [ˌmɪsˈkɒndʌkt] *n* conduta f imprópria.

miser ['maɪzər] *n* avarento *m*, -ta f.

miserable ['mɪzrəbl] *adj* miserável; *(unhappy)* infeliz.

miserly ['maɪzərlɪ] *adj* mesquinho(nha).

misfortune [mɪsˈfɔːrtʃən] *n (bad luck)* infelicidade f.

mishap ['mɪshæp] *n* incidente *m*.

misjudge [ˌmɪsˈdʒʌdʒ] vt (distance, amount) calcular mal; (person, character) julgar mal.

mislay [ˌmɪsˈleɪ] (pt & pp **-laid**) vt: **I've mislaid my keys** não sei onde é que pus as chaves.

mislead [ˌmɪsˈliːd] (pt & pp **-led**) vt enganar.

miss [mɪs] vt perder; (not notice) não ver; (fail to hit) falhar; (regret absence of) ter saudades de, sentir falta de; (appointment) faltar a. ◆ vi falhar. ❑ **miss out** ◆ vt sep omitir. ◆ vi perder; **you ~ed out on a great party** você perdeu uma grande festa.

Miss [mɪs] n senhorita f.

missile [ˈmɪsl] n míssil m.

missing [ˈmɪsɪŋ] adj (lost) perdido(da); (after accident) desaparecido(da); **to be ~** (not there) faltar.

missing person n desaparecido m, -da f.

mission [ˈmɪʃn] n (assignment) missão f.

missionary [ˈmɪʃənerɪ] n missionário m, -ria f.

mist [mɪst] n neblina f, bruma f.

mistake [mɪˈsteɪk] (pt **-took**, pp **-taken**) n erro m. ◆ vt (misunderstand) entender mal; **by ~** por engano; **to make a ~** enganar-se; **to ~ sb/sthg for** confundir alguém/algo com.

Mister [ˈmɪstər] n Senhor m.

mistook [mɪˈstʊk] pt → **mistake**.

mistress [ˈmɪstrəs] n (lover) amante f.

mistrust [ˌmɪsˈtrʌst] vt desconfiar de.

misty [ˈmɪstɪ] adj nebuloso(osa), nublado(da).

misunderstanding [ˌmɪsˌʌndəˈstændɪŋ] n (misinterpretation) mal-entendido m, engano m; (quarrel) desentendimento m.

misuse [ˌmɪsˈjuːs] n uso m indevido.

mitten [ˈmɪtn] n luva f (com separação só para o polegar).

mix [mɪks] vt misturar. ◆ n (for cake, sauce) mistura f. ◆ vi: **I don't like the people you ~ with** não gosto das pessoas com quem você anda; **to ~ sthg with sthg** misturar algo com algo. ❑ **mix up** vt sep (confuse) confundir; (put into disorder) misturar.

mixed [mɪkst] adj (school) misto(ta).

mixer [ˈmɪksər] n (for food) batedeira f.

mixture [ˈmɪkstʃər] n mistura f.

mix-up n inf engano m.

moan [məʊn] vi (in pain, grief) gemer; inf (complain) resmungar.

moat [məʊt] n fosso m.

mobile [ˈməʊbaɪl] adj móvel.

mock [mɒk] adj falso(sa). ◆ vt debochar de. ◆ n Brit (exam) simulado m.

mode [məʊd] n modo m.

model [ˈmɒdl] n modelo m; (fashion model) modelo mf.

moderate [ˈmɒdərət] adj moderado(da).

modern [ˈmɒdərn] adj moderno(na).

modernized ['mɒdərnaɪzd] adj modernizado(da).

modest ['mɒdəst] adj modesto(ta).

modify ['mɒdɪfaɪ] vt modificar.

moist [mɔɪst] adj úmido(da).

moisture ['mɔɪstʃər] n umidade f.

moisturizer ['mɔɪstʃəraɪzər] n creme m hidratante.

molar ['məʊlər] n molar m.

mold [məʊld] n Am (shape) molde m, forma f; (fungus) bolor m. ◆ vt Am (shape) moldar.

moldy ['məʊldɪ] adj bolorento(ta).

mole [məʊl] n (animal) toupeira f; (spot) sinal m.

molest [mə'lest] vt (child) molestar (sexualmente); (woman) assediar.

mom [mɒm] n Am inf mãe f.

moment ['məʊmənt] n momento m; **at the** ~ no momento; **for the** ~ por agora.

monarchy ['mɒnərkɪ] n: **the** ~ a monarquia.

monastery ['mɒnəsterɪ] n mosteiro m.

Monday ['mʌndɪ] n segunda-feira f→ **Saturday.**

money ['mʌnɪ] n dinheiro m.

money order n vale m.

mongrel ['mʌŋgrəl] n vira-lata m.

monitor ['mɒnɪtər] n (computer screen) monitor m. ◆ vt (check, observe) controlar.

monk [mʌŋk] n monge m.

monkey ['mʌŋkɪ] (pl -s) n macaco m.

monopoly [mə'nɒpəlɪ] n COMM monopólio m.

monorail ['mɒnəʊreɪl] n monotrilho m.

monotonous [mə'nɒtənəs] adj monótono(na).

monsoon [mɒn'suːn] n monção f.

monster ['mɒnstər] n monstro m.

month [mʌnθ] n mês m; **every** ~ todos os meses; **in a** ~ daqui a um mês.

monthly ['mʌnθlɪ] adj mensal. ◆ adv mensalmente.

monument ['mɒnjəmənt] n monumento m.

mood [muːd] n humor m; **to be in a (bad)** ~ estar de mau humor; **to be in a good** ~ estar de bom humor.

moody ['muːdɪ] adj (bad-tempered) mal-humorado(da); (changeable) temperamental.

moon [muːn] n lua f.

moonlight ['muːnlaɪt] n luar m.

moor [mʊər] n pântano m. ◆ vt atracar.

moose [muːs] (pl inv) n alce m.

mop [mɒp] n (for floor) esfregão m. ◆ vt (floor) limpar. ❑ **mop up** vt sep (clean up) limpar.

moped ['məʊped] n bicicleta f motorizada.

moral ['mɒrəl] adj moral. ◆ n (lesson) moral f.

morality [mə'rælɪtɪ] n moralidade f.

more [mɔ:r] adj - 1. (a larger amount of) mais; **there are ~ tourists than usual** há mais turistas que o normal.
- 2. (additional) mais; **is there any ~ cake?** tem mais bolo?; **I'd like two ~ bottles** queria mais duas garrafas; **there's no ~ wine** já não tem mais vinho.
- 3. (in phrases): **~ and ~** cada vez mais.
◆ adv - 1. (in comparatives) mais; **it's ~ difficult than before** é mais difícil do que antes; **speak ~ clearly** fale de forma mais clara; **we go there ~ often now** agora vamos lá mais freqüentemente.
- 2. (to a greater degree) mais; **we ought to go to the movies ~** deviamos ir mais vezes ao cinema.
- 3. (in phrases): **once ~** mais uma vez; **~ or less** mais ou menos; **we'd be ~ than happy to help** teríamos muito prazer em ajudar.
◆ pron - 1. (a larger amount) mais; **I've got ~ than you** tenho mais que você; **~ than 20 types of pizza** mais de 20 tipos de pizza.
- 2. (an additional amount) mais; **is there any ~?** tem mais?; **there's no ~** não tem mais.

moreover [mɔ:'rəʊvər] adv fml além disso, além do mais.

morning ['mɔ:rnɪŋ] n manhã f; **good ~!** bom dia!; **two o'clock in the ~** duas da manhã, duas da madrugada; **in the ~** (early in the day) de manhã;

(tomorrow morning) amanhã de manhã.

morning sickness n enjôo m matinal.

moron ['mɔ:rɒn] n inf (idiot) estúpido m, -da f, idiota mf.

mortgage ['mɔ:rgɪdʒ] n hipoteca f.

mosaic [mə'zeɪk] n mosaico m.

Moslem ['mɒzləm] = **Muslim**.

mosque [mɒsk] n mesquita f.

mosquito [mə'ski:təʊ] (pl -es) n mosquito m.

mosquito net n mosquiteiro m.

moss [mɒs] n musgo m.

most [məʊst] adj - 1. (the majority of) a maioria de; **~ people agree** a maioria das pessoas está de acordo.
- 2. (the largest amount of) mais; **I drank (the) ~ beer** fui eu que bebi mais cerveja.
◆ adv - 1. (in superlatives) mais; **the ~ expensive hotel in town** o hotel mais caro da cidade.
- 2. (to the greatest degree) mais; **I like this one the ~** gosto mais deste.
- 3. (fml: very) muito; **we would be ~ grateful** ficaríamos muito gratos.
◆ pron - 1. (the majority) a maioria; **~ of the villages** a maioria das vilas; **~ of the time** a maior parte do tempo.
- 2. (the largest amount) mais; **she earns (the) ~** ela é a que ganha mais.
- 3. (in phrases): **at ~** no máximo; **we want to make the ~ of**

our stay queremos aproveitar a nossa estada ao máximo.

mostly ['məʊstlɪ] adv principalmente.

motel [məʊ'tel] n motel m.

moth [mɒθ] n traça f.

mother ['mʌðər] n mãe f.

mother-in-law (pl mothers-in-law) n sogra f.

motif [məʊ'tiːf] n motivo m.

motion ['məʊʃn] n (movement) movimento m. ◆ vi: **to ~ to sb** fazer sinal a alguém.

motionless ['məʊʃnləs] adj imóvel.

motivate ['məʊtɪveɪt] vt motivar.

motive ['məʊtɪv] n motivo m.

motor ['məʊtər] n motor m.

motorbike ['məʊtəbaɪk] n moto f.

motorboat ['məʊtəbəʊt] n barco m a motor.

motorcycle ['məʊtəˌsaɪkl] n motocicleta f.

motorcyclist ['məʊtəˌsaɪkləst] n motociclista mf.

motorist ['məʊtərɪst] n fml motorista mf.

motor racing n automobilismo m.

motto ['mɒtəʊ] (pl -s) n lema m.

mould [məʊld] Brit = **mold**.

mound [maʊnd] n monte m.

mount [maʊnt] n (mountain) monte m. ◆ vt (horse) montar; (photo) emoldurar. ◆ vi (increase) aumentar.

mountain ['maʊntən] n montanha f.

mountain bike n mountain bike f.

mountaineer [ˌmaʊntə'nɪər] n alpinista mf.

mountaineering [ˌmaʊntə'nɪərɪŋ] n: **to go ~** fazer alpinismo.

mountainous ['maʊntənəs] adj montanhoso(osa).

Mount Rushmore [-'rʌʃmɔːʳ] n o monte Rushmore.

ⓘ MOUNT RUSHMORE

Os bustos gigantescos dos presidentes norte-americanos George Washington, Thomas Jefferson, Abraham Lincoln e Franklin Roosevelt, esculpidos nas encostas do Monte Rushmore, na Dakota do Sul, são um monumento nacional e uma grande atração turística.

mourning ['mɔːrnɪŋ] n: **to be in ~** estar de luto.

mouse [maʊs] (pl **mice**) n rato m.

mousse [muːs] n (food) mousse f; (for hair) espuma f.

moustache [məˈstɑːʃ] Brit = **mustache**.

mouth [maʊθ] n boca f; (of river) foz f.

mouthful ['maʊθfʊl] n (of food) bocado m; (of drink) gole m.

mouthpiece ['maʊθpiːs] n bocal m.

mouthwash ['maʊθwɒʃ] n desinfetante m para a boca.

move [muːv] *n (movement)* movimento *m*; *(in games)* jogada *f*; *(turn to play)* vez *f*; *(course of action)* medida *f*; *(change of house)* mudança *f*. ◆ *vt (object)* mudar; *(arm, leg, lips)* mexer; *(emotionally)* comover. ◆ *vi (shift)* mover-se; *(get out of the way)* desviar-se; *(house)* mudar de casa; **to make a ~** *(leave)* ir embora. ❑ **move along** *vi* avançar. ❑ **move in** *vi (to house)* mudar-se para. ❑ **move off** *vi (train, car)* partir. ❑ **move on** *vi (after stopping)* voltar a partir. ❑ **move out** *vi (from house)* mudar-se de. ❑ **move over** *vi* chegar para lá/cá. ❑ **move up** *vi* chegar para lá/cá.

movement ['muːvmənt] *n* movimento *m*.

movie ['muːvɪ] *n* filme *m*.

movie theater *n Am* cinema *m*.

moving ['muːvɪŋ] *adj (emotionally)* comovente.

mow [məʊ] *vt*: **to ~ the lawn** cortar a grama.

Mr. ['mɪstər] *abbr* Sr.

Mrs. ['mɪsəz] *abbr* Sra.

Ms. [mɪz] *abbr* título que evita que se faça uma distinção entre mulheres casadas e solteiras.

M.S. *(abbr)* = Master of Science.

much [mʌtʃ] *(compar* **more,** *superl* **most)** *adj* muito(ta); **I don't have ~** não tenho muito dinheiro; **as ~ food as you can eat** tanta comida quanto você conseguir comer; **how**

~ time is left? quanto tempo falta?; **they have so ~ money** eles têm tanto dinheiro; **we have too ~ food** temos comida demais.

◆ *adv* - 1. *(to a great extent)* muito; **he is ~ happier** ele está muito mais feliz; **it's ~ better** é muito melhor; **he's ~ too good** ele é bom demais; **I like it very ~** gosto muitíssimo; **thank you very ~** muito obrigado.

- 2. *(often)* muitas vezes; **we don't go there ~** não vamos lá muitas vezes.

◆ *pron* muito; **I don't have ~** não tenho muito; **as ~ as you like** tanto quanto (você) queira; **how ~ is it?** quanto é?; **you've got so ~** você tem tanto; **you've got too ~** você tem demais.

muck [mʌk] *n (dirt)* porcaria *f*. ❑ **muck up** *vt sep Brit inf* estragar.

mud [mʌd] *n* lama *f*.

muddle ['mʌdl] *n*: **to be in a ~** *(confused)* estar confuso (sa); *(in a mess)* estar em desordem.

muddy ['mʌdɪ] *adj* lamacento(ta).

mud flap *n Am* pára-lama *m*.

muesli ['mjuːzlɪ] *n* granola *f*.

muffin ['mʌfɪn] *n (cake)* bolinho redondo e chato.

muffler ['mʌflər] *n Am (on a car)* silenciador *m*.

mug [mʌg] *n (cup)* caneca *f*. ◆ *vt* assaltar.

mugging ['mʌgɪŋ] n assalto m (a pessoa).

muggy ['mʌgɪ] adj abafado(da).

mule [mju:l] n mula f.

multicolored ['mʌltɪˌkʌlərd] adj multicor.

multimedia ['mʌltɪˌmi:djə] adj multimídia.

multiple ['mʌltɪpl] adj múltiplo(pla).

multiplication [ˌmʌltɪplɪ'keɪʃn] n multiplicação f.

multiply ['mʌltɪplaɪ] vt multiplicar. ◆ vi multiplicar-se.

multivitamin [Am 'mʌltɪˌvaɪtəmɪn, Br 'mʌltɪvɪtəmɪn] n complexo m de vitaminas.

mum [mʌm] n Brit inf mamãe f.

mumps [mʌmps] n caxumba f.

munch [mʌntʃ] vt mastigar.

municipal [mjʊ'nɪsɪpl] adj municipal.

mural ['mjʊərəl] n mural m.

murder ['mɜːrdər] n assassínio m, assassinato m. ◆ vt assassinar.

murderer ['mɜːrdərər] n assassino m, -na f.

muscle ['mʌsl] n músculo m.

museum [mjʊ'zi:əm] n museu m.

mushroom ['mʌʃruːm] n cogumelo m.

music ['mjuːzɪk] n música f.

musical ['mjuːzɪkl] adj (connected with music) musical; (person) com ouvido para a música. ◆ n musical m.

musician [mjuː'zɪʃn] n músico m, -ca f.

Muslim ['mʊzlɪm] adj muçulmano(na). ◆ n muçulmano m, -na f.

mussels ['mʌslz] npl mexilhões mpl.

must [mʌst] aux vb (expressing obligation) ter de; (expressing certainty) dever. ◆ n inf: **it's a** ~ é imprescindível; **I** ~ **go** tenho de ir; **the room** ~ **be vacated by ten** o quarto tem de ser desocupado antes das dez; **you** ~ **have seen it** você deve ter visto; **you** ~ **see that movie** você tem de ver aquele filme; **you** ~ **be joking!** você deve estar brincando!

mustache ['mʌstæʃ] Am bigode m.

mustard ['mʌstərd] n mostarda f.

mustn't ['mʌsnt] = must not.

mutter ['mʌtər] vt murmurar.

mutton ['mʌtn] n carne f de carneiro.

mutual ['mjuːtʃʊəl] adj mútuo(tua).

muzzle ['mʌzl] n (for dog) focinheira f.

my [maɪ] adj meu (minha); ~ **books** os meus livros.

myself [maɪ'self] pron (reflexive) me; (after prep) mim; **I did it** ~ eu mesmo o fiz; **I hurt** ~ machuquei-me.

mysterious [mɪ'stɪərɪəs] adj misterioso(osa).

mystery ['mɪstərɪ] n mistério m.

myth [mɪθ] n mito m.

N

N *(abbr of north)* N.

nag [næg] *vt* apoquentar.

nail [neɪl] *n (of finger, toe)* unha *f*; *(metal)* prego *m*. ◆ *vt (fasten)* pregar.

nailbrush ['neɪlbrʌʃ] *n* escova *f* de unhas.

nail file *n* lixa *f* de unhas.

nail polish *n* esmalte *m*.

naive [naɪ'iːv] *adj* ingênuo (nua).

naked ['neɪkəd] *adj (person)* nu (nua).

name [neɪm] *n* nome *m*. ◆ *vt (person, place, animal)* chamar; *(date, price)* fixar; **first** ~ nome próprio OR de batismo; **last** ~ sobrenome; **what's your** ~? como você se chama?; **my** ~ **is** ... o meu nome é ...

namely ['neɪmlɪ] *adv* isto é, a saber.

nanny ['nænɪ] *n (babysitter)* babá *f*.

nap [næp] *n* soneca *f*; **to take a** ~ tirar uma soneca.

napkin ['næpkɪn] *n* guardanapo *m*.

narcotic [nɑːˈkɒtɪk] *n* narcótico *m*.

narrow ['næroʊ] *adj (road, gap)* estreito(ta). ◆ *vi* estreitar.

narrow-minded [-ˈmaɪndəd] *adj* tacanho(nha), de idéias curtas.

nasty ['næstɪ] *adj (person)* mau (má); *(comment)* maldoso(osa); *(accident, fall)* grave; *(unpleasant)* desagradável.

nation ['neɪʃn] *n* nação *f*.

national ['næʃnəl] *adj* nacional. ◆ *n* natural *mf (de um país)*.

nationality [ˌnæʃə'næləti] *n* nacionalidade *f*.

national park *n* parque *m* nacional.

NATIONAL PARK

Grandes áreas rurais, protegidas devido a sua beleza natural, os parques nacionais da Grã-Bretanha e dos Estados Unidos são abertos ao público. Alguns dos parques nacionais britânicos mais conhecidos são Snowdonia, Lake District e Peak District; nos Estados Unidos, os mais famosos são Yellowstone e Yosemite.

nationwide ['neɪʃənwaɪd] *adj* de âmbito nacional.

native ['neɪtɪv] *adj (country)* natal; *(customs, population)* nativo (va). ◆ *n* natural *mf*.

NATIVE AMERICAN

Antes da chegada dos europeus, os Estados Unidos eram povoados por tribos com língua e costumes próprios.

Entre os séculos XVII e XIX, muitos índios morreram em combate com os colonizadores ou de doenças trazidas por eles. Outros tiveram que viver em reservas. No século XX, esses grupos étnicos adquiriram mais direitos.

natural ['nætʃrəl] *adj (ability, charm)* natural; *(swimmer, actor)* nato(ta).

naturally ['nætʃrəli] *adv (of course)* naturalmente.

nature ['neɪtʃər] *n* natureza *f*.

nature reserve *n* reserva *f* natural.

naughty ['nɔːtɪ] *adj (child)* travesso(a).

nausea ['nɔːzjə] *n* enjôo *m*, náusea *f*.

navigate ['nævɪgeɪt] *vi (in boat)* navegar; *(in plane)* calcular a rota; *(in car)* ir como navegador.

navy ['neɪvɪ] *n (ships)* marinha *f*. ◆ *adj:* ~ **(blue)** azul-marinho *(inv)*.

near [nɪər] *adv* perto. ◆ *adj* próximo(ma). ◆ *prep:* ~ **(to)** *(edge, object, place)* perto de; **in the** ~ **future** num futuro próximo, em breve.

nearby [nɪər'baɪ] *adv* perto. ◆ *adj* próximo(ma).

nearly ['nɪəlɪ] *adv* quase.

nearsighted ['nɪərsaɪtəd] *adj Am* míope.

neat [niːt] *adj (room)* arrumado(da); *(writing, work)* capricha-

do(da); *(whiskey, vodka etc.)* puro(ra); *Am (very good)* ótimo.

neatly ['niːtlɪ] *adv* cuidadosamente.

necessarily [,nesə'serɪlɪ] *adv* necessariamente; **not** ~ não necessariamente.

necessary ['nesəserɪ] *adj* necessário(ria); **it is** ~ **to do it** é necessário fazê-lo.

necessity [nɪ'sesətɪ] *n* necessidade *f.* ❑**necessities** *npl* artigos *mpl* de primeira necessidade.

neck [nek] *n (of person, animal)* pescoço *m; (of sweater)* gola *f; (of shirt)* colarinho *m; (of dress)* decote *m.*

necklace ['nekləs] *n* colar *m.*

nectarine ['nektəriːn] *n* nectarina *f.*

need [niːd] *n* necessidade *f.* ◆ *vt* precisar de, necessitar de; **to** ~ **to do sthg** precisar fazer algo.

needle ['niːdl] *n* agulha *f.*

needn't ['niːdnt] = **need not.**

needy ['niːdɪ] *adj* necessitado(da), com necessidades.

negative ['negətɪv] *adj* negativo(va). ◆ *n (in photography)* negativo *m; GRAMM* negativa *f.*

neglect [nɪ'glekt] *vt* não prestar atenção a.

negligence ['neglɪdʒəns] *n* negligência *f.*

negotiations [nɪ,gəʊʃɪ'eɪʃnz] *npl* negociações *fpl.*

neighbor ['neɪbər] *n Am* vizinho *m,* -nha *f.*

neighborhood [ˈneɪbərhʊd] n vizinhança f.

neighboring [ˈneɪbərɪŋ] adj vizinho(nha).

neighbour [ˈneɪbəʳ] Brit = neighbor.

neither [ˈniːðər, ˈnaɪðər] adj: ~ bag is big enough nenhuma das bolsas é suficientemente grande. ◆ pron: ~ one of us nenhum m, -ma f de nós. ◆ conj: ~ do I nem eu; ~ ... nor nem ... nem.

neon light [ˈniːɒn-] n luz f de néon.

nephew [ˈnefjuː] n sobrinho m.

nerve [nɜːrv] n (in body) nervo m; (courage) ousadia f; he has some ~! que descaramento!

nervous [ˈnɜːrvəs] adj nervoso(osa).

nervous breakdown n esgotamento m nervoso.

nest [nest] n ninho m.

net [net] n rede f. ◆ adj líquido (da).

nettle [ˈnetl] n urtiga f.

network [ˈnetwɜːrk] n rede f.

neurotic [ˌnʊˈrɒtɪk] adj neurótico(ca).

neutral [ˈnuːtrəl] adj neutro (tra). ◆ n AUT: in ~ em ponto morto.

never [ˈnevər] adv nunca; she's ~ late ela nunca chega tarde; ~ mind! não faz mal!

nevertheless [ˌnevərðəˈles] adv contudo, todavia.

new [nuː] adj novo (nova).

news [nuːz] n notícias fpl; (on TV) telejornal m; a piece of ~ uma notícia.

newspaper [ˈnuːzˌpeɪpər] n jornal m.

newsstand [ˈnuːzstænd] n Am jornaleiro m.

New Year n Ano m Novo.

New Year's Day n dia m de Ano Novo.

New Year's Eve n véspera f de Ano Novo.

New Zealand [-ˈziːlənd] n Nova Zelândia f.

next [nekst] adj próximo(ma); (room, house) do lado. ◆ adv (afterward) depois, em seguida; (on next occasion) da próxima vez; when does the ~ bus leave? a que horas sai o próximo ônibus?; ~ month/year o mês/ano que vem; ~ to (by the side of) ao lado de; the week after ~ daqui a duas semanas.

next door adv ao lado; the house/people ~ a casa/os vizinhos do lado.

next of kin [-kɪn] n parente m mais próximo, parente f mais próxima.

nibble [ˈnɪbl] vt mordiscar.

nice [naɪs] adj (pleasant) agradável; (pretty) bonito(ta); (kind) amável, simpático(ca); to have a ~ time divertir-se; ~ to see you! prazer em vê-lo!

nickel [ˈnɪkl] n (metal) níquel m; Am (coin) moeda de cinco centavos de um dólar.

nickname [ˈnɪkneɪm] n apelido m.

niece [ni:s] n sobrinha f.

night [naɪt] n noite f; **at ~** à noite; **by ~** de noite; **last ~** ontem à noite.

nightclub ['naɪtklʌb] n boate f.

nightgown ['naɪtgaʊn] n camisola f.

nightlife ['naɪtlaɪf] n vida f noturna.

nightly ['naɪtlɪ] adv todas as noites.

nightmare ['naɪtmeər] n pesadelo m.

nil [nɪl] n SPORT zero m.

nine [naɪn] num nove → **six.**

nineteen [,naɪn'ti:n] num dezenove; **~ ninety-seven** mil novecentos e noventa e sete → **six.**

nineteenth [,naɪn'ti:nθ] num décimo nono (décima nona) → **sixth.**

ninetieth ['naɪntɪəθ] num nonagésimo(ma) → **sixth.**

ninety ['naɪntɪ] num noventa → **six.**

ninth [naɪnθ] num nono(na) → **sixth.**

nip [nɪp] vt (pinch) beliscar.

nipple ['nɪpl] n (of breast) bico m do peito, mamilo m; (of bottle) bico m.

nitrogen ['naɪtrədʒən] n nitrogênio m.

no [nəʊ] adv não. ◆ adj nenhum(ma), algum(ma). ◆ n não m; **I have ~ money left** não tenho mais um tostão; **it is of ~ interest** não interessa.

noble ['nəʊbl] adj nobre.

nobody ['nəʊbədɪ] pron ninguém.

nod [nɒd] vi (in agreement) dizer que sim com a cabeça.

noise [nɔɪz] n barulho m, ruído m.

noisy ['nɔɪzɪ] adj barulhento (ta), ruidoso(osa).

nominate ['nɒmɪneɪt] vt nomear.

none [nʌn] pron nenhum m, -ma f; **there's ~ left** não resta nada.

nonetheless [,nʌnðə'les] adv todavia, contudo.

non-fiction n literatura f não ficcional.

nonsense ['nɒnsəns] n (stupid words) disparates mpl ; (foolish behavior) disparate m.

non-smoker n não-fumante mf.

non-stop adj (talking, arguing) constante; (flight) direto(ta). ◆ adv sem parar.

noodles ['nu:dlz] npl miojo m.

noon [nu:n] n meio-dia m.

no one = **nobody.**

nor [nɔ:r] conj nem; **~ do I** nem eu → **neither.**

normal ['nɔ:rml] adj normal.

normally ['nɔ:rməlɪ] adv normalmente.

north [nɔ:rθ] n norte m. ◆ adj norte. ◆ adv (be situated) a norte; (fly, walk) para norte; **in the ~ of the country** no norte do país.

North America n a América do Norte.

northeast [ˌnɔːrˈθiːst] *n* nordeste *m*.

northern [ˈnɔːrðərn] *adj* do norte.

Northern Ireland *n* Irlanda *f* do Norte.

northward [ˈnɔːrθwərd] *adv* em direção ao norte, para norte.

northwest [ˌnɔːrθˈwest] *n* noroeste *m*.

nose [nəʊz] *n* nariz *m*; *(of animal)* focinho *m*.

nosebleed [ˈnəʊzbliːd] *n:* **to have a ~** perder sangue pelo nariz.

nostril [ˈnɒstrəl] *n* narina *f*.

nosy [ˈnəʊzɪ] *adj* bisbilhoteiro (ra).

not [nɒt] *adv* não; **she's ~ there** ela não está lá; **~ yet** ainda não; **~ at all** *(answer)* de nada.

notably [ˈnəʊtəblɪ] *adv* especialmente.

note [nəʊt] *n* nota *f*; *(message)* recado *m*. ◆ *vt (notice)* notar; *(write down)* anotar; **to take ~s** fazer anotações.

notebook [ˈnəʊtbʊk] *n* caderno *m*, bloco *m* de anotações.

noted [ˈnəʊtəd] *adj* famoso (osa).

notepaper [ˈnəʊtpeɪpər] *n* papel *m* de carta.

nothing [ˈnʌθɪŋ] *pron* nada; **he did ~** ele não fez nada; **~ new/interesting** nada de novo/interessante; **for ~** *(for free)* de graça; *(in vain)* para nada.

notice [ˈnəʊtəs] *vt* notar. ◆ *n* aviso *m*; **to take ~ of** prestar

atenção a; **to give ~** pedir demissão.

noticeable [ˈnəʊtəsəbl] *adj* visível.

notion [ˈnəʊʃn] *n* noção *f*.

notorious [nəʊˈtɔːrɪəs] *adj* notório(ria).

nougat [ˈnuːgət] *n* torrone *m*.

noun [naʊn] *n* substantivo *m*.

nourishment [ˈnɜːrɪʃmənt] *n* alimento *m*.

novel [ˈnɒvl] *n* romance *m*. ◆ *adj* original.

novelist [ˈnɒvələst] *n* romancista *mf*.

November [nəˈvembər] *n* novembro *m* → **September.**

now [naʊ] *adv* agora. ◆ *conj:* **~ (that)** agora que; **by ~** já; **from ~ on** de agora em diante; **just ~** *(a moment ago)* agora mesmo; *(at the moment)* neste momento; **right ~** *(at the moment)* neste momento; *(immediately)* já, agora mesmo.

nowadays [ˈnaʊədeɪz] *adv* hoje em dia.

nowhere [ˈnəʊweər] *adv* em parte alguma.

nozzle [ˈnɒzl] *n* agulheta *f*.

nuclear [ˈnuːklɪər] *adj* nuclear.

nude [njuːd] *adj* nu (nua).

nudge [nʌdʒ] *vt* cutucar.

nuisance [ˈnuːsns] *n:* **it's a real ~!** é uma chatice!; **he's such a ~!** ele é um chato!

numb [nʌm] *adj (leg, arm)* dormente; *(with shock, fear)* atônito (ta).

number [ˈnʌmbər] *n* número

m. ◆ *vt (give number to)* numerar.

numeral ['nu:mrəl] *n* numeral *m*, algarismo *m*.

numerous ['nu:mərəs] *adj* inúmeros(ras).

nun [nʌn] *n* freira *f*.

nurse [nɜːs] *n* enfermeiro *m*, -ra *f.* ◆ *vt (look after)* tomar conta de.

nursery ['nɜːsərɪ] *n (for plants)* viveiro *m* para plantas; *(in house)* quarto *m* de criança.

nursery school *n* escola *f* maternal.

nursing ['nɜːsɪŋ] *n (profession)* enfermagem *f.*

nut [nʌt] *n (to eat)* fruto *m* seco *(noz, avelã etc.)*; *(of metal)* porca *f* *(de parafuso).*

nutcrackers ['nʌt,krækəz] *npl* quebra-nozes *m inv.*

nutmeg ['nʌtmeg] *n* noz-moscada *f.*

nylon ['naɪlɒn] *n* nylon *m.* ◆ *adj* de nylon.

O *n (zero)* zero *m.*

oak [əʊk] *n* carvalho *m.* ◆ *adj* de carvalho.

oar [ɔːr] *n* remo *m.*

oath [əʊθ] *n (promise)* juramento *m.*

oatmeal ['əʊtmiːl] *n* flocos *mpl* de aveia.

oats [əʊts] *npl* aveia *f.*

obedient [ə'biːdjənt] *adj* obediente.

obey [ə'beɪ] *vt* obedecer a.

object [*n* 'ɒbdʒɪkt, *vb* əb'dʒekt] *n (thing)* objeto *m;* *(purpose)* objetivo *m;* GRAMM objeto, complemento *m.* ◆ *vi:* to ~ (to) opor-se (a).

objection [əb'dʒekʃn] *n* objeção *f.*

objective [əb'dʒektɪv] *n* objetivo *m.*

obligation [,ɒblɪ'geɪʃn] *n* obrigação *f.*

obligatory [ə'blɪgətəːrɪ] *adj* obrigatório(ria).

oblige [ə'blaɪdʒ] *vt:* to ~ sb to do sthg obrigar alguém a fazer algo.

oblique [ə'bliːk] *adj* oblíquo (qua).

oblong ['ɒblɒŋ] *adj* retangular. ◆ *n* retângulo *m.*

obnoxious [əb'nɒkʃəs] *adj* horroroso(osa).

oboe ['əʊbəʊ] *n* oboé *m.*

obscene [əb'siːn] *adj* obsceno(na).

obscure [əb'skjʊər] *adj (difficult to understand)* obscuro(ra); *(not well-known)* desconhecido(da).

observant [əb'zɜːvnt] *adj* observador(ra).

observation [,ɒbzər'veɪʃn] *n* observação *f.*

observatory [əb'zɜːrvətɔːrɪ] *n* observatório *m.*

observe [əb'zɜːrv] *vt (watch, see)* observar.

obsessed [əb'sest] adj obcecado(da).

obsession [əb'seʃn] n obsessão f.

obsolete ['ɒbsəli:t] adj obsoleto(ta).

obstacle ['ɒbstəkl] n obstáculo m.

obstinate ['ɒbstənət] adj teimoso(osa).

obstruct [əb'strʌkt] vt (road, path) obstruir.

obstruction [əb'strʌkʃn] n (in road, path) obstrução f.

obtain [əb'teɪn] vt obter.

obtainable [əb'teɪnəbl] adj que se pode obter.

obvious ['ɒbvɪəs] adj óbvio (via).

obviously ['ɒbvɪəslɪ] adv evidentemente.

occasion [ə'keɪʒn] n ocasião f.

occasional [ə'keɪʒnəl] adj ocasional, esporádico(ca).

occasionally [ə'keɪʒnəlɪ] adv de vez em quando.

occupant ['ɒkjəpənt] n (of house) inquilino m, -na f, ocupante mf; (of car, plane) ocupante.

occupation [,ɒkjə'peɪʃn] n (job) ocupação f; (pastime) passatempo m.

occupied ['ɒkjəpaɪd] adj (toilet) ocupado(da).

occupy ['ɒkjəpaɪ] vt ocupar.

occur [ə'kɜːr] vi ocorrer.

occurrence [ə'kʌrəns] n ocorrência f.

ocean ['əʊʃn] n oceano m; the

~ Am (sea) o oceano, o mar.

o'clock [ə'klɒk] adv: it's one ~ é uma hora; it's seven ~ são sete horas; at nine ~ às nove horas.

October [ɒk'təʊbər] n outubro → September.

octopus ['ɒktəpəs] n polvo m.

odd [ɒd] adj (strange) estranho (nha); (number) ímpar; (not matching) sem par; (occasional) ocasional; 60 ~ miles umas 60 milhas; ~ jobs biscates mpl.

odds [ɒdz] npl (in betting) apostas fpl; (chances) probabilidades fpl; ~ and ends miudezas fpl.

odor ['əʊdər] n Am odor m.

odour ['əʊdər] Brit = **odor**.

of [ɒv] prep -1. (belonging to) de; the color ~ the car a cor do carro.
-2. (expressing amount) de; a piece ~ cake uma fatia de bolo; a fall ~ 20% uma queda de 20%; lots ~ people muita gente.
-3. (containing, made from) de; a glass ~ beer um copo de cerveja; a house ~ stone uma casa de pedra; it's made ~ wood é de madeira.
-4. (regarding, relating to, indicating cause) de; fear ~ spiders medo de aranhas; he died ~ cancer ele morreu de câncer.
-5. (referring to time) de; the summer ~ 1969 o verão de 1969; the 26th ~ August o 26 de agosto.
-6. (with cities, countries) de; the city ~ San Francisco a cidade de São Francisco.

- **7.** *(on the part of)* de; **that was very kind ~ you** foi muito amável da sua parte.
- **8.** *Am (in telling the time)* menos, para; **it's ten ~ four** são dez para as quatro.

off [ɒf] *adv* - **1.** *(away)*: **to drive/ walk ~** ir-se embora; **to get ~** *(from bus, train etc.)* descer; **we're ~ to Austria next week** vamos para a Áustria na próxima semana.

- **2.** *(expressing removal)*: **to take sthg ~** tirar algo.
- **3.** *(so as to stop working)*: **to turn sthg ~** *(TV, radio, engine)* desligar algo; *(tap)* fechar algo.
- **4.** *(expressing distance or time away)*: **it's a long way ~** *(in distance)* é muito longe; *(in time)* ainda falta muito; **it's two months ~** é daqui a dois meses.
- **5.** *(not at work)* de folga; **I'm taking a week ~** vou tirar uma semana de férias.

◆ *prep* - **1.** *(away from)*: **to get ~ sthg** descer de algo; **~ the coast** ao largo da costa; **just ~ the main road** perto da estrada principal.

- **2.** *(indicating removal)*: **take the lid ~ the jar** tire a tampa do frasco; **we'll take $20 ~ the price** descontaremos 20 dólares do preço.
- **3.** *(absent from)*: **to be ~ work** não estar trabalhando.
- **4.** *inf (from)* a; **I bought it ~ her** eu comprei isto dela.

◆ *adj* - **1.** *(TV, radio, light)* apagado(da), desligado(da); *(tap)* fechado(da); *(engine)* desligado (da).

- **2.** *(cancelled)* cancelado(da).

offence [ə'fens] *Brit* = **offense.**

offend [ə'fend] *vt (upset)* ofender.

offender [ə'fendər] *n* infrator *m*, -ra *f*, transgressor *m*, -ra *f*.

offense [ə'fens] *n Am (crime)* infração *f*, delito *m*; *(upset)* ofensa *f*.

offensive [ə'fensɪv] *adj (insulting)* ofensivo(va).

offer ['ɒfər] *n* oferta *f*. ◆ *vt* oferecer; **on ~** *(available)* à venda; *(reduced)* em oferta; **to ~ to do sthg** oferecer-se para fazer algo; **to ~ sb sthg** oferecer algo a alguém.

office ['ɒfɪs] *n (room)* escritório *m*; *Am (building)* edifício *m* de escritórios.

officer ['ɒfəsər] *n MIL* oficial *mf*; *(policeman)* polícia *mf*.

official [ə'fɪʃl] *adj* oficial. ◆ *n* funcionário *m*, -ria *f*.

officially [ə'fɪʃəlɪ] *adv* oficialmente.

off-season *n* temporada *f* baixa.

offshore ['ɒfʃɔːr] *adj (wind)* costeiro(ra); *(oil production)* no alto mar.

off-the-rack *adj Am* pronto (ta) para vestir.

often ['ɒfn, 'ɒftn] *adv* muitas vezes, freqüentemente; **how ~ do the buses run?** qual é a freqüência dos ônibus?; **every so ~** de vez em quando.

oh [əʊ] *excl* oh!

oil [ɔɪl] *n* óleo *m*; *(fuel)* petróleo *m*.

oil filter *n* filtro *m* do óleo.

oil rig *n* plataforma *f* petrolífera.

oily ['ɔɪlɪ] *adj (cloth, hands)* oleoso(osa); *(food)* gorduroso (osa).

ointment ['ɔɪntmənt] *n* pomada *f*, ungüento *m*.

OK [,əʊ'keɪ] *adj inf* bom (boa).
♦ *adv inf* bem; **is everything ~?** está tudo bem?; **is that ~?** pode ser?, você concorda?; **the movie was ~** achei o filme mais ou menos.

okay [,əʊ'keɪ] = **OK**.

old [əʊld] *adj* velho(lha); *(former)* antigo(ga); **how ~ are you?** quantos anos você tem?; **I'm 16 years ~** tenho 16 anos; **to get ~** envelhecer.

old age *n* velhice *f*.

olive ['ɒlɪv] *n* azeitona *f*.

olive oil *n* azeite *m*.

Olympic Games [ə'lɪmpɪk-] *npl* Jogos *mpl* Olímpicos.

omelette ['ɒmlɪt] *n* omelete *f*; **mushroom ~** omelete de cogumelos.

ominous ['ɒmɪnəs] *adj (silence, clouds)* ameaçador(ra); *(event, sign)* de mau agouro.

omit [ə'mɪt] *vt* omitir.

on [ɒn] *prep* - **1.** *(expressing position, location)* em, sobre; **it's ~ the table** está na mesa, está sobre a mesa; **put it ~ the table** ponha-o na OR sobre a mesa; **~**

my right à minha direita; **~ the right** à direita; **a picture ~ the wall** um quadro na parede; **the exhaust ~ the car** o cano de descarga do carro; **we stayed ~ a farm** ficamos numa fazenda.
- **2.** *(with forms of transportation):* **~ the plane** no avião; **to get ~ a bus** subir num ônibus.
- **3.** *(expressing means, method)* em; **~ foot** a pé; **~ the radio** no rádio; **~ TV** na televisão; **paid ~ an hourly basis** pago por hora.
- **4.** *(using)* a; **it runs ~ unleaded gas** funciona com gasolina sem chumbo; **to be ~ drugs** drogar-se; **to be ~ medication** estar tomando medicamentos.
- **5.** *(about)* sobre; **a book ~ Germany** um livro sobre a Alemanha.
- **6.** *(expressing time):* **~ arrival** ao chegar; **~ Tuesday** na terça-feira; **~ August 25th** no dia 25 de agosto.
- **7.** *(with regard to)* em, sobre; **a tax ~ imports** um imposto sobre as importações; **the effect ~ the country** o impacto no país.
- **8.** *(describing activity, state):* **~ vacation** de férias; **~ sale** à venda.
- **9.** *(in phrases):* **do you have any money ~ you?** *inf* você tem dinheiro?; **the drinks are ~ me** as bebidas são por minha conta.
♦ *adv* - **1.** *(in place, covering):* **to put one's clothes ~** vestir-se; **to put the lid ~** tapar.

- **2.** *(movie, play, programme)*: **the news is** ~ está passando o telejornal; **what's** ~ **at the movies?** o que é que está passando no cinema?
- **3.** *(with transportation)*: **to get** ~ subir.
- **4.** *(functioning)*: **to turn sthg** ~ *(TV, radio, light)* ligar OR acender algo; *(tap)* abrir algo; *(engine)* pôr algo para trabalhar.
- **5.** *(taking place)*: **how long is the festival** ~ **?** quanto tempo dura o festival?; **the game is already** ~ o jogo já começou.
- **6.** *(farther forward)*: **to drive** ~ continuar a dirigir.
- **7.** *(in phrases)*: **I already have something** ~ **tonight** já tenho planos para esta noite.
  ◆ *adj (TV, radio, light)* ligado(da), aceso(sa); *(faucet)* aberto(ta); *(engine)* funcionando.

once [wʌns] *adv (one time)* uma vez; *(in the past)* uma vez, no passado. ◆ *conj* quando, assim que; **at** ~ *(immediately)* imediatamente; *(at the same time)* ao mesmo tempo; **for** ~ pelo menos uma vez; ~ **more** *(one more time)* mais uma vez; *(again)* outra vez.

oncoming ['ɒnkʌmɪŋ] *adj (traffic)* em sentido contrário.

one [wʌn] *num* um (uma). ◆ *adj (only)* único(ca). ◆ *pron (object, person)* um m, uma f; *(fml: you)* cada um; **thirty-**~ trinta e um; ~ **fifth** um quinto; **the green** ~ o verde; **I want a blue** ~ quero um azul; **that** ~ aquele m, aquela f, esse m, essa f; **this** ~ este m, esta f; **which** ~**?** qual?; **the**

~ **I told you about** aquele de que lhe falei; ~ **of my friends** um dos meus amigos; ~ **day** um dia.

oneself [wʌn'self] *pron (reflexive)* se; *(after prep)* si mesmo, si própria OR mesma.

one-way *adj (street)* de sentido único; *(ticket)* de ida.

onion ['ʌnjən] *n* cebola f.

only ['əʊnlɪ] *adj* único(ca).
  ◆ *adv* só; **he's an** ~ **child** ele é filho único; **I** ~ **want one** só quero um; **we've** ~ **just arrived** acabamos de chegar; **'members** ~ **'** 'só para associados'; **not** ~ não só.

onto ['ɒntu:] *prep (with verbs of movement)* para (cima de); **to get** ~ **sb** *(telephone)* contatar alguém (pelo telefone).

onward ['ɒnwəd] *adv (forward)* para a frente, para diante; **from now** ~ daqui em diante; **from October** ~ de outubro em diante. ◆ *adj:* **the** ~ **journey** o resto da viagem.

opaque [əʊ'peɪk] *adj* opaco(ca).

open ['əʊpən] *adj* aberto(ta); *(honest)* franco(ca). ◆ *vt* abrir; *(start)* iniciar. ◆ *vi (door, window, lock)* abrir-se; *(store, office, bank)* abrir; *(start)* iniciar-se, começar; **are you** ~ **on the weekend?** está aberto no fim de semana?; **wide** ~ completamente aberto; **in the** ~ **air** ao ar livre. ❑ **open onto** *vt fus* dar para. ❑ **open up** *vi* abrir.

open-air *adj* ao ar livre.

opening ['əʊpənɪŋ] n abertura f; (opportunity) oportunidade f.

open-minded [-'maɪndəd] adj aberto(ta), sem preconceitos.

open-plan adj sem divisórias.

opera ['ɒprə] n ópera f.

opera house n teatro m de ópera.

operate ['ɒpəreɪt] vt (machine) trabalhar com. ◆ vi (work) funcionar; **to ~ on sb** operar alguém.

operating room ['ɒpəreɪtɪŋ-] n Am sala f de cirurgia.

operating theatre ['ɒpəreɪtɪŋ-] n Brit = **operating room**.

operation [ˌɒpə'reɪʃn] n operação f, cirurgia f; **to be in ~** (law, system) estar em vigor; **to have an ~** ser operado.

operator ['ɒpəreɪtər] n (on phone) telefonista mf.

opinion [ə'pɪnjən] n opinião f; **in my ~** na minha opinião.

opponent [ə'pəʊnənt] n adversário m, -ria f.

opportunity [ˌɒpə'tju:nətɪ] n oportunidade f.

oppose [ə'pəʊz] vt opor-se a.

opposed [ə'pəʊzd] adj: **to be ~ to** opor-se a.

opposite ['ɒpəzɪt] adj oposto (osta). ◆ prep em frente de, frente a. ◆ n: **the ~ (of)** o oposto (de), o contrário (de); **I live in the house ~** vivo na casa em frente.

opposition [ˌɒpə'zɪʃn] n (objec-

tions) oposição f; SPORT adversário m.

opt [ɒpt] vt: **to ~ to do sthg** optar por fazer algo.

optician [ɒp'tɪʃn] n oculista m.

optimist ['ɒptəmɪst] n otimista mf.

optimistic [ˌɒptə'mɪstɪk] adj otimista.

option ['ɒpʃn] n opção f.

optional ['ɒpʃnəl] adj facultativo(va).

or [ɔ:r] conj ou; (after negative) nem; (otherwise) senão; **I can't read ~ write** não sei ler nem escrever.

OR abbr = **operating room**.

oral ['ɔ:rəl] adj oral. ◆ n oral f.

orange ['ɒrɪndʒ] adj laranja inv. ◆ n (fruit) laranja f; (color) laranja m inv.

orange juice n suco m de laranja.

orbit ['ɔ:bət] n órbita f.

orchard ['ɔ:tʃərd] n pomar m.

orchestra ['ɔ:rkəstrə] n orquestra f.

ordeal [ɔ:r'di:l] n experiência f traumática.

order ['ɔ:rdər] n ordem f; (in restaurant) pedido m; COMM encomenda f. ◆ vt (command) mandar; (food, drink) pedir; COMM encomendar. ◆ vi (in restaurant) pedir; **in ~ to** para; **out of ~** (not working) quebrado(da); **in working ~** funcionando; **to ~ sb to do sthg** mandar alguém fazer algo.

ordinary ['ɔ:rdnərɪ] adj comum.

ore [ɔːr] n minério m.

oregano [ɒ'regənəʊ] n orégano m.

organ ['ɔːɡən] n órgão m.

organic [ɔːr'ɡænɪk] adj orgânico(ca).

organization [ˌɔːrɡənə'zeɪʃn] n organização f.

organize ['ɔːrɡənaɪz] vt organizar.

organizer ['ɔːrɡənaɪzər] n (person) organizador m, -ra f; (diary) agenda f.

orient ['ɔːrɪent] vt Am: to ~ o.s. orientar-se.

oriental [ˌɔːrɪ'entl] adj oriental.

origin ['ɒrɪdʒɪn] n origem f.

original [ə'rɪdʒənl] adj original.

originally [ə'rɪdʒənəlɪ] adv (formerly) inicialmente.

originate [ə'rɪdʒəneɪt] vi: to ~ (from) nascer (de).

ornament ['ɔːrnəmənt] n (object) peça f de decoração.

ornamental [ˌɔːrnə'mentl] adj decorativo(va).

ornate [ɔːr'neɪt] adj ornado(da).

orphan ['ɔːrfn] n órfão m, -fã f.

orthodox ['ɔːrθədɒks] adj ortodoxo(xa).

ostentatious [ˌɒsten'teɪʃəs] adj pretensioso(osa).

ostrich ['ɒstrɪtʃ] n avestruz f.

other ['ʌðər] adj outro(tra). ◆ adv: than exceto; **the ~ one** o outro (a outra); **the ~ day** no outro dia; **one after the ~** um depois do outro.

▢ **others** pron pl (additional ones) outros mpl, -tras fpl; **the ~ s** (remaining ones) os outros (as outras).

otherwise ['ʌðərwaɪz] adv (or else) senão; (apart from that) de resto; (differently) de outro modo.

otter ['ɒtər] n lontra f.

ought [ɔːt] aux vb dever; **you ~ to go** você devia ir; **you ~ to see a doctor** você devia ir ao médico; **the car ~ to be ready by Friday** o carro tem de estar pronto sexta-feira.

ounce [aʊns] n = 28,35 g, onça f.

our ['aʊər] adj nosso(a); **~ books** os nossos livros.

ours ['aʊərz] pron o nosso (a nossa); **a friend of ~** um amigo nosso; **these shoes are ~** estes sapatos são (os) nossos; **~ are here – where are yours?** os nossos estão aqui – onde estão os seus?

ourselves [aʊər'selvz] pron (reflexive) nos; (after prep) nós mpl mesmos OR próprios, nós fpl mesmas OR próprias; **we did it ~** nós mesmos OR próprios o fizemos; **we hurt ~** nós nos machucamos.

out [aʊt] adj (light, cigarette) apagado(da); (not in fashion) fora de moda; **cargo pants are so ~** as calças cargo estão tão fora de moda.

◆ adv - **1.** (outside) fora; **to get / go ~ (of)** sair (de); **it's cold ~ today** está frio lá fora hoje;

he looked ~ ele olhou para fora.

- **2.** *(not at home, work)* fora; **to be ~** não estar em casa; **to go ~** sair.

- **3.** *(so as to be extinguished):* **to turn sthg ~** apagar algo; **put your cigarette ~** apague o cigarro.

- **4.** *(expressing removal):* **to pour sthg ~** despejar algo, jogar algo fora; **to take money ~** *(from cashpoint)* retirar dinheiro; **to take sthg ~ (of)** tirar algo (de).

- **5.** *(outwards):* **to stick ~** sobressair.

- **6.** *(expressing distribution):* **to hand sthg ~** distribuir algo.

- **7.** *(in phrases):* **to get enjoyment ~ of sthg** divertir-se com algo; **stay ~ of the sun** não se exponha ao sol; **made ~ of wood** (feito) de madeira; **five ~ of ten women** cinco em cada dez mulheres; **I'm ~ of cigarettes** não tenho cigarros.

outbreak ['aʊtbreɪk] *n (of disease)* surto *m*; *(of violence)* deflagração *f*.

outburst ['aʊtbɜːrst] *n* explosão *f*.

outcome ['aʊtkʌm] *n* resultado *m*.

outdated [,aʊt'deɪtɪd] *adj* ultrapassado(da).

outdo [,aʊt'duː] *(pt* -**did**, *pp* -**done**) *vt* ultrapassar, vencer.

outdoor ['aʊtdɔːr] *adj (swimming pool, activities)* ao ar livre.

outdoors [aʊt'dɔːrz] *adv* ao ar livre.

outer ['aʊtər] *adj* exterior, externo(na).

outfit ['aʊtfɪt] *n (clothes)* roupa *f*.

outing ['aʊtɪŋ] *n* excursão *f*, saída *f*.

outlet ['aʊtlet] *n (pipe)* saída *f*; **'no ~'** *Am* '(rua) sem saída'.

outline ['aʊtlaɪn] *n (shape)* contorno *m*; *(description)* linhas *fpl* gerais, esboço *m*.

outlook ['aʊtlʊk] *n (for future)* perspectiva *f*; *(of weather)* previsão *f*; *(attitude)* atitude *f*.

out-of-date *adj (old-fashioned)* antiquado(da); *(passport, license)* expirado(da).

output ['aʊtpʊt] *n (of factory)* produção *f*; COMPUT *(printout)* cópia *f* impressa.

outrage ['aʊtreɪdʒ] *n (cruel act)* atrocidade *f*.

outrageous [aʊt'reɪdʒəs] *adj (shocking)* escandaloso(osa).

outright [,aʊt'raɪt] *adv (tell, deny)* categoricamente; *(own)* completamente, totalmente.

outside [*adv* ,aʊt'saɪd, *adj, prep* & *n* 'aʊtsaɪd] *adv* lá fora. ◆ *prep* fora de; *(in front of)* em frente de. ◆ *adj (exterior)* exterior; *(help, advice)* independente. ◆ *n*: **the ~** *(of building, car, container)* o exterior; AUT a faixa esquerda; **~ of** *Am (on the outside of)* fora de; *(apart from)* exceto; **let's go ~** vamos lá para fora; **an ~ line** uma linha externa.

outsize ['aʊtsaɪz] *adj (clothes)* extra grande.

outskirts ['aʊtskɜːrts] *npl* arredores *mpl*.

outstanding [ˌaʊt'stændɪŋ] adj
(remarkable) notável; (problem,
debt) pendente.

outward ['aʊtwəd] adj (journey) de ida; (external) exterior.
♦ adv para fora.

oval ['əʊvl] adj oval.

ovation [əʊ'veɪʃn] n ovação
f.

oven ['ʌvn] n forno m.

over ['əʊvər] prep -1. (above)
por cima de; **a bridge ~ the
road** uma ponte por cima da estrada.

-2. (across) por cima de; **with a
view ~ the square** com vista
sobre a praça; **to step ~ sthg**
passar por cima de algo.

-3. (covering) sobre; **put a plaster ~ the wound** ponha um
band-aid® na ferida.

-4. (more than) mais de; **it cost ~
$1,000** custou mais de 1.000 dó-
lares.

-5. (during) em; **~ the past two
years** nos últimos dois anos.

-6. (with regard to) sobre; **an argument ~ the price** uma discussão sobre o preço.

♦ adv -1. (downward): **to bend ~**
abaixar-se; **to fall ~** cair; **to
push sthg ~** empurrar algo.

-2. (referring to position, movement): **to fly ~ to Canada** ir ao
Canadá de avião; **~ here** aqui;
~ there ali.

-3. (around to other side): **to turn
sthg ~** virar algo.

-4. (more): **for children ~ 12
years old** para crianças com 12
anos ou mais.

-5. (remaining): **to be left ~** restar.

-6. (to one's house): **to invite sb
~ for dinner** convidar alguém
para jantar.

-7. (in phrases): **all ~ the world/
country** por todo o mundo/
país.

♦ adj (finished): **to be ~** acabar,
terminar; **it's (all) ~!** acabou-
se!

overall [adv əʊvər'ɔːl, n 'əʊ-
vərɔːl] adv (in general) no geral;
how much does it cost ~?
quanto custa ao todo? ❑ **overalls** npl Am (dungarees) jardineiras fpl; Brit (boiler suit) macacão
m.

overboard ['əʊvəbɔːrd] adv
(from ship) ao mar.

overbooked [ˌəʊvər'bʊkt] adj
(flight): **to be ~** ter mais reservas
que lugares.

overcame [ˌəʊvər'keɪm] pt →
overcome.

overcast [ˌəʊvər'kɑːst] adj en-
coberto(ta).

overcharge [ˌəʊvər'tʃɑːrdʒ] vt:
to ~ sb cobrar demais a OR de
alguém.

overcoat ['əʊvərkəʊt] n sobretudo m.

overcome [ˌəʊvər'kʌm] (pt
-came, pp -come) vt (defeat) vencer.

overcrowded [ˌəʊvər'kraʊ-
dəd] adj superlotado(da); (country) com excesso populacional.

overdo [ˌəʊvər'duː] (pt -did, pp
-done) vt (exaggerate) exagerar
em; **to ~ it** exagerar.

overdone [ˌəʊvərˈdʌn] pp →
overdo. ◆ adj (food) cozido(da)
demais.

overdose [ˈəʊvərdəʊs] n overdose f, dose f excessiva.

overdraft [ˈəʊvrdræft] n saldo
m negativo.

overdue [ˌəʊvərˈduː] adj atra-
sado(da).

over easy adj Am (egg) frito
(ta) dos dois lados.

overexposed [ˌəʊvərɪk-
ˈspəʊzd] adj (photograph) demasiado exposto(osta).

overflow [vb əʊvərˈfləʊ, n ˈəʊ-
vərfləʊ] vi transbordar. ◆ n (pipe)
cano m de descarga.

overgrown [ˌəʊvərˈgrəʊn] adj
coberto(ta) de ervas daninhas.

overhaul [ˌəʊvərˈhɔːl] n (of machine, car) revisão f.

overhead [adj ˈəʊvərhed, adv
ˌəʊvərˈhed] adj aéreo(rea). ◆ adv
no alto.

overhear [ˌəʊvərˈhɪər] (pt &
pp **-heard**) vt ouvir (casual-
mente).

overheat [ˌəʊvərˈhiːt] vi aquecer demais.

overland [ˈəʊvərlænd] adv por
terra.

overlap [ˌəʊvərˈlæp] vi sobrepor-
se.

overleaf [ˌəʊvərˈliːf] adv no
verso.

overload [ˌəʊvərˈləʊd] vt sobrecarregar.

overlook [vb ˌəʊvərˈlʊk, n
ˈəʊvərlʊk] vt (subj: building, room)
dar para; (miss) não reparar em.

overnight [adv ˌəʊvərˈnaɪt, adj
ˈəʊvərnaɪt] adv (during the night)
durante a noite. ◆ adj (train,
journey) noturno(na); **why
don't you stay ~ ?** por que
é que você não fica para
dormir?

overpowering [ˌəʊvərˈpaʊ-
ərɪŋ] adj intenso(sa).

oversaw [ˌəʊvərˈsɔː] pt → oversee.

overseas [adv ˌəʊvərˈsiːz, adj
ˈəʊvərsiːz] adv (go) para o estrangeiro; (live) no estrangeiro. ◆ adj
estrangeiro(ra); ~ **territories**
territórios mpl ultramarinos.

oversee [ˌəʊvərˈsiː] (pt **-saw**,
pp **-seen**) vt supervisionar.

oversight [ˈəʊvərsaɪt] n descuido m.

oversleep [ˌəʊvərˈsliːp] (pt &
pp **-slept**) vi dormir demais.

overtime [ˈəʊvərtaɪm] n horas
fpl extras.

overture [ˈəʊvərˌtjʊər] n MUS
abertura f.

overturn [ˌəʊvərˈtɜːrn] vi (boat)
virar; (car) capotar.

overweight [ˌəʊvərˈweɪt] adj
obeso(sa).

overwhelm [ˌəʊvərˈwelm] vt: **I
was ~ ed with joy** fiquei feliz da
vida.

owe [əʊ] vt dever; **to ~ sb sthg**
dever algo a alguém; **owing to**
devido a.

owl [aʊl] n mocho m, coruja
f.

own [əʊn] adj próprio(pria).
◆ vt possuir, ter. ◆ pron: **my** ~ o
meu (a minha); **a house of my**

~ uma casa só minha; **on my** ~ sozinho(nha); **to get one's** ~ **back** vingar-se. □ **own up** vi: **to** ~ **up (to sthg)** confessar (algo), admitir (algo).

owner ['əʊnər] n proprietário m, -ria f, dono m, -na f.

ownership ['əʊnərʃip] n posse f.

ox [ɒks] n boi m.

oxygen ['ɒksɪdʒən] n oxigênio m.

oyster ['ɔɪstər] n ostra f.

ozone-friendly ['əʊzəʊn-] adj não prejudicial à camada de ozônio.

P

p (abbr of page) pág.,p.

pace [peɪs] n (speed) ritmo m; (step) passo m.

pacemaker ['peɪs,meɪkər] n (for heart) marcapasso m.

Pacific [pə'sɪfɪk] n: **the** ~ **(Ocean)** o (Oceano) Pacífico.

pacifier ['pæsəfaɪər] n (for baby) chupeta f.

pacifist ['pæsəfəst] n pacifista mf.

pack [pæk] n (packet) pacote m; (of cigarettes) maço m; (of cards) baralho m; (backpack) mochila f. ◆ vt (suitcase, bag) arrumar; (clothes, camera etc.) guardar; (to package) empacotar. ◆ vi (for

journey) fazer as malas; **a** ~ **of lies** um monte de mentiras; **to** ~ **sthg into sthg** guardar algo em algo; **to** ~ **one's bags** fazer as malas. □ **pack up** vi (pack suitcase) fazer as malas; (tidy up) arrumar.

package ['pækɪdʒ] n pacote m. ◆ vt empacotar.

package tour n pacote m (de viagem).

packaging ['pækɪdʒɪŋ] n (material) embalagem f.

packed [pækt] adj (crowded) cheio (cheia).

packet ['pækət] n pacote m.

packing ['pækɪŋ] n (material) embalagem f; **to do one's** ~ fazer as malas.

pad [pæd] n (of paper) bloco m; (of cotton) chumaço m; (of cloth) almofada f; **elbow** ~ cotoveleira f; **knee** ~ joelheira f; **shin** ~ caneleira f.

padded ['pædəd] adj (jacket) acolchoado(da); (seat) almofadado(da).

paddle ['pædl] n (pole) remo m (pequeno). ◆ vi (wade) chapinhar, patinhar; (in canoe) remar.

paddock ['pædək] n (at racetrack) recinto nos hipódromos para onde são levados os cavalos antes das corridas.

padlock ['pædlɒk] n cadeado m.

page [peɪdʒ] n página f. ◆ vt chamar pelo pager; **'paging Mr. Hill'** 'chamando o Sr. Hill'.

paid [peɪd] pt & pp → **pay.** ◆ adj pago(ga).

pain [peɪn] *n* dor *f*; **to be in ~** estar com dores; **he's such a ~!** *inf* ele é um saco! □ **pains** *npl (trouble)* esforço *m*, trabalho *m*.

painful ['peɪnfl] *adj* doloroso(osa).

painkiller ['peɪnˌkɪlər] *n* analgésico *m*.

painless ['peɪnləs] *adj (operation, death)* indolor; *(unproblematic)* fácil.

paint [peɪnt] *n* tinta *f*. ◆ *vt & vi* pintar; **to ~ one's nails** pintar as unhas. □ **paints** *npl (tubes, pots etc.)* tintas *fpl*.

paintbrush ['peɪntbrʌʃ] *n (of painter)* broxa *f*; *(of artist)* pincel *m*.

painter ['peɪntər] *n* pintor *m*, -ra *f*.

painting ['peɪntɪŋ] *n (activity)* pintura *f*; *(picture)* quadro *m*.

pair [peər] *n (of two things)* par *m*; **in ~s** aos pares; **a ~ of pliers** um alicate; **a ~ of scissors** uma tesoura; **a ~ of shorts** uma calção; **a ~ of tights** uma meia-calça; **a ~ of trousers** uma calça.

pajamas [pə'dʒæməz] *npl* pijama *m*.

pal [pæl] *n inf* amigo *m*, -ga *f*.

palace ['pæləs] *n* palácio *m*.

palate ['pælət] *n* paladar *m*.

pale [peɪl] *adj* pálido(da).

palm [pɑːm] *n (of hand)* palma *f*; **~ (tree)** palmeira *f*.

pamphlet ['pæmflət] *n* folheto *m*.

pan [pæn] *n* panela *f*.

pancake ['pænkeɪk] *n* panqueca *f*.

panda ['pændə] *n* panda *m*.

pane [peɪn] *n* vidro *m*, vidraça *f*.

panel ['pænl] *n (of wood)* painel *m*; *(group of experts)* equipe *f*; *(on TV, radio)* bancada *f* de convidados.

paneling ['pænəlɪŋ] *n Am* painéis *mpl*.

panelling ['pænəlɪŋ] *Brit* = **paneling**.

panic ['pænɪk] *(pt & pp* **-ked,** *cont* **-king)** *n* pânico *m*. ◆ *vi* entrar em pânico.

panoramic [ˌpænə'ræmɪk] *adj* panorâmico(ca).

pant [pænt] *vi* arfar, ofegar.

panties ['pæntɪz] *npl inf* calcinha *f*.

pantry ['pæntrɪ] *n* despensa *f*.

pants [pænts] *npl Am (trousers)* calça *f*; *Brit (underwear)* cueca *f*.

pantyhose ['pæntɪ-] *npl* meia-calça *f*.

paper ['peɪpər] *n (material)* papel *m*; *(newspaper)* jornal *m*; *(essay)* ensaio *m*. ◆ *adj* de papel. ◆ *vt* decorar (com papel de parede); **a piece of ~** *(sheet)* uma folha de papel; *(scrap)* um pedaço de papel. □ **papers** *npl (documents)* papéis *mpl*, documentos *mpl*.

paperback ['peɪpərbæk] *n* brochura *f*.

paper clip *n* clipe *m*.

paper tissue *n* lenço *m* de papel.

paperweight ['peɪpəweɪt] n peso m (para papéis).

paprika [pə'priːkə] n páprica f.

par [paːr] n (in golf) par m.

parachute ['pærəʃuːt] n pára-quedas m.

paradise ['pærədaɪs] n fig paraíso m.

paraffin ['pærəfɪn] n parafina f.

paragraph ['pærəgræf] n parágrafo m.

parallel ['pærələl] adj: ~ (to) (lines) paralelo(la) (a).

paralysed ['pærəlaɪzd] Brit = paralyzed.

paralyzed ['pærəlaɪzd] adj Am paralisado(da), paralítico(ca).

paramedic [,pærə'medɪk] n paramédico m, -ca f.

paranoid ['pærənɔɪd] adj paranóico(ca).

parasite ['pærəsaɪt] n parasita m.

parasol ['pærəsɒl] n (above table) guarda-sol m; (on beach) barraca f de praia; (hand-held) sombrinha f.

parcel ['paːrsl] n embrulho m.

pardon ['paːrdn] excl: pardon? desculpe?, como?; ~ (me)! perdão!; I beg your ~! (apologizing) peço desculpas!; I beg your ~? (asking for repetition) desculpe?, como?

parent ['peərənt] n (father) pai m; (mother) mãe f; my ~s meus pais.

parish ['pærɪʃ] n (of church) paróquia f.

park [paːrk] n parque m. ◆ vt & vi (vehicle) estacionar.

park and ride n sistema que consiste em estacionar o carro nos arredores da cidade e apanhar o ônibus para o centro.

parking ['paːrkɪŋ] n estacionamento m.

parking lot n estacionamento m.

parking space n vaga f (para estacionar).

parking ticket n multa f (por estacionar em lugar proibido).

parliament ['paːrləmənt] n parlamento m.

parrot ['pærət] n papagaio m.

parsley ['paːrslɪ] n salsa f.

parsnip ['paːrsnɪp] n chirivia f, cenoura f branca.

part [paːrt] n (portion) parte f; (of machine, car) peça f; (in play, film) papel m; (of serial) episódio m; (in hair) risca f. ◆ adv em parte, parcialmente. ◆ vi (couple) separar-se; in this ~ of Brazil nesta parte do Brasil; to form ~ of fazer parte de; to play a ~ in desempenhar um papel em; to take ~ in tomar parte em; for my ~ quanto a mim; for the most ~ geralmente, em geral; in these ~s por aqui, por estas partes.

partial ['paːrʃl] adj (not whole) parcial; to be ~ to sthg ter uma certa predileção por algo.

participant [paːr'tɪsəpənt] n participante mf.

participate [paːr'tɪsəpeɪt] vi: to ~ (in sthg) participar (de algo).

particular [pər'tɪkjələr] adj especial; (fussy) esquisito(ta); **in ~** em particular; **nothing in ~** nada de especial. ❑ **particulars** npl (details) pormenores mpl, detalhes mpl.

particularly [pər'tɪkjələrlɪ] adv especialmente.

parting ['pɑːtɪŋ] n Brit (in hair) risca f.

partition [pɑːr'tɪʃn] n (wall) divisória f.

partly ['pɑːtlɪ] adv em parte.

partner ['pɑːtnər] n (husband) marido m; (wife) mulher f; (lover) companheiro m, -ra f; (in game, dance) parceiro m, -ra f; COMM sócio m, -cia f.

partnership ['pɑːtnərʃɪp] n sociedade f.

partridge ['pɑːtrɪdʒ] n perdiz f.

part-time [adj & adv em meio expediente OR período.

party ['pɑːtɪ] n (for fun) festa f; POL partido m; (group of people) turma m; **to have a ~** dar uma festa.

pass [pæs] vt passar; (move past) passar por; (law) aprovar. ◆ vi passar. ◆ n SPORT (document) passe m; (in mountain) desfiladeiro m, garganta f; (in exam) aprovação f; **to ~ sb sthg** passar algo a alguém. ❑ **pass away** vt fus (die) falecer. ❑ **pass by** ◆ vt fus (building, window etc) passar. ◆ vi passar. ❑ **pass on** vt sep (message) transmitir. ❑ **pass out** vi (faint) desmaiar. ❑ **pass up** vt sep (opportunity) deixar passar.

passable ['pæsəbl] adj (road)

transitável; (satisfactory) aceitável, satisfatório(ria).

passage ['pæsɪdʒ] n (corridor) passagem f, corredor m; (in book) passagem f, trecho m; (sea journey) travessia f.

passageway ['pæsɪdʒweɪ] n passagem f, corredor m.

passenger ['pæsɪndʒər] n passageiro m, -ra f.

passerby [,pæsər'baɪ] n transeunte mf, passante mf.

passion ['pæʃn] n paixão f.

passionate ['pæʃnət] adj (showing strong feeling) apaixonado(da); (sexually) ardente.

passive ['pæsɪv] n voz f passiva.

passport ['pæspɔːt] n passaporte m.

password ['pæswɜːd] n senha f.

past [pæst] adj passado(da); (former) antigo(ga). ◆ prep (further than) depois de; (in front of) em frente de. ◆ n (former time) passado m. ◆ adv: **to go ~** passar; **the ~ month** o mês passado; **twenty ~ four** quatro e vinte; **the ~ (tense)** GRAMM o passado; **in the ~** no passado.

pasta ['pɑːstə] n massa f.

paste [peɪst] n (spread) pasta f; (glue) cola f. ◆ vt COMPUT cortar e colar.

pastel [pæ'stel] n (for drawing) pastel m; (color) tom m pastel.

pasteurized ['pæstəraɪzd] adj pasteurizado(da).

pastille [pæstl] n Brit pastilha f.

pastime ['pɑːstaɪm] n passatempo m.

pastrami [pə'strɑːmɪ] n pastrami m.

pastry ['peɪstrɪ] n (for pie) massa f; (cake) torta f.

pasture ['pɑːstʃr] n pasto m, pastagem f.

pat [pæt] vt (dog, friend) dar um tapinha (afetuoso) em.

patch [pætʃ] n (for clothes) remendo m; (of color, damp) mancha f; (for skin) esparadrapo m; (for eye) pala f; **a bad ~ fig** um mau bocado.

patent ['peɪtnt] n patente f.

path [pæθ] n caminho m.

pathetic [pə'θetɪk] adj (pej: useless) patético(ca).

patience ['peɪʃns] n paciência f.

patient ['peɪʃnt] adj paciente. ◆ n doente mf, paciente mf.

patio ['pætɪəʊ] (pl -s) n pátio m.

patriotic [,peɪtrɪ'ɒtɪk] adj patriótico(ca).

patrol [pə'trəʊl] vt patrulhar. ◆ n (group) patrulha f.

patrol car n carro m de patrulha.

patronizing ['pætrənaɪzɪŋ] adj condescendente.

pattern ['pætərn] n (of shapes, colors) desenho m, padrão m; (for sewing) molde m.

patterned ['pætərnd] adj estampado(da).

pause [pɔːz] n pausa f. ◆ vi fazer uma pausa.

pavement ['peɪvmənt] n Am (roadway) pavimento m, asfalto m; Brit (beside road) calçada f.

pavilion [pə'vɪljən] n pavilhão m.

paving stone ['peɪvɪŋ-] n paralelepípedo m.

paw [pɔː] n pata f.

pawn [pɔːn] vt empenhar. ◆ n (in chess) peão m.

pay [peɪ] (pt & pp **paid**) vt pagar; (person) pagar a. ◆ vi (give money) pagar; (be profitable) compensar, dar lucro. ◆ n ordenado m, salário m; **to ~ sb for sthg** pagar a alguém (por) algo; **to ~ attention (to)** prestar atenção (a); **to ~ sb a visit** visitar alguém, fazer uma visita a alguém; **to ~ by credit card** pagar com cartão de crédito. ❑ **pay back** vt sep (money) pagar; (person) pagar, devolver o dinheiro a. ❑ **pay for** vt fus (purchase) pagar (por). ❑ **pay in** vt sep (money) depositar. ❑ **pay out** vt sep (money) pagar. ❑ **pay up** vi pagar.

payable ['peɪəbl] adj (bill) pagável; **~ to** (check) em nome de, à ordem de.

payment ['peɪmənt] n pagamento m.

PC (abbr of personal computer) PC m; Brit (abbr of police constable) policial mf; (abbr of politically correct) politicamente correto.

pea [piː] n ervilha f.

peace [piːs] n paz f; **to leave sb in ~** deixar alguém em paz; **~ and quiet** paz e sossego.

peaceful ['pi:sfl] *adj (place, day, feeling)* calmo(ma); *(demonstration)* pacífico(ca).

peach [pi:tʃ] *n* pêssego *m*.

peacock ['pi:kɒk] *n* pavão *m*.

peak [pi:k] *n (of mountain)* pico *m*; *(of hat)* pala *f*; *(fig: highest point)* auge *m*.

peanut ['pi:nʌt] *n* amendoim *m*.

peanut butter *n* pasta *f* de amendoim.

pear [peər] *n* pêra *f*.

pearl [pɜːrl] *n* pérola *f*.

peasant ['peznt] *n* camponês *m*, -esa *f*.

pebble ['pebl] *n* seixo *m*.

pecan pie ['pi:kæn-] *n* torta *f* de noz-americana.

peck [pek] *vi (bird)* bicar.

peculiar [pə'kju:lɪər] *adj (strange)* peculiar; **to be ~ to** *(exclusive)* ser característico de.

peculiarity [pə,kju:lɪ'ærətɪ] *n (special feature)* característica *f*.

pedal ['pedl] *n* pedal *m*. ◆ *vi* pedalar.

pedestrian [pə'destrɪən] *n* pedestre *m*.

pedestrian crossing *n* faixa *f* para pedestres.

pedestrianized [pə'destrɪənaɪzd] *adj* de pedestre.

pedestrian zone *n* área *f* de pedestres.

pee [pi:] *vi inf* fazer xixi. ◆ *n*: **to take a ~** *inf* fazer xixi.

peel [pi:l] *n* casca *f*. ◆ *vt* descascar. ◆ *vi (wallpaper)* desprender-se.

peep [pi:p] *n*: **to have a ~** dar uma espiadela.

peer [pɪər] *vi* olhar com atenção; **to ~ at** olhar atentamente para.

peg [peg] *n (for tent)* estaca *f*; *(hook)* gancho *m*.

pelvis ['pelvɪs] *n* bacia *f*.

pen [pen] *n (ballpoint pen)* esferográfica *f*; *(fountain pen)* caneta-tinteiro *f*; *(for animals)* cercado *m*.

penalty ['penltɪ] *n (fine)* multa *f*; *(in soccer)* pênalti *m*.

pencil ['pensl] *n* lápis *m inv*.

pencil sharpener [-'ʃɑːrpnər] *n* apontador *m*.

pendant ['pendənt] *n (on necklace)* pingente *m*.

pending ['pendɪŋ] *prep fml* até.

penetrate ['penətreɪt] *vt* penetrar.

penguin ['peŋgwɪn] *n* pingüim *m*.

penicillin [,penə'sɪlən] *n* penicilina *f*.

peninsula [pə'nɪnsjələ] *n* península *f*.

penis ['pi:nəs] *n* pênis *m inv*.

penknife ['pennaɪf] *(pl -knives)* *n* canivete *m*.

penny ['penɪ] *(pl pennies, GB pence)* *n (coin in US)* centavo *m*; *(coin in UK)* pêni *m (moeda britânica)*.

pen pal *n* amigo *m*, -ga *f* por correspondência, correspondente *mf*.

pension ['penʃn] *n (for retired, disabled people)* pensão *(de aposentadoria)* *f*.

pensioner ['penʃnər] n aposentado m, -da f.

penthouse ['penthaʊs, pl -haʊzɪz] n cobertura f (de edifício).

penultimate [pe'nʌltəmət] adj penúltimo(ma).

people ['pi:pl] npl pessoas fpl. ◆ n (nation) povo m; the ~ (citizens) o povo.

pepper ['pepər] n (spice) pimenta f; (vegetable) pimentão m.

peppercorn ['pepəkɔ:rn] n grão m de pimenta.

peppermint ['pepərmɪnt] adj de hortelã-pimenta. ◆ n (sweet) pastilha f de hortelã-pimenta.

per [pɜ:r] prep por; ~ **person/week** por pessoa/semana; **$20** ~ **night** 20 dólares por noite.

perceive [pər'si:v] vt perceber, notar.

per cent adv por cento.

percentage [pər'sentɪdʒ] n percentagem f.

perch [pɜ:rtʃ] n (for bird) poleiro m.

percolator ['pɜ:rkəleɪtər] n cafeteira f (de filtro).

perfect [adj & n pɜ:rfɪkt, vb pər'fekt] adj perfeito(ta). ◆ vt aperfeiçoar.

perfection [pər'fekʃn] n: to **do sthg to** ~ fazer algo à perfeição.

perfectly ['pɜ:rfɪktlɪ] adv (very well) perfeitamente.

perform [pər'fɔ:rm] vt (task, operation) realizar; (play) representar; (concert) dar; (dance, piece of music) executar. ◆ vi (actor, singer) atuar.

performance [pər'fɔ:rmans] n (of play) representação f; (of concert) interpretação f; (of film) exibição f; (by actor, musician) atuação f; (of car) performance f, desempenho m.

performer [pər'fɔ:rmər] n artista mf.

perfume [pər'fju:m] n perfume m.

perhaps [pər'hæps] adv talvez.

perimeter [pərɪmɪtər] n perímetro m.

period ['pɪərɪəd] n período m; (punctuation) ponto m (final); MED menstruação f. ◆ adj (costume, furniture) da época.

periodic [,pɪərɪ'ɒdɪk] adj periódico(ca).

periphery [pə'rɪfərɪ] n periferia f.

perishable ['perɪʃəbl] adj perecível.

perk [pɜ:rk] n benefícios mpl (em emprego).

permanent ['pɜ:rmənənt] adj permanente.

permanently ['pɜ:rmənəntlɪ] adv permanentemente.

permissible [pər'mɪsəbl] adj fml permissível.

permission [pər'mɪʃn] n permissão f.

permit [vb pər'mɪt, n 'pɜ:rmɪt] vt permitir. ◆ n autorização f; to ~ **sb to do sthg** permitir a alguém fazer algo; '~ **holders only**' estacionamento permitido somente a veículos autorizados.

perpendicular [,pɜ:rpən'dɪkjələr] adj perpendicular.

persevere [ˌpɜːrsɪˈvɪər] vi perseverar, insistir.

persist [pərˈsɪst] vi persistir; **to ~ in doing sth** persistir em fazer algo.

persistent [pərˈsɪstənt] adj persistente.

person [ˈpɜːrsn] (pl **people**) n pessoa f; **in ~** em pessoa.

personal [ˈpɜːrsnəl] adj pessoal; **a ~ friend** um amigo íntimo.

personal computer n computador m pessoal.

personality [ˌpɜːrsəˈnælətɪ] n personalidade f.

personally [ˈpɜːrsnəlɪ] adv pessoalmente.

personnel [ˌpɜːrsəˈnel] npl (employment) pessoal m.

perspective [pərˈspektɪv] n perspectiva f.

perspiration [ˌpɜːrspəˈreɪʃn] n transpiração f.

persuade [pərˈsweɪd] vt: **to ~ sb (to do sth)** persuadir alguém (a fazer algo); **to ~ sb that ...** persuadir alguém de que ....

persuasive [pərˈsweɪsɪv] adj persuasivo(va), convincente.

pervert [ˈpɜːrvɜːrt] n tarado m, -da f.

pessimist [ˈpesəmɪst] n pessimista mf.

pessimistic [ˌpesəˈmɪstɪk] adj pessimista.

pest [pest] n (insect, animal) praga f, inseto m nocivo; inf (person) peste f.

pester [ˈpestər] vt importunar.

pesticide [ˈpestɪsaɪd] n pesticida m.

pet [pet] n animal m de estimação; **the teacher's ~** o queridinho do professor.

petal [ˈpetl] n pétala f.

pet food n comida f para animais domésticos.

petition [pəˈtɪʃn] n (letter) petição f, abaixo-assinado m.

petrified [ˈpetrɪfaɪd] adj petrificado(da).

petrol [ˈpetrəl] n Brit gasolina f.

pet shop n loja f de animais domésticos.

petticoat [ˈpetɪkəʊt] n combinação f.

petty [ˈpetɪ] adj (pej: person) mesquinho(nha); (rule) insignificante.

petty cash n fundo m para pequenas despesas.

pew [pjuː] n banco m (de igreja).

pharmacist [ˈfɑːrməsəst] n farmacêutico m, -ca f.

pharmacy [ˈfɑːrməsɪ] n (shop) farmácia f.

phase [feɪz] n fase f.

PhD n (title) ≃ doutor m, -a f; (course) ≃ doutorado m, ≃ doutoramento m.

pheasant [ˈfeznt] n faisão m.

phenomena [fəˈnɒmənə] pl → phenomenon.

phenomenal [fəˈnɒmənl] adj fenomenal.

phenomenon [fəˈnɒmənən] (pl **-mena**) n fenômeno m.

philosophy [fɪ'lɒsəfɪ] n filosofia f.

phlegm [flem] n (in throat) catarro m.

phone [fəun] n telefone m. ◆ vt
telefonar para, ligar para. ◆ vi telefonar; **on the ~** (talking) ao telefone.

phone book n lista f telefônica.

phone booth n cabine f telefônica.

phone call n chamada f telefônica, telefonema m.

phonecard ['fəunkɑːd] n
cartão m telefônico.

photo ['fəutəu] (pl -s) n foto f;
to take a ~ of tirar uma foto de.

photocopier [ˌfəutəu'kɒpɪər]
n fotocopiadora f.

photocopy ['fəutəuˌkɒpɪ] n
Xerox® m inv, fotocópia f. ◆ vt
xerocar, fotocopiar.

photograph ['fəutəɡræf] n fotografia f. ◆ vt fotografar.

photographer [fə'tɒɡrəfər] n
fotógrafo m, -fa f.

photography [fə'tɒɡrəfɪ] n
fotografia f.

phrase [freɪz] n frase f.

phrasebook ['freɪzbʊk] n
guia m de conversação.

physical ['fɪzɪkl] adj físico(ca).
◆ n exame m médico de aptidão.

physical education n educação f física.

physically handicapped
adj deficiente físico(ca).

physician [fɪ'zɪʃən] n médico
m, -ca f.

physics ['fɪzɪks] n física f.

physiotherapy [ˌfɪzɪəu-
'θerəpɪ] n fisioterapia f.

pianist ['pɪənəst] n pianista mf.

piano [pɪ'ænəu] (pl -s) n piano
m.

pick [pɪk] vt (select) escolher;
(fruit, flowers) apanhar, colher.
◆ n (pickax) picareta f; **to ~ a
fight** procurar briga; **to ~ one's
nose** tirar meleca; **to take one's
~** escolher à vontade. □ **pick
on** vt fus implicar com. □ **pick
out** vt sep (select) escolher; (see)
distinguir. □ **pick up** ◆ vt sep
(lift up) pegar em; (collect) ir buscar; (language) aprender; (habit)
adquirir; (bargain) conseguir;
(hitchhiker) dar uma carona a;
inf (woman, man) paquerar. ◆ vi
(improve) recuperar; **to ~ up
the phone** (answer) atender o telefone.

pickax ['pɪkæks] n picareta f.

pickle ['pɪkl] n picles mpl;
(pickled cucumber) pepino m em
conserva.

pickpocket ['pɪkˌpɒkət] n ba-
tedor m, -ra f de carteiras.

pickup (truck) n caminhonete m.

picnic ['pɪknɪk] n piquenique
m.

picture ['pɪktʃər] n (painting,
drawing) quadro m; (photograph)
retrato m; (on TV) imagem f;
(film) filme m.

picture frame n moldura
f.

picturesque [ˌpɪktʃə'resk] adj
pitoresco(ca).

pie [paɪ] n (sweet) torta f; (savory) empadão m.

piece [piːs] n (part, bit) pedaço m, bocado m; (component, of clothing, of music) peça f; (in chess) peça f; **a ~ of advice** um conselho; **a ~ of furniture** um móvel; **to fall to ~s** cair aos pedaços; **in one ~** (intact) inteiro, intacto; (unharmed) são e salvo.

pier [pɪər] n cais m.

pierce [pɪərs] vt furar; **to have one's ears ~d** furar as orelhas.

pig [pɪg] n porco m; inf (greedy person) guloso m, -a f.

pigeon [ˈpɪdʒən] n pombo m.

pigeonhole [ˈpɪdʒənhəʊl] n escaninho m.

pigsty [ˈpɪgstaɪ] (pl -ies), **pigpen** [ˈpɪgpen] n chiqueiro m.

pigtails [ˈpɪgteɪlz] npl tranças fpl.

pike [paɪk] n (fish) lúcio m.

pilchard [ˈpɪltʃərd] n sardinha f grande.

pile [paɪl] n pilha f. ♦ vt empilhar; **~s of** inf (a lot) montes de. ❑ **pile up** ♦ vt sep empilhar. ♦ vi (accumulate) acumular-se.

piles [paɪlz] npl MED hemorróidas fpl.

pileup [ˈpaɪlʌp] n engavetamento m, colisão m em cadeia.

pill [pɪl] n comprimido m, pílula f; **to be on the ~** (contraceptive) tomar a pílula.

pillar [ˈpɪlər] n pilar m.

pillion [ˈpɪljən] n: **to ride ~** viajar no banco traseiro de uma motocicleta.

pillow [ˈpɪləʊ] n (for bed) travesseiro m; (on chair, sofa) almofada f.

pillowcase [ˈpɪləʊkeɪs] n fronha f.

pilot [ˈpaɪlət] n piloto m.

pimple [ˈpɪmpl] n espinha f.

pin [pɪn] n (for sewing) alfinete m; (tack) tachinha f; (safety pin) alfinete m de segurança; (brooch) broche m; (badge) crachá m. ♦ vt (fasten) prender.

PIN n (abbr of personal identification number) senha f (numérica).

pinafore [ˈpɪnəfɔːr] n (apron) avental m.

pinball [ˈpɪnbɔːl] n fliperama m.

pincers [ˈpɪnsərz] npl (tool) torquês f.

pinch [pɪntʃ] vt (squeeze) beliscar. ♦ n (of salt) pitada f.

pine [paɪn] n pinheiro m. ♦ adj de pinho.

pineapple [ˈpaɪnæpl] n abacaxi m.

pink [pɪŋk] adj rosa (inv), cor-de-rosa (inv). ♦ n (color) rosa m inv, cor-de-rosa m inv.

pinkie [ˈpɪŋkɪ] n (dedo) mindinho m.

pint [paɪnt] n (in US) = 0,473 l; (in UK) = 0,568 l.

pip [pɪp] n (of fruit) caroço m.

pipe [paɪp] n (for smoking) cachimbo m; (for gas, water) cano m.

pipeline [ˈpaɪplaɪn] n (for oil) oleoduto m; (for gas) gasoduto m.

piracy ['paɪrəsɪ] n pirataria f.

pirate ['paɪrət] n pirata m.

Pisces ['paɪsi:z] n Peixes m inv.

pistol ['pɪstl] n pistola f.

piston ['pɪstən] n pistom m.

pit [pɪt] n (hole, for orchestra) fosso m; (coalmine) mina f; (in fruit) caroço m.

pita (bread) ['pɪtə-] n pão m árabe OR sírio.

pitch [pɪtʃ] n (baseball) arremesso m; Brit (field) campo m. ◆ vt (throw) atirar; **to ~ a tent** montar uma barraca (de campismo).

pitcher ['pɪtʃər] n (large jug) jarro m; (small jug) jarra f.

pitfall ['pɪtfɔːl] n (difficulty) armadilha f; (danger) perigo m.

pith [pɪθ] n (of orange) pele f branca.

pitted ['pɪtəd] adj (olives) descaroçado(da), sem caroço.

pity ['pɪtɪ] n (compassion) pena f; **to have ~ on sb** ter pena de alguém; **it's a ~ (that)** ... é uma pena que ...; **what a ~!** que pena!

pivot ['pɪvət] n eixo m, pivô m.

pizza ['pi:tsə] n pizza f.

pizzeria [ˌpi:tsəˈri:ə] n pizzaria f.

placard ['plækɑːrd] n cartaz m.

place [pleɪs] n lugar m; (house, flat) casa f; (at table) lugar. ◆ vt (put) colocar; (an order, bet) fazer; **in the first ~** em primeiro lugar; **to take ~** ter lugar; **to take sb's ~** substituir alguém; **all over the ~** por todo lado; **in ~ of** em lugar de.

place mat n descanso m.

placement ['pleɪsmənt] n (work experience) colocação f temporária, estágio m.

place of birth n local m de nascimento, naturalidade f.

plague [pleɪg] n peste f.

plaice [pleɪs] n solha f.

plain [pleɪn] adj simples (inv); (yoghurt) natural; (clear) claro (ra); (paper) liso(sa); (pej: not attractive) sem atrativos. ◆ n planície f.

plainly ['pleɪnlɪ] adv (clearly) claramente.

plait [plæt] n trança f. ◆ vt trançar.

plan [plæn] n (scheme, project) plano m; (drawing) planta f. ◆ vt (organize) planejar; **do you have any ~s for tonight?** você tem planos para hoje à noite?; **according to ~** como estava previsto; **to ~ to do sthg, to ~ on doing sthg** pensar em fazer algo.

plane [pleɪn] n (aeroplane) avião m; (tool) plaina f.

planet ['plænət] n planeta m.

plank [plæŋk] n tábua f.

plant [plænt] n (living thing) planta f; (factory) fábrica f; (power, nuclear) usina f. ◆ vt (seeds, tree) plantar; (land) cultivar.

plantation [plænˈteɪʃn] n plantação f.

plaque [plæk] n placa f.

plaster ['plæstr] n (for walls) reboco m; Brit (for cut) esparadrapo m; **in ~** (arm, leg) engessado.

plaster cast n *(for broken bones)* gesso m.

plastic ['plæstɪk] n plástico m. ◆ adj de plástico.

plastic bag n saco m plástico.

plate [pleɪt] n *(for food)* prato m; *(of metal)* placa f; a ~ **of glass** um vidro, uma vidraça.

plateau ['plætəʊ] n planalto m.

plate-glass adj de vidro laminado.

platform ['plætfɔːrm] n plataforma f.

platinum ['plætənəm] n platina f.

platter ['plætər] n *(of food)* travessa f (de comida).

play [pleɪ] vt *(sport, game)* jogar; *(instrument, music)* tocar; *(opponent)* jogar contra; *(CD, tape, record)* pôr; *(role, character)* desempenhar. ◆ vi *(child)* brincar; *(in sport, game)* jogar; *(musician)* tocar. ◆ n *(in theater, on TV)* peça f; *(button on CD, tape recorder)* play m. ❑ **play back** vt sep repetir, colocar de novo. ❑ **play up** vi *(machine, car)* enguiçar, estar com problemas.

player ['pleɪər] n *(of sport, game)* jogador m, -ra f; *(of musical instrument)* músico m, -ca f, intérprete mf; **guitar** ~ guitarrista mf; **piano** ~ pianista mf.

playful ['pleɪfl] adj brincalhão(lhona).

playground ['pleɪgraʊnd] n *(in school)* pátio m de recreio; *(in park etc.)* playground m.

play group ['pleɪgruːp] n tipo de jardim-de-infância.

playing card ['pleɪŋ-] n carta f de jogar.

playing field ['pleɪŋ-] n campo m esportivo.

playroom ['pleɪruːm] n sala f de recreação.

playtime ['pleɪtaɪm] n recreio m.

playwright ['pleɪraɪt] n dramaturgo m, -ga f.

pleasant ['pleznt] adj agradável.

please [pliːz] adv por favor. ◆ vt agradar a; **yes** ~ **!** sim, por favor!; **whatever you** ~ como quiser.

pleased [pliːzd] adj satisfeito (ta), contente; **to be** ~ **with** estar satisfeito com; ~ **to meet you!** prazer em conhecê-lo(-la)!.

pleasure ['pleʒər] n prazer m; **with** ~ com prazer; **it's a** ~ **!** é um prazer!

pleat [pliːt] n prega f.

pleated ['pliːtəd] adj pregueado(da).

plentiful ['plentɪfl] adj abundante.

plenty ['plentɪ] pron bastante; ~ **of** bastante.

pliers ['plaɪərz] npl alicate m.

plot [plɒt] n *(scheme)* complô m; *(of story, film, play)* enredo m; *(of land)* pedaço m.

plough [plaʊ] Brit = **plow**.

plow [plaʊ] n arado m. ◆ vt lavrar, arar.

ploy [plɔɪ] n estratagema m.

pluck [plʌk] vt (eyebrows, hair) arrancar, depilar (com pinça); (chicken) depenar.

plug [plʌg] n (with pins) plugue m; (socket) tomada f; (for bath, sink) tampa f, válvula f. □ **plug in** vt sep ligar (na tomada).

plum [plʌm] n ameixa f.

plumber ['plʌmər] n encanador m, -ra f.

plumbing ['plʌmɪŋ] n (pipes) encanamento m.

plump [plʌmp] adj roliço(ça).

plunge [plʌndʒ] vi (fall, dive) mergulhar; (decrease) despencar.

plunger ['plʌndʒər] n (for unblocking pipe) desentupidor m.

pluperfect (tense) [,plu:-'pɜːrfəkt-] n GRAMM: **the ~ o** mais-que-perfeito.

plural ['plʊərəl] n plural m; **in the ~** no plural.

plus [plʌs] prep mais. ◆ adj: **30 ~** trinta ou mais.

plush [plʌʃ] adj luxuoso(sa), de luxo.

Pluto ['plu:təʊ] n Plutão m.

plywood ['plaɪwʊd] n compensado m.

p.m. (abbr of post meridiem): **at 3 ~** às três da tarde, às 15h; **at 10 ~** às dez da noite, às 22h.

PMS n (abbr of Premenstrual Syndrome) TPM f.

pneumatic drill [nuː'mætɪk-] n perfuratriz f.

pneumonia [nuː'məʊnjə] n pneumonia f.

poached egg [pəʊtʃt-] n ovo m pochê.

poached salmon [pəʊtʃt-] n salmão m cozido.

poacher ['pəʊtʃər] n (hunting) caçador m furtivo, caçadora f furtiva; (fishing) pescador m furtivo, pescadora f furtiva.

P.O. Box n (abbr of Post Office Box) C. P.

pocket ['pɒkət] n bolso m. ◆ adj de bolso.

pocket money n mesada f.

poem ['pəʊəm] n poema m.

poet ['pəʊət] n poeta mf.

poetry ['pəʊətrɪ] n poesia f.

point [pɔɪnt] n ponto m; (tip) ponta f; (most important thing) questão f. ◆ vi: **to ~ to** apontar para; **five ~ seven** cinco vírgula sete; **what's the ~?** para quê?; **there's no ~** não vale a pena; **to be on the ~ of doing sthg** estar prestes a OR a ponto de fazer algo. □ **point out** vt sep (object, person) indicar; (fact, mistake) apontar.

pointed ['pɔɪntɪd] adj (in shape) pontiagudo(da).

pointless ['pɔɪntləs] adj inútil.

point of view (pl points of view) n ponto m de vista.

poison ['pɔɪzn] n veneno m. ◆ vt envenenar.

poisoning ['pɔɪznɪŋ] n envenenamento m.

poisonous ['pɔɪznəs] adj venenoso(osa).

poke [pəʊk] vt (with finger, stick) cutucar; (with elbow) cutucar, dar cotoveladas em; (fire) cutucar, atiçar.

poker [pəʊkər] n (card game) pôquer m.

polar bear ['pəʊlər-] n urso m polar.

pole [pəʊl] n (of wood) poste m.

police [pə'liːs] npl: **the ~ a** polícia.

police car n carro m da polícia.

police department n polícia f.

police force n força f policial.

policeman [pə'liːsmən] (pl -men [-mən]) n policial m.

police officer n policial mf.

police station n delegacia f.

policewoman [pə'liːs,wʊmən] (pl -women [-,wimin]) n policial f.

policy ['pɒləsɪ] n (approach, attitude) política f; (for insurance) apólice f.

polio ['pəʊlɪəʊ] n poliomielite f, paralisia f infantil.

polish ['pɒlɪʃ] n (for cleaning) cera f. ◆ vt encerar.

polite [pə'laɪt] adj educado(da).

political [pə'lɪtɪkl] adj político(ca).

politician [,pɒlɪ'tɪʃn] n político m, -ca f.

politics ['pɒlətɪks] n política f.

poll [pəʊl] n (survey) pesquisa f; **the ~s** (election) as eleições.

pollen ['pɒlən] n pólen m.

pollute [pə'luːt] vt poluir.

pollution [pə'luːʃn] n poluição f.

polyester [,pɒlɪ'estər] n poliéster m.

polystyrene [,pɒlɪ'staɪriːn] n isopor m.

pomegranate ['pɒmɪgrænɪt] n romã f.

pompous ['pɒmpəs] adj pomposo(osa).

pond [pɒnd] n lago m.

pony ['pəʊnɪ] n pônei m.

ponytail ['pəʊnɪteɪl] n rabo-de-cavalo m.

poodle ['puːdl] n poodle m.

pool [puːl] n (for swimming) piscina f; (of water, blood, milk) poça f; (small pond) lago f; (game) bilhar m.

poor [pɔːr] adj (short of money) pobre; (bad) mau (má); (expressing sympathy) coitado(da), pobre. ◆ npl: **the ~** os pobres.

poorly ['pɔːrlɪ] adv mal.

pop [pɒp] n (music) música f popular. ◆ vt inf (put) meter. ◆ vi (balloon) estourar; **my ears popped** meus ouvidos estalaram. ☐ **pop in** vi Brit: **I'll ~ in** after work dou um pulo aí depois do trabalho.

popcorn ['pɒpkɔːrn] n pipoca f.

Pope [pəʊp] n: **the ~** o Papa.

poplar (tree) ['pɒplər-] n álamo m, choupo m.

poppy ['pɒpɪ] n papoula f.

Popsicle® ['pɒpsɪkl] n picolé m.

pop star n pop star f.

popular ['pɒpjələr] adj (person, place, activity) popular; (opinion, ideas) generalizado(da).

popularity [,pɒpjə'lærətɪ] n popularidade f.

populated ['pɒpjəleɪtɪd] adj povoado(da).

population [ˌpɒpjəˈleɪʃn] n
população f.

porcelain [ˈpɔːrsəlɪn] n porcelana f.

porch [pɔːrtʃ] n (outside house)
terraço m (coberto), alpendre
m; (entrance) átrio m.

pork [pɔːrk] n carne f de porco.

pornographic [ˌpɔːrnəˈgræf-
ɪk] adj pornográfico(ca).

porridge [ˈpɒrɪdʒ] n flocos
mpl de aveia.

port [pɔːrt] n porto m.

portable [ˈpɔːrtəbl] adj portátil.

portal [ˈpɔːtl] n COMPUT portal
m.

porter [ˈpɔːrtər] n (at hotel, airport) carregador m, -ra f.

porthole [ˈpɔːrthəʊl] n vigia
f.

portion [ˈpɔːrʃn] n (part) porção f; (of food) porção f.

portrait [ˈpɔːrtreɪt] n retrato
m.

Portugal [ˈpɔːrtʃəgl] n Portugal s.

Portuguese [ˌpɔːrtʃəˈgiːz] adj
português(esa). ◆ n (person) português m, -esa f; (language) português m. ◆ npl: **the** ~ os
portugueses.

pose [pəʊz] vt (problem, threat)
constituir. ◆ vi (for photo) posar.

posh [pɒʃ] adj inf fino(na), chique.

position [pəˈzɪʃn] n posição f;
~ **closed'** 'fechado'.

positive [ˈpɒzətɪv] adj positi-
vo(va); (certain, sure) seguro(ra);

I'm absolutely ~ tenho certeza
absoluta.

possess [pəˈzes] vt possuir.

possession [pəˈzeʃn] n (thing
owned) bem m.

possessive [pəˈzesɪv] adj pos-
sessivo(va).

possibility [ˌpɒsəˈbɪlətɪ] n possibilidade f.

possible [ˈpɒsəbl] adj possível;
it's ~ **that we may be late** é
possível que cheguemos atrasados; **would it be** ~...? seria possível ...?; **as much as** ~ o
máximo possível; **if** ~ se for
possível.

possibly [ˈpɒsəblɪ] adv (perhaps) possivelmente.

post [pəʊst] n (pole) poste m;
(fml: job) lugar m; Brit correio
m.

postage [ˈpəʊstɪdʒ] n franquia
f; ~ **and handling** custos mpl de
envio; ~ **paid** porte m pago.

postage stamp n fml selo m
(postal).

postbox [ˈpəʊstbɒks] n Brit caixa f de correio.

postcard [ˈpəʊstkɑːrd] n (cartão) postal m.

poster [ˈpəʊstər] n pôster m.

postgraduate [ˌpəʊstˈgræ-
dʒʊət] n pós-graduado m, -da f.

postman [ˈpəʊstmən] (pl -men
[-mən]) n carteiro m.

post office n (building) agência f de correios.

postpone [ˌpəʊstˈpəʊn] vt adiar.

posture [ˈpɒstʃər] n postura f.

pot [pɒt] n (for cooking) panela f

(for jam, paint) frasco *m*; *(for coffee, tea)* bule *m* ; *inf (cannabis)* maconha *f*; **a ~ of tea** um bule de chá.

potato [pə'teɪtəʊ] *(pl -es)* n batata *f*.

potato chip n batatinha *f* frita.

potato salad n salada *f* de batata.

potential [pə'tenʃl] *adj* potencial. ◆ *n* potencial *m*.

pothole ['pɒthəʊl] *n (in road)* buraco *m*.

pottery ['pɒtərɪ] *n (clay objects)* cerâmica *f*; *(craft)* cerâmica, olaria *f*.

potty ['pɒtɪ] *n* penico *m (para crianças)*.

pouch [paʊtʃ] *n (for money, tobacco)* bolsa *f*.

poultry ['pəʊltrɪ] *n (meat)* carne *f* de aves (domésticas). ◆ *npl (animals)* aves *fpl* domésticas.

pound [paʊnd] *n (unit of weight)* libra = 453,6 g; *Brit (unit of money)* libra *f.* ◆ *vi (heart)* palpitar; *(head)* latejar.

pour [pɔːr] *vt (liquid etc.)* jogar; *(drink)* servir. ◆ *vi (flow)* correr; **it's ~ ing (down rain)** está chovendo canivetes. ❑ **pour out** *vt sep (drink)* servir.

poverty ['pɒvətɪ] *n* pobreza *f.*

powder ['paʊdər] *n* pó *m.*

power ['paʊər] *n (control, authority)* poder *m* ; *(ability)* capacidade *f* ; *(strength, force)* força *f*; *(energy)* energia *f* ; *(electricity)* eletricidade *f.* ◆ *vt* alimentar,

acionar; **to be in ~** estar no poder.

power failure *n* falha *f* de energia.

powerful ['paʊərfl] *adj* forte; *(having control)* poderoso(osa); *(machine)* potente.

power steering *n* direção *f* assistida.

practical ['præktɪkl] *adj* prático(ca).

practically ['præktɪklɪ] *adv (almost)* praticamente.

practice ['præktəs] *n (training, regular activity, custom)* prática *f*; *(training session)* sessão *f* de treino; *mus* ensaio *m*; *(of doctor)* consultório *m*; *(of lawyer)* escritório *m.* ◆ *vt (sport, music, technique)* praticar. ◆ *vi (train)* praticar; *(doctor, lawyer)* exercer; **out of ~** destreinado(da).

practise ['præktəs] *vt Brit* = **practice**.

praise [preɪz] *n* elogio *m.* ◆ *vt* elogiar.

prank [præŋk] *n* peça *f*.

prawn [prɔːn] *n* camarão *m*.

pray [preɪ] *vi* rezar; **to ~ for** rezar por; **to ~ for rain** rezar para que chova.

prayer [preər] *n* oração *f.*

precarious [prɪ'keərɪəs] *adj* precário(ria).

precaution [prɪ'kɔːʃn] *n* precaução *f.*

precede [prɪ'siːd] *vt fml* preceder.

preceding [prɪ'siːdɪŋ] *adj* precedente.

precinct ['pri:sıŋkt] *n Am (area of town)* circunscrição *f; (police station)* delegacia *f; Brit (for shopping)* zona *f* comercial (de pedestres).

precious ['preʃəs] *adj* precioso(osa); *(memories, possession)* querido(da).

precious stone *n* pedra *f* preciosa.

precipice ['presəpəs] *n* precipício *m*.

precise [prı'saıs] *adj* preciso (sa).

precisely [prı'saıslı] *adv* precisamente.

predecessor ['pri:dəsesər] *n* antecessor *m*, -ra *f*.

predicament [prı'dıkəmənt] *n* situação *f* difícil.

predict [prı'dıkt] *vt* prever.

predictable [prı'dıktəbl] *adj* previsível.

prediction [prı'dıkʃn] *n* previsão *f*.

preface ['prefəs] *n* prefácio *m*.

prefer [prı'fɜ:r] *vt*: to ~ sthg **(to)** preferir algo (a); to ~ to do sthg preferir fazer algo.

preferable ['prefrəbl] *adj* preferível.

preferably ['prefrəblı] *adv* preferivelmente, de preferência.

preference ['prefrəns] *n* preferência *f*.

prefix ['pri:fıks] *n* prefixo *m*.

pregnancy ['pregnənsı] *n* gravidez *f*.

pregnant ['pregnənt] *adj* grávida.

prejudice ['predʒədəs] *n* preconceito *m*.

prejudiced ['predʒədəst] *adj* preconceituoso(osa).

preliminary [prə'lımənərı] *adj* preliminar.

premature [,pri:mə'tʊr] *adj* prematuro(ra).

premier ['premjər] *adj* primeiro(ra), principal. ◆ *n* primeiro-ministro *m*, primeira-ministra *f*.

premiere [prı'mıeər] *n* estréia *f*.

premises ['premsəz] *npl* instalações *fpl*, local *m*; **on the** ~ no estabelecimento.

premium ['pri:mjəm] *n (for insurance)* prêmio *m*.

preoccupied [pri:'ɒkjəpaıd] *adj* preocupado(da).

prepacked [,pri:'pækt] *adj* pré-embalado(da).

prepaid ['pri:peıd] *adj (envelope)* com porte pago, que não necessita de selo; ~ **card** cartão *m* pré-pago.

preparation [,prepə'reıʃn] *n (preparing)* preparação *f*. ❏ **preparations** *npl (arrangements)* preparações *fpl*.

prepare [prı'peər] *vt* preparar. ◆ *vi* preparar-se.

prepared [prı'peərd] *adj (ready)* preparado(da); **to be ~ to do sthg** estar preparado para fazer algo.

preposition [,prepə'zıʃn] *n* preposição *f*.

preschool ['pri:sku:l] *n* jardim-de-infância *m*.

prescribe [prə'skraıb] *vt* receitar.

prescription [prəˈskripʃn] *n*
receita *f* (médica).

presence [ˈprezns] *n* presença
f; **in sb's ~** na presença de alguém.

present [*adj & n* ˈpreznt, *vb*
priˈzent] *adj (in attendance)* presente;
(current) atual. ◆ *n (gift)* presente
m. ◆ *vt (give)* presentear; *(problem, challenge)* representar; *(portray, play, on radio or TV)*
apresentar; **the ~** o presente;
the ~ (tense) GRAMM o presente;
at ~ no momento; **to ~ sb to sb**
apresentar alguém a alguém.

presentable [priˈzentəbl] *adj*
apresentável.

presentation [ˌpreznˈteiʃn] *n*
apresentação *f*.

presently [ˈprezntli] *adv*
(soon) daqui a pouco; *(soon after)*
daí a pouco; *(now)* atualmente,
neste momento.

preservation [ˌprezəˈveiʃn] *n*
(of wildlife, building, food) conservação *f*; *(of order, peace)* manutenção *f*.

preservative [priˈzɜːrvətiv] *n*
conservante *m.*

preserve [priˈzɜːrv] *vt* conservar; *(order, peace)* manter.

preserves [priˈzɜːrvz] *n (jam)*
compota *f*.

president [ˈprezidənt] *n* presidente *mf*.

press [pres] *vt (push firmly)* pressionar; *(button, switch)* apertar;
(iron) passar (a ferro). ◆ *n:* **the
~** a imprensa; **to ~ sb to do
sthg** pressionar alguém a fazer
algo.

press conference *n* entrevista *f* coletiva.

pressure [ˈpreʃər] *n* pressão
f.

pressure cooker *n* panela *f*
de pressão.

prestigious [preˈstidʒəs] *adj*
prestigioso(osa).

presumably [priˈzuːməbli] *adv*
presumivelmente.

presume [priˈzuːm] *vt* presumir.

pretend [priˈtend] *vt:* **to ~ to do
sthg** fingir fazer algo; **she ~ed
she was crying** ela fez de conta
que estava chorando.

pretentious [priˈtenʃəs] *adj*
pretensioso(osa).

pretty [ˈpriti] *adj* bonito(ta).
◆ *adv inf (quite)* bastante; *(very)*
muito.

prevent [priˈvent] *vt* evitar; **to
~ sb/sthg from doing sthg**
impedir alguém/algo de fazer
algo.

prevention [priˈvenʃn] *n* prevenção *f*.

preview [ˈpriːvjuː] *n (of film)*
pré-estréia *f*; *(short description)* resumo *m*; COMPUT pré-visualização *f*.

previous [ˈpriːviəs] *adj* anterior.

previously [ˈpriːviəsli] *adv* anteriormente.

price [prais] *n* preço *m.* ◆ *vt*
fixar o preço de; **to be ~d at**
custar.

priceless [ˈpraisləs] *adj (expensive)* inestimável; *(valuable)* valiosíssimo(ma).

pricey

pricey ['praɪsɪ] adj inf caro(ra).

prick [prɪk] vt picar.

prickly ['prɪklɪ] adj (plant, bush) espinhoso(osa).

prickly heat n brotoeja f (provocada pelo calor).

pride [praɪd] n orgulho m. ◆ vt: to ~ o.s. on sthg orgulhar-se de algo.

priest [priːst] n padre m.

primarily [praɪ'merəlɪ] adv principalmente.

prime [praɪm] adj (chief) principal; (quality, beef, cut) de primeira.

prime minister n primeiro-ministro m, primeira-ministra f.

primitive ['prɪmɪtɪv] adj primitivo(va).

primrose ['prɪmrəʊz] n prímula f.

prince [prɪns] n príncipe m.

princess [prɪn'ses] n princesa f.

principal ['prɪnsəpl] adj principal. ◆ n (of school) diretor m, -ra f; (of university) reitor m, -ra f.

principle ['prɪnsəpl] n princípio m; in ~ em princípio.

print [prɪnt] n (words) letra f (impressa); (photo) fotografia f; (of painting) reprodução f; (mark) impressão f. ◆ vt (book, newspaper) imprimir; (publish) publicar; (write) escrever em letra de imprensa; (photo) revelar; out of ~ esgotado. ❏ print out vt sep imprimir.

printer ['prɪntər] n (machine) impressor m, -ra f; (person) impressor m, -ra f.

printout ['prɪntaʊt] n cópia f impressa, impressão f.

prior ['praɪər] adj (previous) prévio(via); ~ to fml antes de.

priority [praɪ'ɒrətɪ] n prioridade f; to have ~ over ter prioridade sobre.

prison ['prɪzn] n prisão f.

prisoner ['prɪznər] n prisioneiro m, -ra f.

privacy ['praɪvəsɪ] n privacidade f.

private ['praɪvət] adj privado(da); (class, lesson) particular; (quiet) retirado(da). ◆ n MIL soldado m raso; in ~ em particular.

private property n propriedade f privada.

private school n escola f particular.

privilege ['prɪvɪlɪdʒ] n privilégio m; it's a ~! é uma honra!

prize [praɪz] n prêmio m.

pro [prəʊ] (pl -s) n inf (professional) profissional mf. ❏ pros npl: ~s and cons os prós e os contras.

probability [ˌprɒbə'bɪlətɪ] n probabilidade f.

probable ['prɒbəbl] adj provável.

probably ['prɒbəblɪ] adv provavelmente.

probation officer [prəʊ'beɪʃən-] n assistente social responsável por um preso em liberdade condicional.

problem ['prɒbləm] n problema m; no ~! inf não tem problema!

procedure [prə'si:dʒər] n procedimento m.

proceed [prə'si:d] vi (fml: continue) prosseguir; (act) proceder; (advance) avançar; ' ~ with caution' 'avançar com precaução'.

proceeds ['prəusi:dz] npl receita f, dinheiro m apurado.

process ['prəses] n processo m; **to be in the ~ of doing sthg** estar fazendo algo.

procession [prə'seʃn] n procissão f.

prod [prɒd] vt (poke) empurrar.

produce [vb prə'du:s, n 'prɒdju:s] vt produzir; (cause) provocar; (show) mostrar. ◆ n produtos mpl agrícolas.

producer [prə'du:sər] n produtor m, -ra f.

product ['prɒdʌkt] n produto m.

production [prə'dʌkʃn] n produção f.

productivity [,prɒdʌk'tɪvətɪ] n produtividade f.

profession [prə'feʃn] n profissão f.

professional [prə'feʃnəl] adj profissional. ◆ n profissional mf.

professor [prə'fesər] n (in US) professor m universitário, professora f universitária; (in UK) professor m catedrático, professora f catedrática.

profile ['prəufaɪl] n perfil m.

profit ['prɒfɪt] n (financial) lucro m. ◆ vi: **to ~ (from)** tirar proveito (de), lucrar (com).

profitable ['prɒfɪtəbl] adj (financially) lucrativo(va), rentável.

profiteroles [prə'fɪtərəʊlz] npl profiteroles mpl.

profound [prə'faʊnd] adj profundo(da).

program ['prəʊgræm] n programa m. ◆ vt COMPUT programar.

programme ['prəʊgræm] Brit = program.

progress [n 'prəʊgres, vb prə'gres] n progresso m. ◆ vi (work, talks, student) progredir; (day, meeting) avançar; **to make ~** (improve) progredir, melhorar; (in journey) avançar; **in ~** em curso.

progressive [prə'gresɪv] adj (forward-looking) progressivo (va).

prohibit [prə'hɪbɪt] vt proibir; 'smoking strictly ~ed' 'é proibido fumar'.

project ['prɒdʒekt] n (plan) projeto m; (at school) trabalho m.

projector [prə'dʒektər] n projetor m.

prolong [prə'lɒŋ] vt prolongar.

prom [prɒm] n (dance) ≃ baile m de formatura.

promenade [,prɒmə'neɪd] n (by the sea) passeio m (à beira da praia), calçadão m.

prominent ['prɒmɪnənt] adj proeminente.

promise ['prɒmɪs] n promessa f. ◆ vt & vi prometer; **to show ~**

ser promissor; **to ~ sb sthg** prometer algo a alguém; **to ~ to do sthg** prometer fazer algo; **I ~ (that) I'll come** prometo que vou, prometo ir.

promising ['promisiŋ] *adj* promissor(ra).

promote [prə'məʊt] *vt* promover.

promotion [prə'məʊʃn] *n* promoção *f*.

prompt [prɒmpt] *adj (quick)* imediato(ta). ◆ *adv:* **at six o'clock ~** às seis em ponto.

prone [prəʊn] *adj:* **to be ~ to sthg** ser propenso(sa) a algo; **to be ~ to do sthg** ter tendência para fazer algo.

prong [prɒŋ] *n (of fork)* dente *m*.

pronoun ['prəʊnaʊn] *n* pronome *m*.

pronounce [prə'naʊns] *vt (word)* pronunciar.

pronunciation [prə,nʌnsɪ'eɪʃn] *n* pronúncia *f*.

proof [pruːf] *n (evidence)* prova *f*; **it's 40 ~ *(alcohol)*** tem 40 graus.

prop [prɒp] *(pt & pp* **-ped**, *cont* **-ping**): **prop up** *vt sep (support)* suster.

propeller [prə'pelər] *n* hélice *f*.

proper ['prɒpər] *adj (suitable)* adequado(da); *(correct, socially acceptable)* apropriado(da).

properly ['prɒpəlɪ] *adv* corretamente.

property ['prɒpətɪ] *n* propriedade *f*; *(fml: building)* imóvel *m*, prédio *m*.

proportion [prə'pɔːrʃn] *n (part, amount)* porção *f*, parte *f*; *(ratio, in art)* proporção *f*.

proposal [prə'pəʊzl] *n (suggestion)* proposta *f*.

propose [prə'pəʊz] *vt (suggest)* propor. ◆ *vi:* **to ~ to sb** pedir alguém em casamento.

proposition [,prɒpə'zɪʃn] *n (offer)* proposta *f*.

proprietor [prə'praɪətər] *n fml* proprietário *m*, -ria *f*.

prose [prəʊz] *n (not poetry)* prosa *f*.

prosecute ['prɒsɪkjuːt] *vt JUR* processar, mover uma ação judicial contra. ◆ *vi (bring a charge)* instaurar um processo judicial; *(represent in court)* representar o demandante.

prospect ['prɒspekt] *n (possibility)* possibilidade *f*, perspectiva *f*; **I don't relish the ~** não me agrada a perspectiva. ❑ **prospects** *npl (for the future)* perspectivas *fpl*.

prospectus [prə'spektəs] *(pl* **-es**) *n* prospecto *m*.

prosperous ['prɒspərəs] *adj* próspero(ra).

prostitute ['prɒstɪtuːt] *n* prostituta *f*.

protect [prə'tekt] *vt* proteger; **to ~ sb/sthg against** proteger alguém/algo contra; **to ~ sb/ sthg from** proteger alguém/algo de.

protection [prə'tekʃn] *n* proteção *f*.

protective [prə'tektɪv] *adj* protetor(ra).

protein ['prəʊti:n] n proteína f.

protest [n 'prəʊtest, vb prə'test] n (complaint) protesto m; (demonstration) passeata f, protesto. ◆ vt (protest against) protestar contra. ◆ vi: **to ~ (against)** protestar (contra).

Protestant ['prɒtəstənt] n protestante mf.

protester [prə'testər] n manifestante mf.

protractor [prə'træktər] n transferidor m.

protrude [prə'tru:d] vi sair.

proud [praʊd] adj orgulhoso (osa); **to be ~ of** ter orgulho de.

prove [pru:v] (pp **-d** OR **proven** [pru:vn]) vt (show to be true) provar; (turn out to be) revelar-se.

proverb ['prɒvɜ:rb] n provérbio m.

provide [prə'vaɪd] vt (supply) fornecer; **to ~ sb with sthg** fornecer algo a alguém. ❑ **provide for** vt fus (person) manter.

provided (that) [prə'vaɪdɪd-] conj desde que.

providing (that) [prə'vaɪdɪŋ-] = **provided (that)**.

province ['prɒvɪns] n província f.

provisional [prə'vɪʒənl] adj provisório(ria).

provocative [prə'vɒkətɪv] adj provocador(ra).

provoke [prə'vəʊk] vt provocar.

prowl [praʊl] vi rondar.

prune [pru:n] n ameixa f seca. ◆ vt (tree, bush) podar.

PS (abbr of postscript) PS.

psychiatrist [saɪ'kaɪətrəst] n psiquiatra mf.

psychic ['saɪkɪk] adj (person) paranormal.

psychological [,saɪkə'lɒdʒɪkl] adj psicológico(ca).

psychologist [saɪ'kɒlədʒəst] n psicólogo m, -ga f.

psychology [saɪ'kɒlədʒɪ] n psicologia f.

psychotherapist [,saɪkəʊ-'θerəpəst] n psicoterapeuta mf.

pt abbr = **pint**.

pub [pʌb] n ≃ bar m.

puberty ['pju:bərtɪ] n puberdade f.

public ['pʌblɪk] adj público (ca). ◆ n: **the ~** o público; **in ~** em público.

publication [,pʌblɪ'keɪʃn] n publicação f.

public housing n habitação f popular.

publicity [pʌb'lɪsɪtɪ] n publicidade f.

public school n (in US) escola f pública.

publish ['pʌblɪʃ] vt publicar.

publisher ['pʌblɪʃər] n (person) editor m, -ra f; (company) editora f.

publishing ['pʌblɪʃɪŋ] n (industry) indústria f editorial.

pudding ['pʊdɪŋ] n (sweet dish) pudim m; Brit (dessert) sobremesa f.

puddle ['pʌdl] n poça f.

puff [pʌf] vi (breathe heavily) ofegar. ◆ n (of air) lufada f; (smoke) baforada f; **to ~ at** tirar baforadas de.

puff pastry n massa f folheada.

pull [pʊl] vt vi puxar. ◆ n: **to give sthg a ~** dar um puxão em algo, puxar algo; **to ~ a face** fazer uma careta; **to ~ a muscle** distender um músculo; **'pull'** (on door) 'puxe'. ❑ **pull apart** vt sep (machine) desmontar; (book) desfazer. ❑ **pull down** vt sep (lower) baixar; (demolish) jogar abaixo, demolir. ❑ **pull in** vi (train) dar entrada (em estação); (car) estacionar. ❑ **pull out** ◆ vt sep (cork, plug) tirar; (tooth) arrancar. ◆ vi (train) partir; (car) sair; (withdraw) retirar-se. ❑ **pull over** vi (car) encostar. ❑ **pull up** ◆ vt sep (trousers, sleeve) arregaçar; (socks) puxar. ◆ vi (stop) parar.

pulley ['pʊlɪ] (pl **pulleys**) n roldana f.

pullover ['pʊl,əʊvər] n pulôver m.

pulpit ['pʊlpɪt] n púlpito m.

pulse [pʌls] n MED pulso m.

pump [pʌmp] n bomba f. ❑ **pumps** npl (shoes) sandália f (de salto alto). ❑ **pump up** vt sep encher.

pumpkin ['pʌmpkɪn] n abóbora f.

pun [pʌn] n trocadilho m.

punch [pʌntʃ] n (blow) murro m, soco m ; (drink) ponche m. ◆ vt (hit) esmurrar, dar um murro OR soco em; (ticket) picar, obliterar.

punctual ['pʌŋktʃʊəl] adj pontual.

punctuation [,pʌŋktʃʊ'eɪʃn] n pontuação f.

puncture ['pʌŋktʃər] n furo m. ◆ vt furar.

punish ['pʌnɪʃ] vt: **to ~ sb (for sthg)** castigar alguém (por algo), pôr alguém de castigo (por algo).

punishment ['pʌnɪʃmənt] n castigo m.

punk [pʌŋk] n (person) punk mf; (music) música f punk.

pupil ['pjuːpl] n (of eye) pupila f; Brit (student) aluno m, -na f.

puppet ['pʌpɪt] n. fantoche m, marionete f.

puppy ['pʌpɪ] n cachorrinho m.

purchase ['pɜːtʃəs] vt fml comprar. ◆ n fml compra f.

pure [pjʊər] adj puro(ra).

puree [pjuː'reɪ] n purê m.

purely ['pjʊəlɪ] adv (only) meramente.

purity ['pjʊərətɪ] n pureza f.

purple ['pɜːpl] adj roxo(xa).

purpose ['pɜːpəs] n (reason) motivo m; (use) uso m; **on ~** de propósito.

purr [pɜːr] vi (cat) ronronar.

purse [pɜːs] n carteira f.

pursue [pərˈsuː] vt (follow) perseguir; (study, inquiry, matter) continuar com.

pus [pʌs] n pus m.

push [pʊʃ] vt (shove) empurrar (button, doorbell) apertar; (product) promover. ◆ vi (shove) empurra

♦ n: **to give sb/sthg a ~** empurrar alguém/algo, dar um empurrão em alguém/algo; **to ~ sb into doing sthg** levar alguém a fazer algo; **'push'** (on door) 'empurre'. ❑ **push off** vi inf (go away) ir embora.

pushed [pʊʃt] adj inf: **to be ~ (for time)** não ter tempo.

push-ups npl flexões fpl.

put [pʊt] (pt & pp **put**) vt pôr; (express) exprimir; (write) escrever; (a question) colocar, fazer; **to ~ sthg at** (estimate) avaliar algo em; **to ~ a child to bed** pôr uma criança na cama; **to ~ money into sthg** pôr dinheiro OR investir em algo. ❑ **put aside** vt sep (money) pôr de lado. ❑ **put away** vt sep (tidy up) arrumar. ❑ **put back** vt sep (replace) repor; (postpone) adiar; (clock, watch) atrasar. ❑ **put down** vt sep (on floor, table) colocar; (passenger, deposit) deixar. ❑ **put forward** vt sep (clock, watch) adiantar; (suggest) sugerir. ❑ **put in** vt sep (insert) pôr em; (install) instalar. ❑ **put off** vt sep (postpone) adiar; (distract) distrair; (repel) dar nojo em; (passenger) deixar. ❑ **put on** vt sep (clothes, make-up, CD) pôr; (television, light, radio) acender, ligar; (play, show) montar; **to ~ on weight** engordar. ❑ **put out** vt sep (cigarette, fire, light) apagar; (publish) publicar; (hand, arm, leg) estender; (inconvenience) incomodar; **to ~ one's back out** deslocar uma vértebra. ❑ **put together** vt sep juntar.

❑ **put up** vt sep (tent) montar; (statue) erigir, erguer; (building) construir; (umbrella) abrir; (a notice, sign) afixar; (price, rate) aumentar, subir; (provide with accommodation) alojar. ❑ **put up with** vt fus agüentar, suportar.

putt [pʌt] n (golf) putt m, pancada f leve. ♦ vi (golf) fazer um putt.

putter ['pʌtər] n (club) putter m.

putty ['pʌti] n massa f de vidraceiro, betume m.

puzzle ['pʌzl] n (game) quebra-cabeça m; (mystery) mistério m. ♦ vt confundir.

puzzling ['pʌzlɪŋ] adj intrigante.

pylon ['paɪlɒn] n poste m de alta tensão.

pyramid ['pɪrəmɪd] n pirâmide f.

Q

quail [kweɪl] n codorna f.

quaint [kweɪnt] adj curioso (osa).

qualification [ˌkwɒləfə'keɪʃn] n qualificação f.

qualified ['kwɒləfaɪd] adj (trained) qualificado(da).

qualify ['kwɒləfaɪ] vi (for competition) qualificar-se; (pass exam) formar-se.

quality ['kwɒlətɪ] n qualidade f. ◆ adj de qualidade.

quarantine ['kwɒrənti:n] n quarentena f.

quarrel ['kwɒrəl] n discussão f. ◆ vi discutir.

quarry ['kwɒrɪ] n (for stone) pedreira f; (for sand) areeiro m.

quart [kwɔ:rt] n (in US) = 0,946 l, ≃ quarto m de galão.

quarter ['kwɔ:rtər] n (fraction) quarto m; Am (coin) moeda f de 25 centavos; (three months) trimestre m; (part of city) bairro m; **(a)** ~ **of five** Am quinze para as cinco; **(a)** ~ **after five** Am cinco e quinze; **(a)** ~ **of an hour** quinze minutos.

quartet [kwɔːrˈtet] n quarteto m.

quartz [kwɔːrts] adj (watch) de quartzo.

quay [ki:] n cais m inv.

queasy ['kwiːzɪ] adj inf enjoado(da), indisposto(osta).

queen [kwiːn] n rainha f; (in cards) dama f.

queer [kwɪər] adj (strange) esquisito(ta); inf (ill) indisposto(osta). ◆ n inf (homosexual) bicha f.

quench [kwentʃ] vt: **to** ~ **one's thirst** matar a sede.

query ['kwɪərɪ] n pergunta f.

question ['kwestʃn] n pergunta f; (issue) questão f. ◆ vt (person) interrogar; **it's out of the** ~ está fora de questão.

question mark n ponto m de interrogação.

questionnaire [ˌkwestʃəˈneər] n questionário m.

queue [kju:] n Brit fila f. ◆ vi Brit fazer fila. ❑ **queue up** vi Brit fazer fila.

quiche [ki:ʃ] n quiche mf.

quick [kwɪk] adj rápido (da). ◆ adv rapidamente, depressa.

quickly ['kwɪklɪ] adv rapidamente, depressa.

quid [kwɪd] (pl inv) n Brit inf libra f.

quiet ['kwaɪət] adj silencioso(osa); (calm, peaceful) calmo (ma); (voice) baixo(xa). ◆ n sossego m, calma f; **keep** ~! figue calado!; **to keep** ~ (not make noise) ficar calado; **please keep** ~ **about this** por favor não diga nada.

quietly ['kwaɪətlɪ] adv silenciosamente; (calmly) tranqüilamente.

quilt [kwɪlt] n edredom m.

quirk [kwɜːrk] n mania f.

quit [kwɪt] (pt & pp quit) vi (resign) demitir-se; (give up) desistir. ◆ vt Am (school, job) deixar, abandonar; **to** ~ **doing sthg** deixar de fazer algo, desistir de fazer algo.

quite [kwaɪt] adv bastante; **it's not** ~ **big enough** não é suficientemente grande; **it's not** ~ **ready** ainda não está pronto; **you're** ~ **right** você tem toda a razão; ~ **a lot of money** bastante dinheiro.

quiz [kwɪz] (pl -zes) n competição f (de conhecimento).

quota ['kwəʊtə] n cota f, quota f.

quotation [kwəʊˈteɪʃn] *n* *(phrase)* citação *f*; *(estimate)* orçamento *m*.

quotation marks *npl* aspas *fpl*.

quote [kwəʊt] *vt* *(phrase, writer)* citar; *(price)* indicar. ◆ *n* *(phrase)* citação *f*; *(estimate)* orçamento *m*.

R

rabbit [ˈræbət] *n* coelho *m*.

rabies [ˈreɪbiːz] *n* raiva *f*.

race [reɪs] *n* *(competition)* corrida *f*; *(ethnic group)* raça *f*. ◆ *vi* *(compete)* competir; *(go fast)* correr; *(engine)* acelerar. ◆ *vt* *(compete against)* competir com.

racecar [ˈreɪskɑːr] *n* *Am* carro *m* de corrida.

racecourse [ˈreɪskɔːrs] *n* hipódromo *m*.

racehorse [ˈreɪshɔːrs] *n* cavalo *m* de corrida.

racetrack [ˈreɪstræk] *n* *(for horses)* hipódromo *m*; *(for cars)* autódromo *m*.

racial [ˈreɪʃl] *adj* racial.

racing [ˈreɪsɪŋ] *n*: **(horse)** ~ corrida *f* de cavalos.

racism [ˈreɪsɪzm] *n* racismo *m*.

racist [ˈreɪsəst] *n* racista *mf*.

rack [ræk] *n* *(for coats)* cabide *m*; *(for bottles)* porta-garrafas *m*; *(for plates)* escorredor *m* de louça;

(luggage) ~ porta-bagagens *m inv*; ~ **of lamb** peito *m* de carneiro.

racket [ˈrækət] *n* *(for tennis, badminton, squash)* rebatida *f*; *(noise)* barulheira *f*.

racquet [ˈrækɪt] *n* *Brit* raquete *f*.

radar [ˈreɪdɑːr] *n* radar *m*.

radiation [ˌreɪdɪˈeɪʃn] *n* radiação *f*.

radiator [ˈreɪdɪeɪtər] *n* radiador *m*.

radical [ˈrædɪkl] *adj* radical.

radii [ˈreɪdɪaɪ] *pl* → **radius**.

radio [ˈreɪdɪəʊ] *(pl* **-s)** *n* *(device)* rádio *m*; *(system)* rádio *f*. ◆ *vt* *(person)* chamar por rádio; **on the** ~ na rádio.

radioactive [ˌreɪdɪəʊˈæktɪv] *adj* radioativo(va).

radish [ˈrædɪʃ] *n* rabanete *m*.

radius [ˈreɪdɪəs] *(pl* **radii)** *n* raio *m*.

raffle [ˈræfl] *n* rifa *f*.

raft [rɑːft] *n* *(of wood)* jangada *f*; *(inflatable)* barco *m* de borracha.

rafter [ˈrɑːftr] *n* trave *f*, caibro *m*.

rag [ræg] *n* *(old cloth)* trapo *m*.

rage [reɪdʒ] *n* raiva *f*, fúria *f*.

raid [reɪd] *n* *(attack)* ataque *m*; *(by police)* batida *f*; *(robbery)* assalto *m*. ◆ *vt* *(subj: police)* dar uma batida em; *(subj: thieves)* assaltar.

rail [reɪl] *n* *(bar)* barra *f*; *(for curtain)* trilho *m*; *(on stairs)* corrimão *m*; *(for train, tram)* trilho *m*. ◆ *adj* ferroviário(ria); **by** ~ de trem.

railings ['reɪlɪŋz] npl grades fpl.

railroad ['reɪlrəʊd] Am (system) ferrovia f; (track) estrada f de ferro.

railway ['reɪlweɪ] n Brit = **railroad**.

rain [reɪn] n chuva f. ♦ v impers chover; **it's ~ing** está chovendo.

rainbow ['reɪnbəʊ] n arco-íris m inv.

raincoat ['reɪnkəʊt] n capa f de chuva.

raindrop ['reɪndrɒp] n gota f OR pingo m de chuva.

rainfall ['reɪnfɔːl] n precipitação f.

rainy ['reɪnɪ] adj chuvoso(osa).

raise [reɪz] vt levantar; (increase) aumentar; (money) angariar; (child, animals) criar. ♦ n Am (pay increase) aumento m.

raisin ['reɪzn] n passa f (de uva).

rake [reɪk] n (tool) ancinho m.

rally ['rælɪ] n (public meeting) comício m; (car race) rali m, rally m; (in tennis, badminton, squash) troca f de bolas, rally.

ram [ræm] n carneiro m. ♦ vt (bang into) bater contra.

ramble ['ræmbl] n passeio m, caminhada f.

ramp [ræmp] n (slope) rampa f; Am (to freeway) acesso m; Brit (in road) lombada f.

ramparts ['ræmpɑːts] npl muralhas fpl.

ran [ræn] pt → **run**.

ranch [rɑːntʃ] n rancho m.

rancid ['rænsɪd] adj rançoso (osa).

random ['rændəm] adj ao acaso. ♦ n: **at ~** ao acaso.

rang [ræŋ] pt → **ring**.

range [reɪndʒ] n (of radio, telescope) alcance m; (of aircraft) autonomia f; (of prices) leque m; (of goods, services) gama f, variedade f; (of hills, mountains) cadeia f, cordilheira f; (for shooting) linha f de tiro; (stove) fogão m. ♦ vi: **to ~ from ... to** oscilar entre ... e; **age ~** faixa f etária.

ranger ['reɪndʒər] n guarda mf florestal.

rank [ræŋk] n (in armed forces, police) patente f. ♦ adj (smell) fétido(da); (taste) horroroso(osa).

ransom ['rænsəm] n resgate m.

rap [ræp] n (music) rap m.

rape [reɪp] n (crime) estupro m. ♦ vt estuprar.

rapid ['ræpɪd] adj rápido(da). ❐ **rapids** npl corredeira f.

rapidly ['ræpɪdlɪ] adv rapidamente.

rapist ['reɪpɪst] n estuprador m.

rare [reər] adj raro(ra); (meat) malpassado(da).

rarely ['reəlɪ] adv raramente.

rash [ræʃ] n (on skin) erupção f cutânea, brotoeja f. ♦ adj precipitado(da).

raspberry ['rɑːzbərɪ] n framboesa f.

rat [ræt] n rato m, ratazana f.

rate [reɪt] n (level) índice m, taxa f; (charge) tarifa f, preço m *(speed)* velocidade *f.* ◆ *vt (consider)* considerar; *(deserve)* merecer; **exchange** ~ taxa de câmbio; **at any** ~ *(at least)* pelo menos; *(anyway)* de qualquer modo; **at this** ~ desse jeito, nesse passo.

rather ['rɑːðər] *adv (quite)* bastante; **I'd** ~ **have a beer** prefiro uma cerveja; **I'd** ~ **not** é melhor não; **would you** ~ **...?** você prefere ...?; ~ **than** em vez de; **that's** ~ **a lot** é um pouco demais.

ratio ['reɪʃɪəʊ] *(pl* **-s)** *n* proporção *f.*

ration ['ræʃn] *n* porção *f.* ❑ **rations** *npl (food)* rações *fpl.*

rational ['ræʃnəl] *adj* racional.

rattle ['rætl] *n (of baby)* chocalho *m.* ◆ *vi* chocalhar.

rave [reɪv] *n (party)* rave *f.*

raven ['reɪvn] *n* corvo *m.*

raw [rɔː] *adj (uncooked)* cru (crua); *(unprocessed)* bruto(ta).

raw material *n* matéria-prima *f.*

ray [reɪ] *n* raio *m.*

razor ['reɪzər] *n* aparelho *m* de barbear, navalha *f.*

razor blade *n* lâmina *f* de barbear.

re [riː] *prep* referente a, com respeito a.

reach [riːtʃ] *vt* chegar a; *(arrive at)* atingir; *(contact)* contatar. ◆ *n:* **out of** ~ fora de alcance; **within** ~ **of the beach** próximo da praia. ❑ **reach out** *vi:* **to** ~ **out (for)** estender o braço (para).

react [rɪ'ækt] *vi* reagir.

reaction [rɪ'ækʃn] *n* reação *f.*

read [riːd] *(pt & pp* **read** [red]) *vt* ler; *(subj: sign, note)* dizer; *(subj: meter, gauge)* marcar. ◆ *vi* ler; **I read about it in the paper** fiquei sabendo pelo jornal. ❑ **read out** *vt sep* ler em voz alta.

reader ['riːdər] *n (of newspaper, book)* leitor *m,* -ra *f.*

readily ['redɪlɪ] *adv (willingly)* de boa vontade; *(easily)* facilmente.

reading ['riːdɪŋ] *n* leitura *f.*

ready ['redɪ] *adj (prepared)* pronto(ta); **to be** ~ **for sthg** *(prepared)* estar preparado para algo; **to be** ~ **to do sthg** *(willing)* estar disposto a fazer algo; *(likely)* estar prestes a fazer algo; **to get** ~ preparar-se; **to get sthg** ~ preparar algo.

ready-to-wear *adj* pronto para vestir.

real ['rɪəl] *adj* verdadeiro(ra); *(life, world)* real; *(leather)* genuíno(na). ◆ *adv Am* mesmo.

real estate *n* bens *mpl* imóveis.

realistic [ˌrɪə'lɪstɪk] *adj* realista.

reality [rɪ'ælɪtɪ] *n* realidade *f;* **in** ~ na realidade.

realize ['rɪəlaɪz] *vt (become aware of)* aperceber-se de; *(know)* saber; *(ambition, goal)* realizar.

really ['rɪəlɪ] *adv (for emphasis)* mesmo, muito; *(in reality)* realmente; **was it good?** – **not** ~

foi bom? – não muito; ~? *(expressing surprise)* a sério?

realtor ['ri:ǝltǝr] *n Am* corretor *m*, -ra *f* de imóveis.

rear [rıǝr] *adj* traseiro(ra). ◆ *n (back)* parte *f* de trás, traseira *f*.

rearrange [,ri:ǝ'reındʒ] *vt (room, furniture)* mudar; *(meeting)* alterar.

reason ['ri:zn] *n* razão *f*, motivo *m*; **for some** ~ por alguma razão.

reasonable ['ri:znǝbl] *adj* razoável.

reasonably ['ri:znǝblı] *adv (quite)* razoavelmente.

reasoning ['ri:znıŋ] *n* raciocínio *m*.

reassure [,ri:ǝ'ʃɔ:r] *vt* tranqüilizar.

reassuring [,ri:ǝ'ʃɔ:rıŋ] *adj* tranqüilizador(ra).

rebate ['ri:beıt] *n* devolução *f*, reembolso *m*.

rebel [*n* 'rebl, *vb* rı'bel] *n* rebelde *mf*. ◆ *vi* revoltar-se.

rebound [rı'baʊnd] *vi (ball)* ressaltar.

rebuild [,ri:'bıld] *(pt & pp -built)* *vt* reconstruir.

rebuke [rı'bju:k] *vt* repreender.

recall [rı'kɔ:l] *vt (remember)* recordar-se de, lembrar-se de.

receipt [rı'si:t] *n (for goods, money)* recibo *m*; **on ~ of** ao receber, mediante a recepção de.

receive [rı'si:v] *vt* receber.

receiver [rı'si:vǝr] *n (of phone)* fone *m*.

recent ['ri:snt] *adj* recente.

recently ['ri:sntlı] *adv* recentemente.

reception [rı'sepʃn] *n* recepção *f*.

reception desk *n* recepção *f*.

receptionist [rı'sepʃnǝst] *n* recepcionista *mf*.

recess ['ri:ses] *n (in wall)* nicho *m*, vão *m*; *Am: SCH* recreio *m*, intervalo *m*.

recession [rı'seʃn] *n* recessão *f*.

recipe ['resǝpı] *n* receita *f*.

recite [rı'saıt] *vt (poem)* recitar; *(list)* enumerar.

reckless ['reklǝs] *adj* irresponsável.

reckon ['rekn] *vt inf (think)*: **to ~ (that)** achar que. ❑ **reckon on** *vt fus* contar, esperar. ❑ **reckon with** *vt fus (expect)* contar com.

reclaim [rı'kleım] *vt (baggage)* recuperar.

recognition [,rekǝg'nıʃn] *n* reconhecimento *m*.

recognize ['rekǝgnaız] *vt* reconhecer.

recollect [,rekǝ'lekt] *vt* recordar-se de.

recommend [,rekǝ'mend] *vt* recomendar; **to ~ that sb do sthg** recomendar a alguém que faça algo.

recommendation [,rekǝmen'deıʃn] *n* recomendação *f*.

reconsider [,ri:kǝn'sıdǝr] *vt* reconsiderar.

reconstruct [,ri:kǝn'strʌkt] *v* reconstruir.

record [n 'rekɔːrd, vb rɪ'kɔːrd] n MUS disco m; (best performance, highest level) recorde m; (account) registro m. ◆ vt (keep account of) registrar; (on tape) gravar.

recorder [rɪ'kɔːrdər] n (tape recorder) gravador m; (instrument) flauta f, pífaro m.

recording [rɪ'kɔːrdɪŋ] n gravação f.

record player n toca-discos m inv.

record store n Am loja f de discos.

recover [rɪ'kʌvər] vt vi recuperar.

recovery [rɪ'kʌvərɪ] n recuperação f.

recreation [ˌrekrɪ'eɪʃn] n distração f, divertimento m.

recreation ground n parque m OR campo m de jogos.

recruit [rɪ'kruːt] n recruta mf. ◆ vt recrutar.

rectangle ['rek,tæŋgl] n retângulo m.

rectangular [rek'tæŋgjələr] adj retangular.

recycle [ˌriː'saɪkl] vt reciclar.

red [red] adj (in color) vermelho (lha), encarnado(da); (hair) ruivo(va). ◆ n (color) vermelho m, encarnado m; **in the** ~ com saldo negativo.

Red Cross n Cruz f Vermelha.

redcurrant ['redkɜːrənt] n groselha f.

redecorate [ˌriː'dekəreɪt] vt redecorar.

redhead ['redhed] n ruivo m, -va f.

redial [ˌriː'daɪəl] vi tornar a discar (o número de telefone).

redirect [ˌriːdə'rekt] vt (traffic, plane) desviar; Brit (letter) mandar para o novo endereço.

reduce [rɪ'djuːs] vt (make smaller) reduzir, diminuir; (make cheaper) saldar, reduzir o preço de. ◆ vi Am (slim) emagrecer.

reduced price [rɪ'djuːst-] n preço m reduzido OR de saldo.

reduction [rɪ'dʌkʃn] n redução f.

redundancy [rɪ'dʌndənsɪ] n Brit (job loss) demissão f.

redundant [rɪ'dʌndənt] adj Brit: **to be made** ~ ser despedido(da), perder o emprego.

reed [riːd] n junco m.

reef [riːf] n arrecife m.

reek [riːk] vi: **to** ~ **(of)** feder (a).

reel [riːl] n (of thread) carro m; (on fishing rod) molinete m, carreto m; (of film) rolo m.

refectory [rɪ'fektərɪ] n refeitório m, cantina f.

refer [rɪ'fɜːr]: **refer to** vt fus (speak about) fazer referência a, referir-se a; (consult) consultar.

referee [ˌrefə'riː] n SPORT árbitro m.

reference ['refrəns] n referência f. ◆ adj (book) de consulta; (library) para consultas; **with** ~ **to** com referência a.

referendum [ˌrefə'rendəm] n plebiscito m.

refill [n 'ri:fɪl, vb ˌri:'fɪl] n (for pen) recarga f. ♦ vt (voltar a) encher; **would you like a ~?** inf (drink) mais um copo?

refinery [rɪ'faɪnərɪ] n refinaria f.

reflect [rɪ'flekt] vt vi refletir.

reflection [rɪ'flekʃn] n (image) reflexo m.

reflector [rɪ'flektər] n refletor m.

reflex ['ri:fleks] n reflexo m.

reflexive [rɪ'fleksɪv] adj reflexo(xa), reflexivo(va).

reform [rɪ'fɔ:rm] n reforma f. ♦ vt reformar.

refresh [rɪ'freʃ] vt refrescar.

refreshing [rɪ'freʃɪŋ] adj refrescante.

refreshments [rɪ'freʃmənts] npl lanches mpl, comes e bebes.

refrigerator [rɪ'frɪdʒəreɪtər] n geladeira f.

refugee [ˌrefju'dʒi:] n refugiado m, -da f.

refund [n 'ri:fʌnd, vb rɪ'fʌnd] n reembolso m. ♦ vt reembolsar.

refundable [rɪ'fʌndəbl] adj reembolsável.

refusal [rɪ'fju:zl] n recusa f.

refuse¹ [rɪ'fju:z] vt vi recusar; **to ~ to do sthg** recusar-se a fazer algo.

refuse² ['refju:s] n fml lixo m.

regard [rɪ'gɑ:rd] vt (consider) considerar. ♦ n: **with ~ to** a respeito de; **as ~s** no que diz respeito a, quanto a. ❑ **regards** npl (in greetings) cumprimentos mpl; **give them my ~s** dê-lhes os meus cumprimentos.

regarding [rɪ'gɑ:rdɪŋ] prep a respeito de, no que diz respeito a.

regardless [rɪ'gɑ:rdləs] adv apesar de tudo; **~ of** independentemente de.

reggae ['regeɪ] n reggae m.

regiment ['redʒɪmənt] n regimento m.

region ['ri:dʒən] n região f; **in the ~ of** cerca de, na região de.

regional ['ri:dʒnəl] adj regional.

register ['redʒɪstər] n registro m. ♦ vt registrar. ♦ vi (put one's name down) inscrever-se; (at hotel) preencher o registro.

registered ['redʒəstərd] adj (letter, parcel) registrado(da).

registration [ˌredʒə'streɪʃn] n (for course, at conference) inscrição f.

registry office ['redʒəstrɪ-] n registro m civil.

regret [rɪ'gret] n arrependimento m. ♦ vt lamentar, arrepender-se de; **to ~ doing sthg** arrepender-se de ter feito algo; **we ~ any inconvenience caused** lamentamos qualquer inconveniência.

regrettable [rɪ'gretəbl] adj lamentável.

regular ['regjələr] adj regular; (normal, in size) normal. ♦ n (customer) cliente mf habitual, habitué mf.

regularly ['regjələrlɪ] adv regularmente.

regulate ['regjəleɪt] vt regular.

regulation [ˌregjə'leɪʃn] n (rule) regra f.

rehearsal [rɪ'hɜːrsl] n ensaio m.

rehearse [rɪ'hɜːrs] vt ensaiar.

reign [reɪn] n reino m. ♦ vi reinar.

reimburse [ˌriːəm'bɜːrs] vt fml reembolsar.

reindeer ['reɪnˌdɪər] (pl inv) n rena f.

reinforce [ˌriːən'fɔːrs] vt reforçar.

reinforcements [ˌriːən'fɔːrsmənts] npl reforços mpl.

reins [reɪnz] npl (for horse) rédeas fpl; (for child) andadeira f.

reject [rɪ'dʒekt] vt rejeitar.

rejection [rɪ'dʒekʃn] n rejeição f.

relapse [rɪ'læps] n recaída f.

relate [rɪ'leɪt] vt (connect) relacionar. ♦ vi: **to** ~ **to** (be connected with) estar relacionado(da) com; (concern) dizer respeito a.

related [rɪ'leɪtəd] adj (of same family) da mesma família, aparentado(da); (connected) relacionado(da).

relation [rɪ'leɪʃn] n (member of family) parente mf; (connection) relação f, ligação f; **in** ~ **to** em relação a. ❏ **relations** npl relações fpl.

relationship [rɪ'leɪʃnʃɪp] n (between countries, people) relações fpl; (between lovers) relação f; (connection) ligação f, relação f.

relative ['relətɪv] adj relativo (va). ♦ n parente mf.

relatively ['relətɪvlɪ] adv relativamente.

relax [rɪ'læks] vi (person) descontrair-se, relaxar.

relaxation [ˌriːlæk'seɪʃn] n (of person) descontração f, relaxamento m.

relaxed [rɪ'lækst] adj descontraído(da), relaxado(da).

relaxing [rɪ'læksɪŋ] adj relaxante, calmante.

relay ['riːleɪ] n (race) corrida f de revezamento.

release [rɪ'liːs] vt (set free) libertar, soltar; (let go of) largar, soltar; (record, movie) lançar; (brake, catch) soltar. ♦ n (record, movie) lançamento m.

relevant ['reləvənt] adj relevante.

reliable [rɪ'laɪəbl] adj (person, machine) de confiança, confiável.

relic ['relɪk] n (object) relíquia f.

relief [rɪ'liːf] n (gladness) alívio m ; (aid) ajuda f.

relieve [rɪ'liːv] vt (pain, headache) aliviar.

relieved [rɪ'liːvd] adj aliviado (da).

religion [rɪ'lɪdʒn] n religião f.

religious [rɪ'lɪdʒəs] adj religioso(osa).

relish ['relɪʃ] n (sauce) molho m.

reluctant [rɪ'lʌktənt] adj reluctante.

rely [rɪ'laɪ] (pt & pp -ied): **rely on** vt fus (trust) confiar em; (depend on) depender de.

remain [rɪ'meɪn] vi (stay) permanecer; (continue to exist) sobrar, restar. ❏ **remains** npl (of *meal, body)* restos *mpl; (of ancient buildings etc.)* ruínas *fpl.*

remainder [rɪ'meɪndər] *n* resto *m,* restante *m.*

remaining [rɪ'meɪnɪŋ] *adj* restante.

remark [rɪ'mɑːrk] *n* comentário *m.* ◆ *vt* comentar.

remarkable [rɪ'mɑːrkəbl] *adj* extraordinário(ria), incrível.

remedy ['remədɪ] *n* remédio *m.*

remember [rɪ'membər] *vt* lembrar-se de. ◆ *vi (recall)* lembrar-se; **to ~ doing sthg** lembrar-se de ter feito algo; **to ~ to do sthg** lembrar-se de fazer algo.

remind [rɪ'maɪnd] *vt:* **to ~ sb of** lembrar a alguém de algo; **to ~ sb to do sthg** lembrar a alguém que tem de fazer algo.

reminder [rɪ'maɪndər] *n (for bill, library book)* aviso *m.*

remittance [rɪ'mɪtns] *n (fml: money)* ≃ vale *m* postal.

remnant ['remnənt] *n* resto *m.*

remote [rɪ'məʊt] *adj* remoto (ta).

remote control *n (device)* controle *m* remoto.

removal [rɪ'muːvl] *n* remoção *f; Brit (change of house)* mudança *f.*

remove [rɪ'muːv] *vt* remover.

renew [rɪ'njuː] *vt* renovar.

renovate ['renəveɪt] *vt* renovar.

renowned [rɪ'naʊnd] *adj* célebre.

rent [rent] *n* renda *f,* arrendamento *m.* ◆ *vt* arrendar.

rental ['rentl] *n* aluguel *m.* ◆ *adj:* **a ~ car** um carro de aluguel.

repaid [ˌriː'peɪd] *pt & pp* → **repay.**

repair [rɪ'peər] *vt* reparar. ◆ *n:* **in good ~** em boas condições. ❑ **repairs** *npl* consertos *mpl.*

repay [ˌriː'peɪ] *(pt & pp* -**paid**) *vt (money)* reembolsar; *(favor, kindness)* retribuir.

repayment [riː'peɪmənt] *n (money)* reembolso *m.*

repeat [rɪ'piːt] *vt* repetir. ◆ *n (on TV)* reprise *f.*

repetition [ˌrepə'tɪʃn] *n* repetição *f.*

repetitive [rɪ'petɪtɪv] *adj* repetitivo(va).

replace [rɪ'pleɪs] *vt (substitute)* substituir; *(faulty goods)* trocar; *(put back)* voltar a pôr no lugar.

replacement [rɪ'pleɪsmənt] *n (substitute)* substituto *m,* -ta *f.*

replay ['riːpleɪ] *n (on TV)* replay *m; Brit (rematch)* jogo *m* de desempate.

reply [rɪ'plaɪ] *n* resposta *f.* ◆ *vt* & *vi* responder.

report [rɪ'pɔːrt] *n (account)* relatório *m; (in newspaper, on TV, radio)* reportagem *f; Brit* SCH boletim *m.* ◆ *vt (announce)* anunciar; *(theft, disappearance)* dar parte; *(person)* denunciar. ◆ *vi (give account)* informar; *(for newspaper, TV, radio)* fazer uma reportagem; **to ~ to sb** *(go to)* apresentar-se a alguém; **to ~ (to sb) on** informar (alguém) sobre.

reporter [rɪ'pɔːrtər] n repórter mf.

represent [ˌreprɪ'zent] vt representar.

representative [ˌreprɪ'zentətɪv] n representante mf.

repress [rɪ'pres] vt reprimir.

reprieve [rɪ'priːv] n (delay) adiamento m.

reprimand ['reprɪmænd] vt repreender.

reproach [rɪ'prəʊtʃ] vt repreender.

reproduction [ˌriːprə'dʌkʃn] n reprodução f.

reptile ['reptaɪl] n réptil m.

republic [rɪ'pʌblɪk] n república f.

Republican [rɪ'pʌblɪkən] n (in US) republicano m, -na f. ♦ adj (in US) republicano(na).

repulsive [rɪ'pʌlsɪv] adj repulsivo(va).

reputable ['repjətəbl] adj de boa reputação.

reputation [ˌrepjə'teɪʃn] n reputação f.

reputedly [rɪ'pjuːtɪdlɪ] adv supostamente.

request [rɪ'kwest] n pedido m. ♦ vt pedir; **to ~ sb to do sthg** pedir a alguém que faça algo; **available on ~** disponível a pedido do interessado.

require [rɪ'kwaɪər] vt (subj: person) necessitar de; (subj: situation) requerer, exigir; **passengers are ~d to show their** tickets pede-se aos passageiros que mostrem as passagens.

requirement [rɪ'kwaɪərmənt] n (condition) requisito m; (need) necessidade f.

rerun ['riːrʌn] n Am (on TV) reprise f.

rescue ['reskjuː] vt resgatar, salvar.

research [rɪ'sɜːrtʃ] n pesquisa f.

resemblance [rɪ'zembləns] n semelhança f.

resemble [rɪ'zembl] vt parecer-se com.

resent [rɪ'zent] vt ressentir-se com.

reservation [ˌrezə'rveɪʃn] n reserva f; **to make a ~** fazer uma reserva.

reserve [rɪ'zɜːrv] n (for wildlife) reserva f. ♦ vt reservar.

reserved [rɪ'zɜːvd] adj reservado(da).

reservoir ['rezəvwɑːr] n reservatório m, represa f.

reset [ˌriː'set] (pt & pp reset) vt (watch) acertar; (meter, device) reajustar.

reside [rɪ'zaɪd] vi fml residir.

residence ['rezɪdəns] n fml residência f; **place of ~** fml (local m de) residência f.

resident ['rezɪdənt] n (of country) habitante mf; (of hotel) hóspede mf; (of area, house) morador m, -ra f; '~s only' (for parking) 'reservado para os moradores'.

residential [ˌrezɪ'denʃl] adj residencial.

residue ['rezɪdjuː] n resíduo m.

resign [rɪ'zaɪn] vi demitir-se.
♦ vt: to ~ o.s. to sthg resignar-se com algo, conformar-se com algo.

resignation [,rezɪg'neɪʃn] n (from job) demissão f.

resilient [rɪ'zɪlɪənt] adj forte.

resist [rɪ'zɪst] vt resistir a; I can't ~ chocolate cake não resisto a bolo de chocolate; to ~ doing sthg resistir a fazer algo.

resistance [rɪ'zɪstəns] n resistência f.

resit [,riː'sɪt] (pt & pp -sat) vt Brit repetir (prova, teste).

resolution [,rezə'luːʃn] n resolução f.

resolve [rɪ'zɒlv] vt (solve) resolver.

resort [rɪ'zɔːt] n (for vacation) local m turístico; as a last ~ como último recurso. ❑ resort to vt fus recorrer a; to ~ to doing sthg recorrer a fazer algo.

resource [rɪ'sɔːs] n recurso m.

resourceful [rɪ'sɔːsfl] adj desembaraçado(da).

respect [rɪ'spekt] n respeito m; (aspect) aspecto m. ♦ vt respeitar; with ~ to com respeito a; in some ~s sob alguns aspectos.

respectable [rɪ'spektəbl] adj (person, job etc.) respeitável; (acceptable) decente.

respective [rɪ'spektɪv] adj respectivo(va).

respond [rɪ'spɒnd] vi responder.

response [rɪ'spɒns] n resposta f.

responsibility [rɪ,spɒnsə-'bɪlətɪ] n responsabilidade f.

responsible [rɪ'spɒnsəbl] adj responsável; to be ~ (for) (to blame) ser responsável (por).

rest [rest] n (relaxation) descanso m; (for foot, head, back) apoio m. ♦ vi (relax) descansar. ♦ vt: to ~ sthg against sthg encostar algo em algo; the ~ (remainder) o resto; to take a ~ descansar; the ladder was ~ing against the wall a escada estava encostada na parede.

restaurant ['restərɒnt] n restaurante m.

restful ['restfl] adj tranqüilo(la).

restless ['restləs] adj (bored, impatient) impaciente; (fidgety) inquieto(ta).

restore [rɪ'stɔː] vt (reintroduce) restabelecer; (renovate) restaurar.

restrain [rɪ'streɪn] vt conter.

restrict [rɪ'strɪkt] vt restringir.

restricted [rɪ'strɪktəd] adj restrito(ta).

restriction [rɪ'strɪkʃn] n restrição f.

rest room n Am banheiro m.

result [rɪ'zʌlt] n resultado m.
♦ vi: to ~ in resultar em; as a ~ of em consequência de. ❑ results npl (of test, exam) resultados mpl.

resume [rɪ'zuːm] vt vi recomeçar, retomar.

résumé ['rezəmeɪ] n Am curriculum m vitae.

retail [rɪ'teɪl] n venda f a varejo. ♦ vt vender (a varejo). ♦ vi: to ~ at vender a.

retailer ['ri:teɪlər] n varejista mf.

retail price n preço m de venda ao público.

retain [rɪ'teɪn] vt fml reter.

retaliate [rɪ'tælɪeɪt] vi retaliar.

retire [rɪ'taɪər] vi (stop working) aposentar-se.

retired [rɪ'taɪərd] adj aposentado(da).

retirement [rɪ'taɪərmənt] n aposentadoria f.

retreat [rɪ'tri:t] vi retirar-se. ◆ n (place) retiro m.

retrieve [rɪ'tri:v] vt recuperar.

return [rɪ'tɜ:rn] n (arrival back) regresso m. ◆ vt devolver. ◆ vi voltar, regressar. ◆ adj: by ~ mail Am no correio seguinte; in ~ (for) em troca (de); many happy ~ s! muitos anos de vida!; to ~ sthg (to sb) (give back) devolver algo (a alguém).

return ticket n bilhete m de ida e volta.

reunite [ˌri:ju:'naɪt] vt reunir.

reveal [rɪ'vi:l] vt revelar.

revelation [ˌrevə'leɪʃn] n revelação f.

revenge [rɪ'vendʒ] n vingança f.

reverse [rɪ'vɜ:rs] adj inverso (sa). ◆ n AUT marcha f à ré; (of coin) reverso m; (of document) verso m. ◆ vt (car) dar marcha à ré em; (decision) revogar. ◆ vi (car, driver) dar marcha a ré; in ~ order na ordem inversa, ao contrário; the ~ (opposite) o contrário.

review [rɪ'vju:] n (of book, record, movie) crítica f; (examination) revisão f. ◆ vt Am (for test) rever.

revise [rɪ'vaɪz] vt rever. ◆ vi Brit rever a matéria.

revision [rɪ'vɪʒn] n Brit revisão f.

revive [rɪ'vaɪv] vt (person) reanimar; (economy, custom) recuperar.

revolt [rɪ'vəʊlt] n revolta f.

revolting [rɪ'vəʊltɪŋ] adj repugnante.

revolution [ˌrevə'lu:ʃn] n revolução f.

revolutionary [revə'lu:ʃənərɪ] adj revolucionário(ria).

revolver [rɪ'vɒlvər] n revólver m.

revue [rɪ'vju:] n (teatro m de) revista f.

reward [rɪ'wɔːrd] n recompensa f. ◆ vt recompensar.

rewind [ˌriː'waɪnd] (pt & pp -wound) vt rebobinar.

rheumatism ['ruːmətɪzm] n reumatismo m.

rhinoceros [raɪ'nɒsərəs] (pl inv OR -es) n rinoceronte m.

rhubarb ['ruːbɑːrb] n ruibarbo m.

rhyme [raɪm] n (poem) rima f. ◆ vi rimar.

rhythm ['rɪðm] n ritmo m.

rib [rɪb] n costela f.

ribbon ['rɪbən] n fita f.

rice [raɪs] n arroz m.

rice pudding n ≃ arroz-doce m.

rich [rɪtʃ] adj rico(ca). ◆ npl: the ~ os ricos; **to be ~ in** sthg ser rico em algo.

rid [rɪd] vt: **to get ~ of** livrar-se de.

ridden ['rɪdn] pp → **ride**.

riddle ['rɪdl] n (puzzle) adivinha f; (mystery) enigma m.

ride [raɪd] (pt **rode**, pp **ridden**) n (on horse, bike) passeio m; (in vehicle) volta f. ◆ vt (horse) andar a; (bike) andar de. ◆ vi (on horse) andar OR montar a cavalo; (on bike) andar de bicicleta; (in vehicle) viajar; **to go for a ~** (in car) ir dar uma volta (de carro).

rider ['raɪdər] n (on horse) cavaleiro m, amazona f; (on bike) ciclista mf.

ridge [rɪdʒ] n (of mountain) crista f; (raised surface) rugosidade f.

ridiculous [rɪ'dɪkjələs] adj ridículo(la).

riding ['raɪdɪŋ] n equitação f.

rifle ['raɪfl] n fuzil m, espingarda f.

rig [rɪg] n (oilrig) plataforma f petrolífera. ◆ vt fraudar.

right [raɪt] adj -1. (correct) certo(ta); **to be ~** (person) ter razão; **to be ~ to do** sthg fazer bem em fazer algo; **is this the ~ way?** é este o caminho certo?; **that's ~!** é isso mesmo!, exatamente!

-2. (fair) certo(ta); **that's not ~!** isso não está certo!

-3. (on the right) direito(ta); **the**

~ **side of the road** o lado direito da estrada.

◆ n -1. (side): **the ~** a direita.

-2. (entitlement) direito m; **to have the ~ to do** sthg ter o direito de fazer algo.

◆ adv -1. (toward the right) à direita; **turn ~ at the post office** vire à direita junto aos correios.

-2. (correctly) bem; **am I pronouncing it ~?** estou pronunciando isso bem?

-3. (for emphasis) mesmo; ~ **here** aqui mesmo; **I'll be ~ back** volto já; ~ **away** imediatamente.

right angle n ângulo m reto.

right-hand adj direito(ta).

right-handed [-'hændəd] adj (person) destro(tra); (implement) para pessoas destras.

rightly ['raɪtlɪ] adv (correctly) corretamente; (justly) devidamente.

right-wing adj de direita.

rigid ['rɪdʒɪd] adj rígido(da).

rim [rɪm] n (of cup) borda f; (of glasses) armação f; (of bicycle wheel) aro m; (of car wheel) aro m.

rind [raɪnd] n (of fruit, cheese) casca f; (of bacon) couro m.

ring [rɪŋ] (pt **rang**, pp **rung**) n (for finger) anel m; (circle) círculo m; (sound) toque m de campainha, telefone; (on electric cooker) disco m; (on gas cooker) boca f; (for boxing) ringue m; (in circus) arena f. ◆ vt (bell) tocar a. ◆ vi (doorbell, telephone) tocar; (ears) zumbir; **to give sb a ~** *(phone call)* telefonar para alguém; **to ~ the bell** *(of house, office)* tocar a campainha.

rink [rɪŋk] *n* rinque *m*, pista *f* (de patinação).

rinse [rɪns] *vt (clothes, hair)* enxaguar, passar uma água; *(hands)* lavar. ▫ **rinse out** *vt sep (clothes)* enxaguar, passar uma água; *(mouth)* bochechar.

riot [ˈraɪət] *n (violent disturbance)* distúrbio *m*.

rip [rɪp] *n* rasgão *m*. ◆ *vt* rasgar. ◆ *vi* rasgar-se. ▫ **rip off** *vt sep (person)* extorquir. ▫ **rip up** *vt sep* rasgar em pedaços.

ripe [raɪp] *adj* maduro(ra).

ripen [ˈraɪpn] *vi* amadurecer.

rip-off *n inf* roubo *m*.

rise [raɪz] *(pt* rose, *pp* risen [ˈrɪzn]*) vi (move upward)* elevar-se; *(sun, moon)* nascer; *(increase)* subir; *(stand up)* levantar-se. ◆ *n* subida *f*; *Brit (pay increase)* aumento *m*.

risk [rɪsk] *n* risco *m*. ◆ *vt* arriscar; **to take a ~** correr um risco; **at your own ~** por sua conta e risco; **to ~ doing sthg** arriscar-se a fazer algo; **to ~ it** arriscar-se.

risky [ˈrɪskɪ] *adj* arriscado(da).

ritual [ˈrɪtʃʊəl] *n* ritual *m*.

rival [ˈraɪvl] *adj* rival. ◆ *n* rival *mf*.

river [ˈrɪvər] *n* rio *m*.

river bank *n* margem *f* do rio.

riverside [ˈrɪvərsaɪd] *n* beira-rio *f*.

roach [rəʊtʃ] *n Am (cockroach)* barata *f*.

road [rəʊd] *n* estrada *f*; **by ~** por estrada.

roadside [ˈrəʊdsaɪd] *n*: **the ~** a beira (da estrada).

road sign *n* placa *f* (de trânsito).

roadwork [ˈrəʊdwɜːrk] *n* obras *fpl* na pista.

roam [rəʊm] *vi* vaguear.

roar [rɔːr] *n (of crowd)* gritos *mpl*, brados *mpl*; *(of airplane)* ronco *m*; *(of lion)* rugido *m*. ◆ *vi (crowd)* berrar, bradar; *(lion)* rugir.

roast [rəʊst] *n* assado *m*. ◆ *vt* assar. ◆ *adj* assado(da); **~ beef** rosbife *m*; **~ chicken** frango *m* assado; **~ lamb** carneiro *m* assado; **~ pork** lombo *m* (de porco) assado; **~ potatoes** batatas *fpl* assadas.

rob [rɒb] *vt* assaltar; **to ~ sb of sthg** roubar algo de alguém.

robber [ˈrɒbər] *n* ladrão *m*, -dra *f*.

robbery [ˈrɒbərɪ] *n* assalto *m*.

robe [rəʊb] *n Am (bathrobe)* roupão *m*.

robin [ˈrɒbɪn] *n* pintarroxo *m*.

robot [ˈrəʊbɒt] *n* robô *m*.

rock [rɒk] *n* rocha *f*; *Am (stone)* pedra *f*; *(music)* rock *m*. ◆ *vt (baby)* embalar; *(boat)* balançar; **on the ~s** *(drink)* com gelo.

rock climbing *n* escalada *f*; **to go ~** ir escalar.

rocket [ˈrɒkɪt] *n (missile, space rocket)* foguete *m*; *(firework)* foguete *m*.

rocky ['rɒkɪ] *adj (place)* rocho-so(osa).

rod [rɒd] *n (wooden)* vara *f; (metal)* barra *f; (for fishing)* vara *f* de pescar.

rode [rəud] *pt →* ride.

role [rəul] *n* papel *m.*

roll [rəul] *n (of bread)* pãozinho *m; (of film, paper)* rolo *m.* ◆ *vi (ball, rock)* rolar; *(vehicle)* circular; *(ship)* balançar. ◆ *vt (ball, rock)* fazer rolar; *(cigarette)* enrolar; *(dice)* lançar. ❑ **roll over** *vi (person, animal)* virar-se; *(car)* capotar. ❑ **roll up** *vt sep (map, carpet)* enrolar; *(sleeves, trousers)* arregaçar.

rollerblades ['rəulər‚bleɪdz] *npl* patins *mpl* em linha.

rollerblading ['rəulər‚bleɪdɪŋ] *n* : **to go ~** patinar com patins em linha.

roller coaster ['rəulər-] *n* montanha-russa *f.*

rollers ['rəulərz] *npl (for hair)* bobs *mpl.*

roller skates ['rəulər-] *npl* patins *mpl* de rodas.

rolling pin ['rəulɪŋ-] *n* rolo *m* de pastel.

Roman Catholic *n* católico *m* romano, católica *f* romana.

romance [rəu'mæns] *n* romance *m.*

romantic [rəu'mæntɪk] *adj* romântico(ca).

roof [ru:f] *n (of building, cave)* telhado *m; (of car, trailer, tent)* teto *m.*

roof rack *n* bagageiro *m.*

room [ru:m] *n (bedroom, in hotel)*

quarto *m; (in building)* divisão *f*, sala *f; (space)* espaço *m.*

room service *n* serviço *m* de quarto.

room temperature *n* temperatura *f* ambiente.

roomy ['ru:mɪ] *adj* espaçoso (osa).

root [ru:t] *n* raiz *f.*

rope [rəup] *n* corda *f.* ◆ *vt* amarrar.

rose [rəuz] *pt →* rise. ◆ *n (flower)* rosa *f.*

rosemary ['rəuzmərɪ] *n* alecrim *m.*

rot [rɒt] *vi* apodrecer.

rota ['rəutə] *n* Brit lista *f* de turnos.

rotate [rəu'teɪt] *vi* girar.

rotten ['rɒtn] *adj (food, wood)* podre; *inf (not good)* péssimo(ma); **I feel ~** *(sick)* sinto-me péssimo.

rouge [ru:ʒ] *n* blush *m.*

rough [rʌf] *adj (surface, skin, cloth)* áspero(ra); *(sea, crossing)* agitado(da); *(person)* bruto(ta); *(approximate)* aproximado(da); *(conditions, wine)* mau (má); *(area, city)* perigoso(osa). ◆ *n (on golf course)* rough *m;* **a ~ guess** um cálculo aproximado; **to have a ~ time** passar por um período difícil.

roughly ['rʌflɪ] *adv (approximately)* aproximadamente; *(push, handle)* bruscamente, grosseiramente.

roulette [ru:'let] *n* roleta *f.*

round [raund] *adj* redondo (da). ◆ *n -* 1. *(of drinks)* rodada *f;*

it's my ~ é a minha rodada.
- **2.** (of competition) volta f.
- **3.** (in golf) partida f; (in boxing) assalto m.
- **4.** (of policeman, milkman) ronda f. ◆ prep - **1.** (approximately) cerca de; ~ (about) **100** cerca de 100; ~ **ten o'clock** por volta de dez horas.
- **2.** (near): ~ **here** aqui perto.
- **3.** (in phrases): it's just ~ the corner (nearby) é aqui pertinho; ~ **the clock** 24 horas. ❑ **round off** vt sep (meal, day, visit) terminar.

roundabout ['raʊndəbaʊt] adj indireto; **a ~ way** de forma indireta.

round trip n viagem f de ida e volta.

route [ruːt] n (way) caminho m; (of train) linha f; (of bus) trajeto m; (of plane) rota f. ◆ vt (change course of) mudar a rota de.

routine [ruːˈtiːn] n rotina f. ◆ adj rotineiro(ra).

row [rəʊ] n (line) fila f. ◆ vt (boat) remar. ◆ vi remar; **three times in a** ~ três vezes seguidas.

rowboat ['rəʊbəʊt] n Am barco m a remo.

rowdy ['raʊdɪ] adj turbulento (ta).

rowing ['rəʊɪŋ] n remo m.

royal ['rɔɪəl] adj real.

royalty ['rɔɪəltɪ] n (royal family) realeza f.

rub [rʌb] vt (back, eyes) esfregar; (polish) polir. ◆ vi (with hand, cloth) esfregar; friccionar. ❑ **rub in** vt sep (lotion, oil) esfregar.

❑ **rub out** vt sep Brit apagar.

rubber ['rʌbər] adj de borracha. ◆ n borracha f; Am inf (condom) camisinha f, preservativo m.

rubber band n elástico m.

rubbish ['rʌbɪʃ] n inf (nonsense) disparate m; (refuse) lixo m; inf (worthless thing) porcaria f.

rubble ['rʌbl] n entulho m, escombros mpl.

ruby ['ruːbɪ] n rubi m.

rucksack ['rʌksæk] n mochila f.

rudder ['rʌdər] n leme m.

rude [ruːd] adj (person) mal-educado(da); (behavior, joke, picture) grosseiro(ra).

rug [rʌg] n (for floor) tapete m; Brit (blanket) manta f (de viagem).

rugby ['rʌgbɪ] n rúgbi m.

ruin ['ruːɪn] vt estragar. ❑ **ruins** npl ruínas fpl.

ruined ['ruːɪnd] adj (building) em ruínas; (clothes, meal, vacation) estragado(da).

rule [ruːl] n (law) regra f. ◆ vt (country) governar; **to be the** ~ (normal) ser a regra; **against the** ~ **s** contra as regras; **as a** ~ geralmente. ❑ **rule out** vt sep excluir.

ruler ['ruːlər] n (of country) governante mf; (for measuring) régua f.

rum [rʌm] n rum m.

rumor ['ruːmər] n Am boato m.

rumour ['ruːmər] Brit = rumor.

rump steak [ˌrʌmp-] n alcatra f.

run [rʌn] (pt **ran**, pp **run**) vi
- **1.** (on foot) correr; **we had to ~ for the bus** tivemos de correr para tomar o ônibus.
- **2.** (train, bus) circular; **the bus ~s every hour** há um ônibus de hora em hora; **the train is running an hour late** o trem está com uma hora de atraso; **this service doesn't ~ on Sundays** este serviço não circula aos domingos.
- **3.** (operate) funcionar; **to ~ on sthg** funcionar a algo; **leave the engine running** deixe o motor funcionando.
- **4.** (tears, liquid, river) correr; **to leave the tap running** deixar a torneira aberta; **to ~ through** (river, road) atravessar; **the path ~s along the coast** o caminho segue ao longo da costa.
- **5.** (play) estar em cartaz OR cena; (event) decorrer; **'now running at the Palladium'** 'em cartaz no Palladium'.
- **6.** (eyes) chorar; (nose) escorrer.
- **7.** (color, dye, clothes) desbotar.
- **8.** (remain valid) ser válido; **the offer ~s until July** a oferta é válida até julho.
- ◆ vt - **1.** (on foot) correr; **to ~ a race** participar de uma corrida.
- **2.** (manage, organize) gerir.
- **3.** (bus, train) ter em circulação; **we're running a special bus to the airport** temos em circulação um ônibus especial para o aeroporto.
- **4.** (take sb in car) levar (de carro);

I'll ~ you home eu levo você em casa.
- **5.** (fill): **to ~ a bath** encher a banheira.
- ◆ n - **1.** (on foot) corrida f; **to go for a ~** ir dar uma corrida.
- **2.** (of play, show): **it had a two-year ~** esteve dois anos em cartaz.
- **3.** (for skiing) pista f.
- **4.** Am (in tights) fio m puxado.
- **5.** (in phrases): **in the long ~** a longo prazo. ❑ **run away** vi fugir.
- ◆ **run down**
- ◆ vt sep (run over) atropelar; (criticize) criticar.
- ◆ vi (clock) parar; (battery) descarregar-se, gastar-se.
- ◆ **run into** vt fus (meet) encontrar; (hit) chocar com, bater em; (problem, difficulty) deparar com.
- ◆ **run out** vi (be used up) esgotar-se.
- ◆ **run out of** vt fus ficar sem.
- ◆ **run over** vt sep (hit) atropelar.

runaway [ˈrʌnəweɪ] n fugitivo m, -va f.

run-down [ˈrʌndaʊn] adj (dilapidated) dilapidado(da), velho(lha); (tired) cansado(da).

rung [rʌŋ] pp → **ring**. ◆ n (of ladder) degrau m.

runner [ˈrʌnər] n (person) corredor m, -ra f; (for door, drawer) calha f; (for sledge) patim m.

runner-up (pl **runners-up**) n segundo m classificado, segunda f classificada.

running ['rʌnɪŋ] n SPORT corrida f ; (management) gestão f. ◆ adj: **three days** ~ três dias seguidos; **to go** ~ ir correr.
runny ['rʌnɪ] adj (sauce) líquido(da); (egg, omelette) mal-passado(da); (nose) escorrendo; (eye) lacrimejante.
runway ['rʌnweɪ] n (for planes) pista f (de aterrissagem).
rural ['rʊərəl] adj rural.
rush [rʌʃ] n (hurry) pressa f; (of crowd) onda f (de gente), afluência f. ◆ vi (move quickly) ir correndo; (hurry) apressar-se. ◆ vt (work) fazer às pressas; (food) comer às pressas; (transport quickly) levar urgentemente; **to be in a** ~ estar com OR ter pressa; **there's no** ~! não há pressa!; **don't** ~ **me!** não me apresse!
rush hour n hora f do rush.
rust [rʌst] n (corrosion) ferrugem f. ◆ vi enferrujar.
rustic ['rʌstɪk] adj rústico(ca).
rustle ['rʌsl] vi fazer ruído.
rustproof ['rʌstpruːf] adj inoxidável.
rusty ['rʌstɪ] adj (metal) enferrujado(da); (fig: language, person) enferrujado(da).
RV n Am (abbr of recreational vehicle) trailer m.
rye [raɪ] n centeio m.

S

S (abbr of south) S; (abbr of small) P.
saccharin ['sækərɪn] n sacarina f.
sachet ['sæʃeɪ] n pacote m.
sack [sæk] n (bag) saco m. ◆ vt Brit despedir; **to get the** ~ ser despedido.
sacrifice ['sækrɪfaɪs] n fig sacrifício m.
sad [sæd] adj triste; (unfortunate) lamentável.
saddle ['sædl] n (on horse) sela f; (on bicycle, motorcycle) selim m.
sadly ['sædlɪ] adv infelizmente.
sadness ['sædnəs] n tristeza f.
safari park [sə'færɪ-] n reserva f (para animais selvagens).
safe [seɪf] adj seguro(ra); (out of harm) em segurança. ◆ n cofre m; **a** ~ **place** um local seguro; **have a** ~ **journey!** (faça) boa viagem!; ~ **and sound** são e salvo.
safely ['seɪflɪ] adv em segurança.
safety ['seɪftɪ] n segurança f.
safety belt n cinto m de segurança.
safety pin n alfinete m de segurança.
sag [sæg] vi (hang down) pender; (sink) ir abaixo.

sage [seɪdʒ] n (herb) salva f.

Sagittarius [ˌsædʒəˈteərɪəs] n Sagitário m.

said [sed] pt & pp → **say**.

sail [seɪl] n vela f (de barco). ◆ vi velejar, navegar; (depart) zarpar. ◆ vt: **to ~ a boat** velejar; **to set ~** zarpar.

sailboat [ˈseɪlbəʊt] n Am barco m à vela.

sailing [ˈseɪlɪŋ] n (activity) vela f; (departure) partida f; **to go ~** ir velejar.

sailing boat = sailboat.

sailor [ˈseɪlər] n marinheiro m, -ra f.

saint [seɪnt] n santo m, -ta f.

(i) **SAINT PATRICK'S DAY**

O Dia de São Patrício, 17 de março, é comemorado pelos irlandeses em todo o mundo. Em Dublin e em Nova York são realizadas grandes procissões. É tradição usar como adereço uma folha de cravo ou algum enfeite verde, a planta símbolo e a cor nacional da Irlanda. Nos Estados Unidos, alguns bares até servem cerveja verde.

sake [seɪk] n: **for my/their ~** por mim/eles; **for God's ~!** pelo amor de Deus!

salad [ˈsæləd] n salada f.

salad dressing n molho m (para saladas).

salami [səˈlɑːmɪ] n salame m.

salary [ˈsælərɪ] n salário m, ordenado m.

sale [seɪl] n (selling) venda f; (at reduced prices) liquidação f; **'for ~'** 'vende-se'; **on ~** à venda. ❑ **sales** npl COMM vendas fpl.

sales assistant [ˈseɪlz-] n Brit vendedor m, -ra f.

salesclerk [ˈseɪlzklɑːrk] n Am vendedor m, -ra f.

salesman [ˈseɪlzmən] (pl -men [-mən]) n (in store) vendedor m; (rep) representante m de vendas.

sales rep(resentative) n representante mf de vendas.

saleswoman [ˈseɪlzˌwʊmən] (pl -women [-ˌwɪmɪn]) n vendedora f.

saliva [səˈlaɪvə] n saliva f.

salmon [ˈsæmən] (pl inv) n salmão m.

salon [ˈsælɒn] n (hairdresser's) salão m (de cabeleireiro).

saloon [səˈluːn] n Am (bar) bar m; Brit (car) sedã m.

salt [sɔːlt] n sal m.

salt shaker [-ˌʃeɪkər] n Am saleiro m.

salty [ˈsɔːltɪ] adj salgado(da).

salute [səˈluːt] n continência f. ◆ vi bater continência.

same [seɪm] adj mesmo(ma). ◆ pron: **the ~** o mesmo (a mesma); **you've got the ~ book as me** você tem o mesmo livro que eu; **they look the ~** parecem iguais; **I'll have the ~ as her** vou tomar o mesmo que ela; **it's all the ~ to me** para mim tanto faz.

sample [ˈsɑːmpl] n amostra f. ◆ vt (food, drink) provar.

sanctions ['sæŋkʃnz] *npl* POL sanções *fpl*.

sanctuary ['sæŋktʃʋeri] *n (for birds, animals)* santuário *m* ecológico.

sand [sænd] *n* areia *f*. ◆ *vt (wood)* lixar. ❑ **sands** *npl (beach)* areal *m*.

sandal ['sændl] *n* sandália *f*.

sandcastle ['sænd,kɑːsl] *n* castelo *m* de areia.

sandpaper ['sænd,peipər] *n* lixa *f*.

sandwich ['sænwidʒ] *n* sanduíche *m*.

sandy ['sændi] *adj (beach)* arenoso(osa); *(hair)* ruivo(va).

sang [sæŋ] *pt* → **sing**.

sanitary ['sænəteri] *adj* sanitário(ria).

sanitary pad, sanitary towel *Brit n* absorvente *m* feminino.

sank [sæŋk] *pt* → **sink**.

sapphire ['sæfaiər] *n* safira *f*.

sarcastic [sɑːˈkæstik] *adj* sarcástico(ca).

sardine [sɑːˈdiːn] *n* sardinha *f*.

sat [sæt] *pt & pp* → **sit**.

SAT *abbr* = **Scholastic Aptitude Test**.

satellite ['sætəlait] *n (in space)* satélite *m*.

satellite dish *n* antena *f* parabólica.

satellite TV *n* televisão *f* por satélite.

satin ['sætin] *n* cetim *m*.

satisfaction [,sætəsˈfækʃn] *n* satisfação *f*.

satisfactory [,sætəsˈfæktəri] *adj* satisfatório(ria).

satisfied ['sætəsfaid] *adj* satisfeito(ta).

satisfy ['sætəsfai] *vt* satisfazer.

saturate ['sætʃəreit] *vt* saturar.

Saturday ['sætədei] *n* sábado *m*; **it's** ~ é sábado; ~ **morning** sábado de manhã; **on** ~ no sábado; **(on)** ~**s** aos sábados; **last** ~ sábado passado; **this** ~ este sábado; **next** ~ o próximo sábado; **a week on** ~ de sábado a oito (dias).

sauce [sɔːs] *n* molho *m*.

saucepan ['sɔːspæn] *n* panela *f*.

saucer ['sɔːsər] *n* pires *m inv*.

sauna ['sɔːnə] *n* sauna *f*.

sausage ['sɒsidʒ] *n* salsicha *f*, linguiça *f*.

savage ['sævidʒ] *adj* selvagem.

save [seiv] *vt (rescue)* salvar; *(money, time, space)* poupar; *(reserve)* guardar; SPORT defender; COMPUT salvar. ◆ *n* defesa *f*. ❑ **save up** *vi* poupar; **to** ~ **up**

(for sthg) poupar (para comprar algo).

savings ['seivinz] *npl* poupanças *fpl*, economias *fpl*.

savings and loan association *n Am* caixa *f* de crédito imobiliário.

savings bank *n* caixa *f* econômica.

savory ['seivəri] *adj Am* salgado(da).

savoury ['seivəri] *Brit* = **savory**.

saw [sɔ:] *(Brit pt* -**ed**, *pp* **sawn**, *Am pt & pp* -**ed**) *pt* → **see**. ◆ *n* (tool) serra *f*. ◆ *vt* serrar.

sawdust ['sɔːdʌst] *n* serragem *f*.

sawn [sɔːn] *pp* → **saw**.

saxophone ['sæksəfəun] *n* saxofone *m*.

say [sei] *(pt & pp* **said**) *vt* dizer; *(subj: clock, meter)* marcar. ◆ *n*: I don't have a ~ in the matter não tenho autoridade sobre este assunto; **could you ~ that again?** podia repetir o que disse?; **~ we meet at nine?** que tal encontrarmo-nos às nove?; **what did you ~?** (o que é) que você disse?

saying ['seiŋ] *n* ditado *m*.

scab [skæb] *n* crosta *f*.

scaffolding ['skæfəldiŋ] *n* andaimes *mpl*.

scald [skɔːld] *vt* escaldar, queimar.

scale [skeil] *n* escala *f*; *(of fish, snake)* escama *f*; *(in kettle)* placa *f*, calcário *m*. ❑ **scales** *npl* (for weighing) balança *f*.

scallion ['skæljən] *n Am* cebolinha *f*.

scallop ['skæləp] *n* vieira *f*; *Am* escalope *m*.

scalp [skælp] *n* couro *m* cabeludo.

scan [skæn] *vt* (consult quickly) percorrer, dar uma vista de olhos em. ◆ *n MED* ultra-sonografia *f*.

scandal ['skændl] *n* escândalo *m*.

scar [skɑːr] *n* cicatriz *f*.

scarce ['skeərs] *adj* escasso(a).

scarcely ['skeərslɪ] *adv* (hardly) mal; ~ **anyone** quase ninguém; ~ **ever** quase nunca.

scare [skeər] *vt* assustar.

scarecrow ['skeərkrəu] *n* espantalho *m*.

scared ['skeərd] *adj* assustado (da).

scarf ['skɑːrf] *(pl* **scarves**) *n* (woolen) cachecol *m*; *(for women)* echarpe *f*.

scarlet ['skɑːrlət] *adj* vermelho(lha), escarlate.

scarves [skɑːrvz] *pl* → **scarf**.

scary ['skeəri] *adj inf* assustador(ra).

scatter ['skætər] *vt* (seeds, papers) espalhar; *(birds)* dispersar. ◆ *vi* dispersar-se.

scene [siːn] *n* (in play, movie, book) cena *f*; *(of crime, accident)* local *m*; *(view)* panorama *m*; **the music ~** o mundo da música; **to make a ~** armar um escândalo.

scenery ['siːnəri] *n* (countryside) paisagem *f*; *(in theater)* cenário *m*.

scenic ['siːnɪk] *adj* pitoresco (ca).

scent [sent] n *(smell)* fragrância f; *(of animal)* rastro m; *(perfume)* perfume m.

sceptical ['skeptɪkl] adj cético (ca).

schedule ['skedʒu:l] n *(of work, things to do)* programa m; *(timetable)* horário m; *(list)* lista f. ◆ vt *(plan)* programar; **according to** ~ de acordo com o previsto; **behind** ~ atrasado; **on** ~ *(plane, train)* na hora (prevista).

scheduled flight ['skedʒu:ld-] n vôo m regular, vôo m de linha.

scheme [ski:m] n *(plan)* projeto m; *(pej: dishonest plan)* esquema m.

scholarship ['skɒlərʃɪp] n *(award)* bolsa f de estudo.

school [sku:l] n escola f; *(university department)* faculdade f; Am *(university)* universidade f. ◆ adj escolar; **at** ~ na escola.

schoolboy ['sku:lbɔɪ] n aluno m.

schoolchild ['sku:ltʃaɪld] *(pl* -children [-,tʃɪldrən]) n aluno m, -na f.

schoolgirl ['sku:lgɜ:l] n aluna f.

schoolteacher ['sku:l,ti:tʃər] n professor m, -ra f.

science ['saɪəns] n ciência f; SCH ciências fpl.

science fiction n ficção f científica.

scientific [,saɪən'tɪfɪk] adj científico(ca).

scientist ['saɪəntɪst] n cientista mf.

scissors ['sɪzərz] npl tesoura f; **a pair of** ~ uma tesoura.

scold [skəʊld] vt ralhar com, repreender.

scoop [sku:p] n *(for ice cream, flour)* colher f grande; *(of ice cream)* bola f; *(in media)* furo m (jornalístico).

scooter ['sku:tər] n *(motor vehicle)* lambreta f.

scope [skəʊp] n *(possibility)* possibilidade f; *(range)* alcance m.

scorch [skɔ:tʃ] vt chamuscar.

score [skɔ:r] n *(total, final result)* resultado m; *(on test)* ponto m. ◆ vt SPORT marcar; *(on test)* obter. ◆ vi SPORT marcar; **what's the** ~? quanto está (o jogo)?

scorn [skɔ:rn] n desprezo m.

Scorpio ['skɔ:rpɪəʊ] n Escorpião m.

scorpion ['skɔ:rpjən] n escorpião m.

scotch [skɒtʃ] n uísque m escocês.

Scotch tape® n Am durex® m.

Scotland ['skɒtlənd] n Escócia f.

scout [skaʊt] n *(boy scout)* escoteiro m.

scowl [skaʊl] vi franzir a testa.

scrambled eggs [,skræmbld-] npl ovos mpl mexidos.

scrap [skræp] n *(of paper, cloth)* tira f; *(old metal)* ferro-velho m, sucata f.

scrapbook ['skræpbʊk] n álbum m de recortes.

scrape [skreɪp] vt *(rub)* raspar; *(scratch)* arranhar, esfolar.

scrap paper n Brit papel m de rascunho.

scratch [skrætʃ] n (cut) arranhão m; (mark) risco m. ◆ vt (cut) arranhar; (mark) riscar; (rub) coçar, arranhar; **to be up to** ~ ter um nível satisfatório; **to start from** ~ começar do nada.

scratch paper n Am papel m de rascunho.

scream [skri:m] n grito m. ◆ vi gritar.

screen [skri:n] n tela f; (hall in movie theater) sala f de cinema; (panel) biombo m. ◆ vt (movie) exibir; (program) emitir.

screening ['skri:nɪŋ] n (of film) exibição f.

screw [skru:] n parafuso m. ◆ vt (fasten) aparafusar; (twist) enroscar.

screwdriver ['skru:ˌdraɪvər] n chave f de parafusos OR fendas.

scribble ['skrɪbl] vi escrevinhar, rabiscar.

script [skrɪpt] n (of play, movie) roteiro m.

scrub [skrʌb] vt esfregar.

scruffy ['skrʌfɪ] adj desleixado(da).

scuba diving ['sku:bə-] n mergulho m.

sculptor ['skʌlptər] n escultor m, -ra f.

sculpture ['skʌlptʃər] n escultura f.

sea [si:] n mar m; **by** ~ por mar; **by the** ~ à beira-mar.

seafood ['si:fu:d] n frutos mpl do mar.

seagull ['si:gʌl] n gaivota f.

seal [si:l] n (animal) foca f; (on bottle, container, official mark) selo m. ◆ vt (envelope, container) selar.

seam [si:m] n (in clothes) costura f.

search [sɜ:rtʃ] n procura f, busca f. ◆ vt revistar. ◆ vi: **to** ~ **for** procurar.

search engine n COMPUT motor m de pesquisa.

seashell ['si:ʃel] n concha f.

seasick ['si:sɪk] adj enjoado(da).

seaside ['si:saɪd] n: **the** ~ à beira-mar.

season ['si:zn] n (division of year) estação f; (period) temporada f. ◆ vt (food) temperar; **in** ~ (fruit, vegetables) da época; (for travel) alta temporada; **out of** ~ (fruit, vegetables) fora de época; (for travel) baixa temporada.

seasoning ['si:znɪŋ] n tempero m, condimento m.

seat [si:t] n assento m; (place) lugar m. ◆ vt (subj: building) ter lugar para; (subj: vehicle) levar; **'please wait to be** ~ **ed'** aviso, em restaurante, para que os fregueses esperem até serem conduzidos a uma mesa vaga.

seat belt n cinto m de segurança.

seaweed ['si:wi:d] n alga f marinha.

secluded [sə'klu:dəd] adj isolado(da).

second ['sekənd] n segundo m. ◆ num segundo m, -da f; ~ **gear** segunda f (marcha) → **sixth**.

□ **seconds** *npl (goods)* artigos *mpl* de qualidade inferior; *inf (of food):* **who wants ~?** quem quer repetir?

secondary school ['sekən-derɪ-] *n* escola *f* secundária.

second-class ['sekənd-] *adj* de segunda classe; *Brit (stamp)* de correio normal.

second-hand ['sekənd-] *adj* de segunda mão.

secret ['si:krət] *adj* secreto(ta). ◆ *n* segredo *m*.

secretary ['sekrə,terɪ] *n* secretário *m*, -ria *f*.

Secretary of State *n Am (foreign minister)* Secretário *m*, -ria *f* de Estado, ≃ Ministro *m*, -tra *f* dos Negócios Estrangeiros.

section ['sekʃn] *n* seção *f*.

sector ['sektər] *n* setor *m*.

secure [sɪ'kjʊər] *adj* seguro(ra). ◆ *vt (fix)* fixar; *(fml: obtain)* obter.

security [sɪ'kjʊərətɪ] *n* segurança *f*.

security guard *n* segurança *m*, guarda *m*.

sedan [sɪ'dæn] *n Am* sedã *m*.

sedative ['sedətɪv] *n* sedativo *m*.

seduce [sɪ'du:s] *vt* seduzir.

see [si:] *(pt saw, pp seen)* *vt* ver; *(accompany)* acompanhar; *(consider)* considerar. ◆ *vi* ver; **I ~ *(understand)*** estou entendendo; **I'll ~ what I can do** vou ver o que eu posso fazer; **to ~ to sthg** *(deal with)* tratar de algo; *(repair)* consertar algo; **~ you!** até mais!; **~ you later!** até logo!; **~ you soon!** até breve!; **~ p.14** ver pág. 14. □ **see off** *vt sep*

(say good-bye to) despedir-se de.

seed [si:d] *n* semente *f*.

seedy ['si:dɪ] *adj* sórdido(da).

seeing (as) ['si:ɪŋ-] *conj* visto que.

seek [si:k] *(pt & pp sought)* *vt* *fml* procurar.

seem [si:m] *vi* parecer. ◆ *v impers:* **it ~s *(that)* ...** parece que ...

seen [si:n] *pp* → **see**.

segment ['segmənt] *n (of fruit)* gomo *m*.

seize [si:z] *vt (grab)* agarrar; *(drugs, arms)* confiscar. □ **seize up** *vi (engine)* gripar; **my back ~d up** senti uma fisgada nas costas.

seldom ['seldəm] *adv* raramente.

select [sə'lekt] *vt* selecionar. ◆ *adj* seleto(ta).

selection [sə'lekʃn] *n* seleção *f*.

self-assured [,selfə'ʃʊərd] *adj* seguro(ra) de si.

self-confident [,self-] *adj* seguro(ra) de si.

self-conscious [,self-] *adj* inibido(da).

self-contained [,selfkən-'teɪnd] *adj (flat)* independente.

self-defense [,self-] *n* legítima defesa *f*.

self-employed [,self-] *adj* autônomo(ma).

selfish ['selfɪʃ] *adj* egoísta.

self-raising flour [,self-'reɪzɪŋ-] *Brit* = **self-rising flour.**

self-rising flour [,self'raɪzɪŋ-] *n Am* farinha *f* com fermento.

self-service [ˌself-] adj self-service inv; de auto-serviço.

sell [sel] (pt & pp **sold**) vt vi vender; **to ~ for** vender-se por, ser vendido por; **to ~ sb sthg** vender algo a alguém.

seller ['selər] n vendedor m, -ra f.

Sellotape® ['seləteɪp] n Brit durex® m.

semester [sə'mestər] n SCH semestre m.

semicircle [ˌsemɪˌsɜ:rkl] n semicírculo m.

semicolon [ˌsemɪ'kəʊlən] n ponto-e-vírgula m.

semifinal [ˌsemɪ'faɪnl] n semifinal f.

seminar ['semɪnɑ:r] n seminário m.

semolina [ˌsemə'li:nə] n semolina f.

send [send] (pt & pp **sent**) vt enviar; (person) mandar; **to ~ sthg to sb** enviar algo a alguém. ▫ **send back** vt sep devolver. ▫ **send off** vt sep (letter, package) enviar. ◆ vi: **to ~ off (for sthg)** pedir (algo) pelo correio.

sender ['sendər] n remetente mf.

senile ['si:naɪl] adj senil.

senior ['si:njər] adj (in rank) superior. ◆ n Am SCH finalista mf.

senior citizen n idoso m, -osa f, pessoa f de idade.

sensation [sen'seɪʃn] n sensação f.

sensational [sen'seɪʃnəl] adj sensacional.

sense [sens] n sentido m; (common sense) bom-senso m. ◆ vt sentir; **there is no ~ in waiting** não vale a pena esperar; **to make ~** fazer sentido; **~ of direction** senso de orientação; **~ of humor** senso de humor.

sensible ['sensəbl] adj (person) sensato(ta); (clothes, shoes) prático(ca).

sensitive ['sensɪtɪv] adj sensível; (easily offended) suscetível; (subject, issue) delicado(da).

sent [sent] pt & pp → **send**.

sentence ['sentəns] n GRAMM frase f; (for crime) sentença f. ◆ vt condenar.

sentimental [ˌsentə'mentl] adj pej sentimental.

separate [adj 'seprət, vb 'sepərət] adj (different, individual) diferente, distinto(ta); (not together) separado(da). ◆ vt separar. ◆ vi separar-se. ▫ **separates** npl (clothes) roupas que podem ser usadas em conjunto.

separately ['seprətlɪ] adv separadamente.

separation [ˌsepə'reɪʃn] n separação f.

September [sep'tembər] n setembro m; **at the beginning of ~** no início de setembro; **at the end of ~** no fim de setembro; **during ~** em setembro; **every ~** todos os meses de setembro, todos os anos em setembro; **in ~** em setembro; **last ~** setembro último OR passado; **next ~** no próximo mês de setembro; **this ~** setembro que vem,

~ **2** 1997 *(in letters etc.)* 2 de setembro de 1997.

sequel ['si:kwəl] *n (to book, film)* continuação *f.*

sequence ['si:kwəns] *n (series)* série *f; (order)* ordem *f.*

sequin ['si:kwɪn] *n* lantejoula *f.*

sergeant ['sɑ:dʒənt] *n (in police force)* sargento *m; (in army)* sargento *m.*

serial ['sɪərɪəl] *n* série *f.*

series ['sɪəri:z] *(pl inv)* n série *f; TV* seriado *m.*

serious ['sɪərɪəs] *adj* sério(ria); *(accident, illness)* grave; **are you ~?** você está falando sério?

seriously ['sɪərɪəslɪ] *adv (really)* de verdade; *(badly)* gravemente.

sermon ['sɜ:mən] *n* sermão *m.*

servant ['sɜ:vənt] *n* criado *m,* -da *f.*

serve [sɜ:v] *vt* servir. ◆ *vi SPORT* servir; *(work)* prestar serviço. ◆ *n SPORT* serviço *m;* **the city is ~d by two airports** a cidade tem dois aeroportos; **to ~ as** *(be used for)* servir de; **'~s two'** 'para duas pessoas'; **it ~s you right!** bem feito!

service ['sɜ:vɪs] *n* serviço *m; (at church)* culto *m; (of car)* revisão *f.* ◆ *vt (car)* fazer a revisão de; **'out of ~ '** 'fora de serviço'; **may I be of any ~ to you?** *fml* em que posso servi-lo?

service charge *n* serviço *m.*

service station *n* posto *m* de gasolina.

serving ['sɜ:vɪŋ] *n* porção *f.*

sesame seeds ['sesəmɪ-] *npl* sementes *fpl* de gergelim.

session ['seʃn] *n* sessão *f.*

set [set] *(pt & pp* set*) adj* - 1. *(fixed)* fixo(xa).
- 2. *(situated)* situado(da). ◆ *n* - 1. *(of stamps, stickers)* coleção *f; (for playing chess)* jogo *m; (of dishes)* aparelho *m; (of tools)* conjunto *m.*
- 2. *TV* aparelho *m;* **a TV ~** uma televisão, um televisor.
- 3. *(in tennis)* set *m,* partida *f.*
- 4. *(of play)* cenário *m.*
- 5. *(at hairdresser's):* **I'd like a shampoo and ~** queria lavar e pentear.
◆ *vt* - 1. *(put)* pôr.
- 2. *(cause to be)* pôr; **to ~ a machine going** pôr uma máquina em funcionamento.
- 3. *(clock, alarm, controls)* pôr; **~ the alarm for 7 a.m.** ponha o despertador para despertar às sete.
- 4. *(fix)* fixar.
- 5. *(the table)* pôr.
- 6. *(a record)* estabelecer.
- 7. *(broken bone)* endireitar.
- 8. *(play, movie, story):* **to be ~** passar-se.
◆ *vi* - 1. *(sun)* pôr-se.
- 2. *(glue)* secar; *(jelly)* solidificar.
❑ **set off**
◆ *vt sep (alarm)* fazer soar.
◆ *vi* partir.
❑ **set out**
◆ *vt sep (arrange)* estabelecer.
◆ *vi (on trip)* partir.
❑ **set up** *vt sep (barrier, equipment)* montar; *(meeting, interview)* marcar; *(committee)* criar.

set menu *n* menu *m* fixo.

settee [se'ti:] *n* sofá *m.*

setting ['setɪŋ] n (on machine) posição f; (surroundings) cenário m.

settle ['setl] vt (argument) resolver; (bill) pagar, saldar; (stomach, nerves) acalmar; (arrange, decide on) decidir. ◆ vi (start to live) estabelecer-se; (bird, insect) pousar; (sediment, dust) depositar-se. ❑ **settle down** vi (calm down) acalmar-se; (sit comfortably) instalar-se. ❑ **settle up** vi saldar as contas.

settlement ['setlmənt] n (agreement) acordo m; (place) povoado m, colónia f.

seven ['sevn] num sete → **six.**

seventeen [,sevn'ti:n] num dezessete → **six.**

seventeenth [,sevn'ti:nθ] num décimo sétimo (décima sétima) → **sixth.**

seventh ['sevnθ] num sétimo (ma) → **sixth.**

seventieth ['sevntjəθ] num septuagésimo(ma) → **sixth.**

seventy ['sevntɪ] num setenta → **six.**

several ['sevrəl] adj vários (rias). ◆ pron vários mpl, -rias fpl.

severe [sɪ'vɪər] adj (damage, illness, problem) grave; (weather conditions) rigoroso(osa); (criticism, person, punishment) severo(ra); (pain) intenso(sa).

sew [səʊ] (pp **sewn**) vt & vi coser, costurar.

sewage ['su:ɪdʒ] n esgotos mpl, águas fpl residuais.

sewing ['səʊɪŋ] n costura f.

sewn [səʊn] pp → **sew.**

sex [seks] n sexo m; **to have ~ (with)** ter relações sexuais (com).

sexist ['seksɪst] n sexista mf.

sexual ['sekʃʊəl] adj sexual; **~ equality** igualdade f dos sexos.

shabby ['ʃæbɪ] adj (clothes, room) em mau estado; (person) esfarrapado(da).

shade [ʃeɪd] n (shadow) sombra f; (lampshade) abajur m; (of color) tom m. ◆ vt (protect) proteger. ❑ **shades** npl inf (sunglasses) óculos mpl escuros.

shadow ['ʃædəʊ] n sombra f.

shady ['ʃeɪdɪ] adj (place) com sombra; inf (person, deal) duvidoso(osa).

shaft [ʃɑːft] n (of machine) eixo m; (of elevator) poço m.

shake [ʃeɪk] (pt **shook,** pp **shaken** ['ʃeɪkn]) vt (bottle) agitar; (tree, rug, person) sacudir; (shock) abalar. ◆ vi tremer; **to ~ hands (with sb)** apertar a mão (de alguém), trocar um aperto de mãos (com alguém); **to ~ one's head** (saying no) negar com a cabeça.

shall [weak form ʃəl, strong form ʃæl] aux vb- **1.** (expressing future): **I ~ be ready soon** estarei pronto num instante.

- 2. (in questions): **~ I buy some wine?** quer que eu compre um vinho?; **~ we listen to the radio?** que tal se ouvíssemos rádio?; **where ~ we go?** aonde vamos?

- **3.** *(fml: expressing order)*: **payment ~ be made within a week** o pagamento deverá ser feito no prazo de uma semana.

shallow ['ʃæləʊ] *adj (pond, water, grave)* raso(sa).

shambles ['ʃæmblz] *n* confusão *f.*

shame [ʃeɪm] *n* vergonha *f;* **it's a ~ é** uma pena; **what a ~!** que pena!

shampoo [ʃæm'puː] *n (liquid)* xampu *m; (wash)* lavagem *f.*

shape [ʃeɪp] *n* forma *f;* **to be in good/bad ~** estar em boa/má forma.

share [ʃeəʳ] *n (part)* parte *f; (in company)* ação *f.* ◆ *vt* partilhar.
❑ **share out** *vt sep* partilhar.

shark [ʃɑːk] *n* tubarão *m.*

sharp [ʃɑːp] *adj (blade, needle, teeth)* afiado(da); *(clear)* nítido (da); *(quick, intelligent)* perspicaz; *(rise, change, bend)* brusco (ca); *(painful)* agudo(da); *(taste)* ácido(da). ◆ *adv (exactly)* em ponto.

sharpen ['ʃɑːpn] *vt (knife)* afiar; *(pencil)* apontar.

shatter ['ʃætəʳ] *vt (break)* estilhaçar. ◆ *vi* estilhaçar-se.

shave [ʃeɪv] *vt (beard, legs)* raspar; *(face)* barbear. ◆ *vi* barbear-se. ◆ *n:* **to have a ~** barbear-se, fazer a barba.

shaver ['ʃeɪvəʳ] *n* barbeador *m.*

shawl [ʃɔːl] *n* xale *m.*

she [ʃiː] *pron* ela; **~ 's tall** ela é alta.

shear [ʃɪəʳ] *(pt* -**ed**, *pp* -**ed** OR **shorn**) *vt (sheep)* tosquiar.

❑ **shears** *npl (for gardening)* tesoura *f* de podar OR de jardim.

shed [ʃed] *(pt & pp* **shed**) *vt (tears, blood)* derramar.

she'd [ʃiːd] = **she had, she would.**

sheep [ʃiːp] *(pl inv)* n ovelha *f,* carneiro *m.*

sheepskin ['ʃiːpskɪn] *adj* de pele de carneiro OR ovelha.

sheer [ʃɪəʳ] *adj (pure, utter)* puro(ra); *(cliff)* escarpado(da); *(stockings)* fino(na).

sheet [ʃiːt] *n (for bed)* lençol *m; (of paper, metal, wood)* folha *f;* **a ~ of glass** um vidro, uma vidraça.

shelf [ʃelf] *(pl* **shelves**) *n* prateleira *f.*

shell [ʃel] *n (of egg, nut)* casca *f; (of oyster, clam, snail)* concha *f; (of turtle, crab)* carapaça *f; (bomb)* projétil *m.*

she'll [ʃiːl] = **she will, she shall.**

shellfish ['ʃelfɪʃ] *n (food)* marisco *m.*

shelter ['ʃeltəʳ] *n* abrigo *m.* ◆ *vt (protect)* abrigar. ◆ *vi* abrigar-se;
to take ~ abrigar-se.

sheltered ['ʃeltəd] *adj (place)* abrigado(da).

shelves [ʃelvz] *pl* → **shelf.**

shepherd ['ʃepəd] *n* pastor *m.*

sheriff ['ʃerɪf] *n (in US)* xerife *m.*

sherry ['ʃerɪ] *n* xerez *m.*

she's [ʃiːz] = **she is, she has.**

shield [ʃiːld] *n (of soldier, policeman)* escudo *m.* ◆ *vt* proteger.

shift [ʃɪft] *n (change)* mudança *f; (period of work)* turno *m.* ◆ *vt* *(move)* mover. ◆ *vi (move)* mover-se; *(change)* mudar.

shin [ʃɪn] *n* canela *f*.

shine [ʃaɪn] *(pt & pp* **shone***) vi* brilhar. ◆ *vt (shoes)* lustrar; *(flashlight)* apontar.

shiny [ˈʃaɪnɪ] *adj* brilhante.

ship [ʃɪp] *n* navio *m*; **by ~** de navio.

shipwreck [ˈʃɪprek] *n (accident)* naufrágio *m*; *(wrecked ship)* navio *m* naufragado.

shirt [ʃɜːt] *n* camisa *f*.

shiver [ˈʃɪvər] *vi* tremer.

shock [ʃɒk] *n (surprise)* choque *m*; *(force)* impacto *m*. ◆ *vt* chocar; **to be in ~** MED estar em estado de choque.

shocking [ˈʃɒkɪŋ] *adj (very bad)* chocante.

shoe [ʃuː] *n* sapato *m*.

shoelace [ˈʃuːleɪs] *n* cadarço *m*.

shoe polish *n* graxa *f*.

shoe store *n Am* sapataria *f*.

shone [ʃɒn] *pt & pp* → **shine**.

shook [ʃʊk] *pt* → **shake**.

shoot [ʃuːt] *(pt & pp* **shot***) vt (kill, injure)* dar um tiro em; *(gun)* disparar; *(arrow)* atirar; *(film)* filmar. ◆ *vi (with gun)* atirar; *(move quickly)* passar disparado(da); SPORT chutar. ◆ *n (of plant)* broto *m*.

shop [ʃɒp] *n* loja *f*. ◆ *vi* fazer compras.

shopkeeper [ˈʃɒpˌkiːpər] *n* comerciante *mf*.

shoplifter [ˈʃɒpˌlɪftər] *n* ladrão *m*, ladra *f* de lojas.

shopper [ˈʃɒpər] *n* comprador *m*, -ra *f*, freguês *m*, -esa *f*.

shopping [ˈʃɒpɪŋ] *n* compras *fpl*; **to do the ~** fazer as compras; **to go ~** ir às compras.

shopping bag *n* saco *m* de compras.

shopping cart *n Am* carrinho *m* de compras.

shopping center *n* shopping *m* (center).

shop steward *n* delegado *m*, -da *f* sindical.

shore [ʃɔːr] *n (of river, lake)* margem *f*; *(of sea)* costa *f*; **on ~** em terra.

short [ʃɔːt] *adj (not tall)* baixo (xa); *(in length, time)* curto(ta). ◆ *adv (cut hair)* curto. ◆ *n (film)* curta-metragem *f*; **to be ~ of sthg** *(time, money)* ter falta de algo; **I'm ~ of breath** estou sem fôlego; **to be ~ for sthg** *(be abbreviation of)* ser o diminutivo de algo; **in ~** em resumo. ❑ **shorts** *npl (short trousers)* short *m*; *Am (underpants)* cueca *f*.

shortage [ˈʃɔːtɪdʒ] *n* falta *f*, escassez *f*.

shortbread [ˈʃɔːtbred] *n* biscoito *m* amanteigado.

short-circuit *vi* ter um curto-circuito.

short cut *n* atalho *m*.

shorten [ˈʃɔːtn] *vt* encurtar.

shorthand [ˈʃɔːthænd] *n* estenografia *f*.

shortly [ˈʃɔːtlɪ] *adv (soon)* daqui a pouco, em breve; **he arrived ~ before me** ele chegou (um) pouco antes de mim.

shortsighted [,ʃɔːrt'saɪtəd] *adj* Brit (with poor eyesight) míope.

short-sleeved [-,sliːvd] *adj* de mangas curtas.

short term *n* a curto prazo.

shot [ʃɒt] *pt & pp* → **shoot.** ◆ *n* (of gun) tiro *m*; (in soccer) chute *m*; (in tennis, golf etc.) jogada *f*; (photo) foto *f*; (in movie) plano *m*; (attempt) tentativa *f*; (drink) trago *m*.

shotgun ['ʃɒtgʌn] *n* espingarda *f*.

should [ʃʊd] *aux vb* - **1.** (expressing desirability) dever; **we ~ leave now** devíamos ir embora agora.

- **2.** (asking for advice): **~ I go too?** você acha que também devo ir?

- **3.** (expressing probability) dever; **she ~ be home soon** ela deve estar chegando em casa.

- **4.** (ought to) dever; **they ~ have won the game** eles é que deviam ter ganho o jogo.

- **5.** (fml: in conditionals): **~ you need anything, call reception** se precisar de algo, ligue para a recepção.

- **6.** (fml: expressing wish): **I ~ like to come with you** gostaria de ir com você.

shoulder ['ʃəʊldər] *n* (of person) ombro *m*; (of meat) pá *f*; Am (of road) acostamento *m*.

shouldn't ['ʃʊdnt] = should not.

should've ['ʃʊdəv] = should have.

shout [ʃaʊt] *n* grito *m*. ◆ *vt & vi* gritar. ◻ **shout out** *vt sep* gritar.

shove [ʃʌv] *vt* (push) empurrar.

shovel ['ʃʌvl] *n* pá *f*.

show [ʃəʊ] (*pp* **-ed** OR **shown**) *n* (at theater, on TV, radio) espetáculo *m*; (exhibition) exibição *f*; (of dogs) concurso *m*. ◆ *vt* mostrar; (prove, demonstrate) revelar; (accompany) acompanhar; (movie, TV program) passar. ◆ *vi* (be visible) ver-se; (movie) passar; **to ~ sthg to sb** mostrar algo a alguém; **to ~ sb how to do sthg** mostrar a alguém como fazer algo. ◻ **show off** *vi* exibir-se. ◻ **show up** *vi* (come along) aparecer; (be visible) ver-se.

shower ['ʃaʊər] *n* (for washing) chuveiro *m*; (of rain) aguaceiro *m*. ◆ *vi* tomar banho (de chuveiro); **to take a ~** tomar banho (de chuveiro).

showing ['ʃəʊɪŋ] *n* (of movie) sessão *f*.

shown [ʃəʊn] *pp* → **show.**

showroom ['ʃəʊruːm] *n* salão *m* de exposições.

shrank [ʃræŋk] *pt* → **shrink.**

shrimp [ʃrɪmp] *n* camarão *m*.

shrine [ʃraɪn] *n* santuário *m*.

shrink [ʃrɪŋk] (*pt* **shrank,** *pp* **shrunk**) *n* inf (psychoanalyst) psicanalista *mf*. ◆ *vi* (become smaller) encolher; (diminish) diminuir.

shrub [ʃrʌb] *n* arbusto *m*.

shrug [ʃrʌg] *vi* encolher os ombros. ◆ *n*: **she gave a ~** ela encolheu os ombros.

shrunk [ʃrʌŋk] *pp* → **shrink.**

shuffle ['ʃʌfl] *vt* (cards) embaralhar. ◆ *vi* (walk) andar arrastando os pés.

shut [ʃʌt] (pt & pp **shut**) adj fechado(da). ◆ vt & vi fechar.
❑ **shut down** vt sep fechar.
❑ **shut up** vi inf (stop talking) calar-se.

shutter ['ʃʌtər] n (on window) persiana f; (on camera) obturador m.

shuttle ['ʃʌtl] n (plane) avião m (que faz vôos curtos regulares); (bus) serviço m regular.

shuttlecock ['ʃʌtlkɒk] n peteca f.

shy [ʃaɪ] adj tímido(da).

sick [sɪk] adj (ill) doente; (nauseous) mal disposto(osta); **to be ~** (vomit) vomitar; **to feel ~** sentir-se mal disposto; **to be ~ of** (fed up with) estar farto(ta) de.

sickness ['sɪknəs] n (illness) doença f.

sick pay n auxílio-doença m.

side [saɪd] n lado m; (of road, river, field) beira f; (page of writing) página f. ◆ adj (door, pocket) lateral; **at the ~ of** no lado de; **on the other ~** no outro lado; **on this ~** neste lado; **~ by ~** lado a lado.

sideboard ['saɪdbɔːd] n aparador m.

side dish n acompanhamento m, guarnição f.

side effect n efeito m colateral.

side street n travessa f.

sidewalk ['saɪdwɔːk] n Am passeio m.

sideways ['saɪdweɪz] adv de lado.

sieve [sɪv] n coador m; (for flour) peneira f. ◆ vt coar; (flour) peneirar.

sift [sɪft] vt (flour) peneirar.

sigh [saɪ] n suspiro m. ◆ vi suspirar.

sight [saɪt] n vista f; **at first ~** à primeira vista; **to catch ~ of** ver, avistar; **in ~** à vista; **to lose ~ of** perder de vista; **to be out of ~** (hidden) não estar visível; (far away) estar longe da vista. ❑ **sights** npl (of country) vistas fpl; (of city) locais mpl de interesse.

sightseeing ['saɪt,siːɪŋ] n: **to go ~** fazer turismo.

sign [saɪn] n sinal m. ◆ vt & vi assinar; **there's no ~ of her** nem sinal dele. ❑ **sign in** vi (at hotel, club) assinar o registro ao chegar.

signal ['sɪgnl] n sinal m. ◆ vi fazer sinal.

signature ['sɪgnətʃər] n assinatura f.

significant [sɪg'nɪfɪkənt] adj significante.

signpost ['saɪnpəʊst] n placa f.

silence ['saɪləns] n silêncio m.

silent ['saɪlənt] adj silencioso(osa).

silicon ['sɪlɪkən] n silício m.

ⓘ **SILICON VALLEY**

Silicon Valley (Vale do Silício) designa a área ao norte da Califórnia onde se localizam muitas companhias de computadores e software, e é considerado o berço da indústria da informática. A expressão também se usa para caracterizar o tipo de empresa criada na região, gerida por executivos jovens e pouco convencionais.

silk [sɪlk] n seda f.

sill [sɪl] n bordo m.

silly ['sɪlɪ] adj bobo(ba).

silver ['sɪlvər] n prata f; (coins) moedas fpl. ◆ adj de prata.

silver foil, silver paper n papel m prateado.

silver-plated [-'pleɪtəd] adj banhado(da) em prata.

similar ['sɪmɪlər] adj semelhante; **to be ~ to** ser semelhante a.

similarity [,sɪmɪ'lærətɪ] n semelhança f.

simmer ['sɪmər] vi cozinhar em fogo brando.

simple ['sɪmpl] adj simples inv.

simplify ['sɪmplɪfaɪ] vt simplificar.

simply ['sɪmplɪ] adv simplesmente; (easily) facilmente.

simulate ['sɪmjəleɪt] vt simular.

simultaneous [,saɪməl'teɪnjəs] adj simultâneo(nea).

simultaneously [,saɪməl'teɪnjəslɪ] adv simultaneamente.

sin [sɪn] n pecado m. ◆ vi pecar.

since [sɪns] adv desde então. ◆ prep desde. ◆ conj (in time) desde que; (as) visto que; **ever ~** prep desde. ◆ conj desde que.

sincere [sɪn'sɪər] adj sincero(ra).

sincerely [sɪn'sɪəlɪ] adv sinceramente; **Yours ~** ≃ Atenciosamente.

sing [sɪŋ] (pt **sang**, pp **sung**) vt vi cantar.

singer ['sɪŋər] n cantor m, -ra f.

single ['sɪŋgl] adj (just one) único(ca); (not married) solteiro(ra). ◆ n Brit (ticket) bilhete m de ida; (record) single m; **every ~** cada um (uma) de; **every ~ day** todos os dias. ❑ **singles** ◆ n (in tennis, badminton, pool) simples f inv. ◆ adj (bar, club) para solteiros.

singular ['sɪŋgjələr] n singular; **in the ~** no singular.

sinister ['sɪnɪstər] adj sinistro(tra).

sink [sɪŋk] (pt **sank**, pp **sunk**) n (in kitchen) pia f; (washbasin) pia f. ◆ vi (in water, value) afundar-se; (in mud) enterrar-se.

sinuses ['saɪnəsəz] npl seios mpl nasais.

sip [sɪp] n gole m. ◆ vt sorver.

sir [sɜːr] n Senhor; **Dear Sir** Caro Senhor, Exmo. Sr.

siren ['saɪrən] n sirene f.

sister ['sɪstər] n (relative) irmã f; Brit (nurse) enfermeira-chefe f.

sister-in-law (pl **sisters-in-law** OR **sister-in-laws**) n cunhada f.

sit [sɪt] (pt & pp **sat**) vi sentar-se; (be situated) ficar. ◆ vt (to place) sentar, colocar; Brit (exam) fazer; **to be sitting** estar sentado. ❑ **sit down** vi sentar-se; **to be sitting down** estar sentado. ❑ **sit up** vi (after lying down) sentar-se; (stay up late) ficar acordado.

site [saɪt] n *(place)* local m; *(building site)* canteiro m de obra.

sitting room ['sɪtɪŋ-] n sala f de estar.

situated ['sɪtjʊeɪtəd] adj: **to be ~** estar OR ficar situado(da).

situation [,sɪtjʊ'eɪʃn] n situação f.

six [sɪks] num adj seis *(inv)*. ◆ num n seis m *inv*; **to be ~ (years old)** ter seis anos (de idade); **it's ~ (o'clock)** são seis horas; **a hundred and ~** cento e seis; **~ Hill St.** Hill St, n° 6; **it's minus ~ (degrees)** está (fazendo) seis graus negativos OR abaixo de zero; **~ out of ten** seis em dez.

sixteen [sɪks'tiːn] num dezesseis → **six**.

sixteenth [sɪks'tiːnθ] num décimo sexto (décima sexta) → **sixth**.

sixth [sɪksθ] num adj sexto(ta). ◆ num pron sexto m, -ta f. ◆ num n *(fraction)* sexto m. ◆ num adv *(in race, competition)* em sexto (lugar); **the ~ (of September)** o dia seis (de setembro).

sixtieth ['sɪkstɪəθ] num sexagésimo(ma) → **sixth**.

sixty ['sɪkstɪ] num sessenta → **six**.

size [saɪz] n *(of room, bed, building, country)* tamanho m; *(of clothes, shoes, hats)* número m; **what ~ do you wear?** *(of clothes)* que tamanho OR número você veste?; *(of shoes)* que número você calça?; **what ~ is this?** que tamanho OR número é isso?

sizeable ['saɪzəbl] adj considerável.

skate [skeɪt] n *(ice skate, roller skate)* patim m; *(fish: pl inv)* raia f. ◆ vi *(ice-skate)* patinar; *(roller-skate)* andar de patins.

skateboard ['skeɪtbɔːd] n skate m.

skater ['skeɪtər] n patinador m, -ra f.

skating ['skeɪtɪŋ] n: **to go ~ (ice-skating)** patinar; *(roller-skating)* patinar, andar de patins.

skeleton ['skelətən] n *(of body)* esqueleto m.

sketch [sketʃ] n *(drawing)* esboço m; *(humorous)* esquete m. ◆ vt *(draw)* esboçar.

ski [skiː] *(pt & pp* **skied**, *cont* **skiing)** n esqui m. ◆ vi esquiar; **a ~ trip** férias para esquiar.

skid [skɪd] n derrapagem f. ◆ vi derrapar.

skier ['skiːər] n esquiador m, -ra f.

skiing ['skiːɪŋ] n esqui m; **to go ~** ir fazer esqui, ir esquiar.

skilful ['skɪlfl] *Brit* = **skillful**.

ski lift n teleférico m, telesqui m.

skill [skɪl] n *(ability)* habilidade f; *(technique)* técnica f.

skilled [skɪld] adj *(worker, job)* especializado(da); *(driver, chef)* experiente, bom (boa).

skillful ['skɪlfʊl] adj Am experiente, hábil.

skim milk ['skɪm-] n Am leite m desnatado.

skin [skɪn] n pele f; (on milk) nata f.

skinny ['skɪnɪ] adj magricela.

skip [skɪp] vi (with rope) pular corda; (jump) saltitar. ◆ vt (omit) passar na frente. ◆ n (container) caçamba f.

skipping rope ['skɪpɪŋ-] n corda f de pular.

skirt [skaːt] n saia f.

ski slope n pista f de esqui.

skull [skʌl] n crânio m.

sky [skaɪ] n céu m.

skylight ['skaɪlaɪt] n clarabóia f.

skyscraper ['skaɪ,skreɪpər] n arranha-céu m.

slab [slæb] n (of stone, concrete) laje f.

slack [slæk] adj (rope) frouxo (xa); (careless) negligente; (not busy) calmo(ma), parado(da).

slacks [slæks] npl calça f.

slam [slæm] vt bater com. ◆ vi bater.

slander ['slɑːndər] n calúnia f.

slang [slæŋ] n gíria f.

slant [slɑːnt] n (slope) inclinação f. ◆ vi inclinar-se.

slap [slæp] n (on face) bofetada f; (on back) palmada f. ◆ vt (person, face) esbofetear, dar uma bofetada em; (back) dar uma palmada em.

slash [slæʃ] vt (cut) cortar; (fig: prices) cortar em. ◆ n (written symbol) barra f (oblíqua).

slate [sleɪt] n (rock) ardósia f; (on roof) telha f de ardósia.

slaughter ['slɔːtər] vt chacinar, massacrar.

slave [sleɪv] n escravo m, -va f.

sled [sled] n Am trenó m.

sledge [sledʒ] Brit = **sled**.

sleep [sliːp] (pt & pp **slept**) n (nap) sono m. ◆ vi dormir. ◆ vt: **the house ~s six** a casa tem lugar para seis pessoas dormirem; **try to get some ~** vê se você dorme; **I couldn't get to ~** não conseguia adormecer; **to go to ~** dormir; **did you ~ well?** você dormiu bem?; **to ~ with sb** dormir com alguém.

sleeper ['sliːpər] n (train) trem noturno com couchettes ou camas; (sleeping car) vagão-leito m.

sleeping pill ['sliːpɪŋ-] n comprimido m para dormir.

sleep mode n COMPUT modo m de repouso.

sleepy ['sliːpɪ] adj (person) sonolento(ta); **I'm ~** estou com sono.

sleet [sliːt] n chuva f de granizo. ◆ v impers: **it's ~ing** está chovendo granizo.

sleeve [sliːv] n (of garment) manga f; (of record) capa f.

sleeveless ['sliːvləs] adj sem mangas.

slender ['slendər] adj delgado (da).

slept [slept] pt pp → **sleep**.

slice [slaɪs] n fatia f. ◆ vt cortar.

slide [slaɪd] (pt & pp **slid**) n (on playground) escorrega m; (of photograph) slide m, diapositivo m. ◆ vi (slip) escorregar.

sliding door [,slaɪdɪŋ-] n porta f de correr.

slight [slaɪt] adj (minor) pequeno(na); **the** ~**est** o menor (a menor), o mínimo (a mínima); **not in the** ~**est** absolutamente nada.

slightly ['slaɪtlɪ] adv ligeiramente.

slim [slɪm] adj (person, waist) delgado(da); (book) fino(na). ◆ vi emagrecer.

slimming ['slɪmɪŋ] n emagrecimento m.

sling [slɪŋ] (pt & pp **slung**) vt inf (throw) atirar. ◆ n: **to have one's arm in a** ~ estar com o braço na tipóia.

slip [slɪp] vi (slide) escorregar. ◆ n (mistake) deslize m; (of paper) pedaço m; (half-petticoat) anágua f; (full-length petticoat) combinação f. ◻ **slip up** vi (make a mistake) cometer um deslize.

slipper ['slɪpər] n chinelo m (de quarto); (winterweight) pantufa f.

slippery ['slɪpərɪ] adj escorregadio(dia).

slit [slɪt] n fenda f.

slob [slɒb] n inf (dirty) porco m, porca f; (lazy) lambão m, -bona f.

slogan ['sləʊɡən] n slogan m.

slope [sləʊp] n (incline) inclinação f; (hill) encosta f; (for skiing) pista f. ◆ vi (path, hill) descer; (floor, roof, shelf) ser inclinado (da).

sloping ['sləʊpɪŋ] adj inclinado(da).

slot [slɒt] n ranhura f.

slot machine n (for gambling) caça-níqueis m.

slow [sləʊ] adj lento(ta); (clock, watch) atrasado(da). ◆ adv lentamente; **a** ~ **train** ≃ um trem parador. ◻ **slow down** vt sep & vi abrandar, ir mais devagar.

slowly ['sləʊlɪ] adv lentamente.

slug [slʌɡ] n (animal) lesma f.

slum [slʌm] n (building) barraco m, barracão m. ◻ **slums** npl (district) favela f.

slung [slʌŋ] pt & pp → **sling**.

slush [slʌʃ] n neve f meio derretida.

sly [slaɪ] adj manhoso(osa).

smack [smæk] n (slap) palmada f. ◆ vt dar uma palmada em.

small [smɔːl] adj pequeno(na).

small change n troco m, dinheiro m miúdo OR trocado.

smart [smɑːrt] adj (elegant, posh) elegante; (clever) esperto(ta).

smash [smæʃ] n inf (car crash) desastre m, acidente m. ◆ vt (plate, window) partir. ◆ vi (plate, vase etc.) partir-se.

smashing ['smæʃɪŋ] adj Brit inf excelente.

smell [smel] (pt & pp **-ed** OR **smelt**) n cheiro m. ◆ vt cheirar. ◆ vi (have odor) cheirar; (have bad odor) cheirar mal; **to** ~ **of sthg** cheirar a algo.

smelly ['smelɪ] adj malcheiroso(osa).

smelt [smelt] pt & pp → **smell**.

smile [smaɪl] n sorriso m. ◆ vi sorrir.

smoke [sməʊk] n (from fire, cigarette) fumaça f. ◆ vt & vi fumar; **to have a** ~ fumar um cigarro.

smoked [sməʊkt] *adj (meat, fish)* defumado(da); *(cheese)* curado(da).

smoker ['sməʊkər] *n (person)* fumante *mf*.

smoking ['sməʊkɪŋ] *n*: 'no ~ ' 'proibido fumar'.

smoking area *n* área *f* para fumantes.

smoky ['sməʊkɪ] *adj (room)* enfumaçado(da).

smooth [smu:ð] *adj (surface, road)* plano(na); *(skin)* macio (cia); *(take-off, landing, wine)* suave; *(journey, flight)* sem incidentes; *(life)* tranqüilo(la); *(mixture, liquid)* homogêneo(nea), cremoso(osa); *(pej: suave)* meloso (osa). ❑ **smooth down** *vt sep* alisar.

smother ['smʌðər] *vt (cover)* cobrir.

smudge [smʌdʒ] *n* mancha *f*.

smuggle ['smʌgl] *vt* contrabandear; **to ~ in** *(sneak in)* introduzir clandestinamente.

snack [snæk] *n* lanche *m*.

snack bar *n* lanchonete *f*.

snail [sneɪl] *n* caracol *m*.

snake [sneɪk] *n* cobra *f*.

snap [snæp] *vt vi (break)* partir. ◆ *n inf (photo)* foto *f*.

snare [sneər] *n* armadilha *f*.

snatch [snætʃ] *vt (grab)* arrancar à força; *(steal)* roubar.

sneakers ['sni:kərz] *npl Am* tênis *mpl*.

sneeze [sni:z] *n* espirro *m*. ◆ *vi* espirrar.

sniff [snɪf] *vi (from cold, crying)* fungar. ◆ *vt* cheirar.

snip [snɪp] *vt* cortar (com tesoura).

snob [snɒb] *n* esnobe *mf*.

snore [snɔ:r] *vi* roncar, ressonar.

snorkel ['snɔ:kl] *n* respirador *m*, tubo *m* respiratório.

snout [snaʊt] *n* focinho *m*.

snow [snəʊ] *n* neve *f*. ◆ *v impers*: **it's ~ing** está nevando.

snowball ['snəʊbɔ:l] *n* bola *f* de neve.

snowboarding ['snəʊbɔ:dɪŋ] *n*: **to go ~** fazer snowboarding.

snowflake ['snəʊfleɪk] *n* floco *m* de neve.

snowman ['snəʊmæn] *(pl* -**men** [-men]*) n* boneco-de-neve *m*.

snowstorm ['snəʊstɔ:rm] *n* tempestade *f* de neve.

snug [snʌg] *adj (person)* aconchegado(da); *(place)* aconchegante.

so [səʊ] *adv* - **1.** *(emphasizing degree)* tão; **don't be ~ stupid!** não seja tão idiota!; **it's ~ difficult (that ...)** é tão difícil (que ...); ~ **much** tanto(ta); ~ **many** tantos(tas).
- **2.** *(referring back)*: **I don't think ~** acho que não; **I'm afraid ~** receio que sim; ~ **you knew already** então você já sabia; **if ~** nesse caso.
- **3.** *(also)* também; ~ **do I** eu também.
- **4.** *(in this way)* deste modo, assim.

- **5.** (expressing agreement): ~ **there is** pois é, é verdade.
- **6.** (in phrases): **or** ~ mais ou menos; ~ **as** para; ~ **that** para.
◆ conj - **1.** (therefore) por isso; **I'm away next week** ~ **I won't be there** viajo na semana que vem, portanto não estarei lá.
- **2.** (summarizing) então; ~ **what have you been up to?** então, o que é que você tem feito?
- **3.** (in phrases): ~ **what?** inf e daí?; ~ **there!** inf pronto!, nada a fazer!

soak [səʊk] vt (leave in water) pôr de molho; (make very wet) ensopar, empapar. ◆ vi: **to** ~ **through sthg** ensopar algo. ❑ **soak up** vt sep absorver.

soaked [səʊkt] adj encharcado(da), ensopado(da).

soaking [ˈsəʊkɪŋ] adj encharcado(da), ensopado(da).

soap [səʊp] n sabonete m; (for clothes) sabão m.

soap opera n novela f, telenovela f.

sob [sɒb] n soluço m. ◆ vi soluçar.

sober [ˈsəʊbər] adj sóbrio (bria).

soccer [ˈsɒkər] n futebol m.

sociable [ˈsəʊʃəbl] adj sociável.

social [ˈsəʊʃl] adj social.

socialist [ˈsəʊʃəlɪst] adj socialista. ◆ n socialista mf.

social security n previdência f social.

social worker n assistente mf social.

society [səˈsaɪətɪ] n sociedade f.

sociology [ˌsəʊsɪˈɒlədʒɪ] n sociologia f.

sock [sɒk] n meia f.

socket [ˈsɒkɪt] n (for plug) tomada f; (for light bulb) bocal m.

soda [ˈsəʊdə] n (soda water) água f com gás; Am (fizzy drink) refrigerante m.

sofa [ˈsəʊfə] n sofá m.

sofa bed n sofá-cama m.

soft [sɒft] adj (bed, food) mole; (skin, fur, fabric) macio(cia), suave; (breeze, sound) fraco(ca); (voice) doce; (footsteps) leve.

soft drink n refrigerante m.

software [ˈsɒftweər] n software m.

soil [sɔɪl] n solo m.

solarium [səˈleərɪəm] n solário m, solarium m.

solar panel [ˈsəʊlər-] n painel m solar.

sold [səʊld] pt & pp → **sell.**

soldier [ˈsəʊldʒər] n soldado m.

sold out adj esgotado(da).

sole [səʊl] adj único(ca). ◆ n (of shoe) sola f; (of foot) planta f; (fish: pl inv) linguado m.

solemn [ˈsɒləm] adj solene.

solicitor [səˈlɪsɪtər] n Brit advogado m, -da f, advogado que apenas pode atuar nos tribunais de primeira instância.

solid [ˈsɒlɪd] adj sólido(da); (chair, wall) resistente; (rock, gold, oak) maciço(ça).

solo [ˈsəʊləʊ] (pl -s) n solo m.

soluble [ˈsɒljəbl] adj solúvel.

solution [səˈluːʃn] n solução f.

solve [sɒlv] *vt* resolver.

some [sʌm] *adj* - 1. *(certain, large amount of)* algum (alguma); ~ **meat** um pouco de carne; ~ **money** um pouco de dinheiro; **I had** ~ **difficulty getting here** tive algumas dificuldades para chegar aqui.

- 2. *(certain, large number of)* alguns (algumas); ~ **sweets** alguns doces; ~ **people** algumas pessoas; **I've known him for** ~ **years** já o conheço há alguns anos.

- 3. *(not all)* alguns (algumas); ~ **jobs are better paid than others** alguns empregos são mais bem pagos que outros.

- 4. *(in imprecise statements)* um (uma) ... qualquer; ~ **woman phoned** telefonou uma mulher.

◆ *pron* - 1. *(certain amount)* algum *m*, alguma *f*, parte *f*; **can I have** ~ **?** posso ficar com uma parte?; ~ **of the money** algum dinheiro, parte do dinheiro.

- 2. *(certain number)* alguns *mpl*, algumas *fpl*; **can I have** ~ **?** posso ficar com alguns?; ~ **(of them) left early** alguns (deles) foram embora cedo.

◆ *adv (approximately)* aproximadamente; **there were** ~ **7.000 people** havia umas 7.000 pessoas.

somebody ['sʌmbədɪ] = **someone**.

somehow ['sʌmhaʊ] *adv (some way or other)* de alguma maneira; *(for some reason)* por alguma razão; ~ **I don't think he'll come** tenho a impressão de que ele não virá.

someone ['sʌmwʌn] *pron* alguém.

someplace ['sʌmpleɪs] *Am* = **somewhere**.

somersault ['sʌməsɔːlt] *n* cambalhota *f*.

something ['sʌmθɪŋ] *pron* algo, alguma coisa; **it's really** ~ é demais; **or** ~ *inf* ou (qualquer) coisa parecida; ~ **like** *(approximately)* uns (umas), qualquer coisa como.

sometime ['sʌmtaɪm] *adv:* ~ **in June** em junho.

sometimes ['sʌmtaɪmz] *adv* às OR por vezes.

somewhere ['sʌmweər] *adv (in unspecified place)* em algum lugar, em alguma parte; *(to specified place)* a alguma parte; ~ **around** OR **between** *(approximately)* aproximadamente.

son [sʌn] *n* filho *m*.

song [sɒŋ] *n* canção *f*.

son-in-law *(pl* **sons-in-law)** *n* genro *m*.

soon [suːn] *adv (in a short time)* em breve; *(early)* cedo; **how** ~ **can you do it?** para quando é que estará pronto?; **as** ~ **as** assim que; **as** ~ **as possible** o mais cedo possível, assim que for possível; ~ **after** pouco depois; ~**er or later** mais cedo ou mais tarde.

soot [sʊt] *n* fuligem *f*.

soothe [suːð] *vt* acalmar.

sophisticated [sə'fɪstɪkeɪtəd] *adj* sofisticado(da).

sorbet ['sɔːbət] *n* sorvete *m* de frutas.

sore [sɔːr] *adj (painful)* dolorido(da); *Am inf (angry)* zangado (da). ◆ *n* ferida *f*; **to have a ~ throat** estar com dor de garganta.

sorry ['sɒrɪ] *adj:* **he isn't even ~** ele nem sequer está arrependido; **I'm ~ !** desculpe!; **I'm ~ I'm late** desculpem o atraso; **I'm ~ about the mess** desculpe a confusão; **I'm ~ you didn't get the job** sinto muito que você não tenha conseguido o emprego; **~ ?** *(asking for repetition)* perdão?; **to feel ~ for sb** sentir pena de alguém.

sort [sɔːt] *n* tipo *m*. ◆ *vt* organizar; **~ of** *(more or less)* mais ou menos. □ **sort out** *vt sep (classify)* organizar; *(resolve)* resolver.

so-so *inf adj inf* mais ou menos. ◆ *adv inf* assim assim.

sought [sɔːt] *pt & pp* → **seek**.

soul [səʊl] *n (spirit)* alma *f*; *(soul music)* música *f* soul.

sound [saʊnd] *n* som *m*. ◆ *vt (horn, bell)* (fazer) soar. ◆ *vi (make a noise)* soar; *(seem to be)* parecer. ◆ *adj (in good condition)* sólido (da); *(health)* sadio(a); *(heart, mind)* são (sã), bom (boa); **to ~ like** *(make a noise like)* soar como; *(seem to be)* parecer ser.

soundproof ['saʊndpruːf] *adj* à prova de som.

soup [suːp] *n* sopa *f*.

sour ['saʊər] *adj (taste)* ácido(a); *(milk)* azedo(da); **to go ~** azedar.

source [sɔːrs] *n (supply, origin)* fonte *f*; *(cause)* origem *f*; *(of river)* nascente *f*.

south [saʊθ] *n* sul *m*. ◆ *adj (wind)* sul. ◆ *adv (be situated)* ao sul; *(fly, walk)* para o sul; **in the ~ of the country** no sul do país.

South America *n* América *f* do Sul.

southeast [ˌsaʊθˈiːst] *n* sudeste *m*.

southern ['sʌðərn] *adj* do sul.

southward ['saʊθwərd] *adv* em direção ao sul, para o sul.

southwest [ˌsaʊθˈwest] *n* sudoeste.

souvenir [ˌsuːvəˈnɪər] *n* lembrança *f*.

sow[1] [səʊ] *(pp* **sown** [səʊn]*) vt (seeds)* semear.

sow[2] [saʊ] *n (pig)* porca *f*.

soy bean *n* grão *m* de soja.

soy sauce [ˌsɔɪ-] *n* molho *m* de soja.

spa [spɑː] *n* estância *f* hidromineral.

spa bath *n* hidromassagem *m*.

space [speɪs] *n* espaço *m*. ◆ *vt* espaçar.

spacious ['speɪʃəs] *adj* espaçoso(soa).

spade [speɪd] *n (tool)* pá *f*. □ **spades** *npl (in cards)* espadas *fpl*.

spaghetti [spəˈgetɪ] *n* espaguete *m*.

Spain [speɪn] *n* Espanha *f*.

span [spæn] *pt* → **spin**. ◆ *n (length)* distância *f*, palmo *m*; *(of time)* espaço *m* de tempo.

spank [spæŋk] *vt* dar uma palmada em.

spanner ['spænə'] *n Brit* chave-inglesa *f*.

spare [speə'] *adj (kept in reserve)* a mais; *(not in use)* disponível. ◆ *n (spare part)* peça *f* sobressalente; *(spare tire)* pneu *m* sobressalente. ◆ *vt*: **to ~ sb sthg** *(money)* dispensar algo a alguém; **I can't ~ the time** não tenho tempo; **with ten minutes to ~** com dez minutos de antecedência.

spare room *n* quarto *m* de hóspedes.

spare time *n* tempo *m* livre.

spark [spa:rk] *n (from fire)* fagulha *f*; *(electric)* faísca *f*.

sparkling ['spa:rklɪŋ] *adj (mineral water, soft drink)* gaseificado(da), com gás.

sparkling wine *n* espumante *m*.

sparrow ['spærəu] *n* pardal *m*.

spat [spæt] *pt & pp* → **spit**.

speak [spi:k] *(pt* **spoke***, pp* **spoken***) vt (language)* falar; *(say)* dizer. ◆ *vi* falar; **who's ~ing?** *(on phone)* quem fala?; **may I ~ to Charlotte? – ~ing!** posso falar com a Charlotte? – é a própria!; **to ~ to sb about sthg** falar com alguém sobre algo. ❑ **speak up** *vi (more loudly)* falar mais alto.

speaker ['spi:kər] *n (person)* orador *m*, -ra *f*; *(loudspeaker)* altofalante *m*; *(of stereo)* alto-falante *m*; **a Portuguese ~** uma pessoa que fala português.

spear [spɪər] *n* lança *f*.

special ['speʃl] *adj* especial. ◆ *n (dish)* prato *m* do dia; **'today's ~'** 'prato do dia'.

specialist ['speʃəlɪst] *n* especialista *mf*.

speciality [,speʃɪ'ælətɪ] *Brit* = **specialty**.

specialize ['speʃəlaɪz] *vi*: **to ~ (in)** especializar-se (em).

specially ['speʃlɪ] *adv* especialmente.

specialty ['speʃltɪ] *n Am* especialidade *f*.

species ['spi:ʃi:z] *n* espécie *f*.

specific [spə'sɪfɪk] *adj* específico(ca).

specifications [,spesəfɪ'keɪʃənz] *npl (of machine, car)* ficha *f* técnica.

specimen ['spesəmən] *n* espécime *m*.

spectacle ['spektəkl] *n* espetáculo *m*.

spectacles ['spektəklz] *npl* óculos *mpl*.

spectacular [spek'tækjələr] *adj* espetacular.

spectator [spek'teɪtər] *n* espectador *m*, -ra *f*.

sped [sped] *pt & pp* → **speed**.

speech [spi:tʃ] *n (ability to speak)* fala *f*; *(manner of speaking)* maneira *f* de falar; *(talk)* discurso *m*.

speech impediment [-ɪm,pedəmənt] *n* defeito *m* na fala.

speed [spi:d] *(pt & pp* **-ed** OR **sped***) n* velocidade *f*; *(bicycle gear)* mudança *f*. ◆ *vi (move* *quickly)* ir a grande velocidade; *(drive too fast)* dirigir com excesso de velocidade; **'reduce ~ now'** 'reduza a velocidade'. ❑ **speed up** *vi* acelerar.

speedboat ['spi:dbəʊt] *n* lancha *f*.

speeding ['spi:dɪŋ] *n* excesso *m* de velocidade.

speed limit *n* limite *m* de velocidade.

speedometer [spɪ'dɒmɪtər] *n* velocímetro *m*.

spell [spel] *(Am pt & pp* **-ed**, *Brit pt & pp* **-ed** OR **spelt**) *vt (word, name)* soletrar; *(subj: letters)* dar, formar a palavra. ◆ *n (period)* período *m; (magic)* feitiço *m*.

spell-checker [-tʃekər] *n* corretor *m* ortográfico.

spelling ['spelɪŋ] *n* ortografia *f*.

spend [spend] *(pt & pp* **spent** [spent]*) vt (money)* gastar; *(time)* passar.

sphere [sfɪər] *n* esfera *f*.

spice [spaɪs] *n* especiaria *f*. ◆ *vt* condimentar.

spicy ['spaɪsɪ] *adj* apimentado (da).

spider ['spaɪdər] *n* aranha *f*; **~'s web** teia *f* de aranha.

spike [spaɪk] *n* espigão *m*.

spill [spɪl] *(Am pt & pp* **-ed**, *Brit pt & pp* **-ed** OR **spilt**) *vt* entornar. ◆ *vi* entornar-se.

spin [spɪn] *(pt* **span** OR **spun**, *pp* **spun**) *vt (wheel, fan)* rodar; *(laundry)* centrifugar. ◆ *n (on ball)* efeito *m;* **to go for a ~** *infir* dar uma volta.

spinach ['spɪnɪtʃ] *n* espinafre *m*.

spine [spaɪn] *n (of back)* espinha *f* (dorsal), coluna *f* (vertebral); *(of book)* lombada *f*.

spiral ['spaɪrəl] *n* espiral *f*.

spiral staircase *n* escada *f* em caracol.

spire [spaɪər] *n* cume *m*.

spirit ['spɪrɪt] *n (soul)* espírito *m; (energy)* vigor *m*, energia *f; (courage)* coragem *f; (mood)* humor *m*. ❑ **spirits** *npl Brit (alcohol)* bebidas *fpl* alcoólicas *(destiladas).*

spit [spɪt] *(Am pt & pp* **spit**, *Brit pt & pp* **spat**) *vi (person)* cuspir; *(fire)* crepitar; *(food)* espirrar. ◆ *n (saliva)* cuspe *m; (for cooking)* espeto *m*.

spite [spaɪt]: **in spite of** *prep* apesar de.

spiteful ['spaɪtfʊl] *adj* maldoso(osa).

splash [splæʃ] *n (sound)* splash *m*. ◆ *vt* salpicar.

splendid ['splendɪd] *adj* esplêndido(da).

splint [splɪnt] *n* tala *f*.

splinter ['splɪntər] *n* falha *f*, lasca *f*.

split [splɪt] *(pt & pp* **split**) *n (tear)* rasgão *m; (crack, in skirt)* racha *f*. ◆ *vt (wood, stone)* rachar; *(tear)* rasgar; *(check, profits, work)* dividir. ◆ *vi (wood, stone)* partir-se; *(tear)* rasgar-se. ❑ **split up** *vi (group, couple)* separar-se.

spoil [spɔɪl] *(pt & pp* **-ed** OR **spoilt**) *vt (ruin)* estragar; *(child)* mimar.

spoke [spəʊk] *pt* → **speak.** ◆ *n* raio *m.*

spoken ['spəʊkn] *pp* → **speak.**

spokesman ['spəʊksmən] (*pl* **-men** [-mən]) *n* porta-voz *m.*

spokeswoman ['spəʊks-ˌwʊmən] (*pl* **-women** [-ˌwɪmɪn]) *n* porta-voz *f.*

sponge [spʌndʒ] *n* (*for cleaning, washing*) esponja *f.*

sponge cake *n* ≃ pão-de-ló *m.*

sponsor ['spɒnsər] *n* (*of event, TV program*) patrocinador *m*, -ra *f.*

spontaneous [spɒn'teɪnjəs] *adj* espontâneo(nea).

spoon [spuːn] *n* colher *f.*

spoonful ['spuːnfl] *n* colherada *f*, colher *f.*

sport [spɔːrt] *n* esporte *m.*

sports center [spɔːrts-] *n* centro *m* esportivo.

sportsman ['spɔːrtsmən] (*pl* **-men** [-mən]) *n* esportista *m.*

sportswoman ['spɔːrts-ˌwʊmən] (*pl* **-women** [-ˌwɪmɪn]) *n* esportista *f.*

spot [spɒt] *n* (*of paint, rain, blood*) gota *f*, pingo *m*; (*on dog, leopard*) mancha *f*; *Brit* (*on skin*) espinha *f*; (*place*) lugar *m*. ◆ *vt* notar, reparar em; **on the** ~ (*at once*) imediatamente; (*at the scene*) no local.

spotless ['spɒtləs] *adj* impecável, imaculado(da).

spotlight ['spɒtlaɪt] *n* refletor *m.*

spouse [spaʊs] *n fml* esposo *m*, -sa *f.*

spout [spaʊt] *n* bico *m.*

sprain [spreɪn] *vt* torcer.

sprang [spræŋ] *pt* → **spring.**

spray [spreɪ] *n* (*of aerosol, perfume*) spray *m* ; (*droplets*) gotas *fpl*; (*of sea*) espuma *f*. ◆ *vt* (*car*) pintar com pistola; (*crops*) pulverizar; (*paint, water etc.*) esguichar.

spread [spred] (*pt & pp* **spread**) *vt* (*butter, jam*) passar; (*glue, disease, news*) espalhar; (*map, tablecloth, blanket*) estender; (*legs, fingers, arms*) abrir. ◆ *vi* (*disease, fire, news*) espalhar-se; (*stain*) alastrar. ◆ *n* (*food*): **cheese** ~ queijo *m* cremoso. ❑ **spread out** *vi* (*disperse*) espalhar-se.

spring [sprɪŋ] (*pt* **sprang**, *pp* **sprung**) *n* (*season*) primavera *f*; (*coil*) mola *f*; (*in ground*) nascente *f*. ◆ *vi* (*leap*) saltar; **in (the)** ~ na primavera.

springboard ['sprɪŋbɔːrd] *n* prancha *f* (de saltos).

spring-cleaning [-ˈkliːnɪŋ] *n* faxina *f* geral.

sprinkle ['sprɪŋkl] *vt*: **to** ~ **sthg with sugar/flour** polvilhar algo com açúcar/farinha; **to** ~ **water on sthg** borrifar algo com água.

sprinkler ['sprɪŋklər] *n* (*for fire*) extintor *m* (automático de incêndios); (*for grass*) regador *m* (automático).

sprint [sprɪnt] *n* (*race*) corrida *f* de velocidade. ◆ *vi* (*run fast*) dar uma corrida.

sprout [spraʊt] *n* (*vegetable*) couve-de-Bruxelas *f.*

sprung [sprʌŋ] pp → **spring.**
◆ adj (mattress) de molas.

spun [spʌn] pt & pp → **spin.**

spur [spɜ:r] n (for horse rider) espora f; **on the ~ of the moment** sem pensar duas vezes.

spurt [spɜ:rt] vi jorrar.

spy [spaɪ] n espião m, -piã f.

squalor ['skwɒlər] n sordidez f.

square [skweər] adj (in shape) quadrado(da). ◆ n (shape) quadrado m; (in town) praça f; (of chocolate) pedaço m; (on chessboard) casa f; **2 ~ meters** 2 metros quadrados; **it's 2 meters ~** tem 2 metros de cada lado; **we're (all) ~ now** (not owing money) agora estamos quites.

squash [skwɒʃ] n (game) squash m; Am (vegetable) abóbora f. ◆ vt esmagar.

squat [skwɒt] adj atarracado (da). ◆ n (building) edifício abandonado e ocupado clandestinamente. ◆ vi (crouch) agachar-se.

squeak [skwi:k] vi chiar.

squeeze [skwi:z] vt espremer. ❑ **squeeze in** vi arranjar lugar.

squid [skwɪd] n lula f.

squint [skwɪnt] n estrabismo m. ◆ vi semicerrar os olhos; **to ~** olhar com os olhos semicerrados para.

squirrel ['skwɜ:rəl] n esquilo m.

squirt [skwɜ:rt] vi esguichar.

St. (abbr of Street) R.; (abbr of Saint) S. m, Sta. f.

stab [stæb] vt (with knife) apunhalar, esfaquear.

stable ['steɪbl] adj estável. ◆ n estábulo m.

stack [stæk] n (pile) pilha f; **~s of** inf (lots) uma pilha de.

stadium ['steɪdjəm] n estádio m.

staff [stæf] n (workers) pessoal m.

stage [steɪdʒ] n (phase) fase f; (in theater) palco m.

stagger ['stægər] vt (arrange in stages) escalonar. ◆ vi cambalear.

stagnant ['stægnənt] adj estagnado(da).

stain [steɪn] n nódoa f, mancha f. ◆ vt manchar.

stainless steel ['steɪnləs-] n aço m inoxidável.

stair [steər] n degrau m. ❑ **stairs** npl escadas fpl.

staircase ['steərkeɪs] n escadaria f.

stake [steɪk] n (share) parte f; (in gambling) aposta f; (post) estaca f; **at ~** em jogo.

stale [steɪl] adj (bread) velho (lha); (pie) mole.

stalk [stɔ:k] n (of flower, plant) pé m, caule m; (of fruit) cabo m; (of leaf) talo m.

stall [stɔ:l] n (at exhibition) stand m; (in market, at fair) barraca f; (for horse) baia f. ◆ vi (car, plane, engine) morrer. ❑ **stalls** npl Brit (in theater) plateia f.

stallion ['stæljən] n garanhão m.

stamina ['stæmɪnə] n resistência f.

stammer ['stæmər] vi gaguejar.

stamp [stæmp] n (for letter) selo m; (in passport, on document) carimbo m. ◆ vt (passport, document) carimbar. ◆ vi: **to ~ on sthg** esmagar algo com o pé; **to ~ one's foot** bater com o pé no chão.

stamp-collecting [-kə,lektɪŋ] n filatelia f.

stand [stænd] (pt & pp **stood**) vi (be on feet) estar de OR em pé; (be situated) ficar; (get to one's feet) levantar-se. ◆ vt (place) pôr, colocar; (bear, withstand) agüentar, suportar. ◆ n (in market, at fair) barraca f; (at exhibition) estande m; (for newspapers) banca f de jornais; (for umbrellas) bengaleiro m; (for coats) cabide m; (at sports stadium) arquibancada f; **to be ~ing** estar de OR em pé; **'no ~ing'** Am AUT 'proibido parar e estacionar'. ◻ **stand back** vi afastar-se. ◻ **stand for** vt fus (mean) representar; (tolerate) tolerar. ◻ **stand in** vi: **to ~ in for sb** substituir alguém. ◻ **stand out** vi (be conspicuous) dar na vista; (be superior) destacar-se. ◻ **stand up** ◆ vi (be on feet) estar de OR em pé; (get to one's feet) levantar-se. ◆ vt sep inf (boyfriend, girlfriend) deixar plantado(da). ◻ **stand up for** vt fus defender.

standard ['stændəd] adj (normal) normal, padrão (inv). ◆ n (level) nível m; (point of comparison) média f; (for product) norma f; **to be up to ~** estar à altura. ◻ **standards** npl (principles) princípios mpl.

standby ['stændbaɪ] adj (ticket) sem reserva, de última hora.

stank [stæŋk] pt → **stink**.

staple ['steɪpl] n (for paper) grampo m.

stapler ['steɪplər] n grampeador m.

star [stɑːr] n estrela f. ◆ vt (subj: film, play etc.): **'starring ...'** 'estrelando ...'. ◻ **stars** npl (horoscope) horóscopo m.

starboard ['stɑːbərd] adj de estibordo.

starch ['stɑːtʃ] n (in food) amido m; (for clothes) goma f.

stare [steər] vi: **to ~** fitar, olhar fixamente (para).

Stars and Stripes n: **the ~ a** bandeira dos Estados Unidos.

STARS AND STRIPES

Um dos muitos nomes dados à bandeira dos Estados Unidos. As cinqüenta estrelas da bandeira representam os cinqüenta estados americanos, e as treze listras vermelhas e brancas, os treze estados fundadores da União. Os americanos orgulham-se muito de sua bandeira e alguns a exibem na frente de suas casas.

start [stɑːrt] n (beginning) início m, começo m; (starting place) ponto m de partida. ◆ vt (begin) começar; (car, engine) ligar; (business, club) montar. ◆ vi (begin) começar; (car, engine) pegar; (begin journey) sair, partir; **prices ~ at**

$5 preços a partir de 5 dólares; to ~ doing sthg ORto do sthg começar a fazer algo; to ~ with ... para começar ... ❑ **start out** vi (on journey) partir; (be originally) começar. ❑ **start up** vt sep (car, engine) ligar; (business) montar.

starter ['stɑːrtər] n (of car) motor m de arranque; Brit (of meal) entrada f.

starting point ['stɑːrtɪŋ-] n ponto m de partida.

startle ['stɑːrtl] vt assustar.

starvation [stɑː'veɪʃn] n fome f.

starve [stɑːrv] vi (have no food) passar fome; **I'm starving!** estou esfomeado OR morto de fome!

state [steɪt] n estado m. ◆ vt (declare) declarar; (specify) especificar, indicar; **the State** o Estado; **the States** os Estados Unidos.

statement ['steɪtmənt] n (declaration) declaração f; (from bank) extrato m.

statesman ['steɪtsmən] (pl -men [-mən]) n homem m de estado, estadista m.

static ['stætɪk] n (on radio, TV) interferências fpl.

station ['steɪʃn] n estação f.

stationary ['steɪʃənrɪ] adj estacionário(ria).

stationery ['steɪʃənrɪ] n artigos mpl de papelaria.

station wagon n Am perua f (carro).

statistics [stə'tɪstɪks] npl (figures) estatísticas fpl.

statue ['stætʃuː] n estátua f.

Statue of Liberty n: the ~ a Estátua da Liberdade.

A Estátua da Liberdade foi um presente dado pela França aos Estados Unidos em 1884. Gigantesca, ela exibe uma mulher empunhando uma tocha e situa-se numa minúscula ilha na entrada do porto de Nova York. A estátua é aberta à visitação pública.

status ['steɪtəs] n (legal position) estado m; (social position) status m; (prestige) prestígio m, status m.

stay [steɪ] n (time spent) estadia f. ◆ vi (remain) ficar; (as guest) ficar (hospedado); **where are you ~ing?** onde você está hospedado?; **to ~ the night** passar a noite. ❑ **stay away** vi (not attend) não ir; (not go near) ficar longe. ❑ **stay in** vi ficar em casa. ❑ **stay out** vi (from home) ficar fora. ❑ **stay up** vi ficar acordado.

steady ['stedɪ] adj (not shaking, firm) firme; (gradual) gradual; (stable) estável; (job) fixo(xa). ◆ vt (table, ladder) firmar.

steak [steɪk] n bife m.

steal [stiːl] (pt **stole**, pp **stolen**) vt roubar; **to ~ sthg from sb** roubar algo de alguém.

steam [stiːm] n vapor m. ◆ vt (food) cozer no vapor.

steam engine n máquina f a vapor.

steel [sti:l] n aço m. ◆ adj de aço.

steep [sti:p] adj (hill, path) íngreme; (increase, drop) considerável.

steer ['stɪər] vt (car) dirigir; (boat, plane) pilotar.

steering ['stɪərɪŋ] n direção f.

steering wheel n volante m.

stem [stem] n (of plant) talo m, caule m; (of glass) pé m.

stem cell n célula-tronco f.

step [step] n (stair, rung) degrau m; (pace, measure, stage) passo m. ◆ vi: **to ~ on sthg** pisar em algo. ❑ **steps** npl (stairs) escadas fpl. ❑ **step aside** vi (move aside) desviar-se, afastar-se. ❑ **step back** vi (move back) recuar, afastar-se.

stepbrother ['step,brʌðər] n meio-irmão m.

stepdaughter ['step,dɔ:tər] n enteada f.

stepfather ['step,fɑ:ðər] n padrasto m.

stepladder ['step,lædər] n escada f portátil.

stepmother ['step,mʌðər] n madrasta f.

stepsister ['step,sɪstər] n meia-irmã f.

stepson ['stepsʌn] n enteado m.

stereo ['steriəʊ] (pl -s) adj estereofônico(ca). ◆ n (hi-fi) aparelhagem f; (stereo sound) estereofonia f, estéreo m.

sterile ['steraɪl] adj (germ-free) esterilizado(da).

sterilize ['steralaɪz] vt esterilizar.

sterling ['stɜ:rlɪŋ] adj (pound) esterlino(na). ◆ n libra f esterlina.

stern [stɜ:rn] adj severo(ra). ◆ n popa f.

stew [stu:] n ensopado m, guisado m.

steward ['stʊərd] n (on plane, ship) comissário m de bordo.

stewardess ['stʊərdəs] n aeromoça f.

stewed [stu:d] adj (fruit) cozido(da).

stick [stɪk] (pt & pp **stuck**) n (of wood) pau m; (for sport) taco m; Brit (of celery) tira f. ◆ vt (glue) colar; (push, insert) meter, pôr; inf (put) meter, pôr. ◆ vi (become attached) grudar-se; (jam) emperrar. ❑ **stick out** vi sobressair. ❑ **stick to** vt fus (decision, principles, promise) manter-se fiel a. ❑ **stick up** vt sep (poster, notice) afixar. ◆ vi: **your hair is ~ing up!** você está com o cabelo todo arrepiado! ❑ **stick up for** vt fus defender.

sticker ['stɪkər] n adesivo m.

stick shift n Am (car) veículo com câmbio manual.

sticky ['stɪkɪ] adj (substance, hands, candy) pegajoso(osa); (label, tape) adesivo(va); (weather) úmido(da).

stiff [stɪf] adj (firm) rijo(ja); (neck) duro(ra); (back, person) dolorido(da); (door, latch, mechanism) emperrado(da). ◆ adv: **to be bored** ~ inf estar morrendo de tédio.

still [stɪl] adv ainda. ◆ adj (motionless) imóvel; (quiet, calm) calmo(ma); (not fizzy) sem gás; **we've** ~ **got 10 minutes** ainda temos 10 minutos; ~ **more** ainda mais; **to stand** ~ estar quieto.

stimulate ['stɪmjəleɪt] vt estimular.

sting [stɪŋ] (pt & pp **stung**) vt picar. ◆ vi (skin, eyes) arder.

stingy ['stɪndʒɪ] adj inf pãoduro(ra).

stink [stɪŋk] (pt **stank** OR **stunk**, pp **stunk**) vi cheirar mal.

stipulate ['stɪpjəleɪt] vt estipular.

stir [stɜ:r] vt (move around, mix) mexer.

stirrup ['stɜːrəp] n estribo m.

stitch [stɪtʃ] n (in sewing, knitting) ponto m; **to have a** ~ sentir uma pontada. ❑ **stitches** npl (for wound) pontos mpl.

stock [stɒk] n (of store) estoque m; FIN títulos mpl, ações fpl; (cookery) caldo m. ◆ vt (have in stock) ter em estoque; **in** ~ em estoque, armazenado; **out of** ~ esgotado.

Stock Exchange n bolsa f de valores.

stocking ['stɒkɪŋ] n meia f.

stock market n bolsa f, mercado m de valores.

stodgy ['stɒdʒɪ] adj (food) pesado(da).

stole [stəʊl] pt → **steal**.

stolen ['stəʊlən] pp → **steal**.

stomach ['stʌmək] n (organ) estômago m; (belly) barriga f.

stomach ache n dor f de estômago.

stone [stəʊn] n (substance) pedra f; (in fruit) caroço m; Brit (measurement: pl inv) = 6,35 kg; (gem) pedra preciosa. ◆ adj de pedra.

stood [stʊd] pt & pp → **stand**.

stool [stu:l] n (for sitting on) banco m.

stop [stɒp] n parada f. ◆ vt parar. ◆ vi parar; (stay) ficar; **to** ~ **sb/sthg from doing sthg** impedir alguém/algo de fazer algo; **to** ~ **doing sthg** parar de fazer algo; **to put a** ~ **to sthg** pôr termo OR fim a algo; **'stop'** (road sign) 'pare'; **'stopping at ...'** (train, bus) 'com paradas em ...'. ❑ **stop off** vi parar.

stopover ['stɒp,əʊvər] n parada f; (on plane journey) escala f.

stopper ['stɒpər] n tampa f.

stopwatch ['stɒpwɒtʃ] n cronômetro m.

storage ['stɔːrɪdʒ] n armazenamento m, armazenagem f.

store [stɔːr] n (shop) loja f; (supply) estoque m. ◆ vt armazenar.

storekeeper ['stɔːrkiːpər] n Am comerciante m.

storeroom ['stɔːruːm] n (in shop) armazém m; (in house) dispensa f.

storey ['stɔːrɪ] (pl -s) Brit = **story**.

stork [stɔːk] n cegonha f.

storm [stɔːrm] n (bad weather) tempestade f.

stormy ['stɔ:rmɪ] adj (weather) tempestuoso(osa).

story ['stɔ:rɪ] n (account, tale) história f; (news item) artigo m; Am andar m.

stout [staʊt] adj (fat) corpulento(ta), forte.

stove [staʊv] n (for cooking) fogão m; (for heating) estufa f.

straight [streɪt] adj (not curved) direito(ta); (road, line) reto(ta); (hair) liso(sa); (consecutive) consecutivo(va); (drink) puro(ra). ◆ adv (in a straight line) reto(ta); (upright) direito; (directly) diretamente; (without delay) imediatamente; ~ ahead sempre em frente; ~ away imediatamente, já; ~ in front bem em frente.

straightforward [,streɪt'fɔ:rwərd] adj (easy) simples (inv).

strain [streɪn] n (force) força f; (nervous stress) stress m; (tension) tensão f; (injury) distensão f. ◆ vt (muscle, eyes) forçar; (food, drink) coar.

strainer ['streɪnər] n coador m.

strait [streɪt] n estreito m.

strange [streɪndʒ] adj estranho(nha).

stranger ['streɪndʒər] n (unfamiliar person) estranho m, -nha f, desconhecido m, -da f; (person from different place) forasteiro m, -ra f.

strangle ['stræŋgl] vt estrangular.

strap [stræp] n (of bag) alça f; (of camera, shoe) correia f; (of watch) pulseira f.

strategy ['strætədʒɪ] n estratégia f.

straw [strɔ:] n palha f; (for drinking) canudo m.

strawberry ['strɔ:berɪ] n morango m.

stray [streɪ] adj (animal) abandonado(da). ◆ vi vaguear.

streak [stri:k] n (stripe, mark) listra f, risca f; (period) período m.

stream [stri:m] n (river) riacho m; (of traffic, people) torrente f; (of water, air) corrente f.

street [stri:t] n rua f.

streetcar ['stri:tkɑ:r] n Am bonde m.

strength [streŋθ] n força f; (of structure) solidez f; (strong point) ponto m forte; (of feeling, wind, smell) intensidade f; (of drink) teor m alcoólico; (of drug) dosagem f.

strengthen ['streŋθn] vt reforçar.

stress [stres] n (tension) stress m; (on word, syllable) acento m tônico. ◆ vt (emphasize) pôr a tônica em; (word, syllable) acentuar.

stretch [stretʃ] n (of land, water) extensão f; (of time) período m. ◆ vt esticar. ◆ vi (land, sea) estender-se; (person, animal) estirar-se, espreguiçar-se, alongar-se; to ~ one's legs fig esticar as pernas. ❑ **stretch out** ◆ vt sep (hand) estender. ◆ vi (lie down) estender-se ao comprido, deitar-se.

stretcher ['stretʃər] n maca f.

strict [strɪkt] *adj* rigoroso(osa).

strictly ['strɪktlɪ] *adv (absolutely)* estritamente; *(exclusively)* exclusivamente; ~ **speaking** a bem dizer.

stride [straɪd] *n* passada *f*.

strike [straɪk] *(pt & pp* **struck)** *n (of employees)* greve *f*. ◆ *vt (fml: hit)* agredir; *(fml: collide with)* bater em, chocar-se com; *(a match)* acender. ◆ *vi (refuse to work)* fazer greve; *(happen suddenly)* ocorrer; **the clock struck eight** o relógio bateu oito horas.

striking ['straɪkɪŋ] *adj (noticeable)* impressionante; *(attractive)* atraente.

string [strɪŋ] *n* cordel *m*, fio *m*; *(of pearls, beads)* colar *m*; *(of musical instrument, tennis racket)* corda *f*; *(series)* série *f*; **a piece of** ~ um barbante.

strip [strɪp] *n (of paper, cloth etc.)* tira *f*; *(of land, water)* faixa *f*. ◆ *vt (paint)* raspar; *(wallpaper)* arrancar. ◆ *vi (undress)* despir-se.

stripe [straɪp] *n* risca *f*, listra *f*.

striped [straɪpt] *adj* de listras.

stroke [strəʊk] *n* MED derrame *m*; *(in tennis)* batida *f*; *(in golf)* tacada *f*; *(swimming style)* estilo *m*. ◆ *vt* afagar; **a** ~ **of luck** um golpe de sorte.

stroll [strəʊl] *n* passeio *m*.

stroller ['strəʊlər] *n* Am *(pushchair)* carrinho *m* de bebê.

strong [strɒŋ] *adj* forte; *(structure, bridge, chair)* sólido(da); *(accent)* forte, acentuado(da).

struck [strʌk] *pt & pp* → **strike**.

structure ['strʌktʃər] *n (arrange-*

ment, organization) estrutura *f*; *(building)* construção *f*.

struggle ['strʌgl] *n (great effort)* luta *f*. ◆ *vi (fight)* lutar; *(in order to get free)* debater-se; **to** ~ **to do sthg** esforçar-se por fazer algo.

stub [stʌb] *n (of cigarette)* ponta *f*; *(of check, ticket)* talão *m*.

stubble ['stʌbl] *n (on face)* barba *f* por fazer.

stubborn ['stʌbərn] *adj (person)* teimoso(osa).

stuck [stʌk] *pt & pp* → **stick.** ◆ *adj* preso(sa).

stud [stʌd] *n (on boots)* cravo *m*; *(fastener)* botão *m* de pressão; *(earring)* brinco *m*.

student ['stu:dnt] *n (in college)* estudante *mf*; *(in school)* aluno *m*, -na *f*.

studio ['stu:dɪəʊ] *(pl* **-s)** *n (for filming, broadcasting)* estúdio *m*; *(of artist)* ateliê *m*.

studio apartment *n* Am conjugado *m*.

study ['stʌdɪ] *n* estudo *m*; *(room)* escritório *m*. ◆ *vt (learn about)* estudar; *(examine)* examinar. ◆ *vi* estudar.

stuff [stʌf] *n* inf *(substance)* coisa *f*; *(things, possessions)* coisas *fpl*, tralha *f*. ◆ *vt (put roughly)* enfiar; *(fill)* rechear.

stuffed [stʌft] *adj (food)* recheado(da); inf *(full)* cheio (cheia); *(dead animal)* empalhado(da).

stuffing ['stʌfɪŋ] *n* recheio *m*.

stuffy ['stʌfɪ] *adj (room, atmosphere)* abafado(da).

stumble ['stʌmbl] *vi (when walking)* tropeçar.

stump [stʌmp] n (of tree) toco m.

stun [stʌn] vt (shock) chocar.

stung [stʌŋ] pt & pp → sting.

stunk [stʌŋk] pt & pp → stink.

stunning ['stʌnɪŋ] adj espantoso(osa).

stupid ['stu:pəd] adj estúpido (da).

stupidity [stu:'pɪdəti] n estupidez f.

sturdy ['stɜ:rdi] adj robusto (ta).

stutter ['stʌtər] vi gaguejar.

style [stail] n estilo m; (design) modelo m. ◆ vt (hair) pentear.

stylish ['stailɪʃ] adj elegante.

stylist ['stailəst] n (hairdresser) cabeleireiro m, -ra f.

subdued [səb'du:d] adj (person) abatido(da); (lighting, color) tênue.

subject [n 'sʌbdʒekt, vb səb'dʒekt] n (topic) tema m; (at school) disciplina f; (at college) cadeira f; GRAMM sujeito m; (fml: of country) cidadão m, -dã f. ◆ vt: to ~ sb to sthg submeter alguém a algo; ~ to availability dentro do limite do estoque disponível; they are ~ to an additional charge estão sujeitos a um custo adicional.

subjunctive [səb'dʒʌŋktɪv] n subjuntivo m.

submarine [,sʌbmə'ri:n] n submarino m.

submit [səb'mɪt] vt apresentar. ◆ vi submeter-se.

subordinate [sə'bɔ:rdənət] adj

GRAMM subordinado(da).

subscribe [səb'skraɪb] vi (to magazine, newspaper) assinar.

subscription [səb'skrɪpʃn] n assinatura f.

subsequent ['sʌbsɪkwənt] adj subseqüente.

subside [səb'saɪd] vi (ground) ceder; (feeling) desaparecer, dissipar-se; (noise) diminuir.

substance ['sʌbstəns] n substância f.

substantial [səb'stænʃl] adj substancial.

substitute ['sʌbstɪtu:t] n (replacement) substituto m, -ta f; SPORT reserva mf.

subtitles ['sʌb,taɪtlz] npl legendas fpl.

subtle ['sʌtl] adj sutil.

subtract [səb'trækt] vt subtrair.

subtraction [səb'trækʃn] n subtração f.

suburb ['sʌbɜ:rb] n subúrbio m; **the ~s** os subúrbios.

subway ['sʌbweɪ] n Am (underground railroad) metrô m; Brit (for pedestrians) passagem f subterrânea.

succeed [sək'si:d] vi (be successful) ter êxito OR sucesso. ◆ vt (fml: follow) seguir; **to ~ in doing sthg** conseguir fazer algo.

success [sək'ses] n êxito m, sucesso m.

successful [sək'sesfl] adj (plan, person) bem-sucedido(da); (movie, book, TV program) de sucesso.

succulent ['sʌkjʊlənt] adj suculento(ta).

such [sʌtʃ] adj (of stated kind) tal, semelhante; (so great) tamanho (nha), tal. ◆ adv: ~ **a lot** tanto; ~ **a lot of books** tantos livros; it's ~ **a lovely day** está um dia tão bonito; **she has** ~ **good luck** ela tem tanta sorte; ~ **a thing should never have happened** uma coisa assim nunca deveria ter acontecido; ~ **as** tal como.

suck [sʌk] vt (candy) chupar; (thumb) chupar; (nipple) mamar em.

sudden ['sʌdn] adj repentino (na); **all of a** ~ de repente.

suddenly ['sʌdnlɪ] adv de repente.

sue [su:] vt processar.

suede [sweɪd] n camurça f.

suffer ['sʌfər] vt & vi sofrer; **to** ~ **from** (illness) sofrer de.

suffering ['sʌfərɪŋ] n sofrimento m.

sufficient [sə'fɪʃnt] adj fml suficiente.

sufficiently [sə'fɪʃntlɪ] adv fml bastante, suficientemente.

suffix ['sʌfɪks] n sufixo m.

suffocate ['sʌfəkeɪt] vi sufocar.

sugar ['ʃʊgər] n açúcar m.

suggest [sə'dʒest] vt sugerir; **to** ~ **doing sthg** sugerir fazer algo.

suggestion [sə'dʒestʃən] n sugestão f.

suicide ['su:ɪsaɪd] n suicídio m; **to commit** ~ suicidar-se.

suit [su:t] n (man's clothes) terno m; (woman's clothes) conjunto m; (in cards) naipe m; JUR processo m. ◆ vt (subj: clothes, color, shoes) ficar bem em; (be convenient for) convir a; (be appropriate for) ser apropriado(da) para.

suitable ['su:təbl] adj apropriado(da), conveniente; **to be** ~ **for** ser apropriado OR conveniente para.

suitcase ['su:tkeɪs] n mala f.

suite [swi:t] n (set of rooms) suíte f; (furniture) mobília f.

sulk [sʌlk] vi ficar emburrado (da).

sultry ['sʌltrɪ] adj (weather, climate) abafado(da).

sum [sʌm] n soma f. □ **sum up** vt sep (summarize) resumir.

summarize ['sʌməraɪz] vt resumir.

summary ['sʌmərɪ] n resumo m, sumário m.

summer ['sʌmər] n verão m; **in the** ~ no verão; ~ **vacation** férias fpl de verão.

summertime ['sʌmərtaɪm] n verão m.

summit ['sʌmɪt] n (of mountain) topo m, cume m; (meeting) conferência f de cúpula.

summon ['sʌmən] vt (send for) convocar; JUR intimar.

sumptuous ['sʌmptʃʊəs] adj suntuoso(osa).

sun [sʌn] n sol m. ◆ vt: **to** ~ **o.s.** apanhar sol; **to catch the** ~ bronzear-se; **to sit in the** ~ sentar-se no sol; **out of the** ~ na sombra.

sunbathe ['sʌnbeɪð] *vi* tomar banho de sol.

sunburn ['sʌnbɜːrn] *n* queimadura *f* solar.

sunburnt ['sʌnbɜːrnt] *adj* queimado(da) (de sol).

sundae ['sʌndeɪ] *n* sundae *m*.

Sunday ['sʌndeɪ] *n* domingo *m* → Saturday.

sundress ['sʌndres] *n* vestido *m* de alças.

sundries ['sʌndrɪz] *npl* artigos *mpl* diversos.

sunflower ['sʌn,flaʊər] *n* girassol *m*.

sung [sʌŋ] *pt* → sing.

sunglasses ['sʌn,glæsəz] *npl* óculos *mpl* de sol, óculos escuros.

sunk [sʌŋk] *pp* → sink.

sunlight ['sʌnlaɪt] *n* luz *f* do sol.

sun lounger [-,laʊndʒər] *n Am* espreguiçadeira *f*.

sunny ['sʌnɪ] *adj (day, weather)* ensolarado(da); *(room, place)* ensolarado(da).

sunrise ['sʌnraɪz] *n* nascer *m* do sol.

sunscreen ['sʌnskriːn] *n* protetor *m* solar, filtro *m* solar.

sunset ['sʌnset] *n* pôr-do-sol *m*.

sunshine ['sʌnʃaɪn] *n* luz *f* do sol; **in the** ~ ao sol.

sunstroke ['sʌnstrəʊk] *n* insolação *f*.

suntan ['sʌntæn] *n* bronzeado *m*.

super ['suːpər] *adj (wonderful)* ótimo.

superb [suːˈpɜːrb] *adj* magnífico(ca), soberbo(ba).

Super Bowl *n* uma partida do futebol americano.

SUPER BOWL

O Super Bowl, a grande decisão do futebol americano, é uma partida disputada pelos campeões das duas ligas mais importantes do futebol profissional nos Estados Unidos. O jogo acontece no final de janeiro e é visto por um grande número de pessoas, inclusive em outros países, transmitido pela TV.

superficial [,suːpərˈfɪʃl] *adj* superficial.

superfluous [suːˈpɜːrfluəs] *adj* supérfluo(flua).

superior [suːˈpɪərɪər] *adj* superior. ◆ *n* superior *mf*.

supermarket ['suːpər,mɑːrkət] *n* supermercado *m*.

supernatural [,suːpərˈnætʃrəl] *adj* sobrenatural.

superstitious [,suːpərˈstɪʃəs] *adj* supersticioso(osa).

superstore ['suːpərstɔːr] *n* hipermercado *m*.

supervise ['suːpərvaɪz] *vt* supervisionar.

supervisor ['suːpərvaɪzər] *n (of workers)* supervisor *m*, -ra *f*, encarregado *m*, -da *f*.

supper ['sʌpər] *n (evening meal)* jantar *m*, ceia *f*; **to have** ~ jantar, cear.

supple ['sʌpl] *adj* flexível.

supplement [*n* 'sʌplɪmənt, *vb* 'sʌplɪˌment] *n* suplemento *m*.
♦ *vt* completar, complementar.

supplementary [ˌsʌplɪ'mentərɪ] *adj* suplementar.

supply [sə'plaɪ] *n (store)* reserva *f; (providing)* fornecimento *m*.
♦ *vt* fornecer; **to ~ sb with sthg** fornecer algo a alguém. ❑ **supplies** *npl* provisões *fpl*.

support [sə'pɔ:t] *n (backing, encouragement)* apoio *m; (supporting object)* suporte *m*. ♦ *vt (cause, campaign, person)* apoiar; *Brit SPORT* torcer por; *(hold up)* suportar; *(a family)* sustentar.

supporter [sə'pɔ:tə'] *n Brit SPORT* torcedor *m*, -ra *f; (of cause, political party)* partidário *m*, -ria *f*.

suppose [sə'pəʊz] *vt*: **to ~ (that)** supor que. ♦ *conj* = **supposing**; **I ~ so** suponho que sim.

supposing [sə'pəʊzɪŋ] *conj* supondo que.

supreme [sʊ'pri:m] *adj* supremo(ma).

surcharge ['sɜ:tʃɑ:dʒ] *n* sobretaxa *f*.

sure [ʃʊə'] *adj (certain to happen)* certo(ta); *(with no doubts)* seguro(ra). ♦ *adv inf (yes)* claro; **are you ~?** você tem certeza?; **to be ~ of o.s.** ser seguro de si; **to make ~ (that) ...** assegurar-se de que ...; **for ~** com certeza.

surely ['ʃʊəlɪ] *adv* com certeza.

surf [sɜːf] *n* arrebentação *f*.
♦ *vi* fazer surfe.

surface ['sɜːfəs] *n* superfície *f*; **'temporary road ~'** 'asfaltamento temporário'.

surface mail *n* correio *m* por via terrestre.

surfboard ['sɜːfbɔːd] *n* prancha *f* de surfe.

surfing ['sɜːfɪŋ] *n* surfe *m*; **to go ~** ir surfar.

surgeon ['sɜːdʒən] *n* cirurgião *m*, -giã *f*.

surgery ['sɜːdʒərɪ] *n* cirurgia *f*.

surname ['sɜːneɪm] *n fml* sobrenome *m*.

surplus ['sɜːpləs] *n* excedente *m*.

surprise [sə'praɪz] *n* surpresa *f*. ♦ *vt (astonish)* surpreender.

surprised [sə'praɪzd] *adj* surpreso(sa).

surprising [sə'praɪzɪŋ] *adj* surpreendente.

surrender [sə'rendə'] *vi* render-se. ♦ *vt (fml: hand over)* entregar.

surround [sə'raʊnd] *vt* rodear.

surrounding [sə'raʊndɪŋ] *adj* circundante, à volta. ❑ **surroundings** *npl* arredores *mpl*.

survey [sə'veɪ] *n (investigation)* inquérito *m; (poll)* sondagem *f; (of land)* levantamento *m* topográfico; *Brit (of house)* inspeção *f*, vistoria *f*.

surveyor [sə'veɪə'] *n (of land)* agrimensor *m*, -ra *f; Brit (of houses)* inspetor *m*, -ra *f*, perito *m*, -ta *f*.

survival [sə'vaɪvl] *n* sobrevivência *f*.

survive [sər'vaɪv] vi sobreviver.
♦ vt sobreviver a.

survivor [sər'vaɪvər] n sobrevivente mf.

susceptible [sə'septəbl] adj suscetível; **to be ~ to sthg** ser suscetível a algo.

suspect [vb sə'spekt, n & adj 'sʌspekt] vt (mistrust) suspeitar de. ♦ n suspeito m, -ta f. ♦ adj suspeito(ta); **to ~ sb of sthg** suspeitar que alguém tenha feito algo; **to ~ (that)** suspeitar que.

suspend [sə'spend] vt suspender.

suspenders [sə'spendərz] npl Am (for pants) suspensórios mpl; Brit (for stockings) ligas fpl.

suspense [sə'spens] n suspense m.

suspension [sə'spenʃn] n suspensão f.

suspicion [sə'spɪʃn] n (mistrust, idea) suspeita f; (trace) vestígio m.

suspicious [sə'spɪʃəs] adj (behavior, situation) suspeito(ta); **to be ~ of** (distrustful) desconfiar OR suspeitar de.

swallow ['swɒləʊ] n (bird) andorinha f. ♦ vt vi engolir.

swam [swæm] pt → **swim**.

swamp [swɒmp] n pântano m.

swan [swɒn] n cisne m.

swap [swɒp] vt (possessions, places) trocar de; (ideas, stories) trocar; **to ~ sthg for sthg** trocar algo por algo.

swarm [swɔːrm] n (of bees) enxame m.

swear [sweər] (pt **swore**, pp **sworn**) vi (use rude language) praguejar; (promise) jurar. ♦ vt: **to do sthg** jurar fazer algo.

swearword ['sweərwɜːrd] n palavrão m.

sweat [swet] n suor m. ♦ vi suar.

sweater ['swetər] n suéter m.

sweatshirt ['swetʃɜːrt] n suéter m de algodão.

sweep [swiːp] (pt & pp **swept**) vt (with broom) varrer.

sweet [swiːt] adj doce; (smell) agradável. ♦ n Brit (candy) bala f; (dessert) doce m; **how ~ of you!** que gentileza a sua!

sweet corn n milho m.

sweetener ['swiːtnər] n (for drink) adoçante m.

swell [swel] (pp **swollen**) vi (ankle, arm etc.) inchar.

swelling ['swelɪŋ] n inchaço m.

swept [swept] pt & pp → sweep.

swerve [swɜːrv] vi (vehicle) dar uma guinada.

swim [swɪm] (pt **swam**, pp **swum**) vi (in water) nadar. ♦ n: **to go for a ~** ir dar um mergulho.

swimmer ['swɪmər] n nadador m, -ra f.

swimming ['swɪmɪŋ] n natação f; **to go ~** nadar.

swimming pool n piscina f.

swimming trunks npl sunga f.

swimsuit ['swɪmsuːt] n traje m de banho.

swindle ['swɪndl] n fraude f.

swing [swɪŋ] *(pt & pp* **swung**) *n (for children)* balanço *m.* ◆ *vt (move from side to side)* balançar. ◆ *vi (move from side to side)* balançar-se.

swipe [swaɪp] *vt (credit card etc.)* passar pela abertura; *Am (steal)* roubar.

switch [swɪtʃ] *n (for light, power)* interruptor *m; (for TV, radio)* botão *m.* ◆ *vt (change)* mudar de; *(exchange)* trocar. ◆ *vi* mudar. ❑ **switch off** *vt sep (light, radio)* apagar, desligar; *(engine)* desligar. ❑ **switch on** *vt sep (light, radio)* acender, ligar; *(engine)* ligar.

switchboard ['swɪtʃbɔːd] *n* PBX *m.*

swivel ['swɪvl] *vi* girar.

swollen ['swəʊln] *pp* → **swell.** ◆ *adj (ankle, arm etc.)* inchado(da).

swop [swɒp] = **swap.**

sword [sɔːd] *n* espada *f.*

swore [swɔːr] *pt* → **swear.**

sworn [swɔːn] *pp* → **swear.**

swum [swʌm] *pp* → **swim.**

swung [swʌŋ] *pt & pp* → **swing.**

syllable ['sɪləbl] *n* sílaba *f.*

syllabus ['sɪləbəs] *n* programa *m* (de estudos).

symbol ['sɪmbl] *n* símbolo *m.*

sympathetic [ˌsɪmpəˈθetɪk] *adj (understanding)* solidário(ria).

sympathize ['sɪmpəθaɪz] *vi:* to ~ **(with)** *(feel sorry)* compadecer-se (de); *(understand)* compreender.

sympathy ['sɪmpəθɪ] *n (understanding)* compreensão *f.*

symphony ['sɪmfənɪ] *n* sinfonia *f.*

symptom ['sɪmptəm] *n* sintoma *m.*

synagogue ['sɪnəgɒg] *n* sinagoga *f.*

synthesizer ['sɪnθəsaɪzər] *n* sintetizador *m.*

synthetic [sɪnˈθetɪk] *adj* sintético(ca).

syringe [səˈrɪndʒ] *n* seringa *f.*

syrup ['sɪrəp] *n (for fruit, pancakes etc.)* calda *f.*

system ['sɪstəm] *n* sistema *m; (for gas, heating etc.)* instalação *f.*

T

tab [tæb] *n (of cloth, paper etc.)* etiqueta *f; (bill)* conta *f;* **put it on my** ~ ponha na minha conta.

table ['teɪbl] *n (piece of furniture)* mesa *f; (of figures etc.)* quadro *m.*

tablecloth ['teɪblklɒθ] *n* toalha *f* de mesa.

tablespoon ['teɪblspuːn] *n* colher *f* de sopa.

tablet ['tæblət] *n (pill)* comprimido *m; (of soap)* barra *f; (of chocolate)* tablete *f.*

table tennis *n* pinguepongue *m*, tênis *m* de mesa.

table wine *n* vinho *m* de mesa.

take

tabloid ['tæblɔɪd] n jornal m sensacionalista, tablóide m.

tack [tæk] n (nail) tacha f.

tackle ['tækl] n (in soccer, hockey) ataque m; (in rugby, football) marcação f; (for fishing) apetrechos mpl. ◆ vt (in soccer, hockey) carregar; (in rugby, football) marcar; (deal with) enfrentar.

tacky ['tækɪ] adj inf (jewelry, design etc.) cafona.

tact [tækt] n tato m.

tactful ['tæktfʊl] adj com muito tato, diplomático(ca).

tactics ['tæktɪks] npl tática f, estratégia f.

tag [tæg] n (label) etiqueta f.

tail [teɪl] n cauda f. ❑ **tails** n (of coin) coroa f. ◆ npl (formal dress) fraque m.

tailgate ['teɪlɡeɪt] n (of car) porta f do porta-malas.

tailor ['teɪlər] n alfaiate m.

take [teɪk] (pt **took**, pp **taken**) vt
- **1.** (carry, drive, contain) levar.
- **2.** (hold, grasp) segurar.
- **3.** (do, make): **to ~ a bath/shower** tomar um banho/uma ducha; **to ~ a test** fazer um exame; **to ~ a picture** tirar uma foto.
- **4.** (require) requerer; **how long will it ~?** quanto tempo é que vai demorar?
- **5.** (steal) tirar.
- **6.** (train, taxi, plane, bus) apanhar.
- **7.** (route, path, road) seguir por.
- **8.** (medicine) tomar.
- **9.** (subtract) tirar, subtrair.
- **10.** (accept) aceitar; **do you ~ traveler's checks?** vocês acei-

tam cheques de viagem?; **to ~ sb's advice** seguir os conselhos de alguém.
- **11.** (react to, cope with): **to ~ sthg the wrong way** levar algo a mal.
- **12.** (control, power, attitude) assumir; **to ~ charge of** assumir a responsabilidade de; **to ~ an interest in sthg** interessar-se por algo.
- **13.** (tolerate) agüentar.
- **14.** (assume): **I ~ it that ...** presumo que ...
- **15.** (pulse) medir; (temperature) tirar. ❑ **take apart** vt sep desmontar.

◆ **take away** vt sep (remove) levar; (subtract) tirar, subtrair.

◆ **take back** vt sep (thing borrowed) devolver; (person) levar (de volta); (accept) aceitar de volta; (statement) retirar.

◆ **take down** vt sep (picture, decorations, curtains) remover.

◆ **take in** vt sep (include) incluir; (understand) perceber; (deceive) enganar; (clothes) apertar.

◆ **take off** vi (plane) levantar vôo, decolar.

◆ vt sep (remove) tirar; **to ~ a day/week off** (as vacation) tirar um dia/uma semana de folga.

◆ **take out** vt sep (from container, pocket) tirar; (library book) pegar; (insurance policy) fazer; (loan) pedir; **to ~ sb out for dinner** convidar alguém para jantar fora.

◆ **take over** vi assumir o controle.

◆ **take up** vt sep (begin) dedicar-se a; (use up) ocupar; (trousers, skirt, dress) subir a bainha de.

takeaway ['teɪkəˌweɪ] n *Brit (shop)* loja que vende *comida para viagem; (food)* comida f para viagem.

taken ['teɪkn] pp → **take.**

takeoff ['teɪkɒf] n *(of plane)* decolagem f.

takeout ['teɪkaʊt] n *Am* comida f para viagem.

takings ['teɪkɪŋz] npl receita f, renda f.

talcum powder ['tælkəm-] n (pó de) talco m.

tale [teɪl] n *(story)* conto m; *(account)* história f.

talent ['tælənt] n talento m.

talk [tɔ:k] n *(conversation)* conversa f; *(speech)* discurso m. ◆ vi falar; **to ~ to sb (about sthg)** falar com alguém (sobre algo); **to ~ with sb** falar com alguém. ◻ **talks** npl negociações fpl.

talkative ['tɔ:kətɪv] adj tagarela.

tall [tɔ:l] adj alto(ta); **how ~ are you?** qual é a sua altura?; **I'm six feet ~** meço 1,80 m.

tame [teɪm] adj *(animal)* domesticado(da).

tampon ['tæmpɒn] n tampão m.

tan [tæn] n *(suntan)* bronzeado m. ◆ vi bronzear. ◆ adj *(color)* cor-de-mel *(inv)*.

tangerine [ˌtændʒə'ri:n] n tangerina f.

tank [tæŋk] n tanque m.

tanker ['tæŋkər] n *(truck)* caminhão-tanque m.

tanned [tænd] adj *(suntanned)* bronzeado(da).

tap [tæp] n *Brit (for water)* torneira f. ◆ vt *(hit)* bater (ligeiramente) com.

tape [teɪp] n *(cassette, video)* fita f, cassete f; *(in cassette, strip of material)* fita f; *(adhesive material)* fita f adesiva. ◆ vt *(record)* gravar; *(stick)* colar com fita adesiva.

tape measure n fita f métrica.

tape recorder n gravador m.

tapestry ['tæpəstrɪ] n tapeçaria f.

tar [tɑ:r] n alcatrão m.

target ['tɑ:rgət] n alvo m.

tariff ['terɪf] n *(price list)* lista f de preços; *(at customs)* tarifa f.

tarmac ['tɑ:rmæk] n *(at airport)* pista f. ◻ **Tarmac®** n *(on road)* asfalto m.

tart [tɑ:rt] n *(sweet)* torta f.

tartan ['tɑ:rtn] n tecido de lã com o xadrez típico da Escócia.

task [tæsk] n tarefa f.

taste [teɪst] n *(flavor)* sabor m, gosto m; *(discernment, sense)* gosto. ◆ vt *(sample)* provar; *(detect)* detectar o sabor de. ◆ vi: **to ~ of sthg** ter gosto de algo; **it ~s bad/good** tem um gosto ruim/bom; **to have a ~ of sthg** *(food, drink)* provar algo; *(fig: experience)* experimentar algo; **bad/good ~** mau/bom gosto.

tasteful ['teɪstfl] adj com bom gosto.

tasteless ['teɪstləs] adj *(food)* insípido(da); *(comment, decoration)* de mau gosto.

tasty ['teɪstɪ] adj saboroso (osa).

tattoo [tæ'tu:] (pl -s) n (on skin) tatuagem f.

taught [tɔ:t] pt & pp → teach.

Taurus ['tɔ:rəs] n Touro m.

taut [tɔ:t] adj (rope, string) esticado(da); (muscles) tenso(sa).

tax [tæks] n imposto m, taxa f. ♦ vt (goods) lançar imposto sobre; (person) cobrar impostos a.

tax-free adj isento(ta) de imposto, tax-free (inv).

taxi ['tæksɪ] n táxi m. ♦ vi (plane) taxiar.

taxi driver n taxista mf, motorista mf de táxi.

tea [ti:] n chá m; Brit (afternoon meal) lanche m.

tea bag n saquinho m de chá.

teach [ti:tʃ] (pt & pp taught) vt & vi ensinar; **to ~ sb sthg, to ~ sthg to sb** ensinar algo a alguém; **to ~ sb (how) to do sthg** ensinar alguém a or como fazer algo.

teacher ['ti:tʃər] n professor m, -ra f.

teaching ['ti:tʃɪŋ] n ensino m.

team [ti:m] n SPORT time m; (group) equipe f.

teapot ['ti:pɒt] n bule m.

tear¹ [teər] (pt tore, pp torn) vt (rip) rasgar. ♦ vi (rip) rasgar-se; (move quickly) precipitar-se. ♦ n (rip) rasgão m. ◻ **tear up** vt sep rasgar.

tear² [tɪər] (pt tore, pp torn) n lágrima f.

tease [ti:z] vt (make fun of) gozar de.

tea service n serviço m de chá.

teaspoon ['ti:spu:n] n colher f de chá.

teat [ti:t] n (of animal) teta f.

technical ['teknɪkl] adj técnico(ca).

technicality [,teknɪ'kælətɪ] n (detail) pormenor m técnico.

technician [tek'nɪʃn] n técnico m, -ca f.

technique [tek'ni:k] n técnica f.

technological [,teknə'lɒdʒɪkl] adj tecnológico(ca).

technology [tek'nɒlədʒɪ] n tecnologia f.

teddy (bear) ['tedɪ-] n ursinho m (de pelúcia).

tedious ['ti:djəs] adj tedioso(osa).

tee [ti:] n tee m.

teenager ['ti:n,eɪdʒər] n adolescente mf.

teeth [ti:θ] pl → tooth.

teethe [ti:ð] vi: **he's teething** os dentes dele estão começando a nascer.

telebanking ['telɪbæŋkɪŋ] n personal banking m.

telecommunications [,telɪkəmju:nɪ'keɪʃns] npl telecomunicações fpl.

telegraph pole ['telɪgræf-] n poste m telegráfico.

telephone ['telɪfəʊn] n telefone m. ♦ vt telefonar para. ♦ vi telefonar; **to be on the ~** (talking) estar no telefone.

telephone booth n cabine f telefónica.

telephone directory n catálogo m, lista f telefónica.

telescope ['teləskəʊp] n telescópio m.

television ['telə,vɪʒn] n televisão f; **what's on ~ tonight?** o que é que tem na televisão hoje à noite?

tell [tel] (pt & pp **told**) vt (inform) dizer; (story, joke) contar; (truth, lie) dizer, contar; (distinguish) distinguir. ◆ vi: **can you ~?** dá para notar?; **could you ~ me the time?** podia dizer-me as horas?; **to ~ sb sthg** dizer algo a alguém; **to ~ sb about sthg** contar algo a alguém; **to ~ sb how to do sthg** dizer a alguém como fazer algo; **to ~ sb to do sthg** dizer a alguém para fazer algo; **to ~ the difference** ver a diferença. ◻ **tell off** vt sep ralhar com, repreender.

teller ['telər] n (in bank) caixa mf.

temp [temp] n empregado m temporário, empregada f temporária. ◆ vi trabalhar como empregado temporário.

temper ['tempər] n: **to be in a bad ~** estar de mau humor, estar irritado(da); **to lose one's ~** perder a paciência, irritar-se.

temperature ['temprətʃər] n temperatura f; **to have a ~** ter febre.

temple ['templ] n (building) templo m; (of forehead) têmpora f.

temporary ['tempərerɪ] adj temporário(ria).

tempt [tempt] vt tentar; **to be ~ed to do sthg** estar tentado(da) OR sentir-se tentado a fazer algo.

temptation [temp'teɪʃn] n tentação f.

tempting ['temptɪŋ] adj tentador(ra).

ten [ten] num dez → **six**.

tenant ['tenənt] n inquilino m, -na f.

tend [tend] vi: **to ~ to do sthg** ter tendência para fazer algo.

tendency ['tendənsɪ] n tendência f.

tender ['tendər] adj (affectionate) meigo(ga); (sore) dolorido (da); (meat) tenro(ra).

tendon ['tendən] n tendão m.

tenement ['tenəmənt] n cortiço m.

tennis ['tenɪs] n ténis m.

tennis court n quadra f de ténis.

tense [tens] adj tenso(sa). ◆ n GRAMM tempo m; **the present ~** o presente.

tension ['tenʃn] n tensão f.

tent [tent] n barraca f, tenda f.

tenth [tenθ] num décimo(ma) → **sixth**.

tent peg n estaca f.

tepid ['tepəd] adj tépido(da), morno (morna).

term [tɜːm] n (word, expression) termo m; (at school) período m; (at university) ≃ semestre m; **in the long ~** a longo prazo; **in the short ~** a curto prazo; **in ~ s**

of no que diz respeito a; **in business** ~s do ponto de vista comercial. ▫ **terms** *npl (of contract)* termos *mpl*; *(price)* preço *m*.

terminal ['tɜ:mɪnəl] *adj (illness)* incurável. ◆ *n* terminal *m*.

terminate ['tɜ:mɪneɪt] *vi (train, bus)* terminar a viagem OR o trajeto.

terminus ['tɜ:mɪnəs] *n* estação *f* terminal, terminal *m*.

terrace ['terəs] *n (patio)* terraço *m*.

terrible ['terəbl] *adj* terrível; **to feel** ~ sentir-se péssimo(ma) OR muito mal.

terribly ['terəblɪ] *adv (extremely)* extremamente, terrivelmente; *(very badly)* imensamente, terrivelmente; **I'm** ~ **sorry!** sinto muito!

terrific [tə'rɪfɪk] *adj inf* incrível.

terrified ['terɪfaɪd] *adj* aterrorizado(da).

territory ['terətɔ:rɪ] *n* território *m*.

terror ['terər] *n* terror *m*.

terrorism ['terərɪzm] *n* terrorismo *m*.

terrorist ['terərəst] *n* terrorista *mf*.

terrorize ['terəraɪz] *vt* aterrorizar.

test [test] *n* teste *m*; *(of blood)* análise *f*. ◆ *vt (check)* testar; *(give exam to)* avaliar; *(dish, drink)* provar; **driving** ~ exame *m* de motorista.

testicles ['testɪklz] *npl* testículos *mpl*.

tetanus ['tetənəs] *n* tétano *m*.

text [tekst] *n (written material)* texto *m*; *(textbook)* manual *m*.

textbook ['tekstbʊk] *n* manual *m*.

textile ['tekstaɪl] *n* têxtil *m*.

texture ['tekstʃər] *n* textura *f*.

than [weak form ðn, strong form ðæn] *conj* que. ◆ *prep*: **you're better** ~ **me** você é melhor (do) que eu; **I'd rather stay in** ~ **go out** prefiro ficar em casa a sair; **more** ~ **ten** mais de dez.

thank [θæŋk] *vt*: **to** ~ **sb (for sthg)** agradecer a alguém (por) algo. ▫ **thanks** *npl* agradecimentos *mpl*. ◆ *excl* obrigado!, obrigada!; ~**s to** graças a; **many** ~**s** muito obrigado OR obrigada.

Thanksgiving ['θæŋks,gɪvɪŋ] *n* Dia *m* de Ação de Graças.

 THANKSGIVING

O Dia de Ação de Graças, feriado nacional nos Estados Unidos, é comemorado na 4ª quinta-feira de novembro, para agradecer a Deus pelas colheitas e graças recebidas durante o ano. Originou-se em 1621, ano da primeira colheita dos "Pilgrims" (colonos vindos da Grã-Bretanha). Por tradição, serve-se peru assado e empadão de abóbora.

thank you *excl* obrigado!, obrigada!; ~ **very much!** muito obrigado!; **no** ~! não, obrigado!

that [ðæt, *weak form of pron &*
conj ðət] (*pl* **those** ðəʊz) *adj* **-1.** (*referring to thing, person mentioned*) esse (essa); **I prefer ~ book** prefiro esse livro.
-2. (*referring to thing, person farther away*) aquele (aquela); ~ **book at the back** aquele livro lá atrás; **I'll have ~ one** quero aquele (ali) or esse.
◆ *pron* **-1.** (*referring to thing, person mentioned*) esse m, essa f; (*indefinite*) isso; **what's ~?** o que é isso?; **who's ~?** (*on the phone*) quem fala?; (*pointing*) e esse, quem é?; **~'s interesting** que interessante.
-2. (*referring to thing, person farther away*) aquilo; (*indefinite*) aquele m, aquela f; **is ~ Lucy?** (*pointing*) aquela é a Lucy?; **I want those at the back** quero aqueles lá atrás; **what's ~ on the roof?** o que é aquilo no telhado?
-3. (*introducing relative clause*) que; **a shop ~ sells antiques** uma loja que vende antiguidades; **the movie ~ I saw** o filme que eu vi; **the room ~ I slept in** o quarto onde or em que dormi.
◆ *adv* assim tão; **it wasn't ~ bad/good** não foi assim tão mau/bom; **it didn't cost ~ much** não custou tanto assim.
◆ *conj que;* **tell him ~ I'm going to be late** diga-lhe que vou chegar atrasado.

thatched [θætʃt] *adj (building)* com telhado de sapê.

that's [ðæts] = **that is.**

thaw [θɔ:] *vi (snow, ice)* derreter.

◆ *vt (frozen food)* descongelar.

the [*weak form* ðə, *before vowel* ðɪ, *strong form* ðiː] *definite article* **-1.** (*gen*) o (a), os (as) (*pl*); **~ book** o livro; **~ apple** a maçã; **~ girls** as meninas; **~ Wilsons** os Wilson; **to play ~ piano** tocar piano.
-2. (*with an adjective to form a noun*) o (a), os (as) (*pl*); **~ British** os britânicos; **~ young** os jovens; **~ impossible** o impossível.
-3. (*in dates*): **~ twelfth** o dia doze; **~ forties** os anos quarenta.
-4. (*in titles*): **Elizabeth ~ Second** Elizabeth Segunda.

theater [ˈθɪətər] *n Am (for plays, drama)* teatro *m;* (*for movies*) cinema *m.*

theatre [ˈθɪətə²] *n Brit* teatro *m.*

theft [θeft] *n* roubo *m.*

their [ðeər] *adj* seu (sua), deles (delas); **~ house** a casa deles, a sua casa.

theirs [ðeərz] *pron* o/a deles (o/a delas); **a friend of ~** um amigo deles; **these books are ~** estes livros são (os) deles; **these are ours – where are ~?** estes são os nossos – onde estão os deles?

them [*weak form* ðəm, *strong form* ðem] *pron* (*direct object*) os *mpl,* as *fpl;* (*indirect object*) lhes; (*after prep*) eles *mpl,* elas *fpl;* **I know ~** eu os conheço; **it's ~** são eles; **send this to ~** mande-lhes isto; **tell ~** diga-lhes; **Charlotte and Ricky brought it with ~** a Charlotte e o Ricky trouxeram-no com eles.

theme [θiːm] n tema m.

theme park n parque m temático.

themselves [ðəmˈselvz] pron (reflexive) se; (after prep) eles mpl próprios, elas fpl próprias, si mpl próprios, si fpl próprias; **they did it ~** fizeram-no eles mesmos OR próprios; **they blame ~** eles culpam-se a si próprios; **they hurt ~** eles machucaram-se.

then [ðen] adv (at time in past) então, naquela altura; (at time in future) nessa altura; (next, afterward) depois; (in that case) então; **from ~ on** daí em diante; **until ~** até aí.

theory [ˈθɪərɪ] n teoria f; **in ~** em teoria.

therapist [ˈθerəpəst] n terapeuta mf.

therapy [ˈθerəpɪ] n terapia f.

there [ðeər] adv (available, existing, present) lá, ali; (at, in, to that place) lá. ◆ pron: **~ is/are** há; **is Bob ~, please?** (on phone) o Bob está?; **I'm going ~ next week** vou lá para a semana; **it's right ~ by the phone** está aí bem ao lado do telefone; **over ~** ali; **~'s someone at the door** tem alguém na porta; **~ are several people waiting** várias pessoas estão à espera; **~ you are** (when giving) aqui está.

therefore [ˈðeəfɔːr] adv portanto, por isso.

there's [ðeəz] = there is.

thermal underwear [ˌθɜːrml-] n roupa f de baixo térmica.

thermometer [θərˈmɒmətər] n termômetro m.

thermostat [ˈθɜːrməstæt] n termostato m.

these [ðiːz] pl → this.

they [ðeɪ] pron eles mpl, elas fpl.

thick [θɪk] adj (in size) grosso (grossa); (fog) cerrado(da); (forest, vegetation) denso(sa); (hair) abundante; (liquid, sauce, smoke) espesso(a); (inf (stupid) estúpido(da); **it's 1 meter ~** tem 1 metro de espessura.

thicken [ˈθɪkn] vt (sauce, soup) engrossar. ◆ vi (mist, fog) tornar-se mais cerrado, aumentar.

thickness [ˈθɪknəs] n (of wood, wall, line) espessura f; (of forest, vegetation) densidade f; (of hair) grossura f.

thief [θiːf] (pl thieves [θiːvz]) n ladrão m, ladra f.

thigh [θaɪ] n coxa f.

thimble [ˈθɪmbl] n dedal m.

thin [θɪn] adj (in size) fino(na); (not fat) magro(gra); (soup, sauce) pouco espesso(a), líquido(da).

thing [θɪŋ] n coisa f; **the ~ is** o que se passa é que, acontece que. ❏ **things** npl (clothes, possessions) coisas fpl; **how are ~s?** inf como (é que) vão as coisas?

think [θɪŋk] (pt & pp thought) vt (believe) achar, pensar; (have in mind, expect) pensar. ◆ vi pensar; **to ~ (that)** achar OR pensar que; **to ~ about** pensar em; **to ~ of** pensar em; (remember) lembrar-se de; **to ~ of doing**

sthg pensar em fazer algo; **I ~ so** acho que sim; **I don't ~ so** acho que não; **do you ~ you could ...?** você acha que podia ...?; **to ~ highly of sb** ter muito boa opinião de alguém. ❏ **think over** vt sep refletir sobre. ❏ **think up** vt sep imaginar.

third [θɜːrd] num terceiro(ra) → **sixth.**

Third World n: **the ~** o Terceiro Mundo.

thirst [θɜːrst] n sede f.

thirsty ['θɜːrstɪ] adj: **to be ~** ter sede.

thirteen [ˌθɜːr'tiːn] num treze → **six.**

thirteenth [ˌθɜːr'tiːnθ] num décimo m terceiro, décima f terceira → **sixth.**

thirtieth ['θɜːrtɪəθ] num trigésimo(ma) → **sixth.**

thirty ['θɜːrtɪ] num trinta → **six.**

this [ðɪs] (pl **these**) adj - **1.** (referring to thing, person) este (esta); **these chocolates are delicious** estes chocolates são deliciosos; **~ morning/week** esta manhã/semana; **I prefer ~ book** prefiro este livro; **I'll take ~ one** quero este.
- **2.** inf (used when telling a story): **there was ~ man ...** havia um homem ...
◆ pron (referring to thing, person) este m, esta f; (indefinite) isto; **~ is for you** isto é para você; **what are these?** o que é isto?, o que é que são estas coisas?; **~ is David Gregory** (introducing someone) este é o David

Gregory; (on telephone) aqui fala David Gregory.
◆ adv: **it was ~ big** era deste tamanho; **I don't remember it being ~ tiring** não me lembro de ser tão cansativo assim.

thistle ['θɪsl] n cardo m.

thorn [θɔːrn] n espinho m.

thorough ['θɜːrə] adj minucioso(osa).

thoroughly ['θɜːrəʊlɪ] adv (completely) completamente.

those [ðəʊz] pl → **that.**

though [ðəʊ] conj se bem que.
◆ adv no entanto; **even ~ it was raining** apesar de estar chovendo.

thought [θɔːt] pt & pp → **think.**
◆ n (idea) idéia f; (thinking) pensamento m; (careful consideration) reflexão f. ❏ **thoughts** npl (opinion) opinião f.

thoughtful ['θɔːtfl] adj (quiet and serious) pensativo(va); (considerate) atencioso(osa).

thoughtless ['θɔːtləs] adj indelicado(da).

thousand ['θaʊznd] num mil; **a** OR **one ~** mil; **~s of** milhares de → **six.**

thrash [θræʃ] vt inf (defeat heavily) esmagar (fig).

thread [θred] n (of cotton etc.) linha f. ◆ vt (needle) enfiar (uma linha em).

threat [θret] n ameaça f.

threaten ['θretn] vt ameaçar; **to ~ to do sthg** ameaçar fazer algo.

threatening ['θretnɪŋ] adj ameaçador(ra).

three [θri:] num três → **six.**

three-D n: in ~ em três dimensões.

threshold ['θreʃhəʊld] n (fml: of door) limiar m, soleira f.

threw [θru:] pt → **throw.**

thrifty ['θrɪftɪ] adj poupado (da).

thrilled [θrɪld] adj encantado (da).

thriller ['θrɪlər] n filme/livro m de suspense.

thrive [θraɪv] vi (plant, animal, person) desenvolver-se; (business, tourism, place) prosperar.

throat [θrəʊt] n garganta f.

throb [θrɒb] vi (head) latejar; (noise, engine) vibrar.

throne [θrəʊn] n trono m.

through [θru:] prep (to other side of, by means of) através de; (because of) graças a; (from beginning to end of) durante; (throughout) por todo(da). ◆ adv (from beginning to end) até o fim. ◆ adj: **I'm ~ (with it)** (finished) já acabei; ~ **traffic** trânsito de passagem; **a ~ train** um trem direto; **Monday ~ Thursday** Am de segunda a quinta-feira; **to let sb ~** deixar alguém passar; **to go ~ sthg** atravessar algo.

throughout [θru:'aʊt] prep (day, morning, year) ao longo de todo(da); (place, country, building) por todo(da). ◆ adv (all the time) sempre, o tempo todo; (everywhere) por todo o lado.

throw [θrəʊ] (pt **threw,** pp **thrown** [θrəʊn]) vt atirar; (javelin, dice) lançar; (a switch) ligar;

to ~ sthg in the trash jogar algo no lixo. ❑ **throw away** vt sep (get rid of) jogar fora. ❑ **throw out** vt sep (get rid of) jogar fora; (person) pôr na rua. ❑ **throw up** vi inf (vomit) vomitar.

thru [θru:] Am inf = **through.**

thud [θʌd] n barulho m seco.

thug [θʌg] n marginal mf.

thumb [θʌm] n polegar m. ◆ vt: **to ~ a ride** pedir carona.

thumbtack ['θʌmtæk] n Am percevejo m.

thump [θʌmp] n (punch) soco m; (sound) barulho m seco. ◆ vt dar um soco em.

thunder ['θʌndər] n trovões mpl, trovoada f.

thunderstorm ['θʌndərstɔ:rm] n tempestade f (acompanhada de trovoada), temporal m.

Thursday ['θɜ:zdeɪ] n quinta-feira f → **Saturday.**

tick [tɪk] n (insect) carrapato m; Brit (written mark) sinal m de visto. ◆ vi (clock, watch) fazer tiquetaque. ◆ vt Brit   marcar OR assinalar (com sinal de visto).

ticket ['tɪkət] n (for travel, movie, game) bilhete m; (label) etiqueta f; (for traffic offense) multa f.

tickle ['tɪkl] vt fazer cócegas em. ◆ vi fazer cócegas.

ticklish ['tɪklɪʃ] adj: **to be ~** ter cócegas.

tide [taɪd] n (of sea) maré f.

tidy ['taɪdɪ] adj (room, desk, person) arrumado(da); (hair, clothes) cuidado(da). ❑ **tidy (up)** vt sep arrumar.

tie [taɪ] (*pt & pp* **tied**, *cont* **ty-ing**) *n (around neck)* gravata *f; (draw)* empate *m; Am (on railroad track)* dormente *m.* ◆ *vt* atar; *(knot)* fazer, dar. ◆ *vi (draw)* empatar. ❑ **tie up** *vt sep* atar; *(delay)* atrasar.

tier [tɪər] *n (of seats)* fila *f,* fileira *f.*

tiger [ˈtaɪgər] *n* tigre *m.*

tight [taɪt] *adj* apertado(da); *(drawer, faucet)* preso(sa); *(rope, material)* esticado(da). ◆ *adv (hold)* com força, bem; **my chest feels** ~ estou um pouco congestionado (dos brônquios).

tighten [ˈtaɪtn] *vt* apertar.

tightrope [ˈtaɪtrəʊp] *n* corda *f* bamba.

tights [taɪts] *npl* meia-calça *f;* **a pair of** ~ um par de meias-calças, umas meias-calças.

tile [ˈtaɪl] *n (for roof)* telha *f; (for floor)* ladrilho *m; (for wall)* azulejo *m.*

till [tɪl] *n* caixa *f* registradora. ◆ *prep & conj* até; **I'll wait** ~ **he arrives** esperarei até ele chegar OR até que ele chegue.

tilt [tɪlt] *vt* inclinar. ◆ *vi* inclinar-se.

timber [ˈtɪmbər] *n (wood)* madeira *f; (of roof)* trave *f.*

time [taɪm] *n* tempo *m; (measured by clock)* horas *fpl; (moment)* altura *f; (occasion)* vez *f.* ◆ *vt (measure)* cronometrar; *(arrange)* prever; **I don't have (the)** ~ não tenho tempo; **it's** ~ **to go** está na hora de irmos embora; **what** ~ **is it?** que horas são?; **do you**

have the ~, please? você tem horas, por favor?; **two** ~**s two** dois vezes dois; **five** ~**s as much** cinco vezes mais; **to have a good** ~ divertir-se; **all the** ~ sempre, o tempo todo; **every** ~ sempre; **from** ~ **to** ~ de vez em quando, de tempos em tempos; **for the** ~ **being** por enquanto; **in** ~ *(arrive)* a tempo; **in good** ~ com tempo; **last** ~ a última vez; **most of the** ~ a maior parte do tempo; **on** ~ na hora; **some of the** ~ parte do tempo; **this** ~ desta vez; **two at a** ~ dois de cada vez.

time difference *n* diferença *f* horária.

timetable [ˈtaɪmteɪbl] *n* horário *m; (of events)* programa *m.*

time zone *n* fuso *m* horário.

timid [ˈtɪmɪd] *adj* tímido(da).

tin [tɪn] *n (metal)* estanho *m; (container)* lata *f.* ◆ *adj* de estanho, de lata.

tinfoil [ˈtɪnfɔɪl] *n* papel-alumínio *m.*

tinsel [ˈtɪnsl] *n* fios *mpl* de ouropel *(usados para decorar a árvore de Natal).*

tint [tɪnt] *n (for hair)* tinta *f (para o cabelo); (color)* matiz *m.*

tiny [ˈtaɪnɪ] *adj* pequenininho (nha), minúsculo(la).

tip [tɪp] *n (point, end)* ponta *f; (to waiter, taxi driver etc.)* gorjeta *f; (piece of advice)* dica *f.* ◆ *vt (waiter, taxi driver etc.)* dar uma gorjeta a; *(tilt)* inclinar; *(pour)* despejar. ❑ **tip over** ◆ *vt sep* entornar. ◆ *vi* entornar-se.

tire ['taɪər] *vi* cansar-se. ◆ *n* pneu *m*.

tired ['taɪəd] *adj* cansado(da); **to be ~ of** *(fed up with)* estar farto(ta) de.

tired out *adj* exausto(ta), esgotado(da).

tiring ['taɪrɪŋ] *adj* cansativo (va).

tissue ['tɪʃuː] *n (handkerchief)* lenço *m* de papel.

tissue paper *n* papel *m* de seda.

tit [tɪt] *n vulg (breast)* mama *f*.

title ['taɪtl] *n* título *m*.

to [unstressed before consonant tə, unstressed before vowel tʊ, stressed tuː] *prep* **- 1.** *(indicating direction)* para; **to go ~ Brazil** ir ao Brasil; **to go ~ school** ir para a escola.

- 2. *(indicating position)* a; **~ the left/right** à esquerda/direita.

- 3. *(expressing indirect object)* a; **to give sthg ~ sb** dar algo a alguém; **give it ~ me** dê-me isso; **to listen ~ the radio** ouvir rádio.

- 4. *(indicating reaction, effect)*: **~ my surprise** para surpresa minha; **it's ~ your advantage** é em seu benefício.

- 5. *(until)* até; **to count ~ ten** contar até dez; **we work from nine ~ five** trabalhamos das nove (até) às cinco.

- 6. *(in stating opinion)* para; **~ me, he's lying** para mim, ele está mentindo.

- 7. *(indicating change of state)*: **to**

turn ~ sthg transformar-se em algo; **it could lead ~ trouble** pode vir a dar problemas.

- 8. *Brit (in expressions of time)* para; **it's ten ~ three** são dez para as três; **at quarter ~ seven** às quinze para as sete.

- 9. *(in ratios, rates)*: **40 miles ~ the gallon** 40 milhas por galão.

- 10. *(of, for)*: **the answer ~ the question** a resposta à pergunta; **the key ~ the car** a chave do carro; **a letter ~ my daughter** uma carta para a minha filha.

- 11. *(indicating attitude)* (para) com; **to be rude ~ sb** ser grosseiro com alguém.

◆ *with infinitive* **- 1.** *(forming simple infinitive)*: **~ walk** andar; **~ laugh** rir.

- 2. *(following another verb)*: **to begin ~ do sthg** começar a fazer algo; **to try ~ do sthg** tentar fazer algo.

- 3. *(following an adjective)*: **difficult ~ do** difícil de fazer; **pleased ~ meet you** prazer em conhecê-lo; **ready ~ go** pronto para partir.

- 4. *(indicating purpose)* para; **we came here ~ look at the castle** viemos para ver o castelo.

toad [təʊd] *n* sapo *m*.

toast [təʊst] *n (bread)* torradas *fpl*; *(when drinking)* brinde *m*. ◆ *vt (bread)* torrar; **a piece OR slice of ~** uma torrada.

toaster ['təʊstər] *n* torradeira *f*.

tobacco [təˈbækəʊ] *n* tabaco *m*.

tobacconist's [tə'bækənəsts] n
tabacaria f.

today [tə'deɪ] n hoje m. ◆ adv
(on current day) hoje; (these days)
hoje em dia.

toddler ['tɒdlər] n criança que
começa a dar os primeiros passos.

toe [təʊ] n (of person) dedo m do
pé.

toenail ['təʊneɪl] n unha f do
pé.

toffee ['tɒfɪ] n puxa-puxa m.

together [tə'geðər] adv jun-
tos(tas); ~ **with** juntamente OR
junto com.

toilet ['tɔɪlət] n (bowl) vaso m sanitário; (room) banheiro m; to
go to the ~ ir ao banheiro.

toilet paper n papel m higiênico.

toiletries ['tɔɪlətrɪz] npl artigos
mpl de toalete.

token ['təʊkən] n (metal disc) ficha f.

told [təʊld] pt & pp → **tell**.

tolerable ['tɒlərəbl] adj tolerá-
vel.

tolerant ['tɒlərənt] adj toleran-
te.

tolerate ['tɒləreɪt] vt tolerar.

toll [təʊl] n (for road, bridge) pedágio m.

tollbooth ['təʊlbuːθ] n pedágio m.

tomato [tə'meɪtəʊ] (pl -es) n
tomate m.

tomb [tuːm] n túmulo m.

tomorrow [tə'mɒrəʊ] n amanhã m. ◆ adv amanhã; **the day
after** ~ depois de amanhã; ~

afternoon amanhã à tarde; ~
morning amanhã de manhã; ~
night amanhã à noite.

ton [tʌn] n (in U.S.) = 907 kg; (in
Britain) = 1016 kg; ~s of inf toneladas de m.

tone [təʊn] n (of voice, color) tom
m; (on phone) sinal m.

tongs [tɒnz] npl (for sugar) pinças f; (for hair) pinças fpl.

tongue [tʌn] n língua f.

tonic ['tɒnɪk] n (tonic water)
água f tônica; (medicine) tônico
m.

tonight [tə'naɪt] n esta noite f.
◆ adv hoje à noite.

tonne [tʌn] n tonelada f.

tonsillitis [ˌtɒnsə'laɪtəs] n
amigdalite f.

too [tuː] adv (excessively) demais, demasiado; (also) também; **it's not** ~ **good** não é lá
muito bom; **it's** ~ **late to go
out** é tarde demais para sair; ~
many demasiados(das); ~
much demasiado(da).

took [tʊk] pt → **take**.

tool [tuːl] n ferramenta f.

tool box n caixa m de ferramentas.

tool kit n jogo m de ferramentas.

tooth [tuːθ] (pl **teeth**) n dente
m.

toothache ['tuːθeɪk] n dor f de
dentes.

toothbrush ['tuːθbrʌʃ] n escova f de dentes.

toothpaste ['tuːθpeɪst] n pasta f de dentes.

toothpick ['tu:θpɪk] n palito m (de dentes).

top [tɒp] adj (highest) de cima; (best, most important) melhor. ◆ n (highest part) topo m, alto m; (of table, bed) cabeceira f; (best point) primeiro m, -ra f; (lid, cap) tampa f; (garment) blusa f; (of street, road) final m; **at the ~ (of)** (in highest part) no topo (de); **on ~ of** (on highest part of) em cima de; (of mountain) no topo de; (in addition to) além de; **at ~ speed** a toda velocidade. □ **top up** ◆ vt sep (glass, drink) voltar a encher. ◆ vi (with gas) completar.

top floor n último andar m.

topic ['tɒpɪk] n tópico m.

topical ['tɒpɪkl] adj atual.

topped [tɒpt] adj: **~ with sthg** (food) com algo (por cima).

torch [tɔ:tʃ] n tocha f; Brit (electric light) lanterna f.

tore [tɔ:r] pt → **tear**[1].

torment [tɔ:'ment] vt (annoy) atormentar.

torn [tɔ:n] pp → **tear**[1]. ◆ adj (ripped) rasgado(da).

tornado [tɔ:'neɪdəʊ] (pl -es OR -s) n tornado m.

tortoise ['tɔ:təs] n tartaruga f.

torture ['tɔ:tʃər] n tortura f. ◆ vt torturar.

toss [tɒs] vt (throw) atirar; (coin) atirar ao ar; (salad, vegetables) misturar, mexer.

total ['təʊtl] adj total. ◆ n total m; **in ~** no total.

touch [tʌtʃ] n (sense) tato m; (small amount) pitada f; (detail) toque m, retoque m. ◆ vt tocar

em; (move emotionally) tocar. ◆ vi tocar-se; **to get in ~ (with sb)** entrar em contato (com alguém); **to keep in ~ (with sb)** manter o contato (com alguém). □ **touch down** vi (plane) aterrissar.

touching ['tʌtʃɪŋ] adj (moving) comovente.

tough [tʌf] adj (resilient) forte; (hard, strong) resistente; (meat, terms, policies) duro(ra); (difficult) difícil.

tour [tʊər] n (trip) volta f; (of city, castle etc.) visita f; (of pop group, theater company) turnê f. ◆ vt visitar, viajar por; **on ~** em turnê.

tourism ['tʊərɪzm] n turismo m.

tourist ['tʊərɪst] n turista mf.

tourist class n classe f turística.

tournament ['tɔ:rnəmənt] n torneio m.

tout [taʊt] n cambista mf.

tow [təʊ] vt rebocar.

toward(s) [tə'wɔ:rd(z)] (in the direction of) em direção a.

towel ['taʊəl] n toalha f.

toweling ['taʊəlɪŋ] n Am tecido m para toalhas.

towelling ['taʊəlɪŋ] Brit = **toweling**.

towel rail n toalheiro m.

tower ['taʊər] n torre f.

town [taʊn] n (small) vilarejo m; (larger) cidade f; (town center) centro m (da cidade).

town center n centro m da cidade.

town hall n prefeitura f.

tow truck n Am reboque m.

toxic ['tɒksɪk] adj tóxico(ca).

toy [tɔɪ] n brinquedo m.

trace [treɪs] n indício m, vestígio m. ◆ vt (find) localizar.

tracing paper ['treɪsɪŋ-] n papel m vegetal OR de decalque.

track [træk] n (path) caminho m; (of railroad) via f; SPORT pista f; (song) música f. ❑ **track down** vt sep localizar.

tracksuit ['træksuːt] n roupa f de treino OR jogging.

tractor ['træktər] n trator m.

trade [treɪd] n COMM comércio m; (job) ofício m. ◆ vt trocar. ◆ vi comercializar, negociar.

trademark ['treɪdmɑːrk] n marca f (registrada).

trader ['treɪdər] n comerciante mf.

tradesman ['treɪdzmən] (pl **-men** [-mən]) n (deliveryman) entregador m; (shopkeeper) comerciante m.

trade union n sindicato m.

tradition [trə'dɪʃn] n tradição f.

traditional [trə'dɪʃnəl] adj tradicional.

traffic ['træfɪk] (pt & pp **-ked**) n (cars etc.) trânsito m. ◆ vi: to ~ in traficar.

traffic circle n Am rotatória f.

traffic jam n engarrafamento m.

traffic lights npl sinal m de trânsito, semáforo m.

tragedy ['trædʒədɪ] n tragédia f.

tragic ['trædʒɪk] adj trágico(ca).

trail [treɪl] n (path) caminho m; (marks) rastro m. ◆ vi (be losing) estar perdendo.

trailer ['treɪlər] n (for boat, luggage) reboque m; Am (for vacation) trailer m; (for movie, program) trailer m.

train [treɪn] n (on railway) trem m. ◆ vt vi treinar; **by** ~ de trem.

trainee [treɪ'niː] n estagiário m, -ria f.

trainer ['treɪnər] n (of athlete etc.) treinador m, -ra f.

training ['treɪnɪŋ] n (instruction) estágio m; (exercises) treino m.

train station n estação m ferroviária.

tram [træm] n Brit bonde m.

tramp [træmp] n vagabundo m, -da f, mendigo m, -ga f.

trampoline ['træmpəliːn] n trampolim m.

trance [træns] n transe m.

tranquilizer ['træŋkwəlaɪzər] n Am calmante m.

tranquillizer ['træŋkwɪlaɪzə'] Brit = tranquilizer.

transaction [træn'zækʃn] n transação f.

transatlantic [ˌtrænzət'læntɪk] adj transatlântico(ca).

transfer [n 'trænsfɜːr, vb træns'fɜːr] n transferência f; (picture) decalcomania f; Am (ticket) bilhete que permite fazer conexões durante a viagem. ◆ vt transferir. ◆ vi (change bus, plane etc.) efetuar conexões; '~s' (in airport) 'conexões'.

transform [træns'fɔːrm] *vt* transformar.

transfusion [træns'fjuːʒn] *n* transfusão *f*.

transgenic [trænz'dʒenɪk] *adj* transgénico(ca).

transitive ['trænzətɪv] *adj* transitivo(va).

translate [træns'leɪt] *vt* traduzir.

translation [træns'leɪʃn] *n* tradução *f*.

translator [træns'leɪtər] *n* tradutor *m*, -ra *f*.

transmission [trænz'mɪʃn] *n* transmissão *f*.

transmit [trænz'mɪt] *vt* transmitir.

transparent [træns'pærənt] *adj* transparente.

transplant ['trænsplænt] *n* transplante *m*.

transport [*n* 'trænspɔːt, *vb* træn'spɔːt] *n Brit* transporte *m*. ◆ *vt* transportar.

transportation [ˌtrænspɔːr'teɪʃn] *n Am* transporte *m*.

trap [træp] *n* armadilha *f*. ◆ *vt*: **to be trapped** *(stuck)* estar preso(sa).

trapdoor [ˌtræp'dɔːr] *n* alçapão *m*.

trash [træʃ] *n Am* lixo *m*.

trashcan ['træʃkæn] *n Am* lata *f* de lixo.

trauma ['trɔːmə] *n* trauma *m*.

traumatic [trɔ'mætɪk] *adj* traumático(ca).

travel ['trævl] *n* viagem *f*. ◆ *vt* *(distance)* percorrer. ◆ *vi* viajar.

travel agency *n* agência *f* de viagens.

travel agent *n* agente *mf* de viagens.

travel documents *npl* documentos *mpl* de viagem.

traveler ['trævlər] *n Am* viajante *mf*.

traveler's check *n Am* cheque *m* de viagem.

travel insurance *n* seguro *m* de viagem.

traveller ['trævlə'] *Brit* = **traveler**.

traveller's cheque *Brit* = **traveler's check**.

tray [treɪ] *n* bandeja *f*, tabuleiro *m*.

treacherous ['tretʃərəs] *adj* *(person)* traiçoeiro(ra); *(roads, conditions)* perigoso(osa).

tread [tred] *(pt* trod, *pp* trodden) *n (of tire)* banda *f* de rodagem. ◆ *vi*: **to ~ on sthg** pisar em algo.

treadmill ['tredmɪl] *n* esteira *f*.

treasure ['treʒər] *n* tesouro *m*.

treat [triːt] *vt* tratar. ◆ *n (special thing)* presente *m*; **to ~ sb to sthg** oferecer algo a alguém.

treatment ['triːtmənt] *n* tratamento *m*.

treble ['trebl] *adj* triplo(pla).

tree [triː] *n* árvore *f*.

trek [trek] *n* caminhada *f*.

tremble ['trembl] *vi* tremer.

tremendous [trə'mendəs] *adj* *(very large)* tremendo(da); *inf* *(very good)* espetacular.

trench [trentʃ] n (ditch) vala f;
MIL trincheira f.

trend [trend] n tendência f.

trendy ['trendɪ] adj inf (person)
que segue a moda; (place, thing)
muito na moda.

trespasser ['trespəsər] n intruso m, -sa f; '~s will be pros-
ecuted' 'é proibido passar, sob
pena de multa'.

trial [traɪəl] n JUR julgamento m;
(test) prova f; a ~ period um período de experiência.

triangle ['traɪæŋgl] n triângulo
m.

triangular [traɪ'æŋgjələr] adj
triangular.

tribe [traɪb] n tribo f.

trick [trɪk] n truque m. ◆ vt enganar; to play a ~ on sb pregar
uma peça em alguém.

trickle ['trɪkl] vi (liquid) pingar.

tricky ['trɪkɪ] adj difícil.

trigger ['trɪgər] n gatilho m.

trim [trɪm] n (haircut) corte m
(de cabelo). ◆ vt (hair) cortar (as
pontas de); (beard, hedge) aparar.

trio ['triːəʊ] (pl -s) n trio m.

trip [trɪp] n (journey) viagem f;
(outing) excursão f. ◆ vi tropeçar.
❑ trip up vi tropeçar.

triple ['trɪpl] adj triplo(pla).

triumph ['traɪəmf] n triunfo m.

trivial ['trɪvɪəl] adj pej trivial.

trod [trɒd] pt → tread.

trodden ['trɒdn] pp → tread.

trombone [trɒm'bəʊn] n
trombone m.

troops [truːps] npl tropas fpl.

trophy ['trəʊfɪ] n troféu m.

tropical ['trɒpɪkl] adj tropical.

trot [trɒt] vi (horse) andar a trote, trotar. ◆ n trote m.

trouble ['trʌbl] n problemas
mpl. ◆ vt (worry) preocupar;
(bother) incomodar; to be in ~
ter problemas; to get into ~ meter-se em problemas; to take the
~ to do sthg dar-se ao trabalho
de fazer algo; it's no ~ não custa
nada, não é problema nenhum.

troublesome ['trʌblsəm] adj
(knee, cold) problemático(ca);
(person, car, job) que só causa problemas.

trough [trɒf] n (for animals) co-
cho m.

trousers ['traʊzərs] npl calça f;
a pair of ~ uma calça, um par
de calças.

trout [traʊt] (pl inv) n truta f.

truant ['truːənt] n: to play ~
matar aula.

truce [truːs] n trégua f.

truck [trʌk] n caminhão m.

true [truː] adj verdadeiro(ra);
it's ~ é verdade.

truly ['truːlɪ] adv: yours ~ ≃
cordialmente.

trumpet ['trʌmpɪt] n trompete
m.

trumps [trʌmps] npl trunfo m.

trunk [trʌŋk] n (of tree) tronco
m; Am (of car) mala f (do carro);
(case, box) baú m; (of elephant)
tromba f.

trunks [trʌŋks] npl (for swimming) sunga f.

trust [trʌst] n (confidence) confiança f. ◆ vt (believe, have confidence in) confiar em; (fml: hope)

to ~ **(that)** esperar que.
trustworthy ['trʌst,wɜːrðɪ] adj de confiança.
truth [truːθ] n *(true facts)* verdade f; *(quality of being true)* veracidade f.
truthful ['truːθful] adj *(statement, account)* verídico(ca); *(person)* honesto(ta).
try [traɪ] n *(attempt)* tentativa f. ◆ vt *(attempt)* tentar; *(experiment with, test, seek help from)* experimentar; *(food)* provar; JUR processar. ◆ vi tentar; **to ~ to do sth** tentar fazer algo. ❑ **try on** vt sep *(clothes)* experimentar. ❑ **try out** vt sep *(plan, idea)* pôr à prova; *(car, machine)* testar.
T-shirt n camiseta f.
tub [tʌb] n *(of margarine etc.)* pacote m, caixa f; inf *(bath)* banheira f.
tube [tuːb] n tubo m; Brit inf *(underground)* metrô m; **by ~** de metrô.
tuck [tʌk]: **tuck in** vt sep *(shirt)* enfiar (dentro das calças); *(child, person)* aconchegar. ◆ vi inf: **~ in!** pode comer!
Tuesday ['tuːzdeɪ] n terçafeira f → **Saturday**.
tuft [tʌft] n tufo m.
tug [tʌg] vt puxar (com força).
tuition [tuːˈɪʃn] n aulas mpl; **private ~** aulas fpl particulares.
tulip ['tuːləp] n tulipa f.
tumbler ['tʌmblər] n *(glass)* copo m de uísque.
tummy ['tʌmɪ] n inf barriga f.
tummy ache n inf dor f de barriga.

tumor ['tuːmər] n Am tumor m.
tumour ['tjuːmə°] Brit = **tumor.**
tuna (fish) ['tuːnə] n atum m.
tune [tuːn] n melodia f. ◆ vt *(radio, TV)* sintonizar; *(engine, instrument)* afinar; **in ~** afinado; **out of ~** desafinado.
tunic ['tuːnɪk] n túnica f.
tunnel ['tʌnl] n túnel m.
turban ['tɜːrbən] n turbante m.
turbulence ['tɜːrbjələns] n turbulência f.
turf [tɜːrf] n *(grass)* gramado m.
turkey ['tɜːrkɪ] n *(pl -s)* n peru m.
turn [tɜːrn] n *(in road)* curva f; *(of knob, key, switch)* volta f; *(go, chance)* vez f. ◆ vt virar; *(become)* tornar-se, ficar; *(cause to become)* pôr, deixar. ◆ vi *(person)* virar-se; *(car)* virar; *(rotate)* girar; **it's your ~** é a sua vez; **at the ~ of the century** na virada do século; **to take ~s doing sth** fazer algo revezando; **to ~ into sth** *(become)* transformar-se em algo; **to ~ left/right** virar à esquerda/direita; **to ~ sth into sth** transformar algo em algo; **to ~ sth inside out** virar pelo avesso. ❑ **turn back** ◆ vt sep *(person)* mandar voltar. ◆ vi voltar. ❑ **turn down** vt sep *(radio, volume, heating)* baixar; *(offer, request)* recusar. ❑ **turn off** ◆ vt sep *(light, TV, engine)* desligar; *(water, gas, tap)* fechar. ◆ vi *(leave road)* virar. ❑ **turn on** vt sep *(light, TV, engine)* ligar; *(water, gas, tap)* abrir. ❑ **turn out** ◆ vt

sep *(light, fire)* apagar. ◆ *vi (be in the end)* acabar; *(come, attend)* aparecer; **to ~ out to be sthg** acabar por ser algo. ❑ **turn over** ◆ *vi (in bed)* virar-se. ◆ *vt sep (page, card, omelette)* virar. ❑ **turn round** ◆ *vt sep (car, table etc.)* virar. ◆ *vi (person)* virar-se. ❑ **turn up** ◆ *vt sep (radio, volume, heating)* aumentar. ◆ *vi (come, attend)* aparecer.

turning [ˈtɜːrnɪŋ] *n* entrada *f (em estrada).*

turnip [ˈtɜːrnəp] *n* nabo *m.*

turquoise [ˈtɜːrkwɔɪz] *adj* turquesa *(inv).*

turtle [ˈtɜːrtl] *n* tartaruga *f.*

turtleneck [ˈtɜːrtlnek] *n* suéter *m* de gola rulê.

tutor [ˈtuːtər] *n (private teacher)* professor *m*, -ra *f* particular.

tuxedo [tʌkˈsiːdəʊ] *(pl* -s*) n Am* smoking *m.*

TV *n* televisão *f;* **on ~** na televisão.

tweezers [ˈtwiːzərz] *npl* pinça *f.*

twelfth [twelfθ] *num* décimo segundo (décima segunda) → **sixth.**

twelve [twelv] *num* doze → **six.**

twentieth [ˈtwentɪəθ] *num* vigésimo(ma) → **sixth.**

twenty [ˈtwentɪ] *num* vinte → **six.**

twice [twaɪs] *adv* duas vezes; **it's ~ as good** é duas vezes melhor; **~ as much** o dobro.

twig [twɪg] *n* galho *m.*

twilight [ˈtwaɪlaɪt] *n* crepúsculo *m*, lusco-fusco *m.*

twin [twɪn] *n* gêmeo *m*, -mea *f.*

twist [twɪst] *vt* torcer; *(bottle top, lid, knob)* girar.

twisting [ˈtwɪstɪŋ] *adj* cheio (cheia) de curvas.

two [tuː] *num* dois (duas) → **six.**

tying [ˈtaɪɪŋ] *cont* → **tie.**

type [taɪp] *n (kind)* tipo *m.* ◆ *vt & vi* bater à máquina.

typewriter [ˈtaɪpraɪtər] *n* máquina *f* de escrever.

typhoid [ˈtaɪfɔɪd] *n* febre *f* tifóide.

typical [ˈtɪpɪkl] *adj* típico(ca).

typist [ˈtaɪpɪst] *n* datilógrafo *m*, -fa *f.*

tyre [ˈtaɪər] *Brit* = **tire.**

U

UFO *n (abbr of unidentified flying object)* OVNI *m.*

ugly [ˈʌglɪ] *adj* feio (feia).

U.K. *n (abbr of United Kingdom):* **the ~** o Reino Unido.

ulcer [ˈʌlsər] *n* úlcera *f.*

ultimate [ˈʌltɪmət] *adj (final)* final; *(best, greatest)* máximo(ma).

ultraviolet [ˌʌltrəˈvaɪələt] *adj* ultravioleta.

umbrella [ʌmˈbrelə] *n* guarda-chuva *m.*

umpire [ˈʌmpaɪər] *n* árbitro *m.*

UN *n (abbr of United Nations):* **the ~** a ONU.

unable [ʌn'eɪbl] *adj:* **to be ~ to do sthg** não ser capaz de fazer algo; **I'm afraid I'm ~ to attend** sinto muito mas não poderei estar presente.

unacceptable [,ʌnək'septəbl] *adj* inaceitável.

unaccustomed [,ʌnə'kʌstəmd] *adj:* **to be ~ to sthg** não estar acostumado(da) a algo.

unanimous [juː'nænɪməs] *adj* unânime.

unattended [,ʌnə'tendəd] *adj* sem vigilância, abandonado(da).

unattractive [,ʌnə'træktɪv] *adj* pouco atraente.

unauthorized [,ʌn'ɔːθəraɪzd] *adj* não autorizado(da).

unavailable [,ʌnə'veɪləbl] *adj* não disponível.

unavoidable [,ʌnə'vɔɪdəbl] *adj* inevitável.

unaware [,ʌnə'weər] *adj:* **to be ~ (that)** ignorar que; **to be ~ of sthg** não ter conhecimento de algo.

unbearable [ʌn'beərəbl] *adj* insuportável.

unbelievable [,ʌnbə'liːvəbl] *adj* inacreditável.

uncertain [ʌn'sɜːrtn] *adj (not definite)* incerto(ta); *(not sure)* indeciso(sa).

uncertainty [ʌn'sɜːrtntɪ] *n* incerteza *f.*

uncle ['ʌŋkl] *n* tio *m.*

unclear [,ʌn'klɪər] *adj* pouco claro(ra); *(not sure)* pouco seguro(ra).

uncomfortable [ʌn'kʌmftərbl] *adj* incômodo(da); **to feel ~** *(awkward)* sentir-se pouco à vontade.

uncommon [ʌn'kɒmən] *adj (rare)* invulgar.

unconscious [ʌn'kɒnʃəs] *adj (after accident)* inconsciente; **to be ~ of** não ter consciência de.

unconvincing [,ʌnkən'vɪnsɪŋ] *adj* pouco convincente.

uncooperative [,ʌnkəʊ-'ɒpərətɪv] *adj* pouco cooperativo (va).

uncouth [ʌn'kuːθ] *adj* rude.

uncover [ʌn'kʌvər] *vt* descobrir.

under ['ʌndər] *prep (beneath)* embaixo de; *(less than)* menos de; *(according to)* segundo; *(in classification)* em; **children ~ ten** crianças com menos de dez anos; **~ the circumstances** nas OR dadas as circunstâncias; **to be ~ pressure** estar sob pressão.

underage [,ʌndər'eɪdʒ] *adj* menor de idade.

underdone [,ʌndər'dʌn] *adj* malcozido(da), cru (crua).

underestimate [,ʌndər'estɪmeɪt] *vt* subestimar.

undergo [,ʌndər'gəʊ] *(pt* -went, *pp* -gone) *vt (change, difficulties)* sofrer; *(operation)* submeter-se a.

undergraduate [,ʌndər-'grædʒʊət] *n* estudante *m* universitário, estudante *f* universitária.

underground ['ʌndərgraʊnd] *adj (below earth's surface)* subterrâneo(nea); *(secret)* clandestino (na). ◆ *n Brit (railway)* metrô *m.*

undergrowth [ˈʌndərgrəʊθ] n vegetação f rasteira, mato m.

underline [ˌʌndəˈlaɪn] vt sublinhar.

underneath [ˌʌndərˈniːθ] prep embaixo de. ◆ adv debaixo, embaixo, por baixo. ◆ n parte f inferior OR de baixo.

underpants [ˈʌndərpænts] npl cueca f.

underpass [ˈʌndərpæs] n passagem f subterrânea.

undershirt [ˈʌndərʃɜːrt] n Am camiseta f.

understand [ˌʌndərˈstænd] (pt & pp **-stood**) vt entender; (believe) crer. ◆ vi entender; **I don't ~** não entendo; **to make o.s. understood** fazer-se entender.

understanding [ˌʌndərˈstændɪŋ] adj compreensivo(va). ◆ n (agreement) acordo m; (knowledge) conhecimento m; (interpretation) interpretação f; (sympathy) compreensão f.

understatement [ˌʌndərˈsteɪtmənt] n: **that's an ~** isso é um eufemismo.

understood [ˌʌndərˈstʊd] pt & pp → **understand**.

undertake [ˌʌndərˈteɪk] (pt **-took**, pp **-taken**) vt empreender; **to ~ to do sthg** comprometer-se a fazer algo.

undertaker [ˈʌndərˌteɪkər] n agente m funerário, agente f funerária.

undertaking [ˌʌndərˈteɪkɪŋ] n (promise) promessa f; (task) tarefa f.

undertook [ˌʌndərˈtʊk] pt → undertake.

underwater [ˌʌndərˈwɔːtər] adj subaquático(ca). ◆ adv debaixo da água.

underwear [ˈʌndərweər] n roupa f de baixo.

underwent [ˌʌndərˈwent] pt → undergo.

undesirable [ˌʌndɪˈzaɪərəbl] adj indesejável.

undo [ʌnˈduː] (pt **-did**, pp **-done**) vt (coat, shirt) desabotoar; (shoelaces, tie) desamarrar, desapertar; (parcel) abrir.

undone [ʌnˈdʌn] adj (coat, shirt) desabotoado(da); (shoelaces, tie) desamarrado(da), desapertado(da).

undress [ʌnˈdres] vi despir-se. ◆ vt despir.

undressed [ʌnˈdrest] adj despido(da); **to get ~** despir-se.

uneasy [ʌnˈiːzɪ] adj inquieto(ta).

uneducated [ʌnˈedʒʊkeɪtɪd] adj inculto(ta).

unemployed [ˌʌnɪmˈplɔɪd] adj desempregado(da). ◆ npl: **the ~** os desempregados.

unemployment [ˌʌnɪmˈplɔɪmənt] n desemprego m.

unequal [ʌnˈiːkwəl] adj desigual.

uneven [ʌnˈiːvn] adj (surface, speed, beat) irregular; (share, distribution, competition) desigual.

uneventful [ˌʌnɪˈventfl] adj sem incidentes, tranqüilo(la).

unexpected [ˌʌnɪkˈspektəd] adj inesperado(da).

unexpectedly [ˌʌnɪkˈspek-tədlɪ] adv inesperadamente.

unfair [ˌʌnˈfeər] adj injusto(ta).

unfairly [ˌʌnˈfeəlɪ] adv injustamente.

unfaithful [ˌʌnˈfeɪθfl] adj infiel.

unfamiliar [ˌʌnfəˈmɪljər] adj desconhecido(da); **to be ~ with** não estar familiarizado(da) com.

unfashionable [ˌʌnˈfæʃnəbl] adj fora de moda.

unfasten [ˌʌnˈfɑːsn] vt (button) desabotoar; (belt, strap) desapertar; (knot) desfazer.

unfavorable [ˌʌnˈfeɪvrəbl] adj desfavorável.

unfinished [ˌʌnˈfɪnɪʃt] adj inacabado(da).

unfit [ˌʌnˈfɪt] adj: **to be ~** (not healthy) não estar em forma; **to be ~ for sthg** (not suitable) não ser adequado(da) para algo.

unfold [ʌnˈfəʊld] vt (map, sheet) desdobrar.

unforgettable [ˌʌnfərˈgetəbl] adj inesquecível.

unforgivable [ˌʌnfərˈgɪvəbl] adj imperdoável.

unfortunate [ʌnˈfɔːtʃənət] adj (unlucky) infeliz; (regrettable) lamentável.

unfortunately [ʌnˈfɔːtʃə-nətlɪ] adv infelizmente.

unfriendly [ˌʌnˈfrendlɪ] adj hostil.

ungrateful [ʌnˈgreɪtfl] adj ingrato(ta).

unhappy [ʌnˈhæpɪ] adj (sad) infeliz; (not pleased) descontente; **to be ~ about sthg** não estar feliz OR contente com algo.

unharmed [ˌʌnˈhɑːrmd] adj ileso(sa).

unhealthy [ʌnˈhelθɪ] adj (person) doente, pouco saudável; (food, smoking) prejudicial para a saúde; (place) pouco saudável.

unhelpful [ˌʌnˈhelpfl] adj (person) imprestável; (advice, information) inútil.

unhygienic [ˌʌnhaɪˈdʒiːnɪk] adj pouco higiênico(ca).

uniform [ˈjuːnɪfɔːm] n uniforme m.

unimportant [ˌʌnɪmˈpɔːrtnt] adj sem importância, pouco importante.

unintelligent [ˌʌnɪnˈtelə-dʒənt] adj pouco inteligente.

unintentional [ˌʌnɪnˈtenʃnəl] adj involuntário(ria).

uninterested [ˌʌnˈɪntrəstɪd] adj desinteressado(da), pouco interessado(da).

uninteresting [ˌʌnˈɪntrestɪŋ] adj sem interesse, pouco interessante.

union [ˈjuːnjən] n (of workers) sindicato m.

unique [juːˈniːk] adj único(ca); **to be ~ to** ser típico(ca) de.

unisex [ˈjuːnɪseks] adj unisex inv.

unit [ˈjuːnɪt] n unidade f; (group) equipe f.

unite [juːˈnaɪt] vt (people) unir; (country, party) unificar. ◆ vi unir-se.

United Kingdom [juː'naɪtəd-] n: the ~ o Reino Unido.

United States (of America) [juː'naɪtəd-] npl: the ~ os Estados Unidos (da América).

unity ['juːnətɪ] n unidade f.

universal [ˌjuːnɪ'vɜːrsl] adj universal.

universe ['juːnɪvɜːrs] n universo m.

university [ˌjuːnɪ'vɜːrsətɪ] n universidade f.

unjust [ˌʌn'dʒʌst] adj injusto (ta).

unkind [ʌn'kaɪnd] adj cruel.

unknown [ʌn'nəʊn] adj desconhecido(da).

unleaded (gas) [ˌʌn'ledəd-] n gasolina f sem chumbo.

unless [ən'les] conj a não ser que.

unlike [ˌʌn'laɪk] prep (different to) diferente de; (in contrast to) ao contrário de; **it's ~ her to be late** ela não é de chegar atrasada.

unlikely [ʌn'laɪklɪ] adj (not probable) pouco provável; **she's ~ to agree** é pouco provável que ela concorde.

unlimited [ʌn'lɪmətəd] adj ilimitado(da); **~ mileage** ≃ quilometragem ilimitada.

unlisted [ʌn'lɪstəd] adj Am (phone number) que não consta da lista telefônica.

unload [ˌʌn'ləʊd] vt descarregar.

unlock [ˌʌn'lɒk] vt abrir (com chave), destrancar.

unlucky [ʌn'lʌkɪ] adj (unfortunate) infeliz; (bringing bad luck) que traz má sorte.

unmarried [ˌʌn'mærɪd] adj solteiro(ra).

unnatural [ʌn'nætʃrəl] adj (unusual) invulgar; (behavior, person) pouco natural.

unnecessary [ʌn'nesəsərɪ] adj desnecessário(ria).

unofficial [ˌʌnə'fɪʃl] adj não oficial.

unpack [ˌʌn'pæk] vt desfazer.
◆ vi desfazer as malas.

unpleasant [ʌn'pleznt] adj desagradável.

unplug [ʌn'plʌg] vt desligar (na tomada).

unpopular [ˌʌn'pɒpjələr] adj impopular, pouco popular.

unpredictable [ˌʌnprɪ'dɪktəbl] adj imprevisível.

unprepared [ˌʌnprɪ'peərd] adj mal preparado(da).

unqualified [ˌʌn'kwɒlɪfaɪd] adj (person) sem qualificação.

unreal [ˌʌn'rɪəl] adj irreal.

unreasonable [ʌn'riːznəbl] adj absurdo(da), irracional.

unrecognizable [ˌʌnrekəg'naɪzəbl] adj irreconhecível.

unreliable [ˌʌnrɪ'laɪəbl] adj pouco confiável, de pouca confiança.

unrest [ˌʌn'rest] n agitação f.

unsafe [ˌʌn'seɪf] adj (dangerous) perigoso(osa); (in danger) inseguro(ra).

unsatisfactory [ˌʌnsætɪs'fæktrɪ] adj insatisfatório(ria).

unscrew [ˌʌnˈskruː] vt *(lid, top)* desenroscar.

unsightly [ʌnˈsaɪtlɪ] adj feio (feia).

unskilled [ˌʌnˈskɪld] adj *(worker)* não especializado.

unspoiled [ˌʌnˈspɔɪld] adj intacto(ta), não destruído(da).

unsteady [ˌʌnˈstedɪ] adj instável; *(hand)* trêmulo(la).

unstuck [ˌʌnˈstʌk] adj: **to come ~** *(label, poster etc.)* descolar-se.

unsuccessful [ˌʌnsəkˈsesfl] adj malsucedido(da).

unsuitable [ˌʌnˈsuːtəbl] adj inadequado(da).

unsure [ʌnˈʃʊər] adj: **to be ~ (about)** não ter certeza (de).

untidy [ʌnˈtaɪdɪ] adj desarrumado(da).

untie [ʌnˈtaɪ] *(cont* **untying***)* vt *(knot)* desatar; *(person)* desprender.

until [ənˈtɪl] prep conj até; **wait ~ he arrives** espere até ele chegar OR até que ele chegue.

untrue [ˌʌnˈtruː] adj falso(sa).

untrustworthy [ˌʌnˈtrʌst-wɜːrðɪ] adj indigno(gna) de confiança.

unusual [ʌnˈjuːʒʊəl] adj *(not common)* invulgar; *(distinctive)* fora do comum.

unusually [ʌnˈjuːʒəlɪ] adv *(more than usual)* excepcionalmente.

unwell [ˌʌnˈwel] adj maldisposto(osta); **to feel ~** sentir-se mal.

unwilling [ˌʌnˈwɪlɪŋ] adj: **to be**

~ to do sthg não estar disposto(osta) a fazer algo.

unwind [ˌʌnˈwaɪnd] *(pt & pp* **unwound** [ˌʌnˈwaʊnd]*)* vt desenrolar. ◆ vi *(relax)* relaxar.

unwrap [ˌʌnˈræp] vt desembrulhar.

up [ʌp] adv - **1.** *(toward higher position, level)* para cima; **to go ~** subir; **prices are going ~** os preços estão subindo; **we walked ~ to the top** subimos até o topo; **to pick sthg ~** apanhar algo.
- **2.** *(in higher position)*: **she's ~ in her bedroom** está lá em cima no seu quarto; **~ there** ali OR lá em cima.
- **3.** *(into upright position)*: **to stand ~** pôr-se em OR de pé; **to sit ~** *(from lying position)* sentar-se; *(sit straight)* sentar-se direito.
- **4.** *(northward)*: **~ in Canada** no Canadá.
- **5.** *(in phrases)*: **to walk ~ and down** andar de um lado para o outro; **to jump ~ and down** dar pulos; **~ to six weeks** até seis semanas; **~ to ten people** até dez pessoas; **are you ~ to traveling?** você está em condições de viajar?; **what are you ~ to?** o que você está tramando?; **it's ~ to you** depende de você; **~ until ten o'clock** até às dez horas.
◆ prep - **1.** *(toward higher position)*: **to walk ~ a hill** subir um monte; **I went ~ the stairs** subi as escadas.
- **2.** *(in higher position)* no topo de; **~ a hill** no topo de um monte;

~ **a ladder** no topo de uma escada.
- **3.** *(at end of):* **they live ~ the block from us** eles vivem no final da nossa rua.
◆ *adj* -**1.** *(out of bed)* levantado (da); **I got ~ at six today** levantei-me às seis hoje.
- **2.** *(at an end):* **time's ~** acabou-se o tempo.
- **3.** *(rising):* **the ~ escalator** a escada rolante ascendente.
◆ *n:* **~s and downs** altos e baixos *mpl.*

update [ˌʌpˈdeɪt] *vt* atualizar.

uphill [ˌʌpˈhɪl] *adv:* **to go ~** subir.

upholstery [ʌpˈhəʊlstərɪ] *n (material)* estofamento *m.*

upkeep [ˈʌpkiːp] *n* manutenção *f.*

upmarket [ˌʌpˈmɑːkət] *adj* de alta categoria.

upon [əˈpɒn] *prep (fml: on)* em, sobre; **~ hearing the news ...** ao ouvir a notícia ...

upper [ˈʌpər] *adj* superior. ◆ *n (of shoe)* gáspea *f.*

upper class *n:* **the ~** a alta sociedade.

uppermost [ˈʌpəməʊst] *adj (highest)* mais alto(ta).

upright [ˈʌpraɪt] *adj* direito (ta). ◆ *adv* direito.

upset [ʌpˈset] *(pt & pp* **upset)** *adj (distressed)* transtornado(da).
◆ *vt transtornar; (knock over)* derrubar; **to have an ~ stomach** estar indisposto(osta).

upside down [ˌʌpsaɪd-] *adj* invertido(da), ao contrário.

◆ *adv* de pernas para o ar.

upstairs [ˌʌpˈsteəz] *adj* de cima.
◆ *adv (on a higher floor)* lá em cima; **to go ~** ir lá para cima.

up-to-date *adj (modern)* moderno(na); *(well-informed)* atualizado(da).

upward [ˈʌpwəd] *adv* para cima; **~ of 100 people** mais de 100 pessoas.

urban [ˈɜːbən] *adj* urbano (na).

urge [ɜːdʒ] *vt:* **to ~ sb to do sthg** incitar alguém a fazer algo.

urgent [ˈɜːdʒənt] *adj* urgente.

urinate [ˈjʊərəneɪt] *vi fml* urinar.

urine [ˈjʊərən] *n* urina *f.*

URL *n (abbr of uniform resource locator)* COMPUT URL *m.*

us [ʌs] *pron (direct)* nos; *(indirect, after prep)* nós; **they know ~** conhecem-nos; **it's ~** somos nós; **send it to ~** envie-nos isso; **tell ~** diga-nos; **we brought it with ~** trouxemo-lo conosco.

U.S. *n (abbr of United States):* **the ~** os E.U.A.

U.S.A. *n (abbr of United States of America):* **the ~** os E.U.A.

usable [ˈjuːzəbl] *adj* utilizável.

use [*n* juːs, *vb* juːz] *n* uso *m.* ◆ *vt* usar; *(run on)* levar; **to be of ~** ser útil; **to have the ~ of sthg** poder utilizar algo; **to make ~ of sthg** aproveitar algo; **'out of ~ '** 'fora de serviço'; **to be in ~** estar em funcionamento; **it's no ~** não vale a pena; **what's the**

~? de que vale?; **to ~ sthg as sthg** usar algo como algo; '**~ before/by ...**' 'consumir de preferência antes de ...'. ◻ **use up** vt sep gastar.

used [adj ju:zd, aux vb ju:st] adj usado(da). ◆ aux vb: **I ~ to live near here** costumava viver perto daqui; **I ~ to go there every day** costumava ir lá todos os dias; **to be ~ to sthg** estar acostumado a algo; **to get ~ to sthg** acostumar-se a algo.

useful ['ju:sfl] adj útil.

useless ['ju:sləs] adj inútil; inf (very bad) péssimo(ma).

user ['ju:zər] n (of product, machine) usuário m, -ria f; (of public service) usuário m, -ria f.

usual ['ju:ʒəl] adj habitual; **as ~** (in the normal way) como de costume; (as often happens) como sempre.

usually ['ju:ʒəlɪ] adv normalmente.

utensil [ju:'tensl] n utensílio m.

utilize ['ju:təlaɪz] vt fml utilizar.

utmost ['ʌtməʊst] adj extremo(ma). ◆ n: **to do one's ~** fazer o possível e o impossível.

utter ['ʌtər] adj total. ◆ vt proferir.

utterly ['ʌtəlɪ] adv totalmente.

U-turn n (in vehicle) meia-volta f, reviravolta f.

V

vacancy ['veɪkənsɪ] n vaga f; '**vacancies**' 'vagas'; '**no vacancies**' 'completo'.

vacant ['veɪkənt] adj (room, seat) vago(ga); '**vacant**' 'livre'.

vacate [və'keɪt] vt (fml: room, house) vagar, desocupar.

vacation [və'keɪʃn] n Am férias fpl. ◆ vi Am passar férias; **to go on ~** ir de férias.

vaccination [ˌvæksɪ'neɪʃn] n vacinação f.

vaccine [væk'si:n] n vacina f.

vacuum ['vækjʊəm] vt aspirar.

vacuum cleaner n aspirador m de pó.

vague [veɪg] adj vago(ga).

vain [veɪn] adj (pej: conceited) vaidoso(osa); **in ~** em vão.

Valentine's Day ['væləntamz-] n Dia m dos Namorados.

ⓘ VALENTINE'S DAY

O Dia de São Valentim, 14 de fevereiro, transformou-se no Dia dos Namorados nos Estados Unidos e na Grã-Bretanha. É tradição mandar um cartão à pessoa de quem se está enamorado, geralmente sem assiná-lo, e também presentes como flores e chocolates. Muitos jornais publicam páginas com mensagens pessoais de amor.

valid ['vælɪd] *adj (ticket, passport)* válido(da).

valley ['vælɪ] *n* vale *m*.

valuable ['væljəbl] *adj* valioso(osa). ▫ **valuables** *npl* objetos *mpl* de valor.

value ['vælju:] *n (financial)* valor *m* ; *(usefulness)* sentido *m*; **a ~ pack** um pacote de tamanho econômico; **to be good ~ (for money)** ter um preço módico, estar em conta. ▫ **values** *npl (principles)* valores *mpl*.

valve [vælv] *n* válvula *f*.

van [væn] *n* caminhonete *f*.

vandal ['vændl] *n* vândalo *m*, -la *f*.

vandalize ['vændəlaɪz] *vt* destruir, destroçar.

vanilla [vəˈnɪlə] *n* baunilha *f*.

vanish ['vænɪʃ] *vi* desaparecer.

vapor ['veɪpər] *n Am* vapor *m*.

vapour ['veɪpər] *Brit* = **vapor**.

variable ['veərɪəbl] *adj* variável.

varied ['veərɪd] *adj* variado (da).

variety [vəˈraɪətɪ] *n* variedade *f*.

various ['veərɪəs] *adj* vários (rias).

varnish ['vɑːnɪʃ] *n (for wood)* verniz *m*. ▲ *vt (wood)* envernizar.

vary ['veərɪ] *vt & vi* variar; **to ~ from sthg to sthg** variar entre algo e algo; **'prices ~ '** 'os preços variam'.

vase [veɪz] *n* jarra *f*.

vast [vɑːst] *adj* vasto(ta).

vat [væt] *n* tina *f*.

VAT [væt, viːeɪˈtiː] *n Brit (abbr of value added tax)* ICM/S.

vault [vɔːlt] *n (in bank)* caixa-forte *f*; *(ceiling)* abóbada *f*; *(in church)* cripta *f*.

VCR *n (abbr of video cassette recorder)* vídeo *m*.

VDU *n (abbr of visual display unit)* monitor *m*.

veal [viːl] *n* vitela *f*.

vegan ['viːgən] *adj* estritamente vegetariano(na). ▲ *n* vegetariano *m*, -na *f* estrito.

vegetable ['vedʒtəbl] *n* vegetal *m*, legume *m*.

vegetarian [,vedʒəˈteərɪən] *adj* vegetariano(na). ▲ *n* vegetariano *m*, -na *f*.

vegetation [,vedʒəˈteɪʃn] *n* vegetação *f*.

vehicle ['viːəkl] *n* veículo *m*.

veil [veɪl] *n* véu *m*.

vein [veɪn] *n* veia *f*.

velvet ['velvɪt] *n* veludo *m*.

vending machine ['vendɪŋ-] *n* máquina *f* de venda automática.

venison ['venɪzn] *n* carne *f* de veado.

vent [vent] *n (for air, smoke etc.)* saída *f* de ar, ventilador *m*.

ventilation [,ventɪˈleɪʃn] *n* ventilação *f*.

ventilator ['ventɪleɪtər] *n* ventilador *m*.

venture ['ventʃər] *n* aventura *f*. ▲ *vi (go)* aventurar-se.

venue ['venjuː] n local onde se realiza acontecimento esportivo ou cultural.

veranda [vəˈrændə] n varanda f coberta, alpendre m.

verb [vɜːb] n verbo m.

verdict ['vɜːdɪkt] n JUR veredicto m; (opinion) parecer m.

verge [vɜːdʒ] n Brit (of road) acostamento m; **to be on the ~ of** stg estar à beira de algo.

verify ['verɪfaɪ] vt verificar.

versatile ['vɜːsətɪl] adj versátil.

verse [vɜːs] n (of song, poem) verso m; (poetry) versos mpl.

version ['vɜːʃn] n versão f.

versus ['vɜːsəs] prep versus, contra.

vertical ['vɜːtɪkl] adj vertical.

vertigo ['vɜːtɪɡəʊ] n vertigens fpl.

very ['verɪ] adv muito. ◆ adj: that's the ~ thing I need é disso mesmo que eu preciso; **you're the ~ person I wanted to see** era com você mesmo que eu queria falar; ~ **much** muito; **not** ~ não muito; **my ~ own room** o meu próprio quarto.

vessel ['vesl] n (fml: ship) embarcação f.

vest [vest] n Am (waistcoat) colete m; Brit (underwear) camiseta f.

vet [vet] n veterinário m, -ria f.

veteran ['vetrən] n veterano m, -na f.

veterinarian [ˌvetərɪˈneərɪən] Am = **vet**.

veterinary surgeon ['vetərɪnrɪ-] Brit fml = **vet**.

VHS n VHS m.

via ['vaɪə] prep via.

vibrate ['vaɪbreɪt] vi vibrar.

vibration [vaɪˈbreɪʃn] n vibração f.

vicar ['vɪkə[r]] n Brit vigário m, pároco m.

vicarage ['vɪkərɪdʒ] n casa f paroquial.

vice [vaɪs] n (moral fault) vício m; (crime) crime m; Brit (tool) torno m.

vice versa [ˌvaɪsˈvɜːsə] adv vice-versa.

vicinity [vɪˈsɪnətɪ] n: **in the ~** nas proximidades.

vicious ['vɪʃəs] adj (attack, animal) violento(ta); (comment) cruel; **a ~ circle** um círculo vicioso.

victim ['vɪktɪm] n vítima f.

victory ['vɪktərɪ] n vitória f.

video ['vɪdɪəʊ] (pl -s) n vídeo m; (videotape) videocassete m; **on ~** em vídeo.

video cassette recorder n (aparelho de) videocassete m.

video game n videogame m.

videotape ['vɪdɪəʊteɪp] n videoteipe m, videocassete m.

view [vjuː] n (scene, field of vision) vista f; (opinion) opinião f; (attitude) visão f. ◆ vt (look at) ver; **in my ~** na minha opinião; **in ~ of** (considering) tendo em consideração; **to come into ~** aparecer.

viewer ['vjuːə[r]] n (of TV) telespectador m, -ra f.

viewpoint ['vjuːpɔɪnt] n (opinion) ponto m de vista; (place) mirante m.

vigilant ['vɪdʒɪlənt] *adj fml* atento(ta).

villa ['vɪlə] *n* casa *f* de campo.

village ['vɪlɪdʒ] *n* vilarejo *m*.

villager ['vɪlɪdʒər] *n* habitante *mf* de vilarejo.

villain ['vɪlən] *n* (of book, movie) vilão *m*, -lã *f*; (criminal) criminoso *m*, -osa *f*.

vine [vaɪn] *n* (grapevine) videira *f*; (climbing plant) trepadeira *f*.

vinegar ['vɪnɪgər] *n* vinagre *m*.

vineyard ['vɪnjərd] *n* vinha *f*, vinhedo *m*.

vintage ['vɪntɪdʒ] *adj* (wine) de boa safra. ◆ *n* (year) colheita *f*, ano *m*.

vinyl ['vaɪnɪl] *n* vinil *m*.

violence ['vaɪələns] *n* violência *f*.

violent ['vaɪələnt] *adj* violento (ta).

violet ['vaɪələt] *adj* roxo(xa), violeta (inv). ◆ *n* (flower) violeta *f*.

violin [,vaɪə'lɪn] *n* violino *m*.

virgin ['vɜːrdʒɪn] *n* virgem *mf*.

Virgo ['vɜːrgəʊ] (pl -s) *n* Virgem *f*.

virtually ['vɜːrtʃʊəlɪ] *adv* praticamente.

virtual reality ['vɜːrtʃʊəl-] *n* realidade *f* virtual.

virus ['vaɪrəs] *n* vírus *m inv*.

visa ['viːzə] *n* visto *m*.

visibility [,vɪzɪ'bɪlətɪ] *n* visibilidade *f*.

visible ['vɪzəbl] *adj* visível.

visit ['vɪzɪt] *vt* visitar. ◆ *n* visita *f*.

visiting hours ['vɪzɪtɪŋ-] *npl* horário *m* de visita.

visitor ['vɪzətər] *n* (to person) visita *f*; (to place) visitante *mf*.

vital ['vaɪtl] *adj* vital.

vitamin ['vaɪtəmɪn] *n* vitamina *f*.

vivid ['vɪvɪd] *adj* vivo(va).

V-neck ['viː-] *n* (design) decote *m* em V.

vocabulary [və'kæbjələrɪ] *n* vocabulário *m*.

vodka ['vɒdkə] *n* vodca *f*.

voice [vɔɪs] *n* voz *f*.

voice mail *n* correio *m* de voz; **to check one's** ~ checar o seu voice mail.

volcano [vɒl'keɪnəʊ] (pl -es OR -s) *n* vulcão *m*.

volleyball ['vɒlɪbɔːl] *n* voleibol *m*, vôlei *m*.

volt [vəʊlt] *n* volt *m*.

voltage ['vəʊltɪdʒ] *n* voltagem *f*.

volume ['vɒljʊm] *n* volume *m*.

voluntary ['vɒləntərɪ] *adj* voluntário(ria).

volunteer [,vɒlən'tɪər] *n* voluntário *m*, -ria *f* ◆ *vt*: to ~ to do sthg oferecer-se para fazer algo.

vomit ['vɒmɪt] *n* vômito *m*. ◆ *vi* vomitar.

vote [vəʊt] *n* (choice) voto *m*; (process, number of votes) votação *f*. ◆ *vi*: to ~ (for) votar (em).

voter ['vəʊtər] *n* eleitor *m*, -ra *f*.

voucher ['vaʊtʃər] *n* vale *m*.

vowel ['vaʊəl] *n* vogal *f*.

voyage ['vɔɪdʒ] *n* viagem *f*.

vulgar ['vʌlgər] *adj* ordinário (ria), comum.

vulture ['vʌltʃər] *n* abutre *m*.

wallpaper

W

W (abbr of west) O.

wade [weɪd] vi caminhar (com dificuldade pela água).

wading pool ['weɪdɪŋ-] n Am piscina f infantil.

wafer ['weɪfər] n bolacha f (muito fina e leve).

waffle ['wɒfl] n (pancake) ≃ waffle m.

wag [wæg] vt abanar.

wage [weɪdʒ] n ordenado m. □ **wages** npl ordenado m.

wagon ['wægən] n (vehicle) carroça f; Brit (of train) vagão m.

wail [weɪl] n lamento m, gemido m. ◆ vi (person, baby) chorar.

waist [weɪst] n cintura f.

wait [weɪt] n espera f. ◆ vi esperar; **to ~ for sb to do sthg** esperar que alguém faça algo; **I can't ~!** mal posso esperar! □ **wait for** vt fus esperar por; **I'm ~ing for someone** estou à espera de alguém.

waiter ['weɪtər] n garçom m.

waitress ['weɪtrəs] n garçonete f.

wake [weɪk] (pt **woke**, pp **woken**) vt & vi acordar. □ **wake up** vt sep vi acordar.

Wales [weɪlz] n País m de Gales.

walk [wɔːk] n (hike) caminhada f; (stroll) passeio m; (path) trilho m, caminho m. ◆ vi andar; (as hobby) caminhar. ◆ vt (distance) andar; (dog) passear; **to go for a ~** dar um passeio; **it's a short ~** não é muito longe (a pé), fica a dois passos; **to take the dog for a ~** levar o cachorro para passear; **'walk'** Am sinal luminoso que indica aos pedestres que podem atravessar; **'don't ~'** Am sinal luminoso que indica aos pedestres que não podem atravessar. □ **walk away** vi ir-se embora. □ **walk in** vi entrar. □ **walk out** vi (leave angrily) ir-se embora.

walker ['wɔːkər] n caminhante mf.

walking boots ['wɔːkɪŋ-] npl botas fpl de montanha.

walking stick ['wɔːkɪŋ-] n bengala f.

wall [wɔːl] n (of building, room) parede f; (in garden, countryside, street) muro m.

WALL STREET

A Wall Street é a rua do centro financeiro de Manhattan, Nova York, onde se encontram a Bolsa de Valores e vários bancos. O termo é freqüentemente empregado para designar o mundo financeiro norte-americano.

wallet ['wɒlət] n carteira f (de dinheiro).

wallpaper ['wɔːl‚peɪpər] n papel m de parede.

walnut ['wɔːlnʌt] n (nut) noz f.

waltz [wɔːlts] n valsa f.

wander ['wɒndər] vi vagar, perambular.

want [wɒnt] vt (desire) querer; (need) precisar de; **to ~ to do sthg** querer fazer algo; **to ~ sb to do sthg** querer que alguém faça algo.

war [wɔːr] n guerra f.

ward [wɔːrd] n (in hospital) enfermaria f.

warden ['wɔːrdn] n guarda mf.

wardrobe ['wɔːrdrəʊb] n guarda-roupa m, armário m.

warehouse ['weəhaʊs, pl -haʊzɪz] n armazém m.

warm [wɔːrm] adj quente; (friendly) caloroso(osa). ◆ vt aquecer. ❏ **warm up** ◆ vt sep aquecer. ◆ vi aquecer; (do exercises) fazer aquecimento.

warmth [wɔːrmθ] n calor m.

warn [wɔːrn] vt avisar; **to ~ sb about sthg** avisar alguém de algo; **to ~ sb not to do sthg** avisar alguém para não fazer algo.

warning ['wɔːrnɪŋ] n aviso m.

warranty ['wɒrəntɪ] n fml garantia f.

warship ['wɔːrʃɪp] n navio m de guerra.

wart [wɔːrt] n verruga f.

was [wɒz] pt → **be**.

wash [wɒʃ] vt lavar. ◆ vi lavar-se. ◆ n: **your shirt is in the ~** sua camisa está na lavagem; **to have a ~** lavar-se; **to ~ one's hands** lavar as mãos. ❏ **wash up** vi Am (clean o.s.) lavar-se; Brit

(do the washing-up) lavar a louça.

washable ['wɒʃəbl] adj lavável.

washbasin ['wɒʃ,beɪsn] n pia f.

washbowl ['wɒʃbəʊl] n Am pia f.

washcloth ['wɒʃklɒθ] n Am pano m (para lavar o rosto).

washing ['wɒʃɪŋ] n (activity) lavagem f; (clothes) roupa f suja.

washing machine n máquina f de lavar (roupa).

washing powder n Brit sabão m em pó.

washing-up liquid n Brit detergente m para lavar louça.

washroom ['wɒʃruːm] n Am banheiro m.

wasn't [wɒznt] = **was not**.

wasp [wɒsp] n vespa f.

waste [weɪst] n (trash) lixo m. ◆ vt (money, energy, opportunity) desperdiçar; (time) perder; **a ~ of money** um desperdício de dinheiro; **a ~ of time** um desperdício OR uma perda de tempo.

waste ground n terreno m abandonado, descampado m.

wastepaper basket [,weɪst-'peɪpər] n cesta f de lixo.

watch [wɒtʃ] n (wristwatch) relógio m (de pulso). ◆ vt (observe) ver; (spy on) espiar, vigiar; (be careful with) ter cuidado com. ❏ **watch out** vi (be careful) ter cuidado; **to ~ out for** (look for) estar atento a.

watchstrap ['wɒtʃstræp] n pulseira f de relógio.

water ['wɔːtər] n água f. ◆ vt (plants, garden) regar. ◆ vi (eyes) lacrimejar; **to make one's mouth** ~ dar água na boca.

watercolor [ˈwɔːtər‚kʌlər] n aquarela f.

watercress [ˈwɔːtərkres] n agrião m.

waterfall [ˈwɔːtərfɔːl] n queda f d'água, catarata f.

watermelon [ˈwɔːtər‚melən] n melancia f.

waterproof [ˈwɔːtərpruːf] adj à prova de água.

water skiing n esqui m aquático.

watertight [ˈwɔːtərtaɪt] adj à prova d'água.

watt [wɒt] n watt m; **a 60-~ bulb** uma lâmpada de 60 watts.

wave [weɪv] n onda f. ◆ vt (hand) acenar com; (flag) agitar. ◆ vi (move hand) acenar, dizer adeus.

wavelength [ˈweɪvleŋθ] n comprimento m de onda.

wavy [ˈweɪvɪ] adj ondulado(da).

wax [wæks] n cera f.

way [weɪ] n (manner, means) maneira f, forma f; (route, distance traveled) caminho m; (direction) direção f; **which ~ is the station?** para que lado é a estação?; **the town is out of our ~** a cidade não fica no nosso caminho; **to be in the ~** estar no caminho; **to be on the** OR **one's ~ (coming)** estar a caminho; **to get out of the ~** sair da frente; **to get under ~** começar; **it's a long ~ to the station** a estação fica muito longe; **to be a long ~ away** ficar muito longe; **to lose**

one's ~ perder-se; **on the ~ back** na volta; **on the ~ there** no caminho; **that ~** (like that) daquela maneira, assim; (in that direction) por ali; **this ~** (like this) assim; (in this direction) por aqui; **no ~!** inf nem pensar!

we [wiː] pron nós; ~'**re young** (nós) somos jovens.

weak [wiːk] adj fraco(ca); (not solid) frágil.

weaken [ˈwiːkn] vt enfraquecer.

weakness [ˈwiːknəs] n (weak point) fraqueza f; (fondness) fraco m.

wealth [welθ] n riqueza f.

wealthy [ˈwelθɪ] adj rico(ca).

weapon [ˈwepən] n arma f.

wear [weər] (pt **wore**, pp **worn**) vt (clothes, shoes, jewelry) usar. ◆ n (clothes) roupa f; ~ **and tear** uso m. ❑ **wear off** vi desaparecer. ❑ **wear out** vi gastar-se.

weary [ˈwɪərɪ] adj cansado(da).

weather [ˈweðər] n tempo m; **what's the ~ like?** como está o tempo?; **to be under the ~** inf estar um pouco adoentado.

weather forecast n previsão f do tempo.

weather report n boletim m meteorológico.

weave [wiːv] (pt **wove**, pp **woven**) vt tecer.

web [web] n (of spider) teia f; COMPUT: **the Web** a Web; **on the Web** na Web.

web site n COMPUT web site m.

wedding [ˈwedɪŋ] n casamento m.

wedding anniversary n
aniversário m de casamento.

wedding ring n aliança f.

wedge [wedʒ] n (of pie) fatia f;
(of wood etc.) cunha f, calço m.

Wednesday ['wenzdeɪ] n
quarta-feira f → **Saturday**.

wee [wiː] adj pequeno(na). ◆ n
inf xixi m.

weed [wiːd] n erva f daninha.

week [wiːk] n semana f; **a ~
from today** daqui a uma semana OR oito dias; **in a ~** daqui a
uma semana OR oito dias.

weekday ['wiːkdeɪ] n dia m útil.

weekend [,wiːk'end] n fim m
de semana.

weekly ['wiːklɪ] adj semanal.
◆ adv semanalmente. ◆ n sema-
nário m.

weep [wiːp] (pt & pp **wept**) vi
chorar.

weigh [weɪ] vt pesar; **how
much does it ~?** quanto é que
(isso) pesa?

weight [weɪt] n peso m; **to lose
~** emagrecer; **to put on ~**
engordar. □ **weights** npl (for
weight training) pesos mpl.

weightlifting ['weɪt,lɪftɪŋ] n
halterofilismo m.

weight training n musculação f.

weir [wɪər] n represa f.

weird [wɪəd] adj esquisito(ta),
estranho(nha).

welcome ['welkəm] adj bem-
vindo(da). ◆ n boas-vindas fpl.
◆ vt (greet) dar as boas-vindas a;
(be grateful for) agradecer. ◆ excl

bem-vindo!; **you're ~ to use
our car** você pode usar o nosso
carro à vontade; **to make sb
feel ~** fazer alguém sentir-se
bem-vindo; **you're ~!** de nada!

weld [weld] vt soldar.

welfare ['welfeər] n (happiness,
comfort) bem-estar m; Am (money)
subsídio m da segurança social.

well [wel] (compar **better**,
superl **best**) adj bem (boa).
◆ adv bem. ◆ n poço m; **to get
~** melhorar; **to go ~** correr
bem; **~ done!** muito bem!; **it
may ~ happen** pode muito
bem acontecer; **it's ~ worth it**
vale bem a pena; **as ~** (in addition) também; **as ~ as** (in addition to) assim como.

we'll [wiːl] = **we shall, we
will**.

well-behaved [-bɪ'heɪvd] adj
bem-comportado(da).

well-done adj (meat) bem pas-
sado(da).

well-dressed [-'drest] adj
bem vestido(da).

well-known adj conhecido
(da).

well-paid adj bem pago(ga),
bem remunerado(da).

went [went] pt → **go**.

wept [wept] pt & pp → **weep**.

were [wɜːr] pt → **be**.

we're [wɪər] = **we are**.

weren't [wɜːrnt] = **were not**.

west [west] n oeste m. ◆ adj ocidental, oeste. ◆ adv (be situated) a
oeste; (fly, walk) em direção ao
oeste, para o oeste; **in the ~ of
England** no oeste da Inglaterra.

western ['westərn] *adj* ocidental. ◆ *n* western *m*, filme *m* de faroeste.

westward ['westwərd] *adv* em direção ao oeste, para o oeste.

wet [wet] (*pt* & *pp* **wet** OR **-ted**) *adj* (*soaked, damp*) molhado(da); (*rainy*) chuvoso(osa). ◆ *vt* molhar; **to get ~** molhar-se; '~ **paint**' 'tinta fresca'.

wet suit *n* traje *m* de mergulho.

we've [wi:v] = **we have**.

whale [weɪl] *n* baleia *f*.

wharf [wɔːrf] (*pl* **-s** OR **wharves** [wɔːrvz]) *n* cais *m inv*.

what [wɒt] *adj* - **1.** (*in questions*) que; **~ color is it?** de que cor é?; **he asked me ~ color it was** ele perguntou-me de que cor era. - **2.** (*in exclamations*) que; **~ a surprise!** mas que surpresa!; **~ a beautiful day!** mas que dia lindo!
◆ *pron* - **1.** (*in questions*) o que; **~ is going on?** o que é que está acontecendo?; **~ is that?** o que é isso?; **~ is that thing called?** como é que se chama aquilo?; **~ is the problem?** qual é o problema?; **she asked me ~ had happened** ela perguntou-me o que é que tinha acontecido; **she asked me ~ I had seen** ela perguntou-me o que eu tinha visto. - **2.** (*in questions: after prep*) que; **~ are they talking about?** de que é que eles estão falando?; **~ is it for?** para que é isso?; **she asked me ~ I was thinking**

about ela me perguntou em que eu estava pensando. - **3.** (*introducing relative clause*) o que; **I didn't see ~ happened** não vi o que aconteceu; **you can't have ~ you want** você não pode ter o que quer. - **4.** (*in phrases*): **~ for?** para quê?; **~ about going out for a meal?** que tal irmos comer fora? ◆ *excl* o quê!

whatever [wɒt'evər] *pron*: **take ~ you want** leve o que quiser; **~ I do, I'll lose** faça o que fizer, perco sempre; **~ that may be** seja lá o que for.

wheat [wi:t] *n* trigo *m*.

wheel [wi:l] *n* (*of car, bicycle etc.*) roda *f*; (*steering wheel*) volante *m*.

wheelbarrow ['wi:l,bærəʊ] *n* carrinho *m* de mão.

wheelchair ['wi:l,tʃeər] *n* cadeira *f* de rodas.

wheezy ['wi:zɪ] *adj*: **to be ~** respirar com dificuldade.

when [wen] *adv conj* quando.

whenever [wen'evər] *conj* sempre que; **~ you like** quando você quiser.

where [weər] *adv conj* onde; **that's ~ you're wrong** aí é que você se engana.

whereabouts [*adv* weərə-'baʊts, *n* 'weərəbaʊts] *adv* onde. ◆ *n* paradeiro *m*.

whereas [weər'æz] *conj* enquanto que.

wherever [weər'evər] *conj* onde quer que; **~ that may be** onde quer que isso seja; **~ you like** onde você quiser.

whether ['weðər] conj (indicating choice, doubt) se; ~ **you like it or not** queira ou não queira.

which [wɪtʃ] adj (in questions) qual, que; ~ **room do you want?** qual é o quarto que você quer?, que quarto você quer?; ~ **one?** qual (deles)?; **she asked me ~ room I wanted** ela perguntou-me qual or que quarto eu queria. ♦ pron - 1. (in questions) qual; ~ **one is the cheapest?** qual é o mais barato?; ~ **one do you prefer?** qual (é o que) você prefere?; **he asked me ~ one was the best** ele perguntou-me qual era o melhor; **he asked me ~ one I preferred** ele perguntou-me qual é que eu preferia; **he asked me ~ one I was talking about** ele me perguntou de qual eu estava falando.

- 2. (introducing relative clause: subject): **I can't remember ~ was better** não me lembro qual era o melhor.

- 3. (introducing relative clause: object, after prep) que; **the sofa on ~ I'm sitting** o sofá em que estou sentado.

- 4. (referring back) o que; **he's late, ~ annoys me** ele está atrasado, o que me aborrece; **he's always late, ~ I don't like** ele está sempre atrasado, coisa que eu detesto.

whichever [wɪtʃ'evər] pron o que (a que). ♦ adj: ~ **place you like** o lugar que você preferir; ~ **way you do it** faça como quiser.

while [waɪl] conj (during the time that) enquanto; (although) se

bem que; (whereas) enquanto que. ♦ n: a ~ um pouco; **a ~ ago** há algum tempo; **it's been quite a ~ since I last saw him** há muito que não o vejo; **for a ~** durante algum tempo; **in a ~** daqui a pouco.

whim [wɪm] n capricho m.

whine [waɪn] vi (make noise) gemer; (complain) queixar-se; (dog) ganir.

whip [wɪp] n chicote m. ♦ vt chicotear.

whirlpool ['wɜːrlpuːl] n redemoinho m.

whisk [wɪsk] n (utensil) batedeira f. ♦ vt (eggs, cream) bater.

whiskers ['wɪskərz] npl (of person) suíças fpl; (of animal) bigodes mpl.

whisk(e)y ['wɪskɪ] (pl -s) n uísque m.

whisper ['wɪspər] vt vi murmurar.

whistle ['wɪsl] n (instrument) apito m; (sound) assobio m. ♦ vi assobiar.

white [waɪt] adj branco(ca). ♦ n (color) branco m; (of egg) clara f; (person) branco m, -ca f.

white bread n pão m (branco).

White House n: **the ~** a Casa Branca.

ⓘ **THE WHITE HOUSE**

A Casa Branca é a residência oficial e local de trabalho do presidente dos Estados Unidos. Localiza-se em Washington DC, capital do país e sede do governo federal. Ela é o símbolo da própria presidência e, por extensão, do poder executivo nos Estados Unidos.

whitewash ['waɪtwɒʃ] vt caiar.

who [hu:] pron (in questions) quem; (in relative clauses) que.

whoever [hu:'evər] pron quem; ~ **it is** quem quer que seja, seja quem for.

whole [həʊl] adj inteiro(ra). ◆ n: **the ~ trip** a viagem inteira, toda a viagem; **on the ~** em geral.

whole milk n Am leite m integral.

wholesale ['həʊlseɪl] adv COMM por atacado.

wholewheat bread ['həʊl-ˌwiːt-] n Am pão m integral.

whom [hu:m] pron fml (in questions) quem; (in relative clauses: after prep) que; **to** ~ a quem.

who're [hu:ər] = **who are.**

whose [hu:z] adj (in questions) de quem; (in relative clauses) cujo(ja). ◆ pron de quem; ~ **book is this?** de quem é este livro?

why [waɪ] adv conj por que; ~ **not?** por que não?; **tell me** ~ (diz-me) por quê; **I know** ~ James isn't here eu sei por que é que o James não está.

wicked ['wɪkəd] adj (evil) mau (má); (mischievous) travesso(a).

wicker ['wɪkər] adj de vime.

wide [waɪd] adj largo(ga);

(range, variety, gap) grande. ◆ adv: **to open sthg** ~ abrir bem algo; **how** ~ **is the road?** qual é a largura da estrada?; **it's 12 meters** ~ tem 12 metros de largura; ~ **open** escancarado, aberto de par em par.

widely ['waɪdlɪ] adv muito.

widen ['waɪdn] vt (make broader) alargar. ◆ vi (gap, difference) aumentar.

widespread ['waɪdspred] adj generalizado(da).

widow ['wɪdəʊ] n viúva f.

widower ['wɪdəʊər] n viúvo m.

width [wɪdθ] n largura f.

wife [waɪf] (pl **wives**) n esposa f, mulher f.

wig [wɪg] n peruca f.

wild [waɪld] adj (animal, land, area) selvagem; (plant) silvestre; (uncontrolled) descontrolado (da); (crazy) louco(ca); **to be** ~ **about** inf ser louco por.

wildlife ['waɪldlaɪf] n a fauna e a flora.

Wild West n os territórios americanos situados a oeste do rio Mississipi.

WILD WEST

No século XIX, essa expressão designava os territórios americanos a oeste do rio Mississipi. Os vaqueiros ("cowboys") conduziam rebanhos de gado do sul ao norte, e nessas rotas nasceram povoados conhecidos depois por sua violência. Os filmes de bangue-bangue retratam esse período, com seus pistoleiros, xerifes e foras-da-lei.

will¹ [wɪl] *aux vb* - 1. *(expressing future tense)*: it ~ be difficult to **repair** vai ser difícil de arranjar; ~ **you be here next Friday?** você vai estar aqui na próxima sexta?; I ~ **see you next week** te vejo semana que vem; **yes I** ~ sim; **no I won't** não.
- 2. *(expressing willingness)*: I **won't do it** recuso-me a fazê-lo.
- 3. *(expressing polite question)*: ~ **you have some more tea?** você quer mais um chá?
- 4. *(in commands, requests)*: ~ **you please be quiet!** pode ficar calado, por favor!; **close that window,** ~ **you?** feche a janela, por favor.

will² [wɪl] *n (document)* testamento *m*; **against my** ~ contra a minha vontade.

willing ['wɪlɪŋ] *adj*: **to be** ~ **to do sthg** estar disposto(osta) a fazer algo.

willingly ['wɪlɪŋlɪ] *adv* de boa vontade.

willow ['wɪləʊ] *n* salgueiro *m*.

win [wɪn] *(pt & pp* **won)** *n* vitória *f*. ◆ *vt* ganhar; *(support, approval)* obter. ◆ *vi* ganhar.

wind¹ [wɪnd] *n (air current)* vento *m*; *Brit (in stomach)* gases *mpl*.

wind² [waɪnd] *vi (road, river)* serpentear. ◆ *vt*: **to** ~ **sthg around sthg** enrolar algo à volta de algo. ❑ **wind up** *vt sep (car window)* subir; *(clock, watch)* dar

corda em; *Brit inf (annoy)* gozar.

windmill ['wɪndmɪl] *n* moinho *m* de vento.

window ['wɪndəʊ] *n* janela *f*; *(of shop)* vitrine *f*.

windowpane ['wɪndəʊ,peɪn] *n* vidro *m*, vidraça *f*.

window-shopping *n*: **to go** ~ ir ver vitrines.

windshield ['wɪndʃiːld] *n Am* pára-brisa *m*.

windshield wipers *npl Am* limpador *m* de pára-brisa.

windsurfing ['wɪnd,sɜːrfɪŋ] *n* windsurfe *m*; **to go** ~ fazer windsurfe.

windy ['wɪndɪ] *adj* ventoso (osa), com muito vento; **it's** ~ está ventando muito.

wine [waɪn] *n* vinho *m*.

wineglass ['waɪnglæs] *n* copo *m* de vinho.

wine tasting [-'teɪstɪŋ] *n* degustação *f* de vinhos.

wing [wɪŋ] *n* asa *f*; *(of building)* ala *f*; *Brit (of car)* pára-lama *m*. ❑ **wings** *npl*: **the** ~ **s** *(in theater)* os bastidores.

wink [wɪŋk] *vi* piscar o olho.

winner ['wɪnər] *n* vencedor *m*, -ra *f*.

winning ['wɪnɪŋ] *adj (person, team)* vencedor(ra); *(ticket, number)* premiado(da).

winter ['wɪntər] *n* inverno *m*; **in the** ~ no inverno.

wintertime ['wɪntərtaɪm] *n* inverno *m*.

wipe [waɪp] *vt* limpar; **to** ~ **one's hands/feet** limpar as mãos/os pés. ◻ **wipe up** vt sep & vi limpar.

wiper ['waɪpər] n (windshield wiper) limpador m de pára-brisa.

wire ['waɪər] n arame m; (electrical wire) fio m (elétrico). ◆ vt (plug) conectar.

wireless ['waɪəlɪs] adj sem fio.

wiring ['waɪərɪŋ] n instalação f elétrica.

wisdom tooth ['wɪzdəm-] n dente m do siso.

wise [waɪz] adj (person) sábio (bia); (decision, idea) sensato(ta).

wish [wɪʃ] n (desire) desejo m. ◆ vt: I ~ I — I was younger quem me dera ser mais novo; I ~ you'd told me sooner que pena você não me disse isso antes; to ~ for sthg desejar algo; to ~ to do sthg fml desejar fazer algo; to ~ sb happy birthday dar os parabéns a alguém; to ~ sb luck desejar boa sorte a alguém; if you ~ fml se assim o desejar; best ~es cumprimentos.

witch [wɪtʃ] n bruxa f.

with [wɪð] prep - 1. (in company of) com; **come ~ me/us** venha comigo/conosco; **can I go ~ you?** posso ir com você?; we **stayed ~ friends** ficamos em casa de amigos.
- 2. (in descriptions) com; **a man ~ a beard** um homem de barba; **a room ~ a bathroom** um quarto com banheiro.
- 3. (indicating means, manner) com; **I washed it ~ detergent** lavei-o com detergente; **they won ~ ease** ganharam com facilidade.

- 4. (indicating emotion) de; **to tremble ~ fear** tremer de medo.
- 5. (regarding) com; **be careful ~ that!** tenha cuidado com isso!
- 6. (indicating opposition) com; **to argue ~ sb** discutir com alguém.
- 7. (indicating covering, contents): **to fill sthg ~ sthg** encher algo com or de algo; **packed ~ people** cheio de gente; **topped ~ cream** coberto com creme.

withdraw [wɪð'drɔː] (pt -drew, pp -drawn) vt (take out) retirar; (money) levantar. ◆ vi (from race, contest) desistir.

withdrawal [wɪð'drɔːəl] n (from bank account) retirada f.

withdrawn [wɪð'drɔːn] pp → withdraw.

withdrew [wɪð'druː] pt → withdraw.

wither ['wɪðər] vi murchar.

within [wɪ'ðɪn] prep (inside) dentro de; (certain distance) a; (certain time) em. ◆ adv dentro; **~ 10 miles of ...** a 10 milhas de ...; **it arrived ~ a week** chegou em menos de uma semana; **~ the next week** durante a próxima semana.

without [wɪð'aʊt] prep sem; **~ doing sthg** sem fazer algo.

withstand [wɪð'stænd] (pt & pp-stood) vt resistir a, agüentar.

witness ['wɪtnəs] n testemunha f. ◆ vt (see) testemunhar.

witty ['wɪtɪ] adj espirituoso (osa).

wives [waɪvz] pl → wife.

wobbly ['wɒblɪ] adj (table, chair) pouco firme.

woke [wəʊk] pt → wake.

woken ['wəʊkn] pp → wake.

wolf [wʊlf] (pl wolves [wʊlvz]) n lobo m.

woman ['wʊmən] (pl women) n mulher f.

womb [wu:m] n útero m.

women ['wɪmɪn] pl → woman.

won [wʌn] pt & pp → win.

wonder ['wʌndər] vi (ask o.s.) perguntar a si mesmo(ma). ◆ n (amazement) maravilha f; **to ~ if** perguntar a si mesmo se; **I ~ if I could ask you a favor?** podia fazer-me um favor?; **I ~ if they'll come** será que eles vêm?

wonderful ['wʌndəfl] adj maravilhoso(osa).

won't [wəʊnt] = will not.

wood [wʊd] n (substance) madeira f; (small forest) bosque m.

wooden ['wʊdn] adj de madeira.

woodland ['wʊdlənd] n floresta f.

woodwork ['wʊdwɜːk] n SCH carpintaria f.

wool [wʊl] n lã f.

woolen ['wʊlən] adj Am de lã.

woollen ['wʊlən] adj Brit = woolen.

word [wɜːd] n palavra f; **in other ~ s** em outras palavras; **to have a ~ with sb** falar com alguém.

wording ['wɜːdɪŋ] n texto m.

word processing [-'prəʊsesɪŋ] n processamento m de texto.

word processor [-'prəʊsesər] n processador m de texto.

wore [wɔːr] pt → wear.

work [wɜːk] n trabalho m; (painting, novel etc.) obra f. ◆ vi trabalhar; (operate, have desired effect) funcionar; (take effect) ter efeito. ◆ vt (machine, controls) operar; **out of ~** desempregado, sem trabalho; **to be at ~** estar trabalhando; **to be off ~** (on vacation) estar de folga; **the ~s** inf (everything) tudo; **how does it ~ ?** como é que funciona?; **it's not ~ing** não está funcionando. ❏ **work out** ◆ vt sep (price, total) calcular; (solution, reason, plan) descobrir; (understand) perceber. ◆ vi (result, be successful) resultar; (do exercise) fazer exercício; **it ~s out to $20 each** (check, total) sai a 20 dólares cada.

worker ['wɜːkər] n trabalhador m, -ra f.

working ['wɜːkɪŋ] adj (in operation) em funcionamento; (having employment) que trabalha; (day, conditions) de trabalho. ❏ **workings** npl (of system, machine) mecanismo m.

working class n: **the ~** a classe trabalhadora.

working hours npl horário m de trabalho.

workman ['wɜːkmən] (pl -men [-mən]) n trabalhador m (manual), operário m.

workout ['wɜːkaʊt] n sessão f de exercícios.

workplace ['wɜːkpleɪs] n local m de trabalho.

workshop ['wɜːrkʃɒp] n (for repairs) oficina f.

world [wɜːrld] n mundo m.
◆ adj mundial; **the best in the ~** o melhor do mundo.

(i) WORLD SERIES

Todos os anos, os vencedores das duas ligas mais importantes de beisebol americano, a National League e a American League, disputam a chamada World Series. O campeão deve obter quatro vitórias na série de sete partidas previstas. É tradição o presidente americano dar início à série de partidas lançando a primeira bola.

worldwide [ˌwɜːrld'waɪd] adv no mundo inteiro.

World Wide Web n COMPUT: **the ~** a World Wide Web.

worm [wɜːrm] n minhoca f.

worn [wɔːrn] pp → **wear.** ◆ adj (clothes, carpet) gasto(ta).

worn-out adj (clothes, shoes etc.) gasto(ta); (tired) exausto(ta).

worried ['wɜːrɪd] adj preocupado(da).

worry ['wɜːrɪ] n preocupação f.
◆ vt preocupar. ◆ vi: **to ~ (about)** preocupar-se (com).

worrying ['wɜːrɪŋ] adj preocupante.

worse [wɜːrs] adj & adv pior; **to get ~** piorar; **~ off** em pior situação.

worsen ['wɜːrsn] vi piorar.

worship ['wɜːrʃɪp] n (church service) culto m. ◆ vt adorar.

worst [wɜːrst] adj & adv pior.
◆ n: **the ~** o pior (a pior).

worth [wɜːrθ] prep: **how much is it ~?** quanto é que vale?; **it's ~ $50** vale 50 dólares; **it's ~ seeing** vale a pena ver; **it's not ~ it** não vale a pena; **fifty dollars ~ of traveler's checks** 50 dólares em cheques de viagem.

worthless ['wɜːrθləs] adj (jewelry, possessions) sem valor; (person, undertaking) inútil.

worthwhile [ˌwɜːrθ'waɪl] adj que vale a pena.

worthy ['wɜːrðɪ] adj merecedor(ra); **to be ~ of sthg** merecer algo.

would [wʊd] aux vb -1. (in reported speech): **she said she ~ come** ela disse que vinha.
-2. (indicating condition): **what ~ you do?** o que é que você faria?; **what ~ you have done?** o que é que você teria feito?; **I ~ be most grateful** ficaria muito agradecido.
-3. (indicating willingness): **she ~ n't go** ela não queria ir embora; **he ~ do anything for her** ele faria qualquer coisa por ela.
-4. (in polite questions): **~ you like a drink?** você quer beber alguma coisa?; **~ you mind closing the window?** importa-se de fechar a janela?
-5. (indicating inevitability): **he ~ say that** não me surpreende que ele tenha dito isso.

- 6. *(giving advice)*: I ~ report him if I were you eu, no seu lugar, denunciava-o.

- 7. *(expressing opinions)*: I ~ prefer eu preferia; I ~ have thought (that) ... eu pensava que ...

wound¹ [wu:nd] *n* ferida *f*. ◆ *vt* ferir.

wound² [waʊnd] *pt & pp* → **wind²**.

wove [wəʊv] *pt* → **weave**.

woven ['wəʊvn] *pp* → **weave**.

wrap [ræp] *vt (package)* embrulhar; **to ~ sthg round sthg** enrolar algo em volta de algo. ❑ **wrap up** *vt sep (package)* embrulhar. ◆ *vi (dress warmly)* agasalhar-se.

wrapper ['ræpər] *n (for candy)* papel *m*.

wrapping ['ræpɪŋ] *n* invólucro *m*, embrulho *m*.

wrapping paper *n* papel *m* de embrulho.

wreath [ri:θ] *n* coroa *f* de flores, grinalda *f*.

wreck [rek] *n (of plane, car)* destroços *mpl*; *(of ship)* restos *mpl*. ◆ *vt (destroy)* destruir; *(spoil)* estragar; **to be ~ed** *(ship)* naufragar.

wreckage ['rekɪdʒ] *n (of plane, car)* destroços *mpl*; *(of building)* escombros *mpl*.

wrench [rentʃ] *n (tool)* chave *f* inglesa.

wrestler ['reslər] *n* lutador *m*, -ra *f* de luta livre.

wrestling ['reslɪŋ] *n* luta *f* livre.

wretched ['retʃəd] *adj (miserable)* desgraçado(da); *(very bad)* péssimo(ma).

wring [rɪŋ] *(pt & pp* **wrung)** *vt* torcer.

wrinkle ['rɪŋkl] *n* ruga *f*.

wrist [rɪst] *n* pulso *m*.

write [raɪt] *(pt* **wrote**, *pp* **written)** *vt* escrever; *(check, prescription)* passar; *Am (send letter to)* escrever a. ◆ *vi* escrever; **to ~ (to sb)** escrever (para alguém). ❑ **write back** *vi* responder. ❑ **write down** *vt sep* anotar. ❑ **write off** ◆ *vt sep Brit inf (car)* destruir. ◆ *vi*: **to ~ off for sthg** escrever pedindo algo. ❑ **write out** *vt sep (essay)* escrever; *(list)* fazer; *(check, receipt)* passar.

writer ['raɪtər] *n (author)* escritor *m*, -ra *f*.

writing ['raɪtɪŋ] *n (handwriting)* letra *f*; *(written words)* texto *m*; *(activity)* escrita *f*; **in ~** por escrito.

writing paper *n* papel *m* de carta.

written ['rɪtn] *pp* → **write**. ◆ *adj* escrito(ta).

wrong [rɒŋ] *adj* errado(da). ◆ *adv* mal; **what's ~?** o que é que está acontecendo?; **something's ~ with the car** o carro está com algum problema; **to be in the ~** estar errado; **to get sthg ~** enganar-se em algo; **to go ~** *(machine)* avariar; **' ~ way'** *Am* 'contramão'.

wrongly ['rɒŋlɪ] *adv* mal.

wrong number *n* número *m* errado; **sorry, you have the ~**

desculpe, o sr. discou o número errado.

wrote [rəʊt] *pt →* **write.**

wrought iron [rɔːt-] *n* ferro *m* forjado.

wrung [rʌŋ] *pt & pp →* **wring.**

X

XL (*abbr of extra-large*) GG.

Xmas ['krɪsməs] *n inf* Natal *m.*

X-ray ['eks-] *n (picture)* raio *m* X. ◆ *vt* radiografar; **to take an ~** fazer uma radiografia.

Y

yacht [jɒt] *n* iate *m.*

Yankee [jæŋkɪ] *n* ianque *m.*

 YANKEE

Essa palavra inglesa referia-se aos imigrantes holandeses que se fixaram no nordeste dos Estados Unidos. Depois, passou a referir-se a qualquer pessoa da região. Na Guerra da Secessão, os soldados do Norte eram chamados "Yankees". Ainda é usada por al-

guns americanos do sul de forma pejorativa, referindo-se aos habitantes do norte.

yard [jɑːrd] *n (unit of measurement)* = 91,44 cm, jarda *f; (enclosed area)* pátio *m; Am (behind house)* jardim *m.*

yarn [jɑːrn] *n (thread)* linha *f.*

yawn [jɔːn] *vi* bocejar.

yeah [jeə] *adv inf* sim.

year [jɪər] *n* ano *m;* **next ~** o ano que vem; **this ~** este ano; **I'm 15 ~s old** tenho 15 anos; **I haven't seen her for ~s** *inf* há anos que não a vejo.

yearly [jɪərlɪ] *adj* anualmente.

yeast [jiːst] *n* fermento *m.*

yell [jel] *vi* gritar.

yellow ['jeləʊ] *adj* amarelo(la). ◆ *n* amarelo *m.*

yes [jes] *adv* sim; **to say ~** dizer que sim.

yesterday ['jestərdeɪ] *n* ontem *m.* ◆ *adv* ontem; **the day before ~** anteontem; **~ afternoon** ontem à tarde; **~ morning** ontem de manhã.

yet [jet] *adv* ainda. ◆ *conj* contudo; **have they arrived ~?** já chegaram?; **the best one ~** o melhor até agora; **not ~** ainda não; **I've ~ to do it** ainda não o fiz; **~ again** mais uma vez; **~ another delay** mais um atraso.

yew [juː] *n* teixo *m.*

yield [jiːld] *vt (profit)* render; *(interest)* ganhar. ◆ *vi (break, give way)* ceder; **'yield'** *Am AUT* sinal de perda de prioridade.

YMCA *n* ≃ ACM.

yoga [ˈjəʊgə] *n* ioga *f.*

yogurt, yoghurt [ˈjəʊgərt] *n* iogurte *m.*

yolk [jəʊk] *n* gema *f.*

you [juː] *pron* - **1.** *(subject: singular)* você, tu; *(subject: singular polite form)* o senhor (a senhora); *(subject: plural)* vocês; *(subject: plural polite form)* os senhores (as senhoras); **do ~ speak Portuguese?** *(singular)* você fala português?; *(polite form)* (o senhor) fala português?; **~ Brazilians** vocês brasileiros.
- **2.** *(direct object: singular)* o (a), te; *(direct object: singular polite form)* o senhor (a senhora); *(direct object: plural)* os (as), vos; *(direct object: plural polite form)* os (as), os senhores (as senhoras); **I saw ~** *(singular)* eu o vi; **can I help ~?** *(polite form: singular)* em que posso ajudá-lo?; *(polite form: plural)* em que posso ajudá-los?; **I'll see ~ later** *(plural)* vejo-os mais tarde.
- **3.** *(indirect object: singular)* lhe, te; *(indirect object: singular polite form)* lhe; *(indirect object: plural)* lhes, vos; **I would like to ask ~ something** *(polite form: singular)* gostaria de perguntar algo a você; **didn't I tell ~ what happened?** *(polite form: plural)* não lhes contei o que aconteceu?
- **4.** *(after prep: singular)* você, ti; *(after prep: singular polite form)* o senhor (a senhora), si; *(after prep: plural)* vocês; *(after prep: plural polite form)* os senhores (as senhoras), vós; **this is for ~** isto é para você/o senhor etc.; **with ~** *(singular)* com você, contigo; *(singular: polite form)* com o senhor (a senhora); *(plural)* com vocês; *(plural: polite form)* com os senhores (as senhoras).
- **5.** *(indefinite use: subject)*: **the coffee ~ get in Brazil is very strong** o café que se bebe no Brasil é muito forte; **~ never know** nunca se sabe.
- **6.** *(indefinite use: object)*: **exercise is good for ~** exercício faz bem (para a saúde).

young [jʌŋ] *adj* novo (nova).
♦ *npl*: **the ~** os jovens.

younger [ˈjʌŋgər] *adj (brother, sister)* mais novo (nova).

youngest [ˈjʌŋgəst] *adj (brother, sister)* mais novo (nova).

youngster [ˈjʌŋstər] *n* jovem *mf.*

your [jɔːr] *adj* - **1.** *(singular subject)* o seu (a sua), o teu (a tua); *(singular subject: polite form)* o/a do senhor (da senhora); *(plural subject)* o vosso (a vossa); *(plural subject: polite form)* o/a dos senhores (das senhoras); **~ dog** o seu/teu/vosso cão, o cão do senhor (da senhora), o cão dos senhores (das senhoras); **~ house** a sua/tua/vossa casa etc.; **~ children** os seus/teus/vossos filhos etc.
- **2.** *(indefinite subject)*: **it's good for ~ health** é bom para a saúde.

yours [jɔːrz] *pron (singular subject)* o seu (a sua), o teu (a tua) *(singular subject: polite form)* o/a do senhor (da senhora); *(plural subject)* o vosso (a vossa); *(plural subject: polite form)* o/a dos senhores (das senhoras); **a friend of** ~ um amigo seu/teu/vosso/ do senhor/da senhora/dos senhores/das senhoras; **these shoes are** ~ estes sapatos são (os) teus/seus/vossos, etc.; **these are mine — where are** ~? estes são os meus — onde estão os seus/teus/vossos, etc.?

yourself [jɔːrˈself] *pron* **-1.** *(reflexive: singular)* se, te; *(reflexive: plural)* se; **did you hurt** ~? *(singular)* você se machucou? **-2.** *(after prep: singular)* você mesmo(ma), tu mesmo(ma); *(after prep: plural)* vocês mesmos(mas); *(after prep: plural polite form)* os senhores mesmos (as senhoras mesmas), vós mesmos(mas); **did you do it** ~? *(singular)* você fez isso sozinho?; *(polite form)* foi o senhor mesmo que o fez?; **did you do it yourselves?** vocês fizeram isso sozinhos?; *(polite form)* foram os senhores mesmos que o fizeram?

youth [juːθ] *n* juventude *f*; *(young man)* jovem *m*.

youth club *n* clube *m* de jovens.

youth hostel *n* albergue *m* da juventude.

yuppie [ˈjʌpɪ] *n* yuppie *mf*.

YWCA *n* ≃ ACM *f*.

Z

zebra [ˈziːbrə] *n* zebra *f*.

zebra crossing *n Brit* faixa *f* (para pedestres).

zero [ˈzɪərəʊ] *n* zero *m*; **five degrees** ~ cinco graus abaixo de zero.

zest [zest] *n (of lemon, orange)* raspa *f*.

zigzag [ˈzɪgzæg] *vi* zigueza-guear.

zinc [zɪŋk] *n* zinco *m*.

zip [zɪp] *n Brit* fecho ecler *m*.
♦ *vt* fechar o fecho ecler de.
❑ **zip up** *vt sep* fechar o zíper.

zip code *n Am* código *m* postal.

zipper [ˈzɪpər] *n Am* fecho ecler *m*.

zit [zɪt] *n inf* espinha *f*.

zodiac [ˈzəʊdɪæk] *n* zodíaco *m*.

zone [zəʊn] *n* zona *f*.

zoo [zuː] *(pl* **-s)** *n* zôo *m*.

zucchini [zuːˈkiːnɪ] *(pl inv)* *n Am* abobrinha *f*.